SPIEGELBERGER
Unternehmensnachfolge

Unternehmensnachfolge

Gestaltung nach Zivil- und Steuerrecht

Von

Dr. Sebastian Spiegelberger
Notar in Rosenheim

2. Auflage

Verlag C. H. Beck München 2009

Zitiervorschlag: Spiegelberger, Unternehmensnachfolge, § ... Rdn. ...

Verlag C. H. Beck im Internet:
beck.de

ISBN 978 3 406 44634 4

Wilhelmstraße 9, 80801 München
Satz und Druck: Druckerei C. H. Beck Nördlingen
(Adresse wie Verlag)

Gedruckt auf säurefreiem, alterungsbeständigem Papier
(hergestellt aus chlorfrei gebleichtem Zellstoff)

Wo es an Beratung fehlt,
da scheitern die Pläne.
Bibel, Buch der Sprüche 15, 22–23

Vorwort zur 2. Auflage

Die Gestaltung der Unternehmensnachfolge ist die größte Herausforderung für den Unternehmer, da der generationsübergreifende Bestand des Unternehmens auf dem Spiel steht. In erster Linie wird die Nachfolge innerhalb der Familie angestrebt. Aber auch die Weitergabe an langjährige Mitarbeiter und die Übertragung auf einen finanzkräftigen Erwerber kommen in Betracht. Ohne einen vertraglich eingebundenen Nachfolger kann das plötzliche Versterben des Betriebsinhabers zu einer Unternehmenskrise führen.

Seit der ersten unter dem Titel „Vermögensnachfolge" erschienenen Auflage haben sich die Rechtsgrundlagen der Unternehmensnachfolge durch Gesetzesänderungen, umfangreiche Erlasse der Finanzverwaltung und insbesondere durch zahlreiche höchstrichterliche Entscheidungen derart ausgeweitet, dass die zweite Auflage in zwei getrennten Bänden erscheint. In dem Band *Unternehmensnachfolge* werden alle betrieblichen Übertragungen behandelt. Der Übergang des steuerlichen Privatvermögens ist dem zweiten Band *Vermögensnachfolge* vorbehalten.

Das bewährte Konzept, nicht nur die systematischen Zusammenhänge, sondern auch die jeweiligen Regelungstypen im Einzelnen mit ihrer zivil- und steuerrechtlichen Verzahnung aufzuzeigen und in der Praxis erprobte Mustergestaltungen darzustellen, wurde beibehalten. Die beigefügte CD-ROM erlaubt die rasche Übernahme des jeweiligen Gestaltungsvorschlages.

Für Hinweise und Anregungen bin ich allen Lesern stets dankbar.

Rosenheim, im Januar 2009 *Sebastian Spiegelberger*

Das letzte Wort spricht immer
der konkrete Fall.
Er ist der größte, wenn auch
nicht der einzige Lehrmeister.
Leo Raape JW 1926, 799

Vorwort zur 1. Auflage

Während das BGB für die Rechtsfolgen des Erbfalls über 460 Paragraphen bereithält, fehlt für die vorweggenommene Erbfolge eine zusammenhängende gesetzliche Regelung. Dennoch erfolgt der Vermögensübergang meist nicht durch den Erbfall, sondern aufgrund vorsorgender Planung durch vertragliche Vereinbarung im Wege der vorweggenommenen Erbfolge, um einen reibungslosen Übergang zu gewährleisten, ein Höchstmaß an individueller Regelung zu ermöglichen und die Steuerbelastung des Nachfolgers zu minimieren.

Eine ausgewogene Gestaltung wird im allgemeinen nur erreicht, wenn sowohl das Zivil- als auch das Steuerrecht in der gegenseitigen engen Verzahnung Berücksichtigung finden. Ein besonderes Anliegen dieses Werkes ist es daher, auf die Interdependenz von Zivil- und Steuerrecht hinzuweisen. Mit den dargelegten Gestaltungsmöglichkeiten, die aus dem notariellen Alltag hervorgegangen sind, werden kautelarjuristisch erprobte Regelungen aufgezeigt. Die Darstellung orientiert sich an der Praxisrelevanz. Mein Bestreben war es, dem Leser außer der Problemdarstellung auch einen Formulierungsvorschlag anzubieten. Von dem Notar, Rechtsanwalt, Steuerberater und Wirtschaftsprüfer wird nicht nur die Beherrschung der Vertragstechnik, sondern vielmehr eine Gestaltungsberatung erwartet. Somit müssen die spezifischen zivil- und steuerrechtlichen Vorteile und Risiken, die Auswahlkriterien und die typische Interessenlage für die jeweilige Fallgestaltung analysiert werden.

Das vorliegende Werk ist eine zusammenfassende Darstellung der vorweggenommenen Erbfolge und Erbauseinandersetzung unter Berücksichtigung der BMF-Schreiben vom 11. 1. 1993 (BStBl. 1993 I S. 62 und S. 80). Vertraute Vertragsmuster sind steuerschädlich geworden, neue Gestaltungsprinzipien treten in den Vordergrund. Die BMF-Schreiben wurden kommentiert, die eingetretenen Verschärfungen kritisch untersucht und, soweit durch Rechtsprechung und Literatur nicht gesichert, in Frage gestellt. Die Rechtsentwicklung ist keinesfalls abgeschlossen.

Für Hinweise und Anregungen bin ich allen Benutzern dieses Buches stets dankbar.

Rosenheim, im Januar 1994 *Sebastian Spiegelberger*

Inhaltsübersicht

Erster Teil. Unternehmenssicherung

Zweiter Teil. Betriebsübertragung

Dritter Teil. Freiberufliche Tätigkeit

Vierter Teil. Familienpersonengesellschaft

Fünfter Teil. Familienkapitalgesellschaft

Sechster Teil. Doppelgesellschaften

Siebter Teil. Die Stiftung

Inhaltsverzeichnis

Erster Teil. Unternehmenssicherung

§ 1 Strategie der Unternehmensnachfolge

Dritter Teil. Freiberufliche Tätigkeit

§ 6 Freiberufliche Praxis

§ 10 Gesellschaft bürgerlichen Rechts

§ 11 Offene Handelsgesellschaft

§ 14 Aktiengesellschaft

Sechster Teil. Doppelgesellschaften

§ 15 Die GmbH & Co. KG

Siebter Teil. Die Stiftung

Abkürzungsverzeichnis

a. A.	anderer Ansicht
a. a. O.	am angegebenen Ort
Abs.	Absatz
a. E.	am Ende
Abschn.	Abschnitt
a. F.	alter Fassung
AfA	Absetzung für Abnutzung
Agrar R	Zeitschrift für das Recht der Landwirtschaft, der Agrarmärkte und des ländlichen Raumes
AktG	Aktiengesetz
Anh.	Anhang
Anm.	Anmerkung
AO	Abgabenordnung
Art.	Artikel
Aufl.	Auflage
BayObLG	Bayerisches Oberstes Landesgericht
BB	Betriebs-Berater
BMF	Bundesministerium der Finanzen (Bundesfinanzministerium)
Bearb.	Bearbeitung/Berater
Besch.	Beschluss
BewG	Bewertungsgesetz
BFH	Bundesfinanzhof
BFH/NV	Sammlung amtlich nicht veröffentlichter Entscheidungen des Bundesfinanzhofs
BGB	Bürgerliches Gesetzbuch
BGH	Bundesgerichtshof
BGHZ	Entscheidungen des Bundesgerichtshofes in Zivilsachen
BStBl.	Bundessteuerblatt
Buchst.	Buchstabe
BVerfG	Bundesverfassungsgericht
BWNotZ	Zeitschrift für das Notariat in Baden-Württemberg
DB	Der Betrieb (Zeitschrift)
Diss.	Dissertation
DNotI-Report	Informationsdienst des Deutschen Notarinstituts
DNotZ	Deutsche Notarzeitschrift
DSR	Deutsche Steuerberater Richtlinien 1. Aufl. 1993
DStR	Deutsches Steuerrecht (Zeitschrift)
DStZ	Deutsche Steuerzeitung, Ausgabe A oder E
EFG	Entscheidung des Finanzgerichts
Einf.	Einführung
ErbStB	Der Erbschaftsteuerberater (Zeitschrift)
ErbStG	Erbschaftsteuergesetz
ErbStRG	Erbschaftsteuerreformgesetz
EStDV	Einkommensteuer-Durchführungsverordnung

Abkürzungsverzeichnis

EStG	Einkommensteuergesetz
EStR	Einkommensteuer Richtlinien
EWiR	Entscheidungen zum Wirtschaftsrecht
f.	und die folgende Seite
FamRZ	Ehe und Familie im privaten und öffentlichen Recht (Zeitschrift für das gesamte Familienrecht)
ff.	und die folgenden Seiten
FG	Finanzgericht
FinVerw	Finanzverwaltung
FR	Finanz-Rundschau
GBO	Grundbuchordnung
gem.	gemäß
GG	Grundgesetz
ggf.	gegebenenfalls
gl. A.	gleicher Ansicht
GmbHG	GmbH-Gesetz
GmbHR	GmbH-Rundschau
GmbH-StB	Der GmbH-Steuerberater (Zeitschrift)
GrdStVG	Grundstücksverkehrsgesetz
GrEStG	Grunderwerbsteuergesetz
Großkomm-HGB	Großkommentar zum HGB
Hdb.	Handbuch
HFR	Höchstrichterliche Finanzrechtsprechung
HGB	Handelsgesetzbuch
h. L.	herrschende Lehre
h. M.	herrschende Meinung
i. d. R.	in der Regel
IdW	Institut der Wirtschaftsprüfer
Inf.	Die Information über Steuer und Wirtschaft
i. S. d.	im Sinne der / des
i. V. m.	in Verbindung mit
JurBüro	Das juristische Büro
JuS	Juristische Schulung
JZ	Juristenzeitung
KG	Kammergericht
KÖSDI	Kölner Steuerdialog
KStG	Körperschaftsteuergesetz
MittBayNot	Mitteilungen des Bayerischen Notarvereins, der Notarkasse und der Landesnotarkammer Bayern
MittRhNotK	Mitteilungen der Rheinischen Notarkammer
MDR	Monatsschrift für Deutsches Recht
MünchKomm	Münchener Kommentar
m. w. N.	mit weiteren Nachweisen
n. F.	neuer Fassung
NJW	Neue Juristische Wochenschrift

Nr.	Nummer
NWB	Neue Wirtschafts-Briefe
OFD	Oberfinanzdirektion
OGH	Oberster Gerichtshof für die britische Zone
OGHZ	Entscheidungssammlung des OGH in Zivilsachen
OLG	Oberlandesgericht
OLGZ	Entscheidungssammlung des OLG in Zivilsachen
RdNr.	Randnummer
Rev.	Revision
RG	Reichsgericht
RGR-Kommentar	Kommentar der Reichsgerichtsräte
RGZ	Entscheidungen des Reichsgerichts in Zivilsachen
Rechtspfl.	Der Deutsche Rechtspfleger
rkr.	rechtskräftig
Rspr.	Rechtsprechung
RStBl.	Reichssteuerblatt
Rz.	Randzahl
S.	Seite
s.	siehe
StbJb	Steuerberaterjahrbuch
StBp	Die steuerliche Betriebsprüfung
StKongrR	Steuer-Kongress-Report
str.	streitig
StRK	Steuerrechtsprechung in Karteiform
StuW	Steuer und Wirtschaft
StVJ.	steuerliche Vierteljahresschrift
Tz.	Textziffer
u. a.	unter anderem
Urt.	Urteil
UStG	Umsatzsteuergesetz
UR	Umsatzsteuer-Rundschau
Vfg	Verfügung
vgl.	vergleiche
Vorbem.	Vorbemerkung
WEG	Wohnungseigentumsgesetz
WM	Wertpapier-Mitteilungen
WPg	Die Wirtschaftsprüfung
ZAP	Zeitschrift für die Anwaltspraxis
ZErb	Zeitschrift für die Steuer- und Erbrechtspraxis
ZEV	Zeitschrift für Erbrecht und Vermögensnachfolge
ZGR	Zeitschrift für Unternehmens- und Gesellschaftsrecht
ZIP	Zeitschrift für Wirtschaftsrecht
Ziff.	Ziffer
ZNotP	Zeitschrift für die Notarpraxis
ZPO	Zivilprozessordnung
ZVG	Zwangsversteigerungsgesetz

Literaturverzeichnis

Arbeitskreis „Unternehmensnachfolge" des Instituts der Wirtschaftsprüfer, Erbfolge und Erbauseinandersetzung bei Unternehmen 3. Aufl.;

Baumbach/Hopt, HGB, Kommentar, 33. Auflage 2008;

Baus, Die Familienstrategie, 2003;

Burandt, Beck´sches Mandatshandbuch, Erbrechtliche Unternehmensnachfolge (2002);

Behringer, Unternehmensbewertung der Mittel- und Kleinbetriebe, 2001;

Brandmüller, Gewerbliche Stiftungen, 2. Aufl. 1998;

Crezelius, Unternehmenserbrecht (1998);

Esch/Baumann/Schulze zur Wiesche, Handbuch der Vermögensnachfolge 6. Aufl. (2001);

Esch/Baumann/Schulze zur Wiesche, Handbuch der Vermögensnachfolge 6. Aufl. 2001;

Felden, Die Unternehmensbewertung im Zugewinnausgleich – Konsumwertmethode –, 1998;

Flick/Hannes/von Oertzen, Erben ohne Streit und Steuern, 2003;

Gebel, Betriebsvermögen und Unternehmensnachfolge, 2. Aufl. 2002;

Gosch/Schwedhelm/Spiegelberger, GmbH-Beratung, (Losebl.) Stand: Juli 2008;

Gretzinger/Schulze-Borges, Steuergünstige Gestaltung mittelständischer Unternehmen 1991;

Haas, Erbschaftsteuerrecht und gesellschaftsrechtliche Nachfolge, 1996;

Habig/Berninghaus, Die Nachfolge im Familienunternehmen ganzheitlich regeln (1998);

Hörger/Stephan, Die Vermögensnachfolge im Erbschaft- und Ertragsteuerrecht 2. Aufl.;

Hofer, Vorweggenommene Erbfolgeregelungen gegen private Versorgungsleistungen (1995);

Hübner, Die Unternehmensnachfolge im Erbschaft- und Schenkungssteuerrecht, 1998;

Janssen/Nickel, Unternehmensnießbrauch, 1998;

Klein/Vossius, Unternehmensnachfolge 1999;

Koblenzer, Familienunternehmen vor dem Generationswechsel (2004);

Langenfeld/Günther, Grundstückszuwendungen zur lebzeitigen Vermögensnachfolge, 5. Aufl. 2005;

Landsittel, Gestaltungsmöglichkeiten von Erbfällen und Schenkungen 2. Aufl. 2001;

Lohr, Der Nießbrauch an Untenehmen und Unternehmensanteilen 1989;

Lorz/Kirchdörfer, Unternehmensnachfolge (2002);

Luckey, Unternehmensnachfolge 2. Aufl. 1998;

Lutterbach, Steuerorientierte Planung der Unternehmensnachfolge, 2003;

Mayer J., Grundzüge des Rechts der Unternehmensnachfolge 1999;

Mensching, Umsatzsteuer bei Erbfall und vorweggenommener Erbfolge, 1997;

Müller/Ohland, Gestaltung der Erb- und Unternehmensnachfolge in der Praxis, 1991;

Münchener Vertragshandbuch, Bd. 1, Gesellschaftsrecht, hrsg. von *Heidenhain/Meister/Waldner*, 6. Auflage 2005;

Olzen, Die vorweggenommene Erbfolge, 1984;

Pietsch/Tehler, Betriebsaufgabe und Unternehmensnachfolge 3. Aufl. 1996;

Piltz, Die Unternehmensbewertung in der Rechtsprechung, 3. Aufl. 1994;

Pohl, Unternehmensnachfolge durch Teilungsanordnung und Sondererbfolge im Einkommensteuerrecht (1997);

Reimann/Spiegelberger, Aktuelle Rechtsfragen der Unternehmensnachfolge, 1986;

Literaturverzeichnis

Richter, die Abfindung ausscheidender Gesellschafter unter Beschränkung auf den Buchwert, 2002;
Riedel, Unternehmensnachfolgeregeln 1994;
Schlecht & Partner/Taylor Wessing (Hrsg.), Unternehmensnachfolge, 2004;
Schmeisser/Krimphove/Nathusius, Handbuch der Unternehmensnachfolge (2003);
Schmidt, Einkommensteuergesetz, Kommentar, 27. Auflage 2008;
K. Schmidt, Gesellschafftsrecht, 4. Auflage 2002;
Schließmann/Fandrich/Bloehs, Unternehmernachfolge (2001);
Sobanski/Gutmann, Erfolgreiche Unternehmensnachfolge (1998);
Sonneborn, Besteuerung der Unternehmenserbfolge 1996;
Spiegelberger, Vermögensnachfolge 1994;
Stehle, Familienunternehmen, 4. Aufl. 1997;
Sudhoff, Familienunternehmen 2. Aufl. 2005; ders., Handbuch der Unternehmensnachfolge, 5. Aufl. 2005;
Trompeter, Vorweggenommene Erbfolge durch Betriebsübertragung 1994;
Vorwold, Unternehmensnachfolge (2001);
Waldner/Rausch, Das Testament des Unternehmers;
Weinländer, Unternehmensnachfolge 1998;
Wollny, Unternehmens- und Praxisübertragungen, 5. Aufl.

Wo es an Beratung fehlt,
da scheitern die Pläne.
Buch der Sprüche 15, 22–23

Erster Teil. Unternehmenssicherung

§ 1 Strategie der Unternehmensnachfolge

Übersicht

Literatur: *Baumann,* Mediation und Unternehmensnachfolge: Einsatzmöglichkeiten und Vorteile, ZEV 2004, 108; *Bundesministerium für Wirtschaft und Arbeit,* Unternehmensnachfolge 2004; *Friedrich/Steidle/Gunzelmann,* Steuerrechtliche Aspekte bei der Entscheidung über Strategien bei der Unternehmensnachfolge, BB-Special 6, 18; *Gesmann-Nuissl,* Unternehmensnachfolge – ein Überblick über die zivil- und gesellschaftsrechtlichen Gestaltungsmöglichkeiten, BB-Special 6, 2006, 2; *Götz,* Steuerliche Berücksichtigung von Beratungs-/Notarkosten bei vorweggenommenen Erbfolgeregelungen betreffend Personengesellschaften, DStR 2006, 545; *Heidemann/Ostertun,* Unternehmensnachfolge – steuerliche Entwicklungen in 2003, GmbHR 2004, 232; *Hering/Olbrich,* Unternehmensnachfolgeplanung aus betriebswirtschaftlicher Sicht, BB-Special 6, 2006, 25; *Koblenzer,* Umstrukturierungen im Rahmen einer Unternehmensnachfolge, ErbStB 2003, 288 und 2004, 49; *Limmer,* Nachfolgeregelungen durch den Notar bei mittelständischen Unternehmen, in Freundesgabe für Willy Weichler, Köln 1997, 67; *Litmathi/Hill,* Strukturbrüche der Unternehmensnachfolge, ZfB 2006, 1113; *Nitz,* Unternehmensnachfolge, BWNotZ 2004, 153; *Price-Waterhouse-Coopers,* Familienunternehmen Deutschland 2006; *Reinicke/Leibner,* Die Unternehmensnachfolgeberatung – typische Fehlerquellen und ihre Vermeidung, NWB Fach 18, 4039 (Februar 2004); *Schäfer/Scherer/Tanck/Landsittel,* Erfolgreiche Unternehmensnachfolge – eine der wesentlichen ökonomischen Herausforderungen unserer Zeit, BB-Special 5, 2004, 1; *Scherer,* Erfolgreiche Unternehmensnachfolge – Beratungsaspekte und Störfelder, BB-Special 5, 2004, 2; *C. Schmidt,* Steuerliche Gestaltung der Unternehmensnachfolge im internationalen Familienunternehmen in FS für Rödl (2008), 255; *Schnitter,* Übertragung von Familienunternehmen, ErbStB 2005, 28; *A. Söffing/Thoma,* Veräußerung von mittelständischen Unternehmen, ErbStB 2004, 226; *Schoor,* Betriebsübertragung von Eltern auf Kinder im Wege vorweggenommener Erbfolge, StBp 2004, 131 und 169; *ders.,* Übertragung von Betriebsvermögen im Wege vorweggenommener Erbfolge, DStZ 2002, 55; *Schulze zur Wiesche,* Betriebsübertragungen gegen Raten, Renten und sonstige wiederkehrende Bezüge, StBp 2005, 52.

A. Nachfolgeberatung

1 Die frühzeitige Beratung mittelständischer Unternehmen hinsichtlich der Unternehmensnachfolge ist eine Existenzfrage der deutschen Wirtschaft. Ohne langfristige Konzeption wird der Bestand des eigenen Unternehmens gefährdet, wird das Personal verunsichert und die Kreditwürdigkeit des Unternehmens bei den Banken in Frage gestellt: Einer der wichtigsten Rating-Punkte nach Basel II ist die **Sicherung** der **Unternehmensnachfolge**. Die außerordentlich beunruhigende Insolvenzsituation in Deutschland beruht

auch darauf, dass langfristige Unternehmenskonzeptionen fehlen. Frühzeitig, nicht erst im hohen Alter, muss der Unternehmer darauf angesprochen werden, die Unternehmensnachfolge als unternehmerische Aufgabe zu begreifen. Bei dieser Nachfolgeberatung geht es – nach Angabe des Instituts für Mittelstandsforschung – in jedem Jahr um den Erhalt von einer Million Arbeitsplätzen und um einen Unternehmenswert von 200 Milliarden Euro, also um eine in jeder Hinsicht bedeutende Aufgabe.

Nachfolgeberatung heißt:

- Erteilung einer Vorsorgevollmacht,
- Entwicklung eines Nachfolgekonzeptes,
- Initiierung eines Unternehmertestamentes,
- Überprüfung des Ehevertrages,
- Handelsregistereinsicht,
- Grundbuchrecherche,
- Koordination mit dem Gesellschaftsvertrag,
- Übernahme der Testamentsvollstreckung und
- Minimierung der Steuerbelastung.

Damit ist ein weites Tätigkeitsfeld für die beratenden Berufe aufgetan.

I. Bedeutung mittelständischer Unternehmen

Unternehmensnachfolge ist ein Problem der mittelständischen Unternehmen, die das Rückgrat der deutschen Wirtschaft darstellen. Der Mittelstand beschäftigt 70% der Arbeitnehmer und bildet 80% des Nachwuchses aus. Drei Viertel aller in Deutschland erteilten Patente gehen auf das Konto des Mittelstandes. Während bei börsennotierten Kapitalgesellschaften der Shareholder-Value-Grundsatz von hire and fire regiert, strebt der Mittelstand nach langfristigen, über Jahrzehnte dauernden Anstellungsverhältnissen. Die deutschen Unternehmerfamilien, die nahezu ausnahmslos nach dem 2. Weltkrieg mit dem Stande Null begonnen haben, sind ein lebhaftes Beispiel für die Kreativität des Mittelstandes. Hinzu kommt eine Identifizierung mit dem eigenen Produkt und das Bekenntnis zur generationenübergreifenden Unternehmenserhaltung. 2

Leistungszahlen der 3,4 Mio. mittelständischen Unternehmen in Deutschland

- 70,0% der Arbeitnehmer
- 80,0% der Lehrlinge
- 46,0% aller Bruttoinvestitionen durch
- 47,0% aller steuerpflichtigen Umsätze
- 57,0% der Bruttowertschöpfung
- 75,0% aller Patente

Quelle IfM

II. Nachfolgeprognosen

1. Der Bundesverband Reifenhandel und Vulkanisierhandwerk (BRV) und der Verband Technischer Handel (VTH) haben Umfragen zu Bedeutung und Problemen der Unternehmensnachfolge durchgeführt, vgl. *Klein-Blenkers,* ZEV 2001, 331. Danach gehen im Zeitraum zwischen 2006 bis 2010 bis zu 28% der Betriebe auf neue Inhaber über. 3

Voraussichtlicher Zeitraum für die Unternehmensübertragung/-aufgabe

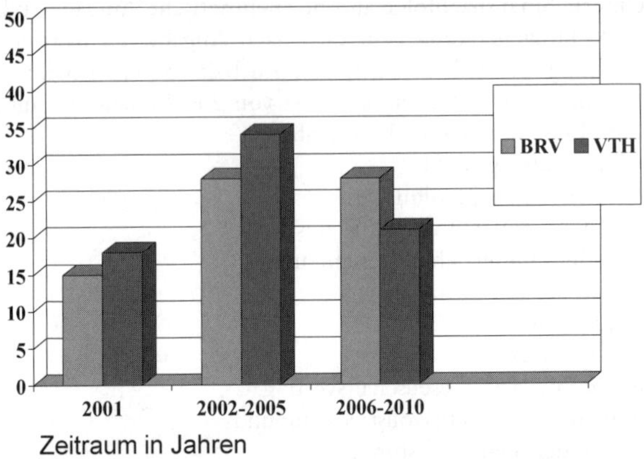

2. Das Institut für Mittelstandsforschung in Bonn hat zur Unternehmensnachfolge interessante Daten bekannt gegeben. Viele potentielle Nachfolger, die miterlebt hätten, unter welchen Entbehrungen ihre Eltern die Firma vorangebracht haben, scheuten vor dem hohen zeitlichen Einsatz zurück, den das Unternehmerdasein erfordert. Die Folge sei, dass die junge Generation oft eher an einem Verkauf des Unternehmens interessiert sei, anstatt selbst in die Verantwortung zu treten. Dies gelte auch deshalb, weil der Verkaufserlös dem Junior die Verwirklichung eines eigenen Lebensziels erleichtere. Besonders betroffen von der Übergabeproblematik sind das Handwerk, bestimmte Dienstleistungsbetriebe, z.B. das Hotel- und Gaststättengewerbe sowie Teile des Einzelhandels.

Nachfolgelösungen in deutschen Familienunternehmen und betroffene Arbeitsplätze im Jahr 2005
(ausgehend von 70.900 übergabereifen Unternehmen mit ca. 678.000 Mitarbeitern)

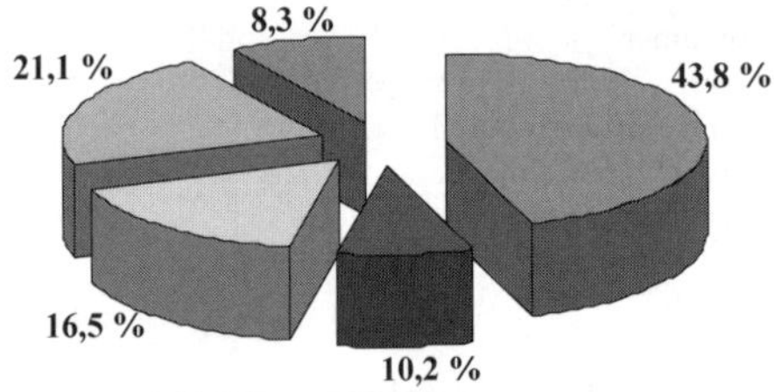

- Familienmitglieder (31.000 Unternehmen, ca. 351.000 Mitarbeiter)
- Mitarbeiter (MBO) (7.300 Unternehmen, ca. 72.500 Mitarbeiter)
- externe Führung (MBI) (11.700 Unternehmen, ca. 107.000 Mitarbeiter)
- Verkauf (15.000 Unternehmen, ca. 114.000 Mitarbeiter)
- Sonstiges: Stilllegung, Stiftung (5.900 Unternehmen, ca. 33.500 Mitarbeiter)

Quelle: Institut für Mittelstandsforschung Bonn

III. Problematik der Unternehmensnachfolge

1. Familiäre Nachfolger

Das überlange Verbleiben in der Führungsposition führt zu Verkrustungen und den Verlust der Wettbewerbsfähigkeit. Flämig, DB 1978 Beil. Nr. 22, S. 2 nennt es eine Binsenwahrheit, dass bereits die Ankündigung einer Unternehmensnachfolge, erst recht deren plötzlicher Eintritt, in dem Organismus eines jeden Unternehmens zu Erschütterungen führt, die – wenn hiergegen nicht rechtzeitig Vorkehrungen getroffen werden – die Existenz des Unternehmens in Frage stellen können. Je stärker dabei der Bestand eines Unternehmens mit der Person des Unternehmers verbunden ist, um so eher können **Erbfälle** Anlass zu **Unternehmenskrisen** werden. Die Überleitung der Verantwortung für ein Familienunternehmen erfolgt somit am besten im Wege der umschauend geplanten vorweggenommenen Erbfolge. 4

Bis zu einem Jahresumsatz von 12,5 Mio. steigt proportional zum Umsatz die Übernahme des Unternehmens durch einen Familienangehörigen und erreicht bei einer Umsatzgröße von 2,5 Mio. bis 12,5 Mio. € immerhin eine Quote von 70%. Bei kleineren Unternehmen scheuen viele potentielle Nachfolger, die die Entbehrungen ihrer Eltern für die Firma miterlebt haben, den hohen zeitlichen Einsatz, den das Unternehmerdasein erfordert.

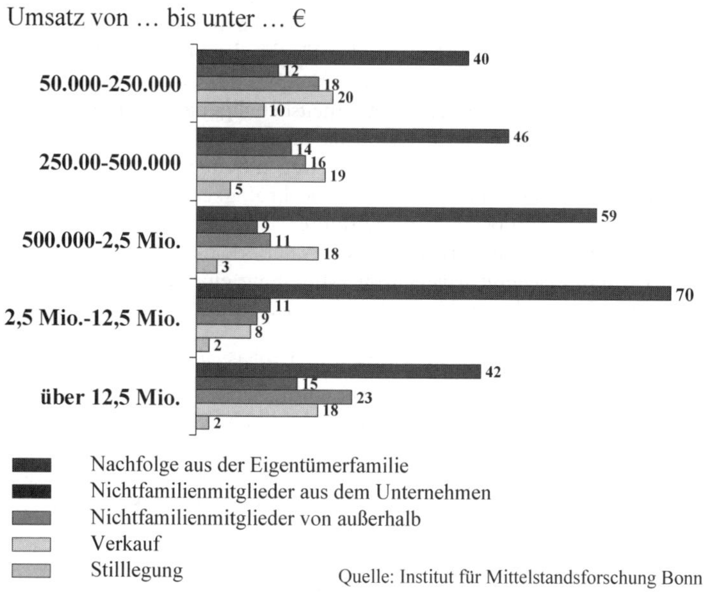

Quelle: Institut für Mittelstandsforschung Bonn 2004

2. Scheitern der Unternehmensnachfolge

Nahezu 30% der Unternehmen finden keinen Nachfolger. 5

Nach einer Creditreformbefragung (1998) werden von den Beteiligten folgende Gründe für das Scheitern von Unternehmensnachfolgen aufgeführt:

Auf dem Unternehmer beruhende Gründe:

- Mangelndes Bewusstsein des Unternehmers für die Nachfolgeregelung
- Fehlende zweite Managementebene, keine Nachwuchsförderung
- Unternehmer will seine Einflussnahme nicht aufgeben, „reinregieren“
- Fehlende Altersvorsorge des Unternehmers
- Divergierende Kaufpreisvorstellungen.

Auf dem Unternehmensnachfolger beruhende Gründe:

- Fehlende Führungserfahrung
- Ungenügende Branchenkenntnis
- Umstellung eines Managers (z.B. aus der Großindustrie) auf ein mittelständisches Unternehmen gelingt oft nicht
- Mitarbeiter gehen auf Konfrontationskurs zum Nachfolger
- Finanzschwäche des Nachfolgers, Problem der Kaufpreisfinanzierung.

3. Auswahlkriterien

6 Die Auswahl des Unternehmensnachfolgers ist wohl die schwierigste Entscheidung im Leben eines Unternehmers. Familiäre Rücksichtnahmen dominieren im Allgemeinen, so dass rationale Überlegungen in den Hintergrund treten. Die Auswahl unter mehreren Kindern führt zu dem Problem, dass die weichenden Erben sich häufig benachteiligt fühlen.

Realteilungskonzepte sind noch streitanfälliger, wie Shakespeare' s König Lear beweist: Die Aufteilung des Königreiches auf zwei Töchter und die Verheiratung der dritten Tochter mit dem französischen König führt zu Kriegen zwischen den Töchtern, die mit der Flucht des vermögenslosen und blinden Vaters enden. Ein abschreckendes Beispiel der Unternehmensnachfolge ist auch die Einräumung einer Mehrheitsbeteiligung des unreifen Sohnes Peter Benteler, der im groben Undank die restliche Beteiligung in der Weise an sich ziehen will, dass er den Vater wegen Steuerdelikte anzeigt und der Vater daraufhin den Sohn wegen Unregelmäßigkeiten bei den Reisekostenabrechnungen fristlos als Geschäftsführer abberuft. Während des Prozesses nimmt sich die Mutter das Leben, der Vater erleidet einen Herzinfarkt. Geradezu harmlos erscheint dagegen die Mitteilung eines Hofübergebers an den Notar am Tag nach der Übergabe, dass der Sohn den Brotkasten verschlossen hat.

7 Auch die Übergeber kommen häufig mit dem durch die Übergabe eingetretenen **Rollenwechsel** vom Inhaber zum Berater nicht zurecht und reklamieren alle bisherigen Führungsansprüche nach wie vor für sich und vereiteln dadurch die erforderliche unternehmerische Profilierung des Nachfolgers. Umgekehrt sind jugendliche Nachfolger häufig nicht in der Lage, auch dem Übergeber noch eine angemessene betriebliche Funktion einzuräumen und dem Seniorchef z.B. den Kundenkontakt zu überlassen, der naturgemäß häufig vom Übergeber in Anspruch genommen und mit großem Erfolg weitergeführt wird. Das Institut für Mittelstandsforschung hat folgende Probleme nach der Übergabe eines Unternehmens festgestellt:

Probleme nach Übergabe eines Unternehmens
Umfrage bei 35 Unternehmensberatern

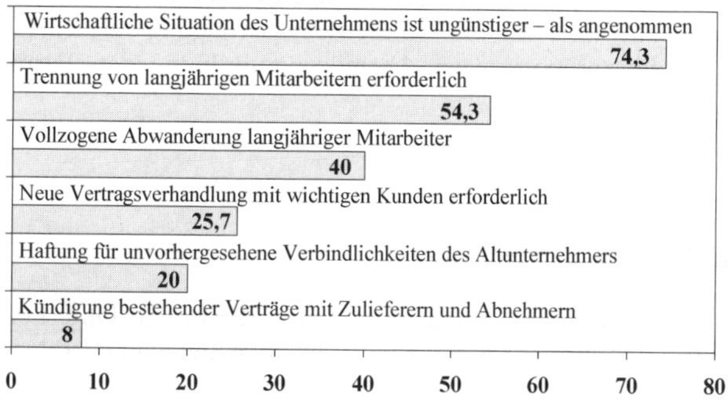

Quelle: Institut für Mittelstandsforschung Bonn, 2001

einstweilen frei 8–10

B. Regelungsziele

Die Universität Witten/Herdecke hat folgende wichtige Gestaltungsziele 11
der Unternehmensnachfolge aufgelistet, die im folgenden im Einzelnen dargelegt werden.

Gestaltungsziele der Unternehmensnachfolge

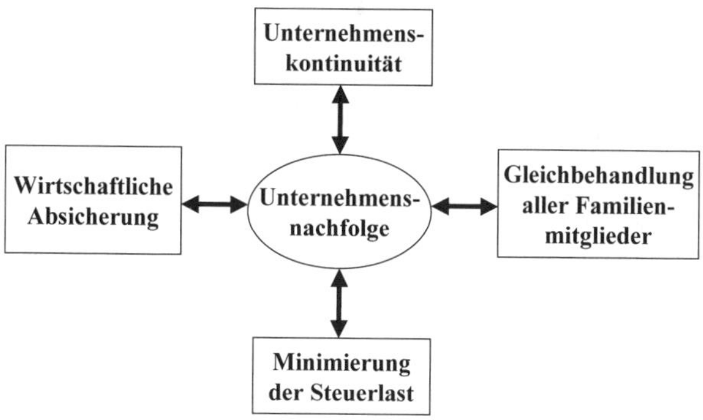

Quelle: Universität Witten/Herdecke

Allerdings ist nach meiner Beurteilung bei der Unternehmensnachfolge die von der Universität Witten/Herdecke geforderte Gleichbehandlung aller Familienmitglieder eine akademische Traumformel. Tatsächlich muss in der

Praxis in aller Regel der Unternehmensnachfolger in der Vermögenszuordnung bevorzugt werden, um die Unternehmenskontinuität als obersten Grundsatz der vorweggenommenen Erbfolge zu sichern. Die Kunst des Beraters besteht darin, trotz der mit der Betriebsübertragung auf den Nachfolger verbundenen überproportionalen Vermögenszuordnung den **Familienfrieden** zu wahren.

I. Unternehmenskontinuität

1. Nachfolger aus der Familie

12 Unternehmensnachfolge beginnt bereits mit der für das Unternehmen geeigneten Ausbildung der Kinder. Die frühzeitige Beteiligung führt zu einer Bindung der Abkömmlinge an das Unternehmen. Trotz der erforderlichen Lehrjahre außerhalb des eigenen Betriebes sollten die Eltern darauf achten, dass ihre Kinder frühzeitig am elterlichen Betrieb interessiert werden. Die frühzeitige Beteiligung der für die Unternehmensnachfolge geeigneten Kinder stellt zugleich eine geeignete Maßnahme dar, die unternehmerischen Qualitäten der Prätendenten zu testen.

Unternehmensübertragungen 2005 nach Übertragungsursachen und Beschäftigung

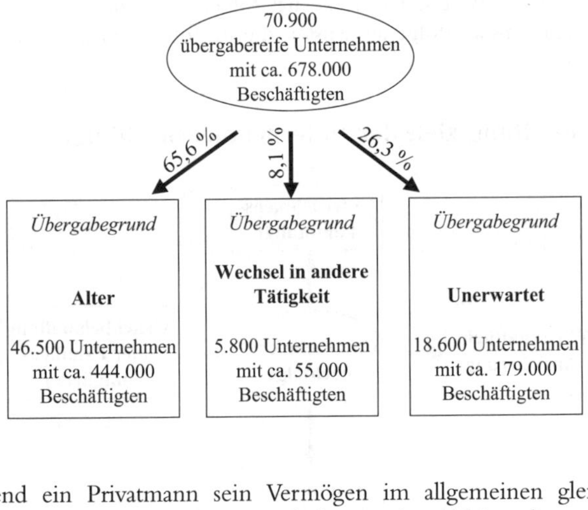

13 Während ein Privatmann sein Vermögen im allgemeinen gleichmäßig, nach landläufiger Meinung also „gerecht“ unter den Abkömmlingen verteilen kann, wobei zunächst der überlebende Ehegatte abgesichert wird, steht bei einem Unternehmer die **Unternehmenskontinuität** im Vordergrund. Je stärker der Bestand des Unternehmens mit der Person des Unternehmers verbunden ist, um so eher kann der Erbfall ein Anlass zu Unternehmenskrisen werden. „Private“ Gesichtspunkte treten regelmäßig in den Hintergrund.

a) Erbengemeinschaftsvermeidung

Die gesetzgeberische Konzeption der Erbengemeinschaft erlaubt grundsätzlich die jederzeitige Auseinandersetzung und Versilberung des Nachlasses, so dass die vom Erblasser häufig gewünschte Erhaltung des Vermögens als Familiengut nicht gewährleistet ist. Das gesetzliche Erbrecht führt darüber hinaus zu einer Zerstückelung des Nachlasses, die der ungeschmälerten Weitergabe auf einen Nachfolger im Wege steht. Gehört zum Nachlass ein Betrieb, kann die gesetzliche Erbfolge eine Unternehmenskrise auslösen. 14

b) Primat der Vorwegerbfolge

Das plötzliche Ausscheiden des Unternehmers durch Krankheit oder Tod löst häufig Unternehmenskrisen aus. Auch das überlange Verbleiben in Führungspositionen führt zu Verkrustungen und den Verlust der Wettbewerbsfähigkeit. 15

Die Überleitung der Verantwortung für ein Familienunternehmen erfolgt am besten im Wege der umschauend geplanten vorweggenommenen Erbfolge, entweder stufenweise durch Aufnahme des Unternehmensnachfolgers als Gesellschafter und dem späteren Ausscheiden des Seniors oder unter Betriebsübergabe im Ganzen.

c) Sicherung der Unternehmensführung

Insbesondere soll die Führung im Unternehmen nicht gefährdet werden: Allzu viele Köche verderben den Brei. Gerade im mittelständischen Bereich wird der Unternehmer streng darauf achten, dass nur Familienangehörige nachfolgen, die eine unternehmerische Begabung aufweisen. Sofern der Ehegatte im starken Maße in die Betriebsorganisation eingebunden ist, kann dieser als Nachfolger berufen werden. In den meisten Fällen wird jedoch sofort, schon aus Altersgründen, nach dem Abkömmling Ausschau gehalten, der nach seiner beruflichen Ausbildung und charakterlichen Eignung als Unternehmensnachfolger in Betracht kommt. 16

d) Nachfolgerbindung

Unternehmensnachfolge beginnt bereits mit der für das Unternehmen geeigneten Ausbildung der Kinder. Die frühzeitige Beteiligung führt zu einer Bindung der Abkömmlinge an das Unternehmen. Trotz der erforderlichen Lehrjahre außerhalb des eigenen Betriebes sollten die Eltern darauf achten, dass ihre Kinder frühzeitig am eigenen Betrieb interessiert werden. Wenn die Eltern zu lange zögern, ihre Abkömmlinge am Familienvermögen zu beteiligen, kann dies zu einer irreversiblen Trennung von der Familie führen. Die frühzeitige Beteiligung der zur Unternehmensnachfolge vorgesehenen Kinder stellt zugleich eine geeignete Maßnahme dar, die unternehmerischen Qualitäten der Prätendenten zu testen. 17

2. Familiengesellschaften

a) Fehlende Führungsqualitäten

Nach der Lebenserfahrung sind nicht alle Kinder in gleicher Weise zur Verwaltung des Familienvermögens oder zur Fortführung eines Unterneh- 18 mens geeignet. Unerwünschte oder aufgrund ihrer körperlichen und geistigen Entwicklung ungeeignete Nachfolger, die im Falle der Erbfolge nachrücken würden, können nicht in die **Führungsverantwortung** berufen werden. Die häufig gewünschte finanzielle Gleichbehandlung der Abkömmlinge und der sich aus der Pflichtteilsberechtigung ergebende Zwang führt in diesen Fällen zur Gründung einer Familiengesellschaft mit gleichen oder zumindest die Pflichtteilsquoten deckenden Gesellschaftsanteilen und einer Differenzierung bei der Führungsverantwortung. Dem begabtesten Kind wird dabei die Geschäftsführung anvertraut.

Sofern gesellschaftsrechtliche Strukturen nicht gewünscht werden, kommt die Abfindung der weichenden Nachfolger mit einem Verzicht auf Pflichtteils- und Pflichtteilsergänzungsansprüche oder die frühzeitige vorweggenommene Erbfolge in Betracht, wonach die auf zehn Jahre gem. § 2325 Abs. 3 BGB begrenzte Pflichtteilsergänzungsberechtigung die Liquiditätsproblematik entschärfen soll.

Relativ häufig ist auch die Gestaltung, dass die Unternehmensführung zwei Kindern gemeinsam oder mit Einzelvertretungsbefugnis anvertraut wird. Diese Unternehmen firmierten früher gerne unter dem Firmenzusatz „Gebrüder". Die Praxis zeigt, dass bei dieser Gestaltung Pattsituationen und permanente Führungsrivalitäten zu befürchten sind. Sieht man in dem langfristigen Bestand des Unternehmens die Priorität, sollten die Eltern – wenn auch schweren Herzens – sich für die Majorität eines Kindes entschließen.

b) Reduzierung der Zahl der Nachfolger

19 Mit zunehmender Zahl der Gesellschafter nehmen die Konflikte in einem Familienunternehmen erfahrungsgemäß zu. Zahlreiche Gesellschaftsverträge sehen daher vor, dass für jeden Familienstamm nur ein Nachfolger nachrücken kann oder ein Familienstamm jeweils nur einheitlich das Stimmrecht ausüben darf, die Gesellschaftsanteile dieses Familienstammes also durch einen Poolvertrag gebunden werden. Um Geschäftsführungsrivalitäten zu vermeiden, wird gerade in größeren Familienunternehmen einem **professionellen Management** der Vorzug gegenüber dem Anspruch auf Geschäftsführungstätigkeit durch Familienangehörige gegeben. In der Landwirtschaft ist es eine eherne Regel, dass der Hof einem einzelnen Abkömmling allein zufällt.

3. Familienstiftung

Literatur: *Hennerkes/Kögel,* Familienstiftung – ein Instrument zur Sicherung des Familienerbes in FS für Rödl, 2008, 281; *Spiegelberger,* Die Familienstiftung – ein neuer Star, ErbStB 2005, 43; *Werner,* Stiftungen als Instrument der Unternehmens- und Vermögensnachfolge, ZEV 2006, 539; siehe auch die Literaturangaben zu § 17.

20 Besonders erfolgreiche Unternehmer wie die beiden Albrecht-Brüder (Aldi-Nord = Markus-Stiftung und Aldi-Süd = Siepmann-Stiftung), Beisheim, Bertelsmann, Schwarz (Lidl-Stiftung & Co. KG) und Würth (Carmen, Bettina, Marion und Markus-Stiftung) haben den Bestand ihrer Unternehmen durch Familienstiftungen gesichert.

Auch für **mittlere Unternehmen** kommt diese Rechtsform in Betracht, da seit der Stiftungsreform im Jahre 2002 gem. § 80 Abs. 2 BGB ein Rechtsanspruch auf Anerkennung besteht, während früher dies im Ermessen der Aufsichtsbehörden stand und einzelne Bundesländer (Nordrhein-Westfalen und Brandenburg) überhaupt private Familienstiftungen untersagten. *Fischer* in Brandmüller, Gewerbliche Stiftungen S. 7, meint, Stiftungen könnten nicht nur Nachfolgeprobleme lösen, Publizität vermeiden, Haftungsrisiken vermindern, sondern böten auch im Familienbereich allein oder zusammen mit anderen Rechtsformen (Stiftung & Co. KG, Stiftung und Betriebsaufspaltung) maßgeschneiderte gesellschafts- und steuerrechtliche Organisationsformen. Zu den einzelnen Gestaltungsvarianten vgl. § 17.

4. Familienexterne Gestaltung

Literatur: *Gesmann-Nuissl,* Unternehmensnachfolge – ein Überblick über die zivil- und gesellschaftsrechtlichen Gestaltungsmöglichkeiten, BB Spezial 6, 2006, 2.

a) Management buy out

Sofern Abkömmlinge für die Unternehmensnachfolge ausscheiden, kommt 21
die Unternehmensnachfolge durch qualifizierte Mitarbeiter in Betracht. Der Führungsstab eines Unternehmens ist am ehesten in der Lage, ein seit Jahrzehnten etabliertes Unternehmen zu erhalten und fortzuführen. Auch dem Unternehmer selbst liegt meist daran, die von ihm geschaffenen Arbeitsplätze langfristig zu erhalten, so dass die Übertragung häufig zu besonders günstigen Konditionen durchgeführt wird. Fehlt es den Mitarbeitern an Kapital für den Erwerb, ist eine bewährte Ausweichlösung die Übertragung des Unternehmens ohne das Anlagevermögen, so dass entweder **Verpachtungsmodelle** oder die vorherige Ausgliederung des wertvollen Grundbesitzes unter Buchwertfortführung gem. § 6 Abs. 5 Satz 3 EStG geprüft werden müssen.

b) Verkauf an Betriebsfremde

Fehlt es an geeigneten oder übernahmebereiten Nachfolgern aus der 22
Familie, ist dem rechtzeitigen Verkauf des Unternehmens der Vorzug zu geben. Der Veräußerungserlös kann die Altersversorgung des Unternehmers meist mit der Folge sichern, dass auch für die nachfolgende Generation noch Mittel zur Verfügung stehen, während der Untergang des Unternehmens zwei Generationen in den Abgrund reißt. In Betracht kommt ein **management buy in**, wonach ein externes Managementteam sich in die Führung des Unternehmens einkauft oder die Veräußerung an Investitoren, die häufig Familienunternehmen als Investmentfonds durch einen **asset deal** oder **share deal** die wesentlichen Betriebsgrundlagen oder Gesellschaftsanteile erwerben. Interessenten sind insbesondere Liefer- oder Abnehmerfirmen, die die Produktpalette des zum Verkauf stehenden Unternehmens schätzen oder auch Konkurrenzunternehmen, die ihren Marktanteil vergrößern wollen. Die näheren Einzelheiten werden in § 4 Rn. 56ff. dargelegt.

einstweilen frei 23–25

II. Familienfrieden

1. Entgeltliche Pflichtteilsverzichte

Literatur: *Bengel,* Die gerichtliche Kontrolle von Pflichtteilsverzichten, ZEV 2006, 192; *Thoma,* Maßnahmen zur Reduzierung des Pflichtteilsrisikos, ZEV 2003, 278; *Cornelius*, Auskunfts- und Wertermittlungsverlangen des enterbten Pflichtteils-Berechtigten bei pflichtteilsergänzungsrechtlich relevaten Veräußerungen, ZEV 2005, 286; *Kerscher,* Ergänzungspflichtteil nach Ausgleichung gem. § 2326 BGB, ZEV 2005, 295; *Schindler,* Fristlauf bei pflichtteilsergänzungsrechtlichen Schenkungen, ZEV 2005, 290; *Tanck,* Pflichtteil bei unternehmerisch gebundenen Vermögen, BB-Spezial 2004, 19.

26 Wird ein Betrieb in vorweggenommener Erbfolge übertragen, ist die Bemessung der **Geschwistergleichstellungsgelder** besonders schwierig. Spätere Auseinandersetzungen zwischen den Geschwistern sind besonders wegen der Ermittlung des Firmenwertes für die Pflichtteilsberechnung streitbefangen. Es empfiehlt sich daher die Mitwirkung der Pflichtteilsberechtigten bei der vertraglichen Regelung und die Vereinbarung mindestens eines gegenständlich beschränkten – auf den übernommenen Gewerbebetrieb bezogenen – Pflichtteilsverzichts. Sofern nach der Betriebsübergabe eine erhebliche Verschlechterung der wirtschaftlichen Situation des Unternehmens eintritt, können vereinbarte Gleichstellungsgelder grundsätzlich nur mit Zustimmung der begünstigten Geschwister reduziert werden. Eine nachträgliche Herabsetzung des Geschwistergleichstellungsgeldes durch Vereinbarung zwischen den Eltern und dem Betriebsübernehmer zu Lasten der Geschwister ist ohne deren Zustimmung unwirksam, vgl. BGH DNotZ 1992, 32. Für eine Anpassung nach den Grundsätzen über den Wegfall der Geschäftsgrundlage ist regelmäßig kein Raum, vgl. *Coing,* NJW 1967, 1777; *Olzen,* a.a.O. S. 214. Eine Vertragsanpassung ist allenfalls bei anfänglichem Irrtum über die Geschäftsgrundlage, also bei einer anfänglichen Fehlbewertung, denkbar, vgl. BGH a.a.O.

27 **Erbstreitigkeiten** gehören zu den langwierigsten Prozessen überhaupt. Insbesondere ergeben sich Wertermittlungsprobleme, wenn zum Nachlass Unternehmen gehören; darüber hinaus kommt es bei der Anrechnung von Vorempfängen gem. § 2050 BGB häufig zu Auseinandersetzungen. Der Königsweg zur Erbstreitverhinderung ist ohne Zweifel der Pflichtteilsverzicht der weichenden Nachfolger, wozu selbstverständlich die Mitwirkung der betroffenen Personen erforderlich ist, regelmäßig unter Vereinbarung einer Abfindungszahlung. Bei der Bemessung ist zu berücksichtigen, dass der Verzichtende wegen der frühzeitigen Auszahlung eine **Abzinsung** hinnehmen muss. Ferner stellt die Abschmelzung des Ergänzungspflichtteils im Zehn-Jahres-Zeitraum des § 2325 Abs. 3 BGB einen weiteren Minderungsfaktor dar.

28 Als **Varianten des Pflichtteilsverzichtes** kommen in Betracht:

- **beschränkter** Pflichtteilsverzicht auf das zu übertragende Betriebsvermögen, so dass dem Verzichtenden die Pflichtteilsrechte am restlichen Nachlass des Übergebers verbleiben,
- Pflichtteilsverzicht **gegenüber erstversterbendem Elternteil**, so dass der Pflichtteilsberechtigte nach dem Ableben beider Eltern den vollen Pflichtteil am Vermögen des längstlebenden Elternteils behält,

- **unbegrenzter** Pflichtteilsverzicht gegenüber beiden Elternteilen, so dass keinerlei Pflichtteilsansprüche mehr bestehen oder
- **Pflichtteilsstundung**, wonach lediglich die Geltendmachung des Pflichtteils auf längere Zeit hinausgeschoben wird.

2. Pflichtteilsminderung durch Vorwegerbfolge

Der Erbfall führt häufig zu Liquiditätsproblemen bei der Unternehmensnachfolge. Der letztwillig berufene Alleinerbe ist regelmäßig Pflichtteilsansprüchen ausgesetzt. Der Erblasser tut daher gut daran, wenn er dem Pflichtteilsberechtigten einen dem Pflichtteil gleichen Erbteil zuwendet, so dass dem Pflichtteilsberechtigten im Falle der Ausschlagung kein Pflichtteilsanspruch zusteht. Dabei sollte der Nachlass zu Lebzeiten so strukturiert werden, dass der Erbfall zu keinen Liquiditätsproblemen führt. Durch die Unternehmensübertragung zu Lebzeiten wird die Liquidität geschont, weil die vereinbarte Versorgung des Übergebers (kapitalisiert) die Pflichtteile mindert und nach Ablauf der Zehnjahresfrist des § 2325 Abs. 3 Halbs. 1 BGB jeder Pflichtteilsergänzungsanspruch ausgeschlossen ist, wenn die vorweggenommene Erbfolge eine **wirtschaftliche Ausgliederung** darstellt, vgl. Rn. 34. 29

Sofern sich der Unternehmenswert zwischen der Übergabe und dem Versterben des Übergebers erhöht, stellen alle Versorgungsleistungen des Betriebsübernehmers eine **Minderung der Bemessungsgrundlage** gem. § 2325 Abs. 2 Satz 2, 2. Halbs. BGB dar, die durch Kapitalisierung vom Zeitpunkt des Vertragsschlusses an nach der statistischen Lebenserwartung des Übergebers zu ermitteln ist (*Palandt/Edenhofer,* BGB § 2325 Rn. 19) und mindern auch schenkungsteuerlich die Bemessungsgrundlage. 30

3. Pflichtteilskürzung

Literatur: *Bonefeld/Lange/Tanck,* Die geplante Reform des Pflichtteilsrechts, ZErb 2007, 292.

Sofern mit dem Pflichtteilsberechtigten keine Einigung über einen Pflichtteilsverzicht zustande kommt, wird der Erblasser bereits zu Lebzeiten Vorsorge treffen, um unerwünschte oder unerfüllbare Pflichtteilsansprüche zu begrenzen. Das Vermögen eines Unternehmers besteht häufig nahezu ausschließlich aus seinem Unternehmen oder einem Gesellschaftsanteil, die – ähnlich wie bei der Hoferbfolge – nicht unter zahlreiche Pflichtteilsberechtigte aufgeteilt werden können. Durch die Erbrechtsreform tritt eine **Abschmelzung** des Pflichtteilsergänzungsanspruches gem. § 2325 BGB um jährlich $^1/_{10}$ ein, so dass das Pflichtteilsergänzungsrisiko minimiert wird. Als zusätzliche vorsorgliche Maßnahmen kommen in Betracht: 31

a) Abfindungsausschluss bei Fortsetzungsklauseln

Bei Fortsetzungsklauseln in Gesellschaftsverträgen vertrat der BGH bisher die Auffassung, dass bei einem allseitigen Abfindungsausschluss keine Schenkung vorliegen würde, da dieser Vertrag Wagnischarakter habe, da man nicht wisse, wer zuerst verstirbt, vgl. BGH NJW 1981, 1957. Diese Rechtsprechung wird neuerdings in der Kommentarliteratur in Frage gestellt (vgl. *MünchKomm/Frank,* § 2325 Rn. 16), so dass man auch bei diesen Gestaltun- 32 gen in Zukunft befürchten muss, dass der BGH Pflichtteilsansprüche und Pflichtteilsergänzungsansprüche anerkennt.

b) Gesellschaftsvertragliche Abfindungsreduzierung

33 Inwieweit durch eine gesellschaftsvertragliche Regelung Pflichtteilsansprüche reduziert werden können, ist ungeklärt, da Rechtsprechung hierzu fehlt, vgl. *Staudinger/Haas,* § 2311 BGB Rn. 99. Gesellschaftsvertragliche Abfindungsbeschränkungen greifen wohl nur dann, wenn der Zahlungsverpflichtete selbst im Zusammenhang mit der Pflichtteilszahlung aus der Gesellschaft ausscheidet. Verbleibt der Gesellschafter-Nachfolger in der Gesellschaft, ist für die Pflichtteilsberechnung grundsätzlich vom **echten Wert** der Beteiligung auszugehen. *Reimann,* DNotZ 1992, 481 wendet zurecht die Rechtsprechung des BGH NJW 1987, 321 zum Zugewinnausgleich entsprechend an, wonach Abschläge je nach der präsumtiven Dauer der Beteiligung vorgenommen werden. Zu weiteren Einzelheiten vgl. § 11 III.

c) Verjährung des Pflichtteilsergänzungsanspruches

34 Unbestritten ist die Möglichkeit, einen Vermögensgegenstand zu Lebzeiten zu übertragen, um die 10-Jahres-Frist des § 2325 Abs. 3 BGB in Gang zu setzen, d.h. nach dem Verstreichen von 10 Jahren nach der Schenkung erlischt jeder Pflichtteilsergänzungsanspruch aufgrund dieser Schenkung. Bei der Übertragung dürfen aber keine Nießbrauchsrechte und keine Rücktrittsrechte vorbehalten werden, weil andernfalls keine **wirtschaftliche Ausgliederung** stattfindet und die 10-Jahres-Frist nicht zu laufen beginnt, vgl. BGH DNotZ 1994, 784.

d) Personenstandsänderung

35
- Durch Eheschließung,
- modifizierte Zugewinngemeinschaft statt Gütertrennung und
- Adoption des Unternehmensnachfolgers

werden die Pflichtteilsansprüche der Pflichtteilsberechtigten gekürzt. Bei einer **Erwachsenenadoption** gem. § 1767 BGB bleibt sogar das Verwandtschaftsverhältnis zu den leiblichen Eltern mit den damit verbundenen erbschaftsteuerlichen Freibeträgen erhalten.

4. Nachabfindung bei Veräußerung

36 Nach dem Vorbild von § 13 HöfeO, der eine Abfindungszahlung an die Geschwister bei Veräußerung des Bauernhofes innerhalb von zwanzig Jahren vorsieht, wird bei Familienunternehmen gerne eine Regelung aufgenommen, dass die weichenden Geschwister eine Aufstockung des Geschwistergleichstellungsgeldes bei Veräußerung des Betriebes innerhalb einer bestimmten Frist erhalten.

37–40 *einstweilen frei*

III. Wirtschaftliche Absicherung

1. Maßnahmen zur Vorbereitung des Generationenwechsels

41 Eine wichtige Maßnahme ist auch die Vorbereitung des scheidenden Unternehmers auf seine verbleibenden Funktionen. *Albach,* BB 2000, 784

hat festgestellt, dass die Senioren folgende Probleme als vorrangig erachtet haben:

Maßnahmen zur Vorbereitung des Generationswechsels

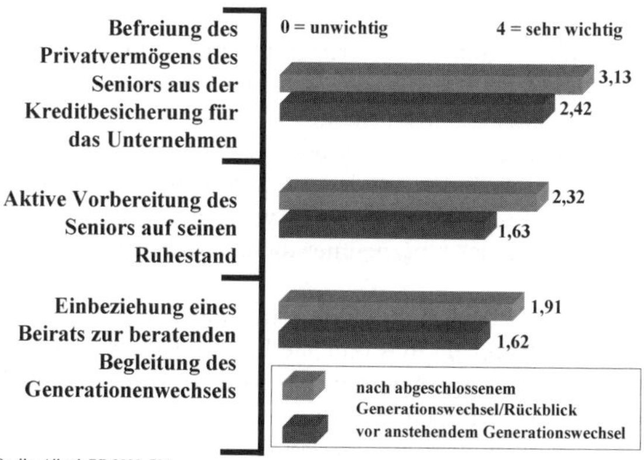

Quelle: Albach BB 2000, 784

2. Haftungsfreistellung

Die Erfahrung lehrt, dass der übergebende Unternehmer regelmäßig 42 ein Risiko hinsichtlich seiner Altersversorgung eingeht, da eine erstrangige Absicherung seiner Altersversorgung durch Sicherungsübereignung oder Grundschuldeintragung im Grundbuch die Finanzierungsmöglichkeiten des Betriebes paralysieren würde. Lässt er aber die Firmenkredite im Rang vorgehen, ist die Altersversorgung meistens eine Zitterpartie. Bei einem Unternehmensverkauf an Dritte stellt sich der Unternehmer regelmäßig günstiger.

Die meisten mittelständischen Betriebsübergaben enden mit dem Ergebnis, dass der bisherige Inhaber in der persönlichen Haftung für gewährte Bankkredite bleibt. Damit ist die Altersversorgung des Übergebers außerordentlich gefährdet. Welchen Stellenwert die Haftungsfreistellung für den Unternehmer hat, lässt die Albach-Umfrage nach Maßnahmen zur Vorbereitung des Generationswechsels erkennen. Danach wird die **Haftungsbefreiung** des Seniors aus der Kreditbesicherung für Unternehmen als wichtigste vorbereitende Maßnahme bezeichnet. In der Praxis lässt sich dies – wenn überhaupt – nach meiner Erfahrung nur dadurch verwirklichen, dass entweder von vorne herein haftungsfreies Vermögen gebildet wird, z. B. durch **Vermögensübertragung** auf Ehegatten mit Scheidungsklausel, oder anlässlich des Ausscheidens des Seniors ein stufenweiser Abbau seiner Haftung mit den finanzierenden Banken vereinbart wird, z. B. schrittweise pro Jahr um ein Fünftel hinsichtlich der bei Übergabe vorhandenen Bankkredite.

3. Private Versorgungsleistungen

Literatur: *Spiegelberger,* Die Irrfahrt der privaten Versorgungsrente, DB 2008, 1063.

43 Durch das Jahressteuergesetz 2008 wurde der **Sonderausgabenabzug** bei der privaten Versorgungsrente erheblich eingeschränkt. Danach ist der Sonderausgabenabzug gem. § 10 Abs. 1 Nr. 1 a EStG nur noch zulässig

- im Zusammenhang mit der Übertragung eines Mitunternehmeranteils an einer Personengesellschaft, die eine Tätigkeit i. S. d. §§ 13, 15 Abs. 1 Satz 1 Nr. 1 oder § 18 Abs. 1 EStG ausübt,
- bei der Übertragung eines Betriebs oder Teilbetriebs sowie
- bei der Übertragung eines mindestens 50% betragenden Anteils an einer Gesellschaft mit beschränkter Haftung, wenn der Übergeber als Geschäftsführer tätig war und der Übernehmer diese Tätigkeit nach der Übertragung übernimmt.

Damit werden alle GmbH-Anteilsübertragungen bis zu 50%, alle Aktienübertragungen bei Familien-AGs und alle Immobilienübertragungen aus dem Sonderausgabenabzug ausgeschlossen. Da diese **systemwidrige Einschränkung** einer über 100-jährigen gesetzlichen Regelung die Verfassungswidrigkeit auf der Stirn trägt (vgl. *Spiegelberger,* DStR 2007, 1277 und DB 2008, 1069), ist zu hoffen, dass das Bundesverfassungsgericht die vorgenommenen Einschränkungen für verfassungswidrig erklärt. Vorsorglich sollten bei der Versagung des Sonderausgabenabzugs aufgrund des JStG 2008 Rechtsmittel erhoben werden.

4. Betriebsunabhängige Altersversorgung

44 Die Erfahrung zeigt, dass viele mittelständische Betriebe nicht in der Lage sind, sowohl den Unterhalt für den Übergeber als auch für den Übernehmer zu erwirtschaften. Ein wesentliches Ziel der Nachfolgeberatung muss daher sein eine von dem Schicksal des Betriebes unabhängige Altersversorgung, z. B. durch Direktversicherungen bei Lebensversicherungsgesellschaften, zu gewährleisten.

5. Rückfallklausel

45 Mit der vorweggenommenen Erbfolge als Generationennachfolgevertrag verbindet der Übergeber regelmäßig das Ziel, das Familienvermögen zu erhalten und die Fortführung eines vorhandenen Unternehmens zu sichern. Unerwünschte Vermögensabflüsse sollen nach Möglichkeit verhindert werden, so dass häufig

- Belastungs- und Veräußerungsverbote,
- Ausschluss des Zugewinnausgleiches im Fall der Scheidung und
- Reduzierung von Abfindungsansprüchen für den Fall des Ausscheidens aus dem Familienverband

gewünscht werden. Nicht übersehen werden darf, dass Rückfallklauseln eine gefährliche **Kreditbremse** für den Übernehmer darstellen.

46–50 *einstweilen frei*

IV. Vermeidung von Einkommensteuer

1. Sicherung der Buchwertfortführung

Ein Grundsatz steuerorientierter Vertragsgestaltung ist die Vermeidung der **Aufdeckung stiller Reserven** bei Vermögensübertragungen im betrieblichen Bereich. 51

Buchwertfortführung

- unentgeltliche Übertragung gem. § 6 III EStG
- Einbringung gem. §§ 20 und 24 UmwStG
- Anteilstausch gem. § 21 UmwStG
- Übertragung einzelner Wirtschaftsgüter gem. § 6 V EStG
  - unentgeltlich oder
  - gegen Gewährung von Gesellschaftsrechten (nicht auf Schwestergesellschaften)
- Reinvestition gem. §§ 6b und 6c EStG
- Realteilung gem. § 16 III 2 EStG
  - Auflösung der Mitunternehmerschaft
  - Mischnachlass, auch bei überproportionaler Schuldübernahme
- Haftungsgefahr
  - Auseinandersetzung einer Gütergemeinschaft
  - Zugewinnausgleich mit Betriebsvermögen

a) Unentgeltliche Übertragung von Betrieben und Mitunternehmeranteilen

Gesetzlich geregelt ist die Buchwertfortführung in § 6 Abs. 3 EStG (früher § 7 Abs. 1 EStDV), wonach bei der **unentgeltlichen Betriebsübergabe** im Ganzen der Erwerber die Buchwerte des Übergebers fortführen darf, soweit nicht das Kapitalkonto des übergebenen Betriebes übersteigende Gleichstellungsgelder, Abstandszahlungen oder die Übernahme von privaten Verbindlichkeiten vereinbart werden, vgl. BFH BStBl. 1990 II 847. 52

b) Einbringung von Betrieben, Teilbetrieben oder Mitunternehmeranteilen

Gesetzlich geregelte Fällt der Buchwertfortführung sind ferner **§§ 20 und 24 UmwStG,** wonach bei der Einbringung von Betrieben in eine Kapitalgesellschaft gegen Gewährung von Gesellschaftsrechten oder in eine Personengesellschaft unter Einräumung der Mitunternehmerschaft die Buchwertfortführung erlaubt ist. 53

c) Anteilstausch gem. § 21 UmwStG

Werden Anteile an einer Kapitalgesellschaft in eine andere Kapitalgesellschaft (übernehmende Gesellschaft) gegen Gewährung neuer Anteile eingebracht (Anteilstausch), können die eingebrachten Anteile gem. § 21 Abs. 1 Satz 2 UmwStG auf Antrag mit dem Buchwert angesetzt werden, wenn die übernehmende Gesellschaft nachweisbar unmittelbar die Mehrheit der Stimmrechte an der erworbenen Gesellschaft hat (qualifizierter Anteilstausch). Das Konzept von einbringungsgeborenen Anteilen wurde durch das SEStEG aufgegeben. Gem. § 22 Abs. 1 Nr. 4 UmwStG findet eine rückwirkende Besteuerung des Einbringungsvorgangs statt, wenn eine natürliche Person Anteile, die unter dem gemeinen Wert eingebracht wurden, veräußert. Dieser Gewinn reduziert sich für jedes vollständige Jahr ab dem Einbringungs- 54 zeitpunkt um jeweils ein Siebtel. Sofern die eingebrachten Anteile gem. § 17 Abs. 1 EStG steuerverhaftet sind, wird die Nachversteuerung gem. § 3 Nr. 40 EStG im **Teileinkünfteverfahren** vorgenommen. Entsprechend der Nachversteuerung erhöhen sich die Anschaffungskosten für die erhaltenen Anteile sowie der eingebrachten Anteile.

d) Übertragung einzelner Wirtschaftsgüter

55 Gem. § 6 Abs. 5 Satz 3 EStG führt die unentgeltliche Übertragung von Wirtschaftsgütern sowie die Übertragung gegen Gewährung oder Minderung von Gesellschaftsrechten in folgenden Fällen zur Buchwertfortführung:

aa) Rechtsträgerwechsel gem. § 6 Abs. 5 Satz 3 Nr. 1 EStG

56 Übertragung eines Wirtschaftsgutes aus einem **Betriebsvermögen** des Mitunternehmers in das Gesamthandsvermögen einer Mitunternehmerschaft und umgekehrt.

bb) Rechtsträgerwechsel gem. § 6 Abs. 5 Satz 3 Nr. 2 EStG

57 Übertragung aus dem **Sonderbetriebsvermögen** in das Gesamthandsvermögen derselben Mitunternehmerschaft oder einer anderen Mitunternehmerschaft, an der der Übertragende beteiligt ist und umgekehrt.

cc) Rechtsträgerwechsel gem. § 6 Abs. 5 Satz 3 Nr. 3 EStG

58 Unentgeltliche Übertragung zwischen den jeweiligen **Sonderbetriebsvermögen verschiedener Mitunternehmer** derselben Mitunternehmerschaft. Nicht begünstigt ist die unmittelbare Übertragung zwischen Schwestergesellschaften.

dd) Überführung gem. § 6 Abs. 5 Satz 1 EStG

59 Wird ein einzelnes Wirtschaftsgut von einem Betriebsvermögen in ein anderes Betriebsvermögen desselben Steuerpflichtigen – ohne Rechtsträgerwechsel – überführt, ist gem. § 6 Abs. 5 Satz 1 EStG in der (Sonder-)Bilanz des aufnehmenden Unternehmens das Wirtschaftsgut mit dem bisherigen Buchwert anzusetzen, sofern die Besteuerung der stillen Reserven gesichert ist. Danach kann aus dem bisherigen Betrieb ein Grundstück in das Sonderbetriebsvermögen einer neu gegründeten GmbH & Co. KG überführt werden. Langfristig gesehen kann somit eine **vorweggenommene Erbfolge** in der Weise vorbereitet werden, dass ein Kind den bisherigen Betrieb und ein anderes Kind das ausgegliederte Wirtschaftsgut mit den Gesellschaftsanteilen an der GmbH & Co. KG erhält.

e) Buchwertfortführung bei Reinvestition gem. §§ 6b, 6c EStG

60 Steuerpflichtige, die den Gewinn nach § 4 Abs. 1 oder § 5 ermitteln, können bei Veräußerung der in § 6b Abs. 1 bezeichneten Wirtschaftsgüter, die im Zeitpunkt der Veräußerung mindestens sechs Jahre ununterbrochen zum Anlagevermögen einer inländischen Betriebsstätte gehört haben, gem. § 6b Abs. 3 EStG eine den steuerlichen Gewinn mindernde Rücklage bilden und diesen Betrag von den Anschaffungs- oder Herstellungskosten der im Gesetz näher bezeichneten Wirtschaftsgüter, die in den folgenden vier Wirtschafts-

jahren angeschafft oder hergestellt werden, abziehen, so dass im Endergebnis durch die Reinvestition eine Gewinnrealisierung vermieden wird.

§ 6b Abs. 10 EStG erlaubt eine Reinvestition bei der Veräußerung von Anteilen an Kapitalgesellschaften bis zu einem Betrag von 500 000 €. Somit können z.B. Eltern, die eine Personengesellschaft betreiben, ein von der Gesellschaft nicht mehr benötigtes Grundstück an eine Schwestergesellschaft entgeltlich veräußern, ohne dass eine Gewinnrealisierung eintritt. Nach einigen Jahren wären die Eltern in der Lage, ihre Personengesellschaftsanteile auf ein Kind und die Schwestergesellschaft, die das Grundstück erworben hat, auf ein anderes Kind jeweils gem. § 6 Abs. 3 EStG ohne Aufdeckung stiller Reserven zu übertragen.

f) Realteilung

Gem. § 16 Abs. 3 Satz 2 EStG kann im Wege der Realteilung ein Gesell- 61
schafter zum Buchwert durch Sachwertabfindung aus einer Personengesellschaft ausscheiden, wenn er das Wirtschaftsgut wiederum einem Betriebsvermögen zuführt, vgl. *Spiegelberger,* MittBayNot 2002, 356; zur Anpassung der Buchwerte vgl. BFH BStBl. 1992 II 385. Hingegen liegt keine Realteilung vor, wenn die Gesellschafter zweier personenidentischer Gesellschaften, die jeweils einen Betrieb unterhalten, sich dergestalt auseinandersetzen, dass jeder der Gesellschafter einen Betrieb als Einzelunternehmen fortführt, vgl. BFH FR 2003, 658 mit Anm. *Wendt.*

aa) Auseinandersetzung einer Gütergemeinschaft

Vereinbaren Ehegatten die Aufhebung und Auseinandersetzung der Güter- 62
gemeinschaft oder die Vereinbarung von **Vorbehaltsgut** für das Betriebsvermögen, droht die **Gewinnrealisierung**, wenn für den hingegebenen Mitunternehmeranteil eine den Buchwert übersteigende Gegenleistung, z.B. durch Zuteilung des Alleineigentums an wertentsprechenden Gegenständen des bisherigen gemeinschaftlichen Privatvermögens vereinbart wird, vgl. *Thoma,* DStR 1980, 279. Eine Gewinnrealisierung kann nur durch eine **unentgeltliche** Übertragung in das Vorbehaltsgut eines Ehegatten oder bei Aufhebung der Gütergemeinschaft in das Alleineigentum eines Ehegatten erreicht werden.

bb) Auseinandersetzung einer Erbengemeinschaft

Literatur: *Geck,* siehe § 2 Rn. 14.

Aus der Entscheidung des Großen Senats BStBl. 1990 II 837 ergibt sich für 63
Erbengemeinschaften eine andere Beurteilung: Nach dieser Entscheidung kann erbengemeinschaftliches Betriebs- und Privatvermögen ohne Gewinnrealisierung in der Weise real geteilt werden, dass ein Miterbe das Betriebsvermögen und der andere Miterbe wertentsprechend Privatvermögen – ohne Abfindungszahlung – übernimmt. Die Abstimmung mit dem Auseinandersetzungsguthaben kann in der Weise erfolgen, dass der Miterbe überquotal Verbindlichkeiten der Erbengemeinschaft übernimmt, vgl. BMF BStBl. 2006 I 253 Tz. 18.

Wird ein **Mischnachlass** in der Weise realgeteilt, dass ein Erbe den Ge- 64
werbebetrieb und der andere das Privatvermögen übernimmt, ohne dass ein Ausgleich zu zahlen ist, erwirbt jeder der Miterben in vollem Umfang unent-

geltlich mit der Folge, dass bei dem Gewerbebetrieb die Buchwerte gem. § 6 Abs. 3 EStG fortzuführen sind, vgl. *Schmidt/Wacker,* § 16 Rn. 639 und unten § 2 Rn. 14 und 15.

65 Gem. Tz. 21 BMF-Schreiben BStBl. 1992 I 542 gelten die vom Großen Senat aufgestellten Realteilungsregeln auch für die Auseinandersetzung von **Errungenschaftsgemeinschaften** entsprechend.

cc) Abgeltung von Pflichtteilsansprüchen mit im Nachlass befindlichen Gesellschaftsanteilen

66 Der BFH BStBl. 2005 II 554 hat bei der Übertragung von Kommanditanteilen zur Abgeltung von Pflichtteilsansprüchen ein Veräußerungsgeschäft angenommen, also die Gewinnrealisierung bejaht, a. A. *Tiedtke/Langheim,* FR 2007, 368.

2. Verlustnutzung

Literatur: *Dötsch,* Zur (Nicht-)Vererblichkeit des Verlustabzugs nach § 10 d EStG, DStR 2008, 641, *Paus,* Kein Verlustabzug beim Erben: Verfassungsfragen und Gestaltungsüberlegungen, FR 2008, 452; *Piltz,* Maßnahmen gegen den Verlust des Verlustvortrags im Erbfall, ZEV 2008, 376; *Wälzholz,* Verlustnutzung nach dem Beschluss des Großen Senats vom 17. 12. 2007, GrS 2/07 – Gestaltungshinweise für die Praxis anhand von Beispielen, DStR 2008, 1769; *Witt,* Keine Vererblichkeit von Verlustvorträgen – der Beschluss des Großen Senats und seine Folgen, BB 2008, 1199.

a) Verlustabzug gem. § 10 d EStG

67 Seit 2004 können Verluste, welche innerhalb eines Veranlagungszeitraums angefallen sind, grundsätzlich unbegrenzt mit positiven Einkünften aus anderen Einkunftsarten gem. § 10 d Abs. 1 Satz 1 EStG verrechnet werden. Allerdings hat der Gesetzgeber zur Sicherung des Steueraufkommens der Kommunen den Abzug auf einen Sockelbetrag von 1 Mio. € (2 Mio. € bei zusammen veranlagten Ehegatten) begrenzt. Darüber hinaus können lediglich 60% der positiven Einkünfte des laufenden Jahres steuermindernd mit negativen Einkünften aus Vorjahren verrechnet werden, vgl. *Groß/Steiger,* DStR 2004, 1204. Durch Rechtsgeschäfte unter Lebenden, z. B. durch eine unentgeltliche Betriebsübertragung gem. § 6 Abs. 3 EStG kann die Möglichkeit des Verlustabzugs nicht übertragen werden, vgl. *Schmidt/Heinicke,* § 10 d EStG Rn. 13.

Darüber hinaus hat der Große Senat des BFH GrS 2/04 DStR 2008, 545 die bisher seit 1962 praktizierte Vererbung des Verlustabzugs nach § 10 d EStG nur noch für Erbfälle, die bis zum Ablauf des 12. 3. 2008 eingetreten sind, bestätigt. Somit kann künftig der Verlustvortrag nach § 10 d EStG weder durch Übertragung unter Lebenden noch durch Erbfolge übertragen werden.

b) Gewerbeverlust gem. § 10 a GewSt

68 Der maßgebende Gewerbeertrag wird gem. § 10 a Satz 1 GewStG bis zu einem Betrag in Höhe von 1 Mio. € um die Fehlbeträge gekürzt, die sich bei der Ermittlung des maßgebenden Gewerbeertrags für die vorausgegangenen Erhebungszeiträume nach den Vorschriften der §§ 7–10 GewStG ergeben haben, soweit die Fehlbeträge nicht bei der Ermittlung des Gewerbeertrags für die vorangegangenen Erhebungszeiträume berücksichtigt worden sind. Der 1 Mio. € übersteigende maßgebende Gewerbeertrag ist bis zu 60% um gem. Satz 1 nicht berücksichtigte Fehlbeträge der vorangegangenen Erhebungszeiträume zu kürzen.

Bei einem **Wechsel des Unternehmens** kann der Gewerbeertrag nicht um den Gewerbeverlust des früheren Unternehmens gekürzt werden, vgl. *Glanegger/Güroff,* § 10a GewStG Rn. 8. Bei Personengesellschaften ist auf die Gesellschafter abzustellen. Bei einem Wechsel von der Personengesellschaft zum Einzelunternehmen liegt insofern kein Unternehmerwechsel vor, als ein Gesellschafter Einzelunternehmer wird. Der Einzelunternehmer darf den Gewerbeverlust der Gesellschaft – Unternehmensidentität vorausgesetzt – mit dem Anteil abziehen, mit dem er an ihrem Gewinn beteiligt war, vgl. BFH/NV 1991, 112. Auch bei dem Tod eines Gesellschafters kann der Gewerbeverlust von den Erben nicht geltend gemacht werden, vgl. BFH/NV 1997, 897. **69**

einstweilen frei **70–75**

V. Erbschaft- und Schenkungsteuer

Literatur: *Crezelius,* Der Entwurf eines Gesetzes zur Reform des Erbschaftsteuer- und Bewertungsrechts, DStR 2007, 2277; *Fechner,* Die Reform des Erbschaftsteuer- und Bewertungsrechts aus Unternehmenssicht, FR 2008, 349; *Fuhrmann,* Doppelbelastung mit Einkommen- und Erbschaftsteuer, ErbStB 2008, 244; *Geck,* Erbschaftsteuerplanung in steuerlich unsicheren Zeiten, ZEV 2007, 256; *ders.*, Aktuelle Entwicklungen im Bereich der Erbschaft- und Schenkungsteuer, DNotZ 2008, 347; *Hübner,* Erbschaftsteuerreform, 2009; *Jülicher,* Mühlstein nach der Reform des ErbStG: Steuerpflicht des Ausscheidens zu einer gesellschaftsvertraglich bedingten Abfindung unter dem Verkehrswert, ZErb 2008, 214; *ders.,* Drohender Kollateralschaden der Erbschaftsteuerreform: Insolvenzvorsorge für den Schenker von betrieblichem Vermögen wird existenziell!, ZErb 2008, 346; *Kesseler/Hutmacher/Thouet,* Der Regierungsentwurf eines Gesetzes zur Reform des Erbschaftsteuer- und Bewertungsrechts, ZNotP 2008, 45; *Mannek,* Diskussionsentwurf für eine Anteils- und Betriebsvermögensbewertungsverordnung – AntBVBewV, DB 2008, 423; *Piltz,* Verwaltungsvermögen im neuen Erbschaftsteuerrecht, ZEV 2008, 229; *Reimann,* Vorzeitige Vermögensnachfolge in erbschaftsteuerlich unsicherer Zeit, ZEV 2007, 260; *Rödder/Zehnpfennig/Schönfeld,* Geltendes und geplantes Erbschaftsteuerrecht aus der Sicht von Familienunternehmen im Überblick, DStR 2007, 1020; *Roth/Fischl,* Aktuelle Gestaltungsmöglichkeiten und Handlungsbedarf nach der neuen Erbschaftsteuer, NJW 2008, 401; *J. Schmidt,* Änderung der Wertermittlungsvorschriften in §§ 193, 196, 198 und 199 BauGB im Rahmen des Erbschaftsteuerreformgesetzes (ErbStRG), GuG 2008, 150; *Schulte,* Die Reform der Erbschaftsteuer, FR 2008, 341; *Schulz/Althof/Markl,* Der Regierungsentwurf zur Erbschaftsteuerreform: Ausgewählte Zweifelsfragen bei Verwaltungsvermögen, Lohnsumme und der Begünstigung von Kapitalgesellschaftsanteilen, BB 2008, 528; *Spengel/Broer,* Belastungswirkungen der Erbschaftsteuerreform bei der Übertragung von Unternehmensvermögen, DB 2008, 86; *Spiegelberger/Wartenburger,* Verfassungswidrigkeit der Erbschaftsteuerreform?, ErbStB 2009, Heft 3; *Stahl/Fuhrmann,* Erbschaftsteuerreform-Entwurf 2008: Neue Rechtslage und Steuerplanung, KÖSDI 2008, 16057; *Viskorf,* Verfassungsrechtliche Fragen der Erbschaftsteuer und der geplanten gesetzgeberischen Neuregelung, FR 2007, 624.

1. Verfassungsrechtliche Vorgaben

Die erbschaftsteuerliche Begünstigung der Unternehmensnachfolge beruht **76**
auf der – allerdings in der Literatur vgl. *Seer,* GmbHR 2007, 287; *Viskorf,* FR

2007, 628 umstrittenen – Entscheidung des Bundesverfassungsgerichts BStBl. 1995 II 671, in der dies ausdrücklich verlangt wurde:

> „Zudem hat der Gesetzgeber bei der Gestaltung der Steuerlast zu berücksichtigen, dass die Existenz von bestimmten Betrieben – namentlich von mittelständischen Unternehmen – durch zusätzliche finanzielle Belastungen, wie sie durch die Erbschaftsteuer auftreten, gefährdet werden kann … Sie unterliegen als Garant von Produktivität und Arbeitsplätzen, insbesondere durch Verpflichtungen gegenüber den Arbeitnehmern, dem Betriebsverfassungsrecht, dem Wirtschaftsverwaltungsrecht und durch die langfristigen Investitionen einer gesteigerten rechtlichen Bindung … der Gleichheitssatz (Art. 3 Abs. 1 GG) fordert, diese verminderte Leistungsfähigkeit bei den Erben zu berücksichtigen …“

Nach dem Erbschaftsteuerbeschluss des BVerfG v. 7. 11. 2006 BStBl. 2007 II 192 genügt die Erhebung der Erbschaftsteuer mit einheitlichen Steuersätzen nicht den Anforderungen des Gleichheitssatzes gem. § 3 Abs. 1 GG. Die Bewertung des anfallenden Vermögens muss danach einheitlich am gemeinen Wert ausgerichtet sein, der grundsätzlich nach dem Ertragswert zu ermitteln sei.

2. Verschonungsregelungen für Betriebsvermögen gem. §§ 13a und 13b ErbStG

77 Dem Erwerber von Betriebsvermögen, Betrieben der Land- und Forstwirtschaft sowie von Anteilen an Kapitalgesellschaften gem. § 13b Abs. 1 Nr. 3 ErbStG wird das unwiderrufliche Wahlrecht eingeräumt, gem. § 13a Abs. 8 ErbStG die völlige Erbschaftsteuerfreiheit zu erlangen, wenn

- eine Behaltensfrist von zehn Jahren,
- ein Prozentsatz von maximal 10% Verwaltungsvermögen und
- eine Lohnsumme von 1000%

eingehalten wird, wobei das Lohnsummenkriterium entfällt, wenn die Ausgangslohnsumme Null Euro beträgt oder der Betrieb nicht mehr als zehn Beschäftigte hat.

Alternativ kann der Erwerber einen Verschonungsabschlag von 85% erlangen, wenn innerhalb von sieben Jahren nach dem Erwerb (Lohnsummenfrist) insgesamt 650% der Ausgangslohnsumme nicht unterschritten werden. Ausgangslohnsumme ist die durchschnittliche Lohnsumme der letzten fünf vor dem Zeitpunkt der Entstehung der Steuer endenden Wirtschaftsjahre. Das Lohnsummenerfordernis entfällt wiederum, wenn die Ausgangslohnsumme Null Euro beträgt oder der Betrieb nicht mehr als zehn Beschäftigte hat.

Unterschreitet die Lohnsumme der maßgebenden jährlichen Lohnsummen die Mindestlohnsumme, vermindert sich die Steuerbefreiung im prozentualen Umfang der Mindestlohnunterschreitung gem. § 13a Abs. 1 Satz 5 ErbStG.

a) Begünstigtes Vermögen

78 Hierzu zählen – wie schon nach früherem Recht – das land- und forstwirtschaftliche Vermögen, das Betriebsvermögen und Beteiligungen an Kapitalgesellschaften, an deren Nennkapital der Erblasser oder Schenker zu mehr als 25% unmittelbar beteiligt ist. Erweitert wurde die Begünstigung auf den EU- und EWR-Raum. Minderheitsgesellschafter, die einen **Poolvertrag** mit einer Beteiligungsquote von über 25% schließen, sind ebenfalls begünstigt. Nach dem Inhalt des Poolvertrages dürfen die Beteiligten über die erfassten

Anteile nur einheitlich verfügen und das Stimmrecht gegenüber nicht gebundenen Gesellschaftern nur einheitlich ausüben. Ungeklärt ist, ob die Poolvereinbarung auch eine Regelung über die einheitliche Vererbung vorzusehen hat, vgl. *Wachter,* GmbH-StB 2006, 356. Die **Laufzeit** des Poolvertrages muss mindestens den vom Erwerber garantierten Mindestzeitraum betragen, da andernfalls die Nachversteuerung gem. § 13a Abs. 5 Nr. 5 ErbStG droht, vgl. *Stahl,* KÖSDI 2008, 16057. Verletzt ein Beteiligter einen schuldrechtlichen Poolvertrag, entstehen Steuernachteile auch für die übrigen Poolteilnehmer. Die Einbringung der GmbH-Anteile in eine **Pool-GbR** als Sicherungsmittel, da bei dem Ausscheren eines Beteiligten die übrigen ebenfalls die Begünstigung verlieren, kommt nicht in Betracht, da das Gesetz nur die unmittelbare Beteiligung am Nennkapital begünstigt.

b) Verwaltungsvermögen

Das tot geglaubte unproduktive Betriebsvermögen wurde unter dem Deckwort „Verwaltungsvermögen“ wieder belebt. Das Verwaltungsvermögen gibt den Ausschlag, ob eine betriebliche Vergünstigung stattfindet oder nicht. Ein derartiges **Alles-oder-Nichts-Prinzip** ist eine gesetzgeberische Fehlleistung, da bei Bewertungsstreitigkeiten der Betriebsprüfung Tür und Tor geöffnet wird, die betrieblichen Vergünstigungen zu gewähren oder die volle Erbschaftsteuer zu erheben. 79

Gem. § 13b Abs. 2 ErbStG wird der Verschonungsabschlag nicht gewährt, wenn das Betriebsvermögen zu mehr als 50% aus Verwaltungsvermögen besteht. Bei der Option zur Erbschaftsteuerfreiheit wegen zehnjähriger Betriebsfortführung darf das Betriebsvermögen nicht mehr als 10% aus Verwaltungsvermögen bestehen. Gem. § 13b Abs. 2 gehören zum Verwaltungsvermögen

- Dritten zur Nutzung überlassene Grundstücke, Grundstücksteile, grundstücksgleiche Rechte und Bauten; unschädlich sind:
  - Überlassungen von Sonderbetriebsvermögen oder im Rahmen einer Betriebsaufspaltung;
  - die Betriebsverpachtung an Erben und Vermächtnisnehmer oder an Dritte bei Verhinderung des Beschenkten an der Betriebsfortführung; ausgenommen sind Betriebe, deren Hauptzweck in der Überlassung von Grundstücken, Grundstücksteilen, grundstücksgleichen Rechten und Bauten an Dritte zur Nutzung besteht;
  - die Nutzungsüberlassung im Konzern;
  - die Nutzung durch begünstigte Wohnungsunternehmen mit vermieteten Wohnungen i. S. d. § 181 Abs. 9 BewG;
  - Überlassung zur land- und forstwirtschaftlichen Nutzung;
- Anteile an Kapitalgesellschaften, wenn die unmittelbare Beteiligung am Nennkapital dieser Gesellschaft 25% oder weniger beträgt (ausgenommen sind Kredit- und Finanzdienstleistungsinstitute); sofern jedoch Minderheitsgesellschafter untereinander verpflichtet sind, über die Anteile nur einheitlich zu verfügen oder sie ausschließlich auf andere derselben Verpflichtung unterliegende Anteilseigner zu übertragen und das Stimmrecht gegenüber nicht gebundenen Gesellschaftern nur einheitlich auszuüben, ist für die Berechnung der 25%-Grenze die Summe der Kapitalanteile dieser Gesellschafter maßgebend;

- Beteiligungen an Gesellschaften, die nicht unter Nr. 2 des § 13b Abs. 2 fallen, wenn bei diesen Gesellschaften das Verwaltungsvermögen mehr als 50% beträgt;
- Wertpapiere sowie vergleichbare Forderungen, die nicht dem Hauptzweck des Gewerbebetriebes eines Kreditinstituts oder eines Finanzdienstleistungsinstituts zuzurechnen sind;
- Kunstgegenstände, Kunstsammlungen, wissenschaftliche Sammlungen, Bibliotheken und Archive, Münzen, Edelmetalle und Edelsteine, wenn der Handel mit diesen Gegenständen oder deren Verarbeitung nicht der Hauptzweck des Gewerbebetriebes ist.

80 In der Literatur wird geraten, Privatvermögen in Betriebsvermögen durch **Willküren, Infizieren** gem. § 15 Abs. 2 Nr. 1 EStG und **gewerbliche Prägung** gem. § 15 Abs. 3 Nr. 2 EStG umzuqualifizieren bis zur 50%-Grenze, um auch für Privatvermögen die Begünstigung für Betriebsvermögen in Anspruch nehmen zu können. Überwiegt das Verwaltungsvermögen, ist eine rechtzeitige Ausgliederung zum Buchwert gem. § 6 Abs. 5 EStG anzuraten, um wieder unter die 50%-Grenze zu fallen.

c) Junges Verwaltungsvermögen

81 Junges Verwaltungsvermögen, dass innerhalb von zwei Jahren vor dem Übertragungszeitpunkt erworben wurde, gehört nicht zum begünstigten Vermögen.

d) Schulden und Lasten

82 Gem. § 10 Abs. 6 Satz 4 ErbStG sind Schulden und Lasten, die mit nach § 13a befreitem Vermögen in wirtschaftlichem Zusammenhang stehen, nur mit dem Betrag abzugsfähig, der dem Verhältnis des nach Anwendung des § 13a anzusetzenden Wertes dieses Vermögens zu dem Wert vor Anwendung des § 13a entspricht. Das selbe gilt gem. Satz 5 dieser Bestimmung für zu Wohnzwecken vermietete Grundstücke gem. § 13c ErbStG. Haben sich Nutzungsrechte als Grundstücksbelastungen bei der Ermittlung des gemeinen Werts eines Grundstücks ausgewirkt, ist deren Abzug bei der Erbschaftsteuer ausgeschlossen. Diese Regelung des Schuldenabzugs führt zu überraschenden Ergebnissen. Das **Verwaltungsvermögen** wird **nur** als **Aktivposten**, also ohne Abzug der mit ihm zusammenhängenden Schulden, dem gemeinen Wert des ganzen Unternehmens gegenübergestellt.

Beispiel (nach Piltz, ErbStB 2008, 232): Eine Personengesellschaft hat ein Aktivvermögen von 250 und Schulden von 200, einen Ertrag von 25 und Aufwand (Zins) von 15, mithin 10 Gewinn. Ihr Ertragswert ist (bei Zinsfuß 10%) 100. Von dem Aktivvermögen sind 60 Verwaltungsvermögen, z. B. Wertpapiere. Obwohl das Verwaltungsvermögen nur 24% des Aktivvermögens beträgt, macht es 60% des Unternehmensgesamtwertes aus. Das ganze Unternehmen ist nicht begünstigt.

e) Gleitender Abzugsbetrag

83 Das nach Abzug des Verschonungsabschlags verbleibende Vermögen bleibt gem. § 13a Abs. 2 ErbStG außer Ansatz, soweit der Wert dieses Vermögens insgesamt 150 000 € nicht übersteigt. Dieser Abzugsbetrag verringert sich, wenn der Wert dieses Vermögens insgesamt die Wertgrenze von 150 000 €

übersteigt, um 50% des diese Wertgrenze übersteigenden Betrags, so dass der Abzugsbetrag insgesamt entfällt, wenn das nach Abzug des Verschonungsabschlages verbleibende Vermögen mehr als 450 000 € beträgt. Bei einem Betriebsvermögen bis zu 1 Mio. € und einem Verschonungsabschlag von 850 000 € führt der Abzugsbetrag in Höhe von 150 000 € somit zur Erbschaftsteuerfreiheit.

f) Steuerklassenprivileg gem. § 19 a ErbStG

Das bisherige Steuerklassenprivileg für das gem. § 13 a begünstigte Vermögen wurde beibehalten. Gem. § 19 a Abs. 4 Satz 2 ErbStG ist die Steuer für das gem. § 13 a begünstigte Vermögen nach der Steuerklasse I zu berechnen. Das Steuerklassenprivileg entfällt, wenn gegen die Behaltensregelungen des § 13 a ErbStG verstoßen wird. **84**

g) Anzeigepflicht gem. § 13 a Abs. 6 ErbStG

Der Erwerber ist verpflichtet, den für die Erbschaftsteuer zuständigen Finanzamt innerhalb einer Frist von sechs Monaten nach Ablauf der Lohnsummenfrist das Unterschreiten der Lohnsummengrenze anzuzeigen. Das gleiche gilt, wenn der Verschonungsabschlag oder der Abzugsbetrag gem. § 13 a Abs. 5 ErbStG entfallen. **85**

Bei Betrieben mit nicht mehr als zehn Beschäftigten besteht kein Lohnsummenerfordernis, so dass auch keine Anzeigepflicht bei einer Verringerung der Beschäftigtenzahl besteht.

h) Behaltenskontrolle gem. § 13 a Abs. 5 ErbStG

Der Verschonungsabschlag und der Abzugsbetrag fallen mit Wirkung für die Vergangenheit weg, soweit der Erwerber innerhalb von sieben Jahren (Behaltensfrist) folgende steuerschädliche Maßnahmen trifft: **86**

- **Veräußerung** oder Aufgabe des **Betriebs**, Teilbetriebs oder Mitunternehmeranteils;
- **Veräußerung** oder Entnahme **wesentlicher Betriebsgrundlagen**, es sei denn, dass der Veräußerungserlös im betrieblichen Interesse verwendet wird;
- **Veräußerung** von **Anteilen** an einer **Kapitalgesellschaft**, die der Veräußerer durch Einbringung eines begünstigten Betriebs, Teilbetriebs oder Mitunternehmeranteils (§ 20 UmwStG) erworben hat; gleiches gilt für Anteile an einer **Personengesellschaft**, die der Veräußerer zur Betriebseinbringung gem. § 24 UmwStG erhalten hat; damit wurden die Nachsteuertatbestände des § 13 a Abs. 5 Nr. 4 ErbStG a. F. erheblich entrümpelt, vgl. *Hübner* a. a. O. S. 451;
- **Überentnahmen**, d. h. wenn die Entnahmen die Summe der Einlagen und Gewinne im Siebenjahreszeitraum mehr als 150 000 € betragen; bei Ausschüttungen an Gesellschafter einer Kapitalgesellschaft ist sinngemäß zu verfahren;
- **Veräußerung** oder verdeckte Einlage von Anteilen an Kapitalgesellschaften i. S. d. **§ 13 b ErbStG** (mehr als 25% Beteiligung am Nennkapital) gem. § 13 a Abs. 5 Nr. 4 ErbStG;
- **Aufhebung der Poolregelung**.

87 Der Wegfall des Verschonungsabschlags beschränkt sich in den Fällen des § 13a Abs. 1 Satz 1 Nr. 1, 2, 4 und 5 ErbStG auf den Teil, der dem Verhältnis der im Zeitpunkt der schädlichen Verfügung verbleibenden Behaltensfrist einschließlich des Jahres, in dem die Verfügung erfolgt, zur gesamten Behaltensfrist entspricht. In den Fällen des Satzes 1 Nr. 1, 2 und 4 ist von einer Nachversteuerung abzusehen, wenn der Veräußerungserlös innerhalb der nach § 13b Abs. 1 ErbStG begünstigten Vermögensart verbleibt. Hiervon ist auszugehen, wenn der Veräußerungserlös innerhalb von sechs Monaten in entsprechendes Vermögen investiert wird, das nicht zum Verwaltungsvermögen i.S. des § 13b Abs. 2 ErbStG gehört.

i) Steuerhaftung des Übergebers

88 Gem. § 20 Abs. 1 S. 1, 2. Alt. ErbStG schuldet bei einer Schenkung nicht nur der Erwerber, sondern auch der Schenker die Schenkungsteuer. Dies ist insbesondere dramatisch, wenn innerhalb der Behaltensfrist das Unternehmen veräußert oder eingestellt wird. Abhilfe kann nur die Rückgängigmachung der Schenkung aufgrund eines im ursprünglichen Schenkungsvertrag vorbehaltenen **Rückforderungsrechtes** leisten. Gem. § 29 Abs. 1 Nr. 1 ErbStG erlischt nämlich in diesem Fall die für die ursprünglich Schenkung festgelegte Schenkungsteuer, vgl. *Jülicher,* ZErb 2008, 348. Die zivilrechtliche Zulässigkeit auch für den Insolvenzfall ist aufgrund der BGH-Entscheidung v. 13. 3. 2008, NJW-Spezial 2008, 424 eindeutig zu bejahen. Auch die Mitunternehmerschaft des Beschenkten aufgrund dieser Klausel ist nicht gefährdet. Die Insolvenz stellt ein nicht im Belieben des Beschenkten stehendes Ereignis dar, vgl. BFH BStBl. II 1994, 635; *Schmidt/Wacker,* EStG § 15 Rn. 757.

j) Fiktive Bereicherung gem. § 3 Abs. 1 Nr. 2 S. 2 und 3 sowie gem. § 7 Abs. 7 ErbStG

89 Das generell höhere Bewertungsniveau aufgrund des Ertragswertes einer Gesellschaftsbeteiligung wird in Zukunft regelmäßig bei dem Ausscheiden eines Gesellschafters aus einer Gesellschaft zu einer Erbschaft- oder Schenkungsteuerbelastung führen. Als Schenkung gilt danach der auf dem Ausscheiden eines Gesellschafters beruhende Übergang des Anteils oder des Teils eines Anteils eines Gesellschafters auf die anderen Gesellschafter, soweit der **erbschaftsteuerliche Wert den Abfindungsanspruch** übersteigt. Die einhellige Vertragspraxis bei Klein- und Mittelbetrieben durch eine Reduzierung des Abfindungsanspruches die Liquidität der Gesellschaft zu schützen, führte bereits im früheren Recht zur Besteuerung. Wegen des geringeren Bewertungsniveaus waren jedoch die Bestimmungen der §§ 3 Abs. 1 Nr. 2 S. 2 und 3 sowie § 7 Abs. 7 ErbStG nur von marginaler Bedeutung. Nunmehr – wegen der Anpassung des Anteilswerts an den Marktwert – führt jede gesellschaftsvertragliche Reduzierung zu einer Erbschaft- oder Schenkungsteuerpflicht.

Im bisherigen Recht war strittig, ob auf diese **fiktiven Schenkungen** § 13a ErbStG anwendbar ist. *Moench,* Erbschaftsteuergesetz (Stand Juni 2008) § 7 Rz. 251 und *Jülicher,* ZErb 2008, 214 wollten die Anwendung des

§ 13a ausschließen, da die durch das Ausscheiden eines Gesellschafters eintretende Werterhöhung der übrigen Beteiligungen kein Übergang von Anteilen sei. Auch die Finanzverwaltung teilt in R 7 Abs. 3 S. 9, 56 Abs. 1 Nr. 7 ErbStR 2003 diese Auffassung. Nach der ratio legis ist die Begünstigung des § 13a ErbStG zu gewähren, zurecht zustimmend *Ostermayer/Erhart,* BB 2005, 2047; *Crezelius,* ZEV 2009, 1, 5.

k) Doppelte Belastung mit Einkommen- und Erbschaftsteuer

Gem. Art. 5 ErbStRG wurde die doppelte Belastung mit Einkommensteuer und Erbschaftsteuer in § 35b EStG wie folgt gemindert: 90

„Sind bei der Ermittlung des Einkommens Einkünfte berücksichtigt worden, die im Veranlagungszeitraum oder in den vorausgegangenen vier Veranlagungszeiträumen als Erwerb von Todes wegen der Erbschaftsteuer unterlegen haben, so wird auf Antrag die um sonstige Steuerermäßigungen gekürzte tarifliche Einkommensteuer, die auf diese Einkünfte entfällt, ermäßigt. Der Prozentsatz der Ermäßigung bestimmt sich nach dem Verhältnis, in dem die festgesetzte Erbschaftsteuer zu dem Betrag steht, der sich ergibt, wenn dem steuerpflichtigen Erwerb gem. § 10 Abs. 1 ErbStG die Freibeträge nach §§ 16 und 17 und der steuerfreie Betrag nach § 5 ErbStG hinzugerechnet werden. Die Ermäßigung greift nicht, soweit Erbschaftsteuer bereits nach § 10 Abs. 1 Nr. 1a EStG abgezogen wird."

3. Unternehmensbewertung

a) Vereinfachtes Ertragswertverfahren

Gem. § 199 Abs. 2 BewG kann zur Ermittlung des gemeinen Werts des Betriebsvermögens das vereinfachte Ertragswertverfahren gem. §§ 200ff. BewG angewendet werden, wenn dieses nicht zu offensichtlich unzutreffenden Ergebnissen führt. Das selbe gilt gem. § 199 Abs. 1 BewG für Anteile an einer Kapitalgesellschaft. 91

Bei dem nunmehr gesetzlich in den §§ 200ff. BewG geregelten vereinfachten Ertragswertverfahren ist der zukünftig nachhaltig erzielbare Jahresertrag mit einem Kapitalisierungsfaktor zu multiplizieren. Für die Ermittlung dieses Jahresertrags bietet der in der Vergangenheit tatsächlich erzielte Durchschnittsertrag eine Beurteilungsgrundlage. Gem. § 201 Abs. 2 BewG ist das arithmetische Mittel der Betriebsergebnisse der letzten drei vor dem Besteuerungszeitpunkt abgelaufenen Wirtschaftsjahre maßgebend. Das gesamte Betriebsergebnis eines am Bewertungsstichtag noch nicht abgelaufenen Wirtschaftsjahres ist an Stelle des drittletzten abgelaufenen Wirtschaftsjahres einzubeziehen, wenn es für die Herleitung des künftig zu erzielenden Jahresertrags von Bedeutung ist. 92

Gem. § 202 BewG sind bei der Ermittlung des Ertragswerts folgende **Korrekturen** erforderlich: 93

- nicht betriebsnotwendiges Vermögen mit den im wirtschaftlichen Zusammenhang stehende Schulden sind aus dem zu bewertenden Unternehmen herauszulösen;
- Beteiligungen an anderen Gesellschaften, die nicht zum betriebsnotwendigen Vermögen zählen, werden mit dem eigenständig zu ermittelnden gemeinen Wert angesetzt und
- „junge Wirtschaftsgüter", also innerhalb von zwei Jahren vor dem Bewertungsstichtag eingelegte Wirtschaftsgüter, die die eigentliche Unterneh-

menstätigkeit nicht beeinflusst haben, werden mit dem eigenständig zu ermittelnden gemeinen Wert angesetzt.

Erträge und Aufwendungen dieser Wirtschaftsgüter müssen also eliminiert werden.

Hat sich im Drei-Jahres-Zeitraum der Charakter des Unternehmens nach dem Gesamtbild der Verhältnisse nachhaltig verändert oder ist das Unternehmen neu entstanden, ist von einem entsprechend verkürzten Ermittlungszeitraum auszugehen. Soweit sich die Änderung der Rechtsform auf den Jahresertrag ausgewirkt hat, sind die früheren Betriebsergebnisse entsprechend zu korrigieren.

b) Hinzurechnungen

94 Ergebnisse aus den Ergänzungs- und Sonderbilanzen bleiben unberücksichtigt.

Gem. § 202 Abs. 1 BewG sind dem Betriebsergebnis (Ausgangswert) hinzuzurechnen (wobei im Folgenden nur die wichtigsten Korrekturposten aufgeführt sind):

- Sonderabschreibungen oder erhöhte Absetzungen,
- Bewertungsabschläge,
- Zuführungen zu steuerfreien Rücklagen oder zu Teilwertabschreibungen,
- Absetzungen auf den Geschäfts- oder Firmenwert oder firmenwertähnliche Wirtschaftsgüter,
- einmalige Veräußerungsverluste sowie außerordentliche Aufwendungen,
- Investitionszulagen, die im Betriebsergebnis nicht enthalten sind, soweit in Zukunft mit weiteren zulagebegünstigten Investitionen in gleichem Umfang gerechnet werden kann,
- der Ertragsteueraufwand im Gewinnermittlungszeitraum (KSt, GewSt und Zuschlagsteuern),
- Aufwendungen, die im Zusammenhang mit nicht betriebsnotwendigem Vermögen stehen.

c) Abzugsbeträge

95 Nach § 202 Abs. 1 Nr. 2 BewG sind abzuziehen:

- gewinnerhöhende Auflösungsbeträge steuerfreier Rücklagen,
- Teilwertzuschreibungen,
- einmalige Veräußerungsgewinne,
- außerordentliche Erträge,
- Investitionszulagen, die im Betriebsergebnis enthalten sind, soweit in Zukunft nicht mit weiteren zulagebegünstigten Investitionen im gleichen Umfang gerechnet werden kann,
- der angemessene Unternehmerlohn, soweit dieser in der bisherigen Ergebnisrechnung nicht berücksichtigt worden ist, wobei sich die Höhe nach der Vergütung bestimmt, die eine nicht beteiligte Geschäftsführung erhalten würde,
- Erträge aus der Erstattung von Ertragsteuern im Gewinnermittlungszeitraum,
- Erträge, die im Zusammenhang mit nicht betriebsnotwendigem Betriebsvermögen stehen.

d) Korrekturen

Hinzuzurechnen oder abzuziehen sind sonstige wirtschaftlich nicht begründete Vermögensminderungen oder -erhöhungen. 96

e) Abgeltung des Ertragsteueraufwands

Zur Abgeltung des Ertragsteueraufwands ist das Betriebsergebnis eines jeden Wirtschaftsjahres um 30% zu mindern. 97

f) Kapitalisierungszinssatz

Der Kapitalisierungszinssatz besteht aus den Komponenten 98
- variabler Basiszinssatz und
- pauschaler Zuschlag von 4,5%.

Der variable Basiszinssatz wird im Bundessteuerblatt veröffentlicht und betrug per 1. 1. 2009 nur noch 3,61%, so dass zu diesem Zeitpunkt der Ertragswert des Unternehmens dem 12,33-fachen des bereinigten Jahresertrages entspricht. Die generelle Fixierung des Zinssatzes für alle Branchen wird in der Literatur zurecht als verfassungswidrig angesehen, vgl. *Viskorf,* FR 2007, 626.

g) Wertuntergrenze

Gem. § 11 Abs. 2 Satz 3 BewG entspricht der mindestens anzusetzende Unternehmenswert der Summe der gemeinen Werte der einzelnen Wirtschaftsgüter abzüglich der Schulden. Diese Definition entspricht nicht dem **Liquidationswert**, der vom Unternehmer selbst dann noch am Markt erzielt werden könnte, wenn der Betrieb nicht fortgeführt wird. Der Ermittlungsaufwand für die Liquidationskosten ist nach Meinung von *Mannek*, DB 2008, 423 aus verwaltungsökonomischer Sicht kaum vertretbar. Dennoch ist der Liquidationswert in den Fällen der feststehenden Liquidation als besondere Ausprägung des Substanzwertes nicht ausgeschlossen. 99

einstweilen frei 100

4. Unternehmensbewertung: Prüfungsschema

Unternehmensbewertung: 101
Prüfungsschema bei 7-jähriger Betriebsfortführung

• Verwaltungsvermögen mehr als 50% – bis zu 25%-ige Kapitalgesellschaftsanteile oder Poolvertrag – verpachtete Grundstücke – Wertpapiere	→ ja	→ Privatvermögen
• junges Verwaltungsvermögen?	→ ja	→ aussondern
• (anteilige) Schulden + Lasten	→ ja	→ abziehen
• 7-jährige Lohnsummenkontrolle (650% der bisherigen Lohnsumme)	→ nein	→ Privatvermögen
• 7-jährige Behaltenskontrolle	→ nein	→ Privatvermögen Anzeigepflicht

- Steuerklassenprivileg § 19a
- gemeiner Wert (Ertragswertverfahren, Rechtsverordnung)
- gleitender Abzugsbetrag 150000 € bei max. 150000 Betriebsvermögen, dann abnehmend bis 450000 Betriebsvermögen
- Besteuerung nur 15% 85% → Stundung

Unternehmensbewertung:
Prüfungsschema bei 10-jähriger Betriebsfortführung

- unwiderrufliche Option
- Verwaltungsvermögen nicht mehr als 10%
- nicht weniger als 1000% der Lohnsumme innerhalb von zehn Jahren
- Ergebnis: Erbschaftsteuerfreiheit

Beispiel nach *Mannek*, DB 2008, 428 (ohne Berücksichtigung des Umstandes, dass das ErbStRG erst zum 1. 1. 2009 in Kraft getreten ist):

a) Vermögensaufstellung und Substanzwert nach dem BewG

102

	Steuerbilanz in €	**Vermögens-aufstellung 2007 in €**	**Mindestsatz mit dem Substanz-wert 2008 in €**
GruBo Fabrik	200000	1000000	1400000
Gebäude Fabrik	900000		
GruBO Mietwohngrundstück für Arbeitnehmer	100000	500000	800000
Gebäude Mietwohngrundstück für Arbeitnehmer	150000		
Außenanlagen	5000		
Betriebsvorrichtungen	40000	40 000	40000
Geschäftsausstattung	100000	100000	100000
Aktien	50000	80000	80000
Fuhrpark	120000	120000	220000
Waren	200000	200000	200000
Forderungen	320000	320000	320000
Kasse, Bank	30000	30000	30000
Roh-Betriebsvermögen	2215000	2390000	3190000
Kapital	1345000		
Hypothek Fabrik	500000	500000	500000
Hypothek MWG	200000	200000	200000
Verbindlichkeiten Aktien	10000	10000	10000

	Steuerbilanz in €	Vermögensaufstellung 2007 in €	Mindestsatz mit dem Substanzwert 2008 in €
Verbindlichkeiten	90 000	90 000	90 000
Rückstellungen	70 000	70 000	70 000
Schulden (Summe)	870 000	870 000	870 000
Wert des Betriebsvermögens **bzw. Substanzwert**		1 520 000	2 320 000

b) Ermittlung Ertragswert

103

	2005 in €	2006 in €	2007 in €
Gewinn	460 000	450 000	420 000
Ertragsteueraufwand	35 000	34 000	32 000
Aufwendungen Mietwohngrundstück	34 500	26 500	33 500
Unternehmerlohn	- 50 000	- 50 000	- 50 000
Mieterträge	- 40 000	- 44 000	- 49 000
Ertrag, der auf Aktien entfällt	- 5000	- 2000	- 6000
Betriebsergebnis	434 500	414 500	380 500
30% Abschlag für Ertragsteueraufwand	- 130 350	- 124 350	- 114 150
Jahresertrag	340 150	290 150	266 350
		860 650	
nachhaltig erzielbarer Jahresertrag		× 1/3 =	**286 883**

c) Gemeiner Wert des Betriebsvermögens (in €)

Ertragswert des Betriebsvermögens (11,11 × 286 883 =)	3 187 270	104
Mietwohngrundstück	+ 800 000	
Aktien	+ 80 000	
Schuld Mietwohngrundstück	- 200 000	
Gemeiner Wert des Betriebsvermögens	3 867 270	

Verhältnis Verwaltungsvermögen i. S. des § 13 b Abs. 2 ErbStG zum Unternehmenswert:

Anzusetzender Unternehmenswert	3 867 270	100%
davon 50%	1 933 635	50%
Verwaltungsvermögen	880 000	23%

Das Verwaltungsvermögen überwiegt nicht. Der gesamte Unternehmenswert bildet somit begünstigtes Vermögen i. S. des § 13 b Abs. 4 ErbStG

d) Besteuerung nach dem ErbStG

105 Steuerberechnung (in €)

Betriebsvermögen	3 867 270
Verschonungsabschlag § 13b Abs. 4 ErbStG (85%)	- 3 287 180
steuerpflichtiges Betriebsvermögen	580 000
persönlicher Freibetrag	- 400 000
Steuerpflichtiger Erwerb	180 000
abgerundet	180 000
Steuer 11%	19 800

Risikovolumen:
Bei Verstoß gegen Verschonungsvoraussetzungen entfällt der Verschonungsabschlag von 85% mit Wirkung für die Vergangenheit. Die Nachversteuerung berechnet sich wie folgt (in €):

	ErbStRG
Betriebsvermögen	3 867 270
Gesamtvermögen	3 867 270
persönlicher Freibetrag	- 400 000
Steuerpflichtiger Erwerb (abger.)	3 467 200
Steuersatz	19%
Steuer	658 768
bereits gezahlt	19 800
nachzuzahlende Steuer	**638 968**

5. Alternative Bewertungsmethoden

106 Gem. § 11 Abs. 2 Satz 2 BewG soll der Wert von Anteilen an Kapitalgesellschaften vorrangig aus **Verkäufen an fremde Dritte** abgeleitet werden, die weniger als ein Jahr zurückliegen. In der Literatur wird daher teilweise empfohlen, z. B. an leitende Angestellte vorab einen geringen Bruchteil des Unternehmens zu günstigen Bedingungen zu veräußern, um dadurch eine Bewertungsbezugnahme zu schaffen.

Lässt sich der gemeine Wert nicht aus Verkäufen unter fremden Dritten ableiten, ist gem. § 11 Abs. 2 Satz 2 BewG der Wert unter Berücksichtigung der Ertragsaussichten zu ermitteln. Wenn das vereinfachte Ertragswertverfahren (§ 200 BewG) zu offensichtlich unzutreffenden Ergebnissen führt, kann der Wert nach einer anderen anerkannten, auch im gewöhnlichen Geschäftsverkehr für nicht steuerliche Zwecke üblichen Methode ermittelt werden; dabei ist die Methode anzuwenden, die ein Erwerber der Bemessung des Kaufpreises zugrunde legen würde.

107 Diese **Öffnungsklausel** gem. § 199 Abs. 1 BewG ist zutreffend, da letztlich der Markt die Bewertungsmethode bestimmt, vgl. Barthel, DB 1990, 1145. Die für Kapitalgesellschaften geltende Regelung ist gem. § 157 Abs. 5 Satz 2 BewG bei der Bewertung von Betriebsvermögen anzuwenden. Alternativ kommen somit folgende Verfahren in Betracht:

a) Stuttgarter Verfahren

108 Der Bundesfinanzhof BStBl. 2000 II 251, 253 hat das jahrzehntelang praktizierte Stuttgarter Verfahren in der bis 1993 geltenden Fassung als taugliche Bewertungsmethode anerkannt. Auch in der Literatur (*Seer,* GmbHR 2007,

281, 284) wird die Wiederbelebung dieses Verfahrens angeregt, da hierzu jahrzehntelange Erkenntnisse und eine entsprechende Rechtsprechung vorliegen. Eine Wiederbelebung des Stuttgarter Verfahrens ist der Neuregelung eindeutig vorzuziehen. Ein weiterer Vorteil des bis 1993 geltenden Stuttgarter Verfahrens bestand darin, dass die in den Bilanzansätzen enthaltenen stillen Reserven durch den sog. **„Anhaltewert“** pauschaliert ermittelt werden konnten. Nunmehr muss der sich aus der Verkehrswertsumme der einzelnen Wirtschaftsgüter sich ergebende Substanzwert immer vergleichsweise zum Ertragswert ermittelt werden, um den höheren Wert ansetzen zu können.

b) Unternehmensbewertung nach den Richtlinien des Hauptfachausschusses des Instituts der Wirtschaftsprüfer in Deutschland

Das Institut der Wirtschaftsprüfer wendet bei Unternehmensbewertungen folgende Grundsätze an: **109**

- HFA/2 1995: Unternehmensbewertung im Familien- und Erbrecht, WPg 1995, 522;
- HFA/6 1997: Besonderheiten bei Bewertung kleiner und mittlerer Unternehmen, WPg 1998, 26;
- IDW ES 1 2008, WPg 2008, 271.

Bei den vorgenannten Bewertungen empfiehlt der Hauptfachausschuss des IDW die Anwendung des **Ertragswert-** oder des **DCF-Verfahrens**. In beiden Fällen wird der Barwert zukünftiger finanzieller Überschüsse ermittelt. Bei kleinen und mittleren Unternehmen ist insbesondere der Einfluss des Inhabers auf den Unternehmenserfolg zu berücksichtigen.

c) Praktikerformel der Handwerkskammern

Einzelne Handwerkskammern errechnen aufgrund einer Praktikerformel den Unternehmenswert wie folgt: **110**

Substanzwert zzgl. zweifacher Jahresgewinn

d) Umsatzbezogene Abfindung

Viele Dienstleistungsunternehmen, z. B. Steuerberatungskanzleien, aber auch Einzelhandelsgeschäfte in der Textil- und Schuhbranche, werden in ihrem Wert im Wesentlichen an den Jahresumsätzen gemessen. Bei Steuerberaterpraxen wird der auf die Buchhaltungsmandate entfallende Umsatz mit einem prozentualen Abschlag, der auf die Beratungsmandate entfallende Umsatzanteil aus dem letzten Jahresumsatz mit einem Aufschlag versehen. Empfehlungen hierzu gibt die jeweilige Steuerberaterkammer. **111**

6. Land- und forstwirtschaftliches Betriebsvermögen

Literatur: *Hutmacher,* Erbschaftsteuerreform: Einzelheiten zur Bewertung und Verschonung des land- und forstwirtschaftlichen Vermögens, ZNotP 2008, 218.

Die Bewertung und Verschonung des land- und forstwirtschaftlichen Vermögens nach der LuFBewV ist unter § 5 dargestellt. **112**

7. Grundstücksbewertung

Literatur: *Tremel,* Die zukünftige Grundstücksbewertung nach dem „ErbStRG" und der „GrBewV", DStR 2008, 753.

113 Durch einen neuen 6. Abschnitt des Bewertungsgesetzes wurden auch für das Grundvermögen zum Zwecke der Erbschaft- und Schenkungsteuer neue Bewertungsvorschriften normiert, so dass für die Grunderwerbsteuer weiterhin die bisherigen Grundbesitzwerte nach dem 5. Abschnitt der besonderen Bewertungsvorschriften gelten. Im Endergebnis leistet sich der Gesetzgeber den Luxus, dass in der Praxis **fünf (!) verschiedene Grundstückswerte** zu beachten sind:

- gemeiner Wert
- einkommensteuerlicher Wert (Buchwert) (aufzuteilen in Grundstücks- und Gebäudewert)
- Einheitswert für die Grundsteuer
- Grundbesitzwert für die Grunderwerbsteuer gem. § 8 Abs. 2 GrEStG
- Erbschaft- und Schenkungsteuerwert.

Für die Grundbucheintragung ist noch zusätzlich der Brandversicherungswert nach der KostO zu ermitteln.

Weiterhin ist der Nachweis des niedrigeren gemeinen Wertes in § 198 BewG (durch Bewertungsgutachten) vorgesehen.

a) Unbebaute Grundstücke

114 Gem. § 179 BewG bestimmt sich der Wert unbebauter Grundstücke nach dem Bodenrichtwert der Gemeinde.

Die Gutachterausschüsse sind aufgrund der Änderung des § 196 BauGB verpflichtet, **flächendeckend** Bodenrichtwerte auch für

- baureifes Land,
- Bauerwartungsland,
- Rohbauland und
- land- und forstwirtschaftlich genutzte Flächen

zu ermitteln, wobei *J. Schmidt,* GuG 2008, 150/156, diese Forderung zurecht als überzogen bezeichnet.

Es sind **Richtwertzonen** zu bilden.

Lässt sich durch Gutachterausschüsse kein Bodenrichtwert ermitteln, ist der Bodenwert aus den Werten vergleichbarer Flächen abzuleiten. Der Steuerpflichtige kann gem. § 198 BewG einen niedrigeren gemeinen Wert nachweisen.

b) Bebaute Grundstücke

115 Gem. § 182 Abs. 1 BewG ist der Wert der bebauten Grundstücke nach dem Vergleichs-, dem Ertrags- oder dem Sachwertverfahren zu ermitteln. Grundlage ist insoweit die WertV, vgl. *Tremel,* ZEV 2007, 365. Da abweichend von § 7 Abs. 2 WertV keine Verfahrenswahl zugelassen ist werden im Einzelfall sachwidrige Ergebnisse eintreten.

aa) Vergleichswertverfahren

116 Gem. § 182 Abs. 2 BewG sind Wohnungseigentum, Teileigentum sowie Ein- und Zweifamilienhäuser grundsätzlich mit dem Vergleichswertverfahren zu bewerten. Hierzu können entweder Vergleichskaufpreise oder Vergleichsfaktoren herangezogen werden.

Bei der Verkehrswertermittlung sind Abweichungen von den wertbeeinflussenden Merkmalen der Vergleichsgrundstücke oder der Vergleichsfaktoren durch Zu- und Abschläge zu berücksichtigen. Die Neuregelung ist wieder streitanfällig, da die beim Marktwertniveau bestehende Streubreite von 20% der Verkaufspreise für ein und dasselbe Objekt unberücksichtigt blieb, vgl. *Viskorf,* FR 2007, 625.

bb) Ertragswertverfahren

Gem. § 182 Abs. 3 BewG sind Mietwohngrundstücke, Geschäftsgrundstücke und gemischt genutzte Grundstücke, für die sich auf dem örtlichen Grundstücksmarkt eine übliche Miete ermitteln lässt, mit dem Ertragswertverfahren zu bewerten. Der Bodenwert ist wie der Wert der unbebauten Grundstücke nach § 179 BewG zu ermitteln. Ausgang der Bewertung ist der Rohertrag des Grundstücks. Von dem Rohertrag sind die Bewirtschaftungskosten abzuziehen. Der verbleibende Betrag ist der Reinertrag des Grundstücks. Von diesem Reinertrag ist eine angemessene **Bodenwertverzinsung** abzuziehen. Der Liegenschaftszinssatz ergibt sich aus § 188 BewG. Der verbleibende Betrag ist der Gebäudereinertrag. 117

Der Gebäudereinertrag ist mit dem sich aus der Anlage 21 zum Bewertungsgesetz ergebenden Vervielfältiger zu kapitalisieren. Maßgebend für den Vervielfältiger sind der Liegenschaftszinssatz und die Restnutzungsdauer des Gebäudes. Dies ergibt den Gebäudeertragswert. Die **Summe** des Gebäudeertragswerts und des Bodenwerts ergibt den Grundstückswert.

Bewertungsschema: Ertragswertverfahren

	Jahresmiete bzw. übliche Miete
	./.
	Bewirtschaftungskosten
	=
	Reinertrag des Grundstücks
	./.
	Bodenwertverzinsung
	(Bodenwert x Liegenschaftszinssatz)
Bodenrichtwert (ggf. angepasster Bodenrichtwert)	=
	Gebäudereinertrag
x	x
Grundstücksfläche	Vervielfältiger
=	=
Bodenwert	Gebäudeertragswert

⇩ ⇨ Grundstückswert ⇦ ⇩

(ggf. Nachweis des niedrigeren gemeinen Werts, § 198 BewG)

cc) Sachwertverfahren

Gem. § 182 Abs. 4 BewG sind Wohnungseigentum, Teileigentum, Ein- und Zweifamilienhäuser, wenn ein Vergleichswert nicht vorliegt, mit dem 118

Sachwertverfahren zu bewerten, ebenso Geschäftsgrundstücke und gemischt genutzte Grundstücke, für die sich auf dem örtlichen Grundstücksmarkt keine übliche Miete ermitteln lässt, sowie sonstige bebaute Grundstücke. Nach § 189 Abs. 1 BewG ist der Wert der Gebäude (Gebäudesachwert) getrennt vom Bodenwert nach **Herstellungswerten** zu ermitteln. Der Bodenwert ist wie der Wert des unbebauten Grundstücks nach § 179 BewG zu ermitteln. Die Regelung ist im Wesentlichen dem Sachwertverfahren nach § 21 WertV nachgebildet. Danach ergeben sich folgende Rechenschritte:

- Der Gebäuderegelherstellungswert ergibt sich durch Multiplikation der jeweiligen Regelherstellungskosten mit der Brutto-Grundfläche des Gebäudes. Die Regelherstellungskosten sind in der Anlage 24 zum Bewertungsgesetz enthalten.
- Vom Gebäuderegelherstellungswert ist gem. § 190 Abs. 2 BewG eine Alterswertminderung abzuziehen, die sich aus Anlage 22 zum Bewertungsgesetz ergibt. Sind nach Bezugsfertigkeit des Gebäudes Veränderungen eingetreten, die die wirtschaftliche Gesamtnutzungsdauer des Gebäudes verlängert oder verkürzt haben, ist von einem entsprechenden früheren oder späteren Baujahr auszugehen. Der nach Abzug der Alterswertminderung verbleibende Gebäudewert ist regelmäßig mit mindestens 40% des Gebäuderegelherstellungswerts anzusetzen.
- Der Bodenwert und der Gebäudesachwert (§ 190 BewG) ergeben den vorläufigen Sachwert des Grundstücks.
- Der vorläufige Sachwert ist zur Anpassung an den gemeinen Wert mit einer Wertzahl nach § 191 BewG zu multiplizieren, die sich aus der Anlage 25 ergibt.

Überblick: Sachwertverfahren

	Regelherstellungskosten
	x
	Bruttogrundfläche des Gebäudes
Bodenrichtwert (ggf. angepasster Bodenrichtwert)	=
x	Gebäuderegelherstellungswert
Grundstücksfläche	./.
=	Alterswertminderung
	=
Bodenwert	Gebäudesachwert

⇩ ⇨ vorläufiger Sachwert ⇦ ⇩

x

Wertzahl

=

Grundstückswert

(ggf. Nachweis des niedrigeren gemeinen Werts, § 198 BewG)

Beispiel nach *Drosdzol,* ZEV 2008, 10, 15: Bewertung eines Einfamilienhauses in Berlin mit folgenden Merkmalen: Grundstücksfläche 468 qm, Bodenrichtwert 260 €/qm, Gebäude mit Erdgeschoss, Obergeschoss, Dachgeschoss (nicht ausgebaut), voll unterkellert, Baujahr 1925, überbaute Fläche 8 x 9 m, mittlere Ausstattung. Das Haus ist laufend instand gehalten, befindet sich – abgesehen von der eingebauten Gaszentralheizung und den zwei modernen Bädern – im Originalzustand. Es liegt ein Verkehrswertgutachten vor (Verkehrswert 230 000 €).

Der **Steuerwert** wird wie folgt berechnet:

Bodenrichtwert	260 €/qm x 468 qm =	121 680 €
Gebäudewert	Gebäuderegelherstellungswert = 550 €/qm x BGF = 550 €/qm x 288 qm = 158 400 € ./. Alterswertminderung = 60% von 158 400 € (Restwertregelung) = 95 040 € = Gebäudesachwert =	63 360 €
vorläufiger Sachwert		185 040 €
Marktanpassungsfaktor x 1,1		
Steuerwert		203 544 €
% vom Verkehrswert		88,5%

dd) Kritik

Da die Abgrenzung zwischen dem Vergleichswert- und dem Sachwert- 119 verfahren unscharf ist, steht tatsächlich der Finanzverwaltung ein nicht überprüfbares Bewertungswahlrecht zu; kritisch zum Sachwertverfahren auch *Raupach,* DStR 2007, 2040. Der Anwendungsbereich für das Sachwertverfahren ist nach der Gesetzesbegründung dann vorgesehen, wenn es für die Werteinschätzung am Grundstücksmarkt nicht in erster Linie auf den Ertrag ankommt, sondern die Herstellungskosten im gewöhnlichen Geschäftsverkehr wertbestimmend seien. Dies lässt darauf schließen, dass selbstbewohnte Wohnheime einer fiskalischen Beurteilung unterworfen werden, ob ein „Mittelmaß" oder ob eine „gehobene" Ausstattung nach Meinung des Bewertungsbeamten vorliegt. Derartige, an den allgemeinen Neidkomplex erinnernde, Differenzierungen werden eine Prozessflut auslösen, wie dies auch vor 1996 der Fall war.

Mit dem Sachwertverfahren soll individuelles Wohnen extrem besteuert werden. Die noch von Finanzminister Eichel eingesetzte Kommission (vgl. *Spiegelberger,* Stbg 2003, 116) hat eine Rückkehr zu einem Sachwertverfahren abgelehnt, da dieses jedenfalls zum Teil zu erheblichen Überbewertungen führen würde. Der Verkaufswert eines Einfamilienhauses steigt nicht prozentual mit den aufgewendeten Herstellungskosten, sondern sinkt asymptotisch, so dass das Sachwertverfahren besonders bei aufwändig errichteten Gebäuden zu einer Überbesteuerung führt.

Insbesondere bei **selbstgenutztem Wohnraum** muss der Gesetzgeber die unterschiedliche Preisstruktur in den einzelnen Bundesländern berücksichtigen. Ein durchschnittliches Einfamilienhaus kostet in München über 650 000 €, während ein gleichwertiges Objekt in Wittenberg für 100 000 € erworben werden kann. Der Erbe in München wird steuerpflichtig, während der Erbe in den neuen Bundesländern mehrere gleichartige Objekte steuerfrei erwerben kann. Im Endergebnis zeigt die nachfolgende Grafik, dass ein einheitliches Bewertungsschema für die gesamte Bundesrepublik nicht gefunden werden kann, so dass die Besteuerung den einzelnen Bundesländern zugewiesen werden sollte.

Verkaufspreise Einfamilienhäuser

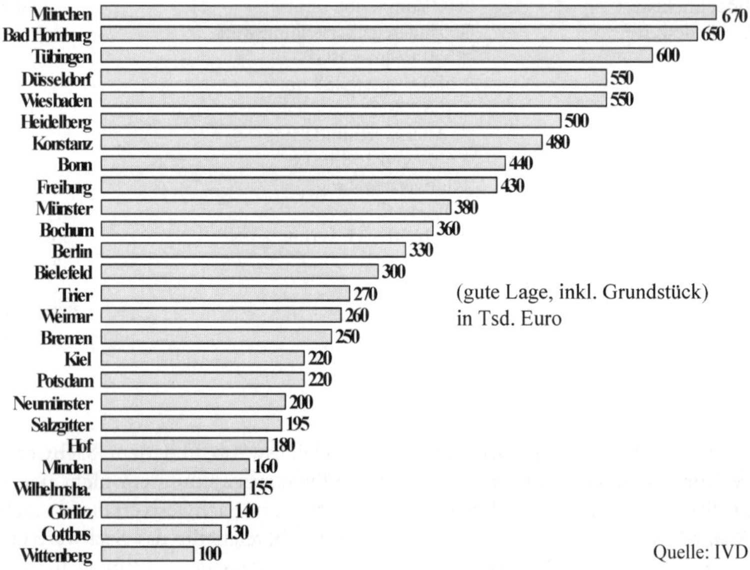

Der Gesetzgeber hat generell für selbstbewohnten Wohnraum eine Befreiung bzw. Steuerminderung in § 13 Abs. 1 Nr. 4a–c ErbStG vorgesehen. Die Kernfamilie (Ehe-/Lebenspartner sowie Kinder) wird gegenüber der früheren Regelung stark begünstigt. Sofern das Familienheim von den beteiligten Ehegatten (Lebenspartnern) selbst bewohnt wird, ist der Erwerb generell steuerbefreit. Ein den Kindern im Erbwege zufallendes Familienheim ist mit einer Wohnfläche bis zu 200 qm steuerbefreit, wenn es von dem Erwerber selbst als Wohnraum genutzt wird. Die Befreiung entfällt allerdings, wenn der Erwerber das Familienheim innerhalb von zehn Jahren nach dem Erwerb nicht mehr selbst nutzt, es sei denn, er ist aus zwingenden Gründen an einer Selbstnutzung gehindert.

8. Erbbaurechte

120 Sofern gem. § 193 BewG keine Vergleichswerte für den Wert des Erbbaurechts vorliegen, ist gem. Abs. 3 dieser Bestimmung der Bodenwertanteil und gem. Abs. 5 der Gebäudewertanteil zu ermitteln.

a) Bodenwertanteil

Der Bodenwertanteil ergibt sich aus der Differenz zwischen

- dem angemessenen Verzinsungsbetrag des Bodenwerts des unbelasteten Grundstücks nach Abs. 4 und
- dem vertraglich vereinbarten jährlichen Erbbauzins.

Der so ermittelte Unterschiedsbetrag ist über die Restlaufzeit des Erbbaurechts mit dem Vervielfältiger gem. Anl. 21 zum Bewertungsgesetz zu kapitalisieren. Sofern kein vom Gutachterausschuss ermittelter Liegenschaftszinssatz vorliegt, gelten folgende Zinssätze:

1. für Ein- und Zweifamilienhäuser und Wohnungseigentum, das wie Ein- und Zweifamilienhäuser gestaltet ist, 3%,
2. für Mietwohngrundstücke und Wohnungseigentum, das nicht unter Nr. 1 fällt, 5%,
3. für gemischt genutzte Grundstücke mit einem gewerblichen Anteil von bis zu 50%, berechnet nach der Wohn- und Nutzfläche, sowie sonstige bebaute Grundstücke, 5,5%,
4. für gemischt genutzte Grundstücke mit einem gewerblichen Anteil von mehr als 50%, berechnet nach der Wohn- und Nutzfläche, 6% und
5. für Geschäftsgrundstücke und Teileigentum 6,5%.

b) Gebäudewertanteil

Der Gebäudewertanteil ist gem. § 193 Abs. 5 BewG: bei der Bewertung des bebauten Grundstücks im Ertragswertverfahren der Gebäudeertragswert nach § 185 BewG und bei der Bewertung im Sachwertverfahren der Gebäudesachwert nach § 190 BewG anzusetzen. Ist der bei Ablauf des Erbbaurechts verbleibende Gebäudewert nicht oder nur teilweise zu entschädigen, ist der Bodenwert des Erbbaurechts um den Gebäudewert des Erbbaugrundstücks nach § 194 Abs. 4 BewG zu erhöhen. Der Gebäudewert des Erbbaugrundstücks entspricht gem. Abs. 4 dieser Bestimmung dem Gebäudewert oder dem anteiligen Gebäudewert, der dem Eigentümer des Erbbaugrundstücks bei Beendigung des Erbbaurechts durch Zeitablauf entschädigungslos zufällt; er ist auf den Bewertungsstichtag nach Anlage 26 zum Bewertungsgesetz abzuzinsen. 121

9. Übertragung unter Nießbrauchsvorbehalt

Der bereits bisher – entgegen dem Gesetzeswortlaut – nur partiell angewendete § 25 ErbStG entfällt völlig, so dass die bei der ersten Erbschaftsteuerreform 1974 eingefügte Vorschrift als überzogene Steuerverschärfung entlarvt wird. ErbStH 163 und ErbStH 177 haben bereits bisher eine Verkehrswertminderung durch Gutachtensnachweis erlaubt. Durch frühzeitige vorweggenommene Erbfolge sind in Zukunft erhebliche **Erbschaftsteuerminderungen** zu erreichen, insbesondere bei hochrentierlichen Vermögensgegenständen. 122

Beispiel: Die 60-jährige Ehefrau F errichtet mit ihrem Ehemann M und ihrer Tochter T eine vermögensverwaltende KG, in die sie ihr Mietshaus im Steuerwert (= Verkehrswert) von 3 Mio. € einbringt. Die Jahresmiete beträgt 170.000 €. Alle drei Gesellschafter sind nach der Einbringung mit je $^1/_3$ beteiligt.

Hinweis: *Gem. Anlage 9 BewG ergab sich für eine 60-jährige Frau ein Faktor 12,034. Gem. § 16 BewG betrug der (Höchst-)Wert des zurückbehaltenen Nießbrauches*

$$\frac{12{,}034}{18{,}6} \approx 67{,}7\%$$

Tatsächlich liegt die Wertminderung bei über 74,19%, da ab dem 1. 1. 2009 nicht mehr die Anlage 9 des Bewertungsgesetzes maßgebend ist, sondern der Vervielfältiger sich künftig nach den aktuellen Sterbetafeln richtet. Gegenüber einem Vervielfältiger von 12,034 nach der früheren Anlage 9 zum Bewertungsgesetz ergibt sich für 2009 ein Vervielfältiger von ca. 13,8, vgl. *Bauer/Wartenburger*, MittBayNot 2009, Heft 2. Tatsächlich behält F unter schenkungsteuerlicher Betrachtung einen Wert von 74,19% zurück, so dass die Kommanditgesellschaft einen Immobilienwert von 25,81% aus 3 Mio. = 776.300 € erhält. Die auf den Ehemann M und auf die Tochter T übergehende Schenkung beträgt 258.767 €, fällt also unter die bestehenden Schenkungsteuerfreibeträge in Höhe von 500.000 € bzw. 400.000 €.

10. Auslandsvermögen

Literatur: *Piltz,* Unternehmerisches Auslandsvermögen und Erbschaftsteuer, IStR 1998, 47.

123 Die unbeschränkte Steuerpflicht gem. § 2 Abs. 1 Nr. 1 ErbStG umfasst den gesamten, weltweiten Vermögensanfall, wenn der Erblasser/Schenker die Voraussetzungen des Inländerbegriffs erfüllt. Unterliegt der Erwerb nicht der unbeschränkten Steuerpflicht nach § 2 Abs. 1 Nr. 1 oder Nr. 2 ErbStG, so kann sich eine beschränkte Steuerpflicht ergeben, der nicht der gesamte Erwerb, sondern nur das Vermögen unterliegt, das zum Inlandsvermögen zählt, vgl. *Hübner,* in: Viskorf/Klier/Hübner/Knobl/Schuck, Erbschaftsteuer- und Schenkungsteuergesetz, Bewertungsgesetz § 2 Rn. 25.

Ausländischer Grundbesitz und ausländisches Betriebsvermögen wurde früher gem. § 12 Abs. 6 ErbStG i.V.m. § 31 BewG nach dem gemeinen Wert beurteilt und waren von der Begünstigung für Betriebsvermögen gem. § 13a ErbStG ausgeschlossen. § 13b Abs. 1 Nr. 1 und 2 ErbStG beziehen nunmehr Vermögensgegenstände des land- und forstwirtschaftlichen Vermögens sowie des Betriebsvermögens ausdrücklich in die Begünstigungsnorm ein, wenn dieses Vermögen einer Betriebsstätte in einem Mitgliedsstaat der Europäischen Union oder in einem Staat des europäischen Wirtschaftsraums dient.

124, 125 *einstweilen frei*

VI. Grunderwerbsteuer

Literatur: *Neu/Müller,* Die Grunderwerbsteuer in der Unternehmensnachfolgeplanung, GmbH-StB 2006, 200.

1. Grundstückserwerb von Todes wegen

126 Gem. § 3 Nr. 2 GrEStG ist der Grundstückserwerb von Todes wegen nicht grunderwerbsteuerbar. Das selbe gilt für Schenkungen unter Lebenden mit Ausnahme von Schenkungen unter einer Auflage, die bei der Schenkungsteuer abziehbar sind. Da § 25 ErbStG entfällt, der Nießbrauchsvorbehalt also die Bemessungsgrundlage mindert, fällt Grunderwerbsteuer aus dem **kapitalisierten Nießbrauchswert** an, soweit nicht grunderwerbsteuerliche Befreiungstatbestände eingreifen.

2. Einzelunternehmen

127 Bei der Nachfolge in ein Einzelunternehmen kommt die Entstehung von Grunderwerbsteuer in Betracht, wenn Grundbesitz i.S.d. § 2 GrEStG auf

den Erwerber übergeht. Der Grundstücksbegriff des § 2 GrEStG umfasst auch Nutzungsrechte gem. § 15 WEG und § 1010 BGB sowie Gebäude auf fremdem Grund und Boden, nicht aber Betriebsvorrichtungen und Mineralgewinnungsrechte.

Das Grunderwerbsteuergesetz enthält zahlreiche **Befreiungsvorschriften** u. a.

- der Erwerb eines zum Nachlass gehörigen Grundstücks durch Miterben oder deren Ehegatten zur Teilung des Nachlasses,
- der Grundstückserwerb durch den Ehegatten des Veräußerers gem. § 3 Nr. 4 GrEStG,
- der Erwerb eines Grundstücks durch Personen, die mit dem Veräußerer in gerader Linie verwandt sind einschließlich der Ehegatten und der Stiefkinder gem. § 3 Nr. 6 GrEStG.

Bemessungsgrundlage ist grundsätzlich die Gegenleistung gem. § 8 Abs. 1 GrEStG. Ist keine Gegenleistung vorhanden oder nicht zu ermitteln, ist der Wert gem. §§ 138 ff. BewG zu ermitteln.

3. Grunderwerbsteuer bei der Nachfolge in einen Personen- oder Kapitalgesellschaftsanteil

a) Gesellschafterwechsel bei einer Personengesellschaft gem. § 1 Abs. 2 a GrEStG

§ 1 Abs. 2a GrEStG fingiert einen Erwerbsvorgang, wenn sich der Gesell- 128
schafterbestand einer Personengesellschaft mit inländischen Grundstücken innerhalb von fünf Jahren unmittelbar oder mittelbar in der Weise ändert, dass mindestens 95% der Anteile am Gesellschaftsvermögen auf neue Gesellschafter übergehen. Mit dem Anteil am Gesellschaftsvermögen ist die vermögensmäßige Beteiligung gemeint, so dass die Übertragung des Alleineigentümers auf eine von ihm allein gegründete GmbH & Co. KG mit einer nicht vermögensbeteiligten Komplementär-GmbH gem. § 5 Abs. 2 GrEStG nicht der Grunderwerbsteuer unterliegt.

b) Anteilsübertragung nach § 1 Abs. 3 GrEStG

Im Einzelnen zu steuerfreien und steuerpflichtigen Anteilsvereinigungen 129
vgl. *Neu/Müller,* GmbH-StB 2006, 200. Ein grunderwerbsteuerlicher Erwerbsvorgang wird fingiert, wenn mindestens 95% der Anteile an einer Gesellschaft mittelbar oder unmittelbar

- in der Hand des Erwerber,
- in der Hand eines herrschenden oder abhängigen Unternehmens oder
- in der Hand von abhängigen Unternehmen

vereinigt werden.

§ 1 Abs. 3 GrEStG ist **subsidiär** zu § 1 Abs. 2a GrEStG. Wenn also § 1 Abs. 2a GrEStG nicht zur Anwendung kommt, weil es sich z. B. um eine Anteilsvereinigung in der Hand eines Altgesellschafters handelt, kommt die Besteuerung gem. § 1 Abs. 3 GrEStG in Betracht.

VII. Umsatzsteuer

Literatur: *Kieser,* Umsatzsteuerliche Fragen zu der Übertragung von Grundstücken zwischen nahen Angehörigen, ZEV 2006, 550; *Korn,* Brennpunkte der Umsatzbesteuerung und des Vorsteuerabzugs, KÖSDI 2006, 15 236.

1. Unentgeltliche Betriebsübertragungen

130 Nach früherer, jahrzehntelang unbestrittener Auffassung stellte eine Unternehmensübertragung im Wege der vorweggenommenen Erbfolge keine steuerbare Leistung dar, vgl. BMF, BStBl. 1980 I 418. Auch ein Eigenverbrauch war nicht gegeben, weil aus dem Unternehmen keine Wertabgaben für außerunternehmerische Zwecke erfolgten, sofern das gesamte Unternehmen übertragen wurde, vgl. *Korn,* KÖSDI 1984, 5476. Der BFH BStBl. 1987 II 44 und 655 nahm hingegen einen steuerbaren Eigenverbrauch an, wenn ein Unternehmen im Ganzen unentgeltlich veräußert wurde.

Der durch das Missbrauchsbekämpfungs- und Steuerbereinigungsgesetz BGBl. 1993 I 2310 eingefügte § 1 Abs. 1a UStG beendete diese unangemessene Rechtsfolge. Danach sind Umsätze im Rahmen einer Geschäftsveräußerung im Ganzen an einen anderen Unternehmer für dessen Unternehmen generell nicht steuerbar. Gem. § 15a Abs. 6a UStG wird auch der für das Wirtschaftsgut maßgebliche Berichtigungszeitraum nicht unterbrochen, vgl. KÖSDI 1993, 9598.

2. Übertragung von Gesellschaftsanteilen

131 Die Umsätze von Anteilen an Gesellschaften sind gem. § 4 Nr. 8 f) UStG von der Umsatzsteuer befreit. Die Veräußerung aller Gesellschaftsanteile an einer Personengesellschaft ist nach BFH BStBl. 1988 II 92 keine steuerbare Übertragung des Geschäfts (Geschäftsveräußerung im Ganzen), da Unternehmer die Personengesellschaft als solche ist.

VIII. Steuerliche Behandlung der Beratungskosten

Literatur: BMF-Schreiben, Zuordnung der Steuerberatungskosten zu den Betriebsausgaben, Werbungskosten oder Kosten der Lebensführung, BStBl. 2008 I 256; *Götz,* Steuerliche Berücksichtigung von Beratungs-/Notarkosten bei vorweggenommenen Erbfolgeregelungen, betreffend Personengesellschaften, DStR 2006, 545; OFD Frankfurt/M. vom 30. 9. 2002, ZEV 2003, 109; *Paus,* Steuerlicher Abzug von Steuerberatungskosten, EStB 2008, 172.

132 An den Berater wird häufig die Frage herangetragen, ob Beratungs- und Notarkosten im Zusammenhang mit der Unternehmensnachfolge steuerlich abzugsfähig sind. Der Gesetzgeber hat mit Wirkung ab VZ 2006 den Sonderausgabenabzug für Steuerberatungskosten gestrichen. Dennoch können Steuer- und Rechtsberatungskosten als Betriebsausgaben oder Werbungskosten geltend gemacht werden, wenn die Aufwendungen der **Ermittlung der Einkünfte** dienen, vgl. BFH BStBl. 1966 III 190; Tz. 3 BMF-Schreiben BStBl. 2008 I 256.

133 Nach Auffassung der OFD Frankfurt/Main, ZEV 2003, 109 sind Steuerberatungskosten für die Erstellung der **Erbschaftsteuererklärung** als Kosten der Nachlassregelung steuerlich abzugsfähig. Nach Auffassung des Niedersächsischen Finanzgerichts, DStRE 2006, 794 sind Aufwendungen, die für die Erstellung der Erbschaftsteuererklärung entstehen, im Rahmen der Erbschaftsteuererklärung als Nachlassverbindlichkeit geltend zu machen. Der zugleich vom Gericht zugelassene Abzug als Sonderausgabe ist zwischenzeitlich durch das Gesetz ausgeschlossen. Auch Beratungskosten im Zusammen-

hang mit der Ermittlung der Einkünfte sind Betriebsausgaben oder Werbungskosten.

Nach FG Köln, EFG 2005, 433 können bei Gewinneinkünften auch Aufwendungen, die die Vermögenssphäre betreffen, als Betriebsausgaben anerkannt werden. Nach Auffassung von Götz, DStR 2006, 548 sind auch Beratungs- und Notarkosten im Zusammenhang mit der unentgeltlichen Übertragung von Gesellschaftsanteilen einer vermögensverwaltenden Personengesellschaft sofort abzugsfähige Werbungskosten, da zwischen den Aufwendungen und der Einnahmeerzielung ein objektiv wirtschaftlich kausaler Zusammenhang besteht. Gem. Tz. 13 BMF-Schreiben Vorweggenommene Erbfolge, BStBl. 1993 I 80 sind im Rahmen eines teilentgeltlichen Erwerbs aufgewandte **Anschaffungsnebenkosten** (z. B. Notar-, Gerichtsgebühren) in voller Höhe den Anschaffungskosten zuzurechnen; ebenso BFH BStBl. 1992 II 239. Nebenkosten eines in vollem Umfang unentgeltlichen Erwerbs führen weder zu Anschaffungskosten noch zu Werbungskosten. 134

Auf Körperschaften findet § 12 EStG keine Anwendung. Den Körperschaften i. S. d. § 1 Abs. 1 Nr. 1–3 KStG entstehende Steuerberatungskosten sind in vollem Umfang als Betriebsausgaben abziehbar, vgl. Tz. 9 BMF-Schreiben BStBl. 2008 I 256.

Nach der Entscheidung des FG Saarland, ErbStB 2007, 167 sind Gebühren für die Errichtung eines notariellen Testaments sowie für die Beurkundung einer Vorsorgevollmacht oder einer Patientenverfügung der privaten Sphäre des Steuerpflichtigen zuzuordnen und infolge dessen nicht als Werbungskosten (z. B. bei der Ermittlung der Einkünfte aus Kapitalvermögen) abziehbar.

einstweilen frei 135

C. Vorsorgevollmacht des Unternehmers

Literatur: *T. Carlé,* Die Vorsorgevollmacht in der Beratungspraxis, ErbStB 2008, 156; *Reymann,* Vorsorgevollmachten von Berufsträgern, ZEV 2005, 457; *Schmidt,* Wirkungen einer Erbschaftsausschlagung aufgrund Vorsorgevollmacht, insbesondere nach dem Tod des Vollmachtgebers, ZNotP 2008, 301.

Wer für den Fall einer plötzlichen schweren Erkrankung optimal betreut 136
werden will, sollte rechtzeitig eine Vorsorgevollmacht vor einem Notar errichten, die den gewünschten Vertreter/Betreuer benennt und eine Patientenverfügung beinhaltet. Diese Verfügungen werden zentral bei der Bundesnotarkammer in Berlin gespeichert und ermöglichen damit eine schnelle Information der mit der Anordnung der Betreuung beauftragten Behörden. Mit einer Vorsorgevollmacht kann in den Fällen, in denen man nicht mehr in der Lage ist, für sich selbst oder für sein Vermögen zu sorgen, eine Betreuungsanordnung vermieden werden, vgl. *Carlé,* ErbStB 2008, 157.

Neben dieser persönlichen Vorsorgevollmacht sollte der Unternehmer 137
auch eine **betriebliche** Vorsorgevollmacht errichten, die den weiteren Bestand seines Unternehmens für den Fall des längerfristigen Ausfalls durch Krankheit oder Unfall regelt. Gerade der Alleininhaber eines Gewerbebetriebes oder der alleinige Gesellschafter-Geschäftsführer einer GmbH hinterlässt ein Vakuum, das den Bestand des Unternehmens gefährden könnte, während

beim Vorhandensein von Mitgesellschaftern oder Mitgeschäftsführern oder bei der Rechtsform der Aktiengesellschaft durch den Aufsichtsrat immerhin eine Überbrückung gelingen kann.

138 *Langenfeld,* ZEV 2005, 52 weist zurecht darauf hin, dass die Vollmacht auch eine **Handlungsanweisung** beinhalten sollte, da andernfalls der Bevollmächtigte sich Regressansprüchen, nicht zuletzt durch den wieder genesenen Unternehmer selbst oder dessen Erben, ausgesetzt sein könnte.

139 Der Unternehmer wird im allgemeinen selbst beurteilen können, wer für den Fall seiner plötzlichen Erkrankung in der Lage wäre, vorübergehend das Unternehmen fortzuführen oder, sofern mit einer baldigen Genesung des Unternehmers nicht gerechnet werden kann, im Ernstfall sogar zu veräußern oder zu liquidieren. Bei einer langen Erkrankung kommt auch ein **Rechtsformwechsel** eines Einzelunternehmens in eine haftungsbegrenzende Rechtsform in Betracht, zumal bei der Rechtsform einer GmbH oder GmbH & Co. KG die persönliche Haftung des Bevollmächtigten weitgehend begrenzt werden kann. Bei einer bestehenden Personen- oder Kapitalgesellschaft sollte daran gedacht werden, dass der Gesellschafter im Falle seiner plötzlichen Erkrankung in der Gesellschafterversammlung vertreten werden kann, also eine Stimmrechtsvollmacht erforderlich ist. Auch die Bestellung des Bevollmächtigten zum Prokuristen kommt in Betracht.

Formulierungsvorschlag: Gegenständlich beschränkte Generalvollmacht

140 Als alleiniger Inhaber meines (nicht) im Handelsregister eingetragenen Unternehmens erteile ich hiermit

Herrn/Frau …

Vollmacht,

mich in allen Fällen, in denen eine Vertretung gesetzlich zulässig ist, zu vertreten. Der Bevollmächtigte ist insbesondere befugt,

- alle mit meinem Unternehmen … verbundenen oder im Zusammenhang stehenden Rechtsgeschäfte vorzunehmen,
- über meine betrieblichen Konten zu verfügen,
- das Unternehmen in eine GmbH oder GmbH & Co. KG – auch rückwirkend zu einem in meine Lebenszeit fallenden Bilanzstichtag – umzuwandeln, die Geschäftsführung als Geschäftsführer zu übernehmen oder Geschäftsführer zu bestellen,
- alle Erklärungen abzugeben, die für die Unternehmensfortführung erforderlich oder zweckdienlich sind.

Sofern eine Unternehmensfortführung durch Erben und Vermächtnisnehmer nicht erfolgreich erscheint, soll der Bevollmächtigte die Betriebsaufgabe in meinem Namen zum Zeitpunkt meines Ablebens erklären und das Unternehmen zu den von ihm festzulegenden Bedingungen veräußern.

Im Innenverhältnis, ohne dass dies eine Einschränkung der Vollmacht im Außenverhältnis darstellt, soll der Bevollmächtigte von dieser Vollmacht nur Gebrauch machen, wenn ich durch Unfall oder Krankheit nicht in der Lage bin, selbst das Unternehmen zu führen. Befreiung von den Beschränkungen des § 181 BGB wird (nicht) erteilt.

Die Vollmacht gilt über meinen Tod hinaus.

Adorf, den …

....

Unternehmer

Anmerkung: *Die notarielle Beurkundung ist anzuraten, da der Notar die Geschäftsfähigkeit des Unternehmers bei der Beurkundung ausdrücklich bestätigt und der Vertretungsnachweis durch die Urkundenausfertigung gesichert ist. An die Erteilung der Ausfertigung können zusätzliche Kontrollmechanismen (z. B. Zustimmung des Ehegatten, ärztliches Attest) geknüpft werden. Der vom Erblasser erteilte Auftrag, die Betriebsaufgabe zu erklären, sichert die Tarif- und Freibetragsbegünstigung der §§ 16 Abs. 4 und 34 Abs. 3 EStG, vgl. § 2 Rz. 6.*

Erben macht schlapp.
Alfred Toepfer

§ 2 Unternehmertestament

Übersicht

Literatur: *Bengel,* Unternehmen vererben – rechtliche Strategien für die geregelte Unternehmensnachfolge in: FS für Rödl (2008), 225; *Burandt/Franke,* Unternehmertestament, Beck'sche Musterverträge Bd. 45 (2003; *Crezelius,* Unternehmenserbrecht (1998); *Dötsch,* Zur (Nicht-)Vererblichkeit des Verlustabzugs nach § 10d EStG, DStR 2008, 641; *Ebenroth/Lorz,* Das Unternehmertestament als Bestandteil umfassender Nachfolgeplanung, WiB 1995, 609; *Flick,* Widerspruch zwischen Testament und Gesellschaftsvertrag, ZEV 1994, 34; *Führ,* Grundrechte und Testierfreiheit – „Preußen"-Beschluss und Pflichtteilsrecht, MittBayNot 2006, 461; *Kracht,* Checkbuch Testamentsgestaltung (2000); *Langenfeld,* Testamentsgestaltung 3. Aufl. 2002; *ders.,* In der Testamentsgestaltung lebt das Erbrecht, ZEV 2007, 454; *J. Mayer,* Unliebsame Folgen des Pflichtteilsverzichts, ZEV 2007, 556; *Nieder/Kössinger,* Handbuch der Testamentsgestaltung, 3. Aufl. 2008; *Reimann,* Kautelarjuristische Maßnahmen zur Absicherung und Kontrolle der Unternehmensnachfolge, in: Festschrift für Gerhard Otte, München 2005, 285 ff.; *Reichert,* Unternehmensnachfolge aus anwaltlicher Sicht, GmbHR 1998, 257; *Richter/Philipp,* Vorweggenommene Erbfolge und erbrechtliche Gestaltungen, Berater-Brief Vermögen 7/2004, 31; *Scherer,* Erfolgreiche Unternehmensnachfolge – Beratungsaspekte und Störfelder, BB-Special 5/2004, 2; *Semrau,* Das Unternehmertestament, 2003; *Spiegelberger,* Das Unternehmertestament, Stbg. 1999, 249; *ders.,* Risiken bei der Unternehmensnachfolge, Stbg. 2002, 245; *Tanck/Krug/Daragan,* Testamente in der anwaltschaftlichen und notariellen Praxis 2. Aufl. 2002; *Wachter,* in: Der Fachanwalt für Erbrecht: Unternehmertestament (2005); *Waldner/Rausch,* Das Testament des Unternehmers (1997).

A. Unternehmenserbrecht

1 Nach den Feststellungen des Instituts für Mittelstandsforschung Bonn ist die Sicherung der Unternehmensfortführung im Notfall im Allgemeinen nur ungenügend geregelt. Nach einer Untersuchung bei Hamburger Familienunternehmen wurden für den Fall unvorhersehbarer Ereignisse keine ausreichenden Vorkehrungen getroffen. Im einzelnen ergab die Umfrage:

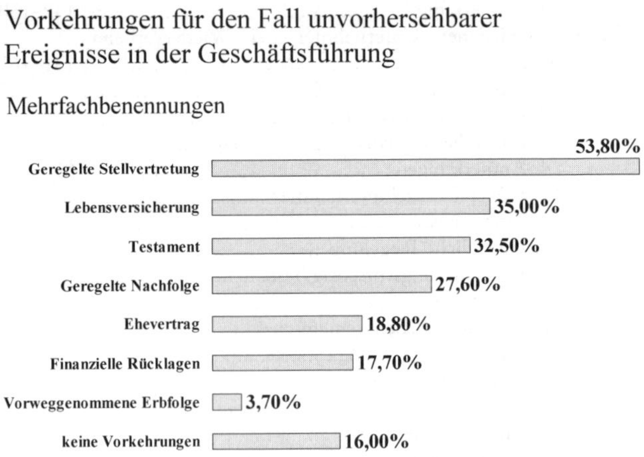

Quelle: IHK Hamburg in Zusammenarbeit mit dem Institut der Mittelstandsforschung Bonn

Sofern der Erblasser ohne Hinterlassung einer letztwilligen Verfügung ver- 2
stirbt, tritt die **gesetzliche Erbfolge** ein. Gem. § 1924 Abs. 1 BGB sind gesetzliche Erben der ersten Ordnung die Abkömmlinge des Erblassers. Nach Abs. 2 dieser Vorschrift schließt ein z. Zt. des Erbfalls lebender Abkömmling die durch ihn mit dem Erblasser verwandten Abkömmlinge von der Erbfolge aus. Gem. Abs. 3 treten an die Stelle eines z. Zt. des Erbfalls nicht mehr lebenden Abkömmlings die durch ihn mit dem Erblasser verwandten Abkömmlinge (Erbfolge nach Stämmen). Gem. Abs. 4 erben Kinder zu gleichen Teilen.

Beispiel: Der verwitwete Erblasser E verstirbt ohne Hinterlassung eines Testaments. Er hinterlässt das Kind K 1 und dessen Kind, den Enkel E 1. Das vorverstorbene Kind K 2 hinterließ zwei Kinder, die Enkelkinder E 2 und E 3. Abkömmlinge des vorverstorbenen Enkelkindes E 2 sind die Urenkel U 1 und U 2. Wie lautet der Erbschein?

Gesetzliche Regelung

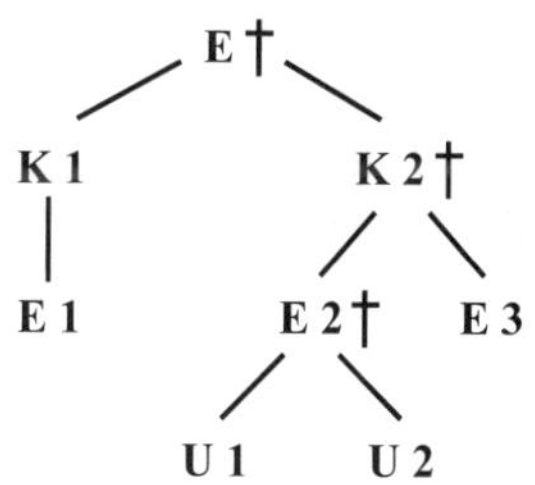

Gem. § 1922 BGB – dem Prinzip der **Gesamtrechtsnachfolge** – geht das 3
gesamte Vermögen des Verstorbenen auf den oder die Erben über. Gesetzliche Erben sind die Kinder K 1 und K 2 zu je $^1/_2$. Das Enkelkind E 1 gelangt nicht zur Erbfolge. An Stelle des vorverstorbenen Kindes K 2 treten dessen Kinder, die Enkel E 2 und E 3, so dass E 3 Erbe zu $^1/_4$ wird. Das restliche $^1/_4$ fällt an die Kinder des Enkels E 2 zu gleichen Teilen, also an die Urenkel U 1 und U 2, die Erben zu je $^1/_8$ werden. Wegen des Ehegattenerbrechts siehe § 3. Im Zuge der Erbschaftsteuerreform wird Personen, die für den Erblasser Pflegeleistungen erbracht haben, gem. § 13 Abs. 1 Nr. 9 ErbStG ein Freibetrag von 20 000 € gewährt.

I. Fehlendes oder fehlerhaftes Unternehmertestament

Warnendes Beispiel einer ungenügenden Vorsorgemaßnahme für ein Un- 4
ternehmen ist folgende Fallgestaltung:

Beispiel: Ehepaar M und F, beide 60 Jahre alt, sind Inhaber eines Autohauses, das ihr wesentliches Vermögen darstellt:

Übertragung eines Autohauses

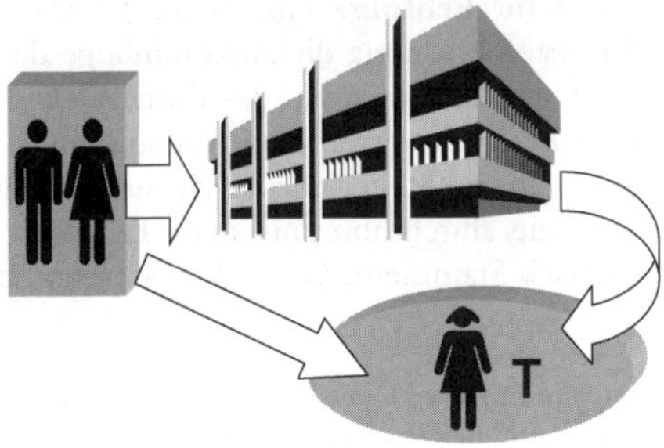

Unternehmenswert einschl. Firmenwert	ca. 4 Mio. €
Schenkung- und Erbschaftsteuerwert	3 Mio. €
Buchwert	1 Mio. €
Jahresgewinn durchschnittlich	150 000 €
Leibrente (dauernde Last) mtl.	10 000 €,
Rentenbarwert	1,5 Mio. €

Die im Betrieb tätige Tochter T drängt auf eine vorweggenommene Erbfolge, um insbesondere den Pflichtteil ihres Bruders S, der als Studienrat tätig ist, zu begrenzen. Unerwartet versterben plötzlich M und F gleichzeitig bei einem Unfall ohne Hinterlassung eines Testaments. Welche Gefahren ergeben sich aus der gesetzlichen Erbfolge?

1. Betriebsfortführung?

5 Sofern die Eltern keinerlei Vorsorge für ihren Todesfall treffen und die gesetzliche Erbfolge eintritt, entsteht gem. § 1922 BGB eine Erbengemeinschaft, die als labilste Unternehmensform mit größter Wahrscheinlichkeit zum Untergang des Betriebs führt, da jeder Miterbe gem. § 2042 BGB jederzeit ohne jegliche Fristsetzung die Auseinandersetzung und damit die Veräußerung oder Versteigerung des Gesellschaftsvermögens verlangen kann. Wenn sich die Miterben im Beispielsfall einigen, dass T den Betrieb allein fortführt, beträgt der abzufindende Erbteil wertmäßig 2 Mio €. Da eine derartige Abfindung nicht finanzierbar ist, droht von vorne herein die **Betriebsstilllegung**, wenn sich die Erben nicht gesellschaftsrechtlich über die Betriebsfortführung einigen.

6 Sofern aufgrund einer überschlägigen Prognose die Betriebsfortführung gefährdet ist, insbesondere wegen hoher Abfindungszahlungen, ist die unverzügliche Unternehmensveräußerung vorzuziehen. Einkommensteuerlich kann m. E. eine **Beendigung durch den Erblasser** angenommen werden und somit – die Vollendung des 55. Lebensjahres durch den Erblasser vorausgesetzt – der ermäßigte Steuersatz gem. § 34 Abs. 1 EStG in Betracht kommen und zwar aus folgenden Gründen: In dem BMF-Schreiben BStBl. 1993 I 62 Tz. 78 über die ertragsteuerliche Behandlung der Erbengemeinschaft und ihrer Auseinandersetzung wird zu Nachfolgeklauseln folgendes ausgeführt:

„Im Falle der sog. Fortsetzungsklausel, wonach lediglich die überlebenden Gesellschafter die Gesellschaft fortsetzen und die Erben des verstorbenen Gesellschafters abgefunden werden, geht zivilrechtlich der Gesellschaftsanteil nicht auf die Erben über. Diese erlangen lediglich einen privaten Abfindungsanspruch gegenüber den verbleibenden Gesellschaftern. Steuerlich realisiert der Erblasser durch Aufgabe seines Mitunternehmeranteils unter Anwachsung bei den verbleibenden Gesellschaftern einen tarifbegünstigten Veräußerungsgewinn in Höhe des Unterschieds zwischen dem Abfindungsanspruch und dem Buchwert seines Kapitalkontos im Todeszeitpunkt, BFH-Urt. v. 26. 3. 1981 – BStBl. 1981 II S. 614."

Zur Beendigung einer Erbengemeinschaft und rückwirkender Zurechnung der laufenden Einkünfte ist unter Tz. 8 folgendes in dem BMF-Schreiben ausgeführt:

„In den Fällen der Auseinandersetzung von Erbengemeinschaften – auch in den Fällen der Auseinandersetzung einer Mitunternehmerschaft – ist eine steuerlich unschädliche Rückwirkung auf den Zeitpunkt des Erbfalls in engen Grenzen anzuerkennen, da die Erbengemeinschaft eine gesetzliche Zufallsgemeinschaft ist, die auf Teilung angelegt ist …"

Gem. EStR (2005) 16 Abs. 5 Satz 6 ist – bei **Betriebsverpachtungen** im Rahmen des dann bestehenden Wahlrechts – die Aufgabe des Betriebs für den vom Steuerpflichtigen gewählten Zeitpunkt anzuerkennen, wenn die Aufgabeerklärung spätestens **drei Monate** nach diesem Zeitpunkt abgegeben wird. Da der Erbe gem. § 1922 BGB in alle Rechte und Pflichten des Erblassers eintritt, ist er auch zur Betriebsaufgabeerklärung anstelle des Erblassers berechtigt. Aus diesem Grund ist m. E. generell von einer Betriebsbeendigung durch den Erblasser auszugehen, wenn die Erben die Betriebsaufgabe innerhalb der genannten Drei-Monats-Frist erklären. 7

Nach Auffassung der OFD München, DB 2003, 1198 kann der Erbe die Drei-Monats-Frist gem. EStR 139 Abs. 5 Satz 6 und 7 (nunmehr EStR (2005) 16 Abs. 5 Satz 6) nicht in Anspruch nehmen, wenn die Betriebsaufgabe dadurch auf einen Zeitpunkt fällt, zu dem der Erblasser noch lebte und damit noch Betriebsinhaber war. Gem. EStR (2005) 16 Abs. 5 Satz 8 soll nach Übergang eines im Ganzen verpachteten, noch nicht aufgegebenen Betriebs durch Erbfall der Erbe selbst innerhalb der Drei-Monats-Frist als Aufgabezeitpunkt frühestens den Zeitpunkt des **Betriebsübergangs** bestimmen können. Dies überzeugt nicht.

Der Bundesfinanzhof BStBl. 1998 II 705 hat für den Fall, dass der Erblasser durch eine Rechtshandlung einen Geschehensablauf ins Werk gesetzt hat, Kraft dessen es nach dem Erbfall und nach Eröffnung des Nachlasskonkurses ohne irgendein Handeln des Erben zu einem Güteraustausch gekommen ist, den Veräußerungsgewinn nach erbrechtlichen Grundsätzen dem Erblasser zugerechnet. Die Tarif- und Freibetragsbegünstigungen des § 16 Abs. 4 Satz 3 EStG müssen in der Person des veräußernden Erben gegeben sein, vgl. BFH/NV 1991, 813.

Die **sicherste Gestaltung** besteht darin, dass der Erblasser eine von ihm unterzeichnete Erklärung, wonach er den Betrieb zum Zeitpunkt seines Ablebens aufgibt, dem Erben oder seinem Steuerberater mit dem Auftrag aushändigt, im Falle seines plötzlichen Ablebens die Erklärung dem Finanzamt 8 weiterzuleiten. In diesem Fall hat in jedem Fall der Erblasser den zur Betriebsaufgabe führenden Geschehensablauf ins Werk gesetzt.

Hinweis: Sofern von vorne herein bei einer Personengesellschaft feststeht, dass bei dem Versterben einzelner Gesellschafter eine Fortführung mit den Erben ausscheidet, sollte vorsorglich gesellschaftsvertraglich eine Fortsetzungsklausel vereinbart werden, wonach die Gesellschaft unter den verbleibenden Gesellschaftern fortgeführt wird.

2. Einkommensteuer bei der Erbauseinandersetzung

Literatur: *Geck,* Erbauseinandersetzung über steuerliches Privatvermögen: neue Fragen aufgrund geänderter Rechtsprechung?, ZEV 2007, 297; *Pöting,* Die Erbauseinandersetzung in der notariellen Vertragsgestaltung, MittBayNot 2007, 273 und 376; *Reich,* Ertragsteuerliche Probleme der Erbauseinandersetzung, MittBayNot 2007, 280.

a) Realteilung

9 Aufgrund der Entscheidung des Großen Senats GrS 2/89 BStBl. 1990 II 837 kann erbengemeinschaftliches Betriebs- und Privatvermögen ohne Gewinnrealisierung in der Weise realgeteilt werden, dass ein Miterbe das Betriebsvermögen und der andere Miterbe wertentsprechend Privatvermögen – ohne Abfindungszahlung – übernimmt. Entscheidend ist, dass der Miterbe bei der Erbauseinandersetzung keine eigenen Mittel aufwendet. Eine gewinnneutrale Erbauseinandersetzung eines Mischnachlasses kann daher auch durch eine **überquotale** Schuldübernahme durch den das Betriebsvermögen übernehmenden Miterben erfolgen, vgl. BFH BStBl. II 2006, 296; die entgegenstehende Entscheidung des IX. Senats BFH ZEV 2005, 223 wird von der Finanzverwaltung nicht angewandt, vgl. BMF BStBl. I 2006, 306. Die Teilung eines Mischnachlasses ohne Abfindungszahlung führt nicht zur Entstehung von Anschaffungskosten einerseits sowie eines Veräußerungs- oder Aufgabegewinns andererseits, es sei denn, dass Betriebsgrundlagen ins Privatvermögen überführt werden.

b) Abfindungszahlung

10 Das Ausscheiden aus dem Betrieb gegen **Abfindungszahlung** stellt eine **Gewinnrealisierung** dar, vgl. BMF-Schreiben Erbauseinandersetzung BStBl. 2006 I 253 Tz. 38. Erfolgt die Zahlung durch liquide Mittel aus dem Nachlass, liegt keine Abfindungszahlung vor. Dabei kommt es nicht darauf an, ob bereits im Zeitpunkt des Erbfalls ein Mischnachlass bestanden hat oder ob sich im Zuge der Verwaltung des Nachlasses privates Nachlassvermögen gebildet hat. Jedoch liegt nach Auffassung der Finanzverwaltung BMF-Schreiben BStBl. 2006 I 253 Tz. 33 eine Gestaltung gem. § 42 AO vor, wenn durch Entnahmen liquider Mittel im engen zeitlichen Zusammenhang mit der Auseinandersetzung Privatvermögen geschaffen wird, um insoweit eine gewinnneutrale Teilung zu ermöglichen (sog. „Söffing-Modell"). Realisierte stille Reserven unterliegen ungemildert dem Höchststeuersatz, es sei denn, dass der aus dem Betriebsvermögen ausscheidende Miterbe die Altersvoraussetzungen des ermäßigten Steuersatzes gem. § 34 Abs. 3 (Vollendung des 55. Lebensjahres) erfüllt.

3. Ergebnis: Kein Unternehmen ohne Unternehmertestament

Die vom Institut für Mittelstandsforschung Bonn eruierte ungenügende Risikovorsorge bei vielen deutschen Unternehmen ist alarmierend. Insbesondere denkt der junge Unternehmer häufig nicht daran, dass im Falle eines plötzlichen Versterbens das Unternehmen führerlos und damit nicht mehr steuerbar ist. Bei kleineren Unternehmen kann manchmal der überlebende Ehegatte die Lücke notdürftig ausfüllen. Gerade der junge Unternehmer sollte ein *frühzeitiges* Unternehmertestament errichten und dabei die Frage, ob das Unternehmen überhaupt als Familienunternehmen fortgeführt oder nicht besser veräußert wird, dem überlebenden Ehegatten oder einem erfahrenen Fachmann überlassen. Auch die Berufsträger, die seit langen Jahren mit dem Unternehmen vertraut sind, insbesondere Notare, Rechtsanwälte und Steuerberater, sind geeignete Berater in der mit dem Versterben des Unternehmers ausgelösten Krise und im allgemeinen zur Übernahme der Testamentsvollstreckung geeignet. Eine Erbengemeinschaft mit der Folge der Unternehmensvernichtung sollte in jedem Fall vermieden werden. 11

4. Erbvergleich

Literatur: *Storz,* Rechtsnatur des erbrechtlichen Auslegungsvertrags, ZEV 2008, 308; *Thonemann,* Voraussetzungen und Anerkennung des Erbvergleichs, NotBZ 2006, 268.

Streit unter den gesetzlichen und letztwillig berufenen Erben und Vermächtnisnehmern ergibt sich häufig auch aus fehlerhaften oder durch den Zeitablauf teilweise überholten Unternehmertestamenten. Liegt die Errichtung einer letztwilligen Verfügung lange Zeit zurück, ist der Nachlass häufig anders strukturiert, als der Erblasser dies bei der Errichtung seiner letztwilligen Verfügung vor Augen hatte. Die Erteilung eines Erbscheins kann sich daher über Jahre hinausschieben, ganz davon abgesehen, dass die Zuordnung einzelner Nachlassgegenstände durch die Erbscheinserteilung nicht geregelt wird. Den Beteiligten ist daher dringend ein Erbvergleich anzuraten, zumal dabei auch die Chance besteht, dass die Finanzverwaltung den Erbvergleich der Erbschaftsbesteuerung zugrunde legt und nicht zusätzliche Schenkungsteuern dafür erhebt, dass abweichend von der letztwilligen Verfügung die Nachlassteilung erfolgt. 12

Der Erbvergleich stellt einen Vergleich i. S. d. § 779 BGB dar. Sofern sich die Beteiligten nicht einigen können, kommt die **Vermittlung der Auseinandersetzung** gem. § 86 FGG durch das Nachlassgericht oder nach den landesrechtlichen Bestimmungen durch den Notar in Betracht, vgl. Art. 38 BayAGGVG; Art. 14 Nds.FGG; Art. 24 Hess.FGG. Sofern sich die im Verhandlungstermin erschienenen Beteiligten auf eine bestimmte Form der Auseinandersetzung einigen, ist diese Vereinbarung für alle, auch für die Nichterschienenen, verbindlich und stellt einen **Vollstreckungstitel** gem. § 98 FGG dar, vgl. *Bracker,* MittBayNot 1984, 117. In aller Regel bedarf der Erbvergleich gem. § 2385 i. V. m. § 2371 BGB der **notariellen Beurkundung**, vgl. *Thonemann,* NotBZ 2006, 268, 269. Voraussetzung für einen Erbvergleich ist der Streit oder die Ungewissheit der Parteien über die Verteilung des Nachlasses. Dabei können sogar mündliche Äußerungen des Erblassers 13 zur Nachlassteilung berücksichtigt werden, so dass der Erbvergleich auch bei ganz oder teilweise unwirksamen letztwilligen Verfügungen in Betracht kommt. Die Grundsätze des sog. Erbvergleichs sind auf einen Vergleich zwischen Miterben und einem nicht am Nachlass beteiligten Dritten über Grund und Höhe möglicher Ansprüche des Erblassers unanwendbar, vgl. BFH BStBl. 2008 II 629.

14 Es empfiehlt sich, das Erbscheinverfahren so lange ruhen zu lassen, bis auch das Erbschaftsteuerfinanzamt das Einverständnis erklärt, die Erbschaftsbesteuerung nach Maßgabe des Erbvergleiches vorzunehmen. Sofern bereits ein Erbschein erteilt ist und die Beteiligten über die Nachlassteilung streiten, kann die Finanzverwaltung die Besteuerung nach Maßgabe des Erbscheininhalts vornehmen und Abweichungen hiervon zusätzlich als Schenkung zwischen den Erben und Vermächtnisnehmern erfassen. Teilungsanordnungen sind nach Auffassung des BFH BStBl. 1983 II 329 für die Erbschaftsbesteuerung unbeachtlich. Abweichungen von der vom Erblasser angeordneten Teilungsanordnung können aber von der Finanzverwaltung als selbständiger Steuertatbestand erfasst werden. **Vermächtnisse** und Vorausvermächtnisse sind bei der Festsetzung der Erbschaftsteuer immer zu berücksichtigen.

15 *einstweilen frei*

II. Alleinerbeinsetzung des Unternehmensnachfolgers

Beispiel: Sachverhalt wie voriges Beispiel, aber die Eltern haben ihre Tochter T zur Alleinerbin berufen.

1. Unternehmensrechtliche Nachfolgeproblematik

Mehrere Besonderheiten des deutschen Erb- und Gesellschaftsrechts, nämlich

- die Gesamtrechtsnachfolge durch die Erbengemeinschaft,
- der Vorrang des Gesellschaftsrechts vor dem Erbrecht,
- die Sondererbfolge im Personengesellschaftsrecht und
- die lediglich schuldrechtliche Wirkung von Vermächtnissen und Teilungsanordnungen

ergeben Probleme für die Unternehmensnachfolge.

a) Einzelunternehmen

16 Ein Einzelunternehmen, das kraft Erbrechts der Erbengemeinschaft zufällt und erst aufgrund der schuldrechtlich wirkenden Vermächtnis- oder Teilungsanordnung einem Miterben gebührt, wird zunächst von der Erbengemeinschaft verwaltet. Der vorgesehene Unternehmensnachfolger ist auf die vorherige Erfüllung seiner schuldrechtlichen Ansprüche durch die Mitglieder der Erbengemeinschaft angewiesen, so dass sich die Nachlassabwicklung lange Zeit hinziehen kann, wenn einzelne Miterben ihre Mitwirkung verweigern. Gem. § 2048 BGB und § 2174 BGB bestehen nur schuldrechtliche Ansprüche auf Erfüllung.

b) Kapitalgesellschaftsanteil

17 Kapitalgesellschaftsanteile sind kraft Gesetzes vererblich, vgl. § 15 Abs. 1 GmbHG. Hinterlässt der Erblasser einen Kapitalgesellschaftsanteil, unterliegt

dieser ausnahmslos der Gesamtrechtsnachfolge gem. § 1922 BGB und fällt damit bei mehreren Miterben zunächst an die Miterbengemeinschaft, so dass wiederum die vorstehend geschilderten Erfüllungshandlungen erforderlich sind. Auch bei vermächtnisweiser Zuordnung tritt zunächst die Miterbengemeinschaft die Gesellschaftsnachfolge an, so dass erst durch die Vermächtniserfüllung der Vermächtnisnehmer Kapitalgesellschafter wird.

c) Personengesellschaftsanteil

Bei Personengesellschaftsanteilen kommt es entscheidend darauf an, ob **18** überhaupt eine gesetzliche Nachfolgebestimmung, wie dies in § 177 HGB für den Kommanditisten der Fall ist, besteht und durch den Gesellschaftsvertrag nicht abbedungen wurde. In allen anderen Fällen kommt es ausschließlich auf die Regelung im Gesellschaftsvertrag an, ob mit dem Tod des Erblassers die Gesellschaft aufgelöst ist (§ 727 Abs. 1 BGB), eine **Fortsetzungsklausel** gem. § 131 Abs. 3 Nr. 1 HGB oder eine einfache oder qualifizierte **Nachfolgeklausel** vereinbart wurde. Schließlich kommt noch – bei einer Fortsetzungsklausel – ein **Eintrittsrecht** eines Erben oder Vermächtnisnehmers in Betracht. Die unternehmerischen Aktivitäten des testamentarisch vorgesehenen Nachfolgers können daher von den übrigen Beteiligten lange Zeit blockiert werden. In der Literatur wird daher regelmäßig empfohlen, den Nachfolger im Einzelunternehmen oder in einem Gesellschaftsanteil zum Alleinerben zu berufen, vgl. unten Rz. 29. Die übrigen nahen Verwandten können in diesem Fall durch Vermächtnisse ausreichend bedacht und abgesichert werden.

d) Sondererbfolge

Durch den Zwischenerwerb der Erbengemeinschaft können auch gravierende einkommensteuerliche Folgen, insbesondere Entnahmetatbestände, **19** eintreten. Wenn im Wege der Sondererbfolge ein Personengesellschaftsanteil unmittelbar im ganzen Umfang auf einen Miterben übergeht (vgl. BGHZ 68, 225), fällt das dem Nachfolger ebenfalls zugewiesene Sonderbetriebsvermögen zunächst an die Erbengemeinschaft, so dass der Anteil der Miterben, die nicht zur Gesellschaftsnachfolge berufen sind, im Todeszeitpunkt entnommen wird mit der Folge einer irreversiblen **Gewinnrealisierung.** Alle aufgeführten Probleme lassen sich vermeiden, wenn der vom Erblasser auserkorene Nachfolger für das unternehmerische Engagement zum Alleinerben berufen wird.

2. Pflichtteilsberechnung

Literatur: *Tanck,* Pflichtteil bei unternehmerisch gebundenem Vermögen, BB-Special 5/2004, 19.

Gem. § 2303 BGB sind der Ehegatte und die Abkömmlinge pflichtteilsberechtigt; **20** sofern der Erblasser keine Abkömmlinge hinterlässt, sind auch seine Eltern pflichtteilsberechtigt. Die Testierfreiheit des Erblassers ist durch das Pflichtteilsrecht des BGB begrenzt, d. h. ein Unternehmer oder Gesellschafter unterliegt Pflichtteilsverpflichtungen bis zu 50% seines Vermögens, wenn er abweichend von der gesetzlichen Erbfolge letztwillig verfügt. Besondere Belastungen für den Erben ergeben sich, wenn der Nachlass im wesentlichen aus einem **Gesellschaftsanteil** besteht. Wer einen Gesellschaftsanteil erwirbt, muss unabhängig von der gesellschaftsvertraglichen Regelung die Pflichtteilsansprüche nach betriebswirtschaftlichen Bewertungsgrundsätzen erfüllen, also unter Zugrundelegung des **Ertragswertes** nach dem **going-concern-Prinzip**, selbst wenn der Gesellschaftsvertrag wesentlich geringere Abfindungen vorsieht. Eine unterwertige Abfindung kann aber ein Wertminderungsfaktor sein, vgl. BGH NJW 1980, 229. Andernfalls müsste sich ein Gesellschafter, der einige Jahre nach der Pflichtteilserfüllung aus der Gesellschaft ausscheidet, im Extremfall aufgrund der gesellschaftsvertraglichen Bewertungsabschläge mit einem Ausscheidungsguthaben begnügen, das unter dem Pflichtteil liegen könnte, z.B. weil bei einer späteren Liquidation ein Sozialplan gem. § 112 BetrVG erfüllt werden muss. Somit ist *Reimann,* ZEV 1994, 12 zuzustimmen, wonach je nach der Wahrscheinlichkeit der Beendigung der Beteiligung nach Antritt der Nachfolge Abschläge vorzunehmen sind. Abfindungsbeschränkende Klauseln sind nur im Einzelfall wertmindernd bei der Pflichtteilsberechnung zu berücksichtigen, vgl. *Tanck,* BB-Special 5/2004, 23.

3. Latente Einkommensteuer

Literatur: *Koblenzer/Groß,* Latente Steuern im Erbschaftsteuerrecht; Kippt das Stichtagsprinzip des BFH?, ErbStB 2004, 344.

21 Die frühere Rechtsprechung des BGH NJW 1972, 1269 und FamRZ 1986, 776 sowie BGHZ 98, 302 will dem Stichtagsprinzip des § 2311 BGB den Grundsatz entnehmen, dass die auf einem Unternehmen oder einem Gesellschaftsanteil lastende latente Einkommensteuer nur zu berücksichtigen sei, wenn eine Auflösung der stillen Reserven absehbar sei oder der Wert nur durch den Verkauf des Unternehmens realisiert werden kann. *Crezelius,* Unternehmenserbrecht Rn. 95 und *Gratz,* DB 1987, 2421 haben zurecht darauf hingewiesen, dass die latente Steuerlast immer als **Risikofaktor** zu berücksichtigen ist, da bei der Ermittlung des tatsächlichen Wertes des Unternehmens auf den Preis im Fall des Verkaufs abzustellen und in diesem Fall die Steuerlast zu berücksichtigen ist. Konzeptionell setzt die Pflichtteilsberechnung die Veräußerung des gesamten Nachlasses voraus und damit auch die Verwirklichung der latenten Einkommensteuerlast. Bereits zum Erbfallszeitpunkt ist die Verpflichtung zur Besteuerung der stillen Reserven gewiss; lediglich der Zeitpunkt der Gewinnrealisierung ist fraglich, so dass bei wirtschaftlicher Betrachtung die abgezinste latente Steuerlast – bezogen auf den Erbfallzeitpunkt – berücksichtigt werden muss.

22 Aus der Entscheidung des BGH NJW 1999, 784 ist zu folgern, dass nicht nur beim Zugewinnausgleich, sondern auch bei der Pflichtteilsberechnung die latente Steuerlast, die auf dem Unternehmen lastet, mindernd zu berücksichtigen ist. Der vom BGH in dieser Entscheidung akzeptierte Abschlag von 25%, bezogen auf die stillen Reserven, erscheint als pauschalierte Abzinsung im allgemeinen als angemessen, wenn nicht besondere Gesichtspunkte hinzutreten, z.B. eine Betriebsstilllegung kurze Zeit nach dem Erbfall. Kommt es zu einer Betriebsveräußerung innerhalb von fünf Jahren nach dem Erbfall, soll die latente Steuerlast bei der Nachlassbewertung zum Erbfall auch dann noch nachträglich berücksichtigt werden können, vgl. BGH NJW-RR 1993, 131; differenzierend zur Berücksichtigung der latenten Steuerlast *Staudinger/Haas,* § 2311 Rn. 82; *Tanck,* BB 2004, 20.

Bei der **Erbauseinandersetzung** über unternehmerisches Vermögen muss der ausscheidende Miterbe die auf seinen stillen Reserven lastenden Ertragsteuern selbst versteuern, so dass kein Abzug bei der Berechnung der Abfindung vorzunehmen ist.

Der BFH BStBl. 1979 II 23 und BFH/NV 1990, 643 lehnt die Berücksichtigung der latenten Einkommensteuerbelastung bei der Unternehmensbewertung zum Zweck der Ermittlung der Erbschaftsteuer ab. *Viskorf,* in: Viskorf/Klier/Hübner/Knobl/Schuck, ErbStG Einf. Rz. 22 hält zurecht die Doppelbelastung für zweifelhaft, soweit auch auf die latente Einkommensteuerbelastung noch Erbschaftsteuer erhoben wird.

4. Doppelbelastung mit Einkommen- und Erbschaftsteuer?

Bis zum Amtsantritt von Lafontaine als Finanzminister war in § 35 EStG 23
eine Steuerermäßigung bei gleichzeitiger Belastung mit Erbschaft- und Einkommensteuer vorgesehen. Im sog. „Steuerentlastungsgesetz 1999/2000/2002" wurde § 35 EStG a.F. ersatzlos gestrichen, obwohl dem Gesetzgeber bekannt war, dass dadurch eine dem Leistungsfähigkeitsprinzip widersprechende Doppelbelastung eintrat, vgl. *Koblenzer/Groß,* ErbStB 2004, 345. *Mellinghoff,* DStJG 22, 1999, S. 127, 156 hat auf die verfassungsrechtlichen Grenzen steuersystematisch bedingter Mehrfachbelastungen hingewiesen. Zurecht betont Mellinghoff, dass der aus dem Gleichheitssatz abzuleitende Grundsatz einer systemgerechten Besteuerung eine gleichzeitige Erfassung desselben Vermögenszuwachses mit Erbschaftsteuer und Einkommensteuer oder Körperschaftsteuer bei einem Steuerpflichtigen ausschließt. Nicht am Markt erwirtschaftete Vermögenszuflüsse, wie Erbschaften und Schenkungen, die zu einer Bereicherung des Steuerpflichtigen führen, dürfen nicht gleichzeitig mit Ertragsteuern belastet werden. Die weit überwiegende Auffassung in der Literatur spricht sich dafür aus, die latente Einkommensteuerbelastung bei der Erbschaftsteuer wie eine Nachlassverbindlichkeit zu behandeln, vgl. *Viskorf,* in: Viskorf/Klier/Hübner/Knobel/Schuck, ErbStG, Einf. Rz. 22. Der Gesetzgeber der Erbschaftsteuerreform hat bislang keine Vorsorge getroffen, die Doppelbelastung mit Erbschaftsteuer und Einkommensteuer zu verhindern.

5. Pflichtteilsergänzung

Der Bundesgerichtshof hat seine Pflichtteilsrechtsprechung verschärft. 24
Zwar verjährt der Pflichtteilsanspruch selbst in drei Jahren, vgl. § 2303 BGB. Aber die Pflichtteilsergänzungsfrist, die gem. § 2325 Abs. 3 BGB nur Zuwendungen innerhalb der letzten zehn Jahre vor dem Versterben des Erblassers erfasst, beginnt häufig nicht zu laufen, da bei einer Betriebsübergabe oder Gesellschaftsanteilsübertragungen unter Vorbehalt dinglicher oder schuldrechtlicher Nutzungsrechte nach Auffassung des BGH DNotZ 1994, 784 keine **wirtschaftliche Ausgliederung** stattfindet und damit der Übernehmer zeitlich unbegrenzt aus dem übernommenen Vermögen, multipliziert

mit der Inflationsquote, die Pflichtteilsergänzung aufbringen muss. Immerhin mindern, auch wenn keine wirtschaftliche Ausgliederung stattfindet, die Versorgungsleistungen des Betriebsübernehmers den Pflichtteilsergänzungsanspruch, wenn der Wert des Betriebes bis zum Erbfall nicht rückläufig ist. An Stelle von Nießbrauchsrechten sollten Versorgungsleistungen für den Übergeber vereinbart werden, die den Beginn der Zehn-Jahres-Frist des § 2325 Abs. 3 BGB nicht hemmen. Zudem kommt der Betriebsübernehmer in die Vergünstigung der Erbschaftsreform, wonach die Pflichtteilsergänzungsansprüche sich für jedes Jahr seit dem Erbfall um $^1/_{10}$ reduzieren. Der Schutz des Unternehmens vor Steuern und Pflichtteilsansprüchen gehört zu den schwierigsten Beratungsaufgaben überhaupt; zum Pflichtteilsanspruch als Störfall der Unternehmensnachfolge s. *Haas,* ZNotP 2001, 370.

6. Folgen der Alleinerbeinsetzung

25 Im Beispielsfall könnte durch ein Testament der Eheleute E mit der Alleinerbeinsetzung ihrer Tochter T immerhin eine Erbengemeinschaft vermieden und die Pflichtteilslast begrenzt werden. Sofern die Eltern E ihre Tochter zum Alleinerben einsetzen und gemeinsam verunglücken, beträgt der um die latente Steuerlast berichtigte Nachlass 4 Mio – (25% aus 3 Mio) = 3 250 000. Der Pflichtteil von $^1/_4$ beträgt demnach 812 500 €.

Pflichtteilsberechnung

Nachlass	4 000 000 €
./. Buchwert	1 000 000 €
stille Reserven	3 000 000 €
latente Einkommensteuer 25%	750 000 €
Bruttonachlass	4 000 000 €
./. latente Einkommensteuer	750 000 €
Reinnachlass	3 250 000 €
daraus **25% Pflichtteil**	**812 500 €**

7. Ergebnis

26 Die Alleinerbeinsetzung muss zu Gunsten der übrigen Familienangehörigen mit Vermächtnisanordnungen flankiert werden. Sofern hier kein Privatvermögen zur Verfügung steht, entstehen Liquiditätsprobleme, die durch die Möglichkeit der **Pflichtteilsstundung** gem. § 2331 a BGB nicht ausreichend gelöst werden.

8. Beratungskosten anlässlich des Erbfalls

Literatur: *Klose,* Berücksichtigung von Steuerberatungskosten anlässlich und gelegentlich des Erbfalls, ZEV 2006, 150.

27 Ab dem Veranlagungszeitraum 2006 sind Steuerberatungskosten, die anlässlich des Erbfalls entstehen, einkommensteuerlich nur abzugsfähig, wenn sie als Betriebsausgabe oder Werbungskosten qualifiziert werden können. Der frühere Sonderausgabenabzug gem. § 10 Abs. 1 Nr. 6 EStG ist entfallen. Betrieblich veranlasste Steuerberatungskosten, die noch an den Erblasser adressiert waren, gehen bei einem bilanzierenden Erblasser in dessen Steuererklärung ein. Bei Erblassern, die ihren Gewinn nach § 4 Abs. 3 EStG ermittelt

haben, kommt es auf den Zeitpunkt der Zahlung an, so dass die vom Erben zu entrichtenden Zahlungen bei diesem zu erfassen sind, vgl. BFH BStBl. 1990 II 837; BMF BStBl. 1993 I 62 Rz. 3ff.

Soweit der Erblasser noch die Auftragserteilung durchführte, die Rechnung aber bereits an den Erben adressiert ist, liegt eine Nachlassverbindlichkeit vor, vgl. *Klose,* ZEV 2006, 150, 151. Soweit Kosten für die Erbschaftsteuererklärung anfallen, sind diese nach Auffassung der Finanzverwaltung als Nachlassregelungskosten gem. § 10 Abs. 5 Nr. 3 ErbStG zum Abzug zugelassen, vgl. ErbStH 29.

einstweilen frei 28

III. Erbrechtliches Instrumentarium

Literatur: *Steiner,* Ertragsteuerliche Folgen von Erbeinsetzung, Vermächtnis und Teilungsanordnung, ErbStB 2005, 17.

1. Idealfall: Alleinerbeinsetzung des Unternehmensnachfolgers

Sofern der **Unternehmensnachfolger** zum **Alleinerben** eingesetzt wird, 29
sind einkommensteuerliche und erbschaftsteuerliche Komplikationen nicht zu befürchten. Allerdings stellt dieser Rat eine gewisse Vergewaltigung dar, da mit dem Steuerrecht weniger vertraute Verwandte, insbesondere der Ehegatte für seine „Enterbung“ wenig Verständnis aufbringen werden, auch wenn der „Enterbte“ *mit Vermächtnissen bedacht wird, ebenso J. Mayer, a. a. O. S. 37; Waldner/Rausch,* a. a. O. S. 69.

2. Vor- und Nacherbfolge

Literatur: *Riedel,* Vor- und Nacherbschaft – eine Steuerfalle?, ZErb 2002, 316.

Beispiel: Der kinderlose Unternehmer U beruft seine Ehefrau zur Vorerbin und 30
seine Neffen und Nichten zu Nacherben.

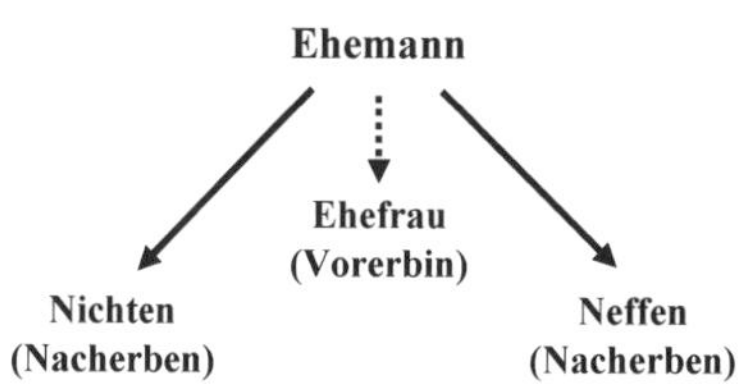

Bei der Anordnung einer Vor- und Nacherbfolge ist die Nachfolge über mehrere Generationen geregelt. Für diese – oft als Anmaßung und als Bevormundung empfundene – Vorsorgemaßnahme können nachvollziehbare Überlegungen bestehen, wie dies insbesondere bei dem Testament eines Geschiedenen oder beim sog. Behindertentestament anzuerkennen ist. Die Vor- und Nacherbfolge wird allgemein als Sicherungsmaßnahme angesehen, da die Verfügungsbefugnis des Vorerben erheblich eingeschränkt ist. *Ebenroth,* Erbrecht Rz. 541ff. und *Grunsky,* MünchKomm zum BGB § 2100 Rz. 1 meinen, dass durch eine Vor- und Nacherbschaft unternehmerisches Vermögen perpetuiert werden könne. Das Gegenteil ist der Fall.

31 Im unternehmerischen Bereich kann eine unbedachte Vor- und Nacherbfolge, insbesondere wenn ein Einzelunternehmen davon betroffen wird, den Ruin des Betriebes bedeuten. Selbst bei einer befreiten Vorerbschaft gem. § 2113 BGB bleibt das Schenkungsverbot des § 2113 Abs. 2 BGB bestehen, so dass alle Geschäfte, die u. U. einen auch nur geringfügigen unentgeltlichen Charakter haben, dem Nacherben gegenüber unwirksam sind. Finanzierungsinstitute werden dem Vorerben nur einen Kredit gegen Eintragung eines Grundpfandrechtes gewähren, wenn alle Nacherben (einschließlich der noch nicht geborenen, durch einen vom Vormundschaftsgericht zu bestellenden Pfleger vertretenen Nacherben) der Kreditaufnahme ausdrücklich zustimmen, da der Nachweis der entgeltlichen Verwendung der Kreditmittel nicht geführt werden kann. Selbst wenn die Erstvalutierung bei einer Grundschuldbestellung von der kreditgebenden Bank hinsichtlich der ausschließlich entgeltlichen Verwendung überprüft werden könnte, müsste auch jede Neuvalutierung entsprechend abgesichert werden. Die Praxis zeigt, dass die Vor- und Nacherbschaft im unternehmerischen Bereich untauglich ist, da sie faktisch eine **Kreditsperre** für den Vorerben darstellt; im Ergebnis ähnlich *Nieder,* a. a. O. Rn. 1340; zu den erbschaftsteuerlichen Nachteilen der Vor- und Nacherbfolge vgl. *Riedel,* ZErb 2002, 319.

32 Günstiger ist die Anordnung von **Vor- und Nachvermächtnissen**, da diese letztwilligen Verfügungen nicht dinglich wirken. Um die Dispositionsbefugnis des Unternehmensleiters nicht unangemessen zu beeinträchtigen, kommt im allgemeinen nur diese Gestaltung in Betracht. Auch in diesem Fall muss jedoch die Eintragung einer **Vormerkung** zu Gunsten der Nachvermächtnisnehmer ausdrücklich vom Erblasser **untersagt** werden, um die Kreditfähigkeit des Unternehmens zu wahren, vgl. Rz. 156.

3. Bindungswirkung durch gemeinschaftliche Testamente und Erbverträge

33 Gemeinschaftliche Testamente (§§ 2265 ff. BGB) und Erbverträge (§§ 2274 ff. BGB) ergeben eine Bindungswirkung. Der Erbe darf zwar unter Lebenden über den gesamten Nachlass, also auch über das Unternehmen, frei verfügen. Die gemeinsam getroffene Erbfolge, wonach das **beiderseitige** Vermögen dem Schlusserben anfällt, ist aber bindend. Beeinträchtigende Schenkungen sind vom Beschenkten gem. § 2287 BGB an den Schlusserben herauszugeben. Gerade im unternehmerischen Bereich kann sich diese Bindungswirkung verhängnisvoll auswirken. Vereinbaren z. B. Ehegatten in einem Berliner Testament gemäß § 2269 BGB die gegenseitige Erbeinsetzung und die anschließende Nachfolge eines gemeinschaftlichen Abkömmlings, so kann diese Verfügung nach dem Ableben eines Ehegatten auch dann nicht mehr geändert werden, wenn der betreffende Abkömmling für die Unternehmensnachfolge offensichtlich ungeeignet ist. Regelungen, die im privaten Bereich praktiziert werden, können also nicht unbesehen für die Unternehmensnachfolge übernommen werden. Dem Überlebenden muss somit in jedem Fall die Änderungsbefugnis eingeräumt werden, durch einseitige Verfügung von Todes wegen die Unternehmensnachfolge sachgerecht zu gestalten, z. B. unter mehreren Abkömmlingen den nach Auffassung des überle-

benden Ehegatten geeignetsten Abkömmling als Unternehmensnachfolger auszuwählen.

4. Nachfolgerbestellung durch Dritte

Beispiel: Unternehmer U hinterlässt folgendes Testament: „Meinen Erben soll die IHK München bestimmen. Meine Ehefrau erhält vermächtnisweise …" 34

Die Bestimmung eines Erben durch Dritte ist gem. § 2065 Abs. 2 BGB unzulässig. Will der Erblasser erreichen, dass der Testamentsvollstrecker oder der Ehegatte darüber zu befinden haben, wem ein Unternehmen oder ein Gesellschaftsanteil zufällt, kommen folgende Regelungen in Betracht:

- **Alleinerbeinsetzung** des Ehegatten, verbunden mit einer unter Lebenden vereinbarten **Übergabeverpflichtung**, wonach der Ehegatte das Unternehmen oder die Unternehmensbeteiligung auf einen von diesem zu bestimmenden Abkömmling oder sonstigen Dritten zu einem späteren Zeitpunkt zu übertragen hat;
- **Bestimmungsvermächtnis,** wonach einem Dritten gem. § 2151 Abs. 2 BGB die Auswahl des Vermächtnisnehmers überlassen wird, der Unternehmensnachfolger sein soll; danach empfiehlt es sich, mehrere Abkömmlinge als Vermächtnisnehmer vorzusehen und dem überlebenden Ehegatten oder einem Testamentsvollstrecker die Auswahl unter mehreren Vermächtnisnehmern zu überlassen;
- **Teilungsanordnung,** wonach der Ehegatte oder ein Dritter den Unternehmensnachfolger gem. § 2048 Satz 2 BGB auswählt oder
- **Eintrittsklausel** in dem Gesellschaftsvertrag einer Personengesellschaft, die einen Dritten ermächtigt, den Eintrittsberechtigten auszuwählen.

5. Vermächtnis und Vorausvermächtnis

Literatur: *Carlé,* Vermächtnis und Teilungsanordnung – zivil- und erbschaftsteuerrechtliche Probleme, KÖSDI 2005, 14685; *Fischer,* Nachlassteilung durch Teilungsanordnung, Vermächtnis, Auflage, ErbStB 2004, 395.

Der Erbe kann mit dem **Vermächtnis** beschwert werden, den Betrieb des Verstorbenen oder dessen Gesellschaftsanteil auf einen bestimmten Vermächtnisnehmer zu übertragen. Sofern ein Miterbe der Berechtigte ist, handelt es sich regelmäßig um ein **Vorausvermächtnis**, d. h. der Bedachte erhält den Gegenstand zusätzlich zu seiner Erbquote. 35

Durch ein Vermächtnis ergeben sich im allgemeinen keine einkommensteuerlichen Folgen, da der Begünstigte in der Regel keine Ausgleichszahlung zu erbringen hat. Auch der zwischenzeitliche Übergang des Betriebes auf die Erbengemeinschaft erfolgt ohne Gewinnrealisierung; die Vermächtniserfüllung selbst kann wiederum unter Buchwertfortführung vollzogen werden. Ob der zwischen dem Erbanfall und der Vermächtniserfüllung von der Erbengemeinschaft erzielte **Gewinn** überhaupt der Erbengemeinschaft zugerechnet werden kann, besteht Streit, vgl. *Pohl,* a. a. O. S. 94.

Die Vermächtniserfüllung kann eine **Gewinnrealisierung** nach sich ziehen, wenn Gegenstand des Vermächtnisses ein Gegenstand des Betriebsver- 36 mögens ist oder wenn durch die Vermächtniserfüllung z.B. die **personelle Verflechtung** bei einer Betriebsaufspaltung entfallen würde. Darüber hinaus nimmt die Finanzverwaltung eine Gewinnrealisierung an, wenn das **Vermächtnis mit Gegenleistungen** beschwert ist, vgl. Tz. 63 BMF-Schreiben Erbauseinandersetzung BStBl. 2006 I 253. Zum Bestimmungsvermächtnis gem. § 2151 BGB vgl. unten Rz. 102.

6. Teilungsanordnung

Literatur: *Esch,* Letztwillige Teilungsanordnungen, BB 1994, 1651; *Pohl,* Unternehmensnachfolge durch Teilungsanordnung und Sondererbfolge im Einkommensteuerrecht (1997).

37 Im Gegensatz zu einem Vermächtnis und einem Vorausvermächtnis hat bei einer Teilungsanordnung der Bedachte eine **Ausgleichszahlung** zu entrichten.

Beispiel: Sachverhalt wie im Einleitungsbeispiel, aber die Eltern hinterlassen außer dem Unternehmen noch ein Einfamilienhaus (Schätzwert 1083300 €). Nach einer Teilungsanordnung soll T das Unternehmen und der Sohn das Einfamilienhaus erhalten, so dass sich nach den erbrechtlichen Grundsätzen – unter Berücksichtigung der latenten Einkommensteuer (vgl. oben II. 3) – folgende Ausgleichszahlung ergibt:

Unternehmenswert	4000000 €
./. Abzug der latenten Einkommensteuer	750000 €
berichtigter Unternehmenswert	**3250000 €**
Schätzwert Einfamilienhaus	1083300 €
Wertdifferenz	**2166700 €**
hälftige Wertdifferenz = Ausgleichszahlung	1083350 €

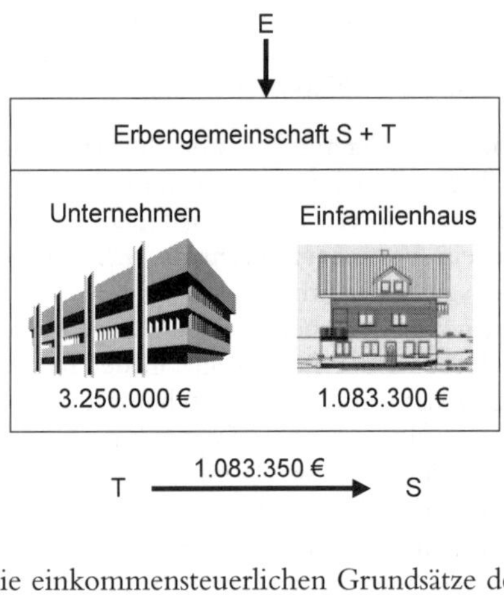

Strittig ist, ob die einkommensteuerlichen Grundsätze der Erbauseinandersetzung auch auf Teilungsanordnungen gem. § 2048 BGB Anwendung finden. *G. Söffing,* DB 1991, 776 sowie *Schmidt/Wacker,* EStG § 16 Rn. 611 bejahen dies. *Groh,* DB 1992, 1313 ist dieser Auffassung mit der Begründung beigetreten, dass der durch die Teilungsanordnung begünstigte Miterbe nicht bereits mit dem Erbfall die Übertragung des zugedachten Vermögens verlangen könne.

Die Gleichsetzung von Auseinandersetzungsvereinbarungen mit Teilungs- 38
anordnungen ist bereits im zivilrechtlichen Ansatzpunkt unrichtig. Sofern der Erblasser die Auseinandersetzung nicht für einen bestimmten Zeitraum ausgeschlossen hat (vgl. § 2044 Abs. 2 BGB), kann die Auseinandersetzung gem. § 2042 BGB **jederzeit** von den Miterben verlangt werden. Sofern sich die Miterben nicht über den Willen des Erblassers hinwegsetzen – was sie nur mit Zustimmung des aus der Teilungsanordnung Begünstigten können –, entsteht mit dem Erbfall ein **schuldrechtlicher Anspruch** auf Übertragung des schuldrechtlich zugewendeten Gegenstandes, so dass der dingliche Vollzug auf Verlangen des Begünstigten sofort durchzuführen ist. Der BFH BStBl. 2002 II 850 hat anerkannt, dass selbst bei einem 25 Monate nach dem Erbfall erfolgenden Vollzug einer Teilungsanordnung dem von der Teilungsanordnung Begünstigten die **Unternehmensgewinne ab** dem **Erbfall** gebühren, wenn sich die Beteiligten an die Teilungserklärung halten. Die „weichenden" Erben sind in diesem Fall nur für eine logische Sekunde im Zeitpunkt des Erbfalls als Mitunternehmer anzusehen. Auch die Finanzverwaltung BMF-Schreiben BStBl. 2006 I 253 Tz. 67 erkennt die **Teilungsanordnung** steuerrechtlich an, wenn sich die Miterben bereits **vor** der **Auseinandersetzung** entsprechend der Teilungsanordnung verhalten, solange die tatsächliche Auseinandersetzung innerhalb einer sich an den Umständen des Einzelfalls orientierten Frist vorgenommen wird, so dass die in Tz. 8 und 9 angeordnete Sechs-Monats-Frist nicht maßgebend ist; ebenso BFH BStBl. 2002 II 850. Die Gleichsetzung von einer zwischen den Miterben frei ausgehandelten Erbauseinandersetzung und der Erfüllung einer vom Erblasser vorgegebenen Teilungsanordnung ist somit unzutreffend.

M.E. (vgl. DStR 1992, 587; ähnlich *Esch,* BB 1994, 1654) sind die 39
Buchwerte unverändert **fortzuführen**. Eine Ausgleichszahlung, die auf einer Anordnung des Erblassers beruht, stellt *kein* Anschaffungsgeschäft eines Miterben dar. Die Ausgleichszahlung mindert lediglich die Bereicherung. Wendet der Erblasser durch Teilungsanordnung einem Miterben mehr zu, als dessen Erbquote wertmäßig entspricht, kann in Wirklichkeit ein Vorausvermächtnis vorliegen, vgl. BGH DNotZ 1990, 805. Auch in diesem Fall sind die Buchwerte unverändert fortzuführen. Da die dargelegte Auffassung bestritten ist, sollte bis zu einer definitiven Entscheidung durch den Bundesfinanzhof an Stelle von Teilungsanordnungen der Zuwendung durch Vorausvermächtnisse der Vorzug gegeben werden.

Eine Teilungsanordnung birgt auch das weitere Problem, dass der **Erbschaftsteuerfreibetrag** für Betriebsvermögen nicht den endgültigen Unternehmensnachfolger, sondern **alle Miterben** begünstigt; kritisch hierzu *Hübner,* in: Viskorf/Klier/Hübner/Knobel/Schuck, ErbStG § 13a Rz. 96ff. Der Freibetrag sollte daher durch Aufteilungsverfügung des Erblassers demjenigen Miterben zugeordnet werden, dem durch Teilungsanordnung das Betriebsvermögen zugewiesen wird, vgl. *Kapp/Ebeling,* ErbStG § 13a Rz. 19, 29 (Juli 2003).

7. Fehlende Erfassung von Betriebsvermögen

40 **Beispiel:** Sachverhalt wie im Einleitungsbeispiel, aber das Autohausgebäude befindet sich im Bruchteilseigentum der Eltern, also nicht im Gesamthandseigentum der Ehegatten. Diese hinterlassen ein privatschriftliches Testament, das nur den Satz enthält: „Unsere Anteile an der Autohaus OHG erhält unsere Tochter T." Das Nachlassgericht erteilt einen Erbschein, wonach beide Kinder Erben zu gleichen Teilen wurden.

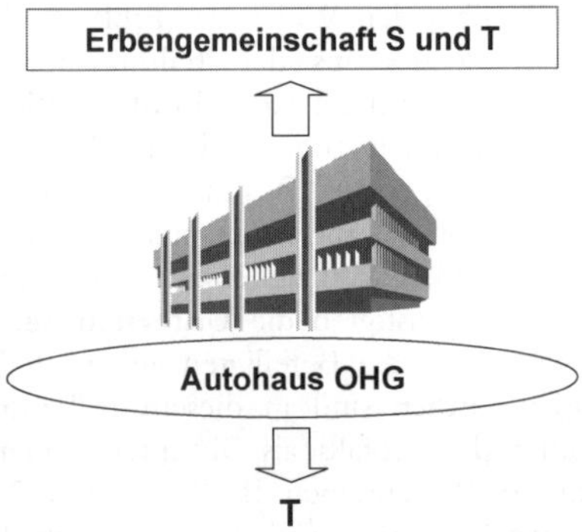

Aufgrund des lückenhaften Testamentes, in dem das **Sonderbetriebsvermögen** nicht ausdrücklich aufgeführt ist, fällt das Autohausgebäude der Erbengemeinschaft zu und wird somit zur Hälfte (= Anteil des S) entnommen, vgl. Tz. 84 BMF-Schreiben betr. Ertragsteuerliche Behandlung der Erbengemeinschaft und ihrer Auseinandersetzung BStBl. 1993 I 62. Selbst wenn die Eltern das Sonderbetriebsvermögen vermächtnisweise ihrer Tochter T zugewandt hätten, wäre eine Gewinnrealisierung eingetreten, da Personengesellschaftsanteile im Wege der **Sondererbfolge** – außerhalb der Erbengemeinschaft – auf den gekürten Nachfolger im Gesellschaftsanteil übergehen, während das Sonderbetriebsvermögen nach den erbrechtlichen Grundsätzen in das Nachlassvermögen fällt. Die spätere Vermächtniserfüllung vermag die eingetretene Gewinnrealisierung nicht mehr zu beseitigen.

Um das Auseinanderfallen von Gesellschaftsanteil und Sonderbetriebsvermögen zu vermeiden, sollte überlegt werden, das Grundstück in die Gesell-

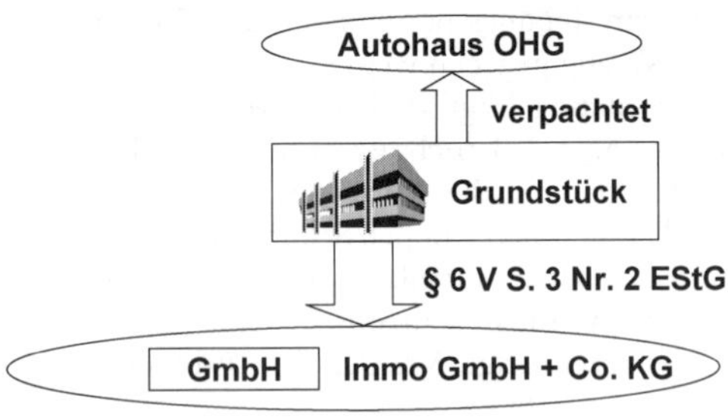

schaft (Autohaus OHG) einzubringen oder – zur Haftungsbegrenzung – für das Grundstück eine Grundstücks GmbH & Co. KG zu gründen. Beide Gesellschaftsanteile, sowohl an der Autohaus OHG als auch an der Grundstücks GmbH & Co. KG, können einheitlich im Wege der Sondererbfolge gleichzeitig auf den gewählten Sonderrechtsnachfolger ohne Gewinnrealisierung übergehen.

8. Fehlende Koordination mit dem Gesellschaftsvertrag

Beispiel: Notar N errichtet ein notarielles Testament, wonach der Kommanditist K seine Ehefrau zum Alleinerben beruft. In dem Gesellschaftsvertrag der Kommanditgesellschaft, der dem Notar übergeben wurde, ist geregelt, dass Frauen von der Gesellschafternachfolge ausgeschlossen sind. 41

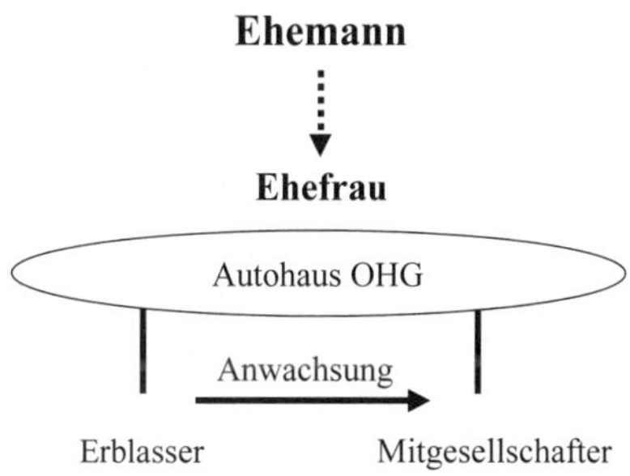

Nach Auffassung des BGH DNotZ 2003, 845 haftet der Notar, weil er die Beteiligten auf die gesellschaftsvertraglichen Beschränkungen der Gesellschafternachfolge hätte hinweisen müssen.

Hinweis: Bei der Sachverhaltsermittlung in Testamenten sollte der Kautelarjurist vorsorglich folgende Regelung in die letztwillige Verfügung aufnehmen: Die Beteiligten erklären, dass sie nicht an Personengesellschaften beteiligt sind, bei denen die gesellschaftsrechtliche Nachfolge eingeschränkt ist.

9. Beendigung der personellen Verflechtung einer Betriebsaufspaltung

Beispiel: E ist alleiniger Gesellschafter einer Betriebs GmbH, an die er das Betriebsgrundstück verpachtet hat. Im Testament wendet E den GmbH-Anteil seiner Tochter T und das Grundstück seinem Sohn S vermächtnisweise zu. 42

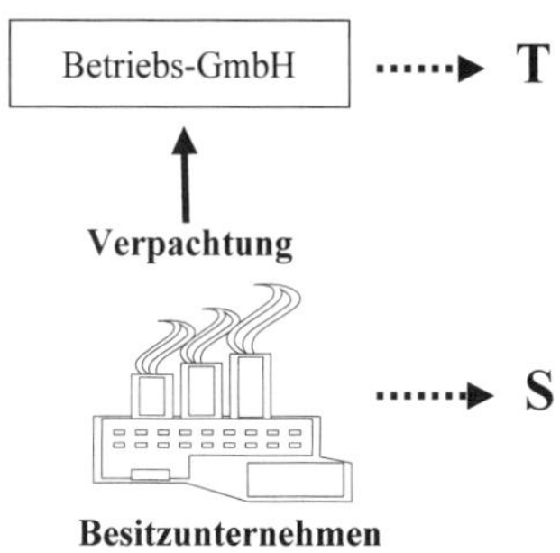

Vermächtnisse haben keine dingliche Wirkung, so dass die Beendigung der personellen Verflechtung erst mit Vermächtniserfüllung eintritt. In der Zwischenzeit fungiert der Gesamtrechtsnachfolger, also der Erbe oder die Erbengemeinschaft als Unternehmernachfolger. Sofern beide Kinder die Vermächtnisse **ausschlagen** – wobei für eine Vermächtnisausschlagung keine Fristbegrenzung besteht – und den Betrieb gemeinsam fortführen, bleibt die Betriebsaufspaltung bestehen mit der Folge der **Buchwertfortführung**.

10. Auflage

43 Gem. § 1940 BGB i.V.m. § 2192ff. BGB kann der Erblasser durch Testament den Erben oder einen Vermächtnisnehmer zu einer Leistung verpflichten, ohne einem anderen ein Recht auf die Leistung zuzuwenden. Die Auflage betrifft regelmäßig nicht Vermögenszuwendungen, sondern sonstige Verpflichtungen, z.B. über die Art und Weise der Bestattung, vgl. *Palandt/Edenhofer,* BGB § 2192 Rn. 3. Im Unternehmensrecht spielt die Auflage keine Rolle. *Daragan,* DStR 1999, 393 hat vorgeschlagen, den mit Nachvermächtnissen verbundenen Nachteilen gem. § 6 Abs. 4 ErbStG durch die Anordnung einer Auflage auszuweichen. Der Reform-Gesetzgeber hat aber durch eine entsprechende Ergänzung des § 6 Abs. 4 ErbStG reagiert, so dass erbschaftsteuerliche Vorteile mit der Auflage nicht mehr erzielbar sind.

11. Testamentsvollstreckung

Literatur: *Winkler,* Der Testamentsvollstrecker – ein Überblick über Umfang, Dauer und Vergütung des Amts, NWB Fach 19, 3671 (März 2007).

a) Gründe für die Anordnung der Testamentsvollstreckung

44 Die Testamentsvollstreckung ist aus zahlreichen Gründen ein unentbehrliches Instrumentarium für die Vermögensnachfolge, namentlich in folgenden Ausgangssituationen:

- Das Unternehmen muss im Falle des Ablebens des Inhabers veräußert oder in eine andere Rechtsform umgewandelt werden;
- Der junge Unternehmer kann noch keinen definitiven Unternehmensnachfolger berufen und will dies in die Hände eines erfahrenen Beraters legen, der somit die erbrechtlichen Bestimmungsrechte, z.B. gem. § 2151 BGB, ausübt;
- Der präsumtive Nachfolger ist minderjährig oder im Geschäftsleben unerfahren;
- Der geschiedene Unternehmer will verhindern, dass im Falle seines Ablebens die geschiedene Ehefrau für die gemeinsamen minderjährigen Kinder die Gesellschafterrechte ausübt;
- Ein erfahrener Testamentsvollstrecker soll die Pflichtteilsansprüche der übrigen Pflichtteilsberechtigten abwehren;
- Rivalisierende Geschwisterstämme machen einen Moderator erforderlich.

b) Schranken der Testamentsvollstreckung

45 Bei jeder Form der Testamentsvollstreckung sind die durch das Zivil- und Gesellschaftsrecht vorgegebenen Schranken zu beachten.

Die Grundproblematik besteht darin, dass gemäß §§ 2206 und 2207 BGB der Testamentsvollstrecker Verbindlichkeiten zwingend nur für den Nachlass eingehen darf, ein Prinzip, das der Fortführung eines Einzelunternehmens und der Testamentsvollstreckung einer Beteiligung mit persönlicher Haftung an einer Personengesellschaft widerspricht. Darüber hinaus darf der Testamentsvollstrecker nicht in den **Kernbereich** der Gesellschaftsrechte des Erben eingreifen.

aa) Abwicklungsvollstreckung

Die Abwicklungsvollstreckung hat die Aufgabe, die Erbengemeinschaft auseinander zu setzen. Wenn der Testamentsvollstrecker im Rahmen der Abwicklung Verbindlichkeiten eingeht, wird die Beschränkung auf den Nachlass hingenommen. Der Testamentsvollstrecker handelt nämlich nicht unternehmerisch, sondern nur wie ein Nachlasspfleger oder -verwalter oder ein Insolvenzverwalter. Daraus folgt, dass die Abwicklungsvollstreckung allgemein für das Handelsgeschäft und den Gesellschaftsanteil zulässig ist, vgl. *Palandt/Edenhofer,* § 2203 Rn. 1; *Grigas,* BWNotZ 2002, 26. **46**

bb) Dauervollstreckung

Hingegen müssen bei der Verwaltungsvollstreckung (§ 2209 Satz 1, 1. Alt. BGB), als auch bei der Dauertestamentsvollstreckung (§ 2209 Satz 1, 2. Alt. BGB) die aufgezeigten gesetzlichen Schranken **47**
- Beschränkung eingegangener Verbindlichkeiten für den Nachlass,
- Wahrung des Kernbereichs der gesellschaftsrechtlichen Mitgliedschaft

Beachtung finden.

c) Einzelunternehmen

Gehört zum Nachlass ein **einzelkaufmännisches** Unternehmen, ist eine gewöhnliche Verwaltungs-Testamentsvollstreckung unzulässig, da der Testamentsvollstrecker für die von ihm neu begründeten Verbindlichkeiten weder persönlich haften würde, noch die Erben über das Nachlassvermögen hinaus verpflichten könnte, vgl. RGZ 132, 144; BGHZ 12, 1 00; *Staudinger/Reimann,* Vorb. zu §§ 2197 ff. Rn. 70. Die von der Praxis entwickelten Ausweichlösungen bestehen darin, **48**
- dass der Erbe dem Testamentsvollstrecker Vollmacht erteilt **(sog. postmortale Vollmacht)** und somit selbst die Haftung für eingegangene Verbindlichkeiten übernimmt oder
- dem Testamentsvollstrecker das Einzelunternehmen übertragen wird **(Treuhandlösung),** so dass der Testamentsvollstrecker die unbeschränkte Haftung trägt oder
- dem Testamentsvollstrecker die **Umwandlung** des Unternehmens in eine GmbH & Co. KG zu erlauben, so dass der Testamentsvollstrecker die Geschäftsführung übernehmen oder einen Dritten zum Geschäftsführer bestellten kann.

Ausweichlösungen, die den Erben zu einer unwiderruflichen Vollmachtserteilung oder treuhänderischen Übertragung auf den Treuhänder **zwingen,** stoßen auf Bedenken, vgl. *Nieder,* Handbuch der Testamentsgestaltung, 581 **49**

m. w. N. Auch eine **beaufsichtigende** Testamentsvollstreckung kommt in Betracht.

Frank, ZEV 2003, 7 empfiehlt zurecht für die kautelarjuristische Praxis eine **Umwandlungsanordnung** des Erblassers, ebenso *J. Mayer,* Grundzüge des Rechts der Unternehmensnachfolge 1999, 77; *Reimann,* in: Dittmann/ Reimann/Bengel, Testament und Erbvertrag 3. Teil E Rn. 152 und 175. Gem. § 2203 BGB hat der Testamentsvollstrecker die letztwilligen Verfügungen des Erblassers zur Ausführung zu bringen. Die Opposition des Erben gegen diese Maßnahme kann als auflösende Bedingung der Erbeinsetzung angeordnet werden. Der Entscheidung des LG Mannheim ZEV 1999, 433 liegt folgende Erblasseranordnung zugrunde:

„Ich mache die Erbeinsetzung jedes Erben davon abhängig und verpflichte ihn hierzu als Auflage, dem Testamentsvollstrecker die entsprechenden Befugnisse zu erteilen."

Sofern der Erblasser nicht selbst die künftige Unternehmensform festlegt, sondern dies dem Testamentsvollstrecker überlassen will, kann er diesen ermächtigen, die Auseinandersetzung des Nachlasses nach billigem Ermessen zu treffen, vgl. § 2048 Abs. 1 Satz 2 i. V. m. § 2204 Abs. 1 BGB; ebenso *Reimann,* a. a. O. Rn. 176.

d) Personengesellschaften

50 Für die erbrechtliche Nachfolgeklausel bei Personengesellschaften gilt die Besonderheit, dass der Übergang auf den Erben im Wege der **Sondererbfolge** außerhalb des Nachlasses erfolgen kann. Die damit unmittelbar auf den Erben übergegangenen höchstpersönlichen Mitgliedschaftsrechte unterliegen dabei keiner Testamentsvollstreckung, während die **„Außenseite"**, d. h. die laufenden Gewinnansprüche, der Auseinandersetzungsanspruch und die mit dem Anteil verbundenen übertragbaren Vermögensrechte, der Verwaltungsvollstreckung unterliegen, vgl. BGH NJW 1986, 2431. Darüber hinaus kann der Testamentsvollstrecker mit Zustimmung der Mitgesellschafter auch über den Gesellschaftsanteil verfügen (§§ 2205 Abs. 1, 2211, Abs. 1 BGB).

Die genannten Beschränkungen bestehen nicht bei einem **Kommanditanteil**, und zwar sowohl für die Außen- als auch für die Innenseite, wenn die Einlage geleistet ist und damit keine weitergehende Haftung des Gesellschafters besteht. Voraussetzung ist jedoch die Zustimmung der Mitgesellschafter zur Testamentsvollstreckung, vgl. BFH NJW 1989, 3152 oder eine entsprechende gesellschaftsvertragliche Regelung.

e) Kapitalgesellschaften

51 Einfacher gestaltet sich die Verwaltungsvollstreckung bei Kapitalgesellschaftsanteilen. Nach der zwingenden Vorschrift des § 15 Abs. 1 GmbHG sind GmbH-Anteile vererblich. Sie fallen bei mehreren Erben nicht im Wege der Sondererbfolge, sondern in Erbengemeinschaft den Miterben zu (§ 2032 BGB, § 18 GmbHG). Die Verwaltungsvollstreckung an GmbH-Anteilen ist uneingeschränkt zulässig und bedarf nicht der Zustimmung der übrigen Gesellschafter, vgl. *Grigas,* BWNotZ 2002, 34. Das gleiche gilt für die Nachfolge bei Aktien. Allerdings wird die **Kernbereichslehre** auch im Kapitalgesellschaftsrecht angewandt; zum Kernbereich gehören insbesondere Beschlüsse bzw. Satzungsänderungen für die zwingend die Zustimmung des Gesellschafters erforderlich ist, z.B. § 53 Abs. 2 GmbHG. Ausnahmsweise ist abweichend von § 53 Abs. 2 GmbHG eine Mitwirkung des Erben nicht erforderlich, wenn sichergestellt ist, dass die Erfüllung der zusätzlichen Leistungen aus Nachlassmitteln erfolgen kann. Das **Informationsrecht** des Gesellschafters gemäß § 51 GmbHG ist in jedem Fall dem Kernbereich zuzuordnen. Über den Umfang der Rechte, die einem Testamentsvollstrecker bei einer Umwandlungsanordnung des Erblassers zustehen, vgl. *Spiegelberger,* JbFfSt 2003/ 2004, 575.

f) Auswahl des Testamentsvollstreckers

Der Erblasser kann sowohl natürliche als auch juristische Personen mit der **52** Testamentsvollstreckung beauftragen. Besonders geeignet erscheinen Berater wie Notare, Rechtsanwälte und Steuerberater, die bereits zu Lebzeiten des Erblassers dessen Intentionen und die Strukturen des Unternehmens kennen gelernt haben. Da nach der Auffassung des BGH MittBayNot 2005, 416 und 419 die Tätigkeit des Testamentsvollstreckers keine **Besorgung fremder Rechtsangelegenheiten** i.S.v. Art. 1 § 1 Abs. 1 Satz 1 RBerG darstellt, ist auch die Berufung von Banken als Testamentsvollstrecker zulässig, so dass diese für die Übernahme von Testamentsvollstreckungen auch werben dürfen.

g) Testamentsvollstreckervergütung

Der Testamentsvollstrecker erhält für die Führung seines Amts gem. § 2221 **53** BGB eine angemessene Vergütung, sofern der Erblasser nicht etwas anderes bestimmt. Zu unterscheiden ist zwischen der **Konstituierungsgebühr**, die sowohl bei der Abwicklungs- als auch bei der Dauervollstreckung üblich ist und einer weiteren **Verwaltungsgebühr**, wenn der Testamentsvollstrecker über längere Zeit tätig wird. Einen Überblick über die verschiedenen Vergütungstabellen gibt *Staudinger/Reimann,* BGB § 2221 Rn. 39. Bei einem Vermächtnis in Höhe von 10 Mio. DM, das der Testamentsvollstrecker auszuzahlen hat, kommt *Reimann,* ZEV 1995, 58 zu folgenden Vergütungsbeträgen:

Rheinische Tabelle	111 200 DM
Möhring'sche Tabelle	136 220 DM
Tabelle von Tschischgale	139 100 DM
Weirich'sche Tabelle	150 400 DM
Eckelskemper'sche Tabelle	156 000 DM.

einstweilen frei **54, 55**

IV. Nachfolgeregelung bei Personengesellschaften

Literatur: *Spiegelberger*, Nachfolge von Todes wegen bei Einzelunternehmen und Gesellschaftsanteilen, DStR 1992, 584 und 618.

1. Gesellschaftsrechtliche Nachfolge

56 **Beispiel:** Vater V hat seine beiden Söhne S 1 und S 2 unter Errichtung einer GbR in sein Einzelunternehmen aufgenommen. Im Gesellschaftsvertrag wird vereinbart, dass beim Ableben des V dessen Gesellschaftsanteil zu gleichen Teilen auf die beiden Söhne übergeht.

Sofern die Gesellschafter einer Personengesellschaft vereinbaren, dass der Gesellschaftsanteil eines Mitgesellschafters bei dessen Tod auf einen oder mehrere Mitgesellschafter übergeht, liegt eine **rechtsgeschäftliche Nachfolgeklausel** vor, gegen deren Wirksamkeit keine Bedenken bestehen. Insbesondere handelt es sich nicht um einen unwirksamen Vertrag zu Lasten Dritter. Der Sache nach geht es um eine Anteilsübertragung unter Lebenden auf den Begünstigten, aufschiebend bedingt durch den Tod des Verfügenden, vgl. BGH NJW 1977, 1339. Das Fehlen der in § 2301 Abs. 1 BGB vorgeschriebenen **Form** kann einer solchen Klausel nicht entgegengesetzt werden, vgl. *Ulmer,* ZGR 1972, 195, 212. Diese Auffassung stützt sich offensichtlich auf § 2301 Abs. 2 BGB, wonach eine im Gesellschaftsvertrag enthaltene dinglich wirkende aufschiebend bedingte Abtretung den Vollzug der Schenkung darstellt.

57 Der Unterschied derartiger rechtsgeschäftlicher Nachfolgeklauseln unter Begünstigung eines Mitgesellschafters gegenüber einer bloßen Fortsetzungsklausel liegt darin, dass in diesem Fall wegen des Anteilsübergangs ein **Abfindungsanspruch** für die Erben des verstorbenen Gesellschafters nicht zur Entstehung kommt, vgl. *Ulmer,* in: MünchKomm § 727 BGB Rn. 38. Pflichtteilsergänzungsansprüche gem. § 2325 BGB können durch gesellschaftsrechtliche Nachfolgevereinbarungen nicht umgangen werden.

58 Bei der rechtsgeschäftlichen Nachfolgeklausel ist – unabhängig von einem Erbschein – die Nachfolge in den Gesellschaftsanteil lediglich unter Vorlage der **Sterbeurkunde** des verstorbenen Gesellschafters in das Handelsregister einzutragen. In der selben Weise ist es zulässig, einem Dritten durch gesellschaftsvertragliche Regelung den Gesellschaftsanteil eines Gesellschafters aufschiebend bedingt auf dessen Todesfall zu übertragen, wenn der Dritte dieser Regelung ausdrücklich zustimmt.

2. Erbrechtliche Nachfolge

a) Fortsetzungsklausel

aa) Auseinandersetzungsguthaben

59 Gem. § 727 Abs. 1 BGB wird die Gesellschaft bürgerlichen Rechts durch den Tod eines Gesellschafters aufgelöst, sofern sich nicht aus dem Gesellschaftsvertrag etwas Anderes ergibt. Die Gesellschafter können demnach wie bei einer Personenhandelsgesellschaft die Fortsetzung vereinbaren, so dass die Gesellschaft unter den übrigen Gesellschaftern fortbesteht und der Anteil des

Verstorbenen den übrigen Gesellschaftern gem. § 738 Abs. 1 Satz 1 BGB **anwächst.** Sofern eine Nachfolgeklausel (vgl. unten Rn. 61) vereinbart wird, sollte im Gesellschaftsvertrag vorsorglich die entsprechende Anwendung des § 139 HGB vorgesehen werden, um die Erben vor einer automatisch eintretenden gesamtschuldnerischen Haftung zu schützen.

§ 131 Abs. 3 Nr. 1 HGB ordnet an, dass mangels abweichender vertraglicher Bestimmungen ein Gesellschafter mit seinem Tod aus der Gesellschaft ausscheidet und somit die Gesellschaft unter den übrigen Gesellschaftern fortgesetzt wird. Aufgrund der Verweisung in § 161 Abs. 2 HGB gilt dies auch für den Komplementär einer Kommanditgesellschaft und beim Tod eines Partners in der Partnerschaftsgesellschaft gem. § 9 Abs. 3 Nr. 1 PartGG. Der Gesellschaftsanteil des Verstorbenen geht im Wege der Anwachsung auf die verbleibenden Gesellschafter über. Das Auseinandersetzungsguthaben fällt gem. § 738 Abs. 1 Satz 1 BGB in den Nachlass, soweit nicht ausnahmsweise im Gesellschaftsvertrag eine derartige Abfindung ausgeschlossen ist; zulässig ist dies bei **ähnlicher Altersstruktur** der Gesellschafter, vgl. BGH NJW 1970, 941 und 1638 sowie NJW 1981, 1956; generell zurecht zweifelnd *Frank,* in MünchKomm § 2325 BGB Rn. 16. Danach kann das Pflichtteilsrecht durch einen Abfindungsausschluss nicht ausgehebelt werden.

bb) Steuerfolgen

Die Differenz zwischen dem Kapitalkonto des Erblassers und dem auf die Erben übergehenden Abfindungsanspruch ist als **Veräußerungsgewinn** des **Erblassers** zu versteuern, vgl. BFH BStBl. 1981 II 614. Es handelt sich für den Erblasser um einen nach §§ 16, 34 EStG begünstigten Gewinn aus der Veräußerung eines Mitunternehmeranteils. Soweit nur der Buchwert ausbezahlt wird, treten keinerlei einkommensteuerliche Folgen auf. Eine etwaige Abfindung unter Buchwert führt zu einem Veräußerungsverlust des Erblassers, so dass die verbleibenden Gesellschafter die Buchwerte erfolgsneutral abzustufen haben, vgl. BFH BStBl. 1974 II 50. 60

Liegt der Buchwert unter dem bewertungsrechtlichen Anteilswert gem. § 12 ErbStG, ist die Differenz von den verbleibenden Gesellschaftern als **fiktive Schenkung** gem. § 3 Abs. 1 Nr. 2 Satz 2 ErbStG der Erbschaftsteuer zu unterwerfen.

b) Erbrechtliche Nachfolgeklausel

aa) Einfache Nachfolgeklausel

Gem. § 177 HGB geht beim Tod eines Kommanditisten der Gesellschaftsanteil auf die Erben über, ebenso beim Tod eines stillen Gesellschafters gem. § 234 Abs. 2 HGB. Die h. M. steht auf dem Standpunkt, dass mehrere Miterben in einem solchen Fall nicht als Gesamthandsgemeinschaft, sondern als einzelne Gesellschafter Mitglieder der Gesellschaft werden; zurecht kritisch gegenüber dieser Spaltung *Stodolkowitz,* FS für Kellermann (1990), S. 458. Nach h. M. kommt es zu einem **automatischen Splitting** der vererbten Mitgliedschaft, vgl. *K. Schmidt,* Gesellschaftsrecht § 45 V 4a. Gem. § 139 Abs. 1 HGB können die Erben eines persönlich haftenden Gesellschafters ihr 61

Verbleiben in der Gesellschaft davon abhängig machen, dass ihnen unter Belassung des bisherigen Gewinnanteils die Stellung von Kommanditisten eingeräumt wird.

Beispiel: Kommanditist V mit einer Kommanditeinlage von 40 000 € wird kraft Gesetzes von seiner Ehefrau zu 1/2 und den beiden Kindern zu je 1/4 beerbt.

(1) Spaltung des vererbten Gesellschaftsanteils

62 Der hinterlassene KG-Anteil spaltet sich in der Weise, dass die Ehefrau Kommanditist zu 20 000 € und die Kinder Kommanditist mit einer Kommanditeinlage von je 10 000 € werden. Nachfolger des verstorbenen Gesellschafters werden alle Erben durch Sonderzuordnung des vererbten Anteils. Sofern ein Kommanditanteil auf mehrere Erben übergeht, tritt – ohne dass es also einer Auseinandersetzungsvereinbarung bedarf – eine sofortige Trennung des Gesellschaftsanteiles entsprechend der Erbquoten ein, da eine Erbengemeinschaft nach h. M. nicht Gesellschafter einer Personenhandelsgesellschaft sein kann, vgl. *Ulmer,* in: MünchKomm § 705 Rn. 69. Das Ausscheiden des Gesellschafters durch Tod ist von sämtlichen verbleibenden Gesellschaftern und von sämtlichen Erben zum Handelsregister anzumelden, unabhängig davon, ob sie selbst nachfolge- oder eintrittsberechtigt sind, vgl. BayObLG DB 1993, 474.

(2) Mitgliedschaft der Erbengemeinschaft in der Personengesellschaft?

63 Dagegen vertritt *Weipert,* FS für Bezzenberger (2000), 439 ff. überzeugend die Auffassung, dass die Mitgliedschaft in einer Personengesellschaft ungeteilt auf eine Erbengemeinschaft übergehen und von der Erbengemeinschaft als solcher ausgeübt werden kann. Alle Gesamthandsgemeinschaften sind danach fähig, Mitglieder von Personengesellschaften zu sein. Da die Gesellschaftsanteile insgesamt zum Nachlass zählen und z. B. der Testamentsvollstreckung unterliegen, ist die h. M. nicht nur in sich unstimmig, sondern führt auch zu einem widersprüchlichen Ergebnis gegenüber der Nachfolge bei Kapitalgesellschaften, bei denen nach unbestrittener Auffassung die Vererblichkeit weder durch den Gesellschaftsvertrag eingeschränkt noch durch eine sich mit dem Erbfall automatisch vollziehende Einziehung vorgesehen werden kann, vgl. *Ebenroth,* Erbrecht Rz. 900; *Crezelius,* Unternehmenserbrecht Rn. 320.

In der Satzung einer GmbH kann vorgesehen werden, dass durch **Gesellschafterbeschluss** der Gesellschaftsanteil eingezogen werden kann, vgl. BGH GmbHR 1978, 131. Die Erbengemeinschaft scheidet dann mit Einziehung des Anteils aus der GmbH aus, vgl. *Crezelius,* Unternehmenserbrecht Rn. 324. In gleicher Weise sollte den Gesellschaftern einer Personengesellschaft das Recht eingeräumt werden, in entsprechender Anwendung von § 737 BGB den Ausschluss von Gesellschaftern zu beschließen, die trotz der entgegenstehenden Bestimmungen des Gesellschaftsvertrages durch Gesamtrechtsnachfolge den Gesellschaftsanteil des Verstorbenen erworben haben. Zum Verhältnis der Sondererbfolge zur Erbteilsübertragung vgl. *Ivo,* ZEV 2004, 499.

bb) Qualifizierte Nachfolgeklausel

Literatur: *Hübner*, Die (dis-)qualifizierte Nachfolgeklausel, ZErb 2004, 34.

(1) Sondererbfolge

Der Gesellschaftsvertrag kann vorsehen, dass der Gesellschaftsanteil nur auf bestimmte Miterben übergeht, die bestimmte Qualifikationsvoraussetzungen erfüllen müssen. Der Übergang erfolgt durch Sondererbfolge. Nach der vom Bundesgerichtshof BGHZ 22, 186 und 68, 225 entwickelten Theorie erhält jeder Miterbe im Wege der **Sondererbfolge** eine selbständige Gesellschafterstellung; der Gesellschaftsanteil wird mit dinglicher Wirkung unter den Miterben entsprechend ihren gesetzlichen oder gewillkürten Erbquoten automatisch aufgeteilt. Nach der Auffassung von *K. Schmidt,* a. a. O. § 45 V 4 a, sollte an Stelle der Sondererbfolge wiederum nur von einer Sonderzuordnung gesprochen werden. **64**

Die Erbengemeinschaft wird *nicht* Gesellschafter, obwohl der Gesellschaftsanteil nach Auffassung des IV a. BGH-Senats DB 1986, 1515 zum Nachlass gehört. Der für das Gesellschaftsrecht zuständige II. Senat BGHZ 68, 225 bleibt bei der Theorie der Sondererbfolge, wonach die personenbezogenen Mitgliedschaftsrechte unmittelbar auf den gesellschaftsvertraglich vorgesehenen Nachfolger übergehen, so dass der Gläubigerzugriff und die **Testamentsvollstreckung** nur auf die – übertragbaren – Vermögensrechte aus der Beteiligung zulässig sind, also auf den Gewinnanspruch und den Anspruch auf das künftige Auseinandersetzungsguthaben, die somit in den Nachlass fallen, vgl. BGHZ 91, 132; WM 1987, 982; *Stodolkowitz,* FS Kellermann, 442. Mit diesem – auch nicht gesamthänderisch gebundenes Vermögen umfassenden – weiteren Nachlassbegriff soll die Anwendung der erbrechtlichen Sondervorschriften über Testamentsvollstreckung, Nachlassverwaltung und Nachlasskonkurs auf die im Erbrechtswege übergegangenen Anteile an einer Personengesellschaft ermöglicht werden, vgl. BGHZ 108, 187; BFH BStBl. 1992 II 513.

(2) Umdeutung in Eintrittsklausel

Eine Sondererbfolge kommt nur in Betracht, wenn der Vermächtnisnehmer zugleich **Miterbe** ist, also ein Vorausvermächtnis vorliegt. Nur in diesem Fall kann der Gesellschaftsanteil mit **dinglicher** Wirkung zum Todeszeitpunkt des Erblassers auf den Nachfolgeberechtigten übergehen. Soll also eine Person nachfolgeberechtigt sein, die nicht zum Erbenkreis zählt, kommt ein Übergang aufgrund qualifizierter Nachfolgeklausel nicht in Frage. In diesen Fällen muss dem Vermächtnisnehmer, der nicht Erbe ist, ein **Eintrittsrecht** zustehen, so dass eine an den genannten dogmatischen Hürden scheiternde qualifizierte Nachfolgeklausel in eine Eintrittsklausel umzudeuten ist, vgl. BFH NJW 1978, 264; Arbeitskreis Unternehmensnachfolge Rn. 249. Enthält der Gesellschaftsvertrag eine Bestimmung, wonach die Gesellschaft beim Tod eines Gesellschafters mit den Erben fortgesetzt werden und auf diese der Kapitalanteil des Verstorbenen übergehen soll, ist der Vertrag **ergänzend** dahin **auszulegen**, dass auch ein Vermächtnisnehmer, dem die gesellschaftliche Beteiligung des Erblassers zugewandt worden ist, zumindest wenn er **65** zur Familie oder dem Kreis der gesetzlichen Erben gehört, berechtigt sein sollte, in die Gesellschaft einzutreten. Der Gesellschafter-Erbe kann daher die Zustimmung der Mitgesellschafter zur Übertragung der Kommanditbeteiligung auf den Vermächtnisnehmer verlangen, vgl. OLG Stuttgart DStR 1992, 623.

(3) Einkommensteuerliche Beurteilung

66 Die einkommensteuerliche Beurteilung der qualifizierten Nachfolgeklausel ist bestritten. Während *Groh,* DB 1990, 2135 und 1991, 726 und *Ruban,* DStR 1991, 65 annehmen, dass die Ausgleichszahlung des begünstigten Sondererbnachfolgers an die übrigen Miterben zu Anschaffungskosten führt, ist *Söffing,* DB 1991, 775 und DStR 1991, 803 der Auffassung, dass die Erbauseinandersetzungsgrundsätze nicht anwendbar seien, da der Gesellschaftsanteil zu keinem Zeitpunkt zum gesamthänderisch gebundenen Vermögen der Erbengemeinschaft gezählt habe. Die ausgleichsberechtigten **Miterben** seien somit auch **nie Mitunternehmer** geworden, so auch *Felix,* KÖSDI 1991, 8357; BMF-Schreiben Erbauseinandersetzung BStBl. 2006 I 253 Tz. 72. M. E. kommt es auf die zivilrechtlich seit Jahrzehnten umstrittene Frage, ob und in welchem Umfang der Gesellschaftsanteil bei der qualifizierten Nachfolgeklausel in den Nachlass fällt, nicht an, da für die einkommensteuerliche Beurteilung nicht ein formales Zuordnungskriterium, sondern der Erblasserwille maßgebend ist. Die Rechtslage ist die gleiche wie in dem Fall der Teilungsanordnung; vgl. oben Rn. 72.

Sofern die Sondererbfolge im Außenverhältnis zu einer überquotalen Zuordnung führt, die im Innenverhältnis ausgeglichen werden muss, beruht dies nicht auf einem die Erbauseinandersetzung überlagernden Anschaffungsgeschäft, so dass die erbrechtlichen Ausgleichspflichten im Innenverhältnis nicht zu Anschaffungskosten und somit auch nicht zu Veräußerungsvorgängen führen. Aus dem Spannungsverhältnis zwischen Gesellschaftsrecht und Erbrecht, das im Innenverhältnis zu Ausgleichspflichten führt, kann **nicht** auf **Anschaffungsgeschäfte** geschlossen werden; im Ergebnis auch *Felix,* GmbHR 1990, 565. Schließlich darf nicht übersehen werden, dass die Sondererbfolge keine anderen Ergebnisse erbringen sollte als eine Alleinerbfolge: Sofern der Gesellschaftsanteil auf den Alleinerben übergeht, muss dieser ebenfalls die aufgrund der erbrechtlichen Bestimmungen bestehenden Pflichtteilsansprüche erfüllen, ohne dass diese „Ausgleichszahlungen" Anschaffungskosten ergeben würden.

cc) Buchwertfortführung bei Sonderbetriebsvermögen?

(1) Durchgangserwerb

67 Die von *Groh,* DB 1990, 2135 und 1991, 726 sowie 1992, 1312 vertretene Auffassung zur qualifizierten Nachfolgeklausel, wonach bei zivilrechtlicher Betrachtung ein Teil der Gesellschafterrechte des Erblassers der Erbengemeinschaft zufällt, wäre geeignet, bei Sonderbetriebsvermögen die Gewinnrealisierung im Erbfall zu vermeiden. Ginge der Gesellschaftsanteil mit dem Sonderbetriebsvermögen auf die Miterbengemeinschaft über, könnte die Übertragung der von der Erbengemeinschaft gehaltenen Rechte und die Übereignung des Sonderbetriebsvermögens auf den qualifizierten Miterben ohne Gewinnrealisierung erfolgen.

In jedem Fall könnte mit dem steuerlichen Begriff des **Durchgangsunternehmers**, der im Unternehmensbereich bei einem Scheinerben und einem ausschlagenden Erben sowie bei einem durch Vermächtnis zugewendeten Unternehmen eine Rolle spielt, eine zwangsläufige Gewinnrealisierung unterbleiben. Auch der Gesichtspunkt, dass die Erbengemeinschaft **treuhänderisch** die auf sie partiell übergegangenen Gesellschafterrechte und das Sonderbetriebsvermögen verwaltet, bis nach Ablauf der Dreimonatsfrist des § 2014 BGB zivilrechtliche Herausgabeansprüche vom Gesellschafternachfolger geltend gemacht werden können, spricht gegen eine Gewinnrealisierung. *Groh* führt zutreffend aus, dass der Bundesgerichtshof mit der Anerkennung einer Sondererbfolge mehr Sinn für die ars aequi et boni bewiesen hat als der Bundesfinanzhof und die Finanzverwaltung mit der Behandlung des Sonderbetriebsvermögens. Da Tz. 70 BMF-Schreiben Erbauseinandersetzung BStBl. 2006 I 253 die großzügige Regelung enthält, dass ein Eintrittsrecht innerhalb von sechs Monaten nach dem Ableben des Erblassers ohne Gewinnrealisierung ausgeübt werden kann, steht einer Gleichbehandlung für Sonderbetriebsvermögen nichts im Wege. **68**

(2) Theorie der Sondererbfolge

Die enge, an der zivilrechtlichen Theorie der Sondererbfolge orientierte Auffassung des Bundesfinanzhofs und der Finanzverwaltung, wonach der Gesellschaftsanteil des Verstorbenen am Nachlass vorbei unmittelbar und ohne weiteres auf den qualifizierten Miterben übergeht, führt zu dem fatalen einkommensteuerlichen Ergebnis, dass sich die Verbindung zwischen Gesellschaftsanteil und Sonderbetriebsvermögen im Erbfall automatisch löst und zur anteiligen **Gewinnrealisierung** beim Sonderbetriebsvermögen führt, vgl. BFH BStBl. 1992 II 512. **69**

Die im BMF-Schreiben Erbauseinandersetzung BStBl. 2006 I 253 Tz. 73 angenommene Gewinnrealisierung bei **Sonderbetriebsvermögen** kann nur durch kautelarjuristische Maßnahmen verhindert werden, die unten in § 12 III erläutert werden.

c) Erbrechtliche Eintrittsklausel

Literatur: *Hübner,* Die Eintrittsklausel im Einkommen- und Erbschaftsteuerrecht, ErbStB 2006, 17.

(1) Die gesellschaftsvertraglichen Rechte werden dem vom Erblasser bestimmten Erben oder dem – ggf. gem. § 2151 BGB zu bestimmenden – Vermächtnisnehmer zugewendet. Mit der Ausübung des Eintrittsrechtes wächst der Gesellschaftsanteil dem Eintretenden an. **70**

(2) Einkommensteuerlich ist zwischen folgenden Varianten zu unterscheiden: **71**

- Der versterbende Gesellschafter scheidet aus der Gesellschaft aus, so dass der Abfindungsanspruch in den Nachlass fällt und eine irreversible Gewinnrealisierung, vgl. *Groh,* DB 1990, 2141, stattfindet **(erbrechtliche Lösung)** oder

- der Anteil des versterbenden Gesellschafters wächst treuhänderisch den übrigen Gesellschaftern an, die auf Verlangen des Eintrittsberechtigten, der auch ein Nichterbe sein kann, den Gesellschaftsanteil auf diesen übertragen, ohne dass zwischenzeitlich ein Abfindungsanspruch bestand **(Treuhandvariante);** in diesem Fall wird das Nachlassvermögen nicht berührt, so dass die Rechtsprechung des Großen BFH-Senats zur Erbauseinandersetzung keine Anwendung finden kann. *Schmidt/Wacker,* EStG § 16 Rn. 679 stellt darauf ab, ob der Begünstigte rückwirkend auf den Tod des verstorbenen Gesellschafters eintrittsberechtigt ist.

72 (3) Das BMF-Schreiben Erbauseinandersetzung BStBl. 2006 I 263 Tz. 70 enthält – ohne Differenzierung hinsichtlich der einzelnen Gestaltungsvarianten – eine großzügige Regelung: Sofern das Eintrittsrecht innerhalb von **sechs Monaten** von allen Erben ausgeübt wird, gelten die Regeln über die einfache Nachfolgeklausel. Machen nur einzelne Erben von ihrem Eintrittsrecht Gebrauch, gelten die Rechtsregeln über die qualifizierte Nachfolgeklausel. Unterbleibt ein Eintritt, erzielt der Erblasser einen tarifbegünstigten Veräußerungsgewinn.

73 (4) **Erbschaftsteuerlich** hat eine Eintrittsklausel den Vorzug, dass die erbschaftsteuerlichen Begünstigungen dem Eintrittsberechtigten und nicht – wie bei einer qualifizierten Nachfolgeklausel – allen Miterben zugute kommen, vgl. *Hübner,* ErbStB 2006, 19.

3. Missglückte Regelungen

Literatur: *Wachter,* Erbschaftsausschlagung als steuerliches Gestaltungsmittel, ZNotP 2004, 176.

74 Sofern der Erbfall bereits eingetreten ist und die Erfüllung des Erblasserwillens zu Entnahmen führt, kommen, immer die Einigung der Beteiligten vorausgesetzt, folgende **Ausweichgestaltungen** in Betracht:

Der Übergang von Sonderbetriebsvermögen auf eine Erbengemeinschaft mit der damit verbundenen Entnahme von Betriebsvermögen kann innerhalb der Ausschlagungsfristen des BGB in der Weise geheilt werden, dass die nicht qualifizierten Erben mit den nachrückenden Ersatzerben die Erbschaft **ausschlagen**, vgl. *Märkle,* FR 1997, 137. Auch in diesem Fall wird nur die unentgeltliche Ausschlagung zu dem Erfolg der Buchwertfortführung führen, weil die Finanzverwaltung in einer Ausschlagung gegen Entgelt einen steuerpflichtigen Veräußerungsvorgang sieht, vgl. Tz. 37 Satz 4 BMF-Schreiben Erbauseinandersetzung BStBl. 2006 I 253; *Schmidt/Wacker,* EStG § 16 Rn. 591.

75 Wenn **Betriebsvermögen** steuerschädlich **durch Vermächtnis** Betriebsfremden zugewendet wird, ist die Ausschlagung des Vermächtnisses ein Rettungsweg. Da mit Vermächtnissen kein dinglicher Rechtsübergang verbunden ist, könnte sogar eine Gegenleistung für die Vermächtnisausschlagung erwogen werden. Da die Finanzverwaltung in beschwerten Vermächtnissen eine Gewinnrealisierung sieht (vgl. Tz. 63 Satz 3 BMF-Schreiben Erbauseinandersetzung BStBl. 2006 I 253) muss vor Gegenleistungen – soweit diese über den Buchwert hinausgehen – gewarnt werden.

Falls die sachliche oder personelle Verflechtung bei einer **Betriebsaufspaltung** durch Vermächtnisse auseinander brechen würde, besteht wiederum ein Ausweg in der Ausschlagung der Vermächtnisse, da bis zur Vermächtniserfüllung die Betriebsaufspaltung andauert, vgl. *Wachter,* ZNotP 2004, 176, 189. Auf die Entgeltsproblematik wurde bereits hingewiesen. **76**

einstweilen frei **77–80**

B. Typenbildung

Literatur: *Bydlinski,* Juristische Methodenlehre und Rechtsbegriff, 2. Aufl. 1991; *Grziwotz,* Erfolgreiche Verhandlungsführung und Konfliktmanagement durch Notare, 2001; *Junker/Kamanabrou,* Vertragsgestaltung, 2002; Langenfeld, Vertragsgestaltung 3. Aufl. 2004; *Larenz,* Methodenlehre der Rechtswissenschaft, Studienausgabe 1983; *Oechsler,* Vertragstypen in Staudinger BGB, Eckpfeiler des Zivilrechts (2005), S. 493 ff.; *Rehbinder,* Vertragsgestaltung 2. Aufl. 1994; *Sontheimer,* Vertragsgestaltung und Steuerrecht, 2001; Walz, Verhandlungstechnik für Notare, 2003.

Eine Methode der juristischen Methodenlehre ist die **typologische Betrachtungsweise**. Zivil- und Steuerrecht enthalten nicht nur Rechtssätze, die sich aus abstrakten Tatbestandsmerkmalen zusammensetzen, sondern auch typologische Regelungen. Im Laufe der Rechtsgeschichte haben sich unter dem Gesichtspunkt des Typus Vertragstypen herausgebildet. Der historische Ursprung der Vertragstypen des Bürgerlichen Gesetzbuches liegt im Aktionensystem des römischen Rechts, vgl. *Oechsler,* a. a. O. 493. Im Gegensatz zu einem abstrakten Begriff ergibt sich ein **Typusbegriff** aus einer Gesamtbetrachtung; zur typologischen Betrachtungsweise im Zivilrecht vgl. *Larenz,* a. a. O. S. 333; *Bydlinski,* a. a. O. S. 544; kritisch zur typologischen Betrachtungsweise *Schmidt/Weber-Grellet,* EStG § 15 Rn. 8. Von den Merkmalen, die insgesamt als typisch, also für den Typus charakteristisch angesehen werden, kann im Einzelfall das eine oder andere fehlen oder von minderer Bedeutung sein, ohne dass damit die Zugehörigkeit zum Typus in Frage gestellt zu sein braucht. **81**

- Typologisches Denken kommt in der Kautelarjurisprudenz auf den verschiedensten Stufen der Sachverhaltserfassung, Sachverhaltsbewertung und Sachverhaltsregelung zur Anwendung, vgl. *Langenfeld,* a. a. O. Rn. 40. Bei Ehevertragsgestaltungen und bei der vorweggenommenen Erbfolge wurden kautelarjuristisch Vertragstypen entwickelt, deren Anwendung sich in der Praxis bereits bewährt hat, vgl. *Langenfeld,* a. a. O. Rn. 74.

Die Methodik der **Typenbildung** beruht darauf, dass in einer ersten Stufe **82**
Fallgruppen nach äußeren, meist soziologischen Merkmalen wie

- Alter,
- familiärer Status (Ehe, Kindersegen) und
- Vermögensstrukturen

gebildet werden.

Erst in einer zweiten Stufe werden rechtlich relevante Differenzierungen getroffen. Unter Anwendung komparativen Denkens wird der ermittelte

Sachverhalt dann einer Fallgruppe zugeordnet, die bereits bestimmte Wertungen enthält. Diese Orientierung an anerkannten Vertrags- und Regelungstypen vermeidet subjektive Beliebigkeit und Entscheidungszufälligkeit und schafft damit Wertungs- und Gestaltungskonkordanz. Die **Vertragstypenlehre** arbeitet dabei nicht mit Subsumtionen, sondern mit Zuordnungen, vgl. *Langenfeld,* a. a. O. Rn. 71 ff. Diese Ausrichtung an Vertragstypen kann jedoch nur eine erste Orientierungshilfe geben. Die „richtige" Testamentsgestaltung können die Beteiligten nur nach einem Beratungsgespräch mit einem Vertragsjuristen unter Berücksichtigung aller Umstände des Einzelfalles selbst festlegen. Auch beim **Unternehmertestament** sind Fallgruppen nach der jeweiligen familiären Situation und der rechtsformbedingten Differenzierung zu unterscheiden.

I. Lediger Jungunternehmer

83 **Beispiel:** Jungunternehmer U ist durch Schenkungen seiner Eltern und aufgrund der Thesaurierung aller Gewinne wesentlich am Betrieb der Eltern beteiligt. Aus einer Beziehung mit einer Lebensgefährtin ist das nichteheliche Kind K hervorgegangen, das sich noch im Babyalter befindet.

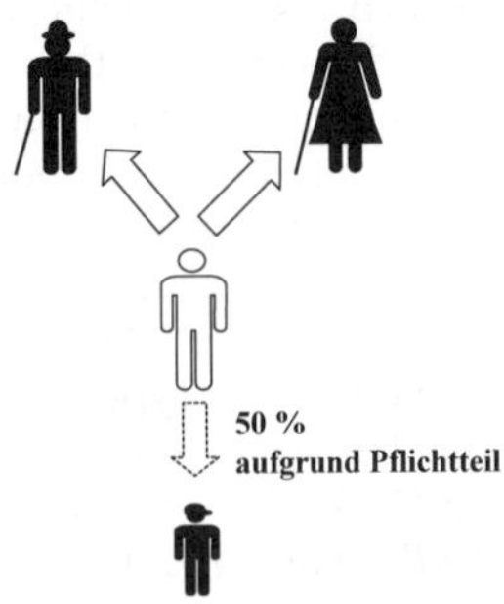

1. Interessenlage

84 Gem. § 1924 Abs. 1 BGB sind die Abkömmlinge des Erblassers die gesetzlichen Erben der **ersten Ordnung**. An die Stelle eines vorversterbenden Kindes treten dessen Abkömmlinge, also die Enkelkinder (Erbfolge nach Stämmen). Die Eltern als Erben **zweiter Ordnung** sind durch die Erben erster Ordnung gem. § 1924 Abs. 2 BGB von der Erbfolge ausgeschlossen. Hinterlässt ein frühzeitig versterbender Unternehmer ein eheliches oder nichteheliches Kind, wird dieses Alleinerbe. Sofern der Jungunternehmer diese Nachfolge ausschließen will, weil z. B. die nichteheliche Mutter zu einem luxuriösen Lebenswandel neigt, ist guter Rat teuer. Die Sicherung des Unternehmens durch eine **Testamentsvollstreckung** ist wegen § 2306 Abs. 1 Satz 2 BGB nutzlos: Wenn der hinterlassene Erbteil den Pflichtteil übersteigt, kann der Pflichtteilsberechtigte den Pflichtteil verlangen, wenn er den Erbteil ausschlägt. Wird die Erbeinsetzung des Kindes auf die Hälfte des gesetzlichen Erbteils begrenzt, gilt gem. Satz 1 dieser Bestimmung die Testamentsvollstreckung als nicht angeordnet. Immerhin könnte die unerwünschte

Verwaltung des Erbes durch den gesetzlichen Vertreter des minderjährigen Erben in einer letztwilligen Verfügung durch **Beschränkung der Vermögenssorge** gem. § 1638 BGB ausgeschlossen werden. Die Ausschließung gilt auch für den Pflichtteil, vgl. OLG Hamm FamRZ 1969, 662; *Palandt/Diederichsen,* § 1638 BGB Rn. 3. Die Person des Pflegers kann von dem Erblasser gem. § 1917 BGB bestimmt werden. Allerdings bleibt das Problem, dass bei Erlangung der Volljährigkeit die Vermögenssorge durch den Pfleger erlischt und ein 18-Jähriger ohne ausreichende Erfahrung über seinen Erbteil verfügen kann. Zu überlegen ist eine gesellschaftsrechtliche Absicherung.

2. Vorsorgliche Nachlassgestaltung

Gesellschaftsrecht bricht Erbrecht. Den Beteiligten ist anzuraten, das **Un- 85**
ternehmen unter Lebenden in eine **GmbH & Co. KG umzuwandeln** und gesellschaftsvertraglich die Kündigung der Beteiligten auf die längste Dauer, nämlich auf dreißig Jahre, auszuschließen, vgl. *Ulmer,* in: MünchKomm § 723 BGB Rn. 47. Als gesellschaftsvertragliches Vorrecht kann geeigneten Personen, z.B. dem überlebenden Elternteil oder Geschwistern, die **Geschäftsführung** bei der Komplementär-GmbH **auf Lebenszeit** übertragen werden, so dass ein Widerruf nur aus wichtigem Grund zulässig wäre. Erfolgt darüber hinaus eine (geringfügige) Beteiligung des Geschäftsführers als Kommanditist und verbleibt es bei dem **Einstimmigkeitsprinzip** des § 119 Abs. 1 HGB, kann der Geschäftsführer das Unternehmen langfristig fortführen, auch wenn das Kind testamentarisch zum Mehrheitsgesellschafter berufen wird.

Der skizzierte **Gesellschaftsvertrag** stellt **keine Beschwerung** i.S. des § 2306 BGB dar (OLG Hamm, FamRZ 1992, 113m. Anm. *Reimann*), so dass der als Erbe berufene Pflichtteilsberechtigte, dem mehr als die Hälfte des gesetzlichen Erbteils hinterlassen wird, nicht nach § 2306 Abs. 1 Satz 2 BGB ausschlagen kann. Eine dennoch erfolgende Ausschlagung hätte den Verlust des Pflichtteils zur Folge. Sollte das Unternehmen oder die Beteiligung nur einem Kind zufallen, kann erst mit Volljährigkeit des jeweils weichenden Erben ein Pflichtteilsverzicht vereinbart werden.

3. Widerrufsklauseln

Der im Unternehmen der Eltern mitarbeitende Jungunternehmer erhält **86**
häufig im Wege der vorweggenommenen Erbfolge Gesellschaftsanteile oder zum Betriebsvermögen zählende Grundstücke (Sonderbetriebsvermögen), einerseits um den Jungunternehmer besonders zu motivieren, andererseits um die erbschaftsteuerliche Belastung durch eine **gleitende Erbfolge** zu minimieren. Derartige Zuwendungen werden regelmäßig mit dem Widerrufsrecht versehen, im Falle des Vorversterbens des Jungunternehmers die Schenkung widerrufen zu können, die in diesem Fall schenkungsteuerfrei gem. § 29 Abs. 1 Nr. 1 ErbStG dem Schenker zurückfällt. Risiken der geschilderten Art, nämlich dass im Falle des frühzeitigen Versterbens des Jungunternehmers die geschenkten Vermögensgegenstände dessen Ehegatten oder dessen Kindern zufallen, können durch diese Vorsorgemaßnahmen verhindert werden.

Auch Pflichtteilsrechte des genannten Personenkreises entstehen durch die Ausübung des Widerrufsrechtes nicht.

II. Kinderloser verheirateter Unternehmer

87 **Beispiel:** Aus der Ehe des Unternehmers U sind keine Kinder hervorgegangen. Er will seine Ehefrau vor seinen Verwandten schützen.

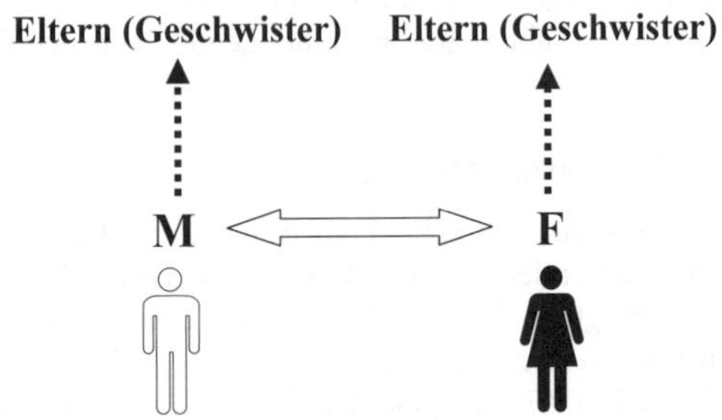

1. Interessenlage

88 Gesetzliche **Erben** der **zweiten Ordnung** sind gem. § 1925 BGB die Eltern des Erblassers und deren Abkömmlinge. Gem. § 1931 Abs. 1 BGB ist der überlebende Ehegatte des Erblassers *neben* den Verwandten der ersten und zweiten Ordnung gesetzlicher Erbe. Ein kinderloser Ehegatte wird somit kraft Gesetzes von seinem Ehegatten und seinen Eltern, und soweit diese vorverstorben sind, von seinen Geschwistern beerbt. Wegen des gesetzlichen Erbrechts der Eltern und der Geschwister des erstversterbenden Eheteils gem. § 1925 Abs. 1 BGB droht dem überlebenden Ehegatten, sofern dieser nicht durch letztwillige Verfügung zum **Alleinerben** berufen wird, das Entstehen einer Erbengemeinschaft mit sofortiger Erbauseinandersetzung, die zum Verlust seiner wirtschaftlichen Basis führen kann.

2. Gemeinschaftliches Testament

89 Im allgemeinen wünschen kinderlose Ehegatten bei funktionierender Ehe die gegenseitige Alleinerbeinsetzung. Lediglich für den Fall des gleichzeitigen Versterbens sollen die beiderseitigen Verwandten bedacht werden.

3. Formulierungsvorschlag: Gemeinschaftliches Testament

90 1. Wir, die Ehegatten Hans und Elisabeth Maier, setzen uns gegenseitig zum Alleinerben ein. Der Überlebende von uns kann über den Nachlass beliebig unter Lebenden und von Todes wegen verfügen.
2. Für den Fall, dass wir gleichzeitig oder aufgrund einer gemeinsamen Gefahr hintereinander versterben, ohne dass der Überlebende eine abweichende Verfügung trifft, wozu er jederzeit berechtigt ist, beruft jeder von uns seine gesetzlichen Erben gem. § 1925 BGB nach Stammanteilen zu seinen Erben. Der Testamentsvollstrecker soll mein, des Ehemannes, Unternehmen veräußern und hierbei darauf achten, dass möglichst viele Arbeitsplätze erhalten bleiben. Der Reinerlös nach Wegfertigung der Veräußerungskosten und der Einkommen- und Erbschaftsteuern soll unter den

Erben verteilt werden. Zum Testamentsvollstrecker bestimme ich, der Ehemann, Herrn Steuerberater S. Dessen Vergütung bemisst sich nach der Möhring'schen Tabelle.

Rosenheim, den …

……………
Hans Maier

Die vorstehenden Verfügungen stellen auch meinen letzten Willen dar.

Rosenheim, den …

……………
Elisabeth Maier

4. Anmerkungen

a) Form

Gem. § 2267 BGB genügt es zur Errichtung eines gemeinschaftlichen Testamentes, wenn einer der Ehegatten das Testament durch **eigenhändig geschriebene** und **unterschriebene** Erklärung errichtet und der andere Ehegatte die gemeinschaftliche Erklärung eigenhändig mit unterzeichnet. Der mit unterzeichnende Ehegatte soll hierbei angeben, zu welcher Zeit und an welchem Ort er seine Unterschrift beigefügt hat. **91**

b) Vermeidung einer Erbengemeinschaft

Gem. § 1931 Abs. 1 Satz 1 BGB sind bei einer kinderlosen Ehe die Verwandten des erstversterbenden Ehegatten zur Hälfte, im Falle des gesetzlichen Güterstandes zu ein Viertel neben dem überlebenden Ehegatten als Erben berufen. Diese Bestimmung wird weithin als überholt angesehen, so dass regelmäßig die gegenseitige Alleinerbeinsetzung gewünscht wird; allerdings gebührt den **Eltern** des erstversterbenden Ehegatten gem. § 2303 Abs. 2 Satz 1 BGB das gesetzliche Pflichtteilsrecht. Darüber hinaus besteht eine Auskunftspflicht des überlebenden Ehegatten über den Bestand des Nachlasses gem. § 2314 Abs. 1 Satz 1 BGB und über alle Schenkungen – mit Ausnahme von Anstandsschenkungen –, die der überlebende Eheteil von seinem Ehegatten während der Dauer der Ehe erhalten hat. **92**

c) Bindungswirkung

Gem. § 2271 Abs. 1 Satz 1 BGB können die in einem gemeinschaftlichen Testament enthaltenen wechselbezüglichen Verfügungen nur durch Erklärung gegenüber dem anderen Eheteil widerrufen werden, wobei die Erklärung der **notariellen Beurkundung** und der Zustellung an den anderen Eheteil bedarf. **93**

d) Testamentsvollstreckung

Zur Auswahl der Gebührentabelle, vgl. *Reimann,* Testamentsvollstreckung in der Wirtschaftsrechtspraxis S. 159. **94**

e) Pflichtteilsverzicht

95 Dem Unternehmer ist zu empfehlen, seine Eltern zu einem Pflichtteilsverzicht gem. § 2346 Abs. 2 BGB zu notarieller Urkunde zu bewegen. Wenn innerhalb der Drei-Jahres-Frist des § 2332 Abs. 1 BGB ein Elternteil nach dem vorherigen Versterben ihres kinderlosen Sohnes versterben würde, könnten die Geschwister den durch Erbfolge übergegangenen Pflichtteilsanspruch geltend machen. Davor schützt nur ein von den Eltern abgegebener Pflichtteilsverzicht.

96 *einstweilen frei*

III. Junger Handwerksmeister und mitarbeitende Ehefrau

97 **Beispiel:** Die Ehefrau des Heizungsbaumeisters M erledigt alle Büroarbeiten. Die aus der Ehe hervorgegangenen Kinder befinden sich in der Ausbildung. Das an der Unternehmensfortführung interessierte Kind soll das Unternehmen fortführen.

Junger Handwerksmeister und mitarbeitende Ehefrau

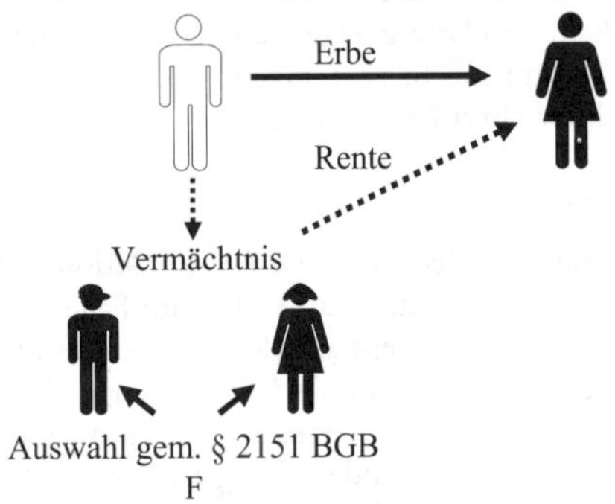

1. Interessenlage

98 Handwerksbetriebe werden traditionell als Einzelunternehmen geführt, da das Unternehmen seiner Struktur nach auf den Handwerksmeister ausgerichtet ist. Beim Ehegatten liegen meist die Ausbildungsvoraussetzungen zur Eintragung in die **Handwerksrolle** nicht vor, so dass der überlebende Ehegatte nur eine vorübergehende Betriebserlaubnis der Handwerkskammer zur Fortführung des Handwerksbetriebes erhält, es sei denn, dass ein technischer Betriebsleiter mit Meisterprüfung angestellt wird.

2. Gestaltungsvorschlag

99 Einsetzung des Ehegatten zum Alleinerben, Zuwendung des Handwerksbetriebes als Vermächtnis an alle gemeinschaftlichen Abkömmlinge mit Auswahl des Unternehmernachfolgers durch den überlebenden Ehegatten gem. § 2151 Abs. 1 BGB.

3. Formulierungsvorschlag Testamentsentwurf

Mein letzter Wille 100

§ 1 Erbeinsetzung

Ich, Alois Maier, setze meine Ehefrau zu meinem Alleinerben ein.

§ 2 Vermächtnis

1. Vermächtnisweise wende ich meinen Handwerksbetrieb mit allen Aktiven und Passiven allen gemeinschaftlichen Abkömmlingen zu gleichen Teilen zu, wobei jedoch zu meiner Nachfolge nur Abkömmlinge in Betracht kommen, die die Voraussetzungen für die Eintragung in die Handwerksrolle erlangen. Bei mehreren geeigneten Kindern entscheidet meine Ehefrau gem. § 2151 BGB, ob mehrere oder nur ein Abkömmling zur Nachfolge berechtigt sind. Auch den Zeitpunkt der Nachfolge bestimmt meine Ehefrau. Spätestens hat sie doch mit Vollendung ihres 60. Lebensjahres den Betrieb zu übergeben. Bis zur Übernahme des Unternehmens verbleibt die Unternehmensführung bei meiner Ehefrau, der auch die Erträge gebühren.
2. Der Freibetrag gem. § 13a ErbStG gebührt meiner Ehefrau.

§ 3 Beschwerung

Ab dem Zeitpunkt der Vermächtniserfüllung steht meiner Ehefrau auf deren Lebensdauer eine, vom Vermächtnisnehmer zu entrichtende, Versorgungsrente zu, die nach den gegenwärtigen Wertverhältnissen monatlich 3000 € beträgt. Zum Zeitpunkt der Vermächtniserfüllung errechnet sich somit die Rente nach folgender Formel:

$$\text{Versorgungsrente} = \frac{3000\ € \times \text{Index Monat Vermächtniserfüllung}}{\text{gegenwärtiger Index}}$$

Auch nach der erstmaligen Anpassung soll die Versorgungsrente nach Maßgabe des Verbraucherpreisindexes für Deutschland auf der Basis 2005 = 100 bei einer Veränderung um jeweils 10% jeweils auf Verlangen meiner Ehefrau angepasst werden.

§ 4 Betriebsfortführung

Da meine Ehefrau nicht die Voraussetzungen für die Eintragung in die Handwerksrolle erfüllt, soll sie unter Mitwirkung der zuständigen Handwerkskammer zur Fortführung des Betriebes einen technischen Betriebsleiter anstellen. Sie ist aber auch berechtigt, meinen Betrieb zu veräußern. Der Veräußerungserlös gebührt meinen Kindern, wobei meine Ehefrau ebenfalls die Verteilung gem. § 2151 BGB vornehmen kann und sich an dem Veräußerungserlös den Nießbrauch auf ihre Lebensdauer vorbehalten darf.

4. Anmerkungen

a) Betriebsfortführung

Die Eintragung in die Handwerksrolle darf nur erfolgen, wenn bei dem Betriebsinhaber die handwerklichen Qualifikationsvoraussetzungen, im Regelfall die Meisterprüfung, vorliegen. Bis zur Clement'schen Reform der Handwerksordnung erfüllte die Anstellung eines Handwerksmeisters nicht die Voraussetzungen für die Eintragung in die Handwerksrolle. Vielmehr war eine wesentliche Beteiligung des technischen Betriebsleiters an dem Handwerksbetrieb erforderlich. Lediglich bei der Betriebsfortführung in der Rechtsform der GmbH reichte die Anstellung eines technischen Betriebsleiters aus, der weder Gesellschafter noch Geschäftsführer sein musste. Die 101

vorübergehende Betriebsfortführung eines Familienbetriebs, bis ein Abkömmling die Meisterprüfung abgelegt hatte, war immer schon möglich. Die Handwerksordnung i.d. Fassung der Bekanntmachung vom 24. 9. 1998 BGBl. I 3074 erlaubt in § 4 Abs. 1 ausdrücklich, dass nach dem Tod des Inhabers eines Betriebs der Ehegatte, der Lebenspartner, der Erbe, der Testamentsvollstrecker, der Nachlassverwalter, der Nachlassinsolvenzverwalter oder der Nachlasspfleger den Betrieb fortführen dürfen, ohne die Voraussetzungen für die Eintragung in die Handwerksrolle zu erfüllen. Sie haben aber dafür Sorge zu tragen, dass unverzüglich ein Betriebsleiter gem. § 7 Abs. 1 HdwO bestellt wird.

b) Vermächtniserfüllung

102 Gem. § 2151 Abs. 1 BGB kann der Erblasser mehrere mit einem Vermächtnis in der Weise bedenken, dass der Beschwerte oder ein Dritter zu bestimmen hat, wer von den mehreren das Vermächtnis erhalten soll. Das auf § 2151 BGB beruhende Auswahlrecht erlaubt, den Handwerksbetrieb den Kindern zu übertragen, die die Qualifikationsvoraussetzungen nach der Handwerksordnung erbringen. Bis zum Zeitpunkt der Vermächtniserfüllung verbleiben der fortführenden Ehefrau auch die Erträge, abweichend von § 2184 BGB.

c) Freibetrag gem. § 13 a ErbStG

103 Sofern das Testament keine Regelung vorsieht, steht der Freibetrag mehreren Erwerbern zu gleichen Teilen zu. Sofern die Ehefrau die Betriebsübertragung innerhalb von fünf Jahren nach dem Erbfall vornimmt, verstößt dies nicht gegen die Behaltensregelung des § 13a Abs. 5 ErbStG, da ein schuldrechtlicher Anspruch, der vom Erblasser begründet wurde, der Vermächtniserfüllung zugrunde liegt. Auch die Vereinbarung der Leibrente bei der Übertragung des Handwerksbetriebes stellt keine steuerschädliche Veräußerung dar, da der Anspruch auf den Anordnungen des Erblassers beruht.

d) Versorgungsrente

104 Nach der Rechtsprechung des X. BFH-Senats DB 1996, 1958 kann eine Rente nur als private Versorgungsrente mit Sonderausgabenabzug anerkannt werden, wenn die Rente *an Stelle* des Erbteils dem Rentenberechtigten gewährt wird. Da der Ehefrau auch nach der Vermächtniserfüllung das übrige ererbte Vermögen verbleibt, wäre nach der früheren Rechtsprechung des X. Senats lediglich eine einkommensteuerlich irrelevante Unterhaltszahlung gegeben. Der III. Rentenerlass BStBl. 2004 I 922 Tz. 40 und 41 folgt nicht der verschärfenden Rechtsprechung des X. BFH-Senats, sondern gewährt den **Sonderausgabenabzug** gem. § 10 Abs. 1 Nr. 1a EStG für eine Versorgungsrente, die aus dem Ertrag des Betriebes aufgebracht werden kann, vgl. *Schwenk,* DStR 2004 1679, 1685. Der X. BFH-Senat EStB 2008, 12 hat die von der Finanzverwaltung abgelehnte Rechtsprechung zwischenzeitlich aufgegeben.

Bis zur Änderung des § 10 Abs. 1 Nr. 1a EStG durch das Jahressteuergesetz 2008 bestand die zusätzliche Problematik, dass der in der Versorgungsrente enthaltene Zinsanteil gem. § 20 Abs. 1 Nr. 7 EStG versteuert und die Rente zudem der Erbschaftbesteuerung unterworfen wird, wodurch eine Übermaßbesteuerung entstehen kann. In dem vom FG Düsseldorf ErbStB 2008, 198 entschiedenen Fall hat die Klägerin im Streitjahr für die Rente in Höhe von 27 732 € insgesamt 25 450 € an Einkommen- und Erbschaftsteuern entrichtet. Derartige Erdrosselungssteuern sind verfassungswidrig; ebenso *Heinrichtshofen,* ErbStB 2008, 199.

e) Nießbrauch statt Rente?

Ein Vermächtnis führt gem. Tz. 63 Satz 3 BMF-Schreiben Erbauseinandersetzung BStBl. 2006 I 253 ausnahmsweise dann zu einem Veräußerungserlös des beschwerten Erben und zu Anschaffungskosten des Vermächtnisnehmers, wenn der Vermächtnisnehmer für den Erwerb des vermachten Gegenstandes eine Gegenleistung zu erbringen hat. Gem. Tz. 58 III. Rentenerlass BStBl. 2004 I 922 wäre **eine zeitlich begrenzte** Rente als Gegenleistung zu beurteilen und würde, soweit der kapitalisierte Wert das Kapitalkonto übersteigt, zu einer **Gewinnrealisierung** führen. Dies gilt aber nicht für lebenslange Versorgungsrenten, die aus dem Ertrag des Betriebes finanziert werden können. Sofern jedoch der Betrieb veräußert würde, könnte nur bei einer Reinvestition in eine ertragbringende Wirtschaftseinheit der Sonderausgabenabzug fortgesetzt werden, vgl. Tz. 31 III. Rentenerlass BStBl. 2004 I 922. Bei einem **Nießbrauch** an dem Veräußerungserlös erzielt die Ehefrau als Nießbraucherin aus den Zinsen Einkünfte aus Kapitalvermögen. **105**

einstweilen frei **106**

IV. Freiberufliche Nachfolge

1. Interessenlage

Die Ausübung eines freien Berufes setzt in aller Regel eine qualifizierte Ausbildung mit einem bestandenen Examen voraus. Wenn der präsumtive Erbe die erforderliche Ausbildung noch nicht abgeschlossen oder noch nicht einmal begonnen hat, sind Ausweichgestaltungen gefragt, um die Option der **Praxisfortführung** zu erhalten. Gleiches gilt, wenn der Erblasser an einer freiberuflichen Praxis als GbR-Gesellschafter oder Partner oder an einer Rechtsanwalts-, Steuerberatungs- oder Wirtschaftsprüfungs-GmbH beteiligt ist. Selbst wenn berufsrechtliche Schranken nicht bestehen, ist der Eintritt des nicht qualifizierten Erben in eine Freiberufler-GbR unerwünscht, zumal durch die Beteiligung eines **Berufsfremden** der gesamte Gewinn des freiberuflich ausgeübten Unternehmens der Gewerbesteuer unterliegt, vgl. *Schmidt/Wacker,* § 18 EStG Rn 23. Erschwerend kommt hinzu, dass auch eine **Verpachtung** des freiberuflich betriebenen Unternehmens regelmäßig ausgeschlossen ist, vgl. § 59 Abs. 6 BOStB. Nach dem Versterben des Praxisinhabers kann für eine Übergangszeit von vier Jahren ein Praxistreuhänder gem. § 71 Abs. 1 StBG bestellt werden. **107**

a) Praxis oder Gesellschaftsanteil

Hinterlässt der Erblasser eine **Einzelpraxis**, kommt regelmäßig nur der Verkauf der Praxis in Betracht, wobei die Strafbestimmung des § 203 StGB **108** zu beachten ist, wonach Patientenkarteien und Akten nur mit **Zustimmung** der Betroffenen weitergegeben werden dürfen, vgl. BGH DStR 1995, 1360 und 1924. Bei einem Verkauf der Praxis werden die Tarif- und Freibetragsvergünstigungen des § 16 Abs. 4 i.V.m. § 34 Abs. 3 EStG nur gewährt, wenn die Voraussetzungen in der Person des **Erben** erfüllt sind, vgl. BFH/NV 1991, 813. Sofern die berufliche Tätigkeit in einer Sozietät oder Partnerschaftsgesellschaft ausgeübt wird, sollte der Gesellschaftsvertrag (vorsorglich) eine **Fortsetzungsklausel** enthalten, wonach der Gesellschaftsanteil des verstorbenen Gesellschafters den übrigen Gesellschaftern anwächst. Den Erben oder Vermächtnisnehmern fällt der Abfindungsanspruch zu.

b) Kapitalgesellschaftsanteil

109 **Beispiel:** Steuerberater S bringt seine Steuerberaterkanzlei in eine von ihm errichtete Steuerberatungs-GmbH zum Buchwert gem. § 20 Abs. 2 Satz 2 UmwStG ein und veräußert nach Ablauf von sieben Jahren Gesellschaftsanteile an von der GmbH angestellte Steuerberater im Teileinkünfteverfahren.

Bei einer **Rechtsanwalts-GmbH** ist die Beteiligung einer Person, die nicht die Befähigung zum Richteramt hat, von vorne herein, auch in treuhänderischer Weise, ausgeschlossen. Bei einer Steuerberatungs- oder **Wirtschaftsprüfungs-GmbH** darf ein Gesellschafter, der nicht Berufsträger ist, längstens fünf Jahre der Gesellschaft angehören, vgl. § 55 Abs. 2 StBerG; § 34 Abs. 1 Nr. 2 WPO. Auch das treuhänderische Halten von GmbH-Anteilen ist unzulässig. Der Erblasser kann mit den Sozien und Gesellschaftern nur gesellschaftsvertraglich ein **Eintrittsrecht** eines Abkömmlings vereinbaren, um die vorbezeichneten gesetzlichen Schranken zu überwinden. Für die Zeit der Ausbildung eines Abkömmlings kommt auch ein **Beschäftigungsrecht** in der jeweiligen Praxis dem Ausbildungsstand entsprechend in Betracht. An Stelle der immer ungewissen Nachfolge durch einen Abkömmling kommt regelmäßig die Vereinbarung einer **betrieblichen Versorgungsrente**, aber auch eine private Versorgungsrente in Betracht, da gem. Tz. 35 III. Rentenerlass BStBl. 2004 I 922 auch ein Dritter Vermögensempfänger bei der Vereinbarung einer Versorgungsrente zu Gunsten des überlebenden Ehegatten sein kann.

c) Abfindungsausschluss

Literatur: *Ulrich Mayer,* Der Abfindungsausschluss im Gesellschaftsrecht: Pflichtteilsfester Vermögenstransfer am Nachlass vorbei?, ZEV 2003, 355.

110 Sieht der Gesellschaftsvertrag die **Fortsetzung der Gesellschaft** durch die bisherigen Gesellschafter unter Ausschluss von Abfindungsansprüchen der Erben eines verstorbenen Gesellschafters vor, liegt nach h.M. in diesem für alle Gesellschafter gleichmäßig geltenden allseitigen **Abfindungsausschluss ein entgeltlicher Vorgang (Wagnis)**, so dass auch Pflichtteils- und Pflichtteilsergänzungsansprüche nicht gegeben sind, vgl. BGH NJW 1970, 941 und 1638; dies gilt nicht, wenn die Altersstruktur der Gesellschafter eine einseitige Wirkung des Abfindungsausschlusses mit großer Wahrscheinlichkeit erwarten lässt, vgl. BGH NJW 1981, 1956. *Frank,* in: MünchKomm § 2325 BGB Rn. 16; *Ulmer,* Gesellschaft bürgerlichen Rechts und Partnerschaftsgesellschaft

§ 738 Rn. 49 vertreten die Auffassung, dass die zitierte BGH-Rechtsprechung zwischenzeitlich überholt sei; differenzierend *U. Mayer,* ZEV 2003, 357. **Einseitige**, d. h. nicht für alle Gesellschafter vereinbarte Ausschlüsse oder **Beschränkungen** der Abfindungsansprüche stellen in jedem Fall unentgeltliche Zuwendungen dar, die **Pflichtteils- und Pflichtteilsergänzungsansprüche** auslösen, vgl. NJW 1981, 1956.

d) Betriebliche Versorgungsrente statt Abfindung

Bei Freiberuflerpraxen wird häufig an Stelle einer Abfindung eine be- **111**
triebliche Versorgungsrente für den ausscheidenden Sozius und dessen Witwe vereinbart. Der Gesellschaftsanteil geht dann **unentgeltlich** gem. § 6 Abs. 3 EStG auf die übrigen Sozien über. Die betriebliche Versorgung stellt keine Gegenleistung dar. Die Rechtsprechung stellt vergleichsweise geringe Anforderungen an den Nachweis des betrieblichen Anlasses der Versorgung bei Freiberuflerpraxen. Selbst die Aufnahme eines Schwiegersohns in eine Rechtsanwaltspraxis unter Vereinbarung einer Versorgungsrente für die Witwe des bisherigen Kanzleiinhabers kann eine betriebliche Versorgungsrente darstellen, wenn der frühere Praxisinhaber einen Fremden zu ähnlichen Bedingungen aufgenommen hätte, vgl. BFH BStBl. 1979 II 403.

e) Schenkungsteuer

Eine unter dem bewertungsrechtlichen Anteilswert liegende Abfindung ist **112**
eine Zuwendung gem. § 3 Abs. 1 Nr. 2 oder § 7 Abs. 7 ErbStG.

2. Gestaltungsvorschlag WP- und StB-GmbH mit Eintrittsrecht

Beispiel: Die Gesellschafter A und B der X-GmbH Wirtschaftsprüfungsgesellschaft **113**
und Steuerberatungsgesellschaft vereinbaren eine Änderung der Satzung, wonach ihre in Ausbildung befindlichen Kinder nach dem Ausscheiden des jeweiligen Elternteils ein Eintrittsrecht haben.

§ ... Versterben eines Gesellschafters

1. Sofern bei dem Versterben von Frau A der Erbe oder Vermächtnisnehmer nicht die berufliche Zulassung zum Steuerberater oder Wirtschaftsprüfer erlangt hat, verbleibt der Gesellschaftsanteil bei dem von Frau A benannten Nachfolger, bis die Frist des § 34 Abs. 1 Nr. 2 WPO abgelaufen ist, die in jedem Fall ein Verbleiben der Beteiligung bis zum Ablauf von fünf Jahren nach dem Erbfall erlaubt. Der Erbe oder Vermächtnisnehmer hat Anspruch darauf, seinem Ausbildungsstand und seinen Kenntnissen entsprechend von der Gesellschaft angestellt zu werden, bis die Zulassungsvoraussetzungen erfüllt sind. Sofern der Erbe oder Vermächtnisnehmer mit seinem endgültigen Ausscheiden einverstanden ist oder die Zulassungsvoraussetzungen nicht bis zum Ablauf der in § 34 Abs. 1 Nr. 2 WPO genannten Frist erlangt hat, kann dieser durch Beschluss der Gesellschafterversammlung aus der Gesellschaft ausgeschlossen werden. Er erhält die gem. § ... für das Ausscheiden eines Gesellschafters vereinbarte Vergütung.
2. Sofern der Gesellschafter B verstirbt, geht sein Gesellschaftsanteil auf seinen in der Ausbildung befindlichen Sohn über, der bis zum Ablauf der in § 34 Abs. 1 Nr. 2 WPO genannten Frist Gesellschafter bleibt, wenn die Zulassungsvoraussetzungen noch nicht vorliegen.
3. Wenn für einen Gesellschafternachfolger die in § 34 Abs. 1 Nr. 2 WPO angeordnete Frist abgelaufen ist, ohne dass die Zulassungsvoraussetzungen für diesen Gesell-

schafter vorliegen, kann dieser Gesellschafter aus der Gesellschaft ausgeschlossen werden. Der ausgeschlossene Gesellschafter erhält die vorstehend in § … vereinbarte Entschädigung. Der ausgeschlossene Gesellschafter ist bis zum 1. 1. 2020 zum Wiedereintritt in die Gesellschaft berechtigt, sobald dieser die gesetzlichen Zulassungsvoraussetzungen erfüllt. Die erhaltene Vergütung für den Gesellschaftsanteil hat der eintretende Gesellschafter ohne Beilage von Zinsen zu erstatten.

4. Sofern beide Gesellschafter A und B versterben, ohne dass eine der Übernahme- und/oder Abfindungsregelungen in diesem Vertrag zum Tragen gekommen ist, ist Herr Steuerberater C zur Veräußerung der Kanzlei zum üblichen Marktpreis befugt. Der Erlös ist unter den Erben im Verhältnis von 60% (Nachlass A) zu 40% (Nachlass B) aufzuteilen.
5. Die Erben und nachfolgeberechtigten Vermächtnisnehmer eines jeden Gesellschafters sind berechtigt, die Bilanzen, Gewinn- und Verlustrechnungen sowie die ergangenen Steuerbescheide einzusehen.

114, 115 *einstweilen frei*

V. Landwirte

1. Interessenlage

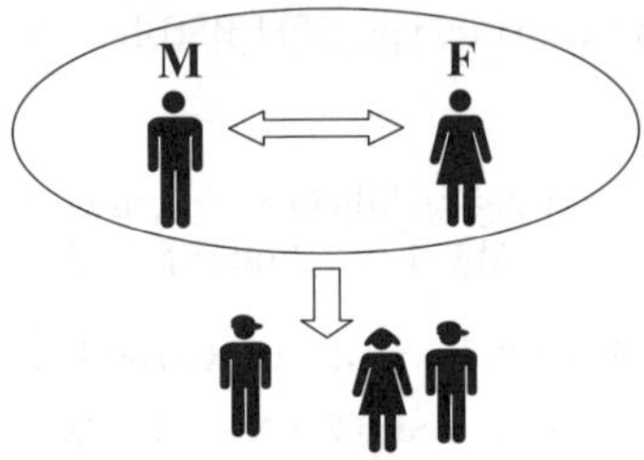

- Übergabeverpflichtung
- Ertragswert bei Pflichtteilsberechnung gem. § 2312 BGB

116 Bei der Hofübergabe vereinbart der Hofübernehmer häufig mit seinem Ehegatten **Gütergemeinschaft,** obwohl dies teilweise in der Literatur (vor allem *Langenfeld,* Handbuch der Eheverträge und Scheidungsvereinbarungen Rn. 418ff.) bekämpft wird. Der innere Sinn der Gestaltung liegt darin, dass ein landwirtschaftliches Anwesen die volle gleichwertige Mitarbeit beider Ehegatten verlangt und somit eine **Mitunternehmerschaft** voraussetzt. An Stelle einer Gesellschaft bürgerlichen Rechts, wie dies häufig bei nichtehelichen Lebensgemeinschaften vereinbart wird, tritt bei Ehegatten in diesem Fall die Gütergemeinschaft. Die von den Gegnern der Gütergemeinschaft ins Feld geführte Haftungsgefahr bei der Vereinbarung einer Gütergemeinschaft wird im landwirtschaftlichen Bereich kaum Bedeutung erlangen und tritt eindeutig hinter die sonstigen Vorzüge der Gütergemeinschaft zurück.

2. Rechtliche Regelung

117 Die **Hoffortführung** wird durch die gegenseitige Alleinerbeinsetzung gesichert. Bei dem frühzeitigen Versterben eines Ehegatten ist der Überlebende nur zur Hoffortführung in der Lage, wenn er unabhängig von etwaigen minderjährigen Mitunternehmern wirtschaften kann, um den Hof als Ganzes auf die nächste Generation weiterzugeben.

Die Bindung zu Gunsten der nächsten Generation, also der gemeinsamen Kinder, wird in der Praxis als **Übergabeverpflichtung** unter Lebenden oder durch ein Vermächtnis gem. § 2151 BGB mit einem Auswahlrecht des Überlebenden gesichert.

3. Formulierungsvorschlag Übergabeverpflichtung

Beurkundet am … **118**

I. Grundbuch- bzw. Ausgangsstand

Laut Vortrag im Grundbuche des Amtsgerichtes … für … Blatt … sind die … in Gütergemeinschaft Eigentümer des nachstehend bezeichneten Grundbesitzes der Gemarkung … Flst. Nr. …

II. Übergabeverpflichtung

1. Der Längstlebende von uns verpflichtet sich hiermit, den in Abschnitt I. 1) dieser Urkunde näher bezeichneten Grundbesitz samt Rechten, Bestandteilen und gesetzlichen Zugehörungen einschließlich dem zur bezeichneten Landwirtschaft gehörenden lebenden und toten Inventar
   an einen gemeinschaftlichen Abkömmling nach seiner Wahl
   – zum Alleineigentum –
   zu übertragen und aufzulassen, sobald
   a) der Verpflichtete eine Rente aus der landwirtschaftlichen Altersversorgung beziehen kann,
   b) in jedem Fall mit Vollendung des 65. Lebensjahres sowie
   c) spätestens im Zeitpunkt seines Ablebens.
2. Vorstehende Übergabeverpflichtung ist zu den im maßgeblichen Zeitpunkt geltenden ortsüblichen Bedingungen zu erfüllen. Diese umfassen in jedem Fall Folgendes:
   a) Dem Übergeber ist ein den standesgemäßen Lebensunterhalt sichernder Austrag zu gewähren, inbegriffen ein Wohnungs- und Mitbenützungsrecht.
   b) Alle im Grundbuche eingetragenen Belastungen zu übernehmen einschließlich der Darlehens- und Kreditverbindlichkeiten, welche durch die eingetragenen Grundpfandrechte gesichert sind.
   c) Die Kosten des Erwerbsvorganges und etwa in diesem Zusammenhang anfallende Erwerbssteuern gehen zu Lasten des Anspruchsberechtigten.
   d) Der Vertragsgegenstand ist zu übergeben in dem Zustand, in dem sich dieser im Zeitpunkt der Erfüllung vorstehender Übergabeverpflichtung befindet, insbesondere unter Ausschluss jeglicher Gewährschaft für Sachmängel.
   e) Auf dem Vertragsgegenstand ruhende und unbeglichene Erschließungskosten im weitesten Sinne einschließlich Anlieger- und Herstellungsbeiträge nach dem Baugesetzbuch und Kommunalabgabengesetz sind vom Anspruchsberechtigten zu übernehmen unabhängig davon, zu welchem Zeitpunkt in der Natur eine zugrundeliegende kostenpflichtige Maßnahme durchgeführt wurde.
   f) Die Geschwister des Anspruchsberechtigten sind angemessen abzufinden, wobei für die Landwirtschaft der Ertragswert gemäß § 2312 BGB zugrunde zu legen ist, wobei jedes Kind mindestens … € zu erhalten hat.
   g) Der Übernehmer … hat im Zuge der Übergabe dem Übergeber gegenüber einen Pflichtteilsverzicht abzugeben.

III. Schlussbestimmungen

…

4. Formulierungsvorschlag Erbvertragsvermächtnis

119 Beurkundet am …

I. Allgemeines

Unsere Ehe haben wir am … vor dem Standesbeamten in … geschlossen. Aus unserer Ehe sind folgende Kinder hervorgegangen:

Weitere Kinder haben wir nicht.

Wir besitzen beide nur die deutsche Staatsangehörigkeit.

Etwaige Verfügungen von Todes wegen aus früherer Zeit widerrufen wir soweit sie den nachfolgenden Anordnungen entgegenstehen.

II. Erbvertragliche Verfügungen

In erbvertraglicher, also einseitig nicht widerruflicher Weise, vereinbaren wir was folgt:

1. Vermächtnis

Für den Fall, dass beim Ableben des Längstlebenden von uns das Anwesen … noch nicht an einen oder mehrere Abkömmlinge übergeben wurde, wendet der Überlebende von uns vermächtnisweise das Anwesen … mit dem gesamten landwirtschaftlichen Betriebsvermögen, insbesondere den landwirtschaftlichen Grundstücken, unseren gemeinsamen Kindern zu gleichen Stammanteilen gemäß § 2151 BGB mit der Maßgabe zu, dass der Testamentsvollstrecker berechtigt ist, die Anteilsquoten beliebig abzuändern und das landwirtschaftliche Anwesen auch nur einem gemeinschaftlichen Abkömmling zu übertragen. Die übrigen gemeinschaftlichen Abkömmlinge erhalten in diesem Fall nur den Pflichtteil. Das Vermächtnis ist innerhalb eines Jahres nach dem Ableben des Letztversterbenden von uns zu erfüllen.

2. Pflichtteil

Der Pflichtteil errechnet sich lediglich aus dem Ertragswert gem. § 2312 BGB, da die nicht ausschlagenden Erben zur Übernahme des Landgutes berechtigt sind.

3. Anfechtungsrecht

Wir bestimmen ausdrücklich, dass unsere vorstehenden Verfügungen auch dann Bestand haben sollen, wenn bei unserem Tod nicht bedachte Pflichtteilsberechtigte vorhanden sein sollten. Wir verzichten dem gemäß auf das Anfechtungsrecht gemäß § 2079 BGB.

4. Annahme

Die vorstehenden erbvertraglichen Verfügungen nehmen wir hiermit gegenseitig an.

VI. Älterer verheirateter Unternehmer mit Kindern aus dieser Ehe: Berliner Testament

Literatur: *Ebeling,* Korrekturvermächtnis im Berliner Testament und deren erbschaftsteuerliche Folgen, ZEV 2000, 87; *Keim,* Der Änderungsvorbehalt beim Erbvertrag – bei richtiger Handhabung ein sicheres Gestaltungsmittel!, ZEV 2005, 365; *Kesseler/Thouet,* Berliner Testament und Rettung erbschaftsteuerlicher Freibeträge, NJW 2008, 125; *Jörg Mayer,* Erbschaftsteuer sparen um jeden Preis, DStR 2004, 1371 ff. und 1409 ff.; *Musielak,* Die Bindung an wechselbezügliche Verfügungen im gemeinschaftlichen Testament, ZErb 2008, 189; *Wachter,* Erbschaftsteueroptimierung nach Eintritt des Erbfalls, Erbschaftsteuerberater 2004, 218 ff. und 256 ff.; *ders.,* Erbschaftsausschlagung als steuerliches Gestaltungsmittel, ZNotP 2004, 1.

Beispiel: Aufgrund ihrer langjährigen Ehe setzen sich die Eheleute M und F, die gemeinsam ein Unternehmen betreiben, gegenseitig zum Alleinerben ein. Schlusserben sind die gemeinsamen Kinder mit dem Recht des überlebenden Ehegatten, die Erbquoten beliebig zu verändern. 120

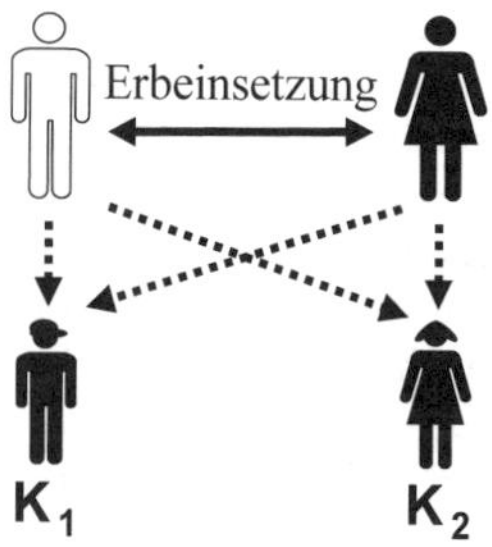

1. Interessenlage

Die häufigste Gestaltung bei älteren Eheleuten mit gemeinsamen Kindern besteht darin, dass sie sich gegenseitig zum Alleinerben berufen, um dadurch den optimalen Schutz des Überlebenden, auch gegenüber pflichtteilsberechtigten Kindern, zu erreichen. Vielfach wird auch die Schlusserbeinsetzung der gemeinschaftlichen Abkömmlinge gewünscht, um diese im Fall der Wiederverheiratung des überlebenden Ehegatten zu sichern. Empfehlenswert ist eine – im Kreis der ehelichen Abkömmlinge – **abänderbare Schlusserbeinsetzung,** um genügend Anpassungsspielraum an eintretende Veränderungen zu haben, wobei dem überlebenden Ehegatten zusätzlich ein **Vermächtnisrecht** für die nach dem Ableben des Erstversterbenden eintretenden Vermögensmehrungen eingeräumt werden sollte. 121

2. Gesetzliche Regelung

Sofern sich Ehegatten in einem gemeinschaftlichen Testament gegenseitig als Erben einsetzen und bestimmen, dass nach dem Tode des Überlebenden der beiderseitige Nachlass an einen Dritten, nämlich an gemeinsame Kinder fallen soll, handelt es sich um ein **Berliner Testament** gem. § 2269 BGB. Im Zweifel ist anzunehmen, dass die Kinder für den gesamten Nachlass als Erbe des **zuletzt**versterbenden Ehegatten eingesetzt sind. Der Unterscheid zu einer Vor- und Nacherbeneinsetzung gem. § 2100 ff. BGB besteht darin, dass der Ehegatte beim Berliner Testament Vollerbe wird, also über den gesamten Nachlass ohne jede Verfügungsbeschränkung frei verfügen kann. Bei einer Vor- und Nacherbeinsetzung fällt dem Nacherben nur das Vermögen aus dem Nachlass des erstversterbenden Elternteils zu, so dass der Überlebende über seinen Nachlass uneingeschränkt von Todes wegen verfügen kann. Aufgrund der **Bindungswirkung** des gemeinschaftlichen Testamentes ergibt sich gem. § 2287 BGB, dass „bösliche" Schenkungen, die der Erblasser in der Absicht vornimmt, den Schlusserben zu beeinträchtigen, nach dem Anfall der Erbschaft von dem Beschenkten nach den Vorschriften über die Herausgabe einer ungerechtfertigten Bereicherung verlangt werden können. 122

3. Erbvertrag statt gemeinschaftliches Testament

123 Gem. § 2280 BGB finden auf Erbverträge, durch die sich Ehegatten in der Weise zum Erben einsetzen, dass nach dem Tode des Überlebenden der beiderseitige Nachlass an Dritte (Abkömmlinge) fallen soll, die Vorschriften des § 2269 BGB über das Berliner Testament Anwendung. Da somit ein gemeinschaftliches Testament und ein Erbvertrag wesensgleich sind, die erbvertragliche Regelung aber umfassender und detaillierter im BGB geregelt ist, wird in der notariellen Praxis dem Erbvertrag gegenüber dem gemeinschaftlichen Testament der Vorzug gegeben. Hinzu kommt, dass **Erbverträge gebührenfrei** bei dem beurkundenden Notar in der Urkundensammlung **aufbewahrt** werden können. Dies gilt auch für Nachtragsurkunden. Die Rücknahme des Erbvertrages aus der Verwahrung des Notars stellt wie beim Testament einen Widerruf dar, vgl. §§ 2300 Abs. 2, 2256 Abs. 1 BGB.

4. Steuerliche Beurteilung

124 Während Ziviljuristen bei langjährig verheirateten Ehegatten am Berliner Testament festhalten, wird diese Gestaltung von Steuerberatern überwiegend abgelehnt und teilweise sogar als Fehlberatung beurteilt. Beide Seiten reden von verschiedenen Sachverhalten. Sofern durch Vermächtnisse zu Gunsten der Kinder nach dem erstversterbenden Ehegatten eine erbschaftsteuerliche Belastung vermieden werden kann, gebührt dem Berliner Testament der Vorrang, da damit der optimale Schutz des überlebenden Ehegatten verbunden ist. Bei Mandanten mit mehreren Millionen Vermögen ist schenkungsteuerlich die Zuwendung an die gemeinsamen Kinder mit einem Nießbrauchsrecht zu Gunsten des überlebenden Ehegatten die steuerlich günstigere Regelung.

a) Freibetragsproblematik

125 Gegen das Berliner Testament werden erbschaftsteuerliche Bedenken erhoben. Einerseits wird die eintretende **Vermögenskumulierung** bei dem längstlebenden Elternteil kritisiert, die zu einer Erbschaftsteuertarifprogression führen kann, zum anderen besteht die Gefahr, dass die Erbschaftsteuerfreibeträge nach dem erstversterbenden Elternteil verloren gehen, wenn die für den Tod des erstversterbenden Elternteils ausgesetzten Vermächtnisse erst beim Tod des längstlebenden Elternteils fällig werden, da die Finanzverwaltung dieses Vermächtnisse wie **Nachvermächtnisse** gem. § 6 Abs. 4 ErbStG behandelt, vgl. Meincke, § 6 ErbStG Rn. 23. Vermächtnisse können nur als Schuldposten in der Erbschaftsteuererklärung angesetzt werden, wenn der Erbe **wirtschaftlich belastet** ist, vgl. BFH/NV 2007, 1743.

Zur Abgeltung von Pflichtteilsansprüchen sind **Zweckvermächtnisse** gem. § 2156 BGB empfehlenswert, wonach der überlebende Ehegatte den Gegenstand und den Zeitpunkt der Vermächtniserfüllung bestimmen kann. Als Gegenstand des Vermächtnisses empfehlen sich **Nachlassgegenstände** mit dem Wahlrecht des überlebenden Ehegatten, sich den Nießbrauch vorzubehalten oder statt der Übertragung von Vermögensgegenständen den Pflichtteil in bar auszuzahlen. Erfüllt der überlebende Ehegatte ein derartiges Vermächtnis erst mehrere Jahre nach dem Ableben des erstversterbenden

Ehegatten, findet anders als bei Geldvermächtnissen **keine Abzinsung** statt, d. h. in dem Vermächtnis sind keine fiktiv gestundeten Schuldzinsen enthalten. Ideal ist somit die Gründung einer **vermögensverwaltenden Familiengesellschaft** nach dem Ableben des erstversterbenden Eheteils unter Einbringung von Immobilien unter Nießbrauchsvorbehalt für den überlebenden Ehegatten. Alle erbschaftsteuerlichen Freibeträge können in diesem Fall optimal ausgeschöpft werden.

b) Steuerliche Optionen bei Ausschlagung

Literatur: *Wachter*, Erbschaftsausschlagung als steuerliches Gestaltungsmittel, ZNotP 2004, 176.

Ferner darf nicht verkannt werden, dass der überlebende Ehegatte selbst- 126
verständlich von dem Recht auf **Ausschlagung** Gebrauch machen kann und dabei mit den durch die Ausschlagung begünstigten Abkömmlingen folgende „Gegenleistungen" vereinbaren kann:

- einmalige Abfindungszahlung,
- lebenslange Leibrente,
- Nachlassnießbrauch, der steuerlich als Vorbehaltsnießbrauch gewertet wird, also ohne AfA-Verlust bleibt oder
- Gründung eines Familienpools mit Einbringung der Nachlassgrundstücke.

5. Gestaltungsvorschlag Erbvertrag

Beurkundet am … 127

Die Erschienenen wollen einen Erbvertrag errichten.
Sie sind zu meiner Überzeugung voll geschäfts- und testierfähig.
Auf Zeugenbeiziehung wurde verzichtet.
Ein gesetzlicher Zeugenbeiziehungsgrund bestand nicht.

Die Erschienenen erklärten sodann bei gleichzeitiger Anwesenheit gemeinsam mündlich vor mir was folgt:

A. Allgemeines

Unsere Ehe haben wir am … vor dem Standesbeamten in … geschlossen. Aus unserer Ehe sind folgende Kinder hervorgegangen: …
Weitere Kinder haben wir nicht.
Wir besitzen beide nur die deutsche Staatsangehörigkeit.
Unser gesamtes Vermögen befindet sich ausschließlich im Gebiet der Bundesrepublik Deutschland. Wir sind nicht Gesellschafter einer Personengesellschaft, bei der die Nachfolge durch qualifizierte Nachfolgeklausel eingeschränkt ist.
Durch Erbvertrag oder gemeinschaftliches Testament sind wir nicht gebunden. Etwaige Verfügungen von Todes wegen aus früherer Zeit widerrufen wir hiermit in vollem Umfang.

B. Erbvertragliche Verfügungen

In erbvertraglicher, also einseitig nicht widerruflicher Weise, vereinbaren wir was folgt:

I. Erbeinsetzung

Wir setzen uns gegenseitig zum alleinigen Erben ein.

II. Schlusserbeneinsetzung

Schlusserben, also Erben des Letztversterbenden von uns beiden, werden unsere gemeinschaftlichen Abkömmlinge nach Stammanteilen gemäß den Regeln der gesetzlichen Erbfolge.

Der Überlebende von uns beiden ist jedoch berechtigt, die Schlusserbeneinsetzung innerhalb der gemeinschaftlichen Abkömmlinge einseitig abzuändern und zu ergänzen, insbesondere

a) die Erbquoten unter den Abkömmlingen zu ändern,
b) gemeinschaftlichen Abkömmlingen Vermächtnisse zuzuwenden,
c) einzelne Abkömmlinge auf den Pflichtteil zu setzen oder, falls die Voraussetzungen vorliegen, den Pflichtteil zu entziehen.

Der Überlebende kann keine anderen Personen als gemeinschaftliche Abkömmlinge zum Erben berufen.

III. Vermächtnisrecht

Der Überlebende von uns beiden ist trotz der vorstehenden Schlusserbeinsetzung berechtigt, vermächtnisweise über diejenigen Vermögenswerte von Todes wegen zu verfügen, die er nach dem Ableben des Erstversterbenden von uns erwirbt. Dies gilt nicht für Surrogate von Vermögensgegenständen, die bei dem Ableben des Erstversterbenden von uns bereits vorhanden waren.

IV. Pflichtteil und Pflichtteilsstrafe

Den aus unserer Ehe hervorgehenden Kindern setzen wir auf das Ableben des Zuerstversterbenden von uns den gesetzlichen Pflichtteil als Vermächtnis aus.

Zur Vermächtniserfüllung soll der Überlebende von uns beliebige Nachlassgegenstände auf die Pflichtteilsberechtigten übertragen, wobei er sich den lebenslangen Nießbrauch vorbehalten kann.

Die Vermächtniserfüllung kann auch in der Weise erfolgen, dass die ausgewählten Nachlassgegenstände in eine Vermögensverwaltungsgesellschaft eingebracht werden, wobei der Überlebende die Rechtsform und die Bedingungen des Gesellschaftsvertrages, insbesondere die Beteiligungsverhältnisse, festlegt. Anstelle des Sachvermächtnisses kann der Überlebende einzelne oder alle Pflichtteilsansprüche nach seiner Wahl in bar abgelten.

Die Vermächtniserfüllung hat innerhalb von drei Jahren nach dem Ableben des Zuerstversterbenden von uns zu erfolgen.

Sofern ein Pflichtteilsberechtigter nach dem Ableben des Erstversterbenden von uns Pflichtteils- oder Pflichtteilsergänzungsansprüche ohne Zustimmung des Überlebenden von uns geltend macht, entfallen alle in dieser Urkunde zu seinen Gunsten und zu Gunsten seiner Abkömmlinge vereinbarten Zuwendungen ersatzlos.

V. Anfechtungsrecht

Wir bestimmen ausdrücklich, dass unsere vorstehenden Verfügungen auch dann Bestand haben sollen, wenn bei unserem Tod nicht bedachte Pflichtteilsberechtigte vorhanden sein sollten.

Wir verzichten dem gemäß auf das Anfechtungsrecht gemäß § 2079 BGB.

VI. Annahme

Die vorstehenden erbvertraglichen Verfügungen nehmen wir hiermit gegenseitig an.

C. Einseitige Verfügungen

I. Vormundbestellung

Sofern beim Ableben des Letztversterbenden von uns beiden minderjährige Kinder vorhanden sein sollten, wird … dem Familiengericht als Vormund benannt.

II. Testamentsvollstreckung

Für den Fall des gleichzeitigen Versterbens von uns beiden und für den Fall, dass beim Ableben des Längstlebenden die Schlusserben das 27. Lebensjahr noch nicht vollendet haben, wird bis zu diesem Zeitpunkt Testamentsvollstreckung angeordnet. Der Testamentsvollstrecker hat den Erbteil eines jeden Schlusserben bis zur Vollendung des 27. Lebensjahres zu verwalten. Zum Testamentsvollstrecker wird ... bestimmt.

III. Ersatzerben

Ersatzerben für den Fall, dass wir ohne Hinterlassung von Abkömmlingen aufgrund einer gemeinsamen Gefahr gleichzeitig oder hintereinander versterben, ohne dass der Überlebende eine abweichende Verfügung von Todes wegen errichtet, wozu er jederzeit berechtigt ist, berufen wir die gesetzlichen Erben des Ehemannes zur einen Hälfte und die gesetzlichen Erben der Ehefrau zur anderen Hälfte zu unseren Erben. Die Erbteile untereinander bemessen sich nach den gesetzlichen Bestimmungen.

D. Belehrungen

Über die rechtliche Tragweite unserer vorstehenden Erklärungen wurden wir vom Notar belehrt, insbesondere über
a) das Pflichtteilsrecht,
b) die erbvertragliche Bindungswirkung,
c) das freie Verfügungsrecht unter Lebenden.

E. Schlussbestimmungen

Wir ersuchen um die Erteilung je einer Ausfertigung.

Die besondere amtliche Verwahrung wird nicht gewünscht. Die Urkunde soll in der Urkundensammlung des Notars unversiegelt aufbewahrt werden.

Die Kosten dieser Urkunde tragen wir gemeinsam.

F. Rücktritt

Für den Fall des Getrenntlebens soll jeder Ehegatte zum Rücktritt von diesem Erbvertrag berechtigt sein.

Der Rücktritt kann nur durch notariell beurkundete Erklärung, die der Zustellung an den anderen Eheteil bedarf, ausgeübt werden.

Vorgelesen vom Notar,
von den Beteiligten genehmigt
und eigenhändig unterschrieben wie folgt:

6. Anmerkungen

a) Sicherung

Die Sicherung des Ehegatten und der gemeinschaftlichen Abkömmlinge beinhaltet ein Spannungsverhältnis, das durch die gegenseitige Erbeinsetzung der Ehegatten mit bindender Schlusserbeinsetzung der gemeinschaftlichen Abkömmlinge in idealer Weise für den überlebenden Ehegatten gelöst wird, da dieser unter Lebenden **uneingeschränkt verfügungsberechtigt** bleibt. Durch die gleichzeitig vorgesehene – im Rahmen der gemeinschaftlichen Abkömmlinge abänderbare – Schlusserbeinsetzung – wird der gemeinschaftliche Nachlass als Familiengut erhalten, wobei der überlebende Ehegatte einen ausreichenden Spielraum hat, um auf Veränderungen der wirtschaftlichen Verhältnisse oder der personalen Beziehungen zu reagieren. Die Grenze ist jedoch das Pflichtteilsrecht der einzelnen Abkömmlinge. 128

b) Form

129 Gem. § 2276 Abs. 1 Satz 1 BGB kann ein Erbvertrag nur durch **notarielle Urkunde** geschlossen werden. Andere Verfügungen als Erbeinsetzungen, Vermächtnisse und Auflagen können vertragsmäßig nicht getroffen werden, vgl. § 2278 Abs. 2 BGB.

c) Vermächtnisrecht

130 Das Vermächtnisrecht gem. Abschnitt B. III. Rz. 35 erlaubt trotz der Begrenzung der Schlusserbeneinsetzung auf die gemeinschaftlichen Abkömmlinge im Falle einer Wiederverehelichung oder der Begründung einer Lebensgemeinschaft diesen Personen das „Neuvermögen", also nicht das gemeinschaftlich erwirtschaftete Familiengut, zuzuwenden.

d) Pflichtteil

131 *Ebeling,* ZEV 2000, 87 rühmt einen Formulierungsvorschlag von *S. Schmidt,* BWürttNotZ 1998, 98, der folgende Regelung vorschlägt (sog. „**Supervermächtnis**"):

„Der Zuerstversterbende wendet den auf seinen Tod von der Erbfolge ausgeschlossenen Kindern A, B, C und D ein Vermächtnis zu, dessen Zweck es ist, ihnen als Ersatz eine Abfindung einzuräumen und ihre Erbschaftsteuerfreibeträge auf den Tod des Zuerstversterbenden ganz oder teilweise auszuschöpfen zu ermöglichen. Der überlebende Ehegatte als Beschwerter hat die Befugnis, unter den Genannten den bzw. die Bedachten gemäß § 2151 BGB und unter den Ausgewählten zu bestimmen, was jeder hieran gemäß § 2153 BGB erhält. Er kann gemäß § 2156 BGB die Leistung nach billigem Ermessen bestimmen und die Zeit der Erfüllung nach freiem Belieben gemäß § 2181 BGB festlegen. Er kann nach billigem Ermessen den Bedachten einzelne Gegenstände zuweisen, diese bewerten und Ausgleichs- bzw. Gleichstellungszahlungen festlegen."

e) Pflichtteilsstrafe

132 Die Pflichtteilsstrafe ist erforderlich, um die Abkömmlinge, die die elterlichen letztwilligen Verfügungen respektieren, zu schützen. Um dem Überlebenden zusätzlichen Dispositionsspielraum zu verschaffen, sollte die Geltendmachung von Pflichtteilsansprüchen mit Zustimmung des überlebenden Ehegatten ohne Sanktion des Verlustes von sonstigen Ansprüchen aus der Urkunde vorgesehen werden.

f) Verjährter Pflichtteil

133 Bei der gegenseitigen Erbeinsetzung der Eltern ohne Vermächtnisse zu Gunsten der Kinder kommt es häufig vor, dass die Pflichtteilsansprüche der Kinder verjähren, weil sie den elterlichen Willen respektieren. Sofern auch nach der Verjährung des Pflichtteilsanspruches der Erbschaftsteuerfreibetrag der Kinder gem. § 16 Abs. 1 Nr. 2 ErbStG geltend gemacht werden soll, ist dies ohne zeitliche Grenze möglich, da die Verjährungseinrede ein höchstpersönliches Recht darstellt, dessen Ausübung die Finanzverwaltung nicht verlangen kann. *Moench,* ErbStG § 3 Rz. 120, 121 und *Meincke,* ErbStG § 9 Rz. 33 empfehlen die einvernehmliche Geltendmachung von verjährten Pflichtteilsansprüchen **notariell** zu beurkunden, um die Ernsthaftigkeit zu unterstreichen.

g) Vormundbestellung

Gem. § 1776 BGB ist als Vormund berufen, wer von den Eltern als Vormund benannt wurde. **134**

h) Testamentsvollstreckung

Da die Kinder bei Erlangung der Volljährigkeit im allgemeinen mit der Vermögensverwaltung überfordert sind, empfiehlt sich die Anordnung einer Testamentsvollstreckung. **135**

i) Rücktritt

Der für den Fall des Getrenntlebens vorbehaltene Rücktritt kann nur durch Erklärung gegenüber dem anderen Vertragsschließenden erfolgen, die ebenfalls der notariellen Beurkundung bedarf, vgl. § 2296 Abs. 2 BGB. **136**

einstweilen frei **137–140**

VII. Generationensprung

Literatur: *Wartenburger*, Vorweggenommene Erbfolge unter Einbeziehung von drei Generationen, MittBayNot 2007, 290.

1. Interessenlage

Die Nachteile des Berliner Testaments, nämlich die Vermögenskumulierung in der Person des überlebenden Ehegatten und die damit verbundene Erhöhung der Erbschaftsteuerbelastung werden in der Weise vermieden, dass die nächste und übernächste Generation einbezogen werden. Darüber hinaus kann durch das Überspringen der **Zwischengeneration**, wobei diese mit **Nießbrauchsrechten** versorgt wird, die Substanzbesteuerung für die Zwischengeneration vermieden werden. **141**

Beispiel: Der 75-jährige Herr A ist alleiniger Gesellschafter einer GmbH. Zur Vermeidung einer Betriebsaufspaltung ist bei dem Erwerb des von der GmbH genutzten Grundstückes bereits die Tochter T als Erwerberin aufgetreten. Ferner betreibt A

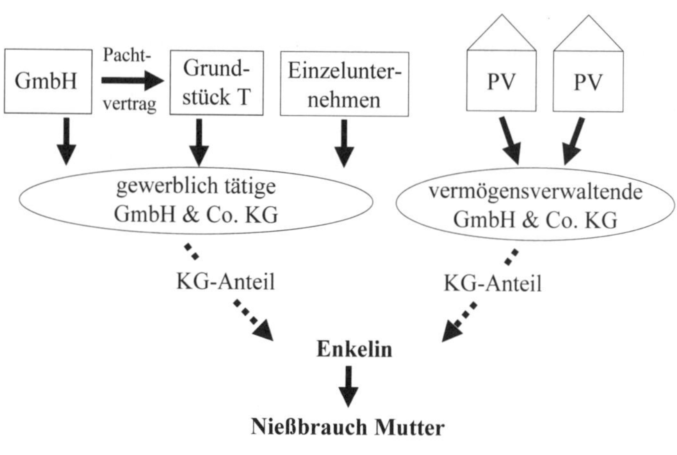

ein Einzelunternehmen und ist Inhaber umfangreicher privater Immobilien. Die Tochter T will die Betriebe nicht fortführen. An der Betriebsnachfolge ist die einzige Enkelin, eine 23-jährige Studentin der Betriebswirtschaft, interessiert.

2. Nachlass-Gestaltung

a) GmbH-Umwandlung

142 Aufgrund der gewerbesteuerlichen Vergünstigungen für Personenunternehmen gem. § 35 EStG ist bei mittelständischen Unternehmen die GmbH & Co. KG die favorisierte Unternehmensform. Sie eignet sich auch zur Vermögensverwaltung, vgl. § 15. Nach der Umwandlung in eine GmbH & Co. KG sollte der Anteil der Ehefrau (= Großmutter) in Höhe des Ehegattenfreibetrages aufgestockt werden, um das Freibetragspotential zu Gunsten der Unternehmensnachfolgerin zu erhöhen.

b) Grundstückseinbringung

143 Im Beispielsfall wurden die bestehenden Eigentumsverhältnisse offensichtlich gewählt, um dieses Grundstück im steuerlichen Privatvermögen zu erhalten. Bei einer Weitergabe an die Enkelin wird dieses Grundstück Betriebsvermögen. Diese Rechtsfolge kann im Endergebnis nicht verhindert werden und sollte als steuerlicher Normalfall auch hingenommen werden, zumal dann die Vergünstigungen für Betriebsvermögen auch für dieses Grundstück in Anspruch genommen werden können.

c) Einzelunternehmen

144 Die vorstehenden Überlegungen gelten grundsätzlich auch für das Einzelunternehmen von Herrn A. Allerdings kann ein weiterer betrieblicher Freibetrag gem. § 13a ErbStG nicht erreicht werden, da dieser **Freibetrag** innerhalb der Zehn-Jahres-Frist des § 14 ErbStG nur einmal, also **personenbezogen** und nicht betriebsbezogen, gewährt wird.

d) Privates Grundvermögen

145 Der private Grundbesitz sollte in eine Grundstücksverwaltungsgesellschaft eingebracht werden, an der wiederum möglichst viele Personen zur Erbschaftsteuerdegression beteiligt werden sollten. Als Rechtsform kommt sowohl eine **vermögensverwaltende KG** als auch eine vermögensverwaltende GmbH & Co. KG in Betracht, wobei bei letzterer, sofern die Beteiligten die Vermeidung von Betriebsvermögen wünschen, einem Kommanditisten Geschäftsführungsrechte eingeräumt werden können, so dass die gewerbliche Prägung gem. § 15 Abs. 3 Nr. 2 EStG entfällt.

3. Formulierungsvorschlag Testament

146 1. Ich, Unternehmer A, berufe meine Enkelin E zu meiner Alleinerbin.
2. Meiner Ehefrau F wende ich vermächtnisweise
   a) den lebenslangen Quotennießbrauch in Höhe von 95% an meinen Kommanditanteilen an den Firmen A GmbH & Co. KG und B GmbH & Co. KG
   b) meine Bankguthaben, Wertpapiere und Fondsanteile
   c) alle zum ehelichen Haushalt gehörenden Gegenstände

   zu.

3. Nach dem Ableben meiner Ehefrau erhält meine Tochter T den lebenslangen Quotennießbrauch zu 50%, für den die gesetzlichen Bestimmungen gelten, an den vorbezeichneten KG-Anteilen.

Adorf, den …

....

(Unterschrift)

Hinweis: *Der gesamte Text des Testaments muss handschriftlich verfasst und handschriftlich unterschrieben werden.*

4. Anmerkung

a) Unternehmensnachfolge

Sofern die Enkelin zur Alleinerbin berufen wird, ist die Unternehmensnachfolge ideal gesichert. 147

b) Nießbrauch

Zu Gunsten der übertragenden und der übergangenen Generation können insbesondere Nießbrauchsrechte vorgesehen werden, die – seit dem Wegfall des § 25 ErbStG auch für den überlebenden Ehegatten – zu einer erheblichen Verminderung der Bemessungsgrundlage für die Erbschaftsteuer führen. 148

einstweilen frei 149, 150

VIII. Geschiedener Unternehmer bei Wiederverheiratung

Literatur: *Baltzer,* Das Vor- und Nachvermächtnis in der Kautelarjurisprudenz, 2007; *Bengel,* Rechtsfragen zum Vor- und Nachvermächtnis, NJW 1990, 1826; *Busse,* Verfügungen von Todes wegen Geschiedener, MittRhNotK 1998, 225; *Hartmann,* Das Vorvermächtnis mit Vorerbschaftswirkung, ZEV 2007, 458; *Rand,* Das Vor- und Nachvermächtnis, BWNotZ 2001, 73; *Reimann,* Das Herausgabevermächtnis als Alternative zur Nacherbfolgeanordnung, MittBayNot 2002, 4; *Watzek,* Vor- und Nachvermächtnis, MittRhNotK 1999, 37; *Werkmüller,* Gestaltungsmöglichkeiten des Erblassers im Rahmen der Anordnung von Vor- und Nachvermächtnissen, ZEV 1999, 343; *Wübben,* Anwartschaftsrechte im Erbrecht, 2001.

Beispiel: Der geschiedene und wieder verheiratete Unternehmer U will in jedem Fall verhindern, dass seine geschiedene Ehefrau beim Versterben eines gemeinsamen Kindes nochmals an seinem Vermögen partizipiert. 151

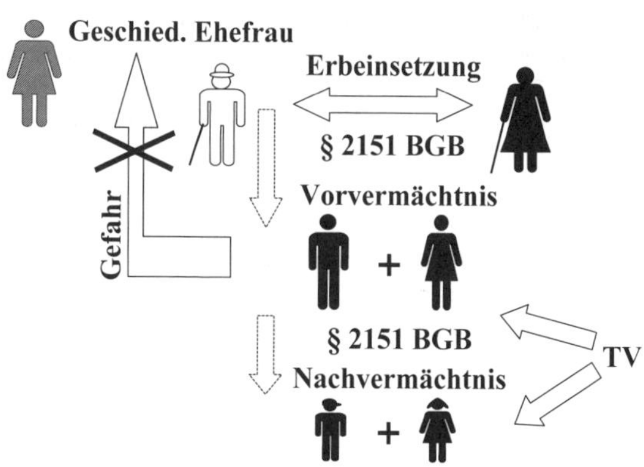

1. Interessenlage

152 Die häufig gewünschte Rechtsfolge, dass Kinder aus einer früheren Ehe Unternehmensnachfolger werden sollen, wird von dem Problem überschattet, dass bei dem Versterben eines gemeinsamen Kindes, das die Unternehmensnachfolge angetreten hat, der geschiedene Ehegatte erb- und pflichtteilsberechtigt ist, wenn keine Enkelkinder vorhanden sind. Das Testament der Gewürzfabrikantin Ostmann ist hierfür ein anschauliches Beispiel, vgl. *Flick/Hannes/von Oertzen,* Prominente Testamente (2005), 35. Weder der Erblasser noch dessen nunmehriger Ehegatte ist in aller Regel mit dieser Konsequenz einverstanden. Häufig kommt hinzu, dass der nunmehrige Ehegatte im Unternehmen mitarbeitet und optimal abgesichert werden soll.

2. Gesetzliche Regelung

153 Wer gemeinsame Kinder zu Erben oder Vermächtnisnehmer beruft, riskiert die Rechtsfolge, dass bei einem kinderlosen Versterben der gemeinsamen Kinder der geschiedene Ehegatte gesetzlicher Erbe gem. § 1924 Abs. 1 BGB wird. Zumindest steht ihm ein Pflichtteilsrecht gem. § 2303 Abs. 2 Satz 1 BGB zu. Die „klassische" Regelung, durch **Vor- und Nacherbfolge** den geschiedenen Ehegatten an einer Erbfolge zu hindern, ist bei einem Einzelunternehmen besonders problematisch, weil die Verfügungsbeschränkung des § 2113 Abs. 2 BGB die Kreditmöglichkeiten des Vorerben praktisch untergräbt. Im Grundbuch werden nämlich in Abt. II die Nacherben vermerkt, so dass – auch bei einer befreiten Vorerbschaft – die Banken unisono zur Bestellung von Grundpfandrechten die Zustimmung der Nacherben verlangen. Der Vorerbe ist nämlich nur zu entgeltlichen Verfügungen berechtigt, wäre aber mit dem Instrumentarium einer Grundschuld auch in der Lage, die Kreditsumme unentgeltlich zu verwenden. Da der Vorerbe darüber hinaus von dem Erfordernis der **ordnungsgemäßen Verwaltung** gem. § 2121 BGB nicht befreit werden kann (vgl. *Bengel,* in: FS für Rödl (2008), 225, 232) und im Endergebnis nur eine dem Nießbraucher ähnliche Rechtsposition inne hat, wird der Vorerbe zum Spielball für die Nacherben. In aller Regel ist daher dem Unternehmer zu empfehlen, das Unternehmen unter Lebenden in eine Einheits-GmbH & Co. KG umzuwandeln. Da das Kreditaufnahmeproblem auch bei dieser Rechtsform bleibt, ist die Nachfolge in den Kommanditanteil am besten durch die Anordnung eines Vor- und Nachvermächtnisses zu regeln, um das Unternehmen den eigenen Kindern von Todes wegen zuzuführen. Der nunmehrige Ehegatte kann durch Erbeinsetzung und ein Nießbrauchrecht an dem KG-Anteil gesichert werden. Sofern aus sachlichen oder persönlichen Gründen die Anordnung einer Vor- und Nacherbfolge unumgänglich ist, z.B. wegen der Verpachtungsberechtigung einer Apotheke, die nur dem Ehegatten als Erben zusteht, sollte dem Vorerben als Vorausvermächtnis ein ausreichend hoher Kreditbetrag zur Verfügung gestellt werden, der durch eine Eigentümergrundschuld gesichert werden könnte, die nicht den Vor- und Nacherbenbeschränkungen unterliegt.

3. Formulierungsvorschlag Erbvertrag

Beurkundet am … 154

§ 1 Persönliche Verhältnisse

…

§ 2 Erbvertragliche Verfügungen

1. Der Erstversterbende von uns setzt den Überlebenden zu seinem Alleinerben ein.
2. Sofern ich, der Ehemann, der erstversterbende Eheteil bin, wende ich meinen Kindern aus erster Ehe
   a) …
   b) …
   vermächtnisweise zu gleichen Teilen meinen Kommanditanteil an der Firma … mit dem Sitz in … samt den Salden auf allen Kapital- und Privatkonten zu, jedoch nur als Vorvermächtnisnehmer. Den Zeitpunkt der Vermächtniserfüllung bestimmt der Testamentsvollstrecker, wobei die Vermächtniserfüllung spätestens bei Vollendung des 27. Lebensjahres meines jüngsten Kindes zu erfolgen hat.
3. Nachvermächtnisnehmer sind die Abkömmlinge der Vorvermächtnisnehmer. Sofern ein Vorvermächtnisnehmer ohne Hinterlassung von Abkömmlingen verstirbt, ist Nachvermächtnisnehmer der andere Geschwisterteil, ersatzweise dessen Abkömmlinge nach gleichen Stammanteilen. Der Nachvermächtnisfall tritt mit dem Tod des Vorvermächtnisnehmers ein. Im übrigen ist die Anwartschaft des Nachvermächtnisnehmers weder vererblich noch übertragbar. Sofern meine geschiedene Ehefrau vor dem Eintritt des Nachvermächtnisfalls verstirbt, ohne andere als gemeinschaftliche Abkömmling zu hinterlassen, entfällt das Nachvermächtnis ersatzlos, so dass der Vorvermächtnisnehmer keinerlei Beschränkungen mehr unterliegt.
4. Der Nachvermächtnisnehmer wird auf den Überrest eingesetzt, den der Vorvermächtnisnehmer hinterlässt. Der Vorvermächtnisnehmer ist somit sowohl zum Selbstverbrauch als auch zu unentgeltlichen Verfügungen berechtigt, zu letzteren jedoch nur zu Gunsten meiner Abkömmlinge. Das Verlangen, das Nachvermächtnis durch eine Vormerkung im Grundbuch zu sichern, wird ausdrücklich ausgeschlossen.
5. Die Einsetzung der Vor- und Nachvermächtnisnehmer erfolgt gem. § 2151 Abs. 1 BGB mit dem Recht des Testamentsvollstreckers, aus dem Kreis der Vorvermächtnisnehmer und der Nachvermächtnisnehmer den Nachfolger in den Kommanditanteil auszuwählen, wobei dem nicht zur Nachfolge berufenen Kind der Pflichtteil gebührt. Das nicht zur betrieblichen Nachfolge gelangende Kind kann die Gewährung des Pflichtteils auch durch Einräumung einer wertentsprechenden stillen Beteiligung an meinem Unternehmen verlangen.
6. Vor- und Nachvermächtnisnehmer sind mit dem Vermächtnis beschwert, meiner Ehefrau das unentgeltliche Nießbrauchsrecht auf deren Lebensdauer an dieser Beteiligung einzuräumen. Für das Nießbrauchsrecht gelten die gesetzlichen Bestimmungen. Danach gebühren der Ehefrau alle entnahmefähigen Gewinne, während die außerordentlichen Erträge in vollem Umfange den Gesellschaftern verbleiben. Die Einkommensteuern, die den Gesellschaftern aus den außerordentlichen Erträgen erwachsen, dürfen diese aus dem Gesellschaftsvermögen entnehmen. Das Stimmrecht bei Beschlüssen über die laufenden Angelegenheiten der Gesellschaft gebührt dem Nießbraucher. Bei außerordentlichen Angelegenheiten steht das Stimmrecht den Gesellschaftern zu. Darüber hinaus gebühren Nießbraucher und Gesellschafter alle gesetzlichen Kontroll- und Informationsrechte. Im Falle der Veräußerung des nießbrauchbelasteten Gesellschaftsanteiles oder von wesentlichen Betriebsgrundlagen der Gesellschaft setzt sich der Nießbrauch am Surrogat auf Lebensdauer des Nießbrauchers fort. Bei Kapitalerhöhungen erstreckt sich der Nießbrauch auch auf

den erhöhten Kommanditanteil, wenn die Mittel für die Kapitalerhöhung von dem Nießbraucher aufgebracht werden.

§ 3 Widerruf

Wir nehmen die gegenseitige Erbeinsetzung und die Beschwerung des Kommanditanteils mit dem Nießbrauchsvermächtnis erbvertragsmäßig an, so dass ein einseitiger Widerruf durch einen Eheteil ausgeschlossen ist. Im übrigen ist die Einsetzung der Vor- und Nachvermächtnisnehmer für den Ehemann einseitig frei widerruflich, so dass er beliebig andere Vermächtnisnehmer einsetzen oder das Vermächtnis entfallen lassen kann.

§ 4 Pflichtteilsstrafe

Sofern ein Pflichtteilsberechtigter nach meinem, des Ehemanns, Ableben Pflichtteils- oder Pflichtteilsergänzungsansprüche gegen den Willen meiner Ehefrau geltend macht, entfallen alle in dieser Urkunde zu seinen Gunsten und zu Gunsten seiner Abkömmlinge vereinbarten Zuwendungen ersatzlos.

§ 5 Testamentsvollstreckung

Für die Erfüllung der Vermächtnisse ordne ich, der Ehemann, Testamentsvollstreckung an. Zum Testamentsvollstrecker bestimme ich meine Ehefrau, ersatzweise Herrn Steuerberater S, beide mit der Befugnis, einen weiteren Testamentsvollstrecker für den Fall der Beendigung oder Nichtannahme der Testamentsvollstreckung zu benennen.

Der Testamentsvollstrecker hat sowohl die Gesellschafterrechte der Vorvermächtnisnehmer als auch der Nachvermächtnisnehmer längstens bis zu einem Jahr nach der Vermächtniserfüllung auszuüben, soweit die Rechte nicht durch meine Ehefrau als Nießbraucherin wahrgenommen werden.

Der Testamentsvollstrecker ist auch zur Veräußerung des Geschäftsbetriebes der KG berechtigt, so dass die Kommanditgesellschaft nur noch die Verwaltung des Veräußerungserlöses als Unternehmensgegenstand wahrnimmt. Zu Lebzeiten meiner Ehefrau ist deren Zustimmung zur Veräußerung erforderlich. Ihr Nießbrauchsrecht setzt sich an dem Veräußerungserlös fort.

§ 6 Schlussbestimmungen

Nachvermächtnisnehmer sind die Abkömmlinge des Vorvermächtnisnehmers zu gleichen Teilen, es sei denn, dass gem. § 2151 BGB die Testamentsvollstrecker nur einen der Abkömmlinge des Vorvermächtnisnehmers zum Nachvermächtnisnehmer bestimmen.

4. Anmerkungen

a) Vor- und Nacherbfolge

155 Gem. § 2100 BGB kann der Erblasser einen Erben in der Weise einsetzen, dass dieser erst Erbe wird, nachdem zunächst ein anderer Erbe geworden ist (Nacherbe). Da der Nacherbe Erbe des Erblassers und nicht etwa des Vorerben wird, kann der Vorerbe über die Vorerbschaft nicht letztwillig verfügen, d.h. die gesetzlichen Erben des Vorerben werden insoweit von der Erbfolge ausgeschlossen. Sofern der geschiedene Unternehmer seine Kinder zum Erben beruft und diese kinderlos blieben, würde im Falle des Versterbens eines Kindes deren Mutter, also die geschiedene Ehefrau, in den Genuss der Erbschaft gelangen. Auch Schwiegerkinder gelangen bei dem Versterben ihres Ehegatten nicht in den Genuss des Nachlasses ihrer Schwiegereltern, wenn diese ihre Kinder zu Vorerben und die Enkelkinder zu Nacherben berufen haben. Dennoch ist bei der Unternehmensnachfolge im allgemeinen vor der

Anordnung einer Vor- und Nacherbschaft zu warnen, da die mit der Nacherbschaft eintretenden Verfügungsbeschränkungen gem. § 2113 Abs. 2 BGB die Aufnahme von Krediten und die Veräußerung des Unternehmens praktisch ausschließen.

b) Vor- und Nachvermächtnisse

Die Verfügungsbeschränkung des § 2113 Abs. 2 BGB gilt nicht für die 156
Anordnung eines Nachvermächtnisses gem. § 2191 BGB, da der Nachvermächtnisnehmer nur einen **schuldrechtlichen Anspruch** auf Übertragung des vermachten Gegenstandes erwirbt. Der Erblasser kann das **Nachvermächtnis** auch **auf den Überrest** beschränken, also auf das, was im Zeitpunkt des Nachvermächtnisanfalls beim frei Verfügungsberechtigten Vorvermächtnisnehmer vom Vermächtnisobjekt noch vorhanden ist, vgl. *Bengel,* NJW 1990, 1829; damit wird eine Haftung des Vorvermächtnisnehmers für einen etwaigen Wertverlust ebenso vermieden, wie die Gefahr, dass der Nachvermächtnisnehmer Rechte zur Sicherung seines Vermächtnisanspruchs (Arrest, Einstweilige Verfügung) bereits vor dem Vermächtnisanfall geltend macht, vgl. *J. Mayer,* in: Dauner-Lieb/Heidel/Ring, Anwaltskommentar § 2191 BGB Anm. B. II 31. Die Erlaubnis, unentgeltlich zu Gunsten von Personen eines bestimmten Personenkreises zu verfügen, ist unbedenklich, vgl. *Wübben,* a. a. O. S. 292. Veräußert der Vorvermächtnisnehmer den Vermächtnisgegenstand, hat der Nachvermächtnisnehmer allenfalls einen Schadensersatzanspruch, weil der Anfall des Nachvermächtnisses vereitelt wurde. Erforderliche betriebliche Dispositionen können also auch mit dinglicher Wirkung getroffen werden. Sofern Grundstücke Gegenstand eines Vermächtnisses sind, muss dem Nachvermächtnisnehmer die Eintragung einer **Auflassungsvormerkung** untersagt werden, weil andernfalls wiederum die Kreditmöglichkeiten außerordentlich erschwert würden. Die Einsetzung des Nachvermächtnisnehmers auf den Überrest erfolgt, um die Betriebsführung nicht zu beeinträchtigen. Sofern durch den Tod des geschiedenen Ehegatten ohne Hinterlassung von Halbgeschwistern keine Gefahr mehr für den Übergang auf leibliche Abkömmlinge des Erblassers besteht, entfällt die Nachvermächtnisanordnung ersatzlos.

c) Testamentsvollstreckung

Die angeordnete Testamentsvollstreckung kann die Veräußerung des Un- 157
ternehmens im Ganzen ermöglichen, also nicht nur die Veräußerung einzelner Kommanditanteile.

d) Nießbrauch am Gesellschaftsanteil

Der Bundesfinanzhof BFH BStBl. 1995 II 244 hat bei der Einhaltung der 158
vorgeschlagenen Regelung die Mitunternehmerstellung des Nießbrauchers und des Gesellschafters ausdrücklich bestätigt, so zurecht *Schindhelm/Stein,* ErbStB 2003, 408.

e) Pflichtteilsstrafe

Gem. § 2307 BGB kann ein Pflichtteilsberechtigter das Vermächtnis aus- 159
schlagen und den Pflichtteil verlangen. Diese Rechtsfolge könnte nur verhin-

dert werden, wenn der Vorvermächtnisnehmer Vertragsteil des Erbvertrages wird und aufgrund einer unwiderruflichen Einsetzung als Vorvermächtnisnehmer auf sein Pflichtteilsrecht verzichtet.

160 *einstweilen frei*

IX. Verwitweter Einzelunternehmer

1. Interessenlage

161 Bei einem frühzeitigen Unternehmertestament sind die Kinder regelmäßig noch in der Ausbildung, so dass eine endgültige Unternehmenszuordnung noch nicht getroffen werden kann. Es muss somit ein Dritter mit der Auswahl beauftragt werden.

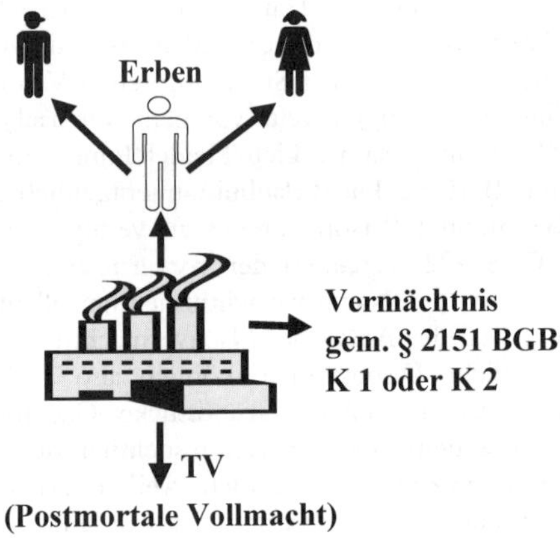

2. Gesetzliche Regelung

162 Die Bestimmung des Erben kann nicht einem Dritten übertragen werden. Bestritten ist, ob es zulässig ist, dass der Testamentsvollstrecker einen Kreis von Personen benennt, aus dem der Unternehmensnachfolger durch einen Dritten ausgewählt wird. Der Bundesgerichtshof DNotZ 1955, 402 und das Bayerische Oberlandesgericht FamRZ 1991, 611 und 1999, 331 halten auch eine begrenzte Ermessensentscheidung eines Dritten mit der materiellen Höchstpersönlichkeit des Testaments (§ 2065 Abs. 2 BGB) für unvereinbar. Hingegen hat das Reichsgericht RGZ 159, 299 es zugelassen, dass ein Dritter nach von dem Erblasser festgelegten Maßstäben aus einem vorgegebenen Personenkreis eine Person nach Ermessen als Erben bezeichnet, solange für eine reine Willkür des Dritten kein Raum bleibt; zustimmend *Leipold,* in: MünchKomm BGB § 2065 Rn. 17f.; *Staudinger/Otte,* § 2065 Rn. 35.

Um der Streitfrage aus dem Weg zu gehen, wird der Kautelarjurist auf § 2151 BGB zurückgreifen, wonach von einem Dritten aus dem vom Erblasser genannten Kreis von Vermächtnisnehmern einer oder mehrere ausgewählt werden dürfen, denen der Erbe das Unternehmen übertragen muss.

3. Formulierungsvorschlag Testament

§ 1 Erbeinsetzung 163

Erben sind meine Kinder zu gleichen Stammanteilen.

§ 2 Vermächtnisanordnung

Als Vorausvermächtnis wende ich mein Einzelunternehmen mit allen Aktiven und Passiven meinen Kindern mit der Maßgabe zu, dass der Testamentsvollstrecker mein Unternehmen in eine Kommanditgesellschaft, und wenn ein zur Geschäftsführung geeigneter Nachfolger nicht vorhanden ist, in eine Einheits GmbH & Co. KG umzuwandeln hat, für die folgende Vertragsbestimmungen gelten:

a) Die vermögensbeteiligte Komplementär-GmbH ist mit dem gesetzlichen Mindestkapital zu errichten.
b) Das Kommanditkapital soll meinem auf volle 1000 € nach unten abgerundeten Kapitalkonto zu meinem Todeszeitpunkt entsprechen. Die Kommanditanteile werden im Verhältnis der Erbquoten gebildet.
c) Die ordentliche Kündigung der Kommanditgesellschaft ist auf die Dauer von dreißig Jahren ab meinem Tode ausgeschlossen.
d) Kommanditanteile können im Erbwege nur auf Abkömmlinge von mir übergehen. Sofern andere Personen als Nachfolger berufen sind, wird die Gesellschaft von den verbleibenden Gesellschaftern fortgesetzt, ohne dass dem Ausscheidenden oder dessen Erben und Pflichtteilsberechtigten eine Abfindung zusteht.

§ 3 Testamentsvollstreckung

Ich ordne Testamentsvollstreckung auf die Dauer von dreißig Jahren ab meinem Ableben an. Zum Testamentsvollstrecker bestimme ich Herrn X; sofern dieser die Testamentsvollstreckung nicht antritt oder vor Ablauf der 30-Jahres-Frist ausscheidet, soll das Nachlassgericht einen Testamentsvollstrecker bestimmen. Aufgabe des Testamentsvollstreckers ist die Erfüllung der vorstehenden Vermächtnisse und Auflagen.

…, den … ....
(Ort) (Zeitpunkt der Testamentserrichtung) (Unterschrift)

Hinweis: *Gem. § 2247 BGB muss das eigenhändige Testament vollständig eigenhändig geschrieben und unterschrieben werden.*

4. Anmerkungen

a) Fortführung eines Einzelunternehmens

Die Fortführung als Einzelunternehmen wirft zunächst die Problematik auf, dass der vorgesehene Testamentsvollstrecker durch rechtsgeschäftliche Vereinbarung unter Lebenden zur Übernahme des Amtes verpflichtet werden sollte (vgl. *Staudinger/Reimann,* § 2202 Rn. 25) und die Unternehmensführung nicht beliebigen, vom Amtsgericht zu bestimmenden Testamentsvollstreckern übertragen werden kann. Wegen der Unzulässigkeit der Verwaltungsvollstreckung eines einzelkaufmännischen Unternehmens müsste dem Testamentsvollstrecker eine postmortale Vollmacht eingeräumt oder das Unternehmen treuhänderisch auf den Testamentsvollstrecker übertragen werden, wobei dem Testamentsvollstrecker, um ihn zur Übernahme des Amtes zu bewegen, eine Umsatz- oder Gewinnprovision zugestanden werden sollte (vgl. *Haegele/Winkler,* Der Testamentsvollstrecker Rn. 312), zumal den Testamentsvollstrecker bei der Treuhandlösung die persönliche 164

Haftung für alle neu begründeten Verbindlichkeiten trifft, vgl. auch oben Rn. 96ff.

b) Umstrukturierung des Einzelunternehmens

165 Die Umstrukturierung des Unternehmens unter Einbeziehung einer GmbH, wobei der Testamentsvollstrecker die Geschäftsführung übernehmen kann, ist wohl die einfachere Lösung. Da alle Kinder ab dem Versterben des Vaters einkommenssteuerlich Mitunternehmer sind, ist ein späteres Ausscheiden, von der Pflichtteilsproblematik ganz abgesehen, einkommenssteuerlich relevant. Die einfachste Lösung besteht in der Errichtung einer GmbH & Co. KG, wobei der Testamentsvollstrecker nach dem Abschluss der Berufausbildung der Abkömmlinge den Geeignetsten zum Geschäftsführer der Komplementär-GmbH bestellt.

X. Nichteheliche Lebensgemeinschaft

166 **Literatur:** *Grziwotz,* Partnerschaftsvertrag für die nichteheliche und nicht eingetragene Lebensgemeinschaft, 4. Aufl. 2002 (2002); *ders.* Partnerschaftsvertrag in: Beck'sches Notarhandbuch, 3. Aufl. 2002, B. III; *Koutses,* Nichteheliche Lebensgemeinschaft und Erbrecht, FPR 2001, 41; *Schreiber,* Die nichteheliche Lebensgemeinschaft, 2. Aufl. 2000; *ders.,* Nichteheliche Lebensgemeinschaft in: Scholz/Stein, Praxishandbuch Familienrecht, 2002 Teil N; *Strätz,* in: Staudinger BGB 13. Bearb. 2000, Anh. zu § 1297ff.; *Wacke,* in: MünchKomm 4. Aufl. 2000, Anh. nach § 1302; *Weinreich,* Vermögensrecht in der nichtehelichen Lebensgemeinschaft, FPR 2001, 29; *Zwißler,* Die Nichteheliche Lebensgemeinschaft 1999.

Beispiel: Unternehmer U führt in gemieteten Räumen ein Küchenstudio, das im Falle seines Ablebens von seiner Lebensgefährtin weiter betrieben werden soll. Erbe sollen seine aus der ersten geschiedenen Ehe hervorgegangenen Kinder werden. Unternehmer U will seine Lebensgefährtin in der Weise sichern, dass diese nach seinem Ableben ohne Abhängigkeit von seinen Erben die Unternehmensführung sofort übernehmen kann.

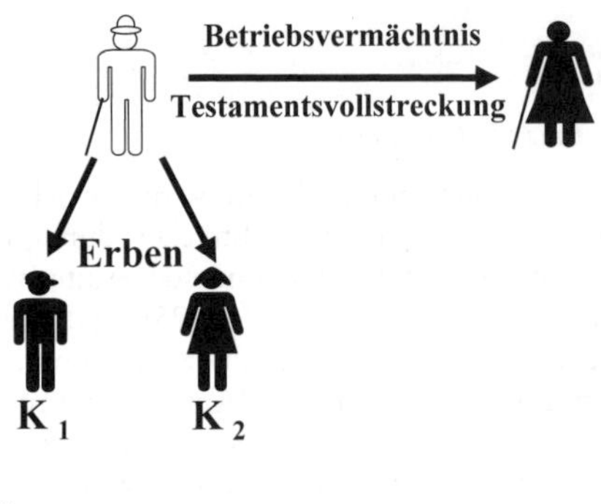

1. Interessenlage

167 Sofern Partner in nichtehelicher Lebensgemeinschaft gemeinsam ein Unternehmen betreiben, wollen sie im allgemeinen dem Überlebenden die Unternehmensfortführung ermöglichen, auch wenn dieser nicht Gesamtrechtsnachfolger werden soll.

2. Gesetzliche Regelung

Der Vermächtnisnehmer hat gem. § 2174 BGB nur einen schuldrechtlichen Anspruch, von dem Erben die Erfüllung des Vermächtnisses zu verlangen. Aufgrund der Gesamtrechtsnachfolge gem. § 1922 BGB werden die Erben Eigentümer des gesamten Betriebsvermögens, so dass die Lebensgefährtin bis zur Vermächtniserfüllung, die bei Streitigkeiten über Monate und Jahre hinausgezögert werden könnte, ungeschützt wäre. Im Endergebnis könnte bis zur Vermächtniserfüllung das Unternehmen ruiniert sein. Der stärkste Schutz des Vermächtnisnehmers besteht darin, ihn zum Testamentsvollstrecker zu bestimmen, da dieser gem. § 2205 BGB den Nachlass verwaltet. Er ist berechtigt, den Nachlass in Besitz zu nehmen und über die Nachlassgegenstände zu verfügen. 168

3. Formulierungsvorschlag Testament

Beurkundet am … 169

I. Persönliche Angaben

Ich, Unternehmer U, war in erster geschiedener Ehe mit Frau … verheiratet.
Aus unserer Ehe sind folgende Kinder hervorgegangen;
…
Weitere Kinder sind nicht vorhanden.
Ich besitze ausschließlich die deutsche Staatsangehörigkeit.
An ein gemeinschaftliches Testament oder an einen Erbvertrag bin ich nicht gebunden und kann über meinen Nachlass frei verfügen.
Ich hebe vorsorglich alle etwa früher getroffenen Verfügungen von Todes wegen als nicht mehr meinem letzten Willen entsprechend auf.

II. Letztwillige Verfügungen

Letztwillig bestimme ich folgendes:
Im Falle meines Ablebens wende ich hiermit vermächtnisweise meiner Lebensgefährtin, Frau …, das von mir in Rosenheim als Einzelunternehmen betriebene Küchenstudio mit allen Aktiva und Passiva zu.
Ferner ordne ich Testamentsvollstreckung an.
Aufgabe des Testamentsvollstreckers ist die Fortführung des Einzelunternehmens oder dessen Veräußerung oder Liquidation nach seiner freien Entscheidung. Zum Testamentsvollstrecker bestimme ich die Vermächtnisnehmerin auf deren Lebensdauer. Diese ist unter Befreiung von den Beschränkungen des § 181 BGB berechtigt, die Vermächtniserfüllung selbst durchzuführen und über das gesamte Betriebsvermögen ab meinem Versterben uneingeschränkt zu verfügen. Sie übt auch allein den Besitz auf dem Betriebsgrundstück aus.
Weitere Verfügungen von Todes wegen möchte ich heute nicht treffen.

III. Belehrungen

Über die rechtliche Tragweite meiner vorstehenden Erklärungen wurde ich vom Notar eingehend belehrt.
a) auf das freie Verfügungsrecht unter Lebenden;
b) auf die Möglichkeit, dieses Testament jederzeit abzuändern, zu ergänzen oder gar zu widerrufen;
c) auf die Bestimmungen des Erbschaft- und Schenkungsteuergesetzes.

IV. Verwahrung, Kosten und Abschriften

Die besondere amtliche Verwahrung beim Amtsgericht Rosenheim wird gewünscht.
Ich beantrage die Erteilung einer beglaubigten Abschrift dieser Urkunde für mich.

Eine weitere beglaubigte Abschrift ist in der Urkundensammlung des beurkundenden Notars unversiegelt aufzubewahren.

Die Kosten dieser Urkunde und der amtlichen Verwahrung trage ich.

4. Anmerkungen

a) Betriebsvermächtnis

170 Der Vermächtnisnehmer tritt nicht als Gesamtrechtsnachfolger in alle mit dem Unternehmen verbundenen Rechte und Pflichten ein, sondern ist auf die Erfüllung des Vermächtnisses durch die Erben angewiesen. Dadurch ist die Unternehmensfortführung ganz erheblich erschwert, besonders bei familiären Konflikten könnte dies den Untergang des Unternehmens bedeuten.

b) Württembergisches Modell

171 Bei dem „Württembergischen Modell" vgl. *Jörg Mayer,* DStR 2004, 1409 wird die schuldrechtliche Rechtsposition des Vermächtnisnehmers dadurch erheblich verstärkt, dass dieser – unter Befreiung von den Beschränkungen des § 181 BGB – zum Testamentsvollstrecker bestimmt wird. Damit ist der Vermächtnisnehmer nicht nur in der Lage, das Vermächtnis selbst zu erfüllen, sondern aufgrund der Sachherrschaft über den Nachlass in der Lage, alle störenden Handlungen der Erben zu unterbinden. Das Württembergische Modell wird auch von Ehegatten verwendet, die, um die Kumulierung des Nachlasses beim Überlebenden zu vermeiden, unmittelbar die gemeinsamen Kinder zum Erben berufen, aber den überlebenden Ehegatten durch Vermächtnisse und die Testamentsvollstreckung optimal sichern.

c) Wirtschaftliches Eigentum

172 Durch die Einsetzung des Vermächtnisnehmers zum Testamentsvollstrecker wird dessen Rechtsposition derart verstärkt, dass einkommensteuerlich wirtschaftliches Eigentum des Vermächtnisnehmers gegeben ist, weil der Testamentsvollstrecker das Erfüllungsgeschäft selbst vornehmen kann, vgl. *Staudinger/Otte,* § 2174 Rn. 23.

d) Verhinderung einer Entnahme

173 Durch die vermächtnisweise Zuwendung des Betriebs an die Lebensgefährtin, besteht zum Zeitpunkt der Erfüllung des Vermächtnisses die Gefahr der Entnahme des Betriebsgrundstückes, wenn sich dieses im Eigentum des Erblassers befindet. In diesem Fall ist eine frühzeitige Vorsorgeregelung erforderlich, nämlich die Einbringung des betrieblichen Grundbesitzes zu Lebzeiten in eine Einheits-GmbH & Co. KG, da in diesem Fall zu Lebzeiten des Erblassers die Übertragung des Grundstückes zum Buchwert in die GmbH & Co. KG gem. § 6 Abs. 5 Satz 3 Nr. 1 EStG erfolgt. Der Erblasser sollte zudem den verbleibenden Betrieb zum Buchwert in eine weitere Einheits-GmbH & Co. KG umwandeln, um den gebildeten KG-Anteil gem. § 6 Abs. 3 EStG zum Buchwert der Vermächtnisnehmerin zuwenden zu können.

174, 175 *einstweilen frei*

XI. Eingetragene Lebenspartnerschaften

Literatur: *Bonefeld,* „Eingetragene Lebenspartnerschaft" und Erbrecht, ZErb 2001, 1; *Coen,* Das Lebenspartnerschaftsgesetz in der notariellen Praxis, BWNotZ 2001, 167; *Dickhuth-Harrach v.,* Erbrecht und Erbrechtsgestaltung eingetragener Lebenspartner, FamRZ 2001, 1660; *Eue,* Erbrechtliche Zweifelsfragen des Gesetzes zur Beendigung der Diskriminierung gleichgeschlechtlicher Gemeinschaften, FamRZ 2001, 1196; *Grziwotz,* Beratungshandbuch Lebenspartnerschaft, 2003; *Krause,* Vermögenszuordnung unter eingetragenen Lebenspartnern, FPR 2003, 11; *Langenfeld,* Der Vertrag der eingetragenen Lebenspartnerschaft, ZEV 2002, 8; *Reich,* Erbschafts- und schenkungsteuerliche Rahmenbedingungen der Vermögensnachfolge eingetragener Lebenspartner, in: Vertragsobjekt Ehe- und Lebenspartnerschaft, 2002, S. 28 u. ZEV 2002, 395; *Rieger,* Das Vermögensrecht der eingetragenen Lebenspartnerschaft, FamRZ 2001, 1497; *Wälzholz,* Die Besteuerung von Lebenspartnerschaften und deren Auswirkungen auf Besteuerung von Ehegatten, DStR 2002, 333; *Walter,* Die Lebenspartnerschaft in der notariellen Beratungspraxis, MittBayNot (SoH) 2001, 23f; *Welling,* Ausgewählte Fragen des Vermögens- und Erbrechts bei eingetragenen Lebenspartnerschaften, RNotZ 2002, 249.

Gem. § 1 Lebenspartnerschaftsgesetz -LPartG- können zwei Personen gleichen Geschlechts eine Lebenspartnerschaft begründen, wenn sie vor der zuständigen Behörde erklären, miteinander eine Partnerschaft auf Lebenszeit führen zu wollen. Als Vermögensstand können die Partner gem. § 6 eine **Ausgleichsgemeinschaft** vereinbaren, die im wesentlichen der ehelichen Zugewinngemeinschaft entspricht, oder in einem Lebenspartnerschaftsvertrag ihre Vermögensverhältnisse durch notariell zu beurkundende Erklärung regeln, also z.B. durch **Vermögenstrennung**. Betreibt einer der Partner ein Unternehmen oder ist an einer Gesellschaft beteiligt, kann durch Partnerschaftsvertrag die Herausnahme des Betriebsvermögens aus dem **Überschussausgleich**, wie dies Ehegatten bei modifiziertem Zugewinnausgleich regeln können, erklären, vgl. *Grziwotz,* Beratungshandbuch Lebenspartnerschaft, Rn. 458. 176

Der eingetragene Lebenspartner wird auch erbrechtlich wie ein Ehegatte behandelt und hat somit gem. § 10 Abs. 1 LPartG ein **gesetzliches Erbrecht**, das neben Verwandten der ersten Ordnung eine Quote von $1/4$ und neben Verwandten der zweiten Ordnung und Großeltern eine Erbquote von $1/2$ beinhaltet. Gegenüber Verwandten der dritten und vierten Ordnung ist der Lebenspartner allein berechtigt. Ebenso gebührt dem Lebenspartner ein Pflichtteilsrecht gem. § 10 Abs. 6 Satz 2 LPartG. 177

Keine Auswirkungen hat die Lebenspartnerschaft auf die **Einkommensteuer**, so dass die Möglichkeit der gemeinsamen Veranlagung zur Einkommensteuer nicht besteht. Der Lebenspartner hat aber einen **Erbschaftsteuerfreibetrag** in Höhe von 500 000 € wie ein Ehegatte. Im übrigen ist der Erwerb in der Steuerklasse III zu versteuern. 178

Für die Errichtung einer letztwilligen Verfügung bestehen keine Besonderheiten.

einstweilen frei 179

C. Zehn Regeln zum Unternehmertestament

180 Zusammengefasst sollte auf folgende Prämissen geachtet werden:

1. Ein Unternehmen und eine unternehmerische Beteiligung können nur durch ein klug konzipiertes Unternehmertestament erhalten werden.
2. Eine Erbengemeinschaft muss insbesondere wegen ihrer Labilität und wegen der mit der Erbauseinandersetzung verbundenen Gewinnrealisierung vermieden werden.
3. Die Konzeption eines Unternehmertestaments verlangt die sachverständige **Beratung** und Betreuung durch einen Vertragsjuristen. Jedes Testament bedarf der regelmäßigen Überprüfung mindestens in einem Abstand von fünf Jahren.
4. Die Nachfolgerbestimmung über mehrere Generationen ist gefährlich. Vor- und Nacherbfolge beeinträchtigt die Kreditaufnahme und erschwert betriebliche Dispositionen wegen der erforderlichen Nacherbenzustimmung.
5. Zur **Weiterführung** des Unternehmens sind
   - über den Tod hinausreichende **Vollmachten** (postmortale Vollmacht),
   - Anordnung der **Testamentsvollstreckung** mit dem Recht zur Veräußerung und Umwandlung des Unternehmens und
   - die Einsetzung eines **Beirates**

   sinnvoll.
6. Die **steuerliche Beratung** ist von eminenter Bedeutung, da die Gewinnrealisierung droht bei
   - Erbauseinandersetzungen mit Abfindungszahlung,
   - Teilungsanordnungen mit Ausgleichszahlung,
   - Vermächtnissen mit Beschwerungen,
   - Personengesellschaften mit Sonderbetriebsvermögen,
   - Betriebsaufspaltungen mit Wegfall des einheitlichen Betätigungswillens.
7. Eine Gewinnrealisierung wird in jedem Fall vermieden, wenn der für das Unternehmen oder für die Unternehmensbeteiligung ausgewählte Nachfolger zum **Alleinerben** berufen wird und der Gesellschaftsvertrag diese Nachfolge zulässt. Die übrigen Familienangehörigen sollten in diesem Fall mit Vermächtnissen bedacht werden.
8. Beim **frühzeitigen Unternehmertestament**, wenn also wegen der Ausbildung der Kinder die Unternehmensnachfolger noch nicht benannt werden können, kommt die erbvertragliche Erbeinsetzung des Ehegatten mit abänderbarer Schlusserbeinsetzung der gemeinschaftlichen Abkömmlinge in Betracht, wobei der überlebende Ehegatte auch nur einen Abkömmlinge als Schlusserben oder Vermächtnisnehmer bestimmen kann.
9. Wenn der Ehegatte aus steuerlichen oder privaten Gründen als zwischenzeitlicher Unternehmensinhaber ausscheidet, kann ein Einzelunternehmen oder eine Gesellschaftsbeteiligung **vermächtnisweise** mehreren Vermächtnisnehmern gem. **§ 2151 BGB** mit der Maßgabe zugewendet werden, dass der überlebende Ehegatte oder ein Testamentsvollstrecker einen aus mehreren Vermächtnisnehmern auswählen können.

10. Das **notarielle Unternehmertestament** gewährleistet
   - inhaltliche Richtigkeit,
   - klare Rechtsfolgen,
   - zuverlässiges Auffinden aufgrund der amtlichen Verwahrung durch das Nachlassgericht oder durch den Notar und
   - ersetzt den teureren Erbschein.

Die Länge des Ehevertrages steht im umgekehrten Verhältnis zur Dauer der Ehe.

§ 3 Ehevertrag des Unternehmers

Übersicht

Literatur: *Berringer/Menzel,* Das neue Unterhaltsrecht – Folgerungen für die notarielle Praxis, MittBayNot 2008, 165; *Brandt,* Anmerkung zum Urt. des BGH v. 11. 2. 2004, XII ZR 265/02, MittBayNot 2004, 278; *Braun,* Vermögenstransaktionen unter Ehegatten, NWB Fach 10 S. 1633 (Stand Februar 2008); *Th. Carlé,* Vermögensverschiebungen unter Ehegatten, ErbStB 2008, 209; *Fichtelmann,* Einkommensteuerliche Folgen der Ehescheidung, EStB 2006, 254; *Grziwotz,* Das innere Maß des Scheidungsfolgenrechts – Teilhabegerechtigkeit in der Ehe, DNotZ 2006, 32; *Langenfeld,* Die Ehevertragsgestaltung auf dem Prüfstand der richterlichen Inhaltskontrolle, ZEV 2004, 311; *Münch,* Inhaltskontrolle von Eheverträgen, MittBayNot 2003, 107; *ders.,* Inhaltskontrolle von Eheverträgen, DNotZ 2005, 819; *ders.,* Steuerliche Gestaltung vorsorgender Eheverträge, FamRB 2007, 281; *ders.*, Scheidungsrückforderung bei ehebedingter Zuwendung von Gesellschaftsanteilen, ZErb 2007, 410; *von Oertzen/Straub*, Oder-Konten in der Abwehrberatung – Steuerbare Vermögensübertragung zwischen Ehegatten?, BB 2007, 1473; *Rauscher*, Ehevereinbarungen: Die Rückkehr der Rechtssicherheit, DNotZ 2004, 525; *Schwab*, Vertragsgestaltung im Eherecht aus notarieller und richterlicher Sicht (Tagungsbericht), MittBayNot 2005, 212; *Schulenburg*, Steuer- und zivilrechtliche Fragen bei der Scheidung von Ehegatten, FR 2007, 127; *Wiemer*, Inhaltskontrolle von Eheverträgen, 2007; *Witt*, Interner Ausgleich zwischen zusammen veranlagten Eheleuten, DStR 2007, 56.

A. Ehevertragsfreiheit und Inhaltskontrolle

Beispiel: Lilo L findet an dem beruflich überlasteten Steuerberater S keinen Gefallen mehr. In ihrem Scheidungsantrag verlangt sie als Zugewinnausgleich die Hälfte des anteiligen Praxiswertes. Der Sachverständige ermittelt aus dem Gesamtumsatz der zweigliedrigen Sozietät in Höhe von 1,2 Mio € einen während der Ehedauer aufgebauten Praxiswert in derselben Höhe, so dass Lilo L einen Zugewinnausgleich in Höhe von 300 000 € geltend macht, obwohl der Sozietätsvertrag im Falle des Ausscheidens eines der Sozien nur eine Abfindung in Höhe von 60% des anteiligen Praxiswertes vorsieht, vgl. BGH NJW 1999, 784.

I. Wirksamkeitskontrolle

1 Die Gesetzesüberschrift des § 1408 BGB **„Vertragsfreiheit“** wurde von zahlreichen Ehemännern in der Vergangenheit zu wörtlich genommen und hat zu Vertragsgestaltungen geführt, die das Bundesverfassungsgericht auf den Plan gerufen hat. Der Entscheidung DNotZ 2001, 222 lag der Sachverhalt zugrunde, dass der künftige Ehemann im Jahr 1976 seiner damals bereits schwangeren Verlobten nicht nur die Vereinbarung eines Totalverzichts abgerungen, sondern ihr auch noch die Freistellung von Kindesunterhalt abverlangt hatte. Auch der Entscheidung DNotZ 2001, 708 lag ein Totalverzicht zugrunde. Im Ehevertrag hatte die schwangere Verlobte mit ihrem zukünftigen Ehemann Gütertrennung vereinbart; beide hatten auf die Durchführung des Versorgungsausgleichs und auf nachehelichen Unterhalt verzichtet. In dem Totalverzicht der Ehefrau hat das Bundesverfassungsgericht eine grob einseitige Benachteiligung der Ehefrau gesehen. Nach dem Recht des Staates Florida ist ein Ehevertrag grundsätzlich ein *criminal act*. Leidtragender dieser Rechtsprechung war übrigens Boris Becker, dessen vor einem deutschen Notar geschlossener Ehevertrag vor dem amerikanischen Gericht des Staates Florida keinerlei Beachtung fand.

2 Auch deutsche Gerichte, wie z. B. das OLG München FamRZ 2003, 35 haben in freier Rechtsschöpfung nicht nur bei krassen Unrechtssachverhalten, die den zitierten Entscheidungen des Bundesverfassungsgerichtes zugrunde lagen, sondern auch bei Eheverträgen, die nur unwirksame Klauseln enthielten, z. B. den unwirksamen Verzicht auf nachehelichen Unterhalt und Versorgungsausgleich, den **gesamten Ehevertrag als nichtig** behandelt und damit auch die in dem Ehevertrag enthaltene Vereinbarung von Gütertrennung als sittenwidriges Geschäft gem. § 138 BGB beurteilt. Die Revisionsentscheidung des BGH NJW 2004, 930 hat zurecht die Entscheidung des OLG München aufgehoben und die Sittenwidrigkeit des angefochtenen Ehever-

trags verneint. Immerhin wurde aber das OLG München beauftragt, zu prüfen, ob im Wege der Ausübungskontrolle eine richterliche Anpassung des Ehevertrages stattfinden müsse.

II. Ausübungskontrolle

3 **Sittenwidrigkeit** nimmt der BGH ZNotP 2004, 157 an, wenn durch den Ehevertrag Regelungen aus dem Kernbereich des gesetzlichen Scheidungsfolgenrechts ganz oder jedenfalls zu erheblichen Teilen abbedungen werden, ohne dass dieser Nachteil für den anderen Ehegatten durch anderweitige Vorteile gemildert oder durch die besonderen Verhältnisse der Ehegatten oder durch sonstige gewichtige Belange des begünstigten Ehegatten gerechtfertigt wird. Sofern der Ehevertrag nicht offensichtlich sittenwidrig ist, findet nach Auffassung des BGH a. a. O. eine Wirksamkeitskontrolle statt, wenn sich aus dem vereinbarten Ausschluss der Scheidungsfolge eine evidente einseitige Lastenverteilung ergibt, die hinzunehmen für den belasteten Ehegatten auch bei angemessener Berücksichtigung der Belange des anderen Ehegatten und seines Vertrauens in die Geltung der getroffenen Abrede sowie bei verständiger Würdigung des Wesens der Ehe unzumutbar ist.

4 Wenn somit der Vertrag nicht bereits an der Messlatte von § 138 BGB scheitert (vgl. *Hahne,* DNotZ 2004, 94), wobei nur evidente Verstöße gegen die guten Sitten mit dem Verdikt der Unwirksamkeit geahndet werden, nimmt die Rechtsprechung eine **Ausübungskontrolle** gem. § 242 BGB in der Weise vor, dass eine richterliche Vertragsanpassung stattfindet. Dabei spielt es auch eine Rolle, wenn die Lebensplanung der Ehegatten in dem Ehevertrag aufgeführt wird, um die Beweggründe berücksichtigen zu können, die den benachteiligten Ehegatten bewogen haben, dem Verzichtsverlangen zu entsprechen. Bei der nichtschwangeren Verlobten, die eine eigene Karriere anstrebt und Kinder ablehnt, sieht der BGH den beiderseitigen nachehelichen Unterhaltsverzicht nicht als sittenwidrig an. Bei Änderung der Lebensumstände kommt aber wiederum eine Wirksamkeitskontrolle gem. § 242 BGB in Betracht. Immerhin ist aber die gleichzeitig vereinbarte Gütertrennung in jedem Fall wirksam.

III. Kritik

5 Die zitierten Entscheidungen des Bundesverfassungsgerichts und des Bundesgerichtshofs haben zu einer kritischen Diskussion geführt. Es muss berücksichtigt werden, dass die Eheschließungsfreiheit nicht eine unbegrenzte Ehevertragsgestaltung erlaubt; ein Teil des Eherechts ist vielmehr herkömmlich zwingendes Recht, vgl. BVerfG ZNotP 2001, 161 B I 1 c der Entscheidungsgründe. Den Entscheidungen des Bundesverfassungsgerichts liegt wohl ein **überrechtliches, institutionelles Eheverständnis** zugrunde, wie dies bei Erlass des BGB vorherrschte, vgl. *Dauner-Lieb,* AcP 201 (2001), 314; *Grziwotz,* FamRZ 1997, 585.

6 Die im Gesetz geregelten Scheidungsfolgen stammen aus einer Zeit, in der die Ehe auf **Lebenszeit** geschlossen wurde, vgl. BVerfG FamRZ 1959, 417. Der Scheidungswillige konnte sich nur von der Ehe trennen, wenn er dem Ehepartner ein **Verschulden** vorwerfen konnte. Die gegenwärtige Scheidungspraxis, die auf dem muselmanischen Prinzip der Verstoßung des Ehegat-

ten beruht, wurde erst mit dem ersten Eherechtsänderungsgesetz vom 14. 6. 1976 BGBl. 1421 in das BGB eingefügt. Während das Verschuldensprinzip demjenigen Ehegatten, der sich innerhalb der ehelichen Lebensgemeinschaft nichts zu Schulden kommen ließ, den Bestand der Ehe und damit auch weitgehend eine entsprechende unterhaltsrechtliche Versorgung und altersgemäße Sicherung garantierte, führte das mit dem Eherechtsänderungsgesetz eingeführte **Zerrüttungsprinzip** zu einem enormen Anstieg der Scheidungsraten und dem damit verbundenen Problem, dass selbst dem die Scheidung provozierenden Ehegatten nach der gesetzlichen Regelung Zugewinnausgleich und hohe Versorgungsansprüche zustehen. Das eingefügte Zerrüttungsprinzip wurde nur ungenügend mit dem Scheidungsfolgenrecht koordiniert.

IV. Grenzen der Vertragsfreiheit

Die Frage „Wo verlaufen die Grenzen der Vertragsfreiheit beim Ehevertrag?" lässt sich für den Bereich der Unternehmensnachfolge folgendermaßen umreißen:

a) Güterstandswahlrecht

Die Vereinbarung der Gütertrennung ist nach wie vor **uneingeschränkt** 7
möglich und unterliegt keiner Wirksamkeitskontrolle durch die Zivilgerichte. Der BGH ZNotP 2004, 157 hat das Wahlrecht der Ehegatten unter den einzelnen Güterständen des BGB ausdrücklich bestätigt. Damit ist auch die modifizierte Zugewinngemeinschaft, die im Scheidungsfall generell den Zugewinnausgleich – oder jedenfalls für das vorhandene Betriebsvermögen – ausschließt, sanktioniert.

b) Nachehelicher Unterhalt

Hingegen unterliegt die Regelung des nachehelichen Unterhalts einer **In-** 8
halts-, also einer Wirksamkeits- und Ausübungskontrolle durch die Rechtsprechung, da der Unterhalt zum Kernbereich des Eherechts zählt und über die Schranken der §§ 134 und 138 BGB geschützt ist, vgl. BVerfG FamRZ 2001, 343; BGH NJW 2004, 930. Ein genereller **Unterhaltsverzicht** kommt danach nur **ausnahmsweise** in Betracht, wenn der Unterhalt des verzichtenden Ehegatten anderweitig, z.B. durch eigene Vermögenseinkünfte, gesichert erscheint. Zum **Kernbereich** der nachehelichen Unterhaltspflicht zählen folgende gesetzlichen Bestimmungen:

- Unterhalt wegen Kindesbetreuung gem. § 1570 BGB,
- Unterhalt wegen Alters gem. § 1571 BGB,
- Unterhalt wegen Krankheit gem. § 1572 BGB,
- Aufstockungsunterhalt in der Zeit, in der Unterhalt wegen Kindesbetreuung geschuldet ist, gem. § 1573 Abs. 2 BGB, vgl. BGH ZNotP 2005, 245.

Zulässig ist die **Begrenzung** des Unterhalts der **Höhe nach**. Dabei muss 9
sichergestellt werden, dass eine angemessene Versorgung des berechtigten Ehegatten gewährleistet bleibt. Der zitierten BGH-Entscheidung lag eine Regelung zugrunde, wonach der nacheheliche Kindesbetreuungsunterhalt von zunächst 2000 DM für die Zeit ab Vollendung des 6. Lebensjahres des Kindes auf 1000 DM reduziert wurde. Eine derartige Reduzierung rechtfertigt nach Auffassung des BGH das Verdikt der Sittenwidrigkeit nur dann,

wenn die vertraglich vorgesehene Unterhaltshöhe nicht annähernd geeignet ist, die ehebedingten Nachteile auszugleichen.

10 Der vereinbarte Unterhalt sollte mindestens so hoch sein, wie das Einkommen, das der unterhaltsberechtigte Ehegatte unter Berücksichtigung seiner Ausbildung und beruflichen Tätigkeit bei Fortsetzung seiner Karriere hätte erzielen können, vgl. *Wachter,* ZFE 2004, 140. Auf einen Vergleich mit den (späteren) ehelichen Lebensverhältnissen kommt es nicht an, weil nur **ehebedingte Nachteile** auszugleichen sind, vgl. BGH DNotZ 2005, 853. Eine Lebensstandard-Garantie: einmal Chefarztehefrau – immer Chefarztehefrau (vgl. *Oppermann,* RNotZ 2004, 568) besteht danach nicht.

c) Versorgungsausgleich

Literatur: *Fichtelmann.*, Der Versorgungsausgleich bei geschiedenen Ehegatten, EStB 2007, 17; *Kuhn,* Der Versorgungsausgleich in der notariellen Praxis, BWNotZ 2004, 78.

11 Auch der Verzicht auf einen Versorgungsausgleich unterliegt Beschränkungen, vgl. BGH MittBayNot 2005, 308. Danach ist der Versorgungsausgleich als vorweggenommener Altersunterhalt zu verstehen und steht einer vertraglichen Abbedingung nicht schrankenlos offen. Vereinbarungen über den Versorgungsausgleich müssen deshalb nach den selben Kriterien geprüft werden, wie ein vollständiger und teilweiser Unterhaltsverzicht. Das Gesetz misst ihm als Ausdruck ehelicher Solidarität besondere Bedeutung zu, was freilich einen Verzicht nicht generell ausschließt, etwa wenn die Ehe erst im Alter geschlossen wird.

12 Im Fall einer **kinderlosen Zweitehe** – die Ehegatten waren bei Vertragsschluss bereits Mitte 40 und berufstätig – hat der BGH DNotZ 2005, 703 entschieden, dass die im Ehevertrag vereinbarte Gütertrennung, der Ausschluss des Versorgungsausgleichs und der wechselseitige Verzicht auf nachehelichen Unterhalt einer Wirksamkeits- und Ausübungskontrolle standhalte, wobei für den Verzicht auf Unterhalt und Versorgungsausgleich jeweils eine pauschale Abfindung vereinbart war.

d) Erb- und Pflichtteilsverzicht

13 Der Erb- und Pflichtteilsverzicht, auch der unentgeltliche, unterliegt keinen Beschränkungen, weil im Scheidungsfall das Erb- und Pflichtteilsrecht des Ehegatten ohnehin entfällt. Ein Erbverzicht gem. § 2346 Abs. 1 BGB ist im Allgemeinen nicht geeignet, Pflichtteilsprobleme zu lösen, da durch den Erbverzicht die Pflichtteilsansprüche der übrigen Pflichtteilsberechtigten entsprechend anwachsen. Gem. § 2346 Abs. 2 BGB kann der Verzicht auf das Pflichtteilsrecht beschränkt werden. In diesem Fall bleiben die Pflichtteilsansprüche der übrigen Pflichtteilsberechtigten unverändert.

14 Um die Weitergabe des Unternehmens oder der unternehmerischen Beteiligung an den auserwählten Nachfolger ungestört vollziehen zu können, empfiehlt sich eine **beschränkter Pflichtteilsverzicht** des Ehegatten, wonach das Betriebsvermögen oder die unternehmerische Beteiligung aus dem Ehegattenpflichtteilsrecht ausscheidet. Im Güterstand der Zugewinngemeinschaft muss zudem der Zugewinnausgleichsanspruch für den Fall, dass der

Ehegatte nicht Erbe oder Vermächtnisnehmer wird oder ausschlägt (§ 1371 Abs. 2 und 3 BGB) bedacht werden.

e) Salvatorische Klausel

Jeder Ehevertrag, der Verzichte oder Einschränkungen im Unterhalts- oder Versorgungsausgleichsbereich enthält und damit einer Wirksamkeitskontrolle unterliegt, sollte eine salvatorische Klausel aufweisen, um die Vermutung der Gesamtnichtigkeit gem. § 139 BGB zu widerlegen. Der BGH DNotZ 2005, 853 misst einer salvatorischen Klausel durchaus Bedeutung bei. Die salvatorische Klausel selbst unterliegt ihrerseits der Inhaltskontrolle (*Schubert,* FamRZ 201, 737; *Münch,* Ehebezogene Rechtsgeschäfte Rn. 340) und kann sie nicht vermeiden. Bedeutsam ist sie für die von § 139 BGB abweichende Zuweisung der Darlegungs- und Beweislast, die dann denjenigen trifft, der entgegen der salvatorischen Klausel den Gesamtvertrag wegen der Nichtigkeit in Teilbereichen für unwirksam hält, vgl. BGH DNotI-Report 2003, 37; *Brandt,* MittBayNot 2005, 312. **15**

f) Isolierte Beurkundung?

Sofern bei der Beschränkung des nachehelichen Unterhalts und Versorgungsausgleichs Bedenken hinsichtlich der Wirksamkeit dieser Vereinbarungen bestehen bleiben, kann es sich empfehlen, den Güterstand und den Erb- und Pflichtteilsverzicht in einer getrennten, nur diese Vereinbarungen umfassenden Urkunde zu regeln, um wenigstens insoweit Rechtssicherheit zu schaffen. Allerdings dürfte ein naher zeitlicher Zusammenhang der isolierten Regelungen wiederum bedenklich sein. **16**

V. Ausländischer Ehepartner

Die allgemeinen Ehewirkungen der Eheleute, von denen ein Partner die deutsche und der andere eine ausländische Staatsangehörigkeit inne hat, sind in Art. 14 EGBGB geregelt, vgl. *Winkler,* in: Sudhoff, Familienunternehmen § 6 Rn. 159ff. Gem. Abs. 1 Nr. 2 dieser Bestimmung gilt das Recht des Staates, in dem beide Ehegatten ihren gewöhnlichen Aufenthalt haben oder während der Ehe zuletzt hatten, wenn einer von ihnen dort noch seinen gewöhnlichen Aufenthalt hatte. Gem. Art. 15 Abs. 2 Nr. 1 EGBGB können die Ehegatten für die **güterrechtlichen** Wirkungen ihrer Ehe das Recht des Staates wählen, dem einer von ihnen angehört. In aller Regel wird bei einem in Deutschland gelegenen Unternehmen das deutsche Recht gewählt. Bei der notwendigen Beurkundung (§ 1410 BGB) des Ehevertrages wird der beurkundende Notar darauf hinweisen, dass damit nur für das in Deutschland gelegene Vermögen die Anwendung deutschen Rechts gesichert ist. Im Ausland kann auch bei einer Rechtswahl für deutsches Recht das ausländische Wirkungsstatut gelten. Boris Becker musste leidvoll erfahren, dass trotz eines in Deutschland abgeschlossenen notariellen Ehevertrages seine Ehefrau Barbara ihm bei einer Reise nach Florida dort die Scheidungsklage zustellen ließ, so dass das Recht des Staates Florida zur Anwendung gelangte. Nach dieser Rechtsordnung sind Eheverträge grundsätzlich ein criminal act, so dass er nach dem Recht des Staates Florida geschieden wurde. **17**

Für die Rechtswahl deutschen Güterrechts empfiehlt sich folgende Formulierung im Ehevertrag:

Für die güterrechtlichen Wirkungen unserer Ehe wählen wir gem. Art. 15 Abs. 2 Nr. 1 EGBGB mit Wirkung vom Tag der Eheschließung an das deutsche Recht und zwar den Güterstand der Gütertrennung (alternativ: den gesetzlichen Güterstand der Zugewinngemeinschaft), jedoch mit folgenden Modifizierungen …

18–20 *einstweilen frei*

B. Güterstände

Literatur: DNotI-Gutachten 10.558: Anerkennung der „Güterstandsschaukel" im Schenkungsteuerrecht (Juli 2005); *Hayler,* Die Drittwirkung ehebedingter Zuwendungen im Rahmen der §§ 2287, 2288 II 2, 2325, 2329 BGB, MittBayNot 2000, 290; *Kusterer,* Folgen bei Beendigung des Güterstands, ErbStB 2007, 343; *Wall,* Die Ehegatteninnengesellschaft – eine erbrechtliche Gestaltungsalternative zur „Güterstandsschaukel"?, ZEV 2007, 249.

I. Gütertrennung

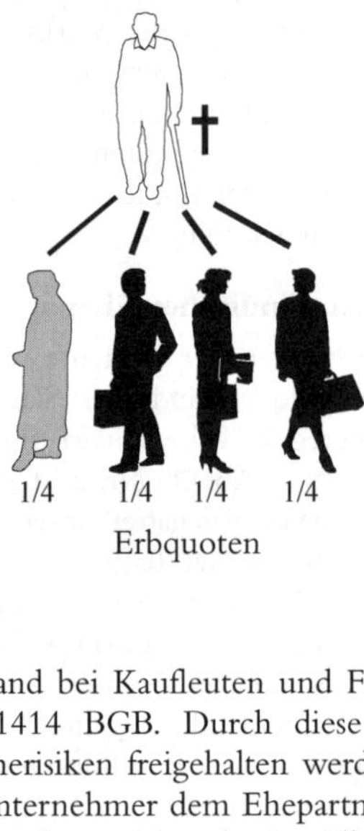

1. Rechtsfolgen

21 Der klassische Güterstand bei Kaufleuten und Fabrikanten war früher die Gütertrennung gem. § 1414 BGB. Durch diese Güterstandsvereinbarung sollte der Betrieb von Eherisiken freigehalten werden. Umgekehrt sollte bei einem überschuldeten Unternehmer dem Ehepartner die Gütertrennung mit einer dem Ehevertrag beigefügten Liste der im Alleineigentum des solventen Ehegatten stehenden Hausrats empfohlen werden, um letzteren vor der Pfändung des Hausrats zu schützen, vgl. *Zimmermann,* Eheverträge, Scheidungs- und Unterhaltsvereinbarungen, S. 24.

22 Die Gütertrennung wäre für den Unternehmer der ideale Güterstand, wenn er nicht die Erbfolge zu Gunsten der Kinder und damit das **Pflichtteilsrecht** erheblich erhöhen würde. Während beim gesetzlichen Güterstand der Pflichtteil aller Kinder zusammen nur 25% des Vermögens des Unternehmers ausmacht, erhöht sich die Pflichtteilsquote ab drei Kinder bei Gütertrennung auf 37,5%. Darüber hinaus gilt es, den **erbschaftsteuerlichen Nachteil** der Gütertrennung zu bedenken, wonach der erzielte Zugewinn der Erbschaftsbesteuerung unterliegt, während dies beim gesetzlichen Güterstand gem. § 5 ErbStG nicht der Fall ist.

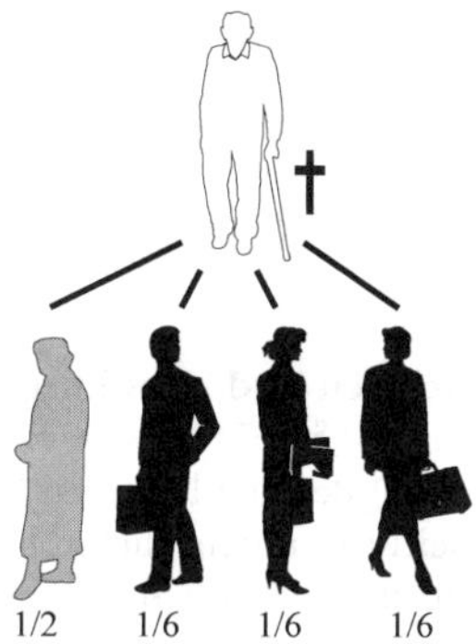

Erbquoten bei Zugewinngemeinschaft

2. Ausgleichsansprüche

Der Güterstand der Gütertrennung führt bei Beendigung der Ehe häufig zu dem ungerechten Ergebnis, dass der im Betrieb des Ehegatten tätige angestellte Ehegatte vermögenslos geblieben ist, während dem Betriebsinhaber-Ehegatten erhebliche Vermögenswerte zugeflossen sind. Die Rechtsprechung hat eine gerechte Aufteilung zwischen den Ehegatten in der Weise geschaffen, dass 23

- Ansprüche nach den Grundsätzen des Wegfalls der Geschäftsgrundlage als Rückabwicklung sog. ehebezogener Zuwendungen oder
- Auseinandersetzungsansprüche einer zwischen den Ehegatten stillschweigend begründeten sog. Innengesellschaft nach den gesellschaftsrechtlichen Regelungen der §§ 722, 730ff. BGB

je nach Sachlage angenommen werden und trotz Gütertrennung ein Vermögensausgleich stattfindet, vgl. BGH ZEV 1999, 398.

einstweilen frei 24, 25

II. Zugewinngemeinschaft

Literatur: *Büte,* Zugewinnausgleich bei Ehescheidung, 2. Aufl. 2002; *D. Carlé,* Zugewinngemeinschaft im Zivil- und Steuerrecht – Probleme und Gestaltungsmöglichkeiten, KÖSDI 2006, 15.136; *Duderstadt,* Zugewinnausgleich 2. Aufl. 2002; *Ebeling,* Rechnerische Ermittlung der erbschaftsteuerfreien Zugewinnausgleichsforderung, ZEV 2006, 19; *Geck,* Gestaltungen im Rahmen des Güterstands der Zugewinngemeinschaft – Chancen und Risiken, ZErb 2004, 21; *Götz*, Lebzeitige Beendigung der Zugewinngemeinschaft als Gestaltungsmittel zur Erlangung rückwirkender Steuer- und Straffreiheit bei unbenannten Zuwendungen, DStR 2001, 417; *Jülicher,* Chancen und Risiken beim Zugewinnausgleich im Zivil- und Erbschaftsteuerrecht, ZErb 2002, 245; *Kensbock/Menhorn,* Zivilrechtliche und steuerrechtliche Risiken beim vorzeitigen Zugewinnausgleich, DStR 2006, 1073; *Kusterer,* Folgen bei Beendigung des Güterstands, EStB 2007, 343; *Lehnen/Hanau,* Optimale Nutzung der Schenkungsteuerfreibeträge: Beendigung des gesetzlichen Güterstands als Alternative zur Kettenschenkung, ZErb 2006, 149; *Scherer/Kirchhain,* Der vorzeitige Zugewinnausgleich – wirksames Instrument zum Vermögensschutz vor Gläubigerforderungen?, ZErb 2006, 106; *Stenger,* Güterstand bei Unternehmerehen – Die Zugewinngemeinschaft, ZEV 2000, 51; *Wälzholz,* Aktuelle Probleme von lebzeitigen Ehegattenzuwendungen im ErbStG, FR 2007, 638.

1. Gesetzliche Regelung

26 Auch die Wahl des Güterstands des Unternehmers muss unter erbrechtlichen Gesichtspunkten betrachtet werden. Durch den gesetzlichen Güterstand der Zugewinngemeinschaft erhält der Ehegatte einen Zugewinnausgleich.

a) Erbrechtlicher Ausgleich

27 Wird der Güterstand durch den **Tod** eines Ehegatten beendet, so wird der Ausgleich des Zugewinns gem. § 1371 Abs. 1 BGB dadurch verwirklicht, dass sich der gesetzliche Erbteil des überlebenden Ehegatten um ein **Viertel** der Erbschaft erhöht; hierbei ist es unerheblich, ob die Ehegatten im Einzelfall einen Zugewinn tatsächlich erzielt haben.

b) Güterrechtlicher Ausgleich

28 Wird der überlebende Ehegatte nicht Erbe und steht ihm auch kein Vermächtnis zu, so kann er gem. § 1371 Abs. 2 BGB den Ausgleich des Zugewinns nach den Vorschriften der §§ 1373–1383, 1390 BGB verlangen; der Pflichtteil des überlebenden Ehegatten oder eines anderen Pflichtteilsberechtigten bestimmt sich in diesem Fall nach dem nicht erhöhten gesetzlichen Erbteil des Ehegatten. Schlägt der überlebende Ehegatte die Erbschaft aus, so kann er gem. § 1371 Abs. 3 BGB neben dem Ausgleich des Zugewinns den Pflichtteil auch dann verlangen, wenn dieser ihm nach den erbrechtlichen Bestimmungen nicht zustünde.

c) Geeigneter Güterstand für Unternehmerehe?

29 Nur knapp die Hälfte der von *Albach,* BB 2000, 784 befragten Unternehmer verfügt über einen Ehe- und Erbvertrag, was spätestens im Zeitpunkt der Scheidung bedauert wird. Nach Auffassung des BGH MittBayNot 1997, 231 ist der gesetzliche Güterstand der Zugewinngemeinschaft für die überwiegende Zahl der Ehen, in denen sich der Vermögenserwerb typischerweise innerhalb der Dimension der familiären Lebensgemeinschaft vollziehe, ohne weiteres als sachrichtiger Güterstand anzunehmen, z.B. bei abhängig Erwerbstätigen und Inhabern kleiner Betriebe. Werde die Vermögensmehrung in Bereichen erzielt, welche diese Dimension weit überschritten, etwa bei Unternehmern oder Inhabern erheblichen Vermögens, erscheine es fraglich, ob der Güterstand der Zugewinngemeinschaft in unveränderter Form geeignet sei, auch in diesen Fällen, auf die er letztlich nicht zugeschnitten sei, stets einen sachgerechten Ausgleich zu gewährleisten.

2. Zugewinnausgleich

30 Trotz des oft missverstandenen Begriffs der Zugewinngemeinschaft bleibt jeder Ehegatte Alleineigentümer des in die Ehe eingebrachten sowie des während der Ehe erworbenen Vermögens, vgl. § 1363 Abs. 2 Satz 1 BGB. Lediglich der Zugewinn, den die Ehegatten während der Dauer der Ehe erzielen, wird bei Beendigung der Ehe ausgeglichen, d. h. der Ehegatte mit dem höheren Zugewinn (Differenz zwischen Anfangs- und Endvermögen eines jeden Ehegatten gem. §§ 1373ff. BGB) hat die Hälfte der Differenz dem anderen auszuzahlen. Die durch den Kaufkraftschwund des Geldes eingetretene nur nominelle Wertsteigerung des Anfangsvermögens ist kein Zugewinn i. S. des § 1373 BGB, vgl. BGH DNotZ 1974, 445. Vom Ausgleich ausgenommen sind gem. § 1374 Abs. 2 BGB Erbschaften und Schenkungen, jedoch mit der Einschränkung, dass der inflationsbereinigte Wertzuwachs während der Dauer der Ehe nach der BGH-Rechtsprechung DB 1974, 280 dennoch dem Zugewinnausgleich unterliegt.

Für die Bewertung **freiberuflicher Praxen** hat der BGH DNotI-Report 31
2008, 54 Einschränkungen gefordert. Zwar ist im Rahmen des Zugewinnausgleichs grundsätzlich auch der Vermögenswert einer freiberuflichen Praxis zu berücksichtigen. Zur Vermeidung einer zweifachen Teilhabe hieran aber – zum einen durch den Zugewinnausgleich und zum anderen über den Ehegattenunterhalt – ist (neben dem Substanzwert) der „good will" dadurch zu ermitteln, dass von dem Ausgangswert nicht ein pauschal angesetzter kalkulatorischer Unternehmerlohn, sondern der nach den individuellen Verhältnissen konkret gerechtfertigte **Unternehmerlohn in Abzug gebracht wird**. Diese Loslösung des Zugewinnausgleichs von der betriebswirtschaftlichen Unternehmensbewertung ist zu begrüßen; a. A. *Olbrich/Olbrich,* DB 2008, 1445. Zur Berechnung des kalkulatorischen Unternehmerlohns bei Steuerberaterpraxen vgl. *Knief,* DStR 2008, 1895.

3. Die latente Steuerlast bei der Zugewinnausgleichsberechnung

Bei der Berechnung des Zugewinnausgleichs im Rahmen eines Schei- 32
dungsverfahrens hat der BGH ursprünglich die Berücksichtigung der latenten Einkommensteuerlast gem. § 18 Abs. 3 EStG generell abgelehnt. Aufgrund des Stichtagsprinzips, die nach der typisierenden und schematischen Regelung des Zugewinnausgleichs hingenommen werden muss, könnten künftige Steuerfestsetzungen keine Berücksichtigung finden, da dies zu erheblichen praktischen Schwierigkeiten führen würde, vgl. BGH FamRZ 1991, 43. Bei einer Entscheidung zur Bewertung einer Steuerberatungskanzlei zum Zwecke des Zugewinnausgleichs hat der BGH NJW 1999, 784 nunmehr auch die latente Steuerlast, allerdings nur mit etwa **25% der stillen Reserven** als Abzugsposten zugelassen.

Gesellschaftsvertragliche Abfindungsreduzierungen sind nur dann 33
beachtlich, wenn der Ehegatte anlässlich des Scheidungsverfahrens tatsächlich aus der Gesellschaft oder Sozietät ausscheidet. Werden bei der Wertermittlung Beträge angesetzt, die sich nur durch eine Veräußerung von Teilen des Betriebsvermögens erzielen lassen, müssen die bei der Veräußerung anfallenden Steuern ebenso als wertmindernde Faktoren berücksichtigt werden, wie sonstige Kosten, die den Veräußerungserlös senken, vgl. BGH ZNotP 2005, 114. Von Bedeutung kann auch sein, ob den stillen Reserven **Verlustvorträge** gegenüberstehen, die einen Veräußerungsgewinn neutralisieren könnten.

4. Der Zugewinn im Erbschaftsteuerrecht

Beispiel: Unternehmer A hat sich im Jahr 1964 mit einem Anfangsvermögen von 500 000 DM verehelicht. Er verstirbt im Februar 2000 und hinterlässt das im folgenden aufgeführte Vermögen. Die Ehefrau als Alleinerbin ist vermögenslos und war auch bei Beginn der Ehe ohne Vermögen. Wie wirkt sich der Güterstand auf die Erbschaftsteuer aus?

a) Zugewinnausgleich gem. § 5 Abs. 1 ErbStG (erbrechtlicher Ausgleich)

34 Wird der Güterstand der Zugewinngemeinschaft durch den Tod eines Ehegatten beendet und der Zugewinn nicht nach § 1371 Abs. 2 BGB ausgeglichen, bleibt der Zugewinn gem. § 5 Abs. 1 Satz 1 ErbStG erbschaftsteuerfrei. Von den Zugewinnausgleichsvorschriften abweichende güterrechtliche Vereinbarungen, insbesondere die Rückwirkung des Zugewinnausgleichs auf einen Zeitpunkt vor dem Abschluss des Ehevertrages bleiben gem. § 5 Abs. 1 Satz 2 und Satz 4 ErbStG unberücksichtigt.

aa) Keine pauschalierte Erhöhung des Zugewinnausgleichs

35 Gem. § 5 Abs. 1 Satz 1 ErbStG kommt für die steuerliche Betrachtung nicht die pauschalierte Erhöhung des Zugewinnausgleichs um $^1/_4$, sondern nur der tatsächlich zu errechnende Zugewinn in Betracht.

bb) Indizierte Vermögensberechnung

- Anfangsvermögen

36 Gem. H 11 (3) ErbStR 2003 ist der auf der allgemeinen Geldentwertung beruhende unechte Wertzuwachs des Anfangsvermögens aus der Berechnung der Ausgleichsforderung zu eliminieren, in dem das Anfangsvermögen der Ehegatten mit dem Lebenshaltungskostenindex z. Zt. der Beendigung des Güterstandes multipliziert und durch die für den Zeitpunkt des Beginns des Güterstandes geltende Indexzahl dividiert wird, vgl. BGHZ 61, 385. Bei der Eheschließung 1964 hatte das Anfangsvermögen des verstorbenen Ehegatten einen Wert von 500 000 DM, das entspricht 255 645 €. Der um Geldentwertung bereinigte Wert des Anfangsvermögens beträgt:

$$\frac{255\,645\,€ \cdot 106{,}2}{34{,}8} = 780\,158\,€$$

(Preisindex auf Basis 1995 = 100)

- Endvermögen zum 1. 2. 2000

37

	Verkehrswert	Steuerwert
Betriebsvermögen	3 000 000 €	1 500 000 €
Privatvermögen a) Einfamilienhaus b) Wertpapiere	 700 000 € 400 000 €	 490 000 € 400 000 €
	4 100 000 €	2 390 000 €

cc) Fiktive Ausgleichsforderung

Fiktive Ausgleichsforderung des überlebenden Ehegatten nach § 5 Abs. 1 ErbStG			38
	Erblasser	Überlebender Ehegatte	
Maßgebliches Endvermögen	4100000	0	
./. Maßgebliches Anfangsvermögen	780158	0	
Zugewinn	**3319842**	**0**	

Zugewinn des Erblassers	3319842	39
./. Zugewinn des überlebenden Ehegatten	0	
Überschuss des Erblassers	**3319842**	
Hälftiger Überschuss des Erblassers	1659921	
Fiktive Ausgleichsforderung des überlebenden Ehegatten	**1659921**	

- Begrenzung der Ausgleichsforderung
  Begrenzung der Ausgleichsforderung nach § 5 Abs. 1 Satz 5 ErbStG

$$\frac{\textit{Steuerwert}}{\textit{Ausgleichsforderung} \cdot \textit{Endvermögen}} = \textit{Steuerfreier Teil der Ausgleichsforderung}$$

$$\frac{2390000}{1\ 659921 \cdot 4100000} = 967613$$

Auszusetzender steuerfreier Teil der Zugewinnausgleichsforderung des überlebenden Ehegatten nach § 5 Abs. 1 ErbStG= 967613

dd) Steuerpflichtiger Erwerb

		2390000	40
./. steuerfreier Zugewinn	967613		
./. Ehegattenfreibetrag	500000	0	
./. Versorgungsfreibetrag	256000		
= insgesamt		./. 1723123	
steuerpflichtiger Erwerb		**666877**	

Da sich die steuerlichen Bewertungsvorschriften ab 1. 2. 2009 am Verkehrswert orientieren, entfällt die Begrenzung der Ausgleichsforderung gem. § 5 Abs. 1 Satz 5 ErbStG.

ee) Erbschaftsteuer bei Gütertrennung

41

Steuerwert		2 390 000
./. Ehegattenfreibetrag	500 000	0
./. Versorgungsfreibetrag	256 000	
insgesamt		./. 756 000
steuerpflichtiger Erwerb		**1 634 000**

ff) Ergebnis

42 Das vorstehende Zahlenbeispiel zeigt die erbschaftsteuerliche Vorteilhaftigkeit der Zugewinngemeinschaft und der modifizierten Zugewinngemeinschaft:

Der überlebende Ehegatte hat im Fall der (modifizierten) Zugewinngemeinschaft lediglich einen steuerpflichtigen Erwerb in Höhe von 859 387 €, während im Falle der Gütertrennung 1 827 000 € zu besteuern wären.

Neben einem Zugewinnausgleich kommt ein zusätzlicher Ausgleichsanspruch aufgrund einer Eheinnengattengesellschaft in Betracht, vgl. BGH ZEV 2006, 216.

gg) Wertsteigerungen infolge des Kaufkraftschwunds

43 Das BMF hat mit Schreiben vom 6. 3. 2008 ZEV 2008, 256 die neuen Verbraucherpreisindexe für Deutschland, Stand 29. 2. 2008, wie folgt aufgelistet:

Verbraucherpreisindex für Deutschland 2005 = 100 Jahre 1958 bis 1990									
1958	**1959**	**1960**	**1961**	**1962**	**1963**	**1964**	**1965**	**1966**	**1967**
26,9	27,1	27,4	28,2	28,5	29,4	30,1	31,0	32,0	32,7
1968	**1969**	**1970**	**1971**	**1972**	**1973**	**1974**	**1975**	**1976**	**1977**
33,1	33,8	35,0	36,8	38,0	41,6	44,4	47,1	49,0	50,9
1978	**1979**	**1980**	**1981**	**1982**	**1983**	**1984**	**1985**	**1986**	**1987**
52,3	54,4	57,3	60,9	64,2	66,2	67,9	69,3	69,2	69,3
1988	**1989**	**1990**							
70,3	72,2	74,1							

Verbraucherpreisindex für Deutschland 2005 = 100 Jahre ab 1991									
1991	**1992**	**1993**	**1994**	**1995**	**1996**	**1997**	**1998**	**1999**	**2000**
75,9	79,9	83,3	85,6	87,1	88,3	90,0	90,9	91,4	92,7
2001	**2002**	**2003**	**2004**	**2005**	**2006**	**2007**			
94,5	95,9	96,9	98,5	100,0	101,6	103,9			

Verbraucherpreisindex für Deutschland 2005 = 100 Jahre 2008					
Januar	**Februar**	**März**	**April**	**Mai**	**Juni**
105,3					
Juli	**August**	**September**	**Oktober**	**November**	**Dezember**

b) Zugewinnausgleich gem. § 5 Abs. 2 ErbStG (güterrechtlicher Ausgleich)

aa) Erbschaftsteuer-Richtlinien 2003 BStBl. 2003 I Sondernummer 1

Wird der Güterstand der Zugewinngemeinschaft in anderer Weise als durch den Tod eines Ehegatten beendet oder wird der Zugewinn nach § 1371 Abs. 2 BGB nach den güterrechtlichen Vorschriften ausgeglichen, stellt die Ausgleichsforderung keinen steuerpflichtigen Erwerb gem. § 5 Abs. 2 ErbStG dar. Da die in § 5 Abs. 1 Sätze 2 bis 4 enthaltenen Einschränkungen hinsichtlich der vertraglichen Gestaltung in Abs. 2 nicht enthalten sind, wird in der Literatur (vgl. *Hübner,* in: Viskorf/Klier/Hübner/Knobl/Schuck § 5 ErbStG Rn. 47 die Auffassung vertreten, dass Vereinbarungen über die Ermittlung des Anfangsvermögens – abweichend von der gesetzlichen Regelung – bis zur Grenze des Gestaltungsmissbrauchs möglich sind. Dagegen ordnet ErbStR (2003) 12 Abs. 2 Satz 2 für solche Vereinbarungen, die einem Ehegatten eine erhöhte güterrechtliche Ausgleichsforderung verschaffen, an, dass eine steuerpflichtige Schenkung auf den Todesfall oder eine Schenkung unter Lebenden vorliegt, wenn mit den Vereinbarungen in erster Linie nicht güterrechtliche, sondern erbrechtliche Wirkungen herbeigeführt werden sollen. Eine überhöhte Ausgleichsforderung ist danach anzunehmen, soweit die tatsächliche Ausgleichsforderung z.B. durch Vereinbarung eines vor dem Zeitpunkt des Vertragsschlusses liegenden Beginns des Güterstandes oder eines abweichenden Anfangsvermögens die sich nach den §§ 1373 bis 1383 und 1390 BGB ohne Modifizierung ergebende Ausgleichsforderung übersteigt. **44**

bb) BFH-Rechtsprechung

§ 5 Abs. 2 ErbStG verweist bei der Beendigung des Güterstandes in anderer Weise als durch den Tod eines Ehegatten sowie bei dem Zugewinnausgleich nach § 1371 Abs. 2 BGB auf die bürgerlich-rechtliche Ausgleichsforderung gem. § 1378 BGB *ohne* die Einschränkungen, die in § 5 Abs. 1 Satz 4 und 5 ErbStG enthalten sind. Da die Ehegatten zivilrechtlich den Ausgleichsanspruch abweichend von den gesetzlichen Bestimmungen regeln können, z.B. trotz zwischenzeitlicher Gütertrennung rückwirkend ab Beginn der Ehe den Zugewinnausgleich vereinbaren können und § 5 Abs. 2 ErbStG keine diesbezügliche Verbotsnorm enthält, besteht in der Tat nicht nur ein zivilrechtlicher, sondern auch ein erbschaftsteuerlicher Gestaltungsspielraum. **45**

Der BFH BStBl. 2005 II 843 hat diese bürgerlich rechtliche Gestaltungsfreiheit auch für das Schenkungsteuerrecht ausdrücklich anerkannt, wenn es tatsächlich zu einer güterrechtlichen Abwicklung, d.h. Ermittlung der Ausgleichsforderung, kommt. Grenzen sind dieser Gestaltungsfreiheit erst dort gezogen, wo sie einem Ehepartner eine überhöhte Ausgleichsforderung dergestalt verschafft, dass der Rahmen einer güterrechtlichen Vereinbarung überschritten wird. Aufgrund dieser höchstrichterlichen Bestätigung wird in der Literatur für den Fall der güterrechtlichen Ermittlung des Zugewinnausgleichs gem. § 5 Abs. 2 ErbStG eine von der gesetzlichen Regelung abweichende ehevertragliche Gestaltung im Rahmen des § 5 Abs. 2 ErbStG anerkannt, vgl. *Geck,* ZEV 2006, 62; *Schlünder/Geißler,* NJW 2007, 482; *Münch,* FamRB 2007, 283; ebenso BayMinFin MittBayNot 2007, 269; FG Düsseldorf MittBayNot 2007, 250.

c) Güterstandsschaukel?

Literatur: *von Oertzen/Cornelius,* Güterstandsschaukeln, ErbStB 2005, 349.

46 In der vorbezeichneten BFH-Entscheidung BStBl. 2005 II 843 wird die Beendigung des gesetzlichen Güterstandes und seine anschließende Neubegründung als regelmäßig **nicht rechtsmissbräuchlich** bezeichnet. In dem entschiedenen Fall ist dies erstaunlich, da sofort im Anschluss an die Beendigung der Zugewinngemeinschaft in derselben Urkunde die Neubegründung des gesetzlichen Güterstandes vereinbart wurde. In der Literatur wird seitdem die Zulässigkeit einer Güterstandsschaukel bejaht.

47 Der Begriff der Güterstandsschaukel ist zivilrechtlich belastet. Der BGH NJW 1992, 558 hat im Zusammenhang mit einem Güterstandswechsel zur Gütergemeinschaft entschieden, dass ein zweimaliger Güterstandswechsel nach einheitlichem Plan einen Missbrauch darstellt. *Münch,* FamRB 2007, 285 ist zurecht der Auffassung, dass der Güterstandswechsel in einer Urkunde ein Restrisiko darstellt. Der BFH war in der zitierten Entscheidung als Revisionsgericht an die diesbezüglichen Ausführungen des Finanzgerichts als Tatsacheninstanz gebunden. Hinzu kommt, dass der BFH BStBl. ZEV 2006, 41 einen sog. **fliegenden Zugewinnausgleich**, bei dem der bisher erzielte Zugewinn unter Beibehaltung des gesetzlichen Güterstandes ausgeglichen und ehevertraglich das Anfangsvermögen dem jetzigen Stand angepasst wurde, als nicht geeignet beurteilt, einen Zugewinnausgleich herbeizuführen.

Da der Güterstandswechsel der notariellen Beurkundung bedarf und eine Notarurkunde insgesamt erst mit der Unterschrift des Notars wirksam wird, tritt tatsächlich keine Beendigung des Güterstandes ein, da er in der selben juristischen Sekunde wieder neu begründet wird, wie überhaupt die Regelung in einer Urkunde die Gefahr eines Gesamtplans beinhaltet. Die Aufrechterhaltung der Gütertrennung für einen gewissen Zeitraum ist daher dringend anzuraten; ähnlich *Münch*, FamRB 2007, 285.

48 Um den Ehegatten bei der Vereinbarung einer (modifizierten) Zugewinngemeinschaft von vorne herein das Wahlrecht zu eröffnen, in der Zukunft den güterrechtlichen Ausgleich gem. § 1372 Abs. 2 BGB i.V.m. § 5 Abs. 2 ErbStG herbeizuführen, ist bei der Formulierung darauf zu achten, dass der Zugewinnausgleichanspruch auch für den Fall des ehevertraglichen Güterstandswechsels erfolgen kann.

Münch, FamRB 2007, 284 empfiehlt folgende **Musterformulierung:**

„Für den Fall der Beendigung des Güterstandes durch Scheidung oder Aufhebung der Ehe sowie in den Fällen der §§ 1385, 1386 BGB findet kein Zugewinnausgleich statt. Gleiches gilt für etwaige künftige gesetzliche Formen der hoheitlichen Aufhebung der Ehe, auf welche ein Zugewinnausgleich folgen würde. Für den Fall des

Todes bleibt es jedoch beim Zugewinnausgleich durch Erbteilserhöhung oder güterrechtliche Lösung. Auch im Fall einer Beendigung des Güterstandes durch Ehevertrag verbleibt es beim Zugewinnausgleich."

III. Modifizierte Zugewinngemeinschaft

Literatur: *Grund,* Erbschaftsteuerliche Grenzen der Modifizierung der Zugewinngemeinschaft – Wegfall der steuerlichen Vergünstigung nach § 5 Abs. 1 ErbStG bei umfassendem Ausschluss des Zugewinnausgleichs im Ehevertrag?, MittBayNot 2008, 19; *Lehnen/Hanau,* Optimale Nutzung der Schenkungsteuerfreibeträge; Beendigung des gesetzlichen Güterstands als Alternative zur Kettenschenkung?, ZErb 2006, 149; *N. Mayer,* Herausnahme von einzelnen Gegenständen bzw. Wirtschaftseinheiten aus dem Zugewinnausgleich – eine optimale Gestaltungsvariante im privaten und unternehmerischen Bereich?, DStR 1993, 991; *Münch,* Vorweggenommene Erbfolge im Zugewinn – vertragliche Regelung statt Gutachterstreit, DNotZ 2007, 795; *Plate,* Die modifizierte Zugewinngemeinschaft im Ehevertrag von Unternehmen, MittRhNotK 1999, 267.

Beispiel: Nach über 20-jähriger Ehe vereinbart Unternehmer U mit seiner Ehefrau zu notarieller Urkunde, dass das gesamte betrieblich gebundene Vermögen des Ehemannes nicht dem Zugewinnausgleich unterfällt. Als Gegenleistung verpflichtet sich der Ehemann zur Zahlung eines sofort fälligen Betrages von 10 Mio. DM. Die Ehefrau macht im Scheidungsverfahren die Unwirksamkeit des Ehevertrages geltend, weil ein Missverhältnis zwischen dem Abfindungsbetrag und dem von der Ehefrau auf 300–400 Mio. DM bezifferten Vermögen des Ehemannes bestehe, vgl. BGH MittBayNot 1997, 231.

einstweilen frei **49, 50**

1. Ausschluss des Zugewinns bei Scheidung

Wenn die im gesetzlichen Güterstand lebenden Ehegatten den Ausgleich des Zugewinnes ausschließen, tritt gem. § 1414 Satz 2 1. Alt. BGB Gütertrennung ein, falls sich aus dem Ehevertrag nicht anderes ergibt. Die Ehegatten können somit grundsätzlich den Güterstand der Zugewinngemeinschaft – als modifizierte Zugewinngemeinschaft – beibehalten, wenn sie nur für den Fall der Scheidung den Zugewinnausgleich ausschließen. Gerade bei Unternehmern ist der **generelle Ausschluss** des Zugewinnausgleiches **im Scheidungsfall** die einfachste und klarste Regelung, da die nachstehend dargestellte Modifizierung immer Abgrenzungsprobleme mit sich bringt, vgl. *N. Mayer,* DStR 1993, 991. **51**

2. Ausschluss des Betriebsvermögens aus dem Zugewinnausgleich

Weit verbreitet ist die Handhabung, lediglich das Betriebsvermögen aus dem Zugewinnausgleich auszuschließen (vgl. BGH NJW 1997, 2239) und im übrigen die Zugewinngemeinschaft beizubehalten.

a) Betriebsvermögen

In jedem Fall sollte auf den steuerlichen Betriebsvermögensbegriff abgestellt werden, so dass **52**
- das notwendige und gewillkürte Betriebsvermögen sowie
- das notwendige und gewillkürte Sonderbetriebsvermögen I und II

auszuklammern ist, einschließlich der Darlehenskonten der Ehegatten bei einer Personengesellschaft.

Zweifel in der zivilrechtlichen Literatur, dass damit keine hinreichende Abgrenzung zum sonstigen ausgleichspflichtigen Vermögen gewährleistet sei (vgl. *Kanzleiter/Wegmann,* Vereinbarungen unter Ehegatten Rn. 187) sind unbegründet, da eine ausführliche steuerliche Judikatur zur Abgrenzung vorliegt. Auf einem anderen Blatt steht, dass die Gefahr des Missbrauchs nicht übersehen werden darf.

b) Schulden, Erträge, Verwendungen und Surrogate

Beispiel: Kurz vor dem Scheidungsantrag seiner Ehefrau gründet Unternehmer U zwei Zweigbetriebe und investiert sein gesamtes Privatvermögen unter Aufnahme erheblicher Kredite, so dass der Ehefrau keine Ausgleichsforderung zusteht, vgl. BGH NJW 1997, 2239.

aa) Betriebliche Verbindlichkeiten

53 In den Ausschluss sind auch alle Passiva einzubeziehen.

bb) Erträge

54 Sofern diesbezüglich keine ehevertragliche Regelung getroffen wird, kann dies zu Abgrenzungsproblemen führen, wenn der Unternehmer die Gewinne nicht entnimmt, sondern stehen lässt oder die Einstellung in eine Gewinnrücklage oder in einen Gewinnvortrag beschlossen wird. Andererseits sollten Erträge, die zur Anschaffung von Privatvermögen verwendet wurden, dem Zugewinnausgleich unterliegen, da andernfalls ein umfassendes Rechnungswerk für die Verwendung von Erträgen erforderlich wäre.

cc) Verwendungen

55 Ein Verbot von Verwendungen aus dem Privat- in das Betriebsvermögen geht ohne Zweifel zu weit. Notwendige Investitionen aus dem Privatvermögen müssen gestattet sein, vgl. *Plate,* MittRhNotK 1999, 267. *N. Mayer,* MittBayNot 1993, 342 meint, dass auch die Tilgung betrieblicher Schulden gesondert geregelt werden sollte.

dd) Surrogate

56 Im allgemeinen wird es dem Willen der Beteiligten entsprechen, dass bei der Veräußerung eines Gegenstandes das Surrogat dem selben Vermögensbereich zugeordnet wird, also ebenso wie der ursprüngliche Gegenstand dem Zugewinnausgleich unterliegt oder davon ausgeschlossen ist.

c) Verfügungsbeschränkungen

57 Gem. § 1365 Abs. 1 Satz 1 BGB kann sich ein Ehegatte nur mit Einwilligung es anderen Ehegatten verpflichten, über sein Vermögen im Ganzen zu verfügen. Nach der sog. „Einzeltheorie" erfasst § 1365 BGB auch Rechtsgeschäfte über einzelne Vermögensgegenstände, wenn sie nahezu das gesamte Vermögen ausmachen, d.h. wenn je nach Größe des Vermögens nur noch 10–15% des Vermögens nicht betroffen sind, vgl. BGH DNotZ 1992, 239. Die Verfügungsbeschränkung des § 1365 BGB sollte somit abbedungen werden; die Verfügungsbeschränkung des § 1369 BGB, wonach ein Ehegatte über ihm gehörende Gegenstände des ehelichen Hausrats nur mit Zustimmung des Ehegatten verfügen kann, spielt in der Praxis ohnehin eine geringe Rolle.

3. Manipulationspotential?

N. Mayer, MittBayNot 1993, 342 warnt vor der modifizierten Zugewinngemeinschaft mit der Begründung, dass sie ein enormes Manipulationspotential beinhalte. Insbesondere könne der Unternehmer vor der Einleitung der Scheidung das ausgleichspflichtige Vermögen in den Betrieb investieren, um sich den Zugewinnausgleich zu ersparen. Um den Ehegatten zu sichern, könnte als „Mindestausgleich" z. B. das selbstbewohnte Einfamilienhaus oder eine wertgesicherte Barabfindung, die sich aus der Anzahl der Ehejahre errechnet, vereinbart werden. Sofern das selbstbewohnte Eigenheim noch während der Dauer der Ehe übertragen wird, besteht sogar in unbegrenzter Höhe Schenkungsteuerfreiheit gem. § 13 Abs. 1 Nr. 4 a ErbStG. 58

4. Zugewinngemeinschaft als erbschaftsteuerliche Escape-Klausel

Gem. § 29 Abs. 1 Nr. 3 EStG erlischt die Erbschaftsteuer mit Wirkung für die Vergangenheit, soweit in den Fällen des § 5 Abs. 2 ErbStG unentgeltliche Zuwendungen auf die **Ausgleichsforderung angerechnet** worden sind (§ 1380 Abs. 1 BGB). *Wälzholz,* FR 2007, 638 weist zurecht darauf hin, dass sich die meisten im gesetzlichen Güterstand lebenden Ehegatten bei unentgeltlichen Vermögenszuwendungen nicht darüber im Klaren sind, dass derartige Zuwendungen, soweit sie den Ehegattenfreibetrag gem. § 16 Abs. 1 Nr. 1 EStG überschreiten, schenkungsteuerpflichtig sind. Die Rettung vor Steuerpflicht und Strafverfahren besteht in der nachträglichen Vereinbarung von Gütertrennung, da der Zugewinnausgleichsanspruch im Falle des § 5 Abs. 2 ErbStG wegen einer Zuwendung zwischen Ehegatten unter Anrechnung auf den Zugewinnausgleichanspruch nach § 1380 BGB gekürzt wird. Eine ggf. ausgelöste Erbschaftsteuer ist somit zu berichtigen, vgl. *Geck,* DNotZ 2007, 279; *Wälzholz,* FR 2007, 644. 59

5. Modifizierte Zugewinngemeinschaft und Ehegattentestament

Literatur: *Weddig/Märker/Otto,* Beratungsrelevante Gesichtspunkte zum Ehegattentestament, INF 2005, 14.

Beispiel: Der Ehemann hat das Unternehmen der Eltern im Wege der vorweggenommenen Erbfolge übernommen. Um den Bestand des Unternehmens und die Fortführung durch ein gemeinsames Kind zu sichern, soll modifizierte Zugewinngemeinschaft mit einer korrespondierenden erbrechtlichen Regelung getroffen werden.

a) Interessenlage

Der Ehemann hat das Unternehmen der Eltern im Wege der vorweggenommenen Erbfolge übernommen. Bei der genannten Konstellation wird in aller Regel modifizierte Zugewinngemeinschaft oder Gütertrennung gewünscht, um das von den Eltern übernommene oder noch zu erwartende Vermögen nicht dem Zugewinnausgleich zu unterwerfen. Von den Eltern 60 zugewendetes Vermögen soll nicht dem Ehegatten, sondern den Kindern zufallen, im Falle des kinderlosen Versterbens an die Eltern zurückfallen.

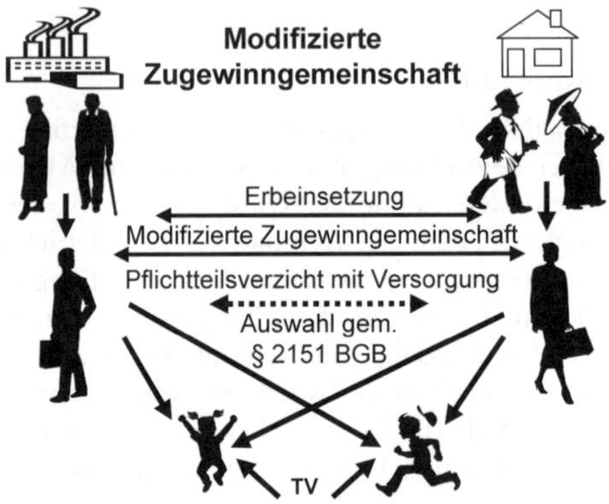

b) Formulierungsvorschlag: Ehe- und Erbvertrag

Beurkundet am …

A. Allgemeines

61 Unsere Ehe haben wir am … vor dem Standesbeamten in … geschlossen.

Wir sind beide ausschließlich deutsche Staatsangehörige und leben im gesetzlichen Güterstand der Zugewinngemeinschaft.

Durch Erbvertrag oder gemeinschaftliches Testament sind wir nicht gebunden.

Vorsorglich widerrufen wir frühere letztwillige Verfügungen dem ganzen Inhalte nach.

Die Zuziehung von Zeugen wird nicht gewünscht.

Ein gesetzlicher Zeugenbeiziehungsgrund bestand nicht.

Zu unseren persönlichen Verhältnissen erklären wir folgendes:

Ich, der Ehemann, bin Unternehmer. Das Unternehmen habe ich im Wege der vorweggenommenen Erbfolge von meinen Eltern übernommen.

Ich, die Ehefrau, bin ausgebildete Krankenschwester und ganztägig in dem Unternehmen meines Ehemannes tätig, bis aus unserer Ehe Kinder hervorgehen. Auch dann werde ich weiterhin als Teilzeitbeschäftigte im Unternehmen meines Ehemannes tätig sein.

B. Ehevertrag

I. Modifizierte Zugewinngemeinschaft

1. Hinsichtlich des ehelichen Güterrechts soll es grundsätzlich beim gesetzlichen Güterstand verbleiben.
2. Jedoch sollen alle Vermögensgegenstände von einem jeden von uns, die in der Vergangenheit oder künftig von dritter Seite von Todes wegen oder mit Rücksicht auf ein künftiges Erbrecht, durch Schenkung oder Ausstattung erworben wurden oder künftig erworben werden, beim Zugewinnausgleich bei Beendigung des gesetzlichen Güterstands in anderer Weise als durch Güterstandswechsel, insbesondere bei Scheidung, nicht berücksichtigt werden. Sie sind also weder bei der Berechnung des Anfangs- noch des Endvermögens anzusetzen.

3. Ausgenommen sind ausdrücklich auch Ersatzanschaffungen für die vorgenannten Gegenstände. Wir sind einander verpflichtet, über derartige Ersatzgegenstände ein Verzeichnis anzulegen und fortzuführen, auf Verlangen in notarieller Form.
4. Auch die diese Gegenstände betreffenden Verbindlichkeiten sollen im Zugewinnausgleich keine Berücksichtigung finden.
5. Erträge der vom Zugewinnausgleich ausgenommenen Vermögensgegenstände können auf diese Gegenstände verwendet werden, ohne dass dadurch für den anderen Ehegatten Ausgleichsansprüche entstehen.
   Macht jedoch einer von uns aus seinem sonstigen Vermögen Verwendungen auf die ausgenommenen Gegenstände, so werden diese Verwendungen mit dem Wert zum Zeitpunkt der Verwendung dem Endvermögen des Eigentümers des Gegenstandes zugerechnet. Sie unterliegen also, ggf. um den Geldwertverfall berichtigt, dem Zugewinnausgleich. Entsprechendes gilt für Verwendungen eines Ehegatten auf die vom Zugewinnausgleich ausgenommenen Vermögensgegenstände des anderen Ehegatten.
6. Zur Befriedigung bestehender Zugewinnausgleichsforderungen gilt das vom Zugewinnausgleich ausgenommene Vermögen als vorhandenes Vermögen.
7. Hinsichtlich des übrigen Vermögens verbleibt es bei den gesetzlichen Bestimmungen über den Zugewinnausgleich.
8. Der Anspruch eines Ehegatten auf Zugewinnausgleich ist ausgeschlossen, soweit er dadurch begründet ist, dass dessen Vermögensgegenstände gemäß den vorstehenden Bestimmungen vom Zugewinnausgleich ausgenommen sind.
9. Die Beschränkungen der §§ 1365 BGB und 1369 BGB werden abbedungen.

II. Versorgungsausgleich

1. Nach Belehrung des Notars über das Wesen und die Bedeutung des Versorgungsausgleiches im Falle der Scheidung schließen wir den Versorgungsausgleich für die gesamte Ehezeit völlig aus.
   Wir nehmen diesen Ausschluss wechselseitig an.
2. Sollte die Vereinbarung über den Versorgungsausgleich durch die Einreichung eines Scheidungsantrages innerhalb eines Jahres ab heute gemäß § 1408 II 2 BGB unwirksam sein, soll sie als Vereinbarung gemäß § 1587 o BGB gelten.
3. Zur wirtschaftlichen Absicherung im Alter wird die Ehefrau auf ihren Namen eine Lebensversicherung abschließen.
   Die Laufzeit der Kapitallebensversicherung beträgt mindestens zwölf Jahre.

Der Ehemann verpflichtet sich, die monatlichen Beiträge während der Dauer der Ehe, mindestens jedoch auf die Dauer von 12 Jahren ab Abschluss der Versicherung, in Höhe von monatlich mindestens … € zu bezahlen.

III. Unterhaltsvereinbarungen

Für den gegenseitigen Unterhalt nach der Scheidung der Ehe treffen wir gemäß § 1585 c BGB die nachfolgende Regelung, nachdem wir über die Folgen eines Unterhaltsverzichtes für die Zukunft und über das Risiko belehrt worden sind, dass im Fall der Scheidung jeder für sich selbst für den eigenen Unterhalt Sorge zu tragen hat.

1. Wir verzichten hiermit wechselseitig auf jedweden nachehelichen Unterhalt aus allen Unterhaltstatbeständen, einschließlich für den Fall der Not, soweit nachfolgend nicht etwas anderes bestimmt ist.
   Wir nehmen diesen Verzicht hiermit wechselseitig an.
2. Von diesem Unterhaltsverzicht ausdrücklich ausgenommen sind die Unterhaltsansprüche der Ehefrau für folgende Unterhaltstatbestände:
   a) Unterhalt wegen Kindesbetreuung samt Aufstockungsunterhalt, letzterer jedoch nur in der Zeit, in der Unterhalt wegen Kindesbetreuung geschuldet ist (§§ 1570, 1573 II BGB),

b) Unterhalt wegen Alters (§ 1571 BGB),
c) Unterhalt wegen Krankheit (§ 1572 BGB).

Sofern aus diesen Unterhaltstatbeständen Unterhalt geschuldet wird, gelten die gesetzlichen Bestimmungen.

Der zu zahlende Unterhalt ist jedoch auf monatlich höchstens 1200 € i. W. eintausendzweihundert Euro – begrenzt, solange mindestens ein gemeinsames Kind das sechste Lebensjahr nicht vollendet hat. Ab Vollendung des sechsten Lebensjahres unseres gemeinsamen Kindes beträgt der Ehegattenunterhalt höchstens 600 € – i. W. sechshundert Euro – bis zum 65. Lebensjahr der Ehefrau.

Zusätzlich ist zu Händen der Ehefrau, solange diese die Kinder betreut, der Kindesunterhalt nach Maßgabe der Düsseldorfer Tabelle zu entrichten. Ferner erhält die Ehefrau das staatliche Kindergeld.

Ein eigenes Arbeitseinkommen der Ehefrau wird auf die vorstehenden Unterhaltsbeträge nicht angerechnet.

Mit der Vereinbarung dieser Höchstgrenze ist kein Anspruch auf Zahlung nachehelichen Unterhalts im genannten Umfang verbunden, vielmehr verbleibt es bezüglich Grund und Höhe eines etwaigen Unterhaltsanspruches bei den gesetzlichen Bestimmungen. Nur wenn sich nach diesen ein höherer Unterhaltsanspruch ergeben sollte, tritt die vorstehende Höchstgrenze in Kraft.

Die Vertragsteile sind sich darüber einig, dass auch bei einem etwaigen Sonder- oder Mehrbedarf sich die vorstehende Höchstgrenze nicht erhöht.

Der Höchstbetrag soll jedoch wertgesichert sein.

Er erhöht oder vermindert sich in demselben prozentualen Verhältnis, in dem sich der Verbraucherpreisindex für Deutschland auf der Basis 2005 = 100 gegenüber dem für den Monat … 2008 festzustellenden Index erhöht oder vermindert. Auch nach der erstmaligen Festsetzung des Unterhaltes ist eine jeweilige Neufestsetzung vorzunehmen, wenn die Indexveränderung zu einer Erhöhung oder Verminderung des jeweils zu zahlenden Betrages um mindestens 10% – zehn vom Hundert – führt, ohne dass es einer Aufforderung durch die begünstigte Vertragspartei bedarf. Differenzbeträge für die bis zur Indexveröffentlichung verstreichende Zeit sind unverzüglich nach Bekanntgabe des maßgeblichen Indexes ohne Beilage von Zinsen auszugleichen.

Jeder Ehegatte unterwirft sich wegen der Verpflichtung auf Zahlung des Unterhaltes in Höhe des Ausgangsbetrages der sofortigen Zwangsvollstreckung aus dieser Urkunde in sein gesamtes Vermögen. Zur Erteilung der Vollstreckungsklausel bedarf es nicht des Nachweises der die Fälligkeit begründenden Tatsachen.

IV. Unwirksamkeitsklausel

Sollte eine der vorstehenden Vereinbarungen unwirksam sein oder werden, soll damit nicht der gesamte Vertrag unwirksam sein. Vielmehr soll der unwirksame Teil so ergänzt werden, dass er dem wirtschaftlichen Gehalt der unwirksamen Bestimmung möglichst nahe kommt.

In jedem Fall soll die Vereinbarung zum Güterrecht unverändert bleiben.

V. Hinweise

Der Notar hat auf die aktuelle Rechtsprechung des Bundesverfassungsgerichtes und des Bundesgerichtshofes zur Unwirksamkeits- und Inhaltskontrolle von Eheverträgen und Unterhaltsvereinbarungen hingewiesen. Den Beteiligten wurde eine Abschrift des Urteils des Bundesgerichtshofes vom 11. 2. 2004 ZNotP 2004, 157 ausgehändigt.

Danach kann der Verzicht auf Rechte aus dem Kernbereich des gesetzlichen Scheidungsfolgenrechtes zur Unwirksamkeit des Ehevertrages führen, wenn die einseitige Benachteiligung eines Ehegatten nicht durch besondere Umstände gerechtfertigt ist.

Weiter hat der Notar darüber belehrt, dass im Wege der Ausübungskontrolle im Scheidungsverfahren geprüft werden kann, ob und inwieweit die Berufung auf den Ausschluss der gesetzlichen Scheidungsfolgen angesichts der aktuellen Verhältnisse im Zeitpunkt der Scheidung missbräuchlich ist. In diesen Fällen kann der Richter Anpassungen und Korrekturen vornehmen.

Der Notar hat daher den Beteiligten geraten, den Ehevertrag bei Änderung der ehelichen Lebensplanung oder der Einkommensverhältnisse auf seine rechtliche Wirksamkeit hin überprüfen zu lassen.

C. Erbvertrag

I. Erbeinsetzung

Erbvertraglich, also einseitig unwiderruflich, setzen wir uns gegenseitig – vorbehaltlich der Regelung in Abschnitt D. – zum Alleinerben ein und nehmen diese Vereinbarung hiermit an.

II. Einseitige Verfügungen

Jeder von uns wendet in jederzeit widerruflicher Weise die Gegenstände, die gem. Abschn. B.I. 1) vom Zugewinnausgleich ausgeschlossen sind, den aus unserer Ehe hervorgehenden Kindern als Berechtigte zu gleichen Teilen gem. § 2151 BGB zu. Der überlebende Ehegatte ist berechtigt, innerhalb der gemeinschaftlichen ehelichen Abkömmlinge die Zuwendungsquoten beliebig zu ändern und auch einzelne Abkömmlinge von diesem Vermächtnis auszuschließen. Der überlebende Ehegatte ist auch berechtigt, sich an diesen Gegenständen auf seine Lebensdauer ein Nießbrauchsrecht vorzubehalten, für das die gesetzlichen Vorschriften gelten. Bei Grundstücken ist der überlebende Ehegatte berechtigt, die Eintragung des Nießbrauches in das Grundbuch auf seine Kosten zu bewilligen und zu beantragen. Von der Unternehmensnachfolge ausgeschlossene Kinder erhalten mindestens den Pflichtteil.

Sofern aus unserer Ehe keine Kinder hervorgehen, wendet der Erstversterbende von uns die gem. Abschn. B.I. 1. vom Zugewinnausgleich ausgeschlossenen Vermögensgegenstände seinen gesetzlichen Erben gem. § 1925 BGB zu.

D. Beschränkter Pflichtteilsverzicht

Soweit der Erstversterbende von uns Vermögensgegenstände, die gem. B.I. 1) vom Zugewinnausgleich ausgeschlossen sind, vermächtnisweise gemeinschaftlichen ehelichen Kindern zuwendet, verzichtet der Überlebende von uns auf sein gesetzliches Pflichtteilsrecht. Diesen Verzicht nimmt der andere Eheteil hiermit an. Hinsichtlich des vom Zugewinnausgleich erfassten Vermögens verbleibt es bei dem gesetzlichen Erb- und Pflichtteilsrecht.

E. Schlussbestimmungen

Wir wurden vom Notar eingehend über die rechtlichen Auswirkungen aller heute getroffenen Vereinbarungen – soweit auf Gesetzesbestimmungen verwiesen wurde unter Erläuterung derselben – informiert.

Wir beantragen je eine Ausfertigung dieser Urkunde.

Die Kosten dieser Urkunde tragen wir gemeinsam.

Die amtliche Verwahrung dieser Urkunde wird nicht gewünscht. Die Urschrift soll in der Urkundensammlung des beurkundenden Notars aufbewahrt werden.

c) Anmerkungen

aa) Modifizierte Zugewinngemeinschaft

62 Für den Fall der Ehescheidung soll der Zugewinnausgleich entweder im ganzen Umfang entfallen oder jedenfalls hinsichtlich der Vermögensteile, die die Ehegatten durch vorweggenommene Erbfolge, Ausstattung oder im Erbwege erhalten haben. Diese Vermögensgegenstände dürfen also weder dem Anfangs- noch dem Endvermögen hinzugerechnet werden, wobei auch Verbindlichkeiten und Belastungen, die aus der Anschaffung oder der Unterhaltung dieser Vermögensgegenstände resultieren, vom Zugewinnausgleich ausgeschlossen werden sollten.

bb) Versorgungsausgleich

63 Der Verzicht auf Versorgungsausgleich ist **keine unangemessene** Benachteiligung, wenn die Ehefrau bei Eheschließung versicherungspflichtig tätig war und konkrete Planungen, den Beruf aufzugeben und sich der Kindererziehung zu widmen, nicht bestanden. Der Umstand, dass die Ehefrau wertmäßig geringere Versorgungsanwartschaften erzielt als der Ehemann, führt nicht zur Unwirksamkeit des Versorgungsausgleichsverzichtes. Wenn die Ehefrau nach der Geburt eines gemeinsamen Kindes ihre Erwerbstätigkeit aufgibt, ist der Versorgungsausgleich nach den Regeln über den Wegfall der Geschäftsgrundlage anzupassen. Die Ehefrau ist so zu stellen, wie sie stünde, wenn sie keine Kinder erzogen, sondern wie ursprünglich geplant, einer Erwerbstätigkeit nachgegangen wäre, vgl. BGH ZNotP 2005, 111.

cc) Unterhaltsbeschränkung

64 Der nacheheliche Betreuungsunterhalt kann der Höhe nach beschränkt werden, wenn dadurch nicht ehebedingte Nachteile für den unterhaltsberechtigten Ehegatten entstehen. Der BGH DNotI-Report 2006, 154 hat die summenmäßige Begrenzung des Betreuungsunterhaltes als sittenwidrig beurteilt, wenn die vorgesehene Unterhaltshöhe nicht annähernd geeignet sei, die ehebedingten Nachteile der die Kinder betreuenden Ehefrau auszugleichen. Die Ehefrau hatte vor der Ehe ein Bruttojahreseinkommen von ca. 100 000 DM erzielt und war aus Anlass der Eheschließung und der sechs Wochen später erfolgten Niederkunft aus dem Erwerbsleben ausgeschieden. Der vereinbarte Unterhaltsbetrag von 1500 DM monatlich war ferner nicht wertgesichert, so dass er bereits ein knappes Jahr nach Vertragsschluss unter dem nach der Düsseldorfer Tabelle vorgesehenen Existenzminimum eines erwerbstätigen Ehegatten lag. Die höhenmäßige Begrenzung muss sich demnach an der berufsmäßigen Qualifizierung des die Kinderbetreuung übernehmenden Ehegatten orientieren. Hingegen hat der BGH DNotI-Report 2007, 189 die Befristung des Aufstockungsunterhaltes nach § 1573 Abs. 5 und zur Begrenzung des Unterhaltsanspruches nach den ehelichen Lebensverhältnissen nach § 1578 Abs. 1 Satz 2 BGB als unschädlich angesehen, wenn die Ehe kinderlos geblieben ist und der unterhaltsberechtigte Ehegatte in dem auch vorehelich ausgeübten Beruf eine Vollzeittätigkeit ausübte.

65 Der in dem Formulierungsvorschlag vorgesehene Ausschluss der Anrechnung des eigenen Arbeitseinkommens der Ehefrau entspricht nicht der ge-

setzlichen Regelung, ist in der Praxis, insbesondere bei der Höhenbegrenzung des nachehelichen Unterhalts, empfehlenswert. Sofern eine Anrechnung des eigenen Arbeitseinkommens des die Kinderbetreuung übernehmenden Ehegatten erfolgt, besteht nach der Praxiserfahrung nur ein geringes Interesse, tatsächlich einer beruflichen Tätigkeit nachzugehen.

dd) Bindende gegenseitige Erbeinsetzung

Um den überlebenden Ehegatten zu sichern und eine Erbengemeinschaft mit – minderjährigen – Kindern zu verhindern, empfiehlt sich regelmäßig die gegenseitige Erbeinsetzung. Das Argument, aus steuerlichen Gründen müsste jede Vermögenskumulierung bei dem überlebenden Ehegatten vermieden werden, geht bei mittelständischen Verhältnissen fehl. Einerseits setzt das Pflichtteilsrecht der Vermögenskumulierung bei den Ehegatten Grenzen. Zum anderen kann durch zahlreiche Maßnahmen eine unerwünschte Kumulierung abgebaut werden, insbesondere durch Vermächtnisse, Ausschlagung gegen Rente oder Nießbrauch und durch Gründung von Familiengesellschaften, vgl. oben § 2 B VI 4. **66**

ee) Beschränkter Pflichtteilsverzicht

Das Erbrecht des überlebenden Ehegatten wird hinsichtlich der Vermögensgegenstände, die von den Eltern (Großeltern) erwartet und an die Kinder (Enkelkinder) weitergeleitet werden sollen, eingeschränkt. Hierfür bietet sich ein beschränkter Pflichtteilsverzicht hinsichtlich der vom Zugewinnausgleich ausgenommenen Gegenstände an. **67**

ff) Güterrechtlicher Ausgleichsverzicht

Alternativ kommt auch die Vereinbarung des güterrechtlichen Ausgleichsverzichts in Betracht, so dass der überlebende Ehegatte weder nach § 1371 Abs. 2 noch nach Abs. 3 BGB Ausgleichsansprüche stellen kann, vgl. *Winkler,* ZErb 2005, 360. Beachtet werden muss, dass nicht alle für den Güterstand der Zugewinngemeinschaft typischen Rechtsfolgen ausgeschlossen werden. Die **erbschaftsteuerlichen Grenzen** der Modifizierung der Zugewinngemeinschaft sind zu beachten, um nicht den Wegfall der steuerlichen Vergünstigung des § 5 Abs. 1 ErbStG zu provozieren. M. E. reicht es nicht aus, wenn alle Wirkungen des gesetzlichen Güterstandes mit Ausnahme der Verfügungsbeschränkungen der §§ 1365 und 1369 BGB abbedungen werden. § 5 Abs. 1 Satz 1 ErbStG setzt begrifflich Ausgleichsansprüche voraus; a. A. *Grund,* MittBayNot 2008, 22. **68**

gg) Vermächtnis gem. § 2151 BGB

Der Gedanke der Weiterleitung des Vermögens der Großeltern an die Enkelkinder kann durch eine Vermächtnisanordnung gem. § 2151 BGB variiert werden. Der Erblasser kann dritten Personen, also z. B. dem überlebenden Ehegatten oder einem Testamentsvollstrecker, das Recht einräumen, unter mehreren Kindern oder Enkelkindern den Geeignetsten, z. B. für die Unternehmensnachfolge, auszuwählen. Zur Sicherung des überlebenden Ehegatten kann wiederum ein Nießbrauch an dem auf Kinder oder Enkelkinder übergehenden Gesellschaftsanteil vorgesehen werden. **69**

hh) Testamentsvollstreckung

70 Da Kinder und Enkelkinder bei Erlangung der Volljährigkeit im allgemeinen nicht über die für die Verwaltung von Vermögensgegenständen erforderliche Erfahrung verfügen, ist eine Verwaltungstestamentsvollstreckung, z.B. bis zum 27. Lebensjahr, regelmäßig anzuraten.

71–75 *einstweilen frei*

IV. Gütergemeinschaft

Literatur: *von Oertzen/Cornelius,* Güterstandsschaukeln, Zivil- und steuerrechtliche Bausteine der Vermögensnachfolgeplanung, ErbStB 2005, 349.

1. Mitunternehmerschaft

76 Die Gütergemeinschaft als **Haftungsgemeinschaft** eignet sich nicht als Güterstand für Unternehmer. Sie erfreut sich dennoch – allerdings regional unterschiedlich – bei Landwirten nach wie vor einer großen Beliebtheit, zumal dieser Güterstand auch tatsächlich die Rolle der Landwirtin richtig wiedergibt: Die in den Betrieb der Landwirtschaft integrierte Ehefrau ist das Urbild des Mitunternehmers; dasselbe gilt selbstverständlich auch umgekehrt. Das Bundesverfassungsgericht hat in seinem Gutachten BStBl. 1959 III 263 festgestellt, dass wegen der üblicherweise beiderseitigen Arbeitsleistung der Ehegatten es in der Regel gerechtfertigt ist, die Einkünfte des Betriebs jedem Ehegatten zur Hälfte zuzurechnen; das selbe gilt bei Einkünften aus Vermietung und Verpachtung sowie bei Einkünften aus Kapitalvermögen. Wenn nicht offensichtlich besondere Verhältnisse vorliegen, kann auch bei Einkünften aus Gewerbebetrieb angenommen werden, dass beide Ehegatten gleichwertig mitgearbeitet haben. Bei Einkünften aus selbständiger Tätigkeit steht die Arbeitsleistung des Berufsträgers im Vordergrund, so dass grundsätzlich die Einkünfte wie bei Arbeitnehmern dem Berufsträger selbst zuzurechnen sind.

2. Pflichtteilsauswirkung

77 In besonders gelagerten Einzelfällen kommt eine **Pflichtteilsminderung** durch Vereinbarung der Gütergemeinschaft in Betracht. Sofern der Unternehmer (vorübergehend) Gütergemeinschaft mit dem Ehegatten vereinbart, tritt ein Vermögenszuwachs von 50% bei dem Ehegatten ein, ohne dass die Bereicherung des Ehegatten zu einer Pflichtteilsergänzung der Abkömmlinge führt. Pflichtteilsergänzungsansprüche kämen nur insofern in Betracht, wenn die Ehegatten das Recht zum Abschluss von Eheverträgen **missbrauchen**, sich über eine Schenkung einig waren und Geschäftsabsichten nicht auf eine der Verwirklichung der Ehe dienenden Ordnung der Vermögensverhältnisse gerichtet waren, z.B. wenn die Gütergemeinschaft kurz vor dem Tod eines Ehegatten vereinbart wird, vgl. BGHZ 116, 178; *J. Mayer,* in: Handbuch Pflichtteilsrecht § 11 Rz. 78ff. Da das Ehegattenerbrecht bei der Gütergemeinschaft nur ein Viertel beträgt, ist es pflichtteilsrechtlich vorteilhaft, wenn die Ehegatten nach einiger Zeit wieder den Güterstand der (modifizierten) Zugewinngemeinschaft vereinbaren. Dabei muss darauf geachtet werden, dass die Gestaltung nicht als rechtsmissbräuchliche **Güterstandsschaukel** bewertet werden kann, vgl. *J. Mayer,* in: Handbuch Pflichtteilsrecht § 8 Rz. 52.

78–80 *einstweilen frei*

C. Ehevertrag mit Nachfolgeregelung

I. Die Brückenfunktion des Ehegatten

Literatur: *Fricke/Märker/Otto,* Beratungsrelevante Gesichtspunkte zum Ehegattentestament, INF 2005, 550.

Ziel der Unternehmensnachfolge ist die Fortführung des Unternehmens durch die jüngere Generation. Die vorweggenommene Erbfolge ist somit ein Generationennachfolgevertrag, vgl. *Spiegelberger,* in: Festschrift 50 Jahre Deutsches Anwaltsinstitut (2003), S. 437. Da der Ehegatte des Unternehmers in aller Regel der selben Generation angehört, häufig nahezu gleichaltrig ist, kommt dem Ehegatten eine Brückfunktion zu, um die Unternehmensnachfolge zu sichern, wobei selbstverständlich auch die wirtschaftliche Absicherung des Ehegatten zu berücksichtigen ist. **81**

Bei der Nachfolgegestaltung kommen folgende Funktionen für den Ehegatten in Betracht:

- zwischenzeitlicher Unternehmensträger bei einem frühzeitigen Versterben des Unternehmers,
- Auswahl des Nachfolgers,
- Verringerung der Pflichtteilsansprüche der nicht zur Unternehmensnachfolge berufenen Abkömmlinge,
- Überwachung des Unternehmensnachfolgers.

Im Allgemeinen können bei einer funktionierenden Ehe dem Ehegatten umfangreiche Befugnisse eingeräumt werden, da er in aller Regel das Vermögen an die gemeinsamen Kinder weitergeben wird und aus der Position der Stärke heraus die Unternehmensnachfolge sichern kann. Die Argumentation, dass eine Vermögenskumulierung beim überlebenden Ehegatten aus steuerlichen Gründen verhindert werden muss, überzeugt nicht, da der Ehegatte ohne weiteres in der Lage ist, eventuell durch Ausschlagung, z.B. gegen Leibrente oder Nießbrauch oder Gegenleistung, auch die steuerlich optimale Nachfolge zu gewährleisten, vgl. oben § 2 B VI 4.

II. Der Ehegatte als Gefährdungspotential

Aus der Sicht des Bestands und der Liquidität des Unternehmens kann der Ehegatte aber auch ein Gefährdungspotential darstellen, insbesondere wegen **82**

- der Zugewinnausgleichsansprüche im Fall der Ehescheidung und
- des latenten Erbrechts des geschiedenen Ehegatten bei dem Versterben eines Abkömmlings.

Hier gilt es, durch die Nachfolgegestaltung diese Risiken abzuwenden, wobei als Gestaltungsmittel

- Vor- und Nachvermächtnisanordnung (Vor- und Nacherbfolge ist eine ungeeignete Regelung!), vgl. oben § 2 A III 2,
- Anordnung der Testamentsvollstreckung und/oder
- der Vermögensverwaltung gem. § 1638 BGB

in Betracht kommen.

III. Liquiditätssicherung

83 Der Ehegatte trägt auch ganz erheblich zur Liquiditätssicherung bei, da im Falle der Zugewinngemeinschaft oder modifizierten Zugewinngemeinschaft 75% des Unternehmens vor Pflichtteilsansprüchen der weichenden Erben gesichert sind. Durch einen gleichzeitigen Pflichtteilsverzicht des Ehegatten können dem zur Unternehmensnachfolge vorgesehenen Abkömmling 87,5% des Vermögens des Erblassers ohne Pflichtteilsergänzungsansprüche zugewendet werden, wenn der Unternehmer zwei Kinder hinterlässt. Dieses Ergebnis kann noch optimiert werden, wenn **vorübergehend Gütergemeinschaft** vereinbart wird, da in diesem Fall die Pflichtteilsergänzung gem. § 2325 Abs. 3 2. Halbsatz BGB nicht greift, vgl. BGHZ 116, 178; *J. Mayer,* in: Handbuch Pflichtteilsrecht, § 11 Rz. 78ff. Die vorstehenden Überlegungen zeigen, dass das Unternehmertestament neben den betriebswirtschaftlichen und steuerlichen Überlegungen auch die jeweilige individuelle Situation des Unternehmers berücksichtigen muss.

IV. Gesellschaftsvertragliche Beschränkungen

84 Die besondere Schwierigkeit besteht darin, dass nur der Einzelunternehmer Freiheit in der Testamentsgestaltung hat. Sofern Gegenstand der Nachfolge ein Gesellschaftsanteil ist, bestimmt in aller Regel der Gesellschaftsvertrag die Nachfolgeregelung. In vielen Fällen besteht aufgrund des Gesellschaftsvertrages eine Verpflichtung, einen bestimmten Ehevertrag (z.B. modifizierte Zugewinngemeinschaft) und einen gegenständlich beschränkten Pflichtteilsverzicht zu vereinbaren. In vielen Fällen wird auch dem Ehegatten des Gesellschafters der Eintritt in die Gesellschaft verwehrt, in aller Regel bei Familiengesellschaften, da gegenüber Schwiegerkindern der Vorbehalt besteht, dass diese im Fall der Wiederverheiratung den Gesellschaftsanteil außerhalb der Gründerfamilie vererben. Der BGH DNotZ 2002, 768 hat einen Notar zum Schadensersatz verurteilt, weil er die Erbeinsetzung der Ehefrau im Testament beurkundete, obwohl der Gesellschaftsvertrag vorsah, dass Frauen nicht in die Gesellschaft aufgenommen werden können; zur Nachfolgebeschränkung bei Adeligen vgl. *Flick/Hannes/von Oertzen,* Prominente Testamente (2005), 105.

„Mein Sohn, ich will mich zurückziehen
und dir den Betrieb überlassen!"
„Ach, lieber Vater, arbeite noch ein paar Jahre weiter
und dann ziehen wir uns gemeinsam zurück."

Zweiter Teil. Betriebsübertragung

§ 4 Gewerbebetrieb

Übersicht

Literatur: *Bringer,* Auseinandersetzung einer Miterbengemeinschaft als Nachfolgerin eines einzelkaufmännischen Handelsgeschäfts, ZErb 2006, 39; *Bundesministerium der Finanzen,* Ertragsteuerliche Behandlung der vorweggenommenen Erbfolge; Aufteilung eines Veräußerungs- und Anschaffungsvorganges in einen entgeltlichen und einen unentgeltlichen Teil, BStBl. 2007 I 269; *Eisgruber,* Aktuelle Praxisschwerpunkte bei der Besteuerung von Einzelunternehmen, Stbg 2005, 573; *Friedrich/Steidle/Gunzelmann,* Steuerrechtliche Aspekte bei der Entscheidung über Strategien bei der Unternehmensnachfolge, BB-Special 2006, 18; *Gesmann/Nuissl,* Unternehmensnachfolge – ein Überblick über die zivil- und gesellschaftsrechtlichen Gestaltungsmöglichkeiten, BB-Special 2006, 2; *Hering/Olbrich,* Unternehmensnachfolgeplanung aus betriebswirtschaftlicher Sicht, BB-Special 2006, 25; *Horath/Kauter,* Unentgeltlichter Erwerb nach § 6 Abs. 3 EStG unter Berücksichtigung des BMF-Schreibens vom 3. 3. 2005, StuB 2005, 823; *Jansen/Jansen,* Der Nießbrauch im Zivil- und Steuerrecht; *Korn,* Das BMF-Schreiben zu § 6 Abs. 3 EStG: Analyse und Gestaltungshinweise, KÖSDI 2005, 14633; *Letmathe/Hill,* Strukturbrüche der Unternehmensnachfolge, ZfB 2006, 1113; *Limmer,* Nachfolgeregelungen durch den Notar bei mittelständischen Unternehmen, in: FG für Willi Weichler (1997), 67; *Lohr,* Der Nießbrauch an Unternehmen und Unternehmensteilen; *Neufang,* Betriebsübertragungen gegen wiederkehrende Leistungen – Eine Herausforderung für die Steuerberatung, BB 2005, 688; *Neumann,* Das neue BMF-Schreiben zu § 6 Abs. 3 EStG, Erläuterungen für eine erfolgreiche Unternehmensnachfolge, EStB 2005, 140; *Nitz,* Unternehmensnachfolge, BWNotZ 2004, 153; *Olfen,* Zwangsbetriebsaufgabe trotz fehlender Betriebsaufgabeerklärung des Verpächters?, Stbg 2007, 106; *Schäfer/Scherer/Tanck/Landsittel,* Erbfolgreiche Unternehmensnachfolge – eine der wesentlichen ökonomischen Herausforderungen unserer Zeit, BB-Special 2004, 1; *Schnitter,* Übertragung von Familienunternehmen, EStB 2005, 28; *Schoor,* Ertragsteuerliche Gestaltungsmöglichkeiten bei der Vererbung eines Einzelunternehmens, INF 2001, 301 und 331; *ders.,* Übertragung von Betriebsvermögen im Wege der vorweggenommenen Erbfolge, DStZ 2002, 55; *ders.*, Betriebsübertragung von Eltern auf Kinder im Wege vorweggenommener Erbfolge, StBp 2005, 131 ff. u. 169 ff.; *Schulze zur Wiesche*, Betriebsübertragungen gegen Raten, Renten und sonstige wiederkehrende Bezüge, StBp 2005, 52; *Spiegelberger*, Nachfolge von Todes wegen bei Einzelunternehmen und Gesellschaftsanteilen DStR 1992, 584 und 618; *ders.*, Die Renaissance der vorweggenommenen Erbfolge, DStR 2004, 1105; *ders.*, Der Erbschaftsteuerbeschluss des BVerfG v. 7. 11. 2006: Eine kritische Würdigung, StBg 2007, 305; *Watermeyer*, Steuerhaftung bei Betriebsübertragung, GmbH-StB 2006, 259.

Da bei Einzelunternehmen nicht auf Mitgesellschafter Rücksicht genommen werden muss, besteht ein besonders großer Gestaltungsspielraum, um – ggf. **stufenweise** – die Betriebsübertragung einzuleiten. 1

Die sicherste Form der Unternehmensnachfolge ist die frühzeitige Beteiligung des präsumtiven Unternehmensnachfolgers am Unternehmen unter Gründung einer Gesellschaft. Diese Form der gleitenden Erbfolge bietet die größte Gewähr für einen nahtlosen Übergang auf die jüngere Generation und stellt zugleich die steuergünstigste Variante der Vorwegerbfolge dar. Wenn sich der Unternehmer völlig aus der Unternehmensführung zurückziehen will, sind andere Gestaltungsvarianten zu überlegen.

A. Gestaltungsvarianten

I. Betriebsverpachtung im Ganzen

Literatur: *Erhart/Ostermayer*, Die Betriebsverpachtung im Ganzen, StB 2005, 50; *Schoor*, Betriebsverpachtung im Ganzen: Gestaltungsmöglichkeit und Steuerfallen, StuB 2005, 570; *ders.*, Beratungsaspekte und Gestaltungsmöglichkeiten bei einer Betriebsverpachtung im Ganzen, INF 2007, 148.

Beispiel: Der 65-jährige Modegeschäftsinhaber V verspricht seinem seit langen Jahren im Betrieb tätigen Sohn S die Unternehmensnachfolge, ist aber zu einer Geschäftsübergabe nicht bereit. S erkundigt sich bei Notar N, welche Erklärungen seines Vaters er benötigt, um mit Sicherheit Unternehmensnachfolger zu werden. 2

1. Wahlrecht bei Betriebsverpachtung

Sofern der Unternehmer die Vermögenssubstanz noch nicht aus den Händen geben will, aber die Betriebsführung auf die nächste Generation übergehen soll, kommt eine Verpachtung in Betracht. Bei der Verpachtung eines Einzelunternehmens nimmt nur noch der Pächter am wirtschaftlichen Verkehr teil. An Stelle des Verpächters wird der Pächter gem. § 22 Abs. 2 HGB in das Handelsregister eingetragen. Der Verpächter hat nach der Rechtsprechung des BFH BStBl. 1964 III 124 und 1985 II 456 das einkommensteuerliche **Wahlrecht,** seine betriebliche Tätigkeit endgültig einzustellen und unter Aufdeckung aller stillen Reserven nur noch Einkünfte aus Vermietung und Verpachtung gem. § 21 EStG zu beziehen **oder** die unterbrochene betriebliche Tätigkeit künftig wieder aufzunehmen und die Buchwerte fortzusetzen. In diesem Fall ist der Verpächter Inhaber eines „ruhenden“ Betriebes und erzielt aufgrund dieser **Betriebsunterbrechung** Einkünfte aus **Gewerbebetrieb,** die **nicht** der Gewerbesteuer unterliegen. 3

Solange keine Aufgabeerklärung abgegeben wird, geht die Rechtsprechung davon aus, dass die Absicht besteht, den unterbrochenen Betrieb künftig wieder aufzunehmen, sofern die zurückbehaltenen Wirtschaftsgüter dies ermöglichen. Die Einstellung der gewerblichen Tätigkeit eines Unternehmers ist nur dann als Betriebsaufgabe i. S. von § 16 Abs. 3 EStG zu beurteilen, wenn sich entweder aus den äußerlich erkennbaren Umständen eindeutig ergibt, dass der Betrieb endgültig aufgegeben werden soll oder der Unternehmer eine eindeutige Erklärung dieses Inhalts gegenüber dem Finanzamt abgibt, vgl. BFH BStBl. 1998 II 379. Dies gilt sogar bei einer branchenfremden Verpachtung, vgl. BFH HFR 2003, 1169.

2. Buchwertfortführung bei Verpachtung an Übergeber

4 Nach einer Entscheidung des XI. BFH-Senats BFH/NV 1993, 161 soll es nicht möglich sein, dass der Übergeber seinen Betrieb unentgeltlich im Wege der vorweggenommenen Erbfolge unter Buchwertfortführung auf einen Abkömmling überträgt und anschließend den Betrieb zurückpachtet. *Gosch,* StBp 1993, 20 hat zurecht darauf hingewiesen, dass jedenfalls bei den Einkünften aus Land- und Forstwirtschaft diese Betrachtung nicht gelten kann. Bei den sog. rheinischen Übergabeverträgen ist es seit langem Usus, dass der Hofinhaber den Hof an den Nachfolger unter Vorbehalt eines lebenslangen Nießbrauches überträgt und anschließend die Ausübung des Nießbrauches dem Übernehmer überlässt. Die Übergabe unter Buchwertfortführung wurde in diesen Fällen nie in Frage gestellt. Die vom XI. BFH-Senat verlangte Beendigung der betrieblichen Tätigkeit des Übergebers ist im Tatbestand des § 6 Abs. 3 EStG nicht angelegt und spielt nur bei der Gewährung einer Tarifvergünstigung bei der **entgeltlichen** Veräußerung von Teilbetrieben eine Rolle. *Gosch,* a. a. O. weist zurecht darauf hin, dass eine Differenzierung zwischen Land- und Forstwirtschaft und Gewerbebetrieben unbefriedigend sei, siehe auch unten II. 2.

3. Betriebsaufgabe

Literatur: *BMF-Schreiben:* Gewährung des Freibetrags nach § 16 Abs. 4 EStG und der Tarifermäßigung nach § 34 Abs. 3 EStG, BStBl. 2006 I 7; *Stahl,* Betriebsaufgabe und -unterbrechung: Abgrenzung und Gestaltungsmöglichkeiten, KÖSDI 2006, 15 125.

5 Während bei einer Betriebsverpachtung der Verpächter in der Lage bleibt, jederzeit den Betrieb fortzusetzen, liegt bei einer Betriebsaufgabe eine endgültige Beendigung der betrieblichen Tätigkeit vor. Gem. § 16 Abs. 3 Satz 1 EStG gilt auch die Aufgabe des Gewerbebetriebes als Veräußerung. Um sich den Freibetrag gem. § 16 Abs. 4 EStG in Höhe von 45 000 € und die Tarifvergünstigung des § 34 Abs. 3 EStG zu erhalten, ist der Vollzug der Betriebsaufgabe innerhalb eines **angemessenen Zeitraums**, nach einer Faustregel innerhalb von sechs Monaten bis zu einem Jahr, zu empfehlen, vgl. *Stahl,* KÖSDI 2006, 15 129. Nach der Rechtsprechung des BFH BStBl. 2005 II 395 kann sich eine begünstigte Betriebsaufgabe auch über zwei Veranlagungszeiträume erstrecken.

Eine freibetrags- und tarifbegünstigte Betriebsaufgabe liegt auch vor, wenn der Betriebsinhaber die wesentlichen Betriebsgrundlagen in einem einheitlichen Vorgang innerhalb kurzer Zeit an verschiedene Abnehmer veräußert, sie ganz in sein Privatvermögen überführt oder sie teilweise veräußert und teilweise in das Privatvermögen übernimmt, vgl. BFH BStBl. 1970, II 519; 1975 II 168.

Die **Betriebsaufgabeerklärung** ist konstitutiv. Nach Abschnitt EStR 16 Abs. 5 Satz 13 2005 lässt die Finanzverwaltung auch einen Zeitpunkt vor dem Zugang der Aufgabeerklärung, längstens jedoch drei Monate gelten. Die Gewerbeabmeldung stellt keine Betriebsaufgabeerklärung dar, vgl. BFH/NV 2004, 1639. 6

einstweilen frei 7–10

II. Nießbrauch an Gewerbebetrieb

Literatur: *Meyer/Hartmann,* Gestaltungen zum privaten und betrieblichen Immobiliennießbrauch INF 2006, 827; *Schießl,* Betriebsübertragung mit Rückpacht oder Nießbrauchbestellung – Aufdeckung der stillen Reserven?, DStZ 2007, 113.

Der Nießbrauch ist ein traditioneller, der römischen Rechtsordnung entnommener Bestandteil des Privatrechts, der insbesondere bei Vereinbarungen unter Angehörigen und gerade bei der vorweggenommenen Erbfolge eine bedeutende Rolle spielt. Nach der **Abspaltungstheorie** (vgl. *Ruppe,* Übertragung von Einkunftsquellen im Steuerrecht, 20; *Kessler,* BB 1985, 1393) wird das Nießbrauchsrecht vom Eigentum abgespalten und stellt somit einen Eigentumssplitter dar, so dass der Nießbraucher den betreffenden Gegenstand kraft originären Rechts nutzt. 11

Die **Duldungstheorie,** die im Nießbrauchsrecht nicht einen Ausschnitt aus dem Eigentum, sondern eine selbständige Rechtsposition sieht, die das Eigentumsrecht beschränkt, stellt den Umstand in den Vordergrund, dass der Eigentümer des Gegenstandes die Nutzung durch den Nießbraucher dulden muss, während bei obligatorischen Nutzungsrechten der Eigentümer zu aktiven Maßnahmen der Nutzungsgewähr verpflichtet ist, vgl. *Groh,* BB 1982, 138; *Wolff-Diepenbrock,* DStR 1983, 251. Diese Unterscheidung ist eher formaler Art (vgl. *Lohr,* a.a.O., 284), da insbesondere die Einkommensteuerrechtsprechung des BFH dingliche und obligatorische Nutzungsrechte gleich behandelt, vgl. BStBl. 1979 II 333; 1989 II 872; BMF-Schreiben III. Nießbraucherlass BStBl. 1998 I 914 Tz. 6. In der Vertragsgestaltung erlauben dingliche und obligatorische Nutzungsrechte die Trennung von Substanz und Ertrag, also die Verlagerung der Einkunftsquelle **ohne** Substanzübertragung: In dieser **Spaltung** liegt der Wert und der Reiz dinglicher und obligatorischer Nutzungsrechte. Der Unternehmensnießbrauch ist als eine „verdinglichte" Form der Unternehmenspacht anzusehen und wie diese zu beurteilen, vgl. *K. Schmidt,* Gesellschaftsrecht, 1822. Der Nießbrauch am Einzelunternehmen ist ein interessantes Gestaltungsmittel zur Substanzerhaltung und Sicherung der Unternehmenskontinuität. Es kommen folgende Gestaltungsalternativen in Betracht: 12

1. Zuwendungsnießbrauch

Beispiel: M, die Inhaberin der Alten Apotheke, bestellt ihrer Tochter T nach Abschluss deren Pharmaziestudiums einen Nießbrauch am Apothekenbetrieb. M erhält wiederkehrende Bezüge, die sie zum Lebensunterhalt verwendet. 13

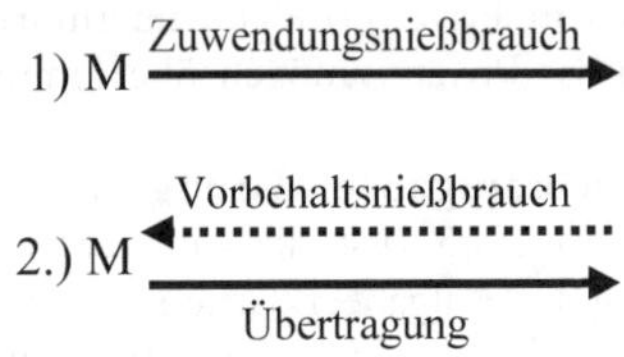

Der Einzelunternehmer bestellt seinem Nachfolger einen Nießbrauch, so dass dieser alle unternehmerischen Rechte ausübt, die Vermögenssubstanz selbst aber dem bisherigen Inhaber verbleibt. Neben dem bisherigen Unternehmen, dessen Betrieb nur unterbrochen, aber nicht aufgegeben wird, entsteht ein **weiteres selbständiges Unternehmen**, nämlich der vom Nießbraucher geführte Gewerbebetrieb, der das Anlagevermögen aufgrund des Nießbrauchrechtes nutzt. Gem. § 1 Abs. 2 ApothG darf eine Apotheke nur betreiben, wer die Erlaubnis der zuständigen Behörde besitzt. Die Erlaubnis verpflichtet ihren Inhaber dazu, die Apotheke persönlich in eigener Verantwortung zu leiten, vgl. § 7 Satz 1 ApothG. Die Tochter benötigt zum Betrieb der Apotheke eine Betriebserlaubnis. Durch die Nießbrauchbestellung entsteht handelsrechtlich wohl eine offene Handelsgesellschaft, da sowohl Mutter als auch Tochter den Betrieb einer Apotheke bezwecken.

a) Bestellung

14 Der echte Unternehmensnießbrauch erfordert die Übertragung der Unternehmerstellung auf den Nießbraucher, vgl. *Staudinger/Frank,* Anh. 31 zu §§ 1068, 1069 BGB. Der Nießbraucher wird in diesen Fällen gem. § 22 Abs. 2 HGB als Unternehmensinhaber in das Handelsregister eingetragen. Obwohl ein Einzelunternehmen eine Sach- und Rechtsgesamtheit darstellt, erfolgt die Nießbrauchsbestellung nicht durch einen einheitlichen Rechtsakt, vgl. RGZ 70, 232, sondern nach Maßgabe des sachenrechtlichen Spezialitätsprinzips entsprechend den gesetzlichen Bestimmungen für den jeweiligen Vermögensgegenstand.

15 Der dingliche Nießbrauch an Grundstücken erfordert somit gem. § 873 BGB die Einigung und Grundbucheintragung; an beweglichen Sachen erfolgt die Einräumung gem. § 929ff. BGB durch Einigung und Übergabe oder Vereinbarung eines entsprechenden Übergabesurrogats. Die Bestellung eines Nießbrauches an einem Recht erfolgt gem. § 1069 Abs. 1 BGB nach den für die Übertragung des Rechts geltenden Vorschriften. Die in § 311b Abs. 3 BGB vorgeschriebene notarielle Beurkundung ist auch dann, wenn das Unternehmen das gesamte Vermögen ausmacht, nicht erforderlich, da das Unternehmen ein Sondervermögen darstellt, vgl. *Staudinger/Wufka,* § 311 Rn. 17; *Palandt/Grüneberg,* § 311b BGB Rn. 66. In diesen Fällen kann sich der Versprechende eine klare Vorstellung über den Umfang seiner Verpflichtung machen, vgl. BGHZ 25, 165. Ob der Unternehmensnießbrauch ein einheitliches dingliches Recht darstellt, ist bestritten, vgl. *Staudinger/Frank,* Anh. zu §§ 1068, 1069 Rn. 27–30.

b) Rechtsfolgen

Der Nießbraucher kann die Firma mit oder ohne Zufügung eines Nachfolgezusatzes fortführen, vgl. *Staudinger/Frank,* Anh. zu §§ 1068, 1069 BGB Rn. 36. Gemäß § 1067 BGB wird der Nießbraucher Eigentümer des Vorratsvermögens. Er ist auch berechtigt, über Inventarstücke innerhalb der Grenzen einer ordnungsgemäßen Wirtschaft in entsprechender Anwendung des § 1048 BGB zu verfügen, vgl. *Staudinger/Frank,* Anh. zu §§ 1068, 1069 Rn. 34; BGH MDR 1975, 225. Für die Verbindlichkeiten haftet der Nießbraucher gem. § 25 HGB; die Eintragung eines Haftungsausschlusses gem. § 25 Abs. 2 HGB ist zulässig. 16

Sofern der Nießbraucher noch minderjährig ist, muss für die Nießbrauchsbestellung die vormundschaftsgerichtliche Genehmigung gem. §§ 112, 1822 Nr. 3 BGB eingeholt werden. Soweit die Eltern Nießbrauchsbesteller sind, muss für den Minderjährigen ein Ergänzungspfleger handeln, es sei denn, die Nießbrauchsbestellung erfolgt in Erfüllung einer Verbindlichkeit, z.B. als Vermächtniserfüllung. 17

c) Bilanzierung

Für beide Betriebe sind getrennte Bilanzen zu erstellen, vgl. *Biergans,* DStR 1985, 329; *Paus,* BB 1990, 1679. Für die Bilanzierung gilt folgendes: Während das **Anlagevermögen** weiterhin in der Bilanz des Nießbrauchsbestellers erscheint, ist das **Vorratsvermögen** in der Handelsbilanz des Nießbrauchers auszuweisen. Forderungen aus Lieferungen und Leistungen werden häufig an den Nießbraucher abgetreten, der die Einziehung übernimmt, vgl. *Jansen/Jansen,* a.a.O., 51; *Lohr,* a.a.O., 44. Die Verpflichtung zur Ersatzbeschaffung nach Maßgabe der zu erwartenden Wiederbeschaffungskosten trifft den Nießbraucher, vgl. *Staudinger/Frank,* Anh. zu §§ 1068, 1069 Rn. 43; die bei der Beendigung des Nießbrauchs bestehende Verpflichtung zum Wertersatz oder zur Rückübertragung von Wirtschaftsgütern hat der Nießbraucher in seiner Bilanz zu passivieren. Der Nießbraucher hat aus dem Ertrag das Unternehmen als solches zu erhalten und für abgenutztes Anlagevermögen Rücklagen zu bilden, vgl. *Palandt/Bassenge,* § 1085 BGB Rn. 7. Abschreibungen für Abnutzung des Anlagevermögens will die h.M. dem Nießbraucher zugestehen. Diese Rechtsfolge leuchtet aber nur für den Fall des Vorbehaltsnießbrauchs, nicht für Zuwendungsnutzungsrechte, ein, vgl. *Brandenberg,* DB 1990, 1840. 18

d) Einkommensteuer

Die unentgeltliche Bestellung eines Unternehmensnießbrauches stellt in analoger Anwendung von § 6 Abs. 3 EStG keine Entnahme dar, vgl. BFH BStBl. 1981 II 396; *Scholtz,* FR 1983, 579. Der in § 6 Abs. 3 EStG zum Ausdruck gebrachte Grundsatz, dass eine unentgeltliche Betriebsübertragung keine Entnahme zu betriebsfremden Zwecken ist, muss auch auf die unentgeltliche Übertragung des Rechts zur Nutzung eines Betriebes in der Form der Bestellung eines dinglichen Nießbrauches am Unternehmen entsprechende Anwendung finden. Der BFH wendet die Bestimmung des § 6 Abs. 3 EStG, die für Unternehmensübertragungen gilt, analog für die Einräumung 19 von Nutzungsrechten an, a. A. *Lohr,* a. a. O., 293. Bei der **entgeltlichen** Bestellung eines Unternehmensnießbrauchs ist die Rechtsprechung über die Verpachtung eines Gewerbebetriebes sinngemäß anzuwenden, vgl. *Enders,* MDR 1983, 546, so dass der bisherige Inhaber ein Wahlrecht hat,

- entweder weiterhin Einkünfte aus Gewerbebetrieb (aber gewerbesteuerfrei) zu beziehen oder
- die Betriebsaufgabe zu erklären.

2. Vorbehaltsnießbrauch

Beispiel: Die Inhaberin der Marien-Apotheke M überträgt den Apothekenbetrieb auf ihre Tochter T, um der Überlassung noch die günstigen bisherigen Grundbesitzwerte zugrunde zu legen, und behält sich das Nießbrauchsrecht vor, weil sie noch unternehmerisch tätig bleiben will.

a) Bestellung

20 Das Einzelunternehmen wird auf den Nachfolger übertragen, wobei sich der bisherige Inhaber das Nießbrauchsrecht vorbehält und somit wie bisher tätigt bleibt. Die Bestellung des Vorbehaltsnießbrauches an einem Einzelunternehmen stellt keine Gegenleistung für die Übertragung des Unternehmens dar. Es liegt ein unentgeltlicher Übertragungsvorgang i. S. des § 6 Abs. 3 EStG vor, vgl. *Schnitter,* ErbStB 2005, 31. Aus H. 16 (6) „Nießbrauch" des amtlichen ESt-Handbuches ergibt sich die bundeseinheitliche Auffassung der Finanzverwaltung, dass auch bei einem Nießbrauchsvorbehalt an einem Gewerbebetrieb eine unentgeltliche Betriebsübertragung vorliegt.

21 Wegen der entgegenstehenden, nicht veröffentlichten BFH-Entscheidung BFH/NV 1993, 161 kann die Finanzverwaltung verlangen, dass Übergeber und Erwerber in einer gemeinsamen Erklärung gegenüber dem Finanzamt zum Ausdruck bringen, dass sie übereinstimmend von einer **unentgeltlichen** Betriebsübertragung ausgehen und deshalb gem. § 163 S. 2 AO einem Aufschub der Versteuerung aller stillen Reserven des gewerblichen Betriebs bis zur Realisierung durch Aufgabe des Betriebes zustimmen.

22 Ertragsteuerlich entspricht die Bestellung eines Vorbehaltsnießbrauches an einem Einzelunternehmen ihrem wirtschaftlichen Gehalt nach einer Betriebsverpachtung im Ganzen, vgl. BFH/NV 1999, 454. Die vom BFH BStBl. 1964 III 124 im Rahmen der Verpachtung eines Gewerbebetriebes gefundene Rechtsfigur der vorübergehenden Betriebsunterbrechung ist hier besonders anschaulich verwirklicht: Der Apothekenbetrieb wird nicht aufgegeben, sondern fortgeführt. Der neue Betriebsinhaber, die Tochter, ist nur vorübergehend an der aktiven Ausübung gehindert, bis sich die Mutter endgültig zurückzieht. Dass daneben auch M als Nießbraucherin unternehmerisch tätig wird, ist evident.

b) Betriebsveräußerung

23 Erwirbt jemand im Wege der vorweggenommenen Erbfolge einen landwirtschaftlichen Betrieb unter dem Vorbehalt des Nießbrauchs des bisherigen Eigentümers, und veräußert er während der Dauer des Nießbrauchs den landwirtschaftlichen Betrieb weiter, ist der bei der Veräußerung erzielte Veräußerungsgewinn ihm zuzurechnen, vgl. BFH DB 1987, 2128. Die Bestel-

lung und Ablösung des Nießbrauchs sind nach Auffassung des BFH private Vorgänge, so dass von dem Veräußerungserlös nicht der kapitalisierte Wert der Altenteilsleistungen in Abzug gebracht werden darf. Das kann allerdings nicht gelten, wenn zuerst der Nießbrauch entgeltlich wie unter Kaufleuten abgelöst und erst zeitlich danach der landwirtschaftliche Betrieb veräußert wird, da der BFH die (isolierte) Ablösung eines Vorbehaltsnießbrauches als nachträgliche Anschaffungskosten beurteilt, vgl. BStBl. 1992 II 381 und DB 1993, 307.

3. Vorbehaltsnießbrauch mit Überlassung der Ausübung

Beispiel: Die Apotheke mit dem Grundbesitz wird unter Nießbrauchsvorbehalt übertragen, die Ausübung des Nießbrauches wird aber gegen Rente oder dauernde Last dem Erwerber überlassen, vgl. sog. rheinische Übergabemodelle in der Land- und Forstwirtschaft. 24

Hinweis: Die Verpachtung an die Tochter ist gem. § 9 ApothG zulässig, wenn die Mutter im Hinblick auf ihr vorgerücktes Alter den Apothekenbetrieb nicht mehr selbst betreiben will.

Durch die Bestellung des Nießbrauchs entstehen wiederum zwei Betriebe, nämlich ein nicht aufgegebener in der Hand des Erwerbers und ein wirtschaftender in der Hand des Nießbrauchsberechtigten. Verpachtet der Nießbraucher aufgrund des Nießbrauchsrechtes den Hof im Ganzen, so bezieht er Einkünfte aus Land- und Forstwirtschaft. Dies gilt auch dann, wenn er den Betrieb an den Eigentümer verpachtet, es sei denn, die Pachtzahlungen stellen nach Art und Höhe Versorgungsleistungen dar und der Vertrag ist deshalb insgesamt als Versorgungsabrede zu beurteilen, vgl. BFH BStBl. 1969 II 683; 1976 II 537; *Leingärtner/Zaisch,* Die Einkommensbesteuerung der Land- und Forstwirtschaft Rn. 1372.

An Stelle des Nießbrauches kann eine Rente als Gegenleistung für den Verkauf einer Apotheke vereinbart werden, sofern die Verpflichtung zur Rentenzahlung die in § 9 ApothG bestimmten Grenzen nicht überstreitet, vgl. BGH MittBayNot 1998, 25. 25

4. Quotennießbrauch

Beispiel: Frau F bezieht aus der Verpachtung ihres Hotels „Astoria" monatliche Einkünfte von 10 000 €. Sie beteiligt ihre Töchter A und B durch Einräumung eines Quotennießbrauches von je $^1/_5$ an den Erträgen. Wem sind diese zuzurechnen?

Zu unterscheiden ist zwischen dem Unternehmensnießbrauch mit Unternehmerstellung und dem schlichten Ertragsnießbrauch am Unternehmen. Bei einem unternehmerisch ausgestalteten Nießbrauchsverhältnis bezieht der Nießbraucher betriebliche Einkünfte gem. § 15 Abs. 1 EStG, bei einem unternehmerischen Quotennießbrauch, der nach den Grundsätzen einer offenen Handelsgesellschaft zu beurteilen ist, vgl. BayObLGZ DNotZ 1974, 243, sind die Gewinnanteile gem. § 15 Abs. 1 Nr. 2 EStG zu erfassen. Verpachten Eigentümer und Nießbraucher das Unternehmen an einen Dritten und teilen sie sich die Erträge, so beziehen sie gemeinschaftlich Einkünfte aus Gewerbebetrieb, vgl. BFH BStBl. 1980 II 432. 26

27 Wem z. B. aufgrund Nießbrauchs nur der (positive) Ertrag eines von einem Anderen betriebenen Unternehmens (ganz oder teilweise) zufließt, ist nicht Unternehmer und damit Zurechnungssubjekt gewerblicher Einkünfte, vgl. BFH BStBl. 1992 II 330; *Schmidt,* EStG 12. Aufl. 1993 § 15 Anm. 31 b (sog. **schlichter Ertragsnießbrauch**); inwieweit Einkünfte aus wiederkehrenden Bezügen gem. § 22 Nr. 1 EStG bestehen, ist fraglich. *Paus,* BB 1990, 1681 differenziert überzeugend danach, ob ein Zuwendungs- oder Vorbehaltsnießbrauch vorliegt. In der Tat hat die Zuwendung eines schlichten Ertragsnießbrauches, ohne Einräumung einer Unternehmerstellung, den Charakter einer Rentengewährung, die unter § 12 Nr. 2 EStG fällt; vgl. auch BFH BStBl. 1976 II 592.

5. Nießbrauch ohne Grundstücksentnahme

28 **Beispiel:** Steuerberater S entwirft einen Hofübergabevertrag, wonach an einem landwirtschaftlichen Grundstück dem Übergeber ein lebenslanges Nießbrauchsrecht bestellt wird.

Von der Nießbrauchsbestellung am Unternehmen ist streng die Bestellung von Nießbrauchsrechten an **einzelnen** Wirtschaftsgütern des Betriebsvermögens zu unterscheiden. Unproblematisch ist wohl die unentgeltliche Übertragung eines Grundstücks im Sonderbetriebsvermögen zwischen Mitunternehmern mit Nießbrauchsvorbehalt. Weder das Grundstück noch der zurückbehaltene Nießbrauch scheiden aus dem Betriebsvermögen aus, so dass der Buchwert fortgeführt werden darf, vgl. BFH GmbHR 1987, 113; *Brandenberg,* DB 1990, 1835.

29 Sofern durch die Bestellung eines Nießbrauchs an einem Betriebsgrundstück der betriebliche Zusammenhang endgültig unterbrochen wird, liegt eine **Entnahme** vor, vgl. *Schmidt/Heinicke,* EStG § 4 Rn. 360 (Nießbrauch); BGH DStRE 2003, 1123. Nach BFH BB 1985, 2301 führt das bei der Betriebsübergabe an einem Betriebsgrundstück vorbehaltene Wohnungsrecht des Übergebers nicht zu einer Entnahme des Grundstückes, sondern nur zu einer Nutzungsentnahme, die mit den tatsächlichen Selbstkosten zu bemessen sei; ähnlich bei Bestellung eines Nießbrauchs, vgl. BGH DNotZ 2003, 845.

6. Grundstücksentnahme unter Nießbrauchsvorbehalt

30 **Beispiel:** V ist Inhaber eines Betriebs für Heizungsbau und sanitäre Installationen. Durch notariell beurkundeten Vertrag übertrug V ein Betriebsgrundstück unentgeltlich auf seinen Sohn unter Vorbehalt eines lebenslangen Nießbrauchs. Nach etwa drei Monaten wird der Überlassungsvertrag aufgehoben und V wieder in das Grundbuch als Eigentümer eingetragen unter Löschung des Nießbrauchsrechts.

Der Steuerberater der Firma erklärte dem Finanzamt, dem V sei erst nach Abschluss des Überlassungsvertrages bewusst geworden, dass die Grundstücksübertragung eine Entnahme sein könne. Um diese steuerlichen Folgen zu vermeiden, sei der Vertrag rückgängig gemacht worden.

Wer ein zu einem Betriebsvermögen gehörendes Grundstück in Vorwegnahme der Erbfolge unter Vorbehalt des Nießbrauchsrechtes unentgeltlich seinen Kindern schenken will, muss es nach Auffassung des BFH BStBl. 1974 II 481; 1983 II 735 mit dem vollen Teilwert aus dem Betriebsvermögen entnehmen. Der Entnahmegewinn ist nicht nach § 6b EStG begünstigt, vgl. BFH BStBl. 1993 II 225. Es sei nicht zulässig, vor dieser Privatentnahme den aktivierenden Grundstückswert in einen Nutzungswert, der das Nießbrauchsrecht verkörpert, und in einen Substanzwert zu spalten und nur den Substanzwert mit dem Teilwert aus dem Betriebsvermögen zu entnehmen; a. A. *Tiedtke,* BB 1984, 759. Die Schenkung sei ein privater Vorgang, der sich im außerbetrieblichen Bereich vollziehe und zur Entnahme des Grundstückes in vollem Umfang führe. Das Eigentum und der Nießbrauch seien auch nicht teilweise identisch. Das Nießbrauchsrecht sei vielmehr mit der Bestellung neu entstanden und zwar im privaten Vermögensbereich, vgl. BFH BStBl. 1981 II 396.

Wird die mit der Grundstücksübertragung unter Nießbrauchsvorbehalt vorgenommene Entnahme erst kurze Zeit später erkannt, so kann die eingetretene Gewinnrealisierung auch nicht durch sofortige Vertragsaufhebung, Rückübertragung des Grundstückes und Löschung des Vorbehaltsnießbrauches rückgängig gemacht werden, auch dann nicht, wenn die steuerlichen Folgen der Handlungsweise nicht überblickt werden konnten, die Folgen ungewöhnlich hart sind und der frühere Zustand bei der nächsten Bilanzerstellung wieder hergestellt wird, vgl. BFH BStBl. 1983 II 736. Auch durch Anfechtung des Übertragungsvertrags wegen Irrtums über die steuerlichen Folgen oder durch Widerruf kann die Entnahme nicht rückgängig gemacht werden, vgl. BFH BStBl. 1990 II 368; *Spiegelberger,* in: Beck'sches Notarhandbuch E Rn. 277. 31

7. Grundstücksübertragung unter Nießbrauchsvorbehalt mit Zurückbehaltung des wirtschaftlichen Eigentums

Beispiel: Die Winzerin M schenkt ihrer Tochter T ihre Weinberge der Gemarkung „Johannisberg" unter Vorbehalt des Nießbrauches und eines durch Rückauflassungsvormerkung gesicherten umfangreichen Widerrufsrechtes. Das Finanzamt errechnet einen Entnahmegewinn in Höhe von über 500 000 €. 32

a) Einkommensteuer

Bei der Übergabe eines Betriebsgrundstückes unter Vorbehalt folgender Rechte 33

- Nießbrauch,
- Widerrufsrecht, wonach der Schenker die Rückübertragung verlangen kann, wenn
  - der Erwerber den Grundbesitz ohne Zustimmung veräußert oder belastet,
  - über das Vermögen des Erwerbers das Konkursverfahren eröffnet oder die Zwangsvollstreckung in den Grundbesitz angeordnet wird,
  - der Erwerber ohne Hinterlassung von Abkömmlingen verstirbt oder
  - sich der Erwerber groben Undanks schuldig macht,
- Bestellung einer Auflassungsvormerkung im Grundbuch und
- Einräumung einer unwiderruflichen Vollmacht zur Abwicklung der Rückübertragung

nimmt der BFH an, dass das **wirtschaftliche Eigentum** beim Schenker verbleibt, vgl. BStBl. 1983 II 631 – Winzerinfall –. Hingegen wird der Nießbraucher nicht wirtschaftlicher Eigentümer aufgrund der Vereinbarung mit dem Eigentümer, das Grundstück während der Dauer des Nießbrauchs nicht mit Grundpfandrechten zu belasten, vgl. BFH BStBl. 1991 II 909. Das Niedersächsische FG EFG 1989, 293 hat selbst bei der Übertragung eines Betriebsgrundstückes auf die Ehefrau unter Rückvermietung an den Ehemann wirtschaftliches Eigentum des Übertragenden angenommen, wenn dieser nach dem Schenkungsvertrag berechtigt sei, die Rückübereignung zu verlangen, wenn der Grundbesitz ohne Zustimmung belastet oder veräußert oder wenn über das Vermögen der Ehefrau das Konkursverfahren eröffnet werde und ferner für den Fall der Ehescheidung die Ehefrau zur Rückübertragung verpflichtet sei.

b) Schenkungsteuer

34 **Schenkungsteuerlich** gilt eine Schenkung auch dann als ausgeführt, wenn der Schenker wirtschaftlicher Eigentümer geblieben ist, vgl. BFH BStBl. 1983 II 179 und 1989 II 1034. Die Winzerin-Entscheidung ist für die Vertragsgestaltung von großer Bedeutung: Ohne dass einkommensteuerliche Folgen auftreten, kann schenkungsteuerlich eine vorweggenommene Erbfolge durchgeführt werden, d. h.: die Schenkungsteuerfreibeträge können im Zehn-Jahres-Turnus ausgeschöpft werden! Bei derartigen Grenzfällen ist aber anzuraten, vor der Beurkundung anhand des Urkundenentwurfes eine verbindliche Auskunft des Finanzamtes gem. BMF-Schreiben BStBl. 2003 I 742 einzuholen.

c) Gestaltungsempfehlung

35 Zusammenfassend ist festzustellen, dass die Bestellung eines dinglichen Vorbehaltsnießbrauches bei Übertragung von Betriebsgrundstücken unter dem Blickwinkel der Entnahmegefahr nur bei folgenden Gestaltungen unproblematisch ist:
- Wirtschaftliches Eigentum des Vorbehaltsnießbrauchers
- Aufnahme des Grundstückserwerbers gem. § 6 Abs. 3 Satz 1, 2. Halbs. EStG in das Einzelunternehmen.

36 Nach *Brandenberg,* DB 1990, 1836 führt der vorbehaltene Nießbrauch bei Vermögensübertragungen gem. § 6 Abs. 3 EStG zwar nicht zur Entnahme des Grundstückes, aber zur **Entnahme eines Nutzungsrechtes**, wenn dieses zum Privatvermögen zählt. Dies kann nur zutreffen, wenn der Nießbraucher nicht unternehmerisch tätig wird.

37–40 *einstweilen frei*

III. Schenkungsversprechen auf den Todesfall

41 Um das Interesse der jüngeren Generation am Unternehmen zu erhalten und diese zur weiteren Mitarbeit zu motivieren, wird auch das Schenkungsversprechen auf den Todesfall praktiziert. Diese Gestaltung unterliegt gem. **§ 2301 BGB** den Vorschriften über Verfügung von Todes wegen, so dass – zur Herbeiführung der Bindungswirkung – die Erbvertragsform, also notarielle Beurkundung, zu empfehlen ist. Auf den Umstand, dass der Inhaber des

Unternehmens unter Lebenden verfügungsberechtigt bleibt, also eine gesicherte Anwartschaft nicht entsteht und auch eine Vormerkung im Grundbuch nicht eingetragen werden kann, muss der Notar hinweisen.

Als **Ausweichlösung** kommt in Betracht, dass die Beteiligten eine schuld- 42
rechtliche **Verfügungsunterlassungsverpflichtung** gem. § 137 Abs. 2 BGB mit der weiteren Rechtsfolge vereinbaren, dass im Falle des Verstoßes der Eigentümer verpflichtet ist, das Unternehmen auf den Versprechensempfänger zu übertragen. Gehört zum Unternehmen ein Grundstück, sind alle Vereinbarungen gem. § 311b Abs. 1 BGB beurkundungspflichtig. Diese Übertragungsverpflichtung kann im Grundbuch durch eine **Vormerkung** gem. § 883 BGB abgesichert werden, vgl. BayObLG DNotZ 1989, 372; *Musielak,* in: MünchKomm, § 2286 Rn. 12. Sofern das Unternehmen keinen Grundbesitz aufweist, bedarf die Vereinbarung keiner notariellen Beurkundung, da § 311b Abs. 3 BGB, wonach ein Vertrag, durch den sich der eine Teil verpflichtet, sein gegenwärtiges Vermögen oder einen Bruchteil seines gegenwärtigen Vermögens zu übertragen, nicht auf Unternehmensübertragungen anwendbar ist, vgl. *Staudinger/Wufka,* § 311 BGB Rn. 17.

Das Schenkungsversprechen auf den Todesfall kann auch mit einem 43
Leistungsversprechen des Empfängers verbunden werden, z. B. mit der Verpflichtung zur Zahlung einer Leibrente an den Unternehmensinhaber. Zum **„entgeltlichen“ Erbvertrag**, wonach der Versprechensempfänger dem Vermögensinhaber Versorgungsleistungen verspricht, vgl. *Langenfeld,* Testamentsgestaltung Rn. 458. Sofern nach den Erklärungen der Beteiligten die Übertragungsverpflichtung nicht von dem Überleben des Versprechensempfängers abhängen soll, empfiehlt sich von vorne herein an Stelle einer erbrechtlichen Gestaltung eine Vereinbarung unter Lebenden, nämlich ein Überlassungsvertrag mit aufgeschobener Erfüllung.

IV. Überlassungsvertrag mit aufgeschobener Erfüllung und Verpachtung an den Erwerbsberechtigten

Der Überlassungsvertrag mit aufgeschobener Erfüllung beruht nicht auf der 44
Bedingung, dass der Erwerber den Übergeber überlebt, und stellt somit ein beide Seiten **bindendes Rechtsgeschäft** unter Lebenden dar, das durch Auflassungsvormerkung im Grundbuch gesichert werden kann. Sofern das Unternehmen an den künftigen Erwerber zugleich langfristig verpachtet wird, hat dieser ein unentziehbares Anwartschaftsrecht und kann quasi wie ein Eigentümer disponieren.

einstweilen frei 45–50

V. Unentgeltliche Betriebsüberlassung

Literatur: *D. Carlé/Bauschatz,* Erwerb mittelständischer Unternehmen im Zivil- und Steuerrecht, KÖSDI 2003, 13803; *Gratz/Müller,* Unternehmensverkauf gegen Leibrente – ein Ausweg aus der Steuerfalle, DB 2000, 693; *Leibner/Pump,* Die Vorschriften des § 75 AO und § 25 HGB – Wege zur zivilrechtlichen und steuerlichen Haftungsvermeidung, DStR 2002, 1689; *Morshäuser,* Die Formvorschrift des § 311b Abs. 3 BGB bei Unternehmenskäufen, WM 2007, 337; *Paus,* Übertragung von Betrieben und wesentlichen Beteiligungen gegen Leibrente, NWB Fach 3, 13683 (Stand

Oktober 2005); *ders.*, Die entgeltliche und unentgeltliche Übertragung von Mitunternehmeranteilen und Anteilen an Einzelunternehmen, StBp 2004/12, 2005/1 und 2; *Pöllath/Greitemann/Viskorf,* Verkauf von Familienunternehmen: Strategie-Recht-Steuern in FS für Rödl (2008), 301; *Seibt/Reiche,* Unternehmens- und Beteiligungskauf nach der Schuldrechtsreform, DStR 2002, 1135 und 1181; *Weigl,* Die Auswirkungen der Schuldrechtsreform auf den Unternehmenskauf, DNotZ 2005, 246.

Nachfolgelösungen in deutschen Familienunternehmen und betroffene Arbeitsplätze im Jahr 2005
(ausgehend von 70.900 übergabereifen Unternehmen mit ca. 678.000 Mitarbeitern)

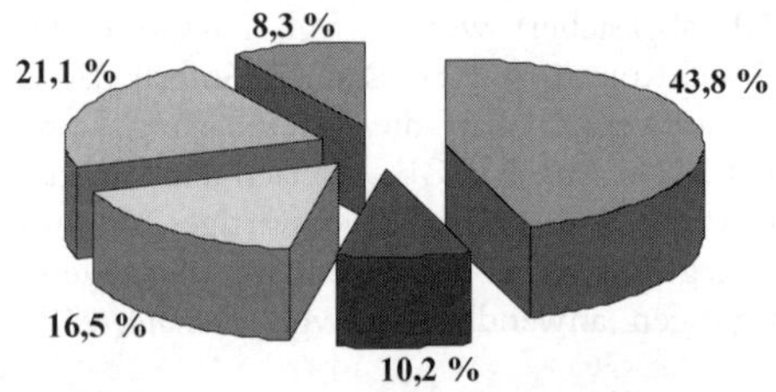

- Familienmitglieder (31.000 Unternehmen, ca. 351.000 Mitarbeiter)
- Mitarbeiter (MBO) (7.300 Unternehmen, ca. 72.500 Mitarbeiter)
- externe Führung (MBI) (11.700 Unternehmen, ca. 114.000 Mitarbeiter)
- Verkauf (15.000 Unternehmen, ca. 114.000 Mitarbeiter)
- Sonstiges: Stilllegung, Stiftung (5.900 Unternehmen, ca. 33.500 Mitarbeiter)

1. Betriebsübertragung im Ganzen

51 Sofern sich der Betriebsinhaber aus der aktiven Verantwortung für das betriebliche Geschehen zurückziehen und lediglich seine Versorgung gesichert wissen will, wird meist die Übertragung des gesamten Betriebes ins Auge gefasst. Bei der unentgeltlichen Übertragung eines Betriebes im Ganzen darf der Erwerber den Buchwert des Übertragenden gem. § 6 Abs. 3 Satz 1 EStG unverändert fortführen, so dass keine Gewinnrealisierung eintritt. Voraussetzung für die Anwendbarkeit des § 6 Abs. 3 EStG ist, dass die **wesentlichen Grundlagen** des Betriebs übertragen werden, d.h. dass der Betrieb als selbständiger Organismus in seiner bisherigen Form erhalten bleibt. Die unentgeltliche Übertragung unter **Buchwertfortführung** kann aber auch stufenweise erfolgen, wonach gem. § 6 Abs. 3 Satz 1 2. Halbs. EStG der Nachfolger in ein bestehendes Einzelunternehmen als Gesellschafter aufgenommen wird, wobei sich der Übergeber gem. Satz 2 Wirtschaftsgüter im Alleineigentum zurückbehalten darf, wenn sie weiterhin zum Betriebsvermögen der selben Mitunternehmerschaft gehören oder wenn sie als Sonderbetriebsvermögen dem Betrieb zur Nutzung überlassen werden.

52 Die Zurückbehaltung von wesentlichen Betriebsgrundlagen kann nur empfohlen werden, wenn der Übergeber an dem Betrieb beteiligt bleibt. Andernfalls stellt die Zurückbehaltung wesentlicher Betriebsgrundlagen nicht nur eine steuerpflichtige Entnahme dieser Gegenstände dar, sondern beinhaltet nach der Rechtsprechung des BFH BStBl. 1995 II 891 eine **Betriebsaufgabe**, so dass eine Gewinnrealisierung **aller stillen Reserven** eintritt. Be-

achtet werden muss in diesem Zusammenhang die **Gesamtplanrechtsprechung** des BFH. Sofern der Übergeber wesentliche Betriebsgrundlagen entnimmt, den Betrieb fortführt und anschließend eine vorweggenommene Erbfolge mit Buchwertfortführung gem. § 6 Abs. 3 EStG durchführen will, muss hierfür eine genügende Zeitspanne abgewartet werden.

Spindler, DStR 2005, 1 hat für einen Gesamtplan – allerdings im Bereich des gewerblichen Grundstückshandels – eine Fünf-Jahres-Frist genannt. Andererseits hat der IV. BFH-Senat DStR 2004, 1953 bei einem Zwei-Stufen-Modell ein Jahr als Zeitgrenze genannt. M. E. kann bei der Entnahme einer wesentlichen Betriebsgrundlage und der Übergabe des restlichen Betriebes nach Ablauf von zwei Jahren kein Gesamtplan mehr unterstellt werden, da nach der Entscheidung des BFH BStBl. 2001 I 231 ein enger zeitlicher Zusammenhang nicht mehr vorliegt, wenn sich eine Betriebsaufgabe über einen Zeitraum von mehr als zwei Jahren erstreckt. Die Übernahme betrieblicher Verbindlichkeiten sowie die Vereinbarung von Versorgungsleistungen für den Übergeber stellen keine Gegenleistung dar, vgl. GrS BFH BStBl. 1990 II 847.

2. Übertragung von Teilbetrieben

Literatur: *Wälzholz,* Der Teilbetriebsbegriff im Steuerrecht (1999).

Beispiel: Herr E betreibt eine Hotelfachschule und – räumlich getrennt – ein Hotelrestaurant. Jedes der beiden Kinder soll einen Betrieb erhalten. 53

Wenn ein Einzelunternehmer mehrere Betriebe hat, die zueinander in keinerlei sachlichen und wirtschaftlichen Verbindungen stehen (vgl. *Schmidt/Wacker,* EStG § 16 Rn. 143) oder wenn das Einzelunternehmen zwei oder mehrere Teilbetriebe, d. h. einzelne, mit gewisser Selbständigkeit ausgestattete organisch geschlossene Teile des Gesamtbetriebes aufweist, die für sich allein lebensfähig sind (vgl. BFH BStBl. 2000 II 123), kommt die Übertragung dieser (Teil-)Betriebe auf verschiedene Nachfolger in Betracht. Die schenkweise Übertragung eines Teilbetriebes ist weder Teilbetriebsaufgabe noch Entnahme, vielmehr findet § 6 Abs. 3 EStG Anwendung. Keine Betriebsaufgabe liegt vor, wenn ein land- und forstwirtschaftlicher Teilbetrieb, der zu einem insgesamt als Gewerbebetrieb zu beurteilenden Unternehmen gehört, schenkweise übertragen und vom Bedachten als land- und forstwirtschaftlicher Betrieb fortgeführt wird, vgl. BFH BStBl. 1979 II 732; *Schmidt/Wacker,* EStG § 16 Anm. 39.

einstweilen frei 54, 55

VI. Entgeltliche Betriebsveräußerung

Literatur: *A. Söffing/Thoma,* Veräußerung von mittelständischen Unternehmen, ErbStB 2004, 226; *Watermeyer,* Steuerhaftung bei Betriebsübergang GmbH-StB 2006, 259.

1. (Teil-)entgeltliche Übertragung an einen Abkömmling

Insbesondere bei Kleinunternehmen kommt auch eine entgeltliche Betriebsveräußerung an einen Abkömmling in Betracht, wobei für diese Konzeption in aller Regel steuerliche Gründe ausschlaggebend sind. Einerseits 56 kann dabei der Einkommensteuerfreibetrag des Veräußerers i. H. v. 45 000 € gem. § 16 Abs. 4 EStG geltend gemacht werden, andererseits darf der Erwerber die aufgedeckten stillen Reserven abschreiben. Selbst bei größeren mittelständischen Unternehmen wird gelegentlich die entgeltliche Übertragung erwogen, wenn der Übergeber die Tarifvergünstigung des § 34 Abs. 3 EStG in Anspruch nehmen kann. Empfehlenswert ist die Gestaltung jedoch im allgemeinen nur, wenn die stillen Reserven auf **kurzfristig abschreibbare Wirtschaftsgüter** entfallen und das Unternehmen eine **gesicherte starke Ertragserwartung** für die Zukunft hat. Bleiben die Erträge aus, erweisen sich Auflösungsmodelle als Fehlentscheidung, vgl. *Trompeter,* DB 1993, 1047.

2. Unternehmensverkauf an Dritte

Literatur: *Morshäuser,* Die Formvorschrift des § 311 b Abs. 3 BGB bei Unternehmenskäufen, WM 2007, 337.

57 Fehlt es an geeigneten Nachfolgern in der Familie oder bestehen erhebliche Zweifel an der fachlichen oder charakterlichen Eignung des in Aussicht genommenen familiären Nachfolgers, ist m. E. dem rechtzeitigen Verkauf des Unternehmens an einen Dritten der Vorzug zu geben. Der Veräußerungserlös kann die Altersversorgung des Unternehmers meist mit der Folge sichern, dass auch für die nachfolgende Generation noch Mittel zur Verfügung stehen, während der Untergang des Unternehmens zwei Generationen in den Abgrund reißt. Allerdings ist auch die Auswahl des Erwerbers von größter Bedeutung.

a) Kaufinteressenten

aa) Übertragung auf Mitarbeiter (MBO)

58 In erster Linie kommt die Unternehmensnachfolge durch qualifizierte Mitarbeiter in Betracht. Häufig scheitert diese Form der Übernahme aber an dem fehlenden Kapital der qualifizierten Mitarbeiter, gelegentlich auch an dem fehlenden Mut zur Selbständigkeit. Als Ausweichlösung kommt die Übertragung des Unternehmens ohne das Anlagevermögen in Betracht, so dass z. B. Verpachtungsmodelle zu prüfen sind. Das Management des Betriebes befindet sich in einem Spannungsverhältnis, nämlich der Loyalitätspflicht gegenüber dem bisherigen Arbeitgeber und der Verwirklichung eigener Interessen beim Erwerb des Unternehmens, zumal die Mitarbeiter über Insider-Kenntnisse verfügen. Für die mit einem management buy out verbundene Beendigung des bisherigen Arbeitsverhältnisses können die Voraussetzungen für eine steuerfreie bzw. tarifermäßigte Abfindung erfüllt sein, vgl. BFH GmbH-Stb 2007, 363.

bb) Übertragung auf Fremdgeschäftsführer (MBI)

59 Als Käufer kommen auch qualifizierte Manager in Betracht, die im Wege eines management buy in die Chance der Selbständigkeit nutzen wollen. Auch in diesem Fall fehlt es häufig an dem erforderlichen Kapital, so dass eine erhebliche Fremdfinanzierung erforderlich ist. Die frühzeitige Einbeziehung des finanzierenden Kreditinstituts ist von erster Priorität.

cc) Investoren, Konkurrenzunternehmen und Lieferanten

Konkurrenten sind häufig am Erwerb interessiert, um entweder durch die Fusion Synergieeffekte zu erzielen oder einen Wettbewerber auszuschalten. Ebenso gibt es Lieferanten, die ihre Produktpalette erweitern wollen. Schließlich kommen Investmentfonds als Erwerber in Betracht. Die Finanzierung gestaltet sich in diesen Fällen meist einfacher. 60

b) Verhandlungsphase

aa) Due diligence

Durch eine due diligence erfolgt vorab eine detaillierte und systematische Erhebung und Analyse der Unternehmensdaten, um ein Gesamtbild des Unternehmens, der Chancen und der Risiken zu gewinnen. 61

bb) Letter of intent

Ein letter of intent dient den Vertragsparteien als Information über die bereits geklärten, als auch über die noch zu klärenden Fragen des beabsichtigten Vertragswerks, vgl. *Wolf,* DNotZ 1995, 193. Da der letter of intent lediglich eine Absichtserklärung beinhaltet, aber noch kein bindendes Vertragsangebot, können die Vertragsverhandlungen nach deutschem Recht noch ohne Begründung abgebrochen werden, während dieser Abbruch in den USA verschuldensunabhängige **Schadensersatzforderungen** auslöst. Auch nach deutschem Recht bestehen Schadensersatzansprüche gem. §§ 280 Abs. 1 und 311 Abs. 2 BGB, wenn ausgespähte Geschäftsgeheimnisse im eigenen Unternehmen genutzt oder qualifizierte Arbeitnehmer abgeworben werden. 62

c) Asset deal

Die Veräußerung eines Einzelunternehmens erfolgt als asset deal, wonach alle Vermögensgegenstände des Unternehmens auf einen Erwerber durch Einzelrechtsübertragung übergehen. Dem Käufer steht es selbstverständlich auch frei, von einer Gesellschaft dessen gesamten Geschäftsbetrieb zu erwerben, nicht aber die Gesellschaftsanteile, so dass auch in diesen Fällen ein asset deal vorliegt. Bei dem Kauf von Sachgesamtheiten werden die Konkretisierungsprobleme häufig durch sog. „All-Klauseln" gelöst, wonach alle an einem bestimmten Ort befindlichen Gegenstände Vertragsgegenstand sind. 63

d) Share deal

Bei der Übertragung einer Gesellschaftsbeteiligung liegt ein share deal vor, wobei der BGH bei einer Übertragung von über 75% Beteiligung an einem Unternehmen wieder die Regeln des Unternehmenskaufs anwendet, so dass der Verkäufer nicht nur für Rechtsmängel, sondern auch für Sachmängel haftet, vgl. BGH NJW 1980, 2408; zur Abgrenzung von Unternehmenskauf und Anteilserwerb vgl. auch *Hommelhoff,* ZGR 1982, 366. In der Praxis verlangt der Käufer auch bei einem share deal regelmäßig Garantien des Verkäufers für die Funktionsfähigkeit des erworbenen Unternehmens. 64

e) Haftungsbegrenzung

Der Vorteil eines asset deals besteht in der Begrenzung der Schuldenhaftung des Erwerbers. Dennoch verbleiben Haftungsrisiken. Geht ein Betrieb 65 oder Betriebsteil durch Rechtsgeschäft auf einen anderen Inhaber über, so tritt dieser in die Rechte und Pflichten aus den im Zeitpunkt des Übergangs bestehenden Arbeitsverhältnissen gem. § 613a Abs. 1 Satz 1 BGB ein. Auch die Haftungsrisiken des § 75 AO treffen den Erwerber. Wird ein Unternehmen oder ein in der Gliederung eines Unternehmens gesondert geführter Betrieb im Ganzen übereignet, so haftet der Erwerber für Steuern, bei denen sich die Steuerpflicht auf den Betrieb des Unternehmens gründet und für Steuerabzugsbeträge, vorausgesetzt, dass die Steuern seit dem Beginn des letzten vor der Übereignung liegenden Kalenderjahrs entstanden sind und bis zum Ablauf von einem Jahr nach Anmeldung des Betriebs durch den Erwerber festgesetzt oder angemeldet werden.

66 Hingegen können die übrigen im Betrieb des übernommenen Geschäfts begründeten Verbindlichkeiten des früheren Inhabers ausgeschlossen werden, wenn eine entsprechende Vereinbarung unverzüglich gem. § 25 Abs. 2 HGB im Handelsregister eingetragen wird.

65–70 *einstweilen frei*

B. Gewerbebetriebsübertragung gegen wiederkehrende Zahlungen

Literatur: *Fischer,* Wiederkehrende Bezüge und Leistungen (1994); Kempermann, Versorgungsleistungen bei Vermögensübergabe zur Vorwegnahme der Erbfolge: Sonderausgaben nur bei voraussichtlich ausreichenden Nettoerträgen, DStR 2003, 1736; *Neufang,* Betriebsübertragungen gegen wiederkehrende Leistungen – eine Herausforderung für die Steuerberatung, BB 2005, 688; *Paus,* Übertragung von Betrieben und wesentlichen Beteiligungen gegen Leibrente NWB Fach 3, 13683 (Oktober 2005); *Pickhardt-Poremba,* Veräußerung von Betriebsvermögen gegen wiederkehrende Bezüge StuB 2005, 145; *Schnitter,* Verkauf von Betrieben gegen Leibrente ErbStB 2005, 221; *Schulze zur Wiesche,* Betriebsübertragungen gegen Raten, Renten und sonstige wiederkehrende Bezüge, StBp 2005, 52; *Schwenke,* Das Rechtsinstitut der Vermögensübergabe gegen Versorgungsleistungen im Wandel, DStR 2004, 1679; *Spiegelberger,* Renaissance der vorweggenommenen Erbfolge DStR 2004, 1105; *Watrin/Middendorf/Wallbaum,* Vermögensübergaben gegen Versorgungsleistungen ErbStB 2004, 39.

I. Steuerrelevante wiederkehrende Bezüge

Wiederkehrende Bezüge

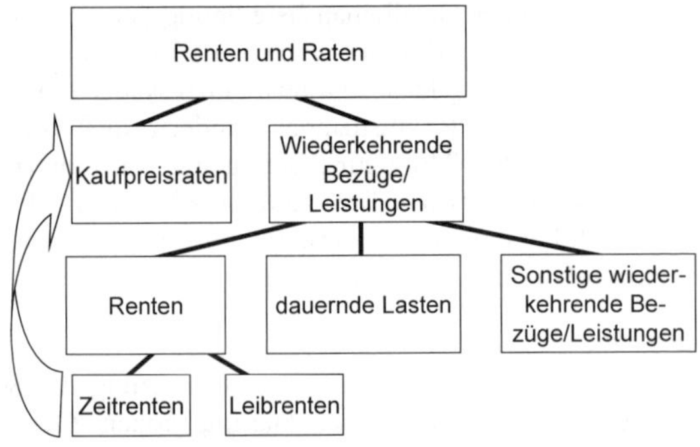

Beispiel: Eltern E übertragen ihr Autohaus auf ihre Tochter T unter Vereinbarung einer Leibrente in Höhe von 3000 €. Wie ist diese einkommensteuerlich zu qualifizieren? 71

Ist die vereinbarte Gegenleistung als
- Kaufpreisratenzahlung
- betriebliche Veräußerungsrente
- betriebliche Versorgungsrente
- private Versorgungsrente oder
- Unterhaltszahlung

zu bewerten?

1. Kaufpreisraten

Den Begriff der Ratenzahlung verwendet das Zivilrecht lediglich in § 3b Abs. 1 Nr. 2 des Gesetzes zur Regelung von Härten im Versorgungsausgleich und beim Abzahlungsgeschäft, wonach der Kaufpreis nicht in bar, sondern in Raten (**Teilzahlungen**) erbracht wird. Eine zivilrechtliche Abgrenzung zwischen Kaufpreisrate und Rente besteht nicht. Nach BFH BStBl. 1972 II 171 und 1974 II 474 handelt es sich bei Kaufpreisraten um einen ziffernmäßig bestimmten Betrag, der gestundet ist und in Teilbeträgen bezahlt wird. 72

2. Leibrente

Die Leibrente ist in den §§ 759–761 BGB nur lückenhaft geregelt. Das Gesetz definiert die Leibrente nicht, so dass die Rechtsprechung zur Konkretisierung des Tatbestandes berufen war. Nach RG 64, 134 muss das Leibrentenrecht als selbständiges Grundrecht gewährt werden, aus dem die einzelnen Rentenansprüche fließen. Die Rentenansprüche lösen sich dadurch von den Gegenleistungen des zugrunde liegenden Verpflichtungsvertrages. Über den Charakter des Leibrentenvertrages entscheidet letztlich die Verkehrsauffassung nach dem Sinn und Zweck des Vertrages. Nach ständiger Rechtsprechung des BGH ist eine Leibrente 73
- ein einheitliches, auf einem Stammrecht beruhendes nutzbares Recht,
- das unabhängig losgelöst von sonstigen Beziehungen und Verhältnissen der Beteiligten,
- dem Berechtigten für die Lebensdauer eines Menschen eingeräumt ist,
- dessen Erträge aus fortlaufend wiederkehrenden gleichmäßigen Leistungen,
- in Geld oder anderen vertretbaren Sachen bestehen,

vgl. BGH WM 1966, 248; WM 1980, 594; *Palandt/Sprau,* § 759 BGB Rn. 1. Die Abstraktion der Leibrente vom übrigen Vertragsinhalt ist in jedem

Fall erforderlich, wenn die Einräumung der Leibrente weder als Gegenleistung für eine einmalige geldwerte Leistung noch unentgeltlich erfolgt, z. B. bei Ruhegehältern, sonstigem Entgelt für Dienstleistungen, Schadensersatzrenten, Renten gegen andere wiederkehrende Leistungen, wie z. B. Einhaltung eines Wettbewerbsverbots, Mitarbeit in einem Geschäft, Renten aus einem Vergleich über gesellschaftsrechtliche, unterhaltsrechtliche oder erbrechtliche Rechtsverhältnisse, vgl. *Staudinger/Amann,* Vorbem. 18ff. zu §§ 759–761 BGB. Nach gegenteiliger Ansicht ist ein einheitliches nutzbares „Stammrecht" nicht erforderlich; in Wirklichkeit würden damit nur die Anforderungen an die Gleichmäßigkeit der Leistungen nach Zeitabstand und Leistungsgegenstand sowie an die Bestimmtheit der Leistungshöhe umschrieben.

3. Dauernde Last

a) Rechtsnatur

74 Der Begriff der „dauernden Last" wurde früher in § 10 Abs. 1 Nr. 1 a EStG vom Gesetzgeber verwendet und wurde aus dem Einkommensteuerrecht in das Zivilrecht übernommen. Soweit keine gleichmäßigen Leistungen vereinbart werden, sondern die Zahlungspflicht vom Umsatz, Gewinn oder von den wirtschaftlichen Verhältnissen der Beteiligten abhängig ist (vgl. BFH BStBl. 1965 III 166), im übrigen aber den Charakter einer Leibrente gegeben wäre, handelt es sich um sonstige wiederkehrende Bezüge in der Form einer dauernden Last. Obwohl der Gesetzgeber die Differenzierung zwischen Leibrenten und dauernden Lasten in § 10 Abs. 1 Nr. 1 a EStG aufgegeben hat und nur noch von „Versorgungsleistungen" spricht, bleibt der Begriff der dauernden Last in jedem Fall für das Zivilrecht von Bedeutung. Bei der Vereinbarung wiederkehrender Bezüge muss zivilrechtlich definiert werden, ob gleich bleibende Leistungen i. S. einer Leibrente oder variable Zahlungen, die sich an den wirtschaftlichen Verhältnissen der Beteiligten orientieren, geschuldet sind.

75 Bei der Übertragung von Grundbesitz an fremde Dritte wird regelmäßig eine Leibrente bevorzugt, um den Leistungsumfang besser abgrenzen zu können. Beim (unentgeltlichen) **Generationennachfolgevertrag** werden **typischerweise dauernde Lasten** bevorzugt, da bei wesentlichen Veränderungen wirtschaftlicher Verhältnisse (z. B. Arbeitslosigkeit, Vermögensverfall, langjährige Krankheit, Invalidität) eine Leistungsanpassung erforderlich erscheint und ggf. über die gesetzliche Unterhaltspflicht gem. § 1601 BGB automatisch gegeben wäre.

b) Reallast

76 Die Absicherung im Grundbuch erfolgt regelmäßig durch Bestellung einer Reallast gem. § 1105 BGB, wobei die Eintragung in wertgesicherter Form erfolgen kann. Auch die Zwangsvollstreckungsunterwerfung kann sich auf die Wertsicherungsklausel erstrecken.

Durch die Absicherung der Leibrente mit einer Reallast ergibt sich im Endergebnis eine **dreifache** Anspruchsgrundlage für den Berechtigten, nämlich

- der schuldrechtliche Anspruch aus dem Leibrentenvertrag gem. § 759 BGB,
- der dingliche Anspruch auf Entrichtung der Rente aus dem Grundstück gem. § 1105 BGB und
- ein weiterer persönlicher Anspruch gem. § 1108 BGB,

da der Eigentümer für die während der Dauer seines Eigentums fällig werdenden Leistungen auch persönlich haftet.

c) Verfallklausel

Eine Verfallklausel, nach der der Berechtigte unter bestimmten Voraussetzungen an Stelle wiederkehrender Leistungen deren Ablösung durch eine einmalige Leistung verlangen kann, ist nach Auffassung des OLG Köln DNotZ 1991, 807 nicht Inhalt einer Reallast. Nach dem Wortlaut von § 1105 BGB seien nur **wiederkehrende** Leistungen Inhalt einer Reallast, nicht jedoch einmalige Leistungen (a. A. Münchener Kommentar-BGB/*Jost*, § 1105 Rz. 12; Münchener Vertragshandbuch/*Nieder*, Bd. 4 VIII 24, 1065). *Amann*, in: Staudinger (Einl. zu §§ 1105–1112 BGB Rz. 22) schlägt vor, ein Ablösungsrecht des Gläubigers in der Weise grundbuchmäßig zu sichern, dass im Rang vor der Reallast ein **Grundpfandrecht** in Höhe des zu vereinbarenden Ablösungsbetrages eingetragen wird. Eine weitere Beleihung des erworbenen Grundbesitzes ist mit einer derartigen Grundschuld i. d. R. ausgeschlossen, so dass ein Rangvorbehalt vorgesehen werden sollte, um dem Eigentümer z. B. auch die Finanzierung des Renovierungsaufwandes zu ermöglichen. Die Ablösbarkeit selbst kann wie eine auflösende Bedingung in das Grundbuch eingetragen werden (vgl. *Staudinger/Amann*, a. a. O. § 1105 BGB Rz. 22). 77

d) Bestimmbarkeitsgrundsatz

aa) Anpassungsmaßstab

Gem. § 1105 Abs. 1 Satz 2 BGB kann als Inhalt der Reallast auch vereinbart werden, dass die zu entrichtenden Leistungen sich ohne weiteres an veränderte Verhältnisse anpassen, wenn anhand der in der Vereinbarung festgelegten Voraussetzungen Art und Umfang der Belastung des Grundstückes bestimmt werden können. 78

Dem **Bestimmbarkeitserfordernis** entsprechen angepasste Leistungen an 79

- die Entwicklung eines amtlichen Lebenshaltungskostenindex, vgl. BFH BStBl. 1967 III 180,
- das Gehalt eines Beamten einer bestimmten Besoldungsgruppe oder Dienstaltersstufe, vgl. BFH BStBl. 1986 II 261,
- einen Tariflohn, vgl. LG Marburg BB 1959, 207,
- den Durchschnittssatz des Einkommens eines Bundesbürgers, wie er im Rentengesetz bestimmt ist und jährlich neu festgesetzt wird, vgl. BGH DB 1965, 1812 und
- bestimmte Sozialversicherungsrenten auch in der Weise, dass diese auf die Leibrente anzurechnen sind, vgl. BFH NJW 1981, 944.

Dem **Bestimmbarkeitsgrundsatz** werden **nicht gerecht** Leistungen, die 80

- vom Ertrag oder Umsatz abhängen,
- sich nach den Bedürfnissen des Berechtigten und/oder nach der Leistungsfähigkeit des Verpflichteten richten,

- unter dem Vorbehalt gleichbleibender Verhältnisse stehen,
- einer generellen Anpassung gem. § 323 ZPO oder
- einem Leistungsvorbehalt unterliegen, vgl. *Staudinger/Amann,* Vorbem. 8 und 9 zu §§ 759–761 BGB.

81 Soll an Stelle einer Leibrente eine dauernde Last vereinbart werden, muss hinsichtlich der Absicherung durch **Reallast** im Grundbuch der sachenrechtliche **Bestimmbarkeitsgrundsatz** beachtet werden. Durch eine Reallast können auch Geld- und Naturalleistungen gesichert werden, die gem. § 323 ZPO ihrer Höhe nach unter bestimmten Voraussetzungen angepasst werden können, sofern die Anpassungsmaßstäbe für die Abänderung inhaltlich ausreichend bestimmt sind, vgl. BayObLG MittBayNot 1987, 94; *Amann,* MittBayNot 1979, 220.

bb) Anpassung an den standesgemäßen Unterhalt

82 Bei einer Regelung, wonach eine Anpassung der monatlichen Zahlungen gem. § 323 ZPO erfolgen soll, wenn z. B. der standesgemäße Unterhalt des Empfängers oder des Zahlenden nicht mehr gesichert ist, bestehen hinsichtlich des Bestimmbarkeitsgrundsatzes keine Bedenken, vgl. Staudinger/*Amann,* § 1105 BGB Rn. 12; eine nur schuldrechtliche Anpassungsklausel kann nicht zum Inhalt einer Reallast gemacht werden, vgl. OLG Hamm, RPfleger 1988, 404; auch der allgemeine Hinweis auf § 323 ZPO ist nicht ausreichend, vgl. OLG Frankfurt, RPfleger 1988, 247.

83 Das OLG Oldenburg NJW RR 1990, 1174 und das BayObLGZ 1993 Nr. 54 verlangen **genaue Angaben über die Bemessungsgrundlagen**. Danach müssen die Einkunfts- und Vermögensverhältnisse des Übergebers und des Erwerbers im Detail in der notariellen Urkunde angegeben werden. Diese Prozedur wird von den Beteiligten regelmäßig abgelehnt, so dass in das Grundbuch nur der – wertgesicherte – Ausgangsbetrag, aber nicht die Änderungsmöglichkeit gem. § 323 ZPO eingetragen werden kann.

4. Wertsicherungsklauseln

Literatur: *Kirchhoff,* Der Umfang des Verbots von Wertsicherungsklauseln, DNotZ 2007, 11; *Reul,* Aufhebung der Genehmigungspflicht bei Wertsicherungsklauseln – das neue Preisklauselgesetz (PreisklauselG), MittBayNot 2007, 445.

84 Durch das PreisklauselG v. 7. 9. 2007 BGBl. I 2246 wurde das bisherige Genehmigungserfordernis für Ausnahmen vom gesetzlichen Verbot automatisch wirkender Wertsicherungsklauseln durch unmittelbar im Gesetz geregelte Legalausnahmen aufgehoben. Bei Wertsicherungsklauseln ist keine Genehmigung durch das Bundesamt für Wirtschaft und Ausfuhrkontrolle mehr möglich. Die bisher in der PrKV enthaltenen Ausnahmeregelungen wurden weitgehend unverändert in das PreisklauselG übernommen. Die Betroffenen haben selbst zu prüfen, ob die vereinbarten Preisklauseln rechtmäßig sind. Die Unwirksamkeit einer Preisklausel wirkt prinzipiell erst vom Zeitpunkt des durch ein Gericht rechtskräftig festgestellten Verstoßes gegen die Regelungen des Preisklauselgesetzes, vgl. *Reul,* MittBayNot 2007, 445, 450.

a) Schon immer genehmigungsfreie Klauseln

Weiterhin zulässig sind 85

- Klauseln, die hinsichtlich des Ausmaßes der Änderung des geschuldeten Betrages einen Ermessensspielraum lassen, der es ermöglicht, die neue Höhe der Geldschuld nach Billigkeitsgrundsätzen zu bestimmen **(Leistungsvorbehaltsklauseln),**
- Klauseln, bei denen die in ein Verhältnis zueinander gesetzten Güter oder Leistungen im wesentlichen gleichartig oder zumindest vergleichbar sind **(Spannungsklauseln),**
- Klauseln, nach denen der geschuldete Betrag insoweit von der Entwicklung der Preise oder Werte für Güter oder Leistungen abhängig gemacht wird, als diese die Selbstkosten des Gläubigers bei der Erbringung der Gegenleistung unmittelbar beeinflussen **(Kostenelementeklauseln),**
- Klauseln in **Erbbaurechtsbestellungsverträgen** und Erbbauzinsreallasten mit einer **Laufzeit von mindestens 30 Jahren.**

b) Automatikklauseln

Automatikklauseln, wonach wiederkehrende Zahlungen bei Indexveränderungen automatisch zu einer entsprechenden Erhöhung oder Ermäßigung führen, sind zulässig wenn 86

- unangemessene Benachteiligungen, z. B. durch
  - einseitigem Preis- oder Wertanstieg oder
  - einseitiges Anpassungsrecht,

  vermieden werden und
- bestimmte Laufzeitvoraussetzungen eingehalten werden, z. B.
  - Lebenszeit eines Beteiligten oder
  - mindestens auf zehn Jahre.

c) Einmalzahlungen

Auch bei Einmalzahlungen können Automatikklauseln verwendet werden 87

- bei einer Auseinandersetzung oder Übertragung zwischen nahestehenden Personen oder
- bei einer Vermögensnachfolge aufgrund Verfügung von Todes wegen.

d) Wirksamkeitsprüfung

Da zum Bürokratieabbau die Genehmigung durch das Bundesamt für Wirtschaft und Ausfuhrkontrolle abgeschafft wurde, haben der beurkundende Notar und das Grundbuchamt die Wirksamkeit einer Wertsicherungsklausel in eigener Verantwortung zu prüfen, vgl. *Reul,* MittBayNot 2007, 445, 451. 88

einstweilen frei 89, 90

II. Einkommensteuerliche Qualifizierung

1. Private Versorgungsrente

Literatur: *Fleischer,* Vermögensübergabe gegen (private) Versorgungsleistung nach dem JStG 2008, ZEV 2007, 475; *Kratzsch,* Geänderte Regelung des Sonderausgabenabzugs im Zusammenhang mit Vermögensübertragungen gegen Versorgungsleistungen, StB 2008, 157; *Risthaus,* Ertragsteuerrechtlich begünstigte Vermögensübergabe gegen Versorgungsleistungen soll im JStG 2008 auf Betriebsvermögen eingeschränkt werden, ZEV 2007, 314; *Reimann,* Familienrechtlicher Versorgungsvertrag, FamRZ 2008, 19; *Röder,* Das Rechtsinstitut der Vermögensübertragung gegen Versorgungsleistungen nach dem JStG 2008, DB 2008, 146; *Spiegelberger,* Das Ende der privaten Versorgungsrente, DStR 2007, 1277; *ders.,* Die Irrfahrt der privaten Versorgungsrente, DB 2008, 1063; *Wälzholz,* Versorgungsleistungen nach dem JStG 2008, DStR 2008, 273.

a) Vermutung von Versorgungszahlungen

91 Übertragen Eltern auf ihre Kinder Vermögensteile, einen Betrieb oder einen Personengesellschaftsanteil, ohne dass dabei Leistung und Gegenleistung nach kaufmännischen Gesichtspunkten gegeneinander abgewogen werden, so spricht nach ständiger Rechtsprechung des BFH BStBl. 1979 II 403; 1983 II 99; 1989 II 585 eine nur in Ausnahmefällen zu widerlegende Vermutung für den familiären Charakter der Vermögensübertragung und damit für die außerbetriebliche Natur der im Zusammenhang mit dieser Übertragung zugesagten Leistungen der Kinder an ihre Eltern, vgl. *Mundt,* DStR 1991, 698 FN 6, 19.

92 In den Fällen vorweggenommener Erbfolge unter nahen Angehörigen spielen in aller Regel weder kaufmännische Abwägungen noch eine betriebliche Versorgung eine Rolle. Regelmäßig handelt es sich bei diesen Übertragungen um eine Schenkung unter Auflage. Liegt der Übertragung nicht ein Kaufvertrag zugrunde, sondern steht die Versorgung des Zahlungsempfängers im Vordergrund, handelt es sich um kein **Anschaffungsgeschäft** des Erwerbers, umgekehrt stellt auch der Rentenbarwert nicht etwa einen Veräußerungserlös des Übergebers dar, vgl. BFH BStBl. 1990 II 847; BFH/NV 1991, 681; *Fischer,* Wiederkehrende Bezüge und Leistungen, Rn. 121.

b) Beschluss des Großen Senats GrS 1/00 BStBl. 2004 II 95

93 Wiederkehrende Leistungen sind als **Sonderausgabe** abziehbar, wenn sie aus den erzielbaren Nettoerträgen des übergebenen Vermögens erbracht werden können. Der im II. Rentenerlass BStBl. 2002 I 893 Tz. 17–19 und 38–40 zum Sonderausgabenabzug zugelassene **Typus 2** (Versorgungsleistungen ohne ausreichende Erträge) wurde vom Großen Senat **verworfen**. Sofern vom Vermögensübernehmer wiederkehrende Leistungen erbracht werden, die über den Ertrag des übergebenen Vermögens hinausgehen, werden diese insgesamt als **Gegenleistung** behandelt.

94 Bei der **Unternehmensfortführung** gilt die **Beweiserleichterung**, wonach eine nur in Ausnahmefällen (z. B. mehrjährige Verluste oder im Verhältnis zu den wiederkehrenden Leistungen geringe Gewinne des Unternehmens) widerlegbare Vermutung dafür besteht, dass die Erträge ausreichen, um die wiederkehrenden Leistungen in der vereinbarten Höhe zu erbringen. Allerdings wird diese Beweiserleichterung durch Tz. 50 Satz 3 III. Rentenerlass BStBl. 2004 I 922 konterkariert, da danach wiederkehrende Leistungen **teilentgeltlich** erbracht werden, wenn der Wert des übertragenen Vermögens höher ist als der Barwert der wiederkehrenden Leistungen. In Höhe des übertragenen Vermögens liegt Entgeltlichkeit, darüber hinaus Unterhaltszahlung vor!

c) Aufteilung?

Die Rechtsprechung BFH BStBl. 1964 III 422 räumt ein, dass die Aufteilung an sich möglich sei, aber „zu praktischen Schwierigkeiten" führe. *Offerhaus,* FR 1971, 347 hat sich schon frühzeitig für eine Aufteilung in abziehbare und nicht abziehbare Teile ausgesprochen und nur dann eine Aufspaltung verneint, wenn die vom Rentenempfänger erbrachte „Gegenleistung" völlig unerheblich ist, d. h. im Verhältnis zur dauernden Last (Leibrente) nicht einmal 10% des Wertes dieser Last beträgt. Soweit eine nicht völlig unmaßgebliche Gegenleistung vorliegt, soll der Ertragsanteil der Leibrente als Sonderausgabe abziehbar sein; im übrigen sei die Abziehbarkeit nach § 12 Nr. 2 EStG ausgeschlossen, ebenso *Spiegelberger,* FS für Offerhaus (1999), 549. **95**

d) Nachträgliche Umschichtung des übertragenen Vermögens

Beispiel: Im Einleitungsbeispiel haben sich die Eltern in ein Seniorenheim zurückgezogen. Durch einen Steuerbescheid, wonach sie die in dem übergebenen Autohaus ruhenden stillen Reserven versteuern sollen, erfahren sie, dass die Tochter das Autohaus mit einem erheblichen Veräußerungsgewinn verkauft hat. **96**

aa) Rechtsprechung des X. BFH-Senats

Der X. Senat BFH/NV 1998, 1563 hat entschieden, dass der Sonderausgabenabzug generell endet, wenn der Übernehmer den übernommenen Vermögensgegenstand nicht mehr selbst bewirtschaftet, sondern veräußert. Ab der Vermögensumschichtung – also nicht rückwirkend – ist die Vermögensübergabe als **entgeltliches Geschäft** zu beurteilen, so dass die wiederkehrenden Leistungen – ohne Rücksicht auf die Bezeichnung durch die Vertragsparteien und deren Motive – als in Zins- und Tilgungsanteil zu zerlegende Kaufpreisraten zu behandeln sind. **97**

Entnahme- und Veräußerungsvorgänge sind nur zurechenbar, wenn sie auf dem Willen der zu besteuernden Person, also auf dem Willen des Übergebers, beruhen. Besteuerung aus Drittverhalten ist eine Steuererhebung ohne Tatbestandsverwirklichung, vgl. *Crezelius,* FR 2002, 811, im Ergebnis somit Sippenhaftung. Ein Versorgungsvertrag kann nicht einseitig in einen Unternehmenskaufvertrag umgewandelt werden; kritisch auch *Franz/Seitz,* DStR 2002, 1753; *Hipler,* Vermögensübergabe gegen private Versorgungsleistungen im Einkommensteuerrecht (2001), 137; *Spiegelberger,* ErbStB 2003, 13.

Der Gesetzgeber hat durch die Regelung in **§ 6 Abs 3 EStG verbindliche Beurteilungskriterien** getroffen. Gem. § 6 Abs. 3 EStG entfällt die dort vorgesehene Buchwertfortführung, wenn der Rechtsnachfolger den übernommenen Mitunternehmeranteil innerhalb eines Zeitraums von **fünf Jahren** veräußert oder aufgibt. Diese Wertung des Gesetzgebers darf die Rechtsprechung nicht durch ein lebenslanges Umschichtungsverbot konterkarieren. **98**

bb) Regelung im III. Rentenerlass

Die Finanzverwaltung III. Rentenerlass BStBl. 2004 I 922 Rz. 31 hat die nachträgliche Umschichtung steuerbürgerfreundlich im Anschluss an die ursprüngliche Betrachtung im I. Rentenerlass geregelt. Überträgt der Übernehmer das übernommene Vermögen auf einen Dritten und erwirbt mit dem **99**

Erlös zeitnah eine existenzsichernde und ausreichend ertragbringende Wirtschaftseinheit (Rz. 10 und 19) oder stellt eine solche her, sind die nach der Übertragung an den Übergeber entrichteten wiederkehrenden Leistungen weiterhin Versorgungsleistungen. Erfolgt keine Reinvestition, behandelt der III. Rentenerlass Tz. 28 die weiterhin entrichteten wiederkehrenden Zahlungen als Unterhaltsleistung, also ohne jegliche einkommensteuerliche Relevanz.

100 Die **Einbringung** des übernommenen Vermögens in eine Kapital- oder Personengesellschaft i. S. der §§ 20, 24 UmwStG gegen Gewährung von Gesellschaftsanteilen bzw. -rechten stellt keine nachträgliche Umschichtung i. S. der Rz. 28 dar. Dies gilt auch für die formwechselnde Umwandlung, Verschmelzung oder Realteilung von Personengesellschaften, vgl. Rz. 32 III. Rentenerlass BStBl. 2004 I 922.

e) Nachträgliche Änderung von Versorgungsleistungen

101 Die steuerliche Anerkennung von Versorgungsverträgen setzt voraus, dass die Rechte und Pflichten ernsthaft gewollt sind und die Leistungen wie vereinbart tatsächlich erbracht werden, vgl. Tz. 25 BMF-Schreiben (I. Rentenerlass) BStBl. 1996 I 1508. Werden demnach die Leistungen ohne Änderung der Verhältnisse, also willkürlich nicht mehr erbracht, versagt die Finanzverwaltung die Anerkennung auf Dauer, auch wenn die vereinbarten Zahlungen später wieder aufgenommen werden, vgl. Tz. 39 III. Rentenerlass.

102 Änderungen der Versorgungsleistungen sind steuerrechtlich nur anzuerkennen, wenn sie durch ein in der Regel langfristig verändertes Versorgungsbedürfnis des Berechtigten und/oder die veränderte wirtschaftliche Leistungsfähigkeit des Verpflichteten veranlasst sind, vgl. BFH BStBl. 1992 II 1020. Unter diesen Voraussetzungen ist es auch möglich, zusätzliche Leistungen als dauernde Last zu vereinbaren, auch wenn dadurch der Wert der ursprünglich geschuldeten Leistungen überstiegen wird, vgl. BFH BStBl. 1997 II 47.

f) Anerkennungsrisiken

aa) Mündliche Abänderungsvereinbarungen

103 Eine mündliche Änderungsvereinbarung wird von der Steuerrechtsprechung nicht anerkannt, wenn vertraglich Formerfordernisse, insbesondere die Schriftform, vereinbart sind. Eine in einer Gesellschafterversammlung mündlich beschlossene angemessene Gehaltserhöhung ist demnach eine verdeckte Gewinnausschüttung, wenn die im Anstellungsvertrag vorgesehene schriftliche Änderungsvereinbarung nicht zustande gekommen ist, vgl. BFH GmbHR 1988, 246. Unter Familienangehörigen sollte von verschärfenden Formvorschriften Abstand genommen werden, obwohl bürgerlich-rechtlich die Aufhebungsvereinbarung hinsichtlich einer freiwillig begründeten Formpflicht keiner Form bedarf.

bb) Unregelmäßige Zahlungen

104 Werden die auf der Grundlage eines Vermögensübergabevertrages geschuldeten Versorgungsleistungen ohne Änderung der Verhältnisse, also willkürlich nicht mehr erbracht, sind sie steuerrechtlich nicht anzuerkennen, auch wenn

die vereinbarten Zahlungen später wieder aufgenommen werden, vgl. Tz. 27 Rentenerlass.

cc) Fehlende Anpassung trotz schriftlicher Vereinbarung

Viele Leibrentenverträge enthalten Automatikklauseln, wonach bei be- **105**
stimmten Indexveränderungen die Leibrente sich entsprechend im selben Ausmaß erhöht oder vermindert. In der Praxis werden diese Vereinbarungen häufig ignoriert, also die ursprünglich vereinbarte Leistung weiter erbracht, obwohl aufgrund der Automatikklausel eine veränderte Leibrente geschuldet wird. In der Vertragstechnik sollte überlegt werden, ob die Änderung der Leibrente bei entsprechenden Indexveränderungen nur auf **Antrag** einer Vertragspartei erfolgt.

dd) Änderungen in den wirtschaftlichen Verhältnissen

Änderungen der Versorgungsleistungen sind steuerrechtlich nur anzuer- **106**
kennen, wenn sie durch ein in der Regel langfristig **verändertes Versorgungsbedürfnis** des Berechtigten und/oder die **veränderte wirtschaftliche Leistungsfähigkeit** des Verpflichteten veranlasst sind, vgl. BFH BStBl. 1992 II 1020. Rückwirkende Vereinbarungen sind steuerrechtlich nicht anzuerkennen, es sei denn, die Rückbeziehung ist nur von kurzer Zeit oder hat lediglich technische Bedeutung, vgl. BFH BStBl. 1987 II 710 und 1989 II 281. Die Rechtsprechung begründet die strenge Beurteilung bei Übergabeverträgen damit, dass – z.B. im Gegensatz zu Mietverträgen – eine Abrede mit steuerrechtlicher Wirkung (einschließlich der Anpassungen) nur bei Übertragung des Vermögens getroffen werden könne.

g) Jahressteuergesetz 2008

Durch das Jahressteuergesetz 2008 erhielt § 10 Abs. 1 Nr. 1a EStG folgen- **107**
den Wortlaut:

Sonderausgaben sind …

„1a. auf besonderen Verpflichtungsgründen beruhende, lebenslange und wiederkehrende Versorgungsleistungen, die nicht mit Einkünften in wirtschaftlichem Zusammenhang stehen, die bei der Veranlagung außer Betracht bleiben, wenn der Empfänger unbeschränkt einkommensteuerpflichtig ist. Dies gilt nur für

a) Versorgungsleistungen im Zusammenhang mit der Übertragung eines Mitunternehmeranteils an einer Personengesellschaft, die eine Tätigkeit im Sinne des § 13, 15 Abs. 1 Satz 1 Nr. 1 oder des § 18 Abs. 1 ausübt;
b) Versorgungsleistungen im Zusammenhang mit der Übertragung eines Betriebs oder Teilbetriebs, sowie
c) Versorgungsleistungen im Zusammenhang mit der Übertragung eines mindestens fünfzig Prozent betragenden Anteils an einer Gesellschaft mit beschränkter Haftung, wenn der Übergeber als Geschäftsführer tätig war und der Übernehmer diese Tätigkeit nach der Übertragung übernimmt.

Satz 2 gilt auch für den Teil der Versorgungsleistungen, der auf den Wohnteil eines Betriebs der Land- und Forstwirtschaft entfällt;“

Durch die Neufassung entfällt die Unterscheidung zwischen Renten und dauernden Lasten, da der Gesetzgeber nur noch den Begriff der „Versorgungsleistungen“ verwendet und den vollen Abzug als Sonderausgabe gestattet.

Nach der Übergangsregelung in § 52 Abs. 23e Satz 1 EStG gilt die Neuregelung nur für Versorgungsleistungen, die auf nach dem 31. 12. 2007 vereinbarten Vermögensübertragungen beruhen. Zur Kritik an der Neuregelung vgl. *Spiegelberger,* DB 2008, 1063.

2. Betriebliche Versorgungsrente

a) Tatbestand

108 Betriebliche Versorgungsleistungen hat der BFH/NV 1991, 530 beim Ausscheiden aus einer Personengesellschaft gegen wiederkehrende Zahlungen anerkannt, wenn

- die Höhe der nach dem Gesellschaftsvertrag bestimmten Versorgungsleistungen, insbesondere für den Fall der Invalidität zugesagt wird,
- die Vereinbarung für alle Gesellschafter gilt und
- das Gesellschaftsverhältnis auf Dauer angelegt ist, d.h. im Zeitpunkt der gesellschaftsvertraglichen Versorgungsvereinbarung noch mit einem längeren Verbleiben des „Seniors" in der Mitunternehmerschaft gerechnet werden kann.

b) Buchwertfortführung

109 Da betriebliche Versorgungsleistungen nicht als Entgelt für die Übertragung von Wirtschaftsgütern des Betriebsvermögens anzusehen sind, hat der Verpflichtete nach § 6 Abs. 3 EStG die bisherigen Buchwerte des insoweit unentgeltlich erworbenen Vermögens fortzuführen, vgl. BFH BStBl. 1977 II 603; NV 1998, 835.

c) Besteuerung

110 Betriebliche Versorgungsleistungen werden unabhängig von der Relation zwischen dem Wert des übergehenden Gesellschaftsanteils und dem Wert der wiederkehrenden Zahlungen anerkannt. Betriebliche Versorgungsleistungen sind als **nachträgliches Entgelt** für die ehemalige betriebliche Tätigkeit zu versteuern, vgl. BFH BStBl. 1978 II 301. Sie sind in voller Höhe gem. § 24 Nr. 2 EStG steuerpflichtig und beim Verpflichteten in voller Höhe als Betriebsausgabe abzugsfähig.

111 Steht bei dem Ausscheiden eines Gesellschafters aus einer Personengesellschaft die betriebliche Fürsorge im Vordergrund und nicht die Entrichtung einer Gegenleistung für erworbene Wirtschaftsgüter, soll also die Versorgung des Berechtigten oder dessen Ehegatten aus betrieblichen Gründen gewährleistet werden, handelt es sich um eine betriebliche Versorgungsrente, die gem. § 24 Nr. 2 EStG als nachträgliche betriebliche Einkünfte in voller Höhe zu erfassen ist, vgl. BFH BStBl. 1966 III 597; 1989 II 888. Nimmt ein Rechtsanwalt seinen Schwiegersohn als Sozius auf, so sind Rentenzahlungen, die der Schwiegersohn aufgrund einer im Sozietätsvertrag getroffenen Versorgungsabrede nach dem Tode des Schwiegervaters an dessen Witwe leistet, Betriebsausgaben, wenn und soweit der Schwiegersohn auch bei Eintritt in eine vergleichbare Praxis eines Fremden gleichartige Verpflichtungen eingegangen wäre, vgl. BFH BStBl. 1979 II 403 und BFH/NV 1998, 820. Bei einem **betrieblichen Versorgungswerk**, das auch für weitere Sozien gelten würde, wäre die Rente als betriebliche Versorgungsrente zu qualifizieren. M.E. wächst bei bilanzierenden Mitunternehmern im Fall des Ausscheidens unter Gewährung einer betrieblichen Versorgungsrente das Kapitalkonto des Ausscheidenden den übrigen Mitunternehmern an.

Nach der Auffassung von Hofer a.a.O., 57 gibt es keine betrieblichen Ver- 112
sorgungsleistungen. Sofern sich im Zusammenhang mit der Übertragung von Mitunternehmeranteilen vereinbarte wiederkehrende Zahlungen nicht dem Rechtssystem des Übergabevertrages zuordnen lassen, ist danach stets ein (teil-)entgeltlicher Vorgang gegeben, so auch *Paus,* BB 1978, 1159; *Biergans,* Renten- und Raten in der Einkommensteuer 4. Aufl. 1993, 223.

3. Teilentgeltliche Übertragungen

a) III. Rentenerlass BStBl. 2004 I 922

- Wiederkehrende Leistungen **im Austausch mit einer Gegenleistung** 113
  enthalten bis zur Grenze der Angemessenheit eine nichtsteuerbare oder steuerbare Vermögensumschichtung in Höhe ihres Barwerts (Tilgungsanteil) und einen **Zinsanteil** (Tz. 50).
- Wiederkehrende Leistungen werden **teilentgeltlich** erbracht, wenn der Wert des übertragenen Vermögens höher ist als der Barwert der wiederkehrenden Leistungen.
- Ist der Barwert der wiederkehrenden Leistungen höher als der Wert des übertragenen Vermögens, ist Entgeltlichkeit in Höhe des angemessenen Kaufpreises anzunehmen. Der **übersteigende Betrag** ist eine **Zuwendung i.S. des § 12 Nr. 2 EStG** (Tz. 50).
- Der **Zinsanteil** von Renten und dauernden Lasten **darf grundsätzlich nicht abgezogen werden**. Dient das gegen Zahlung einer Rente oder dauernden Last erworbene Wirtschaftsgut der Einkünfteerzielung, ist der in den einzelnen Zahlungen enthaltene Zinsanteil dagegen als Werbungskosten oder Betriebsausgabe abzuziehen.
- Wird eine Beteiligung i.S. des § 17 EStG gegen eine Leibrente oder gegen einen in Raten zu zahlenden Kaufpreis veräußert, sind die Grundsätze der EStR 140 Abs. 7 i.V.m. 139 Abs. 11 zu beachten.

b) BMF-Schreiben BStBl. 2004 I 1187

Wird ein Betrieb, ein Teilbetrieb, ein Mitunternehmeranteil oder eine Be- 114
teiligung i.S. des § 17 EStG gegen eine Leibrente oder gegen einen in Raten zu zahlenden Kaufpreis (zur Verschaffung einer Versorgung) veräußert, hat der Veräußerer die Wahl zwischen der sofortigen Besteuerung eines Veräußerungsgewinns (**Sofortbesteuerung**) und einer nicht tarifbegünstigten Besteuerung als nachträgliche Betriebseinnahmen im Jahr des Zuflusses (**Zuflussbesteuerung**), vgl. EStR 139 Abs. 11, 140 Abs. 7 Satz 2.

In dem BMF-Schreiben BStBl. 2004 I 1187 werden folgende Differenzierungen vorgenommen:

aa) Veräußerung von Betrieben, Teilbetrieben oder Mitunternehmeranteilen gem. § 16 EStG

Gem. Tz. 1.1 unterliegen die Rentenzahlungen mit ihrem Zinsanteil im 115
Jahr ihres Zuflusses als nachträgliche Einkünfte aus Gewerbebetrieb i.S.v.

§ 15 i. V. m. § 24 Nr. 2 EStG der Besteuerung. Der Tilgungsanteil ist nach Verrechnung mit dem Buchwert des steuerlichen Kapitalkontos und etwaigen Veräußerungskosten im Jahr des Zuflusses als nachträgliche Einkünfte aus Gewerbebetrieb (§ 15 i. V. m. § 24 Nr. 2 EStG) zu versteuern. Die Aufteilung in einen Zins- und einen Tilgungsanteil ist nach §§ 13, 14 BewG oder nach versicherungsmathematischen Grundsätzen vorzunehmen.

bb) Veräußerung von Anteilen an Kapitalgesellschaften i. S. v. § 17 EStG

116 Gem. Tz. 1.2 unterliegen die Rentenzahlungen mit ihrem Zinsanteil im Jahr ihres Zuflusses als sonstige Einkünfte i. S. v. § 22 Nr. 1 Satz 3 Buchst. a) EStG (nunmehr Buchst. bb)) in voller Höhe der Besteuerung. Der Tilgungsanteil ist nach Verrechnung mit den Anschaffungskosten der Beteiligung und etwaigen Veräußerungskosten im Jahr des Zuflusses als nachträgliche Einkünfte aus Gewerbebetrieb i. S. v. § 17 i. V. m. §§ 15, 24 Nr. 2 EStG zu versteuern. Nur auf den Tilgungsanteil ist nach § 3 Nr. 40 Buchst. c) EStG das Teileinkünfteverfahren anzuwenden. Der Zinsanteil ist nach der Tabelle in § 22 Nr. 1 Satz 3 Buchst. a) Satz 3 (nunmehr Buchst. bb)) EStG zu ermitteln.

117 Im Endergebnis ergibt sich aus dem BMF-Schreiben, dass abweichend von der früheren Praxis der **Zinsanteil sofort** als Einkünfte **erfasst wird**, während früher bis zur Verrechnung mit dem Kapitalkonto keine Besteuerung erfolgte.

4. Vollentgeltliche Rechtsgeschäfte

118 Den Beteiligten steht es frei, durch **ausdrückliche Erklärung** Vereinbarungen wie unter fremden Dritten zu treffen und die S**onderregelungen** der **vorweggenommenen Erbfolge** (Widerruf wegen groben Undanks gem. § 530 BGB, Rückgabe wegen Notbedarfs des Schenkers gem. § 528 BGB, Pflichtteilsanrechnung gem. § 2315 BGB, Ausgleichung gem. § 2050 BGB) **auszuschließen**. Auf derartige Vereinbarungen findet dann Kaufrecht Anwendung, selbst wenn Leistung und Gegenleistung nicht kaufmännisch abgewogen wurden, also auch schenkungsteuerliche Relevanz (nach BGHZ 30, 122 kann der Schenker eine gemischte Schenkung wegen groben Undanks widerrufen, wenn der unentgeltliche Charakter des Geschäfts überwiegt) vorliegt (im Ergebnis ähnlich *Fleischer,* ZEV 2007, 475, 478; *Seyfried,* ZEV 2007, Heft 7 S. VI; a. A. *Risthaus,* DB 2007, 240 und ZErb 2007, 314, 317; *Röder,* DB 2008, 146, 151).

a) Zeitrenten

Einschränkungen, die schon immer zu Veräußerungsrenten führten, verhindern auch künftig die Beurteilung als Versorgungsleistungen gem. § 10 Abs. 1 Nr. 1a EStG n.F. Dies gilt insbesondere für alle Formen von **Zeitrenten**, die also nicht die lebenslange Versorgung sicherstellen. Angesichts des nunmehrigen Wortlautes, wonach die „lebenslange" Gewährung Tatbestandsmerkmal von Versorgungsleistungen geworden ist, fallen auch zeitlich begrenzte wiederkehrende Leistungen zur Überbrückung einer Versorgungslücke nicht mehr in den Geltungsbereich von § 10 Abs. 1 Nr. 1a EStG (*Wälzholz,* DStR 2008, 273, 277 hält auch in Zukunft abgekürzte Versorgungsleistungen, die lediglich der Schließung einer Versorgungslücke dienen, vgl. BFH BStBl. 1994 II 633; 1996 II 676 für sonderausgabenfähig). **119**

b) Den Unternehmensertrag übersteigende Leibrenten

Im Zusammenhang mit einer Vermögensübergabe zur Vorwegnahme der Erbfolge vereinbarte (abänderbare) Versorgungsleistungen waren schon nach der bisherigen Rechtsprechung des BFH GrS 1/00, BStBl. 2004 II 95 nicht als Sonderausgabe gem. § 10 Abs. 1 Nr. 1a EStG abziehbar, wenn sie **nicht aus den erzielbaren laufenden Nettoerträgen** des übergebenen Vermögens gezahlt werden können. Die steuerliche Zurechnung zu den Versorgungsleistungen beruht nach der Rechtsprechung auf dem Umstand, dass sich der Vermögensübergeber in Gestalt der Versorgungsleistungen typischerweise Erträge seines Vermögens vorbehält, die nunmehr allerdings vom Vermögensübernehmer erwirtschaftet werden müssen. **120**

Sofern die vereinbarte Leibrente nicht aus den Nettoerträgen aufgebracht werden kann, muss einkommensteuerlich – unabhängig von der zivilrechtlichen Qualifizierung – von einer **Gegenleistung** ausgegangen werden und zwar auch dann, wenn Leistung und Gegenleistung nicht kaufmännisch abgewogen wurden. Die Leibrentenzahlung, die über die präsumtiven Nettoerträge des übergebenen Vermögens hinausgeht, ist somit eine Veräußerungsrente, die einen Veräußerungsvorgang auf Seiten des Übergebers und einen Anschaffungsvorgang auf Seiten des Erwerbers darstellt, der im Falle der Vermietung Betriebsausgaben geltend machen kann. **121**

c) Rechtsprechung zur Veräußerungsrente

Der X. Senat hat mit seinem Urt. v. 25. 11. 1992 BStBl. 1996 II 666 die **Rentenbesteuerung** bei der **entgeltlichen** Veräußerung eines privaten Wirtschaftsgutes gegen eine Leibrente **grundlegend geändert**. Das Urteil hat dem X. Senat den Vorwurf eingetragen, willkürlich gegen die Tatbestandsmäßigkeit der Besteuerung verstoßen zu haben, vgl. *Biergans/Koller,* DStR 1993, 863. Der BFH differenziert in der Besteuerung der Beteiligten wie folgt: **122**

aa) Zahlender

123 Beim Zahlenden führt die Leibrente **nicht** zum **Sonderausgabenabzug** gem. § 10 Abs. 1 Nr. 1a Satz 2 i.V.m. § 22 Nr. 1 Satz 3 a) bb) EStG. Nach Auffassung des X. Senats sind Zinsen als Entgelt für die Überlassung von Kapital keine Aufwendungen. Es gebe, gemessen am allgemeinen Gleichheitsgrundsatz, keinen tragfähigen Grund dafür, den Zinsanteil von gleichbleibenden und abänderbaren Leistungen unterschiedlich zu behandeln. **Private Schuldzinsen** sind generell **nicht abziehbar,** wenn sie nicht der Erwerbs-, sondern der Privatsphäre zuzuordnen sind. Nach Streichung des privaten Schuldzinsenabzugs durch das Steueränderungsgesetz 1973 sei die Grundnorm entfallen, nach der in gleichbleibenden wiederkehrenden Leistungen enthaltener Zinsanteil – aus Gründen einer vereinfachten Handhabung – mit einem für die gesamte Laufzeit gleichbleibenden Zinsanteil beziffert werde. Diese gesetzliche Quantifizierung sei gegenstandslos geworden. Entgegen *Biergans/Koller,* a.a.O., 864 werde durch die neue Rechtsprechung des X. Senats nicht § 10 Abs. 1 Nr. 1 a) Satz 2 EStG partiell abgeschafft; die Vorschrift sei vielmehr gegenstandslos, soweit pauschalierte private Schuldzinsen betroffen sind, vgl. *Fischer,* Wiederkehrende Bezüge und Leistungen Rn. 63 Fn. 87. Der X. Senat EStB 2002, 83 hat seine dargestellte Rechtsprechung nochmals bekräftigt.

bb) Bezieher

124 Die Besteuerung privater Zinserträge sei nicht entfallen, so dass kein Anlass besteht, auf die Grundnorm des § 20 Abs. 1 Nr. 7 EStG zu verzichten. Der Verkäufer muss also den in der Rente enthaltenen Zinsanteil **ausnahmslos versteuern**, während der Käufer sich nicht auf den Sonderausgabenabzug gem. § 22 Nr. 1 Satz 3 a) bb) EStG berufen kann, sondern die gezahlten Zinsen nur als Werbungskosten oder Betriebsausgaben geltend machen kann, wenn er mit dem erworbenen Gegenstand entsprechende Einkünfte erzielt.

5. Unterhaltszahlung

Literatur: *Strahl,* Wider das Aufteilungs- und Abzugsverbot!, KÖSDI 2004, 14019.

125 Aus einkommensteuerlichen Gründen ist die Abgrenzung zwischen Leibrenten und dauernden Lasten einerseits und Unterhaltszahlungen andererseits erforderlich, da Unterhaltszahlungen gem. § 12 Nr. 1 EStG **einkommensteuerlich irrelevant** sind, also weder beim Zahlenden noch beim Empfänger einkommensteuerlich erfasst werden. Gem. § 12 Nr. 2 EStG werden auch freiwillige Zuwendungen, Zuwendungen aufgrund einer freiwillig begründeten Rechtspflicht und Zuwendungen an eine gegenüber dem Steuerpflichtigen oder seinem Ehegatten gesetzlich unterhaltsberechtigte Person oder deren Ehegatten, auch wenn diese Zuwendungen auf einer besonderen Vereinbarung beruhen, einkommensteuerlich nicht erfasst.

126 **Unangemessene** hohe Gegenleistungen sind vorab nach den Grundsätzen der Verträge zwischen nahen Angehörigen am Maßstab des Fremdvergleichs zu korrigieren, so zutreffend *Fischer,* NWB Fach 3 S. 9431.

127 Bei einer **überhöhten Veräußerungsrente** nimmt der X. Senat DStR 1995, 408 eine Reduktion in der Weise vor, dass der **angemessene Teil** der

Zahlungen, also soweit die Rentenzahlungen dem Wert des übertragenen Vermögensgegenstandes entsprechen, als **Anschaffungskosten** mit der Folge anerkannt werden, dass der Zahlende AfA geltend machen kann.

einstweilen frei 128–130

C. Übergabe eines Gewerbebetriebs gegen Versorgungszahlungen als dauernde Last

Literatur: *Bauer/Münch,* Die Verwertung von übertragenem Vermögen wegen Ansprüchen aus einer dauernden Last bei verminderter Leistungsfähigkeit des Schuldners, ZEV 2007, 6; *Korn,* Das BMF-Schreiben zu § 6 Abs. 3 EStG: Analyse und Gestaltungshinweise, KÖSDI 2005, 14633.

I. Formulierungsvorschlag

Beispiel: Die Eltern übertragen ihr Autohaus-Unternehmen unter Vereinbarung einer dauernden Last in Höhe von monatlich 3000 €. 131

Übertragung eines Autohauses

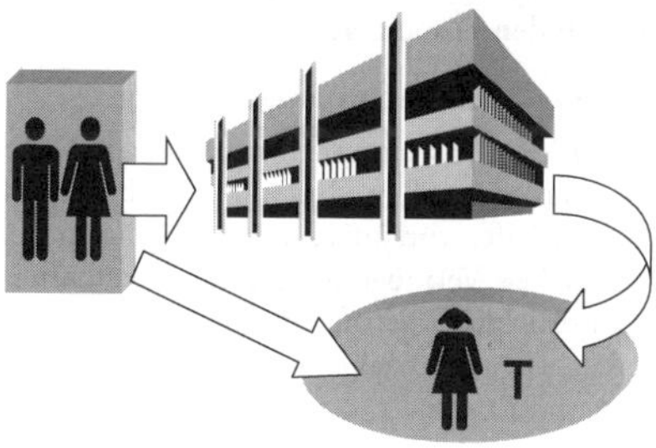

Beurkundet am …

§ 1 Vertragsgegenstand

Die Eheleute E betreiben unter der Firma

E Autohaus

in

ein Unternehmen, das die Führung eines Autohauses mit Reparaturwerkstätte zum Gegenstand hat. Der Betrieb ist im Handelsregister des Amtsgerichts …… unter HR A …… eingetragen. Werkstatt und Wohnhaus befinden sich auf Flst.Nr. …… Gemarkung ……, eingetragen im Grundbuch des Amtsgerichts …… für …… Band …… Blatt ……

§ 2 Überlassung

Die Eheleute E

– im folgenden „der Übergeber" genannt –

überlassen hiermit ihr vorbezeichnetes Anwesen Flst.Nr.…… mit allen Rechten und Bestandteilen sowie dem darin ausgeübten Gewerbebetrieb mit allen Aktiven und Passiven mit Wirkung zum 31. 12. 00.

an

ihre Tochter, Frau T

– im folgenden „der Erwerber" genannt –

die das Unternehmen unter der bisherigen Firma ohne Beifügung eines Nachfolge- oder Inhaberzusatzes fortführt.

Für den Bestand der Aktiva und Passiva ist die von Herrn Steuerberater V zum 31. 12. 00 zu erstellende Schlussbilanz maßgebend. Der einem ordnungsgemäßen Geschäftsgang entsprechende Bestand an Vorräten wird durch eine am 31. 12. 00 vorzunehmende Inventur ermittelt.

§ 3 Auflassung, Vormerkung

Die Vertragsteile sind darüber einig, dass das Eigentum an dem Grundstück Flst.Nr. … auf ihre Tochter, Frau T, übergeht und bewilligen und beantragen diese als Alleineigentümerin im Grundbuch einzutragen.
Die Bestellung einer Auflassungsvormerkung wird derzeit nicht gewünscht.

§ 4 Bewegliche Gegenstände, Forderungen

Die Vertragsteile sind über den Eigentumsübergang der am Tag des Besitzüberganges vorhandenen, zum Betriebsvermögen zählenden beweglichen Gegenstände, insbesondere der Geschäftsausstattung und der Vorräte, einig. Die Übergabe erfolgt am 1. 1. 01.
Ferner tritt der Übergeber sämtliche Forderungen aus Lieferungen und Leistungen sowie die sonstigen betrieblichen Ansprüche, insbesondere Guthaben auf betrieblichen Bank- und Postscheckkonten, wie diese am Tag des Besitzüberganges bestehen, an den Erwerber ab, der die Übertragung annimmt. Die Abtretung der Forderungen werden die Vertragsteile gemeinsam den Gläubigern anzeigen.

§ 5 Ausschluss der Rechts- und Sachmängelhaftung

Der Übergeber verpflichtet sich, das Unternehmen und alle Gegenstände des Betriebsvermögens in einem ordnungsgemäßen Zustand zu erhalten und bis zur Übergabe keine ungewöhnlichen Geschäfte vorzunehmen und keine größeren Investitionen zu tätigen, ferner alle betrieblichen Vermögensgegenstände lastenfrei zu übergeben, sofern nicht vom Erwerber ausdrücklich Verpflichtungen übernommen werden. Darüber hinaus wird jegliche Rechts- und Sachmängelhaftung ausgeschlossen, insbesondere eine Haftung für Umsatz und Ertrag.

§ 6 Dauerschuldverhältnisse, Arbeitsverträge

Die bestehenden Miet-, Leasing-, Wartungs- und Versicherungsverträge sowie die sonstigen betrieblichen Dauerschuldverhältnisse sind dem Erwerber bekannt. Er tritt mit dem Tag des Besitzüberganges an Stelle des Erwerbers in alle Verpflichtungen aus diesen Schuldverhältnissen ein mit der Verpflichtung, den Übergeber von jeglicher Inanspruchnahme freizustellen. Die erforderliche Zustimmung der Vertragspartner werden die Beteiligten selbst einholen.
Ebenso übernimmt der Erwerber entsprechend der gesetzlichen Regelung des § 613 a BGB alle bei Besitzübergang bestehenden Arbeitsverhältnisse. Der Übergeber versichert, dass betriebliche Pensionszusagen nicht erteilt wurden.

§ 7 Gewährleistung, Schuldübernahme

In der Schlussbilanz zum 31. 12. 00 werden die betriebsüblichen Rückstellungen für Gewährleistung ausgewiesen. Der Erwerber verpflichtet sich, alle in der Vergangenheit entstandenen und bis zur Besitzübergabe entstehenden Gewährleistungsansprüche an Stelle des Übergebers zu erfüllen und den Übergeber von jeglicher Inanspruchnahme freizustellen, auch soweit Gewährleistungsrisiken gegenwärtig nicht erkennbar sind.
Der Erwerber übernimmt an Stelle des Übergebers die im Grundbuch eingetragenen Grundpfandrechte über … in dinglicher Haftung sowie die zugrundeliegenden Schuldverpflichtungen in Höhe von derzeit … zur ferneren Verzinsung und Rückzahlung mit allen aus den Bestellungsurkunden und den Darlehensverträgen sich ergebenden Verpflichtungen. Die Zins- und Zahlungsbestimmungen sind dem Erwerber bekannt.

Am Tag des Besitzüberganges bestehende Eigentümerrechte und Rückgewähransprüche werden auf den Erwerber übertragen; die Umschreibung im Grundbuch wird bewilligt. Die befreiende Schuldübernahme wird den Grundpfandrechtsgläubigern durch Übersendung einer beglaubigten Abschrift dieser Urkunde mitgeteilt. Die gem. §§ 415 ff. BGB erforderlichen Genehmigungen werden die Vertragsteile selbst einholen. Auf das Erfordernis der Änderung der Zweckbestimmungserklärung wurde hingewiesen.
Der Erwerber übernimmt an Stelle des Übergebers auch die übrigen in der Bilanz zum 31. 12. 00 ausgewiesenen betrieblichen Verbindlichkeiten und stellt den Übergeber von jeder Inanspruchnahme frei.

§ 8 Betriebsprüfungsrisiko

Der sich nach Maßgabe der Schlussbilanz zum 31. 12. 00 ergebende Gewinn, soweit er nicht durch Entnahmen verwendet wurde, verbleibt dem Erwerber. Sofern sich aufgrund einer Betriebsprüfung Nachzahlungen für betriebliche Steuern (Umsatzsteuer, Gewerbesteuer, Lohnsteuer usw.) ergeben oder zu Lasten des Übergebers höhere Einkommen- und Kirchensteuerzahlungen aus den betrieblichen Einkünften für den Zeitraum bis zum Besitzübergang festgesetzt werden, übernimmt der Erwerber an Stelle des Übergebers diese Zahlungsverpflichtungen und verpflichtet sich, den Übergeber von jeglicher Inanspruchnahme freizustellen. Die Abschlusszahlungen, die sich aufgrund der Veranlagungen bis 31. 12. 00 ergeben, werden vom Erwerber getragen.

§ 9 Wohnungsrecht für Übergeber

Die Ehegatten E behalten sich auf Lebensdauer des Längstlebenden das in der Ausübung unentgeltliche Wohnungsrecht in der im ersten Stock des übergebenen Anwesens gelegenen Wohnung vor. Danach sind die Ehegatten E berechtigt, unter Ausschluss des Eigentümers auf ihre Lebensdauer sämtliche Räume der im ersten Stock gelegenen Wohnung zu bewohnen. Damit verbunden ist das Recht auf Mitbenützung der zum gemeinschaftlichen Gebrauch der Hausbewohner bestimmten Anlagen und Einrichtungen, insbesondere des Kellers und des Speichers, sowie von Hof und Garten. Der Eigentümer hat das Gebäude zur Ausübung des Wohnungsrechtes instandzuhalten.
Die Überlassung der Ausübung des Wohnungsrechtes an Dritte ist gestattet.
Der jeweilige Eigentümer hat auch die auf die Wohnung im ersten Stock entfallenden Kosten für Schönheitsreparaturen, Strom, Wasser, Heizung, Kanal, Müllabfuhr, Kaminkehrer, sowie alle sonstigen auf die Wohnung entfallenden Unkosten zu tragen.
Auch im Falle der Zerstörung des Gebäudes hat der Eigentümer den Ehegatten E eine standesgemäße Wohnung auf dem Anwesen zu gewähren.

Die Eintragung des vorstehend bestellten Wohnungsrechtes als
beschränkte persönliche Dienstbarkeit
an Flst.Nr. ...... zugunsten der Ehegatten E als Gesamtberechtigte gem. § 428 BGB,
sowie die Eintragung einer
Reallast gem. § 1105 BGB
zur Sicherung der Nebenkostenzahlung und der Gewährung einer anderweitigen Wohnung bei Zerstörung des Gebäudes an Flst.Nr. ...... zu Gunsten der Ehegatten E als Gesamtberechtigte gem. § 428 BGB wird bewilligt.

§ 10 Versorgungsleistungen

1. Der Erwerber verpflichtet sich an die Ehegatten E auf Lebensdauer als
   dauernde Last
   monatlich einen Betrag in Höhe von 3000 €
   – dreitausend Euro –
   im voraus je bis zum Dritten eines jeden Monats, erstmals für den auf die Beurkundung folgenden Monat, zu zahlen.

2. Sofern durch eine Änderung der wirtschaftlichen Verhältnisse der standesgemäße Unterhalt des Übergebers nicht mehr gewährleistet ist, kann der Übergeber eine Erhöhung der dauernden Last in analoger Anwendung des § 323 ZPO verlangen. Eine Abänderung kann insbesondere auch aus dem Mehrbedarf abgeleitet werden, der sich infolge dauernder Pflegebedürftigkeit des Übergebers oder aufgrund der Aufnahme in ein Alters- oder Pflegeheim ergibt, wobei für die Höhe der weitergehenden Zahlungspflicht ausschließlich die gesetzlichen Bestimmungen gelten, insbesondere gem. § 1601 BGB. Sofern sich die wirtschaftlichen Verhältnisse des Übergebers wesentlich verbessern, so dass er die dauernde Last ganz oder teilweise nicht mehr zu seinem Unterhalt benötigt, kann der Erwerber in entsprechender Anwendung des § 323 ZPO eine Herabsetzung der dauernden Last verlangen. Eine Herabsetzung der dauernden Last erfolgt auch bei sonstigen schwerwiegenden Störungen der Geschäftsgrundlage gem. § 313 BGB.
3. Der als dauernde Last jeweils zu zahlende Betrag soll wertbeständig sein. Er erhöht oder vermindert sich in demselben prozentualen Verhältnis, in dem sich der vom Statistischen Bundesamt in Wiesbaden für jeden Monat festgestellte und veröffentlichte Verbraucherpreisindex für Deutschland auf der Basis 2005 = 100 gegenüber dem für den ersten Fälligkeitsmonat festzustellenden Index erhöht oder vermindert. Eine Erhöhung oder Verminderung des jeweils zu zahlenden Betrages tritt jedoch erst dann ein, wenn die Indexveränderung zu einer Erhöhung oder Verminderung des jeweils zu zahlenden Betrages um mindestens 10% – zehn vom Hundert – führt.
   Die aufgrund der Wertsicherungsklausel erhöhte oder ermäßigte dauernde Last ist erstmals ab dem auf das Änderungsverlangen folgenden Monat zu entrichten.
4. Zur Sicherung aller Ansprüche auf Zahlung des vorstehend vereinbarten, als dauernde Last monatlich wiederkehrend zu entrichtenden Betrages in der vereinbarten wertgesicherten Form – ohne Berücksichtigung der vereinbarten Anpassungsmöglichkeit gem. § 323 ZPO – bestellt der Erwerber zu Gunsten des Übergebers eine
   Reallast
   am vertragsgegenständlichen Grundbesitz.
5. Die Vertragsteile bewilligen und beantragen die beschränkte persönliche Dienstbarkeit und die Reallast gem. § 9 dieses Vertrages sowie die Reallast gem. § 10 dieses Vertrages als
   Leibgeding gem. § 49 GBO
   an Flst.Nr....... einzutragen mit dem Vermerk, dass zur Löschung der Nachweis des Todes des Berechtigten genügen soll.
6. Auf eine Sicherung der Erhöhungsbeträge der dauernden Last aufgrund der vereinbarten Anpassungsmöglichkeit gem. § 323 ZPO durch Eintragung einer Sicherungshypothek wird verzichtet, obwohl der Notar auf die damit verbundenen Gefahren hingewiesen hat.

§ 11 Vorweggenommene Erbfolge

Die Überlassung des Vertragsgegenstandes erfolgt unentgeltlich im Wege der vorweggenommenen Erbfolge unter Anrechnung auf die Pflichtteilsrechte am künftigen Nachlass des Übergebers. Ein Geschwistergleichstellungsgeld ist nicht zu erbringen.
Eine Ausgleichungspflicht des Erwerbers gem. § 2050 BGB wird ausgeschlossen.

§ 12 Rückauflassungsvormerkung

Der Erwerber ist nur mit Zustimmung der Übergeber zur Veräußerung des vertragsgegenständlichen Anwesens Flst.Nr. ... berechtigt. Im Falle der Zuwiderhandlung sind die Übergeber und der längstlebende Übergeberteil berechtigt, die unentgeltliche

Rückübertragung des vertragsgegenständlichen Anwesens Flst.Nr. … zu verlangen. Zur Sicherung dieses Rechtes wird die Eintragung einer

Rückauflassungsvormerkung gem. § 883 BGB

zu Gunsten der Übergeber als Gesamtberechtigte gem. § 428 BGB bewilligt und beantragt.
Die Rechtswirksamkeit dieser Vormerkung erlischt mit dem Ableben des längstlebenden Übergeberteils, so dass die Löschung der Vormerkung unter Vorlage der Sterbeurkunden der Übergeber beantragt werden kann.
Um dem Erwerber einen Kreditrahmen für den übernommenen Gewerbebetrieb zu ermöglichen, wird die Eintragung eines Rangvorbehaltes bewilligt und beantragt, wonach der Erwerber berechtigt ist, im Rang vor der Rückauflassungsvormerkung Grundpfandrechte bis zu 100 000 € für beliebige Grundpfandrechtsgläubiger mit Jahreszinsen bis zu 18% seit Eintragung des Grundpfandrechts im Grundbuch und einer einmaligen Nebenleistung in Höhe von 5% zu bestellen und dieses Recht immer wieder erneut auszuüben. Die Eintragung dieses Rangvorbehalts im Grundbuch wird bewilligt und beantragt.

§ 13 Zwangsvollstreckungsunterwerfung

Der Erwerber unterwirft sich wegen der in dieser Urkunde eingegangenen und übernommenen Zahlungsverpflichtungen – hinsichtlich der in § 10 vereinbarten Reallast in Höhe des Ausgangsbetrages – der sofortigen Zwangsvollstreckung aus dieser Urkunde in sein gesamtes Vermögen. Hinsichtlich der übernommenen Grundpfandrechte für …… in Höhe von …… übernimmt der Erwerber für den Eingang der Grundschuldbeträge einschließlich Zins- und Nebenleistungen die volle persönliche Haftung und unterwirft sich auch insoweit der sofortigen Zwangsvollstreckung aus dieser Urkunde in sein gesamtes Vermögen. Der Gläubiger ist berechtigt, sich jederzeit eine vollstreckbare Ausfertigung dieser Urkunde ohne Fälligkeitsnachweis auf Kosten des Erwerbers erteilen zu lassen und den Erwerber aus der persönlichen Haftung schon vor der Vollstreckung in den Pfandbesitz in Anspruch zu nehmen.

§ 14 Hinweise

Die Beteiligten wurden hingewiesen auf
a) das Erfordernis der Beurkundung aller Vereinbarungen,
b) die gesetzlichen Haftungsbestimmungen der §§ 25 Abs. 1 HGB und 75 AO,
c) die Voraussetzungen für die Eigentumsumschreibung im Grundbuch und
d) die Schenkungsteuerpflicht gem. § 7 ErbStG.

§ 15 Kosten, Ausfertigungen, Abschriften

…

II. Anmerkungen

1. Unternehmenskontinuität

Flämig, DB 1978 Beilage Nr. 22, 2 nennt es eine Binsenwahrheit, dass bereits die Ankündigung einer Unternehmensnachfolge, erst recht deren plötzlicher Eintritt, in dem Organismus eines jeden Unternehmens zu Erschütterungen führt, die – wenn hiergegen nicht rechtzeitige Vorkehrungen getroffen werden – die Existenz des Unternehmens in Frage stellen könnten. Je stärker dabei der Bestand eines Unternehmens mit der Person des Unternehmers verbunden ist, um so eher können Erbfälle Anlass zu Unternehmenskrisen werden. Die Überleitung der Verantwortung für ein Familienunternehmen erfolgt somit am besten im Wege der **umschauend geplanten** 132

vorweggenommenen Erbfolge, entweder stufenweise durch Aufnahme des Unternehmensnachfolgers als Gesellschafter und späterem Ausscheiden des Seniors oder unter Betriebsübergabe im Ganzen.

2. Vertragsgegenstand

133 Als Übergabezeitpunkt wird meist ein **Bilanzstichtag** gewählt, insbesondere auch um die Kosten einer Zwischenbilanz zu ersparen. Bei einer Übertragung zu einem vom Geschäftsjahr abweichenden Zeitpunkt kann zur Vermeidung einer Zwischenbilanz eine Verteilung des Gewinnes durch eine pauschale Quotelung nach Monaten erfolgen. Zur Konkretisierung des Vertragsgegenstandes ist im allgemeinen die Bezugnahme auf die zum Ende des vorausgegangenen Geschäftsjahres ohnehin zu erstellende Bilanz ausreichend; für die Beurkundung selbst ist das Vorliegen einer Bilanz nicht notwendig. Sofern im Einzelfall Abgrenzungsschwierigkeiten bestehen sollten, kann die Vereinbarung einer Schiedsgutachterklausel gem. § 317 BGB sinnvoll sein.

3. Haftung

134 Die Übertragung erfolgt in aller Regel ohne Haftung für Sach- und Rechtsmängel, insbesondere auch ohne Haftung für Umsatz und Ertrag.

Bei stark verschuldeten Betrieben ist die Haftung des Erwerbers gemäß § 25 Abs. 1 HGB sowie gemäß § 75 AO für betriebliche Steuern zu berücksichtigen.

4. Gewährleistungsübernahme

135 Der im Ruhestand befindliche Übergeber ist nicht mehr in der Lage, Gewährleistungsarbeiten durchzuführen. Im allgemeinen ist es sinnvoll, den Übergeber auch von der Haftung für Gewährleistungsrisiken freizustellen, da die Haftungsgrundlage, nämlich der Betrieb, übertragen wird.

5. Betriebsprüfungsrisiko

136 Die Beendigung der beruflichen Tätigkeit ist häufig ein Anlass für die Finanzverwaltung zu einer Betriebsprüfung. Steuernachzahlungen für Umsatzsteuer, Gewerbesteuer und Lohnsteuer übernimmt in aller Regel der Erwerber. Aber auch die Nacherhebung von Einkommen- und Kirchensteuer kann für den Übergeber so gravierend sein, dass die Zahlung durch den Erwerber als Vermögensübernehmer sinnvoll ist. Die Übernahme von Steuernachzahlungen stellt einkommensteuerlich eine **Gegenleistung** dar, so dass bei einem negativen Kapitalkonto Gewinnrealisierung droht.

6. Arbeitsverhältnisse

137 Arbeitsverhältnisse werden kraft Gesetzes gem. **§ 613 a BGB** übergeleitet. Für bereits beendete Arbeitsverhältnisse bestehen Ansprüche nur gegenüber dem bisherigen Arbeitgeber, nicht gegen den Erwerber, vgl. LAG Düsseldorf, NZA 2000, 422; *Palandt/Weidenkaff*, BGB § 613a Rn. 18–22. Der Übergang der Arbeitsverhältnisse ist gem. § 613a Abs. 5 BGB in Textform mitzuteilen, um den Arbeitnehmer zu befähigen, innerhalb eines Monats nach Zugang der Unterrichtung dem Übergang des Arbeitsverhältnisses gem. § 613a Abs. 6 BGB zu widersprechen, so dass das Arbeitsverhältnis mit dem bisheri-

gen Arbeitgeber fortgesetzt wird, dem die Möglichkeit der betriebsbedingten Kündigung offen steht.

7. Dauerschuldverhältnisse

Durch die Übernahme der Dauerschuldverhältnisse wird der Übergeber vor Inanspruchnahme geschützt, zumal Kündigungsmöglichkeiten häufig nicht bestehen; ohne Zustimmung der Gläubiger erfolgt die Übernahme nur im Innenverhältnis. Der Schutz der übertragenden Generation vor Haftung und Inanspruchnahme seitens der Gläubiger ist ein nobile officium des Notars. 138

8. Versorgung des Übergebers

Bei mittelständischen Familienbetrieben erfolgt die Versorgung des Übergebers und seines Ehegatten meist durch Vereinbarung eines **Wohnungsrechtes** und **wiederkehrender, wertgesicherter Bezüge**. Darüber hinaus ist auch die Vereinbarung einer befreienden Schuldübernahme für alle betrieblichen Verbindlichkeiten (Genehmigungserfordernis gem. §§ 415 ff. BGB!) üblich. Soweit Grundbesitz übertragen wird, ist auf die Sicherung der vereinbarten Gegenleistungen durch Eintragung von Wohnungsrechten und Reallasten im Grundbuch zu achten. 139

Die vereinbarte dauernde Last ist bilanzunabhängig gestaltet, so dass alle Schwankungen im Geschäftsgang zu keiner Veränderung führen, um die Altersversorgung der Eltern zu sichern. Bei schwerwiegenden Störungen der Geschäftsgrundlage erfolgt jedoch gem. § 313 BGB eine entsprechende Anpassung. Während vor der Gesetzesänderung durch das Jahressteuergesetz 2008 von der Vereinbarung von **Mindestleistungen** bei einer dauernden Last abgeraten wurde, da in dieser Bestimmung eine Umqualifizierung in eine Leibrente gesehen wurde (vgl. 1. Aufl. Rn. 153), kann nunmehr ohne weiteres eine derartige Beschränkung vereinbart werden, da auch eine Mindestleistung zum vollen Sonderausgabenabzug führt. 140

Das Pflegeheimrisiko ist Bestandteil der Anpassungsvereinbarung, so dass die spätere Pflegebedürftigkeit der Eltern zu einer Erhöhung der dauernden Last führt, und zwar auch dann, wenn die im Zeitpunkt der Pflegebedürftigkeit erzielten Nettoerträge des Vermögens grundsätzlich keine Grenze für die steuerliche Abzugsfähigkeit darstellen. Die Bezugnahme auf § 1601 BGB stellt ein wirksames Regulativ gegen eine Überforderung des Betriebsübernehmers dar.

Bei der Bemessung der dauernden Last hat der Große Senat BStBl. 2004 II 100 auf die Verhältnisse zum Zeitpunkt des Vertragsabschlusses abgestellt. Die davon abweichende Entscheidung des X. BFH-Senats BStBl. 2008 II 16, die den Zeitpunkt des gestiegenen Versorgungsbedarfes für maßgebend hält, ist demnach abzulehnen.

9. Rücktritts- und Widerrufsrechte

Die bei Grundstücksübertragung häufig vereinbarten Widerrufs- und Rücktrittsrechte können auch im gewerblichen Bereich vereinbart und durch Rückauflassungsvormerkung im Grundbuch gesichert werden, beschränken aber die **Kreditmöglichkeiten** des Erwerbers außerordentlich. Eine Über- 141 tragung unter freiem Widerrufsvorbehalt, verbunden mit umfangreichen Verwaltungs- und Verfügungsrechten des Übergebers kann sogar dazu führen, dass das wirtschaftliche Eigentum beim Übergeber verbleibt, vgl. BFH BStBl. 1983 II 631; *Knobbe-Keuk,* „Verunglückte Schenkungen" in: Festschrift für Flume, Bd. II, 152.

10. Buchwertfortführung

142 Wird ein Betrieb im Ganzen unentgeltlich übertragen, ist weder der Tatbestand der Betriebsveräußerung noch der Betriebsaufgabe oder der Entnahme erfüllt. Versorgungsleistungen, die anlässlich der Übertragung von Vermögen im Wege der vorweggenommenen Erbfolge zugesagt werden, stellen weder Veräußerungsentgelt noch Anschaffungskosten dar, vgl. BFH BStBl. 1990 II 852. Auch die Übernahme **betrieblicher Verbindlichkeiten** ist **kein Entgelt**; der Erwerber knüpft hinsichtlich der übergebenen Wirtschaftsgüter des Betriebes an die Buchwerte seines Vorgängers gem. § 6 Abs. III EStG an, vgl. BFH BStBl. 1990 II 854. Hingegen stellen Ausgleichsleistungen und Abstandszahlungen ein Entgelt dar, das, soweit diese das Kapitalkonto des Übergebers übersteigen, zu einem Veräußerungsgewinn des Übergebers führt, vgl. BFH BStBl. 1990 II 853. Die Zahlung der die Wohnung betreffenden Erhaltungsaufwendungen hat der BFH als abziehbare Sonderausgabe gem. § 10 Abs. 1 Nr. 1a EStG anerkannt, vgl. BFH BStBl. 1983 II 662; für außergewöhnliche Instandhaltungsaufwendungen vgl. OFD Koblenz DStR 2002, 677.

11. Betrieb ohne positiven Substanz- oder Ertragswert

143 Dem Beschluss des Großen Senats GrS 2/00 BStBl. 2004 II 100 liegt die Übergabe einer in gemieteten Räumen geführten Gaststätte zugrunde, die weder über einen positiven Substanzwert noch – nach Meinung des Finanzgerichts – über einen positiven Ertragswert verfügte. Allerdings konnten sich aus dem Ertrag der Gaststätte sowohl die Übergeber als auch der im Unternehmen der Eltern arbeitende Sohn und spätere Vermögensübernehmer ernähren. Das Finanzgericht hatte einen Ertragswert von Null DM mit der Begründung angenommen, dass sich ein angemessener Unternehmerlohn auf 40000–50000 DM belaufe, so dass keine ertragbringende Wirtschaftseinheit vorgelegen habe. Der Große Senat hat sich im Ergebnis dieser Betrachtung angeschlossen; kritisch hierzu *Spiegelberger,* DStR 2004, 1105.

144 Der III. Rentenerlass trägt den vorstehend geschilderten Bedenken in vollem Umfang Rechnung und ordnet in Tz. 8 ausdrücklich an, dass Versorgungsleistungen, die aus den laufenden Nettoerträgen eines übergebenen Betriebs erbracht werden können – abweichend von dem BFH-Beschluss GrS 2/00 – auch dann als Sonderausgaben abziehbar sind, wenn der übergebene Betrieb nicht über einen ausreichenden Unternehmenswert verfügt, ferner, dass bei den Einkünften aus Land- und Forstwirtschaft, aus Gewerbebetrieb und aus selbständiger Arbeit ein **Unternehmerlohn nicht abzuziehen** ist. Die Ausführungen von *Schwenke,* DStR 2004, 1685, wonach der gesamte Beschluss GrS 2/00 von der Finanzverwaltung nicht angewandt wird, sind unzutreffend. Vielmehr wird die vom Großen Senat vorgeschlagene Beweiserleichterung ausdrücklich übernommen.

Wird ein Unternehmen gegen wiederkehrende Leistungen im Wege der vorweggenommenen Erbfolge übertragen, besteht eine nur in **Ausnahmefällen** (z. B. mehrjährige Verluste oder im Verhältnis zu den wiederkehrenden Leistungen geringe Gewinne des Unternehmers) widerlegbare Vermutung dafür, dass die Erträge nicht ausreichen, um die wiederkehrenden Leistungen in der vereinbarten Höhe zu erbringen, wenn das Unternehmen vom Übernehmer tatsächlich fortgeführt wird. Die Beweiserleichterung ist nicht anzuwenden bei verpachteten oder überwiegend verpachteten Betrieben sowie bei gewerblich geprägten Personengesellschaften i. S. des § 15 Abs. 2 Nr. 2 EStG. Da gem. Rz. 23 III. Rentenerlass BStBl. 2004 I 922 bei der Übergabe von Privatvermögen und von Betriebsvermögen die Beweiserleichterung nicht greift, ist der Praxis dringend anzuraten, in voneinander auch zeitlich deutlich getrennten Übergabeverträgen die Vermögensnachfolge bei Privatvermögen und bei Betriebsvermögen zu regeln. 145

12. Schenkungsteuer

Bezüglich der Schenkungsteuer wird auf § 1 B V verwiesen. 146

13. Umsatzsteuer

Die Umsätze im Rahmen einer Geschäftsveräußerung an einen anderen Unternehmer für dessen Unternehmen unterliegen gem. § 1 Abs. 1 a UStG nicht der Umsatzsteuer. Gem. § 15 a Abs. 6 a UStG wird bei einer Geschäftsveräußerung der für das Wirtschaftsgut maßgebliche Berichtigungszeitraum nicht unterbrochen. 147

14. Grunderwerbsteuer

Bei Grundstücksübertragungen an in gerader Linie Verwandte greift der Befreiungstatbestand des § 3 Nr. 6 GrEStG ein. 148

15. Kosten

a) Notar

Doppelte Gebühr gem. § 36 Abs. 2 KostO aus der Summe aller Aktiven einschließlich stiller Reserven und des Firmenwerts ohne Schuldenabzug; Vollzugsgebühr gem. § 146 Abs. 1 Satz 1 KostO aus dem Grundstückswert, vgl. *Korinthenberg/Lappe/Bengel/Reimann,* KostO § 146 Rn. 58 und 59. 149

b) Grundbuchamt

$^5/_{10}$ Gebühr gem. § 60 Abs. 2 KostO für die Eintragung der Auflassung (Wert gem. § 19 KostO); eine weitere $^5/_{10}$ Gebühr gem. § 62 Abs. 2 KostO für die Eintragung des Leibgedings aus dem Jahreswert der Leibgedingsleistungen, vervielfältigt mit der Lebenserwartung gem. § 24 Abs. 2 KostO, höchstens dem 5fachen Wert gem. § 24 Abs. 3 KostO. 150

III. Checkliste Betriebsübertragung

a) Vertragsgestaltung

- Erfassung aller Wirtschaftsgüter des Betriebsvermögens (zur Vermeidung der Gewinnrealisierung) 151
- Haftungsfreistellung der älteren Generation

- Regelung des Betriebsprüfungsrisiko
- Bilanzunabhängige dauernde Last
- Einbeziehung des Pflegerisikos in die dauernde Last
- Geschwisterabfindung
- Rücktrittsrecht verringert den Kreditspielraum

b) ESt

- Übernahme betrieblicher Verbindlichkeiten keine Gegenleistung, anders bei privaten Schulden oder Gleichstellungsgeldern
- negatives Kapitalkonto entfällt bei Gegenleistung (!), auch bei Übernahme privater Steuern durch Betriebsprüfungsklausel (!)
- Wohnungsrecht führt nur zur Nutzungsentnahme
- dauernde Last ist Sonderausgabe gemäß § 10 Abs. 1 Nr. 1a Satz 1 EStG
- Verlustabzug gem. § 10d EStG kann nicht übertragen werden

c) GewSt

- Arbeits- oder Beratervertrag mit Übergeber ist bei Anrechnungsüberhängen gem. § 35 EStG vorteilhaft
- Gewerbeverlust gem. § 10a GewStG entfällt

d) USt

- keine umsatzsteuerbare Leistung gemäß § 1 Abs. 1a UStG

e) SchSt

- vgl. § 1 BV

f) GrESt

- Befreiung gemäß § 3 Nr. 6 GrEStG bei Abkömmlingen

Sind auch schwarz des Bauern Hände,
Weißbrot isst er bis ans Ende.
W. Gerhard

§ 5 Hofübergabe

Übersicht

Literatur: *Bahrs,* Die Agrarreform 2005: Ein neues Kapitel im landwirtschaftlichen Steuerrecht, INF 2005, 176ff. und 224ff.; *Bell/Jennissen,* Betriebsbewertung unter Berücksichtigung von Altenteilsverpflichtungen, 2007; *BMF,* Bewertung von mit land- und forstwirtschaftlichem Grund und Boden im Zusammenhang stehenden Milchlieferrechten, BStBl. 2003 I 78; *BMF,* Ertragsteuerliche Behandlung von Biogasanlagen und der Erzeugung von Energie aus Biogas; steuerliche Folgen aus der Abgrenzung der Land- und Forstwirtschaft vom Gewerbebetrieb, BStBl. 2006 I 248; *Evangelisches Bauernwerk in Württemberg e. V.,* Materialien zur Hofübergabe, 25. Aufl. 2006; *Fassbender/Hötzel/v. Jeinsen/Pokalo,* HöfO 2. Aufl.; *Hiller,* Beratungsempfehlungen zur Vereinbarung von Altenteilsleistungen, INF 2005, 108; *Horn,* Gegenleistungen und Vorbehalte bei Übergabeverträgen, NWB Fach 19, 3841 (Stand Dezember 2007); *Hutmacher,* Umsatzsteuerliche Aspekte der eisernen Verpachtung eines land- und forstwirtschaftlichen Betriebs, INF 2007, 214; *Lange/Wulff/Lüdtke-Handjery,* HöfeO 10. Aufl.; *Märkle,* Brennpunkte der Abgrenzung zwischen land- und forstwirtschaftlicher und gewerblicher Tätigkeit DStR 1998, 1369; *J. Mayer,* Pflichtteil- und Ertragswertprivileg, MittBayNot 2004, 334; *ders.,* Der Übergabevertrag, 2. Aufl. 2000; *B. Meyer,* Die Hofübergabe in heutiger Zeit, BWNotZ 1997, 114; *Müller-Feldhammer,* Das Ertragswertverfahren bei der Hofübergabe, ZEV 1995, 161; *OFD München/Nürnberg,* Verf. v. 4. 4. 2005: Vermögensübergabe gegen Versorgungsleistung – Ermittlung der Erträge bei

Gewinnermittlung nach Durchschnittssätzen gem. § 13a EStG, ZEV 2005, 300; *Paus,* Zurechnung des Gewinns in Fällen einer „Nachabfindungsklausel" in der Landwirtschaft, DStZ 2006, 75; Ritzrow, Mitunternehmerschaft bei Ehegatten in der Land- und Forstwirtschaft, StBP 2007, 17; *Ruby,* Das Landwirtschaftserbrecht: Ein Überblick, ZEV 2006, 351; *von Schönberg,* Die ertragsteuerlichen Folgen bei der Veräußerung und Entnahme von Grund und Boden und immateriellen Wirtschaftsgütern in der Land- und Forstwirtschaft DStZ 2001, 145; *Schnekenburger,* Einkommensteuerliche und umsatzsteuerliche Rahmenbedingungen bei der Gestaltung der Betriebsnachfolge unter veränderten Rahmenbedingungen, HLBS Schriftenreihe, Heft 178, 43; *Schrader,* Vermietung und Verpachtung im landwirtschaftlichen Bereich, NWG Fach 7, 6551 (Dez. 2005); *Söbbeke,* Landwirtschaftserbrecht: Die Hofübergabe zu Lebzeiten, ZEV 2006, 493; dies., Landwirtschaftserbrecht: Die nordwestdeutsche HöfeO, ZEV 2006, 395; *Spiegelberger,* Die steuerlichen Folgen bei der Umschichtung von Vermögenseinheiten durch den Begünstigten im Rahmen eines Versorgungsvertrages, HLBS-Schriftenreihe Heft 168, 23; *Tiedtke,* Geschäftswert der Beurkundung von Hofübergabeverträgen ZNotP 2001, 326; *Weidlich,* Ertragswertanordnung und Ehegattenbeteiligung an einem Landgut, ZEV 1996, 380; *Wiegand,* Die Besteuerung der Land- und Forstwirtschaft aus der Sicht der BFH-Rechtsprechung des Jahres 2006, INF 2007, 141 ff. und 180 ff.; *Wöhrmann/Stöcker,* Das Landwirtschaftserbrecht, 8. Aufl..

I. Altenteilsvertrag

1. Überblick

1 Die vorweggenommene Erbfolge ist im Bereich der Land- und Forstwirtschaft **der Regelfall**, einerseits um den Hof zu erhalten, andererseits um dem Übergeber den Bezug der landwirtschaftlichen Altersrente zu ermöglichen. Im Wege eines „sozialmotivierten Versorgungsvertrages" werden alle für die Alterssicherung der Übergeber erforderlichen Rechte vereinbart (in der Regel Wohnungsrecht, Wart, Pflege und Verköstigung, Versorgungszahlungen und Übernahme der Beerdigungskosten) und zugleich, um Erbstreitigkeiten auszuschließen, die Ansprüche der Geschwister des Erwerbers festgelegt, z. B. ein Wohnungsrecht auf die Dauer des ledigen Standes und eine Geldabfindung mit (beschränktem) Pflichtteilverzicht. Mit dem Ableben der Übergeber enden die vereinbarten Versorgungsleistungen mit Ausnahme etwaiger rechtshängiger Rückstände.

2. Tatbestand

2 Der Altenteilsvertrag lässt sich, wie bereits dargelegt, bis in die ältesten deutschen Rechtsperioden zurückverfolgen. Der Gesetzgeber des BGB hat die verschiedenartigen **landesrechtlichen Strukturen** respektiert und in Art. 96 EGBGB angeordnet, dass die landesgesetzlichen Vorschriften über einen mit der Überlassung eines Grundstücks in Verbindung stehenden Leibgedings-, Leibzuchts-, Altenteils- oder Auszugsvertrag unberührt bleiben.

3 Das Reichsgericht RGZ 118, 20 versteht unter einem Altenteilsvertrag einen Vertrag, durch den Eltern ihr Vermögen, insbesondere ihren Grundbesitz, bei Lebzeiten mit Rücksicht auf die künftige Erbfolge an einen ihrer Abkömmlinge übergeben und dabei für sich einen ausreichenden **Lebensunterhalt** – Leibzucht, Leibgedinge, Altenteile, Auszug, Ausgedinge – und für die außer dem Übernehmer noch vorhandenen weiteren Abkömmlinge eine Abfindung ausbedingen.

Nach der Definition des BGH NJW 1981, 2568 und DNotZ 1982, 697 handelt es sich bei einem Altenteil um einen Inbegriff dinglich gesicherter Nutzungsrechte und Leistungen, die in Verbindung mit einer Grundstücksübertragung vereinbart werden, der allgemeinen leiblichen und persönlichen Versorgung des Berechtigten dienen und eine im allgemeinen lebenslängliche Verbindung des Berechtigten mit dem belasteten Grundstück bezwecken. Jedoch wird eine Grundstücksübertragung nicht allein durch eine Wohnrechtsgewährung mit Pflege- und Versorgungsverpflichtung zum Altenteilsvertrag. Die rechtliche Zuordnung hat sich vorrangig am Vorbild des Altenteilsvertrages auszurichten, der ein **eigenständiges Rechtsgebilde** darstellt und insbesondere nicht aus dem für Verkehrsgeschäfte entwickelten begrifflichen Gegensatz entgeltlich – unentgeltlich – verstanden werden kann, vgl. *Pecher,* in: MünchKomm Art. 96 EGBGB Rn. 7. Altenteilsverträge i. S. d. Art. 96 EGBGB mit den danach bestehenden landesrechtlichen Ausprägungen weisen eine Reihe von Besonderheiten auf, die sich von den üblichen Fällen vorweggenommener Erbfolge abheben. 4

3. Gesetzliche Erbberechtigung?

Wie in den übrigen Fällen vorweggenommener Erbfolge wird auch beim Altenteilsvertrag regelmäßig das Vermögen auf einen gesetzlichen Erben übertragen. Dennoch ist ein gesetzliches Erbrecht des Übernehmers **keine unbedingte Voraussetzung** eines Altenteilsvertrags. Nicht nur unter Geschwistern (BGH, DNotZ 1996, 636), sondern auch mit fremden Dritten (BGH MDR 1964, 741) kann ein Altenteilsvertrag vereinbart werden, so auch OLG Köln DNotZ 1990, 513, *Pecher,* in: MünchKomm Art. 96 Rn. 9 m. w. N. Runde, a. a. O. § 1 S. 4 Fn. a differenziert zwischen Leibzuchtverträgen, die zwischen fremden Dritten geschlossen werden und Altenteilsverträgen i. S. eines Generationennachfolgevertrages (zwischen Personen, „die durch Geburt oder Auffahrt bereits in gewisse rechtliche Verhältnisse zu dem Bauerngute gekommen sind"). 5

4. Subjektive Äquivalenz

Ein erheblicher Unterschied zu anderen Fällen vorweggenommener Erbfolge liegt darin, dass bei Altenteilsverträgen die gegenseitig versprochenen Leistungen im Einzelfall als **gleichwertig empfunden** werden, vgl. BGH DNotZ 1970, 245 und BGH DNotZ 1982, 697, also subjektiv äquivalente Gegenleistungen vorliegen, während Kaufvertrag und vorweggenommene Erbfolge sich gegenseitig ausschließen, vgl. *Olzen,* S. 40, *J. Mayer,* DNotZ 1996, 612; andererseits meint der BGH NJW-RR 1989, 451, dass im allgemeinen keine Altenteilsvereinbarung angenommen werden könne, wenn in einer schuldrechtlichen Vereinbarung der Charakter eines gegenseitigen Vertrages mit beiderseits gleichwertigen Leistungen in den Vordergrund trete. 6

5. Keine Rückabwicklung

Ein dritter Unterschied liegt darin, dass beim Altenteilsvertrag nach zahlreichen landesrechtlichen Bestimmungen die gesetzlichen Rücktrittsrechte nach §§ 323, 324 BGB und der Herausgabeanspruch bei Nichterfüllung einer Auflage nach § 527 BGB ausgeschlossen sind (vgl. § 13 BaWüAGBGB; Art. 17 7

BayAGBGB; § 9 NdsAGBGB; Art. 15 NRWAGBGB; § 7 PrAGBGB; § 5 SchlHAGBGB; *Mayer,* a.a.O. Rn. 500. Nach den jeweiligen landesrechtlichen Bestimmungen erhält der Übergeber eine **Wegzugrente**. Davon abweichend meint der BGH DNotZ 1952, 399 und 1965, 353, dass neben den landesrechtlichen Vorschriften gem. Art. 96 EGBGB auch die Vorschriften des Bundesrechts über den Widerruf von Schenkungen grundsätzlich anwendbar seien; a.A. *Pecher,* in: MünchKomm Art. 96 EGBGB Rn. 30; BGB-*Metzger,* in: RGRK Rn. 1 zu 530 BGB. Nach Auffassung des BayObLG DNotZ 1996, 647 ist bei einem Hofübergabevertrag, der ein Leibgeding enthält, mit der Annahme einer (gemischten) Schenkung Zurückhaltung geboten. Ein Anspruch auf Rückgewähr des übergebenen Anwesens nach den Vorschriften über den Schenkungswiderruf komme daher nur dann in Betracht, wenn unter Berücksichtigung des von den Parteien gewollten Vertragszwecks bei einem Vergleich des Wertes des übergebenen Anwesens mit dem Wert der Gegenleistung das Merkmal der Unentgeltlichkeit überwiege.

6. Dualistischer Leibgedingsbegriff

8 Der BGH MDR 1964, 741 sieht in einem Altenteilsvertrag eine „eigenartige, aus dem bäuerlichen Wirtschaftsleben hervorgegangene und davon geprägte **Sonderrechtsnachfolge**". Ausgehend vom Urbild dieses Altenteilsvertrags, wie er sich heute noch in den landwirtschaftlichen Übergaben darstellt, kommen nur besonders qualifizierte Übergabeobjekte als Gegenstand eines Altenteilsvertrags in Betracht: Stets muss es sich um eine „die Existenz – wenigstens teilweise – begründende Wirtschaftseinheit handeln", BGH MDR 1964, 741; NJW 1981, 2568; DNotZ 1982, 698; WM 1989, 70. Nach dieser – engen – von den Instanzgerichten angegriffenen Auffassung soll danach ein Siedlungshaus (OLG Hamm MDR 1979, 401) und ein selbstgenutztes Einfamilienhaus (OLG Köln MittBayNot 1994, 134) nicht Gegenstand eines Altenteilsvertrages sein können. Auch dann, wenn sich der Übergeber den Totalnießbrauch für längere Zeit vorbehält, soll kein Altenteilsvertrag vorliegen, vgl. BGH DNotZ 1970, 245; DNotZ 1982, 687.

9 Das BayObLGZ 1964, 347 und 1993, 192 sieht hingegen das Vorliegen einer die Existenz begründenden Wirtschaftseinheit nicht als wesentlich an. Die Übergabe kann auch zunächst unter Vorbehalt eines Totalnießbrauchs erfolgen, wenn erst später unter Verzicht auf den Nießbrauch ein Altenteil eingeräumt wird, vgl. *Pecher,* in: MünchKomm Art. 95, 96 Rn. 16. Die **Rheinische Hofübergabe** erfolgt in der Weise, dass ein Eigentumsübergang unter Vorbehalt des Totalnießbrauchs stattfindet und der Hof an den Übernehmer verpachtet wird, vgl. OLG Hamm, AgrarR 1982, 164; *Fassbender,* DNotZ 1986, 73.

10 Für die Auffassung des BayObLG spricht insbesondere auch die historische Interpretation des Begriffs des Altenteilsvertrages. Die II. Kommission ersetzte das dort zunächst vorgesehene Wort „Gut" durch „Grundstück", um dadurch nicht das Missverständnis aufkommen zu lassen, dass darunter nur die Übertragung eines größeren, nur den Unterhalt der Familie sichernden Grundbesitzes zu verstehen sei, vgl. *Protokolle* VI 419; *Kriegbaum,* in: Staudinger Art. 96 Rn. 1, *J. Mayer,* DNotZ 1996, 625. Das BayObLG stellt zu Recht darauf ab, dass der **Versorgungscharakter** im Vordergrund stehen

müsse, vgl. BayObLGZ 1993, 194. Berücksichtigt man auch die in diesem Jahrhundert eingetretenen wirtschaftlichen Veränderungen, kommt man zu dem Ergebnis, dass ein Einfamilienhaus die Existenz des Erwerbers in ganz besonderer Weise sichert, vgl. *G. Wolf,* MittBayNot 1994, 118; *J. Mayer,* DNotZ 1996, 625; *Weber/Grellet,* Stbg 1998, 14.

Da die Grundbuchämter nicht in der Lage sind, die engen Voraussetzungen des Altenteilsvertrages zu überprüfen, hat der BGH DNotZ 1994, 881 für das Grundbucheintragungsverfahren einen weiten Spielraum zugelassen. Da die Eintragung als Leibgeding gem. § 49 GBO im Grundbuch der **Vereinfachung der Grundbucheintragung** diene, setze eine derartige Eintragung – anders als die Altenteilsverträge des Art. 96 EGBGB – nicht voraus, dass das Grundstück dem Übernehmer auch zu Zwecken des wirtschaftlichen Erwerbs dient. **11**

7. Bundes- und landesrechtliche Regelungen

a) BGB-Landguterbrecht

In der Landwirtschaft gibt es eine lange Übergabetradition, wonach weit über 90% der landwirtschaftlichen Betriebe **zu Lebzeiten** übergeben werden. Die nur geringe Regelungsdichte des BGB-Landguterbrechts tritt deshalb kaum in Erscheinung. Sofern der Erblasser einem Miterben das Recht einräumt, ein zum Nachlass gehörendes Landgut zu übernehmen, ist dieses im Zweifel zum **Ertragswert** anzusetzen, § 2049 BGB. Der Ertragswert ist gem. § 2312 BGB auch für die Pflichtteilsberechtigten maßgebend. Allerdings soll diese Vorschrift nach der nicht nachvollziehbaren Entscheidung des BGH FamRZ 77, 195 keine Anwendung finden, wenn das Landgut auf mehrere Miteigentümer zu Bruchteilen übergeht, ebenso wenn dem Erblasser nur ein Bruchteil eines Landguts gehört, vgl. BGH NJW 1973, 995; Palandt/*Edenhofer,* § 2312 BGB Rn. 6. Das Übernahmerecht gem. § 2049 BGB stellt eine bedingte Teilungsanordnung, kein Vorausvermächtnis dar, vgl. RGZ 170, 169. **12**

b) Höfeordnung

Im Geltungsbereich der Höfeordnung BGBl. I 1976, 1933, also in den Ländern Hamburg, Niedersachsen, Nordrhein-Westfalen und Schleswig-Holstein erfolgt die Hoferbenbestimmung durch Verfügung von Todes wegen, Übergabevertrag, Übertragung der Bewirtschaftung oder durch Beschäftigung auf dem Hof, vgl. § 7 Abs. 1 und 2 HöfeO. **13**

Die Hofeigenschaft ist nur **fakultativ**; gem. § 1 Abs. 4 HöfeO geht die Hofeigenschaft unter, wenn der Hofvermerk im Grundbuch gelöscht wird; der Eigentümer ist auch berechtigt, Teile des landwirtschaftlichen Grundbesitzes vom Hof abzuschreiben, vgl. OLG Hamm DNotZ 1986, 558. Die Hofaufhebungserklärung ist kein Antrag an das Grundbuchamt, sondern eine Erbrechtswahl, *Faßbender/Hötzel/von Jeinsen/Pikalo,* § 1 HöfeO Rn. 86. Aus dem Grundbuch ist die Hofeigenschaft nicht verbindlich ersichtlich. Das Bundesverfassungsgericht AgrarR 1985, 12 fordert die Leistungsfähigkeit des Betriebes als Voraussetzung seiner Sonderrechtsfähigkeit.

Die als partielles Bundesrecht geltende HöfeO bestimmt in § 4, dass der Hof als Teil der Erbschaft kraft Gesetztes nur einem der Erben zufällt, so dass eine gesetzliche Sondererbfolge besteht, die eine Ausnahme von der in § 1922 BGB geregelten Universalsukzession darstellt und eine gesetzliche **14**

Teilungsanordnung beinhaltet, die zu einem **unmittelbaren Anfall** des Hofes mit dinglicher Wirkung auf den Hofeigentümer führt. Der Hof i. S. der HöfeO gehört nicht zum Nachlass. Die weichenden Miterben erhalten nur schuldrechtliche Abfindungsansprüche, vgl. BGHZ 28, 199, die sich aus dem Hofeswert errechnen, der gemäß § 12 Abs. 2 HöfeO grundsätzlich das Eineinhalbfache des Einheitswertes beträgt, sofern nicht im Einzelfall Zuschläge oder Abschläge in Betracht kommen. Diese Abfindungsansprüche und die Ergänzungsabfindung gemäß § 13 HöfeO stellen einkommensteuerlich **keine Gegenleistung** des Hoferben dar.

c) Anerbenrechte

15 Aufgrund der landesrechtlichen Regelungskompetenz gem. Art. 96 EGBGB enthalten einzelne Landesgesetze regional begrenzte erbrechtliche Sondervorschriften, die die Nachfolge eines Anerben in einen landwirtschaftlichen Betrieb bei Bestehen einer Erbengemeinschaft erleichtern. Um leistungsfähige Betriebe in bäuerlichen Familien zu erhalten, durchbrechen § 4 HöfeO, § 14 RhpfHöfeO, § 9 Abs. 1 des BremHöfeG den Grundsatz der Gesamtrechtsnachfolge, so dass eine **Sondererbfolge** unmittelbar in den Anerbenhof stattfindet, vgl. *Ruby,* ZEV 2006, 352.

16 Eine **Übersicht über die landesrechtlichen Sonderregelungen** hat *Ruby,* ZEV 2006, 254 veröffentlicht.

Wann gilt welches Landwirtschaftserbrecht?		
Der Betrieb liegt in:	**Gilt BGB-Landguterbrecht i. V. m. dem GrdStVG?**	**Gilt Anerbenrecht (sofern durch Verfügung von Todes wegen nichts anderes bestimmt, vgl. Art. 64 Abs. 2 EGBGB)?**
Baden	Ja, falls Anerbenrecht nicht gilt.	Badisches Hofgütergesetz: Anerbenrecht gilt, falls einer von 4409 Schwarzwaldhöfen betroffen ist, die 1888 gesetzlich als geschlossene Hofgüter registriert wurden und inzwischen die Hofgutseigenschaft nicht mit Zustimmung des Landwirtschaftsamtes aufgehoben wurde (praktisch: noch als geschlossenes Hofgut im Grundbuch eingetragen).
Württemberg	Ja, falls Anerbenrecht nicht gilt.	Württembergisches Anerbengesetz (7346 Betriebe): Das Anerbenrecht ist grds. seit 31. 12. 2000 außer Kraft (3. RechtsberG, Anl. 2 zu Art. 1 u. Art. 28, GVBl 1996 S. 29 ff.). Aber: Es gilt noch für Erbfälle nach dem 31. 12. 2000, sofern der Erblasser vor dem 1. 1. 1930 geboren wurde (Kostitutive) Eintragung in Höferolle des zuständigen Grundbuchamtes erforderlich, Art. 1 Abs. 2 WürttAnerbenG.
Bayern	ja	kein Anerbenrecht vorhanden
Berlin	ja	kein Anerbenrecht vorhanden
Brandenburg	ja	kein Anerbenrecht vorhanden

Wann gilt welches Landwirtschaftserbrecht?		
Der Betrieb liegt in:	**Gilt BGB-Landguterbrecht i. V. m. dem GrdStVG?**	**Gilt Anerbenrecht (sofern durch Verfügung von Todes wegen nichts anderes bestimmt, vgl. Art. 64 Abs. 2 EGBGB)?**
Bremen	Ja, falls Anerbenrecht nicht gilt.	Bremisches Höfegesetz: Anerbenrecht gilt, falls Hof in Höferolle beim Grundbuchamt eingetragen, § 1 BremHöfeG (159 Betriebe).
Hamburg	Ja, falls Anerbenrecht nicht gilt.	HöfeO als partielles Bundesrecht (Art. 125, 72 Abs. 2, 74 Nr. 1 GG). Anerbenrecht gilt für Höfe mit einem Wirtschaftswert ab 10 000 € auch ohne (deklaratorischen) Registereintrag, für „Antragshöfe" mit Wirtschaftswert ab 5000 € bei Eintragung eines Hofvermerks im Grundbuch. Es darf keine negative Hoferklärung gegenüber dem Landwirtschaftsgericht vorliegen, dass der Betrieb kein Hof i. S. der HöfeO mehr sein soll, worauf Löschung des Hofvermerks im Grundbuch erfolgt. Liegt kein landwirtschaftlicher Betrieb mehr vor, geht die Hofeigenschaft auch ohne Löschung des Hofvermerks verloren (BGH, ZEV 1996, 74, 75).
Hessen	Ja, falls Anerbenrecht nicht gilt.	Hessische Landgüterordnung: Anerbenrecht gilt, Landgut in die Landgüterrolle beim Grundbuchamt eingetragen, § 4 HessLandGO (155 Betriebe).
Mecklenburg-Vorpommern	ja	kein Anerbenrecht vorhanden
Niedersachsen	Ja, falls Anerbenrecht nicht gilt.	HöfeO: zur Rechtslage s. Hamburg
Nordrhein-Westfalen	Ja, falls Anerbenrecht nicht gilt.	HöfeO: zur Rechtslage s. Hamburg
Rheinland-Pfalz	Ja, falls Anerbenrecht nicht gilt.	Rheinland-pfälzische HöfeO: Anerbenrecht gilt, falls Betrieb in die Höferolle eingetragen (6681 eingetragene Betriebe).
Saarland	ja	kein Anerbenrecht vorhanden
Sachsen	ja	kein Anerbenrecht vorhanden
Sachsen-Anhalt	ja	kein Anerbenrecht vorhanden
Schleswig-Holstein	Ja, falls Anerbenrecht nicht gilt.	HöfeO: zur Rechtslage s. Hamburg
Thüringen	ja	kein Anerbenrecht vorhanden

17–20 *einstweilen frei*

II. Einkommensteuer bei land- und forstwirtschaftlichen Grundstücken

Beispiel: Die Gemeinde G will einen Bebauungsplan beschließen und zwei Hektar des landwirtschaftlichen Areals des Landwirts L als Bauland ausweisen. Ein Bauträger interessiert sich für den Grundstückserwerb, wobei auch die Bestellung von Erbbaurechten diskutiert wird.

1. Land- und forstwirtschaftliches Betriebsvermögen

21 Durch das 2. Steueränderungsgesetz BStBl. I 1971, 373 wurden auch die land- und forstwirtschaftlichen Grundstücke der Bodengewinnbesteuerung unterworfen. Da das Grundbuch keine Auskunft über die steuerliche Erfassung eines Grundstückes gibt, muss auf den **Einheitswert** zurückgegriffen werden, um die Zugehörigkeit des Grundstückes zum land- oder forstwirtschaftlichen Vermögen feststellen zu können. Bei Landwirten mit Gewinnermittlung nach Vollschätzung, durch Überschussrechnung nach § 4 Abs. 3 EStG oder nach Durchschnittssätzen gem. § 13a EStG wurden land- und forstwirtschaftliche Grundstücke, die vor dem 1. 7. 1979 fremdverpachtet waren, gewinnneutral aus dem landwirtschaftlichen Betriebsvermögen entnommen, es sei denn, dass die Grundstücke nach der Nutzungsänderung zum notwendigen Privatvermögen gehörten, vgl. BMF-Schreiben v. 15. 3. 1979, BStBl. 1979 I 162.

22 Zu beachten ist auch, dass die bewertungsrechtliche Einstufung nicht mit der **einkommensteuerlichen Beurteilung** übereinstimmt. Gem. § 48 BewG setzt sich der Einheitswert des Betriebes aus dem Wirtschaftswert und dem Wohnungswert zusammen. Der **Wohnteil** des landwirtschaftlichen Anwesens mit dem dazugehörigen Grund und Boden ist aufgrund des Wohneigentumsförderungsgesetzes (vgl. BGBl. 1986 I 730) spätestens am 31. 12. 1998 gewinnneutral aus dem landwirtschaftlichen Betriebsvermögen ausgeschieden und wurde notwendiges **Privatvermögen**. Gem. § 13 Abs. 5 EStG kann weiterhin ein bisher landwirtschaftlich genutztes Grundstück steuerfrei in das Privatvermögen überführt werden, wenn darauf die Wohnung des Steuerpflichtigen oder eine Altenteilerwohnung errichtet wird. Der Wohnteil eines Betriebs der Land- und Forstwirtschaft umfasst die Gebäude und Gebäudeteile, soweit sie dem Inhaber des Betriebs, den zu seinem Haushalt gehörenden Familienangehörigen und den Altenteilern zu Wohnzwecken dienen. Hingegen zählen Betriebswohnungen zum landwirtschaftlichen Betriebsvermögen.

23 Auch ohne Hofstelle können Grundstücke landwirtschaftliches Betriebsvermögen darstellen. Der Betrieb der **Forstwirtschaft** ergibt sich automatisch durch die Bewirtschaftung einer kleinen Privatwaldung mit einem Ausmaß von 3,1889 ha, vgl. BFH BStBl. II 1989, 718. *Köhne/Wesche,* Landwirtschaftliche Steuerlehre S. 284; der BFH/NV 2005, S. 1511 hat aber selbst einen Forstbetrieb mit 90 ha als Liebhaberei beurteilt, weil in 22 Jahren nur Verluste in Höhe von ca. 2,5 Mio. DM erwirtschaftet wurden, die durch hohe anderweitige Einkünfte ausgeglichen werden konnten. Einen Betrieb der Land- und Forstwirtschaft bilden gem. § 34 Abs. 7 BewG auch **Stückländereien**. Das sind einzelne land- und forstwirtschaftlich genutzte Flächen, bei denen die Wirtschaftsgebäude oder die Betriebsmittel oder beide Arten von Wirtschaftsgütern nicht dem Eigentümer des Grund und Bodens gehören.

2. Vertragsgestaltung

a) Entnahme

Bei der Vertragsgestaltung ist der Vermeidung von **ungewollten Gewinnrealisierungen** die größte Aufmerksamkeit zu widmen. Nach BFH/NV 2005, 1062 ist die Buchwertfortführung gem. § 6 Abs. 3 EStG gegeben, wenn mindestens 90% der bisherigen Flächen des Übergebers eigentumsmäßig übertragen werden. Ein Landwirt beendet seine bisherige Tätigkeit nicht, wenn er bei Hofübergabe Flächen zurückbehält und diese weiter bewirtschaftet, vgl. BFH/NV 1994, 533; BMF-Schreiben v. 20. 5. 2008 – IV C 2 – S 2230/08/0001. Der Hauptverband der landwirtschaftlichen Buchstellen und Sachverständigen e.V. – Steuerinfo L Nr. 5 – 2008 vertritt die Auffassung, dass die zurückbehaltene Teilfläche, die nicht kleiner als 3000 qm sein darf, einen landwirtschaftlichen Kleinbetrieb darstellt, der an den Hofübernehmer verpachtet werden kann. Eine spätere steuerneutrale Weiterübertragung des zurückbehaltenen Kleinbetriebes auf andere Kinder (weichende Erben) sei möglich, ebenso die spätere steuerbegünstigte Betriebsaufgabe gem. §§ 16, 34 EStG. Hierbei solle ein enger zeitlicher Zusammenhang mit der eigentlichen Hofübergabe wegen der Gesamtplanrechtsprechung vermieden werden, vgl. auch *Stephany,* top agrar 2008, 46. Aus Vorsichtsgründen sollte für die Kombination der Zurückhaltung unwesentlicher Teilflächen mit Buchwertfortführung unter gleichzeitiger Verpachtung an den Hofübernehmer eine verbindliche Zusage des Finanzamtes eingeholt werden. 24

Zur **Vermeidung einer Gewinnrealisierung** kommen auch folgende Gestaltungen in Betracht: 25

- **Reinvestition** gem. §§ 6b EStG bei der Gewinnermittlung gem. §§ 4 Abs. 1 und 5 EStG, gem. 6c EStG bei der Gewinnermittlung gem. §§ 4 Abs. 3 und 13a EStG, nicht aber bei Schätzung der Einkünfte wegen § 6b Abs. 4 Nr. 1 EStG; bei der Verwendung der Reinvestitionsrücklage für den Erwerb von abschreibbaren Wirtschaftsgütern verbleibt ein AfA-Verlust, da in Höhe der Rücklage keine Abschreibung statthaft ist;
- **Zurückbehaltung** von **forstwirtschaftlichen** anstelle von landwirtschaftlichen **Grundstücken**, da auch ein Bauernwald einen forstwirtschaftlichen Betrieb darstellen kann, vgl. *Martin,* MittBayNot 1980, 145; *Ochs,* MittBayNot 1985, 174; *Spiegelberger,* in: Münchner Vertragshandbuch Bd. 6, Form. VI 4 Anm. 8 (1); *Krauß,* Immobilienkaufverträge in der Praxis, Rn. 1041;
- Bestellung eines entgeltlichen **Erbbaurechtes** oder eines **Dauernutzungsrechtes** gem. § 31 WEG;
- Einbringung des gesamten Betriebes in eine **(gewerblich geprägte) GmbH & Co. KG.**

Ein zeitnah durch die weichenden Erben realisierter Veräußerungserlös kann als Verkehrswert für die Entnahme herangezogen werden, vgl. HessFG DStRE 2003, 584. In dem Beispielsfall bewirkt die Ausweisung des landwirtschaftlichen Areals als Bauland im gemeindlichen Flächennutzungs- oder Bebauungsplan noch keine Entnahme aus dem landwirtschaftlichen Betriebsvermögen, so lange die Bewirtschaftung fortgeführt wird. Hingegen würde die Veräußerung zahlreicher Einzelparzellen nicht nur zur einkommensteuer- 26 lichen Gewinnrealisierung führen, sondern auch zur Begründung eines **gewerblichen Grundstückshandels** mit der Folge, dass der Landwirt insoweit der Gewerbesteuer unterliegt. Allerdings ist durch die pauschalierte Anrechnung der Gewerbesteuer auf die Einkommensteuer gem. § 35 EStG der Schrecken der Gewerbesteuerzahlung relativiert.

27 Die häufig geübte Gestaltung, Grundstücke, die in den nächsten Jahren zur Baulandausweisung anstehen, zum landwirtschaftlichen Verkehrswert zu entnehmen, ist im Hinblick auf § 23 EStG bedenklich: Die **Entnahme** aus dem Betriebsvermögen stellt eine **Anschaffung** i.S. des § 23 Abs. 1 Satz 2 EStG dar, so dass eine Veräußerung innerhalb des Zehn-Jahres-Zeitraums seit der Entnahme zu einem erheblichen Veräußerungsgewinn führt, da die Differenz zwischen dem Entnahmewert und dem Veräußerungspreis der Besteuerung unterliegt, vgl. OFD Koblenz DStR 2003, 1880.

b) Bestellung von Erbbaurechten

28 Räumt ein Landwirt Bauwilligen Erbbaurechte gegen einen angemessenen Erbbauzins ein, bleibt das bebaute Areal **geduldetes landwirtschaftliches Betriebsvermögen**, so lange die originären Einkünfte aus Land- und Forstwirtschaft im Vordergrund stehen. Sofern jedoch mehr als 50% der Einkünfte aus den Erbbauzinszahlungen resultieren oder mehr als 10% des landwirtschaftlichen Betriebsvermögens mit Erbbaurechten belastet wird, führt dies zur Beendigung der Einkünfte aus Land- und Forstwirtschaft.

c) Einbringung in eine GmbH & Co. KG

29 Um eine Betriebsbeendigung zu vermeiden, kann der Landwirt den gesamten landwirtschaftlichen Betrieb unter Buchwertfortführung in eine gewerblich geprägte GmbH & Co. KG gem. § 15 Abs. 3 Nr. 2 EStG einbringen und anschließend Erbbaurechte in beliebiger Anzahl bestellen, ohne dass diese Grundstücke aus dem Betriebsvermögen ausscheiden würden. Die Gestaltung, nur Grundstücke, die als Bauland ausgewiesene sind, in eine GmbH & Co. KG unter Buchwertfortführung gem. § 6 Abs. 5 Satz 3 EStG einzubringen, ist nicht unbedenklich, da in der Verbindung mit der anschließenden Erbbaurechtsbestellung ein Gesamtplan angenommen werden könnte, der über § 42 AO zur Entnahmebesteuerung führen würde.

d) Nutzung zu eigenen Wohnzwecken

30 Häufig gestatten Landwirte ihren Kindern als weichenden Erben auf einem landwirtschaftlich genutzten Grundstück ein Wohngebäude zur Nutzung als Eigenheim zu errichten. Um auch in diesen Fällen die Entnahme aus dem landwirtschaftlichen Betriebsvermögen zu vermeiden, empfiehlt sich die Bestellung eines eigentumsähnlichen **Dauerwohnrechtes** gem. § 31 WEG gegen Entrichtung eines **angemessenen Nutzungsentgeltes,** vgl. *Spiegelberger,* in: Staudinger BGB Vorbem. vor § 31 Rn. 34ff. Sofern die mit einem Erbbauzins vergleichbaren monatlich zu entrichtenden Nutzungsentgelte unangemessen niedrig sind, liegt insoweit eine – kapitalisiert zu errechnende – **Schenkung** vor, die auch zu einer **Entnahme** aus dem landwirtschaftlichen Betriebsvermögen führt.

31–35 *einstweilen frei*

III. Formulierungsvorschlag Hofübergabevertrag

Beurkundet am …

§ 1 Vertragsgegenstand

Im Grundbuch des Amtsgerichts … (Ort für … (Gemarkung) .Blatt … sind die Eheleute E als Eigentümer in Gütergemeinschaft des dort vorgetragenen Anwesens FlstNr. … eingetragen. Der Grundbesitz ist in Abt. II unbelastet. In Abt. III ist eine Buchgrundschuld über 50 000 € zugunsten der … (Bank) eingetragen. 36

Vertragsgegenstand ist das vorbezeichnete landwirtschaftliche Anwesen mit dem gesamten Grundbesitz und allen darauf errichteten Gebäuden, dem landwirtschaftlichen Betrieb mit allen Aktiven und Passiven einschließlich des gesamten lebenden und toten landwirtschaftlichen Inventars, der vorhandenen Lebensmittel, Futter- und Erntevorräte.

Sollten dem Übergeber noch weitere Grundstücke, Grundstücksanteile oder den landwirtschaftlichen Betrieb betreffende Rechte gehören, die in dieser Urkunde nicht aufgeführt sind und auch nicht ausdrücklich zurückbehalten wurden, sollen auch diese mitübergeben sein. Der Erwerber wird unter Befreiung von § 181 BGB bevollmächtigt, alle Erklärungen abzugeben, die zum Eigentumsübergang auf den Erwerber erforderlich oder zweckdienlich sind. Die Vollmacht erlischt nicht durch den Tod des Übergebers.

Die Übergabe erstreckt sich nicht auf die persönliche Habe des Übergebers, insbesondere nicht auf dessen Hausrat und Mobiliar.

§ 2 Übergabe und Auflassung

Die Eheleute E
– im folgenden kurz „Übergeber" genannt –
übergeben hiermit den vorbezeichneten Vertragsgegenstand mit allen Rechten und Pflichten an
ihren Sohn, Herrn S
– im folgenden kurz „Erwerber" genannt –
zum Alleineigentum.

Die Vertragsteile sind über den Eigentumsübergang einig und bewilligen und beantragen die Eintragung der Rechtsänderung in das Grundbuch.

Die Eintragung einer Auflassungsvormerkung gem. § 883 BGB wird bewilligt, aber vorerst nicht beantragt.

Auch hinsichtlich der beweglichen Gegenstände, die nicht durch die Auflassung auf den Erwerber übergehen, sind die Vertragsteile über den Eigentumsübergang einig. Mitübergebene Rechte und Forderungen werden an den Erwerber mit Wirkung vom Tag der Besitzübergabe an abgetreten.

§ 3 Gewährleistung

Besitz, Nutzungen und Lasten sowie die Gefahr des zufälligen Untergangs oder der zufälligen Verschlechterung gehen mit Wirkung vom … auf den Erwerber über. In sämtliche betriebliche Dauerschuldverhältnisse und sonstige betriebliche Rechte und Pflichten tritt der Erwerber anstelle des Übergebers mit Wirkung vom Tag der Besitzübergabe an ein.

Alle ab heute fällig werdende Erschließungs- und Anliegerkosten, auch für bereits ganz oder teilweise fertiggestellte, aber noch nicht abgerechnete Anlagen, hat der Erwerber zu tragen. Der Übergeber versichert, dass alle in Rechnung gestellten Erschließungs- und Anliegerkosten bezahlt sind.

Der Übergeber haftet für ungehinderten Besitz- und Eigentumsübergang sowie für die Freiheit von grundbuchmäßigen Belastungen, soweit diese nicht ausdrücklich vom Erwerber übernommen werden.

Der Übergeber haftet auch dafür, dass Rückstände an Grundsteuern und sonstigen öffentlichen Abgaben und Steuern nicht bestehen.

§ 4 Leibgeding

Der Erwerber gewährt seinen Eltern als Berechtigte in Gütergemeinschaft je auf deren Lebensdauer ein unentgeltliches Leibgeding bestehend aus:

1. einem Wohnungsrecht, wonach die Übergeber berechtigt sind, die Wohnung im ersten Obergeschoss des Hauses auf Flst.Nr. … bestehend aus Wohnzimmer, Schlafzimmer, Küche, Bad/WC und Flur ausschließlich zu benutzen sowie die gemeinschaftlichen Anlagen und Einrichtungen, insbesondere Keller, Speicher Hof und Garten mitzubenützen.
2. Gewährung einer anderweitigen standesgemäßen Wohnung auf dem Anwesen für den Fall der Zerstörung des Wohngebäudes.
3. Übernahme der Kosten für Schönheitsreparaturen, Strom, Wasser, Heizung, Kaminkehrer, Müllabfuhr, Kanalbenützung und ähnliche öffentliche Gebühren.
4. Verköstigung am Familientisch gemeinsam mit dem Erwerber mit Speisen und Getränken zu allen Mahlzeiten, wie sie der Erwerber selbst genießt, erforderlichenfalls passende Kranken- oder Diätkost. Die einzelnen Mahlzeiten sind bei Krankheit und Gebrechlichkeit den Übergebern auf deren Wunsch in deren Wohnräume oder an das Bett zu bringen. Neben der Tischkost haben die Übergeber das Recht, von den im Anwesen jeweils vorhandenen Lebensmitteln und dem Haustrunk nach Belieben zum eigenen Verbrauch und Verzehr zu nehmen.
5. Wart und Pflege der Übergeber bei Krankheit und Gebrechlichkeit, solange dies im übergebenen Anwesen durchgeführt werden kann und dem Erwerber zumutbar ist. Zumutbar ist die Wart- und Pflegeleistung, wenn der gesundheitliche Zustand des Berechtigten Pflege- und Betreuungsleistungen im Rahmen der Pflegestufe I gem. § 15 Abs. 1 Ziff. 1 des PflegeVG erfordert. Danach liegt Pflegebedürftigkeit in der Stufe I vor, wenn der Übergeber bei der Körperpflege, der Ernährung oder der Mobilität für wenigstens zwei Verrichtungen aus einem oder mehreren Bereichen mindestens einmal täglich der Hilfe bedarf und zusätzlich mehrfach in der Woche Hilfe bei der hauswirtschaftlichen Versorgung benötigt. Soweit der Übergeber für vom Erwerber verlangte und tatsächlich erbrachte Wart- und Pflegeleistungen einen Anspruch auf Pflegegeld hat, kann der Erwerber diese Wart- und Pflegeleistungen verweigern, bis ihm das anteilige Pflegegeld ausgekehrt wird.
6. Übernahme der Krankheitskosten der Übergeber, soweit diese nicht von der Krankenkasse getragen werden.
7. Versorgungszahlungen in Höhe von … monatlich, an jedem Monatsersten im Voraus zahlbar, erstmals an dem auf die Übergabe folgenden Monatsersten. Die Rente des Übergebers aus dem Gesetz über die Altershilfe für Landwirte und sonstige Rentenansprüche werden auf die geschuldeten Versorgungszahlungen nicht angerechnet. Die monatliche Versorgungszahlung erhöht oder ermäßigt sich um denselben Prozentsatz, um den sich der Verbraucherpreisindex für Deutschland auf der Basis 2005 = 100 gegenüber dem ersten Fälligkeitsmonat verändert, erstmals bei einer Indexänderung um 10% und jeweils erneut, wenn eine weitere Indexänderung um 10% eintritt, von dem auf das Anpassungsverlangen folgenden Monatsersten an. Darüber hinaus kann jeder Beteiligte eine Anpassung in entsprechender Anwendung des § 323 ZPO verlangen, wenn durch die Änderung der wirtschaftlichen Verhältnisse der standesgemäße Unterhalt der Übergeber oder des Erwerbers nicht mehr gewährleistet ist. Ein höherer Geldbedarf durch den Aufenthalt in einem Alters- oder Pflegeheim berechtigt die Übergeber nicht zu einem Änderungsverlangen gem. § 323 ZPO. Soweit der Sozialhilfeträger für Alters- oder Pflegeheimkosten die Geschwister des Erwerbers in Anspruch nimmt, ist dieser verpflichtet, seine Geschwister (anteilig?) freizustellen.

8. Erledigung der Geschäfte des täglichen Lebens und Übernahme der Fahrten zur gesundheitlichen Versorgung und zur Freizeitgestaltung, sofern der Übergeber nicht über ein eigenes Fahrzeug verfügt.
9. Übernahme der Kosten der standesgemäßen und ortsüblichen Beerdigung, für die üblichen Gottesdienste, die Errichtung eines Grabmales und die Grabpflege. Zahlungen durch Sterbegeldversicherung gebühren dem Erwerber.
10. Die Leistungen verringern sich durch den Tod eines Berechtigten nicht.
11. Die Grundbucheintragung des zu Ziff. 1 bestellten Wohnungsrechtes an Flst.Nr. ... als beschränkte persönliche Dienstbarkeit und die Sicherung der zu Ziff. 2–8 bestellten Rechte am gesamten übergebenen Grundbesitz durch Reallast, hinsichtlich der Versorgungszahlungen gem. Ziffer 7 in Höhe des wertgesicherten Ausgangsbetrages, jedoch ohne die Anpassungsmöglichkeit gem. § 323 ZPO, zu Gunsten der Übergeber wird bewilligt und beantragt, und zwar gem. § 49 GBO als Leibgeding zugunsten der Eheleute E mit dem Vermerk, dass zur Löschung der Nachweis des Todes des Berechtigten genügt.

§ 5 Schuldübernahme

Der Erwerber übernimmt anstelle des Übergebers die an dem Vertragsgegenstand in Abt. III des Grundbuches eingetragene Grundschuld über 50 000 € in dinglicher Haftung sowie die zugrundeliegende Schuldverpflichtung in Höhe von ... (Betrag) zur ferneren Verzinsung und Rückzahlung mit allen aus der Bestellungsurkunde und dem Darlehensvertrag sich ergebenden Verpflichtungen. Die befreiende Schuldübernahme erfolgt mit sofortiger Wirkung mit dem zu diesem Zeitpunkt gegebenen Stand der Darlehensverbindlichkeit. Die Zins- und Zahlungsbestimmungen sind dem Erwerber bekannt.
Entstandene Eigentümerrechte und Rückgewährungsansprüche werden entschädigungslos auf den Erwerber mit dessen Zustimmung übertragen; die Umschreibung im Grundbuch wird bewilligt. Die befreiende Schuldübernahme wird dem Gläubiger durch Übersendung einer begl. Abschrift dieser Urkunde mitgeteilt. Die gem. §§ 415 ff. BGB erforderliche Genehmigung werden die Vertragsteile selbst einholen. Auf das Erfordernis der Änderung der Zweckbestimmungserklärung wurde hingewiesen.

§ 6 Geschwisterabfindung

Die Übergabe des Anwesens erfolgt zum Ertragswert gem. § 2312 BGB.
Der Erwerber verpflichtet sich, an seine Schwester Frau T in Anrechnung auf deren Pflichtteils- und Pflichtteilsergänzungsansprüche nach ihren Eltern einen Betrag in Höhe von 30 000 € bis zum ... ohne Beilage von Zinsen auszuzahlen. Auf dingliche Sicherung wird verzichtet. Wegen dieser Abfindungszahlung verzichtet T auf die Geltendmachung von Pflichtteils- und Pflichtteilsergänzungsansprüchen hinsichtlich des vertragsgegenständlichen Anwesens. Die Übergeber und der Erwerber nehmen diesen Verzicht an.
Hinsichtlich des den Übergebern verbleibenden Vermögens behält sich T ihre Pflichtteilsansprüche vor. Eine Ausgleichungspflicht des Erwerbers gem. § 2050 BGB wird ausgeschlossen.

§ 7 Zwangsvollstreckungsunterwerfung

Der Erwerber unterwirft sich wegen der in dieser Urkunde eingegangenen und übernommenen Zahlungsverpflichtungen der sofortigen Zwangsvollstreckung aus dieser Urkunde in sein gesamtes Vermögen. Hinsichtlich der übernommenen Grundschuld übernimmt der Erwerber für den Eingang des Grundschuldbetrages einschließlich Zins- und Nebenleistungen die volle persönliche Haftung und unterwirft sich auch insoweit der sofortigen Zwangsvollstreckung aus dieser Urkunde in sein gesamtes Vermögen. Der Gläubiger ist berechtigt, sich jederzeit eine vollstreckbare Ausfertigung dieser Urkunde ohne Fälligkeitsnachweis auf Kosten des Erwerbers erteilen zu lassen und den Erwerber aus der persönlichen Haftung schon vor der Vollstreckung in den Pfandbesitz in Anspruch zu nehmen.

§ 8 Rücktritt

1. Die Übergeber, als Berechtigte in Gütergemeinschaft sind berechtigt, von dem schuldrechtlichen Teil dieses Vertrages zurückzutreten und die Rückauflassung des Vertragsgegenstandes zu verlangen, wenn der Erwerber vor dem Übergeber verstirbt, ohne dass das Eigentum an dem Vertragsgegenstand ausschließlich auf leibliche Abkömmlinge des Erwerbers übergeht.
2. Für geleistete Dienste, wiederkehrende Zahlungen und für die Benutzung des Vertragsgegenstandes ist keine Vergütung zu entrichten. Tilgungen und geleistete Zinsen werden nicht ersetzt.
3. Werterhöhende Investitionen sind dem Erwerber zu dem im Zeitpunkt der Rückübertragung bestehenden Zeitwert zu ersetzen. Eine Ersatzpflicht scheidet aus, wenn die Investitionsmaßnahmen ohne Zustimmung des Übergebers erfolgt sind oder auf der eigenen Arbeitsleistung des Erwerbers beruhen. Grundpfandrechte hat der Übergeber nur insoweit zu übernehmen, als sie gegenwärtig bestehen oder Verbindlichkeiten sichern, zu deren Erfüllung der Übergeber verpflichtet ist und im Rang vor der nachstehend bestellten Rückauflassungsvormerkung eingetragen sind. Die durch die Rückübertragung entstehenden Kosten hat der Übergeber zu tragen. Im übrigen gelten die gesetzlichen Rücktrittsbestimmungen.
4. Der Rücktritt kann nur durch notarielle Beurkundung oder schriftliche Erklärung gegenüber den Gesamtrechtsnachfolgern des Erwerbers ausgeübt werden. Das Rücktrittsrecht ist weder vererblich noch übertragbar, es sei denn, dass es zu Lebzeiten eines Berechtigten ausgeübt wurde.
5. Zur Sicherung des aufschiebend bedingten Rückerwerbsanspruches bestellt der Erwerber zu Gunsten des Übergebers als Berechtigte in Gütergemeinschaft eine **Rückauflassungsvormerkung gemäß § 883 BGB** an dem Vertragsgegenstand und bewilligt und beantragt die Eintragung im Grundbuch im Rang nach den bestehenden und in dieser Urkunde eingeräumten Rechten. Die Rechtswirkungen der Vormerkung sind auf die Lebensdauer eines jeden Berechtigten begrenzt.
6. Sofern bei Eintritt der in Ziff. 1) vorbezeichneten Bedingung der Übergeber von seinem Rücktrittsrecht Gebrauch macht, verpflichten sich die Beteiligten schon heute als echten Vertrag zugunsten Dritter gem. § 328 Abs. 1 BGB, der jeweiligen **Ehefrau des Erwerbers** ein in der Ausübung **unentgeltliches Wohnungsrecht** auf deren Lebensdauer in den Wohnräumen des Erwerbers im Erdgeschoss des Bauernhauses einzuräumen, wobei die Berechtigte von allen Nebenkosten befreit ist. Das Wohnungsrecht ist im Grundbuch dinglich zu sichern.

§ 9 Hinweise

Die Vertragsteile wurden vom Notar hingewiesen auf die

a) Voraussetzungen für den Eigentumsübergang,
b) Beurkundungspflicht für alle getroffenen Vereinbarungen,
c) mögliche Schenkungsteuerpflicht,
d) Haftung des Grundbesitzes für öffentliche Lasten und Abgaben,
e) gesamtschuldnerische Haftung der Beteiligten für Kosten und Steuern unbeschadet der im Innenverhältnis getroffenen Vereinbarungen,
f) landesrechtlichen Leibgedingsbestimmungen und die
g) erforderliche Genehmigung gem. § 2 GrdstVG.

§ 10 Kosten und Steuern

Die Kosten dieser Urkunde und des Vollzuges trägt der Erwerber, etwa anfallende Schenkungsteuern trägt jeder Empfänger für seinen Erwerb.

§ 11 Ausfertigung und Abschriften

Von dieser Urkunde erhalten die Vertragteile und das Grundbuchamt je eine Ausfertigung, das Zentralfinanzamt (Schenkungsteuerstelle) eine bgl. Abschrift, das Finanzamt (Grunderwerbsteuerstelle) und das Landratsamt (Grundstücksverkehrstelle) eine einfache Abschrift.

IV. Anmerkungen zum Hofübergabevertrag

1. Vertragsgegenstand

Zur Hoferhaltung werden regelmäßig alle zum landwirtschaftlichen Betriebsvermögen gehörenden Wirtschaftsgüter übertragen, also **Grundstücke, Gebäude und das landwirtschaftliche Inventar** (§ 98 Nr. 2 BGB), insbesondere auch alle Arbeitsgeräte, das Vieh und die landwirtschaftlichen Erzeugnisse. Auch Mitgliedschaftsrechte, insbesondere Genossenschaftsanteile werden regelmäßig übertragen. Aus der Zurückbehaltung von Grundstücken können sich nicht nur Probleme im Hinblick auf das Grundstücksverkehrsgesetz und die landwirtschaftliche Altersrente ergeben, sondern auch erhebliche steuerliche Entnahmegewinne, vgl. Rz. 24. Empfehlenswert ist eine **Vollmacht**, wonach der Erwerber etwaige nicht im Übergabevertrag aufgeführte landwirtschaftliche Grundstücke an sich auflassen darf. 37

Hiller, Inf. 2005, 109 Fn. 13 warnt zu Recht vor der Zurückbehaltung von Teilbetrieben, insbesondere eines Forstreviers, da bei geringen Erträgen kein Landgut i. S. d. §§ 2049, 2312 BGB vorliegt und deshalb beim späteren Erbfall die Auseinandersetzung nach Verkehrswerten erfolgen müsste. Auch die Übertragung eines landwirtschaftlichen Anwesens auf mehrere Erwerber gefährdet die Anwendung des § 2312 BGB, vgl. BGH FamRZ 1977, 195.

2. Leibgeding

Das Altenteilsrecht ist ein Inbegriff dinglich gesicherter Nutzungen sowie Sach- und Dienstleistungen, die aus oder auf einem Grundstück zum Zwecke der allgemeinen leiblichen und persönlichen Versorgung des Berechtigten zu gewähren sind, vgl. RG 162, 52; BayObLG DNotZ 1975, 622. Im Leibgeding (Altenteil, Auszug, Leibzucht) sind zahlreiche Einzelrechte, insbesondere beschränkte persönliche Dienstbarkeiten und Reallasten in einem **Sammelbegriff** zusammengefasst; für die Einbeziehung von Nießbrauchsrechten KG OLG 40, 52; *Bauer/von Oefele,* GBO § 49 Rn. 7. Aufgrund des Vorbehalts in Art. 96 EGBGB bestehen zahlreiche landesrechtliche Vorschriften; einen Überblick gibt *Böhringer,* MittBayNot 1988, 106; zu den Übergabegewohnheiten in den einzelnen Bundesländern vgl. *Lüdtke-Handjery,* Beck'sches Formularbuch zum Bürgerlichen, Handels- und Wirtschaftsrecht, Form. III. E. 15 Anm. 2. 38

Im einzelnen sind in einem Leibgeding folgende Einzelrechte regelmäßig enthalten:

a) Wohnungsrecht als beschränkte persönliche Dienstbarkeit gem. § 1093 BGB

An rechtlich selbständigen Grundstücken, auf die sich das Mitbenützungsrecht des am Hausgrundstück bestellten Wohnungsrechtes erstreckt, kann das Wohnungsrecht nicht eingetragen werden, vgl. BayObLG DNotZ 1976, 227. Als Inhalt der Dienstbarkeit übernimmt der Eigentümer regelmäßig alle **Nebenkosten**, insbesondere auch für Heizung, Strom, Wasser, Müllabfuhr 39 und für die gewöhnliche und außergewöhnliche Instandhaltung vgl. *Amann,* DNotZ 1982, 411. Die Nebenleistungspflichten des Eigentümers können aber auch durch gesonderte Reallast gesichert werden, soweit nicht landesrechtliche Bestimmungen entgegenstehen. Über § 1093 BGB hinausgehende Mitbenützungsrechte können als einfache beschränkte persönliche Dienstbarkeit gem. § 1090 BGB bestellt werden.

b) Wohnungsreallast

40 Da das Wohnungsrecht mit der Zerstörung eines Gebäudes erlischt, empfiehlt es sich zusätzlich, ganz allgemein die Verpflichtung zur Gewährung von Wohnraum als Inhalt einer Reallast zu vereinbaren, vgl. *Böhringer,* BWNotZ 1990, 153.

c) Verköstigung

41 Die früher üblichen Naturalleistungen anstelle der täglichen Tischkost werden im allgemeinen nicht mehr vereinbart, da aufgrund der Spezialisierung in der Landwirtschaft der Landwirt selbst in erheblichem Umfang Lebensmittel zukaufen muss.

d) Wart(ung) und Pflege

42 Für den Fall der Gebrechlichkeit und der Krankheit der Übergeber wird der jeweilige Eigentümer zu im einzelnen aufgeführten Pflegeleistungen verpflichtet, die als Naturalleistungen im Wege der Reallast gem. § 1105 BGB dinglich gesichert werden können. Damit verbunden ist regelmäßig die Übernahme der Beerdigungs- und Grabpflegekosten. Im Formulierungsvorschlag wird die Übernahme dieser Kosten nicht durch die Reallast abgesichert, da andernfalls die **Löschungserleichterung** gem. § 23 Abs. 2 GBO nicht eintragbar wäre, vgl. BayObLG MittBayNot 1983, 170; RPfleger 1988, 98. Im allgemeinen ist der Übernehmer wirtschaftlich nicht in der Lage, die außerordentlich hohen Pflegesätze bei der Verbringung der Übergeber in Alters- und Pflegeheime zu tragen, so dass häufig ein vertraglicher Leistungsausschluss vereinbart wird. Sofern jedoch der Sozialhilfeträger die Geschwister des Erwerbers in Regress nimmt, entspricht es der Billigkeit, dass sich der Hofübernehmer zumindest anteilig zu einer Freistellung der Geschwister verpflichtet, die regelmäßig mit am geringen Ertragswert oder Einheitswert bemessenen Geschwistergleichstellungszahlungen abgefunden werden.

e) Versorgungszahlungen

43 Durch das Jahressteuergesetz 2008 wurde der Sonderausgabenabzug neu geregelt. Für den landwirtschaftlichen Betrieb gilt § 10 Abs. 1 Nr. 1a Buchst. b), wonach Versorgungsleistungen im Zusammenhang mit der Übertragung eines Betriebes oder Teilbetriebes als Sonderausgaben abzugsfähig sind. Die hervorragende Vertretung landwirtschaftlicher Interessen bei der Gesetzgebung ergibt sich aus dem eigens für die Landwirtschaft angefügten Satz 3, wonach Versorgungsleistungen auch für den Teil abzugsfähig sind, der auf den **Wohnteil** eines Betriebs der Land- und Forstwirtschaft entfällt.

44 Die Differenzierung zwischen Versorgungsleibrenten und dauernden Lasten ist entfallen. Alle lebenslangen und wiederkehrenden Versorgungsleistun-

gen sind in voller Höhe – wie bisher die dauernde Last – abzugsfähig. Im selben Umfang erfolgt die Zurechnung bei den Altenteilern gem. § 22 Nr. 1b EStG. Trotz des uneingeschränkten Abzugs aller wiederkehrenden Versorgungsleistungen ist aus zivilrechtlichen Gründen weiterhin die Vereinbarung einer **Anpassungsmöglichkeit gem. § 323 ZPO empfehlenswert**. Die pauschale Bezugnahme auf § 323 ZPO bedeutet jedoch, dass eine Eintragung im Grundbuch als Reallast ausscheidet, weil der sachenrechtliche Bestimmbarkeitsgrundsatz nicht mehr gewahrt ist. Eine Formulierung, wonach eine Anpassung gem. § 323 ZPO erfolgen soll, wenn der standesgemäße Unterhalt der Beteiligten nicht mehr gesichert ist, führt wegen der damit verbundenen Konkretisierung der Anpassung zur Eintragungsfähigkeit als Reallast, vgl. *Amann,* in: Staudinger § 1105 BGB Rn. 12; a. A. OLG Oldenburg NJW-RR 1990, 1174; BayObLG Rpfleger 1993, 485 und § 4 Rz. 83; der zusätzliche Ausschluss des Pflegefallrisikos aus der Anpassung entspricht im Regelfall den Vorstellungen der Beteiligten, vgl. *Spiegelberger,* KÖSDI 1985, 5848, ist aber bedenklich.

3. Schuldübernahme

Da die Schuldübernahme keine Rechtsnachfolge darstellt (BGHZ 61, 140), ist eine erneute Unterwerfung des Schuldübernehmers unter die Zwangsvollstreckung erforderlich, vgl. *Wolfsteiner,* Die vollstreckbare Urkunde, § 16, S. 13. Aufgrund des Erfordernisses der Bestimmtheit des Anspruches kann eine vollstreckbare Ausfertigung gem. § 794 Abs. 1 Nr. 5 ZPO nur erteilt werden, wenn bei der Schuldübernahme der genaue Schuldbetrag oder, soweit dieser nicht feststeht, ein Höchstbetrag angegeben wird. Während eine erneute dingliche Zwangsvollstreckungsunterwerfung gem. § 800 ZPO nicht erforderlich ist, wird von den Kreditinstituten jedoch ein abstraktes Schuldversprechen gem. § 780 BGB mit Zwangsvollstreckungsunterwerfung als Voraussetzung für die Genehmigung der Schuldübernahme verlangt, um die Beitreibung der Forderung zu erleichtern, vgl. BGH NJW 1976, 567. **45**

4. Geschwisterabfindung, Pflichtteilsverzicht

Zur Vermeidung von Pflichtteils- und Pflichtteilsergänzungsansprüchen werden regelmäßig Geschwisterabfindungen in Verbindung mit Pflichtteilsverzichten in den Übergabevertrag aufgenommen. Andernfalls ist die Vereinbarung der Ertragswertklausel gem. § 2312 BGB dringend anzuraten, diese verstößt nicht gegen den Gleichheitssatz, wenn sie der Erhaltung eines leistungsfähigen landwirtschaftlichen Betriebes dient, vgl. BGH MittBayNot 1987, 149. Praktisch baureife Grundstücke, die ohne Gefahr für die dauernde Lebensfähigkeit aus dem Landgut herausgelöst werden können, fallen nicht unter das Privileg des § 2312 BGB bei der Pflichtteilsberechnung, vgl. BGH DNotZ 1987, 764. **46**

Einmalige Abfindungszahlungen an Geschwister können nicht als Nebenbestimmung in das Leibgeding einbezogen werden, so dass die dingliche Sicherung nur durch Grundpfandrechte erfolgen kann. Dies gilt auch für etwaige Ausgleichszahlungen, die der Übernehmer an seine Geschwister zu entrichten hat, wenn er das übernommene Anwesen oder einzelne Grundstücke innerhalb eines überschaubaren Zeitraumes verkauft, vgl. BGH DNotZ 1986, 242.

5. Grundbucheintragung

47 Bei den einzelnen Rechten, die im Leibgeding zusammengefasst werden, ist jeweils in der Bestellungsurkunde das Gemeinschaftsverhältnis anzugeben, z. B. Gesamtgläubigerschaft gem. § 428 BGB; danach ist die Gesamtleistung erst mit der allen Gläubigern geschuldeten Leistung erbracht, vgl. BayObLG DNotZ 1975, 619. Die Einräumung eines Wohnungsrechtes nach Bruchteilen ist unzulässig, vgl. *Bader,* DNotZ 1965, 680, im Falle des Nießbrauches unzweckmäßig, da beim Versterben eines Berechtigten automatisch ein Quotennießbrauch entstünde. Besteht zwischen Ehegatten Gütergemeinschaft, fallen die zu ihren Gunsten bestellten Rechte in das Gesamtgut, so dass sie als Berechtigte in Gütergemeinschaft einzutragen sind, vgl. Palandt/*Bassenge,* § 1093 Rn. 7. Da § 49 GBO als Einschränkung zu § 47 GBO angesehen wird, kann bei mehreren Begünstigten im Grundbuch kein Gemeinschaftsverhältnis eingetragen werden, vgl. *Bauer/von Oefele,* GBO § 49 Rn. 17.

48 Eine Löschungsklausel für den Todesfall gem. § 23 GBO ist möglich, da es sich bei dem Leibgeding um einen Rechtsinbegriff handelt, bei dem Rückstände von Leistungen nicht ausgeschlossen sind, vgl. *Demharter,* GBO § 23 Rn. 10. Spätere Inhaltsänderungen des Leibgedinges können im Grundbuch eingetragen werden, ohne dass die einzelnen im Leibgeding zusammengefassten Rechte dieselbe Rangstelle haben.

6. Zwangsvollstreckung

49 Aufgrund des Vorbehaltes in § 9 EGZVG haben fast alle Bundesländer eine Regelung getroffen, wonach das Leibgeding auch dann bestehen bleiben kann, wenn das Recht nicht im geringsten Gebot enthalten ist. Da andererseits gem. § 9 Abs. 2 EGZVG die Gläubiger vor- oder gleichrangiger Rechte ein sog. Doppelausgebot verlangen können, wonach das Grundstück sowohl unter der Bedingung des Bestehenbleibens des Altenteils als auch unter der Bedingung seines Erlöschens ausgeboten wird, spielt das Versteigerungsprivileg des Altenteils in der Praxis nur eine geringe Rolle; ausführlich hierzu *Langenfeld/Günther,* Rn. 567. Größere Bedeutung hat die Pfändungsschutzbestimmung des § 850b Abs. 1 Nr. 3 ZPO, wonach fortlaufende Einkünfte aufgrund eines Altenteils unpfändbar sind.

7. Einkommensteuer

a) Allgemeines

aa) Einkünfteermittlung

50 Gewinne aus Land- und Forstwirtschaft werden durch Betriebsvermögensvergleich (§ 4 Abs. 1 EStG), Überschussrechnung (§ 4 Abs. 3 EStG), Schätzung oder gem. § 13a EStG nach Durchschnittsätzen ermittelt. Das land- und forstwirtschaftliche Betriebsvermögen umfasst den Grund und Boden einschließlich des Bauerwartungslands sowie die Betriebsgebäude. Die Wohnung des Landwirts und die Altenteilerwohnung sowie der dazugehörende Grund und Boden sind spätestens seit dem Ende des Veranlagungszeitraums 1998 steuerfrei aus dem Betriebsvermögen in das Privatvermögen überführt worden.

Gewillkürtes Betriebsvermögen können nur buchführende Landwirte bilden. Nutzungsänderungen vor dem 1. 7. 1979 (z.B. Verpachtung eines Grundstückes an einen anderen Landwirt) führten bei nichtbuchführenden Landwirten zur Entnahme ohne Gewinnrealisierung, vgl. BStBl. 1979 I 162. Die in ein Umlegungsverfahren (Flurbereinigungsverfahren) eingebrachten und die daraus im Zuteilungswege erlangten Grundstücke sind einkommensteuerrechtlich identisch; die Betriebsvermögenseigenschaft setzt sich an den erlangten Grundstücken unverändert fort, vgl. BFH BStBl. 1986 II 711.

bb) Buchwertfortführung

Die Betriebsübergabe im Wege der vorweggenommenen Erbfolge stellt keine Gewinnrealisierung dar, § 6 Abs. 3 Satz 1 EStG. Überträgt ein Landwirt seinen Betrieb unentgeltlich auf seinen Sohn, behält aber 18% der landwirtschaftlichen Fläche zurück und überführt sie ins Privatvermögen, so liegt keine Betriebsübertragung im ganzen, sondern eine Betriebsaufgabe vor. Das gilt jedenfalls dann, wenn die zurückbehaltene Fläche gegenüber der übertragenen der Bonität nach annähernd gleichwertig ist, vgl. BFH BStBl. 1990 II 428. Die früher weit verbreitete Zurückbehaltung von Grundstücken bei der Hofübergabe als „Notpfennig" (vgl. *Faber*, BWNotZ 1978, 151) stellt eine Entnahme dar, wenn nicht die bei Rz. 24 dargestellten Voraussetzungen vorliegen. 51

Eine Besonderheit gilt für **forstwirtschaftliche Grundstücke.** Behält der Übergeber ein Waldgrundstück zurück, das mit echter Gewinnabsicht bewirtschaftet werden kann – bei einem forstwirtschaftlichen Betrieb muss im allgemeinen eine Fläche von zwei Hektar gefordert werden, vgl. BFH BStBl. 1985 II 550 – kann der Übergeber Forstwirt bleiben und das Grundstück in seinem Betriebsvermögen ohne Gewinnrealisierung fortführen, vgl. *Ochs*, MittBayNot 1985, 171. 52

Erwirbt jemand im Wege **vorweggenommener Erbfolge** einen landwirtschaftlichen Betrieb unter dem Vorbehalt des Nießbrauchs des bisherigen Eigentümers und veräußert er während der Dauer des Nießbrauchs den landwirtschaftlichen Betrieb weiter, ist der bei der Veräußerung erzielte Veräußerungsgewinn ihm zuzurechnen, vgl. BFH BStBl. 1987 II 772. 53

cc) Veräußerung von Grundstücken

Bei der Gewinnermittlung gem. § 4 Abs. 1 und Abs. 3 EStG sowie gem. § 13a EStG nach Durchschnittsätzen (also nicht bei Schätzungslandwirten!) dürfen bei Grundstücksveräußerungen steuerfrei Rücklagen gem. §§ 6b und 6c EStG zum Zwecke der Reinvestition gebildet werden. Die Veräußerung land- und forstwirtschaftlich genutzter Grundstücke ist ein Hilfsgeschäft eines land- und forstwirtschaftlichen Betriebes und nicht Gegenstand eines selbständigen gewerblichen Unternehmens, es sei denn, der Landwirt veräußert wiederholt innerhalb eines überschaubaren Zeitraumes land- und forstwirtschaftliche Grundstücke oder Betriebe in Gewinnabsicht, die er bereits in der Absicht einer Weiterveräußerung erworben hat, vgl. BFH MittBayNot 1984, 275; FG Bremen EFG 1988, 300. 54

Wer einen land- und forstwirtschaftlichen Betrieb entgeltlich erwirbt, ihn aber nicht selbst bewirtschaftet, sondern im unmittelbaren Anschluss an den 55

Erwerb verpachtet, kann als Verpächter nur Einkünfte aus Vermietung und Verpachtung, nicht Einkünfte aus Land- und Forstwirtschaft beziehen. Ein Verpächterwahlrecht, wie im Fall der Verpachtung eines bislang selbst bewirtschafteten land- und forstwirtschaftlichen Betriebes steht ihm nicht zu, vgl. BFH BStBl. 1989 II 863.

b) Abgrenzung zum Wirtschaftsüberlassungs- und Pachtvertrag

56 Überlässt ein Landwirt seinen landwirtschaftlichen Betrieb ohne Eigentumsübertragung einem Kind zur Nutzung gegen Erbringung von Versorgungsleistungen, handelt es sich um einen Wirtschaftsüberlassungsvertrag, bei dem der Nutzungsberechtigte alle vertragsgemäß übernommenen Leistungen als Sonderausgaben abziehen kann, sofern es sich nicht um Unterhaltsleistungen handelt, vgl. BFH BStBl. 1993 II 546. Der weitere Leitsatz des BFH

> „ist der Wirtschaftsüberlassungsvertrag Vorstufe zur Hofübergabe, greift das Abzugsverbot für Unterhaltsleistungen erst dann ein, wenn der Wert des zur Nutzung überlassenen Vermögens weniger als die Hälfte des kapitalisierten Werts der zu Gunsten des Hofeigentümers übernommenen Leistungen beträgt"

wurde durch die Entscheidung des Großen Senats GrS 2/00 BStBl. 2004 II 100 wohl modifiziert, vgl. *Spiegelberger,* DStR 2004, 1105, 1111.

57 Das Nds. FG EFG 2004, 1681 sieht in der Befugnis des Nutzungsberechtigten, über das Inventar verfügen zu dürfen, eine notwendige Voraussetzung eines Wirtschaftsüberlassungsvertrages. Fehlt ein derartiges Verfügungsrecht, über das tote und lebende Inventar zu verfügen, soll höchstens ein **Pachtvertrag** vorliegen, der steuerlich anzuerkennen ist, wenn er bürgerlich-rechtlich wirksam geschlossen wurde und sowohl die Vertragsgestaltung als auch die Durchführung des Vereinbarten dem zwischen Fremden Üblichen entspricht, vgl. BFH BStBl. 1997 II 196. Der Beurteilungszeitraum für die Totalgewinnprognose bei einem landwirtschaftlichen Pachtbetrieb erstreckt sich nur auf die Dauer des Pachtverhältnisses. Dies gilt auch dann, wenn das Pachtverhältnis lediglich eine Vorstufe zu der später geplanten unentgeltlichen Hofübergabe ist, vgl. BStBl. 2008 II 465.

c) Vorbehaltsnießbrauch

58 Der Vorbehalt des Nießbrauches am gesamten land- und forstwirtschaftlichen Betrieb entspricht dem Rheinischen Übergabemodell und führt nach den allgemeinen einkommensteuerlichen Grundsätzen zur Buchwertfortführung. Davon zu unterscheiden ist der Vorbehalt des Nießbrauches an einzelnen Wirtschaftsgütern. Der BFH DStRE 2003, 1123 hat einen Steuerberater zum Schadensersatz verurteilt, der bei dem Entwurf eines Hofübergabevertrages ein Nießbrauchsrecht zu Gunsten des Übergebers an einem zum landwirtschaftlichen Betriebsvermögen gehörenden Erbbaugrundstück vorsah. Durch die Bestellung eines Nießbrauches an einem einzelnen Wirtschaftsgut des Betriebsvermögens sind die Einkünfte nicht mehr im Rahmen der Einkünfte aus Land- und Forstwirtschaft, sondern bei den Einkünften aus Vermietung und Verpachtung zu erfassen. Die durch Nießbrauch belasteten Grundstücke werden nicht mehr zu betrieblichen Zwecken genutzt. Im Ergebnis handelt es sich um eine Nutzungsentnahme, wenn das Grundstück nach Beendigung des Nießbrauchs wieder betrieblichen Zwecken dienen soll, vgl. BFH BStBl. 1995 II 241, 246.

d) Biogasanlagen

Zum Betrieb von Biogasanlagen vgl. BMF und Oberste Finanzbehörden der Länder vom 6. 3. 2006 BStBl. 2006 I 248: Ertragsteuerliche Behandlung von Biogasanlagen und der Erzeugung von Energie aus Biogas; steuerliche Folgen aus der Abgrenzung der Land- und Forstwirtschaft vom Gewerbebetrieb. 59

e) Leibgedingsbesteuerung

Literatur: *Bayer. Landesamt für Steuern:* Altenteilsleistungen in der Land- und Forstwirtschaft, ZEV 2008, 256.

aa) Natural-, Sach- und Geldleistungen

Die im Leibgeding zusammengefassten Natural-, Sach- und Geldleistungen kann der Übernehmer als Sonderausgaben gem. § 10 Abs. 1 Nr. 1a EStG abziehen. Werden unbare Altenteilsleistungen für Verpflegung mit den Werten der SachBezV abgezogen, ist für ein Altenteilerehepaar der um 80 v. H. erhöhte Wert des § 1 Abs. 2 SachBezV anzusetzen, vgl. BFH BStBl. 1991 II 354; Bayer. Landesamt für Steuern, ZEV 2008, 256 (Nicht-Beanstandungsgrenze für 2008 bei einem Altenteiler 3007 € und bei einem Altenteiler-Ehepaar 6014 €). Aufwendungen für die Beerdigung eines Altenteilsberechtigten stellen keine dauernde Last nach § 10 Abs. 1 Nr. 1a EStG dar, vgl. BFH BStBl. 1985 II 43. 60

bb) Besteuerung der selbstgenutzten Wohnung

Die im landwirtschaftlichen Anwesen befindliche selbstgenutzte Wohnung des Landwirts sowie die Altenteilerwohnung zählten früher zum einkommensteuerlichen Betriebsvermögen des Landwirts. Spätestens mit Ablauf des Veranlagungszeitraumes 1998 gelten die Wohnung des Landwirts und die Altenteilwohnung sowie der dazugehörende Grund und Boden als entnommen, wobei ein Entnahmegewinn außer Ansatz bleibt. Ein Hausgarten bis zur Größe von 1000 qm ist in der Regel allein dem Wohnteil zuzuordnen. Ist ein katastermäßig abgegrenztes Flurstück dem Wohnhaus zugeordnet, gilt dieses als steuerfrei entnommen. 61

Wird eine Wohnung aufgrund eines **Altenteilsvertrags** überlassen, ist der Nutzungswert der Wohnung weder beim Altenteilsverpflichteten noch beim Altenteiler zu erfassen. Dagegen sind beim Altenteilsverpflichteten solche mit der Wohnungsüberlassung verbundenen Aufwendungen als dauernde Last abzugsfähig, die dem Altenteiler als wiederkehrende Sachleistungen zufließen. Zu erfassen sind demnach insbesondere Aufwendungen für Strom, Heizung, Wasser und Schönheitsreparaturen, nicht hingegen Absetzungen für Abnutzung und Zinsen, vgl. BFH BStBl. 1983 II 711. 62

cc) Anwendung der BMF-Schreiben, v. 13. 1. 1993 BStBl. 1993 I 80 (vorweggenommene Erbfolge), 26. 2. 2007 BStBl. 2007 I 269, 3. 3. 2005 (Zweifelsfragen zu § 6 Abs. 3 EStG), 11. 1. 2006 BStBl. 2006 I 253 (Erbauseinandersetzung) und 21. 2. 2006 BStBl. 2006 I 306

Zu unterscheiden ist zwischen Übergaben im Bereich der HöfeO und den übrigen Ländern, die eine Sondererbfolge anordnen, einerseits und den Übertragungen von Bauernhöfen im übrigen Bundesgebiet andererseits.

(1) Höfeordnung

63 Gem. § 17 Abs. 2 HöfeO gilt zugunsten der anderen Abkömmlinge der Erbfall hinsichtlich des Hofes mit dem Zeitpunkt der Übertragung als eingetreten, wenn der Eigentümer den Hof an einen hoferbenberechtigten Abkömmling übergibt. Aufgrund dieser Vorschrift nimmt Felix FR 1991, 657 zu Recht an, dass der Übergabevertrag nach Höferecht nicht der vorweggenommenen Erbfolge, sondern dem Erbauseinandersetzungs-Beschluss des GrS 2/89 und somit dem BMF-Schreiben Erbauseinandersetzung BStBl. 2006 I 253 unterliegt. Nur dann, wenn der Hofvermerk gemäß § 1 Abs. 4 Satz 1 HöfeO im Grundbuch gelöscht wird, scheidet die Hofübergabe aus dem Geltungsbereich des besonderen Höferechts aus. Abfindungen und Ergänzungsabfindungen, die der Übernehmer eines land- und forstwirtschaftlichen Betriebes nach §§ 12, 13 und 17 Abs. 2 HöfeO an andere Abkömmlinge des Übernehmers zahlen muss, sind nicht als Entgelt anzusehen, vgl. Tz. 77 BMF-Schreiben Erbauseinandersetzung BStBl. 2006 I 253. Es spielt also keine Rolle, ob die betreffenden Leistungen den Buchwert des landwirtschaftlichen Betriebes übersteigen. Nur soweit hoffreies Vermögens übergeben wird, stellen Abfindungsleistungen, die das hoffreie Vermögen betreffen, ein Entgelt dar. Überschreiten aber diese Abfindungsleistungen nicht den Buchwert des hoffreien Vermögens, tritt keine Gewinnrealisierung ein.

(2) Übrige Bundesländer

64 Außerhalb des Geltungsbereiches der HöfeO und der übrigen Länder, die eine Sondererbfolge anordnen, gelten hingegen die allgemeinen Grundsätze der vorweggenommenen Erbfolge. Abfindungszahlungen und Geschwistergleichstellungsgelder sowie eine Ergänzungsabfindung bei einem späteren Verkauf des landwirtschaftlichen Anwesens stellen eine Gegenleistung dar, die der **Betriebsübergeber** zu versteuern hat, sofern sie das Kapitalkonto überschreiten. Sofern der Erwerber das landwirtschaftliche Anwesen nach dem Versterben des Übergebers veräußert und eine Ergänzungsabfindung zu entrichten ist, geht der sich daraus ergebende Veräußerungsgewinn zu Lasten der **Erben,** die nach den Vorstellungen der Beteiligten in der Regel damit gerade nicht belastet werden sollen, so dass im Übergabevertrag eine entsprechende Vorsorge zu treffen ist.

65 *einstweilen frei*

8. Schenkungsteuer

Literatur: *Hutmacher,* Die Bewertung des Wirtschaftsteils eines Betriebs der Land- und Forstwirtschaft nach der „LuFBewV“, ZEV 2008, 182; *ders.,* Erbschaftsteuerreform: Einzelheiten zur Bewertung und Verschonung des land- und forstwirtschaftlichen Vermögens, ZNotP 2008, 218; *Stahl,* Bewertung nach dem Erbschaft- und Schenkungsteuerrecht – Reform-Entwurf 2008, KÖSDI 2008, 16069.

a) Betrieb der Land- und Forstwirtschaft

Durch das „Gesetz zur Reform des Erbschaftsteuer- und Bewertungsrechts" wurde ein 6. Abschnitt in das Bewertungsgesetz eingefügt, der die Vorschriften für die Bewertung von Grundbesitz, von nicht notierten Anteilen an Kapitalgesellschaften und von Betriebsvermögen für die Erbschaftsteuer enthält. Gem. § 160 BewG umfasst der Betrieb der Land- und Forstwirtschaft **66**

- den **Wirtschaftsteil,**
- die **Betriebswohnungen** und
- den **Wohnteil**.

Dies entspricht auch der früheren Betrachtung. Zu beachten ist, dass damit der bewertungsrechtliche Begriff von der einkommensteuerlichen Beurteilung abweicht: Während der Wohnteil des Landwirts spätestens seit 31. 12. 1998 einkommensteuerlich **notwendiges Privatvermögen** darstellt, zählt der Wohnteil bewertungsrechtlich zum Betrieb der Land- und Forstwirtschaft. Wie bisher sind die Betriebswohnung und auch der Wohnteil des Betriebsinhabers nach den Grundsätzen des Grundvermögens zu bewerten. Wegen der engen räumlichen Verbindung von Wohnraum mit dem Betrieb ist der Wert des Wohnteils und der Wert der Betriebswohnungen um 15% gem. § 167 Abs. 3 BewG zu ermäßigen.

Gem. § 160 Abs. 7 BewG bilden auch Stückländerein, die als gesonderte wirtschaftliche Einheit zu bewerten sind, einen Betrieb der Land- und Forstwirtschaft. Stückländereien sind einzelne land- und forstwirtschaftlich genutzte Flächen, bei denen die Wirtschaftsgebäude oder die Betriebsmittel oder beide Arten von Wirtschaftsgütern nicht dem Eigentümer des Grund und Bodens gehören, sondern am Bewertungsstichtag für mindestens fünfzehn Jahre einem anderen Betrieb der Land- und Forstwirtschaft zu dienen bestimmt sind.

Nicht zum land- und forstwirtschaftlichen Vermögen **gehören** gem. **67**
§ 158 Abs. 4 BewG:

- Grund und Boden sowie Gebäude- und Gebäudeteile, die nicht land- und forstwirtschaftlichen Zwecken dienen;
- Kleingartenland und Dauerkleingartenland;
- Geschäftsguthaben, Wertpapiere und Beteiligungen;
- über den normalen Bestand hinausgehende Bestände an umlaufenden Betriebsmitteln;
- Tierbestände und damit zusammenhängende Wirtschaftsgüter, wenn die Tiere weder zur landwirtschaftlichen noch zur forstwirtschaftlichen Nutzung gehören;
- Geldforderungen und Zahlungsmittel;
- Pensionsverpflichtungen.

Diese nicht zum land- und forstwirtschaftlichen Vermögen zählenden Wirtschaftsgüter werden mit dem gemeinen Wert bewertet.

b) Wirtschaftswert

Gem. § 163 Abs. 3 BewG bestimmt sich der Reingewinn für die landwirt- **68**
schaftliche Nutzung nach der Region, der maßgeblichen Nutzungsart (Be-

triebsform) und der Betriebsgröße nach der europäischen Größeneinheit (EGE). Danach ergeben sich folgende Betriebsgrößenklassen:

- Kleinbetriebe von Null bis unter 40 EGE,
- Mittelbetriebe von 40–100 EGE,
- Großbetriebe über 100 EGE.

Der Reingewinn umfasst das ordentliche Ergebnis abzüglich eines angemessenen Lohnansatzes für die Arbeitsleistung des Betriebsinhabers und der nicht entlohnten Arbeitskräfte. Mittels eines typisierenden Reinertragswertverfahrens mit festen Ertragswerten auf der Basis agrarstatistischer Daten für die wichtigsten land- und forstwirtschaftlichen Nutzungen wird der Reingewinn ermittelt. Bei den landwirtschaftlichen Betrieben sind durchgängig für sämtliche Regionen und alle Betriebsformen bei den kleineren und mittleren Betriebsgrößen die Werte negativ. Nur bei den größeren Betrieben der Landwirtschaft werden positive Reingewinne ausgewiesen. Pachtpreis und Wert des Besatzkapitals hingegen sind sämtlich positiv, vgl. *Hutmacher,* ZNotP 2008, 228. Aus diesem Grund ist für die Bewertung regelmäßig der Mindestwert maßgebend. Der Mindestwert des Wirtschaftsteils setzt sich aus dem Wert für den Grund und Boden sowie dem Wert der übrigen Wirtschaftsgüter gem. § 164 Abs. 1 BewG zusammen. Der für den Wert des Grund und Bodens zu ermittelnde Pachtpreis pro Hektar (ha) bestimmt sich nach der Nutzung, dem Nutzungsteil und der Nutzungsart des Grund und Bodens. Der Kapitalisierungszinssatz für die übrigen Wirtschaftsgüter (§ 158 Abs. 3 Satz 1 Nr. 2–5 BewG) beträgt 5,5% und der Kapitalisierungsfaktor 18,6. Der Mindestwert berücksichtigt, dass die kleineren und mittleren Betriebe im Durchschnitt nur einen geringen oder sogar nur einen negativen Reinertrag erwirtschaften (!), vgl. *Hutmacher,* ZNotP 2008, 226.

c) Ergebnis

69 Die von *Hutmacher* a.a.O. durchgeführten Berechnungen bestätigen, da selbst bei positiven Reingewinnen der Mindestwert nur dann nicht den Wert des Wirtschaftsteils bildet, wenn der Betrieb der Land- und Forstwirtschaft sehr hohe Verbindlichkeiten hat.

d) Verschonungsabschlag und Abzugsbetrag

70 Wie bei dem übrigen Betriebsvermögen wird ein Verschonungsabschlag von 85% gewährt. Bei einem land- und forstwirtschaftlichen Vermögen von 1 Mio. € verbleibt somit nach Anwendung des Verschonungsabschlages ein Wert von 150 000 €, so dass bei Anwendung des Abzugsbetrages von 150 000 € gem. § 13a Abs. 2 ErbStG das zu berücksichtigende land- und forstwirtschaftliche Vermögen Null beträgt.

e) Veräußerung

71 Wird ein Betrieb der Land- und Forstwirtschaft oder ein Anteil i.S. des § 158 Abs. 2 Satz 2 BewG innerhalb eines Zeitraums von fünfzehn Jahren nach dem Bewertungsstichtag veräußert, erfolgt die Bewertung der wirt-

schaftlichen Einheit abweichend von § 163 und 164 BewG mit dem Liquidationswert gem. § 166 BewG. Dies gilt nicht, wenn der Veräußerungserlös innerhalb von sechs Monaten ausschließlich zum Erwerb eines anderen Betriebs der Land- und Forstwirtschaft oder eines Anteils i.S. des § 158 Abs. 2 Satz 2 BewG verwendet wird. Eine entsprechende Regelung gilt bei der Veräußerung wesentlicher Wirtschaftsgüter.

9. Umsatzsteuer

Gem. § 1 Abs. 1a UStG unterliegen die Umsätze im Rahmen einer Ge- 72
schäftsveräußerung im Ganzen nicht der Umsatzsteuer, so dass der Hofübergabevertrag umsatzsteuerfrei bleibt. Im übrigen gilt für die Land- und Forstwirtschaft die Sonderregelung gem. § 24 UStG, von der weitaus die meisten Landwirte Gebrauch machen. Gem. § 24 Abs. 1 Satz 3 UStG entspricht die Umsatzsteuer den Vorsteuerbeträgen, so dass keine Zahllast entsteht. Dennoch ist der Landwirt berechtigt, Rechnungen mit Vorsteuerausweis zu erstellen, wobei der für den Umsatz maßgebliche Durchschnittssatz in der Rechnung anzugeben ist. Gem. § 24 Abs. 4 Satz 1 UStG kann der Land- und Forstwirt bis zum zehnten Tag eines Kalenderjahres gegenüber dem Finanzamt erklären, dass seine Umsätze vom Beginn des vorangegangenen Kalenderjahres an nicht nach den Durchschnittssätzen für land- und forstwirtschaftliche Betriebe, sondern nach den allgemeinen Vorschriften des Umsatzsteuergesetzes besteuert werden sollen.

10. Kosten

a) Notar

Gem. § 19 Abs. 4 KostO ist bei Rechtsgeschäften, die die Überlassung ei- 73
nes land- oder forstwirtschaftlichen Betriebes mit Hofstelle betreffen, der Wert des Betriebsvermögens mit dem Vierfachen des letzten Einheitswertes anzusetzen. Grundstücksflächen, die in absehbarer Zeit anderen als land- oder forstwirtschaftlichen Zwecken, insbesondere als Bau- oder Industrieland oder für Verkehrszwecke dienen werden, sind anteilig aus dem Einheitswert herauszurechnen, vgl. *Reimann,* MittBayNot 1989, 117. Das Kostenprivileg des § 19 Abs. 4 KostO gilt allerdings nur für solche land- und forstwirtschaftliche Betriebe, die den Unterhalt einer bäuerlichen Familie ganz oder teilweise sichern können, wobei nicht auf den vollen Unterhaltsbedarf einer bäuerlichen Durchschnittsfamilie abgestellt werden darf, vgl. BayObLG MittBayNot 2003, 239. Anzusetzen ist eine doppelte Gebühr gem. § 36 Abs. 2 KostO. Für die Einholung der erforderlichen behördlichen Genehmigung gem. § 2 GrdstVG erhält der Notar eine $^{5}/_{10}$ Vollzugsgebühr gem. § 146 Abs. 1 KostO aus dem Geschäftswert.

Ein Hofübergabevertrag, in dem sich der Übernehmer zu Gegenleistun- 74
gen verpflichtet, stellt nach einhelliger Meinung in Rechtsprechung und Schrifttum einen Austauschvertrag gem. § 39 Abs. 2 KostO dar, vgl. BayObLG MittBayNot 1999, 203. Nach § 39 Abs. 2 KostO ist bei verschieden hohen Geschäftswerten der zum Austausch gelangenden Leistungen der höhere Wert maßgeblich, wobei auch die Abfindungen an die Geschwister als weichende Erben und die Leistungen an die Übergeber bei der Be-

stimmung der Gegenleistung zu berücksichtigen sind, vgl. *Tiedtke,* ZNotP 2001, 327.

b) Grundbuchamt

75 Anzusetzen ist eine halbe Gebühr gem. § 60 Abs. 2 KostO für die Eintragung der Auflassung und eine weitere halbe Gebühr gem. § 62 Abs. 2 KostO für die Eintragung des Leibgedings aus dem Jahreswert der Leibgedingsleistungen, vervielfältigt mit der Lebenserwartung gem. § 24 Abs. 2 KostO, höchstens fünffacher Wert gem. § 24 Abs. 3 KostO; für die Rückauflassungsvormerkung fällt ebenfalls eine weitere halbe Gebühr an.

Freiberufler sind Personen, die 16 Stunden arbeiten,
um nicht 8 Stunden für einen anderen arbeiten zu müssen.

Dritter Teil. Freiberufliche Tätigkeit

§ 6 Freiberufliche Praxis

Übersicht

A. Einzelpraxis

Literatur: *Ehlers/Scheibeck/Conradi,* Rechtliche Grundlagen der Übergabe von Arztpraxen, DStR 1999, 1532; *George,* Aktivierung und Abschreibung von Praxiswerten, DB 1995, 896; *Huffer,* Schweigepflicht im Umbruch, NJW 2002, 1382; *Jost,* Meine Kanzlei – meine Altersvorsorge (2006); *Knief,* Der kalkulatorische Unternehmerlohn für Steuerberater, DStR 2008, 1895; *Korn,* Gelöste und ungelöste Einkommensteuerprobleme bei Praxisveräußerung, -einbringung und -verpachtung, DStR 1995, 961; *Platz,* Erfordernis der Einwilligung der Mandanten zur Mandatsübertragung, StB 2003, 108; *Richter,* Geringfügige Fortsetzung steuerberatender Tätigkeit nach Praxisveräußerung, Stbg 2008, 16; *Römermann/Schröder,* Die Bewertung von Anwaltskanzleien, NJW 2003, 2709; *Schoor,* Kauf und Verkauf von Freiberuflerpraxen: Rechtsprechungsentwicklung und Gestaltungsmöglichkeiten, StuB 2005, 958; *Wehmeier,* Planung der Kanzleinachfolge, DSWR 2003, 1; *ders.,* Praxisveräußerung: Ein filmreifes Fallbeispiel StBg 2006, 80; *Weimar,* Risiken bei Konkurrenzverboten in Unternehmens- und Beteiligungskaufverträgen, DB 2001, 1477.

I. Situation der Einzelpraxis

1 Der Inhaber einer Einzelpraxis wird oft wegen seiner Selbständigkeit bewundert, muss aber dafür auch Nachteile in Kauf nehmen. Ohne Zweifel ist der Einzelkämpfer dem größten Berufsstress ausgesetzt, da die Klientel für einen längeren Urlaub überhaupt kein Verständnis hat und auch Kurzurlaube meist nur mit schlechtem Gewissen angetreten werden können. Stirbt der Einzelkämpfer aus? *Klaus Jost,* der mit seiner Vermittlungsfirma Jost AG nach eigenen Angaben in den letzten Jahren mehrere 100 Steuerkanzleien vermittelt hat, behauptet in seinem Buch „Meine Kanzlei – meine Altersvorsorge" (2006), S. 36:

„Nach wie vor verkaufen sich Umsätze, die Steuerberater mit keinem oder nur wenigen Mitarbeitern erwirtschaften, exzellent. Die Erklärung dafür ist ganz einfach: Wer Umsätze mit nur geringen Kosten erwerben kann, geht in Verbindung mit der entsprechenden Abschmelzungsklausel kaum ein Risiko ein."

Interessant ist die **Altersstruktur** der Kanzleiverkäufer. 30% aller Verkäufer 2
einer Steuerberatungskanzlei sind jünger als 50 Jahre. Bei dieser Verkäufergruppe spielen Krankheit, die persönliche Lebensplanung und strategische Überlegungen eine entscheidende Rolle. Eine 45-jährige Steuerberaterin, die sich auf eine griechische Insel als Alterssitz zurückgezogen hat, ist für mich ein Beispiel von Lebenskunst. Für den Verkauf ihrer Kanzlei konnte sie 1,5 Mio. DM erzielen. 40% aller Verkäufer, die ihre Kanzlei übertragen, sind zwischen 50 und 60 Jahre alt, vgl. *Jost,* a.a.O. S. 21. Viele von ihnen nutzen die steuerlichen Vergünstigungen, die ab dem vollendeten 55. Lebensjahr in Anspruch genommen werden können.

Nur noch 30% der Steuerberater, die sich entschließen, ihre Kanzlei aufzugeben, sind älter als 60 Jahre. Ein 85-jähriger Steuerberater, der immer noch allein seine Kanzlei führte, erklärte mir, dass er durch abwandernde Angestellte immer wieder erhebliche Umsatzanteile verloren habe, so dass der Verkauf seiner Kanzlei immer wieder gescheitert sei. Nunmehr müsse er bis zum Lebensende weiterarbeiten. *Jost,* a.a.O. S. 31 berichtet von einem Steuerfachangestellten, der zu einem Steuerberaterkollegen am Ort wechselte und 150000 € Umsatz mitnahm. Auch diese Kanzlei war nur kurze Zeit mit diesem Mitarbeiter glücklich; er zog mit etlichen Mandanten weiter und die Kanzlei seines Arbeitgebers halbierte sich.

Der **Durchschnittsumsatz** einer deutschen Steuerkanzlei lag 2003 bei 3
369000 €. Seit 2003 sind die Gesamtumsätze in der Steuerberatung rückläufig. 91 Insolvenzen von Steuerberatern meldete das Statistische Bundesamt im Jahr 2004. Im Allgemeinen kommen auf eine zum Verkauf stehende Kanzlei im Durchschnitt mehr als 10 Kaufinteressenten. *Jost,* a.a.O. S. 29 berichtet von einer Kanzlei mit einem Umsatz bis zu 500000 € in Bochum, bei der sich in der Datenbank der Jost AG 79 Interessenten vormerken ließen. Die Kanzlei war innerhalb von vierzehn Tagen verkauft.

Was sind die **Probleme der Einzelpraxis?** Außer der Flut von Gesetzes- 4
änderungen, die ein Einzelner kaum mehr überblicken kann, werden von der Klientel in zunehmendem Maß Spezialisten für bestimmte Gebiete verlangt. Die Zeitschrift „Focus Money" (Ausgabe 35/2005, S. 56–65) hat eine Untersuchung von Steuerberatungskanzleien vorgenommen und dabei 9000 Berufsträger mittels eines Fragebogens getestet. Ziel war es, die kompetentesten Experten herauszufinden, die 50 Fragen beantworten sollten. Als kleine Praxis wurde eine Kanzlei bis zu 9 Mitarbeitern eingestuft. Zwischen 10 und 19 Mitarbeitern wurde eine Kanzlei als mittelgroß und jede Kanzlei mit mehr als 20 Mitarbeitern als großes Unternehmen bewertet. Die Kanzleien, die über einen Expertenpool verfügten, haben am besten abgeschnitten, während lose Kooperationen sich als wenig beständig erwiesen haben.

Ein weiteres Problem besteht darin, dass zu spät nach einem Nachfolger Ausschau gehalten wird. Ab einem bestimmten Alter des Freiberuflers vermutet der Markt, dass die Mandanten bereits einen potentiellen Nachfolger auserwählt haben. Der Kunde muss die Gewissheit haben, dass auch dann, wenn der Steuerberater mittelfristig oder endgültig nicht mehr zur Verfügung steht, sein Fall kompetent bearbeitet wird.

5 *einstweilen frei*

II. Praxisveräußerung

6 **Beispiel:** Steuerberaterin S veräußert ihre Steuerberatungspraxis an den Wirtschaftsprüfer W zum Kaufpreis von 750 000 €. Zur Mandatsüberleitung bleibt S noch ein Jahr ohne Vergütung tätig. Im Außenverhältnis treten S und W den Mandanten und der Steuerberaterkammer gegenüber als Sozien auf. Wie ist die Veräußerung zu beurteilen?

Die Praxisübertragung eines Freiberuflers, gleichgültig, ob es sich um einen Arzt, Rechtsanwalt, Steuerberater, Wirtschaftsprüfer oder Zahnarzt handelt, ist i.d.R. für den Erwerber nur interessant, wenn der Mandanten- und Praxisstamm erhalten bleibt. Demnach soll die bestehende Vertrauensbeziehung auf den Erwerber übertragen werden. Das besondere Vertrauensverhältnis, das zwischen einem Freiberufler und seinen Klienten und Patienten besteht, ist durch die Strafvorschrift des § 203 StGB geschützt, wonach die Mandanten- und Patientenunterlagen nicht Dritten offenbart und ausgehändigt werden dürfen, ohne dass die Betroffenen ausdrücklich zustimmen. Bei der Verletzung der Strafvorschrift des § 203 StGB ist der abgeschlossene Vertrag gem. § 134 BGB nichtig.

1. Veräußerung an Fremde

7 Der BGH, DNotI-Report 1995, 194 und DStR 1995, 1360 hat sich in einer Reihe von Entscheidungen zur Veräußerung der Praxis eines Freiberuflers geäußert. Die Leitsätze dieser Entscheidungen lauten:

„Eine Bestimmung in einem Kanzleiübernahmevertrag, die den Veräußerer auch ohne Einwilligung der betroffenen Mandanten verpflichtet, seine Akten dem Erwerber zu überlassen, ist nichtig. Der Nichtigkeit einer solchen Bestimmung sowie der Nichtigkeit der in einem Kanzleiübernahmevertrag ohne Zustimmung der jeweiligen Mandanten getroffenen Vereinbarungen über den Verkauf der anwaltschaftlichen Honorarforderungen an den Erwerber steht nicht entgegen, dass dieser nach Übernahme der Kanzlei vorübergehend amtlich bestellter Vertreter des Veräußerers ist.“

„Die Klausel in einem Vertrag, durch den ein Arzt seine Praxis auf einen anderen Arzt überträgt, auch die Patientenkartei, die Krankenberichte und die sonstigen Aufzeichnungen über die Patienten seien mitverkauft, soweit die Patienten nicht ausdrücklich widersprechen, ist unwirksam.“

8 Haben die Parteien für den Fall der Unwirksamkeit einzelner Vertragsbestimmungen eine salvatorische Klausel aufgenommen, so bedarf es der Auslegung des Vertrages im Einzelfall, ob die Aufrechterhaltung des Restgeschäftes ungeachtet der salvatorischen Klausel von dem Parteiwillen noch getragen ist. Der Wille, das Restgeschäft gelten zu lassen, kann vor allem dann fehlen, wenn durch den Wegfall des unwirksamen Teils das Austauschverhältnis für Leistung und Gegenleistung nachhaltig gestört ist und eine Aufschlüsselung der Gegenleistungen auf die verschiedenen Teile der Leistung nach dem Parteiwillen nicht in Betracht kommt, vgl. BGH, DStR 1995, 1924.

2. Veräußerung an Angestellte

9 Tritt ein Rechtsanwalt bei Veräußerung seiner Kanzlei Honorarforderungen – unter Übergabe der Handakten – ohne Zustimmung des Auftraggebers an einen Rechtsanwalt ab, der zuvor als Mitarbeiter des Zedenten die Angelegenheiten des Mandanten umfassend kennen gelernt hat, so ist die Zession nicht gem. §§ 134 BGB, 203 Abs. 1 Nr. 3 StGB unwirksam, vgl. BGH NJW 1995, 2915.

10 *einstweilen frei*

III. Heilung nichtiger Praxisübertragungen

11 Aufgrund der Unwirksamkeit der im Beispielfall geschilderten Praxisveräußerung besteht ein Bedürfnis, das unwirksame Rechtsverhältnis entweder zu heilen oder die Rückabwicklung zu regeln. Sofern es dabei bleiben soll, dass Steuerberaterin S im Einleitungsbeispiel sich endgültig aus dem Berufsleben zurückzieht und alle Vermögensgegenstände und Wirtschaftsgüter, die ihr hinsichtlich der Praxis zustehen, bei Wirtschaftsprüfer W verbleiben sollen, kommt eine notarielle Bestätigungsurkunde in Betracht, wonach der unwirksame Praxisübertragungsvertrag gem. § 141 BGB bestätigt wird und sich Frau S verpflichtet, die ihr noch verbliebenen betrieblichen Vermögensgegenstände und Wirtschaftsgüter auf W zu übertragen.

12 Voraussetzung für die Bestätigung eines nichtigen Rechtsgeschäftes ist die Beseitigung des Nichtigkeitsgrundes, vgl. *Mayer-Maly,* in: MünchKomm § 141 BGB Rn. 8. Sofern die Beteiligten beim nächsten Mandantenkontakt den jeweiligen Mandanten der Praxisübernahme bzw. der Sozietätsgründung zustimmen lassen, entfällt zwar nicht die Strafbarkeit gem. § 203 StGB, wohl aber kann zivilrechtlich die Mandatsübertragung geheilt werden.

13 Verbunden werden sollte diese Vereinbarung mit der Verpflichtung von Frau S, für einen bestimmten Zeitraum zur Mandatsüberleitung zur Verfügung zu stehen bzw. sofern für die Zwischenzeit ein Sozietätsverhältnis gewollt ist, den restlichen Gesellschaftsanteil Herrn Wirtschaftsprüfer W zum Erwerb anzubieten. Diese weitere Übertragung ist unproblematisch, da insoweit nicht die Verschwiegenheitspflicht betroffen wird. Ausdrücklich geregelt werden müssen in dem Vertragsverhältnis auch die Frage des Abspringens von Mandanten (sog. Springerklausel) und die sich daraus ergebenden Rechtsfolgen.

14, 15 *einstweilen frei*

IV. Stufenmodell bei Praxisübertragung

1. Verschwiegenheitspflicht

16 Bei der Praxisübertragung steht weniger der Verkauf der Einrichtungsgegenstände als die Übertragung der Mandanten- und Patientenkartei im Vordergrund. Die Weitergabe von Mandanten- und Patientenunterlagen, insbesondere der Handakten stellt ohne Zustimmung der Betroffenen eine gem. § 203 StGB strafbedrohte Verletzung der Verschwiegenheitspflicht dar. Da bei einer ausdrücklichen Befragung ein erheblicher Teil der Mandanten und Patienten verloren geht und damit der Praxiswert erheblich sinkt, werden in der Praxis Ausweichgestaltungen gesucht.

Gründet ein Rechtsanwalt oder Steuerberater, der bisher eine Einzelpraxis geführt hat, eine Sozietät durch Aufnahme eines Partners, besteht keine Vermutung, dass die Mandanten mit der Ausdehnung des Mandats auf eine Sozietät einverstanden sind. Anders ist zu entscheiden, wenn der neue Sozius zuvor der Angestellte des Anwalts oder des Steuerberaters war.

2. Wettbewerbsbeschränkungen

17 Selbstverständlicher Inhalt einer Praxisübertragung ist eine Mandatsschutzklausel, wonach der Verkäufer nicht berechtigt ist, „verkaufte" Mandate an sich zu ziehen oder Mandanten abzuwerben. Darüber hinaus wird regelmäßig ein sachlich, zeitlich und örtlich begrenztes Wettbewerbsverbot vereinbart, wonach für eine bestimmte Anzahl von Jahren und auf einem begrenzten Gebiet die bisherige Tätigkeit dem Veräußerer untersagt wird. Ein generelles, zeitlich und räumlich unbegrenztes Tätigkeitsverbot verstößt gegen § 138 BGB und ist deswegen unwirksam, vgl. BGH DB 1989, 1620.

3. Anstellungsvertrag

18 Sofern eine freiberufliche Praxis veräußert werden soll, kann eine rechtswirksame Vereinbarung ohne Zustimmung der jeweiligen Mandanten nur in der Weise erreicht werden, dass der Praxisinhaber den Übernahmeinteressenten als Angestellten beschäftigt und diesem ein Angebot für den Fall unterbreitet, dass die Mandanten der Vertragsüberleitung zustimmen. Durch die Vereinbarung eines Wettbewerbsverbotes für den Fall, dass der Übernahmeinteressent das Angebot nicht annimmt, können die Interessen des Verkäufers gesichert werden. In keinem Fall darf sich das Angebot als verbotenes Umgehungsgeschäft darstellen. Insbesondere darf der wirtschaftliche Erfolg nicht dadurch vorweggenommen werden, dass der „Angestellte" bereits den Kaufpreis für die Praxis vorab entrichtet.

Grenzziehung

19

Ohne Zustimmung zulässig	Nur mit Zustimmung zulässig
Erweiterung Sozietät	Veräußerung Einzelkanzlei
Verkauf/Aufnahme/Einbringung in Sozietät mit Angestelltem	Einbringung Einzelkanzlei in Sozietät mit Dritten
wie vor bei freiem Mitarbeiter (sichere Frist 24 Monaten)	Aufnahme eines Fremden in Einzelkanzlei
bei Scheinsozietät	Einbringung in GmbH
Abtretung GmbH-Anteil	Fusion von Einzelpraxen
Aufnahme von Angestelltem/freiem Mitarbeiter	***Asset deal***

Kritik an der Scheinsozietätsentscheidung des BGH übt *Wehmeier,* Praxisübertragung in wirtschaftsprüfenden und steuerberatenden Berufen B. 245 Fn. 7; siehe auch Rz. 46.

einstweilen frei 20

V. Rückabwicklung des Kaufs einer Steuerberaterpraxis nach Bereicherungsrecht

Unwirksamkeitsrisiken bei einer Kanzleiübertragung ergeben sich nicht 21
nur aus der Übertragung aller Kanzleiunterlagen, sondern auch aus dem regelmäßig vereinbarten Wettbewerbsverbot für den Verkäufer. Nach der Rechtsprechung des BGH müssen Wettbewerbsverbote **sachlich, zeitlich** und **örtlich begrenzt** vereinbart werden. Wird danach die Handlungsfreiheit des Verkäufers unangemessen beschränkt, ist das vereinbarte Wettbewerbsverbot und damit der gesamte Kaufvertrag nichtig.

Beispiel 1: Steuerberater S veräußerte seine Steuerberaterpraxis zum 1. 1. 1996 zum Kaufpreis in Höhe von 925 000 DM, der in zwei Raten zu je 462 500 DM entrichtet werden sollte. Da der Käufer auf die vereinbarte erste Rate nur 400 000 DM zahlte, verklagte der Verkäufer den Erwerber zunächst auf Zahlung der geschuldeten 62 500 DM. Da das Landgericht den Praxisübergabevertrag wegen einer sittenwidrigen Konkurrenzschutzklausel insgesamt für nichtig erachtete, wies es die Teilzahlungsklage auf 62 500 DM ab. In der mündlichen Verhandlung im Mai 1998, also etwa $2^1/_2$ Jahre nach der Kanzleiübergabe, einigten sich die Beteiligten auf eine Rückübertragung der Kanzlei. Im Juli 1998 übergab der Beklagte dem Kläger 257 zur Praxis gehörende Aktenordner. Da die Mandanten offensichtlich nicht zum Verkäufer zurückkehren wollten, klagte der Verkäufer nunmehr nur noch auf Zahlung des Restkaufpreises in Höhe von 525 000 DM. Das Landgericht hat die Klage abgewiesen und auf die Widerklage des Beklagten den Kläger zur Rückzahlung eines Betrages in Höhe von 191 231,73 € verurteilt. Der Beklagte erweiterte die Widerklage und verlangte vom Verkäufer die Rückzahlung der gesamten entrichteten Kaufpreisrate. Der Streit wurde nach nahezu 11 Jahren mit Urt. des BGH v. 5. 7. 2006 beendet. Im Endergebnis erhielt der Verkäufer nicht einmal die Hälfte des vereinbarten Kaufpreises für seine Kanzlei, vgl. BGH DStR 2006, 1958 mit Anm. *Mutschler.*

Zum Bereicherungsrecht bei der Rückgabe eines Mandantenstamms gem. 22
§ 818 Abs. 2 BGB führt der BGH aus: Wegen der Nichtigkeit des Kaufvertrages verliert der Verkäufer den gesamten Kaufpreisanspruch und muss auch die bereits erhaltene Rate zurückzahlen. Der Erwerber müsste an sich die erworbene Praxis zurückübertragen. Da aber die Mandanten mit einer Rückübertragung nicht einverstanden waren, liegt ein Fall der Unmöglichkeit vor. In diesem Fall muss der noch vorhandene Wert des Unternehmens ersetzt werden. Da ein Gutachter den noch vorhandenen Mandantenstamm auf nur 129 751 DM schätzte, erhielt der Verkäufer nur diesen Betrag und die Zinsen aus der Anzahlung von 400 000 DM.

Bei der **Protokollierung** des Praxiskaufvertrages durch einen Notar (mit 23
einer Kostenbelastung von ca. 1600 €) hätte der Verkäufer einen Zahlungsanspruch gegen den Notar oder dessen Versicherung gehabt, da der Notar eine wirksame Urkunde schuldet. Zudem wäre wegen der in der Urkunde enthaltenen Zwangsvollstreckungsunterwerfung ohne Prozess der sofortige Zugriff auf das Vermögen des Erwerbers möglich gewesen, da eine notarielle Urkunde einen vollstreckungsfähigen Titel darstellt.

24 Die Lehre aus diesem Fall ist ohne Zweifel, dass eine unwirksame Kanzleiübertragung zum Ruin des Übergebers führen kann, da erfahrungsgemäß die Mandanten nach Beendigung eines mehrjährigen Prozesses keinesfalls mehr zu dem – häufig älteren – Kanzleiverkäufer zurückkehren wollen. Zahlreiche Landesrechte, z. B. Art. 17 BayAGGVG, regeln den Streit über die Rückgabe eines landwirtschaftlichen Anwesens in der Weise, dass die Übergeber aus dem Anwesen ausziehen müssen und lediglich eine Übergaberente erhalten. Der wirtschaftliche Sinn dieser Regelung besteht darin, dass die Rückgabe eines übertragenen Unternehmens auf den früheren und älteren Unternehmer keine Zukunftsperspektive mehr mit sich bringt.

Beispiel 2: Der 48-jährige Steuerberater S in Magdeburg veräußert mit Kaufvertrag vom 26. 3. 2002 seine Praxis mit einem Jahresumsatz in Höhe von 800 000 € an den Steuerberater X, der als Kanzleileiter angestellt wird, um eine konfliktlose Überleitungsphase ohne Mandatsverluste sicherzustellen. Die Zustimmung der Mandanten sollte gemeinsam eingeholt werden. Gem. § 9 Abs. 2 des Vertrages wurde eine Kaufpreisreduzierung in der Weise vereinbart, dass ausscheidende Mandanten innerhalb von 24 Monaten zu einer entsprechenden Reduzierung bei der Kaufpreisbemessung führen. Ferner enthält der Vertrag ein Wettbewerbsverbot, wonach der Verkäufer verpflichtet ist, bis zum März 2012, also für zehn Jahre nicht für die auf den Käufer überzuleitenden Mandanten tätig zu sein und sich verpflichtete, für diesen Zeitraum keine Tätigkeiten i. S. des Steuerberatungsgesetzes im Stadtgebiet von Magdeburg und in einem Umkreis von 60 km auszuüben. Der Vertrag endet mit einer salvatorischen Klausel.

Der Erwerber stellt die technischen Arbeitsabläufe um und entlässt bis zum März 2004 auch die Mehrzahl der ursprünglichen Angestellten der Kanzlei. Der Umsatz reduziert sich innerhalb von 24 Monaten um 79,52%.

25 Das OLG Naumburg, Stbg 2006, 80 beurteilt den Vertrag als sittenwidrig gem. § 138 BGB, da die Ermäßigungsklausel das Kaufpreisreduzierungsrisiko einseitig auf den Verkäufer verlagert habe. Darüber hinaus sei auch das Wettbewerbsverbot unwirksam und somit trotz der salvatorischen Klausel der gesamte Vertrag nichtig. Damit entfällt der gesamte Kaufpreisanspruch des Verkäufers. Eine Rückabwicklung, d. h. eine Rückübertragung der Mandanten, scheitert, da diese zum größten Teil bereits abgesprungen sind. Über die Frage des Wertersatzes gem. § 818 Abs. 2 BGB und wegen der Herausgabe der gezogenen Nutzungen enthält das Urteil keine Entscheidung, da der Kläger dazu keinen Sachvortrag erbracht hat!

VI. Nachfolge von Todes wegen

Beispiel: Der plötzlich im 57. Lebensjahr verstorbene Steuerberater S hat seine in der Kanzlei tätige Ehefrau, die als Steuergehilfin tätig war, zum Alleinerben eingesetzt.

26 Bei dem Versterben eines Steuerberaters kann die Steuerberaterkammer einen **Praxisabwickler** bestellen. Die Bestellung gilt i. d. R. gem. § 70 Abs. 1 StBerG für ein Jahr und kann auf Antrag des Abwicklers jeweils um ein Jahr verlängert werden. Zur Annahme neuer Aufträge ist der Praxisabwickler gem. § 70 Abs. 2 Satz 2 StBerG nicht mehr berechtigt. Der Erwerber einer Kanzlei, der gleichzeitig zum Abwickler bestellt ist, hat die auf den Kanzleikonten befindlichen Fremdgelder zu sammeln und an die Erben abzuführen.

27 Sofern beim Tod eines Berufsangehörigen die Zeit überbrückt werden soll, bis ein Erbe oder Mitarbeiter zur Steuerberatung berechtigt ist, kommt als Ausnahmeregelung ein **Praxistreuhänder** in Betracht. Die Person des Nachfolgers muss bekannt sein. Ein verwandtschaftlicher Grad zum bisherigen Praxisinhaber ist nicht erforderlich. In Betracht kommen Personen, die sich in Vorbereitung auf das Steuerberaterexamen befinden und dieses in maximal vier Jahren ablegen können, vgl. *Wehmeier,* a. a. O. C. 7.

28 Der Treuhänder ist im Gegensatz zum Abwickler nicht nur berechtigt, sondern sogar verpflichtet, neue Mandate anzunehmen. Dies hat zur Folge, dass der Praxistreuhänder selbst das Haftpflichtrisiko zu tragen hat und nicht die Erben eines verstorbenen Praxisinhabers, vgl. OLG Stuttgart, MDR 2000, 115.

29, 30 *einstweilen frei*

B. Aufnahme in Einzelpraxis

Literatur: *Förster/Heyeres,* Steuerliche Gefahren bei der Aufnahme neuer Gesellschafter in eine freiberufliche Einzelpraxis, DStR 1995, 1693; *Fuhrmann,* „Aufnahme" naher Angehöriger in Freiberuflerpraxen und Unternehmen, ErbStB 2004, 384; *Kamps/Alvermann,* Außen- und Scheinsozietäten von Rechtsanwälten, NJW 2001, 2121; *dies.,* Außen- und Scheinsozietäten von Steuerberatern und Wirtschaftsprüfern, Stbg 2002, 223; *Förster/Heyeres,* Steuerliche Gefahren bei der Aufnahme neuer Gesellschafter in eine freiberufliche Einzelpraxis, DStR 1995, 1693; *Korn,* „Übergangsbesteuerung" bei der Aufnahme von Partnern in Einzelpraxen und Sozietäten mit Gewinnermittlung nach § 4 Abs. 3 EStG, FR 2005, 1236; *Peres/Depping,* Scheinsozietät und Scheinsozius – gesellschafts-, berufs- und steuerrechtliche Fragen, DStR 2006, 2261; *C. Schäfer,* Scheinsozietät und Scheinsozius, DStR 2003, 1078; *Vorwold,* Nachfolge in eine Arztpraxis, Steuerliche Gestaltungsmöglichkeiten, insbesondere mit Nullbeteiligung, ErbStB 2003, 24; *K. Schmidt,* Analoge Anwendung von § 28 HGB auf die Sachgründung freiberuflicher und gewerbetreibender BGB-Gesellschaften?, BB 2004, 785; *Wehmeier,* (Schein-)Lösung zur Praxisnachfolge: Scheinsozietät?, StBg 2001, 420; *Wendt,* Teilanteilsübertragung und Aufnahme eines Gesellschafters in ein Einzelunternehmen nach den Änderungen des EStG durch das UntStFG, FR 2002, 127.

I. Bürogemeinschaft oder Mitunternehmerschaft?

1. Berufsrechtliche Zulässigkeit

31 Berufsrechtlich wird zwischen Sozietäten und Bürogemeinschaften streng unterschieden. Eine Bürogemeinschaft darf nicht den Anschein einer echten Sozietät erwecken. Unzulässig ist z. B. die Firmierung einer Bürogemeinschaft „Müller, Meier und Schulze – Steuerberater in Bürogemeinschaft", vgl. *Wehmeier,* a. a. O. C. 23. Auch die Verwendung von Briefköpfen mit der Formulierung „... in Bürogemeinschaft mit ..." stellt einen Verstoß gegen § 1 UWG, da sich der Ratsuchende unter einer Bürogemeinschaft nach Auffassung des LG Düsseldorf, Stbg 1996, 405 darunter nichts, jedenfalls nicht das Richtige, vorzustellen vermag. Nach Auffassung des LG Hannover, DStR 1985, 538 stellt es eine berufswidrige Werbung dar, wenn eine Bürogemeinschaft nach außen in Erscheinung treten würde und gegenüber Einzelsteuerberatern einen nicht gerechtfertigten Wettbewerbsvorteil erlangen würde, in

dem sie ein Mehr vorgebe, was in Wirklichkeit nicht vorhanden ist, vgl. *Wehmeier,* a. a. O. C. 23.

2. Einkommensteuerliche Abgrenzung

32 **Beispiel:** Drei Steuerberater betreiben Einzelpraxen. Sie gründen eine GbR. Die drei Gesellschafter verpflichten sich, ihre selbständigen Kanzleien künftig **nach außen als Sozietät** zu führen. **Nach innen** soll nur eine Bürogemeinschaft bestehen. Im GbR-Vertrag ist im einzelnen vereinbart:

- Jeder Gesellschafter übt seine Tätigkeit unabhängig und eigenverantwortlich aus.
- Nach außen schließt die Gesellschaft den Beratungsvertrag mit dem Mandanten. Die Gesellschafter stellen ihre Rechnungen unter dem gemeinsamen Namen aus, aber für eigene Rechnung.
- Der Praxiswert bleibt alleiniges Vermögen des Gesellschafters; dies gilt auch für neue Mandanten.
- Jeder Gesellschafter schließt die Arbeitsverträge mit seinem Personal und kündigt in eigenem Namen.

Bei einer Büro- und Praxisgemeinschaft besteht keine Mitunternehmerschaft gem. § 15 Abs. 1 Nr. 2 EStG. Sie hat keine gemeinsame Gewinnerzielungsabsicht. Die Büro- und Praxisgemeinschaft verfolgt nur den Zweck, den Beruf in gemeinsamen Räumen auszuüben und die Kosten auf die Gesellschafter umzulegen. Nach der Entscheidung des BFH DStR 2005, 1602 ist die vorbezeichnete GbR keine Mitunternehmerschaft gem. § 15 Abs. 1 Nr. 2 EStG. Die drei Gesellschafter bilden nur eine Bürogemeinschaft, weil jeder Gesellschafter unabhängig und eigenverantwortlich tätig ist und einen eigenen Praxiswert hat. Das Auftreten nach außen mit einem gemeinsamen Briefkopf und Praxisschild begründet keine Mitunternehmerschaft und ist berufsrechtlich unzulässig.

3. Umsatzsteuer

33 Umsatzsteuerlich wird die Bürogemeinschaft zur Außengesellschaft und damit zum Unternehmer, wenn sie die Büroräume anmietet und ihren Gesellschaftern gegen Kostenersatz zur Nutzung überlässt. Die Bürogemeinschaft wird durch das Auftreten nach außen zum Unternehmer gem. § 2 Abs. 1 UStG. Einnahmenerzielungsabsicht genügt bei der Umsatzsteuer. Gewinnerzielungsabsicht ist nicht erforderlich.

II. Haftung

34 Strittig ist, ob bei dem Eintritt eines Sozius in eine Einzelpraxis § 28 HGB entsprechend Anwendung findet, wonach der Eintretende für alle bereits früher begründeten Verbindlichkeiten des Betriebs haftet. Diese Rechtsfolge würde der analogen Anwendung des § 130 HGB bei einer bereits bestehenden Gesellschaft bürgerlichen Rechts entsprechen. Der BGH NJW 2004, 836 hat die entsprechende Anwendung von § 28 HGB abgelehnt; a. A. *Karsten Schmidt,* BB 2004, 785.

III. Aufnahme naher Angehöriger

Beispiel: Rechtsanwalt R nimmt seinen Schwiegersohn S in seine Rechtsanwaltskanzlei als Sozius auf, wobei er seinem Schwiegervater für den Fall dessen altersbedingten Ausscheidens aus der Kanzlei eine Altersrente und für den Fall dessen Versterbens seiner Schwiegermutter eine Witwenrente zusagt. Der auf den Schwiegersohn übertragene anteilige Praxiswert beträgt 50 000 €, der Rentenbarwert der Renten für die Eheleute R beläuft sich auf 200 000 €.

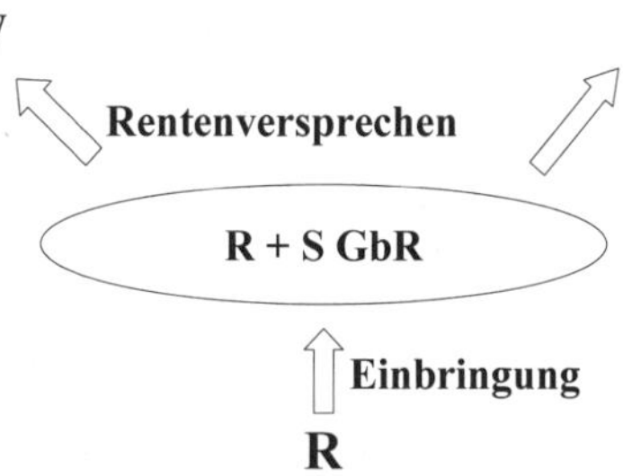

Praxiswert: 50.000 €
Rentenbarwert: 200.000 €

1. Vorweggenommene Erbfolge

a) Berufsrechtliche Zulässigkeit

Die Praxisübertragung auf nahe Angehörige begegnet den selben rechtlichen Bedenken, die bei der Praxisübertragung auf einen fremden Dritten bereits dargelegt wurden, da die Verschwiegenheitsverpflichtung des Freiberuflers auch gegenüber Familienangehörigen besteht. Sofern nahe Angehörige als Praxisnachfolger in Betracht kommen, muss nach der Rechtsprechung des BGH zunächst ein Anstellungsverhältnis mit dem hypothetischen Nachfolger eingegangen werden, da vermutet wird, dass die Klienten mit der Hinzuziehung von Personal einverstanden sind. Wenn der an der Nachfolge interessierte Angehörige mehrere Jahre in der Praxis mitgearbeitete hat, bestehen keine berufsrechtlichen Bedenken gegen eine Praxisübertragung. 35

b) Buchwertfortführung

Bei einer unentgeltlichen Aufnahme einer natürlichen Person in ein bestehendes Einzelunternehmen sind zwingend die Buchwerte gem. § 6 Abs. 3 Satz 1 letzter Halbs., 1. Alt. EStG fortzuführen. Rechtstechnisch erfolgt die Aufnahme durch Gründung einer Personengesellschaft an der der Einbringende zunächst mit 100% und der Aufgenommene mit 0% beteiligt ist. Anschließend erfolgt die Abtretung von Teilanteilen an den Nachfolger, vgl. *D. Carlé,* KÖSDI 2002, 13314; *Geck,* ZEV 2002, 41; *Widmann,* in: Widmann/Mayer, Umwandlungsrecht § 24 UmwStG Rz. 168. 36

2. Vereinbarung von lebenslangen Versorgungsleistungen

a) Abgrenzung zur Unterhaltsrente

In den Fällen vorweggenommener Erbfolge unter nahen Angehörigen stehen in aller Regel nicht kaufmännische Abwägungen im Vordergrund, so dass vereinbarte wiederkehrende Bezüge regelmäßig **private Versorgungsrenten** in der Form einer Leibrente oder dauernden Last darstellen. § 10 Abs. 1 Nr. 1a EStG unterscheidet aufgrund des JStG 2008 nicht mehr zwi- 37 schen Leibrenten und dauernden Lasten und verwendet nur noch den Begriff der lebenslangen Versorgungsleistungen, die im ganzen Umfang als Sonderausgaben abgezogen werden können. Zivilrechtlich ist die Unterscheidung aber weiterhin von Bedeutung, da es sich bei Leibrenten zivilrechtlich um gleichförmige Leistungen handelt, während bei dauernden Lasten die Anpassung an Bezugsgrößen, z.B. an die wirtschaftlichen Verhältnisse oder an Umsatz und Ertrag, immanent ist.

38 Die **Abgrenzung zur Unterhaltsrente**, die gemäß § 12 Nr. 2 EStG einkommensteuerlich irrelevant ist, erfolgte früher unter Berücksichtigung der Wertrelationen des übertragenen Vermögens und des Barwertes der vereinbarten wiederkehrenden Bezüge. Nach der Rechtsprechung des Großen Senats GrS 1/00 BStBl. 2004 II 95 sind wiederkehrende Leistungen nur als dauernde Last abziehbar, wenn sie aus den erzielbaren Nettoerträgen des übergebenen Vermögens erbracht werden können. Andernfalls handelt es sich um Anschaffungskosten oder um eine reine Unterhaltsrente, die gemäß § 12 Nr. 2 EStG in keiner Weise, also auch nicht anteilig, steuerlich berücksichtigt werden kann; für die anteilige einkommensteuerliche Erfassung des angemessenen Anteils *Spiegelberger,* Stbg 1995, 492 und DStR 2004, 1105; wohl auch *Fischer,* NWB, F. 3, S. 12665.

b) Leibrenten

39 Leibrenten sind regelmäßig wiederkehrende Bezüge, die auf einem einheitlichen Rentenstammrecht beruhen und von der Lebensdauer einer Person abhängen, BGH BB 1966, 305; *Palandt/Sprau,* § 759 BGB Rn. 1 und § 4 Rz. 73. Wegen der Unbestimmtheit der Laufzeit sind sie mit einem Wagnis verbunden.

c) Dauernde Last

40 Soweit keine gleichmäßigen Leistungen vereinbart werden, sondern sich die Leistungen zum Beispiel nach dem Umsatz oder dem Gewinn eines Unternehmens richten oder die jeweilige Höhe von den wirtschaftlichen Verhältnissen des Verpflichteten oder Berechtigten abhängig ist (vgl. BFH BStBl. 1965 III 166), im übrigen aber der Charakter einer Leibrente gegeben wäre, handelt es sich um sonstige wiederkehrende Bezüge in der Form dauernder Lasten. Sowohl Leibrenten als dauernde Lasten sind wiederkehrende Versorgungsleistungen, die aufgrund des § 10 Abs. 1 Nr. 1a EStG in der Fassung des Jahressteuergesetzes 2008 in voller Höhe (nach Berücksichtigung des Altersentlastungsbetrages gem. § 24a EStG) gem. § 22 Nr. 1b EStG steuerlich erfasst werden und beim Erwerber zum Sonderausgabenabzug gem. § 10 Abs. 1 Nr. 1a Buchst. b EStG führen.

41 Der bei vorweggenommener Erbfolge vereinbarte Versorgungsvertrag sowie die ohne Versorgungsabrede bestehende Haftung nach § 528 BGB des übertragenen Vermögens für die Versorgung des Übergebers basieren auf den für die Gesamtrechtsordnung geltenden Zurechnungsvorschriften und machen in erster Linie die Familie für die Versorgung der Familienangehörigen verantwortlich. Dieser familienrechtliche Versorgungsvertrag ist rechtspolitisch erwünscht und vom Gesetzgeber und der bisherigen höchstrichterlichen Finanzrechtsprechung ausdrücklich anerkannt, *Spiegelberger,* Stbg 1995, 493.

d) Kleinkanzleien

Für Kleinkanzleien ohne nennenswertes Anlagevermögen, die im Wesentlichen nur den eigenen Unternehmerlohn erwirtschaften, hat der Große Senat BStBl. 2004 II 100 angenommen, dass keine existenzsichernde Wirtschaftseinheit zugrunde liege, so dass auch keine Versorgungsrenten mit steuerlicher Wirkung vereinbart werden können. Die Finanzverwaltung verfährt im III. Rentenerlass wesentlich großzügiger: Demnach reicht es für eine Versorgungsrente aus, wenn nach der Prognose im Übergabezeitpunkt oder in den folgenden drei Jahren ein Gewinn erwirtschaftet wird, aus dem die Versorgungsleistungen erbracht werden können. Der Begriff der existenzsichernden Wirtschaftseinheit ist in Übereinstimmung mit der Finanzverwaltung III. Rentenerlass BStBl. 2004 I 922 Tz. 25 auszudehnen auch auf Kleinbetriebe, die die vereinbarten Versorgungsrenten erwirtschaften. **42**

3. Nießbrauch und Unterbeteiligung

Beispiel: Die Anwaltsnotare Schlau & Meier bestellen ihren Kindern einen Quotennießbrauch von 10% an dem Gewinnstammrecht ihrer Sozietät, um diesen eine originäre Einkunftsquelle zu eröffnen. Die Gewinnanteile werden für den laufenden Unterhalt der Kinder verwendet. **43**

Nach einer von *Siebert,* BB 1956, 1126 begründeten Auffassung soll ein Nießbrauch am Gewinnstammrecht eines Gesellschafters bestellt werden können; ein solches Gewinnstammrecht entspreche dem Rentenstammrecht als Quelle zu dem Gewinnbezug. Auch andere Formen des bloßen Ertragsnießbrauches werden für zulässig erachtet, wobei im einzelnen streitig ist, welche Verwaltungsrechte und -befugnisse ein solcher Nießbrauch vermitteln soll, vgl. *Schmidt/Wacker,* EStG § 15 Rn. 308; *Schüller,* MittBayNot 1981, 181.

Unabhängig von der zivilrechtlichen Zulässigkeit und Problematik ist aus steuerlichen Gründen von derartigen Gestaltungen abzuraten, da der BFH – wie das zum Quotennießbrauch am Gewinnstammrecht einer Sozietät ergangene Urteil zeigt (BStBl. 1976 II 592) – in diesen Gestaltungen nur eine Vorausabtretung künftiger Gewinnansprüche sieht und somit jede steuerliche Relevanz verneint. Im übrigen würde die steuerliche Anerkennung der Nießbrauchsbestellung zu gewerblichen (!) Einkünften mit Gewerbesteuerpflicht führen. Eine eigene Einkunftsquelle der Kinder ist auch wegen der Verwendung der Erträge für den laufenden Unterhalt der Kinder nicht gegeben. **44**

einstweilen frei **45**

IV. Scheinsozietät und Scheinsozius

Aus Werbegründen werden zunehmend angestellte Mitarbeiter auf dem Briefkopf und bei den Kostenrechnungen aufgeführt. Da Angestellte gem. § 2 Abs. 1 Nr. 1 UStG nicht selbständig tätig sind, wird in Rechnungen der Scheinsozietät der falschleistende Unternehmer (§ 14 Abs. 1 Nr. 1 UStG), bei Rechnungen an die Außensozietät der falsche Leistungsempfänger (§ 14 Abs. 1 Nr. 2 UStG) bezeichnet. Die mit dem Berufsrecht in Einklang stehenden Gebührenrechnungen sollen umsatzsteuerlich nicht beanstandet werden, **46** vgl. OFD Hannover, DB 1999, 179; § 16 BOStB. Besondere Bedeutung hat die Scheinsozietät durch die Entscheidung des BGH DStRE 2001, 54 erlangt. Für den Fall einer Scheinsozietät hat der BGH entschieden, dass der mutmaßliche Wille der Mandanten, welche die als Sozietät auftretende Kanzlei beauftragt hatten, umfasse auch in diesem Fall die Einbeziehung eines hinzugetretenen Sozius mit der Folge, dass vorhandene Mandantenakten an diesen herausgegeben werden durften. Schutzwürdige Interessen der Mandanten würden bei **Sozietätserweiterungen** und Fusionen nicht berührt. Danach kann die Überleitung einer Einzelpraxis auf einen Erwerber mit dem Zwischenschritt erreicht werden, dass eine Scheinsozietät begründet wird. Der Mandant, der der Scheinsozietät treu bleibt, gibt damit das Einverständnis mit der Weitergabe der der Berufsverschwiegenheit unterliegenden Daten an den Scheinsozius. Damit ist die Hürde des § 203 StGB i. V. m. § 134 BGB genommen, d. h. die Kanzlei kann wirksam veräußert werden, ohne dass es einer weiteren Zustimmung des Mandanten bedarf; kritisch *Wehmeier,* Praxisübertragungen in wirtschaftsprüfenden und steuerberatenden Berufen, B 245 Fn. 7.

V. Veräußerungsbesteuerung

47 Die entgeltliche Aufnahme eines Sozius in eine Einzelpraxis ist nicht als steuerbegünstigte Veräußerung zu bewerten, vgl. BFH GrS 2/98 GmbHR 2000, 144. Ein bei der Einbringung zu Teilwerten entstehender Gewinn im Sonderbetriebsvermögen des Einbringenden ist nach § 24 Abs. 3 Satz 3 UmwStG nicht tarifbegünstigt, vgl. BFH MittBayNot 2001, 235. Die **zweistufige** Aufnahme eines Partners in die bestehende Einzelpraxis ist nicht missbräuchlich, vgl. BFH DStR 2004, 1953. Bei der Veräußerung eines Anteils an einem Mitunternehmeranteil war der dabei erzielte Veräußerungsgewinn bis zum Inkrafttreten des § 16 Abs. 1 Nr. 2 EStG i. d. F. des UntStFG steuerbegünstigt. Der Praxiswert war schon immer ein abnutzbares Wirtschaftsgut, das im allgemeinen in einem Zeitraum von 3–5 Jahren abschreibbar war, vgl. BFH BStBl. 1958 III, 330; für einen Sozietätsanteil wird der doppelte Zeitraum angesetzt.

48–50 *einstweilen frei*

C. Sozietätserweiterung

Literatur: *Alt,* Rechtsfragen der Steuerberatungsgesellschaft, NWB Fach 30, S. 1445; *Hammerstein/Busse,* Zivilrechtliche Aspekte der Gesellschaftsvertragsgestaltung in der Steuerberatersozietät DStR 1995, 985; *Lux,* Generelle Haftungsprivilegierung von Sozien?, NJW 2003, 2806; *Klose,* Zulässigkeit von Kapital- und Personengesellschaften für Ärzte und andere Heilberufe ab 2004, BB 2003, 2702; *Korn,* „Übergangsbesteuerung" bei der Aufnahme von Partnern in Einzelpraxen und Sozietäten mit Gewinnermittlung nach § 4 Abs. 3 EStG, FR 2005, 1236; *Pfalzgraf/Meyer,* Eintritt neuer Gesellschafter in eine Personengesellschaft, DStR 1995, 1289; *Rau,* Neue gesellschaftsrechtliche Organisationsformen ärztlicher Tätigkeit, DStR 2004, 640; *Rilling/Kittelberger,* Sozienhaftung für Altverbindlichkeiten bei Eintritt in Freiberuflersozietät und deren Begrenzungsmöglichkeiten, INF 2007, 196; *Römermann,* Nachvertragliche Wettbewerbsverbote bei Anwaltssozietäten, NJW 2002, 1399; *ders.,* Die Firma der Steuerberater-, Wirtschaftsprüfer- und Anwaltssozietät, INF 2001, 181; *Rupp,* Gewerbliche Infektion von (Freiberufler)Personengesellschaften, EStB 2006, 461; *Sauren,*

Besteuerung der Freiberufler, DStR 1999, 1100; *A. Schmidt,* Sozienhaftung bei einer aus Rechtsanwälten, Steuerberatern und Wirtschaftsprüfern bestehenden Kanzlei, NJW 2001, 1911; *Schulze zur Wiesche,* Steuerliche Anerkennung von interprofessionellen Mitunternehmerschaften als freiberufliche Mitunternehmerschaften, DStR 2001, 1589; *ders.,* Freiberufliche Mitunternehmerschaft und Betriebsaufspaltung, BB 2006, 75; *Späth,* Eintritt eines Berufsangehörigen in eine bestehende Sozietät – Probleme und Gefahren, DStR 2002, 1966; *Wälzholz,* Aktuelle Entwicklungen und Probleme bei Freiberufler-Personengesellschaften DStR 2004, 1708; *Wertenbruch,* Die vertragliche Bindung der Kassenarztzulassung eines Gesellschafters an die Ärzte-Personengesellschaft, NJW 2003, 1904; *Zacharias,* Die neue BGH-Rechtsprechung zur Haftung neuer GbR-Gesellschafter für Altverbindlichkeiten – Existenzbedrohung für Freiberufler?, BB 2003, 1916.

I. Haftung

1. Altverbindlichkeiten

Nach früherer Auffassung haftete bei Eintritt eines Gesellschafters der Eintretende nicht für bestehenden Verbindlichkeiten, da eine dem § 130 HGB entsprechende Vorschrift in den Bestimmungen der §§ 705 ff. BGB fehlt, *Gummert,* in: MünchHdb. GesR Bd. 1 § 12 Rn. 37. Nach der früheren BGH-Rechtsprechung BGHZ 74, 240 schied eine entsprechende Anwendung des § 130 HGB auf die bürgerlich-rechtliche Gesellschaft aus. Nach BGH DNotZ 2003, 764 hat der in eine Gesellschaft bürgerlichen Rechts eintretende Gesellschafter für vor seinem Eintritt begründete Verbindlichkeiten der Gesellschaft grundsätzlich auch persönlich und als Gesamtschuldner mit den Altgesellschaftern einzustehen. Dieser Grundsatz gilt auch für Gesellschaften bürgerlichen Rechts, in denen sich Angehörige freier Berufe zu gemeinsamer Berufsausübung zusammengeschlossen haben. Ob für Verbindlichkeiten aus beruflichen Haftungsfällen dieser Gesellschaften eine Ausnahme zu machen ist, hat der BGH offen gelassen. 51

2. Nachhaftung

Ansprüche gegen die Gesellschafter einer Gesellschaft bürgerlichen Rechts verjähren nach dem Ausscheiden des Gesellschafters, sofern das zugrundeliegende Rechtsgeschäft keine kürzere Verjährung vorsieht, grundsätzlich gem. § 736 Abs. II BGB nach Ablauf von fünf Jahren. 52

3. Gesetzliche Schuldverhältnisse

Zu Zeiten der Doppelvertretungstheorie bestand eine persönliche Haftung der BGB-Gesellschafter für Gesellschaftsschulden aus unerlaubter Handlung nicht, da § 128 HGB keine entsprechende Anwendung fand, vgl. *Hadding,* in: Soergel § 714 Rn. 38; *Ulmer,* in: MünchKomm § 714 Rn. 44 mwN. Nicht persönlich handelnde Gesellschafter hafteten allenfalls aus § 831 BGB wegen sorgfaltswidriger Auswahl und Überwachung von Verrichtungsgehilfen, vgl. *Habersack,* JuS 1993, 3. Aus der nunmehrigen **Akzessoritätstheorie** folgt auch eine Haftung der Gesellschafter für gesetzliche Verbindlichkeiten. Im Deliktsrecht kommt es – mit Ausnahme der verschuldensunabhängigen Halterhaftung – zu einer Haftung der GbR selbst nur dann, wenn ihr analog § 31 BGB das deliktische Verhalten eines ihrer Organmitglieder zugerechnet werden kann, vgl. *K. Schmidt,* Gesellschaftsrecht § 60 II 4, S. 1780 ff. 53

4. Steuerhaftung

54 Bestritten war früher, ob die Steuerhaftung, z.B. für Umsatzsteuer und Gewerbesteuer, auf das Gesellschaftsvermögen durch privatschriftliche Vereinbarung beschränkt werden konnte, zustimmend FG Bremen DB 1989, 904; im Ergebnis ebenso FG München EFG 1985, 537. Der BFH bejahte die Umsatzsteuerhaftung aller Gesellschafter unter Berufung auf § 427 BGB, vgl. BFH BStBl. 1986 II 15 und 158 sowie 1989 II 952. Das Bundesverwaltungsgericht DStR 1994, 547 war schon immer der Auffassung, dass auch der nichtgeschäftsführende Gesellschafter einer GbR für Gewerbesteuerschulden als Gesamtschuldner gem. §§ 714, 421 und 427 BGB haftet. Aufgrund der BGH-Rechtsprechung ist nunmehr generell von einer Steuerhaftung der GbR-Gesellschafter auszugehen.

55 *einstweilen frei*

II. Sozietätsvertrag: (Vorschlag der Steuerberaterkammer Stuttgart)

56 Beurkundet am …

1. Zweck und Form des Vertrages

(1) Die beiden Vertragspartner verbinden sich zur gemeinsamen Ausübung ihrer Berufstätigkeit in Form einer Sozietät.

(2) Den ideellen und materiellen Zweck der Sozietät sehen die Vertragspartner in folgenden Punkten:
   a) den gegenseitigen Gedankenaustausch zu pflegen,
   b) die Berufserfahrungen gemeinsam zu verwerten,
   c) durch gegenseitige Vertretung den Mandantenstamm enger an die Sozietät zu binden und ihn dadurch auch im Falle des Ablebens eines Partners zu erhalten,
   d) durch die gemeinsame Büroorganisation den Betrieb wirtschaftlich zu gestalten,
   e) im Rahmen der vorhandenen Arbeits- und Finanzkraft eine Versorgung arbeitsunfähig gewordener Sozien sicherzustellen.

(3) Der Vertrag ist nach den Gesichtspunkten und nach den Vorschriften des BGB über die Gesellschaft bürgerlichen Rechts unter Beachtung der Standesrichtlinien auszulegen.

2. Beginn und Ende des Vertrages

(1) Die Praxis wird in ihrer Gesamtheit ab …… gemeinsam von A und B in den …… gehörenden Räumen im Gebäude …… in …… ausgeübt.

(2) Die Sozietät wird zunächst bis zum …… geschlossen und verlängert sich stillschweigend jeweils um …… Jahr(e), wenn sie nicht mindestens …… Monate vor ihrer Beendigung von einem der Partner durch eingeschriebenen Brief gekündigt wird.

(3) Im Falle der Kündigung wird die Praxis von dem Zeitpunkt an, in dem die Kündigung wirksam ist, von dem anderen Partner gemäß § …… allein fortgeführt. Wird die Kündigung innerhalb der ersten (2 bis 3) Vertragsjahre von einem der Partner ausgesprochen, so steht dieses Recht …… zu.

(4) Der andere Partner kann sich innerhalb einer Frist von …… Monaten der Kündigung anschließen. Die Anschlusskündigung wird im selben Zeitpunkt wie die erste Kündigung wirksam. Bei beiderseitiger Kündigung wird die Sozietät nach Maßgabe der §§ …… abgewickelt.

(5) Wird die Sozietät von einem Vertragspartner aus wichtigem Grund gemäß § 723 BGB gekündigt, so endet sie mit dem Zugang der Kündigung beim anderen Partner. Die Abwicklung erfolgt nach Maßgabe der §§ ......

(6) Wird die Kündigung aus wichtigem Grund durch rechtskräftige Entscheidung für unbegründet erklärt, so gilt die Sozietät gleichwohl mit dem Zugang der Kündigung als aufgelöst. Die Praxis wird nach Maßgabe der Bestimmungen des § ...... von einem der Vertragspartner fortgeführt.

(7) Die Sozietät endet mit dem Erlöschen der Bestellung eines Partners. Im Falle des Erlöschens der Bestellung nach § 45 Absatz 1 Nummer 2 und 3 StBerG bzw. § 46 Absatz 1 bis 3 StBerG ist dem anderen Partner unverzüglich Mitteilung zu machen. Beim Verzicht gegenüber der bestellenden Behörde ist die vereinbarte Kündigungsfrist einzuhalten.

(8) Die Sozien sind sich darüber einig, dass Arbeitsunfähigkeit, auch von längerer Dauer, soweit sie nicht länger als ununterbrochen ...... Monate anhält, keine Kündigung aus wichtigem Grund rechtfertigt, es sei denn, dass die Bestellung eines Partners als Steuerberater infolge Krankheit gemäß § 46 Absatz 3 Nummer 2 StBerG widerrufen wird.

(9) Die Sozietät endet durch Tod eines Vertragspartners, wobei der Überlebende die Praxis allein, ohne die Erben des Verstorbenen, weiterführt. Eine vorher ausgesprochene Kündigung der Sozietät ist unbeachtlich, sofern der Tod eintritt, bevor die Sozietät aufgrund der Kündigung beendet ist.

Hinweis 1

Die Partner sollten sich verpflichten, innerhalb einer bestimmten Zeit nach Unterzeichnung dieses Vertrages im Testament oder im Erbvertrag auf die Besonderheiten dieses Vertrages hinzuweisen.

3. Einbringung von Praxen und Abfindung

(1) A und B bringt(en) am ...... die bisher betreuten Mandanten (Anlage zu diesem Vertrag) ein. Mit diesen Mandanten bestehen Vereinbarungen, die teils schriftlich, teils mündlich getroffen wurden.

(2) A und B besuchen die Mandanten gemeinsam und setzen diese von der Gründung der Sozietät in Kenntnis. Alle Mandate werden in ständiger Fühlungnahme miteinander und in gegenseitiger Unterstützung bearbeitet.

Hinweis 2

Sofern A und B Mandanten einbringen, sollte die Bestimmung lauten:

„(2) Die Partner machen sich gegenseitig mit ihren bisherigen Mandanten bekannt. Alle Mandate werden in ständiger Fühlungnahme miteinander und in gegenseitiger Unterstützung bearbeitet."

(3) Aktiva und Passiva werden nicht eingebracht (siehe aber Hinweis 3)

(4) ...... bringt(en) die gesamte Arbeitsleistung sowie ...... ein.

Hinweis 3

Hier ist noch die Vergütung für eingebrachtes Betriebsvermögen, für den Wert des eingebrachten Mandantenstammes und die Art der Bezahlung zu vereinbaren.

Bei größeren Beträgen und einem längeren Zahlungszeitraum empfiehlt sich Absicherung.

Weiter ist eine Regelung für den Fall des Todes des Berechtigten zu treffen.

Zur Sicherung des Abfindungsanspruches können auch Ansprüche aus Lebensversicherungen geltend gemacht werden.

(5) Die Gegenstände werden in dem Zustand zum Zeitpunkt der Übergabe ohne Gewährleistung für Mängel und Sachen übergeben.

Hinweis 4

Die Vertragspartner sollen überprüfen, inwieweit der Güterstand Bedeutung für den Vertragsabschluss hat. (Auch die Auswirkungen künftiger Güterstandsvereinbarungen beachten!)

(6) Sollte einer der Partner vor Ablauf dieses Vertrages sterben, geht dessen Anteil an der Sozietät gegen Entrichtung einer Abfindungssumme, die von der Steuerberaterkammer Stuttgart, Körperschaft des öffentlichen Rechts, im Rahmen der üblichen Entgeltsätze bei Praxisveräußerung festzusetzen ist, auf den anderen Partner über. Der Stichtag für die Auseinandersetzungsbilanz ist dabei der Todestag.

(7) Das Entgelt ist entweder in monatlichen Raten in Höhe von € ......
oder in einer Summe an die Erben des Verstorbenen zu bezahlen.

(8) Sollte einer der Partner vor Ablauf dieses Vertrages ausscheiden, wird die Klientel unter Berücksichtigung der Wünsche der Mandanten auf die Vertragspartner aufgeteilt. Das Entgelt für die Praxisteile wird von der Steuerberaterkammer Stuttgart, Körperschaft des öffentlichen Rechts, im Rahmen der üblichen Entgeltsätze bei Praxisveräußerung festgesetzt. Der Stichtag für die Auseinandersetzungsbilanz ist dabei der Tag des Ausscheidens.

(9) Die Partner sind sich darüber einig, dass auf eine Verzinsung der Entgelte oder der Ausscheidungsguthaben bis zu drei Jahren verzichtet wird.

(10) Soweit in diesem Vertrag absolute Werte – also nicht Verhältniswerte, z. B. Anteile von Bruchstücken – festgelegt sind, so sind diese bei irgendeiner Umwertung oder Veränderung der Kaufkraft des EURO dem Sinne dieses Vertrages gemäß der veränderten Situation wertmäßig anzupassen.

Hinweis 5

(Der frühere Hinweis auf die Genehmigungspflicht für Währungsklauseln ist gegenstandslos geworden.)

4. Mietvertrag

Hinweis 6

Für die Büroräume ist von der Sozietät ein Mietvertrag abzuschließen; gegebenenfalls ist ein Einheitsmietvertrag für Geschäftsräume zu verwenden.
Außerdem ist eine Regelung für den Fernsprechanschluss einschließlich Rufnummer zu treffen.

5. Verträge mit Angestellten

(1) Alle Rechte und Pflichten aus den mit den Angestellten geschlossenen Verträgen gehen auf die Sozietät über. Die ausdrückliche Zustimmungserklärung der Angestellten wurde eingeholt (Anlage zu diesem Vertrag).

(2) Jeder Partner kann die Kündigung eines Anstellungsverhältnisses verlangen, wenn der Angestellte sich ihm gegenüber so verhalten hat, dass eine fristlose Kündigung gerechtfertigt ist.

Hinweis 7

Abgeschlossene Berufsausbildungsverträge gehen nach Einholung einer ausdrücklichen Zustimmungserklärung des Auszubildenden sowie dessen Eltern auf die Sozietät über.
Die Berufsausbildungsverträge sind entsprechend zu ergänzen und der Steuerberaterkammer Stuttgart, Körperschaft des öffentlichen Rechts, vorzulegen.

(3) Die Partner verpflichten sich, an ihre früheren Angestellten das anteilige Urlaubsentgelt in Höhe von ...... sowie den bis zum Zeitpunkt der Einbringung der Praxis zustehenden Urlaub zu gewähren. Ferner verpflichten sie sich, das anteilige Weihnachtsgeld bis zur Einbringung der Praxis in die Sozietät zu vergüten.

6. Arbeitsteilung

(1) Die Partner verteilen unter möglicher Berücksichtigung der Wünsche der Auftraggeber die laufenden und künftigen Aufträge in der Weise untereinander, dass für die Bearbeitung jedes Auftrages oder bestimmter Arten von Aufträgen, oder der Aufträge bestimmter Auftraggeber stets beide Partner verantwortlich sind. Die Aufteilung der Aufträge soll sich der Entwicklung der gemeinsamen Praxis anpassen.

(2) Jeder Vertragspartner ist im Falle der Abwesenheit des anderen, oder seiner Verhinderung aus irgendeinem Grunde, unter eigener Verantwortung berechtigt, verpflichtet und bevollmächtigt, ihn zu vertreten und für ihn alle zur Durchführung von Aufträgen erforderlichen Maßnahmen zu ergreifen, insbesondere, wenn durch ihren Aufschub Nachteile eintreten könnten.

(3) Erkrankt einer der Vertragspartner, so kann der andere ihn bis zu ...... im Jahr – vom Beginn der Erkrankung ab gerechnet – vertreten.

(4) Dauert die Erkrankung eines Vertragspartners länger als ......, so ist eine entsprechende Kraft einzustellen. Ist zu Beginn der Erkrankung zu übersehen, dass sie voraussichtlich längere Zeit als ...... Jahr(e) dauert oder dass dies aus anderen Gründen als zweckmäßig erscheint, so kann bereits ...... Monate nach Erkrankung eines Vertragspartners eine entsprechende Kraft eingestellt werden.

7. Geschäftsführung und Vertretung

(1) Jeder Partner ist zur Führung der Geschäfte der Sozietät und ihrer Vertretung allein berechtigt und bevollmächtigt. Bei Meinungsverschiedenheiten in Fragen der Geschäftsführung soll den aus den Erfahrungen einer langjährigen Praxis abgeleiteten, aber auch den auf Spezialkenntnissen beruhenden Gründen besonderes Gewicht beigemessen werden.

Hinweis 8

Hier sollten Einschränkungen des alleinigen Geschäftsführungs- und Vertretungsrechtes vereinbart werden, die jedoch nur im Innenverhältnis wirksam wären.

Z. B. könnte festgelegt werden, dass einzelne Geschäfte nur gemeinsam getätigt werden können wie,

1. *Kauf,*
2. *Verkauf und Beleihung von Grundstücken,*
3. *Abschluss von Mietverträgen,*
4. *Abschluss von Arbeitsverträgen,*
5. *Eingehung hoher Verbindlichkeiten,*
6. *Kreditaufnahmen,*
7. *Kreditgewährung,*
8. *Anschaffung von Einrichtungsgegenständen über einen gewissen Wert usw.*

(2) Neue Einrichtungsgegenstände und Literatur sollen von den Partnern gemeinsam bestellt werden.

(3) Auf den von der Sozietät zu verwendenden Briefbogen, auf Berichten usw. sind beide Partner gleichwertig anzugeben, jedoch ist der Ältere vor dem Jüngeren zu nennen.

(4) Die Sozietät richtet eigene Geldkonten ein. Über jedes dieser Konten ist jeder Partner allein verfügungsberechtigt. Der gesamte Zahlungsverkehr der Sozietät ist über diese Konten abzuwickeln.

(5) In Wahrnehmung der Geschäftsführung für eigene Rechnung getätigte Geschäfte gelten als für Rechnung der Sozietät eingegangen.

(6) Die Partner widmen ihre volle Arbeitskraft der Sozietät. Unter diese Verpflichtung fallen nicht:
a) die Wahrnehmung von Ehrenämtern,
b) die Mitgliedschaft in Aufsichtsräten und Gremien,
sowie die schriftstellerische und wissenschaftliche Tätigkeit.

(7) Der Betrieb darf durch solche Nebentätigkeiten nicht unzumutbar beeinträchtigt werden.

8. Einnahmen und Ausgaben

(1) Zu Beginn der Sozietät wird eine gemeinsame Eröffnungsbilanz aufgestellt. Alle betrieblichen Einnahmen und Ausgaben betreffen das Vermögen der Sozietät. Für das Rechnungswesen sind beide Partner gemeinsam verantwortlich.
(2) Entnahmen und Einlagen sind auf getrennten Privatkonten zu verbuchen.
(3) Alle für die gemeinsame Berufsausübung erforderlichen Ausgaben und Aufwendungen werden von der Sozietät bestritten, soweit sie nicht aufgrund einer vorherigen Vereinbarung zu Lasten eines Partners gehen.
(4) Die Partner werden alle Maßnahmen ergreifen, um die Ausgaben der Sozietät möglichst niedrig zu halten, ohne dass dadurch die Leistungsfähigkeit des Geschäftsbetriebes beeinträchtigt wird.
(5) Soweit ein Kraftfahrzeug eines Partners für die Sozietät benutzt wird, erhält der betreffende Partner ein Kilometergeld von € ......
(6) Einnahmen aus Nebentätigkeiten verbleiben dem einzelnen Partner. Soweit diese Tätigkeit die Arbeitskraft ungebührlich zu Lasten der Sozietät beeinträchtigt, ist ein angemessener Ausgleich herbeizuführen.

9. Gewinn- und Verlustverteilung

(1) Jeder Partner erhält vom ausgewiesenen Gewinn bzw. trägt am ausgewiesenen Verlust ......
(2) Beide Partner sind berechtigt:
   a) monatlich € ...... unter Anrechnung auf den Gewinnanteil zu entnehmen
   b) zur Bezahlung der privaten Steuern entsprechende Entnahmen zu tätigen, jedoch nur insoweit, als diese Steuern aus Einkommen und Vermögen der Sozietät entstehen.
(3) Haben die Partner mehr entnommen, als ihnen nach dem Ergebnis der Jahresrechnung zusteht, so sind die Entnahmen im folgenden Kalenderjahr so festzusetzen, dass der Unterschiedsbetrag am Ende des folgenden Jahres getilgt ist. Die Partner können für den Fall von beabsichtigten ungewöhnlich hohen Ausgaben jeweils mit Wirkung für ...... Jahr(e) einen anderen monatlichen Betrag festsetzen.
(4) Weitere Entnahmen sind in gegenseitigem Einverständnis unter Anrechnung auf den Gewinnanteil für jeden Partner möglich.
(5) Die Gesamtentnahmen sollen im Laufe des Jahres nicht mehr als dreiviertel des für jeden Partner zu erwartenden Gewinnes betragen, gegebenenfalls sind die monatlichen Entnahmen herabzusetzen.
(6) Im Falle der Erkrankung eines Partners bis zu ...... Monaten ist jeder Partner am Gewinn bzw. Verlust ohne Einschränkung beteiligt.
(7) Nach Ablauf des Zeitpunktes der üblichen Gewinn- bzw. Verlustbeteiligung erhält der erkrankte Partner jährlich ...... vom ausgewiesenen Gewinn bzw. trägt am ausgewiesenen Verlust. Er hat Anspruch auf entsprechende monatliche Vorauszahlungen.
(8) Tritt nach ...... Jahren der Erkrankung eines Partners eine Steigerung des ausgewiesenen Gewinns ein, so ist der erkrankte Partner am erhöhten Gewinn nicht beteiligt. Das gleiche gilt im Falle des ausgewiesenen Verlustes.

10. Urlaub

(1) Jeder Partner hat den gleichen Anspruch auf ...... Wochen Urlaub im Kalenderjahr.
(2) Während des Urlaubes vertreten sich die Partner gegenseitig.

Hinweis 9

Über die Urlaubszeiten bedarf es einer Verständigung der Partner. Grundsätzlich soll jeweils nur einer von ihnen abwesend sein. Wichtige Gründe, wie Erholungsbedürftigkeit, Schulferien und besondere familiäre Ereignisse sind möglichst zu berücksichtigen.

(3) Die rechtzeitige und sorgfältige Bearbeitung der übernommenen Aufträge darf durch den Urlaub nicht in Frage gestellt werden. Notfalls ist der Urlaub zu unterbrechen, wenn der andere Partner die anfallenden Arbeiten nicht allein bewältigen kann.

11. Abwicklung bei Ausscheiden eines Partners

(1) Wird nach Auflösung der Sozietät die Praxis von einem Partner allein fortgeführt, so hat der Ausscheidende sich so zu verhalten, dass alle von der Sozietät geschlossenen Verträge auf den Praxisübernehmer übertragen werden können. Dies gilt sinngemäß für alle im gemeinsamen Eigentum beider Partner stehenden Sachen. Der Ausscheidende ist jedoch berechtigt, einzelne in die Praxis eingebrachte Gegenstände, die für ihn einen besonderen persönlichen Wert besitzen, von dem Eigentumsübergang auszuschließen.
(2) Auf den Auseinandersetzungsstichtag ist eine Auseinandersetzungsbilanz (Aufstellung der Vermögensgegenstände) aufzustellen, bei der sämtliche Vermögensgegenstände mit dem Zeitwert anzusetzen sind. Der gegenüber dem buchmäßigen Kapital sich ergebende Mehr- oder Minderbetrag ist nach dem zuletzt geltenden Gewinnverteilungsschlüssel aufzuteilen. Ein Geschäftswert kommt nicht in Ansatz. Die Wertansätze der Auseinandersetzungsbilanz gelten als Übernahmepreis.
(3) Der Übernahmepreis ist an den Ausgeschiedenen unverzüglich zu zahlen, sofern nicht die Fortführung der Praxis eine Abtragung in Raten rechtfertigt.
(4) Die Auflösung der Sozietät ist den Mandanten mitzuteilen. Der ausscheidende Partner ist darüber hinaus nicht befugt, sich mit den bisher gemeinsamen Mandanten zwecks Fortführung der Mandate in Verbindung zu setzen.
(5) Endet die Sozietät, ohne dass ein Partner die Praxis allein fortführt, so ist die Sozietät von beiden Partnern nach Maßgabe der folgenden Bestimmungen abzuwickeln:
   a) Die Mandanten sind gemeinschaftlich zu befragen, welcher der ehemaligen Partner berechtigt ist, sich weiterhin als Beauftragter anzusehen.
   b) Einrichtungsgegenstände, Fachbücher und Fachzeitschriften sind unter Zugrundelegung der Zeitwerte zwischen den ehemaligen Partnern in Natur aufzuteilen. Jeder Partner kann diejenigen Sachen beanspruchen, die er in die Sozietät eingebracht hat. Können sich die Beteiligten über die Aufteilung einzelner Sachen nicht verständigen, so sind diese nach den Vorschriften über den Pfandverkauf der §§ 1233 ff. BGB öffentlich zu versteigern. Der Erlös wird zwischen den Partnern ...... geteilt.
(6) Hat ein Partner bei der gesamten Aufteilung wertmäßig mehr als den ihm zustehenden Anteil erhalten, so hat er den Unterschiedsbetrag dem anderen Partner unverzüglich zu bezahlen.
(7) Die Angestellten der Sozietät sollen selbst entscheiden, mit wem sie in Zukunft das Arbeitsverhältnis fortzusetzen wünschen. Will keiner der Beteiligten einen Angestellten übernehmen, so ist die Kündigung des Arbeitsverhältnisses zum nächstzulässigen Termin gemeinschaftlich herbeizuführen.
(8) Die Geldkonten der Sozietät sind sofort nach Abwicklung aufzulösen.
(9) Beim Tod eines Partners können die Geldkonten von dem überlebenden Partner auf dessen Namen weitergeführt werden.

12. Konkurrenzklausel

Die Partner verpflichten sich, ... Jahre lang nach dem Ausscheiden keinen der vom anderen Partner im Zuge der Auflösung bzw. nach der Befragung übernommenen, bisher gemeinsam betreuten Mandanten zu übernehmen.

13. Haftungsausschluss

(1) Die Partner sind sich darüber einig, dass für die bis zur Errichtung der Sozietät abgeschlossenen Arbeiten keine Haftung übernommen wird.
(2) Die Partner verpflichten sich, die Haftpflichtversicherung fortzusetzen oder eine neue gemeinsame Haftpflichtversicherung abzuschließen.

14. Schlichtung von Streitigkeiten

Im Falle von Streitigkeiten soll sich jeder Vertragspartner vor Anrufung des ordentlichen Gerichts an die Steuerberaterkammer Stuttgart, Körperschaft des öffentlichen Rechts, zwecks Vermittlung wenden.

15. Schlussbestimmungen

(1) Sollten einzelne Bestimmungen dieses Vertrages nichtig sein oder werden, so gilt gleichwohl der Vertrag in seinem sonstigen Umfang.
(2) Mündliche Nebenabreden bestehen nicht.
(3) Ergänzungen und Änderungen dieses Vertrages bedürfen der Schriftform. Diese Form ist nur dann gewahrt, wenn gleichlautende, von beiden Vertragspartnern unterzeichnete Ausfertigungen der Ergänzungs- bzw. Abänderungsvereinbarung ausgetauscht worden sind.
(4) Die Ehefrauen/Ehemänner der Vertragspartner bestätigen durch ihre Unterschrift die Kenntnis dieser Vereinbarung.
(5) Erfüllungsort und Gerichtsstand ist ......

III. Ausgleichszahlung

57 Der in eine Sozietät Eintretende wird als Mitunternehmer an den stillen Reserven, insbesondere an dem Praxiswert beteiligt, so dass er in aller Regel eine Ausgleichszahlung erbringen muss.

1. Zivilrecht

58 Durch den Eintritt eines Gesellschafters in eine bereits bestehende Sozietät wird die Identität dieser Gesellschaft nicht berührt. Aufgrund der vom BGH ausdrücklich anerkannten Rechts- und Parteifähigkeit einer Sozietät entsteht durch einen Gesellschafterwechsel keine neue Gesellschaft, vielmehr wird die bisherige unverändert mit allen Rechten und Pflichten fortgesetzt.

2. Einkommensteuer

a) Zahlung in das Privatvermögen der Altgesellschafter

59 Nach Auffassung des BFH BStBl. 1995 II 599 findet § 24 UmwStG keine Anwendung. Vielmehr werden nach Auffassung des BFH Eigentumsanteile an den Wirtschaftsgütern der Sozietät veräußert. Der Veräußerungsgewinn kann nicht durch eine negative Ergänzungsbilanz neutralisiert werden, vgl. *Wehmeier,* a.a.O. E 3. Nach Auffassung der Finanzverwaltung (vgl. Tz. 24.11 UmwStG-Erlass) zählt die Ausgleichszahlung zum laufenden Gewinn, es sei denn, dass ein gesamter Mitunternehmeranteil übertragen wird.

b) Ausgleichszahlung an die Gesellschaft

60 Sofern die Ausgleichszahlung des Eintretenden im Gesamthandsvermögen verbleibt, findet § 24 UmwStG Anwendung, so dass die Buchwerte fortgeführt werden können. Die Anpassung der Kapitalkonten erfolgt in der Weise,

dass die Unterschiedsbeträge zum bisherigen Buchwert in Ergänzungsbilanzen neutralisiert werden. Der Eintretende bucht den Mehrwert in einer positiven Ergänzungsbilanz.

c) Einbringung eines Betriebs durch den neuen Gesellschafter

Sofern der neue Gesellschafter einen Betrieb oder einen Mitunternehmer- 61
anteil einbringt gilt § 24 UmwStG. Die bestehende Sozietät kann das Bewertungswahlrecht des § 24 Abs. 2 UmwStG ausüben.

einstweilen frei **62, 63**

IV. Bilanzierung

1. Gesellschaft

In der Handelsbilanz der Gesellschaft können die Verkehrswerte ein- 64
schließlich des originären Geschäftswertes angesetzt werden, da ein Tausch und damit ein Anschaffungsvorgang vorliegt, vgl. *Fuhrmann,* ErbStB 2004, 385. Im Fall der Einbringung gem. § 24 UmwStG können die aufgedeckten stillen Reserven durch eine **negative Ergänzungsbilanz** neutralisiert werden. Im Fall des § 6 Abs. 3 Satz 1 letzter Halbs., 1. Alt. EStG soll dies nicht möglich sein, da die Buchwertfortführung zwingend vorgeschrieben ist und im Gegensatz zu § 6 Abs. 5 Satz 4 EStG die Ergänzungsbilanz nicht erwähnt wird, vgl. *D. Carlé,* KÖSDI 2002, 13316. Die Zurückbehaltung des dem Unternehmen dienenden Grundstücks ist gem. § 6 Abs. 3 Satz 2 EStG unschädlich, wenn der bisherige Betriebsinhaber die Wirtschaftsgüter des Betriebsvermögens derselben Mitunternehmerschaft zur Nutzung überlässt.

Wendt, in: Hermann/Heuer/Raupach, Jahresband 2002, § 6 EStG Anm. J 01–11 vertritt die Auffassung, dass § 6 Abs. 3 dem § 24 UmwStG vorgeht, so dass also bei der unentgeltlichen Aufnahme kein Wahlrecht besteht. Anders wohl, wenn der Aufgenommene ebenfalls Wirtschaftsgüter, z.B. Barkapital, einbringt, weil für diesen Fall keine unentgeltliche Übertragung vorliegt. *Wehmeier,* a.a.O. B 174 vertritt die Auffassung, dass eine unentgeltliche Übertragung noch vorliegt, wenn ein Entgelt erbracht wird, das das Kapitalkonto des Einbringenden nicht übersteigt; ebenso *Schmidt/Wacker,* EStG § 16 Rn. 40.

2. Einbringung einer Praxis mit Gewinnermittlung gem. § 4 Abs. 3 EStG

Nach Auffassung der Finanzverwaltung OFD Frankfurt, DB 2001, 1454 65
muss ein Gesellschafter, der seine Einzelpraxis einbringt, im Veräußerungszeitpunkt zur Gewinnermittlung nach § 4 Abs. 1 EStG übergehen. Beim Übergang der Gewinnermittlungsart sind Betriebsvorgänge, die bisher noch nicht erfasst worden sind, beim ersten Bestandsvergleich hinzuzurechnen oder abzuziehen. Der Erwerber hat eine Vermögensübersicht zu erstellen, in der die Wirtschaftsgüter mit dem Teilwert anzusetzen sind, um die Bemessungsgrundlage für künftige Abschreibungen ermitteln zu können, vgl. EStR (2003) 16 Abs. 7 i.V.m. EStR (2003) 17 Abs. 1.

einstweilen frei **66, 67**

V. Gewerbesteuer

Literatur: *Wendt,* Die Freiberufler-GmbH & Co. KG, EStB 2008, 245

68 Bereits bei einer **partiell gewerblichen** Tätigkeit unterliegt wegen § 15 Abs. 3 Nr. 1 EStG der **gesamte Gewinn** der Gesellschaft der Gewerbesteuer. Die Aufnahme von Berufsfremden in eine freiberufliche Praxis führt ebenfalls zu einer gewerblich tätigen Personengesellschaft und damit zur Gewerbesteuerpflicht dieser Gesellschaft, vgl. BFH BStBl. 1987 II 124.

Beispiel: Rechtsanwalt Emsig erzielte im Veranlagungsjahr Einnahmen in Höhe von 114 719 €. Davon entfielen 86 179 € auf seine Tätigkeit als Treuhänder für eine Bauherrengemeinschaft.

Nach BFH BStBl. 1990 II 534 stellt die Treuhandtätigkeit weder eine freiberufliche Tätigkeit gem. § 18 Abs. 1 Nr. 1 noch gem. § 18 Abs. 1 Nr. 3 EStG dar. Rechtsanwälte, die sich mit Treuhandaufgaben und Steuerberatung im Rahmen von Bauherrengemeinschaften beschäftigen, sind gewerblich tätig, da die Ausübung von Treuhandtätigkeiten nicht zu der Berufstätigkeit eines Rechtsanwalts gehört und die Treuhandtätigkeit nur in geringem Umfang Rechtsberatung umfasst. Auch mit der Tätigkeit eines Vermögensverwalters ist die Treuhandtätigkeit nicht vereinbar. Sofern zur Ausübung der Treuhandtätigkeit eigens eine GbR gegründet wird, ist nur diese gewerbesteuerpflichtig. Wegen des Umfangs fremder Hilfeleistungen (6 Mitarbeiter, 1 Bauingenieur) nahm das Niedersächsische FG, EFG 1988, 470 auch keine selbständige Tätigkeit nach § 18 Abs. 1 Nr. 3 EStG an.

69 Die Tätigkeit einer Gesellschaft kann nur dann als freiberuflich anerkannt werden, wenn **alle Gesellschafter** die Voraussetzungen einer freiberuflichen Tätigkeit erfüllen. Liegen diese Voraussetzungen auch nur bei einem Gesellschafter nicht vor, erzielen alle Gesellschafter Einkünfte aus Gewerbebetrieb nach § 15 Abs. 1 Nr. 2 EStG. Eine Aufteilung der Einkünfte in solche des Freiberuflers nach § 18 EStG und solche des Berufsfremden aus Gewerbebetrieb ist nicht möglich.

70 Eine freiberufliche, gewerbesteuerfreie Tätigkeit ist auch dann nicht gegeben, wenn nur eine geringfügige gewerbliche Tätigkeit im Rahmen der Sozietät ausgeübt wird. Der BFH DB 1995, 2096 hat bei einer freiberuflich tätigen Tanzschule, deren Gesamterlös zu 9% aus Getränkeverkauf bestand, eine insgesamt gewerbliche Tätigkeit angenommen. Hingegen greift bei einem Anteil von 1,25% einer originär gewerblichen Tätigkeit die umqualifizierende Wirkung des § 15 Abs. 3 Nr. 1 EStG nicht ein, vgl. BFH BStBl. 2000 II 230.

71 Auch die Überlassung von Wirtschaftsgütern an eine **Betriebskapitalgesellschaft** hat zur Folge, dass sämtliche Einkünfte der im übrigen nicht gewerblich tätigen Besitzpersonengesellschaft als solche aus Gewerbebetrieb zu behandeln sind, vgl. BFH DStR 1998, 200. Hingegen führen gewerbliche Einkünfte im Sonderbereich des Gesellschafters einer freiberuflich tätigen Personengesellschaft nicht zu einer Abfärbung gem. § 15 Abs. 3 Nr. 1 EStG auf die Einkünfte der Gesellschaft im Gesamthandsbereich, vgl. BFH DStR 2006, 1934. Beteiligt sich eine Freiberufler-Kapitalgesellschaft mitunternehmerisch an einer Freiberufler-Personengesellschaft, so erzielt die Personenge-

sellschaft insgesamt gewerbliche Einkünfte, vgl. BFH EStB 2008, 231. Gründen Steuerberater zur Haftungsbegrenzung eine Freiberufler-GmbH & Co. KG, ist das Verdikt der Gewerblichkeit kaum vermeidbar, vgl. *Wendt*, EStB 2008, 247.

einstweilen frei **72–75**

D. Ausscheiden aus einer Sozietät

Literatur: *Achter,* Bewertung von freiberuflichen Unternehmen, Stbg 2003, 67 ff. und 129 ff.; *Bauer/Diller,* Nachvertragliche Wettbewerbsverbote: Änderungen durch die Schuldrechtsreform, NJW 2002, 1609 ff.; *Dahns/Detlefsen,* Berufsrechtliche Aspekte bei der Beendigung der Zusammenarbeit von Steuerberatern, DStR 2006, 1574; *Jacobsen,* Die steuerliche Behandlung von Abfindungszahlungen an den Inhaber eines Eintrittsrechts in eine Personengesellschaft, BB 2006, 2046; *Römermann,* Nachvertragliche Wettbewerbsverbote bei Anwaltssozietäten, NJW 2002, 1399; *ders.,* Die Firma der Steuerberater-, Wirtschaftsprüfer- und Anwaltssozietät, INF 2001, 181; *Sistermann,* Steuerliche Behandlung der Rechtsnachfolge bei Freiberuflergesellschaften, ZEV 1998, 166.

I. Nachvertragliches Wettbewerbsverbot

Beispiel: Wirtschaftsprüfer W war vier Jahre als Geschäftsführer bei einer Wirt- **76**
schaftsprüfungs- und Steuerberatungs GmbH tätig. Der Anstellungsvertrag enthielt eine Mandantenschutzklausel als nachvertragliches Wettbewerbsverbot. Darüber hinaus ist dem W für einen Zeitraum von zwei Jahren jede Tätigkeit als Wirtschaftsprüfer und Steuerberater untersagt. W wird aufgrund einer mit dem Wettbewerbsverbot verbundenen Vertragsstrafe in Anspruch genommen. Eine Karenzentschädigung enthält die Vereinbarung nicht.

In entsprechender Anwendung der Grundsätze der §§ 74 ff. HGB erachtet der BGH Wettbewerbsverbote nur als zulässig, wenn sie dem Schutz eines berechtigten Interesses des Gesellschaftsunternehmens dienen und nach Ort, Zeit und Gegenstand die Berufsausübung und wirtschaftliche Betätigung nicht unbillig erschweren. Unbegrenzte Verbote greifen so tief in die Berufsfreiheit ein, dass sie nach § 138 Abs. 1 BGB i. V. m. Art. 12 Abs. 1 GG sittenwidrig und deshalb nichtig sind, vgl. BGH DB 1989, 1620. Eine geltungserhaltende Reduktion auf ein inhaltlich noch zulässiges Maß kommt nur ausnahmsweise in Betracht.

Unter dem Blickwinkel des § 138 BGB ist eine **Mandantenschutz- 77**
klausel insoweit als wirksam anzusehen, als für die Dauer von zwei Jahren nach Beendigung des Dienstverhältnisses Mandate von der Gesellschaft übernommen werden, vgl. BGH DB 1984, 1717. Dagegen ist die Klausel nichtig, soweit sie den Geschäftsführer verpflichtet, für die Dauer des Verbots weder selbständig noch unselbständig noch beratend gelegentlich oder mittelbar auf Gebieten tätig zu werden, die zum Aufgabenbereich der Gesellschaft gehören. Zeitlich unproblematisch sind Beschränkungen auf die *Dauer* von zwei Jahren. Als *örtliche Begrenzung* hat der BFH DStR 1996, 604 eine Luftlinienentfernung von 50 km vom Sitz der Gesellschaft und die Erreichbarkeit in einer Stunde Fahrzeit im Individualverkehr oder mit öffentlichen Verkehrsmitteln in den üblichen Berufsverkehrszeiten als ausreichend angesehen.

78 Sofern der Veräußerer aufgrund einer Vereinbarung mit dem Erwerber nach der Veräußerung frühere Mandanten auf Rechnung und im Namen des Erwerbers berät, steht das nach Auffassung des BFH BStBl. 1994 II 925 der Anwendung der §§ 18 Abs. 3, 34 EStG auf den Veräußerungsvorgang nicht entgegen. Entscheidend ist, dass der Veräußerer die wesentlichen wirtschaftlichen Grundlagen der Praxis einschließlich des Mandantenstamms zivilrechtlich und wirtschaftlich auf den Erwerber übertragen hat.

II. Betriebliche Versorgungsrente

Literatur: *Höfer/Lüschper/Verhoven,* Betriebliche Versorgungsleistungen im Rahmen von Mergers & Acquisitions, DStR 2005, 1829.

1. BFH-Rechtsprechung

79 Bei Personengesellschaften ist zu prüfen, ob die Versorgungsleistungen nicht auf dem Gedanken der Entlohnung für Tätigkeiten im Dienste der Gesellschaft vereinbart wurden, vgl. BFH BStBl. 1979 II 403. Der BFH BStBl. 1989 II 888 hat die bei der Einbringung eines Einzelunternehmens in eine Kommanditgesellschaft vereinbarte Arbeitsentschädigung in Höhe von 3000 DM, die im Fall des Ablebens an die Witwe zur Hälfte weiterzuentrichten war, mit folgendem Leitsatz als betriebliche Versorgungsrente anerkannt:

> Steht bei der Begründung einer Versorgungsrente, die die Witwe eines verstorbenen Gesellschafters von der Personengesellschaft erhält, der Gedanke der Entlohnung des verstorbenen Gesellschafters für Tätigkeiten im Dienste der Gesellschaft im Vordergrund, so handelt es sich selbst dann um eine betriebliche Versorgungsrente, wenn das Rechtsverhältnis über die Tätigkeit des verstorbenen Gesellschafters im zeitlichen Zusammenhang mit der schenkweisen Aufnahme naher Angehöriger in die Personengesellschaft begründet worden ist, vgl. EStG § 4 Abs. 4, § 12 Nr. 2, § 15 Abs. 1 Nr. 2.

80 Betriebliche Versorgungsleistungen hat der BFH/NV 1991, 530 beim Ausscheiden aus einer Familienpersonengesellschaft gegen wiederkehrende Zahlungen anerkannt, wenn

- die Höhe der nach dem Gesellschaftsvertrag bestimmten Versorgungsleistungen, insbesondere für den Fall der Invalidität zugesagt wird,
- die Vereinbarung für alle Gesellschafter gilt und
- das Gesellschaftsverhältnis auf Dauer angelegt ist, d.h. im Zeitpunkt der gesellschaftsvertraglichen Versorgungsvereinbarung noch mit einem längeren Verbleiben des „Seniors" in der Mitunternehmerschaft gerechnet werden kann.

Unterstellt man im Eingangsbeispiel, dass R und S als Gesellschafter bürgerlichen Rechts oder in Partnerschaft verbunden sind und der Anteil des R bei dessen Ableben auf S übergeht, liegt eine gesellschaftsvertragliche Fortsetzungsklausel zugrunde.

81 In dem geschilderten Fall der Aufnahme des Schwiegersohnes in die Praxis des Schwiegervaters ist in der Regel anzunehmen, dass die Versorgungsabrede in dem Sozietätsvertrag nicht auf kaufmännischen Überlegungen beruht, insbesondere sich nicht an dem Wert des Gesellschaftsanteiles bemisst. Bei Freiberuflerpraxen stellt die Rechtsprechung geringe Anforderungen an den Nachweis der betrieblichen Veranlassung. Begründet wird dies vom BFH mit

einem geringen Anlagevermögen im Verhältnis zum personengebundenen Praxiswert. Außerdem richte sich beim Tod eines Sozietätsmitglieds die Höhe der Abfindung an die Erben in der Regel nicht nach dem Wert des Gesellschaftsanteils. Demgemäß werden betriebliche Versorgungsleistungen unabhängig von der Relation zwischen dem Wert des übertragenen Praxisanteils und dem Wert der wiederkehrenden Zahlungen anerkannt. Da betriebliche Versorgungsleistungen nicht als Entgelt für die Übertragung von Wirtschaftsgütern des Betriebsvermögens anzusehen sind, hat der Verpflichtete nach § 6 Abs. 3 EStG die bisherigen Buchwerte des insoweit unentgeltlich erworbenen Vermögens fortzuführen, vgl. BFH BStBl. 1977 II 603; NV 1998, 835.

Steht bei dem Ausscheiden eines Gesellschafters aus einer Personengesell- 82
schaft die **betriebliche Fürsorge** im Vordergrund und nicht die Entrichtung einer Gegenleistung für erworbene Wirtschaftsgüter, soll also die Versorgung des Berechtigten oder dessen Ehegatten aus betrieblichen Gründen gewährleistet werden, handelt es sich um eine betriebliche Versorgungsrente, die gem. § 24 Nr. 2 EStG als nachträgliche betriebliche Einkünfte in voller Höhe zu erfassen ist, vgl. BFH BStBl. 1966 III 597; 1989 II 888. Nimmt – wie im Beispielsfall – ein Rechtsanwalt seinen Schwiegersohn als Sozius auf, so sind Rentenzahlungen, die der Schwiegersohn aufgrund einer im Sozietätsvertrag getroffenen Versorgungsabrede nach dem Tode des Schwiegervaters an dessen Witwe leistet, Betriebsausgaben, wenn und soweit der Schwiegersohn auch bei Eintritt in eine vergleichbare Praxis eines Fremden gleichartige Verpflichtungen eingegangen wäre, vgl. BFH BStBl. 1979 II 403 und BFH/NV 1998, 820.

Bei einem **betrieblichen Versorgungswerk**, das auch für weitere Sozien 83
gelten würde, wäre die Rente als betriebliche Versorgungsrente zu qualifizieren. M. E. wächst bei bilanzierenden Mitunternehmern im Fall des Ausscheidens unter Gewährung einer betrieblichen Versorgungsrente das Kapitalkonto des Ausscheidenden den übrigen Mitunternehmern an. Nach der Auffassung von *Hofer,* a. a. O. S. 57 gibt es keine betrieblichen Versorgungsleistungen. Sofern sich im Zusammenhang mit der Übertragung von Mitunternehmeranteilen vereinbarte wiederkehrende Zahlungen nicht dem Rechtssystem des Übergabevertrages zuordnen lassen, ist danach stets ein (teil-)entgeltlicher Vorgang gegeben, so auch *Biergans,* Renten und Raten in der Einkommensteuer S. 223.

2. Kanzleiveräußerung durch verbliebene Gesellschafter

Beispiel: Aus der viergliedrigen Sozietät scheidet D gegen Gewährung einer betrieblichen Versorgungsrente in Höhe von monatlich 3000 € aus. Nach dreijähriger ordnungsmäßiger Zahlung der Versorgungsrente veräußern die drei verbliebenen Sozien die Kanzlei an eine andere Gesellschaft und stellen die Zahlungen an den ausgeschiedenen Gesellschafter D ein. Dieser klagt auf Weiterzahlung der betrieblichen Versorgungsrente.

Der BGH DNotZ 2004, 793 ist der Auffassung, dass mit der Veräußerung 84
der Praxis die Grundlage für die Zahlung der Versorgungsrente entfallen sei. Die drei veräußernden Sozien müssten jedoch aus dem erzielten Kaufpreis dem früher ausgeschiedenen Sozius einen Anteil entrichten, der seiner Beteiligung zum Zeitpunkt seines Ausscheidens entsprochen habe. In jedem Fall

sollte bei einer betrieblichen Versorgungsrente eine Vorsorgeklausel aufgenommen werden, die die Ansprüche des ausgeschiedenen Versorgungsberechtigten im Falle der Veräußerung der Kanzlei regelt.

85 *einstweilen frei*

III. Ausscheiden von Todes wegen: Fortsetzungsklausel

86 Gem. § 727 Abs. 1 BGB wird die Gesellschaft durch den Tod eines der Gesellschafter aufgelöst, sofern nicht aus dem Gesellschaftsvertrag sich ein anderes ergibt. Im Falle einer Partnerschaftsgesellschaft ist § 9 Abs. 1 und 4 PartGG i.V.m. § 131 Abs. 3 Nr. 1 HGB einschlägig, wonach die Gesellschaft unter den verbleibenden Partnern fortgesetzt wird. Die vertragliche Vereinbarung einer Fortsetzungsklausel ist aus berufsrechtlichen Gründen anzuempfehlen, da Erben, die nicht die berufsrechtlichen Voraussetzungen erfüllen, allenfalls für sechs Monate in der Gesellschaft verbleiben können.

87 Bei einer Fortsetzung der Gesellschaft oder Partnerschaft unter den überlebenden Gesellschaftern erlischt das personengesellschaftsrechtliche Mitgliedschaftsrecht des Verstorbenen, vgl. BGH WM 1987, 981. Auf Seiten der verbleibenden Gesellschafter kommt es zur **Anwachsung** der gesamthänderischen Beteiligung des verstorbenen Gesellschafters. Der Abfindungsanspruch fällt in den Nachlass. Ein vollkommener Ausschluss der Abfindung, um den Fortbestand der Gesellschaft unter den verbleibenden Gesellschaftern abzusichern, wird überwiegend als zulässig erachtet, vgl. *Baumbach/Hopt,* HGB § 131 HGB Rz. 62; vgl. auch § 2 Rz. 59. Sonstige mit der Gesellschaftsbeteiligung verbundene Ansprüche, wie etwa Guthaben des Verstorbenen auf Privat- oder Darlehenskonten, fallen dennoch in den Nachlass.

88 Nach überwiegender Auffassung entsteht noch und allein in der Person des Erblassers ein Veräußerungsgewinn auf den Todeszeitpunkt, vgl. BFH BStBl. 1994 II 227; *Schmidt/Wacker,* EStG § 16 Rz. 661. In Höhe der Abfindungszahlung entstehen bei den verbleibenden Gesellschaftern **Anschaffungskosten**, die in Ergänzungsbilanzen zu aktivieren sind. Etwaiges Sonderbetriebsvermögen des Verstorbenen wird zum Todeszeitpunkt Privatvermögen, es sei denn, dass die Gesellschafter Erben des Verstorbenen sind. Die Entnahme aus dem Betriebsvermögen erhöht den Gewinn des Erblassers, vgl. *Schmidt/Wacker,* EStG § 16 Rz. 662.

89, 90 *einstweilen frei*

E. Realteilung

Literatur: *BMF-Schreiben:* Realteilung BStBl. 2006 I 228; *Gragert,* Die ertragsteuerliche Behandlung der Realteilung NWB Fach 3 S. 13887 (Stand März 2006); *Hubert,* Die Realteilung von Mitunternehmerschaften bei Beteiligung von natürlichen Personen, StuB 2005, 1041; *Neumann,* Realteilung einer Mitunternehmerschaft, EStB 2006, 143; *Paus,* Offene Fragen bei der Realteilung von Personengesellschaften DStZ 2006, 285; *Schell,* Realteilung i.S.d. § 16 Abs. 2 Satz 2–4 EStG, BB 2006, 1026; *Schulze zur Wiesche,* Ausscheiden eines Gesellschafters aus einer Personengesellschaft gegen Sachwertabfindung Stbg 2006, 374; *Spiegelberger,* Die Realteilung in der Beratungspraxis NWB Fach 3 S. 14019 (Stand Mai 2006); *Stahl,* Gestaltungsaspekte und Steuerfallen bei der Realteilung einer Mitunternehmerschaft gem. § 16 Abs. 3 Satz 2ff. EStG, DStZ 2006, 548.

I. Definition der Realteilung

Beispiel: Rechtsanwälte Schlau und Meier geraten nach der Zusammenlegung ihrer Kanzleien zu einer Sozietät in Streit und trennen sich wieder, indem jeder unter Mitnahme „seiner" Mandanten eine Einzelkanzlei begründet. In welchem Zeitraum war diese Realteilung mit der Auflösung aller stillen Reserven verbunden? **91**

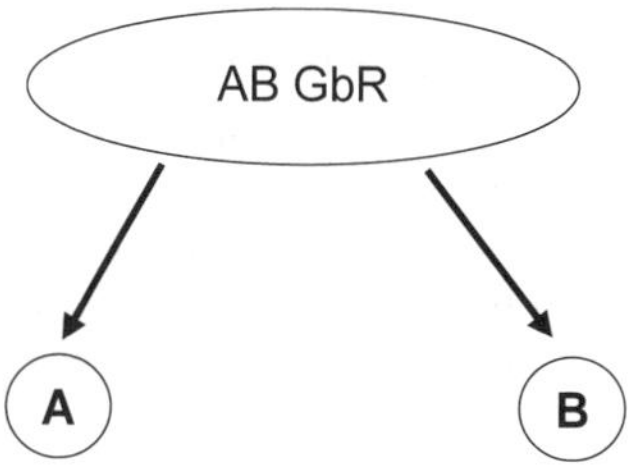

1. Rechtsentwicklung

a) Mitunternehmererlass

Während der Geltungsdauer des Mitunternehmererlasses BStBl. 1978 I 8 hatten die Gesellschafter das Wahlrecht zur Gewinnrealisierung oder zur Buchwertfortführung. Die Rechtfertigung der Buchwertfortführung wurde davon abgeleitet, dass die aus der Mitunternehmerschaft entnommenen Wirtschaftsgüter wieder einem Betriebsvermögen zugeführt wurden, die Erfassung der stillen Reserven also nicht gefährdet war. **92**

b) Realteilung zwischen 1. 1. 1999 und 31. 12. 2000

Nach der Fassung des § 16 Abs. 3 Satz 2 EStG, die dieser Paragraph in der Zeit vom 1. 1. 1999 bis 31. 12. 2000 durch das StEntlG 1999/2000/2002 erhalten hatte, war die Realteilung nur unter Buchwertfortführung möglich, wenn **Teilbetriebe** oder **Mitunternehmeranteile** zugeteilt wurden. Ein Teilbetrieb wird in dem geschilderten Fall von den jeweiligen Realteilern nur erworben, wenn ein getrennter abgrenzbarer Mandantenstamm, getrennte Räume nebst Büroeinrichtung und das entsprechende Personal jeweils auf den Realteiler übergehen, vgl. BFH/NV 1998, 1208. Die Übernahme eines Mandantenstammes reicht im Allgemeinen nicht aus, vgl. *Schulze zur Wiesche,* DStR 2000, 306. **93**

c) Rechtslage ab 1. 1. 2001

Durch das UntStFG wurden in die Realteilung gem. § 16 Abs. 3 Satz 2 EStG auch **einzelne Wirtschaftsgüter** einbezogen. Damit ist die Zuteilung einzelner Wirtschaftsgüter mit Buchwertfortführung möglich. Allerdings ist rückwirkend der gemeine Wert anzusetzen **94**

- soweit zum Buchwert übertragener Grund und Boden, übertragene Gebäude oder andere übertragene wesentliche Betriebsgrundlagen innerhalb einer **Sperrfrist von drei Jahren** nach Abgabe der Steuererklärung der Mitunternehmerschaft für den Veranlagungszeitraum der Realteilung veräußert oder entnommen oder

- die Wirtschaftsgüter unmittelbar oder mittelbar auf eine **Körperschaft** (Kapitalgesellschaft) übertragen werden.

Seit dem 1. 1. 2001 können wieder Mitunternehmerschaften unter Buchwertfortführung in der Weise geteilt werden, dass jeder Gesellschafter seine berufliche Tätigkeit allein oder in einer Personengesellschaft fortführt und Wirtschaftsgüter aus der bisherigen Gesamthand übernimmt.

2. Tatbestandsmerkmale der Realteilung

95 Der Terminus Realteilung meint den Sonderfall, dass die Gesellschafter das aufgeteilte Vermögen in ihr Betriebsvermögen übernehmen, vgl. *Groh,* FS für Kruse (2001), S. 417, 429. Nach *Schmidt/Wacker,* EStG § 16 Rn. 530 wird bei einer Realteilung die bisherige Mitunternehmerschaft beendet, die unternehmerische Tätigkeit von den bisherigen Gesellschaftern aber fortgeführt.

96 Das BMF-Schreiben BStBl. 2006 I 228 definiert die Realteilung i. S. des § 16 Abs. 3 Satz 2 und 3 EStG als den auf der Ebene der Mitunternehmerschaft verwirklichten Tatbestand der **Betriebsaufgabe** und unterscheidet sich damit von der zivilrechtlichen Regelung in §§ 731 BGB und 145 HGB, die nur die Auseinandersetzung des Gesamthandsvermögens, nicht jedoch das Verbleiben in einem Betriebsvermögen, zum Gegenstand hat. Damit stellt die Realteilung i. S. d. § 16 Abs. 3 Satz 2 EStG einen steuerlichen Eigenbegriff dar.

97 Rechtstechnisch erfolgt die Realteilung durch

- **Einzelrechtsübertragung**, so dass die bestehenden schuldrechtlichen Beziehungen nicht auf die Vermögensübernehmer übergehen oder durch
- **Spaltung** des Rechtsträgers in den Formen der Aufspaltung und Abspaltung gem. § 123 Abs. 1 und 2 UmwG mit partieller **Gesamtrechtsnachfolge**, so dass auch die schuldrechtlichen Beziehungen, z. B. bestehende Mietverträge, unverändert übergehen. Gem. § 3 Abs. 1 Nr. 1 UmwG kann auch eine Partnerschaftsgesellschaft durch Spaltung realgeteilt werden, nicht jedoch eine GbR.

Hinsichtlich der einkommensteuerlichen Beurteilung kommt es auch nicht darauf an, ob das Ausscheiden durch eine Anteils- oder Eigentumsübertragung oder durch ein schlichtes Ausscheiden aus der Gesamthand mit der Rechtsfolge der Anwachsung erfolgt.

98–100 *einstweilen frei*

II. Abgrenzung der Realteilung

1. Übertragung eines Mitunternehmeranteils

101 Negativ wird der Begriff der Realteilung im BMF-Schreiben dadurch abgegrenzt, dass die Übertragung eines Mitunternehmeranteils einer mehrgliedrigen Mitunternehmerschaft keine Realteilung darstellt, wenn die übrigen verbleibenden Mitunternehmer die Gesamthand fortführen. Sofern ein Gesellschafter nur oder fast nur liquide Mittel erhält, liegt ebenfalls keine Realteilung vor, vgl. BFH BStBl. 2003 II 700.

2. Sachwertabfindung

102 **Beispiel:** C scheidet aus der ABC-OHG aus und erhält hierfür ein Betriebsgrundstück, das er in die von ihm errichtete C GmbH & Co. KG zum Buchwert einbringt.

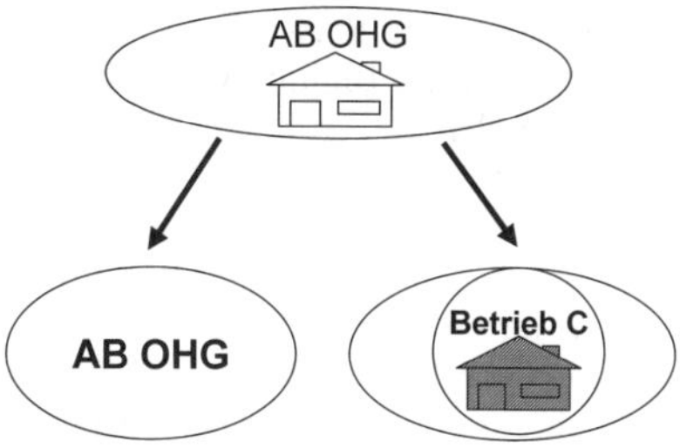

Auch dann, wenn einem ausscheidenden Mitunternehmer wesentliche Betriebsgrundlagen übereignet werden, soll gem. Abs. I des BMF-Schreibens keine Realteilung vorliegen, so dass die **Sachwertabfindung nicht** als Fall der **Realteilung** behandelt wird. Dieser Auffassung wird in der Literatur teilweise widersprochen, vgl. *Stuhrmann,* DStR 2005, 1356. Danach stützt sich die Wertung der Sachwertabfindung als Gegenstand der Realteilung im Wesentlichen auf die gesetzgeberische Absicht im Zusammenhang mit der erstmaligen Kodifizierung der Rechtsfolgen der Realteilung im Rahmen des StEntlG 1999/2000/2002. Danach reicht es für die Annahme einer Realteilung aus, wenn die „Mitunternehmerschaft zwar bestehen bleibt, jedoch Teile des Betriebsvermögens dem ausscheidenden Gesellschafter als Abfindung überlassen werden. Die Realteilung setzt nicht die Betriebsaufgabe voraus", vgl. BT-Drs. 14/43, GesetzesBegr. S. 179, 251. Nach der Gegenmeinung, der sich das BMF-Schreiben anschließt, ist die Übertragung einzelner Wirtschaftsgüter unter Buchwertfortführung in § 6 Abs. 5 Satz 3 EStG i. d. F. des UntStFG geregelt.

III. Folgen der Sperrfrist

Sofern innerhalb der dreijährigen Sperrfrist eine Veräußerung erfolgt, entfällt rückwirkend die Buchwertfortführung mit der Maßgabe, dass der Gewinn der Mitunternehmerschaft zugerechnet wird. Diese im Gesetzestext angelegte Rechtsfolge stellt eine Verletzung des § 38 AO dar (so zu Recht *Crezelius,* FR 2002, 805, 806), da die Besteuerung immer bei demjenigen zu erfolgen hat, der die den Steuertatbestand auslösende Handlung begeht. Für die Praxis bestehen Gestaltungsprobleme. Um die Mitunternehmerschaft vor den Gesellschaftern zu schützen, die während der Drei-Jahres-Frist die übernommenen Wirtschaftsgüter veräußern, muss bei jeder Realteilung kautelarjuristische Vorsorge getroffen werden, wobei dies durch folgende Maßnahmen erfolgen kann: 103

- schuldrechtliches Veräußerungsverbot gem. § 137 Satz 2 BGB mit Rückübertragungsverpflichtung und
- Verpfändung des Mitunternehmeranteils.

einstweilen frei 104, 105

IV. Ausweichgestaltungen

1. Zweigliedrige Sozietät

In dem Einleitungsbeispiel musste vor dem Veranlagungszeitraum 2001 versucht werden, unter dem Dach der Sozietät zwei Teilbetriebe in der Weise zu bilden, dass mit jeweiliger organisatorischer Selbständigkeit zwei getrennte 106

Einzelpraxen entstanden. Um dem Vorwurf des Gesamtplans zu entgehen, konnte erst nach einigen Jahren der Bildung von Teilbetrieben die Auflösung der Sozietät durchgeführt werden.

Mit der Erweiterung des § 16 Abs. 3 Satz 2 EStG auf die Durchführung einer Realteilung durch Zuweisung einzelner Wirtschaftsgüter kann die Trennung einer zweigliedrigen Sozietät – ohne Bildung von Teilbetrieben als Zwischenstufe – zu Buchwerten gem. § 16 Abs. 3 Nr. 2 EStG durchgeführt werden. Die Entscheidung des BFH BStBl. 2003 II 700, wonach keine Realteilung vorliegt, wenn sich die Gesellschafter zweier personenidentischer Gesellschaften, die jeweils einen Betrieb unterhalten, der Gestalt auseinandersetzen, dass jeder Gesellschafter einen Betrieb als Einzelunternehmen fortführt, kann über den entschiedenen Einzelfall hinaus nicht Anwendung finden. Der entschiedene Sachverhalt bezieht sich zum einen auf den Veranlagungszeitraum 1985, zum anderen wurde der ehemalige Mitgesellschafter mit Geld abgefunden, so dass alle Wirtschaftsgüter von einem Mitgesellschafter übernommen wurden.

2. Mehrgliedrige Sozietät

107 Wesentlich komplizierter verläuft die Trennung einer mehrgliedrigen Sozietät, wenn sich z. B. mehrere Sozien von einer Sozietät trennen und in einer neuen Mitunternehmerschaft ihre Tätigkeit fortsetzen. Da § 16 Abs. 3 Satz 2 EStG mangels Liquidation der Sozietät nicht anwendbar ist, kommt nur eine Buchwertfortführung gem. § 6 Abs. 5 Satz 3 EStG in Betracht. *Stahl,* DStZ 2006, 548, 551 schlägt vor, dass die abspaltungswilligen Gesellschafter eine neue Sozietät gründen und das ihnen aus der alten Sozietät jeweils zugewiesene Betriebsvermögen als Sonderbetriebsvermögen fortführen, das sie der von ihnen gegründeten Neu-Sozietät zur Nutzung überlassen. Entsprechend müssten die „verbleibenden" Gesellschafter verfahren. Allerdings müssen bei dieser „Sonderbetriebsvermögen-Lösung" die berufsrechtlichen Verbote, z. B. das Verbot der Verpachtung einer Steuerberatungspraxis gem. § 59 Abs. 6 BOStB für Steuerberatungskanzleien beachtet werden.

Zustandekommen ist ein Beginn,
Zusammenbleiben ist ein Fortschritt,
Zusammenarbeiten ist ein Erfolg.
Henry Ford

§ 7 Partnerschaftsgesellschaft

Übersicht

Literatur: *Bellstedt,* Die Steuern der Partnerschaftsgesellschaft, NWB Fach 18, 3486 ff.; *Gladys,* Partner einer Partnerschaft ohne Anerkennung als Berufsgesellschaft (§ 43 a Abs. 2 WPO) – Berufs- und versicherungsrechtliche Aspekte, Stbg 2004, 336; *Heins,* Die Partnerschaftsgesellschaft in der notariellen Praxis, NotBZ 2001, 273; *Heydn,* Die erbrechtliche Nachfolge in Anteile an Partnerschaftsgesellschaften, ZEV 1998, 161; *Jawansky,* Haftung und Vertrauensschutz bei Berufsausübung in der Partnerschaftsgesellschaft, DB 2001, 2281; *Klose,* Die Partnerschaftsgesellschaft, NWB Fach 18, S. 4165 (Februar 2005); *Neye,* Partnerschaft und Umwandlung, ZIP 1997, 722; *Römermann,* Neues im Recht der Partnerschaftsgesellschaft, NZG 1998, 675 ff.; *Karsten Schmidt,* Die freiberufliche Partnerschaft, NJW 1995, 1 ff.; *Seibert,* Die Partnerschaft für die freien Berufe, DB 1994, 2381 ff..

Die Partnerschaftsgesellschaft ist seit 1. 7. 1995 die alternative Rechtsform **1** zur Gesellschaft bürgerlichen Rechts für Freiberufler. Die Partnerschaftsgesellschaft ist gem. § 7 Abs. 2 PartGG i. V. m. § 124 HGB selbst Trägerin von Rechten und Pflichten, sie kann verklagt werden und unter ihrem eigenen Namen klagen. Auch in vielen anderen Bereichen verweist das PartGG auf die Rechtsgrundlagen der OHG. Subsidiär findet jedoch nach § 1 Abs. 4 PartGG das Recht der Gesellschaft bürgerlichen Rechts, § 705 ff. BGB, Anwendung.

I. Gründung

1. Gründungsvarianten

2 Eine Partnerschaftsgesellschaft kann gegründet werden durch
- Neugründung,
- identitätswahrende Umwandlung einer Gesellschaft bürgerlichen Rechts mit Eintragung im Partnerschaftsregister oder
- Umwandlung nach § 45 a–e UmwG, vgl. dazu *Neye*, Partnerschaft und Umwandlung, ZIP 1997, 722.

2. Ausübung freier Berufe als Gegenstand

3 Die Partnerschaftsgesellschaft kann nur zur Ausübung freier Berufe gegründet werden. Nach § 1 Abs. 1 Satz 2 übt eine Partnerschaftsgesellschaft ex lege kein Handelsgewerbe aus. Angehörige einer Partnerschaft können nur natürliche Personen sein, die einen freien Beruf ausüben, § 1 Abs. 1 Satz 3 PartGG. Apotheker und Notare bleiben außen vor. Rechtsanwaltsnotare können nur in ihrer Eigenschaft als Rechtsanwalt Partner werden, vgl. Seibert in: Münchener Handbuch des Gesellschaftsrechts, Band 1, § 33 Rn. 15. Dementsprechend darf auch die Berufsbezeichnung als Notar nicht in den Namen und den Vertrag einer Partnerschaft aufgenommen werden; a. A. *Bärwaldt,* in: Beck'sches Handbuch der Personengesellschaften, § 18 Rn. 25.

3. Registeranmeldung

4 Die Entstehung einer Partnerschaftsgesellschaft setzt stets die Anmeldung zum Partnerschaftsregister voraus, da die Gesellschaft erst mit Eintragung im Partnerschaftsregister im Außenverhältnis entsteht, § 4, § 7 Abs. 1 PartGG i. V. m. § 108 HGB. Die Anmeldung zum Partnerschaftsregister bedarf der Mitwirkung *aller* Partner und der notariellen Beglaubigung. Notwendiger Inhalt der Anmeldung zum Partnerschaftsregister ist:
- Name, Sitz der Partnerschaft;
- Name, Vorname, Wohnort jedes Partners samt dem oder den in der Partnerschaft ausgeübten Beruf/en;
- Gegenstand der Partnerschaftsgesellschaft;
- Vertretungsregelung.

5 Als Sollvorschriften sind in der Partnerschaftsregisterverordnung zusätzlich gefordert:
- die zuständige Berufskammer jedes Berufsträgers samt Anschrift (§ 4 PartRegVO);
- beglaubigte Abschrift der Zulassungs- oder Bestellungsurkunde für den Berufsträger sowie für die Zulassung der Partnerschaft soweit gesetzlich vorgesehen und erforderlich, § 1 Abs. 1 Satz 2, Abs. 2 PartRegVO.

4. Genehmigungserfordernisse/Zulassung

6 Das PartGG schreibt keine Genehmigung und keine Zulassung von Partnerschaftsgesellschaften vor. Anders jedoch das Berufsrecht der Wirtschaftsprüfer, Steuerberater und Rechtsanwälte, das spezielle Regelungen für Wirtschaftsprüfungs-, Steuerberatungs- und Rechtsanwaltsgesellschaften enthält.

Diese unterliegen einem förmlichen Zulassungsverfahren. Für Ärzte muss die Zuständigkeit der kassenärztlichen Vereinigung berücksichtigt werden.

Für die Rechtsanwaltsgesellschaften ist dies nach § 59c BRAO nur für die Zusammenarbeit von Rechtsanwälten in der Rechtsform der GmbH vorgesehen. In anderen Rechtsformen, wie der Partnerschaftsgesellschaft, ist ein entsprechendes Zulassungsverfahren nicht erforderlich und nicht vorgesehen, vgl. § 59a BRAO. 7

5. Beginn der Gesellschaft

Im Außenverhältnis entsteht die Partnerschaft erst mit Eintragung im Partnerschaftsregister, § 7 Abs. 1 PartGG. Bis dahin handelt es sich im Regelfall um eine Gesellschaft bürgerlichen Rechts, die sich mit der Eintragung zu einer Partnerschaftsgesellschaft identitätswahrend formwechselnd umwandelt. Im Innenverhältnis können die zukünftigen Partner schon für die Zeit zwischen Vertragsabschluss und Eintragung im Partnerschaftsregister die Anwendung der Regeln des Partnerschaftsgesetzes vereinbaren. 8

einstweilen frei 9, 10

II. Partnerschaftsgesellschaftsvertrag

1. Name gemäß § 3 Abs. 1 Nr. 1, § 2 PartGG

Der Name der Partnerschaft muss mindestens den Nachnamen eines Partners nennen. Besteht bereits eine Partnerschaft mit gleichem Namen, so ist das Hinzufügen eines unterscheidungsfähigen Zusatzes erforderlich. Neben der Nennung des Namens eines Partners ist die Bezeichnung als Partnerschaft erforderlich. Dies kann durch Hinzufügen der Worte „und Partner" oder „Partnerschaft" erfolgen. Nach wohl überwiegender Meinung kann das ausgeschriebene Wort „und" auch durch ein kaufmännisches „&" oder ein Pluszeichen ersetzt werden, vgl. *Volhard,* in: Hopt, Vertrags- und Formularbuch, II.C.2. Anm. 2; *Michalski/Römermann*, Vertrag der Partnerschaftsgesellschaft, Rn. 102. Auch die Verwendung „und Partnerin" oder „und Partnerinnen" wird von der wohl überwiegenden Meinung als zulässig angesehen, auch wenn das Gesetz dies nicht ausdrücklich vorsieht. Die Namensverwendung darf nicht irreführend sein, § 18 HGB. Nach § 2 Abs. 1 PartGG muss der Name der Partnerschaft ferner die Berufsbezeichnung aller in der Partnerschaft vertretenen Berufe enthalten. 11

Beispiel: Müller ist Rechtsanwalt, Meier ist Steuerberater und Schulz ist Wirtschaftsprüfer. Sie gründen eine Partnerschaft. Wäre „Müller, Meier, Schulz Wirtschaftsprüfer-Steuerberater-Rechtsanwalts-Partnerschaft" als Firma möglich?

Hinweis: Da die Zahl der Wirtschaftsprüfer und Steuerberater überwiegen muss, ist die Gestaltung nur bei Mehrfachqualifizierung einzelner oder aller Partner möglich.

2. Sitz der Partnerschaft gemäß § 3 Abs. 1 Nr. 1 PartGG

Der Partnerschaftsgesellschaftsvertrag muss den Sitz der Gesellschaft angeben. Dies ist bei Gesellschaften mit nur einem Büro die Gemeinde des Bürositzes. Partnerschaften können jedoch auch Zweigniederlassungen begründen. Hierfür gelten gemäß § 5 Abs. 2 PartGG im wesentlichen die Vorschriften der §§ 13ff. HGB. Als Besonderheiten für Partnerschaftsgesellschaften sind 12 hier insbesondere zahlreiche berufsrechtliche Sonderregelungen zu beachten. Fast alle Berufsrechte bestimmen, dass jede Zweigniederlassung verantwortlich von einem Berufsträger zu leiten ist.

3. Gegenstand der Partnerschaft

13 Gegenstand der Partnerschaft muss die gemeinschaftliche Ausübung von freien Berufen sein. Der Gegenstand der Gesellschaft muss hinsichtlich der ausgeübten freien Berufe mit den im Namen der Partnerschaft aufgeführten Berufen übereinstimmen.

4. Geschäftsführung und Vertretung, § 6 und 7 PartGG

14 § 6 PartGG regelt das Recht der **Geschäftsführung,** § 7 Abs. 3 PartGG das Recht der Vertretung der Partnerschaftsgesellschaft, vgl. *K. Schmidt*, NJW 1995, 4. § 6 Abs. 2 PartGG beschränkt die Möglichkeit, einzelne Partner von der Geschäftsführung auszuschließen auf sog. „sonstige Geschäfte". Damit sind solche Geschäfte gemeint, die nicht zum Kernbereich der Berufsausübung eines freien Berufes gehören, also Nebentätigkeiten verwaltungstechnischer Art, wie Personalanstellung, Beschaffung von Büromaterialien etc. Hinsichtlich der Ausübung der freiberuflichen Tätigkeit kann kein Partner ausgeschlossen werden.

15 Das PartGG geht in § 7 Abs. 3 durch Verweis auf die Vorschriften des HGB von der **Einzelvertretungsbefugnis** der Partner aus. Abweichungen hiervon sind gesellschaftsrechtlich möglich, insbesondere kann Gesamtvertretung mehrerer Partner angeordnet werden. Die einzelnen Berufsrechte sehen jedoch Beschränkungen derart vor, dass zumindest auch Berufsträger der jeweiligen Berufsgruppe vertretungsbefugt sein müssen. Wie auch sonst bei den Personengesellschaften üblich, ist eine Fremdorganschaft nicht statthaft.

5. Gesellschafterversammlung und Stimmrecht

16 Nach § 6 Abs. 3 Satz 2 PartGG, der auf § 119 HGB verweist, gilt grundsätzlich das Einstimmigkeitsprinzip in der Partnerschaft. Es ist jedoch allgemein anerkannt, dass auch Mehrheitsbeschlüsse zugelassen werden können. Insoweit gilt jedoch, wie auch in anderen Personen- und Personenhandelsgesellschaften, der Bestimmtheitsgrundsatz. Demnach können Grundlagenbeschlüsse nur einstimmig gefasst werden, wenn nicht gerade für diesen Regelungspunkt bestimmt bereits im Gesellschaftsvertrag eine geringere Mehrheit vorgesehen ist. Stimmbindungsverträge sind wegen des Verbots der Fremdbestimmung, das mit dem Status als Freiberufler nicht vereinbar wäre, unzulässig, vgl. *Michalski/Römermann*, Vertrag der Partnerschaftsgesellschaft, Teil A, Rn. 197.

6. Erbrechtliche Nachfolge

17 Enthält der Partnerschaftsvertrag keine Regelung für den Fall des Todes eines Partners, so wird die Partnerschaft gem. § 9 Abs. 2 PartGG unter den verbliebenen Partnern fortgesetzt. Diese Rechtsfolge entspricht dem § 131 Abs. 3 Nr. 1 HGB, der ohne ausdrückliche Regelung im Partnerschaftsgesetz Anwendung finden würde. Selbstverständlich kann durch Gesellschaftsvertrag

geregelt werden, dass die Beteiligung an der Partnerschaft nach den Vorschriften des PartGG vererblich ist, jedoch mit der Einschränkung, dass der Nachfolger Partner i. S. des § 1 Abs. 1 und Abs. 2 PartGG sein muss. Im Falle der Fortsetzung gem. § 9 Abs. 2 PartGG steht den Erben ein Abfindungsanspruch gem. § 1 Abs. 4 PartGG i. V. m. § 738 Abs. 1 Satz 2 BGB zu, vgl. *Heydn,* ZEV 1998, 161, 165.

einstweilen frei **18–20**

III. Haftung

Nach § 8 Abs. 1 PartGG haften die Partner einer Partnerschaft grundsätzlich für deren Verbindlichkeiten als Gesamtschuldner, wie die Gesellschafter einer offenen Handelsgesellschaft. Die Haftung ist jedoch nach § 8 Abs. 2 in dem Fall beschränkt, wenn nur einzelne Partner mit der Bearbeitung eines Auftrages befasst waren. In diesem Fall haften nur die mit der Bearbeitung befassten Partner – *neben* der unbeschränkt haftenden Partnerschaft selbst – für berufliche Fehler. Nach der Neufassung des PartGG 1998 (vgl. *Römermann,* NZG 1998, 675 ff.; *Bärwaldt,* in: Beck'sches Handbuch der Personengesellschaften, § 18 Rn. 73) bedarf es keiner Vereinbarung über die Haftungsbeschränkung mit dem Mandanten mehr, sie tritt ex lege ein. **21**

Die Haftungsbeschränkung gilt sowohl für vertragliche als auch für deliktische Anspruchsgrundlagen, z. B. § 823 ff. BGB. Ist ein Partner zwar mit der Bearbeitung eines Auftrages befasst gewesen, war sein Bearbeitungsbeitrag jedoch nur von untergeordneter Bedeutung, so haftet er ebenfalls nicht, § 8 Abs. 2 Halbs. 2 PartGG. Die Abgrenzung von Bearbeitungsbeiträgen von untergeordneter Bedeutung bereitet jedoch Schwierigkeiten. Für Bearbeitungsfehler von **Mitarbeitern** haftet der Partner, der für die Überwachung zuständig war, sonst alle gemeinsam, vgl. *Ulmer,* PartGG § 8 Rn. 22. **22**

Die Haftungsbeschränkung des § 8 Abs. 2 PartGG regelt nur das Außenverhältnis zum Mandanten. Für das Innenverhältnis können Regelungen – z.B. gestuft nach Verschuldensgraden – getroffen werden. Ohne weitere Regelungen ist dem handelnden Partner ein Rückgriff bei der Sozietät untersagt, vgl. *Volhard,* in: Hopt, Vertrags- und Formularbuch, II.C. 2. Anm. 13. § 8 Abs. 3 PartGG lässt Haftungsbeschränkungen auf bestimmte Höchstbeträge nach den gesetzlichen berufsrechtlichen Regelungen zu, vgl. dazu § 51 a BRAO, § 67 a StBG, §§ 54 a, 130 WPO, § 45 a PAO. **23**

einstweilen frei **24, 25**

IV. Die steuerliche Behandlung der Partnerschaftsgesellschaft

1. Grundsätze

Die Partnerschaftsgesellschaft wird steuerlich wie eine Gesellschaft bürgerlichen Rechts behandelt, sie ist mithin nicht körperschaftsteuerpflichtig. Die Partnerschaftsgesellschaft unterliegt als freiberuflich tätige nicht der Buchführungspflicht der §§ 140 ff. AO. Einkommensteuerlich handelt es sich um eine freiberufliche Mitunternehmerschaft gemäß § 18 Abs. 1 Nr. 1, § 18 Abs. 4, § 15 Abs. 1 Satz 1 Nr. 2 EStG. Die Einkünfte werden nach § 179, 180 Abs. 1 Nr. 2 a AO einheitlich und gesondert festgestellt und den einzelnen Mitunternehmern (Partnern) für ihre Einkommensteuererklärung zugerechnet. **26**

27 **Tätigkeitsvergütungen** oder sonstige Leistungen aus dem Gesellschaftsverhältnis zwischen Partnerschaft und einzelnem Partner mindern nach § 15 Abs. 1 Satz 1 Nr. 2 EStG den Gewinn der Mitunternehmerschaft nicht, sondern werden als Sondervergütungen des Mitunternehmers diesem lediglich individuell zugerechnet. Dies gilt auch für die Miet- oder Pachtzinsen für die Nutzung von Wirtschaftsgütern eines Partners durch die Partnerschaft. Diese Wirtschaftsgüter werden Sonderbetriebsvermögen bei der Mitunternehmerschaft. Die Gewinnermittlung erfolgt im Regelfall als Einnahmeüberschussrechnung gemäß § 4 Abs. 3 EStG, also ohne Bilanzierung. Die Möglichkeit eines Betriebsvermögensvergleiches nach § 4 Abs. 1 EStG besteht jedoch.

28 Ein besonderes Augenmerk zur Vermeidung der Gewerblichkeit der Gesellschaft ist darauf zu richten, dass die im übrigen **freiberufliche Tätigkeit** nicht durch eine gewerbliche Tätigkeit einzelner Partner gefährdet wird. Dies kann insbesondere drohen, wenn Nichtfreiberufler an der Partnerschaft beteiligt werden (vgl. BFH BStBl. II 2001, 241 ff.) oder einzelne oder alle Partner neben der Ausübung ihrer freiberuflichen Tätigkeit in nicht ganz unerheblichem Umfang auch gewerbliche Tätigkeiten ausüben. Nach der Rechtsprechung des BFH (BFH DStR 1999, 1688 f.; vgl. dazu *Neu*, DStR 1999, 2109 f.; *Schild*, DStR 2000, 576 ff.) sind jedoch Tätigkeiten von ganz untergeordneter Bedeutung (Umsatz unter 2%) insoweit zu vernachlässigen. Eine Abschirmwirkung kann durch die Gründung einer personenidentischen parallelen Personengesellschaft, beispielsweise in der Form einer Gesellschaft bürgerlichen Rechts, OHG oder KG, erreicht werden.

2. Gründung

29 Bei der Einbringung einer Einzelpraxis in eine neu zu gründende Partnerschaft entstehen die auch sonst mit einer Mitunternehmerschaft verbundenen Probleme. § 24 UmwStG gilt auch für Einbringung ganzer Betriebe oder Teilbetriebe oder Mitunternehmeranteile im freiberuflichen Bereich, vgl. dazu *Ehlers,* NWB Fach 3, S. 9499 ff. Die Vergünstigung nach § 18 Abs. 3 i.V.m. § 16 Abs. 4 EStG, § 34 EStG ist im Zusammenhang mit einer Einbringung nach § 24 UmwStG nur dann zu gewähren, wenn alle in der Praxis bestehenden stillen Reserven aufgedeckt werden. Dies setzt den Teilwertansatz voraus, BFH GrS 2/98 BStBl. II 2000, 123.

30 Nach wohl überwiegender Meinung ist für eine Buchwertfortführung bei § 24 UmwStG der Übergang von der Einnahmeüberschussrechnung gemäß § 4 Abs. 3 zu einer Einbringungsbilanz nach § 4 Abs. 1 EStG erforderlich. Ein Umstellungsgewinn, der hierbei entsteht, ist ein laufender Gewinn. Unmittelbar nach der Einbringung kann wieder zu einer Einnahmeüberschussrechnung nach § 4 Abs. 3 EStG zurückgekehrt werden. Teilweise wird ein derartiger Formalismus auch für überflüssig gehalten, vgl. *Schmidt/Wacker,* EStG, § 18 Rn. 232 ff.

V. Vertragsgestaltung

Beispiel: Patentanwalt P hat in einer Vorurkunde seinen Sohn A mit einem Gesellschaftsanteil von 15% in seine Praxis aufgenommen. Nunmehr veräußert P seinen restlichen 85%igen Gesellschaftsanteil seinem Sohn und den angestellten Patentanwälten, die eine Partnerschaftsgesellschaft errichten.

Beurkundet am …

A. Vorbemerkung

1. Herr P
   ist an der Patentanwaltskanzlei P + A GbR mit 85% beteiligt,
   Herr A mit 15%.
2. Herr B, Herr C und Herr D
   sind bislang als angestellte Patentanwälte in der vorbezeichneten Kanzlei tätig.

B. Kaufvertrag

I. Verkauf

1. Herr P (Verkäufer)
   verkauft hiermit an
   Herrn A, Herrn B, Herrn C und Herrn D (Käufer)
   jeweils einen Anteil von 211/4 % an der in Abschnitt A. dieser Urkunde näher bezeichneten Gesellschaft
   – nachfolgend als Kaufgegenstand bezeichnet –.
2. Mit Vollzug des Vertrages sind an der Gesellschaft beteiligt:

Herr A	zu $36^{1}/_{4}$ %
Herr B	zu $21^{1}/_{4}$ %
Herr C	zu $21^{1}/_{4}$ %
Herr D	zu $21^{1}/_{4}$ %.

3. Die Käufer führen die Gesellschaft unter der Bezeichnung P & Kollegen Patentanwälte Partnerschaftsgesellschaft fort, wobei der Verkäufer weiterhin im Briefkopf der Kanzlei aufgeführt werden darf.

II. Abtretung

1. Der Verkäufer tritt die nach vorstehendem Abschn. I verkauften Anteile mit schuldrechtlicher und dinglicher Wirkung zum … (Übertragungsstichtag) an den Käufer in dem dort bezeichneten Anteilsverhältnis ab. Jeder Käufer nimmt die Anteilsabtretung hiermit an.
2. Die vorstehende Abtretung ist auflösend bedingt. Die auflösende Bedingung tritt ein, wenn der Verkäufer entsprechend den Bestimmungen in nachstehendem Abschn. VII berechtigt von dem Vertrag insgesamt oder hinsichtlich einzelner Käufer zurücktritt. Die auflösende Bedingung entfällt endgültig, wenn der Verkäufer schriftlich bestätigt, dass der Kaufpreis vollständig entrichtet wurde. Der Verkäufer ist verpflichtet, eine solche Bestätigung nach Eingang der letzten Kaufpreisrate zu erteilen.

III. Gewährleistung

§ 1 Gesellschaftsanteile

Der Verkäufer steht dafür ein, dass die vertragsgegenständlichen Gesellschaftsanteile zum Übertragungsstichtag lastenfrei auf die Käufer übergehen. Rechte Dritter bestehen hieran nicht.

§ 2 Unfertige Leistungen

1. Die zum Übertragungsstichtag bereits entstandenen Ansprüche, insbesondere Honorarforderungen, auch für zu diesem Zeitpunkt abrechenbare Teilleistungen, stehen noch dem Verkäufer zu, der sich verpflichtet, diese umgehend in Rechnung zu stellen. Jedoch stellt der Verkäufer der Gesellschaft die ihm nach dieser Bestimmung zustehenden, nach dem Übertragungsstichtag eingehenden Honorare der Gesellschaft als Überbrückungsdarlehen bis zum … zinslos zur Verfügung.

2. Die Vergütung für zum Übertragungsstichtag teilweise erbrachte Leistungen, die noch nicht abgerechnet werden können, steht bereits der Gesellschaft zu, ohne dass hierfür eine gesonderte Vergütung entrichtet wird.
   Sonstige Forderungen sowie betriebliche Konten wurden nicht in die Gesellschaft eingebracht.
3. Verbindlichkeiten, die bis zum Übertragungsstichtag entstanden sind, werden aufgrund der Bestimmungen der Vorurkunde noch vom Verkäufer beglichen und nicht von der Gesellschaft übernommen. Soweit diese Verbindlichkeiten im Zusammenhang mit Leistungen stehen, die nach vorstehendem Abs. 1 schon vom Käufer abzurechnen sind, insbesondere durchlaufende Posten, wurden diese Verbindlichkeiten aufgrund der Vorurkunde von der Gesellschaft übernommen und sind künftig von dieser zu begleichen und weiter zu berechnen. Der Verkäufer steht dafür ein, dass zum Übertragungsstichtag nur die vorbezeichneten Verbindlichkeiten in der Gesellschaft vorhanden sind.

§ 3 Mandantenstamm

1. Die derzeit laufenden Mandate der vertragsgegenständlichen Kanzlei sind dem Käufer bekannt. Auf Einzelaufführung wird verzichtet. Die Beteiligten gehen davon aus, dass die derzeitigen Mandanten ihre Beziehungen zur Kanzlei auch nach dem Inhaberwechsel fortsetzen; eine Haftung hierfür übernimmt der Verkäufer jedoch nicht.
2. Mit in die Gesellschaft eingebracht und damit auch mitveräußert sind alle Mandantenakten, Datenbestände und sonstigen Unterlagen bezüglich der vorbezeichneten Mandatsverhältnisse. Eine Zustimmung der Mandanten hierzu ist nicht erforderlich, da sämtliche Käufer schon langjährig in der Kanzlei des Verkäufers tätig sind und Kenntnis vom Inhalt der Unterlagen haben.

§ 4 Inventar

Aufgrund der Bestimmungen der Vorurkunde ist das am Übertragungsstichtag in den Praxisräumen vorhandene, dem Verkäufer gehörende Praxisinventar (Mobiliar, Geräte und Maschinen, Fachliteratur etc.) in die Gesellschaft eingebracht.
Der Verkäufer sichert zu, dass die in Anlage B-III-4 aufgeführten Inventargegenstände einschließlich aller Kleinmaterialien und Materialvorräte zum ... in das Eigentum der Gesellschaft übergehen.
Der Verkäufer versichert, dass an diesem Inventar keine Rechte Dritter bestehen. Eine Haftung für Sachmängel des Inventars übernimmt der Verkäufer hingegen ausdrücklich nicht; entsprechende Ansprüche werden im Rahmen des gesetzlich Zulässigen ausgeschlossen.

§ 5 Laufende Vertrags- und Arbeitsverhältnisse

1. Die vertragsgegenständliche Kanzlei wird derzeit in gemieteten Räumen betrieben. Der derzeitige Mietvertrag ist der Urkunde als Anlage B-III-5 a beigefügt.
2. Die Gesellschaft übernimmt nach den Bestimmungen der Vorurkunde zum Übertragungsstichtag die in Anlage B-III-5 a aufgeführten laufenden Vertragsverhältnisse sowie den vorbezeichneten Mietvertrag. Die Zustimmung der jeweiligen Vertragspartner wird Herr P einholen. Er übernimmt jedoch keine Haftung dafür, dass die Vertragspartner dem Vertragsübergang zustimmen.
3. Aufgrund der Bestimmungen der Vorurkunde hat die Gesellschaft die in Anlage B-III-5 b aufgeführten Arbeitsverhältnisse gemäß § 613 a BGB übernommen.
   Der Verkäufer wird den Arbeitnehmern den Betriebsübergang anzeigen.
   Die Arbeitsverträge sind dem Käufer bekannt. Auf Beifügung zur Urkunde wird verzichtet. Der Verkäufer versichert, dass zu den bestehenden Arbeitsverträgen keine mündlichen Nebenabreden bestehen.
   Ansprüche der Arbeitnehmer wegen ausstehenden Urlaubs werden zwischen den Vertragsteilen ausgeglichen, ebenso wegen geleisteter Überstunden.

§ 6 Steuern, Abgaben

1. Steuern und Sozialabgaben, die bis zum Übertragungsstichtag entstanden sind, trägt noch der Verkäufer. Dies gilt nicht für die Umsatzsteuer, soweit die maßgeblichen Umsätze entsprechend den vorstehenden Bestimmungen bereits der Gesellschaft zustehen.
2. Sofern sich aufgrund einer Betriebsprüfung Nachzahlungen für betriebliche Steuern oder Sozialabgaben, die den Zeitraum bis zum Übertragungsstichtag betreffen, ergeben, haftet hierfür der Verkäufer. Der Verkäufer verpflichtet sich insoweit, die P & Kollegen Patentanwälte Partnerschaftsgesellschaft bzw. den Käufer von jeglicher Inanspruchnahme freizustellen.

IV. Kaufpreis

1. Der Kaufpreis für die vertragsgegenständlichen Anteile beträgt fest …
   Mit diesem Kaufpreis abgegolten ist der anteilige immaterielle Praxiswert (Mandantenstamm und Geschäftswert).
   Sofern für die in dieser Urkunde vereinbarte Übertragung Mehrwertsteuer anfällt, ist diese zusätzlich vom Käufer zu entrichten.
   Der Kaufpreis ist innerhalb von fünf Jahren nach dem Übertragungsstichtag jeweils in Quartalsraten zu entrichten. Die Raten sind jeweils zum 31. 3., 30. 6., 30. 9. und 31. 12. eines Jahres fällig. Die nachstehenden Jahresbeträge sind gleichmäßig auf die vier Quartalsraten zu verteilen.
2. Für das Inventar und die Kanzleieinrichtung werden anteilig zu 100% die steuerlichen Buchwerte zum Übertragungsstichtag vergütet. Abschreibungen für Abnutzung für das laufende Jahr werden dabei nicht berücksichtigt.
   Der Kaufpreis hierfür wird in vier Raten fällig wie folgt: …
3. Für die Erbringung des Kaufpreises haften die P & Kollegen Patentanwälte Partnerschaftsgesellschaft sowie die Käufer gesamtschuldnerisch, im Innenverhältnis haften Herr A, Herr B, Herr C und Herr D zu je $^1/_4$.
4. Im Fall des Ausscheidens eines Partners vor vollständiger Zahlung des Kaufpreises können dessen Kaufpreisanteile von den verbleibenden Partnern oder von einem neu eintretenden Partner übernommen werden. Zur Schuldentlassung im Außenverhältnis ist Herr P jedoch nur verpflichtet, wenn der ausscheidende Partner seinen im Innenverhältnis von ihm zu tragenden Kaufpreisanteil vollständig entrichtet oder hierfür Sicherheit geleistet hat.
5. Sämtliche Kaufpreiszahlungen sind auf das Konto des Verkäufers Nr. … bei … zu entrichten. Der Kaufpreis muss zum vereinbarten Termin dem Empfängerkonto gutgeschrieben sein.
6. Bis zu den vereinbarten Terminen sind die Kaufpreisraten nicht zu verzinsen. Hinsichtlich eines etwaigen Verzuges verbleibt es bei den gesetzlichen Bestimmungen.
7. Jeder Käufer sowie die P & Kollegen Patentanwälte Partnerschaftsgesellschaft
   – untereinander als Gesamtschuldner –
   unterwirft sich wegen der vorstehend eingegangenen Zahlungsverpflichtungen der sofortigen Zwangsvollstreckung aus dieser Urkunde in sein gesamtes Vermögen.
   Zur Erteilung der Vollstreckungsklausel bedarf es nicht des Nachweises der die Fälligkeit begründenden Tatsachen.

V. Eintrittsrecht von Herrn E

1. Sofern sich der Sohn des Herrn P,
   Herr E, geboren am …, wohnhaft …
   zu einer Ausbildung zum Patentanwalt entschließt, ist die P & Kollegen Patentanwälte Partnerschaftsgesellschaft verpflichtet, ihm eine Ausbildungsmöglichkeit zur Verfügung zu stellen und mit ihm einen Ausbildungsvertrag zu den marktüblichen Konditionen abzuschließen.

2. Sofern Herr E seine Ausbildung zum Patentanwalt innerhalb von sieben Jahren nach dem Übertragungsstichtag beginnt, ist er berechtigt, innerhalb von zwei Jahren nach der Zulassung zur Patentanwaltschaft als Partner in die P & Kollegen Patentanwälte Partnerschaftsgesellschaft einzutreten. Sofern Herr E von seinem Eintrittsrecht Gebrauch macht, erwirbt er von jedem Partner einen Anteil X mit

$$X = \frac{85\%}{N \cdot (N+1)}$$

wobei N die Anzahl der Partner zur Zeit der Geltendmachung des Eintrittsrechtes ist. Als Gegenleistung ist hierfür an jeden Partner ein Kaufpreis KP(X) zu zahlen, der sich wie folgt berechnet:

$$KP(X) = \frac{X \cdot KP(G)}{85\%} + X \cdot BW$$

Dabei ist KP(G) der immaterielle Praxiswert zur Zeit der Geltendmachung des Eintrittsrechtes. Besteht über diesen Wert keine Einigkeit, so gilt § 15 Abs. 2 des Partnerschaftsvertrages in der heute vereinbarten Fassung entsprechend. BW ist der steuerliche Buchwert des Inventars und der Praxiseinrichtung zum Ende des der Geltendmachung des Eintrittsrechtes vorausgehenden Wirtschaftsjahres. Ein Ausgleich für Forderungen und Verbindlichkeiten ist ausdrücklich nicht zu erbringen.
Für die Kaufpreisfälligkeit gilt Abschn. IV entsprechend. Als Ausgangstag für die Berechnung der Kaufpreisraten gilt dabei der Tag der Übertragung der Anteile.
3. Soweit vorstehend Herrn E Rechte eingeräumt werden, geschieht dies im Wege eines echten Vertrages zugunsten Dritter, in der Weise, dass Herr E ein eigenes Recht erwirbt. Die vorstehend begründeten Rechte des Herrn E können nicht ohne dessen Zustimmung aufgehoben, eingeschränkt oder abgeändert werden.

VI. Weitere Mitarbeit des Verkäufers

1. Der Verkäufer wird bei Bedarf weiterhin als freier Mitarbeiter der Kanzlei zur Verfügung stehen. Die Einzelheiten dieser Mitarbeit werden zwischen den Vertragsteilen zu einem späteren Zeitpunkt vereinbart. Die Wirksamkeit des Kaufvertrages hängt für beide Seiten nicht vom Zustandekommen einer Vereinbarung über die weitere Mitarbeit ab.
2. Für den Fall der weiteren Mitarbeit des Verkäufers ist der Käufer verpflichtet, für den Verkäufer eine Berufshaftpflichtversicherung in gleicher Höhe und im gleichen Umfang wie für die Partner der P & Kollegen Patentanwälte Partnerschaftsgesellschaft abzuschließen und für die Dauer der Mitarbeit aufrecht zu erhalten und die Prämien hierfür zu entrichten.
Herr P wird hinsichtlich der künftigen Mitarbeit vom Käufer von jeglicher Inanspruchnahme durch Dritte wegen der Verletzung beruflicher Pflichten freigestellt, soweit die Haftungsfälle nicht auf seinem eigenen Verschulden beruhen.

VII. Rücktrittsrecht

Wenn die Käufer oder einzelne Käufer ihren Verpflichtungen nach diesem Vertrag, insbesondere der Verpflichtung zur Kaufpreiszahlung, nicht nachkommen, ist der Verkäufer entsprechend den gesetzlichen Bestimmungen zum Rücktritt berechtigt. Der Rücktritt ist schriftlich zu erklären und per Einschreiben-Rückschein mitzuteilen.
Hierzu wird weiterhin vereinbart, dass der Verkäufer nur vom Verkauf gegenüber dem jeweils in Verzug befindlichen Käufer zurücktreten kann. Im Fall eines auf einzelne Käufer beschränkten Rücktritts tritt der Verkäufer in die mit der gegenwärtigen Urkunde begründete Partnerschaftsgesellschaft zu den vereinbarten Bedingungen ein und

der von den verbleibenden Käufern zu entrichtende Kaufpreis verringert sich entsprechend. Der Verkäufer ist in diesem Fall zur Weiterveräußerung seines Anteils an beliebige Personen berechtigt. Die Geltendmachung eines weitergehenden Schadens gegen die auch insoweit gesamtschuldnerisch haftenden Käufer bleibt unberührt.

C. Partnerschaftsvertrag

Herr A, Herr B, Herr C und Herr D schließen für die weitere Fortführung der Kanzlei folgenden Partnerschaftsvertrag.
Die aufgrund der Vorurkunde entstehende Sozietät wird identitätswahrend in die nachstehend vereinbarte Partnerschaftsgesellschaft überführt, wozu Herr P seine ausdrückliche Zustimmung erteilt.

§ 1 Errichtung, Zweck, Partner

1. Zu einer Partnerschaft im Sinne des Partnerschaftsgesellschaftsgesetzes schließen sich zusammen:
   Herr A, Herr B, Herr C und Herr D.
2. Gegenstand der Partnerschaft ist die gemeinschaftliche Berufsausübung der Partner innerhalb des Patentanwaltsbüros am Sitz der Partnerschaft sowie die Vornahme aller dazu förderlichen Maßnahmen und Rechtsgeschäfte.
3. Partner kann nur sein, wer die berufliche Qualifikation zum Patentanwalt besitzt.

§ 2 Name, Sitz

1. Der Name der Partnerschaft lautet P & Kollegen Patentanwälte Partnerschaftsgesellschaft.
2. Der Partner Herr A willigt darin ein, dass der Name der Partnerschaft auch nach seinem Ausscheiden fortgeführt werden darf, sofern er nicht ausscheidet, um seinen Beruf außerhalb der Partnerschaft auszuüben.
3. Die Partnerschaft hat ihren Sitz in …

§ 3 Dauer, Geschäftsjahr

Die Partnerschaft ist auf unbestimmte Zeit errichtet.
Das Geschäftsjahr der Partnerschaft ist das Kalenderjahr.

§ 4 Einlagen

1. Die Partner sind an der Partnerschaft in folgendem Anteilsverhältnis beteiligt:
   Herr A zu 36 1/4%
   Herr B zu 21 1/4%
   Herr C zu 21 1/4%
   Herr D zu 21 1/4%.
2. Die Einlageverpflichtung ist für sämtliche Partner erfüllt durch Einbringung der Patentanwaltskanzlei durch Herrn P.

§ 5 Berufsausübung

1. Jeder Partner stellt der Partnerschaft seine volle Arbeitskraft zur Verfügung. Entgeltliche Nebentätigkeiten dürfen nur mit Zustimmung aller Partner ausgeübt werden. Alle Partner verpflichten sich, im Jahresdurchschnitt mindestens drei abrechenbare Stunden pro Arbeitstag und Partner zu erbringen.
2. Neue Aufträge werden nur zugunsten der Partnerschaft entgegengenommen.
3. Alle Einnahmen aus der Berufstätigkeit der Partner sind Einnahmen der Partnerschaft.

§ 6 Auszeit

Jeder Partner ist berechtigt, nach vorheriger Ankündigung mit einer Frist von zwölf Monaten eine Auszeit von sechs Monaten zu nehmen. Während der Auszeit werden

Vorabgewinnanteile nicht ausgezahlt. Die nicht vom eigenen Umsatz des Partners abhängigen Teile des Gewinns/Verlustes (§ 11 Abs. 3) werden pro rata temporis gekürzt. Eine erneute Auszeit kann erst nach Ablauf von sieben Jahren, gerechnet ab dem Ende der vorangehenden Auszeit, genommen werden.

§ 7 Geschäftsführung , Vertretung

1. Zur Geschäftsführung und Vertretung berechtigt und verpflichtet sind alle Partner gemeinschaftlich. Nach außen wird die Partnerschaft durch jeden Partner einzeln vertreten. Die Partner können im Innenverhältnis abweichende Regelungen treffen.
2. Auch Verträge mit Auftraggebern, auf deren Grundlage die Partnerschaft zur Erbringung einer beruflichen Leistung verpflichtet wird, können von jedem Partner allein abgeschlossen werden.
3. Ein Partner kann durch einstimmigen Beschluss der übrigen Partner von der Geschäftsführung oder Vertretung in den Bereichen gemäß nachstehendem Absatz 4 ausgeschlossen werden, wenn ein wichtiger Grund vorliegt.
4. Alle Partner sind verpflichtet, sich an der Verwaltungstätigkeit der Kanzlei zu beteiligen, insbesondere Urlaubsplanung, Betreuung der EDV-Anlage und Mandantenakquirierung. Die Verwaltungstätigkeit soll dabei nach Möglichkeit gleichmäßig auf die übrigen Partner verteilt werden.

§ 8 Haftung

1. Für Verbindlichkeiten der Partnerschaft aus Schädigungen wegen fehlerhafter Berufsausübung haftet neben dem Vermögen der Partnerschaft nur derjenige Partner, der innerhalb der Partnerschaft die berufliche Leistung erbracht oder verantwortlich geleitet und überwacht hat (handelnder Partner). Diese Haftungsbeschränkung wird Gegenstand der Allgemeinen Geschäftsbedingungen, die in jedem Vertrag der Partnerschaft vereinbart werden sollen.
2. Wird ein Partner als handelnder Partner für Schäden in Anspruch genommen, für deren Entstehung ein schuldhaftes Handeln oder pflichtwidriges Unterlassen eines anderen Partners (mit)ursächlich geworden ist, tragen die Partner den Schaden im Innenverhältnis entsprechend der Regelung des § 254 BGB.

§ 9 Beschlüsse

Beschlüsse werden mit der Mehrheit der Stimmen gefasst, wobei sich die Stimmberechtigung nach den Anteilen bemisst. Beschlüsse können innerhalb einer formlos einzuberufenden Partnerversammlung sowie fernmündlich oder schriftlich gefasst werden. Ein Partner kann einen anderen schriftlich zur Stimmabgabe bevollmächtigen. Gefasste Beschlüsse sind von den Partnern schriftlich niederzulegen und zu den Akten der Partnerschaft zu nehmen.

Änderungen dieses Vertrages können nur einstimmig beschlossen werden.

§ 10 Buchführung

1. Die Partner sind zur ordnungsgemäßen Buchführung und geordneten Aufbewahrung aller Belege verpflichtet.
2. Sie erstellen innerhalb von 6 Monaten nach Abschluss eines jeden Geschäftsjahres für das abgelaufene Geschäftsjahr einen Rechnungsabschluss, aus dem sich als Saldo zwischen Einnahmen und Ausgaben der Gewinn bzw. Verlust ergibt.
3. Der Rechnungsabschluss ist durch Beschluss der Partnerschaft festzustellen, wodurch er für die Partner verbindlich wird. Ist dies innerhalb eines Monats nach Vorlage des Rechnungsabschlusses nicht geschehen, wird der Rechnungsabschluss durch einen von der zuständigen Wirtschaftsprüfungskammer zu benennenden Wirtschaftsprüfer auf Kosten der Partnerschaft neu erstellt und gilt damit als von den Partnern festgestellt.

§ 11 Gewinnverwendung

1. Die Partner nehmen am Gewinn und Verlust der Partnerschaft im Verhältnis ihrer Einlagen teil, nach Maßgabe der folgenden Bestimmungen.
2. Herr A erhält zunächst aufgrund der Größe seiner Beteiligung einen Gewinnanteil von 15%.
3. Vom nach Abzug des Gewinnanteils von 15% gemäß Absatz 2 verbleibenden Gewinn erhält jeder Partner zunächst einen Umsatzanteil an der eigenen geleisteten Arbeit. Der Umsatzanteil entspricht 50% der Beträge (netto) die basierend auf der von ihm persönlich geleisteten Arbeit den Mandanten der Kanzlei in Rechnung gestellt wurden. Besonderheiten:
   a) Rechnungen mit Grundhonorar/Pauschalbeträge: Grundsätzlich soll Arbeitszeit für Tätigkeiten/Verwaltungstätigkeiten berücksichtigt werden, wenn der Tätigkeit/Verwaltungstätigkeit eine konkrete Rechnung zugeordnet werden kann. In diesem Fall ist auf der Rechnung (für interne Zwecke) anzugeben, welcher Anteil der Rechnung – der sich aus der Zeit und dem Stundensatz ergibt – der persönlichen Arbeit zuzuordnen ist. Sofern der investierte Zeitaufwand ungewöhnlich hoch ist bzw. einen nicht unerheblichen Anteil des Grundhonorars/Pauschalbetrags umfasst (und aus besonderen Gründen nicht zusätzlich zu dem Grundhonorar/Pauschalbetrag verrechenbar ist), sollte der Rechnung (für interne Zwecke) eine kurze Begründung beigefügt sein. Dies kann insbesondere bei
      - Schutzrechtsanmeldungen im Ausland,
      - inländischen Anmeldungen von Marken/Geschmacksmustern,
      - Anmeldungen von Patenten/Gebrauchsmustern mit inneren Priorität,
      - Prüfung von Übersetzungen,
      - Umschreibungen,
      - der Kontrolle einfacher Eingaben sowie der Beantwortung einfacher Bescheide (z. B. Korrektur des Warenverzeichnisses)

      der Fall sein.
   b) Übersetzungen sowie Abrechnungen nach dem RVG (Patentanwaltsanteil) bzw. RVG-ähnliche Leistungen werden dem Partner anstelle eines Stundensatzes vollständig als Betrag der persönlich geleisteten Arbeit zugeordnet.
4. Soweit nach Abzug des Gewinnanteils von 15% gemäß Abs. 2 und nach Auszahlung der umsatzabhängigen Gewinnanteile gemäß vorstehend Abs. 3 noch ein weiterer Gewinn verbleibt, wird dieser unter den Partnern entsprechend dem Verhältnis ihrer Einlagen (§ 4) verteilt, wobei hinsichtlich der Einlage des Herrn A der unter Abs. 2 berücksichtigte Anteil von 15% hier nicht gewinnberechtigt ist.
5. An etwaigen Verlusten nehmen alle Partner im Verhältnis ihrer Einlagen teil.
6. Jeder Partner erhält zum Ende eines jeden Monats zu Lasten seines Gewinnanteils einen Fixbetrag. Dessen Höhe wird von den Partnern zu Beginn des Geschäftsjahres vereinbart. Sofern keine abweichende Vereinbarung getroffen wird, erhält jeder Partner monatlich $^{1}/_{12}$ von 70%, also $^{7}/_{120}$ seines Vorjahresgewinnanteils. Darüber hinausgehende Zwischenauszahlungen sind nur mit Zustimmung aller Partner möglich.
7. Die Partner können mehrheitlich beschließen, dass eine gemeinschaftliche Rücklage bis zur Höhe der Hälfte der jährlichen Betriebsausgaben (ohne Umsatzsteuer und durchlaufende Posten) gebildet wird. In diesem Fall werden von dem Gewinnanteil jedes Partners jährlich bis zu 5% einbehalten, bis die Rücklage die vorgesehene Höhe erreicht hat.
8. Die nicht bereits gemäß Abs. 4 ausgezahlten oder gemäß Abs. 5 in die Rücklage eingestellten Gewinnanteile werden unverzüglich nach Feststellung des Rechnungsabschlusses an die Partner ausgezahlt.
9. Jeder Partner ist berechtigt, über die Partnerschaft einen PKW zu erwerben. Die Kosten für Anschaffung, Instandhaltung und Betrieb werden von der Partnerschaft

getragen, allerdings von dem Gewinnanteil des jeweiligen Partners gemäß Abs. 2 und 3 in Abzug gebracht. Halter des Fahrzeugs ist die Partnerschaftsgesellschaft.

§ 12 Übertragung von Partnerschaftsbeteiligungen

1. Die Beteiligung an der Partnerschaft ist nur an solche Personen veräußerlich, die gemäß § 1 Abs. 3 Partner sein können.
2. Die Veräußerung der Beteiligung an der Partnerschaft darf nur mit Zustimmung aller übrigen Partner erfolgen. Sämtliche Vereinbarungen im Zusammenhang mit dem Beteiligungsübergang bedürfen der Schriftform und sind den übrigen Partnern zur Genehmigung vorzulegen. Veräußert werden können auch Teile der Beteiligung.
3. Soll die Beteiligung oder ein Teil von ihr an einen den Anforderungen des § 1 Abs. 3 genügenden Abkömmling eines Partners veräußert werden, gilt die Zustimmung der übrigen Partner als erteilt, es sei denn, in der Person des neuen Partners besteht ein wichtiger Ausschlussgrund.

§ 13 Tod eines Partners

1. Die Beteiligung an der Partnerschaft ist vererblich. Erbe kann nur sein, wer gemäß § 1 Abs. 3 als Partner in Betracht kommt. Für die Höhe der Abfindung von Erben, die diese Voraussetzungen nicht erfüllen, gilt § 15 entsprechend.
2. Geschäftsführungs- und Vertretungsbefugnisse gehen auf die Erben nicht über.

§ 14 Kündigung, Ausschließung

1. Jeder Partner kann die Partnerschaft gegenüber den übrigen Partnern unter Beachtung einer Frist von 6 Monaten zum Ende eines Kalenderjahres schriftlich kündigen, jedoch nicht vor vollständiger Zahlung des Kaufpreises an Herrn P. Das Recht zur fristlosen Kündigung aus wichtigem Grund bleibt unberührt. Bevor ein Partner aus der Partnerschaft ausscheidet, hat er den verbleibenden Partnern den Verkauf der Beteiligung zum Abfindungswert anzubieten. Die verbleibenden Partner können das Angebot nur innerhalb von 6 Wochen annehmen. Nehmen mehrere das Angebot an, so erwerben sie den Anteil zu gleichen Teilen und schulden jeweils nur den entsprechenden Anteil der Gegenleistung.
2. Liegt in der Person eines Partners ein wichtiger Grund vor, so kann dieser Partner durch gemeinsame schriftliche Erklärung aller übrigen Partner ausgeschlossen werden. Ein wichtiger Grund in diesem Sinne ist insbesondere anzunehmen, wenn
   a) der Partner die Berufsqualifikation gemäß § 1 Abs. 3 verliert
   b) über das Vermögen des Partners ein Insolvenzverfahren eröffnet oder die Eröffnung mangels Masse abgelehnt wird,
   c) in den Anteil eines Partners oder dessen Auseinandersetzungsguthaben die Zwangsvollstreckung betrieben und nicht innerhalb von drei Monaten wieder aufgehoben wird oder der Erwerber die Richtigkeit seiner Vermögensverhältnisse an Eides Statt versichern muss,
   d) der Partner dauerhaft (sechs Monate oder länger) seine berufliche Tätigkeit eingestellt hat oder einzustellen beabsichtigt oder
   e) der Partner trotz schriftlicher Abmahnung entgegen § 5 Abs. 1 Nebentätigkeiten ausübt. Kann die Ausschließung eines Partners verlangt werden, so ist der Auszuschließende auf Verlangen der verbleibenden Partner verpflichtet, seine Beteiligung zum Abfindungswert an einen von ihnen zu benennenden Erwerber zu verkaufen und zu übertragen.
3. Jeder Partner verpflichtet sich, im Fall seines Ausscheidens aus der Kanzlei während eines Zeitraumes von zwei Jahren, gerechnet ab dem Zeitpunkt der Wirksamkeit des Ausscheidens, auf dem Gebiet des gewerblichen Rechtsschutzes in Deutschland und Europa nicht für Mandanten und ausländischen Kollegen tätig zu werden, mit denen die Kanzlei P & Kollegen Patentanwälte Partnerschaftsgesellschaft zum Tage des Ausscheidens zusammenarbeitet.

§ 15 Abfindung

1. Beim Ausscheiden wegen Versterbens oder dauernder Berufsunfähigkeit aus der Partnerschaft kann von den übrigen als Abfindung der Betrag verlangt werden, den ein Dritter aufwenden würde, wenn er anstelle des Partners in die Partnerschaft eintreten würde. Scheidet ein Partner aus anderen Gründen aus der Partnerschaft aus, so beträgt die Abfindung 70% des vorstehenden Betrages. Sofern der ausscheidende Partner Mandanten der Gesellschaft zu einem Zeitpunkt innerhalb von zwei Jahren nach dem Ausscheiden übernimmt und/oder patentanwaltlich betreut, verringert sich das Abfindungsguthaben um den Wert dieser Mandate (letzter Jahresumsatz; bei langjährigen Mandanten durchschnittlicher Jahresumsatz der letzten drei Jahre vor dem Ausscheiden, jeweils multipliziert mit dem Faktor 1,5).
2. Sofern über den Betrag des Abfindungsguthabens keine Einigung erzielt wird, entscheidet hierüber auf Antrag einer Seite unter Ausschluss des Rechtsweges ein vom Präsidenten der Patentanwaltskammer zu benennender Schiedsgutachter für beide Seiten verbindlich. Die Kosten des Schiedsgutachters tragen beide Seiten je zur Hälfte.
3. Die Abfindung ist in drei gleichen Jahresraten fällig, davon die erste 6 Monate nach dem Ausscheiden. Die ausstehenden Raten sind nach Fälligkeit der ersten Rate in Höhe von zwei Prozentpunkten über dem Basiszinssatz gemäß § 247 BGB zu verzinsen. Vorzeitige Zahlung ist zulässig. Sicherheit kann nicht verlangt werden.
4. Sofern ein Partner ausscheidet, bevor sämtliche Kaufpreisraten an Herrn P entrichtet sind, gilt Folgendes: Das Abfindungsguthaben gemäß vorstehender Abs. 1 und 2 wird mit dem im Innenverhältnis vom ausscheidenden Partner noch zu tragenden Kaufpreisanteil verrechnet. Dieser Kaufpreisanteil wird von den verbleibenden Partnern im Innenverhältnis übernommen. Soweit sich danach noch ein Saldo zu Lasten des ausscheidenden Partners ergibt, ist dieser im Rahmen des im Kaufvertrag vorgesehenen Ratenplanes zu entrichten.

§ 16 Liquidation, Trennung

1. Im Falle der Liquidation der Partnerschaft sind alle Partner gemeinsam vertretungsberechtigte Liquidatoren.
2. Am Liquidationsergebnis nehmen die Partner entsprechend dem Verhältnis ihrer Anteile teil.
3. Im Fall einer Trennung der Partnerschaft, gleich aus welchem Grund, verbleiben der Kanzleiname und die Räume ebenso wie Telefon- und Faxnummern, e-Mail-Adressen und die homepage (domain) und sonstige öffentlichkeitswirksame Kennzeichen der Partnerschaft in der Kanzlei, in der Herr A weiterhin tätig ist.

§ 17 Allgemeine Bestimmungen

1. Sollten einzelne Bestimmungen dieses Vertrages nichtig oder unwirksam sein, wird die Wirksamkeit der übrigen Bestimmungen hiervon nicht berührt. Anstelle der unwirksamen oder nichtigen Bestimmung gilt eine solche Bestimmung als vereinbart, die der unwirksamen oder nichtigen Bestimmung in ihrem wirtschaftlichen und rechtlichen Inhalt in zulässiger Weise am nächsten kommt. Dasselbe gilt sinngemäß für die Ausfüllung von Vertragslücken.
2. Bei Meinungsverschiedenheiten und Streitigkeiten aus diesem Vertrag sowie sonstigen Streitigkeiten zwischen Partnern oder zwischen der Partnerschaft und einzelnen Partnern ist die Beschreitung des ordentlichen Rechtsweges nur zulässig, wenn zuvor ein Einigungsversuch bei einer durch die Patentanwaltskammer benannten Schlichtungsstelle ergebnislos verlaufen ist.

D. Schlussbestimmungen

I. Außergerichtliche Streitbeilegung; Salvatorische Klausel

§ 17 des Partnerschaftsvertrages gilt auch für das Verhältnis zwischen Verkäufer und Käufer aus diesem Vertrag entsprechend.

II. Anlagen

1. Der Urkunde sind folgende Anlagen beigefügt:
   Anlage B-III-4: Inventarliste
   Anlage B-III-5 a: Mietvertrag
   Anlage B-III-5 b: Liste der Arbeitsverhältnisse
2. Die Anlagen B-III-4, B-III-5 a und B-III5 b, auf die gemäß § 14 BeurkG verwiesen wird, wurden den Beteiligten zur Kenntnisnahme vorgelegt und von ihnen unterschrieben. Auf Verlesung wurde verzichtet.

III. Hinweise

Die Beteiligten wurden vom Notar insbesondere hingewiesen auf
a) die gesamtschuldnerische Haftung der Beteiligten für Kosten und Steuern,
b) die Verpflichtung, alle Vertragsabreden vollständig und richtig anzugeben.

IV. Notarermächtigung

Der Notar wird ermächtigt, die Beteiligten zum Zwecke des Vollzugs dieses Vertrages vollumfänglich zu vertreten.

V. Kosten und Ausfertigungen

1. Die Kosten dieser Urkunde trägt Herr P.
2. Von dieser Urkunde erhalten
   Beglaubigte Abschriften:
   die Beteiligten
   der Steuerberater des Verkäufers
   der Steuerberater der Gesellschaft
   Vorgelesen vom Notar …

VI. Muster Registeranmeldung

Partnerschaftsregisteranmeldung

URNr.

An das
Amtsgericht
– Partnerschaftsregister –

Neuanmeldung einer Partnerschaftsgesellschaft
P & Kollegen Patentanwälte Partnerschaftsgesellschaft
mit dem Sitz in …

Zur Ersteintragung in das Partnerschaftsregister wird angemeldet:

Es wurde unter dem Namen
P & Kollegen Patentanwälte Partnerschaftsgesellschaft
eine Partnerschaftsgesellschaft nach §§ 1 ff. PartGG gegründet.

Sitz der Partnerschaft ist …
Die Geschäftsräume befinden sich in …

Gegenstand der Partnerschaft ist die gemeinschaftliche Berufsausübung der Partner innerhalb des Patentanwaltsbüros am Sitz der Partnerschaft sowie die Vornahme aller dazu förderlichen Maßnahmen und Rechtsgeschäfte.

Partner sind:
1. Herr A, Patentanwalt, geboren am …, wohnhaft …
2. Herr B, Patentanwalt, geboren am …, wohnhaft …
3. Herr C, Patentanwalt, geboren am …, wohnhaft …
4. Herr D, Patentanwalt, geboren am …, wohnhaft …

Die abstrakte Vertretungsbefugnis lautet:
Zur Vertretung berechtigt sind alle Partner einzeln.

Die konkrete Vertretungsbefugnis lautet:

Herr A, Herr B, Herr C und Herr D sind jeweils einzelvertretungsberechtigt.
Die Partner versichern die Zugehörigkeit jedes Partners zu dem freien Beruf des Patentanwalts, den er je in der Partnerschaft ausübt und die bisherige Ausübung dieses Berufs.

Die anmeldenden Partner erklären, dass berufsrechtliche Vorschriften der Eintragung der Partnerschaftsgesellschaft ins Partnerschaftsregister nicht entgegenstehen.

Für den in der Partnerschaft ausgeübten Beruf des Patentanwalts besteht die Patentanwaltskammer in …
.............................., den ....
(Unterschriftsbeglaubigung)

Der Reiz des Familienlebens ist das beste Gegengift gegen den Verfall der Sitten.
Jean-Jacques Rousseau

Vierter Teil. Familienpersonengesellschaft

§ 8 Gesellschaftsrechtliche Grundlagen

Übersicht

Literatur: *Brandenberg,* Aktuelle steuerrechtliche Entwicklungen bei der Personengesellschaft, Stbg 2004, 65; *Breiteneicher,* Die Anwachsung als steuerliches Umwandlungsinstrument, DStR 2004, 1405; *Heinz,* Umstrukturierungen als Gestaltungsinstrument zur Steuerminimierung im Erb- oder Schenkungsfall, GmbHR 2001, 485; *Hoffmann,* Verlusttransfer durch Anwachsung, GmbH-Stb 2006, 309; *Hübner,* Ergänzungsbilanzen und die Aufteilung des erbschaft-/schenkungsteuerlichen Werts von Personengesellschaften, ZEV 2003, 12; *Kempermann,* Vorweggenommene Unternehmensnachfolge bei Personengesellschaften im Steuerrecht, FR 2003, 321; *Kirchdörfer/Lorz,* Familienvermögensgesellschaften als Organisationsmodelle im Rahmen der Familienstrategie und der Planung der Vermögensnachfolge, DB 2004 Beil. Nr. 3; *Kirnberger,* Vermögensnachfolge durch Familien-GbRs, ErbStB 2007, 56; *Koblenzer,* Umstrukturierungen im Rahmen einer Unternehmensnachfolge, ErbStB 2003, 288 und 2004, 49; *May,* Familienunternehmen: Nicht nur anders, sondern besser – Grundzüge einer Managementtheorie für Familienunternehmen, FS für Rödl (2008), 417; *Mutter,* Der reziproke Familienpool verdient endlich die volle ertragsteuerliche Anerkennung durch die Finanzverwaltung, ZEV 2007, 512; *Neu/Stamm,* Aktuelles Beratungs-Know-how, Personengesellschaftsbesteuerung, DStR 2005, 141; *Reul,* Grundrechte und Vertragsfreiheit im Gesellschaftsrecht, DNotZ 2007, 184; *Rodewald/Pohl,* Unternehmensteuerreform 2008: Auswirkungen auf Gesellschafterbeziehungen und Gesellschaftsverträge, DStR 2008, 724; *Rödder,* Das neue Unternehmenserbschaftsteuerrecht – die wesentlichen Prüfungspunkte aus Sicht von Familienunternehmen, DStR 2008, 997; *Schulz/Werz,* Die Familienverfassung, ErbStB 2007, 311 und 353; *Spiegelberger,* Die Familienverfassung – Gestaltung von Gesellschaftsverträgen, FS für Rödl (2008), 89; *Schwedhelm,* Die Umstrukturierung von Kapitalgesellschaften in Personengesellschaften zur Vorbereitung der Unternehmensnachfolge, ZEV 2003, 8; *Verse,* Inhaltskontrolle von „Hinauskündigungsklauseln" – eine korrekturbedürftige Rechtsprechung, DStR 2007, 1822; *Wachter,* Steuerliche Sperrfristen bei vorweggenommener Erbfolge, ErbStB 2003, 20 ff. und 67 ff.; *Wälzholz,* Neues zur vorweggenommenen Erbfolge von Personengesellschaften, MittBayNot 2006, 113.

A. Einführung

I. Der Trend zum Personenunternehmen

15,4% aller Unternehmen in der Bundesrepublik sind Kapitalgesellschaften und 82,6% Personenunternehmen. 1

Unternehmensstruktur und
Unternehmenssteuerreform:
Gut fünfmal so viele einkommensteuerpflichtige
Personenunternehmen wie körperschaftsteuerpflichtige
Kapitalgesellschaften!

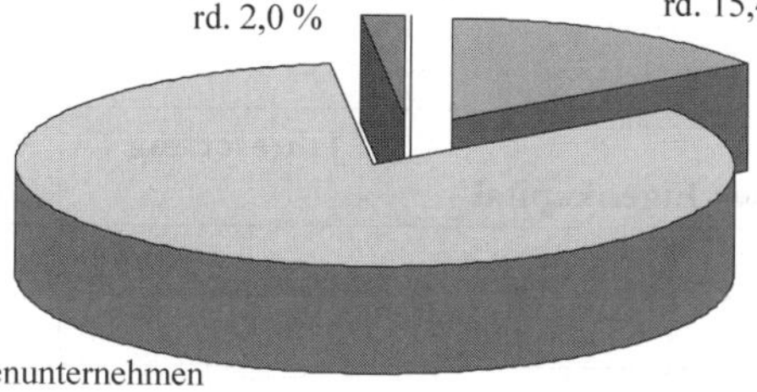

Quelle: Bundesministerium der Finanzen, Oktober 2005

Die Personengesellschaft ist die häufigste Unternehmensrechtsform. Die Rechtsform der GmbH wurde in den Jahren 1976–2001 favorisiert, weil das körperschaftsteuerliche Anrechnungsverfahren dazu führte, dass die auf ausgeschüttete Gewinne entrichtete Körperschaftsteuer auf die Einkommensteuer der Gesellschafter angerechnet wurde, also eine Doppelbelastung mit Ertragsteuern nicht mehr gegeben war. Die Unternehmensteuerreform des Jahres 2001 hat wieder den Zustand von vor 1976 hergestellt, so dass die Rechtsform der GmbH zu einer dreifachen Ertragsteuerbelastung führt, nämlich mit

- Körperschaftsteuer
- Gewerbesteuer und
- Einkommensteuer der Gesellschafter auf ausgeschüttete Gewinne.

In einem Steuerbelastungsvergleich schneidet die Kapitalgesellschaft bei ausgeschütteten Gewinnen immer am schlechtesten ab. Bei thesaurierten Gewinnen ist ebenfalls im unteren Einkommensteuerbereich die Personengesellschaft wesentlich günstiger.

Insgesamt fand in den letzten Jahren bei mittelständischen Unternehmen eine **Flucht aus der GmbH** statt, und zwar nicht nur wegen der aufgezeigten dreifachen Ertragsteuerbelastung, sondern auch aus folgenden Gründen: 2

- geringste Formverstöße werden von der Finanzverwaltung als **verdeckte Gewinnausschüttungen** beurteilt mit erheblichen Steuermehrungen;
- entstehende Verluste können nicht mit positiven Einkünften der Gesellschafter verrechnet werden;

- eingesetztes Kapital und aufgewendete Zinsen werden gem. § 3c Abs. 2 EStG nur zu **60%** steuerlich berücksichtigt (**Teileinkünfteverfahren**), so dass der Kapitaleinsatz der Kapitalgesellschafter ertragsteuerlich stark benachteiligt ist;
- gem. § 35 EStG wird die von der Personengesellschaft entrichtete Gewerbesteuer auf die Einkommensteuer der Gesellschafter angerechnet, so dass die Gewerbesteuerbelastung hauptsächlich Kapitalgesellschaften trifft.

3 Darüber hinaus ergaben sich bei ertragreichen Kapitalgesellschaften durch das Stuttgarter Verfahren Erbschaft- und Schenkungsteuernachteile. Während bei nicht börsennotierten Kapitalgesellschaften das Stuttgarter Verfahren gem. ErbStR (2003) 95ff. mit den Erträgen der Gesellschaft steuererhöhend Anwendung fand, wurden Personenunternehmen ausschließlich nach dem Bilanzwert unter Berücksichtigung des Grundbesitzwertes für Grundstücke bewertet, so dass sich ertragsabhängig folgende **Bewertungsunterschiede** ergaben:

Stammkapital bzw. bilanzielles Eigenkapital	**Jahresertrag**	**Anteilswert GmbH/AG**
1000000	- 200000	680000
1000000	0	680000
1000000	100000	1020000
1000000	500000	2380000
1000000	1000000	4080000
1000000	2000000	7480000

4 Während also der Erbschaft-/Schenkungsteuerwert ertragsabhängig bei einem Stammkapital von 1 Mio. € bei ertraglosen Kapitalgesellschaften nur 680000 € betrug, bei einer hochrentierlichen Kapitalgesellschaft mit 2 Mio. € Jahresertrag jedoch mit 7480000 € bewertet wurde, betrug der Erbschaft-/Schenkungsteuerwert einer Personengesellschaft mit einem Bilanzwert von 1 Mio. € – unabhängig von den Jahreserträgen – immer nur eine Mio. €.

Das Stuttgarter Verfahren wurde in der Entscheidung des Bundesverfassungsgerichts vom 7. 11. 2006 BStBl. 2007 II 192 als verfassungswidrig gebrandmarkt, so dass der Gesetzgeber im Zuge der Erbschaftsteuerreform zu einer Revision gezwungen wurde. Nunmehr werden alle Unternehmen rechtsformunabhängig – mit Ausnahme der börsennotierten Kapitalgesellschaften – nach dem vereinfachten Ertragswertverfahren gem. §§ 199ff. BewG bewertet.

5 *einstweilen frei*

II. Die Transparenz des Personenunternehmens

6 Die oben geschilderte Verlustproblematik zeigt zugleich den Vorteil der Personengesellschaft. Während das von einem Gesellschafter für eine Kapitalgesellschaft eingesetzte Kapital – und dies aufgrund des Teileinkünfteverfah-

rens auch nur zu 60% (!) – erst im **Falle der Liquidation** gem. § 17 EStG als Anschaffungsaufwand geltend gemacht werden kann, ist die Personengesellschaft grundsätzlich einkommensteuerlich transparent, d.h. Personengesellschaften sind weder einkommen- noch körperschaftsteuerpflichtig, vielmehr wird das von der Personengesellschaft erzielte Einkommen anteilig den einzelnen Mitunternehmern als eigenes Einkommen zugerechnet und bei diesen der Besteuerung unterworfen (vgl. BFH GrS BStBl. 1993 II 621; 1995 II 621), wenn auch die Einkünfteermittlung und die Einkünftequalifizierung auf der Ebene der Personengesellschaft erfolgen. Der **Durchgriff** durch die Personengesellschaft erfolgt aber nicht nur einkommensteuerlich, sondern grundsätzlich auch zivilrechtlich: Der an einer Außenpersonengesellschaft beteiligte Gesellschafter haftet gesamthänderisch für alle Gesellschaftsverbindlichkeiten. Selbst die (beschränkte) Kommanditistenhaftung ist in der Praxis problematischer als gemeinhin angenommen, da auf den ersten Blick als unproblematisch beurteilte Sachverhaltsgestaltungen, wie z.B. die Ausgliederung von Vermögen aus einer KG, bei näherem Hinsehen als Rückgewähr der Einlage gem. § 172 Abs. 1 HGB beurteilt werden und damit zu einer persönlichen Haftung der Kommanditisten führen können.

einstweilen frei 7–10

III. Gestaltungsvarianten bei Personengesellschaften

1. Gesetzliche Regelung

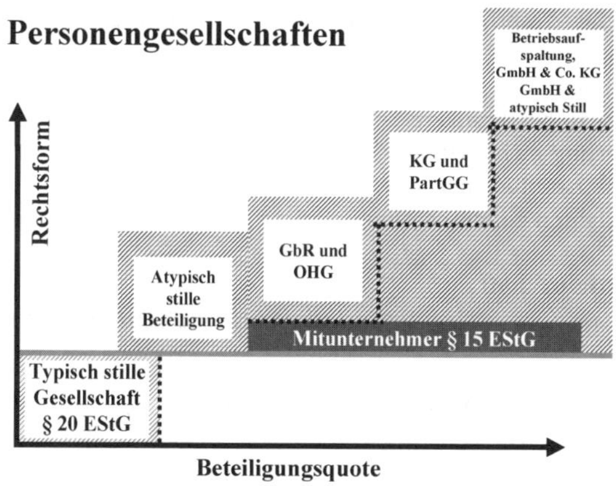

Das Handelsgesetzbuch bietet eine Reihe von Gestaltungsvarianten, die alle subsidiär auf die in den §§ 705–740 BGB geregelte Gesellschaft bürgerlichen Rechts verweisen. Die für das Handelsrecht grundlegende Differenzierung besteht darin, ob bei der Gründung der Gesellschaft **Gesamthandsvermögen** entsteht, also alle Gesellschafter am Vermögen der Gesellschaft dinglich beteiligt sind, wie dies bei der GbR, der OHG und der KG der Fall ist oder ob einzelne Gesellschafter eine Einlage in das Handelsgewerbe eines anderen erbringen, so dass die Einlage in das Vermögen des Inhabers des Handelsgeschäfts übergeht, wie dies bei einer stillen Gesellschaft gem. § 230 HGB stattfindet. 11

12 Einkommensteuerlich wird danach differenziert, ob der Gesellschafter **Mitunternehmer** i. S. d. § 15 EStG ist, also ein Mitunternehmerrisiko trägt und Mitunternehmerinitiative entfalten kann, wie dies bei den Gesamthandsgesellschaften der Fall ist oder ob – wie im Fall der typisch stillen Gesellschaft – nur eine kapitalmäßige Beteiligung besteht, die zu Einkünften aus Kapitalvermögen gem. § 20 Abs. 1 Nr. 4 EStG führt.

13 Bei einer mitunternehmerischen Beteiligung ist das Betriebsvermögen der Personengesellschaft nach § 97 Abs. 1 a BewG aufzuteilen. Dabei ist von den Kapitalkonten auszugehen, die in der Gesamthandsbilanz, in den Ergänzungsbilanzen und in den Sonderbilanzen – ausgenommen Gegenposten für Wirtschaftsgüter des Sonderbetriebsvermögens – ausgewiesen sind. **Kommanditisten** werden bilanziell wie **vollhaftende** Mitunternehmer behandelt. Vorab sind dem jeweiligen Gesellschafter Wirtschaftsgüter des Sonderbetriebsvermögens mit dem gemeinen Wert zuzurechnen.

2. Besondere Regelungsmaterien bei Familienpersonengesellschaften

14 Für Familienunternehmen besteht das besondere Interesse, Vermögensabflüsse zu vermeiden, um das Unternehmen als Familienunternehmen erhalten zu können. Besondere Regelungsmaterien sind:

- den Kreis der nachfolgeberechtigten Personen zu begrenzen;
- klare Führungsstrukturen zu gewährleisten;
- Abfindungen im Falle des Ausscheidens zu begrenzen;
- eherechtliche Ansprüche, insbesondere Zugewinnausgleichsansprüche, zu vermeiden;
- Nachfolgebeschränkungen zu statuieren;
- Entnahmen zu beschränken;
- Rückforderungsrechte zu begründen und
- Gesellschafterstreitigkeiten durch einen Beirat oder ein obligatorisches Mediationsverfahren zu entschärfen.

3. Gütergemeinschaft

Literatur: *Apfelbaum,* Gütergemeinschaft und Gesellschaftsrecht, MittBayNot 2006, 185.

15 Das Vermögen des Mannes und das Vermögen der Frau werden durch die Gütergemeinschaft gemeinschaftliches Vermögen beider Ehegatten (Gesamtgut) gem. § 1416 Abs. 1 BGB. Sondergut sind Gegenstände, die nicht durch Rechtsgeschäft übertragen werden können, vgl. § 1417 Abs. 2 BGB. Darüber hinaus können die Ehegatten Gegenstände durch Ehevertrag gem. § 1418 Abs. 2 Nr. 1 BGB zum Vorbehaltsgut erklären. Die durch die Gütergemeinschaft entstehende **Gemeinschaft zur gesamten Hand** stellt keine Rechtspersönlichkeit dar, vgl. *Palandt/Brudermüller,* § 1416 BGB Rn. 1. Das Gesamtgut kann auch nicht identitätswahrend in eine Gesellschaft bürgerlichen Rechts transformiert werden. Vielmehr ist eine Eigentumsübertragung erforderlich, bei Grundstücken also die Auflassung gem. § 925 BGB.

Personengesellschaftsanteile, die nicht übertragbar oder nur mit Zustimmung der Gesellschafter übertragbar sind, stellen Sondergut dar, vgl. *Kanzlei-*

ter, in: MünchKomm BGB § 1416 Rn. 9. Die höchstrichterliche Rechtsprechung (BayObLG ZIP 2003, 480) verneint die Gesamtgutsfähigkeit von Kommanditanteilen. Konsequenz ist, dass bei der Vertragsgestaltung von Sondergut auszugehen ist, vgl. *Apfelbaum,* MittBayNot 2006, 188. Vinkulierte Kapitalgesellschaftsanteile fallen ebenfalls ins Sondergut; a. A. *Scholz/Winter,* § 18 GmbHG Rn. 11. Sofern bei einer Gesellschaftsgründung die Gütergemeinschaft der Gesellschafter nicht erkannt wird, ist anzunehmen, dass eine konkludente Vorbehaltsgutsvereinbarung besteht.

B. Aufnahme in ein Einzelunternehmen

Literatur: *Brinkmann,* (Behalte-)Fristen bei der teilentgeltlichen Übertragung betrieblicher Einheiten im Wege der vorweggenommenen Erbfolge, StBP 2005, 200 ff. und 224 ff.; *Geck,* Praktische Folgen des BMF-Schreibens vom 3. 3. 2005 zu Zweifelsfragen im Zusammenhang mit § 6 Abs. 3 EStG, ZEV 2005, 196; *Kai,* Zweifelsfragen zu § 6 Abs. 3 EStG DB 2005, 794; *Klein,* Die verdeckte Einlage im Ertragsteuerrecht NWB Fach 3 Seite 13 059 (Stand Oktober 2004); *ders.,* Zweifelsfragen zu Übertragungsakten nach § 6 Abs. 3 EStG NWB Fach 3 Seite 13 771 (Stand Dezember 2005); *Neufang,* Betriebsübergabe und Unternehmensnachfolge – unternehmerische Notwendigkeiten versus Steuerrecht, Stbg 2003, 18; *ders.,* Die unentgeltliche Betriebsübertragung – eine Bestandsaufnahme aus einkommen- und schenkungsteuerrechtlicher Sicht, BB 2005, 1595; *Neumann,* Das neue BMF-Schreiben zu § 6 Abs. 3 EStG EStB 2005, 140; *Schmitt,* Auswirkungen der Unternehmenssteuerreform auf mittelständische Unternehmen, 58. HLBS-Steuerfachtagung 2007, 47; *Spiegelberger,* Mitunternehmeranteil und Sonderbetriebsvermögen MittBayNot 2001, 18; *Winkeljohann/Stegemann,* Verbleibende Zweifel nach dem BMF-Schreiben vom 3. 3. 2005 zu Zweifelsfragen der ertragsteuerlichen Buchwertfortführung bei der Unternehmensnachfolge BB 2005, 1416.

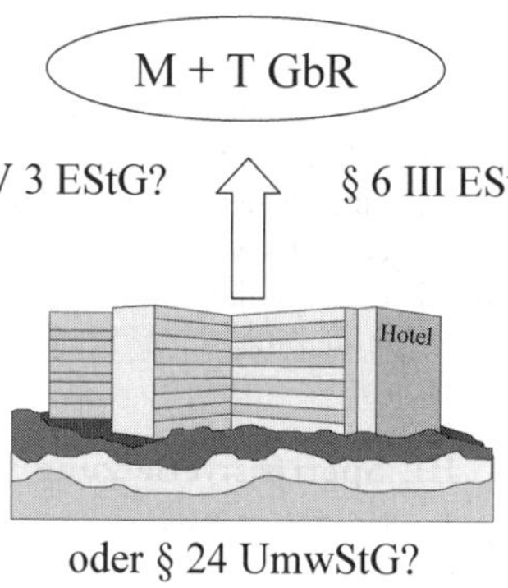

Beispiel: Mutter M nimmt ihre Tochter T in ihren bisher als Einzelunternehmen geführten Hotelbetrieb als Teilhaberin auf. 16

Überblick über die Tatbestände des § 6 Abs. 3 EStG

- § 6 Abs. 3 Satz 1, 1. Halbs. EStG
  - Unentgeltliche Übertragung eines Betriebs-, Teilbetriebs oder Anteil eines Mitunternehmers

- § 6 Abs. 3 Satz 1, 2. Halbs. EStG
  – Unentgeltliche Aufnahme einer natürlichen Person in ein Einzelunternehmen
  – Unentgeltliche Übertragung eines Teils eines Mitunternehmeranteils auf eine natürliche Person
- § 6 Abs. 3 Satz 2 EStG
  Zurückbehaltung von wesentlichen Betriebsgrundlagen (Sonderbetriebsvermögen) bei
  – Übertragung von Teilen von Mitunternehmeranteilen oder
  – bei Aufnahme einer natürlichen Person in ein Einzelunternehmen
  – Behaltefrist von fünf Jahren für den Übernehmer

I. Buchwertfortführung gem. § 24 UmwStG und § 6 Abs. 3 EStG

17 Bei der unentgeltlichen Aufnahme eines Gesellschafters in ein Einzelunternehmen hatte der Große Senat GrS 2/98 BStBl. 2000 II 123 ursprünglich angenommen, dass der Einzelunternehmer zunächst die Wirtschaftsgüter in das Gesellschaftsvermögen überführt, um in der anschließenden logischen Sekunde einen Teil der Anteile auf den Neugesellschafter zu übertragen. Diese Übertragung konnte zum Buchwert erfolgen, vgl. *Wendt,* FR 2005, 468, 475. Mit der Neufassung des § 6 Abs. 3 EStG durch das UntStFG schloss sich der Gesetzgeber der Vorstellung der Buchwertfortführung an.

II. § 6 Abs. 3 Satz 1 Halbs. 2 EStG

18 § 24 UmwStG, der den Einbringungstatbestand regelt, verlangt nicht, dass alle bisher zum Einzelbetrieb gehörenden Wirtschaftsgüter in das Gesamthandsvermögen eingebracht werden. Es reicht deshalb aus, wenn zurückbehaltene Wirtschaftsgüter unmittelbar mit der Einbringung des übrigen Betriebsvermögens den Status von Sonderbetriebsvermögen erhalten, vgl. *Brandenberg,* DStZ 2002, 511, 517; *Carlé,* KÖSDI 2002, 13311, 13318; *Ley,* KÖSDI 2004, 14024, 14025; *Widmann/Mayer,* Umwandlungsrecht § 24 UmwStG Rz. 6. Nach *Wendt,* FR 2005, 468, 465 wird das Wahlrecht nach § 24 UmwStG von der Anordnung der Buchwertfortführung in § 6 Abs. 3 Satz 1 Halbs. 2 EStG überlagert. Das von dem übertragenden Gesellschafter zurückbehaltene funktional wesentliche Betriebsvermögen wird, wenn es weiterhin von der Gesellschaft genutzt wird, Sonderbetriebsvermögen unter Fortführung des Buchwerts.

III. Sperrfristverletzung

19 Das Buchwertprivileg des § 6 Abs. 3 Satz 2 EStG entfällt, wenn der in das Unternehmen aufgenommene Gesellschafter den erhaltenen Mitunternehmeranteil innerhalb von fünf Jahren seit der Übertragung veräußert oder aufgibt. Der Umstand, dass bei Verletzung der Sperrfrist durch den Erwerber der Übergeber zur Kasse gebeten wird, ist unter Beachtung der Vorschrift des § 38 AO bedenklich, da die Steuerpflicht denjenigen trifft, der den Steuertatbestand verwirklicht, vgl. *Crezelius,* FR 2002, 805. Wenn überhaupt eine Sperrfrist zur Missbrauchsvermeidung notwendig sein sollte, müsste diese alle Übertragungsfälle betreffen, vgl. *Wendt,* FR 2005, 468, 476. Um den Übergeber zu schützen, sollte ein **Schenkungswiderruf** für den Fall vorgesehen

werden, dass der Mitunternehmeranteil innerhalb der Sperrfrist von fünf Jahren veräußert oder aufgegeben wird.

einstweilen frei 20

C. Übertragung von Mitunternehmeranteilen

Literatur: *BMF-Schreiben,* Zweifelsfragen zu § 6 Abs. 3 EStG i. d. F. d. Unternehmenssteuerfortentwicklungsgesetz v. 20. 12. 2001 (UntStFG, BGBl. I 3858) im Zusammenhang mit der unentgeltlichen Übertragung von Mitunternehmeranteilen mit Sonderbetriebsvermögen sowie Anteilen von Mitunternehmeranteilen mit Sonderbetriebsvermögen, BStBl. 2005 I 458; *Brandner/Bergmann,* Die Schenkung von Gesellschaftsanteilen, FS für Walter Sigle (2000), 327; *Geck,* Praktische Folgen des BMF-Schreibens vom 3. 3. 2005 zu Zweifelsfragen im Zusammenhang mit § 6 Abs. 3 EStG, ZEV 2005, 196; *Hiller,* Verpachtung eines Mitunternehmeranteils, INF 2005, 547; *Kanzler,* Die unentgeltliche Übertragung von Mitunternehmeranteilen und – teilanteilen – Gesetzespuzzle oder Rechtsanwendung?, FS für Klaus Korn (2005), 287; *Kusterer,* Unentgeltliche Übertragung von Mitunternehmeranteilen, EStB 2006, 345; *Patt,* Übertragung von Bruchteilen eines Mitunternehmeranteils, EStB 2003, 344; *Paus,* Die entgeltliche und unentgeltliche Übertragung von Mitunternehmeranteilen und Anteilen an Einzelunternehmen StBp 12/2004, 1/2005 und 2/2005; *Rogall/Stangl,* Die unentgeltliche Übertragung von Mitunternehmeranteilen und Teil-Mitunternehmeranteilen mit Sonderbetriebsvermögen DStR 2005, 1073; *Schulze zur Wiesche,* Die schenkungsteuerliche Behandlung von verdeckten Vermögensübertragungen im Bereich der Personengesellschaften, UVR 2006, 89; *Spiegelberger,* Mitunternehmeranteil und Sonderbetriebsvermögen, MittBayNot 2001, 18; *Wacker,* Unentgeltliche Übertragung von Mitunternehmeranteilen, ZSteu 2005, 358; *Wendt,* Unentgeltliche Übertragung von Mitunternehmeranteilen nach § 6 Abs. 3 EStG FR 2005, 468.

I. Unentgeltliche Übertragung

1. Gesamtübertragung

Beispiel: Kommanditist K überträgt seinen Kommanditanteil samt dem an die KG verpachteten Grundstück (Sonderbetriebsvermögen) im Wege der vorweggenommenen Erbfolge unter Vereinbarung einer Versorgungsrente auf seinen Sohn S. 21

Diese Standardgestaltung erfolgt seit jeher unter **Buchwertfortführung**, früher aufgrund § 7 Abs. 1 EStDV, nunmehr gem. § 6 Abs. 3 Satz 1 Halbs. 1 EStG. Soweit betriebliche Verbindlichkeiten oder aus der Anschaffung des Sonderbetriebsvermögens resultierender Darlehensverbindlichkeiten vom Erwerber übernommen werden, stellt dies keine Gegenleistung dar, so dass es bei einem unentgeltlichen Erwerb verbleibt. Das selbe gilt, wenn eine Versorgungsrente (dauernde Last) zu Gunsten des Übergebers oder dessen Ehefrau vereinbart wird und die wiederkehrenden Zahlungen nach einer Ertragsprognose zum Übergabezeitpunkt aus den zu erwartenden Erträgen aus der Beteiligung und der Verpachtung des Grundstückes aufgebracht werden können, vgl. Tz. 19 III. Rentenerlass BStBl. 2004 I 922.

2. Übertragung eines Teils eines Mitunternehmeranteils

Durch das Unternehmenssteuerfortentwicklungsgesetz vom 20. 12. 2001 – 22
UntStFG BStBl. 2001 I 3858 – wurde die bisher im Gesetz nicht ausdrücklich geregelte unentgeltliche Teilanteilsübertragung in den Wortlaut des § 6

Abs. 3 EStG als zweiter Halbsatz aufgenommen und wie bisher der Buchwertfortführung unterstellt. Zugleich wurde die Zurückbehaltung von Sonderbetriebsvermögen in § 6 Abs. 3 Satz 2 EStG in der Weise geregelt, dass zurückbehaltene Wirtschaftsgüter, die weiterhin zum Betriebsvermögen derselben Mitunternehmerschaft gehören, der Buchwertfortführung unterliegen, sofern der Rechtsnachfolger den übernommenen Mitunternehmeranteil über einen Zeitraum von mindestens fünf Jahren nicht veräußert oder aufgibt. Für das Verbleiben des zurückbehaltenen Sonderbetriebsvermögens in der Mitunternehmerschaft wurde keine zeitliche Begrenzung in das Gesetz aufgenommen; zum Gesetzgebungsverfahren vgl. *Wendt,* FR 2005, 468.

3. Zurückbehaltung von funktional wesentlichem Betriebsvermögen

23 **Beispiel:** An einer GmbH & Co. KG sind S und K als Kommanditisten zu je 50% beteiligt. Bei der Komplementär-GmbH bestehen die selben Beteiligungsverhältnisse. K will seine betrieblichen Beteiligungen im Wege der vorweggenommenen Erbfolge auf S übertragen, das im Sonderbetriebsvermögen befindliche Grundstück aber zurückbehalten.

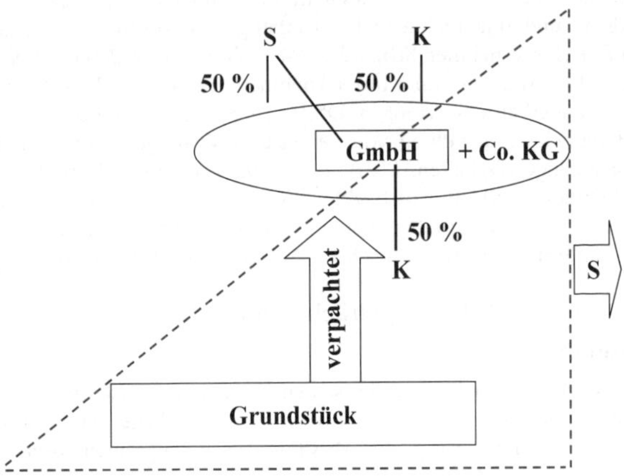

24 Der Begriff des Mitunternehmeranteiles i. S. von § 6 Abs. 3 Satz 1 Halbs. 1 EStG (vormals § 7 Abs. 1 EStDV) umfasst nicht nur den Anteil des Mitunternehmers am Vermögen der Gesellschaft, sondern auch das Sonderbetriebsvermögen. Wird anlässlich der unentgeltlichen Übertragung eines Mitunternehmeranteiles ein Wirtschaftsgut des Sonderbetriebsvermögens, das für die Mitunternehmerschaft **funktional wesentlich** ist, zurückbehalten und in das Privatvermögen des Übertragenden überführt, ist insgesamt eine Aufgabe eines Mitunternehmeranteiles anzunehmen, vgl. BFH BStBl. 1995 II 891.

25 Die Zurückbehaltung von funktional wesentlichem Sonderbetriebsvermögen im zeitlichen Zusammenhang mit der Übertragung des zugehörigen Mitunternehmeranteils ist der Supergau der Vertragsgestaltung, da folgende Rechtsfolgen eintreten:

- Die Zurückbehaltung oder isolierte Übertragung einer wesentlichen Betriebsgrundlage führt zur Entnahme.

- Die Entnahme einer wesentlichen Betriebsgrundlage führt auch zur Entnahme des Mitunternehmeranteiles, so dass die gesamte Beteiligung gewinnrealisierend aufzulösen ist.
- Wegen des Wegfalls der Betriebsvermögenseigenschaft aufgrund Entnahme entfallen die Vergünstigungen des § 13a ErbStG. Auch die Tarifvergünstigung gem. § 19a ErbStG, wonach Steuerpflichtige der Steuerklasse II und III bei Betriebsvermögen in der Steuerklasse I besteuert werden, ist nicht anwendbar.

4. Entnahme von Sonderbetriebsvermögen vor KG-Anteilsübertragung

Sofern im vorstehend geschilderten Fall K das Sonderbetriebsvermögen im **zeitlichen und sachlichen Zusammenhang** mit der Übertragung des Mitunternehmeranteils entnimmt oder zum Buchwert in ein anderes Betriebsvermögen überführt oder überträgt, soll nach der Gesamtplanrechtsprechung des BFH BStBl. 2001 II 229 keine Übertragung zum Buchwert stattfinden. Die in dem Mitunternehmeranteil enthaltenen stillen Reserven sind als laufender Gewinn zu versteuern, vgl. Tz. 7 BMF-Schreiben BStBl. I 2005, 458. In dem vom BFH entschiedenen Fall hatte der Gesellschafter das Grundstück im März auf eine von ihm neu gegründete gewerblich geprägte GmbH & Co. KG übertragen und im Juli desselben Jahres seinen Kommanditanteil unentgeltlich auf seinen Sohn S. Der zwingende Buchwertansatz für das auf die GmbH & Co. KG übertragene Grundstück ergibt sich nach Meinung des BMF-Schreibens aufgrund der Bestimmung des § 6 Abs. 5 Satz 3 Nr. 1 EStG. 26

Definitiv beabsichtigte **Entnahmen** sollten zeitlich **vor** einer beabsichtigten **Übertragung des Gesellschaftsanteiles** vorgenommen werden, da bei dieser Reihenfolge der Gesellschaftsanteil selbst nicht aufgegeben wird und somit der isolierte Gesellschaftsanteil gem. § 6 Abs. 3 Satz 1 Halbs. 1 EStG unter Buchwertfortführung übertragen werden kann. Selbstverständlich darf nach der Entnahme wesentlicher Betriebsgrundlagen nicht kurze Zeit später die geplante vorweggenommene Erbfolge durchgeführt werden, da die Finanzverwaltung in diesem Fall einen Gesamtplan annehmen wird; zum Gesamtplan vgl. *Spiegelberger,* in: Beck'sches Notarhandbuch E 183; *Crezelius,* FR 2003, 537; *Söffing,* BB 2004, 2777; *Spindler,* DStR 2005, 1. 27

II. Teilentgeltliche Übertragung von Mitunternehmeranteilen

Literatur: *Scheifele,* Veräußerung von Mitunternehmeranteilen und Gewerbesteuer: Vertragliche Gestaltungsmöglichkeiten, DStR 2006, 253.

Beispiel: Bei der Übertragung eines Mitunternehmeranteils wird zu Gunsten der Geschwister des Erwerbers ein Gleichstellungsgeld vereinbart, das das Kapitalkonto des Übergebers übersteigt. Wie ist die Rechtslage, wenn ein negatives Kapitalkonto besteht? 28

Die Zahlung eines Gleichstellungsgeldes stellt nach der Rechtsprechung des Großen Senats GrS 4–6/89 BStBl. 1990 II 847 eine Gegenleistung dar. Der Veräußerungsgewinn wird in der Weise ermittelt, dass nach der sog. Einheitstheorie von dem Gleichstellungsgeld das Kapitalkonto abgezogen wird, vgl. *Schmidt/Wacker,* EStG § 16 Rn. 58. Der Erwerber hat Anschaffungskosten in Höhe des Gleichstellungsgeldes, soweit dieses das Kapitalkonto übersteigt. In einem BMF-Schreiben vom 20. 12. 2005 DStR 2006, 37 erkennt die Finanzverwaltung in Abweichung von der bisherigen Praxis auch bei einer teilentgeltlichen Veräußerung den Freibetrag des Übergebers gem. § 16 Abs. 4 EStG **in voller Höhe** an.

29 Sofern ein **negatives** Kapitalkonto besteht, ergibt sich die Gegenleistung aus der Summe des negativen Kapitalkontos mit dem Gleichstellungsgeld. Im Ergebnis werden – wie bei einem Unternehmenskaufvertrag unter fremden Dritten mit einem negativen Kapitalkonto – nicht nur stille Reserven in Höhe des Geschwistergleichstellungsgeldes, sondern zusätzlich in Höhe des negativen Kapitalkontos unterstellt.

30 Für den Fall, dass durch eine Anteilsveräußerung **Gewerbesteuer** für die Gesellschaft entsteht, schlägt *Seibt,* in: Lüdicke/Rieger, Münchener Anwaltshandbuch Unternehmenssteuerrecht § 8 Rn. 56 folgende **Formulierung** vor:

„Die Parteien gehen übereinstimmend davon aus, dass durch die Veräußerung des Anteils an der [Gesellschaft] Gewerbesteuer gem. § 7 Satz 2 GewStG ausgelöst wird, deren Zahlung die [Gesellschaft] schuldet. Der Verkäufer verpflichtet sich gegenüber dem Erwerber und der [Gesellschaft], die [Gesellschaft] auf erstes Anfordern von dieser Gewerbesteuerbelastung freizuhalten sowie etwaige auf die Gewerbesteueranforderung gezahlte Beträge zu erstatten."

31–35 *einstweilen frei*

D. Transfer von Einzelwirtschaftsgütern

Literatur: *Crezelius,* Gewährung von Gesellschaftsrechten bei § 6 Abs. 5 EStG, §§ 20, 24 UmwStG, DB 2004, 397; *Dienstühler,* Einkommensteuerrechtliche Probleme der Gewinnrealisierung und Gewinnvermeidung in Folge von Veränderungen des Betriebs- und Sonderbetriebsvermögens bei Mitunternehmerschaften in der notariellen Gestaltungspraxis, RhNotZ 2001, 477; *Emmrich/Kloster,* Unentgeltliche Übertragung von Mitunternehmeranteilen mit Sonderbetriebsvermögen GmbHR 2005, 448; *Reiß,* Einbringung von Wirtschaftsgütern des Privatvermögens in das Betriebsvermögen einer Mitunternehmerschaft DB 2005, 358; *Rogall,* Sonderbetriebsvermögen und der Konflikt zwischen Einbringung eines Teilbetriebs und Einbringung eines Teil-Mitunternehmeranteils nach §§ 20 und 24 UmwStG DB 2005, 410; *ders.,* Steuerneutrale Bar- und Sachabfindung beim Ausscheiden aus Personengesellschaften – zum Verhältnis von § 6 Abs. 5 EStG zu § 16 EStG, DStR 2006, 731; *Spiegelberger,* Die Übertragung und Zurückbehaltung von Einzelwirtschaftsgütern MittBayNot 2002, 356.

I. Überführung ohne Rechtsträgerwechsel

36 Der durch das Lafontaine'sche Steuerentlastungsgesetz 1999/2000/2002 in das EStG eingefügte § 6 Abs. 6 EStG, wonach die Übertragung eines einzelnen Wirtschaftsgutes im Wege des Tausches einen Veräußerungs- und Anschaffungsvorgang darstellt, hat betriebliche Umstrukturierungen erheblich erschwert.

Beispiel: Vater V will sein Baugeschäft im Wege der vorweggenommenen Erbfolge seinem Sohn S übertragen und gleichzeitig ein im Betriebsvermögen befindliches bebautes Grundstück, das an einen Dritten vermietet ist, seiner Tochter T zukommen lassen. Auf Anraten des Steuerberaters wird eine GmbH & Co. KG errichtet, an die V

– unter Zustimmung des Pächters – das Grundstück mit Gebäude verpachtet, so dass die Nutzungsüberlassung an den Dritten als Unterpachtverhältnis fortgeführt wird.

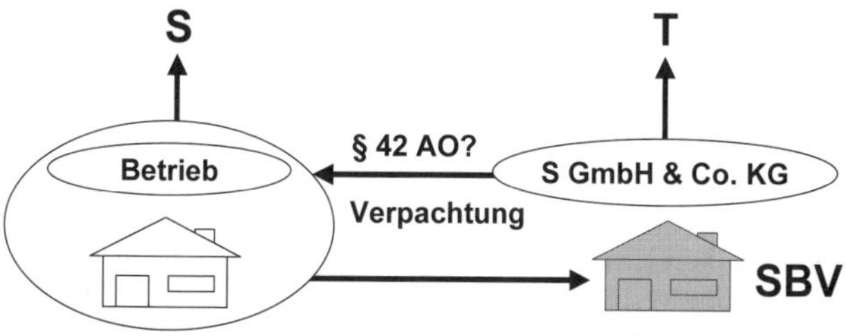

37 Die Verpachtung des Grundstücks an die neu errichtete GmbH & Co. KG stellt eine **Überführung** gem. § 6 Abs. 5 Satz 2 EStG dar. Wird ein einzelnes Wirtschaftsgut von einem Betriebsvermögen in ein anderes Betriebsvermögen desselben Steuerpflichtigen überführt, ist gem. § 6 Abs. 5 Satz 1 EStG bei der Überführung der Wert anzusetzen, der sich nach den Vorschriften über die Gewinnermittlung ergibt, sofern die Besteuerung der stillen Reserven sichergestellt ist (Buchwertfortführung). Bei der **Überführung** ist nur eine Person beteiligt. Die Frage einer entgeltlichen oder unentgeltlichen Übertragung stellt sich nicht. Das Gesetz ordnet zwingend Buchwertfortführung an.

38 Fraglich ist jedoch, ob diese Vorbereitungshandlung zu einer Übertragung eines Wirtschaftsgutes auf T nicht **rechtsmissbräuchlich** i.S. des § 42 AO ist, da betriebliche Gründe für die Gestaltung nicht ersichtlich sind. Diese Bedenken bestünden nicht, wenn die GmbH & Co. KG auf dem überführten Grundstück selbst einen Gewerbebetrieb unterhalten würde. Auch ohne Errichtung eines Gewerbebetriebes, also bei unveränderter Fortführung des Nutzungsverhältnisses mit dem Dritten als Unterpachtverhältnis, kann die Vermutung eines vorgefassten Plans widerlegt werden, wenn bis zur Übertragung des Eigentums auf die Tochter T ein ausreichend zeitlicher Abstand eingehalten wird, wobei aus Vorsichtsgründen ein Zeitraum von drei Jahren anzuraten ist, vgl. *Spiegelberger,* in: Beck'sches Notarhandbuch E 183. Werden aufgrund einheitlicher Planung und im engen zeitlichen Zusammenhang mit einer Anteilsübertragung wesentliche Betriebsgrundlagen aus dem Betriebsvermögen einschließlich Sonderbetriebsvermögen der Personengesellschaft ausgeschieden, liegt nach der Rechtsprechung des BFH BStBl. 2001 II 229 eine Totalentnahme aufgrund vorgefassten Plans vor.

39 Folgende drei Tatbestände sind zu unterscheiden:

- Überführung zwischen verschiedenem Betriebsvermögen desselben Steuerpflichtigen, wenn die Besteuerung der stillen Reserven sichergestellt ist, § 6 Abs. 5 Satz 1 EStG;
- Überführung eines Wirtschaftsguts des Steuerpflichtigen aus einem eigenen Betriebsvermögen in dessen Sonderbetriebsvermögen und umgekehrt, § 6 Abs. 5 Satz 2 EStG;
- Überführung zwischen verschiedenen Sonderbetriebsvermögen desselben Steuerpflichtigen bei verschiedenen Mitunternehmerschaften, § 6 Abs. 5 Satz 2 Halbs. 2 EStG.

40 *einstweilen frei*

II. Übertragung mit Rechtsträgerwechsel

1. Synchronübertragung?

41 Eine Erschwerung in der Vertragsgestaltung ist durch den von der Finanzverwaltung entdeckten Grundsatz der Synchronübertragung aufgetreten, wobei sich die Verwaltung auf die BFH-Entscheidungen DStR 2000, 1768, BStBl. 2001 II 26 und BStBl. 2005 II 173 stützt. Diesen Entscheidungen will die Finanzverwaltung den Grundsatz entnehmen, dass eine steuerneutrale Übertragung des Teils eines Mitunternehmeranteils nur unter quotaler Mitübertragung des Sonderbetriebsvermögens möglich ist. Dieser Grundsatz, der in einem Spannungsverhältnis zu der Regelung in § 6 Abs. 5 EStG steht, ist in der Vertragspraxis stark umstritten. Während *Brandenberg,* NWB Fach 3 S. 12038 weiterhin an diesem Gestaltungsprinzip festhalten will, meinen die BFH-Richter *Kempermann,* GmbHR 2002, 203 und *Wendt,* in: Herrmann/Heuer/Raupach Jahresband 2002 § 6 EStG Rn. J 01–15, dass das Erfordernis quotaler Mitübertragung von Sonderbetriebsvermögen nur für die Frage der Tarifvergünstigung gem. §§ 16, 34 EStG, nicht aber im Rahmen des § 6 EStG von Bedeutung ist, ebenso *Werndl,* in: Kirchhof/Söhn/Mellinghoff EStG § 6 Rz. J 20; *Reiß,* in: Kirchhof EStG § 16 Rz. 256; *Spiegelberger,* MittBayNot 2001, 21; *Storg,* DStR 2002, 1385; *Wendt,* FR 2005, 468, 471. Fraglich ist, ob

- in § 6 Abs. 3 Satz 2 EStG die Synchronübertragung unausgesprochen als Rechtsgrundsatz vorausgesetzt und als Ausnahme die Unschädlichkeit der Zurückbehaltung von Wirtschaftsgütern des Betriebsvermögens für den Fall angeordnet wird, dass der Rechtsnachfolger den übernommenen Mitunternehmeranteil über einen Zeitraum von mindestens fünf Jahren nicht veräußert oder aufgibt oder ob
- die Zurückbehaltung von Sonderbetriebsvermögen grundsätzlich erlaubt ist und die fünfjährige Sperrfrist nur Missbrauchgestaltungen verhindern soll.

42 Aus der Neuregelung in § 6 Abs. 5 EStG ergibt sich, dass Sonderbetriebsvermögen isoliert – **ohne Gesellschaftsanteil** – beliebig, ja sogar zu 100% ohne Gewinnrealisierung unentgeltlich übertragen werden kann. Die gesetzliche Regelung differenziert auch nicht, ob **über- oder unterproportional** Sonderbetriebsvermögen mit einem Mitunternehmeranteil übertragen wird. Nach der ratio legis ist in allen genannten Fällen von der Buchwertfortführung auszugehen.

43 **Beispiel:**

Vorhandener Mitunternehmeranteil von z. B. 50% wird unentgeltlich übertragen i. H. v. %	**Sonderbetriebsvermögen wird unentgeltlich übertragen i. H. v. %**	**Rechtsfolge**
50%	50% Quotale Übertragung	• Buchwertfortführung (§ 6 Abs. 3 EStG)
50%	0% SBV wird zurückbehalten	• Buchwertfortführung ist zulässig, wenn der Rechtsnachfolger den übertragenen Teil des Mitunternehmeranteils

Vorhandener Mitunternehmeranteil von z. B. 50% wird unentgeltlich übertragen i. H. v. %	**Sonderbetriebs-vermögen wird unentgeltlich übertragen i. H. v. %**	**Rechtsfolge**
		fünf Jahre fortführt (§ 6 Abs. 3 Satz 2 EStG)
50%	10% Unterquotale Übertragung	• Buchwertfortführung ist zulässig. Behaltefrist?
50%	100% (Überquotale Übertragung)	• Buchwertfortführung hinsichtlich des Mitunternehmeranteils und des quotal übertragenen Sonderbetriebsvermögens (50%) • „Überquotal“ übertragenes Sonderbetriebsvermögen nach Maßgabe des § 6 Abs. 5 Satz 3 EStG Buchwertfortführung, allerdings **Sperrfrist von 3 Jahren**; innerhalb von 7 Jahren nach Übertragung darf sich ferner der Anteil einer Körperschaft nicht erhöhen
0%	100%	• kein Fall des § 6 Abs. 3 EStG, aber § 6 Abs. 5 S. 3 letzte Alt. EStG, wenn Erwerber Mitunternehmer; Sperrfrist von 3 Jahren

Mit der Regelung in § 6 Abs. 3 Satz 2 EStG, wonach Wirtschaftsgüter bei der Übertragung eines Teils eines Mitunternehmeranteils unter Buchwertfortführung zurückbehalten werden können und durch § 6 Abs. 5 Satz 3, der die isolierte Übertragung von Einzelwirtschaftsgütern, ohne dass ein Mitunternehmerunterteil übertragen wird, anordnet, hat der Gesetzgeber klargestellt, dass die vom BFH erfundene Synchrontheorie nur eine Rolle spielt, wenn es um die Aufdeckung *aller* stillen Reserven zur Erlangung von Tarif- und Freibetragsbegünstigungen i. S. d. § 16 Abs. 4 und 34 EStG geht. Im übrigen bestehen keine Übertragungsschranken.

Eine davon abweichende Auffassung ergibt sich aus dem BMF-Schreiben **44** vom 3. 3. 2005 zu § 6 Abs. 3 EStG BStBl. 2005 I 458. Gem. Tz. 16 ff. ist bei überquotaler Übertragung von Sonderbetriebsvermögen § 6 Abs. 3 Satz 1

EStG für den quotalen Teil des Sonderbetriebsvermögens und § 6 Abs. 5 EStG für den **überquotalen** Teil des Sonderbetriebsvermögens anzuwenden. Werden im Zusammenhang mit dem überquotal übertragenen Sonderbetriebsvermögen Verbindlichkeiten übernommen, liegt danach eine **entgeltliche** Übertragung vor, auf die § 6 Abs. 5 EStG keine Anwendung finden soll.

45 Aufgrund der zitierten Äußerungen der BFH-Richter *Kempermann,* GmbHR 2002, 203 und *Wendt,* in: Herrmann/Heuer/Raupach Jahresband 2002 § 6 EStG Rn. J 01–15 ist anzunehmen, dass die Rechtsprechung der Verwaltungsmeinung nicht folgen wird. Für die Praxis ist allerdings Vorsicht geboten, zumal das BMF-Schreiben – entgegen allen verfassungsrechtlichen Grundsätzen – gem. Tz. 23 **rückwirkend** auf alle Übertragungen nach dem 31. 12. 2000 Anwendung finden soll!

2. Einkommensteuer

46 **Beispiel:** Herr K hat sein Einzelunternehmen in eine mit seinem Sohn S errichtete KG eingebracht. Gleichzeitig wurde im Wege der vorweggenommenen Erbfolge das Betriebsgrundstück auf den Sohn übertragen, der das Grundstück weiterhin der Kommanditgesellschaft als Sonderbetriebsvermögen zur Nutzung überlässt. Da die Ehe des Sohnes S kinderlos bleibt, soll Vorsorge dafür getroffen werden, dass beim Ableben des Sohnes sowohl der Kommanditanteil als auch das Sonderbetriebsvermögen auf seine Schwester T, ersatzweise auf deren Kinder, übergeht. Welche Gestaltungen sind denkbar?

Während die entgeltliche Übertragung zu einer Gewinnrealisierung führt, sind die unentgeltliche Übertragung sowie die Übertragung gegen Gewährung oder Minderung von Gesellschaftsrechten gem. § 6 Abs. 5 Satz 3–6 EStG begünstigt, allerdings unter folgenden Einschränkungen:

- Einhaltung einer **Sperrfrist** von drei Jahren **oder** Aufstellen einer **Ergänzungsbilanz**; der Übergang von stillen Reserven auf einen anderen Rechtsträger kann nämlich verhindert werden, wenn für den Einbringenden eine Ergänzungsbilanz erstellt wird, in die die stillen Reserven aufgenommen und im Lauf der Jahre durch Abschreibungen abgebaut werden;
- der **Anteil einer Körperschaft** (Kapitalgesellschaft) darf **nicht** unmittelbar oder mittelbar oder in den folgenden sieben Jahren **erhöht** oder **begründet** werden. Mit der Regelung in § 6 Abs. 5 Sätze 5 und 6 EStG soll der Übergang ins **Teileinkünfteverfahren**, bei dem stille Reserven nur **zur 60%** steuerlich erfasst werden, verhindert oder jedenfalls sieben Jahre hinausgeschoben werden.

Im Einzelnen sind folgende Tatbestände zu unterscheiden:

a) § 6 Abs. 5 Satz 3 Nr. 1 EStG

47 Übertragung eines Wirtschaftsgutes aus einem **Betriebsvermögen** des Mitunternehmers in das Gesamthandsvermögen einer Mitunternehmerschaft und umgekehrt.

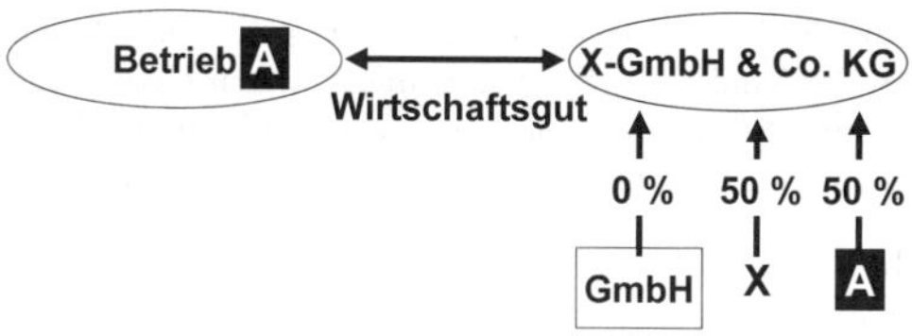

b) § 6 Abs. 5 Satz 3 Nr. 2 EStG

Übertragung aus dem **Sonderbetriebsvermögen** in das **Gesamthandsvermögen** derselben Mitunternehmerschaft oder einer anderen Mitunternehmerschaft, an der der Übertragende beteiligt ist und umgekehrt. 48

Beispielsfall: S errichtet die Y-GmbH & Co. KG und bringt das Sonderbetriebsvermögen in diese Mitunternehmerschaft zum Buchwert gem. § 6 Abs. 5 Satz 3 Nr. 2 EStG ein.

Unentgeltliche Übertragung
von Sonderbetriebsvermögen
in eine andere Mitunternehmerschaft

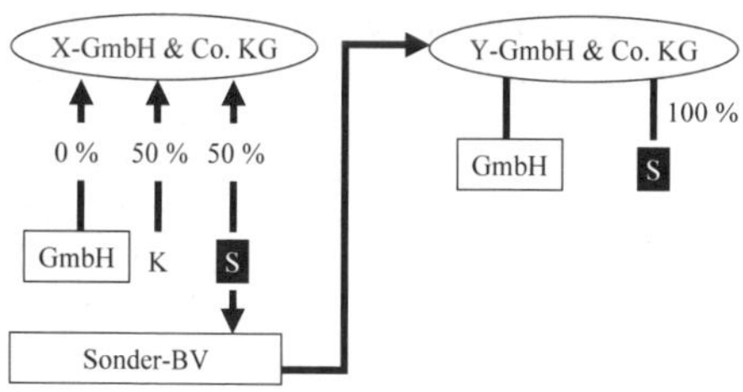

c) § 6 Abs. 5 Satz 3 Nr. 3 EStG

Unentgeltliche Übertragung zwischen den jeweiligen **Sonderbetriebsvermögen verschiedener Mitunternehmer** derselben Mitunternehmerschaft. 49

Unentgeltliche Übertragung aus dem
Sonderbetriebsvermögen verschiedener
Mitunternehmer der selben Mitunternehmerschaft

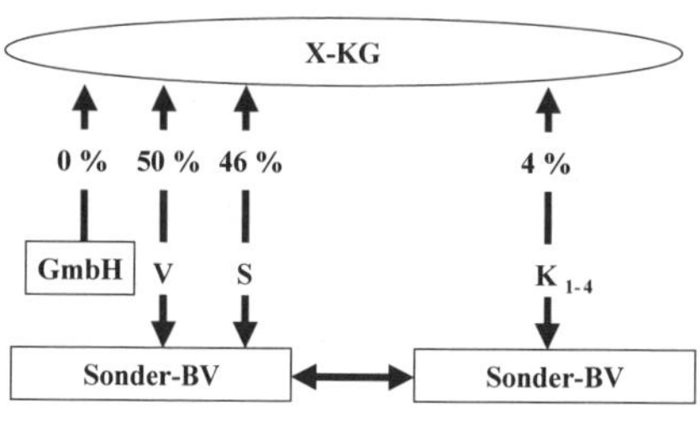

Übertragung von Gesellschaftsanteilen mit Sonderbetriebsvermögen

Beispielsfall: in die bestehende X-GmbH & Co. KG des Beispiels auf Seite 273 Buchst. c) werden die Kinder der Schwester mit geringen Gesellschaftsanteilen von je 1% aufgenommen und S überträgt Sonderbetriebsvermögen auf die als Kommanditisten aufgenommenen Kinder gem. § 6 Abs. 5 Satz 3 Nr. 3 EStG.

Hinweis: Nicht möglich ist nach Auffassung der Finanzverwaltung die gewinnneutrale Übertragung von Schwestergesellschaft zu Schwestergesellschaft.

3. Erbschaftsteuerliche Beurteilung der isolierten Übertragung von Sonderbetriebsvermögen

50 Die Vergünstigungen des § 13a ErbStG werden bei der Übertragung von Betriebsvermögen im einkommensteuerlichen Sinn gewährt. Gem. R 51 Abs. 3 ErbStR 2003 muss das Betriebsvermögen im Zusammenhang mit dem Erwerb eines ganzen Gewerbebetriebes, eines Teilbetriebes oder einer Beteiligung an einer Personengesellschaft auf den Erwerber übergehen. Diese Begriffe sind nach ertragsteuerlichen Grundsätzen abzugrenzen. Andere Teilübertragungen eines Gewerbebetriebes oder die Übertragung einzelner Wirtschaftsgüter des Betriebsvermögens sind nicht begünstigt. Dies gilt insbesondere, wenn der Schenker wesentliche Betriebsgrundlagen zurückbehält oder auf andere Erwerber überträgt. Der Erwerb einzelner Wirtschaftsgüter aus dem Sonderbetriebsvermögen des Gesellschafters einer Personengesellschaft ist nur begünstigt, wenn er unmittelbar mit dem Erwerb einer Gesellschaftsbeteiligung verbunden ist.

ErbStH 51 Abs. 3 (2003) stellt auf die allgemeinen Rechtsgrundsätze ab. Danach waren die Vergünstigungen des § 13a ErbStG auch dann zu gewähren, wenn mit dem Sonderbetriebsvermögen nur ein Anteil der Gesellschaftsbeteiligung übertragen wurde. Die Finanzverwaltung gewährt die Vergünstigungen des § 13a ErbStG auch im Rahmen des § 6 Abs. 3 Satz 2 und Abs. 5 Satz 3 EStG.

51–55 *einstweilen frei*

III. Das Reinvestitionsmodell: Entgeltliche Übertragung von Einzelwirtschaftsgütern

Literatur: *Niehus,* Zur Anwendung von Realteilungsgrundsätzen und § 6b EStG auf die Übertragung von Wirtschaftsgütern bei Schwesterpersonengesellschaften, FR 2005, 278; *Paus,* Personenbezogene Betrachtungsweise bei § 6b EStG, EStB 2004, 23; *Ritzrow,* Die Übertragung aufgedeckter stiller Reserven nach § 6b und 6c EStG in der Rechtsprechung des BFH StBp 2005, 45; *Schmitt,* Unternehmensbesteuerung: Einkommensteuerliche Zweifelsfälle, Stbg 2003, 1.

1. Mitunternehmeranteil mit Sonderbetriebsvermögen

56 Der Mitunternehmeranteil umfasst sowohl den Gesellschaftsanteil als auch das Sonderbetriebsvermögen. Nur wenn der **gesamte** Mitunternehmeranteil mit dem gesamten Sonderbetriebsvermögen veräußert wird, liegt eine tarifbegünstigte Veräußerung vor. Durch das Unternehmenssteuer-Fortentwicklungsgesetz wurde in § 16 Abs. 1 EStG folgender Satz 2 angefügt:

„Gewinne, die bei der Veräußerung eines Teils eines Anteils i. S. von Abs. 1 Nr. 2 oder 2 erzielt werden, sind laufende Gewinne.“

Ebenso ist Gewerbesteuerfreiheit somit nur gegeben, wenn der **gesamte** Mitunternehmeranteil **mit Sonderbetriebsvermögen** veräußert wird. Das sog. Zweistufenmodell ist somit gestorben.

2. Schuldübernahme als Gegenleistung

Beispiel: Einzelunternehmer A bringt ein mit einem Kredit finanziertes Grundstück in die AB OHG ein, die der Schuld des A beitritt. 57

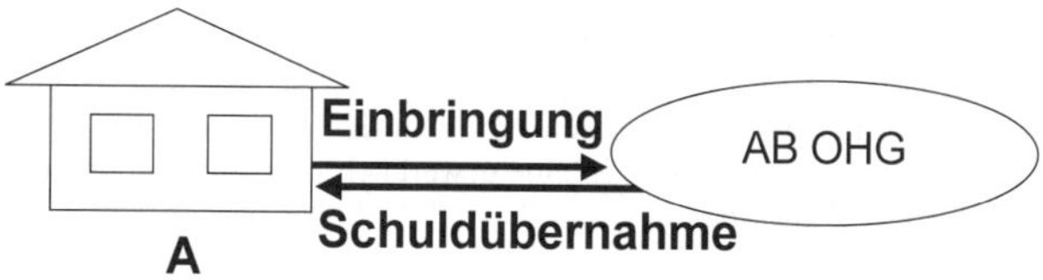

Aufgrund des entgeltlichen Rechtsträgerwechsels tritt bei dem Übertragenden eine Gewinnrealisierung ein, die sich aus der Differenz zwischen dem Teilwert (nicht notwendig Veräußerungserlös) und dem Buchwert ergibt. Es gilt bei der Übertragung *einzelner* Wirtschaftsgüter die sog. **Trennungstheorie**. Der Vorgang stellt für den Erwerber eine Anschaffung dar. In der Praxis wird gelegentlich übersehen, dass auch die Übernahme von **Verbindlichkeiten** bei der Übertragung eines Einzelwirtschaftsgutes eine Gegenleistung darstellt und somit eine Gewinnrealisierung eintreten kann.

Die Rechtsprechung hat schon immer die entgeltliche Übertragung einzelner Wirtschaftsgüter des Betriebsvermögens als gewinnrealisierend behandelt und zwar auch dann, wenn die Gegenleistung in einer Schuldübernahme bestand, wobei auch – wie der BFH in dem Urteil BStBl. 2002 II 420 wiederum hervorhebt – Verbindlichkeiten schädlich sind, die in wirtschaftlichem Zusammenhang mit den eingebrachten aktiven Einzelwirtschaftsgütern stehen.

Die Schuldübernahme wird in den geschilderten Fällen meistens erwogen, 58
um den Schuldzinsenabzug weiterhin zu gewährleisten. Sofern nämlich ein Wirtschaftsgut ohne die bei der Anschaffung oder Herstellung eingegangenen Verbindlichkeiten übertragen wird, geht grundsätzlich der **Finanzierungszusammenhang** verloren, der den Schuldzinsenabzug als Betriebsausgabe erlaubt. Bei Übertragungen der geschilderten Art muss berücksichtigt werden, dass das übertragene Wirtschaftsgut die Beteiligung des Übertragenden an der übernehmenden Personengesellschaft erhöht, so dass jedenfalls ein mittelbarer Zusammenhang zwischen der ursprünglich mit der Herstellung oder Anschaffung des Wirtschaftsgutes verbundenen Verbindlichkeiten bestehen bleibt und den Schuldzinsenabzug weiterhin rechtfertigt, vgl. *Hoffmann,* GmbHR 2002, 290.

Wer diese Überlegung als nicht tragend empfindet, wird versuchen, den 59
Schuldzinsenabzug durch andere Gestaltungen zu sichern. Hier kommen insbesondere folgende Alternativen in Betracht:

- der Übertragende behält sich den Nießbrauch an dem übertragenen Gegenstand vor und gestattet die Nutzung durch die übernehmende Personengesellschaft gegen Entgelt oder

- die Übertragung erfolgt entgeltlich unter Bildung einer Reinvestitionsrücklage, die auf das übertragene Wirtschaftsgut übertragen wird.

Da die Begründung von Nießbrauchsrechten an betrieblich genutzten Wirtschaftsgütern nur dann unbedenklich ist, wenn der Nießbrauchsberechtigte zugleich Mitunternehmer der erwerbenden Gesamthand ist, so dass sich der Nießbrauch nur als Änderung der Gewinnverteilungsabrede auswirkt, wird in der Praxis häufig die § 6b EStG-Gestaltung bevorzugt.

3. Die Reinvestitionsvergünstigung des § 6b EStG

60 **Beispiel 1:** Notare A und B haben gemeinsam die Notariatsräume als GbR erworben. Bei der Pensionierung von B will dieser seinen GbR-Anteil an den verbleibenden Sozius veräußern und den Kaufpreis in eine gewerblich geprägte Immobilie (gewerblicher Immobilienfonds) investieren.

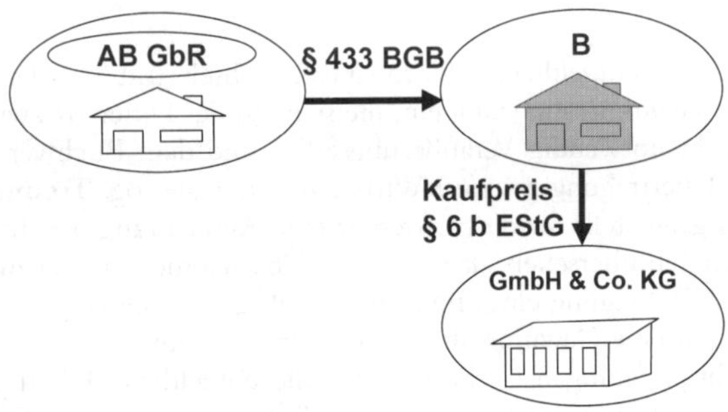

a) Rechtslage ab 1. 1. 1999 (Steuerentlastungsgesetz 1999/2000/2002)

61 Gem. § 6b Abs. 10 EStG StEntG trat bei Personengesellschaften und Gemeinschaften an die Stelle des Steuerpflichtigen die Gesellschaft oder die Gemeinschaft, soweit Wirtschaftsgüter zum Gesamthandsvermögen der Gesellschaft oder Gemeinschaft gehörten. Eine Reinvestition durch den ausscheidenden Gesellschafter gem. § 6b EStG war damit nicht möglich.

b) § 6b EStG i. d. F. d. UntStFG

62 Die vorstehende, durch das Steuerentlastungsgesetz eingeführte Beschränkung ist entfallen, so dass Anspruchsberechtigter für die Rücklage wieder der Steuerpflichtige ist. Damit tritt wieder der bis Ende 1998 geltende Rechtszustand in Kraft, vgl. R 41b Abs. 7 EStR 2003. Damit kann im Beispielsfall 1 Notar B einen Betrag bis zur Höhe des bei der Veräußerung entstandenen Gewinns auf angeschaffte oder hergestellte Wirtschaftsgüter des Anlagevermögens einer inländischen Betriebsstätte, also auch auf einen gewerblichen Immobilienfonds, übertragen.

63 **Beispiel 2:** Ehegatten E wollen ihren als KG geführten Betrieb im Wege der vorweggenommenen Erbfolge ihrem Sohn S übergeben, vorher aber ein von der Gesellschaft nicht benötigtes Grundstück ihrer Tochter T zukommen lassen. Sie errichten die AB GmbH & Co. KG und veräußern entgeltlich das Grundstück an die AB GmbH & Co. KG, bei der der Erwerb als Reinvestition steuerneutral behandelt wird. Nach Ablauf von drei Jahren übertragen sie ihre KG-Anteile im Wege der vorweggenom-

menen Erbfolge auf ihren Sohn S. Zu einem späteren Zeitpunkt schenken sie ihre Anteile an der AB GmbH & Co. KG ihrer Tochter T.

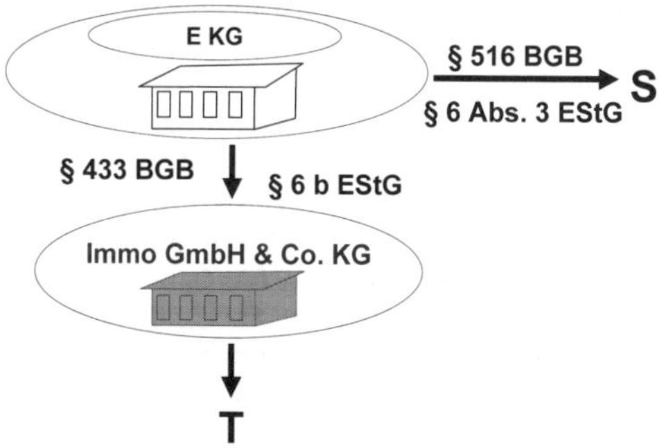

64 Die Veräußerung im Beispielsfall 2 stellt zugleich die Reinvestition dar. Die personenbezogene Vergünstigung des § 6b EStG erlaubt die anteilige Übertragung auf eine Reinvestition im Sonderbetriebsvermögen dieses Gesellschafters oder im Gesamthandsvermögen einer Personengesellschaft, vgl. BFH/NV 1991, 599; BMF BB 1992, 2471; *Schmidt/Glanegger,* EStG § 6b Anm. 3b (b); *Herrmann/Heuer/Raupach,* EStG Ergänzungslieferung Mai 1983, 34 a.E.

65–70 *einstweilen frei*

E. Vertragsgestaltung

Literatur: *Bauschatz,* „Rückwirkende" Änderung der Ergebnisverteilung bei gewerblichen Personengesellschaften, FR 2005, 1230; *Fuhrmann,* Inkongruente Gewinnbeteiligung als steuerpflichtige Schenkung?, ErbStB 2003, 388; *Gsänger/Souren,* Verfassungsrechtliche Grenzen der Gestaltungsmöglichkeiten im Familien-, Erb- und Gesellschaftsrecht, DNotZ 2007, 3; *Hübner,* Aufteilung des erbschaftsteuerlichen Werts bei Personengesellschaften, ErbStB 2005, 249; *Jacobsen,* Die steuerliche Behandlung von Abfindungszahlungen an den Inhaber eines Eintrittsrechts in eine Personengesellschaft, BB 2006, 2046; *Kempermann,* Vorweggenommene Unternehmensnachfolge bei Personengesellschaften im Steuerrecht, FR 2003, 321; *Ley,* Rechtsnatur und Abgrenzung aktivischer Gesellschaftskonten, DStR 2003, 957; *Mecklenbrauck,* Neuentwicklungen in der Rechtsprechung zu Abfindungsbeschränkungen in Gesellschaftsverträgen, INF 2007, 72; *Peltzer,* Beirat und familienfremdes Management in der Familiengesellschaft – eine Plauderei, FS für Walter Sigle (2000), S. 93; *Priester,* Grundsatzfragen des Rechts der Personengesellschaften im Spiegel der Otto-Entscheidung des BGH, DStR 2008, 1386; *Quack,* Die Bedeutung gesellschaftsvertraglicher Bewertungsklauseln im Außenverhältnis, FS für Walter Sigle (2000), S. 201; *Riedel,* Gesellschaftsvertragliche Nachfolgeregelungen – Auswirkungen auf Pflichtteil und Erbschaftsteuer, ZErb 2003, 212; *Schiffers,* Leistungen zwischen Personengesellschaft und Gesellschafter, GmbH-Stb 2004, 334; *Schörnig,* Die gesellschaftsrechtliche Zulässigkeit einer obligatorischen Gruppenvertretung bei Personen- und Kapitalgesellschaften durch eine sog. Vertreterklausel, ZEV 2002, 343; *Spiegelberger,* Die Familienverfassung: Gestaltung von Gesellschaftsverträgen in FS für Rödl 2008, 90; *Turner,* Beiräte in Familiengesellschaften, FS für Walter Sigle (2000), 111; *Werner,* Der Beirat als Element der Corporate Governance in Familienunternehmen, GmbHR 2006, 897.

I. Governance Kodex für Familienunternehmen

71 Die Kommission Governance Kodex für Familienunternehmen hat in der Welt am Sonntag vom 12. 9. 2004 in Auszügen einen Governance Kodex für Familienunternehmen der Öffentlichkeit vorgestellt (vollständiger Text: www.kodex-fuer-familienunternehmen.de"). Durch eine Familienverfassung sollen die Interessen von Familie, Unternehmen und Gesellschaftern sorgfältig abgewogen und der Geschäftsbetrieb und der familiäre Zusammenhang gefördert werden. Familienunternehmen wird in 3.3.1 eine langfristig angelegte professionelle Nachfolgeplanung empfohlen. Für Mitglieder der Geschäftsführung soll eine einheitliche Altersgrenze vorgesehen werden. Auch Familienunternehmen, die dazu gesetzlich nicht verpflichtet sind, sollen gem. 4.1 ein freiwilliges Kontrollorgan einrichten. Oberste Entscheidungsinstanz bleiben die Eigentümer. Gem. 5.3.1 soll die Entscheidungsfindung so organisiert sein, dass einzelne Gesellschafter im Unternehmensinteresse liegende Entscheidungen nicht blockieren können. Gem. 7. soll sichergestellt sein, dass das Familienunternehmen durch Pflichtteilsansprüche, Erbschaftsteuer und/oder Scheidungsfolgen so wenig wie möglich belastet wird. Darüber hinaus sollen eindeutige Regelungen für Kündigungsrechte, Abfindungs- und Auszahlungsansprüche ausscheidungswilliger Gesellschafter vorhanden sein. Eine Buchwertklausel werde dieser Vorgabe regelmäßig nicht gerecht. Die vereinbarten Maßnahmen sollen in einem Dokument (Familienverfassung oder Familienvertrag) festgehalten werden.

72 Die Familienverfassung versteht sich juristisch gesehen als bloße Absichtserklärung, um der zunehmenden Entfremdung zwischen den Stämmen der zweiten oder dritten Nachfolgegeneration und dem damit verbundenen steigenden Konfliktpotential entgegenzuwirken. Die Familienverfassung verfolgt das allgemeine Ziel, ein „kollektives Gedächtnis" der Familie zu sein, vgl. *Baus*, Die Familienstrategie, 2003, S. 123ff. Funktional kann dies durch einen Familienrat oder durch die Einrichtung eines Familienbüros gesichert werden, vgl. *Schulz/Werz*, ErbStB 2007, 353, 359. Wie können diese Grundsätze in verbindliche Normen umgesetzt werden?

1. Präambel in Gesellschaftsverträgen

73 Der Appell, den der Unternehmensgründer an seine Familie richtet, ist häufig in einer Präambel zum Gesellschaftsvertrag enthalten, die in Kurzform lautet:

„Unternehmer U bringt seinen Betrieb mit der Erwartung in die Familiengesellschaft ein, dass die Mitgesellschafter unter seiner Führung in Harmonie dieses im Schenkungswege übertragene Vermögen für ihre Familien erhalten und mehren."

Eine derartige Präambel ist für die Auslegung des Gesellschaftsvertrages bei Gesellschafterstreitigkeiten von Vorteil und kann mit ihrem moralischen Appell zum Familienfrieden beitragen. Dennoch erscheinen dem Kautelarjuristen Detailregelungen geeigneter.

2. Poolverträge

74 In der Gesellschaftspraxis hat der Stimmrechtspool eine erhebliche Bedeutung, vgl. *Karsten Schmidt*, Gesellschaftsrecht, § 58 III 7 d. Ein Stimmbindungs-

vertrag soll der Zersplitterung der Stimmen in der Gesellschafterversammlung vorbeugen und einem Gesellschafterstamm einen möglichst hohen Einfluss auf die Gesellschaft verleihen. Der Poolvertrag wird durch die Erbschaftsteuerreform eine große Bedeutung erlangen, da Minderheitsgesellschafter in einer Kapitalgesellschaft durch einen Stimmbindungsvertrag mit einer Mehrheit von mehr als 25% der Gesellschafterstimmen gem. § 13b Abs. 1 Nr. 3 ErbStG in den Genuss der 85%-igen oder gar 100%-igen Erbschaftsteuerermäßigung für Betriebsvermögen gelangen, während diese Gesellschafter ohne einen derartigen Vertrag jegliche erbschaftsteuerliche Vergünstigung verlieren. Weitere Voraussetzung ist, dass sie sich verpflichten, über ihre Anteile nur einheitlich zu verfügen, vgl. *Spiegelberger,* in: FS für Rödl 2008, S. 94. Um vertragstreue Gesellschafter vor schädlichen Verfügungen anderer Gesellschafter zu schützen, ist die Übertragung der vom Poolvertrag erfassten Anteile auf eine Pool-GbR zu empfehlen, die wegen des Einstimmigkeitsgebots alle Gesellschafter gleichmäßig schützt.

3. Gesellschaftsvertragliche Abfindungsreduzierung

Strittig ist, inwieweit durch eine gesellschaftsvertragliche Regelung Pflicht- 75
teilsansprüche reduziert werden können, vgl. *Staudinger/Haas,* § 2311 BGB Rn. 99. Gesellschaftsvertragliche Abfindungsbeschränkungen greifen wohl nur dann, wenn der Zahlungsverpflichtete selbst im Zusammenhang mit der Pflichtteilszahlung aus der Gesellschaft ausscheidet. Verbleibt der Gesellschafter-Nachfolger in der Gesellschaft, ist für die Pflichtteilsberechnung grundsätzlich vom echten Wert der Beteiligung auszugehen. *Reimann,* DNotZ 1992, 481 wendet zurecht die Rechtsprechung des BGH NJW 1987, 321 zum Zugewinnausgleich entsprechend an, wonach Abschläge je nach der präsumtiven Dauer der Beteiligung vorgenommen werden.

4. Rücklagenbildung

Sowohl bei Familienpersonengesellschaften als auch bei Familienkapitalge- 76
sellschaften muss auf die Bildung von Rücklagen geachtet werden, um das Unternehmen funktionsfähig zu erhalten und übermäßige Abflüsse zum Konsum und zum Lebensunterhalt zu verhindern. Durch die am 1. 1. 2008 in Kraft getretene Unternehmensteuerreform wird dies auch steuerlich begünstigt: Bei der Kapitalgesellschaft wurde der Körperschaftsteuersatz von 25 auf 15% gesenkt, für Personengesellschaften besteht nach dem neu eingefügten § 34a EStG ein Thesaurierungssteuersatz von 28,25% für nicht entnommene Gewinne. Da auch für thesaurierte Gewinne Ertragsteuern anfallen, die im Fall der Personengesellschaft der betroffene Gesellschafter versteuern muss, ohne einen Zufluss zu haben, muss Zurückhaltung geübt werden. Über 20% jährlich sollte nur in Ausnahmefällen hinausgegangen werden. Sofern mit nicht entnommenen Gewinnen die Investitionen der Personengesellschaft finanziert werden, kann auch die Nachversteuerung gem. § 34a Abs. 3 EStG mit 25% verhindert werden.

5. Stimmrecht

Bei Familiengesellschaften wird regelmäßig eine Beschränkung der Gesell- 77
schafterrechte der Abkömmlinge angestrebt, zum einen, damit die Erfahrung

der älteren Generation in der Gesellschafterversammlung den Ausschlag gibt, zum anderen, um dem persönlichen Sicherheitsbedürfnis der Eltern Rechnung zu tragen und schließlich, um jugendlicher Risikofreudigkeit vorzubeugen. Daher wird der gesetzliche Grundsatz der Einstimmigkeit gem. § 119 HGB regelmäßig abbedungen. Allerdings darf in den Kernbereich der Mitgliedschaft nicht durch Mehrheitsentscheidungen eingegriffen werden, vgl. BGH NJW 1994, 194; *Karsten Schmidt*, Gesellschaftsrecht, § 16 II 2 d) aa). Die richterliche Inhaltskontrolle hat den **Bestimmtheitsgrundsatz** normiert, wonach der Gesellschaftsvertrag einen Katalog der Beschlussgegenstände für Mehrheitsbeschlüsse enthalten muss.

6. Langfristiger Kündigungsausschluss

78 Die Liquidität einer Personengesellschaft kann im Allgemeinen nur bei mittel- oder langfristigen Kündigungsausschlüssen gesichert werden, wobei der Ausschluss aus wichtigem Grund ohnehin nicht eingeschränkt werden kann, vgl. *Karsten Schmidt*, Gesellschaftsrecht, § 59 V 1 g) aa). Die ordentliche Kündigung kann längstens für einen Zeitraum von dreißig Jahren ausgeschlossen werden, vgl. *Ulmer,* in: MünchKomm § 723 BGB Rn. 47.

7. Rückgewähr- und Ausschlussklauseln

Literatur: *Spiegelberger,* Die Rückabwicklung der vorweggenommenen Erbfolge, MittBayNot 2000, 1; *Verse,* Inhaltskontrolle von „Hinauskündigungsklauseln" – Eine korrekturbedürftige Rechtsprechung, DStR 2007, 1822; *Wälzholz,* Rückforderungsrechte an Gesellschaftsanteilen nach vorweggenommener Erbfolge, GmbHR 2007, 1177; *ders.,* Rückforderungsrechte an Gesellschaftsanteilen für den Fall der Insolvenz und Zwangsvollstreckung, GmbHR 2007, 1319.

a) Zulässigkeit

79 Seit der Benteler-Entscheidung BGH NJW 1990, 2616 ist die vom Bundesgerichtshof aufgestellte Trennungstheorie unstreitig, dass bei einer Schenkung eines Personengesellschaftsanteils neben der Rückgängigmachung der Schenkungsvereinbarung durch Rücktritt oder Widerruf (BGH DNotZ 1991, 819) eine Beendigung der Gesellschafterstellung aufgrund gesellschaftsrechtlicher Maßnahmen in Betracht kommt, nämlich durch außerordentliche Kündigung oder Ausschließung. Der Unterschied in der Rechtsfolge besteht darin, dass der Wegfall der Schenkungsabrede grundsätzlich zu einer **unentgeltlichen** Rückübertragung führt, während gesellschaftsrechtliche Maßnahmen regelmäßig einen Abfindungsanspruch des betroffenen Gesellschafters auslösen, vgl. *Spiegelberger,* MittBayNot 2000, 4. Nach der langjährigen Rechtsprechung des BGH DB 1977, 1132; BB 1985, 1558 ist eine auf das **freie Ermessen** abstellende Ausschlussklausel nichtig, soweit nicht eine solche Regelung wegen außergewöhnlicher Umstände sachlich gerechtfertigt ist. Für den Fall einer Mitarbeiterbeteiligung hat der BGH GmbHR 2005, 1561 die Wirksamkeit der Verpflichtung zur Rückübertragung bei Beendigung des Arbeitsverhältnisses ausdrücklich bestätigt. Auch der Ausschluss von etwaigen zwischenzeitlichen Wertsteigerungen ist grundsätzlich zulässig.

80 Die Vereinbarung von **enumerativen** Rückforderungsgründen aus sachlichem Grund ist regelmäßig unproblematisch, insbesondere wenn der Schen-

ker die zur Rückforderung führenden Umstände nicht selbst herbeiführen kann, vgl. *Wälzholz,* GmbHR 2007, 1183. Für die Vertragspraxis kann vor freien Widerrufsrechten nur gewarnt werden, zumal die einkommensteuerlichen Grenzen hinsichtlich der Zulässigkeit von Widerrufs- und Ausschlussmöglichkeiten wesentlich enger sind als die zivilrechtlichen, vgl. *Spiegelberger,* MittBayNot 2000, 5. Wenn der Beschenkte bei den nichtigsten Anlässen, insbesondere bei der Ausübung seiner gesellschaftsvertraglichen Informations-, Kontroll- und Widerspruchsrechte, mit einem sofortigen Schenkungswiderruf oder Ausschluss rechnen muss, kann er tatsächlich diese Rechte nicht wahrnehmen. Somit ist bei betrieblichen Einkunftsarten seine Mitunternehmerinitiative und bei Einkünften aus Vermietung und Verpachtung die Vermieterinitiative ausgeschlossen. Nach der Rechtsprechung des BFH BStBl. 1981 II 683 führt eine jederzeitige Ausschlussmöglichkeit zum Buchwert dazu, dass die Mitunternehmerschaft nicht anerkannt wird.

Bei Rückforderungsrechten für den Fall der Insolvenz hat der BGH Mitt- **81**
BayNot 2008, 312 nunmehr bestätigt, dass ein Schenkungsvertrag über ein Grundstück, in dem zugleich ein durch Vormerkung gesicherter Rückübertragungsanspruch für den Fall des Vermögensverfalls oder der Insolvenz des Begünstigten vereinbart wird, im Insolvenzverfahren über das Vermögen des Begünstigten mangels objektiver Gläubigerbenachteiligung nicht anfechtbar ist.

b) Gesetzliche Widerrufsrechte

aa) Nichtvollziehung einer Auflage, § 527 BGB

Unterbleibt die Vollziehung einer vereinbarten Auflage, so kann der **82**
Schenker gem. § 527 Abs. 1 BGB die Herausgabe des Geschenkes unter den für das **Rücktrittsrecht** bei gegenseitigen Verträgen bestimmten Voraussetzungen nach den Vorschriften über die Herausgabe einer ungerechtfertigten Bereicherung insoweit fordern, als das Geschenk zur Vollziehung der Auflage hätte verwendet werden müssen. Ein generelles Rückforderungsrecht bei Leistungsstörungen ergibt sich aus dieser Vorschrift nicht; kritisch zu den Rechtsfolgen des § 527 BGB *Ellenbeck,* MittRhNotK 1997, 42; *Langenfeld/Günther,* Rn. 293.

bb) Rückforderung wegen Verarmung des Schenkers, § 528 BGB

Soweit der Schenker nach der Vollziehung der Schenkung außer Stande ist, **83**
seinen angemessenen Unterhalt zu bestreiten, kann er gem. § 528 Abs. 1 Satz 1 BGB von dem Beschenkten die Herausgabe des Geschenkes nach den Vorschriften über die Herausgabe einer ungerechtfertigten Bereicherung fordern. Gem. Satz 2 dieser Bestimmung kann der Beschenkte die Herausgabe durch Zahlung des für den Unterhalt erforderlichen Betrages abwenden. Bei regelmäßig wiederkehrendem Unterhaltsbedarf des Schenkers richtet sich der Anspruch aus § 528 Abs. 1 Satz 1 BGB auf wiederkehrende Leistungen des Beschenkten in einer dem angemessenen Unterhaltsbedarf entsprechenden Höhe, bis der Wert des Schenkungsgegenstandes erschöpft ist, vgl. BGH ZEV 1996, 152.

cc) Grober Undank, § 530 BGB

84 Eine Schenkung kann gem. § 530 Abs. 1 BGB widerrufen werden, wenn sich der Beschenkte durch eine schwere Verfehlung gegen den Schenker oder einen nahen Angehörigen des Schenkers groben Undankes schuldig macht. Die Herausgabe erfolgt gem. § 531 Abs. 2 BGB wiederum nach den Vorschriften über die ungerechtfertigte Bereicherung.

c) Vertragliche Rückforderungsrechte

85 Die gesetzlichen Widerrufsgründe im Schenkungsrecht werden in der Vertragspraxis als unzureichend empfunden. Darüber hinaus empfiehlt der Notar wegen der aufgezeigten Lückenhaftigkeit und Widersprüchlichkeit der Rechtsprechung im Falle der Leistungsstörung bei vorweggenommener Erbfolge in aller Regel die Vereinbarung vertraglicher Rückforderungsrechte. Auch hier zeigt sich ein breites Meinungsspektrum. Regelmäßig werden von dem Übergeber der Vermögensrückfall für folgende Fälle gewünscht:

- Veräußerung oder Belastung des übertragenen Gegenstandes ohne Zustimmung des Übergebers
- Vorversterben des Beschenkten
- Insolvenz des Erwerbers
- Scheidung des Erwerbers mit der Folge von güterrechtlichen Ausgleichsansprüchen.

86 Bei der Übertragung auf **Minderjährige** oder **Heranwachsende** werden häufig auch

- die Nichtbeendigung der Berufsausbildung
- Trunk- und Drogensucht oder
- der Beitritt zu einer im Sektenbericht der Bundesregierung aufgeführten Sekte oder einer unter Beobachtung des Verfassungsschutzes stehenden Vereinigung

als Widerrufsgründe genannt.

d) Befristung?

87 *K. Schmidt,* BB 1990, 1997 und *D. Mayer,* ZGR 1995, 105 meinen, dass eine zeitliche Begrenzung für die Widerrufbarkeit einer Schenkung bestehe. Während diese einen Widerrufszeitraum bis längstens fünfzehn Jahre annehmen, meint *Klumpp,* ZEV 1995, 389, dass diese Frist für den Beschenkten unzumutbar lange sei. Bei dem gesetzlichen Rückforderungsrecht wegen Verarmung des Schenkers sieht § 529 BGB eine Befristung von zehn Jahren seit der Zeit der Leistung des geschenkten Gegenstandes und bei dem Widerruf wegen groben Undanks eine Frist von einem Jahr seit Kenntnis von der Widerrufsberechtigung vor. Darüber hinaus bestehen nach den gesetzlichen Bestimmungen keine zeitlichen Schranken, von den allgemeinen gesetzlichen Grundsätzen der Sittenwidrigkeit (§ 138 BGB), unzulässigen Rechtsausübung (§ 242 BGB) und der Verwirkung abgesehen. Es mag zutreffen, dass bei einem Widerruf einer Schenkung nach langer Zeit zwischenzeitlich die Wertmehrungen, die auf der Mitarbeit des Beschenkten beruhen, vergütet werden müssen. Es besteht aber insbesondere bei Familiengesellschaften ein über den genannten Zehnjahreszeitraum hinausgehendes Interesse an der

Widerruflichkeit einer Schenkung. Soll der mit einem Gesellschaftsanteil beschenkte Schwiegersohn in dem vom Schwiegervater aufgebauten Unternehmen verbleiben dürfen, wenn er die Ehescheidung betreibt und seinen Gesellschaftsanteil den Kindern aus zweiter Ehe zuführen will? Soll eine Schenkung nicht auch nach zehn Jahren widerrufen werden dürfen, wenn der Beschenkte nach diesem Zeitraum insolvent wird und damit die Gesellschaft in seine Insolvenz hineinzieht? Bei einer Schenkung, also einem Vermögenstransfer ohne (gleichwertige) Gegenleistung, besteht kein Anlass, der es rechtfertigt, die Privatautonomie noch mehr einzuschränken; zur Kritik der Lehre von der Gleichgewichtslage vgl. *Medicus,* Abschied von der Privatautonomie?, FS der Münchener Juristischen Gesellschaft 1996, S. 9.

8. Güterstandsklauseln mit Pflichtteilsverzicht

Die in vielen Gesellschaftsverträgen vorgesehene Verpflichtung der Gesell- **88**
schafter, modifizierte Zugewinngemeinschaft in der Weise zu vereinbaren, dass die Gesellschaftsbeteiligung aus dem Zugewinnausgleich ausscheidet, soll zum einen die Liquidität der Gesellschaft und zum anderen den Charakter als Familiengesellschaft sichern. Die Eltern sind häufig nur zu einer vorweggenommenen Erbfolge bereit, wenn die Scheidungsrisiken, insbesondere die Zugewinnausgleichansprüche, entsprechend eingeschränkt werden. Während die Verpflichtung zur Vereinbarung der Gütertrennung unangemessen in die Entscheidungsfreiheit der Gesellschafter eingreift und gegen Art. 6 GG verstößt, vgl. *Brambring,* Güterstandsklauseln in Gesellschaftsverträgen, DNotZ 2008, 724, ist die Verpflichtung zur Vereinbarung der modifizierten Zugewinngemeinschaft vom Gesellschaftszweck gedeckt. Jedem Gesellschafter bleibt es unbenommen, seinen Ehegatten anderweitig durch ehe- oder erbvertragliche Regelungen abzusichern, wobei das Recht, am Gesellschaftsanteil (Quoten-)Nießbrauchsrechte für Angehörige einzuräumen, besonders zu empfehlen ist.

II. Beirat

Literatur: *Hennerkes/Binz,* Die Steuerungsfunktion des Beirats in der Familiengesellschaft, DB 1987, 469; *Huber,* Beirat und Beiratsmitglied – Praxisrelevante Aspekte für ihre Tätigkeit, GmbHR 2004, 772; *Peltzer,* Beirat und familienfremdes Management in der Familiengesellschaft, FS für Walter Sigle (2000), 93; *Turner,* Beiräte in Familiengesellschaften, FS für Walter Sigle (2000), 111; *Wälzholz,* Der Beirat im mittelständischen Unternehmen – Chancen, Grenzen und Probleme, DStR 2003, 511.

Anstelle einer Testamentsvollstreckung, die den Erben oft wie eine Vor- **89**
mundschaft erscheint, kommt auch die Installierung eines Beirats in Betracht. Soll z.B. das Unternehmen eines Einzelkaufmanns als GmbH & Co. fortgeführt werden, so kann durch einen Beirat, der nicht nur aus Juristen, sondern auch aus branchenkundigen Beratern bestehen sollte, eine stabilisierende Wirkung erzielt werden. Erfolgt die Installierung eines Beirats anlässlich einer vorweggenommenen Erbfolge, kommt als Beiratsvorsitzender insbesondere der bisherige Betriebsinhaber in Betracht, der – wie ein Aufsichtsratsvorsitzender – über die Beiratsfunktion weiterhin Einflusskontrolle ausüben kann.

90 Nach *Gugler/Heimburger,* Firmenbeiräte mittelständischer Unternehmen 1984, S. 46 sind **Gründe für die Errichtung** eines Beirats:
- Überwachung der Geschäftsführung;
- Nutzung externen Fachwissens;
- Verminderung des Risikos von Fehlentscheidungen durch ständige Beratung;
- Ausgleich unterschiedlicher Gesellschaftsinteressen;
- Versachlichung der Zusammenarbeit zwischen Gesellschaftern und Geschäftsführern;
- Sicherung der Unternehmensnachfolge;
- Schaffung einer Entscheidungs- oder Schlichtungsinstanz bei Meinungsverschiedenheiten unter Geschäftsführern und/oder Gesellschaftern;
- Schaffung und Absicherung von Geschäftsbeziehungen und Kontakten;
- Übertragung der Zustimmungsvorbehalte bei Geschäftsführungsmaßnahmen auf den Beirat;
- Imageförderung durch einen Beirat;
- Wahrnehmung von Sonderaufgaben.

Weitere Gründe für eine Beiratsbestellung nennt *Turner,* in: FS für Sigle (2000), 112.

91 Entscheidendes Gewicht kommt dabei der **Beiratsverfassung** zu:
- Möglich ist die Installierung eines Beirats mit lediglich **beratender** Funktion, so dass die Rechte der Gesellschafter in keiner Weise eingeschränkt werden oder
- eine Strukturierung nach den Bestimmungen des AktG über den Aufsichtsrat, dem auch **Kontroll- und Entscheidungsbefugnisse** in eigener Verantwortung zustehen, vgl. *Huber,* GmbHR 2004, 774 und
- die Berufung eines streitschlichtenden Beirats, insbesondere bei rivalisierenden Gesellschafterstämmen.

Um kein Gremium von unter ständiger Haftungsangst leidender Bedenkenträger, sondern einen kraftvoll mitwirkenden Beirat zu schaffen, schlägt *Wälzholz,* DStR 2003, 517 zurecht vor, die Haftung der Beiräte auf Vorsatz und grobe Fahrlässigkeit zu begrenzen. Auch ein Haftungshöchstbetrag, der die Vermögensverhältnisse des Beiratsmitglieds nicht außer Acht lässt, sollte vorgesehen werden, vgl. *Huber,* GmbHR 2004, 777. Als haftungsbegrenzende Maßnahme kommt insbesondere auch der Abschluss einer Vermögensschaden-Haftpflichtversicherung (sog. Directors & Officers Liability Insurance oder kurz D&O-Versicherung) in Betracht, von der aber in der deutschen Wirtschaft wegen der hohen Prämien relativ selten Gebrauch gemacht wird.

92–95 *einstweilen frei*

III. Mediation

Literatur: *Beckmann,* Wirtschaftsmediation in der anwaltlichen Beratung, DStR 2007, 583; *Behme,* Formunwirksamkeit von Schiedsklauseln in Gesellschaftsverträgen und ihre Folgen, BB 2008, 685; *Dendorfer/Krebs,* Konfliktlösung durch Mediation bei Gesellschafterstreitigkeiten, MittBayNot 2008, 85; *Grziwotz,* Erfolgreiche Verhandlungsführung und Konfliktmanagement durch Notare (2001); *Walz,* Grundlegende Verhandlungsstrategien, MittBayNot 2000, 405; *Werner,* Schiedsverfahren und Mediation im Gesellschaftsrecht, NWB Fach 18 S. 4401 (Stand März 2007).

Der Begriff Mediation steht für ein strukturiertes außergerichtliches Verfahren, indem ein neutraler Dritter (Mediator) versucht, gemeinsam mit den Konfliktparteien eine Einigung zu erarbeiten, vgl. *Risse,* Wirtschaftsmediation, 2003, S. 5. Der Mediator hat eine vermittelnde und schlichtende Aufgabe, indem er versucht, eine interessengerechte Lösung zu erarbeiten und alle Aspekte des Konfliktes zu berücksichtigen. Bei Nachlassverfahren hat das Nachlassgericht gem. § 86 FGG die Kompetenz, die Auseinandersetzung zu vermitteln oder die Vermittlung der Auseinandersetzung einem Notar zu übertragen, vgl. Art. 38 BayAGGVG. 96

Dendorfer/Krebs, MittBayNot 2008, 92 schlagen für Gesellschaftsverträge folgende **Mediationsklausel** vor: 97

„Die Gesellschafter/Vertragsparteien verpflichten sich, zur gütlichen Beilegung von Streitigkeiten aus diesem (Gesellschafts-)Vertrag ein Mediationsverfahren nach der Verfahrensordnung des <Name>-Verbandes <Anschrift> durchzuführen: Die Benennung des Mediators erfolgt nach den Regelungen des <Name>-Verbandes.

Die Durchführung eines Gerichts- oder Schiedsgerichtsverfahrens ist erst zulässig, wenn ein Gesellschafter/eine Vertragspartei die Mediation nach der ersten gemeinsamen Mediationssitzung schriftlich gegenüber dem Mediator und den Mitgesellschaftern/der anderen Partei für gescheitert erklärt hat oder wenn seit Eingang des Antrages auf Durchführung der Mediation <Anzahl> Monate vergangen sind, ohne dass es zu einer gemeinsamen Mediationssitzung gekommen ist. Die Einleitung eines Gerichts- oder Schiedsgerichtsverfahrens ist auch zulässig, wenn die Streitigkeit nicht innerhalb von <Anzahl> Monaten nach der ersten Mediationssitzung abschließend beigelegt ist.

Gerichtliche Eilverfahren, insbesondere Arrest- oder einstweilige Verfügungsverfahren, bleiben zu jedem Zeitpunkt zulässig."

IV. Steuerliche Anerkennung einer Familienpersonengesellschaft

Literatur: *M. u. B. Hamdan,* Die steuerrechtliche Anerkennung von Verträgen zwischen nahen Angehörigen, DStZ 2008, 113.

1. Normalstatut

Vereinbarungen unter nahen Angehörigen werden nur dann der Besteuerung zugrunde gelegt, wenn sowohl die Gestaltung, als auch die Durchführung des Vereinbarten dem zwischen Fremden Üblichen entspricht, vgl. BFH/NV 1987, 159; BStBl. 1988 II 877 (Fremdvergleich). Der BFH prüft im Rahmen der steuerlichen Anerkennung die Gesellschaftsverträge **inhaltlich** danach, ob das gesellschaftsrechtliche Normalstatut für die betreffende Gesellschaft im Wesentlichen eingehalten wird, also insbesondere 98

- bei gewerblichen Gesamthandsgesellschaften die Mitunternehmerschaft und
- die Angemessenheit der Gewinnverteilungsabrede.

Besonders enge Grenzen zieht die Steuerrechtsprechung bei der Bildung von Familiengesellschaften mit geschenkten Gesellschaftsanteilen an nicht mitarbeitende Familienangehörige. Um die ertragsteuerliche Anerkennung zu erreichen, darf die Rechtsstellung der aufgenommenen Gesellschafter nicht wesentlich hinter den Rechten, die das Gesetz dem Gesellschafter für den Regelfall zubilligt, zurückbleiben. Familienangehörige, insbesondere Kinder, die schenkweise als Kommanditisten in eine Familien-KG aufgenommen werden, sind nur Mitunternehmer im Sinne des § 15 Abs. 1 Nr. 2 EStG, wenn ihnen wenigstens annäherungsweise diejenigen Rechte eingeräumt sind, die einem Kommanditisten nach den weitgehend dispositiven Vorschriften des Handelsgesetzbuches zukommen, vgl. BFH BStBl. 1979 II 405 und 670. Vertragsklauseln, die das Stimmrecht des Kommanditisten de jure oder de facto ausschließen, beschränken den Gesellschafter so sehr, dass er nicht mehr als Mitunternehmer angesehen werden kann. Darf ein Kommanditist in der Gesellschafterversammlung nicht mitstimmen *und* ist für ihn das Widerspruchsrecht nach § 164 HGB abbedungen, ist er kein Mitunternehmer. Dem Ausschluss des Stimmrechts steht gleich, wenn Gesellschafter in keinem Fall den Mehrheitsgesellschafter an einer Beschlussfassung hindern können, z.B. auch dann nicht, wenn es um die Änderung der Satzung oder die Auflösung der Gesellschaft geht, vgl. BFH BStBl. 1989 II, 762. Gewissen Lockerungstendenzen bei dem Kündigungs- und Widerrufsrecht gem. § 164 HGB (vgl. BFH BStBl. 1989 II 758) ist das BMF-Schreiben BStBl. 1989 I 378 entgegengetreten.

2. Die Mitunternehmerschaft gefährdende Klauseln

99 Vertragsklauseln, die die Mitunternehmerschaft eines schenkweise aufgenommenen Kommanditisten gefährden, sind im Einzelnen:

- Entnahme nur mit Zustimmung der Eltern, vgl. BFH BStBl. 1972 II 10,
- Ausschluss der Informations-, Überwachungs- und Widerspruchsrechte gemäß §§ 164, 166 HGB, einschränkend BFH BStBl. 1979 II 620 und 1989 II 758,
- einseitiges Kündigungsrecht der Eltern, vgl. BFH BStBl. 1974 II 404,
- langfristige Bindung des Auseinandersetzungsguthabens, z.B. Ratenzahlung über 15 Jahre hinweg wegen zivilrechtlicher Unwirksamkeit, vgl. BGH GmbHR 1989, 508,
- jederzeitige Verpflichtung zur unentgeltlichen Rückübertragung,
- vom jeweiligen Jahresgewinn unabhängiger Gewinnanteil,
- mangelnde Einlage, vgl. BFH BStBl. 1973 II 221,
- Bareinlage als Darlehen, das aus dem ersten Gewinnanteil wieder zu tilgen ist, vgl. BFH BStBl. 1973 II 526,
- befristete Gesellschafterstellung der Kinder, vgl. BFH BStBl. 1976 II 324, zulässig aber Kündigungsrecht der Eltern bei Volljährigkeit, vgl. BFH MittBayNot 1977, 81,
- jederzeitiger Ausschluss zum Buchwert, vgl. BFH BStBl. 1981 II 663; Hinauskündigen ohne Vorliegen außergewöhnlicher Umstände ist bereits zivilrechtlich unwirksam, vgl. BGH WM 1978, 1045; 1981, 1023; *Ulmer,* in: MünchKomm § 738 Rn. 27,
- Ausschlussklausel bei Scheidung, vgl. BFH DB 1990, 2354, einschränkend BFH BStBl. 1998 II 542.

Saving is a very fine thing.
Especially when your parents have done it for you.
Winston Churchill

§ 9 Stille Gesellschaft und Unterbeteiligung

Übersicht

Literatur: *Carlé,* Die stille Gesellschaft als Instrument der Nachfolgeplanung, EStB 2007, 276; *Fichtelmann,* Die stille Gesellschaft mit (minderjährigen) Kindern, EStB 2000, 202; *Frystatzki,* Stille Gesellschaft und § 15 a EStG, EStB 2005, 39; *Geck,* Die Auflösung der stillen Gesellschaft unter besonderer Berücksichtigung der Auseinandersetzung, DStR 1994, 637/657; *Kordt,* Das Informations- und Prüfungsrecht des stillen Gesellschafters gem. § 233 HGB, DStR 1997, 372; *Lindwurm,* Gewinnverteilung und Gewinnfeststellung bei der Kumulation von stillen Gesellschaftern unter Berücksichtigung von bewertungs- und gewerbesteuerrechtlichen Konsequenzen, DStR 2000, 53; *K. Schmidt,* Die Schenkung von Personengesellschaftsanteilen durch Einbuchung, BB 1990, 1992; *Tiedtke,* Die schenkweise Zuwendung einer stillen Beteiligung an ein minderjähriges Kind, DB 1988, 946; *Wälzholz,* Die fehlerhafte stille Gesellschaft und deren Rückabwicklung – Ein Schrecken ohne Ende oder ein Ende mit Schrecken, DStR 2003, 1533; *Weigl,* Anwendungs- und Problemfelder der stillen Gesellschaft, DStR 1999, 1568; *Wich/Horn,* Abgrenzung des stillen Gesellschafters von der Stellung des atypisch stillen Gesellschafters, insbesondere aufgrund der Ausweitung der Informations- sowie Kontrollrechte gem. § 716 BGB, GmbHR 2000, 711.

I. Einführung

1 Die stille Gesellschaft bildete bereits im Mittelalter die übliche Form einer Kapitalanlage in dem Geschäft eines Einzelkaufmanns. Im Gegensatz zur offenen Handelsgesellschaft, bei der alle Gesellschafter nach außen in Erscheinung treten, führt bei einer stillen Gesellschaft der Geschäftsherr als alleiniger Eigentümer das Handelsgeschäft, ohne dass die Beteiligung des „Stillen" öffentlich bekannt gegeben wird. Bereits das PrALR Th. II Tit. 8 § 651 definiert:

„Derjenige, welcher der Societät ein bestimmtes Capital mit der Bedingung anvertraut hat, dass er, statt der Zinsen, am Gewinn oder Verluste nach Verhältniß dieses Capitals theilnehmen wolle, wird ein stiller Gesellschafter genannt."

Vgl. *Bezzenberger,* in: MünchHdb., StG Einf. 2 vor § 1 StG.

2 Die stille Gesellschaft gem. § 230 HGB hat in der Praxis verschiedene Ausprägungen erfahren, nämlich als

- typische stille Gesellschaft,
- atypische stille Gesellschaft,
- typische Unterbeteiligung,
- atypische Unterbeteiligung und
- GmbH & Still oder atypisch Still.

3 Der Anwendungsbereich der stillen Gesellschaft und Unterbeteiligung ist besonders weit. Diese Rechtsformen eignen sich insbesondere als

- gewöhnliche Kapitalanlage,
- anonyme Unternehmensgründung,
- Mitarbeiterbeteiligung und
- Variante der vorweggenommenen Erbfolge.

II. Typische stille Gesellschaft

Literatur: *Haack,* Die Stille Gesellschaft, NWB Fach 18, 4251 (September 2005); *Frystatzki,* Die typisch stille Gesellschaft, EStB 2003, 486.

1. Vertragliche Regelung

4 **Beispiel:** E hat mit seiner Tochter T bereits eine vorweggenommene Erbfolge vereinbart und will seine Enkeltochter ET ebenfalls beschenken. Auf Anraten von Steuerberater Z beteiligt E seine Enkeltochter an seinem Einzelunternehmen in der Weise, dass er dieser eine stille Beteiligung in Höhe von 200 000 € durch Abbuchung von seinem Kapitalkonto einräumt.

a) Anwendungsbereich

5 Die typische stille Gesellschaft ist handelsrechtlich eine Personengesellschaft mit der Besonderheit, dass kein Gesamthandsvermögen gebildet wird. Die Einlage des stillen Gesellschafters geht in das Vermögen des Inhabers über. Auch im Handelsregister wird die stille Gesellschaft nicht verlautbart, vgl. *Baumbach/Hopt,* HGB § 230 Rn. 2. Die stille Gesellschaft kann sowohl am Betrieb eines Einzelunternehmens als auch an einer Personen- oder Kapitalgesellschaft begründet werden; im letzteren Fall entsteht die Unternehmensform der GmbH & Still oder GmbH & atypisch Still; zur Typenvielfalt vgl. *Bezzenberger,* in: MünchHdb. StG § 2 Rn. 1.

6 Außer den Kapitalanlegern oder Mitarbeitern kommen als stille Gesellschafter insbesondere die Kinder eines Unternehmers in Betracht, auch wenn sie aufgrund ihrer beruflichen Ausbildung nicht zur Unternehmensnachfolge geeignet sind; bei einer frühzeitigen Beteiligung, auch minderjähriger Kinder, ist die typische stille Beteiligung ideal, da die **einkommensteuerlichen Grundfreibeträge** jährlich ausgeschöpft werden, ohne dass eine irreversible Unternehmensnachfolge eingeleitet wäre. Der stille Gesellschafter wird beim Ausscheiden lediglich mit dem Nennwert seiner Beteiligung abgefunden. Einfluss auf die Geschäftsführung haben die stillen Gesellschafter nicht.

b) Gründung

7 Die Gründung erfolgt entweder durch Einbuchung einer Forderung gegen den Unternehmer oder durch Schenkung eines Geldbetrages, den der Beschenkte als Einlage einbringt. Die unentgeltliche Einräumung einer stillen Beteiligung stellt nach Auffassung des BFH BStBl. 1975 II 141 ein Schenkungsversprechen dar, das zu seiner Wirksamkeit der **notariellen Beurkundung** bedarf; da kein Gesamthandsvermögen gebildet wird, also durch die Schenkung kein dingliches Recht am Unternehmen begründet wird, tritt auch eine Heilung des Formmangels nicht ein; für Heilung sind *Kollhosser,* in: MünchKomm § 518 BGB Rn. 27; *Paulick/Blaurock,* Handbuch der stillen Gesellschaft § 6 II 2; *Cremer,* in: Staudinger § 518 BGB Rn. 21. *K. Schmidt,* Gesellschaftsrecht § 62 III unterscheidet nicht überzeugend danach, ob eine typische oder atypische Beteiligung vereinbart wurde; zur Abgrenzung zwischen stiller Beteiligung und partiarischem Darlehen vgl. BFH DStR 2006, 239.

c) Minderjährige Gesellschafter

8 Beteiligt ein Elternteil oder Großelternteil minderjährige Kinder als Gesellschafter, so sind die Eltern von der Vertretung bei dem Abschluss des Gesellschaftsvertrages gem. § 1795 Abs. 1 Nr. 1 BGB ausgeschlossen; die Bestellung eines **Ergänzungspflegers** ist erforderlich, wobei mehrere stille Gesellschafter durch einen Ergänzungspfleger vertreten werden können, vgl. BFH NJW 1976, 1287; FMS MittBayNot 1977, 261.

9 Wegen der gesetzlich vorgesehenen Verlusttragung bedarf der Gesellschaftsvertrag der **vormundschaftsgerichtlichen Genehmigung**; wird die Verlustbeteiligung ausgeschlossen, ist ein genehmigungspflichtiges Rechtsgeschäft nicht gegeben, vgl. BFH DB 1974, 365; *Palandt/Diederichsen,* § 1822 Anm. 4b; allerdings ist die Verlustbeteiligung aus einkommensteuerlichen Gründen dringend anzuraten, vgl. unten Rn. 35.

2. Einkommensteuer

a) Steuerliche Anerkennung

10 Einkommensteuerlich ergeben sich aus der stillen Beteiligung Einkünfte aus **Kapitalvermögen** gem. § 20 Abs. 1 Nr. 4 EStG, da das dem stillen Gesellschafter zustehende Forderungsrecht gegen die Gesellschaft keine mitunternehmerische Beteiligung darstellt. Der Inhaber des Handelsgeschäftes hat gem. § 43 Abs. 1 Nr. 3 EStG **Kapitalertragsteuer** in Höhe von 25% abzuführen, die dem stillen Gesellschafter auf seine Einkommensteuer anzurechnen ist, vgl. *Töben,* in: MünchHdb. StG § 23 Rn. 17. Die abgeführte

Kapitalertragsteuer hat keinen Abgeltungscharakter, wenn der stille Gesellschafter eine dem Geschäftsinhaber nahe stehende Person ist.

Die stille Gesellschaft wird steuerlich nur anerkannt, wenn bei schenkweiser Übertragung dem aufgenommenen Familienangehörigen in etwa die Rechte eines stillen Gesellschafters gem. §§ 230 ff. HGB zustehen, vgl. BFH BStBl. 1975 II 34 und 569. Die von der Rechtsprechung für die steuerliche Anerkennung von Darlehensverhältnissen zwischen nahen Angehörigen aufgestellten Grundsätze sind auf typische stille Gesellschaften zwischen Familienangehörigen *mit* Verlustbeteiligung nicht uneingeschränkt übertragbar. Entspricht die Rechtsstellung der schenkweise in das elterliche Unternehmen aufgenommenen Kinder dem Regelstatut des HGB, so steht die fehlende Sicherung des in mehreren Jahresraten zu tilgenden Auseinandersetzungsguthabens einer steuerlichen Anerkennung der Gesellschaft nicht entgegen, vgl. BFH BStBl. 1990 II 10.

11 Ein Vertrag über eine stille Beteiligung zwischen Familienangehörigen ist nur dann durchgeführt, wenn die Gewinnanteile entweder ausbezahlt werden oder im Falle einer Gutschrift eindeutig bis zur Auszahlung **jederzeit abrufbar** gutgeschrieben bleiben. Ein Darlehensvertrag steht der Auszahlung nur dann gleich, wenn er zivilrechtlich wirksam zustande kommt, vgl. BFH BStBl. 1990 II 68.

b) Steuerschädliche Vertragsklauseln

12 Folgende Vertragsklauseln gefährden die steuerliche Anerkennung:

- Entnahmeverbot hinsichtlich von Gewinnanteilen auf zehn Jahre, vgl. BFH BStBl. 1970 II 114;
- Verpflichtung zur jederzeitigen unentgeltlichen Rückübertragung der Beteiligung, vgl. BFH BStBl. 1974 II 740;
- Ausschluss der Kündigungsrechte, vgl. BFH FR 1975, 2771;
- Recht des Inhabers auf jederzeitige Einstellung des Unternehmens, vgl. BFH BStBl. 1971 II 589;
- Ausschluss der Informations- und Kontrollrechte gem. § 233 HGB;
- Verlustausschlussklausel, vgl. BFH DStR 1993, 431.

c) Nießbrauchsbestellung

13 Bestellt ein typisch stiller Gesellschafter unentgeltlich einen Nießbrauch an seiner typischen stillen Beteiligung, so sind die Einnahmen aus der Beteiligung an dem Handelsgewerbe einkommensteuerrechtlich weiterhin dem stillen Gesellschafter zuzurechnen; dieser erzielt die Einkünfte aus der stillen Beteiligung, vgl. BFH BStBl. 1991 II 38; zur Abgrenzung der stillen Gesellschaft von einem partiarischem Darlehen vgl. BFH DStR 2006, 239.

d) Gewinnverteilung

aa) Vom Unternehmer geschenkte Beteiligung

14 Für die Gewinnverteilung gelten die Grundsätze bei der Familien-KG entsprechend: Demgemäß ist eine Gewinnverteilungsabrede angemessen, die im Zeitpunkt der Vereinbarung bei vernünftiger kaufmännischer Beurteilung eine durchschnittliche **Rendite bis zu 15%** des tatsächlichen Wertes der stillen Beteiligung erwarten lässt. Der tatsächliche Wert einer typischen stillen

Beteiligung im Sinne dieser Rechtsgrundsätze ist regelmäßig gleich ihrem Nennwert, vgl. BFH BStBl. 1973 II 650.

bb) Von Dritten geschenkte Beteiligung

Wenn die Kapitaleinlage des stillen Gesellschafters nicht aus einer Schenkung des Unternehmers stammt und der stille Gesellschafter am Verlust beteiligt ist, darf eine Gewinnverteilungsabrede getroffen werden, die bei vernünftiger kaufmännischer Beurteilung eine durchschnittliche Rendite bis zu 35% des tatsächlichen Wertes der stillen Beteiligung erwarten lässt, vgl. BFH BStBl. 1982 II 387. 15

cc) Verlustausschlussklausel

Sofern eine Verlustbeteiligung des stillen Gesellschafters ausgeschlossen wurde, ist grundsätzlich nur ein Gewinnsatz von 12% des tatsächlichen Wertes der stillen Beteiligung zulässig. In vielen Fällen wird aber wegen der Verlustausschlussklausel die steuerliche Anerkennung der stillen Gesellschaft überhaupt in Frage gestellt. Nach Auffassung des X. BFH-Senats BStBl. 1993 II 289 ist es bei der stillen Beteiligung von Minderjährigen (im entschiedenen Fall sechs bzw. drei Jahre alt) schon überhaupt zweifelhaft, ob – über die Belassung von Kapital hinaus – ein gemeinsamer gesellschaftsrechtlicher Zweck verfolgt wird. Wenn darüber hinaus eine Verlustbeteiligung der stillen Gesellschafter ausgeschlossen wird, sind die **„Gewinnanteile"** in Fortführung der Entscheidung BStBl. 1992 II 468 **nicht abziehbare Zuwendungen** i. S. d. § 12 Nr. 2 EStG. Der BFH FR 1993, 226 will für schenkweise begründete stille Beteiligungen mit Verlustausschlussklausel die BFH-Rechtsprechung zu schenkweise begründeten Darlehensforderungen anwenden; ebenso BMF-Schreiben BStBl. 1992 I 729 und 1993 I 410; *Broudre,* DB 1993, 10. Dies gilt nicht, wenn die Mittel dem stillen Gesellschafter von einem Familienangehörigen, wie beispielsweise der Ehefrau, geschenkt werden, vgl. BFH ZEV 1999, 363. 16

3. Schenkungsteuer

Bemessungsgrundlage für die Schenkungsteuer ist der Nominalwert der Einlage. Sofern die Rentierlichkeit über 15% liegt, ist strittig, ob dieser Übergewinn mit der Übertragung des Gesellschaftsanteiles gem. § 7 Abs. 6 ErbStG verschafft wird, vgl. *Meincke,* § 7 ErbStG Rn. 139, oder ob die jährlich überhöhten Gewinnanteile als Gegenstand der Schenkung anzusehen sind (so *Crezelius,* BB 1980, 1484). 17

4. Urkundengestaltung: Schenkung und Errichtung einer typischen stillen Gesellschaft

Beispiel: Unternehmer E beteiligt seine Enkeltochter ET an seinem Einzelunternehmen durch Einbuchung einer Forderung von 200 000 € zu Gunsten der Enkeltochter ET. Das Vormundschaftsgericht verlangt eine Nachtragsurkunde, wonach 18

- die Pflichtteilsanrechnung gestrichen und
- eine Verlustbeteiligung ausgeschlossen wird.
- Ferner muss der Minderjährige beim Vormundschaftsrichter vorsprechen.

Mit Recht?

Beurkundet am …

Es erscheinen:
1. Herr E
2. Frau T
3. Herr Steuerberater Z,
nach seiner Erklärung handelnd nicht im eigenen Namen, sondern vielmehr für die Enkeltochter ET des Erschienenen zu 1., vorbehaltlich der Bestellung zum Ergänzungspfleger, der nachträglichen Genehmigung nach Pflegerbestellung und der Erteilung der vormundschaftsgerichtlichen Genehmigung.

§ 1 Schenkung

Herr E
schenkt hiermit
seiner Enkeltochter ET – der „Beschenkte" genannt –
einen Betrag in Höhe von 200 000 €
– i. W. zweihunderttausend EURO –
in der Weise, dass er ihm eine stille Beteiligung an seinem in der Anlage bezeichneten Handelsgeschäft einräumt.
Der Beschenkte nimmt die Schenkung an und bestätigt, dass die Schenkung durch entsprechende Abbuchung vom Kapitalkonto des Schenkers bewirkt wurde.

§ 2 Anrechnung auf den Pflichtteil

Der Beschenkte lässt sich die vorstehende Zuwendung auf etwaige Pflichtteils- und Pflichtteilsergänzungsansprüche am Nachlass seiner Mutter, Frau T, anrechnen. Eine Ausgleichspflicht für den Fall der gesetzlichen Erbfolge wird ausgeschlossen.
Frau T nimmt diese Erklärung ausdrücklich an.

§ 3 Errichtung einer stillen Gesellschaft

1. Herr E
– nachfolgend kurz „Inhaber" genannt –
beteiligt hiermit seine Enkeltochter ET
– nachfolgend kurz „stiller Gesellschafter" oder „Erwerber" genannt –
an dem in der Anlage näher bezeichneten Handelsgeschäft als
stillen Gesellschafter
mit einer Einlage in Höhe von 200 000 €
– i. W. zweihunderttausend € –
2. Der Inhaber des Handelsgeschäfts und der stille Gesellschafter vereinbaren für die stille Gesellschaft den dieser Urkunde als Anlage beigefügten Gesellschaftsvertrag.

§ 4 Vormundschaftsgerichtliche Genehmigung

Der Notar wird beauftragt und ermächtigt, die Bestellung von Herrn Z als Ergänzungspfleger beim Vormundschaftsgericht zu beantragen und nach erfolgter Bestellung und Genehmigung dieser Urkunde durch den Ergänzungspfleger die für die Wirksamkeit der Urkunde erforderliche vormundschaftsgerichtliche Genehmigung zu beantragen. Der Notar wird weiter ermächtigt, die Genehmigung für den Ergänzungspfleger in Empfang zu nehmen, den Beteiligten die Genehmigung mitzuteilen und für diese wiederum Kenntnis zu nehmen.

§ 5 Schlussbestimmungen

1. Soweit in diesem Gesellschaftsvertrag keine besondere Regelung getroffen ist, gelten die gesetzlichen Bestimmungen.
2. Die etwaige Nichtigkeit einzelner Bestimmungen berührt die Wirksamkeit des Gesellschaftsvertrages im übrigen nicht. Die Gesellschafter sind verpflichtet, anstelle

der unwirksamen Bestimmungen eine dem Vertragsgedanken entsprechende Neuregelung zu treffen. Sofern eine Neuregelung nicht erfolgt, gelten die für die entsprechende Regelungslücke bestehenden gesetzlichen Vorschriften.

§ 6 Rücktritt

Über die gesetzlichen Widerrufsrechte hinaus ist Herr E berechtigt, die in dieser Urkunde vereinbarte Schenkung zu widerrufen und die unentgeltliche Rückübertragung der in dieser Urkunde überlassenen stillen Einlage von dem Erwerber zu verlangen,

a) wenn der Erwerber vor E verstirbt,
b) die Voraussetzungen für die Entziehung des Pflichtteils eintreten,
c) über das Vermögen des Erwerbers das Insolvenzverfahren eröffnet oder mangels Masse abgelehnt wird oder die Vollstreckung in den Gesellschaftsanteil des Erwerbers betrieben wird, ohne dass dieser die Zwangsvollstreckungsmaßnahmen innerhalb von drei Monaten abwendet, oder
d) der Erwerber eine berufliche Ausbildung nicht erfolgreich bis zum 27. Lebensjahr abschließt.

Der Widerruf kann nur durch schriftliche Erklärung gegenüber dem Erwerber geltend gemacht werden.

Anlage: Gesellschaftsvertrag 19

§ 1 Handelsgeschäft, Einlage des

stillen Gesellschafters

1. Herr E ist Inhaber des Einzelunternehmens …
2. dessen Enkeltochter ET wird an diesem Handelsgeschäft als stiller Gesellschafter mit einer Einlage in Höhe von 200 000 €

– i. W. zweihunderttausend € –
beteiligt, die durch Schenkung erbracht wurde.

§ 2 Dauer der Gesellschaft

1. Die Gesellschaft beginnt mit Wirkung vom 1. 1. 00
2. Die Dauer der Gesellschaft ist unbestimmt.
3. Die Gesellschaft kann mit einer Frist von sechs – 6 – Monaten zum Schluss eines jeden Geschäftsjahres gekündigt werden, erstmals zum 31. 12. 05.
4. Bei Vorliegen eines wichtigen Grundes ist jeder Gesellschafter zur fristlosen Kündigung berechtigt, insbesondere wenn über das Vermögen eines Gesellschafters das Konkurs- oder Vergleichsverfahren eingeleitet wird.

§ 3 Geschäftsführung und Vertretung

Die Geschäftsführung und die Vertretung der Gesellschaft steht nur dem Inhaber des Einzelunternehmens zu.

§ 4 Auskunftsrecht

Der stille Gesellschafter ist berechtigt, die Richtigkeit der Bilanz anhand sämtlicher Unterlagen des Inhabers des Handelsgewerbes zu überprüfen oder durch eine zur Berufsverschwiegenheit verpflichtete Person auf eigene Kosten überprüfen zu lassen.

§ 5 Gewinn- und Verlustbeteiligung

1. Der stille Gesellschafter erhält 10% – zehn vom Hundert – des in der Steuerbilanz ausgewiesenen Reingewinnes, soweit dieser ausschließlich im Betrieb des Handelsgeschäftes selbst erzielt wurde und nicht auf einer Verwertung oder Wertsteigerung des Anlagevermögens beruht. Die obere Grenze für den Gewinnanteil des stillen Gesellschafters ist 15% – fünfzehn vom Hundert – des Nominalwertes seiner Einlage. Ein darüber hinaus gehender Gewinnanteil steht somit dem Inhaber des Handelsgeschäftes zu.

Der Gewinnanteil ändert sich nicht, wenn die Steuerbilanz zu einem späteren Zeitpunkt aufgrund einer Betriebsprüfung geändert wird.

2. Am Verlust der Gesellschaft ist der stille Gesellschafter in derselben Weise wie am Gewinn beteiligt. Gewinne in den Folgejahren müssen zur Wiederauffüllung der Einlage verwendet werden.
3. Der Gewinnanteil des stillen Gesellschafters ist spätestens ab dem auf das Geschäftsjahr folgenden 1. August einem gesonderten Darlehenskonto gutzuschreiben und ab diesem Zeitpunkt mit 6% jährlich zu verzinsen. Nicht entnommene Gewinnanteile erhöhen die Einlage des stillen Gesellschafters nicht. Gutschriften dürfen jederzeit entnommen werden.

§ 6 Tod eines Gesellschafters

1. Durch den Tod eines Gesellschafters wird die stille Gesellschaft aufgelöst.
2. Der stille Gesellschafter – im Falle seines Versterbens sein Erbe – erhält eine Abfindung, für deren Berechnung und Auszahlung § 7 dieses Vertrages gilt.

§ 7 Abfindung

1. Bei Beendigung der stillen Gesellschaft erhält der stille Gesellschafter, im Falle seines Versterbens dessen Erbe, eine Abfindung in Höhe der buchmäßigen Einlage – unter Berücksichtigung etwaiger Verluste – zuzüglich nicht entnommener Gewinne und Zinsen. An den offenen und stillen Rücklagen und an den schwebenden Geschäften ist der stille Gesellschafter nicht beteiligt.
2. Das Abfindungsguthaben des stillen Gesellschafters ist in fünf gleichen, unmittelbar aufeinander folgenden Jahresraten auszuzahlen. Die erste Rate ist drei Monate nach dem Ausscheidungsstichtag zur Zahlung fällig.

Ab diesem Zeitpunkt ist das restliche Abfindungsguthaben mit 4% jährlich zu verzinsen, wobei die jeweils auflaufenden Zinsen mit den fälligen Kapitalraten zu zahlen sind. Sicherheitsleistung kann nicht gefordert werden.

§ 8 Schlussbestimmungen

1. Soweit in diesem Gesellschaftsvertrag keine besondere Regelung getroffen ist, gelten die gesetzlichen Bestimmungen.
2. Die etwaige Nichtigkeit einzelner Bestimmungen berührt die Wirksamkeit des Gesellschaftsvertrages im übrigen nicht. Die Gesellschafter sind verpflichtet, anstelle der unwirksamen Bestimmungen eine dem Vertragsgedanken entsprechende Neuregelung zu treffen. Sofern eine Neuregelung nicht erfolgt, gelten die für die entsprechende Regelungslücke bestehenden gesetzlichen Vorschriften.

20 *einstweilen frei*

III. Typische Unterbeteiligung

Literatur: *Haack,* Die Unterbeteiligungsgesellschaft, NWB Fach 18, 4335 (Mai 2006); *Schindhelm/Stein,* Unterbeteiligung als Instrument der vorweggenommenen Erbfolge, ErbStB 2003, 32.

Beispiel: Herr V ist Kommanditist einer GmbH & Co. KG; er will im Wege der vorweggenommenen Erbfolge seinem Sohn eine Unterbeteiligung an seinem KG-Anteil einräumen.

1. Gestaltungsgrundsätze

21 Die Unterbeteiligung an einem Personen- oder Kapitalgesellschaftsanteil ist eine **Innengesellschaft,** für die die Bestimmungen der §§ 705 ff. BGB und teilweise die Bestimmungen der stillen Gesellschaft gem. §§ 230–237 HGB

analog angewendet werden. Dennoch ist die Unterbeteiligung nach h.M. keine stille Gesellschaft, vgl. *Bezzenberger,* in: MünchHdb. StG, § 3 StG Rn. 8. Die Einräumung einer Unterbeteiligung kommt immer in Betracht, wenn der Gesellschafter entweder zu einer teilweisen Übertragung des Gesellschaftsanteiles nicht bereit oder aufgrund des bestehenden Gesellschaftsvertrages nicht in der Lage ist. Der Unterbeteiligte steht nur in Rechtsbeziehung zu dem Hauptbeteiligten, nicht jedoch zu der Gesellschaft. Für die typische Unterbeteiligung gelten die bei der stillen Gesellschaft zu Abschn. II dargelegten Grundsätze entsprechend. Somit ist zur Wirksamkeit der unentgeltlich eingeräumten Unterbeteiligung **notarielle Beurkundung** erforderlich.

22 Die Gewinnbeteiligung erfasst nur den laufenden Gewinn, nicht den bei einer Veräußerung von Anlagevermögen erzielten Gewinn oder den Mehrerlös aus der Offenlegung des Geschäftswertes, vgl. *Haegele,* BWNotZ 1974, 75. Die Ausübung der Gesellschafterrechte verbleibt allein beim Hauptbeteiligten, sofern nicht ausdrücklich im Unterbeteiligungsvertrag für das Innenverhältnis etwas anderes geregelt ist. Inhalt des Unterbeteiligungsvertrages ist häufig auch eine Geheimhaltungspflicht gegenüber der Gesellschaft; dem steht aber die steuerliche Behandlung entgegen, vgl. unten 2.

2. Einkommensteuer

a) Steuerliche Anerkennung

23 Der BFH BStBl. 1990 II 68; DStR 1991, 1078 legt für die steuerliche Anerkennung besonderen Wert darauf, dass die zivilrechtlichen Wirksamkeitsvoraussetzungen

- notarielle Beurkundung bei geschenkter Beteiligung und
- Pflegerbestellung und vormundschaftsgerichtliche Genehmigung bei Minderjährigen

eingehalten wurden und in etwa den Unterbeteiligten die Rechte eines stillen Gesellschafters gem. §§ 230ff. HGB zustehen, darüber hinaus die Gewinnanteile entweder ausbezahlt oder jederzeit abrufbar gutgeschrieben wurden. Bei unentgeltlicher Einräumung der Unterbeteiligung darf die Rendite nur bis zu 15% des Werts der Unterbeteiligung ausmachen.

b) Einkünfte aus Kapitalvermögen

24 Der typische Unterbeteiligte bezieht Einkünfte aus Kapitalvermögen gem. § 20 Abs. 1 Nr. 4 EStG, von denen der Kapitalertragsteuerabzug gem. § 43 Abs. 1 Nr. 3 EStG vorzunehmen ist. Gem. § 32d Abs. 2 Nr. 1a EStG hat die Kapitalertragsteuer keinen Abgeltungscharakter, wenn der Unterbeteiligte eine dem Anteilsinhaber nahe stehende Person ist. Verluste stellen abzugsfähige Werbungskosten dar; Voraussetzung ist immer, dass eine Einkunftsquelle übertragen wurde.

c) Gewinnfeststellungsverfahren

25 Über die steuerliche Anerkennung einer typisch stillen Unterbeteiligung an dem Anteil eines Gesellschafters an einer gewerblich tätigen Personengesellschaft ist in dem Gewinnfeststellungsverfahren der Personengesellschaft zu entscheiden, vgl. BFH BStBl. 1989 II 343.

d) Unterbeteiligung an einer vermögensverwaltenden GbR

26 Sofern ein Gesellschafter einer Grundstücks-GbR seine minderjährigen Kinder schenkweise unterbeteiligt, erzielen diese keine Einkünfte aus Vermietung und Verpachtung, wenn sie nicht nach außen als Vermieter in Erscheinung treten und der Hauptbeteiligte diese nur auf schuldrechtlicher Grundlage am Gewinn und am Auseinandersetzungsguthaben beteiligt sowie ihnen nur in bestimmten Gesellschaftsangelegenheiten Mitwirkungsrechte einräumt, vgl. BFH BStBl. 1992 II 459.

3. Schenkungsteuer

27 Der BFH ZEV 2008, 252 vertritt neuerdings die Auffassung, dass mit der schenkweisen Einräumung einer Unterbeteiligung an einem Gesellschaftsanteil, die nicht die Voraussetzungen einer atypischen Unterbeteiligung erfüllt, noch kein Vermögensgegenstand zugewendet sei. Bereichert sei der Zuwendungsempfänger erst, wenn ihm aus der Unterbeteiligung tatsächlich Gewinnausschüttungen und Liquidationserlöse zufließen. Zivilrechtlich zeige sich dies in dem Formerfordernis des § 518 Abs. 1 BGB. Weder der Abschluss eines Vertrages über die unentgeltliche Einräumung einer typischen Unterbeteiligung noch die Einbuchung einer solchen Unterbeteiligung bewirke bereits einen Schenkungsvollzug i. S. d. § 518 Abs. 2 BGB, wobei der BFH auf die Kommentierung bei *Ulmer,* in MünchKomm/BGB § 705 Rz. 46; *K. Schmidt,* Gesellschaftsrecht § 63 III 1 Bezug nimmt.

Der BFH widerspricht damit den Entscheidungen des BGH NJW 1952, 1412 und 1953, 138. Auch sonstige zivilrechtliche Grundpinzipien werden durch die BFH-Entscheidung ZEV 2008, 252 verkannt. Eine notarielle Urkunde, ggf. mit Zwangsvollstreckungsunterwerfung, wonach einem Kind eine schuldrechtliche Forderung gegen ein Unternehmen eingeräumt und auch bilanziell vollzogen wird, stellt ohne Zweifel eine Schenkung i. S. d. § 516 BGB dar, deren einkommensteuerliche Anerkennung seit Jahrzehnten unbestritten ist, vgl. BFH BStBl. 1975 II 34 und 569. Die erbschaftsteuerliche Qualifizierung knüpft daran unverändert an. *Hübner,* ZEV 2008, 254 verweist zurecht auf ErbStR 112 (2003), die sich mit der ertragsteuerlichen Qualifikation der typischen Unterbeteiligung deckt. Es bleibt abzuwarten, ob die Finanzverwaltung dem BFH folgt.

28–30 *einstweilen frei*

IV. Atypisch stille Gesellschaft

Literatur: *Frystatzki,* Steuerneutrale Übertragung von Wirtschaftsgütern im Rahmen einer atypisch stillen Gesellschaft?, EStB 2002, 449; *Gschwendtner,* Die atypisch stille Gesellschaft als beschränkt rechtsfähiges Steuersubjekt im Einkommensteuerrecht, DStZ 1998, 335; *Groh,* Die atypische stille Gesellschaft als fiktive Gesamthandsgesellschaft in FS für Kruse, 2001, 417; *Hagebüke/Heinz/Dötsch,* Die Organträgereignung einer atypisch stillen Gesellschaft, DB 2006, 473; *Krabbe,* Qualifikationskonflikte bei atypisch stillen Gesellschaftern, IStR 1999, 591; *Langholz/Vahle,* Handels- und steuerrechtliche Behandlung des Abfindungsguthabens des ausscheidenden atypisch stillen Gesellschafters für einen Geschäfts- oder Firmenwert, DStR 2000, 763; *Lieber/Stifter,* Die atypisch stille Gesellschaft als Alternative zur Ausgliederung, FR 2003, 831; *Oenings,* Gewerbesteuerliche Verlustverrechnung – Unternehmeridentität i. S. d. § 10a GewStG bei atypisch stiller Gesellschaft, DStR 2008, 279; *Ottersbach,* Tätigkeitsvergütungen an einen atypisch still Unterbeteiligten des Hauptgesellschafters – dem Gewinn der Hauptgesellschaft hinzuzurechnen, FR 1999, 201; *Pyszka,* Aktuelle Fragen zur atypisch stillen Gesellschaft im internationalen Steuerrecht, IStR 1999, 552; *ders.,* Atypisch stille Beteiligung an einzelnen Unternehmenssegmenten, DStR 2003, 857; *Ruhbahn,* Die atypisch stille Gesellschaft im Ertragsteuerrecht, DStZ 1995, 637; *Schulze zur Wiesche,* Die völlige Gleichstellung der atypisch stillen Gesellschaft mit der Personenhandelsgesellschaft?, DStZ 1998, 285; *Stein,* Gewerbesteuerliche Behandlung der atypisch stillen Gesellschaft, NWB 1995, 4013; *Walter,* Verlustnutzung beim atypisch stillen Gesellschafter trotz ausstehender Einlage, GmbHR 1997, 823.

1. Vertragliche Regelung

Die steuerliche Praxis sieht in der atypisch stillen Gesellschaft eine **mitunternehmerische** Gesellschaftsform, während in der zivilrechtlichen Literatur (z.B. Münchener Vertragshandbuch Bd. I Gesellschaftsrecht, 913) darunter auch nur eine von den Regelbestimmungen der §§ 230ff HGB abweichende gesellschaftsvertragliche Regelung verstanden wird. *Zutt,* in GroßKomm. HGB § 230 Rn. 33 empfiehlt zu Recht, den Begriff der atypischen stillen Gesellschaft nur für die Fälle zu verwenden, die steuerlich als Mitunternehmer gelten. 31

Die atypische stille Gesellschaft ist eine durch das Steuerrecht geschaffene Gesellschaftsform, bei der zwar wie bei der typisch stillen Gesellschaft kein Gesamthandsvermögen gebildet wird, also eine reine Innengesellschaft besteht, der stille Gesellschafter aber **schuldrechtlich** an den ab seinem Eintreten gebildeten **stillen Reserven** einschließlich des Firmenwerts beteiligt wird, vgl. BFH BStBl. 1982 II 59, also auch an dem Gewinn aus der Veräußerung von Anlagevermögen sowie an den bei der Auflösung der Gesellschaft realisierten stillen Reserven, und zwar so, als ob er dinglich beteiligt gewesen wäre. Durch die atypische stille Gesellschaft wird also eine der Kommanditgesellschaft angenäherte Mitunternehmerschaft begründet, aber als reine Innengesellschaft. Eine fehlende Beteiligung am Geschäftswert kann durch ein hohes Mitunternehmerrisiko und eine besonders ausgeprägte Mitunternehmerinitiative ausgeglichen sein, vgl. BFH DStRE 2004, 933. 32

Darüber hinaus kann dem atypisch stillen Gesellschafter, ohne dass dies für die Anerkennung einer Mitunternehmerschaft wesensnotwendig wäre, **Einfluss auf** die **Geschäftsführung** eingeräumt werden, vgl. BGH DB 1977, 88. Die vereinbarte Mitarbeit im Geschäft des Inhabers kann ein Abgrenzungskriterium gegenüber der typischen stillen Gesellschaft sein, vgl. *K. Schmidt,* Gesellschaftsrecht § 62 II c bb; *Heymann/Horn,* HGB § 230 Rn. 51; *Schlegelberger/K. Schmidt,* HGB § 230 Rn. 70; BGH MittBayNot 1993, 91. 33

2. Einkommensteuer

Der atypisch stille Gesellschafter bezieht Einkünfte aus **Gewerbebetrieb** gem. § 15 Abs. 1 Satz 1 Nr. 2 Satz 1 EStG, die durch einheitliche und gesonderte Gewinnfeststellung ermittelt werden. Die Vermögenseinlage des atypisch stillen Gesellschafters darf nicht als Verbindlichkeit ausgewiesen werden; zur Bilanzierung bei der atypisch stillen Gesellschaft vgl. *Schmidt/Wacker,* § 15 EStG Rn. 348 und § 15a Rn. 199. Die gesonderte Feststellung der Ein- 34 künfte erstreckt sich grundsätzlich auf ein volles Wirtschaftsjahr, auch wenn während dieses Zeitraums aus einer GbR eine atypisch stille Gesellschaft entsteht, vgl. BFH DB 1990, 1118.

35 Zur steuerlichen Anerkennung ist der **Vollzug** der getroffenen Vereinbarungen erforderlich. Wird z.B. die vertragliche Vereinbarung in der Buchführung und in den Jahresabschlüssen der Gesellschaft von Anfang an nicht wie die Begründung einer atypisch stillen Gesellschaft, sondern wie der Abschluss eines Darlehensvertrages behandelt, spricht dies gegen eine tatsächliche Durchführung, vgl. FG Berlin-Brandenburg, DStRE 2008, 868.

3. Umsatzsteuer

36 Unternehmer i.S.d. UStG ist allein der nach außen auftretende Geschäftsinhaber, vgl. *Bunjes/Geist,* § 2 UStG Anm. 10.

4. Bewertung

37 Der atypisch stille Gesellschafter ist schuldrechtlich an den stillen Reserven des Betriebsvermögens und am Geschäftswert beteiligt, so dass der Wert des Betriebsvermögens wie bei anderen Personengesellschaften einheitlich und gesondert festgestellt und auf den Inhaber des Handelsgeschäftes und den atypisch stillen Gesellschafter aufgeteilt wurde, vgl. BMF BStBl. 1989 I 452; *Döllerer,* StbJb 87/88, 307. Mit koordiniertem Ländererlass v. 28. 6. 2005, ZEV 2007, 295 nimmt die Finanzverwaltung abweichend von der bisherigen Verwaltungspraxis an, dass es sich bei einer atypisch stillen Beteiligung an Personengesellschaften und atypischen Unterbeteiligung nicht um eine Beteiligung an einer Gesellschaft, sondern um eine Beteiligung an einem Anteil an Vermögenswerten handelt. Begünstigtes Vermögen i.S.d. § 13a ErbStG liege somit nicht vor. Es tritt somit die merkwürdige Konsequenz auf, dass einkommensteuerlich Betriebsvermögen und bewertungsrechtlich Privatvermögen vorliegt, vgl. auch unten Rn. 68 und 69.

38–40 *einstweilen frei*

V. Atypisch stille Unterbeteiligung

Beispiel: Die Gesellschafter der Firma X-KG sind heillos zerstritten. Der Komplementär V will krankheitshalber seinen Gesellschaftsanteil auf seine Tochter T übertragen, die als leitende Angestellte im Unternehmen tätig ist. Aufgrund einer qualifizierten Nachfolgeklausel kann die Tochter bei dem Tod des Vaters als Gesellschafter nachrücken; zu Lebzeiten ist jedoch die Zustimmung der Mitgesellschafter erforderlich, die nicht erteilt wird. Wie kann V erreichen, dass im Innenverhältnis die nicht genehmigte Übertragung weitgehend vorweggenommen wird?

1. Gestaltungsgrundsätze

41 Wenn ein Mitunternehmer einen Dritten an seiner Gesellschaftsbeteiligung, insbesondere am Gewinn und Verlust seines Gesellschaftsanteiles beteiligt und wenn der Unterbeteiligte mit schuldrechtlicher Wirkung an den **stillen Reserven** der Gesellschaft in der Weise beteiligt wird, dass er bei jeder Auflösung der Unterbeteiligungsgesellschaft ein Auseinandersetzungsguthaben erhält, das im wesentlichen nach dem Verkehrswert der Hauptbeteiligung bemessen ist, liegt eine atypische Unterbeteiligung vor. Damit trägt der

Unterbeteiligte ein Mitunternehmerrisiko; für die Mitunternehmerinitiative genügen Kontrollrechte entsprechend gem. § 233 HGB, vgl. *Schmidt/Wacker,* § 15 EStG Rn. 369. Der Umstand, dass im Fall der Kündigung der Hauptgesellschaft der Hauptbeteiligte nur den Buchwert als Abfindung erhält, hindert nicht daran, die stille Beteiligung als atypische anzusehen, vgl. FG Münster EFG 1976, 236.

Bei der atypischen Unterbeteiligung an GbR- oder OHG-Anteilen ist vertragstechnisch zu beachten, dass der Unterbeteiligte entsprechend § 232 Abs. 2 Satz 1 HGB **nur bis zur Höhe seiner Einlage** am Verlust beteiligt bleibt, da andernfalls eine unbeschränkte Haftung im Innenverhältnis, d. h. eine Ausgleichsverpflichtung gegenüber dem Hauptgesellschafter gem. §§ 713, 670 BGB entstehen kann. **42**

2. Einkommensteuer

a) Gesondertes Gewinnfeststellungsverfahren

Für die Besteuerung gelten die bei der atypisch stillen Gesellschaft dargelegten Grundsätze entsprechend. Die Einkünfte des Hauptbeteiligten und atypisch Unterbeteiligten werden gesondert und einheitlich festgestellt, wobei eine Einbeziehung des atypisch Unterbeteiligten in die Feststellung der Hauptgesellschaft nicht erforderlich ist, da ein gesondertes Feststellungsverfahren für die atypische Unterbeteiligungsgesellschaft durchgeführt werden kann, vgl. BFH BStBl. 1974 II 414. Dadurch ist gewährleistet, dass die Unterbeteiligung auch gegenüber den anderen Gesellschaftern der Hauptgesellschaft **geheim gehalten wird**, vgl. *Bopp/Weigel,* in: Steuerliches Vertrags- und Formularbuch A. 13.00 Rn. 8. Die Entscheidung des BFH BStBl. 1989 II 343 zum Gewinnfeststellungsverfahren bei einer typischen stillen Unterbeteiligung ist auf die atypische Unterbeteiligung nicht anzuwenden, da der Hauptbeteiligte und der atypisch Unterbeteiligte einheitlich Einkünfte aus Gewerbebetrieb erzielen. Da einem atypisch Unterbeteiligten infolge seiner Mitunternehmerstellung der Kommanditanteil in Höhe seiner Mitunternehmerstellung i. S. d. § 15 a Abs. 1 Satz 3 EStG zuzurechnen ist und damit auch der darauf entfallende Anteil am Verlust, folgt daraus, dass dem Hauptbeteiligten der Anteil entsprechend der Höhe der Unterbeteiligung nicht zuzurechnen ist, vgl. BFH BStBl. 2007 II 868. **43**

b) Sonderbetriebsvermögen

Die teilentgeltliche Übertragung eines Wirtschaftsguts des Sonderbetriebsvermögens vom Hauptgesellschafter auf den atypisch stillen Unterbeteiligten führt regelmäßig zur vollständigen **Aufdeckung** der **stillen Reserven**, da der Unterbeteiligte regelmäßig nicht Mitunternehmer der Gesellschaft ist, vgl. BFH BStBl. 1992 II 516. **44**

3. Schenkungsteuer

Die Einräumung einer atypischen Unterbeteiligung entsprach wirtschaftlich der Veräußerung eines Teils des Gesellschaftsanteils des Hauptbeteiligten, vgl. *Bopp/Weigel,* in: Steuerliches Vertrags- und Formularbuch A. 13.01 Rn. 3. Die Einräumung einer atypischen Unterbeteiligung wurde schen- **45** kungsteuerlich wie eine unentgeltliche Übertragung eines Teils der Beteiligung behandelt, vgl. *Sudhoff,* Unternehmensnachfolge, 316; *Esch/Schulze zur Wiesche,* Handbuch der Vermögensnachfolge, 507. Danach wurde für die Schenkung der anteilige Betriebseinheitswert zugrunde gelegt.

46 Mit einem koordinierten Ländererlass ZEV 2007, 295 und DStR 2008, 508 vertritt hingegen die Finanzverwaltung die Auffassung, dass bei einer atypischen Unterbeteiligung an einem Personenunternehmen die Innengesellschaft über kein eigenes Gesellschaftsvermögen verfüge. Begünstigtes Vermögen i. S. d. § 13 a ErbStG liege bei der Übertragung einer atypischen Unterbeteiligung nicht vor. Entscheidend sei, dass es sich hier nicht um eine Beteiligung an einer Gesellschaft, sondern um eine Beteiligung an einem Anteil an Vermögenswerten handle. Es liege daher nur eine mittelbare Beteiligung am Gesellschaftsvermögen der Hauptgesellschaft vor. Diese Grundsätze würden auch für atypisch stille Beteiligungen an Personengesellschaften gelten.

47 Dem folgt der BFH ZEV 2008, 252 nicht. Bei der Zuwendung einer atypischen Unterbeteiligung sei die Schenkung bereits mit Abschluss des Gesellschaftsvertrages oder spätestens mit der Einbuchung der atypischen Unterbeteiligung vollzogen. Bei einer atypischen Unterbeteiligung sei der Unterbeteiligte vermögensrechtlich über eine Teilhabe an den Betriebsergebnissen hinaus am Anteil des Hauptbeteiligten beteiligt und wirke dergestalt an der Geschäftsführung der Innengesellschaft mit, so dass er maßgeblichen Einfluss auf die Innengesellschaft nehmen könne. Diese Verknüpfung mitgliedschaftlicher Rechte, wie Stimm-, Verwaltungs- und Kontrollrechte, mit den vermögensrechtlichen Ansprüchen auf Teilhabe am Gewinn und Liquidations- oder Abfindungserlös begründe eine Rechtsposition, über die der Zuwendungsempfänger als Gesellschafter der Innengesellschaft vergleichbar einem Stammrecht bereits rechtlich und tatsächlich verfügen könne. Die mit der zivil- und einkommensteuerrechtlichen Literatur übereinstimmende Argumentation des Schenkungsteuersenats des BFH überzeugt.

4. Urkundengestaltung: Atypische Unterbeteiligung

48 Beurkundet am …

§ 1 Schenkung

Herr V räumt hiermit seiner Tochter T
an seinem Komplementäranteil an der Firma X-KG
mit dem Sitz in … unentgeltlich eine atypisch stille Beteiligung in Höhe von 90% ein.
Die Beschenkte nimmt die Schenkung an.

§ 2 Anrechnung auf den Pflichtteil

Die Beschenkte hat sich die vorstehende Zuwendung auf ihre Pflichtteils- und Pflichtteilsergänzungsansprüche am Nachlass des Schenkers anrechnen zu lassen. Eine Ausgleichspflicht für den Fall der gesetzlichen Erbfolge wird ausgeschlossen.

§ 3 Anlage

Die Rechte und Pflichten der Beteiligten ergeben sich aus der dieser Urkunde als wesentlicher Bestandteil beigefügten Anlage.

§ 4 Schlussbestimmungen

…

Anlage: Unterbeteiligungsvertrag 49

§ 1 Unterbeteiligung

1. An der Firma X-KG mit dem Sitz in … ist V als Komplementär mit einer Einlage in Höhe von 100 000 € beteiligt.
2. T wird an diesem Komplementäranteil atypisch still mit 90% beteiligt.

§ 2 Dauer

1. Die Unterbeteiligung wird mit Wirkung ab 1. 1. 00 auf Lebzeit von Herrn A eingeräumt. Sie ist von diesem jedoch mit einer Frist von sechs Monaten zum Schluss eines jeden Geschäftsjahres kündbar.
2. Bei Vorliegen eines wichtigen Grundes ist jeder Beteiligte zur fristlosen Kündigung berechtigt.

§ 3 Mitunternehmerrechte

Im Innenverhältnis zu V gebühren der mitunternehmerisch, atypisch still Unterbeteiligten alle Rechte und Pflichten, wie sie gem. § 161 ff. HGB einem Kommanditisten zustehen. Bei der Ausübung des Stimmrechts hat V die Interessen der atypisch stillen Unterbeteiligten zu achten. Bei Maßnahmen, die nach dem KG-Vertrag mit einfacher Stimmenmehrheit beschlossen werden, hat Herr V das Stimmrecht nach der Weisung der Unterbeteiligten auszuüben. Beschlüssen, die nur mit Einstimmigkeit gefasst werden dürfen, darf Herr V nur bei Einverständnis der Unterbeteiligten zustimmen.

§ 4 Informationsrecht

Die atypisch stille Unterbeteiligte ist berechtigt, von V Einblick in alle Unterlagen der Gesellschaft zu verlangen, die V nach Maßgabe der gesellschaftsvertraglichen und gesetzlichen Bestimmungen Dritten zugänglich machen darf.

§ 5 Gewinn- und Verlustbeteiligung

1. Die atypisch still Unterbeteiligte erhält 90% -neunzig vom Hundert- des auf den Komplementär-Anteil, jedoch ohne Tätigkeitsvergütung, entfallenden Reingewinnes.
2. Am Verlust ist die atypisch stille Unterbeteiligte in derselben Weise wie am Gewinn beteiligt. Gewinne in den Folgejahren müssen zur Wiederauffüllung der Einlage verwendet werden.
3. Der Gewinnanteil der atypisch still Unterbeteiligten ist dieser sofort auszubezahlen, sobald der Komplementär über seine Gewinngutschrift verfügen darf.

§ 6 Abfindung

1. Bei Beendigung der atypisch stillen Unterbeteiligung erhält die atypisch still Unterbeteiligte eine Abfindung in Höhe von 90% des Betrages, den der Hauptbeteiligte bei einem Ausscheiden zu diesem Zeitpunkt aus der Gesellschaft erhalten würde.
2. Das Abfindungsguthaben der atypisch still Unterbeteiligten ist in drei gleichen, unmittelbar aufeinanderfolgenden Jahresraten auszuzahlen. Die erste Rate ist drei Jahre nach Beendigung der Unterbeteiligung zur Zahlung fällig. Ab diesem Zeitpunkt ist das restliche Abfindungsguthaben mit 6% jährlich zu verzinsen, wobei die jeweils auflaufenden Zinsen mit den fälligen Kapitalraten zu zahlen sind.

§ 7 Liquidation

Wird die atypisch stille Unterbeteiligung durch Liquidation der Firma X-KG beendet, so steht dem atypisch stillen Unterbeteiligten ein Anteil am Liquidationserlös in Höhe seiner Beteiligung zu.

einstweilen frei 50

VI. GmbH & Still

Literatur: *Brinkmeier,* GmbH & atypisch Still im Steuerrecht, GmbH-Steuerberater 2002, 301; *Haase,* Eckpfeiler der GmbH & atypisch Still im Steuerrecht, GmbHR 2002, 787; *Hense,* Eckpfeiler der GmbH & atypisch still im Steuerrecht, GmbHR 2002, 787; *Horn,* Die GmbH & atypisch Still als Verfahrensbeteiligte im Steuerrecht, GmbHR 2001, 138; *ders.,* Die steuerliche atypisch stille Beteiligung an der GmbH, GmbHR 1994, 147; *ders.,* Mitunternehmerische Betätigung und Beteiligung bei der GmbH & atypisch still, GmbHR 1995, 816; *Kollruss,* § 8a KStG – Totengräber der GmbH & atypisch Still?, INF 2004, 949; *Martens,* Die steuerliche Einordnung der atypischen Unterbeteiligung an Anteilen an einer Kapitalgesellschaft, BB 2005, 1660; *Maute,* GmbH-Anteile als Sonderbetriebsvermögen bei atypisch stiller Gesellschaft – Konsequenzen für die Beraterpraxis, EStB 1999, 217; *Meitens,* Die stille Beteiligung an der GmbH und ihre Überleitung bei Umwandlungen in die AG, AG 2000, 32; *Pupeter,* Der Unterbeteiligte als „virtueller" Gesellschafter einer GmbH, Möglichkeiten und Grenzen der atypischen Unterbeteiligung nach BFH vom 18. 5. 2005 – VIII R 34/01, GmbHR 2006, 910; *Ros,* Die Veranlagung der GmbH & atypisch still im Spiegel der Rechtsprechung des BFH, DStR 2001, 1592; *Schmidt-Ott,* Nochmals: Publizität und stille Beteiligung am Unternehmen einer GmbH, GmbHR 2002, 784; *Schulte/Waechter,* Atypisch stille Beteiligungen und § 294 Aktiengesetz, GmbHR 2002, 189; *Schulze zur Wiesche,* Die GmbH & atypisch still, GmbHR 1999, 902; *ders.,* Einbringung von Wirtschaftsgütern in eine GmbH & still, StBP 2003, 132; *ders.,* Die atypische Unterbeteiligung an einem GmbH-Anteil, GmbHR 2006, 630; *Schwedhelm,* Die GmbH & still als Mitunternehmerschaft, 1994; *ders.,* Ist der stille Gesellschafter als Geschäftsführer der GmbH & still Mitunternehmer?, GmbHR 1994, 445; *Sterzenbach,* GmbH & Still: Vorzüge einer beliebten Rechtsform und ihre steuerlichen Besonderheiten, DStR 2000, 1669; *Weber,* Die Bedeutung der Geschäftsführertätigkeit für die Annahme einer atypischen GmbH & still, GmbHR 1994, 144; *Werheim,* Die einkommensteuerliche Qualifikation der Einkünfte der atypisch stillen Gesellschaft einer GmbH & still, DStR 1998, 1533.

1. Kapitalerhaltung

51 Nach BGH DStR 2006, 860 ist ein an einer GmbH beteiligter stiller Gesellschafter im Bezug auf die Kapitalerhaltungsregeln wie ein GmbH-Gesellschafter zu behandeln, wenn er aufgrund der vertraglichen Ausgestaltung des stillen Gesellschaftsverhältnisses hinsichtlich seiner vermögensmäßigen Beteiligung und seines Einflusses auf die Geschicke der GmbH weitgehend einem GmbH-Gesellschafter gleichsteht. Der stille Gesellschafter wird auch in die GmbH-rechtlichen Kapitalerhaltungsregeln einbezogen. Bei dauerhafter Unterbilanz ohne Überschuldung können die Gesellschafter aufgrund ihrer Treupflicht gehalten sein, stille Reserven aufzulösen, um einen Abfindungsanspruch von ausgeschiedenen Gesellschaftern erfüllen zu können, vgl. BGH GmbH-StB 2006, 130.

2. Eintragung im Handelsregister

Literatur: *Weigl,* Zur Eintragungspflicht einer GmbH & Still im Handelsregister, GmbHR 2002, 778.

52 Beherrschungs- und Gewinnabführungsverträge mit einer abhängigen AG sind nach §§ 291 ff. in deren Handelsregisterblatt einzutragen. Nach der BGH-Rechtsprechung GmbHR 1989, 25 gilt dies entsprechend für Beherrschungs- und Gewinnabführungsverträge mit einer abhängigen GmbH. Eine

stille Beteiligung an einer AG stellt nach h.M. einen Teilgewinnabführungsvertrag gem. § 292 Abs. 1 Nr. 2 AktG dar und ist somit ebenfalls in das Handelsregister einzutragen, vgl. OLG Celle AG 2000, 280. Da auch einer stillen Beteiligung an einer GmbH die Qualifizierung als Teilgewinnabführungsvertrag nicht abgesprochen werden kann, ist strittig, ob der Supermarkt-Beschluss des BGH GmbHR 1989, 25 auch auf stille Beteiligungen an einer GmbH zu erstrecken ist; zustimmend *Weigl,* DStR 1999, 1568; differenzierend *Schmidt-Ott,* GmbHR 2001, 182.

3. Einkommensteuer

Literatur: *Schulze zur Wiesche,* Die GmbH & Still unter Berücksichtigung des Unternehmensteuerreformgesetzes 2008 ab 2009, GmbHR 2008, 1140.

a) Abgrenzung zwischen typisch stiller und atypisch stiller Gesellschaft

Die Beteiligung an einer Kapitalgesellschaft, insbesondere an einer GmbH 53
kommt als typisch stille oder atypisch stille Beteiligung in Betracht. Sofern der stille Gesellschafter zugleich an der GmbH beteiligt ist, besteht die Tendenz, dass die stille Gesellschaft, auch wenn dies nicht gewollt ist, als atypische in der Form der steuerlichen Mitunternehmerschaft behandelt wird, da die Rechtsstellung des stillen Gesellschafters nach derzeitiger Rechtsprechung nicht nur aufgrund des hierfür geltenden Gesellschaftsvertrags, sondern auch aufgrund seiner sonstigen Beziehung zur GmbH beurteilt wird. So kann derjenige, der sich als beherrschender Gesellschafter und als einziger Geschäftsführer einer GmbH zugleich als stiller Gesellschafter beteiligt, als steuerlicher Mitunternehmer behandelt werden, auch wenn seine Rechte nicht über die in §§ 230ff. HGB hinaus erweitert werden und er nicht an den stillen Reserven beteiligt wird, vgl. *Weigl,* Stille Gesellschaft und Unterbeteiligung S. 149; *Schmidt/Weber-Grellet,* EStG § 15 Rn. 356.

b) Verlustausgleich

Durch das StVergAbG wurde der Verlustausgleich bei stillen Beteiligungen 54
an Kapitalgesellschaften gem. § 15 Abs. 4 Satz 6, § 20 Abs. 1 Nr. 4 EStG in der Weise beschränkt, dass diese nur mit späteren Gewinnen aus der selben Beteiligung verrechenbar sind. Die Rückwirkung auf Verluste, die auf vor dem Jahr 2003 begründeten Verpflichtungen beruht, ist ernstlich zweifelhaft, vgl. BFH GmbH-StB 2005, 98.

c) GmbH & typisch Still

Die Gewinnbeteiligung des typisch stillen Gesellschafters gem. § 20 Abs. 1 55
Nr. 4 EStG unterliegt der Abgeltungssteuer von 25%, die im Abzugswege erhoben wird. Diese Steuer ist endgültig, so dass auch Werbungskosten – mit Ausnahme des Sparerpauschbetrages in Höhe von 801 € – nicht berücksichtigt werden. Auf **Antrag** können bei einer niedrigeren Steuerlast die Einkünfte unter Berücksichtigung der tatsächlichen Werbungskosten in die Veranlagung einbezogen werden, vgl. § 32d Abs. 6 EStG. Die Kapitalertragsteuer von 25% hat von vorne herein keinen Abgeltungscharakter, wenn die Erträge von einer Kapitalgesellschaft an einen Anteilseigner gezahlt werden, der zumindest 10% an der Gesellschaft beteiligt ist oder der Gläubiger

eine dem Anteilseigner nahe stehende Person ist, vgl. *Schulze zur Wiesche,* GmbHR 2008, 1141.

56 Die Zinsschranke des § 4h EStG, wonach Zinsaufwendungen eines Betriebs nur noch in Höhe der Zinserträge voll als Betriebsausgaben abzugsfähig sind, ist ab einer Grenze von 1 Mio. € Gewinnbeteiligung zu beachten.

Gewerbesteuerlich ist gem. § 8 Nr. 1c GewStG ein Viertel der Gewinnanteile des stillen Gesellschafters dem Gewinn aus Gewerbebetrieb wieder hinzuzurechnen, soweit die Gesamtsumme der Hinzurechnungen den Betrag von 100 000 € übersteigt.

d) GmbH & atypisch Still

57 Nach der Rechtsprechung des BFH GmbHR 1997, 563 ist die GmbH Gewinnermittlungsobjekt der Mitunternehmerschaft. Der Gewinn der GmbH ist in der Weise zu korrigieren, dass der Gewinnanteil des Stillen in Ergänzung zur Handelsbilanz der GmbH dem in der Bilanz der GmbH ausgewiesenen Gewinn wieder hinzugerechnet wird. Der Gesamtgewinn der GmbH & atypisch Still ist entsprechend der Gewinnverteilungsvereinbarung zwischen dem Stillen und der GmbH aufzuteilen. Im Gegensatz zur typisch stillen Gesellschaft, bei der der Gewinnanteil des stillen Gesellschafters nur zu einem Viertel wieder hinzugerechnet wird, unterliegt bei der atypisch stillen Gesellschaft der gesamte Gewinnanteil des Stillen der Gewerbesteuer mit der Ermäßigungsmöglichkeit des § 35 EStG, vgl. *Schulze zur Wiesche,* GmbHR 2008, 1143.

58 Nach Auffassung des FG Hamburg DStRE 2006, 398 ist eine atypische GmbH & Still **steuerlich** auch dann **anzuerkennen**, wenn sie aus einer GmbH als Geschäftsinhaberin und deren Gesellschaftern als Stillen besteht, die GmbH kein Stimmrecht hat, ihre Geschäftsführungsbefugnis im Innenverhältnis beschränkt ist und sie lediglich eine feste Haftungsvergütung erhält unter Ausschluss einer weiteren Beteiligung an Gewinnen und Verlusten und an den stillen Reserven.

4. Erbschaftsteuer

59 Die OFD Rheinland und Münster ZEV 2007, 295 und Bay. FinMin DStR 2008, 508 betrachten abweichend von der ganz h. M. eine atypisch stille Beteiligung wegen des schuldrechtlichen Charakters der Vereinbarungen nicht als Betriebsvermögen i. S. d. § 13a ErbStG. Die Finanzverwaltung weicht mit dieser Verlautbarung von der bisherigen Rechtsprechung und gefestigten Finanzamtspraxis (vgl. OFD München DStR 1995, 645) ab, ohne dies auch nur zu erwähnen. Zurecht ablehnend *Kapp/Ebeling,* Erbschaftsteuer- und Schenkungsteuergesetz (März 2007) § 13a ErbStG Rn. 86 und *Hübner,* ZEV 2008, 254.

Sobald die Menschen in Gesellschaft leben, verlieren sie das Gefühl ihrer Schwäche.
Montesquieu, Geist der Gesetze, 1, 3

§ 10 Gesellschaft bürgerlichen Rechts

Übersicht

Literatur: *Arnold/Dötsch,* Persönliche Haftung für Altschulden beim Eintritt in eine GbR, DStR 2003, 1398; *Boehme,* Neue Grundsätze zur Haftung des Beitretenden für alte GbR-Schulden, NZG 2003, 764; *Dümig,* Die Beteiligung Minderjähriger an einer rechtsfähigen Gesellschaft bürgerlichen Rechts aus familien- bzw. vormundschaftsgerichtlicher Sicht, FamRZ 2003, 1; *Hasenkamp,* Die formularvertragliche Haftungsbeschränkung bei der Gesellschaft bürgerlichen Rechts, BB 2004, 230; *Hoppe,* Haftungsfalle für Erben von GbR-Anteilen, ZEV 2004, 226; *Krüger,* Grundstücksschenkungen an Minderjährige, ZNotP 2006, 202; *Langenfeld,* Die Gesellschaft bürgerlichen Rechts nach Maßgabe der geänderten Rechtsprechung des BGH, BWNotZ 2003, 1; *Mock,* Anwendbarkeit des § 139 HGB auf die GbR, NZG 2004, 118; *Reiff,* Die unbeschränkte Gesellschafterhaftung in der (Außen-)Gesellschaft bürgerlichen Rechts und ihre Ausnahmen, ZGR 2003, 550; *C. Schmidt/Bierly,* Gesellschaft bürgerlichen Rechts als Gesellschafterin einer Personenhandelsgesellschaft, NJW 2004, 1210; *K. Schmidt,* Analoge Anwendung von § 28 HGB auf die Sachgründung freiberuflicher und gewerbetreibender BGB-Gesellschaften, BB 2004, 785; *Schöpflin,* Entsprechende Anwendung des § 31 BGB und persönliche Haftung für gesetzliche Verbindlichkeiten bei der GbR, DStR 2003, 1349; *Steinbeck,* Die Gesellschaft bürgerlichen Rechts als Gesellschafterin einer Personenhandelsgesellschaft, DStR 2001, 1162; *Waldner,* Anwendung des § 31 BGB auf die GbR – der vorletzte Schritt auf dem Weg zur OHG, NZG 2003, 620; *Wälzholz,* Die unbeschränkte Haftung eintretender Gesellschafter einer Gesellschaft bürgerlichen Rechts, NotBZ 2003, 249; *Weidenmann,* Neuere Rechtsprechung des BGH zur Haftung und Vollstreckung bei der Gesellschaft bürgerlichen Rechts, BWNotZ 2004, 130.

I. Zivilrechtliche Grundlagen

1. Anwendungsbereich

1 Die Gesellschaft bürgerlichen Rechts gem. §§ 705–740 BGB ist der Grundtyp der Personengesellschaft. Diese Rechtsform wird häufig bei der Mitarbeit der Gesellschafter gewählt, insbesondere bei der Aufnahme eines tätigen Gesellschafters

- in einen Handwerksbetrieb,
- in das Geschäft eines Kleingewerbetreibenden,
- in einen landwirtschaftlichen Betrieb oder
- in die Praxis eines Freiberuflers (Rechtsanwalt, Steuerberater, Arzt, Ingenieur).

Besondere Bedeutung hat die BGB-Gesellschaft bei der Verwaltung von Grundbesitz, da sie aufgrund der gesamthänderischen Bindung die Erhaltung und Verwaltung des Gesellschaftsvermögens besser als eine Miteigentümergemeinschaft gem. §§ 1008, 741 BGB sichert.

Schließlich greift die gewerbliche Wirtschaft bei

- Arbeitsgemeinschaften,
- Forschungsobjekten oder
- der Verwertung von Erfindungen, Patenten und Lizenzen zur Rechtsform der BGB-Gesellschaft, insbesondere auch, um
- eine Holding-Gesellschaft oder
- den Träger einer Organschaft

zu bilden, vgl. *Schulze zur Wiesche,* DB 1988, 352. Bei reinen Innengesellschaften ohne Gesellschaftsvermögen spricht man von Metagesellschaften.

2. Abschluss des Gesellschaftsvertrages

a) Gründungsvertrag

2 An einer Gesellschaft bürgerlichen Rechts können sich nicht nur juristische und natürliche Personen beteiligen; vielmehr kann eine Außengesellschaft bürgerlichen Rechts auch Gesellschafterin einer anderen Gesellschaft bürgerlichen Rechts sein, vgl. BGH DStR 1998, 46. Hingegen kann eine Erbengemeinschaft als solche nicht an einer BGB-Gesellschaft beteiligt werden, vgl. *Ulmer,* in: MünchKomm § 705 Rn. 69; a. A. zu Recht *Weipert,* in: FS für Bezzenberger (2000) S. 439.

b) Vertragsänderung

3 Bei Personengesellschaften sieht das Gesetz für den Abschluss und für Änderungen des Gesellschaftsvertrages grundsätzlich die Zustimmung aller Gesellschafter vor, so dass nach der gesetzlichen Regelung z. B. die Eltern der Zustimmung der bereits in die Gesellschaft aufgenommenen Kinder bedürfen, wenn weitere Kinder aufgenommen werden sollen. Es empfiehlt sich daher, Änderungen des Gesellschaftsvertrages durch **Mehrheitsentscheidungen** vorzusehen. Bei Familiengesellschaften wird regelmäßig eine Beschränkung der Gesellschafterrechte der Abkömmlinge angestrebt, zum einen, damit die Erfahrung der älteren Generation in der Gesellschafterversammlung den Ausschlag gibt, zum anderen um dem persönlichen Sicher-

heitsbedürfnis der Eltern Rechnung zu tragen und schließlich, um jugendlicher Risikofreudigkeit vorzubeugen.

Zweckmäßig ist ein eng gefasster **Katalog der Beschlussgegenstände** für Mehrheitsbeschlüsse um 4

- der gesellschaftsrechtlichen Treuepflicht,
- dem Gleichbehandlungsgrundsatz,
- dem Verbot des Eingriffs in den Kernbereich der Mitgliedschaft,
- dem Bestimmtheitsgrundsatz, – der richterlichen Inhaltskontrolle und
- ganz besonders den steuerlichen Anerkennungsgrundsätzen, basierend auf einem Fremdvergleich,

Rechnung zu tragen.

c) Gesellschafterwechsel

Durch einen Gesellschafterwechsel wird die Identität der GbR nicht berührt. An einer Veräußerung i. S. d. § 566 BGB fehlt es, wenn ein weiterer Gesellschafter zu einer BGB-Gesellschaft hinzutritt, deren bisherige Mitglieder im Grundbuch als Eigentümer des von ihnen vermieteten Grundstücks mit dem Zusatz „in Gesellschaft bürgerlichen Rechts“ oder ähnlich eingetragen sind, vgl. OLG Düsseldorf DNotZ 1994, 100. 5

d) Rechts- und Parteifähigkeit

Der BGH DStR 2001, 310 hat seine Rechtsprechung zur GbR grundlegend geändert und die Rechtsfähigkeit und Parteifähigkeit der Außengesellschaft bürgerlichen Rechts bejaht. Damit wird der Außen-GbR auch eine organschaftliche Vertretung durch die Geschäftsführer zuerkannt, so dass die Theorie der Doppelverpflichtung obsolet geworden ist. Die nunmehr anerkannte **organschaftliche Vertretung** führt zur unbeschränkten gesamtschuldnerischen Haftung der Gesellschafter bei der Vertretung durch Geschäftsführer; diese grundsätzliche gesamtschuldnerische Haftung kann nur durch Individualvereinbarung mit dem Vertragspartner, nicht aber durch gesellschaftsvertragliche Beschränkungen der Vertretungsmacht, beschränkt werden. 6

einstweilen frei **7–10**

3. Vertretungsregelung

a) Frühere Rechtsprechung

Nach dem bisherigen Gesetzesverständnis war im BGB eine gesetzliche oder organmäßige Vertretung nicht vorgesehen. Nach dieser Auffassung war daher nur die rechtsgeschäftliche Vertretung durch Vollmacht möglich, vgl. *Palandt/Sprau,* § 714 BGB Rn. 2. Soweit aus einer OHG oder KG formwechselnd eine BGB-Gesellschaft entstand, z. B. beim Absinken eines vollkaufmännischen Betriebes in einen minderkaufmännischen oder bei Aufgabe des Gewerbetriebs, z. B. durch Verpachtung des Unternehmens, vgl. BGH BB 1980, 651, galten die bisher vertretungsberechtigten Gesellschafter als rechtsgeschäftlich bevollmächtigt, die Gesellschaft weiterhin wie bisher zu vertreten, vgl. BGH WM 1976, 1053 und 1198. 11

b) Vollmacht

12 Die vom BGH nunmehr favorisierte **Akzessorietätstheorie** führt zu einer beträchtlichen Verschärfung des Haftungsregimes in der GbR, ohne dass die Gesellschafter die Möglichkeit einer Haftungsbeschränkung nach Art der Kommanditistenhaftung haben. Die Gesellschafter können dem durch Flucht in die KG Rechnung tragen, vgl. *Ulmer,* ZIP 2001, 590.

13 Eine andere Möglichkeit der Haftungsbeschränkung – insbesondere bei kleinen vermögensverwaltenden Gesellschaften – besteht darin, dass die Gesellschafter gesellschaftsvertraglich die **gemeinschaftliche Führung der Geschäfte** und den Ausschluss der Bestellung eines Geschäftsführers vereinbaren. Danach kann ein Gesellschafter nur durch seine ausdrückliche Zustimmung zu einem Rechtsgeschäft verpflichtet werden. Damit die Gesellschaft dennoch am Rechtsverkehr teilnehmen kann, empfiehlt sich die Erteilung gegenständlich beschränkter **Vollmachten** an **Dritte** im Rahmen eines Anstellungs- oder Auftragsverhältnisses. Dies kann i. S. einer Generalvollmacht auch in sehr weitgehendem Umfange geschehen. Immer bleibt die Befugnis des Dritten jedoch abgeleiteter Natur, kann also nach den allgemeinen Regeln der Vollmacht limitiert und insbesondere auf das Gesellschaftsvermögen beschränkt werden. Diese Vollmacht kann dem Dritten selbstverständlich auch ohne sein Zutun wieder entzogen werden, vgl. *Ulmer,* in: MünchKomm § 709 BGB Rn. 5. Wird einem Mitgesellschafter eine Generalvollmacht erteilt, ist dies wohl als organschaftliche Vertretungsbefugnis ohne die Möglichkeit der Haftungsbeschränkung zu interpretieren.

4. Haftung

14 Haftungsgefahren, die sich aus der Gesellschaft bürgerlichen Rechts ergeben, sind wohl der eigentliche Grund für die Scheu vor dieser Gesellschaftsform.

a) Gesetzliche Regelung

15 Im Gegensatz zur gläubigerfreundlichen Akzessorietätstheorie, wonach sich automatisch eine Gesellschafterhaftung aus der **Gesamthandsschuld** ergibt, nahm die früher herrschende, insbesondere von der Rechtsprechung vertretene Theorie der Doppelverpflichtung an, dass die Geschäftsführer beim Handeln für die Gesellschaft zugleich eine persönliche Haftung der Gesellschafter begründen können, vgl. *Ulmer,* in: MünchKomm § 714 Rn. 20–28. Nach dieser Auffassung war die Vertretungsmacht beschränkbar, jedenfalls für rechtsgeschäftliche Verpflichtungen. Nach überwiegender Meinung genügte es, wenn die Haftungsbeschränkung für den Gläubiger erkennbar war, vgl. BGH ZIP 1985, 99.

b) Haftungsbegrenzung

Im Gesellschaftsvertrag konnte also die Vertretungsmacht der Geschäftsführer in der Weise eingeschränkt sein, dass diese nicht berechtigt sind, die Gesellschafter persönlich zu verpflichten, vgl. *Sprau,* in: Palandt § 714 Rn. 3. Allerdings war immer zweifelhaft, ob diese Haftungsbegrenzung auch auf unternehmenstragende Gesellschaften bürgerlichen Rechts übertragen werden konnte. Da die Geschäftspartner und Kunden einer derartigen Gesellschaft nicht auf eine Mindestkapitalgarantie wie bei einer GmbH zählen können und darüber hinaus bei Produktionsunternehmen und Handwerksbetrieben ein Rückgriff bei mangelhafter Auftragsdurchführung möglich sein muss, ist die Haftungsbegrenzung auf das Gesellschaftsvermögen nur für vermögensverwaltende Gesellschaften, insbesondere Grundstücksgesellschaften, sinnvoll.

Der BGH DNotZ 2000, 135, hat die lange Jahrzehnte vertretene **Theorie der Doppelverpflichtung** mit folgendem Leitsatz aufgegeben: 16

„Für die im Namen einer Gesellschaft bürgerlichen Rechts gegründeten Verpflichtungen haften die Gesellschafter kraft Gesetzes auch persönlich. Diese Haftung kann nicht durch einen Namenszusatz oder einen anderen, den Willen, nur beschränkt für diese Verpflichtungen einzustehen, verdeutlichenden Hinweis beschränkt werden, sondern nur durch eine individualvertragliche Vereinbarung ausgeschlossen werden."

Es ist zu bedauern, dass der BGH die Doppelvertretungstheorie generell, also auch für vermögensverwaltende Gesellschaften, verworfen hat.

c) Altverbindlichkeiten

Nach früherer Auffassung haftete bei Eintritt eines Gesellschafters der Eintretende nicht für bestehende Verbindlichkeiten mit der Begründung, dass eine dem § 130 HGB entsprechende Vorschrift in den Bestimmungen der §§ 705 ff. BGB fehle, vgl. *Gummert,* in MünchHdb. GesR, Bd. 1 § 12 Rn. 37. Nach der früheren BGH-Rechtsprechung BGHZ 74, 240 schied eine entsprechende Anwendung des § 130 HGB auf die bürgerlich rechtliche Gesellschaft aus. 17

Nach BGH DNotZ 2003, 764 hat der in eine Gesellschaft bürgerlichen Rechts eintretende Gesellschafter für vor seinem Eintritt begründete Verbindlichkeiten der Gesellschaft grundsätzlich auch persönlich und als Gesamtschuldner mit den Altgesellschaftern einzustehen. Dieser Grundsatz gilt auch für Gesellschaften bürgerlichen Rechts, in denen sich Angehörige freier Berufe zu gemeinsamer Berufsausübung zusammengeschlossen haben.

d) Nachhaftung

Ansprüche gegen die Gesellschafter einer Gesellschaft bürgerlichen Rechts verjähren nach dem Ausscheiden des Gesellschafters, sofern das zugrundeliegende Rechtsgeschäft keine kürzere Verjährung vorsieht, grundsätzlich gem. § 736 Abs. II BGB nach Ablauf von fünf Jahren. 18

e) Gesetzliche Schuldverhältnisse

Zu Zeiten der Doppelvertretungstheorie bestand eine persönliche Haftung der BGB-Gesellschafter für Gesellschaftsschulden aus unerlaubter Handlung nicht, da § 128 HGB keine entsprechende Anwendung fand, vgl. *Soergel/Hadding,* § 714 Rn. 38; *Ulmer,* in: MünchKomm § 714 Rn. 44 m.w.N. Nicht persönlich handelnde Gesellschafter hafteten allenfalls aus § 831 BGB wegen sorgfaltswidriger Auswahl und Überwachung von Verrichtungsgehilfen, vgl. *Habersack,* JuS 1993, 3. Aus der nunmehrigen Akzessorietätstheorie folgt auch eine Haftung der Gesellschafter für **gesetzliche Verbindlichkeiten**. Im 19

Deliktsrecht kommt es – mit Ausnahme der verschuldensunabhängigen Halterhaftung – zu einer Haftung der GbR selbst nur dann, wenn ihr analog § 31 BGB das deliktische Verhalten eines ihrer Organmitglieder zugerechnet werden kann, vgl. *K. Schmidt,* Gesellschaftsrecht § 60 II 4.

f) Steuerhaftung

20 Bestritten war, ob die Steuerhaftung, z. B. für Umsatzsteuer und Gewerbesteuer, auf das Gesellschaftsvermögen durch privatschriftliche Vereinbarung beschränkt werden kann, zustimmend FG Bremen DB 1989, 904; im Ergebnis ebenso FG München EFG 1985, 537. Der BFH bejahte die Umsatzsteuerhaftung aller Gesellschafter unter Berufung auf § 427 BGB, vgl. BFH BStBl. 1986 II 15 und 158 sowie 1989 II 952. Aufgrund der BGH-Rechtsprechung ist nunmehr generell von einer Steuerhaftung der GbR-Gesellschafter auszugehen. Unterliegt eine GbR als solche der Besteuerung, ergibt sich die persönliche Haftung der Gesellschafter einer GbR für die Steuerschulden und die steuerlichen Nebenleistungen der Gesellschaft entsprechend § 128 Satz 1 HGB i. V. m. § 191 AO, vgl. BFH BStBl. 2007 II 600.

g) Immobilienfonds und Wohnungseigentümergemeinschaften

Literatur: *Wälzholz,* Die haftungsbeschränkte private Gesellschaft bürgerlichen Rechts – Phönix aus der Asche?, MittBayNot 2003, 35.

21 Für Immobilienfonds und Wohnungseigentümergemeinschaften hat der BGH DNotZ 2002, 805 seine Rechtsprechung wie folgt modifiziert:

a) Aus Gründen des Vertrauensschutzes dürfen sich Anlagegesellschafter bereits existierender geschlossener Immobilienfonds, die als Gesellschaften bürgerlichen Rechts ausgestaltet sind, auch nach der durch die Entscheidungen des BGHZ 142, 315 und BGHZ 146, 341 eingetretenen Änderung der Rechtsprechung des Senats für die davor abgeschlossenen Verträge weiterhin auf eine im Gesellschaftsvertrag vorgesehene Haftungsbeschränkung unter der nach der früheren Rechtsprechung maßgebenden Voraussetzung berufen, dass die Haftungsbeschränkung dem Vertragspartner mindestens erkennbar war.
b) Für nach der Änderung der Rechtsprechung abgeschlossene Verträge von geschlossenen Immobilienfonds in der Form der Gesellschaft bürgerlichen Rechts gilt als Ausnahme von den Grundsätzen der Senatsurteile BGHZ 142, 315 und BGHZ 146, 341, dass die persönliche Haftung der Anlagegesellschafter für rechtsgeschäftlich begründete Verbindlichkeiten des Immobilienfonds wegen der Eigenart derartiger Fonds als reine Kapitalanlagegesellschaften auch durch wirksam in den Vertrag einbezogene formularmäßige Vereinbarungen eingeschränkt oder ausgeschlossen werden kann, ohne dass darin grundsätzlich eine unangemessene Benachteiligung des Vertragspartners i. S. von § 307 BGB n. F. (§ 9 AGBG) gesehen werden kann.
c) Künftige Wohnungseigentümer, die gemeinschaftlich eine Wohnungseigentumsanlage errichten („Bauherrengemeinschaften"), haften für die Herstellungskosten („Aufbauschulden") auch weiterhin grundsätzlich nur anteilig nach den bisherigen Rechtsprechungsgrundsätzen, auch wenn sie im Verkehr als Außengesellschaften bürgerlichen Rechts auftreten.

22 *Wälzholz,* MittBayNot 2003, 38 meint, dass die einschränkende Rechtsprechung für Immobilienfonds und Bauherrengemeinschaften auch auf andere vermögensverwaltende Außen-GbRs wie vermögensverwaltende **Fami-**

lienpools zu übertragen sei; allerdings ist *W. Goette,* DStR 2002, 686, der Vorsitzende Richter des II. BGH-Senats anderer Meinung.

einstweilen frei 23

5. Anwachsung

Gem. § 738 Abs. 1 Satz 1 BGB wächst beim Ausscheiden eines Gesellschafters aus der Gesellschaft dessen Anteil am Gesellschaftsvermögen den übrigen Gesellschaftern zu. Diese sind gemäß Satz 2 dieser Bestimmung verpflichtet, ihm dasjenige zu zahlen, was er bei einer Auseinandersetzung erhalten hätte. Allerdings setzt eine Anwachsung gem. § 738 Abs. 1 Satz 1 BGB voraus, dass der Gesellschaftsvertrag eine **Fortsetzungsklausel** für den Fall des Ausscheidens eines Gesellschafters gem. § 736 BGB enthält, vgl. *Schiefer,* DStR 1996, 788. 24

Die Gläubiger eines Gesellschafters können – bei entsprechender Gestaltung des Gesellschaftsvertrages – nur auf die aus dem Gesellschaftsverhältnis resultierenden schuldrechtlichen Ansprüche zugreifen, also z. B. auf den Gewinnanspruch oder auf das Auseinandersetzungsguthaben, vgl. BGH BB 1984, 690. Bei der Auflösung einer zweigliedrigen GbR kann ein Gesellschafter das Gesellschaftsvermögen ohne Liquidation mit Aktiven und Passiven durch eine **rechtsgestaltende Übernahmeerklärung** erwerben, sofern der Gesellschaftsvertrag nicht einen automatischen Übergang vorsieht, vgl. BGHZ 32, 315. Der Rechtsübergang beruht auf dem Anwachsungsprinzip.

einstweilen frei 25

6. Abfindungsguthaben

a) Abfindungsbeschränkungen

Bei einer Gesellschaft bürgerlichen Rechts kann die Abfindung unter den Gesellschaftern auch mit Wirkung gegenüber Dritten, insbesondere auch gegenüber Pfändungsgläubigern und Rechtsnachfolgern, beschränkt werden. Bei einer **Beschränkung des Abfindungsguthabens** auf nur einen geringen Bruchteil des wahren Anteilswertes kann allerdings die Klausel wegen der damit verbundenen Einschränkung der Kündigungsmöglichkeit gem. § 723 Abs. 3 BGB nichtig sein, soweit nicht bereits ein Verstoß gegen die guten Sitten gem. § 138 BGB oder Rechtsmissbrauch gem. § 242 BGB vorliegt, vgl. *Ulmer,* in: MünchKomm § 738 Anm. 24ff.; *Staudinger/Kessler,* § 723 Anm. 52. Dies ist insbesondere anzunehmen, wenn die Abfindung nur 20% des wahren Anteilswertes unter Berücksichtigung des Ertragswertes eines Unternehmens beträgt, vgl. BGH DB 1973, 611. Bei einer Reduzierung auf die Hälfte des wahren Wertes ist noch kein die Wirksamkeit beeinträchtigendes Missverhältnis gegeben, vgl. *Kellermann,* StbJb 1986, 87, 411 und *D. Mayer,* MittBayNot 1992, 4. Nach BGH DStR 2006, 1005 kann die Vereinbarung einer Abfindung für den ausscheidenden BGB-Gesellschafter auf der Grundlage des Ertragswerts des Gesellschaftsunternehmens gem. § 723 Abs. 3 BGB unwirksam sein, wenn der **Liquidationswert** des Unternehmens den Ertragswert erheblich übersteigt und deshalb ein vernünftiger Gesellschafter auf der Grundlage einer Abfindung nach dem Ertragswert von dem ihm an sich zustehenden Kündigungsrecht keinen Gebrauch machen würde. 26

27 Problematisch ist eine unter dem **bewertungsrechtlichen Anteilswert liegende Abfindung**, da diese eine erb- oder schenkungsteuerliche Belastung auslöst; die Differenz zwischen Abfindung und dem bewertungsrechtlichen Ansatz gilt als Zuwendung gem. § 3 Abs. 1 Nr. 2 oder § 7 Abs. 7 ErbStG. Sofern eine GbR in der Weise gebildet wurde, dass ein Gesellschafter das in seinem Alleineigentum stehende Grundstück – ohne Bildung von Gesamthandsvermögen – nur seinem Werte nach eingebracht hat (**quoad sortem**), ist dieses Grundstück, das zur Benutzung überlassen wurde, zurückzugeben. Dem anderen Gesellschafter kann bei dieser Auseinandersetzung nach den gesellschaftsvertraglichen Bestimmungen eine „Abfindung" zustehen, vgl. BGH DStR 1998, 1105 m. Anm. *Goette*.

b) Auswirkungen auf Pflichtteilsberechtigte

28 Sieht der Gesellschaftsvertrag die Fortsetzung der Gesellschaft durch die bisherigen Gesellschafter unter Ausschluss von Abfindungsansprüchen der Erben eines verstorbenen Gesellschafters vor, liegt nach h. M. in diesem für alle Gesellschafter gleichmäßig geltenden allseitigen **Abfindungsausschluss** ein entgeltlicher Vorgang (Wagnis), so dass auch Pflichtteils- und Pflichtteilsergänzungsansprüche nicht gegeben sind, vgl. BGH NJW 1970, 941 und 1638; dies gilt nicht, wenn die Altersstruktur der Gesellschafter eine einseitige Wirkung des Abfindungsausschlusses mit großer Wahrscheinlichkeit erwarten lässt, vgl. BGH NJW 1981, 1956; DNotI-Report 1996, 87. **Einseitige**, d. h. nicht für alle Gesellschafter vereinbarte Ausschlüsse oder **Beschränkungen** der Abfindungsansprüche stellen somit unentgeltliche Zuwendungen dar, die Pflichtteils- und Pflichtteilsergänzungsansprüche auslösen. Die h. M. vermag nicht zu überzeugen; statt aller *J. Mayer,* in: Handbuch Pflichtteilsrecht § 8 Rn. 65 m. w. H. Es ist fraglich, ob der BGH an der über fünfundzwanzig Jahre zurückliegenden Rechtsprechung in jedem Fall festhält. Bereits bei der Entscheidung NJW 1981, 1956 hat der zuständige Senat darauf hingewiesen, dass in Einzelfällen die Vereinbarung eines Gesellschaftsvertrages i. V. m. einem Abfindungsausschluss durchaus als Schenkung i. S. d. § 2325 BGB gewertet werden kann, vgl. DNotI-Report 1996, 88; *Frank*, in: MünchKomm BGB § 2325 Rn. 25. Sieht man in dem **Abfindungsausschluss** eine **Schenkung**, beginnt die Zehn-Jahres-Frist des § 2325 Abs. 3 BGB erst mit dem Tod des Gesellschafters.

29, 30 *einstweilen frei*

7. Erbrechtliche Nachfolge

a) Gesetzliche Regelung

31 Gem. § 727 Abs. 1 wird die Gesellschaft durch den Tod eines der Gesellschafter aufgelöst, sofern sich nicht aus dem Gesellschaftsvertrag ein anderes ergibt. Ist im Gesellschaftsvertrag bestimmt, dass, wenn ein Gesellschafter stirbt, die Gesellschaft unter den übrigen Gesellschaftern fortbestehen soll, so scheidet der Verstorbene gem. § 736 Abs. 1 BGB aus der Gesellschaft aus. Sein Anteil am Gesellschaftsvermögen **wächst** den übrigen Gesellschaftern gem. § 738 Abs. 1 Satz 1 BGB **an**. Der Gesellschaftsvertrag kann auch vorsehen, dass anstelle des verstorbenen Gesellschafters ein anderer in die

Gesellschaft eintritt. *Nieder/Kössinger,* Handbuch der Testamentsgestaltung, Rn. 1247 schlägt folgende Formulierung vor:

„Beim Tod eines Gesellschafters wird die Gesellschaft mit seinen Erben oder mit dem- bzw. denjenigen, den oder die er zu Vermächtnisnehmern der Beteiligung eingesetzt hat, fortgesetzt."

Im Falle der Zuwendung der Beteiligung im Wege des Vermächtnisses 32 kommt somit ein derivativer Erwerb in der Weise in Betracht, dass die Beteiligung auf den Erben übergeht und dieser aufgrund der bestehenden **Vermächtnisverpflichtung** gem. § 2174 BGB den Gesellschaftsanteil auf den Vermächtnisnehmer überträgt, vgl. *Gluth,* ErbStB 2003, 105, 107. Die Zustimmung der übrigen Gesellschafter gilt im Wege der ergänzenden Vertragsauslegung als erteilt, vgl. *K. Schmidt,* in: MünchKomm HGB, § 139 Rn. 15.

Es kommt aber auch bei einer einfachen erbrechtlichen Nachfolgeklausel 33 ein originäres Eintrittsrecht des Vermächtnisnehmers in Betracht, vgl. DNotI-Gutachten v. 15. 6. 2005 Dokumenten-Nr. 12124.

Bei einer **qualifizierten Nachfolgeklausel** kommt ein unmittelbarer Übergang auf die nachfolgeberechtigte Person nur in Betracht, wenn diese (Mit-)Erbe des Gesellschaftererblassers wird. Ist keine der nachfolgeberechtigten Personen (Mit-)Erbe, ist ein Eintrittsrecht erforderlich. *K. Schmidt,* in: MünchKomm § 139 Rn. 22 führt hierzu aus:

„Ist der durch die qualifizierte Nachfolgeklausel zum Nachfolger Berufene im Testament nur als Vermächtnisnehmer bedacht und nicht als Erbe berufen, so kann nur eine Umdeutung der Nachfolgeklausel in eine Eintrittsklausel weiterhelfen ..."

b) Erbfähigkeit der GbR

Die Erbfähigkeit der GbR wurde im bisherigen erbrechtlichen Schrifttum 34 überwiegend verneint, vgl. *Leipold,* in: MünchKomm § 1923 Rz. 32; *Staudinger/Kessler,* § 718 Rz. 6. Ein Teil der Literatur hat sich schon bisher für die Erbfähigkeit ausgesprochen, vgl. *Ulmer,* in: MünchKomm § 718 Rz. 18; *Erman/H. P. Westermann,* BGB § 718 Rz. 7; *Soergel/Hadding,* § 718 Rz. 5, 13. Mit der Rechtsfähigkeit der „höherstufigen", über eigene Identitätsausstattung verfügende GbR ist nach Auffassung von Ulmer ZIP 2001, 596 das Dogma fehlender Erbfähigkeit der GbR überholt. Zwar bestünden wegen der strukturellen Kollision unterschiedlicher Gesamthandsgemeinschaften, nämlich der Erbengemeinschaft und der GbR, Probleme, die aber auch sich in ähnlicher Weise bei einer OHG oder KG als (Mit-)Erbe ergeben.

c) Erbengemeinschaft als Personengesellschafter?

Nach *Weipert,* in: FS für Bezzenberger 2000, 439ff. sind alle Gesamthands- 35 gemeinschaften fähig, Mitglieder von Personengesellschaften zu sein. Die Mitgliedschaft in allen Personengesellschaften sei ein vom Gesellschaftsvermögen getrennt zu sehendes Recht, welches der Verfügung durch seinen Inhaber zugänglich ist, vgl. a. a. O., 446. Auch die Erbengemeinschaft wird als solche gesellschaftsrechtliche Nachfolgerin des Erblassers und dieser kann die Mitgliedschaftsrechte denjenigen zuweisen, die er sich als Nachfolger in der Gesellschaft wünscht oder nach dem Gesellschaftsvertrag nur wünschen darf.

Der BGH MittBayNot 2003, 228 lehnt die Übertragung der Grundsätze der GbR auf eine Erbengemeinschaft ab. Dagegen wird die Rechtsfähigkeit von *Ann,* MittBayNot 2003, 193; *Heil,* ZEV 2002, 296; *Grunewald,* AcP Bd. 197, 305 und *Fritz,* MZM 2003, 676 bejaht.

36, 37 *einstweilen frei*

8. Minderjährige Gesellschafter

Literatur: *Lautner,* Gerichtliche Kontrolle der Beteiligung Minderjähriger an Grundstücksverwaltungsgesellschaften bürgerlichen Rechts, MittBayNot 2002, 256; *Ivo,* Der minderjährige Gesellschafter, ZNotP 2007, 210; *Krüger,* Grundstücksschenkungen am Minderjährige, ZNotP 2006, 202; *Rust,* Die Beteiligung von Minderjährigen im Gesellschaftsrecht, DStR 2005, 1942 und 1992; *Wälzholz,* Die Beteiligung Minderjähriger im Gesellschaftsrecht, INF 2007, 231.

a) Gesetzliche Vertretungsregelung

38 Beim Abschluss eines Gesellschaftsvertrages mit ihren minderjährigen Kindern sind die Eltern gem. § 1795 Abs. 1 Nr. 1 BGB von der Vertretung ausgeschlossen. Für jeden Minderjährigen ist ein gesonderter **Ergänzungspfleger** zu bestellen, da auch dieser den Beschränkungen des § 181 BGB unterliegt, vgl. *Schwab,* in: MünchKomm § 1909 BGB Rn. 53. Auch die schenkweise Übertragung eines Gesellschaftsanteiles ist kein lediglich rechtlicher Vorteil i. S. d. § 107 BGB, so dass die Eltern wiederum von der Vertretung ausgeschlossen sind, vgl. *Dilcher,* in: MünchKomm § 107 BGB Rn. 24.

b) Vormundschaftsgerichtliche Genehmigung

Literatur: Zuständigkeit des Vormundschaftsgerichts oder Familiengerichts für Genehmigungserteilung und Bestellung eines Ergänzungspflegers DNotI-Report 2003, 25.

aa) Erwerbsgeschäft

39 Gem. § 1822 Nr. 3 BGB ist die vormundschaftsgerichtliche Genehmigung zu einem Vertrag erforderlich, der auf den entgeltlichen Erwerb oder die Veräußerung eines Erwerbsgeschäfts gerichtet ist sowie zu einem Gesellschaftsvertrag, der zum Betrieb eines Erwerbsgeschäftes eingegangen wird. Die Entscheidung über die vormundschaftsgerichtliche Genehmigung setzt eine Gesamtschau der Vor- und Nachteile für die Minderjährigen voraus, vgl. LG München ZEV 2000, 370. Folgende vertragliche Regelungen wurden von der Rechtsprechung bisher als **nachteilig** angesehen:

- **Gesellschaftsvertrag für lange Dauer** mit unkündbarer Bindung wegen Verstoßes gegen das allgemeine Persönlichkeitsrecht des Minderjährigen, BayObLG DNotZ 1998, 494 mit Anm. *Spiegelberger,*
- **Haftungsrisiken** bei Beteiligung an einer OHG oder GbR, wobei nach *Klüsener,* Rpfleger 1990, 330 aus diesem Grund eine Genehmigung des Vormundschaftsgerichtes von vorne herein ausgeschlossen sein soll.

40 Eine gewerblich tätige GbR mit den damit verbundenen unbeschränkbaren Haftungsrisiken ist als Rechtsform für die **Beteiligung Minderjähriger** nicht geeignet. Daran ändert auch nichts die Haftungsbeschränkung gem. § 1629 a Abs. 1 Satz 1 BGB, wonach sich die Haftung des Minderjährigen auf den Bestand des bei Eintritt der Volljährigkeit vorhandenen Vermögens beschränkt, da etwaiges während der Minderjährigkeit erworbenes Vermögen der akzessorischen Haftung unterliegt. Auch eine Haftungsfreistellungsverpflichtung der Eltern wird im allgemeinen von den Vormundschaftsgerichten als nicht ausreichend erachtet. Aus diesem Grund sollte statt der GbR-Beteiligung von Minderjährigen auf die stille Beteiligung oder auf die Beteiligung als Kommanditist oder GmbH-Gesellschafter ausgewichen werden.

einstweilen frei **41–45**

II. Steuerrecht

1. Die GbR als Steuersubjekt

Materiellrechtlich steht bei der Steuerpflicht nicht die Gesellschaft, sondern **46**
der Gesellschafter im Vordergrund. Lediglich bei der Umsatzsteuer ist die Gesellschaft und nicht etwa der einzelne Gesellschafter steuerpflichtig, vgl. unten Rn. 51 ff. Davon zu trennen ist die verfahrensrechtliche Situation. Die Personengesellschaft, auch die Gesellschaft bürgerlichen Rechts, ist verfahrensrechtlich weitgehend verselbständigt. Obwohl eine Personengesellschaft nicht einkommensteuerpflichtig ist – die Steuerpflicht trifft die einzelnen Gesellschafter – kommt der Gesellschaft **verfahrensrechtlich Rechtsfähigkeit** zu: Sie ist Subjekt der Einkunftserzielung und der Einkünfteermittlung, vgl. BFH BStBl. 1984 II 751 und 1995 II 617; *Wohlschlegel,* ZEV 1996, 256.

Eine **GbR** kann **Arbeitgeber** im lohnsteuerlichen Sinn sein, vgl. BFH **47**
DStR. 1995, 764. Die verfahrensrechtliche Verselbständigung der GbR hat durch deren Rechts- und Parteifähigkeit (BGH DNotZ 2001, 234) neuen Auftrieb bekommen. Wenn die GbR im Zivilprozess parteifähig ist, muss dies grundsätzlich auch für das **finanzgerichtliche Verfahren** bejaht werden. Demgemäß ist die GbR handlungsfähig i. S. d. § 79 Abs. 1 Nr. 3 AO; Verwaltungsakte können ihr unmittelbar gem. § 122 Abs. 1 AO bekannt gegeben werden. Die GbR ist somit auch in der Lage, als solche einen Einspruch einzulegen und Klagen zu erheben, vgl. *Boin,* GmbHR 2001, 514. Die nunmehrige zivilrechtliche Rechts- und Prozessfähigkeit gilt auch für das Steuerrecht.

2. Grunderwerbsteuer

a) Grundsatz: Steuerfreie Anteilsübertragung

Nach der Systematik des Grunderwerbsteuergesetzes ist der **Grund-** **48**
stücksumsatz Besteuerungsgegenstand. Die Beteiligung an einer grundbesitzenden Gesellschaft ist somit kein grunderwerbsteuerbarer Vorgang, ebenso nicht der **Wechsel im Personenstand** der Gesellschafter oder eine Änderung der Beteiligungsverhältnisse, vgl. BFH BStBl. 1990 II 446. *Viskorf,* DStR 1994, 6 nennt die Gesamthandsgemeinschaft zu Recht ein grunderwerbsteuerrechtlich vorteilhaftes Instrument zur Mobilisierung von Grundstücken. Die Gesamthand ist Träger der Grunderwerbsteuer, vgl. *Viskorf,* DStR 1994, 7. Im Grunderwerbsteuerbescheid sind aber alle Gesellschafter namentlich zu bezeichnen, vgl. *Boruttau/Fischer,* GrEStG Vorbem. 292 vor § 1.

b) Gesellschafterwechsel von mindestens 95%

49 Der Gesetzgeber hat durch die Einfügung des § 1 Abs. 2a GrEStG die Steuerfreiheit jedoch eingeschränkt. Danach ist der Übergang von mindestens 95% der Anteile einer Personengesellschaft auf neue Gesellschafter ein auf die Übereignung eines Grundstückes auf eine neue Personengesellschaft gerichtetes Rechtsgeschäft.

Bei der Übertragung von Grundstücken auf eine mit den **Abkömmlingen** gebildete GbR besteht **Grunderwerbsteuerfreiheit** gem. § 3 Nr. 6 GrEStG, soweit die Übertragung nicht bereits gem. § 5 grunderwerbsteuerfrei ist, da personenbezogene Befreiungstatbestände auch bei einer Gesamthandsgemeinschaft durchgreifen, vgl. *Boruttau/Fischer,* GrEStG § 3 Rn. 31ff.

c) Grunderwerbsteuerfreiheit bei schenkweisem Erwerb

50 Erwirbt ein Gesellschafter einer Personengesellschaft deren Gesamthandsvermögen durch Schenkung der Anteile der anderen Gesellschafter zu Alleineigentum, ist ein dabei erfolgender Übergang von Grundstücken aus dem Gesellschaftsvermögen in das Alleineigentum des Gesellschafters nach Maßgabe des § 3 Nr. 2 und des § 6 Abs. 2 GrEStG grunderwerbsteuerfrei. Liegt in einem solchen Fall eine **gemischte Schenkung** an den Erwerber vor, sind als Bemessungsgrundlage der Grunderwerbsteuer die um den Anteil des Erwerbers am Gesellschaftsvermögen verminderten Grundbesitzwerte anzusetzen, soweit sie nach schenkungsteuerrechtlichen Grundsätzen dem entgeltlichen Teil des Erwerbs entsprechen, vgl. BFH ZEV 2007, 43.

3. Umsatzsteuer

a) GbR als Unternehmer

51 Die BGB-Gesellschaft ist Unternehmer i. S. d. § 2 Abs. 1 UStG, so dass nur die Gesellschaft, nicht der einzelne Gesellschafter den Vorsteuerabzug gem. § 15 UStG geltend machen kann, vgl. BFH DB 1984, 968. Eine Lieferung oder sonstige Leistung wird grundsätzlich an diejenige Person i. S. d. § 15 Abs. 1 Nr. 1 UStG ausgeführt, die aus dem schuldrechtlichen Vertragsverhältnis, welches dem Leistungsaustausch zugrunde liegt, berechtigt und verpflichtet ist, vgl. BFH BStBl. 1985 II 21.

52 Gem. § 4 Nr. 9a UStG sind Umsätze, die unter das Grunderwerbsteuergesetz fallen, von der Umsatzsteuer befreit, so dass **Grundstücksübertragungen** für die Umsatzsteuer nur relevant sind, wenn gem. § 9 Abs. 1 UStG auf die Steuerbefreiung verzichtet wurde. Dann könnte die unentgeltliche Übertragung von Grundstücken gem. § 3 Abs. 1b UStG steuerpflichtig sein oder die **Vorsteuerberichtigung** gem. § 15a EStG auslösen. Dies wird in jedem Fall vermieden, wenn als Gegenleistung Schulden übernommen werden. Die unmittelbare Einbringung von Vermögensgegenständen in eine Gesellschaft bürgerlichen Rechts ist darüber hinaus nicht unentgeltlich, wenn als Gegenleistung Gesellschaftsanteile gewährt werden.

53 Gem. § 9 Abs. 3 Satz 2 UStG kann der **Verzicht auf Steuerbefreiung** nach Abs. 1 nur in dem gem. § 311b Abs. 1 BGB notariell zu beurkundenden Vertrag erklärt werden. Steuerschuldner ist gem. § 13b Abs. 1 Satz 1

Nr. 3 UStG der Leistungsempfänger, also der Käufer, so dass die früher übliche Abtretung des Vorsteuerguthabens gem. § 46 Abs. 3 AO entfallen ist.

b) Geschäftsveräußerung im Ganzen

Sofern der eingebrachte Grundbesitz ein umsatzsteuerliches Unternehmen darstellt, liegt eine nach § 1 Abs. 1a UStG nicht steuerbare Geschäftsveräußerung im Ganzen vor, so dass auch eine Vorsteuerberichtigung gem. § 15a Abs. 6a UStG ausscheidet. Dieselben Grundsätze gelten, wenn der eingebrachte Grundbesitz einen in der Gliederung eines Unternehmens gesondert geführten Betrieb im Ganzen darstellt. Der eingebrachte Grundbesitz muss einen für sich lebensfähigen Organismus gebildet haben, der unabhängig von den anderen Geschäften des Unternehmens nach Art eines selbständigen Unternehmens betrieben worden ist und nach außen hin ein selbständiges, in sich geschlossenes Wirtschaftsgebilde gewesen ist, vgl. BFH BStBl. 1967 III 161. Umsatzsteuerpflichtig **vermietetes Grundvermögen**, auch Teileigentum, ist regelmäßig ein gesondert geführter umsatzsteuerlicher Betrieb, so dass eine Option gem. § 9 Abs. 1 UStG ausscheidet. 54

c) Nießbrauchsvorbehalt

Sofern ein zu Gunsten des Schenkers vereinbarter Nießbrauch nicht am Gesellschaftsanteil, sondern an dem übertragenen Grundbesitz bestellt wird, erfolgt ebenfalls keine Vorsteuerberichtigung, da der Einbringende das Gebäude weiterhin für sein Unternehmen nutzt, vgl. BFH BStBl. 1996 II 248; FinMin Thüringen DStR 1996, 1328. Die Bestellung eines Nießbrauches an einem Grundstück des Betriebsvermögens stellt aber einkommensteuerlich eine **Nutzungsentnahme** dar und führt daher zur partiellen Gewinnrealisierung, vgl. BGH DNotZ 2003, 845. 55

4. Schenkungsteuer

Nach dem Beschluss des Bundesverfassungsgerichts BStBl. 2007 II 192 genügt das Erbschaft- und Schenkungsteuergesetz i. d. F. v. 27. 2. 1997 GBl. I 378 nicht den Anforderungen des Gleichheitssatzes aus Art. 3 Abs. 1 GG. Der Gesetzgeber war verpflichtet, bis längstens 31. 12. 2008 eine Neuregelung zu erstellen. Bis zur Neuregelung war die frühere gesetzliche Regelung anwendbar. Die seit 1. 1. 2009 geltende Neuregelung ist im Beihefter zu DStR 2008, Heft 51–52 abgedruckt. 56

a) Steuerpflicht

Die unentgeltliche Übertragung eines Personengesellschaftsanteils unterliegt der Steuerpflicht gem. § 1 Abs. 1 Nr. 2 ErbStG, auch wenn sich durch den Eintritt in die Gesellschaft eine **persönliche Haftung des Eintretenden** ergibt. Die teilweise vertretene, auf der BGH-Rechtsprechung BGH BB 1959, 574 und 1965, 472 beruhende Auffassung, dass der Eintritt als persönlich haftender Gesellschafter regelmäßig keine Schenkung beinhalte (so auch *Staudinger/Olshausen*, § 2325 BGB Rn. 29ff.), da aufgrund der Haftungsübernahme keine Bereicherung vorliege, ist bereits im zivilrechtlichen Ansatzpunkt unrichtig. Auch die Schenkung eines Einzelunternehmens ist mit Haftung und Risiken verbunden, ohne dass man deshalb an einer Schen- 57 kung zweifeln könnte. Latente Haftungsrisiken bestehen immer. Risiken sind – bereichungsmindernd – zu berücksichtigen, soweit hierfür Rückstellungen zulässig sind. Entscheidend ist wohl, ob dem Eintretenden ein positives, über seine Einlage hinausgehendes Kapitalkonto zuwächst; differenzierend *Viskorf/Klier/Hübner/Knobel/Schuck,* Erbschaftsteuer- und Schenkungsteuergesetz, Bewertungsgesetz § 7 ErbStG Rn. 176.

b) Schenkungsteuerlicher Vollzug

58 Widerrufs- und Rücktrittsrechte könnten Zweifel an dem schenkungsteuerlichen Vollzug aufkommen lassen. Während bei Schenkungen von steuerlichem Privatvermögen selbst ein **freies Widerrufsrecht** den Schenkungssteuervollzug nicht beeinträchtigt (vgl. BFH BStBl. 1983 II 179 und 1989 II 1034), muss bei der Einräumung von mitunternehmerischen Gesellschaftsanteilen vor einem **freien Widerrufsrecht** dringend **gewarnt werden**. Nach BGH DB 1981, 1974 und BB 1985, 1558 ist eine auf das freie Ermessen abstellende Ausschlussklausel nichtig, soweit nicht eine solche Regelung wegen außerordentlicher Umstände sachlich gerechtfertigt ist. Hingegen sind enumerative Widerrufs- und Rücktrittsvorbehalte, die die Sicherung des Familienvermögens im Auge haben, sowie der Vorbehalt des Nießbrauchs unschädlich, vgl. *Meyding,* ZEV 1995, 397; *Jütte,* ZEV 1995, 403; *Spiegelberger,* MittBayNot 2000, 9.

c) Steuerklasse

59 Da der BFH BStBl. 1989 II 237 nicht die jeweiligen Gesellschafter, sondern die Gesellschaft zur gesamten Hand als Beschenkte ansah, so dass regelmäßig, selbst innerhalb der Familie, die Steuerklasse IV Anwendung fand, waren früher Ausweichgestaltungen erforderlich, vgl. Vorauflage Rn. 213. Insbesondere wurde früher eine Miteigentümergemeinschaft zwischengeschaltet, um den Schenkungsvorgang in die Steuerklasse I zu verlagern. Nach Maßgabe des Urteils des BFH BStBl. 1995 II 81 sind für die Erbschaft- und Schenkungsteuer die **Gesamthänder** als **vermögensmäßig bereichert** anzusehen, wenn einer Gesamthandsgemeinschaft durch Erbanfall oder Schenkung Vermögen zufällt, unabhängig von der Frage, ob zivilrechtlich ggf. die Gesamthand Erbin oder Beschenkte ist. Erwerber und damit Steuerschuldner i. S. v. § 20 ErbStG 1974 sind in einem solchen Fall nicht die Gesamthand, sondern die Gesamthänder. Die entgegenstehende Rechtsprechung BStBl. 1989 II 237 wurde ausdrücklich aufgegeben.

60 *einstweilen frei*

5. Einkommensteuer

a) Gewerblich tätige Gesellschaften

aa) Steuerpflicht

61 Gem. § 15 Abs. 1 Nr. 2 EStG sind die Gewinnanteile der Gesellschafter einer OHG, einer KG oder einer anderen Gesellschaft, bei der der Gesellschafter als Unternehmer (Mitunternehmer) des Betriebs anzusehen ist, Einkünfte aus Gewerbebetrieb.

bb) Gewerbliche Infizierung

Ungewollte einkommensteuerliche Auswirkungen ergeben sich, wenn eine vermögensverwaltende Gesellschaft gemäß § 15 Abs. III Nr. 1 EStG infiziert wird. Sofern die vermögensverwaltende Gesellschaft also auch nur geringfügig gewerbliche Tätigkeiten ausübt oder sich an einer gewerblich tätigen Gesellschaft beteiligt, wird die Tätigkeit der GbR gemäß § 15 Abs. III Nr. 2 EStG insgesamt gewerblich, vgl. BFH DStR 1995, 638. Somit ist auf strenge Trennung zwischen gewerblichen und vermögensverwaltenden Gesellschaften zu achten. Gegebenenfalls kann eine zweite beteiligungskonforme gewerblich tätige GbR errichtet werden, um die vermögensverwaltende GbR nicht zu infizieren. Die **Abfärberegelung** ist auf eine ansonsten nicht gewerblich tätige Personengesellschaft nicht anzuwenden, wenn die Beteiligung an der gewerblich tätigen Gesellschaft 62

- von einem, mehreren oder allen Gesellschaftern der ansonsten nicht gewerblich tätigen Gesellschaft persönlich oder
- von einer Schwestergesellschaft gehalten wird,

vgl. BMF-Schreiben v. 13. 5. 1996 DStR 1996, 869.

Für den Fall, dass nur ein äußerst geringer Umsatzanteil originär gewerblicher Tätigkeit besteht (im Entscheidungsfall 1,25%) tritt nach dem Verhältnismäßigkeitsgrundsatz keine umqualifizierende Wirkung i. S. d. § 15 Abs. 3 Nr. 1 EStG ein, vgl. BGH DStR 1999, 1688.

b) Zebra-Gesellschaften

Sofern an einer vermögensverwaltenden Personengesellschaft ein Gesellschafter beteiligt ist, der aufgrund seiner Rechtsform von vorne herein gewerbliche Einkünfte bezieht, z. B. wenn eine GmbH oder GmbH & Co. KG an einer vermögensverwaltenden GbR beteiligt ist, erfolgt keine Infizierung. Jedoch sind die auf den betriebliche Einkünfte erzielenden Gesellschafter entfallenden Ertragsanteile an der vermögensverwaltenden GbR in gewerbliche Einkünfte umzuqualifizieren. Diese Umqualifizierung hat nach Auffassung des BFH DStR 1996, 1682 grundsätzlich innerhalb der gesonderten Feststellung der Einkünfte der Gesellschaft zu geschehen. 63

einstweilen frei 64

III. Vertragsgestaltung: Gewerbliche GbR

Beispiel: Andreas Online und Axel Software streben eine Kooperation auf dem Gebiet der Vermarktung von Telekommunikationsprodukten an, ohne sich zu einer (regelmäßigen) Tätigkeit zu verpflichten. 65

Beurkundet am …

1. Herr Andreas Online, geboren am …, wohnhaft …
2. Herr Axel Software, geboren am …, wohnhaft …

Auf Ansuchen der Erschienenen beurkunde ich den bei gleichzeitiger Anwesenheit vor mir abgegebenen Erklärungen gemäß was folgt:

I. Allgemeines

Die Gesellschafter legen für diese Gesellschaft den in der Anlage zu dieser Urkunde niedergelegten Gesellschaftsvertrag fest.

Die Anlage wurde mitverlesen.
Sie ist wesentlicher Bestandteil und somit Inhalt und Gegenstand dieser Urkunde.

II. Kosten und Ausfertigungen

Die Kosten dieser Urkunde trägt die Gesellschaft.
Von dieser Urkunde erhalten:
die Gesellschafter je eine Ausfertigung;
das Finanzamt Rosenheim – Personengesellschaften – eine einfache Abschrift.
Samt Anlage vorgelesen vom Notar,
von den Beteiligten genehmigt
und eigenhändig unterschrieben wie folgt:

Anlage: Kooperationsvertrag

§ 1 Name, Sitz

Der Name der Gesellschaft lautet:
„Andreas Online und Axel Software Gesellschaft bürgerlichen Rechts".
Sitz der Gesellschaft ist …

§ 2 Zweck der Gesellschaft

Zweck der Gesellschaft ist die Zusammenarbeit zur Vermarktung von Telekommunikationsprodukten.

§ 3 Dauer der Gesellschaft

1. Die Dauer der Gesellschaft ist unbestimmt.
2. Die Kündigung der Gesellschaft kann mit einer Frist von einem halben Jahr zum darauf folgenden Jahresende erfolgen.

§ 4 Gesellschafter

1. Gesellschafter der Gesellschaft bürgerlichen Rechts sind
   a) Herr Andreas Online zu 50%
   b) Herr Axel Software zu 50%.
2. Die Gesellschaftsanteile sind unveränderlich, so dass sich der Anteil eines jeden Gesellschafters insbesondere nicht durch Gewinne oder Verluste, Einlagen oder Entnahmen verändert.

§ 5 Geschäftsführung und Vertretung

1. Die Bestellung eines Geschäftsführers wird gesellschaftsvertraglich ausgeschlossen, so dass die Gesellschaft gem. § 709 Abs. 1 BGB nur durch die gemeinschaftliche Zustimmung aller Gesellschafter verpflichtet werden kann. Eine organschaftliche Vertretung ist damit ausgeschlossen.
2. Nach den allgemeinen Vorschriften kann dritten Personen eine Vollmacht erteilt werden, durch die die Gesellschafter nur bis zur Höhe des Gesellschaftsvermögens verpflichtet werden können.

§ 6 Gesellschafterbeschlüsse

Beschlüsse der Gesellschaft werden nur einstimmig gefasst.

§ 7 Jahresabschluss

Die Erstellung des Jahresabschlusses erfolgt nach den jeweils geltenden steuerlichen Vorschriften.

§ 8 Tätigkeitsvergütungen und Entnahmen

1. Die Gesellschafter beziehen gleich hohe Tätigkeitsvergütungen, deren Höhe durch Gesellschafterbeschluss festgelegt wird.

2. Auch über Entnahmen wird durch Gesellschafterbeschluss entschieden. Jeder Gesellschafter ist aber berechtigt, Steuern, die auf seine Beteiligung aus der Gesellschaft entstehen, aus dem Gesellschaftsvermögen zu entnehmen.

§ 9 Ausscheiden eines Gesellschafters

1. Bei Kündigung der Gesellschaft sowie bei Ausschließung oder Insolvenz eines Gesellschafters wird die Gesellschaft nicht aufgelöst, sondern -nach Ausscheiden des betroffenen Gesellschafters- von den übrigen Gesellschaftern fortgesetzt.
2. Besteht die Gesellschaft nur aus zwei Gesellschaftern und scheidet einer von ihnen aus oder scheiden gleichzeitig mehrere Gesellschafter aus, so dass nur ein Gesellschafter übrig bleibt, so steht dem verbleibenden Gesellschafter ein Übernahmerecht zu, das gegenüber dem ausscheidenden Gesellschafter durch rechtsgestaltende Willenserklärung auszuüben ist. Macht er von seinem Übernahmerecht Gebrauch, so wächst das Gesellschaftsvermögen dem Übernehmenden ohne Einzelübertragung an, der Ausscheidende ist abzufinden.

§ 10 Ausschließung

1. Wird über das Vermögen eines Gesellschafters das Insolvenzverfahren eröffnet oder wird die Zwangsvollstreckung in sein Auseinandersetzungsguthaben oder ein sonstiges Gesellschafterrecht betrieben, so können die übrigen Gesellschafter seinen Ausschluss beschließen, wenn ihnen die Fortsetzung der Gesellschaft aufgrund des Verhaltens dieses Gesellschafters nicht mehr zumutbar ist.
2. Der Ausschluss wird mit der Bekanntgabe des Beschlusses, im Falle der Einzelzwangsvollstreckung jedoch erst einen Monat nach Bekanntgabe des Beschlusses wirksam, es sei denn, dass der betroffene Gesellschafter bis dahin die eingeleiteten Vollstreckungsmaßnahmen abgewendet hat.

§ 11 Abfindung

1. Wenn ein Gesellschafter die Gesellschaft kündigt oder sonst gemäß § 9 oder § 10 dieses Vertrages ausscheidet, erhält er eine Abfindung, die von dem für die Gesellschaft tätigen Steuerberater als Schiedsgutachter gemäß § 317 BGB auf den Tag des Ausscheidens ermittelt wird.
2. Als Abfindungsguthaben erhält der ausscheidende Gesellschafter einen seiner Beteiligung an der Gesellschaft entsprechenden Anteil am Unternehmenswert, der nach den von der Finanzverwaltung für die Bewertung von Gesellschaftsanteilen angewandten vereinfachten Ertragswertverfahren gem. §§ 200 ff. BewG zu ermitteln ist.
3. Im Falle des Ausschlusses eines Gesellschafters gem. § 10 des Gesellschaftsvertrages werden nur 50% des anteiligen Verkehrswertes als Abfindung entrichtet.
4. Das Abfindungsguthaben ist in fünf gleichen, unmittelbar aufeinanderfolgenden Jahresraten auszuzahlen und mit jährlich 4% – vier vom Hundert – zu verzinsen. Sicherheitsleistung kann nicht gefordert werden.

§ 12 Abtretung und Belastung

1. Zur Abtretung oder Belastung eines Gesellschaftsanteiles ist die Zustimmung aller übrigen Gesellschafter erforderlich.
2. Jeder Gesellschafter ist jedoch berechtigt, Ehegatten oder Abkömmlingen Nießbrauchsrechte an dem Gesellschaftsanteil mit dem Recht zu bestellen, dass diese auch das Stimmrecht ausüben dürfen.

§ 13 Versterben eines Gesellschafters

1. Bei dem Versterben eines Gesellschafters wird die Gesellschaft mit dessen Erben oder Vermächtnisnehmern fortgesetzt, sofern es sich um Mitgesellschafter, den Ehegatten oder leibliche Abkömmlinge der Gründungsgesellschafter handelt oder in-

nerhalb eines Jahres seit dem Versterben des Gesellschafters der Gesellschaftsanteil auf eine nachfolgeberechtigte Person übertragen wird. Andernfalls wird die Gesellschaft mit den verbleibenden Gesellschaftern unter Ausscheiden des Verstorbenen fortgesetzt.

2. Jeder Gesellschafter ist aber berechtigt, aufgrund der vorstehenden Bestimmungen nicht zur Gesellschafternachfolge zugelassenen Erben, Pflichtteilsberechtigten oder Vermächtnisnehmern den lebenslangen Nießbrauch an seinem Gesellschaftsanteil zuzuwenden, auch mit dem Recht der Stimmrechtsausübung.
3. Die Anordnung der Dauertestamentsvollstreckung über den GbR-Anteil mit der Rechtsfolge, dass der Testamentsvollstrecker auch das Stimmrecht ausüben darf, ist bis zur Vollendung des 27. Lebensjahres des nachrückenden Gesellschafters zulässig.

§ 14 Wettbewerbsverbot

1. Jeder Gesellschafter ist berechtigt, auf eigene Rechnung beruflich tätig zu sein und seine bisherigen Tätigkeiten fortzuführen, auch soweit diese den Bereich der Vermarktung von Telekommunikationsprodukten betreffen.
2. Nach dem Ausscheiden eines Gesellschafters aus der Gesellschaft darf er auf die Dauer von zwei Jahren nicht tätig sein für Kunden der Gesellschaft.
3. Im übrigen besteht kein Wettbewerbsverbot.

§ 15 Salvatorische Klausel

1. Soweit in diesem Gesellschaftsvertrag keine besondere Regelung getroffen ist, gelten die gesetzlichen Bestimmungen.
2. Die etwaige Nichtigkeit einzelner Bestimmungen berührt die Wirksamkeit des Gesellschaftsvertrages im übrigen nicht. Die Beteiligten sind verpflichtet, an Stelle der unwirksamen Bestimmungen eine dem Vertragsgedanken entsprechende Neuregelung zu treffen. Sofern eine Neuregelung nicht erfolgt, gelten die für die entsprechende Regelungslücke bestehenden gesetzlichen Bestimmungen.

Kaufmannsgut ist Ebbe und Flut.

§ 11 Offene Handelsgesellschaft

Übersicht

Literatur: *Reimann,* Gesellschaftsvertragliche Nachfolgeregelungen in der Kautelarpraxis – Zivilrechtliche und steuerrechtliche Fragen, ZNotP 2006, 162; *Rogall,* Steuerliche Wertansätze bei der Betriebseröffnung einer bestehenden Personengesellschaft, DStR 2004, 1243; *Weipert,* Die Erbengemeinschaft als Mitglied einer Personengesellschaft, ZEV 2002, 300; *Wolf,* Die Haftung des Gesellschaftererben für Verbindlichkeiten einer Personenhandelsgesellschaft, DB 2003, 1423.

I. Errichtung einer OHG

Die Entwicklung des Personengesellschaftsrechts hin zur Offenen Handels- **1** gesellschaft der §§ 105–160 HGB lässt sich bis in das Mittelalter zurückverfolgen, vgl. *Fischer,* in: GroßKomm HGB § 105 Anm. 1, 2. Die erste einheitliche deutsche Kodifikation erfolgte in den Art. 85ff. des Allgemeinen Deutschen Handelsgesetzbuches (ADHGB) von 1861. Da mit der Einführung des HGB zum 1. 1. 1900 keine Reform des OHG-Rechts verbunden war, vgl. *Happ/Brunkhorst,* in: Münchener Handbuch des Gesellschaftsrechts Bd. 1, 765, sind die Regelungen im OHG-Recht fast durchwegs für ein modernes Gesellschaftsrecht überholt und vielfach unbrauchbar. Dem gemäß hat die OHG im Laufe der Jahrzehnte als Rechtsform an Bedeutung verloren. Neugründungen in der Rechtsform der OHG sind selten. Eine kurze Darstellung der Grundzüge des OHG-Rechts ist dennoch angezeigt, da die Kommanditgesellschaft gem. § 161 HGB auf dem Recht der OHG beruht.

2 Die unternehmenstragende gewerbliche GbR unterscheidet sich nach der nunmehrigen BGH-Rechtsprechung von der Offenen Handelsgesellschaft nur noch in der unterschiedlichen **Registerfähigkeit**: Die OHG kann gem. § 106 HGB im Handelsregister und im Grundbuch als Rechtsträger eingetragen werden. Im übrigen gelten die vorstehenden Ausführungen zur unternehmenstragenden GbR entsprechend für die OHG. Lediglich für vermögensverwaltende Gesellschaften bürgerlichen Rechts in der Rechtsform des geschlossenen Immobilienfonds sieht der BGH DNotZ 2002, 805 die Möglichkeit der Vereinbarung von Haftungsbeschränkungen auf das Gesellschaftsvermögen.

1. Anwendungsbereich

3 Die OHG ist eine besondere Ausprägung der GbR. Durch die Ausweitung zu einem Unternehmen, das nach Art und Umfang einen in **kaufmännischer Weise eingerichteten Geschäftsbetrieb** erfordert, oder durch Eintragung in das Handelsregister, verwandelt sich eine GbR automatisch in eine OHG. Umgekehrt nimmt die OHG bei dem Absinken in den Umfang eines nichtkaufmännischen Betriebs oder bei Verpachtung des Betriebs automatisch die Rechtsform einer GbR an, nicht jedoch, solange sie im Handelsregister eingetragen ist.

4 Die **OHG** ist im Rechtsverkehr **verselbständigt;** sie kann als Grundstückseigentümer im Grundbuch eingetragen werden, § 124 Abs. 1 HGB. Sie ist aber keine juristische Person.

5 Im Hinblick auf die in den letzten Jahrzehnten erfolgte **Haftungsausweitung** durch Gesetz und Rechtsprechung – stichwortartig sei nur hingewiesen auf

- das Verbot der Haftungsbegrenzung beim Verbrauchsgüterkauf gem. § 474ff. BGB,
- die Sozialplanhaftung (§ 112 BetrVG),
- die verschuldensunabhängige Produkthaftung gem. § 10 ProdHaftG mit einer Haftungsgrenze bis zu 85 Mio. €,
- die Prospekthaftung (Rechtsprechungsnachweise bei *Baumbach/Hopt,* Anh. § 177a HGB Rn. 60ff),

wird kautelarjuristisch regelmäßig von der Errichtung einer OHG abgeraten.

2. Gesellschafterbeiträge

6 Zum Betrieb des gemeinsamen Handelsgewerbes hat jeder Gesellschafter einen Beitrag zu leisten, der in der Verpflichtung zur Arbeitsleistung, Einlage eines Geldbetrages, Einbringung von Sachwerten oder in der Nutzungsüberlassung von Gegenständen bestehen kann. Anstelle einer gesellschaftsvertraglichen Regelung können dieselben Vereinbarungen mit lediglich schuldrechtlicher Wirkung getroffen werden, so dass der Gesellschafter der Gesellschaft als Darlehensgeber, Vermieter oder Arbeitnehmer gegenübertritt. Die Verpflichtung zur **Arbeitsleistung** stellt kein **bewertungsfähiges Wirtschaftsgut** dar, vgl. *K. Schmidt*, Gesellschaftsrecht § 20 II 3 a) bb), so dass eine Bu-

chung auf dem Kapitalkonto nur erfolgen kann, wenn sich der Gesellschafter zugleich zur Erbringung anderer Vermögensgegenstände oder von Nutzungsrechten verpflichtet.

3. Geschäftsführung und Vertretung

Typisch für die OHG ist die Mitarbeit aller Gesellschafter; im Gesell- 7
schaftsvertrag sollte der Umfang der Arbeitsleistung und bei unterschiedlicher Qualifikation auch der Wert der Arbeitsleistung detailliert geregelt sein. Regelmäßig schuldet der Gesellschafter seine gesamte Arbeitskraft der Gesellschaft; aufgrund des gesetzlichen **Konkurrenzverbotes** (§ 112 HGB) bedarf jedes Tätigwerden für Konkurrenzunternehmen der Zustimmung der Gesellschaft.

Nach der gesetzlichen Regelung steht jedem Gesellschafter das Geschäfts- 8
führungs- und **Alleinvertretungsrecht** zu. Belässt man es bei der gesetzlichen Regelung, so ist eine Einschränkung im Innenverhältnis veranlasst, wonach für besonders wichtige und weittragende Geschäfte die vorherige Zustimmung der übrigen Gesellschafter erforderlich ist. Der vorsichtige Berater wird im allgemeinen den Gesellschaftern von vorneherein **Gesamtvertretungsberechtigung** (Vier-Augen-Prinzip), wie dies insbesondere bei Kapitalgesellschaften in der Praxis anzutreffen ist, empfehlen. Für den Bankverkehr der Gesellschaft kann zur Erleichterung der Abwicklung der Tagesgeschäfte Dritten eine auf einen bestimmten Geldbetrag limitierte Bankvollmacht erteilt werden.

4. Gewinnverteilung und Entnahmen

Die gesetzliche Regelung, wonach jeder Gesellschafter 4% Kapitalverzin- 9
sung erhält und der Restgewinn nach Köpfen verteilt wird, entspricht regelmäßig nicht den Vorstellungen der Beteiligten. Auch das **variable Kapitalkonto**, das bei jeder Entnahme und Einlage zu einer Verschiebung der Anteilsverhältnisse führt, ist nur für Familiengesellschaften opportun und erbschaftsteuerlich günstig. Für miteinander nicht verwandte Gesellschafter ist daher ein festes Kapitalkonto zu empfehlen, das die Anteilsverhältnisse am Gesellschaftsvermögen wiedergibt.

Auch die gesetzliche Entnahmeregelung des § 122 HGB entspricht selten 10
den Vorstellungen der Beteiligten. Mitarbeitende Gesellschafter, die ihren Lebensunterhalt aus dem Gesellschaftsertrag bestreiten, sind im allgemeinen auf **feste monatliche Entnahmebeträge** angewiesen, bei deren Festsetzung die Liquidität des Unternehmens zu berücksichtigen ist.

II. Nachfolgeregelung

Literatur: *Ivo,* Erbteilsverfügungen bei Sondererbfolge in Anteile von Personengesellschaften, ZEV 2004, 499; *Keller,* Die Problematik des § 2306 BGB bei der Sondererbfolge in Anteile an Personengesellschaften, ZEV 2001, 297; *Reimann,* Gesellschaftsvertragliche Nachfolgeregelungen in der Kautelarpraxis – zivilrechtliche und steuerrechtliche Fragen, ZNotP 2006, 162; *Riedel/Söffing,* Gesellschaftsvertragliche Nachfolgeregelungen – Auswirkungen auf Pflichtteil und Erbschaftsteuer, ZErb 2003, 212; *Stodolkowitz,* Nachlasszugehörigkeit von Personengesellschaftsanteilen, FS für Alfred Kellermann (1990), 439; *Zöller,* Nachfolge von Todes wegen bei Beteiligungen an Personengesellschaften, MittRhNot 1999, 121.

1. Nachfolge unter Lebenden

11 Häufig äußern ältere Gesellschafter den Wunsch, bereits zu Lebzeiten den für den Fall des Versterbens vorgesehenen Nachfolger in die Gesellschaft aufzunehmen. Da die Verwirklichung dieses Wunsches eine Änderung des Gesellschaftsvertrages beinhaltet, bedarf die Nachfolge unter Lebenden der Zustimmung sämtlicher Gesellschafter, die einen Gesellschafterwechsel auch verweigern können. Ausnahmsweise besteht jedoch die Verpflichtung zur Zustimmung, wenn der Wechsel im Gesellschafterbestand mit Rücksicht auf das bestehende Gesellschaftsverhältnis oder im Hinblick auf die Rechtsbeziehungen der Gesellschafter zueinander, etwa zum Zwecke der Erhaltung der von den Gesellschaftern in gemeinsamer Arbeit geschaffenen Werte oder auch zur Sicherung der Fortführung des Gesellschaftsunternehmens, erforderlich ist, vgl. BGH NJW 1987, 952. Bei hoch betagten Gesellschaftern – im Entscheidungsfall war der Gesellschafter bereits 79 Jahre alt – hat der BGH DStR 2005, 256, unabhängig von dem angeschlagenen Gesundheitszustand des ausscheidungswilligen Gesellschafters eine Zustimmungspflicht der übrigen Gesellschafter aufgrund der **gesellschafterlichen Treuepflicht** bejaht, wenn die Vorsorge für die Zukunft des Gesellschaftsunternehmens dies erfordert.

2. Nachfolge von Todes wegen

12 Gem. § 131 Abs. 3 Nr. 1 HGB wird die Gesellschaft beim Tod eines Gesellschafters fortgeführt. Den Gesellschaftern bleibt es aber vorbehalten, an Stelle der vom Gesetz vorgesehenen Fortführung des Unternehmens durch die verbliebenen Gesellschafter, eine

- Nachfolgeklausel (einfache oder qualifizierte Nachfolgeklausel)
- Eintrittsklausel oder
- Umwandlungsklausel

zu vereinbaren, im letzteren Fall z. B. in der Weise, dass an Stelle des verstorbenen Komplementärs der Erbe die Rechtsstellung eines Kommanditisten erlangt, vgl. § 139 Abs. 1 HGB.

3. Vererbung bei Personenhandelsgesellschaften

13 Der erbrechtliche Erwerb des Anteils an einer Personenhandelsgesellschaft vollzieht sich nach h. M. nicht durch Universalsukzession, sondern im Wege der **Sondererbfolge**. Die durch den Gesellschaftsvertrag oder im Falle der Kommanditbeteiligung gem. § 177 HGB vererblich gestellte Mitgliedschaft wird danach im Erbfall nicht Bestandteil des gesamthänderisch gebundenen Vermögens der Erbengemeinschaft, sondern geht unmittelbar und geteilt auf die einzelnen Miterben über, vgl. BGH NJW 1983, 2377; *Keller,* ZEV 2001, 297. Nach dem vom BGH aus dem Höferecht entwickelten Prinzip der Sondererbfolge bei Personenhandelsgesellschaften (BGHZ 68, 225) fallen die personenbezogenen Mitgliedschaftsrechte unmittelbar dem vorgesehenen Nachfolger zu, so dass der **Gläubigerzugriff** und die Testamentsvollstreckung nur hinsichtlich der übertragbaren Vermögensrechte zulässig sind, also auf den Gewinnanspruch und den Anspruch auf das künftige Auseinandersetzungsguthaben, vgl. *Stodolkowitz,* in: FS für Kellermann, 442; zur Vererbung

von Gesellschaftsanteilen mit Sonderbetriebsvermögen vgl. § 12 III; zur Erbengemeinschaft als Personengesellschafter vgl. § 10 Rn. 35.

einstweilen frei **14, 15**

III. Abfindungsansprüche

Literatur: *Barthel,* Unternehmenswert: Der systematische Fehler in der Nach-Steuer-Rechnung, DStR 2007, 83; *Behringer,* Das Ertragswertverfahren zur Bewertung von kleinen Unternehmen, DStR 2001, 719; *Günther,* Unternehmensbewertung: Steuerparadoxe Ertragswerte bei Risiko und Wachstum?, DB 1999, 2425; *Heller,* Das Stuttgarter Verfahren in Abfindungsklauseln, GmbHR 1999, 594; *Kunowski,* Änderung des IDW-Standards zu den Grundsätzen zur Durchführung von Unternehmensbewertungen, DStR 2005, 569; *Mecklenbrauck,* Neue Entwicklungen in der Rechtsprechung zu Abfindungsbeschränkungen in Gesellschaftsverträgen, INF 2007, 72; *Michalski/Zeidler,* Die Bewertung von Personengesellschaftsanteilen im Zugewinnausgleich, FamRZ 1997, 397; *Reimann,* Gesellschaftsvertragliche Bewertungsvorschriften in der notariellen Praxis, DNotZ 1992, 472; *Schiffers,* Praktische Grundregeln für die Unternehmensbewertung, GmbH-Stb 2005, 300; *Wangler,* Abfindungsregelungen in Gesellschaftsverträgen: Zum aktuellen Stand in Literatur, Rechtsprechung und Vertragspraxis, DB 2001, 1763; *ders.,* Abfindungsregelungen in Gesellschaftsverträgen, UM 2004, 63.

Sofern der Gesellschaftsvertrag keine Abfindungsregelung enthält, ist nach **16** der Rechtsprechung (BGH DB 1967, 854) nicht der Zerschlagungswert, sondern der sich bei Fortführung des Unternehmens (**going concern**) ergebende Anteilswert maßgebend. Somit ist eine betriebswirtschaftliche Unternehmensbewertung erforderlich. Nach den Richtlinien des Hauptfachausschusses des Instituts der Wirtschaftsprüfer in Deutschland, – IDW-Standard S 1 i. d. F. 2008, WPg 2008, 271 kommt für das Bewertungsverfahren entweder das **Ertragswert-** oder das **Discounted-Cash-Flow-Verfahren** in Betracht. Nach der konzeptionellen Grundlage wird in beiden Fällen der Barwert zukünftiger finanzieller Überschüsse ermittelt. Dieses für Großbetriebe geeignete Verfahren kann auf Klein- und Mittelbetriebe nur begrenzt Anwendung finden, da die für die Zukunftsprognose erforderlichen Finanzplandaten meist fehlen.

Nach Auffassung des Hauptfachausschusses des IDW HFA 6/1997 in: WPg **17** 1998, 26 weisen kleine und mittlere Unternehmen häufig folgende **Charakteristika** auf:

- begrenzter Eigentümerkreis (keine Publikumsgesellschaft),
- eingeschränkte Finanzierungsmöglichkeiten aufgrund fehlenden Zugangs zum Kapitalmarkt (Börse),
- fließender Übergang zwischen Betriebsvermögen und Privatsphäre der Eigentümer,
- fehlendes unabhängiges Kontrollorgan (z. B. Aufsichtsrat, Beirat),
- geringe Organisationstiefe,
- geringere Diversifikation,
- beschränkt aussagefähiges Rechnungswesen, insbesondere keine geprüften Jahresabschlüsse,
- fehlende oder nicht dokumentierte Unternehmensplanung,
- Mitarbeit von Familienmitgliedern der Eigentümer.

Die einzelnen Bewertungsgrundsätze (Ertragswertverfahren; Liquidationswert als Wertuntergrenze) erfahren danach bei kleinen und mittleren Unternehmen im Vergleich zur Bewertung großer Unternehmen eine unterschiedliche Gewichtung.

18 Angesichts der zu unterschiedlichen Ergebnissen führenden **betriebswirtschaftlichen Bewertungstheorien** (vgl. *Barthel,* DStR 2007, 83 zum Unternehmenswert: Der systematische Fehler in der Nach-Steuer-Rechnung!) und der daraus resultierenden Rechtsstreitigkeiten wird in der Praxis eine **gesellschaftsvertragliche** Regelung bevorzugt, wobei nach der kautelarjuristischen Erfahrung die Beteiligten weniger Wert legen auf den bei dem Verkauf des Unternehmens erzielbaren Wert als auf die Liquidität des Unternehmens, so dass regelmäßig eine **betragsmäßige Begrenzung** der Abfindung angestrebt wird. In erster Linie geht es den Beteiligten um den Fortbestand der Gesellschaft und nicht um die optimale Rendite für den ausscheidenden Gesellschafter. Die Höhe der Abfindungszahlung soll keinen Anreiz darstellen, das sinkende Schiff zu verlassen. Während bei der Unternehmensbewertung zum Zwecke des Verkaufes des Unternehmens ausschließlich der am Markt erzielbare Unternehmenswert eine Rolle spielt, wird die Höhe der Abfindung eines Gesellschafters im Fall der Kündigung mehr unter dem Gesichtspunkt der rechtlich zulässigen Mindestentschädigung und der Sicherung der Liquidität der Gesellschaft gesehen.

Berücksichtigt werden müssen auch die gesellschaftsvertraglichen Regelungen über die **Verwertungsmöglichkeit** eines Unternehmensanteils. Methodisch ist diese Wertminderung bereits bei der Ermittlung des objektiven Wertes zu berücksichtigen, vgl. HFA 2/1995: Zur Unternehmensbewertung im Familien- und Erbrecht, WPg 1995, 522, 524. Da bei kleinen und mittelgroßen Unternehmen die Höhe der künftigen finanziellen Überschüsse maßgeblich vom persönlichen Engagement und den persönlichen Kenntnissen, Fähigkeiten und Beziehungen der Eigentümer abhängig ist, hat die Bewertung des Managementfaktors (Unternehmerlohn unter Berücksichtigung sämtlicher personenbezogener Wertfaktoren) besondere Bedeutung, vgl. IDW S 1 i. d. F. 2008, WPg 2008, 271, 290.

19 Bei bestimmten Bewertungsanlässen, z. B. für den Zugewinnausgleich und die Pflichtteilsermittlung sollte grundsätzlich der **Liquidationswert** als ökonomisch begründbare Bewertungsuntergrenze aufgrund des Schutzzwecks dieser Vorschriften zur Anwendung kommen, vgl. HFA 2/1995, WPg 1995, 522, 524. Die Rechtsprechung hat daher von jeher Untergrenzen für die gesellschaftsvertragliche Bewertung gesetzt.

20 Beträgt der **Abfindungsanspruch nur 20%** (vgl. BGH DB 1973, 611) bzw. ein Drittel des wahren Wertes der Beteiligung (vgl. BGH LM HGB § 119 Nr. 9), so ist die vertragliche Regelung wegen unangemessener Erschwerung des Kündigungsrechtes unwirksam; hingegen bestehen keine Bedenken bei einer Reduzierung auf die Hälfte des wahren Wertes des Gesellschaftsanteiles, vgl. *Kellermann,* StbJb 1986/87, 411; *Ulmer,* in: MünchKomm § 738 Rn. 33 a; *D. Mayer,* DB 1990, 1320.

21 Sofern die vereinbarte Abfindung zum Zeitpunkt des Abschlusses des Gesellschaftsvertrages zulässig war und sich erst im Lauf der Jahre und Jahrzehnte aufgrund der Entwicklung der Gesellschaft als unangemessen erweist, nimmt

die Rechtsprechung seit der grundsätzlichen Rechtsprechungswende (BGH NJW 1993, 2101 und 3193) eine Anpassung im Wege der **richterlichen Vertragsergänzung** vor, wonach ein Abfindungsbetrag zwischen dem Verkehrswert und der unzulässigen vertraglichen Regelung angesetzt wird, vgl. BGH BB 2002, 216.

1. Abfindungsausschluss

Nach noch h.M. kann im Gesellschaftsvertrag einer Personengesellschaft eine Fortsetzungsklausel mit der Rechtsfolge vereinbart werden, dass ein Abfindungsanspruch auch den Pflichtteilsberechtigten gegenüber ausscheidet, vgl. Palandt/*Edenhofer,* § 2311 BGB Rn. 10. Die Bedenken gegen diese Auffassung wurden bereits oben zu § 10 Rn. 28 dargelegt. *Frank,* in: MünchKomm § 2325 BGB Rn. 16 weist zurecht darauf hin, dass nach der neueren BGH-Rechtsprechung der Abfindungsausschluss als unentgeltliche Zuwendung gewertet wird, so dass mit einer Pflichtteilsergänzung gerechnet werden muss. 22

2. Einzelne Bewertungsverfahren

a) Institut der Wirtschaftsprüfer

Das Institut der Wirtschaftsprüfer wendet bei Unternehmensbewertungen folgende Grundsätze an: 23

- HFA 2/1995: Zur Unternehmensbewertung im Familien- und Erbrecht, WPg 1995, 522
- HFA 6/1997: Besonderheiten bei Bewertung kleiner und mittlerer Unternehmen, WPg 1998, 26
- IDW S 1 2008, WPg 2008, 271

Der Hauptfachausschuss des IDW empfiehlt in Tz. 7.1 des IDW S 1 2008, 271, 284 die Anwendung des Ertragswert- oder des DCF-Verfahrens. In beiden Fällen werde der Barwert zukünftiger finanzieller Überschüsse ermittelt. Bei gleichen Bewertungsannahmen bzw. –vereinfachungen, insbesondere hinsichtlich der Finanzierung, würden beide Verfahren zu gleichen Unternehmenswerten führen.

b) Vereinfachte Ertragswertklausel

Ulmer, in: Festschrift Quack 1991, 501 schlägt folgende vereinfachte Ertragswertklausel vor: 24

„Die Abfindung ausscheidender Gesellschafter bestimmt sich nach dem anteiligen Ertragswert. Der Ertragswertberechnung ist das Durchschnittsergebnis der drei letzten festgestellten Bilanzen zugrunde zu legen und nach der Formel für ewige Renten mit einem Zinsfuss von 4% über dem letzten Bundesbankdiskontsatz zu kapitalisieren.“

Formel:

$$\frac{\textit{Jahresüberschuss}}{\textit{Jahreszinssatz}} = \textit{Ertragswert}$$

Beispiel: Ein Unternehmen mit einem durchschnittlichen Jahresertrag von 80 000 € hat somit bei einem Diskontsatz von 4% einen Unternehmenswert von 1 Mill. €.

Hinweis: An Stelle des nicht mehr verfügbaren Bundesbankdiskontsatzes kommt der im BMF-Schreiben v. 7. 1. 2009 veröffentlichte Basiszinssatz von 3,61% in Betracht, vgl. unten Rn. 32.

3. Buchwertklausel

25 In den vergangenen Jahrzehnten wurde in der Vertragspraxis die Buchwertklausel bevorzugt, wonach der sich aus der Handelsbilanz der Gesellschaft ergebende Kapitalanteil des Gesellschafters den Abfindungsbetrag darstellt. Damit wird der ausscheidende Gesellschafter von allen stillen Reserven des Unternehmens ausgeschlossen. Insbesondere bei älteren Unternehmen, bei denen aufgrund der jahrzehntelangen Abschreibungen eine angemessene Entschädigung durch die Buchwertklausel nicht mehr gewährleistet ist, lässt sich in der BGH-Rechtsprechung ein steigender **Widerstand gegen** die reine **Buchwertklausel** erkennen; insbesondere wird die damit verbundene Einschränkung der Kündigungsmöglichkeit gem. § 723 Abs. 3 BGB als Nichtigkeitsgrund angesehen, soweit nicht bereits ein Verstoß gegen die guten Sitten (§ 138 BGB) oder Rechtsmissbrauch (§ 242 BGB) vorliegt, vgl. *Hueck,* Das Recht der oHG, 254; *Ulmer,* in: MünchKomm § 738 Anm. 24ff; *Staudinger/Kessler,* § 723 Anm. 52; a.A. ist *Richter,* Die Abfindung ausscheidender Gesellschafter unter Beschränkung auf den Buchwert, 2002, 171, der Buchwertklauseln nach wie vor für zulässig hält. Auch bei einem geschenkten Gesellschaftsanteil ist eine Abfindungsbeschränkung auf die Hälfte des buchmäßigen Kapitals nicht gerechtfertigt, vgl. BGH GmbHR 1989, 508. Die Buchwertklausel löst regelmäßig auch eine erb- oder schenkungsteuerliche Belastung aus, weil die Differenz zwischen Buchwert und dem erbschaftsteuerlichen Anteilswert eine Zuwendung gem. § 3 Abs. 1 Nr. 2 und § 7 Abs. 7 ErbStG darstellt.

4. Stuttgarter Verfahren

26 In der Kautelarjurisprudenz wurde das bisher für die Bewertung von nicht börsennotierten Kapitalgesellschaftsanteilen von der Finanzverwaltung angewendete „Stuttgarter Verfahren" auch für die Bewertung von Personengesellschaften favorisiert, *van Randenborgh,* BB 1986, 79.

Diese Bewertungsformel lautet:

$$Uw = \frac{100 \times (Vw + 5E)}{100 + 5i}$$

Die verwendeten Parameter bedeuten:
Uw= Unternehmenswert
Vw = Vermögenswert
E = Durchschnittsertrag der letzten drei Jahre
i = gewählter Zinsfuß.

27 Dieses Verfahren bringt seit 1. 1. 1993 teilweise unbefriedigende Ergebnisse, da seit diesem Zeitpunkt das Betriebsvermögen nicht mehr mit dem Anhaltewert, sondern mit den **Buchwerten** angesetzt wird, also alle stillen Reserven eliminiert sind; kritisch zum Stuttgarter Verfahren *Göllert/Ringling,* DB 1999, 516. Grundstücke wurden allerdings gem. §§ 145–147 BewG unter

Berücksichtigung der Richtwerte der Gutachterausschüsse angesetzt, so dass insoweit eine Korrektur nicht zwingend erforderlich erscheint. Je nach Branche konnte man mit dem Vermögenswert oder mit dem **Teilwert** operieren. Entschließt man sich zum Teilwert, lautet die Bewertungsformel (vgl. Vorauflage Rn. 412):

$$Uw = 0{,}68 \times (Tw + 5E)$$

Das Bundesverfassungsgericht BStBl. 2007 II 192, 204 hat das Stuttgarter Verfahren verworfen, weil die Vorteile der mit dem Steuerbilanzwertansatz erreichten Typisierung nicht im rechten Verhältnis zu der mit dieser Typisierung notwendig verbundenen Ungleichheit der steuerlichen Belastung steht. Der Gesetzgeber hat sich entschieden, das Stuttgarter Verfahren aufzugeben und für Kapital- und Personenunternehmen das in § 1 B V 2 näher erläuterte vereinfachte Ertragswertverfahren anzuwenden, das in **§§ 200 ff. BewG** näher definiert ist. Wegen des dargelegten Bewertungsziels, nämlich in Ausscheidungsfällen die Liquidität des Unternehmens zu schonen, ist die Übernahme dieses Verfahrens für die Vertragspraxis in der Weise denkbar, dass eine **prozentuale Reduzierung** des jeweiligen steuerlichen Anteilswertes (z. B. zwei Drittel des erbschaftsteuerlichen Anteilswertes) vereinbart wird, wobei beachtet werden muss, dass mit dieser Reduzierung die erbschaft- und schenkungsteuerlichen Folgen des § 3 Abs. 1 Nr. 2 und § 7 Abs. 7 ErbStG verbunden sind. 28

5. Umsatzbezogene Abfindung

Viele Dienstleistungsunternehmen, z. B. Steuerberatungskanzleien, Rechtsanwaltspraxen usw., aber auch Einzelhandelsgeschäfte, z. B. Textil- und Schuhläden, werden in ihrem Wert im Wesentlichen an den Jahresumsätzen gemessen. Nicht die Geschäftsausstattung oder die Vorräte, sondern der Praxis- und Firmenwert stehen im Vordergrund der Bewertung. Letztlich **bestimmt** der **Markt** die **Bewertungsmethode**, vgl. *Barthel,* DB 1990, 1145; zu den Grenzen zulässiger gesellschaftsvertraglicher Abfindungsklauseln unter dem Verkehrswert der Beteiligung vgl. *Felix*, KÖSDI 1987, 6694. 29

6. Praktikerformel der Handwerkskammern

Einzelne Handwerkskammern errechnen aufgrund einer Praktikerformel den Unternehmenswert wie folgt: 30

Substanzwert + 2 × *Jahresgewinn*

7. Ratenzahlung

Eine gesellschaftsvertragliche Regelung, die eine Auszahlung des Abfindungsguthabens in fünfzehn gleichen Jahresraten vorsieht, ist unwirksam, vgl. BGH GmbHR 1989, 508. Zu beachten ist auch, dass der ausscheidende Gesellschafter aus den Raten die **Steuern entrichten** kann, die aufgrund seines Ausscheidens anfallen (Vorschlag: drei bis maximal sieben Jahresraten mit Niedrigverzinsung, z. B. in Höhe von 2% p. a., ohne Sicherheitsleistung). Das OLG Dresden DB 2000, 1221 hat eine Abfindungsklausel, wonach die Abfindung in drei Raten nach fünf, acht und zehn Jahren nach der Kündi- 31 gungserklärung zu entrichten war, gem. § 138 BGB i.V.m. § 723 Abs. 3 BGB für nichtig erachtet; kritisch hierzu *Ziegler,* DB 2000, 2107.

8. Vereinfachtes Ertragswertverfahren gem. §§ 200 ff. BewG

32 Bei jedem Ausscheiden aus einem Mittel- oder Kleinbetrieb wird die Finanzverwaltung künftig überprüfen, ob die vereinbarte Abfindung von dem bewertungsrechtlichen Wert, der nach der Anteils- und Betriebsvermögensbewertungsverordnung anzusetzen ist, abweicht, da ein Ausscheiden unter diesem Wert der Erbschaft- oder Schenkungsteuer gem. § 3 Abs. 1 Nr. 2 oder § 7 Abs. 7 ErbStG unterliegt. Die **Vertragsökonomie** legt nahe, diesen ohnehin zu ermittelnden Wert grundsätzlich auch der Abfindungszahlung zugrunde zu legen. Das gewünschte Ziel, den Bestand von Unternehmen und das Familiengut zu erhalten und die Liquidität zu sichern, kann durch einen prozentualen Abschlag von dem gefundenen Steuerwert gewährleistet werden. Die dadurch ausgelöste Erbschaft- und Schenkungsteuerbelastung gem. § 3 Abs. 1 Nr. 2 oder § 7 Abs. 7 ErbStG erscheint erträglich, da der Abschlag von dem bewertungsrechtlichen Wert (= Bereicherung der Mitgesellschafter) den Begünstigungen gem. § 13 a ErbStG unterliegt.

9. Schiedsgutachterklausel

33 Die Einbeziehung des Steuerberaters der Gesellschaft als Schiedsgutachter gem. § 317 BGB zur Festsetzung des Abfindungsguthabens hat sich bewährt. Der von diesem Sachverständigen ermittelte Wert ist nur anfechtbar, wenn er offensichtlich unbillig ist.

34, 35 *einstweilen frei*

IV. Besteuerung

Literatur: *Hübner,* Die (dis-)qualifizierte Nachfolgeklausel, ZErb 2004, 34; *ders.,* Die Eintrittsklausel im Einkommen- und Erbschaftsteuerrecht, ErbStB 2006, 17; *Piltz,* Die Besteuerung beim Ausscheiden aus einer Personengesellschaft mit dem Tode, ZEV 2006, 205; *Scheifele,* Veräußerung von Mitunternehmeranteilen und Gewerbesteuer: Vertragliche Gestaltungsmöglichkeiten, DStR 2006, 253.

1. Laufende Besteuerung

36 Bei der Belastung der OHG mit Einkommensteuer bestehen keine Unterschiede zur GbR, so dass auf § 10 Rn. 61 verwiesen werden kann. Dies gilt auch für die Verkehrssteuern.

2. Besteuerung bei Fortsetzungs- und Nachfolgeklauseln

37 Die Nachfolgeregelung bei Personengesellschaften wurde bei § 2 A IV dargestellt. Danach können die Gesellschafter unter Lebenden unter Mitwirkung des Nachfolgers dessen Eintritt in die Gesellschaft vereinbaren oder eine erbrechtliche Nachfolge im Gesellschaftsvertrag vorsehen; im letzteren Fall bestimmt die hinterlassene letztwillige Verfügung oder das gesetzliche Erbrecht die Nachfolge.

a) Gesellschaftsrechtliche Nachfolge

Der unter Mitwirkung des Nachfolgers unter Lebenden vereinbarte Eintritt in die Gesellschaft beim Versterben eines Gesellschafters stellt eine **Schenkung auf den Todesfall** dar, so dass der Gesellschaftsanteil gem. § 6 Abs. 3 EStG zum Buchwert auf den Eintretenden übergeht. Dem Nachfolger auferlegte **Versorgungsleistungen** kann dieser gem. § 10 Abs. 1 Nr. 1a EStG als **Sonderausgaben** geltend machen, wenn die Voraussetzungen der Tz. 40 des III. Rentenerlasses BStBl. 2004 I 922 vorliegen. Die einschränkende Rechtsprechung des IX. BFH-Senats BStBl. 1994 II 633 wird von der Finanzverwaltung seit Jahren nicht mehr angewandt, vgl. *Schwenke,* DStR 2004, 1686 und wurde zwischenzeitlich vom IX. BFH-Senat EStB 2008, 12 selbst wieder zurückgenommen. Sonstige Leistungen aus dem Vermögen des eintretenden Gesellschafters – mit Ausnahme der Schuldübernahme von betrieblichen Verbindlichkeiten – sind Gegenleistungen, die der Einkommensteuer unterliegen, soweit sie das Kapitalkonto des Schenkers übersteigen. **38**

b) Fortsetzungsklausel

Die Mitgliedschaftsrechte bei der Gesellschaft gehen nicht auf die Erben über, sondern verbleiben den übrigen Gesellschaftern, so dass das Ausscheiden aus der Gesellschaft noch bei dem Verstorbenen zu erfassen ist. Dieser erzielt einen **tarifbegünstigten Veräußerungsgewinn** gem. §§ 16, 34 EStG, wenn das Abfindungsguthaben das Kapitalkonto des Gesellschafters übersteigt, vgl. BMF-Schreiben Erbauseinandersetzung BStBl. 2006 I 253, Tz. 69. Soweit das Abfindungsguthaben, das an die Erben oder Vermächtnisnehmer ausbezahlt wird, den **bewertungsrechtlichen Wert** des Gesellschaftsanteils unterschreitet, unterliegt die Differenz der Besteuerung gem. § 3 Abs. 1 Nr. 2 ErbStG. **39**

c) Einfache Nachfolgeklausel

Gem. § 6 Abs. 3 EStG geht der Gesellschaftsanteil auf die Miterben über, ebenso ein etwa vorhandenes Sonderbetriebsvermögen. Im Wege der Erbauseinandersetzung können die Anteile und das Sonderbetriebsvermögen **gewinnneutral** auf einzelne Miterben übertragen werden, wenn den aus der Gesellschaft ausscheidenden Miterben Nachlassgegenstände **ohne Abfindungszahlung** übertragen werden, vgl. Tz. 32 BMF-Schreiben Erbauseinandersetzung BStBl. 2006 I 253. Die **Erbschaftsteuerbegünstigungen** nach §§ 13a und 19a ErbStG kommen **allen Miterben** im Verhältnis der Erbquoten zugute. **40**

d) Qualifizierte Nachfolgeklausel

Nach der höchstrichterlichen Rechtsprechung (BGHZ 68, 225) geht im Wege der Sondererbfolge der Gesellschaftsanteil unmittelbar wie bei einer dinglich wirkenden Teilungsanordnung auf den nachfolgeberechtigten Miterben über, so dass wiederum die **Buchwerte** gem. § 6 Abs. 3 EStG fortgeführt werden. Da der Gesellschaftsanteil nicht zum Nachlass zählt, ist die zivilrechtlich geschuldete Ausgleichszahlung an die nicht zur Gesellschaftsnachfolge berufenen Miterben nicht durch den Übergang aus der Erbenge- **41** meinschaft veranlasst, so dass weder ein Veräußerungsgewinn auf Seiten der weichenden Miterben noch Anschaffungskosten auf Seiten des qualifizierten Nachfolgers entstehen. Auch **Zinsen**, die der ausgleichspflichtige Gesellschafter aufgrund der finanzierten Ausgleichszahlung erbringt, sind **nicht** als Betriebsausgaben **abzugsfähig**, vgl. BMF-Schreiben BStBl. 1994 I 603; *Schmidt/Wacker,* § 16 EStG Rn. 673.

Sofern sich Miterben entsprechend der Teilungsanordnung des Erblassers auseinandersetzen, sieht der BFH darin einen für die Erbschaftsteuer irrelevanten Vorgang, ebenso wird der Übergang der Mitgliedschaftsrechte auf einen Miterben durch Sondererbfolge erbschaftsteuerlich negiert, so dass die **Vergünstigungen des § 13a i. V. m. § 19a ErbStG** allen **Miterben** entsprechend der Erbquote zugute kommen, vgl. BFH/NV 1998, 959.

e) Eintrittsklausel

42 Bei einer Eintrittsklausel geht der Gesellschaftsanteil zunächst im Wege der Anwachsung auf die verbleibenden Gesellschafter über. Sofern der Vollzug des **Eintritts innerhalb von sechs Monaten** nach dem Ableben des Erblassers erfolgt, erlaubt das BMF-Schreiben Erbauseinandersetzung BStBl. 2006 I 253 Tz. 70 die Buchwertfortführung. Andernfalls tritt mit dem Tod des Erblassers die Gewinnrealisierung ein, so dass die Rechtsfolgen der Fortsetzungsklausel gelten. Wird bei einer qualifizierten Nachfolgeklausel der zur Gesellschaftsnachfolge Berufene nicht Miterbe, sondern nur **Vermächtnisnehmer,** kann der Gesellschaftsanteil nur im Wege der Vermächtniserfüllung auf den vorgesehenen Nachfolger übergehen, so dass eine **Umdeutung** der qualifizierten Nachfolgeklausel **in eine Eintrittsklausel** in Betracht kommt, vgl. *Nieder/Kössinger,* Testamentsgestaltung § 20 Rn. 38.

43–45 *einstweilen frei*

V. Vertragsmuster: Errichtung einer OHG

Beurkundet am …

I. Vorbemerkungen

46 Im Handelsregister des Amtsgerichts … – HRA … – ist die Firma … mit dem Sitz in … eingetragen. Gegenstand des Unternehmens ist der Betrieb eines Lagerhauses, das auch den Baustoff- und Brennstoffhandel sowie den Betrieb einer Spedition zum Gegenstand hat.
Geschäftsinhaber ist Herr Stefan K sen.

II. Einbringung

Herr Stefan K sen.
– im folgenden „Übergeber" genannt –
bringt hiermit das vorbezeichnete Einzelunternehmen mit allen Aktiva und Passiva in eine hiermit gegründete Offene Handelsgesellschaft in Firma
K OHG mit dem Sitz in …
ein, für die der in der Anlage beigefügte Gesellschaftsvertrag gilt.
Die Beteiligung von Herrn Stefan K jun. und Herrn Bernhard K am bisherigen Einzelunternehmen als persönlich haftende Gesellschafter erfolgt unentgeltlich im Wege der vorweggenommenen Erbfolge.
Soweit das Kapitalkonto des Übergebers die Einlagen auf den Festkapitalkonten der Gesellschafter bei der K OHG übersteigt, ist der Mehrbetrag auf den variablen Kapi-

talkonten II der Erwerber zu buchen. Die damit verbundene Zuwendung an die Erwerber erfolgt ebenfalls im Wege der vorweggenommenen Erbfolge.
Der Einbringung liegt die zum 31. 12. 00 (Einbringungsstichtag) zu erstellende Bilanz von Herrn Steuerberater S zugrunde.

III. Dingliche Einigung

Die Vertragsteile sind über den Eigentumsübergang aller beweglichen Gegenstände des Einzelunternehmens auf die Offene Handelsgesellschaft einig. Der Besitz wurde bereits bei Übergabe übertragen. Die in der Einbringungsbilanz ausgewiesenen Forderungen werden mit dinglicher Wirkung zum Einbringungsstichtag an die OHG abgetreten, die diese Abtretung annimmt.

IV. Schuldübernahme

Die OHG übernimmt die in der Einbringungsbilanz ausgewiesenen betrieblichen Verbindlichkeiten an Stelle des Übergebers und verpflichtet sich, den Übergeber von jeder künftigen Inanspruchnahme freizustellen. Die erforderliche Schuldübernahmegenehmigung gem. §§ 414ff. BGB werden die Vertragsteile selbst einholen.

V. Gesellschaftsvertrag

Die Vertragsteile vereinbaren für die hiermit gegründete Offene Handelsgesellschaft den in der Anlage beigefügten Gesellschaftsvertrag. Die Anlage wurde mitverlesen. Sie ist wesentlicher Bestandteil und somit Inhalt und Gegenstand dieser Urkunde.

VI. Grundbesitz

Herr K überträgt aus dem Grundstück der Gemarkung … Flst.Nr. …
eine Teilfläche von ca. … qm auf die K OHG, die in der beiliegenden Planskizze farbig gekennzeichnet ist.
Die Vertragsteile verpflichten sich, nach dem Vorliegen des Veränderungsnachweises ihre Erklärungen zu dem Vermessungsergebnis abzugeben, die Auflassung zu erklären und die Eigentumsumschreibung zu bewilligen.
Die genaue Grenzziehung bestimmt der Übergeber.
Auf die Eintragung einer Auflassungsvormerkung wird verzichtet.

VII. Pflichtteilsanrechnung

Herr Stefan K und Herr Bernhard K haben sich den Verkehrswert der erhaltenen Beteiligung samt allen Gutschriften auf Kapitalkonten auf ihre Pflichtteilsrechte am Nachlass ihres Vaters Stefan K sen. anrechnen zu lassen. Eine Ausgleichungspflicht gem. § 2050 BGB wird ausgeschlossen.

VIII. Versorgungsrente

- Als Versorgungsrente erhält der Übergeber von dem Erwerber monatlich den Betrag von € … – i. W. … Euro –, zahlbar jeweils zum ersten eines jeden Monats im Voraus, erstmals am Ersten des auf den Tag der Übergabe folgenden Monates. Die Erwerber haften als Gesamtschuldner, im Innenverhältnis zu gleichen Teilen. Die Zahlungspflicht des Erwerbers entfällt gänzlich mit Ablauf des Monates, in dem der Übergeber verstirbt. Nach dem Ableben von Herrn Stefan K sen. steht die Versorgungsrente seiner Ehefrau Irmgard K auf deren Lebensdauer in gleicher Höhe zu. Hierfür gelten sämtliche Bestimmungen entsprechend.
- Der als Versorgungsrente jeweils zu zahlende Betrag soll wertbeständig sein. Er erhöht oder vermindert sich in demselben prozentualen Verhältnis, in dem sich der Verbraucherpreisindex für Deutschland auf der Basis 2005 = 100 gegenüber dem für den ersten Fälligkeitsmonat festzustellenden Index erhöht oder vermindert. Eine Erhöhung oder Verminderung des jeweils zu zahlenden Betrages tritt jedoch erst dann ein, wenn die Indexveränderung zu einer Erhöhung oder Verminderung des jeweils

zu zahlenden Betrages um mindestens 10% – zehn vom Hundert – führt. Die aufgrund der Wertsicherungsklausel erhöhte oder ermäßigte Leibrente ist erstmals für den auf das Änderungsverlangen folgenden Monat zu entrichten. Diese Wertsicherungsklausel findet immer wieder erneut Anwendung, wenn sich der Lebenshaltungskostenindex um weitere 10% – zehn vom Hundert – nach oben oder unten verändert. Auf dingliche Sicherung wird verzichtet.

IX. Kosten, Abschriften

Die Kosten dieser Urkunde trägt die Gesellschaft.
Von dieser Urkunde erhalten:

Ausfertigungen:
die Beteiligten,

einfache Abschriften:
das Finanzamt für Grundbesitz und Verkehrssteuern – Schenkungsteuerstelle –
das Bundesamt für Wirtschaft und Ausfuhrkontrolle

47 **Anlage: OHG-Gesellschaftsvertrag**

§ 1 Errichtung der Gesellschaft, Firma und Sitz

Wir, die Gesellschafter Stefan K und Bernhard K, haben eine offene Handelsgesellschaft errichtet.
Die Firma der Gesellschaft lautet:
K OHG.
Sitz der Gesellschaft ist …

§ 2 Gegenstand

Gegenstand des Unternehmens ist der Betrieb eines Lagerhauses, das auch den Baustoff- und Brennstoffhandel sowie den Betrieb einer Spedition zum Gegenstand hat.

§ 3 Dauer, Geschäftsjahr, Kündigung

1. Die Dauer der Gesellschaft ist unbestimmt.
2. Jeder Gesellschafter kann die Gesellschaft auch ohne wichtigen Grund mit einer Frist von sechs Monaten zum Ende eines Kalenderjahres mittels eingeschriebenen Briefs an die Mitgesellschafter kündigen, frühestens jedoch zum 31. 12. 2020. Für die Rechtzeitigkeit der Kündigung kommt es auf das Datum des Postabgangsstempels an.
3. Die Kündigung hat nicht die Auflösung der Gesellschaft, sondern lediglich das Ausscheiden des kündigenden Gesellschafters zur Folge. Der Gesellschaftsanteil des ausscheidenden Gesellschafters geht auf die verbleibenden Gesellschafter im Verhältnis ihrer Anteile über.

§ 4 Gesellschaftskapital

Am Gesellschaftskapital sind beteiligt:
a) Herr Stefan K
   mit einer Festkapitaleinlage (Kapitalkonto I) von 50 000 €,
   die einer Beteiligung von 50% entspricht,
b) Herr Bernhard K
   mit einer Festkapitaleinlage (Kapitalkonto I) von 50 000 €,
   die einer Beteiligung von 50% entspricht.
c) Ferner wird für jeden Gesellschafter ein variables Kapitalkonto II geführt, auf dem der Mehrbetrag gemäß Abschn. II. des Urkundenmantels gebucht wird.

§ 5 Geschäftsführung, Vertretung

1. Zur Geschäftsführung und Vertretung ist jeder Gesellschafter einzeln berechtigt. Befreiung von den Beschränkungen des § 181 BGB wird erteilt.
2. Eine Tätigkeit für die Gesellschaft erfolgt freiwillig ohne Verpflichtung zu einer Arbeitsleistung.
3. Als Handlungen, zu deren Vornahme nach § 116 Abs. (2) HGB ein Beschluss sämtlicher Gesellschafter erforderlich ist, gelten insbesondere der Erwerb, die Veräußerung und die Belastung von Grundstücken und grundstücksgleichen Rechten, die Bestellung von Prokuristen sowie der Abschluss von Verträgen mit einmaligen oder laufenden Verpflichtungen, die einen Gesamtbetrag von Euro 25 000 übersteigen.

§ 6 Jahresabschluss

Die Jahresbilanz ist als Handels- und Steuerbilanz aufzustellen. Die Bilanzierung hat nach steuerlichen Grundsätzen zu erfolgen, jedoch unter Beachtung der zwingenden handelsrechtlichen Bestimmungen.

§ 7 Gewinn- und Verlustverteilung

1. Der Gewinn und Verlust wird zu gleichen Teilen unter den Gesellschaftern geteilt.
2. Die Gewinn- und Verlustverteilung gilt auch für Liquidationsgewinne oder -verluste.

§ 8 Entnahmen

1. Jeder Gesellschafter ist berechtigt, als Vorwegvergütung eine monatliche Tätigkeitsvergütung in Höhe von 3000 € zu entnehmen.
2. Darüber hinaus gehende Entnahmen bedürfen der Zustimmung aller Gesellschafter, insbesondere auch zur Begleichung von Steuern und privaten Verbindlichkeiten.

§ 9 Gesellschafterbeschlüsse und Stimmrecht

1. Die Gesellschafter entscheiden über die ihnen nach Gesetz oder Gesellschaftsvertrag zugewiesenen Angelegenheiten durch Beschlüsse, die in Gesellschafterversammlungen gefasst werden.
2. Eine Gesellschafterversammlung kann durch jeden Gesellschafter einberufen werden. Sie ist mindestens einmal im Jahr zur Feststellung des Jahresabschlusses einzuberufen.
3. Zu einer Gesellschafterversammlung ist unter Einhaltung einer Frist von mindestens zwei Wochen schriftlich einzuladen. Die Frist beginnt mit der Absendung der Einladung. Tagungsort, Tagungszeit und Tagesordnung sind in der Ladung mitzuteilen.
4. Stimmen alle Gesellschafter zu, können Beschlüsse auch außerhalb einer Gesellschafterversammlung mündlich oder schriftlich gefasst werden. Werden die Beschlüsse mündlich gefasst, hat der an Lebensjahren älteste Gesellschafter unverzüglich ein Protokoll zu erstellen und den Beteiligten anschließend zuzusenden.
5. Beschlüsse werden einstimmig gefasst.

§ 10 Ausschluss eines Gesellschafters

1. Ein Gesellschafter kann aus wichtigem Grund aus der Gesellschaft ausgeschlossen werden.
2. Ein solcher wichtiger Grund liegt insbesondere vor, wenn ein Gesellschafter seine Vertragspflichten vorsätzlich oder grob fahrlässig verletzt, oder wenn über sein Vermögen das Insolvenzverfahren eröffnet oder mangels Masse abgelehnt oder sonst seine Zahlungsunfähigkeit bekannt wird, ebenso, wenn die Zwangsvollstreckung in seinen Gesellschaftsanteil betrieben wird und Zwangsvollstreckungsmaßnahmen nicht innerhalb von drei Monaten wieder eingestellt werden.

3. Der Ausschluss erfolgt durch einstimmigen Beschluss der übrigen Gesellschafter. Mit dem Zugang des Ausschließungsbeschlusses scheidet der betroffene Gesellschafter aus der Gesellschaft aus, die von den übrigen Gesellschaftern fortgesetzt wird.

§ 11 Tod eines Gesellschafters

1. Beim Tod eines Gesellschafters wird die Gesellschaft nicht aufgelöst, sondern von den verbleibenden Gesellschaftern mit den nachfolgeberechtigten Personen fortgesetzt.
2. Nachfolgeberechtigt sind nur leibliche Abkömmlinge der Gesellschafter Stefan und Bernhard K, wobei jeweils nur ein Abkömmling nachfolgeberechtigt ist.
3. Sind Nachfolgeberechtigte nicht vorhanden, werden Nachfolgeberechtigte nicht Erben oder Vermächtnisnehmer oder rücken mehrere Nachfolgeberechtigte nach, ohne sich innerhalb eines Jahres auf einen in der Gesellschaft verbleibenden Gesellschafter zu einigen, wird die Gesellschaft von den verbleibenden Gesellschaftern fortgesetzt. Soweit nur noch ein weiterer Gesellschafter vorhanden ist, wächst diesem der Gesellschaftsanteil des Verstorbenen an.

§ 12 Abfindung

1. Im Falle des Ausscheidens eines Gesellschafters hat der für die Gesellschaft tätige Steuerberater als Schiedsgutachter gem. § 317 BGB den Abfindungsanspruch unter entsprechender Heranziehung der von der Finanzverwaltung angewandten vereinfachten Ertragswertverfahren gem. §§ 200 ff. BewG festzustellen, wobei als Bewertungszeitpunkt der mit dem Ausscheiden zusammenfallende Bilanzstichtag, andernfalls der vorausgehende Bilanzstichtag, maßgebend ist.
2. Das Abfindungsguthaben ist in drei gleichen, unmittelbar aufeinander folgenden Jahresraten auszuzahlen. Die erste Rate ist ein Jahr nach dem Ausscheidungsstichtag zur Zahlung fällig. Ab dem Ausscheidungstag ist das Abfindungsguthaben in der jeweiligen Höhe mit jährlich 2% zu verzinsen. Die Zinsen sind jeweils mit den Jahresraten zu entrichten. Sicherheitsleistung kann nicht verlangt werden.
3. Änderungen der Bilanzen, die sich nach dem Ausscheiden des betreffenden Gesellschafters, insbesondere aufgrund einer Buch- oder Betriebsprüfung ergeben, bleiben ohne Einfluss auf die Höhe des Abfindungsguthabens.
4. Sofern das Abfindungsguthaben einem ausscheidenden Gesellschafter gebührt, kann der Gesellschafter an Stelle der Ratenzahlung gem. Abschn. 2. auch die Verrentung des Auszahlungsanspruches auf seine Lebensdauer unter Zugrundelegung der bewertungsrechtlichen Vorschriften verlangen. Sofern unter den Beteiligten nicht innerhalb eines Monats seit dem Ausscheiden Einigung über die Höhe der Leibrente erzielt wird, entscheidet hierüber als Schiedsgutachter der für die Gesellschaft tätige Steuerberater gem. § 317 BGB. Die festgesetzte Leibrente soll wertbeständig sein und erhöht oder ermäßigt sich in entsprechender Anwendung der bei dem Abschnitt VIII. vereinbarten Leibrente.

§ 13 Schlussbestimmungen

Sollte eine Bestimmung dieses Vertrags unwirksam sein oder werden bzw. der Vertrag eine Lücke enthalten, bleibt die Rechtswirksamkeit der übrigen Bestimmungen hiervon unberührt. Anstelle der unwirksamen Bestimmung gilt eine wirksame Bestimmung als vereinbart, die dem von den Parteien Gewollten wirtschaftlich am nächsten kommt; das gleiche gilt im Fall einer Lücke.

Mittelstand ist, wer Pleite gehen kann,
ohne dass der Staat ihm hilft.

§ 12 Kommanditgesellschaft

Übersicht

Literatur: *Bock,* Verlustausgleich nach § 15 a EStG durch „Finanzplandarlehen": Ist die Bastion des Verbots des Verlustausgleichs gefallen?, StB 2005, 420; *Breiteneicher,* Die Anwachsung als steuerliches Umwandlungsinstrument, DStR 2004, 1403; *Frystatzki,* Eigenkapital oder Fremdkapital?, EStB 2006, 342; *Horn,* Gesellschafterkonten der Personengesellschaften, BuW 2001, 624; *Jacobs,* Unbeschränkte Haftung der Kommanditisten vor Eintragung für gesetzliche Gesellschaftsverbindlichkeiten, DB 2005, 2227; *Kanzleiter,* Der Kommanditanteil, ein möglicher Bestandteil des Gesamtguts der Gütergemeinschaft!, DNotZ 2003, 422; *Kölpin,* Der KG gewährtes „Darlehen" eines Kommanditisten kann sein Kapitalkonto i. S. d. § 15 a Abs. 1 Satz 1 EStG erhöhen, StuB 2005, 843; *Ley,* Die Anwendung von § 15 a EStG auf doppelstöckige Gesellschaften, DStR 2004, 1498; *Märkle,* Strategien zur Vermeidung der Zwangsentnahme von Sonderbetriebsvermögen bei qualifizierter Nachfolge, FR 1997, 135; *Reymann,* Das Vermächtnis des Kommanditisten, ZEV 2006, 307; *Schmelz,* „Überschießende Außenhaftung" des Kommanditisten – eine systematische Darstellung, DStR 2006, 1704;

Schulze zur Wiesche, Qualifizierte Nachfolgeklausel und Sonderbetriebsvermögen im Ertragsteuerrecht, DB 1998, 695; *Ulmer/Schäfer,* Die Zugriffsmöglichkeiten der Nachlass- und Privatgläubiger auf den durch Sondervererbung übergegangenen Anteil an einer Personengesellschaft, ZHR 160 (1996), 413; *Voßen,* Beweisführungslast des Gesellschafters für die Erfüllung seiner Einlageverpflichtung auch noch nach zwanzig Jahren?, DStR 2004, 1299; *Westerfelhaus,* Missverständnisse bei der Bundessteuerkammer zum Begriff „Eigenkapital", DStR 2006, 2187; *Wolf,* Die Haftung des Gesellschaftererben für Verbindlichkeiten einer Personenhandelsgesellschaft, DB 2003, 1423.

1 Die Kommanditgesellschaft ist die älteste Form aller Handelsgesellschaften. Ihr Ursprung, die commenda, lässt sich schon im antiken Vulgarrecht feststellen. Aus byzantinischer Zeit ist die commenda als gesellschaftsrechtlich ausgestaltetes Seekreditgeschäft überliefert, kraft dessen der commendator dem Schiffsführer Ladung, Geld und Schiff anvertraute, damit dieser nach seiner, des commendators, Weisung überseeische Geschäfte ausführe, vgl. *Weipert,* in: Münchener Hdb. GesR, Bd. 2, 1.

Von den möglichen Beteiligungsalternativen für Familienangehörige ist insbesondere die Kommanditgesellschaft hervorzuheben, die eine geradezu ideale Rechtsform für eine Unternehmerfamilie darstellt, da die Leitungsmacht dem unternehmerisch begabten Kind übertragen werden kann, dennoch aber die übrigen Kinder entsprechend ihrer Erb- oder Pflichtteilsquote beteiligt werden können. Da gem. § 164 HGB lediglich ein Widerspruchsrecht für ungewöhnliche Geschäfte besteht, ist das Störpotential der Kommanditisten stark begrenzt.

I. Gesetzliche Regelung

1. Haftung

2 Der wesentlichste Unterschied gegenüber der OHG besteht darin, dass die persönliche Haftung einer Gesellschaftergruppe, nämlich der Kommanditisten, gegenüber den Gesellschaftsgläubigern auf den Betrag der im Handelsregister eingetragenen Haftsumme (§ 162 HGB) beschränkt ist. Durch unrichtige Vertragsgestaltung wird in der Gründungsphase jedoch häufig eine unbeschränkte Haftung der Kommanditisten ausgelöst. Die Haftungsbegrenzung tritt nämlich erst vom Zeitpunkt der Eintragung im Handelsregister an ein; die Eintragung im Handelsregister ist für die Haftungsbeschränkung wohl konstitutiv; zum Streitstand vgl. *Neubauer,* in: MünchHdb. KG § 27 Rn. 6. Nimmt die Kommanditgesellschaft vorher ihre Geschäfte auf, haften die Kommanditisten wie Komplementäre. Um das Entstehen einer persönlichen Haftung über die Haftsumme hinaus in der Gründungsphase zu vermeiden (§ 176 Abs. 1 und 2 HGB), empfiehlt es sich, den Beginn der KG und den Eintritt als Kommanditist erst ab dem Tag der Eintragung im Handelsregister wirksam werden zu lassen. Im Gesellschaftsvertrag ist daher zu vermerken, dass die Gesellschaft als Kommanditgesellschaft mit dem Tag der Eintragung im Handelsregister beginnt. Soweit aus wirtschaftlichen oder steuerlichen Gründen ein früherer Zeitpunkt für den Gesellschaftsbeginn erwünscht ist, kann für den Zeitraum zwischen Vertragsschluss und Handelsregistereintragung die Beteiligung der künftigen Kommanditisten als atypisch stille Gesellschafter vereinbart werden. Dasselbe gilt für den Fall, dass ein KG-Anteil durch Abtretung erworben wird, vgl. BGH NJW 1983, 2258; *Kellermann,*

Höchstrichterliche Rechtsprechung zum Personengesellschaftsrecht RWS-Skript 20, 59; *Neubauer,* in: MünchHdb. KG § 27 Rn. 106.

2. Gesellschaftsanteil

Abweichend von der Regelung des § 120 HGB, wonach die Kapitalanteile beweglich sind, werden bei einer Kommanditgesellschaft gem. § 167 Abs. 2 HGB die dem Kommanditisten zukommenden Gewinnanteile seinem Kapitalanteil nur so lange zugeschrieben, als dieser den Betrag der bedungenen Einlage nicht erreicht. An dem Verlust nimmt der Kommanditist nur bis zum Betrag seines Kapitalanteils und seiner noch rückständigen Einlage teil. Die Hafteinlage, die gem. § 162 HGB in das Handelsregister einzutragen ist, muss mit der tatsächlich vom Kommanditisten zu leistenden Einlage (Pflichteinlage) nicht übereinstimmen. 3

a) Feste Beteiligungsquoten

Kontenüberblick
- Festes Kapitalkonto, Kapitalverlustkonto als Unterkonto
- Rücklagenkonto
- Darlehens- oder Privatkonto

(1) Im Gesellschaftsvertrag wird häufig die Gestaltung gewählt, dass sich **die Beteiligungsverhältnisse** aus **festen Kapitalkonten I** ergeben, Verluste auf einem gesonderten **Kapitalverlustkonto** gebucht und alle übrigen Geschäftsvorfälle auf sonstigen Konten erfasst werden. Gewinne dürfen den Kapitalkonten erst gutgeschrieben werden, wenn das Kapitalverlustkonto ausgeglichen ist. Auf den sonstigen Konten gutgeschriebene Gewinne brauchen gem. § 169 Abs. 2 HGB bei späteren Verlusten nicht mehr zurückgezahlt werden, vgl. BGH DB 1978, 877. Diese Handhabung lässt auch ein Wiederaufleben der Haftung des Kommanditisten leicht erkennen, wenn nämlich Entnahmen vorgenommen wurden, obwohl das Kapitalverlustkonto nicht ausgeglichen war. Soweit sonstige Konten Eigenkapitalcharakter aufweisen, insbesondere wenn Entnahmebeschränkungen bestehen oder Verluste auf diesen Konten gebucht werden, errechnet die Finanzverwaltung gem. § 97 Abs. 1a Nr. 1 BewG bei der Bewertung der Beteiligung die Beteiligungsquote aus der Addition aller Eigenkapital darstellenden Konten. Soweit ein sonstiges Konto nur ein Forderungsrecht beinhaltet, ist für die Bewertung der Nominalwert dieses Kontos maßgebend. 4

(2) Ein **gesamthänderisches Rücklagenkonto** wird aus abgezweigten Gewinnen gespeist und soll in erster Linie die Aufgaben erfüllen, die den offenen Rücklagen bei einer Kapitalgesellschaft zukommen. Bei der Einbringung von Wirtschaftsgütern des Privatvermögens in eine gewerbliche Personengesellschaft nimmt der BFH DStR 2008, 764 auch dann ein tauschähnliches Rechtsgeschäft an, wenn der Wert des eingebrachten Gegenstandes auf einer gesamthänderisch gebundenen Rücklage gutgeschrieben wird; a. A. BMF, BStBl. 2004 I 1190 Nr. 2b. 5

(3) **Darlehenskonten oder Privatkonten** sind Forderungskonten der Gesellschaft bzw. des Gesellschafters. Diese Konten sind regelmäßig zu verzinsen und stellen nicht Eigenkapital, sondern Fremdkapital dar. Sie sind bei der Liquidation der Gesellschaft vorab auszugleichen. Soweit die Komman- 6

diteinlage durch Erbfolge auf eine Erbengemeinschaft übergeht, **spaltet** sich der Kommanditanteil kraft Gesetzes entsprechend den Beteiligungsquoten, so dass die Miterben mit dem Teil der Hafteinlage, der ihrer Erbquote entspricht, im Handelsregister einzutragen sind.

b) Variable Beteiligungsquoten

7 Bei der Aufnahme eines Kommanditisten im Wege der vorweggenommenen Erbfolge kann sich die Vereinbarung variabler Beteiligungsquoten empfehlen, wonach für die Beteiligungsquote nicht das Verhältnis der Kapitalkonten I zueinander, sondern die Addition aller Eigenkapitalkonten eines jeden Gesellschafters im Verhältnis zu den Eigenkapitalkonten der Eltern maßgebend ist. Bei dieser Gestaltung kann ein **gleitender Übergang** auf die nachfolgende Generation in der Weise erreicht werden, dass die Eltern ihren Lebensunterhalt durch Entnahmen finanzieren, während die nachrückende Kommanditistengeneration durch stehengelassene Gewinne die Beteiligungsquote permanent erhöht und der Lebensunterhalt aus Tätigkeitsvergütungen aufgebracht wird. Ein schenkungsteuerpflichtiger Vorgang ist in dieser Gestaltung nicht zu sehen. Zur Buchung bei variablen Kapitalkonten vgl. § 15 Rn. 33.

3. Tätige Gesellschafter

8 Kraft Gesetzes sind die Kommanditisten von der **Vertretung** der Gesellschaft **ausgeschlossen**, so dass ihnen Vertretungsbefugnisse nur durch gesonderte Erteilung einer Handlungsvollmacht oder Prokura übertragen werden können. Die **Geschäftsführungskompetenz** kann beliebig durch Gesellschaftsvertrag geregelt werden. Soweit ein Kommanditist für die Gesellschaft tätig wird, ist klarzustellen, ob Tätigkeitsvergütungen Sonderbetriebseinnahmen darstellen, die handelsrechtlich als Aufwand der Gesellschafter zu behandeln sind oder ob die Zahlungen an den Gesellschafter als Gewinn vorab zu beurteilen sind. Handelsrechtlicher Aufwand ist dann zu bejahen, wenn die Tätigkeitsvergütung auch in Verlustjahren zu zahlen ist, während bei einem Vorabgewinn in Verlustjahren auf eine Vergütung verzichtet werden muss. Handelsrechtlicher Aufwand kann nicht als Rückzahlung der Einlage, die zum Wiederaufleben der Haftung führt, angesehen werden. – **Kommanditisten** sind, wenn sie auf arbeitsrechtlicher Basis tätig werden, **sozialversicherungspflichtig**. Der Arbeitgeberanteil an der Sozialversicherung zählt zum Gewinn der KG, vgl. BFH DB 1992, 1611.

4. Minderjährige Gesellschafter

9 Für die Aufnahme der Kinder in das Unternehmen eines Einzelkaufmanns eignet sich die Rechtsform der Kommanditgesellschaft besonders, weil gem. § 164 HGB die Kommanditisten von der Geschäftsführung ausgeschlossen sind und aufgrund der zwingenden Bestimmung des § 170 HGB die Vertretung nur durch persönlich haftende Gesellschafter erfolgen kann. Für den Abschluss des Gesellschaftsvertrages ist bei minderjährigen Gesellschaftern die Bestellung je eines **Ergänzungspflegers** und die **vormundschaftsgerichtliche Genehmigung** gem. § 1822 Nr. 3 BGB erforderlich.

10 *einstweilen frei*

II. Vertragsgestaltung

1. Bestimmtheitsgrundsatz

Soll der maßgebliche Einfluss des bisherigen Einzelunternehmers gesichert 11 werden, empfiehlt es sich, den Einstimmigkeitsgrundsatz des § 119 Abs. 1 HGB abzubedingen und durch Mehrheitsbeschlussfassung gem. § 119 Abs. 2 HGB zu ersetzen, wobei insbesondere das Recht der Eltern, die übrigen Abkömmlinge in die Gesellschaft aufzunehmen, gesichert werden sollte.

Es empfiehlt sich, einen – eng gefassten – **Katalog der Beschlussgegenstände** für Mehrheitsbeschlüsse in den Vertrag aufzunehmen, um der gesellschaftsrechtlichen Treuepflicht und dem Gleichbehandlungsgrundsatz, dem Verbot des Eingriffs in den Kernbereich der Mitgliedschaft, dem Bestimmtheitsgrundsatz und der richterlichen Inhaltskontrolle, ganz besonders aber den steuerlichen Anerkennungsgrundsätzen, basierend auf einem Fremdvergleich, Rechnung zu tragen, vgl. hierzu insbesondere *Kort,* DStR 1993, 440.

2. Unzulässige Vertragsklauseln

Eine gesellschaftsvertragliche Bestimmung, die einem Gesellschafter das 12 Recht einräumt einen oder mehrere Mitgesellschafter nach freiem Ermessen aus der Gesellschaft auszuschließen, ist nichtig. Auch der jederzeitige Ausschluss durch Mehrheitsbeschluss oder das Hinauskündigen ohne Vorliegen außergewöhnlicher Umstände ist zivilrechtlich unwirksam, vgl. BGH DB 1981, 1974. Eine derartige Klausel kann jedoch insoweit wirksam sein, als sie die Ausschließung aus wichtigem Grund zulässt, vgl. BGH DB 1989, 1668, oder an ein festes Tatbestandsmerkmal anknüpft, vgl. BGH DB 1989, 220.

Eine Dauertestamentsvollstreckung für einen Kommanditanteil ist grundsätzlich zulässig, wenn der Gesellschaftsvertrag eine entsprechende Regelung enthält oder die übrigen Gesellschafter zustimmen, vgl. BGH DB 1989, 1915.

III. Vererbung von Sonderbetriebsvermögen

Beispiel: Asterix und Obelix sind die Komplementäre der Asterix & Obelix Hin- 13 kelstein KG. Der Gesellschaftsvertrag sieht für die Komplementäre eine Sondererbfolge in der Weise vor, dass der Gesellschaftsanteil bei dem Versterben eines Komplementärs nur auf in der Herstellung von Hinkelsteinen ausgebildete Abkömmlinge übergehen kann. Obelix verstirbt und hinterlässt eine letztwillige Verfügung, wonach er seinen Sohn Idefix, einen Steinmetzmeister, als betrieblichen Nachfolger benennt. Im Nachlass des Obelix befindet sich der im Sonderbetriebsvermögen stehende Steinbruch, aus dem die Hinkelsteine herausgebrochen werden.

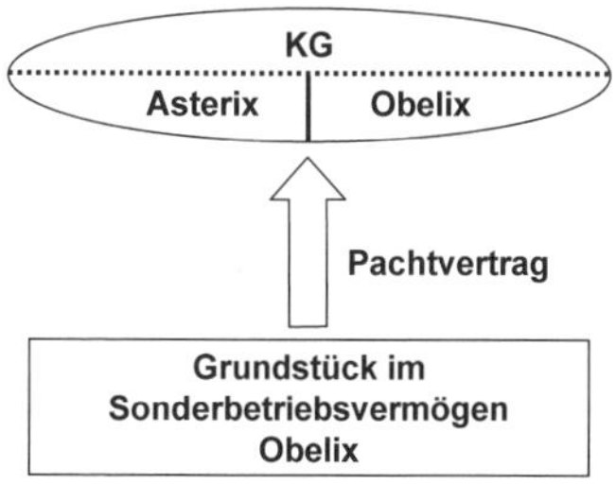

Das Nachlassgericht erteilt einen Erbschein zu Gunsten der beiden Söhne Idefix und Arbeitnix als Erben zu je $^1/_2$.

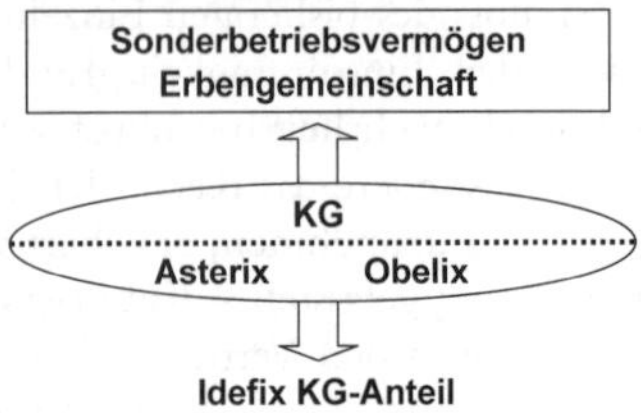

Sonderbetriebsvermögen wird häufig gebildet, um die betriebliche Haftung auf das Gesamthandsvermögen der Gesellschaft zu beschränken. Somit spielt Sonderbetriebsvermögen insbesondere bei Kommanditgesellschaften eine erhebliche Rolle.

a) Qualifizierte Nachfolgeklausel

14 Zur Vermeidung der Gewinnrealisierung im Sonderbetriebsvermögensbereich bei qualifizierten Nachfolgeklauseln werden in der Literatur folgende Gestaltungen empfohlen:

- **Alleinerbeinsetzung** des Gesellschafternachfolgers, wobei der gesamte übrige Nachlass, soweit er nicht beim Alleinerben verbleiben soll, durch Vermächtnisse verteilt werden muss.
- **Schenkung auf den Todesfall** gem. § 2301 BGB. Der Vorschlag von *Hörger,* DStR 1993, 46 scheitert bei Grundstücken an dem Umstand, dass Auflassungen bedingungsfeindlich sind; die Einschaltung eines Treuhänders (*Märkle,* FR 1997, 142) verursacht Grunderwerbsteuer.
- Das **Schenkungsmodell** mit wirtschaftlichem Eigentum wurde von *Daragan/Zacher-Röder,* DStR 1999, 91 vorgeschlagen. Danach soll der potentielle Erblasser zu Lebzeiten das Sonderbetriebsvermögen auf den ausgewählten Nachfolger unter Nießbrauchsvorbehalt mit freiem Widerrufsrecht übertragen, so dass das bürgerlich-rechtliche Eigentum übergeht, das *wirtschaftliche* Eigentum jedoch zurückbehalten wird. Bei Grundstücken wird zu Gunsten des Übergebers eine Vormerkung gem. § 883 BGB im Grundbuch eingetragen. Nießbrauch und Widerrufsvorbehalt erlöschen mit dem Tod des Schenkers, so dass nach Auffassung von Daragan ohne steuerrechtlichen Zwischenerwerb durch eine Erbengemeinschaft der bürgerlichrechtliche Sonderrechtsnachfolger auch das wirtschaftliche Eigentum an dem Sonderbetriebsvermögen erlangt. Die Gestaltung ist risikoreich und wenig praktikabel.
- **Einbringung** des Sonderbetriebsvermögens in die Personengesellschaft gem. § 6 Abs. 5 Satz 3 EStG zum Buchwert; diese Gestaltung ist wenig attraktiv, da das Haftungsprivileg des Sonderbetriebsvermögens verloren geht.
- **Mitunternehmerische Betriebsaufspaltung** durch Gründung einer Schwester GmbH & Co. KG und Überführung des Sonderbetriebsvermögens auf die Schwestergesellschaft gem. § 6 Abs. 5 Satz 1 EStG; bei Beibehaltung der bisherigen Beteiligungsverhältnisse fällt keine Grunderwerbsteuer an, vgl. § 5 Abs. 1 GrEStG.

- **Einbringung** des Sonderbetriebsvermögens und des Mitunternehmeranteils in eine **GmbH & Co. KG** (als Einheits-GmbH & Co. KG) gem. § 24 UmwStG unter Buchwertfortführung, wobei die Komplementär-GmbH nicht vermögensbeteiligt sein sollte, um Grunderwerbsteuer auszuschließen.

Einbringung des Grundstücks und des Mitunternehmeranteils

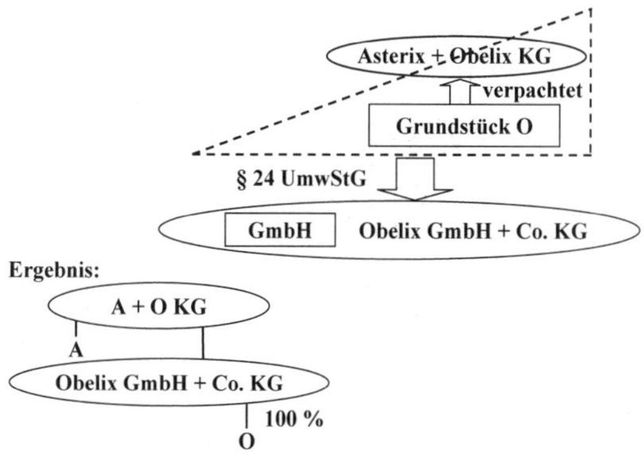

Hinweis: Alternativ kann entweder die KG-Beteiligung mit dem Sonderbetriebsvermögen gem. § 24 UmwStG in die neu gegründete GmbH & Co. KG oder **nur** das Sonderbetriebsvermögen gem. § 6 Abs. 5 Satz 3 EStG in die GmbH & Co. KG eingebracht werden.

b) Einfache Nachfolgeklausel

Im Falle einer **einfachen Nachfolgeklausel,** wonach alle Miterben Gesellschafter werden können, ist ein Übernahmerecht zu Gunsten eines Miterben möglich, wonach dieser die Gesellschaftsanteile der übrigen Miterben und das Sonderbetriebsvermögen ohne Abfindungszahlung übernehmen darf, wobei eine überproportionale Schuldübernahme nicht zur Gewinnrealisierung führt, vgl. BMF-Schreiben Erbauseinandersetzung BStBl. 2006 I 253 Tz. 34. Sofern der Übernahmeberechtigte zugleich zum Testamentsvollstrecker ernannt wird, kann der Vermächtnisnehmer ab dem Todestag als wirtschaftlicher Eigentümer angesehen werden; zum wirtschaftlichen Eigentum des Sachvermächtnisnehmers an einem Einzelunternehmen vgl. BFH BStBl. 1992 II 330. 15

c) Eintrittsklausel

Sofern der Gesellschaftsvertrag eine Fortsetzungsklausel mit einem Eintrittsrecht eines Erben beinhaltet, ist die **vermächtnisweise** Zuwendung des Personengesellschaftsanteils und des Sonderbetriebsvermögens steuerschädlich, da die Finanzverwaltung nur den gewinnneutralen Eintritt in die Gesellschaft innerhalb von sechs Monaten seit dem Erbfall erlaubt, das Sonderbetriebsvermögen aber bereits durch den Übergang auf die Erbengemeinschaft entnommen wurde, vgl. Tz. 73 Erbauseinandersetzungserlass, BStBl. 2006 I 253. 16

einstweilen frei **17–20**

IV. Besteuerung

1. Steuerliche Anerkennung

21 Bei der Gründung einer Personengesellschaft durch Aufnahme eines Gesellschafters in ein Einzelunternehmen dürfen die Buchwerte des eingebrachten Unternehmens gem. § 24 UmwStG fortgeführt werden. Um die ertragsteuerliche Anerkennung zu erreichen, darf die Rechtstellung der aufgenommenen Gesellschafter nicht wesentlich hinter den Rechten, die das Gesetz dem Gesellschafter zubilligt, zurückbleiben. Familienangehörige, insbesondere Kinder, die schenkweise als Kommanditisten in eine Familien-KG aufgenommen werden, sind nur Mitunternehmer i. S. d. § 15 Abs. 1 Nr. 2 EStG, wenn ihnen wenigstens annäherungsweise diejenigen Rechte eingeräumt sind, die einem Kommanditisten nach den weitgehend dispositiven Vorschriften des HGB zukommen, vgl. BFH BStBl. 1979 II 405 und 670. Dieser Grundsatz gilt nicht nur bei Familienpersonengesellschaften, sondern bei jeder Kommanditgesellschaft, vgl. *BFH* BStBl. 1989 II 758. Auch Darlehen, die nahe Angehörige von Gesellschaftern der Kommanditgesellschaft gewähren, werden nur steuerlich mit der Folge des Betriebsausgabenabzugs der Zinsen anerkannt, wenn die Darlehensvereinbarungen dem **zwischen Fremden Üblichen entsprechen**, vgl. *BFH* BStBl. 1991 II 18.

2. Mitunternehmerschaft

22 Der steuerliche Begriff des „Mitunternehmers" i. S. d. § 15 Abs. 1 Nr. 2 EStG ist kein abstrakter Begriff, sondern ein sog. offener Typus, der durch eine größere und unbestimmte Zahl von Merkmalen beschrieben werden kann, für den also ein Gesamtbild kennzeichnend ist und der somit auch erfüllt sein kann, wenn der eine oder andere typische Wesenszug fehlt. Der zivilrechtliche Gesellschafterbegriff und der steuerliche Typus des Mitunternehmers sind nicht identisch; nicht jeder, der als Gesellschafter im Handelsregister eingetragen ist, genügt auch den Kriterien, die den Typus des Mitunternehmers prägen, vgl. BFH BStBl. 1974 II, 404. Auf dieser typologischen Betrachtungsweise beruht es auch, dass der BFH nicht mehr wie in der Vergangenheit die Anerkennung der Mitunternehmerschaft von der Beteiligung an den stillen Reserven mindestens im Fall der Auflösung der Gesellschaft abhängig macht, sondern die Mitunternehmerschaft dann bejaht, wenn der Gesellschafter eine gewisse Unternehmerinitiative entfalten kann und ein Unternehmerrisiko trägt, vgl. BFH BStBl. 1970 II 320. Ein Kommanditist, der weder am laufenden Gewinn noch am Gesamtgewinn der KG beteiligt ist, wird auch dann nicht als Mitunternehmer angesehen, wenn seine gesellschaftsrechtlichen Mitwirkungsrechte denjenigen eines Kommanditisten entsprechen, vgl. BFH DStR 2000, 193.

3. Umfang des Betriebsvermögens

23 Sofern ein Gesellschafter der Gesellschaft Wirtschaftsgüter zur Nutzung überlässt, zählen diese zum notwendigen **Sonderbetriebsvermögen I** des Gesellschafters. Notwendiges **Sonderbetriebsvermögen II** liegt vor, wenn Wirtschaftsgüter unmittelbar zur Begründung oder Stärkung der Beteiligung an der Personengesellschaft eingesetzt werden, vgl. BFH BStBl. 1992 II 585;

Schmidt/Wacker, § 15 EStG Rn. 517. Erwirbt ein Kommanditist Darlehensforderungen oder sonstige Forderungen eines Dritten gegen die Kommanditgesellschaft und werden die geschuldeten Beträge der Gesellschaft weiterhin belassen, so bilden die Forderungen Sonderbetriebsvermögen des Gesellschafters. Die Verbindlichkeiten, die der Gesellschafter als Gegenleistung zur Erlangung der Darlehensforderungen eingegangen ist, gehören zum negativen Sonderbetriebsvermögen.

Bei der Ermittlung des **Kapitalkontos i. S. d. § 15 a EStG** ist jedoch das Sonderbetriebsvermögen nicht mit einzubeziehen, vgl. BFH BStBl. 1992 II 167; BMF-Schreiben BStBl. 1992 I 123. Das von einem Kommanditisten der KG gewährte Darlehen erhöht sein Kapitalkonto i. S. d. § 15 a Abs. 1 Satz 1 EStG jedoch, wenn es den vertraglichen Bestimmungen zufolge während des Bestehens der Gesellschaft vom Kommanditisten nicht gekündigt werden kann und wenn das Guthaben im Falle seines Ausscheidens oder der Liquidation der Gesellschaft mit einem eventuell bestehenden negativen Kapitalkonto verrechnet wird, vgl. BFH BStBl. 2005 II 599. 24

4. Gewinnverteilung

Auch bei der Gewinnverteilung bestehen nach der BFH-Rechtsprechung enge Grenzen: Ein Gewerbetreibender, der mit Kindern eine steuerlich anzuerkennende KG gründet, seinen Gewerbebetrieb in diese einbringt und seinen Kindern aus seinem Kapitalanteil Anteile schenkungsweise überträgt, kann mit steuerrechtlicher Wirkung nur eine Gewinnverteilung vereinbaren, die, falls die Kinder nicht mitarbeiten, auf längere Sicht zu einer auch unter Berücksichtigung der gesellschaftsrechtlichen Beteiligung der Kommanditisten angemessenen Verzinsung des tatsächlichen Wertes des Gesellschaftsanteiles führt. Angemessen ist eine Gewinnverteilungsabrede, die im Zeitpunkt der Vereinbarung bei vernünftiger kaufmännischer Beurteilung eine durchschnittliche **Rendite bis zu 15%** des wahren Wertes der Beteiligung erwarten lässt, vgl. BFH BStBl. 1973 II 5. Die Schwierigkeiten in der Anwendung dieser Entscheidung bestehen darin, dass die Feststellung des tatsächlichen Wertes eines Unternehmens außerordentlich schwierig ist. Darüber hinaus ist der Anteil eines einzelnen Gesellschafters nicht eindeutig zu ermitteln, da nach der Meinung des BFH wegen der Verschiedenartigkeit der Fälle in der Regel weder eine schematische Aufteilung nach dem Gewinnverteilungsschlüssel, noch nach dem Kapitalanteil, noch nach dem Anteil am Liquidationserlös erfolgen darf. Darüber hinaus muss auch dem persönlich haftenden Gesellschafter eine angemessene Tätigkeitsvergütung verbleiben. 25

In der Praxis empfiehlt es sich, den – nach Abzug der angemessenen Tätigkeitsvergütung und der Prämie für die Haftungsübernahme für den Komplementär – verbleibenden Restgewinn **beteiligungskonform** im Verhältnis der festen Kapitalkonten I zu verteilen. Vorsorglich für den Fall, dass die Gesellschaft nachhaltig Unternehmensgewinne von über 15% des wahren Unternehmenswertes erzielt, sollte zusätzlich die vom BFH postulierte **Höchstrenditeklausel** vereinbart werden, um ein Auseinanderlaufen der handelsrechtlichen und einkommensteuerlichen Gewinnverteilung zu vermeiden. 26

einstweilen frei **27–30**

V. Formulierungsvorschlag: Kommanditgesellschaftsvertrag

1. Urkunde

31 **Beispiel:** Eltern M und F übergeben ihr Autohaus (Ausgangsbeispiel 1) ihren Kindern T und S zu gleichen Teilen, berufen aber die Tochter T zur Komplementärin und den Sohn S zum Kommanditisten, wobei sich die Kinder gesamtschuldnerisch zur Zahlung einer dauernden Last in Höhe von monatlich 10 000 € verpflichten.

Übertragung eines Autohauses

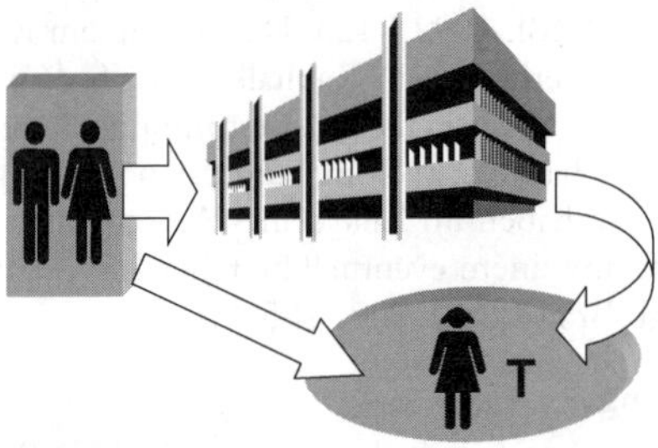

Beurkundet am …

§ 1 Firma, Zweck, Sitz

1. Die Firma der Gesellschaft lautet T Autohaus KG.
2. Sitz der Gesellschaft ist München.
3. Gegenstand des Unternehmens ist der Handel mit Fahrzeugen aller Art.

§ 2 Gesellschafter

1. Das Kapital der Gesellschaft beträgt 1 000 000 €
   – i. W. eine Million Euro –.
   Persönlich haftender Gesellschafter ist
2. Frau T mit einer Kapitaleinlage i. H. v. 500 000 €
   – i. W. fünfhunderttausend Euro –,
   die einer Beteiligung von 50% entspricht.
3. Kommanditist ist Herr S mit einer Kommanditeinlage
   in Höhe von 500 000 €
   – i. W. fünfhunderttausend Euro –,
   die einer Beteiligung von 50% entspricht.
4. Die Einlagen sind erbracht.

§ 3 Vertragsdauer

1. Die Gesellschaft beginnt als Kommanditgesellschaft mit ihrer Eintragung im Handelsregister. In der Zeit vom 1. 1. 00 bis zur Eintragung der Gesellschaft im Handelsregister haben die Kommanditisten nur die Rechtsstellung atypisch stiller Gesellschafter, für die die Bestimmungen dieses Gesellschaftsvertrages entsprechend gelten.
2. Jeder Gesellschafter kann die Gesellschaft unter Einhaltung einer Kündigungsfrist von einem halben Jahr zum darauf folgenden Jahresende kündigen, nicht jedoch vor dem 31. 12. 00.

§ 4 Geschäftsjahr

Das Geschäftsjahr ist das Kalenderjahr.

§ 5 Vertretung und Geschäftsführung

1. Zur Vertretung und Geschäftsführung sind ausschließlich die persönlich haftenden Gesellschafter jeweils allein berechtigt und verpflichtet. Sämtliche übrigen Gesellschafter sind von der Geschäftsführung und Vertretung ausgeschlossen.
2. Die persönlich haftenden Gesellschafter sind von den Beschränkungen des § 181 BGB (Verbot der Mehrfachvertretung und des Selbstkontrahierens) befreit.

§ 6 Pflichten der persönlich haftenden Gesellschafter

1. Die persönlich haftenden Gesellschafter haben die Geschäftsführung mit der Sorgfalt eines ordentlichen Kaufmanns auszuüben. Dabei sind die besonderen Belange der Gesellschaft und die Grundsätze der von der Gesellschafterversammlung festgelegten Unternehmenspolitik zu beachten.
2. Die persönlich haftenden Gesellschafter schulden ihre ganze Arbeitskraft der Gesellschaft mit Ausnahme von Herrn Bernd Mann, der keinerlei Arbeitsleistung schuldet.
3. Die persönlich haftende Gesellschafterin T erhält für die zu erbringenden Dienstleistungen eine Vergütung in Höhe von monatlich je 3000 €, die zum Ende eines jeden Monats zahlbar ist. Die Vergütung wird in der Handelsbilanz der Gesellschaft als Aufwand behandelt. Sie wird auch dann gewährt, wenn die Gesellschaft keinen Gewinn erzielt. Darüber hinaus erhalten die Gesellschafter Ersatz der Auslagen, die mit der Führung der Geschäfte der Gesellschaft unmittelbar oder mittelbar zusammenhängen.

§ 7 Jahresabschluss

Nach Ablauf eines jeden Geschäftsjahres soll innerhalb von drei Monaten der Jahresabschluss von den persönlich haftenden Gesellschaftern unter Beachtung der jeweils geltenden handels- und steuerrechtlichen Vorschriften aufgestellt und den Kommanditisten zugesandt werden.

§ 8 Gewinn- und Verlustverteilung

Ein sich nach der Jahresbilanz und der Verzinsung des Kapitalkontos II nach Maßgabe von § 9 dieses Vertrages ergebender Gewinn oder Verlust wird im Verhältnis der Kapitalbeteiligungen gem. § 2 dieses Vertrages unter den Gesellschaftern verteilt.

§ 9 Gesellschafterkonten

1. Die Kapitalanteile der Gesellschafter gem. § 2 dieses Vertrages werden auf Kapitalkonten I gebucht. Diese Konten werden nicht verzinst.
2. Weiter wird jedem Gesellschafter ein Kapitalkonto II angelegt. Darauf werden der den Betrag des Kapitalkontos I übersteigende Wert an Einlagen sowie Gewinne verbucht. Die Kapitalkonten II werden mit 6% – sechs vom Hundert – jährlich nach der Sparbuchmethode verzinst. Über Gutschriften auf dem Kapitalkonto II darf der Gesellschafter nur mit Zustimmung der Gesellschafterversammlung verfügen. Das Kapitalkonto II hat ebenfalls Eigenkapitalcharakter.
3. Verluste sind für jeden Gesellschafter auf einem Kapitalverlustkonto, einem Unterkonto von Kapitalkonto II, zu erfassen. Gewinne in den Folgejahren sind dem Kapitalverlustkonto gutzuschreiben, bis dieses ausgeglichen ist.
4. Die Kapitalkonten I und II geben die Beteiligung am Gesellschaftsvermögen und am Liquidationserlös wieder.

§ 10 Gesellschafterversammlung

1. Die Gesellschafterversammlung findet mindestens einmal jährlich zum Zwecke der Bilanzgenehmigung statt. Eine Gesellschafterversammlung kann jeder Komplementär einberufen.

2. Darüber hinaus hat jeder Gesellschafter das Recht, von den persönlich haftenden Gesellschaftern die Einberufung einer Gesellschafterversammlung zu verlangen. Wird diesem Verlangen nicht innerhalb einer Frist von zwei Wochen stattgegeben, so hat der Antragsteller das Recht, von sich aus eine Gesellschafterversammlung am Sitz der Gesellschaft einzuberufen. Die Kosten fallen dem Antragsteller zur Last, sofern nicht die Gesellschafterversammlung die Übernahme der Kosten beschließt.
3. Die Einladung zur Gesellschafterversammlung hat unter Angabe der Tagesordnung mit einer Frist von drei Wochen zu erfolgen.
4. Die Gesellschafter können sich in der Gesellschafterversammlung durch einen Mitgesellschafter, einen Familienangehörigen oder einen Wirtschaftsprüfer oder Steuerberater vertreten lassen. Der Bevollmächtigte hat eine schriftliche Vollmacht vorzulegen.
5. Die einberufene Gesellschafterversammlung ist nur beschlussfähig, wenn 60% – sechzig vom Hundert – des Gesellschaftskapitals anwesend oder vertreten ist. Andernfalls ist mit einer Frist von drei Wochen eine weitere Gesellschafterversammlung einzuberufen, die in jedem Fall beschlussfähig ist. Auf diese Rechtsfolge ist in der Einladung hinzuweisen.
6. Die Abstimmungen können auch schriftlich im Umlaufverfahren erfolgen, wenn jeder Gesellschafter damit einverstanden ist.
7. Das Stimmrecht bemisst sich nach der Höhe der Kapitalanteile gem. § 2 dieses Vertrages.
8. Den Vorsitz in der Gesellschafterversammlung führt der älteste Gesellschafter.
9. Der Steuerberater der Gesellschaft kann beratend zur Gesellschafterversammlung hinzugezogen werden.

§ 11 Wettbewerbsverbot

1. Den Gesellschaftern ist es untersagt, sich im Geschäftszweig der Gesellschaft zu betätigen, an einem gleichartigen Unternehmen unmittelbar oder mittelbar zu beteiligen oder für ein Konkurrenzunternehmen tätig zu werden.
2. Das Wettbewerbsverbot gilt auch noch innerhalb von zwei Jahren nach Ausscheiden eines Gesellschafters aus der Gesellschaft. In diesem Fall beschränkt es sich jedoch auf das Gebiet des Stadt- und Landkreises, in dem die Gesellschaft ihren Sitz hat.
3. Jeder Gesellschafter ist verpflichtet, über alle Angelegenheiten der Gesellschaft auch nach seinem Ausscheiden strengstes Stillschweigen gegenüber Dritten zu bewahren.

§ 12 Informations-, Kontroll- und Widerspruchsrecht

1. Jeder Gesellschafter kann über die Angelegenheiten der Gesellschaft Auskunft verlangen, sämtliche Geschäftsbücher und Unterlagen der Gesellschaft einsehen oder durch eine zur Berufsverschwiegenheit verpflichtete Person einsehen lassen.
2. Den Handlungen, die über den gewöhnlichen Betrieb des Handelsgewerbes der Gesellschaft hinausgehen, können die Kommanditisten gem. § 164 HGB widersprechen.

§ 13 Erbfolge

1. Durch den Tod eines Gesellschafters wird die Gesellschaft nicht aufgelöst. Nachfolger in den Gesellschaftsanteil des Verstorbenen werden dessen Erben oder Vermächtnisnehmer, sofern es sich hierbei um Mitgesellschafter oder leibliche Abkömmlinge des verstorbenen Gesellschafters handelt oder der Gesellschaftsanteil innerhalb eines Jahres seit dem Ableben des verstorbenen Gesellschafters auf nachfolgeberechtigte Personen übertragen wird. Andernfalls wird die Gesellschaft von den verbleibenden Gesellschaftern fortgesetzt.
2. Die Erben oder Vermächtnisnehmer des persönlich haftenden Gesellschafters können die Rechtsstellung eines Komplementärs nur in Anspruch nehmen, wenn sie die für die Geschäftsführung erforderliche Vorbildung und Eignung aufweisen.

Sofern sich die Beteiligten nicht innerhalb von drei Monaten nach dem Versterben eines Gesellschafters einigen, entscheidet der für die Gesellschaft tätige Steuerberater über die Eignung eines Gesellschafters als Komplementär als Schiedsgutachter gem. § 317 BGB. Erben und Vermächtnisnehmer, die nicht in die Geschäftsführung nachrücken, werden als Kommanditisten beteiligt.

3. Stirbt der letzte persönlich haftende Gesellschafter, ohne dass ein zur Übernahme der Geschäftsführung bereiter oder geeigneter Nachfolger vorhanden ist, wird die Gesellschaft mit den Erben oder Vermächtnisnehmern des Verstorbenen als Kommanditisten fortgesetzt. Die Gesellschafter sind verpflichtet, im bisherigen Beteiligungsverhältnis eine Geschäftsführungs-GmbH mit einem Stammkapital von 25 000 € zu gründen, die die Rechtsstellung des Komplementärs ohne Beteiligung am Gesellschaftsvermögen erhält. Für die Satzung der GmbH gelten die Bestimmungen dieses Gesellschaftsvertrages, soweit zulässig, entsprechend; im übrigen gilt die gesetzliche Regelung.
4. Zur Verwaltung von Kommanditanteilen kann Testamentsvollstreckung angeordnet werden.

§ 14 Ausscheiden eines Gesellschafters

1. Bei Kündigung der Gesellschaft sowie Ausschließung eines Gesellschafters wird die Gesellschaft nicht aufgelöst, sondern von den übrigen Gesellschaftern fortgesetzt.
2. Jeder Gesellschafter gibt für den Fall seines Ausscheidens seine ausdrückliche Einwilligung zur Fortführung der Gesellschaft und der Firma.

§ 15 Ausschließung

1. Wird über das Vermögen eines Gesellschafters ein Insolvenzverfahren eröffnet oder mangels Masse eingestellt oder wird die Zwangsvollstreckung in sein Auseinandersetzungsguthaben oder ein sonstiges Gesellschaftsrecht betrieben, können die übrigen Gesellschafter seinen Ausschluss beschließen. Der Ausschluss wird mit der Bekanntgabe des Beschlusses, im Falle der Einzelzwangsvollstreckung jedoch erst drei Monate nach Bekanntgabe des Beschlusses wirksam, es sei denn, dass der betroffene Gesellschafter bis dahin die eingeleiteten Vollstreckungsmaßnahmen abgewendet hat.
2. Im übrigen kann der Gesellschafter ausgeschlossen werden, wenn hierzu ein wichtiger Grund vorliegt, insbesondere wenn ein Gesellschafter durch sein Verhalten die Gesellschaftsinteressen schädigt oder wenn aufgrund seines Verhaltens den übrigen Gesellschaftern die Fortsetzung der Gesellschaft mit ihm nicht mehr zugemutet werden kann.

§ 16 Abfindung

1. Wenn ein Gesellschafter oder ein Gläubiger eines Gesellschafters die Gesellschaft kündigt oder wenn ein Gesellschafter ausgeschlossen wird, soll von dem für die Gesellschaft tätigen Steuerberater als Schiedsgutachter gemäß § 317 BGB die Abfindung festgesetzt werden.
2. Als Abfindungsguthaben erhält der ausgeschiedene Gesellschafter einen seiner Beteiligung an der Gesellschaft entsprechenden Anteil am Unternehmenswert, wobei jedoch zur Erhaltung des Unternehmens als Familienbetrieb nur 70% des Unternehmenswertes für die Abfindung zugrunde gelegt wird. Dieser ist nach Maßgabe der von der Finanzverwaltung gem. §§ 200ff. BewG angewandten vereinfachten Ertragswertverfahren zu ermitteln.
3. Sofern der Gesellschafter aufgrund seiner eigenen Kündigung ausscheidet oder wenn ein Erbe oder ein Vermächtnisnehmer eines verstorbenen Gesellschafters aufgrund § 13 dieses Vertrages als Gesellschafternachfolger ausgeschlossen ist, wird der vom Steuerberater ermittelte Abfindungsbetrag in vollem Umfange vergütet.

4. Sofern jedoch die Gesellschaft von einem Gläubiger des Gesellschafters gekündigt oder der Gesellschafter aus wichtigem Grund ausgeschlossen wurde, beträgt das Ausscheidungsguthaben nur 50% -fünfzig vom Hundert- des anteiligen Unternehmenswertes.
5. Das Abfindungsguthaben ist in drei gleichen, unmittelbar aufeinander folgenden Jahresraten auszuzahlen. Die erste Rate ist drei Monate nach dem Ausscheidungsstichtag zur Zahlung fällig. Das Abfindungsguthaben ist ab dem Ausscheidungsstichtag mit jährlich 4% – vier vom Hundert – zu verzinsen. Die Zinsen sind mit den jeweiligen Raten zu entrichten.
6. Vorzeitige Zahlung der Abfindung ist jederzeit zulässig. Sicherheitsleistung kann für das Abfindungsguthaben nicht gefordert werden.

§ 17 Schlussbestimmungen

1. Soweit in diesem Gesellschaftsvertrag keine besondere Regelung getroffen ist, gelten die gesetzlichen Bestimmungen.
2. Die etwaige Nichtigkeit einzelner Bestimmungen berührt die Wirksamkeit des Gesellschaftsvertrages im übrigen nicht. Die Gesellschafter sind verpflichtet, anstelle der unwirksamen Bestimmungen eine dem Vertragsgedanken entsprechende Neuregelung zu treffen. Sofern eine Neuregelung nicht erfolgt, gelten die für die entsprechende Regelungslücke bestehenden gesetzlichen Vorschriften.

2. Checkliste: Kommanditgesellschaft

a) Vertragsgestaltung

32
- grundsätzlich Normalstatut
- Gesellschaftsbeginn mit Eintragung im Handelsregister
- ertragswertbezogene Abfindungsklausel
- Dauertestamentsvollstreckung zulässig
- Erfassung des Sonderbetriebsvermögens

b) Gesellschafterkonten

- festes Kapitalkonto I, variables Kapitalkonto II, Kapitalverlustkonto und Privatkonto; zur Behandlung der Gesellschafterkonten vgl. § 15 Rn. 33 ff.

c) Einkommensteuer

- Mitunternehmerschaft = Mitunternehmerinitiative und Mitunternehmerrisiko
- Angemessenheit der Gewinnverteilungsabrede (beteiligungskonforme Gewinnverteilung)
- Einzelpfleger und vormundschaftsgerichtliche Genehmigung bei minderjährigen Gesellschaftern

d) Schenkungsteuer

- Bemessungsgrundlage: vereinfachtes Ertragswertverfahren gem. §§ 200 ff. BewG
- negativer Anteil am Betriebsvermögen auch bei Kommanditisten möglich.

33–35 *einstweilen frei*

VI. KG-Anteilsübertragung mit Nießbrauchsvorbehalt

Literatur: *Demuth,* Unternehmensnachfolge: Folgen des Ausscheidens eines Gesellschafters und Anwachsung bei Kommanditgesellschaften, BB 2007, 1569; *FinMin Baden-Württemberg,* Treuhänderisch gehaltene Kommanditbeteiligungen: Übertragung,

ZErb 2007, 157; *Ivo,* Die Übertragung von Kommanditanteilen an minderjährige Kinder, ZEV 2005, 193; *ders.,* Die Vererbung von Kommanditanteilen, ZEV 2006, 302; *Jülicher,* Übertragung einer KG-Beteiligung gegen Versorgungsleistung, ZErb 2005, 297; *ders.,* Aufschiebend bedingte Gegenleistungspflichten des Bedachten sind bei gemischter Schenkung erst nach Bedingungseintritt zu berücksichtigen, ZErb 2006, 241; *Klumpp,* Die Schenkung von Gesellschaftsanteilen und deren Widerruf, ZEV 1995, 385; *Otto,* Zwang zu steuerlichen Pensionsrückstellungen bei Direktzusagen an tätige Kommanditisten?, DStR 2007, 268; *Rust,* Die Beteiligung von Minderjährigen im Gesellschaftsrecht – Vertretung, familien-/vormundschaftsgerichtliche Genehmigung und Haftung des Minderjährigen, DStR 2005, 1942 und 1992; *Schwetlik,* Veräußerung nießbrauchbelasteter Personengesellschaftsanteile, GmbHR 2006, 1096; *Terbrack,* Neuere Entwicklungen bei der registergerichtlichen Behandlung von Kommanditanteilsübertragungen, DStR 2004, 1964; *Tiedtke/Langheim,* Übertragung von Kommanditanteilen zur Abgeltung von Pflichtteilsansprüchen als Veräußerungsgeschäft bei Einbringung eines Einzelunternehmens in eine PersGes?, FR 2007, 368; *Wendt,* Veräußerung und Aufgabe von Mitunternehmeranteilen, Stbg 1999, 1.

Beispiel: Steuerberater S entwirft einen Hofübergabevertrag. An zwei zum Betriebsvermögen gehörenden mit Erbbaurechten belasteten Grundstücken soll ein Nießbrauch zu Gunsten des Übergebers bestellt werden. Bei der Beurkundung entsteht Streit mit den weichenden Erben, auf deren Vorschlag hin die beiden mit Erbbaurechten belasteten Grundstücke im Eigentum des Übergebers verbleiben, vgl. BGH DNotZ 2003, 845. **36**

1. Nießbrauchvorbehalt

Der Vorbehalt des Nießbrauches gehört zum Standardinstrumentarium der vorweggenommenen Erbfolge. Danach überträgt der Schenker zwar den Vermögensgegenstand, behält sich aber die Nutzung, also insbesondere den Ertrag vor, regelmäßig auf Lebensdauer, wobei häufig darüber hinaus auch der Ehegatte mit den Nutzungen auf dessen Lebensdauer versorgt werden soll. Die Nießbrauchbelastung mindert den Wert des Geschenks, vgl. OLG Celle, ZErb 2003, 383. **37**

Nach der Rechtsprechung des BGH NJW 1994, 1470 beginnt im Falle eines Grundstücksnießbrauches die Zehn-Jahres-Frist des § 2325 Abs. 3 Satz 1 BGB nicht zu laufen, da eine **wirtschaftliche Ausgliederung** aufgrund des Nießbrauchsvorbehaltes nicht stattfindet. Der Pflichtteilsergänzungsanspruch ist aber im Ergebnis durch den kapitalisierten Nießbrauch gemindert, wobei das OLG Celle a. a. O. den Kapitalwert des Nießbrauches nach den steuerlichen Vorschriften, nämlich Anlage 9 zu § 14 BewG bemisst.

a) Sachnießbrauch

In Betracht kommt zunächst, dass sich der Schenker den Nießbrauch an den Vermögensgegenständen vorbehält, die er in die Kommanditgesellschaft einbringt. Dieser Nießbrauch beurteilt sich als Sachnießbrauch nach den Vorschriften der §§ 1030 ff. BGB. In diesem Fall erzielt die Kommanditgesellschaft keine Erträge und stellt eine virtuelle Gesellschaft dar. Alternativ oder sogar kumulativ kann sich der einbringende Gesellschafter den Nießbrauch an den Gesellschaftsanteilen vorbehalten, die unentgeltlich auf die beschenkten Gesellschafter übergehen. Die Bestellung eines Nießbrauchsrechtes an einem Personengesellschaftsanteil ist nahezu unbestritten möglich. Die früher vertre- **38** tene Auffassung, dass zur Vermeidung einer Abspaltung von Gesellschaftsrechten eine Vollrechtsübertragung auf den Nießbraucher erforderlich sei, ist obsolet, vgl. BGH ZEV 1999, 71; *K. Schmidt,* Gesellschaftsrecht, 1824. Der Nießbrauch an einem Gesellschaftsanteil beurteilt sich als Rechtsnießbrauch nach den Vorschriften der §§ 1068ff. BGB.

b) Rechtsnießbrauch

39 Gem. § 1069 Abs. 1 BGB ist für die Bestellung eines Nießbrauchs an einem Gesellschaftsanteil die Beachtung der für die Übertragung des Rechts geltenden Vorschriften erforderlich. Da für die Übertragung eines Kommanditanteiles keine Formpflicht besteht, kann die Einräumung eines Nießbrauches auch privatschriftlich erfolgen. Aufgrund der unzureichenden gesetzlichen Regelung sind die Rechte des Nießbrauchers und des nießbrauchbelasteten Gesellschafters vertraglich detailliert zu regeln.

aa) Fruchtziehungsrecht

40 Das Fruchtziehungsrecht des Nießbrauchers beschränkt sich auf die gesellschaftsrechtlich entnahmefähigen Erträge, vgl. BGHZ 58, 321, während die außerordentlichen Erträge dem Anteilsinhaber gebühren, vgl. BFH BStBl. 1995 II 244. Aus dieser Aufspaltung ergibt sich die Mitunternehmerstellung beider Parteien, so zu Recht *Schindhelm/Stein,* ErbStB 2003, 408.

bb) Stimmrecht

41 Problematisch ist die Ausgestaltung des Stimmrechts. Der BFH BStBl. 1995 II 244 geht davon aus, dass der Nießbraucher das Stimmrecht bei Beschlüssen über die laufenden Angelegenheiten der Gesellschaft und zur Sicherung seines Fruchtziehungsrechtes wahrnimmt, während bei außerordentlichen Angelegenheiten das Stimmrecht allein dem Gesellschafter gebühren soll. Diese Aufteilung des Stimmrechts führt in Gesellschafterversammlungen zu außerordentlichen Schwierigkeiten, weil eine klare Grenzziehung zwischen laufenden und außerordentlichen Angelegenheiten nicht möglich ist. Ähnliche Probleme bestehen bei der Verwaltung von Eigentumswohnungen, so dass in der Literatur (vgl. *Weitnauer,* WEG § 25 Rn. 11; *Schöner,* DNotZ 1975, 82) die Ausübung des Stimmrechts dem Eigentümer und dem Nießbraucher gemeinsam zugesprochen wird. Der BGH DNotZ 2002, 881 hat das Stimmrecht dem Wohnungseigentümer zuerkannt, aber betont, dass dieser verpflichtet sein kann, auf die berechtigten Interessen des Nießbrauchers bei der Stimmabgabe Rücksicht zu nehmen.

42 M.E. wäre die **gemeinsame** Ausübung des Stimmrechts hinsichtlich des nießbrauchbelasteten Gesellschaftsanteiles die ideale Lösung, um die Berücksichtigung der beiderseitigen Interessen zu gewährleisten und die Mitunternehmerschaft auf beiden Seiten zu unterstreichen. Können sich die Beteiligten nicht auf eine einheitliche Stimmabgabe einigen, können sie insoweit an der Abstimmung nicht teilnehmen, so dass die für die übrigen Gesellschaftsanteile abgegebenen Stimmen maßgebend sind. Sofern der Gesellschaftsvertrag eine gemeinsame Stimmrechtsausübung nicht erlaubt, kann eine Regelung in der Weise erfolgen, dass der an der Gesellschafterversammlung teilnehmende Gesellschafter schuldrechtlich verpflichtet ist, das Abstim-

mungsverhalten mit dem Nießbraucher zu koordinieren. Auch im übrigen Wirtschaftsleben sind Stimmrechtsbindungen üblich. Die Finanzverwaltung orientiert sich strikt an der zitierten Rechtsprechung des BFH BStBl. 1995 II 244.

cc) Gesetzliche Regelung

Die gesetzliche Regelung des **Fruchtziehungsrechtes**, wonach dem Nießbraucher die entnahmefähigen Erträge gebühren, während dem Anteilsinhaber die auf seinen Anteil entfallenden außerordentlichen Erträge zuzurechnen sind, also insbesondere die Erträge aus der Veräußerung von Gegenständen des Anlagevermögens, kann dazu führen, dass der nießbrauchsbelastete Anteilsinhaber Einkommensteuer entrichten muss, ohne über entsprechende Einnahmen zu verfügen. Für diese Fälle ist eine **„Steuerbeihilfe“** zwischen Gesellschafter und Nießbraucher zu vereinbaren. 43

dd) Rücklagen

Bei der Rücklagenbildung ist wie folgt zu differenzieren: 44

Aus den ordentlichen Erträgen gebildete Rücklagen versteuert der Nießbraucher, aus außerordentlichen Erträgen gebildete Rücklagen obliegt die Steuerlast dem nießbrauchsbelasteten Anteilsinhaber.

2. Surrogat

Bei Vermögensumschichtungen sollte der Nießbraucher darauf achten, dass ihm an dem Surrogat wieder ein Nießbrauchsrecht bestellt wird, da das BGB nur ausnahmsweise eine dingliche Surrogation vorsieht, z. B. in § 1066 Abs. 3 BGB, vgl. *Brambring,* DNotZ 2003, 565. 45

3. Nießbrauch an den eingebrachten Wirtschaftsgütern

a) Einkünfteerzielung

Sofern sich der Übergeber an dem eingebrachten Wirtschaftsgut den Nießbrauch vorbehält, wird auf die Gesellschaft keine Einkunftsquelle übertragen. Auch der Wert des Wirtschaftsgutes wird durch den vorbehaltenen Nießbrauch gemindert. Da die gewerbliche Prägung gem. § 15 Abs. 3 Nr. 2 EStG eine Einkunftserzielung durch die **Gesellschaft** voraussetzt, ist vor einem Nießbrauchsrecht am Grundbesitz einer gewerblich tätigen oder geprägten (mitunternehmerischen) GmbH & Co. KG zu warnen, während im Falle der privaten Vermögensverwaltung diese Gestaltung ohne Bedenken ist. Die selben Probleme ergeben sich, wenn ein bereits mit einem Nießbrauchrecht belastetes Grundstück in eine GmbH & Co. KG eingebracht wird. Bejaht man die Einkunftserzielung durch die Gesellschaft, sind die bilanziellen Probleme gravierend: Der Nießbrauch stellt eine Belastung des eingebrachten Grundstücks dar. Die durch Zeitablauf eintretende Wertminderung führt periodisch zu einem Gewinn der Gesellschaft, im Jahr des Versterbens des Nießbrauchers zu einem u. U. erheblichen außerordentlichen Ertrag. Im Allgemeinen empfiehlt es sich daher bei betrieblich genutzten Wirtschaftsgütern Nießbrauchsrechte nicht an den eingebrachten Wirtschaftsgütern zu bestellen, bzw. bestehende Nießbrauchsrechte entweder durch die Vereinbarung 46 von Renten abzulösen oder die Ausübung des Nießbrauches gem. § 59 Satz 2 BGB der GmbH & Co. KG zu überlassen.

b) Umsatzsteuer

47 Auch aus umsatzsteuerlichen Gründen war ein Nießbrauchsrecht an dem eingebrachten Gegenstand nach der **früheren Rechtsprechung** bedenklich. Die Bestellung eines lebenslänglichen unentgeltlichen Nießbrauchs an einem unternehmerisch genutzten bebauten Grundstück zu Gunsten eines 65 Jahre alten Berechtigten war nach Auffassung des BFH BStBl. 1988 II 205 im Regelfall ein steuerfreier Entnahme-Eigenverbrauch (nunmehr § 3 Abs. 1b UStG), der wegen Änderung der Verhältnisse zur Berichtigung des Vorsteuerabzugs auf die Herstellungskosten des Gebäudes führte; anders die **neuere Rechtsprechung** BFH BStBl. 1996 II 248: Bei der unentgeltlichen Übertragung mit gleichzeitiger Einräumung eines **Vorbehaltsnießbrauchs** zu Gunsten des Übertragenden liegt keine Entnahme i. S. d. § 3 Abs. 1b Satz 1 Nr. 1 UStG und damit keine Änderung der Verhältnisse vor, wenn das Grundstück vom Übertragenden in gleicher Weise wie bisher genutzt wird; zustimmend *Husmann,* UR 1996, 153 und *Ehlig,* UR 1997, 251. Durch BFHE 184, 134 wurde die neue Rechtsprechung bestätigt, vgl. *Dziadkowski,* UVR 1999, 417. Eine nach § 4 Nr. 9a UStG steuerfreie Entnahme für unternehmensfremde Zwecke und damit eine Änderung der Verhältnisse i. S. d. § 15a UStG ist erst dann gegeben, wenn der Vorbehaltsnießbrauch wegfällt, vgl. FinMin Sachsen-Anhalt DStR 1997, 117.

4. Vorbehaltsnießbrauch am Gesellschaftsanteil

Literatur: *Eich,* Nießbrauch als Gestaltungsmittel bei Nachfolgeregelungen, ErbStB 2004, 185; *Gebel,* Nießbrauchsrechte und Nießbrauchslasten im Erbschaft- und Schenkungsteuerrecht, ZErb 2006, 122 und 142; *Götz/Jorde,* Nießbrauch an Personengesellschaftsanteilen – Praxisprobleme, FR 2003, 998; *dies.,* Nießbrauch an Personengesellschaftsanteilen – Vertragsklauseln und ihre Tücken, ZErb 2005, 365; *Gschwendtner,* Nießbrauchbestellung am Anteil einer Personengesellschaft, NJW 1995, 1875; *Kruse,* Nießbrauch an der Beteiligung an einer Personengesellschaft, RNotZ 2002, 69; *Schulze zur Wiesche,* Die ertragsteuerliche Behandlung von Nießbrauch und Treuhand an einem KG-Anteil, BB 2004, 355; *Söffing/Jordan,* Nießbrauch an einem Mitunternehmeranteil, BB 2004, 353.

48 Gerade bei der vorweggenommenen Erbfolge ist die weitere Versorgung des Übergebers regelmäßig Bedingung oder Geschäftsgrundlage des Übertragungsaktes. Die Bestellung eines Nießbrauchsrechtes erscheint gegenüber einer Leibrentenvereinbarung als sachdienlicher, da der Erwerber nicht einen fiktiven, sondern nur den tatsächlichen Ertrag dem Übergeber gewähren muss.

a) Mitunternehmerstellung

49 Fraglich kann sein, ob bei der Bestellung eines Nießbrauchs am Gesellschaftsanteil der nießbrauchsverpflichtete Erwerber Mitunternehmer wird, da die Erträge von dem Übergeber vorbehalten werden. Nach Auffassung des BFH BStBl. 1995 II 241 bleibt der Nießbrauchsverpflichtete Mitunternehmer, da dieser einen hinreichenden Bestand an vermögensrechtlicher Sub-

stanz des nießbrauchsbelasteten Gesellschaftsanteils und einen hinreichenden Bestand an gesellschaftsrechtlichen Mitwirkungsrechten zurückbehalte, vgl. nur *Gschwendtner,* NJW 1995, 1876; BFH BStBl. 1995 II, 241. EStH 138 (1) ordnen daher an, dass bei Bestellung eines Nießbrauches am Gesellschaftsanteil der Nießbrauchsverpflichtete Mitunternehmer bleibt. Vorsorglich sollte durch die Vereinbarung eines **Quotennießbrauches,** z. B. in Höhe von 95%, sowohl dem Gesellschafter als auch dem Nießbraucher ein Ertrag an dem Unternehmen zustehen, um eine totale Gewinnabsaugung durch den Nießbraucher zu vermeiden.

b) Schenkungsteuer

- *Troll/Jülicher,* ErbStG (Stand März 1997) § 13a Tz. 150 sind der Auffassung, dass bei der Zuwendung eines Betriebes, Teilbetriebes oder Mitunternehmeranteils unter Vorbehalt des Nießbrauches die Übertragung der Substanz nach § 13a ErbStG begünstigt ist. Darüber hinaus stehe die Nießbrauchslast nicht im wirtschaftlichen Zusammenhang mit dem nach § 13a ErbStG befreiten Vermögen und stelle deshalb regelmäßig keine Betriebsschuld dar, da die Einräumung des Nießbrauchs ein privater Vorgang sei. 50
- Als Gestaltungsvariante kommt an Stelle eines Nießbrauches eine **dauernde Last** in Betracht, wonach z. B. 95% des jährlich auf den Gesellschaftsanteil entfallenden Ertrages an den Übergeber zu entrichten sind, wobei wegen der Konzeption einer dauernden Last als wiederkehrende Leistungen monatliche Abschlagszahlungen aufgrund der Vorjahresergebnisse mit einer entsprechenden Abrechnungsklausel nach dem Vorliegen der Steuerbilanz empfehlenswert sind.

5. Zuwendungsnießbrauch an Gesellschaftsanteilen

Bei der **unentgeltlichen** Einräumung des Nießbrauchsrechtes an einem 51
Gewerbebetrieb oder Mitunternehmeranteil (ohne Beteiligung an dem Unternehmen oder an der Gesellschaft) soll die Begünstigung des § 13a ErbStG ausgeschlossen sein, da es sich begrifflich nicht um den Übergang des Betriebs, eines Teilbetriebs oder eines Anteils an einer Gesellschaft handle, sondern um den Übergang eines damit äußerstenfalls teilidentischen Nutzungsrechts. Danach kann die Bestellung eines Nießbrauches nur begünstigt sein, wenn das Nießbrauchsrecht wieder einen Mitunternehmeranteil darstellt, vgl. *Piltz,* ZEV 1997, 61. Nach Auffassung des FG Münster EFG 2003, 690 kann die Bestellung eines Zuwendungsnießbrauchs an GmbH-Anteilen mit steuerlicher Wirkung nur anerkannt werden, wenn dem Nießbraucher neben dem Gewinnbezugsrecht zumindest auch wesentliche Mitverwaltungsrechte (wie z. B. das Stimmrecht) des Gesellschafters übertragen werden.

6. Einlagenrückgewähr durch vorbehaltene Leistungen

In der Vereinbarung von Nießbrauchsrechten oder wiederkehrenden Leis- 52
tungen könnte eine Einlagenrückgewähr gem. § 172 Abs. 4 Satz 1 HGB gesehen werden. Bei der Vereinbarung einer Leibrente oder dauernden Last wird nicht die Kommanditgesellschaft, sondern der eintretende Gesellschafter persönlich verpflichtet, so dass eine unzulässige Rückgewähr aus dem Gesellschaftsvermögen von vorne herein ausscheidet. Anders kann es sich bei der

Vereinbarung von Nießbrauchsrechten verhalten. Sofern nach Verlustjahren – mit der Rechtsfolge der Minderung des Kapitalkontos unter die Hafteinlage – wieder Gewinne erzielt werden und der Nießbraucher diese aus dem Gesellschaftsvermögen entnimmt, liegt eine unzulässige Einlagenrückgewähr gem. § 172 Abs. 4 Satz 2 HGB vor, für die ohne Zweifel der Neugesellschafter haftet. Die Rechtsprechung bejaht nicht nur ein **Wiederaufleben der Haftung** des Erwerbers, sondern auch des Veräußerers, vgl. RG DNotZ 1944, 199; BGH NJW 1976, 752; *von Olshausen,* in: FS Knobbe-Keuk (1997), 268 m. w. N.

53 **Nießbrauchvarianten**

- Rechts- und Sachnießbrauch
- Nettonießbrauch
- Bruttonießbrauch
- Vorbehaltsnießbrauch
  - mit Lastenübernahme
  - und Ablösungsvereinbarung
- Zuwendungsnießbrauch
- Vermächtnisnießbrauch
- Quotennießbrauch
- Sicherungsnießbrauch
- Schuldrechtlicher Nießbrauch
- Ertragsnießbrauch

54, 55 *einstweilen frei*

VII. Vertragsmuster: KG-Anteilsabtretung

Beispiel: Onkel Dagobert ist der Hauptbeteiligte an der Dagobert KG, die den Handel mit Edelmetallen betreibt. Im Wege der vorweggenommenen Erbfolge will er seinem Neffen 95% seiner Beteiligung übertragen, sich aber Ertragsrechte vorbehalten.

1. Geschäftsanteilsabtretung und Übertragung eines Gesellschaftsanteiles

56 Beurkundet am …

Übertragung eines Kommanditanteiles

I. Sachverhalt

Im Handelsregister des Amtsgerichts Traunstein ist unter HR A … die Gesellschaft in Firma
Dagobert KG
mit Sitz in Entenhausen
eingetragen.

II. Überlassung, Abtretung

Herr Dagobert sen.
– im folgenden auch „Übergeber“ genannt –
überlässt
von seiner Kommanditeinlage in Höhe von 10 000 €,
einen Teil in Höhe von 9 500 €
hiermit an
seinen Neffen, Herrn Dagobert jun.
– im folgenden auch „Erwerber“ genannt –.

Mitübertragen werden auf den Erwerber im Verhältnis der Anteilsübertragung, also zu 95%, alle Guthaben des Übergebers auf Gesellschafterkonten zum Stand per ... (= Übergabestichtag).
Herr Dagobert sen. tritt mit dinglicher Wirkung zum Zeitpunkt des Übergabestichtages den Teil der Kommanditeinlage von 9500 € sowie die anteiligen Guthaben auf Gesellschafterkonten an den Erwerber ab, der die Übertragung hiermit dankend annimmt.

III. Auflage

Die Übertragung des Kommanditanteiles erfolgt unentgeltlich im Wege der vorweggenommenen Erbfolge.

Alternative 1: Versorgungsleibrente:
Der Erwerber verpflichtet sich an den Übergeber auf dessen Lebensdauer
eine monatliche Versorgungsleibrente in Höhe von 9 000 €
– i. W. neuntausend Euro –
zu zahlen, spätestens am dritten eines jeden Monats im Voraus, erstmals für den auf den Übergabestichtag folgenden Monat.
Die vereinbarte Leibrente soll wertbeständig sein. Sie erhöht oder vermindert sich daher in dem selben prozentualen Verhältnis in dem sich künftig der Verbraucherpreisindex für Deutschland auf der Basis 2005 = 100 gegenüber dem Stand für den Monat der Beurkundung dieses Vertrages verändert. Eine Änderung tritt jedoch erst dann ein, wenn sich der Index um mindestens 10% verändert hat, von dem auf das Änderungsverlangen folgenden Monatsersten an.
Zur Sicherung dieser Zahlungsverpflichtung wird an den im Eigentum der Dagobert KG stehenden Grundstück der Gemarkung Entenhausen
Flst.Nr. 1... vorgetragen im Grundbuch des Amtsgerichts ... für Entenhausen Blatt ... eine **Reallast** zugunsten von Herrn Dagobert sen. bestellt und die Eintragung im Grundbuch an nächstoffener Rangstelle bewilligt und beantragt mit dem Vermerk, dass zur Löschung der Nachweis des Todes des Berechtigten genügt.
Die Eintragung im Grundbuch wird bewilligt und beantragt.
Wegen der vorstehend bezeichneten Zahlungsverpflichtungen unterwirft sich der Übernehmer der sofortigen Zwangsvollstreckung aus dieser Urkunde in sein gesamtes Vermögen. Vollstreckbare Ausfertigung kann jederzeit ohne Nachweis der die Vollstreckbarkeit begründenden Tatsachen erteilt werden.
An dem Gewinn und Verlust der Dagobert KG ist der Erwerber mit Wirkung ab dem vorgenannten Übertragungsstichtag zu 95% beteiligt.

Alternative 2: Quotennießbrauch
Der Übergeber behält sich den **Quotennießbrauch** an dem übertragenen Gesellschaftsanteil auf seine Lebensdauer mit der Folge vor, dass 95% aller entnahmefähigen Gewinne dem Nießbraucher zustehen, während auf den Erwerber 5% der entnahmefähigen Gewinne entfallen. Dagegen gebühren außerordentliche Erträge im vollen Umfang dem Erwerber, so dass der Nießbraucher daran nicht beteiligt ist.
Soweit den Beteiligten aus ihrer Beteiligung an der Gesellschaft steuerliche Belastungen erwachsen, sind diese berechtigt, insoweit die Zahlung der Steuern aus dem Gesellschaftsvermögen zu verlangen.
Für die Stimmrechte an dem nießbrauchbelasteten Gesellschaftsanteil gelten die gesetzlichen Bestimmungen. Danach übt der Nießbraucher das Stimmrecht bei Beschlüssen über die laufenden Angelegenheiten der Gesellschaft und die zur Sicherung seines Fruchtziehungsrechtes notwendigen Kontroll- und Informationsrechte aus. Bei außerordentlichen Angelegenheiten gebührt das Stimmrecht allein dem Gesellschafter. Darüber hinaus stehen dem Gesellschafter alle gesetzlichen Kontroll- und Informationsrechte zu.

Im Falle der Veräußerung des nießbrauchbelasteten Gesellschaftsanteiles oder von wesentlichen Betriebsgrundlagen der Gesellschaft setzt sich der Nießbrauch an dem Surrogat auf Lebensdauer des Nießbrauchers fort.
Die vorstehende Nießbrauchsabrede gilt ab dem Zeitpunkt des Übergabestichtags.

Alternative 3: Dauernde Last (ertragsabhängig statt Nießbrauch)
Der Erwerber verpflichtet sich, an den Übergeber auf Lebensdauer eine **dauernde Last** in Höhe von 95% – fünfundneunzig vom Hundert – des auf die in Abschnitt … bezeichneten, durch diese Urkunde überlassenen Gesellschaftsanteile entfallenden Jahresertrages, ermittelt nach einkommensteuerlichen Vorschriften, zu entrichten.
Die Zahlungen für das erste Jahr richten sich nach der Höhe des vorausgegangenen Geschäftsjahres der Gesellschaft. Nach dem Erstellen des jeweiligen Jahresabschlusses erfolgt aufgrund des festgestellten Jahresreinertrages für das vergangene Jahr jeweils eine Abrechnung zwischen den Beteiligten in der Weise, dass dem Zahlungsempfänger 95% des Nettoertrages nach Maßgabe der Einkommensteuererklärung gebührt. Der sich danach ergebende Differenzbetrag ist zwischen den Beteiligten auszugleichen. Die künftigen Zahlungen für das laufende Jahr sind an die Ergebnisse für das vergangene Jahr anzugleichen.
Die jeweiligen Zahlungen sind im Voraus je bis zum Dritten eines jeden Monats zu entrichten, erstmals für den auf den Übergabestichtag folgenden Monat. Die Höhe der erstmalig zu zahlenden monatlichen dauernden Last wird auf … € festgesetzt.

IV. Haftung

Der Übergeber versichert, dass der übertragene Gesellschaftsanteil im Übrigen lastenfrei übergeht. Jegliche weitergehende Rechts- und Sachmängelhaftung wird ausgeschlossen. Der Inhalt des Gesellschaftsvertrages der Dagobert KG ist dem Erwerber bekannt.

V. Widerruf der Schenkung

Neben den gesetzlichen Rückübertragungsfällen ist der Übergeber berechtigt, die der Anteilsübertragung zugrundeliegende Schenkung zu widerrufen und die unentgeltliche Rückübertragung der Anteile zu verlangen, wenn,
- der Erwerber ohne Hinterlassung von leiblichen Abkömmlingen vor dem Übergeber verstirbt, oder
- wesentliche Verschlechterung in den Vermögensverhältnissen des Erwerbers eintritt oder in den Gesellschaftsanteil des Erwerbers die Zwangsvollstreckung betrieben wird, ohne dass diese Maßnahme innerhalb von drei Monaten wieder aufgehoben wird.

Der Widerruf erfolgt durch schriftliche Erklärung gegenüber dem Erwerber.
Das Widerrufsrecht ist nicht vererblich oder übertragbar, es sei denn dass es bereits zu Lebzeiten ausgeübt wurde. Gezogene Nutzungen und erbrachte wiederkehrende Zahlungen sind nicht zu erstatten. Im übrigen gelten §§ 812 ff. BGB für die Durchführung der Rückübertragung.

VI. Zustimmung

Alle Gesellschafter stimmen der Abtretung des KG-Anteiles an Herrn Dagobert jun. zu.

C. Schlussbestimmungen

…

2. Registeranmeldung

An das 57
Amtsgericht
– Registergericht –

…

Dagobert KG mit dem Sitz in Entenhausen,
HRA …

Zur Eintragung in das Handelsregister wird angemeldet, dass der Gesellschafter Dagobert sen. von seiner Kommanditeinlage einen Teil von 9500 € auf seinen Neffen, Herrn Dagobert jun., im Wege der Sonderrechtsnachfolge übertragen hat, so dass die restliche Kommanditeinlage von Herrn Dagobert sen. 500 € beträgt.
Herr Dagobert jun. ist als Kommanditist mit einer Einlage in Höhe von 9500 € in die Gesellschaft eingetreten.
Die Beteiligten versichern, dass die Gesellschaft Herrn Dagobert sen. keinerlei Leistungen versprochen oder gewährt hat.

……, den ……

…………	…………	…………
Dagobert sen.	Dagobert jun.	übrige Gesellschafter

3. Anmerkungen

a) Überlassung

58 Dagobert sen. verbleibt mit einem Teil der Kommanditeinlage von 500 € in der Gesellschaft, so dass er aufgrund des Einstimmigkeitsprinzips des § 119 HGB nicht überstimmt werden kann, es sei denn, dass der Gesellschaftsvertrag ein Mehrheitsstimmrecht anordnet.

b) Versorgungsrente und dauernde Last

59 Trotz der vereinbarten Versorgungsrente erfolgt die Übertragung einkommensteuerlich unentgeltlich. Schenkungsteuerlich mindert der Kapitalwert der Rente und der dauernden Last die Bereicherung. Aufgrund des Jahressteuergesetzes 2008 unterscheidet § 10 Abs. 1 Nr. 1 a EStG nicht mehr zwischen Renten und dauernden Lasten; wiederkehrende Versorgungsleistungen sind unterschiedslos in vollem Umfang als Sonderausgaben abzugsfähig, wenn nach der Ertragprognose zum Zeitpunkt der Übertragung die Versorgungsleistungen aus der Beteiligung erwirtschaftet werden können.

c) Quotennießbrauch

aa) Mitunternehmerischer Nießbrauch

60 Ein Quotennießbrauch an einem Gesellschaftsanteil ist zulässig, vgl. *Haegele,* BWNotZ 1974, 27; *Lohr,* Der Nießbrauch an Unternehmen und Unternehmensanteilen, 235, jedenfalls wenn der Gesellschaftsvertrag dies zulässt oder die übrigen Gesellschafter zustimmen. Nach *Flume,* Allgemeiner Teil des bürgerlichen Rechts, Bd. 1, 1. Teil „Die Personengesellschaft“, 366, führt die Nießbrauchbestellung zu einem Nebeneinander von Nießbrauchbesteller und

Nießbraucher, nämlich einer **diagonalen** Spaltung der Mitgliedschaft. Im Handelsregister seien Nießbraucher und Nießbrauchbesteller als Gesellschafter einzutragen.

bb) Schlichter Ertragsnießbrauch

61 Nach Auffassung des BFH BStBl. 1976 II 592 begründet ein Quotennießbrauch, den der Vater seinen minderjährigen Kindern schenkweise am Gewinnstammrecht seines Anteils an einer freiberuflichen oder gewerblich tätigen Personengesellschaft einräumt, einkommensteuerrechtlich keine originären Einkünfte für Kinder aus selbständiger Arbeit oder aus Gewerbebetrieb. Einkommensteuerlich sei ein derartiger Nießbrauch wie eine **Vorausabtretung** künftiger Gewinnansprüche zu beurteilen.

Der Nießbrauch an vermögensrechtlichen Ansprüchen aus Personengesellschaftsanteilen, der aufgrund der Übertragbarkeit dieser Ansprüche unbegrenzt zulässig ist, führt in praxi nicht zu einem Nießbrauch an dem künftigen Auseinandersetzungsguthaben oder dem Anspruch am Gewinnanteil, sondern nur zu einer Nutzung an den Zinsen aus diesen Ansprüchen, vgl. *Staudinger/Promberger,* 12. Aufl. Anh. zu §§ 1068, 1069 BGB Rn. 68. Steuerlich wird eine derartige Nießbrauchbestellung nicht anerkannt.

d) Entnahmerecht

62 Der in dem Gestaltungsvorschlag enthaltene Anspruch auf Begleichung der Einkommensteuerschuld aus dem Betriebsvermögen ist erforderlich, da dem Nießbraucher der gesamte entnahmefähige Gewinn zufließt, jedoch ohne den aus realisierten stillen Reserven fließenden Gewinn, vgl. BFH DStR 1992, 711, während der Anteilsinhaber, ohne über entsprechende Einnahmen zu verfügen, den nicht entnommenen Gewinn versteuern muss. Zur Steuerbeihilfe vgl. BFH NJW 1972, 1755.

e) Widerrufsrecht

63 Die gesetzlichen und vertraglich vereinbarten enumerativen Widerrufsrechte beeinträchtigen nicht den Vollzug der Schenkung.

f) Durchführung der Rückübertragung

64 Die Bezugnahme auf §§ 812ff. BGB beschränkt die Rückgabehaftung auf die Bereicherung des Erwerbers.

Warten Sie mit Ihrer Nachfolgeregelung nicht
bis Ihre rechte Hand Schwester Irene heißt.
Price Waterhouse Coopers

Fünfter Teil. Familienkapitalgesellschaft

§ 13 Gesellschaft mit beschränkter Haftung

Übersicht

A. GmbH-Reform: Gesetz zur Modernisierung des GmbH-Rechts und zur Bekämpfung von Missbräuchen – MoMiG

Literatur: Von den über 300 (!) Aufsätzen zur GmbH-Reform sind im folgenden nur die aktuellsten aufgeführt: BR-Drs. 354/07 v. 6. 7. 2007: Entwurf eines Gesetzes zur Modernisierung des GmbH-Rechts und zur Bekämpfung von Missbräuchen (MoMiG); *Bohrer,* Fehlerquellen und gutgläubiger Erwerb im Geschäftsanteilsverkehr – Das Vertrauensschutzkonzept im Regierungsentwurf des MoMiG, DStR 2007, 995; *Carlé,* Entwurf eines Gesetzes zur Modernisierung des GmbH-Rechts und zur Bekämpfung von Missbräuchen – MoMiG, KÖSDI 2007, 15632; Centrale für GmbH Dr. Otto Schmidt, Stellungnahme vom 2. 7. 2007 zum Regierungsentwurf eines Gesetzes zur Modernisierung des GmbH-Rechts und zur Bekämpfung von Missbräuchen (MoMiG) nach dem Stand v. 25. 5. 2007, GmbHR 2007, 754; *Hägele,* Mitteilungspflichten bei Beteiligungserwerb – wann sind sie wirklich entbehrlich? Das Verhältnis des § 16 GmbHG zu § 21 AktG unter Berücksichtigung des MoMiG, GmbHR 2007, 258; *Heckschen,* MoMiG – ein Überblick über den aktuellen Diskussionsstand, NotBZ 2006, 381; *Hölzle,* Gesellschafterfremdfinanzierung und Kapitalerhaltung im Regierungsentwurf des MoMiG, GmbHR 2007, 729; *Kussmaul/Meyerring,* Historische Entwicklung der GmbH-Besteuerung und Vergleich der laufenden Steuerbelastung von Kapital- und Personengesellschaften, GmbHR 2005, 17; *D. Mayer,* Der Erwerb einer GmbH nach den Änderungen durch das MoMiG, DNotZ 2008, 403; *Meilicke,* Das Eigenkapitalersatzrecht – eine deutsche Fehlentwicklung, GmbHR 2007, 225; *Müller,* Der Entwurf des „MoMiG" und die Auswirkungen auf den Unternehmens- und Beteiligungskauf, GmbHR 2006, 953; *Peters/Dechow,* Sonderprüfungsrecht für GmbH-Minderheitsgesellschafter, GmbHR 2007, 236; *Preuß,* Die Wahl des Satzungssitzes im geltenden Gesellschaftsrecht und nach dem MoMiG-Entwurf, GmbHR 2007, 57; *K. Schmidt,* Eigenkapitalersatz, oder: Gesetzesrecht versus Rechtsprechungsrecht?, ZIP 2006, 1925; *ders.,* GmbH-Reform, Solvenzgewährleistung und Insolvenzpraxis, GmbHR 2007, 1; *Schockenhoff/Höder,* Gutgläubiger Erwerb von GmbH-Anteilen nach dem MoMiG: Nachbesserungsbedarf aus Sicht der M & A-Praxis, ZIP 2006, 1841; *Seibert,* Der Regierungsentwurf des MoMiG und die haftungsbeschränkte Unternehmergesellschaft, GmbHR 2007, 673; *Thiessen,* Johann Buddenbrook und die Reform des GmbH-Rechts, DStR 2007, 202 ff. und 260 ff.; *Vossius,* Entwicklung und Zukunft des geltenden Kapitalschutzrechts, NotBZ 2006, 373; *Wachter,* Die neue Drei-Klassen-

Gesellschaft im Deutschen GmbH-Recht, GmbHR 2007, 209; *Wirsch,* Die Legalisierung verdeckter Sacheinlagen – Das Ende der präventiven Wertkontrolle?, GmbHR 2007, 736; *H. P. Westermann,* Wohin steuert die GmbH? – Benutzerkreis und Verwendungszwecke der Rechtsform im künftigen deutschen Gesellschaftsrecht, FS für Priester (2007), 835; *Wälzholz,* Der Regierungsentwurf des MoMiG, GmbH-StB 2007, 213.

I. Rechtsentwicklung

Die im Jahre 1892 ins Leben gerufene Gesellschaft mit beschränkter Haftung ist eine Erfolgsgeschichte, die bis zum heutigen Tag anhält. Der Gesetzgeber hat neben der Aktiengesellschaft eine kleinere Kapitalgesellschaft mit beschränkter Haftung geschaffen. Zwar waren noch 1962 nur 1,5% aller Unternehmen in der Rechtsform der GmbH strukturiert. Der Umsatzanteil hat aber bereits damals 14,3% aller registrierter Unternehmen betragen. Durch die Körperschaftsteuerreform 1977 unter Kanzler Helmut Schmidt mit dem damals neu geschaffenen **Körperschaftsteueranrechnungsverfahren**, wonach die Körperschaftsteuer des Unternehmens anteilig auf die Einkommensteuer des deutschen Gesellschafters angerechnet wurde, war die Mehrfachbelastung der Kapitalgesellschaft gegenüber den Personenunternehmen weitgehend beseitigt, so dass auch mittelständische und kleine Unternehmen die GmbH gewählt haben, aber mit dieser Rechtsform häufig überfordert sind. Gegenwärtig weist die GmbH mit 33,8% den größten Umsatzanteil von allen Gesellschaftsrechtsformen auf. 1

Das frühere Kapitalschutzsystem mit der komplizierten Kapitalaufbringungsregelung und dem von der Rechtsprechung des BGH erweiterten Eigenkapitalersatz erschien im Wettbewerb mit ausländischen Kapitalgesellschaften als übermäßig kompliziert. In der Praxis waren insbesondere die offenen Sachgründungen mit dem übertriebenen Formalismus und noch mehr die verdeckten Sachgründungen mit der von der BFH-Rechtsprechung angenommenen Nichtigkeit der Gestaltung ein ärgerliches Problem.

II. Neuregelung durch das MoMiG

1. Inkrafttreten

Das MoMiG ist mit Wirkung vom 1. 11. 2008 in Kraft getreten. Der Gesetzgeber will durch die Reform des GmbH-Rechts im Wesentlichen folgende Neuerungen erreichen: 2

- Gründungserleichterungen,
- Entschärfung des Kapitalschutzes durch eine Differenzhaftung,
- gutgläubiger Erwerb von GmbH-Geschäftsanteilen aufgrund unbeanstandeter Gesellschafterliste,
- Streichung der §§ 32a und b GmbHG, §§ 129a und 172a HGB sowie Abschaffung der sog. Rechtsprechungsregeln,
- Verlagerung des Eigenkapitalersatzrechts in das Insolvenzrecht, wobei alle Gesellschafterdarlehen in der Insolvenz nachrangig behandelt werden,
- Musterprotokoll mit Kostenvorteil,
- Zulassung einer haftungsbeschränkten Unternehmergesellschaft ohne Mindeststammkapital.

a) Gründungserleichterungen

3 Die Gründung einer GmbH wird erheblich erleichtert. Durch die Aufhebung des § 8 Abs. 1 Nr. 6 GmbHG ist bei der Anmeldung die Genehmigungsurkunde nicht mehr vorzulegen, wenn der Gegenstand des Unternehmens der staatlichen Genehmigung bedarf. Damit soll die Handelsregistereintragung erleichtert und beschleunigt werden. Dennoch darf die Gesellschaft die entsprechende Tätigkeit erst beginnen, wenn die Genehmigung erteilt wurde.

b) Kapitalerhaltung

4 § 30 Abs. 1 GmbHG lautet:

(1) Das zur Einhaltung des Stammkapitals erforderliche Vermögen der Gesellschaft darf an die Gesellschafter nicht ausgezahlt werden. Satz 1 gilt nicht bei Leistungen, die zwischen den Vertragsteilen eines Beherrschungs- oder Gewinnabführungsvertrages (§ 291 des Aktiengesetzes) erfolgen oder durch einen vollwertigen Gegenleistungs- oder Rückgewähranspruch gegen den Gesellschafter gedeckt sind. Satz 1 ist zudem nicht anzuwenden auf die Rückgewähr eines Gesellschafterdarlehens und Leistungen auf Forderungen aus Rechtshandlungen, die einem Gesellschafterdarlehen wirtschaftlich entsprechen.

aa) Cash-Pooling

Literatur: *Bayer/Lieder,* Kapitalaufbringung im Cash-Pool, GmbHR 2006, 449; *Grothaus/Halberkamp,* Probleme des Cash-Poolings nach der neuen Rechtsprechung des BGH zur Stammkapitalrückgewähr, GmbHR 2005, 1317; *Grunewald,* Cash-Pooling und Sacheinlagen: Was bringt das MoMiG, was könnte es bringen?, WM 2006, 2333; *Gummert,* Die Kapitalaufbringung bei der Komplementär-GmbH einer GmbH & Co. KG, DStR 2008, 976; *Hentzen,* Die Abgrenzung von Kapitalaufbringung und Kapitalerhaltung im Cash-Pool, DStR 2006, 948; *Langner,* Cash-Pooling Systeme auf dem Prüfstand der BGH-Rechtsprechung zum Ausschüttungsverbot gem. § 30 GmbHG, GmbHR 2005, 1017.

5 Durch Satz 2 von § 30 Abs. 1 GmbHG wird klargestellt, dass das bisher schon im Konzern regelmäßig geübte und ökonomisch sinnvolle Cash-Pooling generell zulässig ist. Dies ist umso wichtiger, als der BGH – ununterbrochen, zuletzt mit Urt. v. 10. 12. 2007 – II ZR 180/06, DNotI Nr. 10769 –, daran festhielt, dass bei einer GmbH & Co. KG die Komplementär-GmbH ihr Stammkapital nicht darlehensweise an die KG weitergeben dürfe. Danach war die Einlageforderung der Komplementär-GmbH nicht erfüllt, wenn die an sie gezahlten Einlagemittel umgehend als Darlehen an die KG weiterflossen, vgl. BGHZ 153, 107. Der Gesetzgeber des MoMiG stellt fest, dass nach allgemeinen Bilanzierungsgrundsätzen bei einer Leistung, die durch einen vollwertigen Gegenleistungs- oder Rückerstattungsanspruch gedeckt wird, ein zulässiger **Aktivtausch** vorliegt. Spätere nicht vorhersehbare negative Entwicklungen der Forderung gegen den Gesellschafter und bilanzielle Abwertungen führen nachträglich nicht zu einer verbotenen Auszahlung.

bb) Gesellschafterdarlehen

6 Satz 3 des § 30 Abs. 1 Satz 3 GmbHG enthält ein Rechtsprechungsverbot und wendet sich gegen die Rechtsprechung des BGH zu sog. „eigenkapital-

ersetzenden" Gesellschafterdarlehen. Tilgungsleistungen auf Gesellschafterdarlehen sind keine nach § 30 Satz 1 GmbHG verbotene Auszahlung des zur Erhaltung des Stammkapitals erforderlichen Vermögens. Damit wird auch in dieser Bestimmung die **bilanzielle Denkweise des MoMiG** unterstrichen. Zum Ausgleich wurde die **Insolvenzordnung** und das **Anfechtungsgesetz ergänzt**, wodurch nach Ansicht der Gesetzesbegründung die Rechtslage erheblich einfacher und übersichtlicher gestaltet wird.

cc) Kapitalersetzende Nutzungsüberlassung

Gem. § 32a Abs. 3 GmbHG a.F. galten die Vorschriften über eigenkapitalersetzende Gesellschafterdarlehen auch für andere Rechtshandlungen eines Gesellschafters, die der Darlehensgewährung wirtschaftlich entsprechen. Aufgrund dieser Vorschrift wurde seit langem von der Rechtsprechung angenommen, dass auch die Nutzungsüberlassung, also z.B. die Vermietung von Maschinen oder Grundstücken an eine GmbH den Vorschriften über kapitalersetzende Darlehen gleichstehe, also ebenfalls der Haftung im Insolvenzverfahren der GmbH unterliege. 7

Der II. Senat des BGH zeigte schon seit seiner Entscheidung NJW 1977, 1686 Aufgeschlossenheit für einen Haftungsdurchgriff auf die Gesellschafter einer GmbH oder GmbH & Co. KG. In den **Lagergrundstückentscheidungen** I. bis V. (DB 1989, 2470; 1993, 318; GmbHR 1994, 612 und DB 1994, 2017) schloss er sich einer in der Literatur weit verbreiteten Meinung an, dass die Gebrauchsüberlassung der Darlehensgewährung i.S. von § 32a Abs. 3 GmbHG wirtschaftlich entsprechen könne. Der verpachtende Gesellschafter, der das Nutzungsverhältnis nicht durch Kündigung oder Austritt aus der GmbH bei Beginn der Krise beende, schulde während der Dauer der Insolvenz der Gesellschaft das Nutzungsrecht, so dass die langfristige Verpachtung der Mehrheitsgesellschafter an ihre GmbH wirtschaftlich zum Verlust dieser Vermögensgegenstände in der Insolvenz der GmbH führten. 8

Eine Nutzungsüberlassung hatte **Eigenkapitalersatzfunktion**, wenn sie einer insolventen oder einer kreditunwürdigen Gesellschaft gewährt oder belassen wurde, wobei der BGH das Kriterium der **Überlassungsunwürdigkeit** verwendete. Eine solche war anzunehmen, wenn kein außenstehender Dritter bereit ist, der Gesellschaft den Gegenstand zum Gebrauch zu überlassen. Die Rechtsfolge der kapitalersetzenden Nutzungsüberlassung bestand darin, dass der Eigentümer (Gesellschafter) nicht nur für die Dauer der Insolvenz kein Nutzungsentgelt erhielt, sondern darüber hinaus an den Insolvenzverwalter eine Nutzungsentschädigung in Höhe der für die Laufzeit vereinbarten Pachtzinsen schuldete. In die Haftungsmasse fiel nicht das Eigentum, wohl aber das Nutzungsrecht; zur kapitalersetzenden Nutzungsüberlassung vgl. *Fabry,* in: Gosch/Schwedhelm/Spiegelberger, GmbHG K 35 (September 2006). 9

Durch das MoMiG wurde § 39 Abs. 1 Nr. 5 InsO in der Weise geändert, dass Forderungen auf Rückgewähr eines Gesellschafterdarlehens oder Forderungen aus Rechtshandlungen, die einem solchen **Darlehen** wirtschaftlich entsprechen, **Rang nach** den übrigen Forderungen der **Insolvenzgläubiger** erhalten. Diese Bestimmung ist aufgrund eines neu eingefügten Abs. 4 nicht anzuwenden, wenn ein Gläubiger bei drohender oder eingetretener Zahlungsunfähigkeit der Gesellschaft oder bei Überschuldung Anteile zum Zwecke ihrer Sanierung erwirbt.

Ferner sieht § 135 Abs. 1 Nr. 2 InsO vor, dass die **Befriedigung** einer Forderung i. S. d. § 39 Abs. 1 Nr. 5 InsO, die **im letzten Jahr** vor dem Eröffnungsantrag oder nach diesem Antrag vorgenommen worden ist, dem **Rückforderungsanspruch** des Insolvenzverwalters unterliegt.

10 Nach der Rechtsprechung des BGH DStR 2008, 1446 **endet** die Wirkung einer kapitalersetzenden **Gebrauchsüberlassung**, dass nämlich die Gesellschaft bzw. im Falle ihrer Insolvenz der Insolvenzverwalter das Grundstück unentgeltlich nutzen darf, wenn über das Vermögen des vermietenden Gesellschafters das Insolvenzverfahren eröffnet wird, nach § 110 Abs. 1 InsO spätestens mit Ablauf des der Insolvenzeröffnung nachfolgenden Kalendermonats. Der Gesetzgeber des MoMiG hat diese Entscheidung in die InsO aufgenommen. Dem § 135 InsO wurde folgender Absatz 3 angefügt:

> „Wurde dem Schuldner von einem Gesellschafter ein Gegenstand zum Gebrauch oder zur Ausübung überlassen, so kann der Aussonderungsanspruch während der Dauer des Insolvenzverfahrens, höchstens aber für eine Zeit von einem Jahr ab der Eröffnung des Insolvenzverfahrens nicht geltend gemacht werden, wenn der Gegenstand für die Fortführung des Unternehmens des Schuldners von erheblicher Bedeutung ist. Für den Gebrauch und die Ausübung des Gegenstandes gebührt dem Gesellschafter ein Ausgleich; bei der Berechnung ist der Durchschnitt der im letzten Jahr vor Verfahrenseröffnung geleisteten Vergütung in Ansatz zu bringen, bei kürzerer Dauer der Überlassung ist der Durchschnitt während dieses Zeitraums maßgebend."

c) Differenzhaftung

Literatur: *Heinze,* Verdeckte Sacheinlagen und verdeckte Finanzierungen nach dem MoMiG, GmbHR 2008, 1065.

11 § 19 Abs. 4 GmbHG erhielt folgende Fassung:

> „Ist eine Geldeinlage eines Gesellschafters bei wirtschaftlicher Betrachtung und aufgrund einer im Zusammenhang mit der Übernahme der Geldeinlage getroffenen Abrede vollständig oder teilweise als Sacheinlage zu bewerten (verdeckte Sacheinlage), so befreit dies den Gesellschafter nicht von seiner Einlageverpflichtung. Jedoch sind die Verträge über die Sacheinlage und die Rechtshandlungen zu ihrer Ausführung nicht unwirksam. Auf die fortbestehende Geldeinlagepflicht des Gesellschafters wird der Wert des Vermögensgegenstandes im Zeitpunkt der Anmeldung der Gesellschaft zur Eintragung in das Handelsregister oder im Zeitpunkt seiner Überlassung an die Gesellschaft, falls diese später erfolgt, angerechnet. Die Anrechnung erfolgt nicht vor der Eintragung der Gesellschaft in das Handelsregister. Die Beweislast für die Werthaltigkeit des Vermögensgegenstandes trägt der Gesellschafter."

Damit entschärft das MoMiG die Rechtsfolgen von verdeckten Sacheinlagen entscheidend. Die verdeckte Sacheinlage führt nicht zur Verpflichtung einer erneuten Einlageleistung, sondern wird auf die Einlageschuld angerechnet, obwohl weder eine Werthaltigkeitsprüfung noch eine Publizierung des Vorganges stattfindet. Das Risiko der Zahlungsunfähigkeit des einbringenden Gesellschafters geht somit zu Lasten der Gesellschaft ohne vorherige Werthaltigkeitsprüfung der Sacheinlage. Die vorsätzliche Umgehung der Formvorschriften der Sacheinlage ist nicht strafbewehrt, auch nicht über die Einzahlungsversicherung der Geschäftsführer gem. § 8 Abs. 2 GmbHG, da auch die verdeckte Sacheinlage wirtschaftlich und rechtlich erbracht ist. Eine Erweiterung des § 82 GmbHG auf den Fall der Versicherung bei verdeckter Sacheinlage lehnt der Regierungsentwurf ausdrücklich ab (S. 92). Durch die Gesetzesänderung verliert die Heilung einer verschleierten Sacheinlage an Bedeutung. Es besteht zwar weiterhin die Möglichkeit, die zunächst beurkundete Einlageverpflichtung durch die verdeckte Sacheinlageverpflichtung im Wege der Satzungsänderung zu ersetzen. In der Praxis wird aber wohl in Zukunft von einer „Heilung" regelmäßig abgesehen werden. § 8 Abs. 2 Satz 2 GmbHG wurde wie folgt geregelt:

„Das Gericht kann bei erheblichen Zweifeln an der Richtigkeit der Versicherung Nachweise (u. a. Einzahlungsbelege) verlangen."

d) Bildung von Geschäftsanteilen

Die Teilung und Zusammenlegung von Geschäftsanteilen wurde liberalisiert. § 17 GmbHG, wonach die Veräußerung von Teilen eines Geschäftsanteiles nur mit Genehmigung der Gesellschaft stattfinden kann, entfiel. Der Nennbetrag eines jeden Geschäftsanteiles muss künftig gem. § 5 Abs. 2 GmbHG auf volle Euro lauten. Ein Gesellschafter kann bei der Errichtung der Gesellschaft mehrere Geschäftsanteile übernehmen. **12**

e) Gutgläubiger Erwerb von Geschäftsanteilen

Im Verhältnis zur Gesellschaft gilt künftig gem. § 16 Abs. 1 GmbHG als Inhaber eines Geschäftsanteils nur, wer als solcher in der im Handelsregister aufgenommenen Gesellschafterliste (§ 40) eingetragen ist. Rechtshandlungen gelten als von Anfang an wirksam, wenn die Liste unverzüglich nach Vornahme der Rechtshandlung in das Handelsregister aufgenommen wird. § 16 Abs. 3 GmbHG-RegE enthielt folgenden Wortlaut: **13**

„Der Erwerber kann einen Geschäftsanteil oder ein Recht daran durch Rechtsgeschäft wirksam vom Nichtberechtigten erwerben, wenn der Veräußerer als Inhaber des Geschäftsanteils in der im Handelsregister aufgenommenen Gesellschafterliste eingetragen ist. Dies gilt nicht, wenn die Liste zum Zeitpunkt des Erwerbs hinsichtlich des Geschäftsanteils weniger als drei Jahre unrichtig und die Unrichtigkeit dem Berechtigten nicht zuzurechnen ist. Ein gutgläubiger Erwerb ist ferner nicht möglich, wenn dem Erwerber die mangelnde Berechtigung bekannt oder infolge grober Fahrlässigkeit unbekannt ist oder der Liste ein Widerspruch zugeordnet ist."

Die Einreichung der Liste zum Handelsregister wurde neu in § 40 Abs. 1 GmbHG wie folgt geregelt: **14**

„Die Geschäftsführer haben unverzüglich nach Wirksamwerden jeder Veränderung in den Personen der Gesellschafter oder des Umfangs ihrer Beteiligung eine von ihnen unterschriebene Liste der Gesellschafter zum Handelsregister einzureichen, aus welcher Name, Vorname, Geburtsdatum und Wohnort der letzteren sowie die Nennbeträge und die laufenden Nummern der von einem jeden derselben übernommenen Geschäftsanteile zu entnehmen sind. Die Änderung der Liste durch die Geschäftsführer erfolgt auf Mitteilung und Nachweis."

Abs. 2 lautet:

„Hat ein Notar an Veränderungen nach Absatz 1 Satz 1 mitgewirkt, hat er unverzüglich nach deren Wirksamwerden ohne Rücksicht auf etwaige später eintretende

Unwirksamkeitsgründe die Liste anstelle der Geschäftsführer zu unterschreiben, zum Handelsregister einzureichen und eine Abschrift der geänderten Liste an die Gesellschaft zu übermitteln. Die Liste muss mit der Bescheinigung des Notars versehen sein, dass die geänderten Eintragungen den Veränderungen entsprechen, an denen er mitgewirkt hat, und die übrigen Eintragungen mit dem Inhalt der zuletzt im Handelsregister aufgenommenen Liste übereinstimmen."

f) Mustersatzung

15 Nach § 2 Abs. 1 wurde folgender Abs. 1a eingefügt:

„Die Gesellschaft kann in einem vereinfachten Verfahren gegründet werden, wenn sie höchstens drei Gesellschafter und einen Geschäftsführer hat. Für die Gründung im vereinfachten Verfahren ist das in der Anlage bestimmte Musterprotokoll zu verwenden. Darüber hinaus dürfen keine vom Gesetz abweichenden Bestimmungen getroffen werden. Das Musterprotokoll gilt zugleich als Gesellschafterliste …"

Nach der Gesetzesbegründung können die Gesellschafter intern gem. § 37 Abs. 1 GmbHG die Geschäftsführungsbefugnis beschränken.

2. Stellungnahme des Bundesrats

16 Die Stellungnahme des Bundesrats in seiner Sitzung vom 6. 7. 2007 BR-Drucks. 354/07 ist ein eindrucksvoller Beleg für die Vorzüge des Föderalismus. Der Bundesgesetzgeber ist dem Hauptanliegen des Bundesrates gefolgt, die Beurkundungspflicht für jede Gründungs- und Satzungsvariante anzuordnen und dadurch die Schutzfunktion des Notariats zu erhalten. Zu bedauern ist, dass die übrigen Verbesserungsvorschläge nicht aufgegriffen wurden.

III. Limited statt GmbH?

Literatur: *Freitag/Riemenschneider,* Die Unternehmergesellschaft „GmbH light" als Konkurrenz für die Limited?, ZIP 2007, 1485; *Kienle,* Zur Strafbarkeit des Geschäftsleiters einer in Deutschland ansässigen Limited englischen Rechts, GmbHR 2007, 696; *Priester,* Unternehmergründergesellschaft statt „GmbH light", ZIP 2006, 161.

17 Mit der unseriösen Werbung: „Betreiben Sie Ihre Firma ohne Haftung; LTD. statt GmbH oder Einzelunternehmen" wurde eine Gründungswelle von englischen Limiteds mit deutschem Verwaltungssitz ausgelöst. Nach meiner Beobachtung kann die Rechtsform der Limited bei deutschen Unternehmensgründern, die den Markt außerhalb Deutschlands ansprechen wollen, durchaus Akzeptanz finden. Im Inlandswettbewerb wird diese „schicke" Unternehmensform, die insbesondere Dienstleister, z. B. Softwareanbieter wählen, um Gewährleistungs- und Haftungsgefahren vermeintlich aus dem Weg zu gehen, nur geringen Erfolg haben. Die kautelarjuristische Praxis befasst sich bereits wieder mit der Löschung dieser Unternehmen im Handelsregister, weil diese Unternehmensform im Geschäftsverkehr nur bei Vorauskasse von den Kunden akzeptiert wird.

18 Auch die durch das MoMiG in § 5a GmbHG neu geschaffene **haftungsbeschränkte Unternehmergesellschaft** ohne Mindestkapital wird – nach meiner Erfahrung – ähnlich beurteilt werden. Die britische Limited mit Sitz im Inland und die haftungsbeschränkte Unternehmergesellschaft werden mehr in der juristischen Literatur als in den Wirtschaftsnachrichten Erwähnung finden. Da kaum mehr Werbeanzeigen für die Limited erscheinen, ist

das mögliche Mandantenpotential für die Limited offensichtlich weitgehend ausgeschöpft.

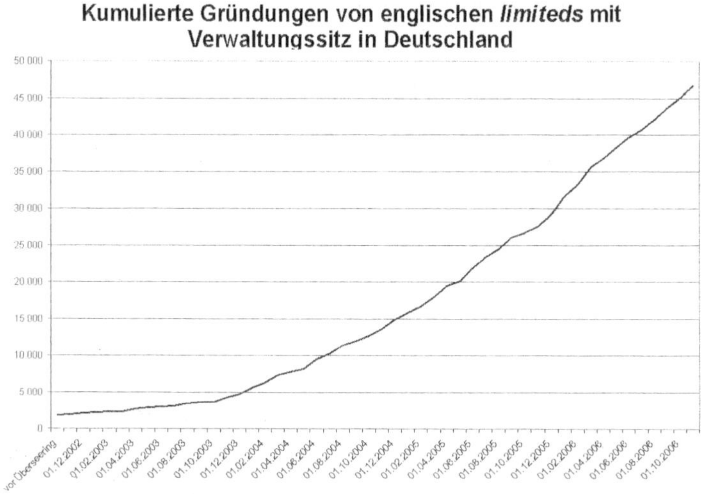

einstweilen frei 19, 20

B. Unternehmensteuerreform

Literatur: *Bergemann/Markl/Althoff,* Die Gewerbesteuer im Lichte des Regierungsentwurfs zur Unternehmensteuerreform 2008, DStR 2007, 693; *Binz,* Unternehmensteuerreform 2008: Rechtsformspezifische Steuerwirkungen im Überblick, DStR 2007, 1692; Centrale für GmbH Dr. Otto Schmidt: Stellungnahme vom 26. 3. 2007 zum Gesetzentwurf der Bundesregierung eines Unternehmensteuerreformgesetzes 2008 vom 14. 3. 2007, GmbHR 2007, 421; *Forst/Schaaf,* Die Thesaurierungsbegünstigung für Personengesellschaften, EStB 2007, 263; *Grützner,* Die vorgesehene Begünstigung nicht entnommener Gewinne, StuB 2007, 295; *Helm,* Unternehmensteuerreform: Thesaurierungsmöglichkeit für Personenunternehmen erfüllt nicht die Erwartungen, LSWB 2007, 58; *Herzig,* Reform der Unternehmensbesteuerung, WPg 2007, 1; *Hey,* Unternehmensteuerreform: Das Konzept der Sondertarifierung des § 34 a EStG, DStR 2007, 925; *Homburg,* Die Abgeltungssteuer als Instrument der Unternehmensfinanzierung, DStR 2007, 686; *ders.,* Die Zinsschranke – eine beispiellose Steuerinnovation, FR 2007, 717; *Kaminski,* Ausgewählte Überlegungen zur Rechtsformwahl nach der Unternehmensteuerreform 2008, StuB 2008, 1; *Kaminski/Hofmann/Kaminskaite,* Erste Überlegungen zur Rechtsformwahl nach dem Entwurf zur Unternehmensteuerreform 2008, Stbg 2007, 161 ff. und 210 ff.; *Keß,* Kein Verfassungsgebot rechtsformneutraler Besteuerung?, FR 2006, 869; *Kessler/Ortmann-Babel/Zipfel,* Unternehmensteuerreform 2008: Die geplanten Änderungen im Überblick, BB 2007, 523; KÖSDI, Unternehmensteuerreformgesetz 2008, 2007, 15 498 und 15 605; *Ley,* Personengesellschaften nach der Unternehmensteuerreform 2008 unter besonderer Berücksichtigung der Thesaurierungsbegünstigung, KÖSDI 2007, Heft 10; *Lühn/Lühn,* Vergleich der Besteuerung von Personenunternehmen und Kapitalgesellschaften nach der Unternehmensteuerreform 2008, StuB 2007, 253; *Melchior,* Unternehmensteuerreform 2008 und Abgeltungssteuer, DStR 2007, 1229; *Neufang,*

Von der Kapitalgesellschaft in die Personenunternehmung, StB 2007, 96; *Rödder,* Unternehmensteuerreformgesetz 2008, DStR, Beih. dazu, Heft 40; *Rödder/Stangl,* Zur geplanten Zinsschranke, DB 2007, 479; *Schiffers,* Unternehmensteuerreform 2008: Sondertarif für nicht entnommene Gewinne nach § 34a EStG – Fluch oder Segen?, GmbHR 2007, 841; *Schreiber/Overesch,* Reform der Unternehmensbesteuerung, DB 2007, 813; *Thiel,* Die steuerliche Behandlung von Fremdfinanzierungen im Unternehmen, FR 2007, 729; *Thiel/Sterner,* Entlastung der Personenunternehmen durch Begünstigung des nicht entnommenen Gewinns, DB 2007, 1099; *Töben/Fischer,* Die Zinsschranke für Kapitalgesellschaften, GmbHR 2007, 532; *Watermeyer,* Die Unternehmensteuerreform 2008, GmbH-StB 2007, 207; *Watrin/Wittkowski/Strohm,* Auswirkungen der Unternehmensteuerreform 2008 auf die Besteuerung von Kapitalgesellschaften, GmbHR 2007, 785; *Wilk,* Unternehmensteuerreform und Personenunternehmen, DStZ 2007, 217.

I. Überblick

21 Das Statistische Bundesamt hat für den Zeitraum von 1962–2001 folgende Statistik veröffentlicht:

Steuerpflichtige sowie deren Lieferungen und Leistungen nach Rechtsformen

Rechtsform	Steuerpflichtige		Lieferungen und Leistungen	
	1962*	2001**	1962*	2001**
Insgesamt	1644713	2920983	423,6 Mrd. DM	4272,9 Mrd. DM
davon entfielen auf	%	%	%	%
Einzelunternehmen, natürliche Personen	84,9	69,9	29,8	11,9
OHG	3,0	9,0	8,7	5,9
KG	2,5	3,6	16,4	23,1
GmbH	1,5	15,4	14,3	33,8
AG	0,1	0,2	19,1	19,5
Genossenschaften	1,1	0,2	3,2	1,3
Sonstige	6,9	1,7	8,5	4,5

* altes Bundesgebiet,
** alte und neue Bundesländer.
Quelle: Statistisches Bundesamt

In einer Pressemitteilung vom 9. 3. 2007 hat das Statistische Bundesamt bekannt gegeben, dass im Jahr 2005 erstmals über **3 Mio. Unternehmen** in Deutschland Umsatzsteuer-Voranmeldungen abgegeben haben. Gegenüber 2004 stieg die Zahl der erfassten Unternehmen um 80000 Steuerpflichtige oder 2,7%. Der Wert der Lieferungen und Leistungen (Umsatz) aller Unternehmen erreichte 4567 Mrd. €, das war ein Plus von 220 Mrd. € im Vergleich zum Jahr 2004. Nicht erfasst werden in dieser Umsatzsteuerstatistik u. a. Unternehmen mit einem Jahresumsatz bis 17500 € und solche, die vorwiegend steuerfreie Umsätze tätigen.

Interessant sind die **Veränderungen,** die sich in dem geschilderten 40-Jahreszeitraum in der Zusammensetzung der Unternehmensformen und in dem Anteil am deutschen Bruttosozialprodukt ergeben haben. 22

- Bezogen auf das Jahr 1962 zeigt sich, dass die **Einzelunternehmen** und die natürlichen Personen zahlenmäßig mit großem Abstand die größte Unternehmensgruppe darstellen, aber nur noch mit 11,9% am Gesamtumsatz beteiligt sind.
- Die **offene Handelsgesellschaft** und die GbR haben sich zwar zahlenmäßig erheblich vermehrt, ist aber im Umsatzanteil deutlich zurückgefallen.
- Von den klassischen Personenhandelsgesellschaften hat die **KG** – einschließlich der GmbH & Co. KG – ihren Anteil an den steuerpflichtigen Umsätzen vergrößert und sich der Entwicklung der GmbH angenähert.
- Die Rechtsform der **GmbH**, die 1962 nur mit einem Anteil von 1,5% aller Unternehmen vertreten war, hat ihren Anteil zahlenmäßig bis 2001 auf über 15% verzehnfacht und darüber hinaus mit 33,8% des Umsatzanteils alle anderen Gesellschaftsformen bei weitem überflügelt.
- Die **Aktiengesellschaft** hat ihre wirtschaftliche Bedeutung mit über 19% des Gesamtumsatzes nahezu unverändert gehalten.
- Die **Genossenschaften** haben sich nicht nur zahlenmäßig verringert, sondern auch an wirtschaftlicher Bedeutung erheblich verloren.
- Vereine und Stiftungen sind insgesamt mit 4,5% am gesamten Umsatzsteueraufkommen beteiligt.

einstweilen frei 23, 24

II. Körperschaft- und Einkommensteuerbelastung aufgrund der Unternehmensteuerreform

Wohl der entscheidendste Faktor bei der Rechtsformwahl ist die Steuerbelastung. Ein Beweis hierfür ist, dass sich die GmbHen seit der Schaffung des körperschaftsteuerlichen Anrechnungsverfahrens im Jahr 1977 um mehr als das Zehnfache vermehrt haben. 25

Die steuerliche Belastung wäre kein entscheidendes Kriterium, wenn der Gesetzgeber alle Rechtsformen gleich besteuern würde. Selbst während der Geltung des Anrechnungsverfahrens, das den Gedanken der Rechtsformneutralität am ehesten verkörperte, war keine absolute Besteuerungsneutralität gegeben, da z. B. **Pensionsrückstellungen** nur für Kapitalgesellschafter-Geschäftsführer, nicht jedoch für den geschäftsführenden Gesellschafter einer Personengesellschaft möglich waren. Mit der Entscheidung des Bundesverfassungsgerichts FR 2006, 766 wurde wohl ein Schlusspunkt zu der Frage eines verfassungsrechtlichen Gebots rechtsformneutraler Besteuerung gesetzt. Zur Tarifbegrenzung für gewerbliche Einkünfte nach § 32 c EStG hat das Bundesverfassungsgericht entschieden:

„Art. 3 Abs. 1 GG enthält kein allgemeines Verfassungsgebot der Rechtsformneutralität in dem Sinn, dass ausgeschüttete Gewinne von Kapitalgesellschaften beim Anteilseigner einkommensteuerlich ebenso zu behandeln sind wie Gewinne von Personengesellschaften."

Das Bundesverfassungsgericht hat damit die Gestaltung in die Hände des Gesetzgebers gelegt. Dieser hat sich im Rahmen des Steuersenkungsgesetzes ausdrücklich für die Rechtsformneutralität ausgesprochen, vgl. *Keß,* FR 2006, 869, 871. Auch für die Unternehmensteuerreform nennt Bundesfinanzminister Peer Steinbrück die Rechtsformneutralität als eine der zentralen Zielsetzungen, vgl. Handelsblatt v. 4. 7. 2006, 4.

1. Kapitalgesellschaft

a) Steuerbelastung der Gesellschaften

26 Der Körperschaftsteuersatz wurde von 25% auf 15% abgesenkt, § 23 Abs. 1 KStG. Dagegen mindert die Gewerbesteuer nicht mehr die körperschaftsteuerliche Bemessungsgrundlage. Insgesamt sinkt – ohne Berücksichtigung der nachstehend aufgeführten Sonderfaktoren – die Gesamtsteuerbelastung auf die Gewinne von Kapitalgesellschaften von früher 38,65% auf 29,83% (14% Gewerbesteuer + 15% KSt + 0,83% SolZ). Ab dem Jahr 2009 ist für die steuerliche Behandlung zu unterscheiden, ob sich die Kapitalgesellschaftsanteile im Privat- oder Betriebsvermögen befinden.

b) Besteuerung der Anteile im Betriebsvermögen

27 Werden die Anteile im Betriebsvermögen gehalten, so sind die nach dem 31. 12. 2008 zufließenden Dividenden nur noch zu 40% von der Steuer freigestellt, so dass im Ergebnis 60% der Dividenden steuerpflichtig sind und dem persönlichen Einkommensteuersatz des jeweiligen Gesellschafters gem. § 3 Nr. 40 Buchst. d EStG unterliegen. Korrespondierend dazu können die im wirtschaftlichen Zusammenhang stehenden Anschaffungs- und Werbungskosten zu 60% gem. § 3c Abs. 2 Satz 1 EStG berücksichtigt werden. Dadurch wurde das Halbeinkünfteverfahren durch ein **„Teileinkünfteverfahren"** abgelöst.

c) Besteuerung der Anteile im Privatvermögen

28 (1) Bei Privatanlegern unterliegen **Dividenden** ab 2009 der Abgeltungssteuer mit einem 25%-igen **Abgeltungssteuersatz** zzgl. SolZ und Kirchensteuer, maximal dem persönlichen Steuersatz des jeweiligen Gesellschafters. Werbungskosten sind nicht mehr abzugsfähig.

Von § 17 EStG erfasste **Veräußerungsgewinne** unterliegen nicht der Abgeltungssteuer, sondern werden mit 60% des Veräußerungserlöses abzüglich 60% der Anschaffungskosten und 60% der Transaktionskosten mit dem persönlichen Einkommensteuertarif versteuert, vgl. § 3 Nr. 40 Buchst. c i. V. m. § 3c Abs. 2 S. 1 EStG.

29 (2) a) **Veräußerungsgewinne** von Anteilen an Kapitalgesellschaften, die nicht unter § 17 EStG fallen, d. h. aus Beteiligungen **von weniger als 1%,** sind – abweichend von der früher maßgeblichen einjährigen Spekulationsfrist – steuerpflichtig.

Der Veräußerungsgewinn unterliegt der 25%-igen Abgeltungssteuer gem. § 20 Abs. 4 S. 1 i. V. m. § 32d Abs. 1 EStG, und zwar für Anteile, die nach dem 31. 12. 2008 angeschafft worden sind.

b) Für vor dem 1. 1. 2009 angeschaffte Wirtschaftsgüter gilt weiterhin die Regelung des § 23 Abs. 1 Nr. 2 i. V. m. § 3 Nr. 40 Buchst. j i. V. m. § 3c Abs. 2 EStG, so dass **Veräußerungsgewinne** nach Ablauf der einjährigen Spekulationsfrist steuerfrei bleiben und innerhalb der einjährigen Spekulationsfrist realisierte Veräußerungsgewinne nach dem **Halbeinkünfteverfahren** im Endergebnis zu 50% steuerpflichtig sind, vgl. *Kessler/Ortmann/Babel/Zipfel,* BB 2007, 523.

2. Personengesellschaften

Die Steuervergünstigung, die der Gesetzgeber durch Absenkung des Körperschaftsteuersatzes den Kapitalgesellschaften gewährt, räumt er auch Personenunternehmen in der Weise ein, **nicht entnommene Gewinne** gem. § 34a Abs. 1 EStG einem Sondertarif in Höhe von 28,25% zu unterwerfen. Kommt es in den Folgejahren zu einer Entnahme, greift eine Nachbelastung ein. Gem. § 34a Satz 2 EStG beträgt die Einkommensteuer auf den **Nachversteuerungsbetrag** stets 25%, wenn also der Personenunternehmer den bisher thesaurierten Gewinn, z. B. zum Lebensunterhalt, entnimmt, so dass gegenüber Kapitalanlegern erhebliche Mehrbelastungen entstehen. Bei einem individuellen Einkommensteuersatz von 0% wird für den Gesellschafter einer Kapitalgesellschaft nur die **Vorbelastung auf Gesellschaftsebene** in Höhe von 29,83% definitiv, während die Entnahme des Personenunternehmers stets mit 48,3% belastet wird, vgl. *Hey,* DStR 2007, 929. Der Steuervergleich ergibt somit, dass keine Besteuerungsneutralität besteht, vgl. *Dörfler/Graf/Reichl,* Das Steuerrecht 2007, 645, 652. In den Fällen der unentgeltlichen Übertragung eines Betriebs oder Mitunternehmeranteils nach § 6 Abs. 3 EStG hat der Rechtsnachfolger gem. § 34a Abs. 7 EStG den nachversteuerungspflichtigen Betrag fortzuführen. 30

III. Gewerbesteuerbelastung

Literatur: *Herzig,* Die Gewerbesteuer als dominierende Unternehmenssteuer, DB 2007, 1541.

1. Rechtslage bis Ende 2008

Das entscheidende Kriterium für die Rechtsformwahl war seit jeher die Gewerbesteuerbelastung. Die Rechtsform der **GmbH** und der Betriebsaufspaltung **war** immer dadurch **begünstigt**, dass die Gehälter der Gesellschafter-Geschäftsführer, ebenso Pensionszusagen, gewinnmindernd gebucht werden durften und damit eine entsprechende Gewerbesteuerentlastung eintrat. Durch den im Jahr 2001 eingefügten § 35 EStG wurden hingegen **Personenunternehmen** gegenüber Kapitalgesellschaften deutlich gewerbesteuerlich **begünstigt**: Die von dem Personenunternehmen gezahlte Gewerbesteuer wird seitdem **pauschaliert** auf die Einkünfte aus Gewerbebetrieb den Mitunternehmern angerechnet, so dass sich seitdem gravierende Belastungsunterschiede zwischen Kapitalgesellschaften und Personenunternehmen ergeben haben. 31

Steuerbelastungsvergleich (ohne Ausschüttung)

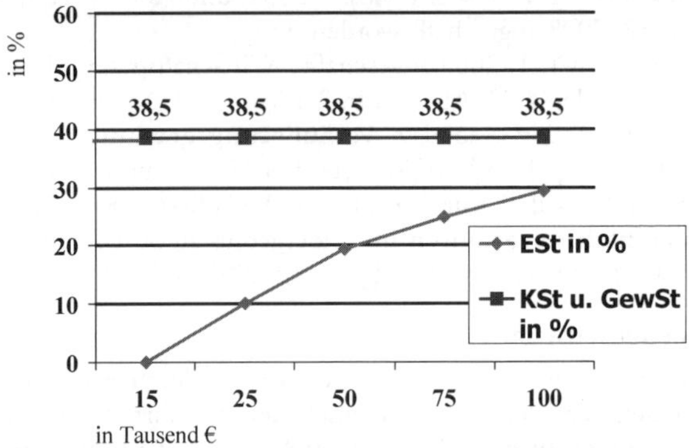

Die Grafik zeigt, dass ein Unternehmerehepaar, das 100 000 € Gewinn jährlich erzielt, in der Rechtsform der Personengesellschaft eine um ca. 10 Punkte niedrigere Steuerbelastung als bei einer Kapitalgesellschaft hat.

32 Bei einer **Kapitalgesellschaft** tritt eine **endgültige Gewerbesteuerbelastung** ein, so dass mittelständische Betriebe im unteren Einkommensbereich seit 2001 in der Rechtsform des Personenunternehmens die geringere Steuerbelastung hatten.

2. Unternehmensteuerreform 2008

a) Gesetzliche Regelung

33 Die gestiegene Gewerbesteuerbelastung ist in **vierfacher** Hinsicht die Crux der Unternehmensteuerreform.

- Die **Gewerbesteuer** darf **nicht mehr** als **Betriebsausgabe** abgezogen werden;
- der **Staffeltarif** für Einzelunternehmen und Personengesellschaften ist entfallen. Verglichen mit dem früheren Recht nimmt das Gewerbesteueraufkommen der Gemeinden bei Personenunternehmen mit niedrigen Gewinnen zu, vgl. *Bergemann/Markl/Althof,* DStR 2007, 695;
- die **Hinzurechnungstatbestände betreffen** nicht nur Dauerschuldzinsen, sondern alle **Zins- und Nutzungsentgelte**, wobei der bisherige Hinzurechnungsfaktor von bisher 50% auf 25% abgesenkt wurde. Hinzugerechnet werden 25% der Finanzierungsanteile in Mieten, Pachten, Leasingraten und entgeltlich überlassen Rechten; der Finanzierungsanteil wird dabei pauschal mit 20% für bewegliche Wirtschaftsgüter des Anlagevermögens, mit 25% für Rechte und pauschal mit 75% für die Überlassung von unbeweglichen Wirtschaftsgütern des Anlagevermögens fingiert. Effektiv erfolgt somit eine gewerbesteuerliche Hinzurechnung von 5% der Miet- und Pachtzinsen sowie Leasingraten für **bewegliche** Wirtschaftsgüter des Anlagevermögens und Rechte sowie 16,25% der Miet- und Pachtzinsen sowie Leasingraten für **unbewegliche Wirtschaftsgüter** des Anlagevermögens;
- eine **Kürzung** der den Gewinn des Gewerbebetriebs erhöhenden anteiligen Finanzierungsanteile im Rahmen der Ermittlung des Gewerbeertrags

des Leistungsempfängers (also des Vermieters bzw. Verpächters) ist wegen der Streichung von § 9 Nr. 4 GewStG ausgeschlossen, so dass insbesondere **Betriebsaufspaltungen** und Wiesbadener Modelle einer höheren Gewerbesteuerbelastung unterliegen.

Hinzurechnung bei der Gewerbesteuer

Tatbestand	Hinzu-rech-nungs-quote	Finanzie-rungs-anteil	Effektiver Hinzurech-nungsquote
Entgelte für Schulden (zinsen)	25%	100%	25%
Renten, dauernde Lasten	25%	100%	25%
Gewinnanteil stiller Gesellschafter	25%	100%	25%
Miet- und Pachtzinsen (auch Leasing) für bewegliche WEG	25%	20%	5%
Miet- und Pachtzinsen (auch Leasing) für unbewegliche WG	25%	65%	16,25%
Aufwendungen *für zeitlich befristete* Überlassung von Rechten (Konzessionen, Lizenzen)	25%	25%	6,25%

Lediglich in Höhe eines **Freibetrages von 100 000 €** unterbleibt eine Hinzurechnung, so dass Kleinbetriebe von den gewerbesteuerlichen Verschärfungen verschont bleiben, der gehobene Mittelstand mit einer geringen Eigenfinanzierungsquote ganz erheblich belastet wird. 34

Entwicklung der Gewerbesteuer

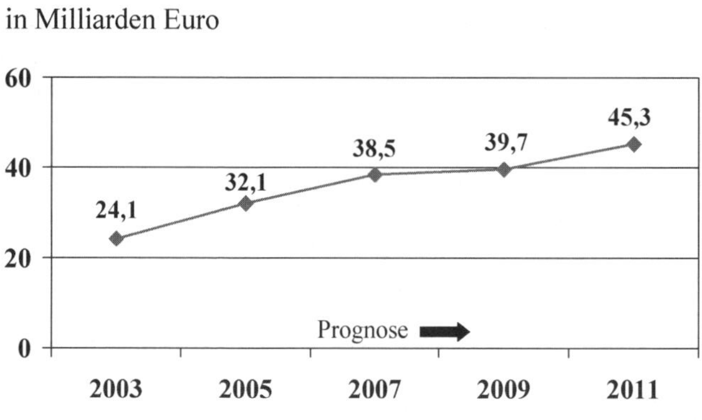

Quelle: Bundesfinanzministerium/Arbeitskreis Steuerschätzung

b) Steuerrechtsfolgen

35 Die **Vergünstigung des § 35 EStG**, also die Anrechnung der Gewerbesteuer auf die Einkommensteuerschuld des Personenunternehmers blieb erhalten, ist aber dadurch relativiert, dass eine Anrechnung höchstens in Höhe des einkommensteuerlichen Gewinnes erfolgen kann. Der **Anrechnungsüberhang** wird noch größere Bedeutung gewinnen, weil die Gewerbesteuerbelastung in Zukunft insgesamt dadurch steigen wird, dass in die Bemessungsgrundlage auch Zinsen und sonstige Belastungen einbezogen werden, also auch der Betrieb ohne Gewinn gewerbesteuerpflichtig ist, so dass im Einzelfall gravierende Gewerbesteuererhöhungen eintreten ohne Anrechnungsmöglichkeit mangels einkommensteuerlichen Gewinns, vgl. *Bergemann/Markl/Althof*, DStR 2007, 693, 697.

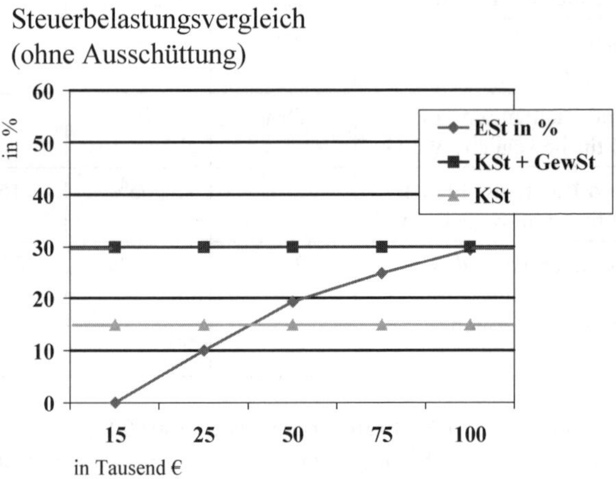

IV. Verlustverrechnung

36 Ein wichtiges Merkmal der Steuerbelastung ist auch die Verlustverrechnung mit den Einkünften des Gesellschafters, die bei einer Personengesellschaft aufgrund ihrer Transparenz möglich ist, während eingetretene Verluste bei einer Kapitalgesellschaft gefangen sind und allenfalls mit späteren Gewinnen ausgeglichen werden können. Hinzu kommt, dass das aufgewandte Kapital aufgrund des körperschaftsteuerlichen Teileinkünfteverfahrens steuerlich nur zu 60% berücksichtigt wird, während bei der Personengesellschaft die aufgewendeten Mittel in vollem Umfang steuerentlastend wirken.

37 Lediglich bei **Konzernstrukturen** mit körperschaftsteuerlicher Organschaft, d. h. bei der finanziellen Eingliederung der Tochtergesellschaften, kann auf der Ebene der Muttergesellschaft gem. § 14 KStG der bei den Tochtergesellschaften eingetretene Verlust auf der Ebene der Muttergesellschaft geltend gemacht werden, wenn ein **Ergebnisabführungsvertrag** im Handelsregister eingetragen ist. Aus dem Ergebnisabführungsvertrag ergibt sich eine Verlustdeckungspflicht der herrschenden Gesellschaft (§ 302 Abs. 1 AktG), so dass die mit der Rechtsform der Kapitalgesellschaft verbundene Haftungsbegren-

zung der Tochtergesellschaften faktisch verloren geht, da ein Gläubiger der Tochtergesellschaft den Anspruch auf den Verlustausgleich pfänden und sich überweisen lassen kann, vgl. *Hüffer,* AktG § 302 Rn. 18.

Die **Kapitalgesellschaft** erweist sich häufig als **Einbahnstraße**, da bei der 38
Umwandlung in ein Personenunternehmen der Übernahmeverlust in jedem Fall gem. § 4 Abs. 6 UmwStG außer Ansatz bleibt, also endgültig verloren geht. Lediglich die

- Auflösung stiller Reserven innerhalb einer Kapitalgesellschaft, um Verlustvorträge zu nutzen oder die
- Liquidation der Kapitalgesellschaft um Auflösungsverluste in Höhe von 60% beim Gesellschafter zu nutzen,

sind möglich.

V. Ergebnis

Unternehmensstruktur und
Unternehmenssteuerreform:
Die Hälfte aller Personenunternehmen hat einen
Gewinn von unter 26.000 € im Jahr. Dreiviertel
liegen unter 52.000 €; nahezu alle unter 128.000 €!

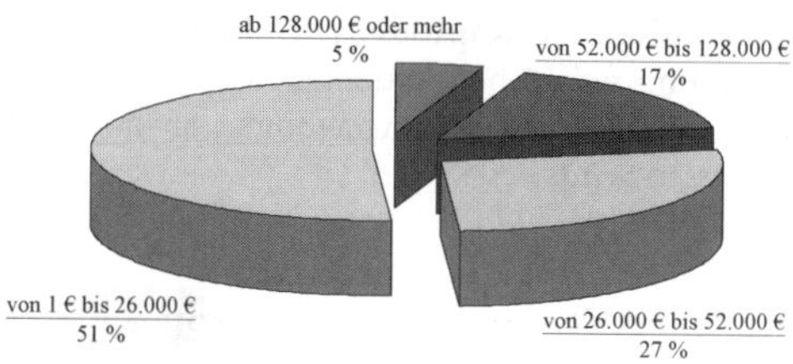

Quelle: Bundesministerium der Finanzen, Oktober 2005

Nach den Angaben der Bundesregierung (vgl. Eckpunkte-Papier vom 39
12. 7. 2006, Anlage 2) unterliegen

- 97% aller Personengesellschaften einem Steuersatz von weniger als 38,65%,
- 90% einem Steuersatz von weniger als 20% und
- 75% einem Steuersatz von weniger als 15%.

Aus der steuerlichen Analyse ergeben sich folgende **Empfehlungen**: 40

- Bei einer **Einkommensteuerprogression** bis zu **29,83%** (Belastungsquote der Kapitalgesellschaft) ist das Personenunternehmen regelmäßig die steuergünstigere Rechtsform, da die Gewerbesteueranrechnung gem. § 35 EStG die Einkommensteuer mindert. Berücksichtigt man, dass wegen der Gewerbesteuerzahlung durch die Gesellschaft bei einem Hebesatz von 400% nur 86% des Gewinns zur Gewinnverwendung zur Verfügung stehen, ist bis zu einer Progression zu ca. 36% das Personenunternehmen die steuergünstigere Rechtsform.
- Bei einer Einkommensteuerprogression von über 29,83% (bzw. 36%) entscheidet der konkrete **Steuerbelastungsvergleich**. Die besonderen Steuervorteile des Personenunternehmens sollten dabei berücksichtigt werden (Verlustverrechnung, steuerfreie Durchschleusung von Auslandsgewinnen usw.).

- Bei Zins- und Mietzinsbelastungen von über 100 000 EUR jährlich sind **Miet- und Pachtverträge** innerhalb einer Personengruppe oder eines Konzerns gewerbesteuererhöhend, so dass die Rechtsform der Betriebsaufspaltung und insbesondere die Pachtzinsbemessung überprüft werden muss: Der auf Immobilien entfallende Pachtzinsanteil führt zu einer 16,25%-igen Hinzurechnungsquote, auf bewegliche Wirtschaftsgüter nur in Höhe von 5%, während die Vergütung für den Firmenwert ohne Zurechnung bleibt.
- Sofern Mittel- und Großbetriebe ihre Gewinne in voller Höhe **thesaurieren**, führt in Zukunft an der Rechtsform der Kapitalgesellschaft kein Weg vorbei, vgl. *Bergemann/Markl/Althof,* DStR 2007, 696.
- Die Gewerbesteuerbelastung schwankt – je nach Hebesatz – zwischen 7% und 17,15%.
- Entgeltliche Nutzungsüberlassungen von nahe stehenden Personen können zu erheblichen Gewerbesteuererhöhungen führen.
- Eine Personengesellschaft stellt wegen der Thesaurierungsmöglichkeit die ideale Rechtsform für den Mittelstand dar, da die nicht entnommenen Gewinne für Investitionen verwendet werden können.
- Die Neufassung von § 10 Abs. 1 Nr. 1 a EStG i. d. F. des Jahressteuergesetzes 2008 **diskriminiert** die **Kapitalgesellschaft**, da der Sonderausgabenabzug für Versorgungsrenten bei Aktiengesellschaften völlig ausgeschlossen und bei GmbHs nur für Anteilsübertragungen ab 50% mit Geschäftsführerwechsel zugelassen wird.

41 **Unternehmensteuerreform: Rechtsformwahl – vom Leistungsfähigkeits- zum Beraterprinzip –**

ESt-Progression bis 29, 83%	——▶	Personenunternehmen
ESt-Progression über 29,83%	——▶	Steuerbelastungsvergleich
Mittel- und Großbetriebe mit Thesaurierung	——▶	Kapitalgesellschaft
Betriebsaufspaltung (mit Zins- und Pachtzinsen von über 100 000 €)	——▶	Gewerbesteuermehrung
hoher Hebesatz	——▶	Sitzverlegung
Personengesellschaft mit § 34 a EStG	——▶	ideale mittelständische Rechtsform

42–50 *einstweilen frei*

C. Publizität: Elektronischer Rechtsverkehr (EHUG)

Literatur: *Noack,* Das EHUG ist beschlossen – elektronische Handels- und Unternehmensregister ab 2007, NZG 2006, 801; *Plagens/Wolter/Henke,* Neuausrichtung der Bilanzpolitik im Lichte des EHUG?, DStR 2007, 1413; *Rüntz,* Start für das elektronische Handelsregister und das Unternehmensregister, NWB Fach 18, 883 (Heft 4/

2007); *Schlauß,* Das neue Ordnungsgeldverfahren bei Verletzung der Publizitätspflicht, DB 2007, 2191; *Schlotter,* Das EHUG ist in Kraft getreten: Das Recht der Unternehmenspublizität hat eine neue Grundlage, BB 2007, 1; *Schlotter/Reiser,* Ein Jahr EHUG – die ersten Praxiserfahrungen, BB 2008, 118; *Seibert/Wedemann,* Der Schutz der Privatanschrift im elektronischen Handels- und Unternehmensregister, GmbHR 2007, 17; *Sikora/Schwab,* Das EHUG in der notariellen Praxis, MittBayNot 2007, 1; *Stahl,* Elektronische Handelsregister und Publizität – neue Rechtslage durch das EHUG und Gestaltungsstrategien, KÖSDI 2007, 15 476; *Willer/Krafka,* Die elektronische Einreichung von Handelsregisteranmeldungen aus Sicht der Registerpraxis, DNotZ 2006, 885.

I. Frühere Praxis

Die Publizitätsvorschriften gem. § 325 HGB für Kapitalgesellschaften und **51**
für die GmbH & Co. KG waren in der Vergangenheit kein entscheidendes Rechtswahlkriterium, weil sich die Beteiligten außerhalb des Handelsregisters arrangierten und die staatlichen Zwangsmittel zur Erzwingung der Publizität nur ungenügend ausgestaltet waren. Dies wird sich aber durch das seit 1. 1. 2007 in Kraft getretene Gesetz über das elektronische Handelsregister und Genossenschaftsregister sowie das Unternehmensregister (EHUG) grundlegend ändern, so dass die Publizität in Zukunft eine bedeutende Rolle spielen wird.

II. Neuregelung

Nach dem Gesetz über elektronische Handelsregister und Genossenschafts- **52**
register sowie das Unternehmensregister BGBl. 2006 I 2553 müssen auch kleine und mittelgroße Kapitalgesellschaften und GmbH & Co. KGen die Rechnungslegungsunterlagen ausnahmslos beim **elektronischen Bundesanzeiger** elektronisch einreichen und dort bekannt machen; die Einreichung zum Handelsregister dagegen entfällt auch für große Kapitalgesellschaften, vgl. § 325 Abs. 1–3 HGB; *Stahl,* KÖSDI 2007, 15 479. Allerdings ist die elektronische Einreichung erst ab 2010 verbindlich vorgesehen; ab diesem

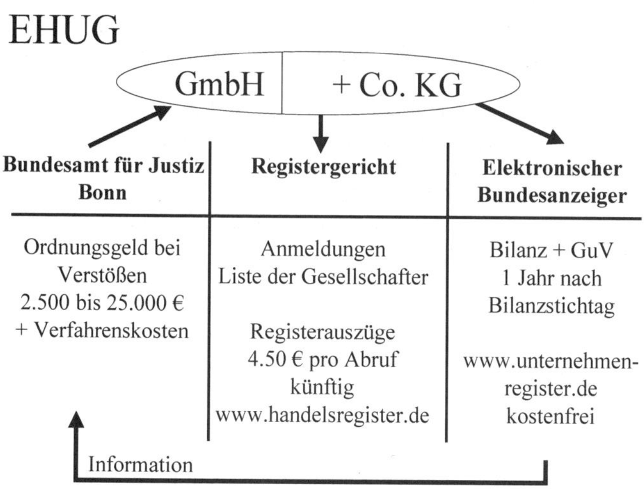

Zeitpunkt werden Schriftstücke nicht mehr entgegengenommen, so dass nur noch Online-Anmeldungen möglich sind. Die Übergangsregelung soll den Unternehmen den Übergang zur elektronischen Offenlegung erleichtern, vgl. *Sikora/Schwab,* MittBayNot 2007, 1, 11. Da früher nur etwa 5% aller Unternehmen die Offenlegungspflichten erfüllten, vgl. *Liebscher/Scharff,* NJW 2006, 3750, war eine fundamentale Neubesinnung erforderlich. Wenn nunmehr innerhalb einer Frist von sechs Wochen das Unternehmen der Aufforderung zur Einreichung der Unterlagen der Rechnungslegung nicht nachkommt, wird das neu geschaffene **Bundesamt für Justiz** mit dem Sitz in Bonn ein Ordnungsgeld gem. § 335 Abs. 1 Satz 4 HGB von mindestens 2500 EUR und höchstens 25 000 EUR festsetzen. Ferner sind in jedem Fall die Verfahrenskosten zu tragen, auch wenn die Anmeldung unverzüglich nach Aufforderung erfolgt.

III. Elektronisches Unternehmensregister

53 Gem. § 8b HGB wurde ein elektronisches Unternehmensregister eingerichtet, das unter der Internet-Adresse www.unternehmensregister.de erreichbar ist und allen Interessenten – ohne Nachweis eines berechtigten Interesses – zur Verfügung steht. Ziel ist es, sämtliche relevanten Daten gesammelt abrufbar bereit zu halten, ohne dass eine Vielzahl unterschiedlicher Informationsquellen bemüht werden muss, um publikationspflichtige Angaben über ein Unternehmen zu erhalten. Da ein Großteil der Daten nicht direkt beim Unternehmensregister, sondern nur in Form von Index-Dateien gespeichert wird, lässt sich das neue Register auch mit einer Internet-Suchmaschine vergleichen, die einen Zugriff auf unternehmensrelevante Datensammlungen ermöglicht.

Die dem Handelsregister mitgeteilten Daten sind dort unter der zentralen Internetplattform www.handelsregister.de erreichbar. Eine Online-Einsicht kostet bundeseinheitlich 4,50 €. Die gleiche Gebühr fällt für jedes weitere abgerufene Dokument, z. B. eine GmbH-Gesellschafterliste, an. Wer sich also über die Verhältnisse einer GmbH (Registerauszug, aktuelle Satzung und aktuelle Gesellschafterliste) informieren möchte, muss insgesamt 13,50 € bezahlen.

Dokumente, die vor dem 1. 1. 2007 zum Handelsregister eingereicht wurden, liegen dort im Regelfall ausschließlich in Papierform vor. Eine lückenlose Überführung in elektronische Dokumente ist nicht vorgesehen. Einzelne Justizverwaltungen, z. B. die Bayerische Justiz, haben alle aktuellen GmbH-Gesellschafterlisten eingescannt und bietet diese zum Abruf an, vgl. *Sikora/Schwab,* MittBayNot 2007, 1, 8.

IV. Folgen für die Praxis

54 *Neufang,* StB 2007, 95 erwartet, dass viele Mittelständler wegen der Offenlegungsproblematik die Umwandlung in ein Personenunternehmen vornehmen werden, da sie die Transparenz der betrieblichen Kennzahlen fürchten. Das rigorose Durchgreifen des neu eingerichteten Bundesamts für Justiz in Bonn seit 2008 wird m. E. in der Tat bei vielen mittelständischen Betrieben ein Umdenken auslösen. Die alternative Rechtsform ist m. E. die **Kommanditgesellschaft**, die Familienangehörigen als Kommanditisten eine weiter

geltende Haftungsbegrenzung erlaubt. Da die GmbH & Co. KG ebenfalls publizitätspflichtig ist, kann diese Rechtsform nicht als Ausweichgestaltung gewählt werden.

Erste Versuche, der **Publizität zu entgehen,** bestehen z.B. darin, bei 55
einer GmbH & Co. KG Personen als persönlich haftende Gesellschafter zu gewinnen, die für ein gewöhnliches Angestelltengehalt die Funktion des **persönlich haftenden Gesellschafters ohne Geschäftsführungsbefugnis** übernehmen. Die Zulässigkeit dieser Rechtsform ist unbestritten, vgl. BGHZ 51, 201. *Strahl,* KÖSDI 2007, 15476 führt folgende weitere Ausweichgestaltungen auf:

- Reduzierung der Transparenz für Tochtergesellschaften durch Aufstellung eines befreienden Konzernabschlusses,
- Umstrukturierung in eine kleine Kapitalgesellschaft, um die Veröffentlichung der Gewinn- und Verlustrechnung zu vermeiden,
- Vorabausschüttung bei kleiner GmbH, vgl. *Sattler/Meeh,* DStR 2007, 1643.

Auslandsgesellschaften, z.B. eine britische Limited mit Verwaltungssitz in Deutschland sind ebenfalls publizitätspflichtig, vgl. *Liebscher/Scharf,* NJW 2006, 3751.

V. Rechnungslegung

1) **Für alle Gesellschaften, insbesondere auch für eine kleine GmbH & Co. KG gilt:** 56
   - Aufstellung des Jahresabschlusses, spätestens innerhalb von sechs Monaten
   - gesetzliche Gliederung für Bilanz und Gewinn- und Verlustrechnung gem. §§ 266 und 275 HGB
   - keine Abschreibung zur Bildung stiller Reserven gem. § 253 Abs. 4 HGB
   - planmäßige Abschreibungen auf Sachanlagen nur bei dauernder Wertminderung gem. § 279 Abs. 1 HGB
   - Wertaufholungsgebot nach außerplanmäßigen Abschreibungen gem. § 280 HGB
   - Anhang gem. § 284 HGB mit beispielsweisen Angaben:
     – Bilanzierungs- und Bewertungsmethoden im Vergleich zum Vorjahr gem. §§ 284 und 285 HGB
     – Beteiligungsliste ab 20% Beteiligung
     – durchschnittliche Arbeitnehmerzahl nach Gruppen gegliedert.
2) **Mittelgroße und große GmbH & Co. KG** 57
   - Lagebericht gem. § 264 Abs. 1 Satz 3 HGB
   - Konzernrechnungslegung gem. § 290 HGB
   - Besondere Anhangsangaben gem. § 274a HGB, z.B.
     – Entwicklung des Anlagevermögens gem. § 268 Abs. 2 HGB
     – Gliederung von Forderungen und Verbindlichkeiten nach der Laufzeit gem. § 268 Abs. 4u. 5 HGB
     – Gliederung der Umsatzerlöse nach Tätigkeitsbereichen und Märkten
     – Angabe sonstiger finanzieller Verpflichtungen, z.B. aus Leasingverträgen
     – Bezüge der Gesellschaft und des Aufsichtsrats.

VI. Prüfungspflicht

58 Für mittelgroße und große GmbH & Co. KGen besteht eine Pflichtprüfung durch vereidigte Buchprüfer oder Wirtschaftsprüfer gemäß § 316 HGB.

VII. Offenlegung

Alle Kapitalgesellschaften und die GmbH & Co. KG haben spätestens binnen zwölf Monaten seit Ende des Geschäftsjahres die Bilanz offen zu legen.

1. Kleine Gesellschaften

59 Kleine Gesellschaften haben zum Betreiber des elektronischen Bundesanzeiger

- eine verkürzte Bilanz mit römischen Zahlen gem. § 266 Abs. 1 HGB und
- einen Anhang ohne Erläuterung zur Gewinn- und Verlustrechnung gem. § 326 HGB einzureichen.
- Der Hinterlegungsort ist im Bundesanzeiger gem. § 325 Abs. 1 Satz 2 HGB zu veröffentlichen.

2. Mittelgroße Gesellschaften

60 Mittelgroße Gesellschaften haben beim Betreiber des elektronischen Bundesanzeiger gemäß § 325 Abs. 1 HGB einzureichen den

- Jahresabschluss mit Bilanz (verkürzt), Gewinn- und Verlustrechnung sowie Anhang (verkürzt)
- Bestätigungsvermerk des Abschlussprüfers
- Lagebericht
- Bericht des Aufsichtsrats
- Beschluss über die Ergebnisverwendung

3. Große Gesellschaften

61 Große Gesellschaften haben die selben Unterlagen wie mittelgroße Gesellschaften **ungekürzt** im Bundesanzeiger zu veröffentlichen.

62–65 *einstweilen frei*

D. Der Geschäftsführervertrag

Literatur: *Dauner-Lieb,* Die Existenzvernichtungshaftung – Schluss der Debatte?, DStR 2006, 2034; *Geißler,* Die Haftung des faktischen Geschäftsführers GmbHR 2003, 1106; *Gloger/Götte/van Huet,* Die neue Rechtsprechung zur Existenzvernichtungshaftung mit Ausblick in das englische Recht, DStR 2008, 1141 und 1194; *Görden,* Angemessenheit der Bezüge bei Mehrfach-Geschäftsführung, GmbH-StB 2005, 159; *Götze,* „Selbstkontrahieren" bei der Geschäftsführerbestellung in der GmbH, GmbHR 2001, 217; *Heeg/Manthey,* Existenzvernichtender Eingriff – Fallgruppen der Rechtsprechung und Praxisprobleme, GmbHR 2008, 798; *Hornig,* Geschäftsführungsleistungen von GmbH-Geschäftsführern, NWB Fach 7, 6517 (Stand Juli 2005); *Jula,* Geschäftsführerhaftung gem. § 43 GmbHG, GmbHR 2001, 806; *Küffner/Zugmaier,* Geschäftsführerleistungen in der Umsatzsteuer – Die Odyssee geht weiter, DStR 2007, 1241; *Mohr,* Der rechtliche Status des GmbH-Geschäftsführers,

GmbH-StB 1999, 321; *Nägele/Nestel,* Entlastung des GmbH-Geschäftsführers und des AG-Vorstands – Chancen und Risiken in der Praxis, BB 2000, 1253; *Reiserer,* Der GmbH-Geschäftsführer – ein Arbeitnehmer?, DStR 2000, 31; *Schäfers,* Sozialversicherungspflicht von Geschäftsführern und ihren Angehörigen, GmbH-Stb 2006, 176; *Schmidt,* Die Eintragung der Vertretungsbefugnis im Handelsregister, ZNotP 2002, 306; *Stück,* Der GmbH-Geschäftsführer zwischen Gesellschafts- und Arbeitsrecht im Spiegel aktueller Rechtsprechung, GmbHR 2006, 1009; *Tomat,* Haftung des faktischen Geschäftsführers bei Insolvenz, GmbH-StB 2005, 293; *Walkenhorst,* GmbH-Geschäftsführer als Unternehmer, GmbH-StB 2005, 192; *Wassermeyer,* Verdeckte Gewinnaussschüttungen bei einer GmbH & Co. KG, GmbHR 1999, 18; *Zimmer/Rupp,* Kein Kündigungsschutz für bei der GmbH & Co. KG angestellten Geschäftsführer, GmbHR 2006, 572.

I. Der Geschäftsführer als Organ der Gesellschaft

1. Funktionsebenen

Der Geschäftsführer einer GmbH steht zu dieser in einer **Doppelbeziehung**: Einerseits ist er Organ, also Teil der Gesellschaft (§ 35 Abs. 1 GmbHG), andererseits ist er den Weisungen der Gesellschafterversammlung und den dienstvertraglichen Regelungen unterworfen, also abhängiger Angestellter des Unternehmens. Beide Ebenen, also die organschaftliche und die dienstvertragliche, müssen streng voneinander getrennt werden. 66

2. Vertretungsorgan

Literatur: *Fröhler,* Die Insichgeschäftsbeschränkung nach § 181 BGB bei der GmbH & Co. KG, BWNotZ 2005, 129; *Schmidt,* Die Eintragung der Vertretungsbefugnis im Handelsregister, ZNotP 2002, 306.

Die Bestellung zum Vertretungsorgan kann sowohl gesellschaftsvertraglich als auch durch Beschluss der Gesellschafter erfolgen. Die Bestellung durch **Gesellschaftsvertrag** empfiehlt sich, wenn dem betreffenden Geschäftsführer ein gesellschaftsvertragliches Sonderrecht auf die Geschäftsführerbestellung eingeräumt werden soll, wobei eine derartige Rechtsstellung nur aus der Gesellschafterstellung resultieren kann. Die Abberufung eines derartigen Gesellschafter-Geschäftsführers bedarf grundsätzlich dessen Zustimmung, es sei denn, dass ein wichtiger Grund vorliegt, § 38 Abs. 2 GmbHG. 67

Um die bürgerlich-rechtliche Wirksamkeit aller vom Geschäftsführer abgeschlossenen Geschäfte zu gewährleisten, empfiehlt es sich, nicht nur die Komplementär-GmbH von den **Beschränkungen des § 181 BGB** zu befreien, sondern auch deren Vertretungsorgane, also die Geschäftsführer. Hierfür bedarf es zusätzlich der Befreiung des Geschäftsführers durch die KG. Mit der GmbH & Co. KG durch In-Sich-Geschäft einen Vertrag abzuschließen kann dem Geschäftsführer der Komplementär-GmbH nur durch die KG gestattet werden, vgl. BGH DNotZ 1972, 432. Im Handelsregister der KG wird nicht nur die Befreiung der Komplementär-GmbH von § 181 BGB, sondern auch die Befreiung ihrer Vertretungsorgane eingetragen, vgl. BayObLG GmbHR 2000, 91; *Böttcher/Ries,* Formularpraxis des Handelsregisterrechts, 2003, Rn. 262; *Heidinger,* in: Heckschen/Heidinger, Die GmbH in der Gestaltungspraxis, 2005, 186. 68

II. Dienstvertrag

69 Der Anstellungsvertrag kann **wahlweise** mit der Komplementär-GmbH, der GmbH & Co. KG oder mit beiden Gesellschaften geschlossen werden, vgl. *Tillmann/Mohr,* GmbH-Geschäftsführerpraktikum Rn. 43ff. Die Rechtsbeziehungen zwischen dem Geschäftsführer und der Gesellschaft richten sich in der Regel nach dem **Dienstvertrag** des BGB, vgl. *Weber,* NJW 1988, 1253; *Baumbach/Hueck,* GmbHG, § 35 Rn. 97. Die Bestimmungen der §§ 611ff. BGB umfassen einerseits das Dienstverhältnis der selbständig Tätigen mit Geschäftsbesorgungscharakter, auf das grundsätzlich alle Bestimmungen des BGB über gegenseitige Verträge Anwendung finden, und andererseits das Arbeitsverhältnis, das ein durch die Abhängigkeit des Arbeitnehmers und die Fürsorgepflicht des Arbeitgebers gekennzeichnetes personenrechtliches Gemeinschaftsverhältnis darstellt, auf das bestimmte Vorschriften des BGB, z.B. die §§ 323–326 BGB nicht anwendbar sind (zur Nichtanwendung des § 323 Abs. 1 BGB im Rahmen des Dienstverhältnisses eines Fremdgeschäftsführers, vgl. BGH BB 1988, 290). Nach h.M. steht der Geschäftsführer einer GmbH zu dieser in keinem Arbeitsverhältnis, da er Organträger ist, vgl. *Eder,* GmbH-Handbuch Bd. 1, Rz. 556.2; im Ergebnis auch BGH GmbHR 1984, 312. Die Rechtsprechung des BAG differenziert danach, ob ein bisher abhängig beschäftigter Arbeitnehmer zum Fremdgeschäftsführer bestellt wird, vgl. BAG DB 1994, 1828. Zur Abgrenzung vgl. auch *Groß,* Das Anstellungsverhältnis des GmbH-Geschäftsführers im Zivil-, Arbeits-, Sozialversicherungs- und Steuerrecht, 295.

70 *einstweilen frei*

III. Sozialversicherungspflicht

Literatur: Deutsche Rentenversicherung Bund: Entwarnung i.S. Rentenversicherungspflicht selbständiger GmbH-Geschäftsführer, DStR 2006, 667.

71 Während steuerrechtlich zwischen einem beherrschenden und einem nicht beherrschenden Gesellschafter-Geschäftsführer unterschieden wird, richtet sich die sozialversicherungsrechtliche Beurteilung danach, ob der Geschäftsführer eine **selbständige oder abhängige** Tätigkeit ausübt, vgl. *Figge,* GmbHR 1987, 338.

72 Die Entscheidung des BSG, GmbHR 2006, 367, wonach der Allein-Gesellschafter-Geschäftsführer einer GmbH, der selbst keine versicherungspflichtigen Arbeitnehmer beschäftigt, als arbeitnehmerähnlicher Selbständiger der Rentenversicherungspflicht unterliegt, da er ausschließlich für seine GmbH tätig wird, wird über den entschiedenen Einzelfall hinaus nicht angewandt, vgl. Deutsche Rentenversicherung Bund, DStR 2006, 667.

Übersicht: Entscheidungshilfe zur versicherungsrechtlichen Beurteilung von Gesellschafter-Geschäftsführern

Versicherungsrechtliche Beurteilung

- Kapitalanteil mindestens 50%?
  nein ↓ ja ⟶ kein abhängiges Beschäftigungsverhältnis (aB)
- Selbstkontrahierung?
  nein ↓ ja ⟶ Indiz gegen ein aB
- Branchenkenntnisse?
  nein ↓ ja ⟶ Indiz gegen ein aB
- Bindung an Zeit und Ort der Arbeitsleistung?
  ja ↓ nein ⟶ kein aB
- Familien-GmbH?
  nein ↓ ja ⟶ kein aB, wenn familienhafte Rücksichtnahme
- Firmenumwandlung?
  nein ↓ ja ⟶ kein aB, wenn Geschäftsführer „Kopf und Seele" des Betriebs
- Erhebliches Unternehmerrisiko?
  nein ↓ ja ⟶ Indiz gegen aB
  Abhängiges Beschäftigungsverhältnis

einstweilen frei 73–75

IV. Haftung der Geschäftsführer

Literatur: *Schneider/Schneider,* Die zwölf goldenen Regeln des GmbH-Geschäftsführers zur Haftungsvermeidung und Vermögenssicherung, GmbHR 2005, 1229.

Die Geschäftsführer der Komplementär-GmbH unterliegen den allgemeinen Haftungsnormen für GmbH-Geschäftsführer, wobei hinsichtlich des **Haftungsbereiches** die Haftung bestehen kann gegenüber 76
- der Gesellschaft,
- den Gesellschaftern,
- den Gesellschaftsgläubigern,
- dem Fiskus.

Gem. § 43 Abs. 1 GmbHG haben die Geschäftsführer in den Angelegenheiten der Gesellschaft die **Sorgfalt eines ordentlichen Geschäftsmannes** anzuwenden. Gem. Abs. 2 dieser Bestimmung haften die Geschäftsführer, welche ihre Obliegenheiten verletzen, solidarisch für den entstandenen Schaden. 77

Ein Geschäftsführer soll so handeln wie ein ordentlicher verantwortlicher Leiter eines Unternehmens dieser Art und Größe zu handeln pflegt, vgl. *Baumbach/Hueck,* GmbHG § 43 Anm. 9. Die Aufbringung der hiernach erforderlichen Sorgfalt muss im Streitfall der Geschäftsführer beweisen.

Trotz **Resortteilung** gilt der Grundsatz der Gesamtverantwortung. Bestehen konkrete Anhaltspunkte dafür, dass einer der Geschäftsführer die ihm zugewiesenen Aufgaben nicht ordnungsgemäß erfüllt oder erfüllen kann, sind die anderen Geschäftsführer verpflichtet, die Einzelentscheidungen und bei schweren Zweifeln auch den gesamten Aufgabenbereich in das Gesamtgremium zurückzuholen, vgl. BGH WM 1986, 789. 78

1. Haftung gegenüber den Gesellschaftsgläubigern

a) Handelndenhaftung gem. § 11 Abs. 2 GmbHG

79 Gem. § 11 Abs. 2 GmbHG haftet der Geschäftsführer für die ab Beurkundung des Gesellschaftsvertrages, aber noch vor der Eintragung der GmbH in das Handelsregister vorgenommenen Rechtshandlungen gegenüber Dritten persönlich. Handelt der Geschäftsführer jedoch ausdrücklich im Namen der GmbH in Gründung, so scheidet eine Inanspruchnahme nach § 11 Abs. 2 GmbHG aus, vgl. OLG Hamm WM 1985, 660. Der Geschäftsführer haftet auch für Sorgfaltspflichtverletzungen vor Eintragung der GmbH, da die Pflicht zur ordnungsgemäßen Geschäftsführung gemäß § 43 GmbHG nicht erst mit der Rechtsfähigkeit der GmbH entsteht (BGH GmbHR 1986, 302). Das LG Hamburg wendet § 11 Abs. 2 GmbHG analog an, wenn durch Umgründung einer bestehenden GmbH (Mantelkauf) faktisch eine Neugründung vorgenommen wird (NJW 1985, 2426ff.). Die **Haftung** gem. § 11 Abs. 2 GmbHG **erlischt,** wenn die GmbH im Handelsregister eingetragen wird (BGHZ 80, 182; *Lutter/Hommelhoff,* § 11 Rn. 21).

b) Deliktische Haftung

- **Sittenwidrige Schädigung gem. § 826 BGB**

80 § 826 BGB gewährt auch ohne Verletzung bestimmter Rechtsgüter einen Schadensersatzanspruch. Andererseits verlangt die Vorschrift **Vorsatz,** der nur in seltenen Fällen nachweisbar ist.

- **Unerlaubte Handlung gem. § 823 Abs. 1 BGB**

81 **Beispiel:** Die Ölraffinerie R in Rotterdam liefert Treibstoff an den Ölgroßhändler Ö unter Vereinbarung eines verlängerten Eigentumsvorbehalts und der Befugnis zur Weiterveräußerung im ordentlichen Geschäftsverkehr. Ö beliefert u.a. die Tankstellen-GmbH T, bei der er aufgrund anderer Geschäfte Schulden hat. Mit dem Geschäftsführer G der Tankstellen-GmbH, der Kenntnis von dem verlängerten Eigentumsvorbehalt hat, vereinbart Ö, dass die Kaufpreisforderung für jeden vierten gelieferten Tankzug mit Schulden des Ö verrechnet wird. Im Laufe der Zeit verrechnet Ö auf diese Weise eine Schuld in Höhe von 280000 DM. Als Ö in Konkurs geht, fordert die Ölraffinerie R von dem Geschäftsführer G die Zahlung der verrechneten 280000 DM für Lieferschulden. Mit Recht?

Lösungshinweis: Zwischen R und G bestehen keine vertraglichen Ansprüche, auch eine Haftung gem. §§ 987ff. BGB besteht nicht, da G nur den Besitz für Ö erworben hat. Wer aber in vorwerfbarer Weise mitwirkt, das Eigentum eines Dritten zu entziehen, ohne selbst Besitz zu erlangen, haftet dem Eigentümer nach § 823 Abs. 1 BGB auf Schadensersatz. Durch die Annahme der Treibstofflieferungen in Kenntnis aller wirtschaftlichen Zusammenhänge setzte T G eine wesentliche Ursache für den Eigentumsverlust der R-Raffinerie mit der Weiterveräußerung des Treibstoffs. Nach § 840 BGB haftet G als Gesamtschuldner neben Ö auf Ersatz des gesamten Schadens (vgl. BGH NJW 1971, 1358).

Die Bedeutung dieser Vorschrift liegt darin, dass Gesellschaftsgläubiger unmittelbar den Geschäftsführer bei einer Verletzung ihrer Rechtsgüter in Anspruch nehmen können und nicht auf den oft wertlosen Regressanspruch gegen die GmbH angewiesen sind; ähnlich die „Apfelschorf"-Entscheidungen in BGHZ 80, 186ff und 199ff.

• **Haftung gem. § 823 Abs. 2 BGB wegen Verstoß gegen Schutzgesetz**

Die Rechtsentwicklung führt dahin, dass den Geschäftsführern ständig neue und weit reichende gewerberechtliche und umweltschutzrechtliche, lebensmittelrechtliche, wettbewerbsrechtliche und steuerrechtliche Pflichten auferlegt und deren Verletzung strafrechtlich sanktioniert wird, vgl. *Scholz/Schneider,* § 43 Rn. 11. **82**

Ganz weit gespannt ist der Haftungsrahmen aufgrund Deliktshaftung gem. § 823 Abs. 2 BGB, da sich sowohl im GmbHG als auch außerhalb zahlreiche Schutzbestimmungen zu Gunsten der Gesellschaftsgläubiger finden. Aufgrund der Strafvorschrift des § 82 Nr. 1–3 GmbHG einer überwiegend als Schutzvorschrift zu Gunsten des Gesellschaftsgläubigers geltenden Bestimmung (vgl. *Hachenburg/Kohlmann,* GmbHG § 82 Anm. 14) haftet der Geschäftsführer, wenn er wissentlich falsche Angaben gegenüber dem Registergericht über die Einzahlung der Stammeinlagen und über die Befriedigung oder Sicherstellung der Gläubiger bei einer Kapitalherabsetzung (§§ 9, 57 und 58 GmbHG) gemacht, sowie wenn er wissentlich in einer öffentlichen Mitteilung zur Verschleierung der Vermögenslage der GmbH beigetragen hat.

c) Haftung für Verrichtungsgehilfen gem. § 831 Abs. 1 BGB

Die Gefahr der Rechtsprechung besteht darin, dass durch eine unmittelbare Haftung des Geschäftsführers gegenüber Gesellschaftsgläubigern bei einer Rechtsgutverletzung die Haftungsbeschränkung der GmbH aus den Angeln gehoben wird, vgl. *Ransiek,* ZGR 1992, 227. Dies würde umsomehr gelten, wenn der Geschäftsführer über § 831 BGB auch für Verrichtungsgehilfen in Anspruch genommen werden könnte. Nach der **Wachmann-Entscheidung** des BGH ZIP 1987, 1260 haftet der für ein Wachunternehmen tätige Arbeitnehmer nicht für Schäden, die dem Auftraggeber des Bewachungsunternehmens durch die schlechte Erfüllung der Bewachungsaufgabe entstehen. Der Arbeitgeber habe zwar eine Garantenstellung i. S. d. § 13 StGB zum Schutz des fremden Eigentums durch Übernahme der Aufgabe; würde man ihm jedoch eine unmittelbare Verkehrspflicht zum Schutze des Eigentums des Auftraggebers auferlegen, so würde der Arbeitnehmer über das Deliktsrecht so haften, als wäre er selbständiger Vertragspartner. Etwas anderes gilt nach Auffassung von *Ransiek,* ZGR 1992, 229 dann, wenn der Wachmann vorsätzlich den Diebstahl des zu überwachenden Eigentums nicht hindert: dies sei nicht mehr das Risiko, für das allein der Vertragspartner einstehen soll. Damit sind die Aufsichts- und Kontrollpflichten sowie Sorgfaltsanforderungen an Maßnahmen der Geschäftsleitung, die allein dazu dienen, für die Erfüllung der vertraglichen Verpflichtungen der Gesellschaft zu sorgen, keine deliktischen Verkehrspflichten Dritten gegenüber. **83**

d) Haftung für Zahlungen nach Zahlungsunfähigkeit oder Überschuldung

Aufgrund der Neufassung des GmbHG durch das MoMiG hat § 64 Satz 1 GmbHG folgenden Wortlaut: **84**

„Die Geschäftsführer sind der Gesellschaft zum Ersatz von Zahlungen verpflichtet, die nach Eintritt der Zahlungsunfähigkeit der Gesellschaft oder nach Feststellung ihrer Überschuldung geleistet werden."

e) Immaterialgüterverletzung (Wettbewerbsverstöße, Störerhaftung)

85 Auch bei Immaterialgüterverletzungen besteht eine Haftung des Geschäftsführers. Nach Auffassung des BGH ist der gesetzliche Vertreter der GmbH bei Wettbewerbsverstößen persönlich als Störer haftbar, wenn er wenigstens von ihr Kenntnis und die Möglichkeit hatte, sie zu verhindern, vgl. BGH GmbHR 1986, 84.

f) Typische Haftungsrisiken für Gesellschafter-Geschäftsführer

Literatur: *Strohn,* Existenzvernichtungshaftung – Vermögensvermischungshaftung – Durchgriffshaftung, ZNotP 2008, 338.

86 **Beispiel nach BGH, DB 1988, 1060:** Der Gesellschafter-Geschäftsführer einer Fleischimport-Export-GmbH bestellt im Oktober und November 1984 Frischfleisch im Wert von 180 000 DM, das von der Schlachterei sofort geliefert wird. Die GmbH gibt am 8. 11. 1984 ihre Geschäftstätigkeit auf, ohne die Rechnung zu bezahlen. Bereits z. Zt. der Fleischbestellung war die GmbH überschuldet. Die Schlachterei nimmt den Geschäftsführer der belieferten GmbH für die Lieferung einschließlich des entgangenen Gewinnes in Anspruch.

Hinweis: Der Gesellschafter Geschäftsführer haftet persönlich aus cic für die gesamte Warenschuld der GmbH, da er bei der Geschäftsanbahnung den Lieferanten auf die Zahlungsschwierigkeiten der GmbH hätte hinweisen müssen. Das wirtschaftliche Eigeninteresse ergab sich im konkreten Fall daraus, dass der Gesellschafter-Geschäftsführer Grundpfandrechte an seinem Privathaus für Kredite der GmbH bestellt hatte (vgl. BGH DB 1988, 1060).

(1) Verhandlungsverschulden bei wirtschaftlichem Eigeninteresse (cic)

87 Im Unterschied zu den allgemeinen Haftungsgefahren, die jedem Geschäftsführer drohen, ergeben sich für den Gesellschafter-Geschäftsführer spezifische Risiken aufgrund seiner Stellung als Gesellschafter, insbesondere aufgrund seines wirtschaftlichen Eigeninteresses. Aus der bereits vom Reichsgericht begründeten Rechtsprechung, wonach ein Vertreter für ein Verschulden bei Vertragsverhandlungen selbst haftet, wenn er in besonderem Maße persönliches Vertrauen in Anspruch genommen hat oder die Vertragsverhandlungen maßgeblich beeinflusst und aus dem Geschäftsabschluss eigenen wirtschaftlichen Nutzen erstrebt hat, leitet der BGH eine **Durchgriffshaftung** des Gesellschafter-Geschäftsführers ab, wenn dieser wie eine Art „procurator in rem suam" wirtschaftlich gleichsam wie in eigener Sache beteiligt ist oder wenn er bei Abschluss des Vertrages die Absicht hat, die vom Vertragspartner zu erbringende vertragliche Leistung nicht ordnungsgemäß an die vertretene Gesellschaft weiterzuleiten. Haftungsbegründend ist also nicht die Beteiligung des Gesellschafters an der GmbH – andernfalls würde jeder Einmann-GmbH-Gesellschafter selbst haften –, sondern wirtschaftliche Eigeninteressen, z. B. aufgrund übernommener unbeschränkter selbstschuldnerischer Bürgschaften, vgl. BGH BB 1986, 1043; gegen die Haftung des Geschäftsführers aus culpa in contrahendo ist *Lutter,* GmbHR 1997, 335.

(2) Haftung aus Vermögensvermischung

88 Auch aus dem Gesichtspunkt der Vermischung des GmbH-Vermögens mit dem Privat-Vermögen kann sich eine Haftung des Gesellschafter-Geschäfts-

führers ergeben. Nach der Rechtsprechung können sich in besonderen Fällen die Gesellschafter nicht darauf berufen, dass die GmbH eine eigene Rechtsperson habe. Dies gilt insbesondere in Fällen der Vermögensvermischung. Diese Gefahr besteht bei kleineren, mittelständischen Betrieben, die bisher als Kleingewerbe oder als Handwerksbetrieb geführt wurden und die nunmehr eine Betriebs-GmbH gründen. Die Existenz der GmbH als eigene Rechtspersönlichkeit und die damit verbundene strikte Trennung in die betriebliche Sphäre und den Privatbereich wird häufig als formalistisch angesehen oder von vornherein nicht verstanden. Gesellschafter einer GmbH, die das Gesellschafts- mit dem Privatvermögen vermischt haben und deshalb persönlich haften, können entsprechend § 129 Abs. 1 HGB dem Gesellschaftsgläubiger Einwendungen, die nicht in ihrer Person begründet sind, nur entgegenhalten, soweit die GmbH das noch könnte, vgl. BGH GmbHR 1986, 78.

(3) Existenzvernichtender Eingriff

Der ursprüngliche Versuch, durch entsprechende Anwendung konzernrechtlicher Grundsätze das Kapitalschutzsystem der GmbH zu ergänzen, nämlich durch die Entscheidungen Autokran BGHZ 95, 330, Video BGHZ 115, 187 und TBB BGHZ 122, 123 hat sich als unzutreffend herausgestellt, da es für die Haftung nicht darauf ankommen kann, ob ein Konzern besteht. Röhricht, FS 50 Jahre BGH (2000) Bd. I, 92 ff. hat daher eine Haftung des Gesellschafters wegen existenzvernichtenden Eingriffs vorgeschlagen. Durch das „Bremer Vulkan"-Urteil BGH, GmbHR 2001, 1036 wurden die früheren Haftungsregeln für den „qualifiziert-faktischen GmbH-Konzern" mit folgendem Leitsatz aufgegeben: 89

„Der Schutz einer abhängigen GmbH gegen Eingriffe ihres Alleingesellschafters folgt nicht aus dem Haftungssystem des Konzernrechts des Aktienrechts (§§ 291 ff., 311 ff. AktG), sondern ist auf die Erhaltung ihres Stammkapitals und die Gewährleistung ihres Bestandschutzes beschränkt, der eine angemessene Rücksichtnahme auf die Eigenbelange der GmbH erfordert. An einer solchen Rücksichtnahme fehlt es, wenn die GmbH in Folge der Eingriffe ihres Alleingesellschafters ihren Verbindlichkeiten nicht mehr nachkommen kann .... Kommt er dieser Verpflichtung nicht nach, kann er sich eines Treubruchs i. S. d. § 266 Abs. 1 StGB schuldig machen."

In der Trihotel-Entscheidung, ZNotP 2007, 391 hat der BGH die Existenzvernichtungshaftung auf eine neue dogmatische Grundlage gestellt, nämlich auf § 826 BGB, vgl. *Strohn,* ZNotP 2008, 339.

Haftung gegenüber den Gesellschaftsgläubigern 90

§ 11 Abs. 2 GmbHG	Handelndenhaftung
§ 826 BGB	sittenwidrige Schädigung
§ 831 Abs. 1 BGB	Verrichtungsgehilfen (Wachmann-Entscheidung)
§ 823 Abs. 1 BGB	Rechtsgutverletzung
§ 823 Abs. 2 BGB	Haftung bei Verstoß gegen Schutzgesetz
§ 64 GmbHG	Zahlung nach Insolvenz
Immaterialgüterverletzung	Störerhaftung, Wettbewerbsverstöße

§ 311 Abs. 3 Satz 2 BGB	bei wirtschaftlichem Eigeninteresse (früher cic)
Vermögensvermischung	§ 128 HGB analog
Existenzvernichtender Eingriff	§ 826 BGB

2. Möglichkeiten der Haftungsbegrenzung

Literatur: *Sontheimer,* Beschränkung der Haftung des Geschäftsführers nach § 69 AO durch § 64 Abs. 2 GmbHG, DStR 2004, 1005.

a) Regelung im Geschäftsführervertrag

91 Stärker als etwa bei der AG (vgl. z.B. § 93 Abs. 4 S. 3, Abs. 5 S. 3, § 120 Abs. 2 S. 2 AktG) unterliegt bei der GmbH die Haftung ihres Vertretungsorgans der Disposition der Gesellschaft, also in erster Linie der Gesellschafterversammlung. Satzungsmäßige oder besonders z.B. im Geschäftsführervertrag vereinbarte Haftungserleichterungen sind daher grundsätzlich wirksam, vgl. *Fleck,* GmbHR 1974, 229. Hingegen meint *Felix,* DStZ 1987, 457 es sei nicht abschließend geklärt, ob die Haftung für leichte Fahrlässigkeit ausgeschlossen werden kann. Zur Einschränkung der Haftung des GmbH-Geschäftsführers nach den Grundsätzen des innerbetrieblichen Schadensausgleichs vgl. *Köhl,* DB 1996, 2597. *Heisse,* Die Beschränkung der Geschäftsführerhaftung gegenüber der GmbH, Köln 1988, 152 schlägt eine **summenmäßige Begrenzung** z.B. in Höhe eines Geschäftsführerjahresgehaltes vor und verlangt außer der Regelung im Anstellungsvertrag eine satzungsmäßige Festlegung oder einen Gesellschafterbeschluss.

b) Entlastungsbeschluss

92 Ein Entlastungsbeschluss wirkt wie ein Verzicht auf alle Ersatzansprüche, die der Gesellschafterversammlung bei sorgfältiger Prüfung aller Vorlagen und Berichte des Geschäftsführers erkennbar waren.

Entlastet eine GmbH ihren Geschäftsführer gem. § 36 Nr. 5 GmbHG, erstreckt sich die Verzichtswirkung auch auf Ansprüche gegen den Geschäftsführer aus ungerechtfertigter Bereicherung, sofern die die Bereicherung begründende Vermögensverschiebung auf Maßnahmen der Geschäftsführung zurückzuführen ist (BGH DB 1986, 1449).

c) Management-Haftpflichtversicherung

93 *Schneider,* DB 1994, 1123, *Roderich/Thümmel/Sparberg,* DB 1995, 1013 und *Hucke,* DB 1996, 2267 schlagen den Abschluss einer Management-Haftpflichtversicherung vor. *Lutter,* GmbHR 1997, 335 meint, dies lohne sich nicht. Man solle lieber alles korrekt machen.

3. Steuerhaftung des Geschäftsführers

a) Verletzung öffentlich-rechtlicher Vorschriften

94 Eine persönliche Haftung des Geschäftsführers besteht auch bei der Verletzung öffentlich-rechtlicher Vorschriften, die zu den Schutzvorschriften i.S.d. § 823 Abs. 2 BGB zählen. Zu den Pflichten eines Geschäftsführers gehört

insbesondere die **Abführung von Sozialversicherungsbeiträgen** und Steuern. Sofern der Nettolohn an die Arbeitnehmer ausbezahlt wird, nicht aber deren Anteile an Sozialversicherungsbeiträgen abgeführt werden, haftet der Geschäftsführer persönlich gem. § 823 Abs. 2 BGB, wobei als Schutzgesetz § 829 Abs. 1 RVO und § 1428 Abs. 1 RVO herangezogen wurden (vgl. *Hoffmann,* DB 1986, 467) und seit der Aufhebung dieser Bestimmungen wohl § 266a Abs. 1 StGB einschlägig ist (a. A. von *Einem,* BB 1986, 2261).

Auch die **steuerlichen Pflichten** der GmbH hat der GmbH-Geschäftsführer als gesetzlicher Vertreter **gemäß § 34 AO** zu erfüllen. Ist die GmbH nicht mehr in der Lage, ihre laufenden Zahlungspflichten zu erfüllen, muss der GmbH-Geschäftsführer die Steuerschulden im selben Verhältnis tilgen wie die übrigen Schulden, vgl. BFH GmbHR 1986, 102; einschränkend BFH DB 1988, 2238ff. Für alle nicht entrichteten Steuern der Gesellschaft (Umsatz-, Körperschaft-, Gewerbesteuer) und die nicht abgeführten Steuerabzugsbeträge (Lohnsteuer und Kapitalertragsteuer) haftet der GmbH-Geschäftsführer persönlich, wenn er die dargelegten Pflichten zur Steuerabführung verletzt, § 69 Satz 1 AO, vgl. *Mösbauer,* GmbHR 1986, 271; BFH GmbHR 1987, 447. 95

b) Haftungsgrundlage

(1) Haftung nach Zivil- und Gesellschaftsrecht

Außer den Haftungsregeln der AO kann die Finanzverwaltung den Geschäftsführern 96
- über § 823 Abs. 2 BGB i. V. m. § 64 Abs. 2 GmbHG oder
- über sonstige zivilrechtliche Haftungsgrundlagen in Anspruch nehmen, vgl. *Woring*, DStZ 1992, 426.

(2) Haftung gem. § 69 AO

Die Haftung nach §§ 69, 34, 191 AO kann durch Haftungsbescheid von der Finanzverwaltung nur geltend gemacht werden, wenn folgende Voraussetzungen erfüllt sind: 97
- Steuerschuld
- Pflichtverletzung des Geschäftsführers
- Kausalität zwischen Pflichtverletzung und Steuerausfall und
- Vorsatz oder grobe Fahrlässigkeit des Geschäftsführers.

c) Steuerschuld

aa) Lohnsteuer

Der Geschäftsführer ist verpflichtet, die gesamten auf die ausgezahlten Löhne entfallenden Lohnsteuern und Sozialabgaben einzubehalten und abzuführen, so dass der Grundsatz der *anteiligen Kürzung* gegenüber allen Gläubigern der GmbH insoweit nicht gilt. Sofern dem Geschäftsführer hierfür nicht ausreichend Mittel zu Verfügung stehen, muss er die Löhne so reduzieren, dass auch die darauf entfallenden Lohnsteuer- und Sozialabgabenbeträge abgeführt werden können, vgl. BFH/NV 1990, 756. Der Geschäftsführer ist daher nicht berechtigt, die vollen Löhne auszubezahlen, ohne die Lohnsteuer abzuführen. 98

Eine Kreditzusage einer Bank, nur die Nettolöhne der Arbeitnehmer weiterhin zu finanzieren, muss ein Geschäftsführer ablehnen. Erkennt der GmbH-Geschäftsführer, dass er die steuerlichen Pflichten der GmbH künftig nicht mehr erfüllen kann, also z. B. dass keine Mittel zur Abführung der Lohnsteuer zur Verfügung stehen, kann er seine steuerliche Haftung nur durch Amtsniederlegung ausschließen. Ab dem Zeitpunkt der Niederlegung (nicht erst der Eintragung im Handelsregister) entfällt die Haftung für die ab diesem Zeitpunkt abzuführenden Steuern (i. d. S. BFH DStR 1988, 65 ff). *Mack,* GmbH-Geschäftsführer in Bedrängnis II S. 56, weist darauf hin, dass eine Haftung des Geschäftsführers nicht mehr in Betracht kommt, wenn der Arbeitnehmer über die Einkommensteuerveranlagung bereits zur Steuerzahlung herangezogen wurde.

bb) Umsatzsteuer

99 Der Geschäftsführer darf das Finanzamt als Gesellschaftsgläubiger nicht schlechter als die übrigen Gesellschaftsgläubiger behandeln, vgl. BFH BStBl. 1991 II, 678. Aufgrund einer höherschlägig nachvollziehbaren Berechnung kann der Geschäftsführer alle Gläubiger quotal befriedigen; diese Quote gilt auch für das Finanzamt bei der Umsatzsteuerschuld (vgl. BFH BStBl. 1990 II 201).

cc) Haftung für festgesetzte Steuern gem. § 166 AO

100 Sofern der Geschäftsführer gegen Steuerbescheide keine Rechtsmittel einlegt, muss er die rechtskräftig festgesetzte Steuer gem. § 166 AO gegen sich im Haftungsverfahren gelten lassen.

d) Pflichtverletzung

aa) Pflichten nach § 34 AO

101 Der Geschäftsführer hat alle Pflichten nach § 34 AO zu erfüllen, die während des Zeitraums der Vertretungsmacht durch die AO oder durch die Einzelsteuergesetze begründet worden sind, vgl. *Tipke/Kruse,* AO § 69 TZ 4; *Schuhmann,* StBp 1992, 12.

bb) Verschulden

102 Der Geschäftsführer, der sich bemüht, das Unternehmen vor der Insolvenz zu retten, akzeptiert häufig Vereinbarungen, die später zur Haftungsbegründung herangezogen werden können. Insbesondere muss sich der Geschäftsführer gegen Kreditgeber in Acht nehmen, die nur Löhne und nicht auch die damit verbundenen Lohnsteuern und Sozialabgaben finanzieren wollen, zudem sollte er bei der Einräumung von **Globalzessionen** Zurückhaltung üben, da ihm andernfalls praktisch keine freien Mittel mehr zur Verfügung stehen.

103 Die Ressortteilung innerhalb der Geschäftsführung schützt nicht vor Haftung. Auch der technische Geschäftsführer muss sich in der Krise der Gesellschaft um die Erfüllung der Steuerpflichten kümmern. Schuldformen sind Vorsatz oder grobe Fahrlässigkeit. Die Rechtsprechung verlangt hier schier Unmögliches: Wer sich – sehenden Auges – als Geschäftsführer selbst außer

Stande gesetzt hat, voraussehbare Steuerzahlungen zu leisten, muss sich eben dieses **„Außerstandesetzen"** haftungsbegründend vorwerfen lassen, vgl. BFH BStBl. 1991 II, 681.

e) Kausalität

Für die Haftung reicht es nicht aus, dass Steuern nicht abgeführt wurden. Vielmehr muss eine Kausalität zwischen Pflichtverletzung und Steuerausfall in der Weise bestehen, dass gerade durch das vorwerfbare Verhalten des Geschäftsführers das Finanzamt leer ausgegangen ist, also tatsächlich auch Mittel zur Steuerzahlung vorhanden waren. **104**

f) Haftungsbescheid

Das Finanzamt muss begründen, warum es den betreffenden Geschäftsführer im Haftungsbescheid in Anspruch nimmt. Wird das Ermessen nicht erkannt, z.B. dass mehrere Geschäftsführer in Betracht kommen, oder liegt ein ersichtlicher **Ermessensfehler** vor, kann dies im Einspruchsverfahren geheilt werden, nicht jedoch im Klageverfahren, so dass *Mack,* GmbH-Geschäftsführer in Bedrängnis II, 62 empfiehlt, **Ermessensrügen** für das Klageverfahren aufzusparen. Z.B. (vgl. *Mack,* a.a.O. Rn. 125) erklärt das Finanzamt, der Haftungsschuldner als einziger Geschäftsführer der GmbH sei in Haftung zu nehmen, und wird erst im finanzgerichtlichen Verfahren eingeführt, dass es einen weiteren Geschäftsführer gab, hat das Finanzgericht den Haftungsbescheid aufzuheben. **105**

g) Informationspflicht gem. § 364 AO

Auf Antrag sind die Besteuerungsgrundlagen dem Haftungsschuldner mitzuteilen. *Mack,* a.a.O. S. 64 empfiehlt daher regelmäßig den Antrag auf Aussetzung der Vollziehung, dem stattzugeben ist, wenn das Finanzamt seine Pflichten nach § 34 AO noch nicht nachgekommen ist, vgl. BFH BStBl. 1978 II, 402. **106**

einstweilen frei **107–109**

V. Formulierungsvorschlag: Der Geschäftsführervertrag des nicht sozialversicherungspflichtigen Gesellschafter-Geschäftsführers

Anstellungsvertrag **110**
für einen sozialversicherungsfreien Geschäftsführer

zwischen

der Firma …
vertreten durch die Gesellschafterversammlung
– im folgenden kurz „Gesellschaft" genannt –
und
Herrn …
– im folgenden „Geschäftsführer genannt –.

I. Aufgabenbereich

1. Der Geschäftsführer nimmt alleinverantwortlich die kaufmännische und technische Betriebsleitung der Gesellschaft wahr.

2. Einschränkungen in der Geschäftsführung durch Gesetz, Satzung, Geschäftsordnung, Gesellschafterbeschlüsse und durch diesen Vertrag sind vom Geschäftsführer zu beachten.
3. Der Geschäftsführer vertritt die Gesellschaft gerichtlich und außergerichtlich. Ihm wird Einzelvertretungsbefugnis erteilt. Von den Beschränkungen des § 181 BGB ist der Geschäftsführer befreit.

II. Pflichten

1. Der Geschäftsführer hat in den Angelegenheiten der Gesellschaft die Sorgfalt eines ordentlichen und gewissenhaften Geschäftsmannes aufzubringen.
2. An eine feste Arbeitszeit ist der Geschäftsführer nicht gebunden. Er ist aber verpflichtet, immer zur Verfügung zu stehen, wenn das Wohl der Gesellschaft dies erfordert.
3. Die Funktionen des Arbeitgebers nimmt der Geschäftsführer wahr.
4. Der Geschäftsführer ist dafür verantwortlich, dass innerhalb von drei Monaten nach Ablauf eines jeden Geschäftsjahres der Jahresabschluss mit dem Lagebericht erstellt und unverzüglich nach Aufstellung den Gesellschaftern zum Zwecke der Feststellung des Jahresabschlusses vorgelegt wird, ferner dass spätestens bis zum Ablauf der ersten elf Monate des Geschäftsjahres dem Registergericht eine Gesellschafterliste übermittelt wird.
5. Der Geschäftsführer haftet der Gesellschaft nicht bei leichter Fahrlässigkeit. Darüber hinaus ist seine Haftung bei jeder Form der Fahrlässigkeit für jeden Schadensfall summenmäßig auf ein Jahresgehalt begrenzt.

III. Bezüge

1. Der Geschäftsführer erhält für seine Tätigkeit
   a) eine Vergütung von … €, welche jeweils am Monatsende zu zahlen ist;
   b) ein Urlaubsgeld und eine Weihnachtsgratifikation in Höhe je eines Monatsgehaltes; das Urlaubsgeld ist am 1. 8. eines jeden Jahres, die Weihnachtsgratifikation am 1. 12. eines jeden Jahres zur Zahlung fällig;
   c) eine Gewinntantieme in Höhe von … % – … vom Hundert – des körperschaftssteuerpflichtigen Jahresergebnisses der Gesellschaft vor Ertragsteuern und vor Abzug der Tantiemen der anderen Geschäftsführer. Die etwaige Verrechnung von Verlustvorträgen und die gewinnerhöhende Auflösung von Rücklagen bleibt bei der Bemessungsgrundlage außer Betracht, ebenso bei Vertragsänderungen aufgrund einer Betriebsprüfung.
2. Sofern sich die Monatsgehälter der übrigen Arbeitnehmer der Gesellschaft erhöhen, insbesondere aufgrund von Tarifänderungen, kann der Geschäftsführer verlangen, dass sein Gehalt entsprechend angepasst wird.
3. Im Falle der Erkrankung oder der sonstigen Verhinderung des Geschäftsführers wird sein Gehalt unbefristet fortgezahlt.

IV. Sonstige Leistungen

1. Bei Geschäftsreisen hat der Geschäftsführer Anspruch auf Ersatz seiner Spesen; übersteigen die aufgewendeten Spesen die nach steuerlichen Vorschriften zulässigen Höchstbeträge, so sind diese Ausgaben einzeln zu belegen.
2. Der Geschäftsführer hat Anspruch auf die Benutzung eines betrieblichen Kraftwagens der mittleren Preisklasse, den er auch für private Zwecke verwenden darf. Alle Kosten, insbesondere Kfz-Steuern, Kfz-Versicherungen einschließlich Kaskoversicherungen, Reparaturen einschließlich der Schäden auf Privatfahrten, Wartung und den Treibstoff einschließlich des Treibstoffverbrauches für Privatfahrten im Inland, trägt die Gesellschaft.
3. Der Geschäftsführer hat ferner Anspruch auf die betriebsüblichen Nebenleistungen, insbesondere auch auf die private Nutzung des betrieblichen Telefons.

4. Alle aufgeführten Leistungen sowie die sonstigen betriebsüblichen Sachleistungen werden dem Geschäftsführer zusätzlich zu den Bezügen gemäß § 4 im Hinblick darauf gewährt, dass bei der Bemessung der Gesamtvergütung die zulässige Höchstgrenze nicht ausgeschöpft wurde.

V. Gesetzliche Versicherungspflicht

Der Geschäftsführer unterliegt nicht der gesetzlichen Sozialversicherungspflicht.

VI. Jahresurlaub

Der Geschäftsführer hat Anspruch auf einen Jahresurlaub von dreißig Arbeitstagen. Kann der Geschäftsführer seinen Jahresurlaub nicht nehmen, weil die Interessen der Gesellschaft entgegenstehen, so ist der Urlaubsanspruch abzugelten. Das Urlaubsabfindungsentgelt bemisst sich nach der Höhe des Festgehaltes.

VII Kündigung

1. Das Anstellungsverhältnis beginnt am … und wird auf die Dauer von drei Jahren fest abgeschlossen. Wenn dieser Vertrag nicht mit einer Frist von sechs Monaten vor Ablauf von einem Vertragsteil gekündigt wird, verlängert er sich jeweils um ein weiteres Jahr.
2. Der Vertrag ist jederzeit aus wichtigem Grund fristlos kündbar. Ein wichtiger Grund liegt für die Gesellschaft insbesondere vor, wenn
   a) der Geschäftsführer als Gesellschafter aus der Gesellschaft ausscheidet,
   b) der Geschäftsführer gegen die ihm im Innenverhältnis auferlegten Beschränkungen hinsichtlich der Geschäftsführung verstößt und der Gesellschaft dadurch ein nicht unwesentlicher Schaden entsteht.

VIII. Wettbewerbsverbot

Der Geschäftsführer unterliegt keinem Wettbewerbsverbot.

…, den

(Geschäftsführer) (Gesellschafter)

E. Familien GmbH

Literatur: *Götz,* Schenkungsteuerliche Folgen der verdeckten Gewinnausschüttung, INF 2005, 742; *Gluth,* Rechtsnachfolge bei Kapitalgesellschaften, ErbStb 2003, 204 ff. u. 227 ff.; *Hülsmann,* GmbH-Abfindungsklausel: Stuttgarter Verfahren kein geeigneter Berechnungsmodus, GmbHR 2007, 290; *Kamps,* Schenkungsteuerpflicht verdeckter Gewinnausschüttungen durch Leistungen der Kapitalgesellschaft an Gesellschafter und deren nahe Angehörige, Stbg 2006, 107; *Klein,* Trennung von GmbH-Gesellschafterstämmen – Spaltung und Spaltungsalternativen, NWB Fach 18, 4139 (Stand: Dezember 2004); *Langner/Heydel,* Vererbung von GmbH-Geschäftsanteilen – Sicherstellung einer familieninternen Nachfolge, GmbHR 2005, 377; *dies.,* Nachfolgeklauseln im GmbH-Gesellschaftsvertrag, GmbHR 2006, 291; *Lechner,* Die Kapitalgesellschaft als Steuersparmodell, Stbg 2001, 201; *Mannek,* Bewertung nicht notierter Anteile an Kapitalgesellschaften, NWB Fach 9, 2787 (Stand: März 2005); *Reimann,* Unternehmensteuerreform und die Nachfolgeregelung in Gesellschaftsverträgen, ZEV 2002, 47; *Priester,* Unternehmenssteuerreform und Gesellschaftsvertrag, DStR 2001, 795, Titel; *Schwarz,* Steuerliche Wechselwirkungen zwischen Spaltung und vorweggenommener Erbfolge, ZEV 2003, 272; *Stollenwerk,* Vorweggenommene Erbfolge oder Verkauf von GmbH-Anteilen?, GmbHStB 2005, 333; *Wälzholz,* Minderjährige in der GmbH, GmbHStB 2006, 170; *Watermeyer,* Steuerbefreiung für GmbH-Anteilsveräußerungen, GmbH-StB 2001, 166.

I. Gründung einer gewerblich tätigen GmbH

Literatur: *Binnewies,* Familienrechtliche Gestaltungen rund um die GmbH-Beteiligung, GmbH-StB 2005, 274; *Dahlbender/Wicht,* Die Erbfallklausel als Nachfolgeregelung für GmbH-Anteile, GmbH-Stb 2008, 151; *Ivo,* Die Vererbung von GmbH-Geschäftsanteilen, ZEV 2006, 252; *Langner/Heydel,* Vererbung von GmbH-Geschäftsanteilen – Sicherstellung einer familieninternen Nachfolge, GmbHR 2005, 377; *dies.,* Nachfolgeklauseln im GmbH-Gesellschaftsvertrag, GmbHR 2006, 291; *Rupp,* Möglichkeiten der Mitarbeiterbeteiligung, EStB 2006, 192; *Spindler/Kepper,* Funktionen, rechtliche Rahmenbedingungen und Gestaltungsmöglichkeiten des GmbH-Beirats, DStR 2005, 1738 und 1775; *Wachter,* Güterstandsklauseln in GmbH-Satzungen, GmbH-Stb 2006, 234.

111 Die mit einer GmbH verbundene **Haftungsbegrenzung** ist gerade für mittelständische Familienbetriebe das entscheidende Argument für diese Rechtsform. Darüber hinaus erlauben die weitgehend dispositiven Vorschriften des GmbH-Gesetzes die für ein Familienunternehmen erforderliche Ausgestaltung.

1. Satzungsgestaltung

a) Vertretungs- und Geschäftsführungsbefugnis

112 Als bisheriger Hauptgesellschafter ist der Senior häufig nicht bereit, die Geschäftsführung völlig aus der Hand zu geben. Darüber hinaus verlangt er Sicherheiten, dass auch nach Übergang der Anteilsmehrheit seine Mitwirkungsrechte in der Geschäftsführung nicht beschnitten oder gar eliminiert werden können. Diese Wünsche können durch ein **satzungsmäßiges** Sonderrecht zur Geschäftsführung abgesichert werden, so dass ein Widerruf nur aus wichtigem Grund zulässig ist.

b) Vinkulierung

113 Gem. § 15 Abs. 1 GmbHG sind Geschäftsanteile veräußerlich und vererblich. Während die Vererblichkeit unabänderlicher Bestandteil des GmbH-Rechts ist, kann die Abtretung der Geschäftsanteile gem. § 15 Abs. 5 GmbHG an weitere Voraussetzungen geknüpft werden, insbesondere von der Genehmigung der Gesellschaft abhängig gemacht werden. Ähnlich wie bei einer Personengesellschaft kann somit die GmbH vor dem Eintritt unerwünschter Personen geschützt werden.

c) Vererblichkeit der Geschäftsanteile

114 Die zwingende Vererblichkeit der Geschäftsanteile, vgl. *Scholz/Winter,* GmbHG § 15 Rn. 21 erlaubt auch nicht eine automatische Einziehung des Geschäftsanteils im Todesfall, vgl. *Baumbach/Hueck/Fastrich,* GmbHG § 15 Rn. 12, so dass eine **Fortsetzungsklausel** wie bei einer Personengesellschaft **nicht zulässig** ist.

Abhilfe können Einziehungs- und Abtretungsklauseln in der GmbH-Satzung schaffen, wonach Erben, die bestimmte Qualifikationsmerkmale nicht aufweisen, gegen Entgelt aus der Gesellschaft ausgeschlossen werden können, wobei eine Reduzierung des zu zahlenden Entgelts zur Liquiditätsschonung zulässig ist, vgl. *Roth/Altmeppen,* GmbHG § 34 Rn. 46 ff. Entsprechend der BGH-Entscheidung DNotZ 2004, 62 zu einem Austritt durch

Kündigung kann die statuarische Einziehungsregel auch anordnen, dass der **Einziehungsbeschluss** ohne Rücksicht auf die Entrichtung des Entgeltes sofort wirksam werden soll, vgl. *Roth/Altmeppen,* GmbHG § 34 Rn. 23. Voraussetzung für eine Einziehung ist in jedem Fall, dass der Geschäftsanteil voll eingezahlt wurde und das zu entrichtende Entgelt das Stammkapital der Gesellschaft nicht berührt. Die zulässige Einziehungsklausel kann somit lauten:

„Ein auf einen oder mehrere Erben übergegangener Geschäftsanteil kann innerhalb angemessener Frist gegen Entgelt eingezogen werden, wenn der Anteil auf andere Personen als Ehegatten, Abkömmlinge oder Mitgesellschafter übergegangen ist.“

d) Beirat

115 Ebenso wie bei Personengesellschaften kann die Willensbildung in der Gesellschaft und deren Kontrolle durch einen Beirat gesteuert werden, vgl. oben § 8 E II. *Spindler/Kepper,* DStR 2005, 1779 weisen darauf hin, dass 70% aller befragten Geschäftsleitungen von Beiratsunternehmen große Zufriedenheit mit der Arbeit ihres Beirats äußerten.

e) Informationsrechte

116 Während die Kontrollrechte des Kommanditisten gem. § 166 HGB nur darin bestehen, die abschriftliche Mitteilung des Jahresabschlusses zu verlangen und dessen Richtigkeit unter Einsicht der Bücher und Papiere zu prüfen – die Kontrollrechte gem. § 118 HGB stehen dem Kommanditisten ausdrücklich nicht zu –, hat der GmbH-Gesellschafter gem. § 51a GmbHG ein zu weit formuliertes Informationsrecht, vgl. *K. Schmidt,* Gesellschaftsrecht § 35 I 4b. Gem. § 51a Abs. 2 GmbH dürfen die Auskunft und die Einsicht nur verweigert werden, wenn zu besorgen ist, dass der Gesellschafter sie zu gesellschaftsfremden Zwecken verwenden und dadurch der Gesellschaft oder einem verbundenen Unternehmen einen nicht unerheblichen Nachteil zufügen wird. Von diesen Vorschriften kann im Gesellschaftsvertrag nicht abgewichen werden.

117 Eine Mitarbeiterbeteiligung in der Rechtsform der GmbH wäre im allgemeinen ein Beratungsfehler, da selbst minimal beteiligte Gesellschafter sich alle wichtigen Informationen des Geschäftsbetriebes besorgen können. Eine Verpflichtung nach Beendigung des Arbeits- oder Anstellungsvertrages ihre GmbH-Beteiligung zurück zu übertragen, kann wirksam mit Gesellschafter-Arbeitnehmern vereinbart werden, vgl. BGH GmbHR 2005, 1558 und 1561.

2. Steuerliche Belastungen

Literatur: *Crezelius,* Verdeckte Gewinnausschüttungen zwischen Zivilrecht, Ertragsteuerrecht und Schenkungsteuerrecht, ZEV 2008, 268.

118 Bei der Abwägung, ob eine Familien GmbH errichtet werden soll, dürfen die steuerlichen Nachteile dieser Gestaltung nicht übersehen werden. Der Weg in die GmbH erweist sich nach Verlustjahren als Einbahnstraße. Aufzubringende Sanierungsmittel können aufgrund des Teileinkünfteverfahrens, das zugleich ein **Teilverlustverfahren** darstellt, nur noch zu 60% als Aufwand geltend gemacht werden. Gesellschaftergeschäftsführerbezüge unterlie-

gen auch in Verlustjahren der Lohnbesteuerung, bei der Umwandlung der GmbH in ein Personenunternehmen gehen die Verlustvorträge gem. § 4 Abs. 6 UmwStG endgültig verloren. Auch der Umstand, dass die GmbH endgültig mit der von ihr entrichteten Gewerbesteuer belastet bleibt, während bei dem Personenunternehmen gem. § 35 EStG gezahlte Gewerbesteuern auf die Einkommensteuer pauschaliert angerechnet werden, ist ein Argument anlässlich einer anstehenden vorweggenommenen Erbfolge, die Umwandlung in ein Personenunternehmen zu prüfen.

Die Einbringung eines gesamten Betriebes in eine zu errichtende oder bereits bestehende Kapitalgesellschaft gegen Gewährung von Gesellschaftsrechten kann zum Buchwert, zum Zwischenwert oder zum Teilwert gem. § 20 Abs. 2 UmwStG erfolgen. Begünstigt ist nur die gesamte Übertragung eines Betriebes oder eines Mitunternehmeranteils. Durch die **Zurückbehaltung von** wesentlichem **Betriebsvermögen** werden alle stillen Reserven aufgedeckt, vgl. *Schmitt/Hörtlnagl/Stratz,* UmwG, UmwStG § 20 UmwStG Rn. 12; *Schmidt/Wacker,* 24. Aufl. 2005 § 16 Rn. 100.

120 *einstweilen frei*

II. Vertragsgestaltung

121 **Beispiel:** Unternehmer U bringt sein Einzelunternehmen in eine mit seinen Familienangehörigen zu errichtende GmbH ein. Durch umfangreiche Befugnisse eines Beirats soll Gesellschafterstreitigkeiten vorgebaut werden.

Beurkundet am …

PRÄAMBEL

Herr A, der Gründer des Unternehmens, hat zu Urkunde des amtierenden Notars sein Einzelunternehmen in eine von ihm errichtete GmbH unter Buchwertfortführung gem. § 20 UmwStG eingebracht. Gleichzeitig hat er seine Ehefrau B sowie seine Kinder C, D und E an der GmbH beteiligt. Die Einbringung in die Familiengesellschaft erfolgt mit der Erwartung, dass die Mitgesellschafter unter seiner Führung in Harmonie dieses im Schenkungswege übertragene Vermögen für ihre Familien erhalten und mehren. Für die Gesellschaft gilt folgende

Satzung:

§ 1 Firma und Sitz der Gesellschaft

1. Die Gesellschaft lautet: Firma EG Elektronik GmbH („Gesellschaft")
2. Sitz der Gesellschaft ist …

§ 2 Gegenstand des Unternehmens

1. Gegenstand des Unternehmens ist die Herstellung von elektronischen Geräten.
2. Die Gesellschaft darf alle Handlungen vornehmen, die dem Gesellschaftszweck unmittelbar oder mittelbar zu dienen geeignet sind.
3. Die Gesellschaft kann andere Unternehmen errichten, erwerben, pachten oder sich an anderen Unternehmen beteiligen.

§ 3 Stammkapital

1. Der Nennbetrag des Stammkapitals der Gesellschaft beträgt € 500 000 (in Worten: Euro fünfhunderttausend).
2. Das Stammkapital der Gesellschaft verteilt sich auf:
   A mit einer Stammeinlage von € 100 000,
   B mit einer Stammeinlage von € 100 000,

C mit einer Stammeinlage von € 100 000,
D mit einer Stammeinlage von € 100 000,
E mit einer Stammeinlage von € 100 000.

3. Die Stammeinlagen werden erbracht durch Einbringung des Gesellschaftsvermögens der EG Elektronik KG mit dem Sitz in … im Wege des Formwechsels nach dem UmwG.

§ 4 Organe der Gesellschaft

Die Organe der Gesellschaft sind

a) die Gesellschafterversammlung
b) der Beirat
c) die Geschäftsführer

§ 5 Geschäftsführung und Vertretung

1. Die Gesellschaft hat einen oder mehrere Geschäftsführer, die durch Gesellschafterbeschluss bestellt und abberufen werden.
2. Sind mehrere Geschäftsführer vorhanden, so wird die Gesellschaft durch zwei Geschäftsführer oder durch einen Geschäftsführer gemeinsam mit einem Prokuristen vertreten. Solange nur ein Geschäftsführer bestellt ist, kann dieser die Gesellschaft allein vertreten.
3. Die Gesellschafterversammlung kann einem, mehreren oder allen Geschäftsführern oder Liquidatoren Einzelvertretungsbefugnis und Befreiung von den Beschränkungen des § 181 BGB erteilen.
4. Die Geschäftsführungsbefugnis erstreckt sich im Rahmen des Unternehmensgegenstandes auf alle Handlungen, die der gewöhnliche Geschäftsverkehr mit sich bringt, und welche zur Erreichung des Gesellschaftszwecks erforderlich erscheinen, vorbehaltlich der zustimmungspflichtigen Geschäfte. Für diese Geschäfte ist entweder ein zustimmender Gesellschafterbeschluss oder ein Beschluss des Beirats erforderlich. Dieser ist grundsätzlich vor Eingehung der Geschäfte einzuholen. In Fällen, in denen unverzügliches Handeln im Interesse der Gesellschaft geboten erscheint, kann die Geschäftsführung die Genehmigung auch nachträglich einholen.
5. Die Geschäftsführer haben die Geschäfte der Gesellschaft mit der Sorgfalt eines ordentlichen Kaufmanns zu führen und haben die gesetzlichen Bestimmungen, die Bestimmungen des Gesellschaftsvertrages, die Gesellschafterbeschlüsse und die Geschäftsordnung zu beachten.

§ 6 Zustimmungsbedürftige Geschäfte/Geschäftsordnung

Die Gesellschafterversammlung muss unverzüglich eine Geschäftsordnung beschließen und aufrechterhalten, in der geregelt ist, zu welchen Rechtsgeschäften die Geschäftsführung im Innenverhältnis der vorherigen Zustimmung der Gesellschafterversammlung bedarf.

§ 7 Gesellschafterversammlungen

1. Die Gesellschafterversammlung ist zur Beschlussfassung über alle Angelegenheiten zuständig, die nach diesem Gesellschaftsvertrag nicht in die Kompetenz des Beirats oder der Geschäftsführung fallen. Der Gesellschafterversammlung allein obliegt insbesondere die Beschlussfassung über folgende Angelegenheiten:
   – Feststellung des (ggf. geprüften und testierten) Jahresabschlusses und der Verwendung des Jahresergebnisses
   – Bestellung, Entlastung und Abberufung der Geschäftsführer; Abschluss, Änderung oder Kündigung der Geschäftsführerverträge
   – Änderungen des Gesellschaftsvertrages
   – Auflösung der Gesellschaft

2. Die Gesellschafterversammlungen werden durch die Geschäftsführer der Gesellschaft einberufen. Jährlich findet mindestens eine ordentliche Gesellschafterversammlung spätestens 6 Wochen nach Aufstellung des Jahresabschlusses statt.
3. Der Beirat oder jeder Gesellschafter ist jederzeit berechtigt, schriftlich unter Angabe des Zwecks und der Gründe die Einberufung einer Gesellschafterversammlung und die Ankündigung von Gegenständen zur Beschlussfassung zu verlangen. Wird ihrem Verlangen nicht unverzüglich entsprochen, so können der Beirat oder der/die Gesellschafter selbst unter Mitteilung des Sachverhalts die Einberufung und Ankündigung bewirken.
4. Die Gesellschafterversammlung wird durch eingeschriebenen Brief an jeden Gesellschafter und an die Beiräte unter Angabe von Ort, Tag, Zeit und Tagesordnung mit einer Frist von mindestens zwei Wochen einberufen. Die Tagesordnung kann in derselben Form und mit einer Frist von sieben Tagen vor der Gesellschafterversammlung ergänzt werden. Der Lauf der Fristen beginnt mit dem der Aufgabe des Schreibens zur Post folgenden Tag. Der Tag der Gesellschafterversammlung wird bei der Berechnung der Frist nicht mitgezählt.
5. Der Abhaltung einer Gesellschafterversammlung bedarf es nicht, wenn sich sämtliche Gesellschafter mit schriftlicher, fernschriftlicher, telegrafischer oder Beschlussfassung durch Telefax oder E-Mail einverstanden erklären oder sich an einer solchen beteiligen. Die Stimmabgabe der Gesellschafter hat schriftlich gegenüber der Gesellschaft zu erfolgen. Abs. 7 ist entsprechend anzuwenden.
6. Den Vorsitz in der Gesellschafterversammlung führt der Versammlungsleiter, der von der Mehrheit der anwesenden Gesellschafter vor Eintritt in die Tagesordnung gewählt wird. Der Versammlungsleiter stellt die Beschlussfähigkeit der Gesellschafterversammlung fest.
7. Soweit nicht eine notarielle Niederschrift aufgenommen wird, hat der Versammlungsleiter dafür Sorge zu tragen, dass über den Verlauf der Versammlung ein Protokoll angefertigt wird, in dem Ort und Tag der Sitzung, die Teilnehmer, die Gegenstände der Tagesordnung, die wesentlichen Inhalte der Verhandlungen und die Beschlüsse der Gesellschafter anzugeben sind. Das Protokoll ist allen Gesellschaftern in Kopie unverzüglich zuzusenden. Wird innerhalb von einem Monat, gerechnet vom Datum des Poststempels der Absendung des Protokolls, kein Widerspruch erhoben, so gilt das Protokoll von allen Gesellschaftern als genehmigt.
8. Jeder Gesellschafter kann sich durch einen anderen Gesellschafter oder durch einen kraft Gesetzes zur Berufsverschwiegenheit verpflichteten Rechtsanwalt, Wirtschaftsprüfer oder Steuerberater vertreten lassen. Die Vollmacht bedarf der Schriftform und ist spätestens in der Gesellschafterversammlung vorzulegen.

§ 8 Gesellschafterbeschlüsse

1. Über die von den Gesellschaftern zu treffenden Entscheidungen werden Beschlüsse gefasst. Jeder Geschäftsanteil von einem € gewährt eine Stimme.
2. Die Gesellschafterversammlung ist ohne Rücksicht auf das anwesende stimmberechtigte Kapital beschlussfähig.
3. Beschlüsse sind mit einer Mehrheit von 51% des stimmberechtigten Kapitals (einfache Mehrheit) zu fassen, sofern nicht Gesetz oder Gesellschaftsvertrag eine höhere Mehrheit vorschreiben.
4. Gesellschafterbeschlüsse über die folgenden Geschäfte oder Maßnahmen bedürfen der Zustimmung von mindestens 80% des stimmberechtigten Kapitals:
   a) Feststellung des Jahresabschlusses und die Entscheidung über die Gewinnverwendung einschließlich der Bildung von Kapital- und/ oder Gewinnrücklagen;
   b) Bestellung, Entlastung und Abberufung der Geschäftsführer; Abschluss, Änderung oder Kündigung der Geschäftsführerverträge;

c) Änderungen des Gesellschaftsvertrages; Auflösung, Umwandlung, Liquidation der Gesellschaft;
d) Einziehung von Gesellschaftsanteilen;
e) alle sonstigen Maßnahmen, die bei einer GmbH – ohne insoweit abweichende Satzungsbestimmungen – der Zustimmung von 75% des stimmberechtigten Kapitals bedürfen.

§ 9 Anfechtung

Die Gesellschafterbeschlüsse können nur innerhalb eines Monats nach Zugang der Niederschrift gem. § 7 Abs. 7 und nur unter den entsprechend anwendbaren Voraussetzungen der § 245f. AktG durch Klage angefochten werden, andere als in der Gesellschafterversammlung gefassten Beschlüsse der Gesellschaft innerhalb derselben Frist ab Versendung der Niederschrift gem. § 7 Abs. 7. Das gleiche gilt für die Geltendmachung der Unwirksamkeit von Gesellschafterbeschlüssen.

§ 10 Beirat

1. Die Gesellschaft hat einen aus drei Mitgliedern bestehenden Beirat. Die Abschaffung des Beirats und eine Änderung seiner Zustimmungspflichten nach § 11 kann von den Gesellschaftern nur mit 100% des stimmberechtigten Kapitals beschlossen werden.
2. Die Mitglieder des Beirats werden mit einfacher Mehrheit durch die Gesellschafterversammlung auf die Dauer von 3 Jahren, und zwar bis zum Ende derjenigen Gesellschafterversammlung, die über ihre Entlastung für das 3. Geschäftsjahr beschließt, das auf die Wahl folgt, gewählt. Das Geschäftsjahr in dem die Wahl erfolgt wird dabei nicht mitgerechnet. Auch nach Ablauf dieser Zeit bleibt ein Beiratsmitglied so lange im Amt, bis ein Nachfolger gewählt ist.
3. Jedes Mitglied des Beirats kann – nach seiner Wahl gem. Abs. 2 – nur aus wichtigem Grund von der Gesellschafterversammlung mit einer Mehrheit von mindestens 80% des stimmberechtigten Kapitals vorzeitig abberufen werden oder durch schriftliche Erklärung gegenüber der Gesellschaft zurücktreten. Wiederwahl der Beiratsmitglieder ist zulässig.
4. Scheidet ein Mitglied des Beirats vor Ablauf seiner 3-jährigen Amtsperiode aus, so ist eine Ersatzwahl für den Rest der Amtsdauer in einer außerordentlichen Gesellschafterversammlung zu beschließen.
5. Die Beiratsmitglieder können Gesellschafter der Gesellschaft und im Übrigen nur Dritte sein. Sie müssen über die Sachkenntnis und wirtschaftliche Erfahrung verfügen, die dem Umfang und der Bedeutung ihres Amtes entsprechen. Dem Beirat dürfen nicht angehören Geschäftsführer der Gesellschaft, Personen, die bei der Gesellschaft angestellt sind, sowie Abschlussprüfer der Gesellschaft. Die Unvereinbarkeit mit dem Beiratsamt gilt auch für entsprechende Funktionen in Gesellschaften an denen die Gesellschaft beteiligt ist.
6. Die Beiratsmitglieder sind nicht an Weisungen gebunden. Sie haben ihre Entscheidung nach bestem Wissen und Gewissen zu treffen. Ihre Haftung ist auf vorsätzliches und grob fahrlässiges Handeln beschränkt.

§ 11 Aufgaben und Rechte des Beirats

1. Der Beirat hat die Geschäftsführung laufend in allen Angelegenheiten zu beraten und in den ihm gem. Gesellschaftsvertrag zugewiesenen Aufgaben zu entscheiden. Zu diesem Zweck kann er von der Geschäftsleitung jederzeit Auskunft über alle Angelegenheiten der Gesellschaft verlangen und sich auch selbst darüber informieren; er kann insbesondere die Bücher und Schriften der Gesellschaft sowie deren Vermögensgegenstände einsehen und prüfen. Er kann mit dieser Prüfung auch einzelne seiner Mitglieder oder – sofern erforderlich – auf Kosten der Gesellschaft be-

sondere Sachverständige beauftragen. Die Mitglieder der Geschäftsführung sind verpflichtet, dem Beirat jede gewünschte Auskunft über alle geschäftlichen Verhältnisse zu erteilen, sowie auf Aufforderung zu den Sitzungen des Beirats zu erscheinen und ihm über alle Sachverhalte, die für die Entscheidung des Beirats von Belang sein können, zu berichten. Der Beirat muss von der Geschäftsführung Auskunft zu bestimmten Fragen verlangen, wenn auch nur eines seiner Mitglieder dies verlangt.

2. Der Beirat hat vor Beginn eines Wirtschaftsjahres die von der Geschäftsführung zu erstellenden Budgets (Ertrags-, Kosten-, Investitions-, Finanzbudget einschließlich Personalplanung) zu genehmigen. Wesentliche Veränderungen sind durch den Beirat zu billigen. Der Beirat hat den Jahresabschluss zu erörtern und die Vorschläge für die Gewinnverteilung zu prüfen.
3. Der vorherigen Zustimmung des Beirats bedürfen folgende Geschäfte und Maßnahmen der Geschäftsführung:
   a) Erwerb, Veräußerung und Belastung von Grundstücken, grundstücksgleichen Rechten und Rechten an Grundstücken, einschließlich sämtlicher Bauten (Um- oder Neubauten) auf eigenen oder fremden Grundstücken;
   b) Erwerb und Veräußerung von anderen Unternehmen oder Unternehmensteilen, Aufnahme neuer und Aufgabe vorhandener Geschäftszweige und Tätigkeitsgebiete; Errichtung und Aufhebung von Zweigniederlassungen, sowie die Errichtung, Auflösung oder Verlegung von Betriebsstätten oder wesentlichen Betriebsteilen sowie von Unternehmen, an denen die Gesellschaft beteiligt ist;
   c) Abschluss, Änderung und Beendigung von Unternehmensverträgen im Sinne von §§ 291 ff. AktG und Kooperationsverträgen mit anderen Unternehmen sowie Interessengemeinschaften und Innengesellschaften (Unterbeteiligungen, stille Gesellschaften etc.);
   d) die Vornahme von Rechtsgeschäften, die außerhalb des gewöhnlichen Geschäftsbetriebes der Gesellschaft liegen oder für die Tätigkeit der Gesellschaft von grundsätzlicher Bedeutung sind.
4. Die Gesellschafterversammlung kann dem Beirat durch Beschluss mit einer Mehrheit von 80% des stimmberechtigten Kapitals weitere Aufgaben übertragen, oder solche an sich ziehen.
5. Auf den Beirat sind Bestimmungen des Aktiengesetzes nicht entsprechend anzuwenden.
6. Die Entscheidungsbefugnis der Gesellschafterversammlung wird durch die Bestimmungen über den Beirat nicht berührt.

§ 12 Innere Ordnung des Beirats

1. Der Beirat wählt nach jeder Änderung seiner Zusammensetzung aus seiner Mitte einen Vorsitzenden. Der Vorsitzende vertritt den Beirat nach außen. Im Falle seiner Verhinderung kann jedes Mitglied den Vorsitzenden vertreten. Jedes Beiratsmitglied kann sich nur durch ein anderes Beiratsmitglied vertreten lassen.
2. Der Beirat fasst seine Beschlüsse in Sitzungen. Schriftliche, fernmündliche oder andere vergleichbare Form der Beschlussfassung sind zulässig, wenn kein Beiratsmitglied diesem Verfahren widerspricht.
3. Der Vorsitzende beruft den Beirat ein, wenn es die Geschäfte der Gesellschaft erfordern, mindestens jedoch zweimal jährlich. Er ist zur Einberufung verpflichtet, wenn ein Mitglied des Beirats, ein Gesellschafter oder die Geschäftsführung dies verlangt. Die Einberufung erfolgt rechtzeitig unter Mitteilung der Tagesordnung, des Ortes und der Zeit der Sitzung.
4. Der Beirat ist beschlussfähig, wenn alle Mitglieder anwesend oder vertreten sind. Der Beirat entscheidet mit einfacher Mehrheit; Enthaltungen werden nicht mitgezählt. Bei Stimmengleichheit gibt die Stimme des Vorsitzenden den Ausschlag.

5. Über die Sitzungen und die Beschlüsse ist eine Niederschrift zu fertigen, die von dem Vorsitzenden oder seinem Vertreter zu unterzeichnen ist. Die Niederschrift soll Ort und Tag der Sitzung, die Teilnehmer, Gegenstände der Tagesordnung und die Beschlüsse des Beirats enthalten.
6. Im Übrigen kann sich der Beirat selbst eine Geschäftsordnung geben.

§ 13 Vergütung der Beiratsmitglieder

1. Die Mitglieder des Beirats haben Anspruch auf eine angemessene Vergütung und Ersatz ihrer Auslagen sowie die darauf etwa anfallende Umsatzsteuer in der jeweiligen gesetzlichen Höhe.
2. Über die Höhe der Vergütung beschließen die Gesellschafter jährlich in der ordentlichen Gesellschafterversammlung.

§ 14 Jahresabschluss, Gewinnverwendung

1. Der Jahresabschluss – Bilanz, Gewinn- und Verlustrechnung und Anhang nebst Lagebericht – ist von den Geschäftsführern nach den handelsrechtlichen Vorschriften und innerhalb der gesetzlichen Fristen, entsprechend der jeweiligen Größenklasse nach dem Handelsgesetzbuch, aufzustellen.
2. Bei der Aufstellung des Jahresabschlusses sind die steuerrechtlichen Vorschriften zu beachten, soweit dies nach dem Handelsrecht zulässig ist.
3. Der Jahresabschluss und der Lagebericht sowie ggfls. der Prüfungsbericht, sofern ein Abschlussprüfer bestellt wurde, sind mit einem Vorschlag über die Gewinnverwendung den Gesellschaftern zur Beschlussfassung vorzulegen.
4. Die Bestimmung von § 29 GmbHG gilt für die Verteilung von Gewinnen oder Verlusten.

§ 15 Verdeckte Gewinnausschüttung

1. Die Geschäftsführer dürfen außerhalb eines den gesetzlichen Vorschriften entsprechenden Gewinnverteilungsbeschlusses zugunsten von Gesellschaftern oder ihnen nahe stehenden Personen oder mit ihnen verbundenen Unternehmen weder vertraglich noch durch einseitige Handlung das Vermögen der Gesellschaft mindern oder seine Mehrung verhindern.
2. Durch Verletzung dieser Bestimmung verursachte Vorteile hat der Begünstigte der Gesellschaft zu erstatten. Ist er nicht Gesellschafter und kann Erstattung von ihm nicht beansprucht oder erlangt werden, so ist der ihm nahe stehende Gesellschafter zum Wertausgleich verpflichtet. Die Gesellschaft ist insoweit auch zur Aufrechnung gegen künftige Gewinnansprüche berechtigt.

§ 16 Geschäftsjahr/Dauer der Gesellschaft

1. Das Geschäftsjahr der Gesellschaft ist das Kalenderjahr.
2. Die Gesellschaft beginnt mit ihrer Eintragung im Handelsregister und wird auf unbestimmte Zeit errichtet.

§ 17 Verfügung über Geschäftsanteile

1. Geschäftsanteile und/oder Teilgeschäftsanteile können nur mit vorheriger Zustimmung der Gesellschaft abgetreten werden, soweit nicht die Bestimmungen dieses Gesellschaftsvertrages Abweichendes regeln.
2. Abs. 1 gilt auch für die Begründung von Belastungen jeder Art, insbesondere auch die Begründung von Unterbeteiligungen und die Begründung von Rechtsverhältnissen, aufgrund derer ein Gesellschafter alle oder einen Teil seiner Geschäftsanteile treuhänderisch für einen anderen hält oder die Ausübung seiner Gesellschafterrechte an die Zustimmung eines anderen bindet, falls dieser nicht selbst Gesellschafter ist.

3. Die Zustimmung kann nur aufgrund eines Gesellschafterbeschlusses erteilt werden, dem 100% des stimmberechtigten Kapitals zustimmen müssen.
4. Eines zustimmenden Gesellschafterbeschlusses gem. Abs. 3 bedarf es nicht bei der Übertragung von Gesellschaftsanteilen oder Teilen von Gesellschaftsanteilen an leibliche oder adoptierte Abkömmlinge des jeweiligen Gesellschafters oder an andere Gesellschafter der Gesellschaft.

§ 18 Anteilsübertragung kraft Erbfolge

1. Geht der Geschäftsanteil eines Gesellschafters von Todes wegen über, so ist der Erwerber des Geschäftsanteiles verpflichtet, innerhalb von sechs Monaten seit dem Erbfall alle Gesellschafter schriftlich von diesem Erwerb zu unterrichten und ihnen den Geschäftsanteil zudem für den Fall der Einziehung (§ 20) festgelegten Entgelt durch Vorlage eines notariellen Kaufangebots zum Kauf anzubieten. Hinsichtlich der Zahlungsmodalitäten des Entgelts gilt – auf Verlangen des/der Erwerber – § 20 Abs. 4 entsprechend.
2. Dies gilt nicht, wenn der Erwerber bereits unabhängig von dem Erwerb von Todes wegen Gesellschafter der Gesellschaft oder leiblicher oder adoptierter Abkömmling des verstorbenen Gesellschafters ist. Mehrere Nachfolger können die Gesellschafterrechte nur durch einen gemeinsamen Bevollmächtigten einheitlich ausüben, der entweder Gesellschafter oder Angehöriger eines rechts-, steuerberatenden oder wirtschaftsprüfenden Berufes sein muss. Die Vertretung durch einen Testamentsvollstrecker ist zulässig, wenn er Angehöriger einer der vorgenannten Berufsgruppen oder Gesellschafter der Gesellschaft ist. Bis zur Bestellung eines solchen gemeinsamen Bevollmächtigten ruhen die Gesellschafterrechte.
3. Im Falle eines Angebotes gemäß Absatz 1 steht den verbleibenden Gesellschaftern (Erwerbsberechtigte) ein Ankaufsrecht untereinander in dem Verhältnis zu, in welchem die Nennbeträge der von ihnen gehaltenen Geschäftsanteile zueinander stehen. Soweit ein Erwerbsberechtigter von seinem Erwerbsrecht nicht oder nicht fristgerecht Gebrauch macht, wächst dieses den übrigen Erwerbsberechtigten in dem Verhältnis zu, in welchem die Nennbeträge der von ihnen einzeln gehaltenen Geschäftsanteile zueinander stehen. Macht auch von diesen keiner von seinem Erwerbsrecht Gebrauch, so steht der Gesellschaft selbst ein Erwerbsrecht zu.
4. Ein Erwerbsberechtigter kann das ihm zustehende Erwerbsrecht nur hinsichtlich des gesamten ihm nach diesen Vorschriften zustehenden und anwachsenden Anteiles ausüben. Falls mehrere Erwerbsberechtigte ihr Erwerbsrecht ausüben, ist der Geschäftsanteil entsprechend zu teilen. Nicht teilbare Spitzenbeträge eines Geschäftsanteiles stehen der Gesellschaft zu.
5. Die Ausübung des Erwerbsrechtes erfolgt durch Annahme des Verkaufsangebotes in notarieller Form. Erwerbsberechtigte können das Erwerbsrecht binnen einer Ausschlussfrist von zwei Monaten ausüben. Danach ist der Kauf- und Abtretungsvertrag über den Geschäftsanteil in notarieller Form zu beurkunden.
6. Der Geschäftsanteil gewährt kein Stimmrecht, solange das Erwerbsverfahren nicht abgeschlossen ist.

§ 19 Einziehung, Zwangsübertragung

1. Die Einziehung von Geschäftsanteilen mit Zustimmung des betroffenen Gesellschafters ist jederzeit zulässig.
2. Der Zustimmung des von der Einziehung betroffenen Gesellschafters bedarf es nicht, wenn
   – in den Geschäftsanteil eines Gesellschafters die Zwangsvollstreckung betrieben und nicht innerhalb eines Monats nach Beginn der Maßnahme, spätestens jedoch bis zur Verwertung des Geschäftsanteils aufgehoben wird;

- über das Vermögen eines Gesellschafters ein Insolvenzverfahren eröffnet ist, oder die Eröffnung eines solchen Verfahrens mangels Masse abgelehnt wird, unabhängig von der Rechtskraft eines solchen Beschlusses;
- ein Gesellschafter seinen Austritt aus der Gesellschaft erklärt;
- ein Gesellschafter seinen Geschäftsanteil ganz oder teilweise unter Verletzung dieses Gesellschaftsvertrages veräußert oder verpfändet;
- ein Gesellschafter gegen eine Verpflichtung aus dem Gesellschaftsverhältnis, einschließlich der Verpflichtungen aus diesem Gesellschaftsvertrag oder einer Gesellschaftervereinbarung verstößt und den Verstoß trotz Abmahnung nicht unverzüglich abstellt;
- in der Person des Gesellschafters ein wichtiger, seinen Ausschluss aus der Gesellschaft rechtfertigender Grund vorliegt;
- der Gesellschaftsanteil Gegenstand von Zugewinnausgleichsansprüchen ist, wobei die Gesellschafter A und B von dieser Regelung ausgenommen werden.

3. Ein Geschäftsanteil der mehreren Inhabern zur gesamten Hand oder nach Bruchteilen zusteht, kann eingezogen werden, wenn die Voraussetzungen nach diesem Vertrag auch nur für einen Mitberechtigten vorliegen
4. Die Einziehung oder (Zwangs-) Übertragung wird wirksam mit der Protokollierung des Gesellschafterbeschlusses gem. Abs. 2; die Wirksamkeit des Gesellschafterbeschlusses ist nicht von der Zahlung der Abfindung abhängig.
5. Bei dem Beschluss der Gesellschafterversammlung nach Abs. 2 hat der Gesellschafter, der ausgeschlossen werden soll, kein Stimmrecht.
6. Vom Zeitpunkt des Gesellschafterbeschlusses gem. Abs. 2 an, der die Einziehung oder die (Zwangs-) Übertragung des Geschäftsanteils anordnet, ruht das Stimmrecht des betreffenden Gesellschafters.

§ 20 Abfindung

1. In den Fällen der Einziehung eines Geschäftsanteils oder der statt ihrer beschlossenen Übertragung steht dem betroffenen Gesellschafter ein Entgelt zu. Schuldner des Entgelts ist im Falle der Einziehung die Gesellschaft, ansonsten der Erwerber des Geschäftsanteils und die Gesellschaft als Gesamtschuldner.
2. Das Entgelt gem. Abs. 1 bemisst sich nach dem Verkehrswert des Gesellschaftsanteils, der nach dem von der Finanzverwaltung angewendeten vereinfachten Ertragswertverfahren gem. §§ 200 ff. BewG zu ermitteln ist, abzüglich eines Abschlags von 40% auf diesen Wert. Die Berechnung des Entgelts und die Ermittlung des Verkehrswertes der Geschäftsanteile ist im Streitfall durch den für die Gesellschaft bestellten Abschlussprüfer, soweit ein solcher nicht bestellt wurde, durch den für die Gesellschaft tätigen Steuerberater gem. § 317 BGB als Schiedsgutachter für alle Parteien verbindlich zu ermitteln. Die anfallenden Kosten tragen die Parteien je zur Hälfte.
3. Ändert sich der für das Entgelt maßgebende Jahresabschluss in Folge einer steuerlichen Außenprüfung der Gesellschaft oder durch anderweitig veranlasste Änderungen der Veranlagungen, so ist das Entgelt der Änderung nicht anzupassen.
4. Die gem. den Berechnungsmodalitäten des Abs. 2 ermittelte Abfindung kann in bis zu fünf gleichen Jahresraten ausgeglichen werden. Die erste Rate ist binnen sechs Monaten nach dem Ausscheiden des Gesellschafters aus der Gesellschaft zur Zahlung fällig, die anderen Raten jeweils ein Jahr später. Die Abfindung ist ab dem Stichtag des Ausscheidens mit dem Basiszinssatz gem. § 247 BGB zu verzinsen. Die aufgelaufenen Zinsen sind mit jeder Rate zu entrichten.
5. Der Gesellschafter (oder ein Erwerber nach § 18 Abs. 1) kann für die ausstehenden Raten keine Sicherheit verlangen. Die Gesellschaft oder der jeweilige Erwerber ist jederzeit berechtigt, die Abfindung ganz oder teilweise vorzeitig zu entrichten, ohne dem Gesellschafter zum Ausgleich eines Schadens oder Nachteilen sonstiger Art verpflichtet zu sein.

§ 21 Wettbewerbsverbot

Jedem Gesellschafter ist es untersagt, während seiner Zugehörigkeit zur Gesellschaft der Gesellschaft mittelbar oder unmittelbar, gelegentlich oder gewerbsmäßig, unter eigenem oder unter fremden Namen, für eigene oder fremde Rechnung, im Geschäftszweig der Gesellschaft ohne deren Zustimmung Konkurrenz zu machen. Von dem Konkurrenzverbot ausgenommen sind alle bisher ausgeübten Tätigkeiten, insbesondere bei den Firmen …

§ 22 Schlussbestimmungen

1. Die das Gesellschaftsverhältnis betreffenden Vereinbarungen zwischen Gesellschaft und Gesellschaftern bedürfen zu ihrer Wirksamkeit der Schriftform, soweit nicht kraft Gesetzes notarielle Beurkundung vorgeschrieben ist. Dies gilt auch für einen etwaigen Verzicht auf das Schriftformerfordernis.
2. Sollten einzelne Bestimmungen dieses Vertrages unwirksam sein oder werden, wird hierdurch die Wirksamkeit der übrigen Bestimmungen nicht berührt. Anstelle der unwirksamen Bestimmung gilt diejenige wirksame Bestimmung als vereinbart, die dem Sinn und Zweck der unwirksamen Bestimmungen am nächsten kommt. Im Fall von Lücken gilt diejenige Bestimmung als vereinbart, die dem entspricht, was nach Sinn und Zweck dieses Vertrages vereinbart worden wäre, hätte man die Angelegenheit von vornherein bedacht. Betrifft der Mangel notwendige Bestandteile dieses Gesellschaftsvertrages, ist eine solche Regelung nach Maßgabe des § 53 Abs. 2 GmbHG zu vereinbaren.
3. Alle Mitteilungen, Anzeigen und Beschlüsse durch bzw. gegenüber den Gesellschaftern oder durch bzw. gegenüber der Gesellschaft in Übereinstimmung mit diesem Gesellschaftsvertrag gelten als bewirkt mit der Zustellung an die zuletzt der Gesellschaft bekannt gegebenen Adresse.
4. Bekanntmachungen der Gesellschaft erfolgen ausschließlich im elektronischen Bundesanzeiger.

§ 23 Gerichtsstand

Gerichtsstand für alle Auseinandersetzungen der Gesellschafter untereinander und mit der Gesellschaft ist – soweit dies rechtsgültig vereinbart werden kann – der Sitz der Gesellschaft.

III. Vermögensverwaltende GmbH

Literatur: *Kirchdörfer/Lorz,* Familienvermögensgesellschaften als Organisationsmodelle im Rahmen der Familienstrategie und der Planung der Vermögensnachfolge, DB 2004, Beil. Nr. 3; *Schiffers,* Eignung einer GmbH oder GmbH & Co. KG zur Verwaltung größeren privaten Kapitalvermögens („Spardosen-GmbH") – Änderungen durch die Unternehmensteuerreform 2008, DStZ 2007, 744; *Wehrheim/Steinhoff,* Die vermögensverwaltende GmbH nach Einführung der Unternehmensteuerreform bei Veräußerungsgewinnen, DStR 2008, 989.

122 Die zum 1. 1. 2009 in kraft getretene Abgeltungssteuer für im Privatvermögen gehaltene Anteile beinhaltet die Abschaffung steuerfrei zu realisierender Gewinne aus der Veräußerung von zins- oder dividendenbringenden Wertpapieren. Hingegen verbleibt es bei der bisherigen Steuerfreiheit gem. § 8b KStG für Dividenden, wenn die ausschüttende Kapitalgesellschaft von einer anderen Kapitalgesellschaft gehalten wird. Eine vermögensverwaltende GmbH kommt grundsätzlich nur in Betracht, wenn der Gesellschafter genügend restliches Privatvermögen besitzt, um seinen Lebensunterhalt zu bestreiten und nicht auf das Vermögen oder auf Ausschüttungen aus der Gesellschaft angewiesen zu sein, vgl. *Wehrheim/Steinhoff,* DStR 2008, 989. Gegenüber der Vermögensverwaltung im Privatvermögen ist eine vermögensverwaltende GmbH nur vorzuziehen, wenn die Ausschüttungen langfristig thesauriert werden. Eine tabellarische Übersicht findet sich bei *Wehrheim/Steinhoff,* DStR 2008, 989.

einstweilen frei **123–125**

IV. Unentgeltliche Geschäftsanteilsübertragung

1. Nießbrauch an Kapitalgesellschaftsanteilen

Literatur: *Heckschen,* Auswirkungen des MoMiG auf die Übertragung von GmbH-Anteilen von Todes wegen und im Wege der vorweggenommenen Erbfolge, ZErb 2008, 246; *Fricke,* Der Nießbrauch an einem GmbH-Geschäftsanteil – Zivil- und Steuerrecht, GmbHR 2008, 739; *von Oertzen/Helios,* Der bewertungsrechtliche Kapitalwert des Nießbrauchs an Kapitalgesellschaftsanteilen, ZEV 2004, 485; *Paus,* Übertragen einer wesentlichen Beteiligung unter Nießbrauchsvorbehalt und spätere Ablösung, DStZ 2006, 112; *Stollenwerk,* Schenkung-/Erbschaftsteuer bei Nießbrauch an GmbH-Anteilen, GmbH-StB 2001, 198; *Wachter,* GmbH-Reform: Auswirkungen auf die Übertragung von GmbH-Geschäftsanteilen, ZNotP 2008, 378.

a) Stimmrecht

Der Nießbrauch an Kapitalgesellschaftsanteilen wirft zivil- und handels- **126**
rechtliche sowie einkommensteuer- und schenkungsteuerliche Probleme auf. Zunächst ist bestritten, wer bei einer Nießbrauchbestellung an einem Kapitalgesellschaftsanteil das Stimmrecht ausübt. Während die zivilrechtliche Literatur (*Palandt/Bassenge,* § 1068 BGB Anm. 3a; *Petzoldt,* in: MünchKomm § 1068 BGB Rn. 36) dem Nießbraucher das Stimmrecht zuweist, will die handelsrechtliche Literatur das Stimmrecht dem Gesellschafter gewähren, vgl. *Scholz/Winter,* GmbHG § 15 Rn. 192; *Lutter/Hommelhoff,* § 15 Rn. 26.

b) Einkommensteuer

Auch die einkommensteuerliche Zurechnung ist strittig. Die Finanzverwal- **127**
tung stützt sich immer noch auf Tz. 55ff. I. Nießbraucherlass BStBl. 1983 I 508, wonach nur der **Vorbehaltsnießbrauch** einkommensteuerlich mit der Folge anerkannt wird, dass der Übergeber weiterhin die Einkünfte zu versteuern hat. Bei einem unentgeltlichen **Zuwendungsnießbrauch** versagt die Finanzverwaltung die steuerliche Anerkennung. In der Literatur (*Schmidt/Heinicke,* § 20 EStG Rn. 21) wird zurecht danach differenziert, ob der Nießbraucher nur die Einnahmen bezieht oder ob er Marktchancen nutzt, das Vermögen verwaltet und die mit dem Kapitalgesellschaftsanteil verbundenen Stimm-, Anfechtungs- und Mitgliedschaftsrechte ausübt, vgl. BGH DStR 1999, 246.

c) Schenkungsteuer

Literatur: *Hübner,* Disquotale Gewinnausschüttungen und Einlagen im Schenkungsteuerrecht – eine unendliche Geschichte, DStR 2008, 1357; *Riedel,* Segen oder Fluch? – Das BFH-Urt. v. 7. 11. 2007, II R 28/06, ZErb 2008, 227; *Wälzholz,* Schenkungsteuerliche Behandlung von Vermögenstransfers zwischen der GmbH und ihren Gesellschaftern, ZEV 2008, 273.

128 Auch die **schenkungsteuerliche Behandlung** war strittig. Die neuere Finanzgerichtsrechtsprechung (FG Düsseldorf EFG 2003, 1259; FG Baden-Württemberg ErbStB 2003, 281) will beim vorbehaltenen Nießbrauch an Aktien unter entsprechender Anwendung von § 10 Abs. 6 Satz 5 ErbStG die Nießbrauchslast nicht voll zum Abzug zulassen, sondern nur mit dem **quotalen Betrag**, der dem Verhältnis des nach Anwendung des § 13a ErbStG anzusetzenden Wertes dieses Vermögens zu dem Wert vor Anwendung des § 13a ErbStG entspricht.

129 Bei der schenkungsteuerlichen Behandlung von Leistungen an eine Kapitalgesellschaft unterscheidet die Finanzverwaltung in ErbStR 18 danach, ob der Gesellschafter mit seiner Leistung nicht nur die Förderung des Gesellschaftszwecks, sondern zumindest auch eine freigebige Zuwendung an Mitgesellschafter beabsichtigt. Stehen sich die verschiedenen Gesellschafter **als fremde Dritte** gegenüber, ist davon auszugehen, dass die Leistung an die Gesellschaft allein der Förderung des Gesellschaftszwecks dienen soll, sofern keine besonderen Umstände eine andere Würdigung nahe legen. Handelt es sich bei den Gesellschaftern um Angehörige i. S. d. § 15 AO ist nach Auffassung der Finanzverwaltung regelmäßig davon auszugehen, dass neben die gesellschaftsfördernde Zielsetzung das Motiv der Vermögensübertragung tritt und eine Werterhöhung der Anteile der anderen Gesellschafter beabsichtigt ist.

2. Vereinbarung von Versorgungsleistungen

Literatur: *Wälzholz,* Versorgungsleistungen nach dem JStG 2008, GmbH-StB 2008, 2009; *Spiegelberger,* Die Irrfahrt der privaten Versorgungsrente, DB 2008, 1063.

130 Gem. § 10 Satz 1 Nr. 1a Buchst. c EStG i. d. F. des JStG 2008 können als Sonderausgabe abzugsfähige Versorgungsleistungen nur bei GmbH-Anteilsübertragungen von mindestens 50% vereinbart werden, wenn der Übergeber als Geschäftsführer tätig war und der Übernehmer diese Tätigkeit nach der Übertragung übernimmt. Viele Inhaber von Familienkapitalgesellschaften in der zweiten und dritten Generation mit mehreren Gesellschaftern scheiden damit aus dem Anwendungsbereich des § 10 Abs. 1 Nr. 1a EStG aus. Die Regelung weist einen **Wertungswiderspruch** zu § 17 EStG und § 13a ErbStG auf und wird in der Literatur scharf kritisiert, vgl. *Wälzholz,* GmbH-StB 2008, 210; *Schmidt/Schwind,* NWB Fach 3, 14890; *Spiegelberger,* DB 2008, 1064. Ein weiterer Wertungswiderspruch besteht darin, dass durch eine Personengesellschaft gewerblich geprägtes Privatvermögen gem. § 10 Abs. 1 Nr. 1a Buchst. a EStG aus dem Sonderausgabenabzug eliminiert wurde, während dies bei vermögensverwaltenden GmbHs nicht der Fall ist, vgl. *Wälzholz,* GmbH-StB 2008, 211. Wegen der eklatanten Verfassungswidrigkeit der gesetzlichen Neufassung des § 10 Abs. 1 Nr. 1a EStG ist in allen Versagungsfällen die Einlegung von Rechtsmitteln zu empfehlen.

131–135 *einstweilen frei*

F. Unternehmenskaufvertrag (Share Deal)

Literatur: *Carlé/Bauschatz,* Erwerb mittelständischer Unternehmen im Zivil- und Steuerrecht, KÖSDI 2003, 13803; *Fischer,* Die Haftung des Unternehmensverkäufers nach neuem Schuldrecht, DStR 2004, 276; *Leibner/Pump,* Die Vorschriften des § 75 AO und 25 HGB – Wege zur zivilrechtlichen und steuerlichen Haftungsvermeidung, DStR 2002, 1689; *Seibt/Reiche,* Unternehmens- und Beteiligungskauf nach der Schuldrechtsreform, DStR 2002, 1135 und 1181; *Strelow/Hein,* Garantiehaftung: Beschränkung trotz § 444 BGB – ein Vorschlag für die Praxis des Unternehmenskaufs, DB 2003, 1155; *Weigl,* Die Auswirkungen der Schuldrechtsreform auf den Unternehmenskauf, DNotZ 2005, 246; *Werner,* Der Asset Deal und die Notwendigkeit seiner notariellen Beurkundung, Zu Anwendung und Reichweite des § 311 Abs. 3 BGB, GmbHR 2008, 1135.

I. Abgrenzung

Die Veräußerung eines Unternehmens kann in der Weise erfolgen, dass alle Vermögensgegenstände dieses Unternehmens auf einen Erwerber durch **Einzelrechtsübertragung** übergehen (asset deal), vgl. oben § 4 A VI 2c. Sofern das Unternehmen von einer Personen- oder Kapitalgesellschaft gehalten wird, kann die Übertragung auch in Form eines share deal erfolgen, also durch Übertragung der Gesellschaftsanteile, wobei eine Beteiligungsquote von mehr als 90% regelmäßig einen **Unternehmenskauf** mit der Folge darstellt, dass der Verkäufer nicht nur für Rechtsmängel, sondern auch für Sachmängel haftet, vgl. BGH NJW 1969, 184. Bereits den Erwerb einer Beteiligungsquote von 75% hat der BGH NJW 1980, 2408 als ausreichend für einen Unternehmenskauf angesehen, vgl. auch *Günther,* in: Münchener Vertragshandbuch, Bd. 2 Form. III 2 Anm. 97. 136

II. Vertragsgestaltung: Unternehmenskauf

Beispiel: B ist alleiniger Gesellschafter der B-GmbH, deren Stammkapital 25000 € beträgt. Die C Finanz AG ist an dem Erwerb einer 100%-igen Beteiligung interessiert. 137

Beurkundet am …

I. Vorbemerkung

Herr B ist nach Angabe der alleinige Gesellschafter mit einem Geschäftsanteil zu 25000 € der im Handelsregister des Amtsgerichts … unter HRB … eingetragenen Firma „B GmbH" mit dem Sitz in …
– im folgenden als „GmbH" bezeichnet –.
Das Stammkapital der Gesellschaft beträgt 25000 €.
Diesen Geschäftsanteil in Höhe von 25000 € hat Herr B bei Gründung der Gesellschaft übernommen.
Der Geschäftsanteil ist nach Angabe voll einbezahlt.
Sacheinlagen waren nach Angabe nicht zu erbringen.

II. Verkauf

Herr B
– nachfolgend als „Verkäufer" bezeichnet –
verkauft hiermit
seinen in Abschnitt I. bezeichneten Geschäftsanteil in Höhe von
25000 € mit allen Rechten insbesondere dem Gewinnbezugsrecht ab … an
die Firma C Finanz AG mit dem Sitz in …
– nachfolgend als „Käufer" bezeichnet –.

Zum Zeitpunkt der Zahlung der ersten Kaufpreisrate in Höhe von … € gem. Abschn. III. tritt der Verkäufer den Geschäftsanteil zu 25 000 € mit allen Rechten, insbesondere dem Gewinnbezugsrecht ab dem Übergabestichtag an den Käufer ab, welcher diese Abtretung hiermit annimmt.

III. Kaufpreis

Der Kaufpreis beträgt … €.
95% des Kaufpreises sind am Übergabestichtag zu bezahlen. Der Restbetrag von 5% des Kaufpreises ist am Übergabestichtag zu bezahlen, sofern der Jahresabschluss für das Geschäftsjahr 00 vorliegt.
In Ansehung des Kaufpreises in Höhe von … unterwirft sich der Käufer der sofortigen Zwangsvollstreckung in der Weise, dass eine vollstreckbare Ausfertigung des Kaufvertrages jederzeit ohne weiteren Nachweis auf Antrag des Verkäufers zu erteilen ist.
Der Verkäufer erteilt dem Käufer eine Eigenkapitalgarantie in der Weise, dass das in der Bilanz zum 31. 12. 00 ausgewiesene nominelle Eigenkapital der Gesellschaft in Höhe von 25 000 € auch zum Übergabestichtag besteht, so dass ein etwaiger aus der Bilanz zum 31. 12. 00 sich ergebender Fehlbetrag durch den Verkäufer in bar zu ersetzen ist. Der Verkäufer sichert ferner zu, dass der Käufer von der in der Bilanz zum 31. 12. 00 ausgewiesenen Pensionsrückstellung freigestellt wird. Die Rechte aus der Rückdeckungsversicherung bleiben entsprechend ebenfalls bei dem Verkäufer.

IV. Stichtag, Jahresabschlüsse

Der Verkauf und die Abtretung des Geschäftsanteiles erfolgen rein schuldrechtlich – also ohne Rücksicht auf die dingliche Wirksamkeit der Abtretung infolge der aufschiebenden Bedingung – mit Ablauf des 31. 12. 00. Der Gewinn für das ab 1. 1. 01 laufende Geschäftsjahr gebührt dem Käufer.
Der Gewinn für das Jahr 00 sowie für die Vorjahre steht ausschließlich dem Verkäufer zu, auch wenn nach den steuerlichen Vorschriften die Ausschüttung erst zu einem späteren Zeitpunkt zulässig ist. Die Körperschaftssteuerguthaben per 31. 12. 00 gebühren somit ausschließlich dem Verkäufer.
Der Verkäufer und der Käufer beauftragen übereinstimmend Herrn Steuerberater S spätestens bis zum … einen Jahresabschluss der Gesellschaft per 31. 12. 00 vorzulegen.
Die Stichtagsbilanz zum 31. 12. 00 ist nach den Grundsätzen ordnungsgemäßer Buchführung und Bilanzierung unter Wahrung der Bilanzkontinuität zu erstellen.
Die Kosten für die Erstellung des Stichtagsabschlusses trägt die GmbH. Der Verkäufer und der Käufer haben das Recht, die Stichtagsbilanz innerhalb von 30 Tagen zu überprüfen.
Können Meinungsverschiedenheiten über den Inhalt des Stichtagsabschlusses nicht innerhalb von zwei Monaten nach Erstellung der Stichtagsbilanz einvernehmlich beigelegt werden, kann jede Partei innerhalb eines weiteren Monats die Geschäftsstelle der Wirtschaftsprüfungskammer München um Bestellung eines Wirtschaftsprüfers (Wirtschaftsprüfungsgesellschaft) als Schiedsgutachter bitten. Dessen Entscheidung ist als Schiedsgutachten gemäß § 317 BGB für beide Vertragsteile bindend. Die Kosten für das Schiedsverfahren tragen die Parteien je zur Hälfte.
Nach der für beide Parteien bindenden Feststellung der Bilanz verpflichtet sich der Käufer, den gesamten bis zum 31. 12. 00 erzielten Gewinn sowie etwaige nicht ausgeschüttete Gewinne der Vorjahre auszuschütten und die nach Abzug aller Steuern verbleibenden Ausschüttungsbeträge an den Verkäufer herauszugeben.

V. Beschaffenheitserklärungen

Der Verkäufer sichert zu, dass
– die in Abschn. I. enthaltenen Angaben richtig sind;
– der verkaufte Geschäftsanteil das gesamte Stammkapital der GmbH ausmacht, weitere Geschäftsanteile also nicht bestehen;

– der verkaufte Geschäftsanteil nicht mit irgendwelchen Rechten zugunsten Dritter belastet ist;
– er durch den heutigen Verkauf weder über sein gesamtes, noch über den wesentlichen Teil seines Vermögens verfügt, so dass die Zustimmung des Ehegatten zu diesem Kaufvertrag nicht erforderlich ist.

Der Verkäufer sichert ferner dem Käufer zu, dass
– der mit der Erstellung der Jahresabschlüsse zum 31. 12. 00 er beauftragte Steuerberater bestätigt, wonach die Bilanzen nach den Grundsätzen ordnungsgemäßer Buchführung und Bilanzierung unter Wahrung der Bilanzkontinuität erstellt worden sind bzw. werden und ein den tatsächlichen Verhältnissen entsprechendes Bild der Vermögens-, Finanz- und Ertragslage der Gesellschaft vermitteln;
– das in der vorstehenden Bilanz per 31. 12. 00 ausgewiesene Anlage- und Umlaufvermögen im Eigentum der Gesellschaft steht, nicht mit Rechten Dritter belastet ist sowie sämtliche Wirtschaftsgüter umfasst, die für den Geschäftsbetrieb der GmbH notwendig sind;
– die in der Bilanz zum 31. 12. 00 ausgewiesenen Forderungen, soweit sie nicht wertberichtigt sind, fristgerecht erfüllt werden;
– Warenvorräte nur dann bewertet worden sind, wenn sie nicht älter als 12 Monate sind (gerechnet ab dem Datum des Lagerzugangs), und dass für alle anderen Positionen angemessene Gängigkeitsabschläge angesetzt worden sind;
– dass Pensionsverbindlichkeiten zum 1. 1. 01 nicht bestehen, ferner dass für alle bekannten und bei kaufmännischer Sorgfalt erkennbaren Risiken angemessene Rückstellungen gebildet wurden bzw. werden;
– dass die Bilanz zum 31. 12. 00 ausreichende Rückstellungen für sämtliche, den Zeitraum bis zum Bilanzstichtag betreffenden Steuerverbindlichkeiten der GmbH enthält, unabhängig davon, ob die Verbindlichkeiten bei Aufstellung der Bilanz bereits entstanden oder bekannt waren;
– dass die Preise für Lieferungen und Leistungen verlustfrei kalkuliert sind und den eingegangenen Verbindlichkeiten gleichwertige Gegenleistungen gegenüberstehen;
– dass Steuernachzahlungen aufgrund von Betriebsprüfungen für den Zeitraum bis zum 31. 12. 00 vom Verkäufer zu tragen und Steuererstattungen aus solchen Betriebsprüfungen dem Verkäufer zu erstatten sind. Der Käufer ist jedoch verpflichtet, den Verkäufer unverzüglich von Steuernachzahlungen zu benachrichtigen und dem Verkäufer zu gestatten, auf eigene Kosten Rechtsmittel einzulegen und die Buchführungsunterlagen einzusehen. Der Käufer darf im Falle der Kostenübernahme in dem Steuernachzahlungsverfahren keine Erklärungen ohne den Verkäufer abgeben.

Der Verkäufer sichert weiter zu, dass vom Zeitpunkt des letzten Jahresabschlusses bis zum 31. 12. 00
a) die Geschäfte der GmbH nach ordnungsgemäßen kaufmännischen Grundsätzen geführt und keine außerordentlichen Geschäfte getätigt worden sind bzw. werden;
b) Umfang und Inhalt der Geschäftstätigkeit der Gesellschaft gegenüber dem vergangenen Geschäftsjahr nicht wesentlich geändert worden sind bzw. werden;
c) das Anlage- und Umlaufvermögen der Gesellschaft nach ordnungsgemäßen kaufmännischen Grundsätzen erhalten und ergänzt worden ist bzw. wird, der Anteil der Forderungen, die wertberichtigt werden müssen, nicht angestiegen ist bzw. ansteigt und neue Pensionsverbindlichkeiten nur im bisher üblichen Umfang begründet worden sind und werden;
d) keine außergewöhnlichen Ereignisse eingetreten sind, die sich auf die gegenwärtige Geschäftstätigkeit oder das wirtschaftliche Ergebnis der Gesellschaft nachteilig auswirken könnten.

VI. Vertragsverzeichnis

Der Verkäufer hat dem Käufer ein Vertragsverzeichnis überreicht, das dieser Urkunde als Bestandteil beigefügt wird, und in der die Verträge der GmbH aufgeführt sind, die
– den Absatz oder die Beschaffung betreffen,
– nicht bis zum 31. 12. 00 ausgelaufen sind oder beendet wurden und
– länger als 1 Jahr binden oder sonst von besonderer wirtschaftlicher Bedeutung sind.

Der Verkäufer versichert,
1. dass diese Liste vollständig ist;
2. dass der Verkäufer keine Kenntnisse von Abrufverträgen hat, die gekündigt worden sind oder deren Kündigung beabsichtigt ist, die vorzeitig auslaufen oder deren Erneuerung nicht geplant ist, was dazu führen könnte, dass der Käufer Lagerbestände übernehmen müsste, die nicht mehr verkauft werden könnten;
3. dass die GmbH nicht an Verträge mit dem Verkäufer oder dem Verkäufer nahestehenden Personen oder Unternehmen gebunden ist, soweit derartige Verträge nicht in der Liste aufgeführt sind;
4. die GmbH nicht an Verträge mit Geschäftsführern, Angestellten, Beratern oder sonstigen Personen gebunden ist, die nicht in der Liste aufgeführt sind;
5. die GmbH nicht an Verträge gebunden ist, die aufgrund der Veräußerung der Anteile an der Gesellschaft von Dritten gekündigt, geändert oder ergänzt werden können, soweit derartige Verträge nicht in der Liste aufgeführt sind;
6. die GmbH über sämtliche öffentlich-rechtlichen Genehmigungen oder Erlaubnisse verfügt, die zur Fortführung des Geschäftsbetriebs der GmbH erforderlich sind, diese Genehmigungen oder Erlaubnisse nicht zurückgenommen oder widerrufen worden sind und auch keine Umstände vorliegen, welche der Rücknahme oder den Widerruf dieser Genehmigungen und Erlaubnisse befürchten lassen und dass der Geschäftsbetrieb der GmbH in Übereinstimmung mit diesen Genehmigungen oder Erlaubnissen geführt wird;
7. die Gesellschaft weder an Rechtsstreitigkeiten, an Verfahren vor staatlichen Gerichten oder Behörden noch an Verfahren vor Schiedsgerichten beteiligt ist, soweit derartige Verfahren nicht in der Liste aufgeführt sind.

VII. Verdeckte Gewinnausschüttung

Der Verkäufer versichert weiter, dass keine verdeckten Gewinnausschüttungen (maßgebend sind die steuerlichen Bestimmungen hierzu) bis zum 31. 12. 00 erfolgt sind bzw. erfolgen werden.

VIII. Haftung

Ist eine der in Abschn. V.–VII. gegebenen Zusicherungen ganz oder teilweise unrichtig, kann der Käufer den Kaufpreis angemessen mindern. Der Rücktritt von diesem Vertrag oder Schadensersatz und Nachbesserung wegen Nichterfüllung sind ausdrücklich ausgeschlossen. Der Käufer kann das Minderungsrecht jedoch nur geltend machen, falls er zuvor den Verkäufer schriftlich aufgefordert hat, ihn innerhalb von 10 Kalendertagen nach Zugang der Aufforderung so zu stellen, wie er stehen würde, wenn die Zusicherung richtig gewesen wäre und diese Frist, gleich aus welchem Grunde, fruchtlos verstrichen ist. Sofern im Falle eines Minderungsrechtes über die angemessene Kaufpreisminderung innerhalb von drei Monaten keine Einigung erzielt wird, ist jeder Vertragsteil in entsprechender Anwendung der Regelung gem. Abschn. IV. Ziff. 1) a. E. berechtigt, die Geschäftsstelle der Wirtschaftsprüfungskammer München um die Bestellung eines Wirtschaftsprüfers (Wirtschaftsprüfungsgesellschaft) als Schiedsgutachter zu bitten. Die letzte Entscheidung ist als Schiedsgutachten gem. § 317 BGB für beide Vertragsteile für den Umfang der Kaufpreisminderung bindend. Garantien, mit Ausnahme der Mindestkapitalgarantie gemäß Abschnitt III. wurden vom Verkäufer nicht gegeben.

Jegliche Sachmängelhaftung für Gegenstände, die zum Gesellschaftsvermögen zählen, wird ausgeschlossen. Für Warenvorräte gelten die gesetzlichen Sachmängelbestimmungen.
Ist eine der in Abschn. V.–VII. gegebenen Zusicherungen ganz oder teilweise unrichtig, kann der Käufer eine Minderung des Kaufpreises nur geltend machen innerhalb einer Frist von zwei Jahren, gerechnet ab dem Stichtag vom … und zwar auch dann, wenn dem Käufer die unrichtige Zusicherung erst nach diesem Zeitpunkt bekannt wurde.
Ansprüche des Käufers setzen ein Verschulden des Verkäufers, seiner Organe oder Erfüllungsgehilfen nicht voraus.
Der Käufer ist verpflichtet, den Verkäufer unverzüglich schriftlich zu unterrichten, falls Dritte irgendwelche Ansprüche gegen den Käufer oder die GmbH geltend machen oder androhen, die zu einer Haftung des Verkäufers nach Abschn. VIII. führen könnten. Der Käufer hat dann dem Verkäufer alle sachdienlichen Unterlagen zugänglich zu machen und alle sachdienlichen Auskünfte zu erteilen sowie dem Verkäufer Einsicht in die Bücher und Schriften der Gesellschaft zu gewähren, soweit dies erforderlich ist, um die Berechtigung der geltend gemachten oder angedrohten Ansprüche zu beurteilen.
Die Parteien werden sich hierbei zur Abwehr derartiger Ansprüche verständigen. Dem Verkäufer ist in angemessener Weise Gelegenheit zu geben, sich an der Abwehr dieser Ansprüche zu beteiligen.
Für Gewährleistungsansprüche mit Bezug auf allfällige Steuer- oder Sozialbeitragsforderungen gelten die gesetzlichen Verjährungsfristen.

IX. Zustimmung, Vorkaufsrecht

Alle Vertragsteile als derzeitige alleinige und künftige Gesellschafter erteilen zu den in der Urkunde enthaltenen Abtretungen ihre Zustimmung und bestätigen, dass keine Vorkaufsrechte und dergl. ausgeübt werden.

X. Wettbewerbsverbot/Beratervertrag

Der Verkäufer verpflichtet sich, ab 1. 1. 01 nicht in Deutschland auf dem Geschäftsgebiet der GmbH sowie des Käufers tätig zu sein bzw. tätig zu werden. Er verpflichtet sich überdies, sich an keinem Unternehmen, welches in Deutschland im Geschäftsbereich der GmbH und des Käufers tätig ist, direkt oder indirekt zu beteiligen, sofern aus einer solchen Beteiligung eine Konkurrenzsituation zur GmbH oder zum Käufer entstehen könnte.
Der Verkäufer verpflichtet sich, für jede Verletzung dieses Wettbewerbsverbotes eine Konventionalstrafe im Betrag von 100 000 € zu bezahlen. Die Bezahlung der Konventionalstrafe befreit nicht von der Einhaltung dieses Vertrages. Die Geltendmachung eines höheren Schadens bleibt vorbehalten.
Der Käufer schließt gleichzeitig mit diesem Kaufvertrag einen Beratervertrag mit der vom Verkäufer und dessen Ehefrau gegründeten AB Consulting GmbH mit dem Sitz in ….

XI. Weitere Anstellungsverträge

Wirksamkeitsbedingung für den in dieser Urkunde geschlossenen Kaufvertrag sind ferner, dass ein Geschäftsführervertrag mit Herrn P zum 31. 12. 00 zustande kommt und ein weiterer Mitarbeiter rekrutiert wird.

XII. Kosten, Abschriften

Die Kosten dieser Urkunde und eine etwa anfallende Erwerbsteuer trägt der Käufer. Eine etwa gemäß § 17 EStG anfallende Steuer für die Veräußerung trägt der Verkäufer selbst.

Zum Vermögen der GmbH gehört nach Angabe kein Grundbesitz.
Von dieser Urkunde erhalten jeder Vertragsteil und die GmbH eine beglaubigte Abschrift. Das Finanzamt – Körperschaftssteuerstelle – und Herr Steuerberater S erhalten je eine einfache Abschrift, das Registergericht erhält lediglich Anzeige gemäß § 40 GmbHG.

XIII. Schlussbestimmungen

Der Verkäufer ist nach seiner Angabe gleichzeitig Geschäftsführer der GmbH. Als solcher nimmt er vom Übergang der Geschäftsanteile gemäß § 16 GmbHG für die GmbH Kenntnis. Gleichzeitig erklärt der Verkäufer, dass er mit seiner Abberufung als Geschäftsführer einverstanden ist, ebenso mit der Fortführung der Firma.
Sollte eine Bestimmung dieses Vertrages unwirksam sein oder werden, so soll hierdurch die Gültigkeit der übrigen Bestimmungen nicht berührt werden.
An Stelle der unwirksamen Bestimmung soll dann eine wirksame Bestimmung gelten, die der ungültigen möglichst wirtschaftlich nahe kommt. Bei Vorhandensein von Lücken gilt dies entsprechend.
Änderungen und Ergänzungen des Vertrages bedürfen der Schriftform, soweit keine notarielle Beurkundung erforderlich ist. Auf das Erfordernis der Schriftform kann nur schriftlich verzichtet werden.
Für diesen Vertrag gilt deutsches Recht. Gerichtsstand ist der Sitz der Gesellschaft, soweit dies zulässig ist.

XIV. Hinweise

Vom Notar wurde insbesondere darauf hingewiesen,
- dass der Käufer für nicht erbrachte Geldeinlagen und die Fehlbeträge nicht vollwertig geleisteter Sacheinlagen des Verkäufers unbeschränkt haftet;
- auf die Bedeutung der vereinbarten Bedingung;
- dass bei einem Verkauf sämtlicher Geschäftsanteile der Verkäufer für den rechtlichen Bestand der veräußerten Geschäftsanteile (§ 437 BGB) und für die Richtigkeit der gemachten Angaben haftet.

XV. Anlage

Die Bilanz für das Vorjahr wird als Anlage dieser Urkunde beigefügt und den Beteiligten zur Kenntnisnahme vorgelegt und von diesen auf jeder Seite unterschrieben.

Vorgelesen vom Notar …

III. Anmerkungen

1. Verhandlungsphase

138 Zu den Vereinbarungen in der Verhandlungsphase vgl. § 4 A VI 2c.

2. Beschlussfassung

139 Bis zum Inkrafttreten des MoMiG konnte trotz einer wirksamen rechtsgeschäftlichen Anteilsübertragung der Erwerber die Mitgliedschaftsrechte noch nicht ausüben, bis die Anmeldung gem. § 16 GmbHG gegenüber der Geschäftsführung angemeldet war. § 16 Abs. 1 GmbHG hat durch das MoMiG folgende Fassung erhalten:

„Im Verhältnis zur Gesellschaft gilt im Fall der Veränderung in den Personen der Gesellschafter oder des Umfangs ihrer Beteiligung als Inhaber eines Geschäftsanteils nur, wer als solcher in der im Handelsregister aufgenommenen Gesellschafterliste (§ 40) eingetragen ist. Eine vom Erwerber in Bezug auf das Gesellschaftsverhältnis vorgenommene Rechtshandlung gilt als von Anfang an wirksam, wenn die Liste unverzüglich nach Vornahme der Rechtshandlung in das Handelsregister aufgenommen wird."

Die Geschäftsführerbestellung des Erwerbers aller GmbH-Anteile kann somit von diesem wirksam beschlossen werden, ohne dass dies dem bisherigen Geschäftsführer gegenüber angemeldet werden müsste, wenn die Gesellschafterliste unverzüglich dem Registergericht (ab 2008 ausschließlich elektronisch) übermittelt wird.

3. Gewinnverteilungsbeschluss

Sofern die bisherigen Gesellschafter über die Gewinnverteilung einen Beschluss gefasst haben, entsteht ein vom Gesellschaftsanteil getrennter schuldrechtlicher Anspruch auf Auszahlung, der vom GmbH-Anteil abgetrennt wurde und damit selbständig abtretbar ist. Auf den Erwerber geht das Anrecht auf die Dividenden nur insoweit über, als deren Verteilung nach der Abtretung des GmbH-Anteils beschlossen wird. **140**

4. Beschaffenheitserklärungen

Da höchstrichterlich nicht geklärt ist, ob die in Unternehmenskaufverträgen früher üblichen Verkäufer-Garantiezusagen als Garantien i. S. d. §§ 443, 444 BGB zu beurteilen sind und ob danach vertragliche Beschränkungen der gesetzlichen Käuferrechte im Garantiefall gem. § 444 BGB unwirksam sind, wird für die Vertragspraxis an Stelle von **Garantiezusagen** die Vereinbarung von Beschaffenheitserklärungen empfohlen, vgl. *Günther,* in: Münchener Vertragshandbuch, Bd. 2 Form. III 1, 2 Anm. 99 (1). **141**

5. Eigenkapitalgarantie

Sofern sich sowohl auf der Aktiv- als auch auf der Passivseite umfangreiche Veränderungen ergeben können – zum Zeitpunkt des Unternehmenskaufvertrages liegt häufig die maßgebliche Stichtagsbilanz noch nicht vor –, ist die Vereinbarung einer Eigenkapitalgarantie sinnvoll, wonach ein aus den letzten Jahresabschlüssen ermitteltes Eigenkapital garantiert und anhand der Abrechnungsbilanz ausgeglichen wird. **142**

6. Gewährleistung

a) Nachbesserung

Sofern ein vertraglich zugesagter Zustand nicht eintritt, kommt ein Nachbesserungsanspruch in Betracht. Allerdings wird der Verkäufer häufig hierzu nicht in der Lage sein, so dass weitere Gewährleistungsregelungen erforderlich sind. Ob trotz Nachbesserungen Verzugsschaden zu ersetzen ist, muss vertraglich fixiert werden. **143**

b) Kaufpreisminderung

Sofern sich endgültig herausstellt, dass die Beschaffenheitszusagen des Verkäufers nicht (vollständig) erfüllt werden, kommt in erster Linie die Vereinbarung eines Kaufpreisminderungsanspruches in Betracht. Das Maximalrisiko des Verkäufers ist somit der Verlust seiner Kaufpreisforderung, während alle anderen Gewährleistungsansprüche weit darüber hinausgehen können. **144**

c) Rücktritt

145 Der Rücktritt ist die ultima ratio, da die Rückgabe des Unternehmens nach dem vom Käufer durchgeführten Zwischenspiel mit dem Zusammenbruch enden kann. Die enttäuschten Erwartungen des Käufers sollten besser durch eine Kaufpreisminderung abgegolten werden.

d) Schadensersatz

146 Schadensersatzansprüche des Käufers können unübersehbare Folgen für den Verkäufer haben. In jedem Fall sollten Schadensersatzansprüche der Höhe nach und zeitlich begrenzt werden.

e) Gesetzliche Ansprüche

147 Über die vertragliche Begrenzung hinausgehende gesetzliche Ansprüche sollten ausgeschlossen werden.

7. Umsatzsteuer

Literatur: *Eggers,* Umsatzsteuerliche Behandlung von gesellschaftsrechtlichen Beteiligungen und Holding Gesellschaften, WPg 2007, 616.

148 Das bloße Erwerben, Halten und Veräußern gesellschaftsrechtlicher Beteiligungen ist keine unternehmerische Tätigkeit. Eine Holding ohne eigene Umsatztätigkeit ist kein umsatzsteuerlicher Unternehmer. Ausnahmsweise kann das Erwerben, Halten und Veräußern von Beteiligungen im Rahmen einer **unternehmerischen Tätigkeit** erfolgen

- soweit Beteiligungen i. S. eines gewerblichen Wertpapierhandels gewerbsmäßig erworben und veräußert werden,
- wenn die Beteiligung zur Förderung einer bestehenden oder beabsichtigten unternehmerischen Tätigkeit dient oder
- soweit die Beteiligung zum Zweck des unmittelbaren Eingreifens in die Verwaltung der Gesellschaft, an der die Beteiligung besteht, erfolgt, vgl. *Eggers,* WPg 2007, 617.

Die Übertragung eines Personen- oder GmbH-Gesellschaftsanteils ist gem. § 4 Nr. 8f UStG von der Umsatzsteuer befreit.

8. Grunderwerbsteuer

149 Gehört zum Vermögen einer Gesellschaft ein inländisches Grundstück, so unterliegt der Grunderwerbsteuer gem. § 1 Abs. 3 Nr. 1 GrEStG ein Rechtsgeschäft, das den Anspruch auf Übertragung eines oder mehrerer Anteile der Gesellschaft begründet, wenn durch die Übertragung unmittelbar oder mittelbar mindestens 95 vom Hundert der Anteile der Gesellschaft in der Hand des Erwerbers oder in der Hand von herrschenden und abhängigen Unternehmen oder abhängigen Personen oder in der Hand von abhängigen Unternehmen oder abhängigen Personen allein vereinigt werden würden; die folgenden Ziffern enthalten noch weitere Vereinigungsvarianten, die zur Steuerpflicht führen.

9. Ertragsteuern

150 Auf oben Rn. 25ff. wird verwiesen.

Der Aufsichtsrat ist ein Rat,
der in guten Zeiten nutzlos und
in schlechten Zeiten hilflos ist.
Karl Fürstenberg

§ 14 Aktiengesellschaft

Übersicht

Literatur: *Lommer,* Die Unternehmensnachfolge in eine Familien-Kapitalgesellschaft nach Gesellschafts-, Zivil- und Steuerrecht, BB 2003, 1909; *Schulz/Werz,* Die Familienverfassung, ErbStB 2007, 310 und 353; *Wegener,* Auswirkungen der Steuerreform auf den objektivierten Unternehmenswert von Kapitalgesellschaften, DStR 2008, 935; *Werkmüller,* Die inländische Holdinggesellschaft als Vehikel zur rechtlichen und steuerlichen Optimierung der Vermögensnachfolge, ZEV 2004, 365.

Die älteste Rechtsform der Kapitalgesellschaften ist die Aktiengesellschaft, 1
die zahlenmäßig jahrzehntelang stagnierte und ihren Umsatzanteil in der Zeit zwischen 1962 und 2001 nur geringfügig verbessern konnte. Die Aktiengesellschaft ist vom Gesetzgeber als **Kapitalsammelbecken** konzipiert und war ursprünglich nur großen Unternehmen als Rechtsform vorbehalten.

I. Überblick

1. Satzungsstrenge

Im Vordergrund steht der Schutz des Kapitalanlegers, so dass von den Vor- 2
schriften des Gesetzes gem. § 23 Abs. 5 AktG nur abgewichen werden kann, wenn dies ausdrücklich zugelassen ist. Auch ergänzende Bestimmungen sind nur statthaft, soweit das Gesetz keine abschließende Regelung enthält. Diese Satzungsstrenge ist zugleich der Grund für die Hochachtung, die insbeson-

dere die börsennotierte Aktiengesellschaft genießt. Das Aktiengesetz erlaubt auch **nicht** die Vereinbarung von **korporativen Nebenleistungspflichten**, d. h. dass künftige Gesellschafter nicht an derartige Vereinbarungen gebunden sind. Auch satzungsmäßige **Vorkaufsrechte** sind **nicht** zulässig. Freilich können schuldrechtlich Nebenvereinbarungen getroffen werden, die aber künftige Aktionäre nur binden, wenn sie diesen beigetreten sind, vgl. *Lutter,* in: KölnerKomm AktG § 54 Rn. 29. Lediglich bei vinkulierten Namensaktien kann die Zustimmung an einem Beitritt zu den schuldrechtlichen Vereinbarungen geknüpft werden.

2. Weisungsfreier Vorstand

3 Gem. § 76 Abs. 1 AktG hat der Vorstand unter eigener Verantwortung die Gesellschaft zu leiten, so dass kein Weisungsrecht der Aktionäre oder des Aufsichtsrates besteht. Aufgrund der sog. **„Holzmüller-Entscheidung"**, DB 1982, 795 hat der Vorstand auch die Zuständigkeit bei Strukturentscheidungen, wobei der BGH, ZIP 2004, 993 diese tatbestandlich stark eingeengt hat. Gem. § 172 AktG treffen Vorstand und Aufsichtsrat die **Abschlussfeststellung**, also die verbindliche Erklärung des Jahresabschlusses. Diese Kompetenz kann durch die Satzung nicht eingeengt werden, vgl. *Hüffer,* AktG § 172 Rn. 7.

3. Namensaktien

4 Für Familien-Aktiengesellschaften sind Namensaktien typisch, die im übrigen auch bei Publikumsgesellschaften zunehmend Verwendung finden. Gem. § 68 Abs. 2 AktG kann die Satzung die Übertragung an die Zustimmung der Gesellschaft binden. Diese Vinkulierung verhindert den ungebetenen Zutritt Dritter. Der Gesellschaft gegenüber können Rechte erst nach Eintragung in das Aktienregister geltend gemacht werden, vgl. § 67 Abs. 2 AktG.

II. Die börsennotierte AG

Literatur: *Von Oertzen,* Börsennotierte Anteile in der Nachfolgeplanung, BB 2004, 1135; *Wiesbrock/Zens,* Die WpÜG-Pflichten bei der Nachfolge in börsennotierte Aktiengesellschaften, ZEV 2006, 137.

5 Zahlreiche Gestaltungsmodelle waren an der vom Bundesverfassungsgericht BStBl. 2007 II 192 verworfenen früheren Erbschaftbesteuerung orientiert, wonach für die Besteuerung der Nachfolge aus der Familie die **Bewertung nach** dem **Börsenkurs** vermieden werden sollte. Für das Abkoppeln vom Börsenkurs hat *von Oertzen,* BB 2004, 1135 folgende Varianten vorgeschlagen:

- erst schenken, dann an die Börse,
- Börsengang über die Hybride KGaA oder
- AG & atypisch Still (Sixt-Modell).

1. Erbschaftsteuerreform

6 Bewertungsrechtliche Vorteile sind nur denkbar, wenn die Beteiligung an der börsennotierten AG 25% übersteigt oder durch Stimmbindungs- und Veräußerungsbeschränkungen zwischen Minderheitsaktionären eine Gesamt-

beteiligung von über 25% erreicht wird. Die Beteiligungsstrategie wird auch in Zukunft darin bestehen, dass der Senior mit mehr als 25% an der börsennotierten AG beteiligt bleibt, um für den Todesfall oder die Übertragung des gesamten Pakets die Betriebsvermögensvergünstigungen des § 13a ErbStG zu erlangen. Die Zwischenschaltung gewerblich geprägter Personengesellschaften (Quandt-Modell), vgl. *von Oertzen,* BB 2004, 1138 bringt nach dem nunmehr geltenden Erbschaftsteuerrecht keine besondere Vergünstigung mehr.

2. Steuerbegünstigte Rechtsträger

Die Transferierung von Aktienpaketen auf steuerbegünstigte Rechtsträger, 7
z.B. eine gemeinnützige GmbH oder auf eine steuerbegünstigte Stiftung (SAP-Modell) wird in § 17 erläutert. Dazu gehört auch die Transferierung von Aktienpaketen auf einen steuerbegünstigten Rechtsträger innerhalb von 24 Monaten nach dem Erbfall gem. § 29 Abs. 1 Nr. 4 ErbStG.

3. Familiengesellschaften

Die frühzeitige Einbringung des Aktienpakets in eine vermögensverwal- 8
tende Familienpersonengesellschaft unter **Vorbehalt des Nießbrauches** für den Übergeber genießt Priorität vor allen anderen Vorschlägen, da der kapitalisierte Nießbrauch z.B. für eine 50-jährige Schenkerin zu einer Verminderung der Bemessungsgrundlage bei entsprechender Rendite bis zu 76,96% (14,316 : 18,6) führt, so dass in diesem Fall nur eine Schenkung in Höhe von 23,04% vorliegt und der kapitalisierte Nießbrauch auch bei dem Versterben des Nießbrauchers keiner erbschaftsteuerlichen Erfassung mehr unterliegt, also im Endergebnis erbschaftsteuerfrei bleibt; zur Gestaltung von vermögensverwaltenden Familiengesellschaften vgl. *Spiegelberger,* LSWB 2001, 200.

Sofern eine Familienvermögensverwaltungsgesellschaft mindestens 30% der Stimmrechte an einer Zielgesellschaft erwirbt, findet eine Kontrolle gem. § 35 Wertpapiererwerb- und -übernahmegesetz (WpÜG) statt; zu den Rechtsfolgen vgl. *Wiesbrock/Zens,* ZEV 2006, 140.

einstweilen frei 9, 10

III. Die kleine Aktiengesellschaft

Literatur: *Werner,* Die „Kleine AG", NWB Fach 18, S. 4371 (Stand Januar 2007).

1. Gesetzliche Regelung

Die Aktiengesellschaft hat 1994 eine kleine Schwester bekommen. Durch 11
das Gesetz für kleine Aktiengesellschaften und zur Deregulierung des Aktienrechts vom 9. 8. 1994 wurde die „kleine Aktiengesellschaft" kreiert, die ohne konkrete Konturen aufzuweisen zu einem großen Zulauf geführt hat. Jedenfalls hat sich der Bestand an Aktiengesellschaften von ca. 3200 im Jahr 1992 auf über 14000 Ende Juni 2002 erhöht, vgl. *Hansen,* AG 2002, R 383. Ohne dass hierfür gesetzliche Grenzen geschaffen worden wären, wird unter einer kleinen AG eine nicht börsennotierte Aktiengesellschaft verstanden, die häufig nur das Mindestkapital aufweist und eine besondere Reputation mit sich bringen soll, ohne dass der hierfür erforderliche Background bestünde. Auf-

grund des Umstandes, dass neben den Vorstandsmitgliedern ein mindestens drei Personen umfassender Aufsichtsrat vorhanden sein muss, steht der periodische Kostenaufwand in einem Missverhältnis zum Mindestkapital in Höhe von 50000 €. Ein Großteil der kleinen Aktiengesellschaften führt ein kümmerliches Dasein, was aus der Veröffentlichung des Statistischen Bundesamtes für 2001 ersichtlich ist. Die Mehrheit der kleinen Aktiengesellschaften erzielt einen Jahresumsatz von unter 17500 €, so dass sie in der Umsatzsteuerstatistik nicht erscheint. Der Drang in die kleine Aktiengesellschaft hat sichtlich nachgelassen.

2. Gestaltungsstrategien

12 Erfolgreiche mittelständische Personenunternehmen werden häufig in die Rechtsform der Aktiengesellschaft umgewandelt, um durch Fremdorganschaft die **professionelle Geschäftsführung** zu sichern. Sofern keine für die Unternehmensführung prädestinierten Abkömmlinge vorhanden sind, ist die Rechtsform der AG besonders geeignet, weil der Unternehmensgründer sich aus der Geschäftsführung zurückziehen und in der Position des Aufsichtsratsvorsitzenden die Richtlinien der Unternehmenspolitik weiterhin bestimmen kann. Die Familie als Inhaberin des gesamten Aktienkapitals ist in der Lage, durch qualifizierte Vorstände das Unternehmen langfristig zu erhalten. Gegenüber einer Holding GmbH besteht bei einer Aktiengesellschaft der Vorzug, dass die Aktionäre **kein Weisungsrecht,** vgl. *Hüffer*, AktG § 76 Rn. 10, inne haben, also der Vorstand nur in der jährlichen Hauptversammlung Rechenschaft abzulegen hat. Rivalisierende Gesellschafter können den Geschäftsbetrieb nicht paralysieren, wie dies bei einer GmbH immer wieder der Fall ist.

3. Formulierungsbeispiel: Formwechselnde Umwandlung

13 **Beispiel:** Der beherrschende Gesellschafter der X-GmbH & Co. KG will die professionelle Geschäftsführung dadurch sichern, dass er für das Unternehmen die Rechtsform einer Aktiengesellschaft annimmt. Die in der Ausbildung befindlichen und an der Gesellschaft im Wege der vorweggenommenen Erbfolge bereits beteiligten Töchter sind mit dieser Umstrukturierung einverstanden.

Beurkundet am …

I. Sachstand

An der unter der Firma
X GmbH & Co. KG mit dem Sitz in B-Dorf,
betriebenen Kommanditgesellschaft, eingetragen unter HR A … des Amtsgerichts B-Stadt sind als Kommanditisten beteiligt:
a) Herr W mit einem Kommanditanteil in Höhe von 1040000 €,
b) Frau S mit einem Kommanditanteil in Höhe von 480000 €,
c) Frau A mit einem Kommanditanteil in Höhe von 480000 €.
Die X Verwaltungs GmbH ist persönlich haftende Gesellschafterin ohne Kapitaleinlage, deren Geschäftsanteile zu 100% bei der X GmbH & Co. KG liegen.

II. Beschlussfassung

Die Gesellschafter treten unter Verzicht auf alle vertraglichen und gesetzlichen Form- und Fristerfordernisse in eine Gesellschafterversammlung ein und fassen einstimmig folgenden Beschluss:

1. Die X GmbH & Co. KG mit dem Sitz in B-Dorf wird formwechselnd gem. den §§ 190ff. UmwG in eine Aktiengesellschaft umgewandelt.
2. Die Firma der Gesellschaft in der Rechtsform der Aktiengesellschaft lautet: X-AG. Die Gesellschaft hat ihren Sitz in B-Dorf.
3. An der AG sind die Gesellschafter im bisherigen Beteiligungsverhältnis beteiligt.
4. Dem Formwechsel wird steuerlich die Schlussbilanz der X GmbH & Co. KG per 31. 12. 00 zugrunde gelegt (steuerrechtlicher Übertragungsstichtag).
5. Art, Zahl und Umfang der Beteiligung der bisherigen Gesellschafter an der künftigen AG sowie die Rechte der Aktionäre im einzelnen ergeben sich aus der neu gefassten Satzung der AG, die ein Bestandteil dieses Umwandlungsbeschlusses ist.
6. Inhaber besonderer Rechte an der X GmbH & Co. KG gibt es nicht.
7. Auf die Arbeitnehmer der X GmbH & Co. KG und ihre Vertretungen wirkt sich der Formwechsel wie folgt aus:
   a) Die Rechte und Pflichten der Arbeitnehmer aus den bestehenden Arbeitsverträgen bleiben unberührt. § 613a BGB ist auf den Formwechsel nicht anzuwenden.
   b) Die bestehenden betrieblichen Vereinbarungen bleiben unberührt.
   c) Ein Betriebsrat besteht nicht.
8. Alle Gesellschafter verzichten auf die Erstellung eines Umwandlungsberichtes gem. § 192 Abs. 3 Satz 2 UmwG.
9. Alle Gesellschafter verzichten ebenfalls auf eine Anfechtung des Beschlusses über den Formwechsel.
10. Zu den ersten Mitgliedern des Aufsichtsrates werden bestellt: … für die Zeit bis zur Beendigung der Hauptversammlung, die über die Entlastung des Aufsichtsrates für das zum 31. 12. 04 endende Geschäftsjahr beschließt.
11. Zum Abschlussprüfer für das zum 31. 12. 01 endende Geschäftsjahr bestellen wir die Treuhand AG Wirtschaftsprüfungsgesellschaft.

III. Grundkapital

Das Grundkapital der X-AG beträgt 2 000 000 € – zwei Millionen Euro –.
Dies entspricht der Gesamtsumme aus den gegenwärtigen Kapitalkonten I und II der Gesellschafter W, S und A sowie der Anschaffungskosten/Buchwert der Anteile der Gesellschafter W, S und A an der X Beteiligungs GmbH. Der das Grundkapital von 2 000 000 € übersteigende Betrag aus der Gesamtsumme der Kapitalkonten I und II sowie der Anschaffungskosten/Buchwert der Anteile der Gesellschafter W, S und A an der X Verwaltungs GmbH wird in die Kapitalrücklage nach § 272 Abs. 2 Nr. 4 HGB gebucht. Die Privatkonten der Gesellschafter W, S und A werden zu Darlehensverbindlichkeiten der X-AG gegenüber den vorgenannten Gesellschaftern.

IV. Grundbesitz

Die Gesellschaft hat Grundbesitz in der Gemarkung B-Dorf und ist an anderen grundbesitzhaltenden Gesellschaften beteiligt.

V. Gegenleistung

Das im Zug des Formwechsels geschaffene Grundkapital stellt steuerrechtlich die Gegenleistung für die steuerrechtlich fingierte Einbringung der Mitunternehmeranteile an der X GmbH & Co. KG.

VI. Schlussbestimmungen

1. Hinweise

Der Notar weist die Erschienenen auf Folgendes hin:
1. Die geschäftsführungsbefugten Gesellschafter der X GmbH & Co. KG sind bei Verletzung ihrer Sorgfaltspflicht gesamtschuldnerisch verpflichtet, der X GmbH &

Co. KG, ihren Gesellschaftern und Gläubigern allen Schaden zu ersetzen, den diese durch den Formwechsel erleiden.
2. Der Formwechsel wird erst wirksam, wenn die neue Rechtsform Aktiengesellschaft in dem Handelsregister eingetragen ist.
3. Rechte Dritter an den Gesellschaftsanteilen der X GmbH & Co. KG bestehen an den künftigen Aktien fort.
4. Das Registergericht wird die Eintragung des Formwechsels bekannt machen. Darin werden die Gläubiger der X GmbH & Co. KG auf folgendes Recht hingewiesen: Wenn sie binnen sechs Monaten nach der Bekanntmachung ihren Anspruch nach Grund und Höhe gegenüber der AG schriftlich anmelden und glaubhaft machen, dass die Erfüllung ihrer Forderung durch den Formwechsel gefährdet wird, können sie Sicherheitsleistung verlangen, sofern sie nicht schon die Befriedigung ihrer Forderung beanspruchen können.
5. Soweit an den Gesellschaftsanteilen der X GmbH & Co. KG Sonderrechte zugunsten Dritter bestehen, wie z. B. stille Beteiligungen u. ä., sind diesen Dritten vergleichbare Rechte in der AG einzuräumen.
6. Sollte die umgewandelte AG in den ersten zwei Jahren nach Eintragung des Formwechsels in das Handelsregister Anlagen und Vermögensgegenstände gegen eine Vergütung von mehr als 10% des Grundkapitals erwerben, ohne dass dieser Erwerb den Gegenstand des Unternehmens der AG bildet, so ist die Vorschrift des § 52 AktG über die Nachgründung zu beachten.

2. Abschriften

Von dieser Urkunde erhalten:
Ausfertigungen:
die beteiligten Gesellschaften und Gesellschafter
Beglaubigte Abschriften:
das Registergericht B-Stadt eine elektronische
einfache Abschriften:
das Finanzamt Körperschaftsteuerstelle
das Finanzamt -Grunderwerbsteuerstelle-
die Treuhand AG Wirtschaftsprüfungsgesellschaft.

Samt Anlage vorgelesen vom Notar …

14 **Anlage:** Satzung der X-AG

I. Allgemeine Bestimmungen

§ 1 – Firma, Sitz, Geschäftsjahr

Die Gesellschaft führt die Firma X-AG.
Sie hat ihren Sitz in B-Dorf.
Geschäftsjahr ist das Kalenderjahr.

§ 2 Gegenstand des Unternehmens

1. Gegenstand des Unternehmens sind Herstellung, Vertrieb und Handel von Metallprodukten.
2. Die Gesellschaft ist zu allen Geschäften und Maßnahmen berechtigt, die dem Gegenstand des Unternehmens unmittelbar oder mittelbar zu dienen geeignet sind. Sie darf zu diesem Zweck auch andere Unternehmen im In- und Ausland gründen, erwerben oder sich an diesen beteiligen und deren Geschäftsführung übernehmen sowie Unternehmensverträge abschließen und Zweigniederlassungen im In- und Ausland errichten.

§ 3 Bekanntmachungen

Bekanntmachungen der Gesellschaft erfolgen im elektronischen Bundesanzeiger.

II. Grundkapital und Aktien

§ 4 Höhe und Einteilung des Grundkapitals

Das Grundkapital der Gesellschaft beträgt 2 000 000 € (in Worten: zwei Millionen Euro).
Das Grundkapital ist eingeteilt in 2000 Aktien mit einem rechnerischen Anteil von je 1000 am Grundkapital.
Es halten:
a) Herr W 1040 Stückaktien mit einem rechnerischen Anteil am Grundkapital von 1000 pro Stück,
b) Frau S 480 Stückaktien mit einem rechnerischen Anteil am Grundkapital von 1000 pro Stück,
c) Frau A 480 Stückaktien mit einem rechnerischen Anteil am Grundkapital von 1000 pro Stück.

§ 5 Namensaktien, Übertragung der Aktien

1. Die Aktien lauten auf den Namen der Aktionäre.
2. Aktien können nur mit Zustimmung der Gesellschaft belastet oder übertragen werden. Die Zustimmung darf erst erteilt werden, wenn die Hauptversammlung zugestimmt hat, wobei der betroffene Aktionär kein Stimmrecht hat.
3. Die Zustimmung ist zu erteilen, wenn ein Aktionär eine Übertragung auf leibliche Abkömmlinge oder einen anderen Aktionär der X-AG vornimmt.

§ 6 Einziehung von Aktien

1. Außer in den Fällen des § 237 AktG ist die Zwangseinziehung von Aktien gestattet wenn
   - über das Vermögen des betroffenen Aktionärs ein Insolvenzverfahren eröffnet oder die Eröffnung eines Insolvenzverfahrens mangels Masse abgelehnt wird;
   - die Aktien ganz oder teilweise von einem Gläubiger des betroffenen Aktionärs gepfändet werden und die Vollstreckungsmaßnahme nicht innerhalb von drei Monaten, spätestens jedoch bis zur Verwertung der Aktien aufgehoben wird;
   - die Aktien von Todes wegen auf eine oder mehrere Personen übergehen, die nicht Aktionäre oder leibliche Abkömmlinge des verstorbenen Aktionärs sind und die Aktien nicht innerhalb von 6 Monaten nach dem Tod des Aktionärs auf eine oder mehrere der berechtigten Personen übertragen werden.
2. Über die Einziehung beschließt die Hauptversammlung.
3. Die Höhe des Einziehungsentgelts entspricht dem Anteil am Unternehmenswert. Der Unternehmenswert ist durch den im Zeitpunkt des Einziehungsbeschlusses für die Gesellschaft tätigen Steuerberater als Schiedsgutachter gemäß § 317 BGB festzusetzen. Dabei ist der Unternehmenswert nach dem von der Finanzverwaltung angewandten vereinfachten Ertragswertverfahren gem. §§ 200 ff. BewG zu ermitteln. Das Abfindungsguthaben ist in fünf gleichen, unmittelbar aufeinander folgenden Jahresraten auszuzahlen. Die erste Rate ist 6 Monate nach dem Einziehungsbeschluss zur Zahlung fällig. Ab diesem Zeitpunkt ist das restliche Abfindungsguthaben mit jährlich 5% zu verzinsen. Die Zinsen sind jeweils mit den Jahresraten zu zahlen. Eine vorzeitige Zahlung der Abfindung ist jederzeit zulässig.

III. Der Vorstand

§ 7 Zusammensetzung

1. Der Vorstand besteht aus mindestens einem Mitglied. Im übrigen bestimmt der Aufsichtsrat die Zahl der Mitglieder des Vorstands.

2. Der Aufsichtsrat kann einen Vorsitzenden des Vorstands sowie einen stellvertretenden Vorsitzenden des Vorstands ernennen.
3. Beschlüsse des Vorstands werden mit einfacher Stimmenmehrheit gefasst. Bei Stimmengleichheit gibt die Stimme des Vorsitzenden den Ausschlag.
4. Der Vorstand kann sich eine Geschäftsordnung und einen Geschäftsverteilungsplan geben. Beides bedarf der Zustimmung des Aufsichtsrats.

§ 8 Vertretung

1. Die Gesellschaft wird durch zwei Mitglieder des Vorstands oder durch ein Mitglied des Vorstands zusammen mit einem Prokuristen vertreten. Besteht der Vorstand nur aus einer Person, so vertritt dieser allein.
2. Mitgliedern des Vorstands kann Einzelvertretungsbefugnis und/oder Befreiung von den Beschränkungen des § 181 BGB durch den Aufsichtsrat erteilt werden, soweit dem nicht § 112 AktG entgegensteht.

IV. Aufsichtsrat

§ 9 Zusammensetzung, Amtsdauer, Amtsniederlegung

1. Der Aufsichtsrat besteht aus 3 Mitgliedern. Sollten künftig aufgrund zwingender gesetzlicher Vorschriften dem Aufsichtsrat auch von den Arbeitnehmern gewählte Mitglieder angehören, dann besteht die Gesamtzahl der Aufsichtsratsmitglieder aus 6 Personen.
2. Die Aufsichtsratsmitglieder werden für die Zeit bis zur Beendigung der Hauptversammlung gewählt, die über ihre Entlastung für das 4. Geschäftsjahr nach dem Beginn der Amtszeit beschließt. Das Geschäftsjahr, in dem die Amtszeit beginnt, wird nicht mitgerechnet.
3. Die Mitglieder des Aufsichtsrats können ihr Amt durch eine an den Vorsitzenden des Aufsichtsrats oder an den Vorstand zu richtende schriftliche Erklärung unter Einhaltung einer Frist von einem Monat niederlegen.
4. Scheidet ein Aufsichtsratsmitglied vor Ablauf seiner Amtszeit aus, dann ist für den Rest der Amtszeit ein Nachfolger zu wählen.
5. Der Aufsichtsrat wählt aus seiner Mitte einen Vorsitzenden und kann einen stellvertretenden Vorsitzenden wählen.

§ 10 Beschlüsse des Aufsichtsrats

1. Die Sitzungen des Aufsichtsrats werden durch den Vorsitzenden, ersatzweise durch seinen Stellvertreter einberufen. Jedes Mitglied des Vorstands und jedes Mitglied des Aufsichtsrats kann unter Angabe des Zwecks und der Gründe die Einberufung einer Aufsichtsratssitzung verlangen.
2. Der Aufsichtsrat gibt sich eine Geschäftsordnung. Er ist beschlussfähig, wenn wenigstens zwei Drittel seiner Mitglieder an der Beschlussfassung teilnehmen. Mit Zustimmung aller Aufsichtsratsmitglieder können Beschlüsse auch ohne die Abhaltung einer Sitzung gefasst werden.
3. Beschlüsse des Aufsichtsrats werden mit einfacher Stimmenmehrheit gefasst. An der Teilnahme verhinderte Mitglieder dürfen sich von anderen Mitgliedern des Aufsichtsrats bei der Stimmabgabe mit konkreten Weisungen vertreten lassen. Bei Stimmengleichheit gibt die Stimme des Vorsitzenden den Ausschlag.
4. Über die Sitzungen des Aufsichtsrats ist eine Niederschrift anzufertigen, die der Vorsitzende zu unterzeichnen hat.
5. Der Vorsitzende ist ermächtigt, im Namen des Aufsichtsrats die zur Durchführung der Beschlüsse erforderlichen Erklärungen abzugeben und an den Aufsichtsrat gerichtete Erklärungen in Empfang zu nehmen.
6. Jedes Mitglied des Aufsichtsrats erhält neben dem Ersatz seiner Auslagen eine angemessene jährliche Vergütung, die die Hauptversammlung festlegt. Eine auf die Vergütungen zu zahlende Umsatzsteuer wird von der Gesellschaft erstattet.

7. Folgende Geschäfte oder Rechtshandlungen bedürfen der Zustimmung des Aufsichtsrats:
   - Beschlussfassung über das Investitionsbudget;
   - Abschluss, Kündigung und Änderung von Beherrschungs- und/oder Gewinnabführungsverträgen;
   - Gründung, Liquidation und Verkauf von Tochterunternehmen (ganz oder zum Teil) sowie Erwerb oder Aufgabe von Beteiligungen an anderen Unternehmen.

V. Hauptversammlung

§ 11 Ort und Einberufung

1. Die Hauptversammlung findet am Sitz der Gesellschaft statt. Sie kann mit Zustimmung aller Aktionäre auch an jedem anderen Ort stattfinden.
2. Die Hauptversammlung wird durch den Vorstand einberufen.
3. Die Einberufung muss mindestens ein Monat vor dem Tag der Versammlung durch eingeschriebene Briefe an alle Aktionäre erfolgen. Dabei werden der Tag der Absendung und der Tag der Hauptversammlung nicht mitgerechnet. Mit der Einberufung sind alle Gegenstände der Tagesordnung mitzuteilen.
4. Zur Teilnahme an der Hauptversammlung und zur Ausübung des Stimmrechts sind alle am Tag der Hauptversammlung im Aktienverzeichnis eingetragenen Aktionäre oder deren bevollmächtigte Vertreter berechtigt.

§ 12 Vorsitz, Stimmrecht

1. Den Vorsitz in der Hauptversammlung führt der Vorsitzende des Aufsichtsrats, im Falle seiner Verhinderung sein Stellvertreter. Wenn sowohl der Vorsitzende des Aufsichtsrats als auch sein Stellvertreter verhindert sind, wird der Vorsitzende durch die Hauptversammlung gewählt.
2. Jede Aktie gewährt in der Hauptversammlung eine Stimme. Das Stimmrecht beginnt mit der vollständigen Leistung der Einlage.
3. Die Beschlüsse der Hauptversammlung werden, soweit nicht zwingende gesetzliche Vorschriften entgegenstehen, mit einfacher Mehrheit der abgegebenen Stimmen gefasst und, wenn das Gesetz zusätzlich eine Kapitalmehrheit vorschreibt, mit der einfachen Mehrheit des bei der Beschlussfassung vertretenen Grundkapitals.
4. Über die Verhandlungen wird ein vom Versammlungsleiter zu unterzeichnendes Protokoll aufgenommen, soweit nicht notarielle Beurkundung erforderlich ist.

VI. Rechnungslegung und Gewinnverwendung

§ 13 Jahresabschluss, Lagebericht

1. Der Vorstand hat innerhalb der gesetzlichen Fristen nach Abschluss eines Geschäftsjahres den Jahresabschluss (Bilanz nebst Gewinn- und Verlustrechnung sowie Anhang) sowie den Lagebericht aufzustellen und dem Abschlussprüfer zu übersenden. Unverzüglich nach Eingang des Prüfungsberichts hat der Vorstand den Jahresabschluss, den Lagebericht und den Prüfungsbericht des Abschlussprüfers dem Aufsichtsrat vorzulegen. Zugleich hat der Vorstand dem Aufsichtsrat den Vorschlag mitzuteilen, den er der Hauptversammlung für die Verwendung des Bilanzgewinns machen will.
2. Der Aufsichtsrat hat den Jahresabschluss, den Lagebericht des Vorstandes und den Vorschlag für die Verwendung des Bilanzgewinns zu prüfen und über das Ergebnis der Prüfung schriftlich an die Hauptversammlung zu berichten. Er hat seinen Bericht innerhalb eines Monats nach Zugang der Vorlagen dem Vorstand zuzuleiten. Billigt der Aufsichtsrat nach Prüfung den Jahresabschluss, so ist dieser festgestellt, sofern nicht Vorstand und Aufsichtsrat beschließen, die Feststellung des Jahresabschlusses der Hauptversammlung zu überlassen.

3. Unverzüglich nach Eingang des Berichtes des Aufsichtsrats hat der Vorstand die ordentliche Hauptversammlung einzuberufen, die innerhalb der ersten acht Monate eines jeden Geschäftsjahres statt zu finden hat.

§ 14 Rücklagen, Gewinnverwendung

1. Stellen Vorstand und Aufsichtsrat den Jahresabschluss fest, so können sie bis zur Hälfte des Jahresüberschusses in andere Gewinnrücklagen einstellen; dasselbe gilt, wenn die Hauptversammlung den Jahresabschluss feststellt. Verlustvorträge sind vorweg zu bedienen.
2. Die Hauptversammlung beschließt über die Verwendung des sich aus dem festgestellten Jahresabschluss ergebenden Bilanzgewinns.

§ 15 Gründungskosten

Die Kosten der Gründung, insbesondere die Notargebühren, die Kosten der Gründungsprüfung, der Handelsregistereintragung und Bekanntmachung sowie die Kosten der Gründungsberatung trägt die X-AG bis zu einem Betrag von 10 000 €.
Sofern die anfallenden Kosten diesen Betrag übersteigen, fällt der Mehrbetrag den Aktionären im Verhältnis ihrer Beteiligung zur Last.

IV. REITs

15 Ein neuer Anwendungsbereich für die Aktiengesellschaft ergibt sich aus dem zum 1. 1. 2007 in Kraft getretenen **REIT-Gesetz**, vgl. *van Kann/Just/Krämer,* DStR 2007, 787. REITs, das Akronym für im Ausland schon seit Jahren bekannte Real Estate Investment Trusts, sind in über 20 Staaten anerkannte Standards zum indirekten Immobilieninvestment, vgl. *Schacht/Gänsler,* DStR 2006, 1518. Diese neue Immobilienanlageform in der Rechtsform börsennotierter Aktiengesellschaften ist steuerbefreit, so dass die Besteuerung erst auf der Ebene der Anteilseigner erfolgt. Zur Sicherstellung der Besteuerung auf der Ebene der Anteilseigner ist eine Mindestausschüttung von 90% des Jahresüberschusses in § 13 Abs. 1 Satz 1 REITG vorgeschrieben.

16, 17 *einstweilen frei*

V. Kommanditgesellschaft auf Aktien

Literatur: *Bauschatz,* Die Einpersonen-GmbH & Co. KGaA als Holdinggesellschaft, DStZ 2007, 39; *Fett,* Die Kapitalgesellschaft & Co. KGaA, INF 2005, 872; *Habel/Strieder,* Die Kommanditgesellschaft aA – ein Überblick, MittBayNot 1998, 65; *Hartel,* Umwandlung einer GmbH & Co. KG in eine KG auf Aktien, DB 1992, 2329; *Hoffmann/Herfs,* Struktur und Satzung der Familien-KGaA, FS für Walter Sigle (2000), 273; *Schürmann/Groh,* KGaA und GmbH & Co. KGaA, BB 1995, 684; *Watrin/Middendorf/Sievert,* Spezifische Probleme bei der GmbH & Co. KGaA als Familiengesellschaft, StuB 2005, 193; *Werner,* Die KGaA und die AG & Co. KG, NWB Fach 18, 4603 (Stand Februar 2008).

1. Gesetzliche Regelung

18 Die in den §§ 278–290 AktG geregelte KGaA verbindet die Vorzüge der Aktiengesellschaft mit denen der Kommanditgesellschaft. Darüber hinaus finden gem. § 278 Abs. 2 AktG für wichtige Teilbereiche die Vorschriften der Kommanditgesellschaft §§ 161 ff. HGB und somit über § 161 Abs. 2 HGB auch die Vorschriften der §§ 105 ff. HGB Anwendung, vgl. *Mertens,* in: KölnerKomm § 278 AktG Rn. 26. Gem. § 278 AktG ist eine Kommanditgesellschaft auf Aktien eine Gesellschaft mit eigener Rechtspersönlichkeit, bei der mindestens ein Gesellschafter den Gesellschaftsgläubigern unbeschränkt haftet **(persönlich haftender Gesellschafter)** und die übrigen an dem in Aktien zerlegten Grundkapital beteiligt sind, ohne persönlich für die Verbindlichkeiten der Gesellschaft zu haften **(Kommanditaktionäre)**. Das Rechtsverhältnis der persönlich haftenden Gesellschafter untereinander und gegenüber der Gesamtheit der Kommanditaktionäre sowie gegenüber Dritten, namentlich die Befugnis der persönlich haftenden Gesellschafter zur Geschäftsführung und zur Vertretung der Gesellschaft, bestimmt sich nach den Vorschriften des HGB über die Kommanditgesellschaft. Im übrigen gelten für die Kommanditgesellschaft auf Aktien die Vorschriften des ersten Buchs über die Aktiengesellschaft sinngemäß.

2. Anwendungsbereich

Nach Auffassung von *Schürmann/Groh,* BB 1995, 688 ist die KGaA für expansive Unternehmen eine interessante Rechtsform. Ähnlich wie die Aktiengesellschaft eröffnet sie dem Unternehmen den Zugang zum organisierten Kapitalmarkt und schafft ihm damit Möglichkeiten der Ausstattung mit Eigenkapital in einem Ausmaß, wie es auf anderem Wege niemals erreicht werden kann. 19

Auch für Familiengesellschaften, die die **Mitbestimmungsrechte** in der Rechtsform der AG fürchten, ist die Rechtsform der KGaA interessant. Allerdings sind das DrittelbG und das MitbestG 1976 grundsätzlich auch auf die KGaA anwendbar, so dass bei mehr als 2000 Mitarbeitern konzernweit ein paritätisch mitbestimmter Aufsichtsrat gem. § 1 Abs. 1 MitbestG einzurichten ist. 20

Die KGaA bietet eine Gestaltungsfreiheit wie sie für Körperschaften ungewöhnlich ist, so dass die geringe Verbreitung als Familiengesellschaft erstaunlich ist, vgl. *Graf,* Die Kapitalgesellschaft & Co. KG a. A., 1992, 5. Trotz der interessanten Gestaltungsmöglichkeiten fristet die Rechtsform der KGaA nach wie vor nur ein Nischendasein, vgl. *Bauschatz,* DStZ 2007, 39. 21

3. Organe der Gesellschaft

Die KGaA hat ähnlich wie die Aktiengesellschaft drei Organe, nämlich 22
- den/die persönlich haftenden Gesellschafter (Komplementär),
- die Hauptversammlung und
- den Aufsichtsrat.

a) Persönlich haftender Gesellschafter

Lange Jahre war strittig, ob persönlich haftender Gesellschafter einer KGaA auch eine Kapital- oder Personengesellschaft sein kann. Der Bundesgerichtshof hat dies mit Urteil vom 24. 2. 1997 BGHZ 134, 392; *Fett,* INF 2005, 872; *Bauschatz*, DStZ 2007, 39 bejaht. In dieser Entscheidung hat der Bundesgerichtshof auch festgestellt, dass bei der Einschaltung einer Komplementärgesellschaft, etwa einer GmbH oder einer GmbH & Co. KG auf der Ebene dieser Komplementärgesellschaft kein mitbestimmter Aufsichtsrat zu bilden sei. Es sei nicht Sache der Gerichte, im Bereich der Mitbestimmung Rechtsfortbildung zu betreiben, vgl. BGHZ 134, 392, 400. In der Literatur wird 23 seitdem insbesondere die GmbH & Co. KGaA als Familiengesellschaft empfohlen, vgl. *Watrin/Sievert,* StuB 2005, 193.

b) Aufsichtsrat

24 Nach der gesetzlichen Regelung hat der Aufsichtsrat der KGaA nur die Aufgabe, die Geschäftsführung zu überwachen und gem. § 287 AktG die Beschlüsse der Kommanditaktionäre auszuführen. Im Vergleich zum Aufsichtsrat der AG fehlt dem Aufsichtsrat der KGaA jedoch die Personalkompetenz, d. h. er ist nicht befugt, den oder die geschäftsführenden Komplementäre zu bestimmen. Die persönlich haftenden Gesellschafter sind geborene Geschäftsführungsorgane, vgl. *Hoffmann-Becking/Herfs,* in: FS für Sigle (2000, 273, 278). Dem Aufsichtsrat der KGaA fehlt auch das Recht gem. § 111 Abs. 4 Satz 2 AktG, bestimmte Geschäftsführungsentscheidungen von seiner Zustimmung abhängig zu machen, vgl. *Hüffer,* AktG § 278 Rn. 14.

4. Ertragsbesteuerung

25 Die Rechtsform der KGaA eröffnet steuerliche Gestaltungsspielräume, die gerade für Familiengesellschaften interessant sind. Die Besteuerung der Komplementäre folgt den Grundsätzen der Besteuerung von Personengesellschaften, während die KGaA selbst und ihre Aktionäre steuerlich als Kapitalgesellschaft bzw. Kapitalgesellschafter behandelt werden, vgl. *Habel/Strieder,* MittBayNot 1998, 95, 69. Die Rechtsform der KGaA gibt den Familiengesellschaftern zudem die Möglichkeit, sich nicht nur über die Komplementäranteile, sondern zugleich auch über Kommanditaktien zu beteiligen. Damit ergibt sich auch die Möglichkeit, unterschiedliche Stimm- und Mitwirkungsrechte für die einzelnen Familienmitglieder oder Familienstämme einzurichten.

a) Gewerbliche Einkünfte

26 Eine natürliche Person als Komplementär wird gem. § 15 Abs. 1 Nr. 3 EStG wie ein Mitunternehmer besteuert. Soweit eine Personengesellschaft die Stellung des persönlich haftenden Gesellschafters inne hat, erzielt diese gewerbliche Einkünfte. Juristische Personen als persönlich haftende Gesellschafter sind körperschaftsteuer- und gewerbesteuerpflichtig.

b) Kapitaleinkünfte

27 Die Aktionäre der KGaA erhalten von der Gesellschaft Dividenden, die gem. § 20 Abs. 1 Nr. 1 EStG Einkünfte aus Kapitalvermögen sind, wenn die Beteiligung im Privatvermögen gehalten wird. Wenn es sich bei den Aktien um Betriebsvermögen handelt oder der Aktionär eine Personengesellschaft ist, werden gewerbliche Einkünfte erzielt, vgl. *Habel,* MittBayNot 1998, 70.

5. Erbschaftsteuer

28 Für börsennotierte Anteile gilt der Kurswert. Im übrigen werden die Anteile der Aktionäre und des Komplementärs nach dem vereinfachten Ertragswertverfahren gem. §§ 200 ff. BewG bewertet.

6. Börsenzulassung

Familienunternehmen haben in Zeiten, in denen die Aufnahme von Fremdkapital immer schwieriger wird, mit der Rechtsform der KGaA die Möglichkeit, ihre Eigenkapitalbasis durch die Aufnahme von Kommanditaktionären, beispielsweise im Rahmen eines Börsengangs, zu verbessern, ohne Einfluss auf die Unternehmensführung zu verlieren, vgl. *Schürmann/Groh,* BB 1995, 684. Diese bilden hierfür folgendes Beispiel: 29

Der nach börsenmäßigen Bewertungsgrundsätzen ermittelte Wert eines Unternehmens beträgt 100 Mio. €. Die Gesellschaft wird in eine KGaA umgewandelt. Es werden eine Vermögenseinlage des persönlich haftenden Gesellschafters von 5 Mio. € und ein Grundkapital von 5 Mio. € festgesetzt. Beide befinden sich in den Händen der bisherigen Inhaber. Anschließend wird das Kapital um 5 Mio. € erhöht. Die neuen Aktien werden zum Kurs von 1000%, also 50 Mio. € beim Börsenpublikum platziert. In der Satzung wird das Recht des persönlich haftenden Gesellschafters verankert, seine Vermögenseinlage in einem bestimmten Verhältnis in Aktien umzuwandeln und dadurch eine Hauptversammlungsmehrheit zu gewinnen oder wieder zu gewinnen.

Allerdings wird die Börsenfähigkeit der KGaA wegen der verminderten Mitwirkungsrechte der Kommanditaktionäre im Vergleich zu Aktionären einer Aktiengesellschaft in Zweifel gezogen, vgl. *Hommelhoff,* in: Ulmer (Hrsg.), Die GmbH & Co. KGaA nach dem Beschluss BGHZ 134, 392 (1998), 9. Emmissionsbanken sind oft der Ansicht, dass die Wahl der Rechtsform der KGaA zu einem Bewertungsabschlag führt, vgl. *Hoffmann-Becking/Herfs,* in: FS für Sigle (2000), 277). 30

Ich dachte in meiner Jugend,
der Sozialismus sei die beste Gesellschaftsform.
Jetzt weiß ich, dass es die GmbH & Co. KG ist.
Franz Matthöfer

Sechster Teil. Doppelgesellschaften

§ 15 Die GmbH & Co. KG

Übersicht

Literatur: BMF-Schreiben vom 31. 5. 2002: Umsatzsteuer; Leistungen zwischen Gesellschaft und Gesellschafter; Geschäftsführungs- und Vertretungsleistungen eines Gesellschafters, BStBl. 2007 I 503; *Carlé/Strahl,* Gestaltungspraxis: Formwechsel der GmbH in die GmbH & Co. KG im Zivil- und Steuerrecht, KÖSDI 2005, 14830; *Driesen,* Unternehmensnachfolge bei GmbH und GmbH & Co. – rechtzeitige Regelung als Ausdruck verantwortlicher Unternehmensführung, GmbHR 2007, R 113; *Ehinger,* Auswirkungen des MoMiG auf die Praxis der GmbH & Co. KG, BB 2006, 2701; *Esskandari,* Abfindungs- und Auseinandersetzungsansprüche bei Ausscheiden aus der GmbH & Co. KG sowie deren Geltendmachung, GmbHR 2008, 138; *Kordes,* Gesellschafterversammlung der GmbH & Co. KG, GmbH-Stb 2007, 349; *Kraft/Ulrich,* Zielgesellschaft GmbH & Co. KG: Zivil- und steuerrechtliche Gestaltungsmöglichkeiten bei Veräußerung und Erwerb, DB 2006, 711; *Mohr,* Aktuelle Brennpunkte der Vertragsgestaltung bei GmbH & Co. KG, GmbH-StB 2008, 115; *von Rechenberg,* Erbfolge und Erbteilung in der GmbH & Co. KG, GmbHR 2005, 386; *Schiffers,* Die mittelständische GmbH & Co. KG im Rechtsformvergleich nach der Unternehmensteuerreform 2008, GmbHR 2007, 505; *Schulze zur Wiesche,* Anteile an einer Betriebs-GmbH und an der Komplementär-GmbH als wesentliche Betriebsgrundlage des Sonderbetriebsvermögens, GmbHR 2008, 238; *Spiegelberger,* Die Familien GmbH & Co. KG, ZEV 2003, 391; *Stollenwerk,* Generationswechsel bei GmbH & Co. KG: Erbfolge oder Verkauf?, GmbH-Stb 2006, 136; *ders.,* Die Schranken für die Verlustverrechnung durch § 15 b EStG für die mittelständische GmbH & Co. KG?, GmbH-Stb 2006, 333; *Werner,* Die Testamentsvollstreckung im Recht der GmbH und GmbH & Co. KG, NWB Fach 19, S. 3827 (Stand Dezember 2007); *Wesselbaum-Neugebauer,* Die GmbH und Co. KG versus Betriebsaufspaltung – Vermeidung einer gewerbesteuerlichen Doppelbesteuerung?, GmbHR 2007, 1300.

A. Gestaltungsvarianten

1 Außerhalb des Grundtypenkatalogs des HGB hat sich, erstmals höchstrichterlich sanktioniert durch die Entscheidung des BayObLG vom 16. 2. 1912, BayObLGZ Bd. 13, 69, die GmbH & Co. KG zu einer in Deutschland und Österreich weit verbreiteten mittelständischen Gesellschaftsform entwickelt, da sie die steuerlichen Vorteile der Personengesellschaft mit den Möglichkeiten der Haftungsbegrenzung der Kapitalgesellschaft verbindet, vgl. *Priester,* DNotZ 1977, 159. Darüber hinaus besteht bei dieser Gesellschaftsform insbesondere die Möglichkeit der Einsetzung einer mit den Gesellschaftern nicht identischen Geschäftsführung (Fremdorganschaft). Folgende Gestaltungsvarianten sind von besonderer Bedeutung:

I. Personengleiche GmbH & Co. KG

Literatur: *Borsch,* Die Stärkung des Einflusses der Komplementär-GmbH in der GmbH & Co. KG, GmbHR 2003, 881.

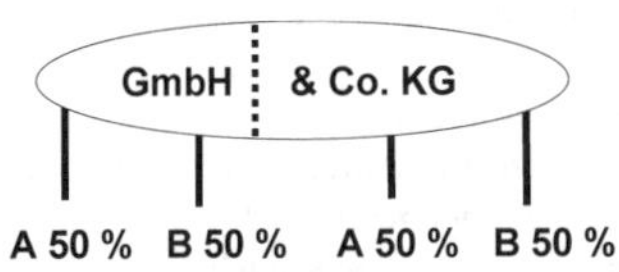

2 Sämtliche Kommanditisten sind zugleich auch Gesellschafter der GmbH. Besondere Bedeutung kommt bei der Vertragsformulierung der **Verzahnung** der Regelung im GmbH-Vertrag mit den Bestimmungen des KG-Vertrages zu, insbesondere für den Fall der Abtretung und Vererbung der Gesellschaftsanteile. Während bei der GmbH die Vererblichkeit des GmbH-Anteiles nicht ausgeschlossen, sondern nur durch Einziehungs- und Abtretungsregelungen

eingeschränkt werden kann (vgl. *Priester,* GmbHR 1981, 206; *Scholz/Winter,* GmbHG § 15 Rn. 12), bestehen derartige Beschränkungen bei dem KG-Vertrag nicht, vgl. *Langenfeld,* Das Testament des Gesellschafter-Geschäftsführers einer GmbH und GmbH & Co., 49. Weil die zu Abschnitt IV. empfohlene Einheits-GmbH & Co. KG jahrzehntelang umstritten war, wurde in der Praxis die umständliche Verzahnungsregelung bevorzugt. Da aber eine lückenlose Verzahnung nicht gelingt und die nicht personenidentische Rechtsnachfolge erhebliche einkommensteuerliche Gefahren (Entnahme der GmbH-Anteile aus dem Sonderbetriebsvermögen) mit sich bringt sowie das umständliche Handling einer mittelständischen Klientel kaum vermittelbar ist, verdient die Einheits-GmbH & Co. KG eindeutig den Vorzug.

II. Nicht personengleiche GmbH & Co. KG

Diese Gestaltung führt dazu, dass den Nur-Kommanditisten ein geringerer Einfluss zukommt als den Gesellschaftern, die sowohl an der KG als auch an der Geschäftsführungs-GmbH beteiligt sind. Die nicht personengleiche GmbH & Co. KG erlaubt die ertragsteuerlich interessante Variante, dass für die nur an der GmbH beteiligten Gesellschafter Pensionszusagen mit steuerlicher Wirkung vereinbart werden können, da diese nicht Mitunternehmer bei der Kommanditgesellschaft sind. 3

Beispiel: Einzelunternehmer V überträgt sein Einzelunternehmen auf seine Ehefrau M und seine Kinder S und T unter Buchwertfortführung gem. § 6 Abs. 3 EStG. Mit diesen Familienangehörigen gründet er eine GmbH & Co. KG, indem eine von ihm allein gehaltene GmbH als Komplementärin in die Gesellschaft eintritt.

Nicht personengleiche GmbH & Co. KG

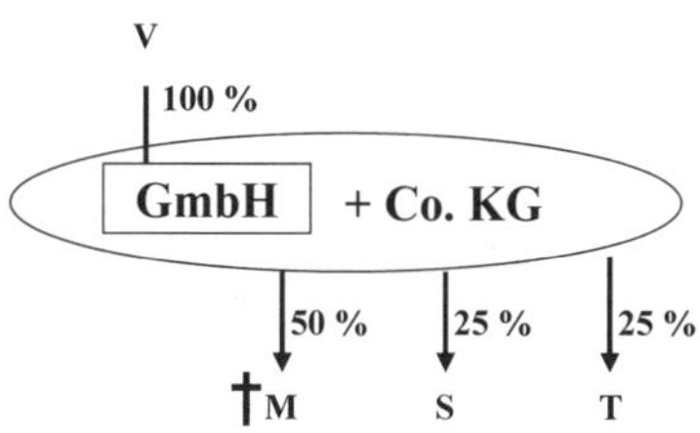

Bei der vorstehend gezeigten Gestaltung erzielt V als Geschäftsführer der GmbH nur Einkünfte aus nicht selbständiger Tätigkeit, da er an der KG nicht beteiligt ist. Eine Umqualifizierung der Bezüge aus nicht selbständiger Tätigkeit in gewerbliche Einkünfte unterbleibt. Die angemessenen Geschäftsführervergütungen stellen auch in keinem Fall eine Rückgewähr von Einlagen gem. § 172 Abs. 4 Satz 1 HGB dar, so dass die Vertragsgestaltung auch zur Insolvenzvorsorge in Betracht kommt. Die Gestaltung weist eine Parallele zu einer Betriebsaufspaltung auf, da die betrieblichen Aktivitäten bei einer GmbH liegen. Darüber hinaus ist die Gestaltung mit dem Vorteil verbunden, dass die GmbH bei Thesaurierung ihrer Gewinne zur Durchführung von Investitionen nicht den zusätzlichen Belastungen durch das Teileinkünfteverfahren unterliegt. 4

III. Die Einpersonen-GmbH & Co. KG

5 Eine natürliche Person ist alleiniger Gesellschafter der Komplementär-GmbH und einziger Kommanditist.

Beispiel: Der Einzelkaufmann E gründet eine Einmann-GmbH, die als persönlich haftende Gesellschafterin in das Unternehmen eintritt, während E seine Haftung auf die eines Kommanditisten beschränkt.

6 Bei der Fortführung eines Einzelunternehmens oder einer Personengesellschaft in der Rechtsform einer GmbH & Co. KG ist es zulässig, dass der bisherigen Firma lediglich der Rechtsformzusatz GmbH & Co. KG angehängt und für die Komplementär-GmbH unter Berücksichtigung der Grundsätze der Unterscheidbarkeit von Firmen eine entsprechende Neufirma gewählt wird. Die Gestaltung kann insbesondere Einzelunternehmern empfohlen werden, die eine Haftungsbegrenzung für ihr Unternehmen anstreben. Darüber hinaus kommt die Gestaltung insbesondere bei dem Ableben eines Einzelunternehmers in Betracht, da bei einer entsprechenden Umwandlungsanordnung im Testament uneingeschränkt eine Testamentsvollstreckung durchgeführt werden kann.

7–10 *einstweilen frei*

IV. Die Einheits-GmbH & Co. KG

Literatur: *D. u. Th. Carlé,* Ist die Stimmrechtsausübung der Kommanditisten in der Gesellschafterversammlung der Komplementär-GmbH einer Einheits-GmbH & Co. KG geprägeschädlich i. S. d. § 15 Abs. 3 Nr. 2 EStG?, GmbHR 2001, 100; *Esch,* Die GmbH & Co. als „Einheitsgesellschaft", BB 1991, 1129; *Ettinger/Wolff,* Veräußerung von Anteilen an einer deutschen GmbH & Co. KG im Rahmen grenzüberschreitender Unternehmenskäufe, GmbHR 2002, 891, 895; *Gehrlein,* Anmerkung zur Entscheidung des BGH BB 2007, 1914; *Giehl,* Willensbildung in der Einheits-GmbH & Co. KG, MittBayNot 2008, 268; *Hahn,* Die Beschlussfassung in der GmbH & Co. KG als Einheitsgesellschaft, Diss. 2003; *Krietenstein,* Gewerbliche Prägung der Einheits-GmbH & Co. KG, StuB 2006, 16; *Pauli,* Fallstricke bei der Errichtung einer gewerblich geprägten Immobilien GmbH & Co. KG, DB 2005, 1021; *Pickhardt-Poremba/Hechler,* Ausgewählte steuerrechtliche Fragen im Zusammenhang mit der Einheits-GmbH & Co. KG, GmbHR 2004, 1383; *K. Schmidt,* Zur Einheits-GmbH & Co. KG in: FS für Westermann, 2008, 1425; *Spiegelberger,* Der Siegeszug der Einheits-GmbH & Co. KG in: Liber Amizorum für Mock, 2009; *Wachter,* Anerkennung der Einheits-GmbH & Co. KG, ZNotP 2007, 410; *Werner,* Die GmbH & Co. KG in der Form der Einheitsgesellschaft, DStR 2006, 706.

1. Zulässigkeit

11 Die Kommanditgesellschaft ist Alleingesellschafterin ihrer Komplementär-GmbH. Dieses „Vereinheitlichungsmodell" wird vor allem verwendet, um die Verzahnungsprobleme der GmbH & Co. KG zu vereinfachen, vgl. *K. Schmidt,* Gesellschaftsrecht § 56 II 3 e.

Probleme bestehen bei der Abstimmung in der Gesellschafterversammlung. Über die Entlastung und Abberufung des GmbH-Geschäftsführers entscheiden gemäß § 46 Nr. 5 GmbHG die Gesellschafter, also die Kommanditgesellschaft als Alleingesellschafterin der GmbH. Diese wird jedoch von der GmbH und diese wiederum von dem Geschäftsführer vertreten, der gemäß § 47 Abs. 4 GmbHG von der Ausübung des Stimmrechts ausgeschlossen ist.

Die Praxis behilft sich damit, dass sie den Kommanditisten **Vollmacht** zur Ausübung des Stimmrechts gewährt, vgl. *Scholz/K. Schmidt,* GmbHG Anh. zu § 45 Rn. 59; *Bülow,* GmbHR 1982, 123. Auch wenn keine derartige Vollmacht erteilt wurde, wächst die Vertretungsmacht den Kommanditisten automatisch zu, weil eine Handlungsunfähigkeit dem Parteiwillen nicht entspricht, vgl. *K. Schmidt,* a. a. O., und somit im Wege der ergänzenden Auslegung des Gesellschaftsvertrages eine entsprechende Vollmacht unterstellt werden darf. Gesellschaftsvertraglich erteilte Vollmachten können auch nur gesellschaftsvertraglich aufgehoben werden. Der Umstand, dass Vollmachten im Fall der Insolvenz gem. § 117 InsO erlöschen, ist ohne weitere Bedeutung. 12

Einheits-GmbH & Co. KG

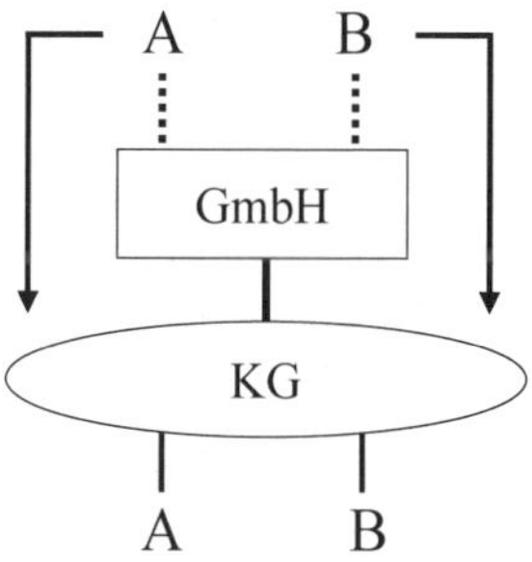

2. Gesetzliche Regelung

Esch, BB 1991, 1133 meint, dass bei der Einheitsgesellschaft zum Gläubigerschutz in den Gesellschaftsvertrag der GmbH & Co. KG eine Bestimmung aufzunehmen sei, wonach die Kommanditisten den Gegenwert der Geschäftsanteile zusätzlich zu ihrer Kommanditeinlage zu leisten haben. Der Betrag dieser zusätzlichen Leistungsverpflichtung sei auf einem Sonderkonto der Kommanditisten zu verbuchen. Der Gesetzgeber hat in § 172 Abs. 6 Satz 1 HGB geregelt, dass die Einlage eines Kommanditisten nicht in Anteilen an der persönlich haftenden Gesellschafterin bestehen kann. Gem. § 264 c Abs. 4 HGB sind Anteile an Komplementärgesellschaften in der Bilanz auf der Aktivseite unter den Posten A. III. 1 oder A. III. 3 auszuweisen. § 272 Abs. 4 HGB ist mit der Maßgabe anzuwenden, dass für diese Anteile in Höhe des aktivierten Betrags nach dem Posten „Eigenkapital“ ein Sonderposten unter der Bezeichnung „Ausgleichsposten für aktivierte eigene Anteile“ zu bilden ist. Der BGH BB 2007, 1914 m. Anm. *Gehrlein* hat die Einheits-GmbH & Co. KG ausdrücklich bestätigt. 13

3. Darlehensgewährung

Die Komplementär-GmbH kann ihr Stammkapital der GmbH & Co. KG auch darlehensweise gegen angemessene Verzinsung überlassen. § 43 a GmbHG steht insoweit nicht entgegen. Die gewerbliche Wirtschaft prakti- 14 ziert seit langen Jahren das cash pooling, um einen möglichst wirtschaftlichen Kapitaleinsatz zu erreichen, vgl. *Langer/Metgen,* GmbHR 2004, 1121. Die gegenläufige Rechtsprechung des BGH GmbHR 2008, 2003 ist angesichts der Änderung des § 30 GmbHG durch das MoMiG überholt, vgl. § 13 A II.

4. Steuerliche Vorzüge der Einheits-GmbH & Co. KG

a) Vorsorgegestaltung

15 Die Einheits-GmbH & Co. KG stellt auch eine hervorragende Vorsorgegestaltung für den Erbfall dar, da ein Auseinandertriften der KG-Beteiligung und des GmbH-Anteils ausgeschlossen ist. Mit dem KG-Anteil ist mittelbar auch immer die Beteiligung an der Komplementär-GmbH verbunden. Die von den Gegnern der Einheits-GmbH & Co. KG praktizierte Verzahnungsregelung kann nicht verhindern, dass im Fall einer qualifizierten Nachfolgeklausel bei der KG der GmbH-Anteil vorübergehend aus dem Betriebsvermögen entnommen wird, da qualifizierte Nachfolgeklauseln bei einer GmbH unzulässig sind. Allein diese Entnahmeproblematik zeigt schon die Vorteilhaftigkeit der Einheits-GmbH & Co. KG.

b) Stimmrechtsausübung

16 Die Stimmrechtsausübung der Kommanditisten in der Gesellschafterversammlung der Komplementär-GmbH bei einer Einheits-GmbH & Co. KG ist auch nicht geprägeschädlich i. S. d. § 15 Abs. 3 Nr. 2 EStG, da Geschäftsführung und Stimmrecht zwei Paar Stiefel sind; im Ergebnis zustimmend *Binz/Sorg,* Die GmbH & Co. KG, § 16 Rn. 55; *Hesselmann/Tillmann/Mueller-Thuns,* Handbuch der GmbH & Co. KG, § 8 Rn. 19; *Pauli,* DB 2005, 1021; *Spiegelberger,* ZEV 2003, 395; *Werner,* DStR 2006, 706. *D. Carlé* und *T. Carlé,* GmbHR 2001, 100 haben überzeugend nachgewiesen, dass nur **organschaftlich** begründete Geschäftsführungsbefugnisse der Kommanditisten geprägeschädlich sind. Die Ausführungen von *Pickhardt-Poremba/Hechler,* GmbHR 2004, 1383 betreffen den Fall, dass hinsichtlich der GmbH-Anteile die Kommanditisten die Geschäftsführungs- und Vertretungsbefugnis inne haben. Diese Gestaltung ist in der Tat nicht zu empfehlen, darf aber mit der Vollmachtserteilung zu Gunsten der Kommanditisten für die Fälle, in denen der Geschäftsführer der GmbH vom Stimmrecht ausgeschlossen ist, nicht verwechselt werden.

c) Umsatzsteuerliche Vereinfachung

17 Auch die umsatzsteuerliche Vereinfachung spricht für die Einheits-GmbH & Co. KG. Da die Kommanditgesellschaft die alleinige Gesellschafterin der GmbH ist, wird der Geschäftsführer der GmbH für eine abhängige Gesellschaft tätig und übt damit keine selbständige Tätigkeit aus. Ein Umsatzsteuerausweis entfällt somit, vgl. unten E IV.

5. Zusammenfassung

18 Die Einheits-GmbH & Co. KG bringt folgende Vorteile mit sich:
- einfache Vertragsgestaltung,
- gesicherte Verzahnung,

- Sondererbfolge ohne Gewinnrealisierung,
- umsatzsteuerliche Organschaft,
  so dass Geschäftsführerbezüge mehrwertsteuerfrei bleiben.
- Anteilsübertragungen bedürfen nicht der notariellen Beurkundung.

einstweilen frei 19, 20

V. Urkundengestaltung einer Einheits-GmbH & Co. KG

Beispiel: Dr. W hat als Einzelunternehmer ein chemisches Reinigungsprodukt entwickelt, das er mit einem eigenen Vertriebssystem zur Wasseraufbereitung, Großraum- und Schwimmbadreinigung und Sanitär- und Küchenhygiene vermarktet. Der älteste Sohn, der seit langen Jahren als leitender Angestellter tätig ist, drängt auf eine vorweggenommene Erbfolge. Die beiden in anderen Berufen arbeitenden Brüder wollen an dem erfolgreichen Familienunternehmen beteiligt sein.

1. GmbH-Vertrag

a) Urkundenmantel 21

Beurkundet am …

Nach Grundbucheinsicht beurkunde ich auf Ansuchen der Erschienenen den bei gleichzeitiger Anwesenheit vor mir abgegebenen Erklärungen gemäß was folgt:

I. Errichtung einer GmbH

Herr Dr. W
– nachfolgend kurz: „Gesellschafter" –
errichtet hiermit eine Gesellschaft mit beschränkter Haftung
unter der Firma
Clean Verwaltungs GmbH
mit Sitz in München
Die Gesellschafter legen für diese Gesellschaft den in der Anlage I zu dieser Urkunde niedergelegten
Gesellschaftsvertrag (Satzung)
fest.
Die Anlage I wurde mitverlesen. Sie ist wesentlicher Bestandteil und somit Inhalt und Gegenstand dieser Urkunde.

II. Beschlüsse der Gesellschafter

Die Gesellschafter beschließen einstimmig was folgt:

1. Herr W wird zum stets einzelvertretungsberechtigten Geschäftsführer der Gesellschaft bestellt.

Von den Beschränkungen des § 181 BGB wird der Geschäftsführer befreit.

2. Alle Geschäfte, die vom heutigen Tag an bis zur Eintragung der Gesellschaft in das Handelsregister getätigt werden bzw. wurden, gelten als für Rechnung der neu gegründeten Gesellschaft abgeschlossen.
3. Weitere Beschlüsse werden heute nicht gefasst.

III. Hinweise

Die Beteiligten wurden auf die Grundsätze der Kapitalaufbringung und -erhaltung hingewiesen, insbesondere auf die persönliche Haftung für

- vor der Handelsregistereintragung getätigte Rechtsgeschäfte,
- den Verbrauch des Stammkapitals vor der Handelsregistereintragung (Unterbilanzhaftung),

– Rückzahlungen,
– die nicht voll eingezahlten Stammeinlagen anderer Gesellschafter.

Ferner hat der Notar über die
– erforderlichen Angaben auf Geschäftsbriefen,
– Strafbarkeit für falsche Angaben gem. § 82 GmbHG

belehrt.

Die Gesellschafter wurden vom Notar vor der Begleichung von Rechnungen für unbestellte Registereintragungen gewarnt.

b) GmbH-Satzung

22 **§ 1 Firma, Sitz**

Die Firma der Gesellschaft lautet:
Clean Verwaltungs GmbH.
Sitz der Gesellschaft ist München.

§ 2 Gegenstand des Unternehmens

Gegenstand des Unternehmens ist die Übernahme der Geschäftsführung für die Firma Clean GmbH & Co. KG mit dem Sitz in München.

§ 3 Geschäftsjahr

Geschäftsjahr ist das Kalenderjahr.

§ 4 Stammkapital

1. Das Stammkapital beträgt 25 000 €
2. Vom Stammkapital übernimmt Dr. W eine Stammeinlage (Anteil 1) in Höhe von 25 000 € die in voller Höhe in bar erbracht wird.

§ 5 Vertretung der Gesellschaft

1. Die Gesellschaft hat einen oder mehrere Geschäftsführer.
2. Sofern nur ein Geschäftsführer bestellt ist, wird die Gesellschaft von diesem alleine vertreten.
3. Sind mehrere Geschäftsführer bestellt, wird die Gesellschaft durch zwei Geschäftsführer gemeinsam oder durch einen Geschäftsführer gemeinsam mit einem Prokuristen vertreten.
4. Die Gesellschafterversammlung kann jedem Geschäftsführer auch für den Fall Einzelvertretungsbefugnis erteilen, dass weitere Geschäftsführer bestellt sind.
5. Die Gesellschafterversammlung kann durch Gesellschafterbeschluss einzelne oder alle Geschäftsführer von den Beschränkungen des § 181 BGB (Verbot des Selbstkontrahierens und der Doppelvertretung) befreien.

§ 6 Stimmrechtsregelung

Solange die Firma Clean GmbH & Co. KG alleinige Gesellschafterin der Firma Clean Verwaltungs GmbH ist, sind die Kommanditisten im Verhältnis ihrer Beteiligung berechtigt, das Stimmrecht in der Gesellschafterversammlung der Clean Verwaltungs GmbH auszuüben, soweit der Geschäftsführer von der Stimmabgabe ausgeschlossen ist.

§ 7 Gründungskosten

Die im Zusammenhang mit der Gründung anfallenden Notarkosten, die Kosten der Bekanntmachung, der Anmeldung der Gesellschaft und ihrer Eintragung im Handelsregister und die Kosten der Gründungsberatung trägt die Gesellschaft bis zu einem Höchstbetrag von 1250 €; darüber hinausgehende Gründungskosten trägt der Gründer.

c) Anmerkungen zur GmbH-Satzung

Zu § 1 Firma. Zur Unterscheidung von der Firma der GmbH & Co. KG reicht der Zusatz „Verwaltung" bei der Komplementärin. 23

Zu § 2 Gegenstand des Unternehmens. Im Gegenstand des Unternehmens ist nur zum Ausdruck zu bringen, dass die GmbH die Geschäftsführung bei einem anderen Unternehmen übernimmt.

Zu § 3 Geschäftsjahr. Bei der Gründung einer GmbH könnte ein vom Kalenderjahr abweichendes Geschäftsjahr ohne Zustimmung des Finanzamtes vereinbart werden. Die Übereinstimmung mit dem Geschäftsjahr der GmbH & Co. KG dient der Vereinfachung.

Zu § 4 Stammkapital. Die Volleinzahlung ist bei einer Einheits-GmbH & Co. KG dringend anzuraten, da selbst bei der Gründung durch mehrere Gesellschafter die anschließende Abtretung der Geschäftsanteile an die GmbH zu einer Anteilsvereinigung i. S. des § 19 Abs. 4 GmbHG führt.

Zu § 5 Vertretung der Gesellschaft. Die Befreiung von den Beschränkungen des § 181 BGB ist bei mittelständischen GmbHen zu empfehlen, um verdeckten Gewinnausschüttungen vorzubeugen.

Zu § 6 Vollmacht. Soweit der Geschäftsführer z. B. gem. § 47 Abs. 4 GmbHG von der Abstimmung bei seiner Bestellung, Entlastung oder Abberufung vom Stimmrecht ausgeschlossen ist, ist die Erteilung einer Stimmrechtsregelung zu Gunsten der Kommanditisten sinnvoll.

2. GmbH & Co. KG-Vertrag

a) Urkundenmantel

I. Sachstand

Im Handelsregister des Amtsgerichtes … HRA … ist Herr Dr. W als Inhaber des dort 24
unter der Firma
Dr. W Clean e. K.
vorgetragenen Einzelunternehmens eingetragen.
Gegenstand des Unternehmens ist die Entwicklung und Herstellung sowie der Vertrieb von chemischen Produkten zur Wasseraufbereitung, Großraum- und Schwimmbadreinigung sowie zur Sanitär- und Küchenhygiene.

II. Einbringung des Einzelunternehmens

Herr Dr. W bringt hiermit das vorbezeichnete Einzelunternehmen mit allen Aktiva und Passiva in die mit dieser Urkunde errichtete Clean GmbH & Co. KG mit dem Sitz in Adorf ein, für die der in der Anlage beigefügte Gesellschaftsvertrag gilt. Der Einbringung liegt die zum 31. 12. 00 von Herrn Steuerberater S zu erstellende Bilanz zugrunde.
Mit eingebracht wird das Grundstück der
Gemarkung Adorf
Flst.Nr. 1 zu 0,1000 ha,
vorgetragen im Grundbuch des Amtsgerichtes … für Adorf Blatt …
mit der darauf errichteten Produktionshalle.

III. Auflassung und Eigentumsübertragung

Die Vertragsteile sind über den vereinbarten Einigungsübergang einig und bewilligen und beantragen die Clean GmbH & Co. KG als Alleineigentümerin im Grundbuch einzutragen.

Die Vertragsteile sind auch über den Eigentumsübergang aller zum Betriebsvermögen zählenden beweglichen Gegenstände einig. Die Übergabe ist bereits erfolgt. Ferner tritt Herr Dr. W alle in der Schlussbilanz des Einzelunternehmens ausgewiesenen Forderungen an die Clean GmbH & Co. KG ab. Diese übernimmt zugleich mit schuldbefreiender Wirkung gegenüber Herrn Dr. W alle Verbindlichkeiten des Einzelunternehmens, wie diese in der Schlussbilanz ausgewiesen werden und verpflichtet sich, Herrn Dr. W von jeder Inanspruchnahme freizustellen. Die gem. §§ 415 ff. BGB erforderlichen Genehmigungen werden die Vertragsteile selbst einholen.

IV. Abtretung von GmbH-Geschäftsanteilen

Aufschiebend bedingt zum Zeitpunkt der Eintragung der GmbH im Handelsregister tritt hiermit Herr Dr. W seinen Geschäftsanteil an der zu Urkunde des amtierenden Notars vom heutigen Tage gegründeten Firma Clean Verwaltungs GmbH an die hiermit gegründete Firma Clean GmbH & Co. KG ab, die die aufschiebend bedingte Abtretung annimmt.

V. Besitz, Nutzungen und Lasten

Besitz, Nutzungen und Lasten gehen zum 1. 1. 01 über.

VI. Rückforderungsrecht

Herr Dr. W ist berechtigt, von der der Einräumung von KG-Anteilen zugrundeliegenden Schenkung zurückzutreten und von seinen Söhnen Dr. Hubert W, Dr. Wolfgang W und Stefan W die unentgeltliche Rückübertragung der Gesellschaftsanteile zu verlangen, wenn

a) eine wesentliche Verschlechterung in den Vermögensverhältnissen des jeweiligen Erwerbers eintritt oder die Zwangsvollstreckung in den Gesellschaftsanteil des Erwerbers betrieben wird, ohne dass der Erwerber die Vollstreckungsmaßnahmen innerhalb von sechs Monaten abwendet oder
b) der Gesellschafter die Verpflichtung zur Güterstandsvereinbarung gem. § 21 auch nach einer Nachfristsetzung mit einer Frist von einem Vierteljahr nicht nachkommt oder
c) ein Erwerber vor dem Übergeber verstirbt, ohne dass der Gesellschaftsanteil ausschließlich auf leibliche Abkömmlinge übergeht, oder
d) ein Erwerber der Trunk-, Drogen- oder Spielsucht verfällt.

VII. Pflichtteilsanrechnung

Die Beteiligung der Söhne Hubert, Wolfgang und Stefan an der Gesellschaft erfolgt im Wege der vorweggenommenen Erbfolge unter Anrechnung auf die Pflichtteilsansprüche der Erwerber. Im Falle der Ausübung des Rücktritts gem. VI. entfällt die Pflichtteilsanrechnung.

Eine Ausgleichung gem. § 2050 BGB wird ausgeschlossen.

VIII. Schlussbestimmungen

Der betriebliche Schenkungsteuerfreibetrag gem. § 13a Abs. 1 Satz 1 Nr. 2 ErbStG wird zu gleichen Teilen für die Zuwendung an die Söhne Dr. Wolfgang W und Stefan W in Anspruch genommen.

Die Begünstigten wurden darauf hingewiesen, dass der Freibetrag rückwirkend entfällt, wenn die Beteiligung innerhalb von sieben Jahren veräußert würde oder wenn die

Entnahmen die Summe der Einlagen und der zugerechneten Gewinne 150 000 € in diesem Zeitraum übersteigen.

b) Gesellschaftsvertrag

Gesellschaftsvertrag der Firma 25
Clean GmbH & Co KG

Präambel

Herr Dr. W bringt einen Teil seines Familienvermögens mit der Erwartung in die Clean GmbH & Co. KG ein, dass die Mitgesellschafter unter Führung von Dr. Hubert W in Harmonie dieses im Schenkungswege übertragene Vermögen für ihre Familien erhalten und mehren.

§ 1 Firma, Sitz

1. Die Firma der Gesellschaft lautet: Clean GmbH & Co. KG.
2. Sitz der Gesellschaft ist Adorf.

§ 2 Gegenstand des Unternehmens

Gegenstand des Unternehmens ist die Entwicklung und Herstellung sowie der Vertrieb von chemischen Produkten zur Wasseraufbereitung, Großraum- und Schwimmbadreinigung sowie zur Sanitär- und Küchenhygiene.

§ 3 Geschäftsjahr

Geschäftsjahr ist das Kalenderjahr.

§ 4 Dauer der Gesellschaft, Kündigung

1. Das Gesellschaftsverhältnis wird auf unbestimmte Zeit abgeschlossen und kann erstmals unter Einhaltung einer Frist von einem Jahr zum 31. 12. 2030 gekündigt werden.
2. Im Falle der Kündigung scheidet der kündigende Gesellschafter aus der Gesellschaft aus, die mit dem Recht zur Firmenfortführung von den verbleibenden Gesellschaftern fortgesetzt wird.

§ 5 Gesellschafter

1. Persönlich haftende Gesellschafterin ist die Firma Clean Verwaltungs GmbH i. G. mit dem Sitz in D. Sie ist am Vermögen und Gewinn der Kommanditgesellschaft nicht beteiligt und leistet keine Einlage.
2. Kommanditisten sind
   a) Dr. Siegfried W
   b) Frau Eva W
   c) Dr. Hubert W
   d) Dr. Wolfgang W
   e) Stefan W

je mit einer Kommanditeinlage in Höhe von 10 000 €, die jeweils einer Beteiligung am Unternehmen von 20% entspricht.

§ 6 Konten der Gesellschafter

1. Für die Kommanditisten wird ein Kapitalkonto I eingerichtet. Die Höhe der Kapitalkonten entspricht den zum Handelsregister angemeldeten Kommanditeinlagen. Die Kapitalkonten I werden nicht verzinst.
2. Daneben wird für jeden Kommanditisten ein Kapitalkonto II eingerichtet, auf dem die über die Hafteinlagen hinausgehenden Einlagen gebucht werden und über die nur mit Zustimmung der Gesellschafterversammlung verfügt werden darf. Auch das

Kapitalkonto II hat Eigenkapitalcharakter, ohne dass der Stand der Kapitalkonten II das Stimmrecht in der Gesellschafterversammlung verändert.

3. Etwaige Verluste der Gesellschaft werden auf Kapitalverlustkonten, einem Unterkonto von Kapitalkonto II, verbucht. Gewinne dürfen erst wieder übernommen werden, wenn das Kapitalverlustkonto ausgeglichen ist.
4. Ferner wird bei der Gesellschaft ein gesamthänderisch gebundenes Rücklagenkonto geführt. Das Rücklagenkonto wird aus abgezweigten Gewinnen gespeist und soll in erster Linie die Aufgaben erfüllen, die den offenen Rücklagen bei einer Kapitalgesellschaft zukommen.
5. Darüber hinaus wird für jeden Gesellschafter ein Privatkonto eingerichtet, über das sich der Verrechnungsverkehr zwischen der Gesellschaft und den Gesellschaftern vollzieht. Guthaben auf dem Privatkonto werden mit 1% über dem Basiszinssatz, Schulden mit 3% über dem Basiszinssatz verzinst. Die Zinsen werden staffelmäßig berechnet; Grundlage ist der jeweilige Stand am 01. eines jeden Kalendermonats.
6. Bei dem Ausscheiden aus der Gesellschaft sowie bei der Liquidation des Unternehmens errechnet sich der Gesellschaftsanteil eines jeden Gesellschafters aus der Summe der Kapitalkonten I und II.

§ 7 Kapitalerhöhung

Kapitalerhöhungen können grundsätzlich nur aufgrund von einstimmigen Gesellschafterbeschlüssen erfolgen.

Kapitalerhöhungen gemäß Abs. 1 sollen grundsätzlich nur aus Gesellschaftsmitteln zu Lasten des Rücklagenkontos gemäß § 6 Abs. 4 des Gesellschaftsvertrages vorgenommen werden.

§ 8 Geschäftsführung und Vertretung

1. Zur Geschäftsführung und Vertretung der Gesellschaft ist die Komplementärin allein berechtigt und verpflichtet; für sie handeln die Geschäftsführer.
2. Die Geschäftsführer der persönlich haftenden Gesellschafterin sind für Rechtsgeschäfte zwischen der persönlich haftenden Gesellschafterin und der Gesellschaft von den Beschränkungen des § 181 BGB befreit.
3. Zur Vornahme von Geschäften und Rechtshandlungen, die über den üblichen Rahmen des Geschäftsbetriebes hinausgehen, ist die vorherige Einwilligung der Gesellschafter erforderlich. Dies gilt – aber nicht ausschließlich – für die nachstehenden Rechtshandlungen und Rechtsgeschäfte:
   a) Erwerb von und Verfügung über Grundstücke, grundstücksgleiche Rechte sowie Abschluss von Leasingverträgen über unbewegliche Wirtschaftsgüter;
   b) Vornahme von Neubauten, Erweiterungen von Gebäuden, Erwerb von und Verfügung über Gegenstände des mobilen Anlagevermögens einschließlich des Abschlusses von Leasingverträgen, sofern dies nicht im jährlichen Investitionsplan genehmigt ist oder der Anschaffungsaufwand für einen bestimmten Anlagegegenstand oder eine Sachgesamtheit den Betrag von 1 000 000 € im Einzelfall überschreitet;
   c) Erwerb, Veräußerung, Belastung und Veränderung von Beteiligungen an anderen Unternehmen sowie Abschluss, Änderung und Beendigung von Unternehmensverträgen mit anderen Unternehmen;
   d) Änderungen der Geschäftsrichtung im Rahmen des Gesellschaftszweckes, Aufnahme neuer Geschäftszweige und die Änderung der Grundprinzipien der Firmenstrategie, die auf dem Direktvertrieb oder auf der festen Anstellung von Außendienstarbeitern zum Produktvertrieb an Großabnehmer mit Beratung zur Anwendung besteht;
   e) Erwerb von und Verfügung über Patente oder ähnliche Verfahrensrechte sowie Abschluss von Lizenzverträgen mit einem Jahreswert von über 100 000 €;

f) Bestellung von Geschäftsführern, Prokuristen und Generalbevollmächtigten;
g) Errichtung und Aufhebung von rechtlich selbständigen Zweigniederlassungen;
h) Eingehen von Bürgschaften, soweit sie nicht im laufenden Geschäft der Gesellschaft üblich sind, Eingehung von Darlehensverbindlichkeiten über 1 Mio. € sowie die Errichtung von typischen oder atypisch stillen Gesellschaften;
i) Stimmrechtsausübung bei Beteiligungsgesellschaften, falls der Beschlussgegenstand zu den genehmigungsbedürftigen Rechtsgeschäften und Rechtshandlungen im Sinne dieser Bestimmung zählt oder die Gesellschafterversammlung zuständig wäre;
j) Abschluss und Änderung von Miet- und Pachtverträgen mit Gesellschaftern oder deren Angehörigen oder Gesellschaften, die mehrheitlich von Gesellschaftern oder/und Angehörigen beherrscht werden;
k) Anstellung oder Beratertätigkeit mit nahen Angehörigen im Sinne von § 15 AO
l) Pensionszusagen oder ähnliche Verpflichtungen.

Über die vorstehenden Geschäfte und Rechtshandlungen entscheidet die Gesellschafterversammlung mit einer Mehrheit von zwei Drittel der insgesamt vorhandenen Stimmen.

§ 9 Aufwendungsersatz, Geschäftsführungsvergütungen

1. Die persönlich haftende Gesellschafterin hat Anspruch auf Ersatz aller ihr durch die Geschäftsführung erwachsenden Aufwendungen.
2. Soweit Kommanditisten geschäftsführend tätig sind, steht ihnen eine Tätigkeitsvergütung zu, die von Fall zu Fall von der Gesellschafterversammlung mit zwei Drittel aller vorhandenen Stimmen festgelegt wird. Diese Tätigkeitsvergütungen stellen im Verhältnis der Gesellschafter zueinander Aufwand dar.
3. Herrn Dr. Hubert W wird das gesellschaftsvertragliche Sonderrecht eingeräumt, bis zum 65. Lebensjahr als einzelvertretungsberechtigter Geschäftsführer der Clean Verwaltungs GmbH tätig zu sein. Die Geschäftsführervergütung ist in dem Anstellungsvertrag geregelt. Die Abberufung von Herrn Dr. Hubert W kann nur aus wichtigem Grund erfolgen.

§ 10 Gesellschafterversammlung

1. Beschlüsse der Gesellschafter, die nach diesem Vertrag oder dem Gesetz erforderlich sind, werden in Gesellschafterversammlungen gefasst. Die ordentliche Gesellschafterversammlung findet in den ersten sieben Monaten eines jeden Geschäftsjahres statt. Sie ist in folgenden Fällen zuständig:
   a) Genehmigung des von der Geschäftsführung vorgelegten Jahresabschlusses;
   b) Beschlussfassung über die Zuführung von Teilen des Jahresgewinnes in das Rücklagenkonto (§ 6 Abs. 4) und deren Höhe;
   c) Bestellung und Entlastung von Geschäftsführern;
   d) Wahl und Bestellung der Person, die den Abschluss erstellt bzw. prüft;
   e) Zustimmung wegen Befreiung vom Wettbewerbsverbot und
   f) Auflösung von mehr als der Hälfte der Rücklagen.

In den Fällen a) bis f) ist die Zustimmung von zwei Drittel aller insgesamt vorhandenen Stimmen erforderlich,

   g) In allen Fällen, in denen ein Drittel der insgesamt vorhandenen Gesellschafterstimmen als weiteren Gegenstand der Gesellschafterversammlung unverzüglich nach Eingang der Einladung benennen.

2. Eine außerordentliche Gesellschafterversammlung findet statt, wenn das Wohl und Interesse der Gesellschaft es erforderlich erscheinen lassen und ein Drittel der insgesamt vorhandenen Gesellschafterstimmen dies beantragt.
3. Beschlüsse können auch außerhalb von Gesellschafterversammlungen gefasst werden, wenn sämtliche Gesellschafter mit der schriftlichen Abgabe der Stimmen einverstanden sind. Die Schriftform wird auch durch elektronische Datenübermittlung gewahrt.

§ 11 Einberufung der Gesellschafterversammlung und Beschlussfassung

1. Die Gesellschafterversammlung wird von den Geschäftsführern der Komplementär-GmbH durch eingeschriebenen Brief an die Gesellschafter einberufen. Zwischen der Absendung des Briefes und dem Tag der Versammlung müssen mindestens vier Wochen liegen. Bei der Einberufung ist die Tagesordnung mitzuteilen. Der Einberufung zur ordentlichen Gesellschafterversammlung ist der Jahresabschluss beizufügen. Jedem Gesellschafter steht das Recht zu, für den Fall der Abwesenheit eine gemäß Nr. 4 zur Vertretung berechtigte Person zu benennen, die bei Abwesenheit des Gesellschafters zur Gesellschafterversammlung einzuladen ist.
2. Der Vorsitzende der Versammlung wird vor Eintritt in die Tagesordnung gewählt. Solange Herr Dr. Siegfried W als Gesellschafter der Gesellschaft angehört, übernimmt dieser den Vorsitz in der Versammlung.
3. Die Gesellschafterversammlung ist beschlussfähig, wenn alle Gesellschafter ordnungsgemäß geladen und in der Versammlung mindestens 50% des Kommanditkapitals vertreten sind. Ist die Versammlung bei Eröffnung danach beschlussunfähig, so ist eine neue Gesellschafterversammlung mit derselben Tagesordnung und unter Einhaltung einer Frist von zwei Wochen einzuberufen, die alsdann ohne Rücksicht auf Satz 1 beschlussfähig ist. Auf diese Folge ist in der erneuten Einladung hinzuweisen.
4. Die Gesellschafter können sich in der Gesellschafterversammlung durch einen Mitgesellschafter oder einen Angehörigen der rechts- oder steuerberatenden sowie wirtschaftsprüfenden Berufe vertreten lassen. Der Gesellschafter, der sich im vorstehenden Sinne vertreten lassen will, hat diese Absicht spätestens bis zum Ablauf des 15. Tages vor der Gesellschafterversammlung der einberufenden Stelle mitzuteilen, es sei denn, dass die Verhinderung auf Krankheit beruht.
5. Je 10 000 € Kommanditeinlage gewähren eine Stimme.
6. Zur Wirksamkeit der Beschlüsse ist im allgemeinen eine einfache Mehrheit genügend, sofern das Gesetz oder dieser Vertrag nicht zwingend eine höhere Mehrheit vorschreiben. Stimmenthaltungen gelten als nicht abgegebene Stimmen.
7. Die Gesellschafterversammlung kann auf die Einhaltung sämtlicher Frist-, Form- und Ladungsvorschriften für eine ordnungsgemäße Einberufung verzichten, wenn alle Gesellschafter damit einverstanden sind oder in der Versammlung anwesend oder vertreten sind.
8. Solange die Firma Clean GmbH & Co. KG alleinige Gesellschafterin der Firma Clean Verwaltungs GmbH ist, sind die Kommanditisten im Verhältnis ihrer Beteiligung berechtigt, das Stimmrecht in der Gesellschafterversammlung der Clean Verwaltungs GmbH auszuüben, soweit die Geschäftsführer an der Ausübung des Stimmrechts gehindert sind.

§ 12 Protokolle über die Beschlüsse

1. Über die Beschlüsse der Gesellschafterversammlung, gleichviel, ob sie in förmlicher Versammlung oder im Umlaufverfahren gefasst worden sind, ist eine Niederschrift anzufertigen und von dem Vorsitzenden der Gesellschafterversammlung bzw. – im Falle des Umlaufverfahrens – der Geschäftsführung der Komplementär-GmbH zu unterzeichnen.
2. Die Niederschrift ist den Gesellschaftern schriftlich zuzustellen. Die Belege über die rechtzeitige Einladung der förmlichen Gesellschafterversammlung sind in geeigneter Weise aufzubewahren.

§ 13 Anfechtung von Beschlüssen

1. Beschlüsse der Gesellschafterversammlung sind aus den gleichen Gründen nichtig, aus denen sie nichtig oder anfechtbar wären, wenn es sich um eine Gesellschaft mit beschränkter Haftung handeln würde.

2. Die Anfechtung von Beschlüssen ist nur innerhalb von zwei Monaten nach Beschlussfassung oder, wenn der betroffene Gesellschafter an der Abstimmung nicht teilgenommen hat, ab Absendung des Beschlusses an die zuletzt von ihm angegebene Adresse zulässig.

§ 14 Rechnungswesen, Jahresabschluss

1. Die geschäftsführenden Gesellschafter haben innerhalb einer Frist von drei Monaten nach Ablauf des Geschäftsjahres den Jahresabschluss für das abgelaufene Geschäftsjahr aufzustellen.
2. Der Jahresabschluss ist nach den handelsrechtlichen Vorschriften zu erstellen. Gegebenenfalls ist zusätzlich eine Steuerbilanz zu fertigen.

§ 15 Gewinnermittlung und -verteilung

1. Der Gewinn ergibt sich nach Berücksichtigung der Posten, die im Verhältnis der Gesellschafter zueinander betriebswirtschaftlichen Aufwand oder Ertrag darstellen. Es handelt sich dabei um folgende Aufwendungen bzw. Erträge:
   a) Zinsen auf Guthaben/Schulden auf Kapitalkonten I und II und auf Kapitalverlustkonten;
   b) Risikoprämie für die Komplementär-GmbH; die persönlich haftende Gesellschafterin erhält für ihre persönliche Haftung eine Vergütung von 4% ihres Stammkapitals;
   c) sämtliche Bezüge der Gesellschafter-Geschäftsführer sowie sonstiger angestellter Geschäftsführer;
   d) etwaige Pensions- und/oder Ruhegehaltsbezüge von Gesellschafter-Geschäftsführern, Geschäftsführern und deren Hinterbliebenen;
   e) Zuführungen zu Rückstellungen für Pensions- und/oder Ruhegehaltszusagen.
2. Für jedes Geschäftsjahr ist eine Kapitalrücklage von mindestens 10% des Jahresüberschusses zu bilden. Darüber hinaus gehende Rücklagen bedürfen der Zustimmung von zwei Drittel der insgesamt vorhandenen Gesellschafterstimmen.
3. Der nach Abs. 1 und 2 verbleibende Überschuss oder Verlust wird im Verhältnis der festen Kapitalkonten gemäß § 6 Abs. 1 auf die Gesellschafter verteilt. Die persönlich haftende Gesellschafterin nimmt am Gewinn und Verlust der Gesellschaft nicht teil.
4. Der verbleibende Überschuss oder Verlust gemäß Abs. 3 wird wie folgt verbucht:
   a) Verluste werden den Verlustvortragskonten gemäß § 6 Abs. 3 zugeschrieben;
   b) Gewinnanteile werden dem Privatkonto gemäß § 6 Abs. 3 zugeschrieben, sofern nicht Verlustvortragskonten gemäß § 6 Abs. 2 auszugleichen sind.

§ 16 Einlagen und Entnahmen

1. Einlagen zum Ausgleich von Verlustvortragskonten oder Kapitalkonten mit negativem Saldo sind jederzeit auch ohne Zustimmung der übrigen Gesellschafter zulässig.
2. Einlagen sind auf Kapitalkonto II zu verbuchen, sofern nicht Verlustvortragskonten ausgeglichen werden sollen.
3. Einlagen dürfen nicht zu einer Änderung der Stimmrechte oder der Gewinnverteilung führen.
4. Im Falle einer Kapitalerhöhung, die nicht aus der Umwandlung von Rücklagen erfolgt, können die Gesellschafter ihre Beiträge nach freier Wahl durch die Einlage oder Umbuchung von Guthaben von dem Kapitalkonto II erbringen.
5. Tätigkeitsvergütungen einschließlich Tantiemen und Zinsen für die Kapitalkonten der Gesellschafter sowie sonstige Vergütungen an Gesellschafter können frei entnommen werden.
6. Entsprechendes gilt für Steuern, die mit der Gesellschafterstellung bei dieser Gesellschaft im Zusammenhang stehen. Die zusätzliche Steuerbelastung, die dem Gesellschafter aufgrund der Progressionswirkung der Beteiligung an der Gesellschaft bei seinen sonstigen Einkünften entsteht, darf ebenfalls frei entnommen werden.

7. Eine Entnahme von Guthaben von dem Kapitalkonto II eines beschränkt haftenden Gesellschafters ist unzulässig, wenn die Summe aller Kapitalkonten dieses Kommanditisten (Festkapital-, Darlehens-, Verlustvortrags-, Kapitalkonto II und anteiliges Rücklagenkonto) negativ ist und sich dieses negative Kapitalkonto durch die Entnahmen erhöht oder ein solches negatives Kapitalkonto durch die Entnahmen entsteht.
8. Im übrigen entscheidet die Gesellschafterversammlung über sonstige Entnahmen mit einer Mehrheit von zwei Drittel der insgesamt vorhandenen Gesellschafterstimmen.

§ 17 Abbedingung von Auflösungsgründen

In den Fällen, in denen das Gesetz für den Eintritt gewisser Ereignisse die Auflösung vorsieht, soll diese nicht eintreten. Vielmehr scheidet der Gesellschafter, in dessen Person das Ereignis eingetreten ist oder der dieses veranlasst hat, aus der Gesellschaft aus. Die Gesellschaft setzt sich alsdann mit den übrigen Gesellschaftern unter dem bisherigen Firmennamen fort.

§ 18 Ausscheiden eines Gesellschafters

1. Ein Gesellschafter scheidet aus der Gesellschaft aus, wenn
   a) er das Gesellschaftsverhältnis kündigt (§ 4);
   b) über sein Vermögen das gerichtliche Insolvenzverfahren eröffnet oder die Eröffnung mangels Masse abgelehnt wird;
   c) in seinen Gesellschaftsanteil eine Pfändung ausgebracht und die Aufhebung der Pfändung des Gesellschafters nicht innerhalb von sechs Monaten seit deren Wirksamwerden nachgewiesen ist;
   d) ein Gesellschafter seine Verpflichtungen aus diesem Vertrag nachhaltig verletzt.
2. In den vorbezeichneten Fällen a–c) scheidet der Gesellschafter mit Eintritt dieses Ereignisses aus der Gesellschaft ganz oder teilweise aus, ohne dass es eines weiteren Beschlusses der Gesellschafterversammlung der Gesellschaft bedarf.

Im Falle Abs. 1 Buchstabe d) beschließen die verbleibenden Gesellschafter den Ausschluss. Der betroffene Gesellschafter hat dabei kein Stimmrecht und scheidet mit Wirksamwerden des Beschlusses aus der Gesellschaft aus.

§ 19 Tod eines Kommanditisten

Durch den Tod eines Gesellschafters wird die Gesellschaft nicht aufgelöst, sondern mit dessen Erben oder Vermächtnisnehmern fortgesetzt, sofern es sich hierbei um Mitgesellschafter oder leibliche Abkömmlinge des Verstorbenen handelt oder der Gesellschaftsanteil des Verstorbenen innerhalb eines Jahres auf nachfolgeberechtigte Gesellschafter übertragen wird. Anderenfalls wird die Gesellschaft von den verbleibenden Gesellschaftern fortgesetzt. Im Falle des Todes des letzten Kommanditisten wird die Gesellschaft in jedem Falle mit seinen Erben fortgeführt.

Jeder Gesellschafter kann letztwillig auch seinem Ehegatten den Nießbrauch an der Gesellschaftsbeteiligung zuwenden mit dem Recht zur Stimmrechtsausübung in der Gesellschafterversammlung.

§ 20 Verfügungen über Gesellschaftsanteile

1. Jeder Gesellschafter kann seinen Geschäftsanteil ganz oder teilweise auf andere Gesellschafter oder Abkömmlinge übertragen. Für Übertragungen auf andere Personen ist ein Einwilligungsbeschluss der Gesellschafter erforderlich, der mehr als 75% aller nach dem Gesellschaftsvertrag vorhandenen Stimmen bedarf.
2. Zur Verpfändung oder Belastung oder zur Einräumung einer Unterbeteiligung an einem Gesellschaftsanteil und zur Verfügung über Rechte und Ansprüche aus dem Gesellschaftsverhältnis zu Gunsten anderer als in Abs. 1 genannter Personen bedarf ein Gesellschafter gleichfalls eines Einwilligungsbeschlusses der Gesellschafterversammlung mit einer Mehrheit von 75% der insgesamt vorhandenen Stimmen.

§ 21 Güterstandsvereinbarung

1. Gesellschafter, die natürliche Personen sind, verpflichten sich, unverzüglich Gütertrennung zu vereinbaren oder zu vereinbaren, dass die Beteiligung an dieser Gesellschaft bei der Berechnung eines etwaigen Zugewinnes außer Ansatz bleibt und auch aus dem Pflichtteilsrecht des Ehegatten ausscheidet.
2. Ein Verstoß gegen diese Bestimmung gilt als wichtiger Grund i.S.v. § 18 dieses Vertrages.

§ 22 Abfindung

1. Wenn ein Gesellschafter gem. § 18 ausscheidet, erhält er eine Abfindung; die Abfindung ist den Erben zu vergüten, wenn der Gesellschafter von Todes wegen ausscheidet, ohne dass der Anteil gem. § 19 auf nachfolgeberechtigte Personen übergeht.
2. Als Abfindungsguthaben erhält der ausgeschiedene Gesellschafter einen seiner Beteiligung an der Gesellschaft entsprechenden Anteil am Unternehmenswert unter Abzug eines Abschlags von 20%. Der Unternehmenswert ist nach dem von der Finanzverwaltung angewandten vereinfachten Ertragswertverfahren gem. §§ 200 ff. BewG durch den im Zeitpunkt des Ausscheidens des Gesellschafters für die Gesellschaft tätigen Steuerberater als Schiedsgutachter gem. § 317 BGB zu ermitteln.
3. Sofern die Gesellschaft von einem Gläubiger des Gesellschafters gekündigt oder der Gesellschafter aus wichtigem Grund ausgeschlossen wurde, beträgt der vom Unternehmenswert abzuziehende Abschlag nicht 20%, sondern 40%, so dass nur 60% des anteiligen Unternehmenswertes vergütet werden.
4. Das Abfindungsguthaben ist in drei gleichen, unmittelbar aufeinander folgenden Jahresraten auszuzahlen. Die erste Rate ist ein Jahr nach dem Ausscheidungsstichtag zur Zahlung fällig. Ab dem Ausscheidungsstichtag ist das jeweilige Abfindungsguthaben mit jährlich 3% – drei vom Hundert – zu verzinsen. Die Zinsen sind jeweils mit den Jahresraten zu entrichten.
5. Vorzeitige Zahlung der Abfindung ist jederzeit zulässig. Sicherheitsleistung kann für das Abfindungsguthaben nicht gefordert werden.

§ 23 Wettbewerbsverbot

Jedem Gesellschafter ist es untersagt, während seiner Zugehörigkeit zur Gesellschaft der Gesellschaft mittelbar oder unmittelbar, gelegentlich oder gewerbsmäßig, unter eigenem oder unter fremdem Namen, für eigene oder fremde Rechnung, im Geschäftszweig der Gesellschaft Konkurrenz zu machen. Dies gilt auch für solche Geschäftszweige, in denen die Gesellschaft beim Abschluss dieses Vertrages noch nicht tätig war.
Über eine Befreiung vom Wettbewerbsverbot entscheidet die Gesellschafterversammlung mit einer Mehrheit von 75% der abgegebenen Stimmen.

§ 24 Informationsrecht

Für das Auskunfts- und Einsichtsrecht eines Gesellschafters gilt § 51 a GmbHG in entsprechender Anwendung. Es kann nur persönlich ausgeübt werden. Eine Vertretung ist nicht zulässig. Jedoch kann der Gesellschafter auf eigene Kosten die Zuziehung eines Rechtsanwalts, Steuerberaters oder Wirtschaftsprüfers verlangen.
Das Einsichtsrecht erstreckt sich auf die Bücher und Schriften. Der Gegenstand der Einsichtnahme muss hinreichend bekannt gemacht werden.
Von diesem Recht soll höchstens alle drei Monate Gebrauch gemacht werden und es muss vier Wochen vorher angemeldet werden.
Die durch die Ausübung des Auskunfts- und Einsichtsrechtes dem Gesellschafter entstehenden Kosten hat dieser selbst zu tragen.

§ 25 Teilnichtigkeit

Sollte eine Bestimmung dieses Vertrages nichtig, anfechtbar oder unwirksam sein, so soll die Wirksamkeit der übrigen Bestimmungen hiervon nicht berührt werden. Die angreifbare Bestimmung ist vielmehr durch eine wirksame zu ersetzen und/oder so auszulegen, dass der mit ihr erstrebte wirtschaftliche und/oder ideelle Zweck nach Möglichkeit erreicht wird.

3. Anmerkungen zum GmbH & Co. KG-Vertrag

a) Urkundenmantel

26 **Zu II: Einbringung des Einzelunternehmens.** Mit der Einbringung des gesamten Unternehmens gehen in aller Regel auch die Verbindlichkeiten auf die Gesellschaft über. Während die Kommanditgesellschaft mit dem Problem belastet ist, dass gem. § 176 Abs. 1 HGB der Kommanditist wie ein Komplementär haftet, wenn er dem Geschäftsbeginn vor Eintragung im Handelsregister zugestimmt hat, besteht diese Rechtsfolge bei einer GmbH & Co. KG nicht. Die unbeschränkte Haftung des Kommanditisten einer GmbH & Co. KG ist ausgeschlossen, wenn dem Gläubiger die Beteiligung als Kommanditist bekannt war. Die Verwendung einer GmbH & Co.-Firma genügt, um die unbeschränkte Kommanditistenhaftung auszuschließen, vgl. BGH NJW 1983, 258; OLG Frankfurt, GmbHR 2007, 1326; *K. Schmidt,* Gesellschaftsrecht § 56 III 3b.

27 **Zu III: Eigentumsübertragung.** Im familiären Bereich erfolgen Betriebsübertragungen oder Einbringungen meist ohne dass zum Zeitpunkt der Beurkundung die in Bezug genommene Bilanz vorliegt. Beurkundungsrechtlich ist dies nicht zu beanstanden, da die Bezugnahme auf eine künftig zu erstellende Bilanz selbst bei einem Unternehmenskaufvertrag zulässig ist. Die Bilanzierung kann regelmäßig erst nach Vollzug der Vereinbarungen erfolgen.

28 **Zu IV: Abtretung von GmbH-Geschäftsanteilen.** Da die GmbH erst mit ihrer Eintragung im Handelsregister entsteht, kann die Anteilsabtretung nur aufschiebend bedingt zu diesem Zeitpunkt erfolgen.

29 **Zu V: Besitz, Nutzungen und Lasten.** In aller Regel soll die Übertragung zu einem Bilanzstichtag erfolgen, um die Kosten für eine Zwischenbilanz zu sparen. Unbedenklich ist der Übergang von Besitz, Nutzungen und Lasten zu einem künftigen Bilanzstichtag. Rückwirkungen sind nur in sehr begrenztem Umfang bis zu einem Zeitraum von zwei Monaten zulässig, vgl. BFH BB 1979, 1128.

30 **Zu VI: Ausscheiden aus der Gesellschaft.** Nach der Benteler-Entscheidung BGH NJW 1990, 2616 ist zwischen dem Schenkungswiderruf und dem gesellschaftsrechtlichen Ausschluss zu unterscheiden. Im Fall des Schenkungswiderrufs kann die unentgeltliche Rückgabe vereinbart werden, während bei einem gesellschaftsrechtlichen Ausschluss aus der Gesellschaft notwendig eine Abfindung zu gewähren ist.

31 **Zu VII: Schenkungsteuerfreibetrag gem. § 13a Abs. 1 ErbStG.** Der Freibetrag kann jeweils nur einheitlich für eine Schenkung gewährt werden und nicht sukzessive auf mehrere hintereinander folgende Schenkungen

verteilt werden, vgl. *Viskorf/Klier/Hübner/Knobl/Schuck,* Erbschaftsteuer- und Schenkungsteuergesetz, Bewertungsgesetz § 13a ErbStG Rn. 90.

b) Gesellschaftsvertrag der GmbH & Co. KG

Zu § 4: Kündigungsregelung. Bei Familiengesellschaften wird im all- 32
gemeinen eine lange Mindestlaufzeit gewünscht, um einen frühzeitigen Liquiditätsabfluss zu vermeiden, der sogar zu einer Betriebsaufgabe nötigen könnte. Bei unmäßiger Dauer des Kündigungsausschlusses ist nach § 242 BGB eine jederzeitige Kündigung gem. § 723 Abs. 1 Satz 1 BGB anzunehmen, vgl. *Palandt/Thomas,* § 723 BGB Rn. 3. Ein Kündigungsausschluss auf die Dauer von 30 Jahren ist wohl zulässig, vgl. *Ulmer,* in: MünchKomm § 723 BGB Rn. 47.

Zu § 6: Konten der Gesellschafter 33

Literatur: *Horn,* Gesellschafterkonten der Personengesellschaften, BuW 2001, 624.

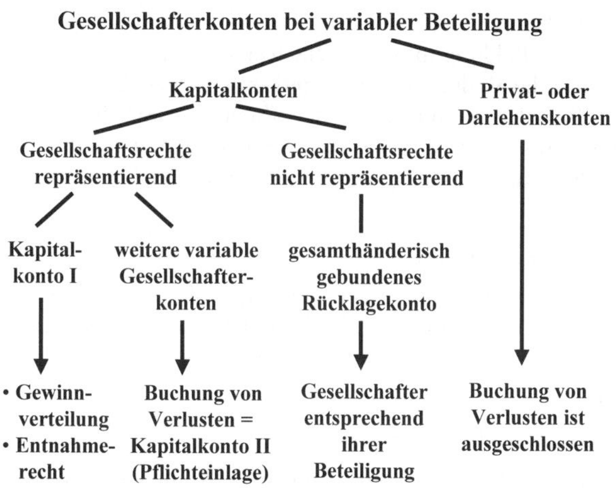

Die Kontenbildung ist von zentraler Bedeutung sowohl für die gesellschaftsrechtliche Stellung als auch für die Besteuerung des Gesellschafters. Im allgemeinen empfiehlt sich folgende Kontenbildung:

aa) Festes Kapitalkonto

Das feste Kapitalkonto I ist regelmäßig, aber nicht notwendig identisch mit 34
der Hafteinlage des Kommanditisten laut Handelsregister. Im allgemeinen richtet sich das Stimmrecht und die Gewinn- und Verlustverteilung nach dem Kapitalkonto I.

bb) Variables Kapitalkonto II

Gewinn- und Verlust, Einlagen und Entnahmen werden regelmäßig über 35
ein variables Kapitalkonto II gebucht, das zur Abgrenzung von einem bloßen Darlehenskonto Eigenkapitalcharakter aufweist und insbesondere auch für die bewertungsrechtliche Verteilung des Betriebsvermögens auf die Kommandi-

tisten neben dem Kapitalkonto I gem. § 97 Abs. 1a Nr. 1 BewG von Bedeutung ist. Demnach ist es sinnvoll, auch die Beteiligungsquote beim Ausscheiden oder bei der Liquidation nach der Summe der Kapitalkonten I und II zu bemessen. Um einen Missbrauch durch Einlagen zu vermeiden, kann im Gesellschaftsvertrag vorgesehen werden, dass Einlagen der Genehmigung der übrigen Gesellschafter bedürfen. Durch variable Kapitalkonten II kann eine **gleitende** Erbfolge unter Übergang stiller Reserven ohne Schenkungsteuer erreicht werden, wenn die Entnahmen des Seniors die der Junioren übersteigen.

cc) Kapitalverlustkonto

36 Verluste werden vorsorglich auf Kapitalverlustkonten gebucht, die ein Unterkonto des Kapitalkontos II darstellen. Gewinne dürfen entsprechend der Regelung in § 172 Abs. 4 Satz 2 HGB erst wieder entnommen werden, wenn nach Verlustjahren das Kapitalverlustkonto ausgeglichen wurde.

dd) Rücklagenkonto

37 Um die Kapitalbildung in der Gesellschaft zu fördern, sehen Gesellschaftsverträge häufig die Bildung eines gesamthänderischen Rücklagenkontos vor, das einem Rücklagenkonto bei einer Kapitalgesellschaft vergleichbar ist. Gem. § 264c Abs. 2 Satz 8 HGB sind als Rücklagen nur solche Beträge auszuweisen, die aufgrund einer gesellschaftsrechtlichen Vereinbarung gebildet worden sind.

ee) Darlehens- oder Privatkonto

38 Sowohl für die Gliederung des Eigenkapitals als auch für die Abgrenzung von Eigen- und Fremdkapital ist es erforderlich, zwischen Kapitalkonten und Darlehenskonten zu unterscheiden, vgl. BFH/NV 2000, 1390; *Horn,* BuW 2001, 624.

ff) Anteile an der Komplementär-GmbH

39 Gem. § 264c Abs. 4 HGB sind Anteile an Komplementär-Gesellschaften in der Bilanz auf der Aktivseite der Bilanz gem. § 266 Abs. 2 HGB unter den Posten A. III. 1 oder A. III. 3 auszuweisen. § 272 Abs. 4 HGB ist mit der Maßgabe anzuwenden, dass für diese Anteile des aktivierten Betrags nach dem Posten „Eigenkapital" ein Sonderposten unter der Bezeichnung „Ausgleichsposten für aktivierte eigene Anteile" zu bilden ist.

40 **Zu § 9: Geschäftsführung.** Häufig wünscht der Gründer der Gesellschaft ein gesellschaftsvertraglich verankertes **Sonderrecht auf Geschäftsführung** der Gesellschaft mit Einzelvertretungsbefugnis auf Lebensdauer, so dass die Abberufung nur noch aus wichtigem Grund erfolgen kann.

41 **Zu § 11: Stimmrechtsregelung.** Aufgrund der Einheits-GmbH & Co. KG ergibt sich in Gesellschafterversammlungen der GmbH die Situation, dass der Geschäftsführer als gesetzliches Vertretungsorgan z.B. gem. § 47 Abs. 4 GmbHG von der Beschlussfassung ausgeschlossen ist. Daher ist eine Stimmrechtsregelung zugunsten der Kommanditisten für die vom Stimmrechtsausschluss erfassten Beschlussgegenstände sinnvoll.

Eine Vollmachtserteilung oder Stimmrechtsregelung zerstört nicht die gewerbliche Prägung gem. § 15 Abs. 3 Nr. 2 EStG, h. M., vgl. *Carlé/Carlé,* GmbHR 2001, 100; *Spiegelberger,* ZEV 2003, 395 und oben IV 4b.

Zu § 19: Tod eines Gesellschafters. Bei Familiengesellschaften wird die gesetzliche Regelung, wonach Kommanditanteile vererblich sind, regelmäßig eingeschränkt, so dass eine Sondererbfolge entsteht. 42

Zu § 20: Verfügungsbeschränkung. Auch die Verfügung über Gesellschaftsanteile unter Lebenden wird bei Familiengesellschaften regelmäßig auf nahe Familienangehörige eingeschränkt, insbesondere auf Mitgesellschafter oder Abkömmlinge. 43

Zu § 21: Güterstandsvereinbarung. Auch die Güterstandsvereinbarung soll den Charakter als Familiengesellschaft sichern, darüber hinaus auch die Liquidität der Gesellschaft. 44

Zu § 22: Abfindung. Bei der Abfindung eines Gesellschafters orientiert sich die BGH-Rechtsprechung, die eine Inhaltskontrolle ausübt, an der betriebswirtschaftlichen Beurteilung, wonach grundsätzlich der Ertragswert des Gesellschaftsanteiles, mindestens der Liquidationswert zugrunde zu legen ist, wobei selbstverständlich den Vertragsparteien eine Reduzierung der Abfindung innerhalb der Grenzen der §§ 138 und 242 BGB eingeräumt wird. Das Stuttgarter Verfahren, das die Finanzverwaltung für nicht börsennotierte Kapitalgesellschaftsanteile verwendete, wurde in der Literatur zu Recht auch für Personengesellschaften empfohlen, vgl. *van Randenbourgh,* BB 1986, 79; *Spiegelberger,* Vermögensnachfolge Rn. 412. Um den Gesellschaftern eine Doppelbewertung zu ersparen, empfiehlt es sich in Zukunft, an das von der Finanzverwaltung angewandte vereinfachte Ertragswertverfahren gem. §§ 200ff. BewG anzuknüpfen und eine gewünschte Reduzierung durch einen Prozentsatz dieser Anteilsbewertung zu erreichen. 45

VI. Limited & Co. KG

Die Auslandsgesellschaft & Co. KG ist zwischenzeitlich sowohl gesellschaftsrechtlich als auch steuerlich anerkannt. 46

Das BayObLG NJW 1986, 3039 hatte die Eintragung der Landshuter Druckhaus Ltd. & Co. im Handelsregister abgelehnt. Teile der Literatur, z. B. *Baumbach/Hopt,* HGB Anh. § 177a Rn. 11 haben schon bisher die Zulässigkeit bejaht. Aufgrund der „Überseering"-Entscheidung des EUGH v. 5. 11. 2002, ZIP 2002, 2037 kann die gesellschaftsrechtliche Zulässigkeit nicht mehr bestritten werden. Die Firma Müller Ltd. & Co. KG, der wohl größte Pharmaprodukthändler, hat die Eintragung im Handelsregister längst erreicht.

Die gewerbliche Prägung durch ausländische Kapitalgesellschaften hat der BFH GmbHR 2007, 669 ausdrücklich anerkannt. Eine ausländische Kapitalgesellschaft, die nach ihrem rechtlichen Aufbau und ihrer wirtschaftlichen Gestaltung einer inländischen Kapitalgesellschaft entspricht, ist danach geeignet, eine Personengesellschaft gewerblich i. S. von § 15 Abs. 3 Nr. 2 Satz 1 EStG zu prägen.

einstweilen frei 47–50

B. Der Weg in die GmbH & Co. KG

I. Errichtung einer GmbH & Co. KG aus einem Einzelunternehmen

1. Gründungsprobleme

51 **Beispiel:** Einzelunternehmer Arthur Hammer erscheint im August im Notariat und will rückwirkend zum 1. 1. sein Einzelunternehmen in eine GmbH & Co. KG umwandeln, um eine Zwischenbilanz zu ersparen.

Für die Errichtung einer Komplementär-GmbH gelten die allgemeinen Grundsätze. Die Unterscheidbarkeit von der Firma der KG muss beachtet werden. Der Rechtsformzusatz bei der Kommanditgesellschaft „& Co. KG“ reicht als Unterscheidungskriterium nicht aus. Keine Probleme bestehen, wenn die Komplementär-GmbH und KG einen unterschiedlichen Sitz aufweisen.

52 Bei der GmbH muss sich aus dem Gegenstand des Unternehmens ergeben, dass sich die GmbH als persönlich haftende Gesellschafterin an anderen Gesellschaften beteiligt und deren Geschäftsführung übernimmt. Ein Hinweis auf einen bestimmten Geschäftsbetrieb ist nicht erforderlich, vgl. *Schlegelberger/ Martens,* § 161 Rn. 107. Der Tätigkeitsbereich der KG darf im Unternehmensgegenstand der GmbH nur erscheinen, wenn diese tatsächlich auch – neben der Verwaltungstätigkeit – Geschäfte im Tätigkeitsbereich der KG selbst wahrnimmt. Davor ist schon wegen der Problematik der verdeckten Gewinnausschüttung bei Konkurrenzgeschäften zu warnen.

53 Die Vor-GmbH kann bereits als Komplementärin der GmbH & Co. KG tätig sein. Im Handelsregister wird als Komplementärin die „GmbH in Gründung“ eingetragen. Nach Eintragung der GmbH in das Handelsregister ist der Zusatz „in Gründung“ auf dem Registerblatt der GmbH & Co. KG zu löschen, vgl. BGH NJW 1985, 737; *Hachenburg/Ulmer,* § 11 Rn. 133. Zum Abschluss des Gesellschaftsvertrages müssen die GmbH und ihre Organe von den Beschränkungen des § 181 BGB befreit werden.

2. Einbringung

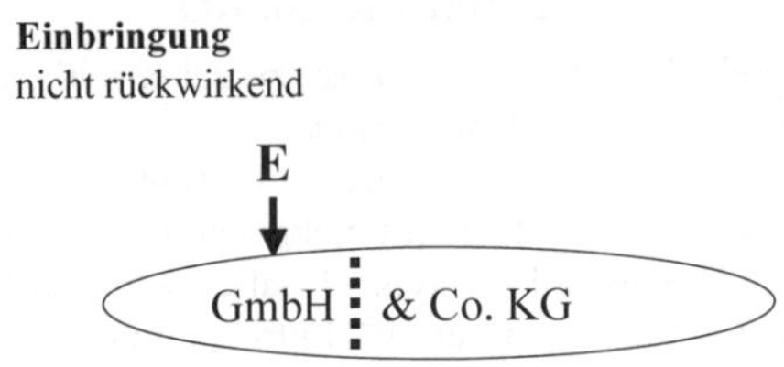

54 Die Umwandlung eines Einzelunternehmens in eine GmbH & Co. KG kann als Einbringungsvorgang gemäß § 24 UmwStG gestaltet werden, wobei die Wahl eines bis zu acht Monaten zurückliegenden Einbringungszeitpunktes – wie bei Einbringung eines Betriebes in eine Kapitalgesellschaft gemäß § 20 Abs. 8 UmwStG – **nicht zulässig** ist, da **kein Fall** einer **Gesamtrechtsnachfolge** vorliegt. Die Einbringung kann zum Buchwert, zu einem Zwischenwert oder zum Teilwert erfolgen. Mangels einer gesetzlichen Rückwirkungsfiktion darf die Einbringung allenfalls kurze Zeit nach dem Bilanzstichtag des untergehenden Unternehmens (höchstens zwei Monate)

durchgeführt werden, um die Buchwertfortführung zu sichern. Andernfalls sollte für die Einbringung eine Zwischenbilanz erstellt oder der Rechtsformwechsel für den nächstfolgenden Bilanzstichtag vereinbart werden.

3. Ausgliederung

Ausgliederung
rückwirkend 8 Monate
gem. § 24 IV i.V.m. § 20 VI UmwStG

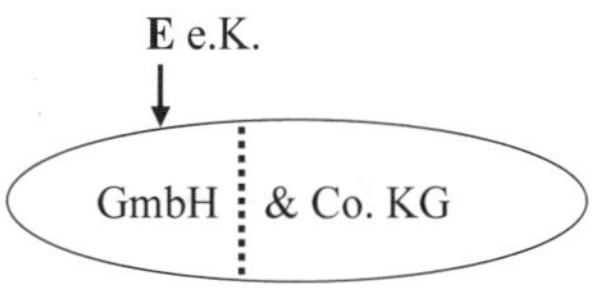

Eine Ausgliederung beinhaltet eine partielle **Gesamtrechtsnachfolge**, so 55
dass über § 24 Abs. 4 UmwStG die Acht-Monats-Frist des § 20 Abs. 8 UmwStG in Anspruch genommen werden darf. Sofern aufgrund einer bereits erstellten Bilanz eines Einzelunternehmens, z.B. zum 31. 12. 00, eine GmbH & Co. KG errichtet werden soll, bietet sich die Möglichkeit der Ausgliederung gem. § 123 Abs. 3 Nr. 1 i.V.m. § 152 Satz 1 UmwG durch Übertragung auf einen *bestehenden* Rechtsträger (Ausgliederung). Ein bisher nicht im Handelsregister eingetragenes Unternehmen wird als Einzelunternehmen angemeldet und eine Vorrats-GmbH & Co. KG gegründet. Nach Eintragung dieser GmbH & Co. KG im Handelsregister wird der Ausgliederungsbeschluss gefasst.

4. Einkommensteuer

Auch wenn die Schlussbilanz des Einzelunternehmens ein **negatives Ka-** 56
pitalkonto ausweist, kann die Umwandlung erfolgen, sofern bei der GmbH & Co. KG – unter Berücksichtigung der stillen Reserven – keine Überschuldung gegeben ist. Die Verwendung von Ergänzungsbilanzen ist uneingeschränkt möglich. Der einbringende Einzelunternehmer kann in der Eröffnungsbilanz der GmbH & Co. KG alle stillen Reserven aufdecken und dies durch eine negative Ergänzungsbilanz wieder auffangen, wenn die Komplementär-GmbH kapitalmäßig nicht beteiligt ist.

Bei der Einbringung eines Einzelunternehmens in eine GmbH & Co. KG 57
können Wirtschaftsgüter, insbesondere Grundstücke des Einzelunternehmers, in dessen **Sonderbetriebsvermögen verbleiben**, so dass sich auch diesbezüglich ein wesentlicher Unterschied gegenüber der Handhabung bei der Einbringung in eine GmbH gemäß § 20 UmwStG ergibt. Die Zurückbehaltung von Grundstücken ist insbesondere aus haftungsrechtlichen Gründen sinnvoll. Für die Errichtung einer Familien-GmbH & Co. KG gelten die allgemeinen Grundsätze, vgl. BFH BStBl. II 1979, 670.

5. Grunderwerbsteuer

Bei der Änderung der Beteiligungsverhältnisse innerhalb der 5-Jahres-Frist 58
des § 5 Abs. 3 GrEStG entfällt die Vergünstigung von § 5 Abs. 1 und 2

GrEStG rückwirkend, es sei denn, dass die Befreiungsvorschriften der §§ 3 Nr. 4, 5 und 6 GrEStG bei entsprechenden Verwandtschaftsverhältnissen eingreifen. Nach Durchführung eines Formwechsels muss die 5-Jahres-Frist in jedem Fall uneingeschränkt eingehalten werden.

Grunderwerbsteuerbefreiung

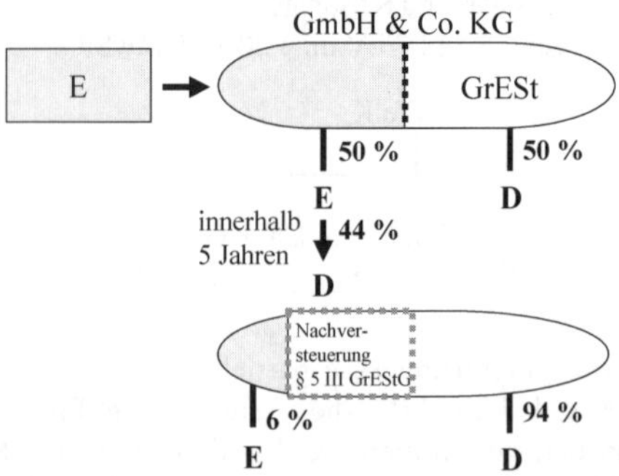

6. Gestaltungsvorschlag für einen Ausgliederungsvertrag: Einzelkaufmännisches Unternehmen auf GmbH & Co. KG

59 Beurkundet am …

A. Vormerkung

I. Ich betreibe unter der Firma
„Arthur Hammer e. K.“
– im folgenden auch als „übertragender Rechtsträger“ bezeichnet –
ein Einzelunternehmen, das im Handelsregister des Amtsgerichts … unter HRA … eingetragen ist.

II. Das Vermögen dieses Einzelunternehmens wird durch den heutigen Ausgliederungsvertrag als Gesamtheit unter Gewährung von Gesellschafterrechten auf die
Hammer GmbH & Co. KG
– im folgenden auch als „übernehmender Rechtsträger“ bezeichnet –,
die im Handelsregister des Amtsgerichts Traunstein unter HRB … eingetragen ist, ausgegliedert.

An dem übernehmenden Rechtsträger sind als Gesellschafter beteiligt:
– als Komplementär:
Hammer Verwaltungs GmbH mit dem Sitz in …
(ohne Kapitalbeteiligung)
– als Kommanditist: Herr Arthur Hammer (Einlage: 500 €)

III. Die Verbindlichkeiten des Einzelkaufmanns übersteigen nicht sein Vermögen.

B. Ausgliederungsvertrag

I. Ich übertrage das Vermögen des von mir unter der Firma „Arthur Hammer e. K.“ in … betriebenen Unternehmens als Gesamtheit gemäß §§ 123 Abs. 3, 152 UmwG auf die „Hammer GmbH & Co. KG“ gegen Gewährung eines Kommanditanteils an die-

ser Gesellschaft in Höhe von 500 € (Ausgliederung zur Aufnahme aus dem Vermögen eines Einzelkaufmanns).
Soweit ein Saldo zwischen dem Wert des Nettovermögens und dem gewährten Kommanditanteil besteht, wird dieser auf Kapitalkonto II gebucht.

Hinweis: Keine ausschließliche Buchung auf Darlehenskonto, da zur Buchwertfortführung gem. § 24 UmwStG Gesellschaftsrechte gewährt werden müssen.

II. Der Kommanditanteil gewährt ab dem 1. 1. 01 einen Anspruch auf einen Anteil am Bilanzgewinn.

III. Der Ausgliederung wird die Bilanz der „Arthur Hammer e. K." in ... zum 31. 12. 00 (Schlussbilanz) zugrunde gelegt.
Eine Aufstellung der übertragenen Aktiva und Passiva ist dieser Niederschrift als Anlage beigefügt, auf die nach § 14 BeurkG verwiesen wird. Der Erschienene verzichtet auf das Vorlesen und hat die Bilanz auf jeder Seite unterschrieben.

IV. Die Übertragung des Vermögens der „Arthur Hammer e. K." in ... erfolgt mit Wirkung zum 1. 1. 01, 0.01 Uhr.
Die Handlungen der „Arthur Hammer e. K. „ in ... nach diesem Zeitpunkt gelten als für Rechnung der „Hammer GmbH & Co. KG" vorgenommen (Ausgliederungsstichtag).

V. Besondere Rechte, Maßnahmen oder Vorteile im Sinne der §§ 126 Abs. 1 Nr. 7 und Nr. 8 UmwG werden nicht gewährt.
Die Arbeitsverhältnisse der im Unternehmen der „Arthur Hammer" in ... beschäftigten Arbeitnehmer gehen nach § 613a BGB auf die „Hammer GmbH & Co. KG" über.
Ich beabsichtige, im Zusammenhang mit der Ausgliederung keinerlei Maßnahmen zu treffen, die sich auf die Arbeitnehmer der „Arthur Hammer" auswirken.
Im Unternehmen der „Arthur Hammer" besteht kein Betriebsrat.

C. Prüfung und Ausgliederungsbericht

I. Eine Prüfung der Ausgliederung findet nach § 125 S. 2 UmwG nicht statt.
II. Ein Ausgliederungsbericht ist für den Einzelkaufmann nach § 153 UmwG nicht erforderlich.
Alle Gesellschafter des übernehmenden Rechtsträgers verzichten hiermit auf die Erstattung des Ausgliederungsberichts.

D. Zustimmungen, Verzichte

Die Gesellschafter des übernehmenden Rechtsträgers treten hiermit unter Verzicht auf alle Frist- und Formvorschriften zu einer Gesellschafterversammlung zusammen und beschließen einstimmig, was folgt:
Der Ausgliederung wird zugestimmt.
Der Erschienene stimmt auch für den übertragenden Rechtsträger der Ausgliederung zu.
Auf Anfechtung der Zustimmungen und Beschlüsse wird verzichtet (§ 16 Abs. 2 UmwG).

E. Belehrungen

Der Notar wies den Erschienenen darauf hin, dass
- die Ausgliederung zur Eintragung in das Handelsregister der „Arthur Hammer e. K." in ... anzumelden ist,
- die Ausgliederung erst mit der Eintragung der Ausgliederung im Handelsregister der „Arthur Hammer e. K." wirksam wird,

- bei Wirksamwerden der Ausgliederung das Vermögen der „Arthur Hammer e.K." als Gesamtheit kraft Gesetzes auf die „Hammer GmbH & Co. KG", Sitz …, übergeht,
- die Firma der „Arthur Hammer e.K." mit der Eintragung der Ausgliederung im Handelsregister erlischt
- die Haftungsbestimmungen der §§ 133, 134 und 156, 157 UmwG eingreifen.

F. Kosten, Abschriften

Die Kosten dieser Urkunde und ihres Vollzugs trägt der übernehmende Rechtsträger.

Von dieser Urkunde erhalten

Ausfertigungen:
der Erschienene
die Hammer GmbH & Co. KG, Sitz …

beglaubigte Abschriften:
das Amtsgericht – Registergericht (zweifach)
Herr Steuerberater Klug

Vorgelesen vom Notar …

60 *einstweilen frei*

II. Wege aus der GbR in die GmbH & Co. KG: Identitätswahrende Umformung

Literatur: *Gassmann*, Wege aus der GbR in die GmbH & Co. KG in handels- und steuerbilanzieller Sicht, DB 2004, 2066.

61 **Beispiel:** Eine GbR soll identitätswahrend ohne Anwendung des Umwandlungsgesetzes in eine GmbH & Co. KG umgeformt werden.

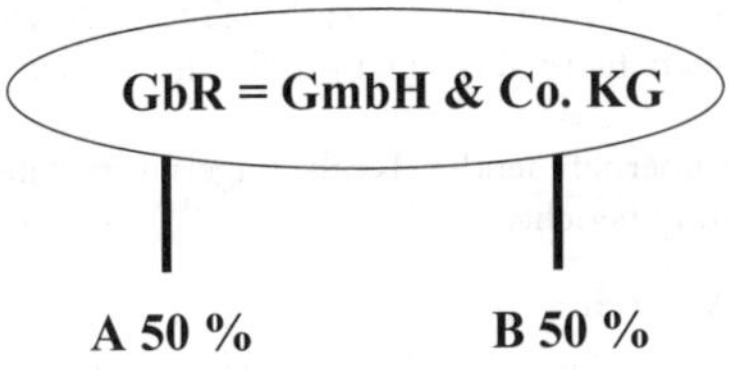

(nicht vermögensbeteiligte GmbH)

Die GbR wird beteiligungsidentisch als OHG im Handelsregister eingetragen. Eine neu gegründete GmbH tritt der OHG als weiterer Gesellschafter bei. Anschließend beschränken die Gesellschafter mit Ausnahme der GmbH ihre Haftung auf eine frei festzulegende Kommanditeinlage. Vor dem 1. 7. 1998 trat eine automatische Umwandlung von Rechtswegen zwischen einer GbR, OHG oder KG ein, wenn die Gesellschaft ein Vollhandelsgewerbe begann bzw. z.B. durch Verpachtung aufgab, vgl. *Baumbach/Hopt,* HGB Einl. vor § 105 HGB Rn. 23. Seit dem 1. 7. 1998 können auch Kleingewerbetreibende oder vermögensverwaltende BGB-Gesellschaften gem. § 105 Abs. 2 HGB im Handelsregister eingetragen werden. Mit der Eintragung entsteht unter Identitätswahrung eine OHG bzw. KG, die ihre Firma erst wieder durch Löschung im Handelsregister verliert und damit wieder zur BGB-Gesellschaft wird.

Bei beabsichtigter Änderung der Unternehmensform ist dies zur Eintragung in das Handelsregister anzumelden. Wegen der Identitätswahrung bedarf es keiner Auflassung, wenn Grundstücke zum Vermögen der Gesellschaften zählen. Lediglich das Grundbuch ist zu berichtigen. Es handelt sich hierbei um die Richtigstellung der falschen Bezeichnung des Berechtigten, vgl. *Happ/Brunkhorst,* in: MünchHdb.GesR I § 42 Rn. 56. Die **Grundbuchberichtigung** löst gem. § 67 KostO nur eine $^1/_4$-Gebühr aus, vgl. BayObLG, MittBayNot 2002, 309. 62

III. Errichtung einer GmbH & Co. KG aus einer KG

Beispiel: Komplementär A ist verstorben. Die vorsorglich errichtete und bisher als Kommanditistin fungierende GmbH übernimmt die Funktion der Komplementärin. 63

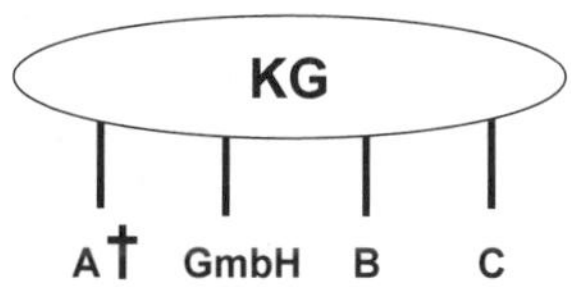

Insbesondere das Ausscheiden des Komplementärs ist ein häufiger Anlass für die Umwandlung einer KG in eine GmbH & Co. KG. Um bei dem Versterben des Komplementärs – insbesondere im Hinblick auf das Zeit raubende Erbscheinsverfahren – sofort handlungsfähig zu sein, kann es sinnvoll sein, bereits zur Zeit der aktiven Tätigkeit des Komplementärs eine GmbH zu gründen und diese als Kommanditistin – oder als zweite Komplementärin – an der Kommanditgesellschaft zu beteiligen.

Sofern der bisherige Komplementär seine Haftung auf die eines Kommanditisten begrenzt (unter Fortbestehen seiner Haftung für Altschulden) und die neugegründete Komplementär-GmbH in die KG eintritt, werden die Buchwerte der KG unverändert fortgeführt. Bei dem Komplementär, der nunmehr die zivilrechtliche Stellung eines Kommanditisten hat, tritt kein Aufgabegewinn ein. Die Buchwertfortführung ist gem. § 24 UmwStG möglich.

einstweilen frei 64, 65

IV. Formwechsel einer GmbH in eine GmbH & Co. KG

Literatur: *Carlé/Bauschatz,* Vermeidbares Haftungsrisiko bei der Umwandlung einer GmbH in eine GmbH & Co. KG, ZIP 2002, 2072; *Fröhlich,* Formwechsel einer GmbH in eine GmbH & Co. KG, GmbH-StB 2004, 186; *Ott,* Umwandlung einer GmbH in eine GmbH & Co. KG durch Formwechsel – eine Fallstudie, StuB 2005, 739.

Beispiel: Die Ehegatten Schön sind Gesellschafter der Schön GmbH. Das Unternehmen soll in eine GmbH & Co. KG umgewandelt werden, da die Kinder an dem ertragreichen Unternehmen beteiligt werden sollen. 66

Formwechsel von GmbH in GmbH & Co. KG

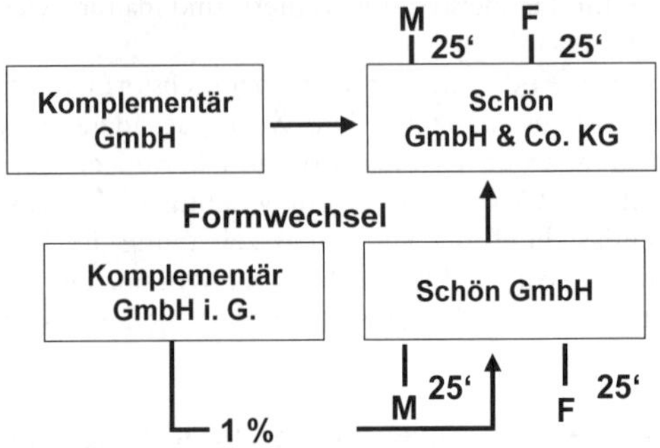

1. Gestaltungsvarianten

67 • Die bisher h. M. will dem § 202 Abs. 1 Nr. 2 Satz 1 UmwG einen **Identitätsgrundsatz** entnehmen, wonach an der Ausgangsgesellschaft und der Zielgesellschaft dieselben Gesellschafter beteiligt sein müssen. Demnach wird insbesondere von den Registergerichten überwiegend noch verlangt, dass die künftige Komplementär-GmbH an der Ausgangsgesellschaft als Gesellschafterin beteiligt werden muss. Die analoge Anwendung von § 221 Satz 1 und § 240 Abs. 2 Satz 2 UmwG, wonach bei einer KGaA der Beitritt eines Gesellschafters bei der Umwandlung zulässig ist, wird von der h. M. abgelehnt, vgl. *Sagasser/Bula/Brünger,* UmwR 2. Aufl. 2002 Rn. R 06.

68 • Die sog. **Treuhandlösung**, wonach die neugegründete Komplementär-GmbH einen Mini-Anteil an der Ausgangs-GmbH in Höhe von 100 € treuhänderisch übernimmt, wird von *Bauschatz,* FR 2003, 1119 wegen der damit verbundenen Haftungs- und Steuerrisiken abgelehnt. *Bauschatz* schlägt das Rückerwerbsmodell vor, wonach nur ein Anspruch der Kommanditisten auf Rückerwerb des Anteils der Komplementär-GmbH vereinbart wird.

69 • *Vollrath,* in: Widmann/Mayer, UmwR § 194 Rn. 17 schlägt einen **quotenabweichenden** Formwechsel in der Weise vor, dass der Formwechsel nicht verhältniswahrend durchgeführt wird, so dass sich der Anteil der Komplementär-GmbH an der Ausgangs GmbH im Zuge des Formwechsels auf Null reduziert.

70 • Überzeugend ist die von *K. Schmidt,* GmbHR 1995, 693 (zustimmend *Priester,* DB 1997, 561) vorgeschlagene Gestaltung, wonach im Zeitpunkt der formwechselnden Umwandlung die Komplementär-GmbH erst hinzutritt, also an der umzuwandelnden GmbH vorher nicht beteiligt wird. Diese Konstruktion ist nicht nur handelsrechtlich überzeugend, sondern löst auch die steuerliche Problematik, dass die Gesellschafter keinen Gesellschaftsanteil an der Ausgangs-GmbH an die Komplementär-GmbH (entgeltlich?, unentgeltlich?, treuhänderisch?) veräußern müssen. Dem Vorschlag des **Simultanbeitritts** haben sich zwischenzeitlich *Kallmeyer/Dirgsen,* UmwG § 202 Rn. 11; *Semler/Stengel/Schlitt,* § 202 Rn. 21 und *Lutter/Decher,* Rn. 15 angeschlossen; die Registergerichte beharrten bisher

überwiegend auf der Identitätstheorie. Der BGH NZG 2005, 722 hat in einem obiter dictum, nämlich in einer Entscheidung zum Formwechsel einer AG in eine GmbH & Co. KG in den Entscheidungsgründen ausgeführt:

„Dabei ist für den Formwechsel der Aktiengesellschaft in eine GmbH & Co. KG ausreichend, wenn die Hauptversammlung, wie hier, mit einer Stimmenmehrheit von $^3/_4$ einen der bisherigen Aktionäre – oder sogar einen im Zuge des Formwechsels neu hinzutretenden Gesellschafter (vgl. BGH NJW 1999, 2522) – mit dessen Zustimmung zum Komplementär der formgewechselten zukünftigen KG wählt und die Aktionäre im übrigen Kommanditisten werden."

Durch diese Entscheidung dürfte geklärt sein, dass der Formwechsel auch unter Eintritt eines bisher nicht beteiligten Gesellschafters beschlossen werden kann, vgl. *Simon/Leuering,* NJW-Spezial 2005, 460.

2. Der Königsweg in die Einheits-GmbH & Co. KG

Die umständliche Gestaltung, die künftige Komplementär-GmbH i. G. an der umzuwandelnden GmbH zu beteiligen und nach der formwechselnden Umwandlung den Gesellschaftsanteil wieder auf die Kommanditisten zu übertragen, kann vermieden werden, wenn die Ausgangs-GmbH die Komplementär-GmbH i. G. als 100%-ige Tochtergesellschaft gründet. Diese Gestaltung ist aber durch Rechtsprechung bisher noch nicht abgesichert. 71

Schön GmbH in GmbH & Co. KG

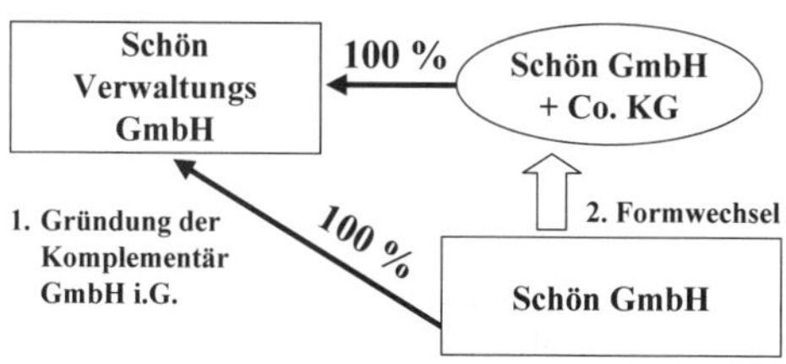

3. Kapitalausstattung der GmbH & Co. KG

Bei der Umwandlung einer GmbH in eine GmbH & Co. KG muss die festzusetzende Einlage der Kommanditisten nicht dem bei der Kapitalgesellschaft gebundenen Kapital entsprechen. Das Fehlen von Mindestkapitalziffern ergibt sich als Umkehrschluss aus § 247 Abs. 1 UmwG. Auf diese Weise wird faktisch die Kapitalerhaltungssperre nach § 30 GmbHG außer Kraft gesetzt, vgl. IDW-Stellungnahme HFA 1/1996, 319. Aufgrund des Formwechsels lässt sich auch das **Sperrjahr vermeiden**, das bei Liquidation einer Kapitalgesellschaft zu beachten ist, vgl. *Mayer,* in: Widmann/Mayer UmwG § 5 Rn. 47 f.; *Sagasser/Bula/Brünger,* Umwandlungen, 762. Im Endergebnis kann somit Kapital zu Gunsten der beteiligten Gesellschafter freigesetzt werden. 72

4. Vertragsgestaltung

a) Komplementär-GmbH

73 Beurkundet am …

Herr Josef Schön, geboren am …
wohnhaft …
nach Angabe im gesetzlichen Güterstand lebend,
mir persönlich bekannt,
hier handelnd für die Firma
Schön GmbH
mit dem Sitz in …
wozu ich aufgrund Einsicht in den mir vorliegenden Handelsregisterauszug des Amtsgerichts … vom … bescheinige, dass dort unter HRB … die vorgenannte GmbH eingetragen und Herr Schön als Geschäftsführer einzeln zur Vertretung dieser GmbH berechtigt ist.

Auf Ansuchen des Erschienenen beurkunde ich den vor mir abgegebenen Erklärungen gemäß was folgt:

I. Errichtung

Die Firma Schön GmbH
– nachfolgend kurz: „Gesellschafter" –
errichtet hiermit eine Gesellschaft mit beschränkter Haftung
unter der Firma Schön Verwaltungs GmbH mit Sitz in …
Der Gesellschafter legt für diese Gesellschaft den in der Anlage zu dieser Urkunde niedergelegten Gesellschaftsvertrag (Satzung) fest.
Die Anlage wurde mitverlesen. Sie ist wesentlicher Bestandteil und somit Inhalt und Gegenstand dieser Urkunde.

II. Beschlüsse des Gesellschafters

Der Gesellschafter beschließt *einstimmig* was folgt:

1. Herr Schön wird zum stets einzelvertretungsberechtigten Geschäftsführer der Gesellschaft bestellt.
   Von den Beschränkungen des § 181 BGB ist der Geschäftsführer befreit.
   Alle Geschäfte, die vom heutigen Tag an bis zur Eintragung der Gesellschaft in das Handelsregister getätigt werden bzw. wurden, gelten als für Rechnung der neu gegründeten Gesellschaft abgeschlossen.
2. Weitere Beschlüsse werden heute nicht gefasst.

III. Hinweise

Die Beteiligte wurde auf die Grundsätze der Kapitalaufbringung und -erhaltung hingewiesen, insbesondere auf die persönliche Haftung für
- vor der Handelsregistereintragung getätigte Rechtsgeschäfte,
- den Verbrauch des Stammkapitals vor der Handelsregistereintragung (Unterbilanzhaftung),
- Rückzahlungen,
- die nicht voll eingezahlten Stammeinlagen anderer Gesellschafter.

Ferner hat der Notar über die
- erforderlichen Angaben auf Geschäftsbriefen,
- Strafbarkeit für falsche Angaben gem. § 82 GmbHG

belehrt.

Der Gesellschafter wurde vom Notar vor der Begleichung von Rechnungen für unbestellte Registereintragungen gewarnt.

IV. Schlussbestimmungen

Von dieser Urkunde erhält der Gesellschafter eine Ausfertigung.
Ferner erhalten:
BEGLAUBIGTE ABSCHRIFTEN
die Gesellschaft -drei-
das Registergericht
EINFACHE ABSCHRIFTEN
das Finanzamt – Körperschaftssteuerstelle -
Herr Steuerberater ...

Samt Anlage vorgelesen vom Notar ...

b) Anlage: **74**

Satzung

§ 1 Firma, Sitz

1. Die Firma der Gesellschaft lautet: Schön Verwaltungs GmbH
2. Sitz der Gesellschaft ist ...

§ 2 Gegenstand des Unternehmens

Gegenstand des Unternehmens ist die Übernahme der Geschäftsführung bei anderen Unternehmen.

§ 3 Geschäftsjahr

Geschäftsjahr ist das Kalenderjahr.

§ 4 Stammkapital, Stammeinlagen

1. Das Stammkapital der Gesellschaft beträgt 25 000 €
   – fünfundzwanzigtausend Euro –.
2. Vom Stammkapital übernimmt
   die Firma Schön GmbH
   eine Stammeinlage in Höhe von 25 000 €.
3. Die Stammeinlage ist in voller Höhe in bar zu erbringen.

§ 5 Vertretung der Gesellschaft

1. Die Gesellschaft hat einen oder mehrere Geschäftsführer.
2. Sofern nur ein Geschäftsführer bestellt ist, wird die Gesellschaft von diesem alleine vertreten.
3. Sind mehrere Geschäftsführer bestellt, wird die Gesellschaft durch zwei Geschäftsführer gemeinsam oder durch einen Geschäftsführer gemeinsam mit einem Prokuristen vertreten.
4. Die Gesellschafterversammlung kann jedem Geschäftsführer/Liquidator auch für den Fall Einzelvertretungsbefugnis erteilen, dass weitere Geschäftsführer/Liquidatoren bestellt sind.
5. Die Gesellschafterversammlung kann durch Gesellschafterbeschluss einzelne oder alle Geschäftsführer/Liquidator von den Beschränkungen des § 181 BGB (Verbot des Selbstkontrahierens und der Doppelvertretung) befreien.

§ 6 Gründungskosten

Die im Zusammenhang mit der Gründung anfallenden Notarkosten, die Kosten der Bekanntmachung, der Anmeldung der Gesellschaft und ihrer Eintragung im Handelsregister und die Kosten der Gründungsberatung trägt die Gesellschaft bis zu einem

Höchstbetrag von 1250 €; darüber hinausgehende Gründungskosten trägt der Gründer.

§ 7 Wettbewerbsverbot

Die gegenwärtigen und künftigen Gesellschafter und Gesellschafter-Geschäftsführer werden von jeglichen gesetzlichen Wettbewerbsverboten generell befreit.

§ 8 Stimmrechtsregelung

Solange die Schön GmbH & Co. KG alleinige Gesellschafterin der Schön Verwaltungs GmbH ist, sind die Kommanditisten berechtigt, in der Gesellschafterversammlung das Stimmrecht im Verhältnis ihrer KG-Beteiligung auszuüben, sofern der Geschäftsführer an der Ausübung gehindert ist.

c) Formwechselbeschluss

75 Beurkundet am …

Es erscheinen:
1. Herr Josef Schön,
   nach seiner Erklärung handelnd
   a) im eigenen Namen und zugleich für
   b) die Firma
   Schön Verwaltungs GmbH mit dem Sitz in ….
   als deren Geschäftsführer.
Die Feststellung der Vertretungsbefugnis erfolgt gesondert.
2. Frau Eva Schön,

Die Ehegatten Schön und die Firma Schön Verwaltungs GmbH erklären, dass sie eine außerordentliche Gesellschafterversammlung der
Schön GmbH mit dem Sitz in …. abhalten. Sie verzichten auf die Einhaltung aller gesetzlichen und gesellschaftsvertraglichen Form- und Fristvorschriften und beschließen einstimmig:

1. Die Schön GmbH wird durch Formwechsel umgewandelt in eine GmbH & Co. KG unter der Firma Schön GmbH & Co. KG mit dem Sitz in ……
2. Alle Rechtsgeschäfte, die vom 1. 1. 01 an von der Schön GmbH getätigt wurden, gelten als für Rechnung der GmbH & Co. KG abgeschlossen.
3. Gesellschafter der GmbH & Co. KG sind:
   a) Komplementär ist die Firma Schön Verwaltungs GmbH; die Komplementär-GmbH wird an der Kommanditgesellschaft beteiligt, hält jedoch keinen Kapitalanteil;
   b) Herr Josef Schön ist Kommanditist
   mit einer Kommanditeinlage in Höhe von 20 000 €;
   c) Frau Eva Schön ist Kommanditist
   mit einer Kommanditeinlage in Höhe von 20 000 €.
4. Für das Rechtsverhältnis unter den Gesellschaftern der Kommanditgesellschaft gilt der als Anlage beigefügte Gesellschaftsvertrag. Die Anteile der Gesellschafter an den Gewinn- und Kapitalrücklagen werden auf variablen Konten bei der KG gebucht.
5. Der Formwechsel hat für die Arbeitnehmer keine Auswirkungen. Ein Betriebsrat besteht nicht.
6. Soweit zu diesem Beschluss Zustimmungen der Beteiligten erforderlich sind, werden diese hiermit erteilt.
7. Auf einen Umwandlungsbericht sowie auf das Recht der Anfechtungs- und Nichtigkeitsklage wird verzichtet, ebenso auf eine Vermögensaufstellung.

8. Die Kosten dieser Urkunde und des Vollzuges trägt die Kommanditgesellschaft.
9. Von dieser Urkunde erhalten beglaubigte Abschriften:
   die Beteiligten,
   das Registergericht,
   das Finanzamt – Körperschaftsteuerstelle –
   der Steuerberater der Gesellschaft.
10. Der Notar hat darauf hingewiesen, dass der Formwechsel erst mit der Eintragung in das Handelsregister rechtswirksam wird.

Anlage I: Gesellschaftsvertrag der GmbH & Co. KG

d) Hinweis

Eine **Vermögensaufstellung** für die GmbH als Bestandteil des Umwandlungsberichts ist dann erforderlich, wenn die Umwandlungsurkunde keinen entsprechenden Verzicht der Gesellschafter enthält, vgl. OLG Frankfurt, DB 2003, 2378. **76**

einstweilen frei **77–80**

C. Haftungssystem

I. Haftung der GmbH & Co. KG

Literatur: *Wachter,* Kreditvergabe und Kapitalschutz bei der GmbH & Co. KG, GmbHR 2004, 1249.

1. Vertragliche Garantiehaftung

a) Gewährleistung für Sachmängel

Im Kaufvertragsrecht haftet der Unternehmer für Sachmängel ohne Rücksicht auf ein Verschulden, so dass gem. § 437 BGB der Käufer ohne Rücksicht auf ein etwaiges Verschulden des Unternehmers folgende Ansprüche hat: **81**
- Gem. § 439 BGB Nacherfüllung zu verlangen,
- nach den §§ 440, 323 und 326 Abs. 5 BGB von dem Vertrag zurückzutreten oder nach § 441 BGB den Kaufpreis zu mindern und
- nach den §§ 440, 280, 281, 283 und 311a BGB Schadensersatz oder nach § 284 BGB Ersatz vergeblicher Aufwendungen zu fordern.

b) Haftung für Rechtsmängel

Auch die Rechtsmängelhaftung gem. § 435 BGB besteht, ohne dass es auf ein Verschulden des Leistungsverpflichteten ankommt. Dieser schuldet also die Verschaffung des Eigentums ohne jede Belastung, es sei denn, die Beteiligten hätten etwas anderes vereinbart. **82**

c) Verbrauchsgüterkauf

Kauft ein Verbraucher von einem Unternehmer eine bewegliche Sache (Verbrauchsgüterkauf) gelten die verschärften Vorschriften der §§ 474–479 BGB, ohne dass der Unternehmer sich auf etwaige abweichende Vereinbarungen berufen kann. **83**

d) Allgemeine Geschäftsbedingungen

84 Bereits das AGB-Gesetz vom 9. 12. 1976, BGBl. I 3317, das bei der Schuldrechtsreform in das Bürgerliche Gesetzbuch (§§ 305 ff. BGB) übernommen wurde, erlaubte eine richterliche Inhaltskontrolle und hat die Möglichkeit der Haftungsbeschränkung durch Geschäftsbedingungen erheblich eingeengt.

2. Vertragliche Verschuldenshaftung

a) Haftung für eigenes Verschulden

85 Gem. § 276 BGB haftet der Schuldner für Vorsatz und Fahrlässigkeit. Nach der Entstehungsgeschichte des BGB sah der Gesetzgeber in § 276 BGB eine allgemeine Haftungsanordnung für schuldhafte Nichterfüllung, vgl. *Hanau,* in: MünchKomm § 276 BGB Rn. 1.

b) Haftung für Erfüllungsgehilfen § 278 BGB

86 Darüber hinaus haftet der Unternehmer gem. § 278 BGB auch für das Verschulden der von ihm hinzugezogenen Erfüllungsgehilfen.

c) Culpa in contrahendo

87 Darüber hinaus hat die Rechtsprechung für schuldhaftes Verhalten bei Vertragsabschluss selbst für den Fall eine Haftung angenommen, dass es zu dem Vertragsabschluss nicht mehr kommt oder im Zuge der Leistungserbringung andere Mängel auftreten, die ihre Ursache in einem schuldhaften Verhalten des Partners bei dem Abschluss des Vertrages haben; vgl. § 311 BGB.

d) Positive Vertragsverletzung

88 Eine Haftung des Unternehmers kommt auch dann in Betracht, wenn die versprochene Leistung erbracht wird, sich aus dem Verschulden des Verkäufers jedoch Folgeschäden ergeben, z. B. bei der Lieferung eines mit einer Seuche infizierten Tieres, so dass die Herde des Käufers angesteckt wird oder bei der Lieferung mangelhaften Baumaterials, das den Einsturz des damit errichteten Hauses nach sich zieht, vgl. *Emmerich,* in: MünchKomm Anm. 50 vor § 275 BGB; *Palandt/Heinrichs* § 280 Rz. 5.

3. Unerlaubte Handlung, §§ 823 ff. BGB

89 Die Haftungsvorschriften der §§ 823 ff. BGB gelten allgemein und treffen nicht etwa spezifisch nur den Unternehmer. Einen besonderen Hinweis verdient der Umstand, dass über § 823 BGB der Geschädigte auch unmittelbar das Personal des Unternehmers in Haftung nehmen kann. In der sog. **„Lederspray-Entscheidung"** des BGH wurde unmittelbar auch der Leiter der chemischen Abteilung eines Werkes zum Schadensersatz verurteilt, weil er durch das fehlerhafte Produkt die Gesundheit eines Kunden verletzt hat.

4. Haftung für Verrichtungsgehilfen gem. § 831 BGB

90 Für Verrichtungsgehilfen wird gem. § 831 BGB gehaftet, wenn man bei der Auswahl dieser Person nicht die im Verkehr erforderliche Sorgfalt walten ließ.

5. Gefährdungshaftung

Das Zivilrecht enthält eine Reihe von Gefährdungshaftungstatbeständen. Gem. § 7 StVG haftet der Schädiger, ohne dass es auf ein Verschulden ankommt, es sei denn, dass ein unabwendbares Ereignis vorlag. Pharmazeutische Unternehmen haften gem. § 84 Arzneimittelgesetz für das In-Verkehr-Bringen fehlerhafter oder fehlerhaft ausgezeichneter Arzneimittel, ohne dass es auf ein Verschulden ankommt. **91**

6. Produkthaftung

Nach dem Produkthaftungsgesetz vom 15. 12. 1989 BGBl. I 2198 haftet der Hersteller einer beweglichen Sache für den Schaden, der durch einen Fehler dieser Sache verursacht worden ist, ungeachtet dessen, ob er den Fehler kannte oder hätte kennen können. Die Haftung ist summenmäßig auf 85 Mio. € begrenzt. **92**

7. Prospekthaftung

Gem. § 13 Verkaufsprospektgesetz in der Neufassung vom 17. 9. 1998 BGBl. I 2702 und gem. §§ 45–48 des Börsengesetzes in der Neufassung vom 17. 9. 1998 BGBl. I 2682 haftet derjenige, der für den Prospekt die Verantwortung übernommen hat und derjenige, von dem der Erlass des Prospekts ausgeht für wesentliche Angaben, die unrichtig oder unvollständig sind. Aus diesen Bestimmungen hat die Rechtsprechung eine allgemeine zivilrechtliche Prospekthaftung entwickelt, die auch auf Bauherrenmodelle (BGHZ 111, 34) und auf den Vertrieb von Gesellschaftsanteilen und Kapitalanlagen ausgeweitet wurde, vgl. *Baumbach/Hopt,* HGB Anh. 177 § 177a HGB Rn. 60. **93**

8. Sozialplanhaftung gem. § 112 BetrVG

Seit dem Erlass des Betriebsverfassungsgesetzes vom 15. 1. 1972 BGBl. I 13 unterliegen Betriebsänderungen i. S. d. § 111 BetrVG der Zustimmung des Betriebsrates, der die Aufstellung eines Sozialplans für die ausgleichspflichtigen Nachteile i. S. d. § 112 Abs. 1 Satz 2 BetrVG verlangen kann. Die Sozialplanhaftung, die nicht bilanzierungsfähig ist, stellt wohl den stärksten Eingriff in das Unternehmereigentum dar. **94**

9. Steuerschuldenhaftung

Dass das Unternehmen für die durch unternehmerische Tätigkeit verwirklichten Steuern, also z. B. für Körperschaftsteuer, Gewerbesteuer und Umsatzsteuer, aufzukommen hat, bedarf keiner weiteren Erläuterung. Für diese Steuern haften gem. § 74 AO auch Personen, die an einer Gesellschaft wesentlich beteiligt sind. Gem. § 75 AO haftet der Erwerber bei dem Erwerb eines Unternehmens für die im letzten Jahr vor der Übereignung des Unternehmens entstandenen betrieblichen Steuern. Darüber hinaus haftet das Unternehmen für einzubehaltende Steuern, z. B. die Lohnsteuer, wenn diese nicht ordnungsgemäß erhoben oder abgeführt werden. **95**

II. Haftung der Kommanditisten

Literatur: *Mohr,* Haftungsrisiken der Kommanditisten in der GmbH & Co. KG, GmbH-StB 2006, 108.

Beispiel: Gerüstbauer U fürchtet Schadensersatzansprüche bei Unfällen und will deswegen eine GmbH & Co. KG errichten. Schützt diese Rechtsform Herrn U, wenn er zugleich Geschäftsführer der Komplementär-GmbH ist?

1. Gründungshaftung

96 Gem. § 176 Abs. 1 HGB haftet der Kommanditist für die bis zur Eintragung im Handelsregister begründeten Verbindlichkeiten, es sei denn, dass seine Beteiligung als Kommanditist dem Gläubiger bekannt war. Bei einer GmbH & Co. KG wird diese Kenntnis unterstellt, wenn der Vertragsschluss unter Verwendung der zukünftigen Firma der GmbH & Co. KG erfolgt, vgl. BGH NJW 1983, 2260; *K. Schmidt,* Gesellschaftsrecht § 56 III 3b. Bei einer GmbH & Co. KG geht der Geschäftsverkehr von vorne herein davon aus, **dass keine natürliche Person** haftet. Die seit der Entscheidung des BGH NJW 1983, 2260 bestehende Rechtsunsicherheit, ob mit der gesetzlichen Neuregelung des Firmenrechts die Gründungshaftung gem. § 176 Abs. 1 HGB entfiel, ist durch die Entscheidung des OLG Frankfurt GmbHR 2007, 1326 endgültig beseitigt. Das OLG Frankfurt hat ausdrücklich festgestellt, dass seit der Neuregelung des Firmenrechts niemand mehr damit rechne, dass ein nicht eingetragener Gesellschafter einer GmbH & Co. KG kein Kommanditist sei, so auch die herrschende Meinung in der Literatur, vgl. *K. Schmidt,* in: MünchKomm/HGB, 2. Aufl. 2007 § 176 Rz. 50; *Schwetlig,* GmbH-Stb 2007, 375.

2. Einlagenrückgewähr

97 Sofern der Kommanditist Gewinnanteile entnimmt, während sein Kapitalanteil durch Verlust unter den Betrag der geleisteten Einlage herabgemindert ist oder soweit durch die Entnahme der Kapitalanteil unter den bezeichneten Betrag herabgemindert wird, haftet der Kommanditist gem. § 172 Abs. 4 Satz 2 HGB. Einlagerückgewähr ist jeder Kapitalrückfluss an den Kommanditisten, der nicht aus dem Darlehenskonto des Kommanditisten erfolgt. Die Einlagenrückgewähr führt zum Wiederaufleben der Haftung, soweit sie ein Herabsinken der Kapitalkonten unter die Einlagesumme zur Folge hat, wobei es auf die **Buchwerte** ankommt; stille Reserven zur Belegung der Einlagen dürfen nicht herangezogen werden, vgl. BGH NJW 1990, 1109.

3. Kapitalersatzhaftung

98 Die frühere Haftung nach § 172a HGB für eigenkapitalersetzende Gesellschafterleistungen gem. § 32a und 32b GmbHG sowie die vom BGH zusätzlich entwickelten Haftungsregeln sind durch das MoMiG entfallen.

99 *einstweilen frei*

D. Rechnungslegungs-, Prüfungs- und Offenlegungspflichten

Literatur: *Kiesel/Grimm,* Die Offenlegungsverpflichtung bei Kapitalgesellschaften & Co. nach dem Beschluss des EuGH vom 23. 9. 2004, DStR 2004, 2210.

100 Gemäß Art. 48 EGHGB müssen alle Personenhandelsgesellschaften, bei denen keine natürliche Person unbeschränkt haftet, die Regeln für Kapitalgesellschaften anwenden bei der

- Rechnungslegung
- Prüfung und
- Offenlegung des Jahresabschlusses.

Nach dem In-Kraft-Treten des Gesetzes zur Umsetzung der Kapitalgesellschaften & Co.-Richtlinie-Gesetzes BGBl. 2000 I 154 hatte die Axel Springer AG bei den zuständigen Amtsgerichten beantragt, den Zeitungsverlag Niederrhein sowie Radio Eneppe zur Vorlage ihrer Jahresabschlüsse anzuhalten. Da diese der Aufforderung des Amtsgerichtes nicht nachkamen, wurden von den Registergerichten Ordnungsgelder verhängt. Sowohl das Landgericht Essen als auch das Landgericht Hagen legten die Beschwerden dem EuGH vor, der mit Beschluss vom 23. 9. 2004 DStRE 2004, 1257 die geltend gemachten verfassungsrechtlichen Bedenken zurückwies. Wegen des Inhalts der Rechnungslegungs-, Prüfungs- und Offenlegungspflichten wird auf § 13 C verwiesen.

E. Besteuerung

I. Einkommensteuer

1. Einbringung

Die Umwandlung oder die Einbringung von Betrieben, Teilbetrieben oder Mitunternehmeranteilen in eine GmbH & Co. KG stellt einen Einbringungsvorgang gemäß § 24 UmwStG dar, der zum Buchwert, zu einem Zwischenwert oder zum Teilwert erfolgen kann. Auch wenn die Schlussbilanz des Ausgangsunternehmens ein negatives Kapitalkonto ausweist, kann die Umwandlung erfolgen, sofern bei der GmbH & Co. KG – unter Berücksichtigung der stillen Reserven – keine Überschuldung gegeben ist. **101**

2. Sonderbetriebsvermögen

Beim Einbringungsvorgang können Wirtschaftsgüter, insbesondere Grundstücke, im Sonderbetriebsvermögen des Einbringenden verbleiben, so dass sich auch diesbezüglich ein wesentlicher Unterschied gegenüber der Handhabung bei der Einbringung in eine GmbH gemäß § 20 UmwStG ergibt. Die **Zurückbehaltung von Grundstücken** ist aus haftungsrechtlichen Gründen sinnvoll; allerdings ist die Sonderbetriebseigenschaft durch Verpachtung an die KG zu sichern. Zum Sonderbetriebsvermögen II des Einbringenden gehört auch dessen Anteil an der Komplementär-GmbH, weil die GmbH-Anteile Einfluss auf die Geschäftsführung der KG vermitteln, vgl. BFH BStBl. 1995 II 714, es sei denn, dass die Komplementär-GmbH noch eine andere Geschäftstätigkeit von nicht ganz untergeordneter Bedeutung ausübt, vgl. BFH BStBl. 1991 II 510; *Brandenberg,* DB 2003, 2563. **102**

Das Betriebsvermögen der Mitunternehmerschaft besteht aus dem Gesamthandsvermögen und dem Sonderbetriebsvermögen. Sonderbetriebsvermögen I ist das Vermögen, das dem Betrieb der Gesellschaft zu dienen bestimmt ist; Sonderbetriebsvermögen II ist das Vermögen, das der Stärkung der Beteiligung des Gesellschafters an der Gesellschaft zu dienen bestimmt ist. **103**

Werden **Wirtschaftsgüter,** die eine gewerblich tätige oder gewerblich geprägte Personengesellschaft an eine ganz oder teilweise personenidenti- **104** sche Personengesellschaft **(Schwestergesellschaft)** vermietet, gehören diese Wirtschaftsgüter zum Betriebsvermögen der vermietenden Personengesellschaft und nicht der nutzenden Personengesellschaft, vgl. BFH BStBl. 1996 II, 93. Bei einer **– mitunternehmerischen – Betriebsaufspaltung** zwischen zwei Personengesellschaften habe die Qualifikation des überlassenen Vermögens als Betriebsvermögen der Besitz-Personengesellschaft sowie der Einkünfte aus der Verpachtung dieses Vermögens als gewerbliche Einkünfte der Gesellschafter der Besitz-Personengesellschaft Vorrang vor der Qualifikation des Vermögens als Sonderbetriebsvermögen und der Einkünfte aus der Verpachtung als Sonderbetriebseinkünfte der Gesellschafter bei der Betriebs-Personengesellschaft, vgl. BFH BStBl. 1998 II, 325; BMF-Schreiben BStBl. 1998 I, 583.

3. Einheitliche und gesonderte Gewinnfeststellung gem. § 180 Abs. 1 Nr. 2 AO

a) Mitunternehmerschaft

105 Die auf die einzelnen Gesellschafter entfallenden Gewinnanteile werden durch einheitliche und gesonderte Gewinnfeststellung des Betriebsfinanzamtes der GmbH & Co. KG gem. § 180 Abs. 1 Nr. 2 AO festgestellt. Dieser Grundlagenbescheid bindet die Wohnsitzfinanzämter der Kommanditisten und die für die Komplementär-GmbH zuständige Körperschaftsteuerstelle.

In die einheitliche und gesonderte Gewinnfeststellung können nur die auf Mitunternehmer entfallenden Gewinnanteile einbezogen werden.

- Die **Komplementär-GmbH** ist im Regelfall wegen ihrer Außenhaftung für die Kommanditgesellschaftsschulden und ihrer Geschäftsführungs- und Vertretungsbefugnis **Mitunternehmer**, auch wenn sie nicht am Vermögen und Verlust beteiligt und im Innenverhältnis weisungsgebunden ist, vgl. BFH BStBl. 1987 II 33. Auch eine gewinnabhängige Vergütung für Tätigkeits- und Haftungsrisiko ist nicht erforderlich, vgl. BFH BStBl. 1977 II 346.
- Auch die **Kommanditisten** sind **regelmäßig Mitunternehmer**, soweit ihnen die Rechte zukommen, die ihnen nach dem Regelstatut des HGB zustehen. Die Beteiligung am Gewinn und Verlust und die Stimm- und Kontrollrechte gemäß § 166 HGB erfüllen die Voraussetzungen des Mitunternehmerrisikos und der Mitunternehmerinitiative. Wird das Stimmrecht oder das Widerspruchsrecht gemäß § 164 HGB ausgeschlossen, besteht keine ausreichende Unternehmerinitiative, vgl. BFH BStBl. 1989 II 762. Das gleiche gilt für einen Kommanditisten, der jederzeit durch Kündigung unter Abfindung zum Buchwert aus der Gesellschaft ausgeschlossen werden kann, da ein derartiger Kommanditist nicht in der Lage ist, seine Kontroll-, Widerspruchs- und Mitwirkungsrechte ausreichend auszuüben, vgl. BFH BStBl. 1981 II 663.

b) Gewinnverteilung

106 Bei der Personengesellschaft werden nicht die Gewinne der Personenunternehmung, sondern die dahinterstehenden Gesellschafter besteuert **(Transparenzprinzip).** Die Personengesellschaft selbst ist weder einkommen-

noch körperschaftsteuerpflichtig. Nur für die Gewerbesteuer ist sie gem. § 2 GewStG gewerbesteuerpflichtig. Die Gewinnermittlung bei der Gesellschaft erfolgt zweistufig, wobei zunächst das Ergebnis der Gesamthandsgemeinschaft ermittelt und den einzelnen Gesellschaftern zugerechnet wird. In einem zweiten Schritt werden aus den **Sonderbilanzen** die Ergebnisse der wirtschaftlichen Betätigung der einzelnen Gesellschafter mit dem Sonderbetriebsvermögen ermittelt. Darüber hinaus sind die **Ergänzungsbilanzen** zu berücksichtigen, die Wertkorrekturen zu Bilanzansätzen der Gesamthandsbilanz der Mitunternehmerschaft enthalten, vgl. *Zimmermann,* Die Personengesellschaft im Steuerrecht, Teil B Rz. 220ff.

Nach der Rechtsprechung des BFH ist die vertragliche Gewinnverteilung bei einer GmbH & Co. KG in der Regel anzuerkennen, wenn einer auf die **Führung der Geschäfte** der KG **beschränkten Komplementär-GmbH** der Ersatz für die Geschäftsführungsauslagen und eine das vorhandene Haftungsrisiko gebührend berücksichtigende Beteiligung am Gewinn in einer Höhe eingeräumt wird, mit der sich eine aus gesellschaftsfremden Personen bestehende GmbH zufrieden gegeben hätte, vgl. BFH BStBl. 1968 II 152. Bei einer Komplementär-GmbH, die eine **Einlage** in das Gesamthandsvermögen der KG **erbracht** hat, wurde vom BFH BStBl. 1968 II 175 eine Rendite in Höhe von 20% des Kapitaleinsatzes der GmbH als angemessen angesehen, vgl. *Seithel,* GmbHR 1975, 134. Bei einer nicht am Vermögen der KG beteiligten GmbH ist neben dem Ersatz der Geschäftsführungsaufwendungen als Haftungsprämie eine Avalprovision in Höhe von 3–5 % p.a. ausreichend.

4. Verlustbegrenzung gem. § 15a EStG

In und nach Verlustjahren ergibt sich eine gesellschaftsrechtliche Ent- **107**
nahmeproblematik aus § 172 Abs. 4 Satz 2 HGB. Die Hafteinlage des Kommanditisten sollte demnach nicht zu gering gewählt werden. Danach gelten entnommene Gewinnanteile als Rückgewähr der Einlage, wenn durch einen Verlust der Kapitalanteil unter den Betrag der geleisteten Einlage herabgemindert ist. Darüber hinaus ist einkommensteuerlich die Verlustbegrenzung des § 15a EStG zu beachten. Danach darf der einem Kommanditisten zuzurechnende Anteil am Verlust der Kommanditgesellschaft mit anderen Einkünften nicht ausgeglichen werden, soweit ein negatives Kapitalkonto des Kommanditisten entsteht oder sich erhöht. Der gem. § 15a Abs. 4 Satz 1 EStG **nicht verrechenbare Verlust** ist jährlich gesondert festzustellen.

Für das Einkommensteuerrecht ergibt sich somit eine **beschränkte Steu-** **108**
ersubjektfähigkeit daraus, dass die Einkünftequalifikation und die Einkünfteermittlung auf der Ebene der Personengesellschaft durch eine einheitliche und gesonderte Gewinnfeststellung gem. § 180 Abs. 1 Nr. 2 EStG stattfindet.

5. Steuerliche Anerkennung einer Familien-Personengesellschaft

Um die ertragsteuerliche Anerkennung zu erreichen, darf die Rechts- **109**
stellung der aufgenommenen Gesellschafter nicht wesentlich hinter den Rechten, die das Gesetz dem Gesellschafter für den Regelfall zubilligt, zurückbleiben. Familienangehörige, insbesondere Kinder, die schenkweise als Kommanditisten in eine Familien GmbH & Co. KG aufgenommen werden,

sind nur Mitunternehmer i. S. d. § 15 Abs. 1 Nr. 2 EStG, wenn ihnen wenigstens annäherungsweise diejenigen Rechte eingeräumt sind, die einem Kommanditisten nach den weitgehend dispositiven Vorschriften des HGB zukommen, vgl. BFH BStBl. 1979 II 405 und 670; BMF BStBl. 1989 I 378. Vertragsklauseln, die das **Stimmrecht** des Kommanditisten de jure oder de facto **ausschließen**, beschränken die Rechtsstellung des Gesellschafters so sehr, dass er nicht mehr als Mitunternehmer angesehen werden kann. Darf ein Kommanditist in der Gesellschafterversammlung nicht mitstimmen und ist für ihn das Widerspruchsrecht nach § 164 HGB abbedungen, ist er kein Mitunternehmer.

110 Ist in einem Gesellschaftsvertrag einer Familienpersonengesellschaft, durch den die minderjährigen Kinder des Hauptgesellschafters als Kommanditisten in die KG aufgenommen werden, bestimmt, dass **Beschlüsse** in der Gesellschafterversammlung – abweichend vom Einstimmigkeitsprinzip des § 119 Abs. 1 HGB – **mit einfacher Mehrheit** zu fassen sind, steht diese Vertragsklausel der Anerkennung der Kinder als Mitunternehmer nicht entgegen. Eine solche Klausel ist dahin auszulegen, dass sie nur Beschlüsse über die laufenden Geschäfte der KG betrifft, vgl. BFH DB 2001, 234.

Die Mitunternehmerschaft gefährdende Klauseln:

- Entnahme nur mit Zustimmung der Eltern, vgl. BFH BStBl. 1972 II 10,
- Ausschluss der Informations-, Überwachungs- und Widerspruchsrechte gemäß §§ 164, 166 HGB, einschränkend BFH BStBl. 1979 II 620 und 1989 II 758,
- einseitiges Kündigungsrecht der Eltern, vgl. BFH BStBl. 1974 II 404,
- langfristige Bindung des Auseinandersetzungsguthabens, z. B. Ratenzahlung über 15 Jahre hinweg wegen zivilrechtlicher Unwirksamkeit, vgl. BGH GmbHR 1989, 508,
- jederzeitige Verpflichtung zur unentgeltlichen Rückübertragung,
- vom jeweiligen Jahresgewinn unabhängiger Gewinnanteil,
- mangelnde Einlage, vgl. BFH BStBl. 1973 II 221,
- Bareinlage als Darlehen, das aus dem ersten Gewinnanteil wieder zu tilgen ist, vgl. BFH BStBl. 1973 II 526,
- befristete Gesellschafterstellung der Kinder, vgl. BFH BStBl. 1976 II 324, zulässig aber Kündigungsrecht der Eltern bei Volljährigkeit, vgl. BFH BStBl. 1976 II 678,
- jederzeitiger Ausschluss zum Buchwert, vgl. BFH BStBl. 1981 II 663; Hinauskündigen ohne Vorliegen außergewöhnlicher Umstände ist bereits zivilrechtlich unwirksam, vgl. BGH WM 1978, 1045; 1981, 1023; *Ulmer,* in: MünchKomm § 738 Rn. 27,
- Ausschlussklausel bei Scheidung, vgl. BFH DB 1990, 2354, einschränkend aber BFH BStBl. 1998 II 542,
- weitere Einschränkungen ergeben sich aus R 138 a EStR und H 138 a EStH.

II. Gewerbesteuer

111 Ist die Tätigkeit einer Personengesellschaft Gewerbebetrieb, so ist gem. § 5 Abs. 1 Satz 3 GewStG **Steuerschuldner die Gesellschaft;** dennoch gehen bei einem Gesellschafterwechsel die anteiligen gewerbesteuerlichen Verlustvorträge verloren, so dass die eigene Steuersubjektivität der Personengesellschaft gewerbesteuerlich nicht lückenlos besteht.

Die Gewerbesteuerpflicht wurde bis zum Jahr 2000 gem. § 32 c EStG durch einen Entlastungsbetrag gekappt. Seit 2001 erfolgt bei Personenunternehmen (nicht bei Kapitalgesellschaften!) eine **Gewerbesteueranrechnung** auf die Einkommensteuer gem. § 35 EStG, vgl. § 13 B VIII.

III. Grunderwerbsteuer

Literatur: *Gottwald,* Grunderwerbsteuerfallen bei der GmbH & Co. KG, ZErb 2007, 255.

Werden Grundstücke in die GmbH & Co. KG eingebracht, ergibt sich die Grunderwerbsteuerpflicht aus § 1 Abs. 1 Nr. 1 GrEStG. Die Befreiungsvorschrift des § 5 Abs. 2 GrEStG findet Anwendung. Bei einer Einmann-GmbH & Co. KG, deren Komplementär-GmbH nicht am Vermögen beteiligt ist, fällt also keine Grunderwerbsteuer an. Bei Anteilsübertragungen oder einer Umwandlung innerhalb der 5-Jahres-Frist des § 5 Abs. 3 GrEStG entfällt die gewährte Grunderwerbsteuerbegünstigung rückwirkend, es sei denn, dass die Weiterübertragung auf Personen, die in gerader Linie verwandt sind oder auf Ehegatten erfolgt. **112**

IV. Umsatzsteuer

Literatur: BMF-Schreiben vom 23. 12. 2003 BStBl. 2004 I 240; *Behrens/Schmitt,* Umsatzsteuer auf die Geschäftsführung und Übernahme der unbeschränkten Haftung durch die Komplementär-GmbH, GmbHR 2003, 269; *Kammerloher-Lis,* Selbständigkeit des Geschäftsführers einer Personengesellschaft nach § 2 Abs. 2 Nr. 1 UStG, UR 2005, 409; *Kuhlemann,* Umsatzsteuerliche Steuerbarkeit und Steuerpflicht von Gesellschafterleistungen, DStR 2005, 634; *Oellerich,* Neuer Vorsteuerabzug und neue Umsatzsteuerpflicht des Gesellschafter-Geschäftsführers einer Personengesellschaft, DStR 2003, 1333; *Robisch,* Geschäftsführerleistungen an eine GmbH, UVR 2005, 353; *Stützel,* Offene Fragen zur Umsatzsteuer bei Leistungsbeziehungen zwischen Gesellschaft und Gesellschaftern, DStR 2004, 1642.

Die GmbH & Co. KG ist wie alle anderen Gesellschaften umsatzsteuerlicher Unternehmer gem. § 2 UStG, nicht etwa die dahinter stehenden Gesellschafter. Der BFH BStBl. 2003 II 36 ist zu seiner bis 1980 vertretenen Auffassung zurückgekehrt, wonach die **Geschäftsführung** und Vertretung einer Personengesellschaft durch den Gesellschafter als Geschäftsführer der GmbH **umsatzsteuerbar** ist, wenn nicht lediglich eine Gewinn- und Verlustbeteiligung eingeräumt, sondern ein Sonderentgelt gezahlt wird, d. h. dem geschäftsführungs- und vertretungsberechtigten Gesellschafter die Zahlung einer Tätigkeitsvergütung unabhängig davon versprochen wird, ob die Personengesellschaft einen ausreichenden Überschuss erzielt. Diese Umsatzsteuerpflicht wird bei der vorgeschlagenen Gründung einer Einheits-GmbH & Co. KG vermieden, da bei einer Einheits-GmbH & Co. KG die Komplementär-GmbH Organgesellschaft ist und daher nicht selbständig tätig wird, vgl. *Oellerich,* DStR 2003, 1333; *Behrens/Schmitt,* GmbHR 2003, 279; *Zugmaier,* INF 2003, 312. **113**

V. Erbschaftsteuer

Literatur: *Piltz,* Verwaltungsvermögen im neuen Erbschaftsteuerrecht, ZEV 2008, 229; *Rödder,* Das neue Unternehmenserbschaftsteuerrecht – die wesentlichen Prüfungspunkte aus Sicht von Familienunternehmen, DStR 2008, 997.

114 Im Rahmen der Erbschaftsteuerreform wurde auch die Unternehmensbewertung neu geregelt. Das Bundesverfassungsgericht BStBl. 2006 II hat eine unterschiedslose Bewertung von Kapital- und Personengesellschaften nach dem Ertragswertverfahren verlangt. Insoweit wird auf die Ausführungen zur Erbschaftsteuerreform und zum vereinfachten Ertragswertverfahren gem. §§ 200 ff. BewG verwiesen, vgl. oben § 1 B IV.

115–120 *einstweilen frei*

F. Die gewerblich geprägte (mitunternehmerische) GmbH & Co. KG

Literatur: BMF-Schreiben: Behandlung der Einbringung zum Privatvermögen gehörender Wirtschaftsgüter in das betriebliche Gesamthandsvermögen einer Personengesellschaft, BStBl. 2004 I 1190; *Carlé,* Vorweggenommene Erbfolgen – Handlungsbedarf bei Gepräge GmbH & Co. KG, FR 2006, 958; *Ettinger/Eberl,* Die vorweggenommene Erbfolge unter Verwendung einer gewerblich geprägten GmbH & Co. KG, GmbHR 2004, 548; *Groh,* Abfärberegelung auch bei gewerblicher Beteiligung einer Personengesellschaft?, DB 2005, 2430; *Harle/Kulemann,* Liegt bei einer gewerblich geprägten Personengesellschaft immer eine Mitunternehmerschaft vor?, StBP 2001, 110; *Hoffmann,* Hinein in die gewerblich geprägte GmbH & Co. KG?, GmbH-StB 2002, 366; *Kusterer/Rupp,* Einbringung von Grundstücken in gewerblich geprägte GmbH & Co. KG, EStB 2002, 485; *Märkle/Bäuml,* Unternehmensnachfolge bei Betriebsverpachtung: Handlungsbedarf bei gewerblich geprägten Personengesellschaften wegen Änderung des § 13 a ErbStG?, DStR 2006, 873; *Kempermann,* Bestandsaufnahme der jüngeren BFH-Rechtsprechung zur „Abfärberegelung" des § 15 Abs. 3 EStG, DStR 2002, 664; *G. J. Müller/Funk/A. Müller,* Die neue BFH-Rechtsprechung zur Abfärbung, BB 2005, 227; *Pauli,* Fallstricke bei Errichtung einer gewerblich geprägten Immobilien GmbH & Co. KG, DB 2005, 1021; *Reiß,* Einbringung von Wirtschaftsgütern des Privatvermögens in das Betriebsvermögen einer Mitunternehmerschaft, DB 2005, 358; *Tiedtke/Wälzholz,* Gestaltungsüberlegungen zur Vermeidung des eingeschränkten Abschreibungsvolumens bei Einlage eines Wirtschaftsgutes in ein Betriebsvermögen nach dessen Nutzung für Überschusseinkünfte, DStR 2001, 1501; *Werner,* Beteiligung Minderjähriger an gesellschaftsrechtlichen Transaktionen im Recht der GmbH und GmbH & Co. KG, GmbHR 2006, 737.

I. Betriebserhaltungsmodell

121 **Beispiel:** Tante Emma findet keinen Nachfolger für ihr Milchgeschäft. Wegen der erheblichen stillen Reserven in dem Betriebsgebäude von 1 Mio € will sie eine Aufdeckung der stillen Reserven trotz der Betriebsschließung verhindern.

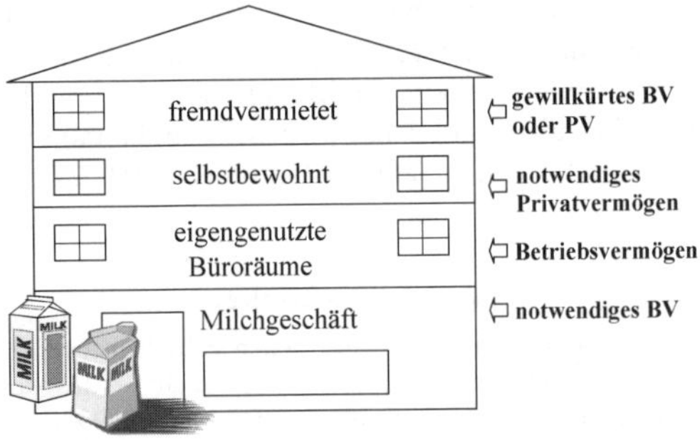

1. Vermeidung der Aufdeckung stiller Reserven trotz Betriebsaufgabe

Der Land- und Forstwirt, der keinen Nachfolger findet, der Freiberufler, der sich ins Privatleben zurückzieht und der Gewerbetreibende, der seinen Betrieb altersbedingt oder mangels Rentabilität einstellt, muss die in dem Betriebsvermögen angesammelten stillen Reserven aufdecken und gem. §§ 14, 15 oder 18 EStG der Einkommensteuer unterwerfen. Da – im Unterschied zur Veräußerung – kein Erlös zufließt, können sich durch die Betriebsstilllegung oder der Beendigung der beruflichen Tätigkeit erhebliche Liquiditätsprobleme ergeben. 122

Bei Land- und Forstwirten sowie Gewerbebetrieben kann die Gewinnrealisierung durch die **Verpachtung** des gesamten Betriebs vermieden werden, da die Rechtsprechung des BFH (grundlegend GrS BStBl. 1964 III, 124) dem Unternehmer ein **Wahlrecht** einräumt, statt einer Aufgabeerklärung den bisherigen Betrieb als in einkommensteuerrechtlicher Hinsicht fortbestehend zu erklären, so dass nur eine Betriebsunterbrechung im weiteren Sinne vorliegt, vgl. *Schmidt/Wacker,* EStG § 16 Rn. 690. Voraussetzung für diese Erklärung ist aber, dass eine Wiederaufnahme des Betriebs objektiv möglich ist. Sofern der Pächter den Betrieb einstellt oder wesentliche Betriebsgrundlagen so umgestaltet werden, dass sie nicht mehr in der bisherigen Form genutzt werden können, tritt eine Zwangs-Betriebsaufgabe ein, vgl. *Schmidt/Wacker,* § 16 EStG Rn. 700.

Um eine ungewollte Aufdeckung der stillen Reserven zu vermeiden, empfiehlt sich daher, den Betrieb in eine Gesellschaft einzubringen, die kraft der Rechtsform als Gewerbebetrieb gilt. Neben der Kapitalgesellschaft misst das Einkommensteuerrecht in § 15 Abs. 3 Nr. 2 EStG der typischen GmbH & Co. KG eine **gewerbliche Prägung** zu, so dass unabhängig von einer gewerblichen Tätigkeit die **Fiktion eines Gewerbebetriebs** eintritt. Die Einbringung eines Betriebs in eine GmbH & Co. KG kann gem. § 24 UmwStG zum Buchwert erfolgen. Aber auch der Freiberufler kann sein Betriebsvermögen, insbesondere die Praxisräume gem. § 6 Abs. 5 Satz 3 Nr. 1 EStG in eine GmbH & Co. KG zum Buchwert einbringen und anschließend seine freiberufliche Tätigkeit aufgeben, ohne dass er die in den Praxisräumen gebildeten stillen Reserven aufdecken muss. 123

2. Vorweggenommene Erbfolge

Im Falle der Betriebsverpachtung geht das einkommensteuerliche Wahlrecht auf den Vermögensübernehmer über, so dass dieser in die Rechtsstellung des bisherigen Verpächters eintritt, vgl. BFH BStBl. 1992 II, 392 und 521. Ebenso kann die Beteiligung an einer gewerblich geprägten (mitunternehmerischen) GmbH & Co. KG unter Buchwertfortführung gem. § 6 Abs. 3 Satz 1 EStG auf den Vermögensübernehmer unter zwangsweiser Buchwertfortführung übertragen werden, so dass sich das aufgezeigte Betriebserhaltungsmodell auch für die vorweggenommene Erbfolge eignet. 124

Sofern die **Übertragung der KG-Anteile** aufgrund einer bis zum 31. 12. 2007 getroffenen Vereinbarung **gegen Versorgungsrente** oder dauernde Last erfolgte, konnte der Sonderausgabenabzug gem. § 10 Abs. 1 125

Nr. 1a EStG erreicht werden. Diese Vergünstigung wurde durch das Jahressteuergesetz 2008 auf betriebliche Übertragungen und auf die Übertragung von GmbH-Geschäftsanteilen mit mindestens 50% Beteiligungsquote beschränkt. Gewerblich geprägte Gesellschaften wurden aus dem Anwendungsbereich des Sonderausgabenabzugs eliminiert, so dass nur bei der Aufrechterhaltung eines Gewerbebetriebes die Sonderausgabenvergünstigung besteht; kritisch hierzu *Spiegelberger,* DB 2008, 1063.

II. Vertragsmuster: Errichtung einer GmbH & Co. KG

1. Urkundenmantel

126 Beurkundet am …

I. Vorbemerkungen

Frau M betreibt ein Milchgeschäft in Adorf. Dieses Einzelunternehmen ist nicht im Handelsregister eingetragen.
Zum Betriebsvermögen gehört Grundbesitz, der in der einen wesentlichen Bestandteil dieser Urkunde bildenden Anlage II aufgeführt ist, die mitverlesen wurde.

II. Errichtung einer Kommanditgesellschaft

Die M Verwaltungs-GmbH sowie Frau M
gründen hiermit eine Kommanditgesellschaft unter der Firma M GmbH & Co. KG mit dem Sitz in Adorf.
Für diese Kommanditgesellschaft vereinbaren die Vertragsteile den in der Anlage I beigefügten Gesellschaftsvertrag. Die Anlage ist wesentlicher Bestandteil dieser Urkunde und wurde mitverlesen.

III. Einbringung

Die Kommanditeinlage des Kommanditisten M wird durch Sacheinlage in der Weise erbracht, dass er das vorbezeichnete Einzelunternehmen samt Grundbesitz und allen Aktiva und Passiva nach Maßgabe einer zum 31. 12. 00 erstellten Bilanz mit Wirkung zum 1. 1. 01 (Einbringungsstichtag) in die mit dieser Urkunde errichtete Kommanditgesellschaft einbringt.
Eingebracht werden ausdrücklich auch alle immateriellen, in der Bilanz nicht betragsmäßig ausgewiesenen Wirtschaftsgüter, insbesondere der Kundenstamm, der Firmenwert, etwaige Lizenzen und Schutzrechte, so dass der Betrieb des Einzelunternehmens als solcher auf die Kommanditgesellschaft übergeht. Mit der Betriebseinbringung gehen auch alle Rechte und Pflichten aus Arbeitsverhältnissen auf die Gesellschaft über.
Soweit ein Saldo zwischen dem Wert der Sacheinlage und der Kommanditeinlage besteht, wird dieser auf dem Kapitalkonto II des Gesellschafters gebucht.
Die Einbringung erfolgt nach Maßgabe der von Herrn Steuerberater S zum 31. 12. 00 zu erstellenden Bilanz des eingebrachten Einzelunternehmens.

IV. Auflassung

Die Vertragsteile sind darüber einig, dass das Eigentum an den in Ziffer I. aufgeführten Grundstücken auf die aus den Beteiligten bestehende M GmbH & Co. KG übergeht und bewilligen und beantragen die Eintragung im Grundbuch.
Auf die Eintragung von Auflassungsvormerkungen wird verzichtet.
Die Vertragsteile sind auch über den Eigentumsübergang der übrigen in der Einbringungsbilanz erfassten Vermögensgegenstände einig.

V. Kosten, Ausfertigungen

Die Kosten dieser Urkunde und ihres Vollzuges trägt die Gesellschaft.
Von dieser Urkunde erhalten:

Ausfertigungen:
die Beteiligten,
beglaubigte Abschriften:
die Gesellschafter,
einfache Abschriften:
das Registergericht
das Finanzamt – Grunderwerbsteuerstelle -
der Steuerberater der Gesellschaft.

2. Gesellschaftsvertrag

Anlage I 127

§ 1 Firma, Sitz

Die Firma der Gesellschaft lautet:
M GmbH & Co KG
Sitz der Gesellschaft ist Adorf.

§ 2 Gegenstand

Gegenstand des Unternehmens ist der Betrieb eines Milchgeschäfts sowie die Verpachtung und Verwaltung eigenen Vermögens, insbesondere von Grundbesitz.

§ 3 Gesellschafter, Kapitalbeteiligung

1. Persönlich haftende Gesellschafterin (Komplementärin) ist die M Verwaltungs-GmbH mit dem Sitz in Adorf. Sie hat keinen Kapitalanteil.
2. Kommanditist ist Frau M mit einer Kommanditeinlage von 1000 €, die einer Beteiligung von 100% entspricht.

§ 4 Dauer der Gesellschaft

1. Die Gesellschaft beginnt mit ihrer Eintragung im Handelsregister.
2. Die Dauer der Gesellschaft ist unbestimmt.
3. Die Gesellschaft kann mit einer Frist von sechs Monaten zum Schluss eines jeden Geschäftsjahres gekündigt werden, frühestens zum …

§ 5 Geschäftsjahr

Das Geschäftsjahr ist das Kalenderjahr.

§ 6 Geschäftsführung und Vertretung

Zur Geschäftsführung und Vertretung ist die Komplementärin allein berechtigt und verpflichtet. Sie und ihre Geschäftsführer sind von den Beschränkungen des § 181 BGB befreit.

§ 7 Vergütung der geschäftsführenden Komplementärin

Die geschäftsführende Komplementärin erhält neben dem Ersatz ihrer Auslagen eine jährliche Haftungsvergütung in Höhe von 4% ihres Stammkapitals, auch wenn die KG keinen Gewinn erzielt.

§ 8 Gesellschafterbeschlüsse

1. Beschlüsse der Gesellschafter können auf jede Weise, schriftlich oder mündlich, telefonisch oder telegraphisch, innerhalb oder außerhalb einer Versammlung gefasst werden.
2. Abgestimmt wird nach Festkapitalanteilen. Je 100 € Kapitalanteil gewähren eine Stimme.
3. Gesellschafterbeschlüsse werden mit der einfachen Mehrheit der abgegebenen Stimmen gefasst, soweit das Gesetz nicht zwingend die Zustimmung aller Gesellschafter verlangt.

§ 9 Jahresabschluss

Die Bilanz ist samt Gewinn- und Verlustrechnung binnen sechs Monaten seit Ende des Geschäftsjahres von der Komplementärin nach den gesetzlichen Vorschriften aufzustellen.

§ 10 Gesellschafterkonten

1. Für die Komplementär-GmbH wird nur ein Verrechnungskonto geführt.
2. Für jeden Kommanditisten wird ein festes Kapitalkonto I, ein variables Kapitalkonto II und ein Kapitalverlustkonto geführt.
3. Die Kapitalkonten I sind maßgeblich für die Gewinn- und Verlustbeteiligung und das Stimmrecht. Die Kapitalkonten I und II geben die Beteiligung am Gesellschaftsvermögen und am Liquidationserlös wieder.
4. Ein etwaiger Verlust wird auf dem Kapitalverlustkonto, einem Unterkonto von Kapitalkonto II, gebucht. Überschüsse dürfen erst dann wieder entnommen werden, wenn das Kapitalverlustkonto ausgeglichen ist.

§ 11 Erbfolge

Beim Tod eines Gesellschafters wird die Gesellschaft nicht aufgelöst, sondern mit den Erben oder Vermächtnisnehmern des Verstorbenen fortgesetzt.

§ 12 Abfindung

1. Wenn ein Gesellschafter oder ein Gläubiger eines Gesellschafters die Gesellschaft kündigt, soll von dem für die Gesellschaft tätigen Steuerberater als Schiedsgutachter gemäß § 317 BGB die Abfindung festgesetzt werden.
2. Als Abfindungsguthaben erhält der ausgeschiedene Gesellschafter einen seiner Beteiligung an der Gesellschaft entsprechenden Anteil am Wert des Gesellschaftsvermögens, das – zur Erhaltung des Familienguts – mit 70% des nach den erbschaftsteuerlichen Grundsätzen gem. §§ 200 ff. BewG zu ermittelnden Wertes anzusetzen ist.
3. Das Abfindungsguthaben ist in drei gleichen, unmittelbar aufeinander folgenden Jahresraten auszuzahlen. Die erste Rate ist ein Jahr nach dem Ausscheidungsstichtag zur Zahlung fällig. Das Abfindungsguthaben wird mit 3% p. a. ab dem Ausscheidungsstichtag verzinst.
4. Vorzeitige Zahlung der Abfindung ist jederzeit zulässig. Sicherheitsleistung kann für das Abfindungsguthaben nicht gefordert werden.

§ 13 Schlussbestimmungen

1. Sollten sich einzelne Bestimmungen des Gesellschaftsvertrages als ungültig erweisen, so wird dadurch die Gültigkeit des Vertrages im übrigen nicht berührt. In einem solchen Falle ist die ungültige Bestimmung durch Beschluss der Gesellschafter möglichst so umzudeuten oder zu ergänzen, dass der mit der ungültigen Bestimmung beabsichtigte wirtschaftliche Zweck erreicht wird.
2. Dasselbe gilt, wenn bei Durchführung des Gesellschaftsvertrages eine ergänzungsbedürftige Vertragslücke offenbar wird.

Anlage II

(Auflistung des einzubringenden Grundbesitzes)

III. Anmerkungen

1. Zum Urkundenmantel

a) Komplementär-GmbH

128 Wegen der Gründung der Komplementär-GmbH wird auf Abschnitt B.I. verwiesen. Zur Unterscheidung von der Firma der Kommanditgesellschaft reicht bei der Komplementär-GmbH der Zusatz „Verwaltung" aus.

b) Einbringungsstichtag

Eine gesonderte Einbringungsbilanz ist nicht erforderlich, wenn auf die ohnehin zu erstellende Schlussbilanz des Einzelunternehmens verwiesen wird. Die Beurkundung kann zu einem beliebigen Zeitpunkt vor dem Einbringungsstichtag erfolgen. Sofern auf einen vorangegangenen Bilanzstichtag Bezug genommen wird, sollte dieser nicht länger als zwei Monate zurückliegen, da die Rechtsprechung und Finanzverwaltung in einer längeren Rückwirkung eine unzulässige Gewinnverteilung sehen, vgl. *Spiegelberger,* in: Beck'sches Vertragshandbuch E Rn. 271ff.; BFH BB 1979, 1128. 129

c) Kapitalkonten

Bei der Buchung der Sacheinlage auf Kapitalkonto I und/oder Kapitalkonto II sowie auf einem gesamthänderischen Rücklagenkonto erfolgt die Einbringung gegen Gewährung von Gesellschaftsrechten gem. § 24 UmwStG, vgl. BFH DStR 2008, 761. 130

d) Grunderwerbsteuer

Die Einbringung ist zwar grunderwerbsteuerbar, aber grunderwerbsteuerbefreit gem. § 5 Abs. 2 GrEStG. 131

2. Gesellschaftsvertrag

a) Fortführung des bisherigen Betriebes

Auch wenn die Betriebseinstellung geplant ist, sollte die Betriebsfortführung, zumindest vorübergehend, als Gegenstand des Unternehmens angegeben werden, um klarzustellen, dass vor der Einbringung keine Betriebsaufgabe stattgefunden hat. 132

b) Kommanditeinlage

Bei der Festsetzung der Kommanditeinlage besteht ein weiter Ermessensspielraum. Der vorsichtige Gesellschafter neigt zu einer niedrigen Kommanditeinlage, die im allgemeinen weit hinter dem Verkehrswert der erbrachten Sacheinlage zurückliegt. Wenn Verluste drohen, sollte die Kommanditeinlage dem tatsächlichen Wert des Gesellschaftsvermögens angenähert werden, um nicht unter die Verlustbegrenzung gem. § 15 a EStG zu fallen. Sonderbetriebsvermögen zählt i. S. d. § 15 a EStG nicht unter den Begriff der Kommanditeinlage. 133

c) Beginn der Gesellschaft

Bei einem in kaufmännischer Weise eingerichteten Geschäftsbetrieb kann der Gesellschaftsbeginn auch vor der Handelsregistereintragung liegen. Eine rein vermögensverwaltende Gesellschaft entsteht immer frühestens mit dem Zeitpunkt der Handelsregistereintragung, vgl. § 105 Abs. 2 HGB. 134

d) Dauer der Gesellschaft

Bei Familiengesellschaften wird im allgemeinen eine längere Mindestlaufzeit vereinbart, die höchstens 30 Jahre betragen kann, vgl. BGH WM 1967, 316; *Ulmer,* in: MünchKomm § 723 BGB Rn. 47; K. Schmidt, Gesellschaftsrecht § 50 II 4 c aa). 135

e) Befreiung von den Beschränkungen des § 181 BGB

136 Sofern der bisherige Einzelunternehmer sein Unternehmen einbringt und als Geschäftsführer der Komplementär-GmbH fungiert, ist zum Abschluss des Vertrages die Befreiung von den Beschränkungen des § 181 BGB erforderlich. Im allgemeinen empfiehlt sich diese Befreiung auch für spätere In-sich-Geschäfte aufrechtzuerhalten. Im Handelsregister kann bei der Kommanditgesellschaft eingetragen werden, dass die Komplementär-GmbH und ihre Geschäftsführer von den Beschränkungen des § 181 BGB befreit sind.

f) Geschäftsführervergütung

137 Bei der vorgeschlagenen Einheits-GmbH & Co. KG, wonach die Kommanditgesellschaft die GmbH-Anteile zu 100% hält, ist die GmbH Organgesellschaft und damit unselbständig tätig, so dass ein Umsatzsteuerausweis für die Geschäftsführertätigkeit nicht erforderlich ist, vgl. oben A IV 4.

g) Gesellschafterbeschlüsse

138 Gem. § 119 HGB sieht das Gesetz einstimmige Beschlussfassung vor. Durch Gesellschaftsvertrag können auch **Mehrheitsbeschlüsse** vorgesehen werden, wobei in den Kernbereich der Mitgliedschaftsrechte nur mit Zustimmung der betroffenen Gesellschafter eingegriffen werden kann.

h) Erbfolge

139 § 177 HGB sieht die freie Vererblichkeit von KG-Anteilen vor. Durch Gesellschaftsvertrag kann die Vererblichkeit ausgeschlossen oder eingeschränkt werden.

140 *einstweilen frei*

G. Gewerbliche Prägung von Privatvermögen

Literatur: BMF-Schreiben v. 29. 3. 2000 BStBl. 2000 I 462: Behandlung der Einbringung einzelner zum Privatvermögen gehörender Wirtschaftsgüter in das betriebliche Gesamthandsvermögen einer Personengesellschaft als tauschähnlicher Vorgang; BMF-Schreiben v. 26. 11. 2004 BStBl. 2004 I 1190: Behandlung der Einbringung zum Privatvermögen gehörender Wirtschaftsgüter in das betriebliche Gesamthandsvermögen einer Personengesellschaft; *Carlé,* Einlage von steuerverstricktem Privatvermögen in Personengesellschaften, EStB 2006, 46; *Ettinger/Eberl,* Die vorweggenommene Erbfolge unter Verwendung einer gewerblich geprägten GmbH & Co. KG, GmbHR 2004, 548; *Lothmann,* Aktienanlage in der gewerblich geprägten thesaurierenden Personengesellschaft als Alternative zur Abgeltungssteuer?, DStR 2008, 945; *Reiß,* Einbringung von Wirtschaftsgütern des Privatvermögens in das Betriebsvermögen einer Mitunternehmerschaft, DB 2005, 358; *Röhrig,* Einbringung von WG des PV in eine gewerbliche Personengesellschaft, EStB 2008, 216.

141 **Beispiel:** Der unverheiratete und kinderlose, daher sehr vermögende Herr Dagobert will die AfA-Bemessungsgrundlage für die abgeschriebenen Gebäude erhöhen und anschließend seine Neffen und Nichten zu Erben berufen. Steuerberater S rät, die im Privatvermögen befindlichen Grundstücke in eine gewerblich geprägte GmbH & Co. KG, deren Gesellschafter eine von Herrn Dagobert gegründete GmbH und Herr Dagobert sind, einzubringen.

Hinweis: Die Beteiligung der Neffen und Nichten innerhalb von fünf Jahren seit Gründung der GmbH & Co. KG löst eine Nacherhebung von Grunderwerbsteuer gem. § 5 Abs. 3 GrEStG aus.

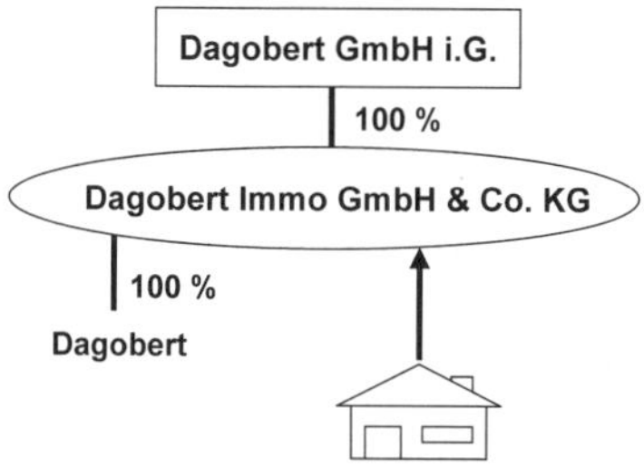

I. Gestaltungsalternativen

1. Bisherige Praxis

Bis vor wenigen Jahren galt das eherne Beratungsgesetz, nach Möglichkeit **142** steuerliches Privatvermögen zu bilden bzw. zu erhalten, nicht zuletzt aufgrund der Überlegung, bei einer Veräußerung steuerfreie Veräußerungsgewinne außerhalb des Regelungsbereiches der §§ 17 und 23 EStG zu erzielen. Dieser Wertzuwachs im steuerlichen Privatvermögen wird einkommensteuerlich nicht erfasst. Dennoch kann im Einzelfall die gewerbliche Prägung von Privatvermögen steuerlich interessant sein.

2. Varianten der Vertragsgestaltung

Der im Grundbuch eingetragene Alleineigentümer wird im allgemeinen **143** die Ein-Mann-GmbH & Co. KG in der Variante der Einheits-GmbH & Co. KG wählen, um nach der (grunderwerbsteuerfreien) Gründung Kommanditanteile auf Familienangehörige im Wege der vorweggenommenen Erbfolge zu übertragen. Im Familienkreis wird im Allgemeinen angestrebt, dass die Zusammensetzung der Gesellschafter und die Beteiligungsverhältnisse bei der Komplementär-GmbH und der Kommanditgesellschaft einheitlich sind, um Schwierigkeiten bei der gewollten einheitlichen Willensbildung von vornherein auszuschließen.

3. Einbringungsgegenstand

Geeignet zur Einbringung in die GmbH & Co. KG sind alle Vermögens- **144** gegenstände im weitesten Sinne, insbesondere Grundstücke, Betriebe, Beteiligungen jeder Art, Wertpapiere und Immobilienfonds, vgl. *Koblenzer/Tonemann,* ErbStB 2003, 172. Zu beachten ist allerdings, dass die Einbringung gegen Gewährung von Gesellschaftsrechten einkommensteuerlich einen **tauschähnlichen Vorgang** und damit ein Veräußerungsgeschäft darstellt, das der Veräußerungsbesteuerung, insbesondere auch gem. §§ 17 und 23 EStG unterliegt.

Die Einbringung eines Grundstückes durch den Alleineigentümer in **145** die von ihm gegründete Einmann-GmbH & Co. KG ist ein Verstoß gegen das **Verbot des Selbstkontrahierens**. § 181 BGB gilt auch, wenn der alleinige Gesellschafter-Geschäftsführer der Komplementär-GmbH zugleich einziger Kommanditist ist und für die GmbH & Co. KG ein Rechtsgeschäft mit sich im eigenen Namen vornimmt, vgl. LG Berlin RNotZ 2001, 288. Dem Grundbuchamt ist daher nachzuweisen, dass dem Geschäftsführer das In-sich-Geschäft gestattet war. Dies erfolgt am einfachsten durch eine entsprechende Satzungsregelung mit Eintragung im Handelsregister. Ist es dem Geschäftsführer der Komplementär-GmbH einer GmbH & Co. KG gestattet, Rechtsgeschäfte mit sich im eigenen Namen unter KG vorzunehmen, kann diese Befreiung von dem Verbot des Selbstkontrahierens im Handelsregister der KG eingetragen werden, vgl. BayObLG MittBayNot 2000, 241.

4. Einbringung ohne Rechtsträgerwechsel

146 Zur Einsparung von Notar- und Grundbuchamtsgebühren wird in der Literatur auch die Einbringung quoad sortem oder quoad usum empfohlen, vgl. *Kusterer/Rupp,* EStB 2002, 485. Die gewerbliche Prägung soll sich dann aus dem Gesichtspunkt des **wirtschaftlichen Eigentums** (quoad sortem) oder aus dem Gesichtspunkt des **Sonderbetriebsvermögens** (quoad usum) ergeben. M. E. sind diese Gestaltungen risikoreich und im Endergebnis nicht kostensparend, soweit sie in der Praxis überhaupt nachvollziehbar sind. Wie wird wirtschaftliches Eigentum an dem Grundstück eines Gesellschafters begründet? Der BFH BStBl. 2002 II 741 nimmt wirtschaftliches Eigentum der Ehefrau bei der Errichtung eines Gebäudes auf dem im hälftigen Miteigentum der Eheleute stehenden Grundstück an, wenn der Ehefrau bei Beendigung der Nutzung ihrem Ehemann gegenüber ein Anspruch auf Entschädigung gem. §§ 951, 812 BGB zusteht. Ein derartiger zivilrechtlicher Anspruch wird aber nur bei einer Gebäudeerrichtung in der Erwartung späteren Eigentumserwerbs gewährt, vgl. *Staudinger/Gursky,* § 951 BGB Rn. 50.

147 Auch die **Sonderbetriebsvermögenseigenschaft** bei gewerblich geprägten Gesellschaften ist unklar. Da der BFH GrS BStBl. 1984 II 751 die Geprägerechtsprechung längst aufgegeben hat, ist es m. E. zweifelhaft, ob die Verpachtung eines Grundstückes an eine nur fiktiv gewerblich tätige Gesellschaft zu Sonderbetriebsvermögen führt. Es darf nicht übersehen werden, dass die Rechtsprechung der gewerblichen Prägung durch Rechtsform ablehnend gegenübersteht. Daher können nur „wasserdichte“ Konzeptionen empfohlen werden.

148–150 *einstweilen frei*

II. Einkommensteuerliche Folgen

Literatur: *Hoffmann,* Tauschähnliche Einlagen in Gesellschaften, GmbH-StB 2005, 119; *Ott,* Niedrigere Erbschaft- und Schenkungsteuer durch Einbringung von Grundbesitz ins Betriebsvermögen einer GmbH & Co. KG – gleichzeitig Senkung der Einkommensteuer durch höhere AfA, BWNotZ 2004, 1; *Spiegelberger,* Die Familien – GmbH & Co. KG, ZEV 2003, 391.

1. Neue AfA-Basis

Sofern die Gründung nach den allgemeinen Grundsätzen der GmbH & Co. KG erfolgt, entsteht gem. § 15 Abs. 3 Nr. 2 EStG eine gewerblich geprägte Personengesellschaft, die steuerlich – unabhängig von der tatsächlich ausgeübten Tätigkeit – ausnahmslos einen Gewerbebetrieb darstellt. Das gesamte Vermögen dieser Gesellschaft wird damit **Betriebsvermögen.** Die Einbringung von Wirtschaftsgütern des Privatvermögens in eine gewerblich geprägte Personengesellschaft gegen Gewährung von Gesellschaftsrechten stellt gem. BFH BStBl. 2000 II 230 und 2001 II 747 einen **tauschähnlichen Vorgang** und damit ein Veräußerungsgeschäft dar. Die eingebrachten Wirtschaftsgüter sind mit dem **gemeinen Wert** in der Bilanz der GmbH & Co. KG anzusetzen, so dass sich gerade bei älteren Gebäuden eine neue AfA-Bemessungsgrundlage ergibt. § 7 Abs. 1 Satz 4 EStG mit der darin angeordneten Minderung der Anschaffungs- oder Herstellungskosten findet nur bei **Einlagen,** nicht bei Veräußerungen Anwendung. Die Finanzverwaltung ist der zugrundeliegenden Auffassung des BFH mit BMF-Schreiben BStBl. 2000 I 462 gefolgt. Danach liegt eine Einlage i. S. d. § 6 Abs. 1 Nr. 5 EStG nur noch vor, wenn keine Gesellschafterrechte gewährt werden, also im Fall der verdeckten Einlage; a. A. *Düll/Fuhrmann/Eberhard,* DStR 2000, 1717; *Schmidt/Glanegger,* § 6 EStG Rn. 440 (gesellschaftsrechtliche Einlagen); für *step up* vgl. *Spiegelberger,* ZEV 2003, 391; *Ettinger/Eberl,* GmbHR 2004, 551; *Ott,* BWürttNotZ 2004, 2. Der BFH GmbHR 2008, 548 hat den dargelegten step up ausdrücklich bestätigt. 151

2. Prägeverlust bei Geschäftsführung durch Kommanditisten?

Sofern ein Kommanditist zum Geschäftsführer der Kommanditgesellschaft berufen wird, geht die gewerbliche Prägung gem. § 15 Abs. 3 Nr. 2 EStG verloren. Etwas anderes gilt, wenn ein Kommanditist als Geschäftsführer der GmbH tätig ist. Geschäftsführung i. S. d. § 15 Abs. 3 Nr. 2 EStG ist die **organschaftliche** Geschäftsführung des Gesellschafters für die Gesellschaft. Bei einer GmbH & Co. KG, deren alleinige Geschäftsführerin die Komplementär-GmbH ist, ist der zur Führung der Geschäfte der GmbH berufene Kommanditist nicht wegen dieser Geschäftsführungsbefugnis auch als zur Führung der Geschäfte der KG berufen anzusehen, vgl. BFH BStBl. 1996 II 523. In diesem Fall verbleibt es bei der gewerblichen Prägung. 152

Da die Übernahme der Geschäftsführung durch Kommanditisten prägeschädlich i. S. d. § 15 Abs. 3 Nr. 2 EStG ist, wird auch diskutiert, ob die **Stimmrechtsausübung** durch Kommanditisten die gewerbliche Prägung gem. § 15 Abs. 3 Nr. 2 EStG ausschließt. Dies könnte insbesondere bei einer Einheits-GmbH & Co. KG von Bedeutung sein. 153

Zunächst ist zu berücksichtigen, dass Stimmrechtsausübung und Geschäftsführung zweierlei Dinge sind. Während die Stimmrechtsausübung nur eines von vielen Gesellschafterrechten betrifft, ist die Geschäftsführung die höchstrangige Funktion, die das Personengesellschaftsrecht kennt. Dagegen ist die Stimmrechtsausübung lediglich ein im Personengesellschaftsrecht notwendiger **Ausfluss der Mitgliedschaft**, ohne dass damit weitergehende Verwaltungsrechte verbunden wären. Die oben A IV 4 vorgeschlagene Stimmrechts- 154 regelung der Kommanditisten für die Fälle, in denen der Geschäftsführer der GmbH an der Ausübung des Stimmrechts z.B. gem. § 47 Abs. 4 GmbHG gehindert ist, beinhaltet kein organschaftliches Recht und ist im Endergebnis eine Notlösung, um eine gesellschaftsrechtliche Patt-Situation aufzulösen. *D. und T. Carlé,* GmbHR 2001, 102 sind daher zu Recht der Auffassung, dass geprägeschädlich nur organschaftlich begründete Geschäftsbefugnisse der Kommanditisten sind.

3. Gewerblicher Grundstückshandel durch Einbringung

a) Teilnahme am wirtschaftlichen Verkehr?

155 Fraglich ist, ob die Einbringung mehrerer Grundstücke in eine GmbH & Co. KG als gewerblicher Grundstückshandel beurteilt werden kann. Nach *Kirchhof/Reiß,* § 15 EStG Rn. 121 ist die Einlage von Grundstücken in eine Gesellschaft keine Veräußerung, da die Einlage keine Beteiligung am allgemeinen wirtschaftlichen Verkehr darstellt. Gerade Vermögensverwaltungsgesellschaften streben die langfristige Nutzung ihres Anlagevermögens und nicht etwa den raschen Umsatz an. Gerade wenn der Alleineigentümer seine Grundstücke in seine Einmann-GmbH & Co. KG einbringt, ist es fraglich, ob eine Teilnahme am allgemeinen wirtschaftlichen Verkehr stattfindet.

156 Nach der neueren Rechtsprechung des BFH BStBl. 2000 II 230 und DStR 2003, 682 stellt jedoch die Einbringung von Grundbesitz gegen Gewährung von Gesellschaftsrechten keine Einlage, sondern einen **tauschähnlichen Umsatz** dar, so dass, obwohl nur ein einziger Vorgang und nicht wiederholte Handlungen vorliegen, die Grundstückseinbringung von der Finanzverwaltung als gewerblicher Grundstückshandel angesehen wird, vgl. *Seitz,* Stbg 2004, 259. In vielen Fällen wird der danach anzunehmende gewerbliche Grundstückshandel ohne steuerliche Auswirkungen bleiben, wenn die eingebrachten Grundstücke nicht innerhalb der letzten drei Jahre angeschafft wurden und somit eine Einbringung zum **Teilwert** gem. § 6 EStG erfolgt. Bei dieser Einbringung wird kein Gewinn erzielt, weil der aus dem Privatvermögen eingebrachte Grundbesitz bei Beendigung der privaten Vermögensverwaltung bereits den Teilwert erreicht hat, der zugleich den Veräußerungspreis (= Einbringungswert) darstellt.

4. KG-Anteilsübertragung

157 Auch die Übertragung des **KG-Anteiles** einer Gesellschaft mit **zahlreichen Grundstücken** im Gesamthandsvermögen kann problematisch sein. Nach Auffassung des III. BFH-Senats DStRE 2003, 266 ist die Veräußerung eines 50%-igen Kommanditanteils an einer gewerblich geprägten Grundstücksgesellschaft steuerrechtlich als „anteilige" Übertragung so vieler Objekte i.S.d. Rechtsprechung zum gewerblichen Grundstückshandel (Indizwirkung der sog. 3-Objekt-Grenze) zu werten, wie sich in Gesamthandseigentum der Personengesellschaft befinden. Dieser Entscheidung liegt ein Bauträgerunternehmen in der Rechtsform einer GmbH & Co. KG zugrunde, das ein Wohn- und Geschäftshaus mit einer Tiefgarage (52 Kfz-Stellplätze, Läden und/oder einer Gaststätte im Erdgeschoss, Büros sowie Wohnung im 2. Obergeschoss und Wohnungen im 1. und 3. Obergeschoss) errichtete. Die

Beteiligten verpflichteten sich gegenseitig zur Aufteilung in Wohnungs- und Teileigentum und zur gemeinsamen Errichtung des geplanten Bauvorhabens. Verbunden war dieses Vorhaben mit dem Erwerb mehrerer Grundstücke. Ferner bestand nach dem Sachverhalt eine Weiterveräußerungsabsicht. Bei Familiengesellschaften ist die **unentgeltliche** KG-Anteilsübertragung von vorne herein nicht als Veräußerungsgeschäft anzusehen, vgl. OFD München MittBayNot 2001, 338.

einstweilen frei **158–160**

III. Gewerbesteuer

Bei grundstücksverwaltenden Gesellschaften besteht die **erweiterte Gewerbesteuerkürzung** gem. § 9 Nr. 1 Satz 2 GewStG. Soweit wegen der Einbringung weiterer Wirtschaftsgüter Gewerbesteuer anfällt, erfolgt die Anrechnung der Gewerbesteuer gem. § 35 EStG auf die Einkommensteuer. **161**

1. Nießbrauchbestellung

Ungeklärt ist die Frage, inwieweit die Nießbrauchsbestellung an Gesellschaftsanteilen im Rahmen des § 35 EStG zu einem Anrechnungsüberhang führt. Diese Bestimmung stellt lediglich auf die **gesellschaftsvertragliche** Gewinnverteilung ab, so dass Einkünfte des Gesellschafters aufgrund sonstiger Leistungen, z.B. der Verpachtung von Sonderbetriebsvermögen, keine Berücksichtigung finden. Dabei ist zu befürchten, dass die Finanzverwaltung auch bei Nießbrauchbestellungen nur die gesellschaftsvertragliche Gewinnverteilung zugrunde legt, so dass bei dem nießbrauchbelasteten Gesellschafter die Gewerbesteueranrechnung ins Leere laufen würde. Auch die Vereinbarung einer Versorgungsrente oder dauernden Last ist für die gewerbesteuerliche Anrechnung unbeachtlich. **162**

2. Grundstücksverwaltende Komplementär-GmbH

Sofern die Komplementär-GmbH ihrerseits eigenen Grundbesitz verwaltet, geht die gewerbesteuerliche Vergünstigung des § 9 Nr. 1 Satz 2 GewStG verloren. Nach Auffassung des BFH BStBl. 2003 II 355 verstößt das Halten einer Beteiligung als persönlich haftender Gesellschafter an einer grundstücksverwaltenden Personengesellschaft unabhängig von dem Umfang der Beteiligung und der daraus erzielten Einkünfte gegen das Ausschließlichkeitsgebot des § 9 Nr. 1 Satz 2 GewStG. **163**

IV. Nachteile der GmbH & Co. KG

Die GmbH & Co. KG bringt auch zahlreiche zivil- und gesellschaftsrechtliche Nachteile mit sich, so dass der Vorwurf des Missbrauchs auf Grund Rechtsformwahl durch den II. BFH-Senat BStBl. 2002 II 598 (II 4 der Entscheidungsgründe) wenig überzeugend erscheint. **164**

Der BFH übersieht, dass die nach Einkommensteuerrecht mögliche gewerbliche Prägung von steuerlichem Privatvermögen folgende Rechtswirkungen mit sich bringt:

- gesteigerte Sozialbindung als Betriebsvermögen,
- Zwangszugehörigkeit zur Industrie- und Handelskammer mit Beitragspflicht, gestaffelt nach Umsatz,

- Gewerbesteuerpflicht,
- Bilanzierungspflicht,
- zeitlich unbegrenzte Einkommensbesteuerung des Wertzuwachses und
- Publizitätspflicht.

V. Vertragsmuster: Gewerbliche Prägung von Privatvermögen

1. Urkundenmantel: Errichtung einer GmbH & Co. KG

165 Beurkundet am …

Herr Dagobert
hier handelnd
a) für sich selbst eigenen Namens;
b) für die Firma Dagobert Verwaltungs GmbH i. Gr. mit dem Sitz in Entenhausen, als deren alleinvertretungsberechtigter, von den Beschränkungen des § 181 BGB befreiter Geschäftsführer.

Die Feststellung der Vertretungsbefugnis erfolgt nach Eintragung der vorgenannten GmbH im Handelsregister gesondert.
Der Erschienene ist mir persönlich bekannt.

Auf Ansuchen des Erschienenen beurkunde ich was folgt:

I. Vorbemerkungen

Laut Vortrag im Grundbuch des Amtsgerichts … für Entenhausen Blatt … ist Herr Dagobert als Alleineigentümer des dort vorgetragenen Grundbesitzes der Gemarkung Entenhausen Flst. Nr. … eingetragen.
Der Grundbesitz ist lediglich in Abt. III belastet mit
1 000 000 € Buchgrundschuld für die Sparkasse Entenhausen.

II. Errichtung einer Kommanditgesellschaft

Die Dagobert GmbH i. Gr. sowie Herr Dagobert
gründen hiermit eine Kommanditgesellschaft unter der Firma Dagobert Immo GmbH & Co. KG mit dem Sitz in Entenhausen.
Für diese Kommanditgesellschaft vereinbaren die Vertragsteile den in der Anlage I beigefügten Gesellschaftsvertrag. Die Anlage ist wesentlicher Bestandteil dieser Urkunde und wurde mitverlesen.

III. Einbringung

Die Kommanditeinlage des Kommanditisten Dagobert ist durch Sacheinlage in der Weise erbracht, dass er das in Abschnitt I dieser Urkunde näher bezeichnete Grundstück der Gemarkung Entenhausen Flst.Nr. … in die mit dieser Urkunde errichtete Kommanditgesellschaft einbringt.
Die Einbringung erfolgt nach Maßgabe der von der Steuerberatungsgesellschaft … zum 1. 1. 01 zu erstellenden Eröffnungsbilanz.

IV. Schuldübernahme

Die Firma Dagobert Immo GmbH & Co. KG übernimmt hiermit mit schuldbefreiender Wirkung zum 1. 1. 01 die der vorbezeichneten Grundschuld zugrundeliegende Schuldverpflichtung in Höhe von derzeit 900 000 € mit dem künftigen Stand zum 1. 1. 01 anstelle von Herrn Dagobert und verpflichtet sich, diesen von jeder Inanspruchnahme freizustellen.
Die erforderliche Schuldübernahmegenehmigung gem. §§ 415 ff. BGB werden die Vertragsteile selbst einholen.

Auf das Erfordernis der Änderung der Zweckbestimmungserklärung wurde hingewiesen.
Die Dagobert Immo GmbH & Co. KG übernimmt die persönliche Haftung für die vorbezeichneten Verbindlichkeiten und unterwirft sich der Zwangsvollstreckung in ihr gesamtes Vermögen. Vollstreckbare Ausfertigung darf jederzeit ohne Fälligkeitsnachweis erteilt werden.

V. Auflassung

Die Vertragsteile sind darüber einig, dass das Eigentum an dem in Ziffer I. aufgeführten Grundstück auf die Dagobert Immo GmbH & Co. KG übergeht und bewilligen und beantragen die Eintragung im Grundbuch.
Auf die Eintragung einer Auflassungsvormerkung wird verzichtet.
Um Vollzugsnachricht für die Beteiligten wird an den Notar gebeten.
Der amtierende Notar wird zur Abgabe von Erklärungen, Stellung, Änderung und Zurücknahme von Anträgen, die zum grundbuchamtlichen Vollzug dieser Urkunde notwendig oder zweckdienlich sind, ermächtigt.

VI. Hinweis

Der Notar hat vor der Begleichung von Kostenrechnungen für unbestellte Registereintragung gewarnt.

VII. Kosten, Ausfertigungen

Die Kosten dieser Urkunde und ihres Vollzuges trägt die Gesellschaft.
Von dieser Urkunde erhalten:

Ausfertigungen:
die Beteiligten,

beglaubigte Abschriften:
die Gesellschaft

einfache Abschriften:
das Registergericht
das Finanzamt – Grunderwerbsteuerstelle –
die Steuerberatungsgesellschaft

VIII. Grundbuchauszug

Der Erwerber beantragt mit Vollzug dieser Urkunde die Erteilung einer unbeglaubigten Grundbuchblattabschrift durch den Notar.

Samt Anlage vorgelesen vom Notar …

2. Gesellschaftsvertrag

Anlage I 166

§ 1 Firma, Sitz

Die Firma der Gesellschaft lautet:
Dagobert Immo GmbH & Co KG Sitz der Gesellschaft ist Entenhausen.

§ 2 Gegenstand

Gegenstand des Unternehmens ist die Vermietung, Verpachtung und Verwaltung eigenen Vermögens, insbesondere von Grundbesitz.

§ 3 Gesellschafter, Kapitalbeteiligung

Persönlich haftende Gesellschafterin (Komplementärin) ist die Dagobert GmbH mit dem Sitz in … Sie hat keinen Kapitalanteil.

Kommanditist ist Herr Dagobert sen. mit einer Kommanditeinlage von 10 000 €, die einer Beteiligung von 100% entspricht.

§ 4 Dauer der Gesellschaft

Die Gesellschaft beginnt mit ihrer Eintragung im Handelsregister.
Die Dauer der Gesellschaft ist unbestimmt.
Die Gesellschaft kann mit einer Frist von sechs Monaten zum Schluss eines jeden Geschäftsjahres gekündigt werden, nicht jedoch vor dem 31. 12. 2030.

§ 5 Geschäftsjahr

Das Geschäftsjahr ist das Kalenderjahr.

§ 6 Geschäftsführung und Vertretung

Zur Geschäftsführung und Vertretung ist die Komplementärin allein berechtigt und verpflichtet. Sie und ihre Geschäftsführer sind von den Beschränkungen des § 181 BGB befreit.

§ 7 Vergütung der geschäftsführenden Komplementärin

Die geschäftsführende Komplementärin erhält neben dem Ersatz ihrer Auslagen eine jährliche Haftungsvergütung in Höhe von 4% ihres Stammkapitals, auch wenn die KG keinen Gewinn erzielt.

§ 8 Gesellschafterbeschlüsse

Beschlüsse der Gesellschafter können auf jede Weise, schriftlich oder mündlich, telefonisch oder telegraphisch, innerhalb oder außerhalb einer Versammlung gefasst werden.

§ 9 Jahresabschluss

Die Bilanz ist samt Gewinn- und Verlustrechnung binnen sechs Monaten seit Ende des Geschäftsjahres von der Komplementärin nach den gesetzlichen Vorschriften aufzustellen.

§ 10 Gesellschafterkonten

Für die Komplementär-GmbH wird nur ein Verrechnungskonto geführt.
Für jeden Kommanditisten wird ein Kapitalkonto I, ein Kapitalkonto II, ein Kapitalverlustkonto als Unterkonto des Kapitalkontos II und ein Privatkonto geführt. Soweit der Wert der Sacheinlage das Festkapitalkonto I übersteigt, erfolgt die Buchung des Mehrwerts auf dem Kapitalkonto II, das ebenfalls Eigenkapital ausweist.
Die Kapitalkonten I werden als Festkonten geführt. Die Kapitalkonten I sind maßgeblich für die Gewinn- und Verlustbeteiligung und das Stimmrecht. Die Summe der Kapitalkonten I und II geben die Beteiligung am Gesellschaftsvermögen und am Liquidationserlös wieder.
Ein etwaiger Verlust wird auf einem Kapitalverlustkonto gebucht. Überschüsse dürfen erst dann wieder entnommen werden, wenn das Kapitalverlustkonto ausgeglichen ist.

§ 11 Erbfolge

Beim Tod eines Gesellschafters wird die Gesellschaft nicht aufgelöst, sondern mit dessen Erben oder dessen Vermächtnisnehmern fortgesetzt.
Ehegatten und Abkömmlingen kann ein Nießbrauchsrecht an Gesellschaftsanteilen bestellt werden.
Die Anordnung der Testamentsvollstreckung über einen Gesellschaftsanteil ist zulässig.

§ 12 Abfindung

Wenn ein Gesellschafter oder ein Gläubiger eines Gesellschafters die Gesellschaft kündigt, soll von dem für die Gesellschaft tätigen Steuerberater als Schiedsgutachter gemäß § 317 BGB die Abfindung festgesetzt werden.

Als Abfindungsguthaben erhält der ausgeschiedene Gesellschafter einen seiner Beteiligung an der Gesellschaft entsprechenden Anteil am Wert des Gesellschaftsvermögens, das nach dem von der Finanzverwaltung angewandten vereinfachten Ertragswertverfahren gem. §§ 200 ff. BewG zu ermitteln ist.
Das Abfindungsguthaben ist in drei gleichen, unmittelbar aufeinanderfolgenden Jahresraten auszuzahlen. Die erste Rate ist ein Jahr nach dem Ausscheidungsstichtag zur Zahlung fällig. Das Abfindungsguthaben wird mit 3% p. a. ab dem Ausscheidungsstichtag verzinst.
Vorzeitige Zahlung der Abfindung ist jederzeit zulässig. Sicherheitsleistung kann für das Abfindungsguthaben nicht gefordert werden.

§ 13 Schlussbestimmungen

Sollten sich einzelne Bestimmungen des Gesellschaftsvertrages als ungültig erweisen, so wird dadurch die Gültigkeit des Vertrages im übrigen nicht berührt. In einem solchen Falle ist die ungültige Bestimmung durch Beschluss der Gesellschafter möglichst so umzudeuten oder zu ergänzen, dass der mit der ungültigen Bestimmung beabsichtigte wirtschaftliche Zweck erreicht wird.
Dasselbe gilt, wenn bei Durchführung des Gesellschaftsvertrages eine ergänzungsbedürftige Vertragslücke offenbar wird.

3. Muster: Registeranmeldung

An das **167**
Amtsgericht
– Registergericht –

...

Neuerrichtung der Firma Dagobert Immo GmbH & Co. KG mit dem Sitz in Entenhausen

Zur Eintragung ins Handelsregister wird angemeldet:
Die Firma Dagobert GmbH mit dem Sitz in Entenhausen als Komplementärin und der Kommanditist, Herr Dagobert sen., mit einer Kommanditeinlage in Höhe von 10 000 € errichten eine Kommanditgesellschaft unter der Firma

Dagobert Immo GmbH & Co. KG
mit dem Sitz in Entenhausen.

Gegenstand des Unternehmens ist die Verpachtung und Verwaltung eigenen Vermögens, insbesondere von Grundbesitz.
Die Gesellschaft beginnt mit der Eintragung in das Handelsregister.

Allgemeine Vertretungsregelung der Gesellschaft:
Jeder Komplementär ist stets einzelvertretungsberechtigt und von den Beschränkungen des § 181 BGB befreit.

Die konkrete Vertretungsregelung lautet:
Alleinvertretungsberechtigte Gesellschafterin ist die Firma Dagobert GmbH mit dem Sitz in Entenhausen, die mit ihren Geschäftsführern von den Beschränkungen des § 181 BGB befreit wurde.

Die Geschäftsräume befinden sich in Entenhausen, ...

......, den ......

....
(Dagobert GmbH) (Herr Dagobert sen.)

Hinweis: Gem. § 106 Abs. 2 Nr. 4 HGB ist auch das **abstrakte** Vertretungsverhältnis bei der Anmeldung zum Handelsregister anzugeben, vgl. *Ries,* GmbHR 2002, R 89, DNotI-Report 2003, 170.

4. Anmerkungen

a) Gründung der GmbH & Co. KG

168 Die Errichtung der GmbH & Co. KG erfolgt durch den Vermögensinhaber Dagobert und der von diesem errichteten Vor-GmbH; die gewerbliche Prägung mit der damit verbundenen AfA-Erhöhung tritt erst durch die Handelsregistereintragung der GmbH & Co. KG ein.

b) Schuldübernahme

169 Die Schuldübernahme ist im Allgemeinen anzuraten, um den Finanzierungszusammenhang zwischen der Verbindlichkeit und dem Vermögensgegenstand, für dessen Anschaffung die Verbindlichkeit eingegangen wurde, zu sichern. Der Schuldzinsenabzug bliebe aber auch ohne Schuldübernahme erhalten, da die zurückbehaltene Schuld zum Sonderbetriebsvermögen von Dagobert zählen würde. Allerdings wäre der für den Schuldzinsenabzug erforderliche Finanzierungszusammenhang unterbrochen, wenn Dagobert Gesellschaftsanteile überträgt und die Verbindlichkeiten bei ihm verbleiben.

c) Auflassung

170 Um eine wirksame Auflassung zustande zu bringen, muss der Gesellschaftsvertrag die Befreiung des Geschäftsführers Dagobert von den Beschränkungen des § 181 BGB vorsehen.

H. KG-Anteilsübertragung

Literatur: *Brandenberg,* Aktuelle steuerrechtliche Entwicklungen bei der Personengesellschaft, Stbg 2004, 65; *Hermanns,* Die vorweggenommene Erbfolge in Gesellschaftsbeteiligungen, MittRhNotK 1997, 149; *Scheifele,* Veräußerung von Mitunternehmeranteilen und Gewerbesteuer: Vertragliche Gestaltungsmöglichkeiten, DStR 2006, 253; *Schiffers,* Unentgeltliche Übertragung bei GmbH & Co. KG, Teil 1 GmbH-StB 2005, 139 und Teil 2, 175; *Spiegelberger,* Mitunternehmeranteil und Sonderbetriebsvermögen, MittBayNot 2001, 18.

I. Vorheriger Registervollzug

1. Kommanditgesellschaft

171 Die **gewerbliche Prägung** entsteht durch die Eintragung der Kommanditgesellschaft im Handelsregister; vor diesem Zeitpunkt ist nur der Tatbestand der Vermögensverwaltung erfüllt, die qua definitione nur die Verwaltung von steuerlichem Privatvermögen zum Gegenstand hat, vgl. *Hoffmann,* GmbH-StB 2002, 367. Bei einer im Handelsregister eingetragenen und damit gewerblich geprägten GmbH & Co. KG konnte die Vergünstigung des § 13 a ErbStG in Anspruch genommen werden, wenn die Übertragung bis einschließlich 31. 12. 2008 erfolgte. Eine vor der Eintragung der Kommanditgesellschaft im Handelsregister vorgenommene KG-Anteilsübertragung führte nicht zu den Vergünstigungen des § 13a ErbStG, da in diesem Fall Privatvermögen und nicht Betriebsvermögen übertragen wurde. Die vor der Registereintragung bestehende GmbH & Co. GbR ist nicht gewerblich geprägt, konnte also keine Betriebsvermögenseigenschaft begründen, vgl. *Schmidt/Wacker,* EStG § 15 Rn. 227. Hingegen war für die Gewährung der Vergünstigung des § 13a ErbStG die Eintragung der Komplementär-GmbH im Handelsregister nicht erforderlich, da es insoweit auf die Regelhaftung ankam, vgl. *Schmidt,* EStG 13. Aufl. 1994 § 15 Anm. 46c (2); BFH DB 1993, 1446.

Seit dem 1. 1. 2009 ist die gewerblich geprägte GmbH & Co. KG, die keinen Gewerbebetrieb unterhält, von den Vergünstigungen des § 13a ErbStG ausgeschlossen. Bei einem gewerblich tätigen Unternehmen kann sog. Verwaltungsvermögen bis zu einem Anteil von 50% unter die Vergünstigung des § 13a ErbStG fallen, vgl. oben § 1 B IV.

2. Grundbuchvollzug

Schließlich könnte noch die Frage aufgeworfen werden, ob bei der Ein- 172
bringung von Grundbesitz die gewerbliche Prägung erst mit der Eintragung der Gesellschaft als Eigentümer im Grundbuch eintritt. Hierzu ist auf die allgemeinen Grundsätze des Einkommensteuerrechts zu verweisen, wonach **Anschaffung** i. S. d. EStG der **Übergang von Besitz, Nutzungen und Lasten** ist, vgl. *Spiegelberger,* in: Beck'sches Notarhandbuch E Rn. 257. Die abweichende Beurteilung bei § 23 EStG spielt hierbei keine Rolle. Demnach reicht es für die gewerbliche Prägung von Grundbesitz aus, wenn die Kommanditgesellschaft im Handelsregister eingetragen wurde und Besitz, Nutzungen und Lasten zu diesem Zeitpunkt bereits auf die GmbH & Co. KG übergegangen sind. Weitere Eintragungen in öffentlichen Registern, insbesondere der Komplementär-GmbH im Handelsregister und der Eigentumswechsel im Grundbuch sind für die gewerbliche Prägung nicht erforderlich. Sofern die GmbH & Co. KG bereits ohne Eintragung im Handelsregister einen Gewerbebetrieb darstellt, kommt es selbstverständlich nicht mehr auf die Eintragung der Gesellschaft im Handelsregister an.

II. Einkommensteuer

1. Nießbrauchvorbehalt

Der Vorbehalt des Nießbrauches war bereits bisher ein häufiges Gestal- 173
tungsmittel zur Sicherung der Versorgung der Übergeber. Da der Erwerber keine Leistungsverpflichtungen übernimmt, wird der Erwerb von Rechten unter Nießbrauchsvorbehalt für den Übertragenden als rechtlich lediglich vorteilhaft beurteilt, vgl. BGH NJW 2005, 415; *Palandt/Heinrichs,* § 107 BGB Rn. 4. Mit der Aufhebung des § 25 ErbStG durch die Erbschaftsteuerreform wird der Nießbrauch in Zukunft noch stärkere Beachtung finden, da die Nießbrauchslast nicht wie früher lediglich zu einer Erbschaftsteuerstundung führt, sondern die Bemessungsgrundlage mindert. Nach der gesetzlichen Regelung gebühren dem Nießbraucher die entnahmefähigen Erträge, der diese auch zu versteuern hat; diesbezüglich wird auf § 12 VI verwiesen.

2. Versorgungsleistungen

174 Versorgungsleistungen im Zusammenhang mit der Übertragung des Mitunternehmeranteils an einer gewerblich geprägten Personengesellschaft gem. § 15 Abs. 3 Nr. 2 EStG wurden durch das Jahressteuergesetz 2008 aus dem Anwendungsbereich des § 10 Abs. 1 Nr. 1 a EStG für ab dem 1. 1. 2008 getroffene Vereinbarungen eliminiert. Die Besteuerung dieser Leistungen ist seitdem strittig. Nach Auffassung von *Risthaus,* DB 2007, 240 und ZErb 2007, 317; ebenso *Röder,* DB 2008, 151 stellen diese Zahlungen Gegenleistungen dar. Diese Auffassung verkennt, dass kein Kaufvertrag vorliegt, wenn der Erwerber die vereinbarte Versorgung aus den Erträgen des übernommenen Vermögens aufbringt, so dass er nichts aus dem eigenen Vermögen aufwendet. Zivilrechtlich liegt in diesen Fällen eine Auflagenschenkung vor, die zu steuerlich irrelevanten wiederkehrenden Zahlungen gem. § 12 Nr. 2 EStG führt. Lediglich den **Vermögensertrag übersteigende Leibrenten** oder dauernde Lasten sowie Zeitrenten sind Gegenleistungsrenten, die zu Anschaffungskosten führen, vgl. *Spiegelberger,* DB 2008, 1068; *Fleischer,* ZEV 2007, 478; BFH GrS 1/00, BStBl. 2004 II 95.

III. Schenkungsteuer

Literatur: *Jülicher,* Nießbrauchgestaltungen im Erbschaft- und Schenkungsteuerrecht, ZErb 2003, 242.

1. Bis zum 31. 12. 2008 getroffene Vereinbarungen

175 Gewerblich geprägtes Privatvermögen wurde bis zur Erbschaftsteuerreform wie Betriebsvermögen versteuert, so dass die betrieblichen Vergünstigungen der §§ 13 a und 19 a ErbStG Anwendung fanden.

2. Erbschaftsteuerreform

176 Eine Gesellschaft mit überwiegend gewerblich geprägtem Privatvermögen wird aufgrund der Vorgaben des Bundesverfassungsgerichts BStBl. 2007 II 192 nicht mehr mit den Begünstigungen des Betriebsvermögens besteuert, sondern stellt nunmehr nicht privilegiertes Verwaltungsvermögen dar, so dass betriebliche Vergünstigungen ausscheiden.

IV. Grunderwerbsteuer

Literatur: *Götz,* Grunderwerbsteuerliche Fragen bei der Übertragung eines Kommanditanteils an einer GmbH & Co. KG, GmbHR 2005, 615.

177 In der Praxis hat sich die Gestaltung durchgesetzt, die Komplementär-GmbH am Vermögen der Kommanditgesellschaft nicht zu beteiligen. Sofern die Komplementär-GmbH darüber hinaus auch kein Stimmrecht innehat, ist sie dennoch als Mitunternehmer der Kommanditgesellschaft anzusehen, da sie aufgrund der Haftungsübernahme ein Mitunternehmerrisiko trägt und durch die Geschäftsführung Mitunternehmerinitiative ausübt, vgl. oben Rn. 131. Trotz der schuldrechtlich ausgeschlossenen Vermögensbeteiligung entsteht durch die Übertragung von Vermögen auf die GmbH & Co. KG sachenrechtlich **Gesamthandsvermögen** selbst dann, wenn der einbringende Ge-

sellschafter zu 100% als Kommanditist beteiligt bleibt, vgl. *Boruttau/Viskorf,* GrEStG § 5 Rn. 30. Da das Grunderwerbsteuerrecht nicht auf die sachenrechtliche Beteiligung, sondern auf die Vermögensbeteiligung abstellt, entsteht bei der Einbringung eines Grundstückes durch den Alleineigentümer in eine Ein-Personen-GmbH gem. § 5 Abs. 2 GrEStG keine Grunderwerbsteuer. Allerdings sind Übertragungsvorgänge innerhalb der 5-Jahres-Sperrfrist des § 5 Abs. 3 GrEStG steuerschädlich, es sei denn, dass diese auf Ehegatten oder Verwandte in gerader Linie erfolgen. § 5 Abs. 3 GrEStG ist eine Vorschrift zur Verhinderung von Missbrauchgestaltungen. Da die vorweggenommene Erbfolge gem. § 3 Nr. 6 GrEStG grunderwerbsteuerfrei ist, besteht kein Anlass, eine vorweggenommene Erbfolge innerhalb der 5-Jahres-Frist des § 5 Abs. 3 GrEStG als steuerschädlich anzusehen. Die Steuervergünstigungen der §§ 3 Nr. 4 und Nr. 6 GrEStG bestehen neben den Sondervergünstigungen des § 5 GrEStG, vgl. *Boruttau/Viskorf,* § 5 Rn. 43ff.

V. Zusammenfassende Gestaltungsempfehlung

Die gewerbliche Prägung gem. § 15 Abs. 3 Nr. 2 EStG durch die Gründung einer GmbH & Co. KG mit den in dieser Bestimmung enthaltenen Tatbestandsmerkmalen stellt einen tauschähnlichen Umsatz dar, so dass dieses Anschaffungsgeschäft zu einem step up führt, vgl. BFH DStR 2008, 761. Bei einer Übertragung der KG-Anteile im Wege der vorweggenommenen Erbfolge unter Nießbrauchsvorbehalt gebühren dem Nießbraucher die entnahmefähigen Erträge, der diese auch zu versteuern hat. Schenkungsteuerliche Vorteile sind mit gewerblich geprägten Gesellschaften nicht mehr verbunden. **178**

einstweilen frei **179, 180**

I. Die Privatvermögen verwaltende GmbH & Co. KG

Literatur: *Fuhrmann/Demuth,* Vermögensverwaltende Personengesellschaft als Mittel der Nachfolgeplanung, ErbStB 2006, 127; *Paus,* Überführung von Wirtschaftsgütern aus dem Privatvermögen in das Gesamthandsvermögen einer Personengesellschaft, FR 2005, 736; *Strahl,* Vermögensverwaltende Personengesellschaften im Ertragsteuerrecht, KÖSDI 2001, 12802.

I. Anwendungsbereich

1. Beispiel: Eltern E wollen ihr Vermögen im Wege der vorweggenommenen Erbfolge auf ihre Kinder übertragen und sich aus der Vermögensverwaltung zurückziehen. Von den berufstätigen Kindern ist niemand bereit und in der Lage, die Verwaltungstätigkeit zu übernehmen. Im übrigen bestehen auch Vorbehalte gegen die Übernahme der persönlichen Haftung für Gesellschaftsverbindlichkeiten. **181**

2. Beispiel: Bei der Vermögensverwaltung der Familie F bestehen ständig Streitigkeiten über die Art und Weise der Geschäftsführung. Die Gesellschafter beschließen die Umwandlung der Bruchteilsgemeinschaft in eine GmbH & Co. KG und die Übertragung der Verwaltung auf eine professionelle Immobilienverwaltung.

Die typische GmbH & Co. KG führt, wie dargelegt, aufgrund der Bestimmung des § 15 Abs. 3 Nr. 2 EStG zur gewerblichen Prägung. Bestehendes Betriebsvermögen kann aber in **Privatvermögen** überführt werden, wenn

- eine natürliche Person als persönlich haftender Gesellschafter in die Gesellschaft eintritt, wobei das weitere Verbleiben der Komplementär-GmbH unschädlich ist oder
- mindestens ein Kommanditist die Geschäftsführung für die Kommanditgesellschaft erhält.

182 Die in dieser Weise strukturierte GmbH & Co. KG ist nicht gewerblich geprägt, so dass das Gesamthandsvermögen steuerliches Privatvermögen wird. Lediglich bei einer **Infizierung** durch eine partielle gewerbliche Tätigkeit würde wieder steuerliches Betriebsvermögen gem. § 15 Abs. 3 Nr. 1 EStG entstehen.

Bei bestehenden gewerblich geprägten GmbH & Co. KGen kann also durch eine (privatschriftliche) Änderung des KG-Vertrages, wonach einer der Kommanditisten neben der Komplementär-GmbH zum Geschäftsführer berufen wird oder die persönliche Haftung übernimmt, die gewerbliche Prägung beseitigt werden, so dass die Gesellschaft steuerliches Privatvermögen verwaltet. Wegen der einkommensteuerlichen Folgen vgl. unten III.

II. Rechtsfolgen

1. Komplementär-GmbH

183 Sobald die gewerbliche Prägung bei der Kommanditgesellschaft entfällt, fungiert diese lediglich vermögensverwaltend. Hingegen bleibt die Komplementär-GmbH kraft Rechtsform Gewerbebetrieb gem. § 2 Abs. 2 Satz 1 GewStG und ist somit weiterhin buchführungs- und bilanzierungspflichtig. Ihr Vermögen ist steuerliches Betriebsvermögen.

2. Bilanzierungspflicht der GmbH & Co. KG

Literatur: *Kersting,* Handels- und gesellschaftsrechtliche Auswirkungen der Befreiung „kleiner" Kaufleute und Personenhandelsgesellschaften von der Buchführungs- und Bilanzierungspflicht, BB 2008, 790.

184 Die jährliche Erstellung einer Handelsbilanz mit entsprechender Buchführung führt zu erheblichen Kosten. Sind diese vermeidbar? Die Frage scheint auf den ersten Blick müßig zu sein, da gem. Art. 48 EGHGB alle Personenhandelsgesellschaften, bei denen keine natürliche Person unbeschränkt haftet, die Regeln der Kapitalgesellschaften für die Rechnungslegung, Prüfung und Offenlegung des Jahresabschlusses anwenden müssen. Zu bedenken ist aber, dass die Privatvermögen verwaltende GmbH & Co. KG nur ihrer Rechtsform nach Personenhandelsgesellschaft ist, materiell-rechtlich aber nur die Vermögensverwaltung ausübt.

a) Bilanzierungspflicht gem. § 238 HGB

185 Kaufleute und Handelsgesellschaften sind gem. § 6 i. V. m. § 238 HGB verpflichtet, Bücher zu führen und in diesen die Handelsgeschäfte und die Lage des Vermögens nach den Grundsätzen ordnungsmäßiger Buchführung ersichtlich zu machen. Bei ordnungsgemäßer Führung der Handelsbücher kann sich der Kommanditist auf seine **Haftungsbegrenzung** berufen. Das Zu-

sammenspiel von Buchführungspflicht, Gewinnzuordnung (§§ 167–169 HGB) und Haftung für Einlagenrückgewähr gem. §§ 172 Abs. 4 und 5 HGB ergibt eine wirksame Sicherung der Haftungsmasse. Nach Auffassung von *Schön,* DB 1998, 1177 besteht nach dem Inkrafttreten des § 105 Abs. 2 HGB kein Anlass mehr, neben der Haftungswohltat der §§ 171, 172 HGB eine privatautonome Haftungsbeschränkung minderer Publizität und minderer Kontrolle im Bereich der Vermögensverwaltung bestehen zu lassen.

b) Teleologische Reduktion

Einleuchtend ist dies nicht. Eine vermögensverwaltende Handelsgesell- 186
schaft unterhält nach den öffentlich-rechtlichen Vorschriften keinen Gewerbebetrieb und unterliegt daher auch keiner Gewerbesteuer. Der Umstand, dass der Gesetzgeber für die vermögensverwaltende Handelsgesellschaft keine besonderen Regelungen erlassen hat, bedeutet nicht, dass alle für originäre Handelsgesellschaften geltenden Vorschriften bis hin zur Bilanzierung und Prüfungspflicht durch einen vereidigten Buchprüfer oder Wirtschaftsprüfer automatisch auch für vermögensverwaltende Gesellschaften in der Rechtsform einer Handelsgesellschaft gelten. Die Gleichstellung der vermögensverwaltenden Handelsgesellschaft mit der kraft vollkaufmännischer Geschäftsausstattung fungierenden Handelsgesellschaft reicht nur soweit, als der Normzweck der jeweiligen Vorschrift erfüllt wird. Wer nicht am allgemeinen wirtschaftlichen Verkehr teilnimmt, sondern nur sein Vermögen in der Rechtsform einer Handelsgesellschaft verwaltet, bedarf nicht der Kontrollen, die für börsennotierte Aktiengesellschaften selbstverständlich sind. Bei einer gebotenen **teleologischen Reduktion** (vgl. *Larenz,* Methodenlehre der Rechtswissenschaft, Studienausgabe 1983, 265; *Bydlinski,* Juristische Methodenlehre und Rechtsbegriff 2. Aufl. 1991, 480) ist die gesetzliche Regelung auf den Anwendungsbereich zu reduzieren, der mit dem Regelungszweck erreicht werden soll. Die gesetzliche Regelung bedarf einer Einschränkung, die im Gesetzestext nicht enthalten ist. Mit der Öffnung des Handelsregisters für vermögensverwaltende Gesellschaften wollte der Gesetzgeber u.a. die vermögensverwaltende Publikumsgesellschaft in der Rechtsform der KG und GmbH & Co. KG ermöglichen und eine Haftungsbegrenzung für Kapitalanleger schaffen. Den Gesetzesmaterialien kann nicht entnommen werden, dass der Gesetzgeber die Anwendung aller wirtschaftsrechtlicher Normen auf die vermögensverwaltende Personengesellschaft vorschreiben wollte, also z.B. die Anmeldung eines (nicht vorhandenen) Gewerbebetriebes bei dem Gewerbeamt, die Zugehörigkeit zur Berufsgenossenschaft (zu welcher?), den jährlichen Betriebsvermögensvergleich ohne Vorhandensein von Umlaufvermögen und dgl. mehr.

c) Gesetz zur Modernisierung des Bilanzrechts – BilMoG

Der Referentenentwurf eines Gesetzes zur Modernisierung des Bilanz- 187
rechts vom 8. 11. 2007 sah die Einfügung eines § 241a HGB vor, wonach Einzelkaufleute und Personenhandelsgesellschaften, die an den Abschlussstichtagen von zwei aufeinander folgenden Geschäftsjahren nicht mehr als 500 000 € Umsatzerlöse und 50 000 € Jahresüberschuss aufweisen, nicht mehr buchführungs- und bilanzierungspflichtig sind. Diese Vergünstigung wurde in

den Beratungen wieder gestrichen. Der Streit um die Bilanzierungspflicht für vermögensverwaltende Gesellschaften wird daher fortbestehen.

3. Offenlegungspflicht der GmbH & Co. KG

188 Gegenüber den übrigen vermögensverwaltenden Personengesellschaften in der Rechtsform der GbR oder Kommanditgesellschaft ist die vermögensverwaltende GmbH & Co. KG nach h. M. offenlegungspflichtig, da das KapCoRiLiG nicht zwischen vermögensverwaltenden, gewerblich tätigen oder gewerblich geprägten GmbH & Co. KGen differenziert; verneint man gem. Rn. 186 die Bilanzierungspflicht entfällt auch die Pflicht zur Veröffentlichung.

4. Haftungsbeschränkung ohne Handelsbilanz?

189 Aus steuerlichen Gründen ist eine Bilanzierung nicht erforderlich. Gem. § 140 AO sind Buchführungs- und Aufzeichnungspflichten nach anderen Gesetzen als den Steuergesetzen für steuerliche Zwecke nur zu führen, wenn sie für die Besteuerung von Bedeutung sind. Da steuerlich nur eine **Überschussrechnung** verlangt wird, können also aus § 140 AO keine steuerlichen Bilanzierungspflichten abgeleitet werden.

Einem Kommanditisten einer vermögensverwaltenden Gesellschaft kann nicht deswegen die Berufung auf die Haftungsbegrenzung des § 171 BGB versagt werden, weil keine Handelsbücher geführt und handelsrechtliche Bilanzen gem. § 238 ff. HGB nicht erstellt wurden. Wenn sogar der Steuergesetzgeber, der wesentlich schärfere Anforderungen an die Gewinnermittlung stellt, als dies die Vorschriften für die Handelsbilanz ergeben, auf eine Bilanzierung verzichtet und nur eine Einnahmen-/Werbungskosten-/Überschussrechnung verlangt, kann der Formalismus von Bilanzen – mit dem damit verbundenen erheblichen Kostenaufwand – nicht dazu missbraucht werden, dem Kommanditisten bei einem Fehlen derartiger Unterlagen die Haftungsbegrenzung zu versagen. Bestünde man bei einer vermögensveraltenden KG zur Geltendmachung der Haftungsbegrenzung des Kommanditisten auf einer handelsrechtlichen Bilanzierung, würde dies zugleich wieder in den meisten Fällen die vom Gesetzgeber gewollte Wohltat von vorne herein ausschließen, da mit der Bilanzierung erhebliche Mehrkosten entstünden. Einem Kommanditisten, der nachweislich seine Einlage erbracht hat und dessen Entnahmen seine Gewinnanteile nicht übersteigen, kann die Haftungsbegrenzung auf die Einlage gem. § 171 Abs. 1 HGB nicht verwehrt werden.

190 Nach etwaigen **Verlustjahren** ist den Beteiligten jedoch anzuraten, Aufzeichnungen darüber zu führen, dass Entnahmen erst nach Wiederauffüllung der Kommanditeinlage vorgenommen wurden, um der Haftungsgefahr des § 172 Abs. 4 Satz 2 HGB zu entgehen.

Das Gleiche gilt, wenn die Verlustbegrenzung des § 15 a EStG von Bedeutung wird.

5. IHK-Mitgliedschaft

191 Bereits bei der Komplementär-GmbH ist die IHK-Mitgliedschaft zweifelhaft, da eine Komplementär-GmbH, die die Verwaltung einer privatvermögensverwaltenden KG übernimmt, keinen Geschäftsbetrieb unterhält, a. A. BVerwG Urt. v. 19. 1. 2005 – 6 C 10.04.

Erst Recht gilt dies bei vermögensverwaltenden Grundstücksgesellschaften in der Rechtsform der GmbH & Co. KG, bei denen es aufgrund der privaten Vermögensverwaltung auf die erweiterte Gewerbesteuerkürzung gem. § 9 Nr. 1 Satz 2 GewStG gar nicht ankommt. Die Zwangsmitgliedschaft bei der IHK ist daher zu verneinen.

Gem. § 2 Abs. 1 IHKG gehören der Industrie- und Handelskammer natürliche Personen, Handelsgesellschaften sowie andere nicht rechtsfähige Personenmehrheiten und juristische Personen an, welche im Bezirk der IHK entweder eine gewerbliche Niederlassung oder eine Betriebsstätte oder eine Verkaufsstelle unterhalten. Für die Zwangsmitgliedschaft reicht es somit nicht aus, wenn der Sitz der Gesellschaft im Bereich der IHK liegt. Darüber hinaus verlangt § 2 Abs. 1 IHKG, dass eine **Veranlagung** zur Gewerbesteuer stattfindet. Die **Gewerbesteuerpflicht** ist somit die weitere entscheidende gesetzliche Voraussetzung für die Zugehörigkeit zur Industrie- und Handelskammer, so dass nicht gewerbesteuerpflichtige Personengesellschaften auch nicht kammerzugehörig sind. Die Entscheidung über die Kammerzugehörigkeit wird auf steuerlicher Ebene getroffen. 192

Nach Auffassung des VG München Beschl. v. 19. 4. 2006 – M 16 S 06.1091 ist die Kürzungsvorschrift des § 9 Nr. 1 Satz 2 GewStG unerheblich, weil der Anwendungsbereich des § 9 GewStG erst eröffnet sei, wenn bereits eine förmliche Veranlagung zur Gewerbesteuer durchgeführt würde, also seine Gewerbesteuerpflicht dem Grunde nach bestehe. Die IHK für München und Oberbayern unterwirft sowohl die Komplementär-GmbH als auch die GmbH & Co. KG der Beitragspflicht. M. E. muss in jedem Fall **nach** der **Überführung** der GmbH & Co. KG **in** das steuerliche **Privatvermögen** die Beitragspflicht für die GmbH & Co. KG verneint werden. Die Beitragspflicht für die Komplementär-GmbH wird aber nach der Rechtsprechung des Bundesverwaltungsgerichts bestehen bleiben. 193

6. Gewerbeordnung

Die vermögensverwaltende Gesellschaft unterliegt auch nicht der Gewerbeordnung, da diese gem. § 1 Abs. 1 und § 6 GewO den Betrieb eines Gewerbes voraussetzt. Da die vermögensverwaltende Kommanditgesellschaft nicht gewerblich tätig wird, ist auch eine Anmeldung beim Gewerbeamt der Sitzgemeinde nicht veranlasst. Bei der routinemäßigen Versendung der Anmeldebögen ist die Sitzgemeinde entsprechend zu unterrichten. 194

III. Besteuerung

1. Einkommensteuer

Mit der **Beendigung** der **gewerblichen Prägung** – z. B. durch Eintritt einer natürlichen Person als persönlich haftender Gesellschafter oder durch die Übernahme der Geschäftsführung durch einen Kommanditisten – wird der bis dahin bestehende fiktive Gewerbebetrieb eingestellt und das Betriebsvermögen in das Privatvermögen überführt. Somit unterliegen alle stillen Reserven der Gesellschaft der Einkommensteuerpflicht gem. § 16 EStG. Die **Betriebsaufgabe** ist als rechtsgestaltende Aufgabeerklärung in der Regel gegenüber dem Finanzamt anzuzeigen, vgl. BFH BStBl. 1993 II 36; *Schmidt/Wacker,* EStG § 16 Rn. 711. 195

2. Nießbrauch am Anteil einer vermögensverwaltenden Personengesellschaft

196 Gem. Tz. 1 III. Nießbraucherlass BStBl. 1998 I 914 kann auch an dem Gesellschaftsanteil einer vermögensverwaltenden Personengesellschaft ein Nießbrauchsrecht bestellt werden. Für die Anerkennung des Nießbrauchs verlangt die Finanzverwaltung lediglich, dass der Nießbrauchsberechtigte eine Stellung einnimmt, die der eines Gesellschafters entspricht.

197–199 *einstweilen frei*

IV. Übergang von einer gewerblich geprägten zu einer Privatvermögen verwaltenden GmbH & Co. KG

200 **Beispiel:** Eltern E haben eine gewerblich geprägte GmbH & Co. KG errichtet und Kommanditanteile auf ihre Kinder übertragen. Um den künftigen Wertzuwachs einkommensteuerfrei zu stellen, soll nunmehr nach Ablauf der Fünfjahresfrist des § 13a Abs. 5 Nr. 1–2 ErbStG a. F. wieder steuerliches Privatvermögen gebildet werden. Wie?

Formulierungsvorschlag einer privatschriftlichen Ergänzung zum Gesellschaftsvertrag:

Mit Wirkung ab 1. 1. 01 übernimmt der Kommanditist K mit Zustimmung aller Gesellschafter die Geschäftsführung neben der Komplementär-GmbH. Für seine Tätigkeit erhält der Kommanditist K lediglich den Ersatz seiner baren Auslagen.

Ohne dass es einer Handelsregistereintragung oder einer sonstigen nach außen gerichteten Willenserklärung bedürfte, erlischt die gewerbliche Prägung gem. § 15 Abs. 2 Nr. 2 EStG durch die vereinbarte Vertragsänderung. Dem Finanzamt ist die damit verbundene Betriebsaufgabe anzuzeigen. Aufgrund der Entnahme aus dem Betriebsvermögen sind stille Reserven zu versteuern. Grunderwerbsteuer entsteht nicht.

Die Betriebsaufspaltungsrechtsprechung ist ein munteres, auf dem Rücken der Steuerpflichtigen ausgetragenes Verwirrspiel.
BFH-Richter Kurt Meßmer

§ 16 Betriebsaufspaltung

Übersicht

Literatur: *Baumert/Schmidt-Leithoff,* Die ertragsteuerliche Belastung der Betriebsaufspaltung nach der Unternehmensteuerreform 2008, DStR 2008, 888; *Bublitz/Tesmer,* Neuerungen und Gestaltungshinweise zur Betriebsaufspaltung, StuB 2004, 1046; *Carlé,* Die Betriebsaufspaltung im Erbfall, ErbStB 2006, 155; *Doege,* Aktuelle Beratung von Mitunternehmerschaften: Betriebsaufspaltung, Abfärbung und Unternehmensnachfolge, INF 2007, 345; *Fichtelmann,* Gewinnerzielungsabsicht bei Betriebsaufspaltung, EStB 2003, 223; *Haverkamp,* Betriebsaufspaltung über die Grenze – ein Steuersparmodell?, IStR 2008, 165; *Hoffmann,* Bilanzkosmetik bei der Betriebsaufspaltung, GmbH-

StB 2001, 269; *Husmann/Strauch,* Zur steuerlich optimalen Gestaltung einer Doppelgesellschaft – ein erweitertes Wiesbadener Modell, StuW 2006, 221; *Kempermann,* Betriebsaufspaltung: Beherrschung der Geschäfte des täglichen Lebens als Voraussetzung der personellen Verflechtung, GmbHR 2005, 317; *Kirnberger,* Durchgriff der Gewerbesteuer-Befreiung auf das Besitzunternehmen, ErbStB 2006, 339; *Kratzsch,* Aktuelle Entwicklungen bei der Betriebsaufspaltung, StB 2007, 89; *Levedag,* Die Betriebsaufspaltung im Fadenkreuz der Unternehmensteuerreform 2008 und des Jahressteuergesetzes 2008 – eine Bestandsaufnahme, GmbHR 2008, 281; *Meyer/Ball,* Erbbaurechte und Betriebsaufspaltung – welche Lehren sind aus dem BFH-Urt. v. 19. 3. 2002 VIII R 57/99 zu ziehen?, DB 2003, 1597; *Meyer/Hartmann,* Vermögensübertragungen im Spannungsfeld von Einkommen- und Schenkungsteuer, INF 2006, 107 und 146; *Mitsch,* Fallstricke bei der Unternehmensnachfolge im Falle einer Betriebsaufspaltung, INF 2006, 749; *Mössner,* Wie lange lebt die Betriebsaufspaltung noch?, Stbg 1997, 1; *Neumann,* Die Einstimmigkeitsfalle bei der Betriebsaufspaltung, DB 2003, 2356; *Ruf,* Die Betriebsaufspaltung über die Grenze, IStR 2006, 232; *Schießl,* Aktuelle Entwicklungen bei der Darlehensgewährung eines Besitzunternehmens an einen wichtigen Geschäftspartner der Betriebskapitalgesellschaft, GmbHR 2005, 1596; *ders.,* Übergang des Geschäftswerts auf die Betriebs GmbH im Rahmen einer Betriebsaufspaltung?, GmbHR 2006, 459; *Schoor,* Praxisrelevante Problemfälle und aktuelle Rechtsentwicklungen bei Betriebsaufspaltung, Stbg 2007, 269; *ders.,* Echte und unechte Betriebsaufspaltung: Ausgewählte Problemfälle und Gestaltungsmerkmale, StuB 2007, 24; *Schulze zur Wiesche,* Freiberufliche Mitunternehmerschaft und Betriebsaufspaltung, BB 2006, 75; *Slabon,* Probleme der Betriebsaufspaltung im Erbfall und Lösungsmöglichkeiten, ZErb 2006, 49; *ders.,* Die Betriebsaufspaltung in der notariellen Praxis, NotBZ 2006, 157; *Strahl,* Betriebsaufspaltung: Verflechtung, Auswirkung der Unternehmensteuerreform und Entstrickung, KÖSDI 2008, 16027; *Wehrheim,* Die Betriebsaufspaltung im Spannungsfeld zwischen wirtschaftlicher Einheit und rechtlicher Selbständigkeit, BB 2001, 913; *Wehrheim/Rupp,* Die Neuerungen bei der Gewerbesteuer im Zuge der Unternehmensteuerreform 2008 und deren Konsequenzen für die Betriebsaufspaltung, BB 2008, 920.

A. Rechtsprechung zur Betriebsaufspaltung

I. Historische Entwicklung

1 Das bereits Anfang des 20. Jahrhunderts unter dem Begriff der **„Doppelgesellschaft"** bekannte und insbesondere in der rheinischen Textilindustrie verbreitete Institut der Betriebsaufspaltung erlebte im Lauf der Jahrzehnte eine wechselvolle Geschichte, vgl. *Spiegelberger,* MittBayNot 1980, 98. Zu ihrer Verbreitung trugen der Dresdner Rechtsanwalt Dr. Walther und der Kölner Rechtsanwalt Brockhues bei, vgl. *Barth,* DB 1968, 815. Während der Dauer des **körperschaftsteuerlichen Anrechnungsverfahrens** in den Jahren 1977–2000 war die Betriebsaufspaltung die bevorzugte Gestaltung im mittelständischen Bereich, weil die Körperschaftsteuer auf die Einkommensteuer des Anteilseigners angerechnet wurde. Durch die Unternehmensteuerreform 2008 führt die Rechtsform der Betriebsaufspaltung bei Betrieben, bei denen der Hinzurechnungsfreibetrag von 100000 € überschritten wird, zu erhöhten **Gewerbesteuerbelastungen**, vgl. *Baumert/Schmidt-Leithoff,* DStR 2008, 888.

2 In der Praxis tritt uns die Betriebsaufspaltung in den verschiedensten Formen entgegen. Da sie weder handels- noch steuerrechtlich geregelt ist, han-

delt es sich um reines Richterrecht. Zahlreiche Autoren zweifeln daran, ob sich die steuerliche Betriebsaufspaltungsrechtsprechung noch im Rahmen der richterlichen Lückenfüllung bewegt, vgl. *G. Söffing,* DStR 1996, 1225. Nach Meinung vieler hat die Rechtsprechung bereits die Aufgabe des Gesetzgebers übernommen. *Meßmer* beklagt in StuW 1988, 235, dass sich die Betriebsaufspaltungsrechtsprechung als

> „munteres, auf dem Rücken der Steuerpflichtigen ausgetragenes Verwirrspiel"

darstelle.

II. Definition

Betriebsaufspaltung

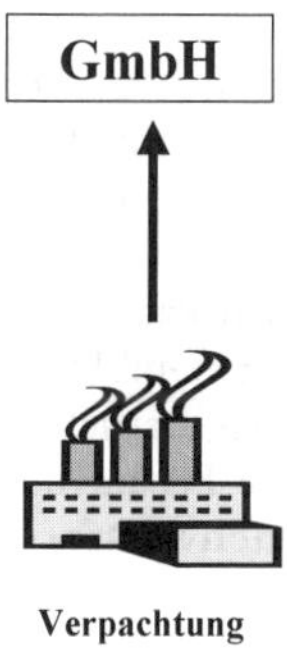

Zivil-Rechtsfolgen:
- **Firmenfortführung gem. § 22 II HGB;**
- **Übergang der Arbeitsverhältnisse gem. § 613 a BGB**

Steuerrechtsfolgen:
- **Gewerbesteuerfreiheit für Gesellschafter-Geschäftsführer-Gehalt**
- **Ruhender Gewerbebetrieb mit Buchwertfortführung**
- **Gewerbesteuer für Pacht, aber Anrechnung gem. § 35 EStG**

Die Urform der Betriebsaufspaltung ist die **Betriebsverpachtung.** Damit 3
beinhaltet die Betriebsaufspaltung die Verpachtung eines Gewerbebetriebes, zumindest aber einer wesentlichen Betriebsgrundlage; gegenüber der Betriebsverpachtung weist die Betriebsaufspaltung die Besonderheit auf, dass Pächter und Verpächter durch einen einheitlichen geschäftlichen Betätigungswillen verbunden sind, vgl. BFH BStBl. 1972 II 796; 1973 II 869; 1975 II 885; *L. Schmidt,* DStR 1979, 699. Der Hauptanwendungsfall der Betriebsaufspaltung ist die Aufspaltung eines Unternehmens in eine **Betriebskapitalgesellschaft** – regelmäßig als GmbH – und in ein **Besitzunternehmen**, das in jeder beliebigen Rechtsform, nämlich als Einzelunternehmen, OHG, KG, GbR, Bruchteilsgemeinschaft oder als Kapitalgesellschaft geführt werden kann; zur freiberuflichen Mitunternehmerschaft und Betriebsaufspaltung vgl. *Schulze zur Wiesche,* BB 2006, 75.

einstweilen frei 4, 5

III. Echte Betriebsaufspaltung

Literatur: *Meyer/Ball,* Erbbaurechte und Betriebsaufspaltung – welche Lehren sind aus dem BFH-Urteil vom 19. 3. 2002 VIII R 57/99 zu ziehen?, DB 2003, 1597; *Schoor,* Echte und unechte Betriebsaufspaltung: Ausgewählte Problemfälle und Gestaltungsmerkmale, StuB 2007, 24; *ders.,* Praxisrelevante Problemfälle und aktuelle Rechtsentwicklungen bei Betriebsaufspaltung, Stbg 2007, 269; *Stahl,* Beratungsfeld echte und unechte Betriebsaufspaltung, KÖSDI 2003, 13794.

6 Bei einer Betriebsverpachtung an eine Kapitalgesellschaft, die von den Gesellschaftern des Besitzunternehmens beherrscht wird, so dass ein einheitlicher geschäftlicher Betätigungswille bei dem Besitzunternehmen und der Betriebs-Gesellschaft gegeben ist, liegt eine *echte* Betriebsaufspaltung vor, vgl. *Schmidt/Wacker,* EStG § 15 Rn. 802. Vereinzelt wird unter einer typischen oder echten Betriebsaufspaltung auch, bezogen auf den historischen Ablauf, der Fall gemeint, dass die Gesellschafter eines Personenunternehmens oder die Personengesellschaft selbst eine Betriebs-Kapitalgesellschaft gründen und an diese den Betrieb oder wesentliche Betriebsgrundlagen verpachten. Da der zeitliche Ablauf aber für die rechtliche Charakterisierung unergiebig ist, sollte es dabei verbleiben, dass die typische oder echte Betriebsaufspaltung den Fall einer **Betriebsverpachtung** mit der Besonderheit betrifft, dass zwischen Pächter und Verpächter eine enge personelle und sachliche Verflechtung besteht. Handelsrechtlich treten dieselben Rechtsfolgen wie bei der Betriebsverpachtung ein: Die GmbH darf mit Zustimmung der Personen-Gesellschafter die Firma der Handelsgesellschaft (mit dem Rechtsformzusatz GmbH) gem. § 22 Abs. 2 HGB fortführen; allerdings erfolgt die Eintragung in Abt. B des Handelsregisters, so dass die Registernummer der Personengesellschaft von der GmbH nicht beibehalten werden kann. Alle bestehenden Arbeitsverhältnisse werden gem. § 613a BGB auf die GmbH übergeleitet.

7 Die ertragsteuerlichen Auswirkungen der echten Betriebsaufspaltung bestehen darin, dass alle Vermögensgegenstände der Personengesellschaft Betriebsvermögen bleiben mit dem Recht der **Buchwertfortführung** bzw. durch die Betriebsaufspaltung Betriebsvermögen werden. Im Unterschied zur Betriebsverpachtung unterliegen die von dem Besitzunternehmen bezogenen Pachtzinsen der **Gewerbesteuer**. Hingegen werden die Bezüge der GmbH-Gesellschafter-Geschäftsführer nicht – wie etwa bei einer GmbH & Co. KG – als gewerbesteuerpflichtiger Vorausgewinn, sondern als Einkünfte aus nichtselbständiger Tätigkeit gem. § 19 EStG behandelt, so dass insoweit keine Gewerbesteuer anfällt. Ferner ist die Erteilung einer Pensionszusage an Gesellschafter-Geschäftsführer mit einkommen- und gewerbesteuerlicher Wirkung, also durch Rückstellung in der Steuerbilanz, zulässig.

Durch eine Dauertestamentsvollstreckung wird die personelle Verflechtung nicht beendet, vgl. BFH ZEV 2008, 495.

IV. Unechte Betriebsaufspaltung

8 Eine unechte Betriebsaufspaltung entsteht, wenn der oder die beherrschenden Gesellschafter einer Betriebskapitalgesellschaft dieser eine wesentliche Betriebsgrundlage zur Nutzung überlassen, vgl. BFH BStBl. 2000 II 417; kritisch hierzu *G. Söffing,* DStR 1996, 1225.

Das früher praktizierte sog. **„Steuerberatermodell"**, wonach der Betrieb in die neu gegründete GmbH **eingebracht** und das nicht eingebrachte Anlagevermögen an die Betriebs-GmbH verpachtet wurde, führt zur Aufdeckung der stillen Reserven gem. § 6 Abs. 6 EStG und ist daher nicht mehr zu empfehlen. Auch die Variante, dass ein bereits bestehender Betrieb Gegenstände des Anlagevermögens ausgliedert und auf eine beherrschte Betriebskapitalgesellschaft überträgt, ist steuerneutral seit dem Jahr 2000 aufgrund der eingefügten Gesetzesbestimmung des § 6 Abs. 6 EStG nicht mehr möglich.

V. Einheitsbetriebsaufspaltung

Felix, Kölner Handbuch der Betriebsaufspaltung, Tz. 4 hat unter Hinweis 9 auf *Beinert,* StbJb 1976/77, 238 den Begriff der Einheitsbetriebsaufspaltung für die Gründungsvariante geprägt, dass das Besitzunternehmen die alleinige Gesellschafterin der Betriebs-Gesellschaft ist. Diese Gestaltung hat erhebliche Bedeutung gewonnen, weil der einheitliche Betätigungswille sowohl auf der Ebene der Betriebskapitalgesellschaft als auch bei dem Besitzunternehmen durch die genannte Beteiligungsvariante gesichert und die Gefahr ungewollter Beendigungen der Betriebsaufspaltung, z.B. durch unterschiedliche Vererbung von Gesellschaftsanteilen, gebannt ist. Würde z.B. ein Gesellschafter bei einer Einheitsbetriebsaufspaltung eine letztwillige Verfügung hinsichtlich eines GmbH-Anteils treffen, bliebe die Betriebsaufspaltung dennoch nach dem Todesfall bestehen, da der GmbH-Anteil Betriebsvermögen der KG ist, über den ein Gesellschafter der Besitz-Gesellschaft nicht isoliert letztwillig verfügen kann.

Die Gründung einer Einheitsbetriebsaufspaltung erfolgt am einfachsten in der Weise, dass das Besitzunternehmen die Betriebskapitalgesellschaft gründet und an diese den Betrieb verpachtet.

einstweilen frei 10

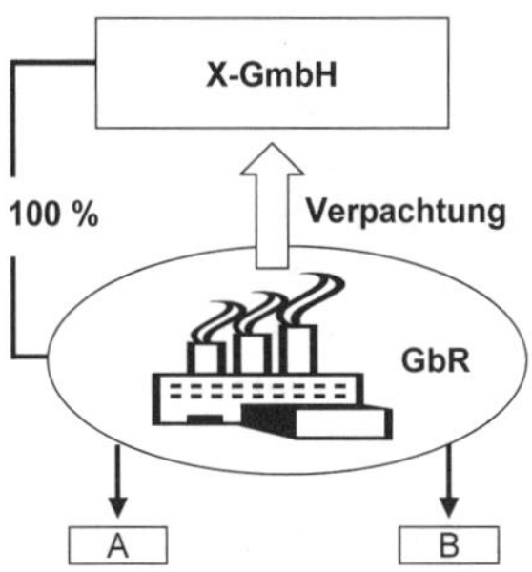

VI. Spaltung in Betriebs- und Besitzunternehmen gem. § 123 UmwG

1. Gesetzliche Regelung

§ 134 Abs. 1 UmwG 1995 sieht einen besonderen Schutz der Arbeitneh- 11 mer in den Fällen vor, in denen die Betriebsaufspaltung nach den Spaltungsregeln des Umwandlungsgesetzes gem. § 123ff. UmwG erfolgt. Diese Bestimmung lautet:

„Spaltet ein Rechtsträger sein Vermögen in der Weise, dass die zur Führung eines Betriebes notwendigen Vermögensteile im wesentlichen auf einen übernehmenden oder mehrere übernehmende oder auf einen neuen oder mehrere neue Rechtsträger übertragen werden und die Tätigkeit dieses Rechtsträgers oder dieser Rechtsträger sich im wesentlichen auf die Verwaltung dieser Vermögensteile beschränkt (Anlagegesellschaft), während dem übertragenden Rechtsträger diese Vermögensteile bei der Führung seines Betriebes zur Nutzung überlassen werden (Betriebsgesellschaft) und sind an den an der Spaltung beteiligten Rechtsträgern im wesentlichen dieselben Personen beteiligt, so haftet die Anlagegesellschaft auch für die Forderungen der Arbeitnehmer der Betriebsgesellschaft als Gesamtschuldner, die binnen fünf Jahren nach dem Wirksamwerden der Spaltung aufgrund der §§ 111 bis 113 des Betriebsverfassungsgesetzes oder aufgrund des Gesetzes zur Verbesserung der betrieblichen Altersversorgung begründet werden. Dies gilt auch dann, wenn die Vermögensteile bei dem übertragenden Rechtsträger verbleiben und dem übernehmenden oder neuen Rechtsträger oder den übernehmenden oder neuen Rechtsträgern zur Nutzung überlassen werden."

In der Vertragspraxis wird die Betriebsaufspaltung außerhalb der Anwendung des Umwandlungsgesetzes in der Weise begründet, dass das bisherige Unternehmen oder die Gesellschafter eine Betriebs-GmbH gründen und an diese das Unternehmen verpachten. Die §§ 111–113 BetrVG finden auf diese Variante keine Anwendung.

2. Zuordnung der Arbeitsverhältnisse

12 Gem. § 613 Satz 2 BGB ist der Anspruch auf Dienste im Zweifel nicht übertragbar. Ebenso wie bei dem Erwerb eines Betriebes gem. § 613a Abs. 1 BGB die Arbeitsverhältnisse auf den Erwerber übergehen, folgt das Arbeitsverhältnis im Fall der Spaltung dem jeweiligen Betriebsteil. Eine anderweitige Zuordnung im Spaltungsplan ohne Zustimmung des betroffenen Arbeitnehmers stellt einen Mangel i.S. von § 131 Abs. 2 UmwG dar, vgl. *Baumann,* DStR 1995, 889. Die Befürchtung, im Spaltungsplan könnten die leistungsfähigen Arbeitnehmer einem gewinnbringenden Betrieb und alle übrigen Arbeitnehmer einem im Kürze zu schließenden Betrieb zugeordnet werden, ist also unbegründet, vgl. *Willemsen,* RdA 1993, 135. Mitarbeiter, deren Tätigkeit nicht eindeutig einem Betrieb oder einem Betriebsteil zugerechnet werden kann, z.B. Mitarbeiter in Stabsabteilungen oder sog. „Springer", können hingegen zugeordnet werden. Das Widerspruchsrecht des Arbeitnehmers ist auch in Umwandlungsfällen gegeben, vgl. *Wlotzke,* DB 1995, 43.

3. Sozialplanpflicht

13 Die herkömmliche Betriebsaufspaltung durch Verpachtung eines Unternehmens an eine von diesem beherrschte Kapitalgesellschaft kann auch nach Einführung des § 134 UmwG selbst im Hinblick auf evtl. zu erwartende Rationalisierungsmaßnahmen nicht als sozialplanpflichtiger Tatbestand gesehen werden, vgl. *Baumann,* DStR 1995, 892. Im übrigen kommt eine Sozialplanpflicht gem. § 112 BetrVG nur bei Betrieben mit mehr als zwanzig Arbeitnehmern und darüber hinaus auch dann nur in Betracht, wenn ein **Betriebsrat** in dem Unternehmen besteht.

VII. Mitunternehmerische Betriebsaufspaltung

Literatur: BMF-Schreiben: Sonderbetriebsvermögen bei Vermietung an Schwesterpersonengesellschaft BStBl. 1998 I 583; *Weber,* Die Bruchteilsgemeinschaft als Besitzunternehmen im Rahmen einer mitunternehmerischen Betriebsaufspaltung, FR 2006, 572.

14 Bei jeder Nutzungsüberlassung ist vorab zu prüfen, ob nicht eine die Betriebsaufspaltung verdrängende Mitunternehmerschaft gem. § 15 Abs. 1 Nr. 2 2. Halbs. EStG besteht. Die Rechtsfolgen der Betriebsaufspaltung kommen hingegen dann zum Tragen (keine Anwendung von § 15 Abs. 1 Nr. 2 Satz 1

Halbs. 2 EStG), wenn eine eigengewerblich tätige Personengesellschaft oder eine gewerblich geprägte Personengesellschaft i.S.d. § 15 Abs. 3 Nr. 2 EStG einer anderen **Personengesellschaft** wesentliche Betriebsgrundlagen zur Nutzung überlässt und die beherrschenden Gesellschafter der überlassenden Gesellschaft zugleich beherrschende Gesellschafter der nutzenden Personengesellschaft sind, vgl. BFH DB 1995, 125 und DStR 1995, 1017. Die **Rechtsfolge der Betriebsaufspaltung** besteht darin, dass die **Besitzgesellschaft als Gewerbebetrieb** i.S. von § 15 Abs. 1 Nr. 1 und Abs. 2 EStG sowie § 2 Abs. 1 GewStG angesehen wird, auch wenn sie – isoliert gesehen – lediglich Vermietung und Verpachtung betreibt.

Die Rechtsfolgen der **Beendigung** einer mitunternehmerischen Be- 15
triebsaufspaltung hat der BFH DStR 1996, 1521 geklärt. Die Qualifikation des Vermögens als Gesellschaftsvermögen der Besitzgesellschaft und der Einkünfte aus der Verpachtung dieses Vermögens als Einkünfte der Gesellschafter der Besitzgesellschaft hat bei einer mitunternehmerischen Betriebsaufspaltung Vorrang vor der Qualifikation des Vermögens als Sonderbetriebsvermögen.

VIII. Steuerliche Nachteile der Betriebsaufspaltung

Durch die seit 1999 eingetretenen Gesetzesänderungen hat die Betriebsauf- 16
spaltung ihren Rang als bevorzugte mittelständische Rechtsform verloren. Insbesondere sind folgende Nachteile zu beachten:

- gefangene Verluste bei der Betriebs-Kapitalgesellschaft; die Vermeidung dieser Rechtsfolge durch einen Ergebnisabführungsvertrag beseitigt die Haftungsbegrenzung der Kapitalgesellschaft;
- die Übertragung von Einzelwirtschaftsgütern führt zur Gewinnrealisierung gem. § 6 Abs. 6 EStG; u.U. findet auch ein steuerpflichtiger Übergang des Geschäftswertes auf die Betriebskapitalgesellschaft statt, vgl. BFH BStBl. 2005 II 378;
- hohe Ertragsteuerbelastung bei Ausschüttungen;
- Erhöhung der Gewerbesteuer bei Nutzungsentgelten von über 100 000 €;
- steuerliche Risiken durch
  - versehentliche Beendigung der Betriebsaufspaltung,
  - verdeckte Gewinnausschüttungen,
  - verdeckte Einlagen,
  - laufender Überwachungsbedarf des Pachtvertrages.

einstweilen frei 17–20

B. Betriebsaufspaltung zur vorweggenommenen Erbfolge

Literatur: *Doege,* Aktuelle Beratung von Mitunternehmerschaften: Betriebsaufspaltung, Abfärbung und Unternehmensnachfolge, INF 2007, 345; *Meyer/Hartmann,* Vermögensübertragungen im Spannungsfeld von Einkommen- und Schenkungsteuer, INF 2006, 107 und 146.

I. Echte Betriebsaufspaltung

Beispiel: Herr E will zum 1. 1. 01 eine Betriebsaufspaltung vornehmen und seinen 21
Sohn S sowohl an der Betriebs-Gesellschaft als auch an dem Besitzunternehmen zu je

49% beteiligen. Die Betriebsaufspaltung soll wie eine Betriebsverpachtung konzipiert werden.

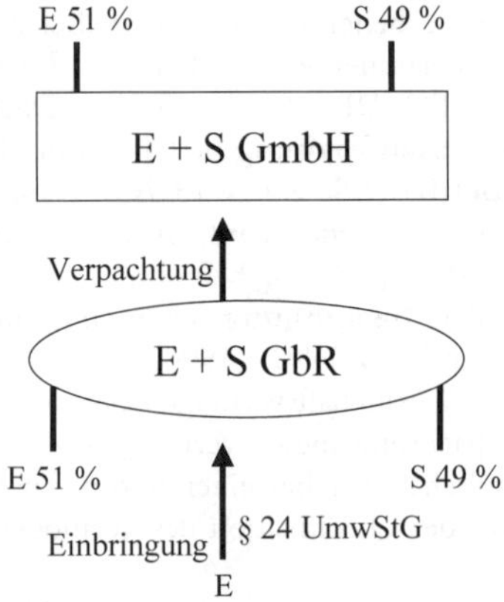

Aufgrund der Verpachtung des Unternehmens an die Betriebs-GmbH und der Beteiligung des Sohnes an dem Besitz- und dem Betriebsunternehmen liegt eine **echte Betriebsaufspaltung ohne Gewinnrealisierung** vor. Die personelle Verflechtung wäre auch dann gegeben, wenn keine Beteiligungsidentität bestünde. Ein einheitlicher geschäftlicher Betätigungswille ist regelmäßig auch dann anzunehmen, wenn die einzigen Gesellschafter des Besitz- und des Betriebsunternehmens in der Weise an beiden Unternehmen beteiligt sind, dass der eine Gesellschafter über die Mehrheit der Anteile am Besitzunternehmen verfügt, der andere dagegen über die Mehrheit der Anteile am Betriebsunternehmen, vgl. BFH DStR 2000, 816.

II. GmbH-Gründung

22 Die systemrichtige Sachgründung führt zu erheblichen Verzögerungen, da die Eintragung im Handelsregister erst nach der Erstellung der Einbringungsbilanz erfolgen kann, so dass die neugegründete Betriebs-GmbH monatelang als Vor-GmbH besteht und als solche weder im Telefonbuch eingetragen werden noch ein Postscheckkonto errichten kann. Zudem trifft die Beteiligten die Handelndenhaftung gem. § 11 Abs. 2 GmbHG. Aus diesen Gründen empfiehlt sich in der Praxis eine **Stufengründung** in der Weise, dass zunächst eine Bargründung erfolgt und im Wege der Kapitalerhöhung die Einbringung des Umlaufvermögens vorgenommen wird, vgl. *Spiegelberger,* MittBayNot 1981, 56.

23 Während die Bargründung sofort zur Eintragung ins Handelsregister angemeldet wird, erfolgt der **Vollzug** der Kapitalerhöhung erst wenn die hierfür erforderlichen Buchhaltungsunterlagen und Wertnachweise vorliegen. Die GmbH ist zu diesem Zeitpunkt längst im Handelsregister eingetragen und hat ihren Geschäftsbetrieb aufgenommen, vgl. *S. Schmidt,* BWNotZ 1995, 117. Bedenken gegen dieses Verfahren bestehen nicht, vgl. *Scholz-Priester,* GmbHG § 55 Anm. 29; *Roth/Altmeppen,* GmbHG Rn. 9. In der Literatur (z.B. *Brand-*

müller, Die Betriebsaufspaltung nach Handels- und Steuerrecht 6. Aufl. 1994 C Rn. 30) wird vereinzelt die Auffassung vertreten, dass auch im Gründungsstadium der GmbH im beliebigen Umfang Kaufverträge zwischen der GmbH und den Gründern abgeschlossen werden können. Zutreffend hat *Wohlschlegel,* DB 1995, 2053 dargelegt, dass Sacheinlagen und Sachübernahmen im Gründungsrecht der GmbH gleich behandelt werden müssen, vgl. *Spiegelberger/ Walz,* GmbHR 1998, 769.

Das MoMiG hat diese Streitfrage entschärft, da auch bei einer verdeckten Sacheinlage lediglich eine **Differenzhaftung** besteht, der Verstoß gegen die Sacheinlagevorschriften somit nicht zur Nichtigkeit der abgeschlossenen Vereinbarungen führt. 24

einstweilen frei 25

III. Pachtvertrag

Literatur: BMF-Schreiben: Nutzungsüberlassung von Betrieben mit Substanzerhaltungspflicht des Berechtigten: sog. „Eiserne Verpachtung", BStBl. 2002 I 262; *Diers,* Rückabwicklung einer Betriebsaufspaltung, GmbHR 1992, 90; *Kolbe,* Die Angemessenheit von Miet- und Pachtzinsen als Problem der verdeckten Gewinnausschüttung, StuB 2005, 836.

Die besondere Problematik der Betriebsaufspaltung liegt in der Bemessung des Pachtzinses. Der Betriebs-Kapitalgesellschaft muss eine **angemessene Verzinsung** ihres Stammkapitals auch nach Pachtzinszahlung verbleiben. Der BFH BStBl. 1977 II 679, 681 hat eine Verzinsung des eingezahlten Kapitals in Höhe von 10% und des nicht eingezahlten Kapitals von 3% als angemessen beurteilt. Ein unangemessen hohes Nutzungsentgelt stellt eine verdeckte Gewinnausschüttung gem. § 8 Abs. 3 Satz 2 KStG dar, vgl. BFH/NV 1998, 1160. Aus einem unangemessenen niedrigen Pachtzins ergeben sich folgende Probleme: 26

- Ist nach Auffassung der Finanzverwaltung die geringe Pacht darauf zurückzuführen, dass die Gesellschafter eine Verlagerung der Gewinnerwartung in die Betriebs-GmbH vornehmen, um über das Teileinkünfteverfahren nur 60% der Gewinne zu versteuern, sind die Aufwendungen aufzuteilen und nur in Höhe des auf die entgeltliche Nutzungsüberlassung entfallenden Teils und somit nur zu 60% abzugsfähig, vgl. *Carlé,* Die Betriebsaufspaltung (2003) Rn. 432.
- Der Abschluss eines **Ergebnisabführungsvertrages** verringert die Gefahren einer Betriebsaufspaltung (z. B. zu hohe oder zu geringe Pacht!), zerstört aber die Haftungsbegrenzung, so dass als Besitzunternehmen die Rechtsform der GmbH & Co. KG anzuraten ist.

einstweilen frei 27–29

IV. Formulierungsvorschlag: Pachtvertrag (echte Betriebsaufspaltung)

§ 1 Präambel 30

Die Gesellschafter E + S haben eine Gesellschaft mit beschränkter Haftung unter der Firma E + S GmbH mit dem Sitz in …
gegründet, die mit Wirkung ab 1. 1. 01 das bisher als BGB-Gesellschaft geführte Unternehmen pachtet.

Ausgenommen von der Verpachtung sind die Gegenstände des Umlaufvermögens, insbesondere die Vorräte, die fertigen und teilfertigen Arbeiten, die Forderungen aus Lieferungen und Leistungen, die zum 1. 1. 01 in die GmbH im Wege der Kapitalerhöhung als Sacheinlage eingebracht werden.

§ 2 Pachtgegenstand

1. Gegenstand dieses Pachtvertrages ist der Betrieb auf Flst.Nr. ... Gemarkung ... mit dem dazugehörigen beweglichen und unbeweglichen Anlagevermögen, insbesondere die Geschäftsausstattung, der Maschinen- und Fahrzeugpark und die übrigen Gegenstände des Anlagevermögens einschließlich der geringwertigen Wirtschaftsgüter.
2. Verpachtet werden ausdrücklich auch alle immateriellen, in der Bilanz nicht betragsmäßig ausgewiesenen Wirtschaftsgüter, insbesondere der Kundenstamm, der Firmenwert, gewerbliche Lizenzen und Fertigungsverfahren, so dass der Betrieb als solcher verpachtet wird. Das verpachtete Anlagevermögen ergibt sich aus einem Status, der zum 1. 1. 01 erstellt wird.
3. Die GmbH ist verpflichtet, den Betrieb des Verpächters unverändert fortzuführen und aufrecht zu erhalten.

§ 3 Überleitung von Schuldverhältnissen

1. Der Pächter tritt in alle bestehenden Wartungs-, Telefon- und Versorgungsverträge sowie in alle sonstigen Dauerschuldverhältnisse an Stelle des Verpächters ein. Der Pächter ist verpflichtet, mit den betroffenen Vertragspartnern zu vereinbaren, dass der Verpächter aus den Verpflichtungen entlassen wird.
2. Ebenso tritt der Pächter in die bestehenden Liefer- und Werkverträge an Stelle des Verpächters ein. Sofern die Kunden mit der Vertragserfüllung durch die Betriebs-Gesellschaft nicht einverstanden sind, verpflichtet sich der Verpächter im Innenverhältnis zur Vertragserfüllung unter Zugrundelegung der bisherigen Vertragsvereinbarungen.

§ 4 Gewährleistung

1. Der Verpächter steht dafür ein, dass die Bilanz zum 31. 12. 00 nach ordnungsgemäßen kaufmännischen Grundsätzen aufgestellt wird, alle Verbindlichkeiten enthält und angemessene Rückstellungen vorsieht, so dass ein zutreffendes Bild über die wirtschaftliche Lage des Verpächters zum Bilanzstichtag besteht.
2. Der Verpächter gibt die Gewährleistung dafür, dass sich der Pachtgegenstand in einem ordnungsgemäßen Zustand befindet, der die Fortführung des Betriebes ermöglicht.
3. Der Verkäufer haftet für den Bestand und die Werthaltigkeit der übertragenen Forderungen; die über den Betrag der Rückstellungen hinausgehenden Wertberichtigungen sind zu ersetzen.

Im übrigen wird jegliche Gewährleistung ausgeschlossen.

§ 5 Verkehrssicherungspflicht

Die Verkehrssicherungspflicht übernimmt ab Pachtbeginn der Pächter. Dieser verpflichtet sich, den Verpächter im Innenverhältnis von der diesem obliegenden Überwachungs- und Aufsichtspflicht freizustellen.

§ 6 Instandhaltung, Instandsetzung und Erneuerung

1. Der Pächter erkennt an, den Pachtgegenstand in gebrauchsfähigem Zustand übernommen zu haben. Der Pächter verpflichtet sich, das vorbezeichnete Anlagevermögen während der Dauer des Pachtverhältnisses pfleglich zu behandeln.
2. Alle Schönheitsreparaturen an den gepachteten Gebäuden sowie die Reparaturen an den Versorgungseinrichtungen (Strom, Wasser und Heizung) sowie den Ersatz beschädigter oder zerstörter Fenster, Türen und Fußböden hat der Pächter zu tragen.

3. Zur laufenden Instandhaltung und zur laufenden Instandsetzung des Maschinenparks und der Geschäftsausstattung einschließlich der außerordentlichen Ausbesserungen ist der Pächter verpflichtet.
4. Die Kosten der Erneuerungs- und Erweiterungsinvestitionen trägt der Pächter selbst.
5. Vom Pächter angeschaffte Ersatzgegenstände des pachtweise überlassenen Maschinen- und Fahrzeugparks sind in das Eigentum des Verpächters ohne weitere Entschädigung zu überführen. Die vom Pächter nicht mehr benötigten Pachtgegenstände hat der Pächter bis zur Beendigung des Pachtverhältnisses zu verwahren oder auf schriftliches Verlangen des Verpächters für dessen Rechnung zu verwerten.

§ 7 Pachtzins

1. Der monatliche Pachtzins, der von den Beteiligten unter Berücksichtigung der bisherigen Erträge und der gegenwärtigen Ertragserwartung sowie des Verkehrswertes der verpachteten Gegenstände auf der gegenwärtigen Zinsbasis und der Abschreibungen für das vorausgegangene Wirtschaftsjahr vereinbart wurde, beträgt ...
2. Zuzüglich zur Pacht ist vom Verpächter die gesetzliche Mehrwertsteuer zu entrichten, sofern keine umsatzsteuerliche Organschaft zwischen dem Verpächter und dem Pächter besteht. Der Pachtzins ist im voraus innerhalb der ersten drei Werktage eines jeden Monats zu entrichten.
3. Die Nebenkosten für Strom, Wasser, Heizung, Müllabfuhr, Entwässerung sowie der Schornsteinreinigung und die Prämien für Feuer-, Sturm- und Wasserschäden sowie für Ansprüche aus der Verletzung der Verkehrssicherungspflicht trägt der Pächter, während die Kosten für die Grundsteuer und die Gebäudebrandversicherung der Verpächter trägt.
4. Nach Ablauf eins jeden Wirtschaftsjahrs kann jeder Vertragsteil die Neubemessung des Pachtzinses für die Zukunft unter Zugrundelegung des Jahresergebnisses für das vorausgegangene Geschäftsjahr verlangen. Darüber hinaus kann der Verpächter mit einer Ankündigungsfrist von einem halben Jahr ab dem darauf folgenden Jahresersten eine Anhebung des Pachtzinses für die Zukunft verlangen, wenn
   a) sich die allgemein in Ansatz gebrachten Geschäftszinsen erhöhen oder
   b) sich die wirtschaftlichen Verhältnisse verbessert haben.
5. In jedem Fall kann der Verpächter Verhandlungen über die Erhöhung des Mietzinses verlangen, wenn sich der Verbraucherpreisindex für Deutschland um mehr als 10% gegenüber dem Stand zum Zeitpunkt der letzten Pachtzinsfestsetzung erhöht hat. Der Pächter kann Verhandlungen über die Herabsetzung des Pachtzinses für die Zukunft verlangen, wenn sich die Ertragserwartung so nachhaltig verschlechtert, dass eine Verzinsung seines Stammkapitals mit mindestens 10% jährlich nicht mehr gewährleistet ist.

§ 8 Unterverpachtung

Zur Unterverpachtung ist die Zustimmung des Verpächters erforderlich, die nur aus wichtigem Grund versagt werden darf.

§ 9 Kontrollrechte

1. Der Verpächter hat das Recht, die verpachteten Räume während der üblichen Geschäftszeiten nach vorheriger Anmeldung zu betreten und zu besichtigen.
2. Der Pächter ist verpflichtet, den Verpächter jährlich nach Erstellung der Jahresbilanz über die wirtschaftliche Situation des Pachtunternehmens zu unterrichten, insbesondere welche Kunden-Geschäftsbeziehungen bestehen, damit der Verpächter in der Lage ist, bei Beendigung des Pachtvertrages das Unternehmen ohne Beeinträchtigung der Kundenkontakte fortzuführen.

§ 10 Wettbewerbsverbot

1. Der Verpächter ist verpflichtet, während der Dauer des Pachtvertrages ein Konkurrenzunternehmen weder zu betreiben noch sich an seinem solchen unmittelbar oder mittelbar zu beteiligen.
2. Der Pächter ist verpflichtet, nach Beendigung des Pachtverhältnisses jeglichen Wettbewerb im Gebiet des Landkreises X zu unterlassen. Für jeden Fall der Zuwiderhandlung wird eine Vertragsstrafe in Höhe von 10 000 € vereinbart.

§ 11 Vertragsdauer

1. Das Pachtverhältnis beginnt am 1. 1. 01 und wird bis zum 31. 12. 06 fest vereinbart.
2. Das Pachtverhältnis kann aus wichtigem Grund jederzeit fristlos gekündigt werden. Ein wichtiger Grund ist insbesondere gegeben, bei
   a) Zahlungsrückstand mit zwei Monatsraten des Pachtzinses und Nichtzahlung trotz nochmaliger Aufforderung;
   b) Verstoß gegen wesentliche Vertragsbestimmungen und Fortsetzung des vertragswidrigen Verhaltens trotz schriftlicher Beanstandung;
   c) Unterverpachtung trotz Verweigerung durch den Verpächter;
   d) Ausübung eines nicht genehmigten Gewerbebetriebes in den Pachträumen und Fortsetzung trotz Abmahnung;
   e) Eröffnung des Insolvenzverfahrens oder Eintritt der Zahlungsunfähigkeit.

§ 12 Rückgabepflicht

1. Endet das Pachtverhältnis, so sind die Pachtgegenstände in dem Zustand zurückzugeben, in dem sich diese Gegenstände aufgrund des vertragsgemäßen Gebrauchs befinden. Änderungen oder Verschlechterungen der Pachtgegenstände, die durch den vertragsgemäßen Gebrauch herbeigeführt wurden, hat der Pächter nicht zu vertreten.
2. Sofern der Pächter Einbauten vorgenommen hat, kann der Verpächter die Wiederherstellung des ursprünglichen Zustandes oder die Übernahme der Einbauten gegen angemessene Entschädigung verlangen.
3. Soweit das Anlage- und Umlaufvermögen des Pächters für die Fortführung des Betriebes durch den Verpächter erforderlich ist, kann der Verpächter die Übertragung zum Buchwert zuzüglich Mehrwertsteuer verlangen.
4. Auf Verlangen des Verpächters hat der Pächter den Geschäftsbetrieb still zu legen. Soweit durch die Entlassung der Arbeitnehmer die Aufstellung eines Sozialplans verlangt wird, hat der Pächter auch diese Betriebsstilllegungskosten zu tragen.

C. Verhinderung einer Betriebsaufspaltung durch Verpachtung ohne personelle Beherrschung

I. Wiesbadener Modell

Literatur: *Husmann/Strauch,* Zur steuerlich optimalen Gestaltung einer Doppelgesellschaft – ein erweitertes Wiesbadener Modell, StuW 2006, 221.

31 **Beispiel:** Zimmerermeister Z übergibt sein Unternehmen seiner Tochter T, die den Betrieb an ihren Ehemann M verpachtet, der das Pachtunternehmen als GmbH fortführt.

Wiesbadener Modell

1. Fehlende personelle Beherrschung

M.W. hat Felix den Begriff „Wiesbadener Modell" bei einer Tagung in Wiesbaden geprägt. Gemeint sind die Gestaltungen, bei denen die Gesellschafter des Besitzunternehmens nicht an der Betriebs-Gesellschaft beteiligt sind, so dass also keinerlei persönliche Verflechtung zwischen Verpächter und Pächter besteht, vgl. *Felix,* GmbHR 1973, 184; *ders,* Kölner Handbuch der Betriebsaufspaltung Tz. 225. Die Finanzverwaltung hat früher auch in den Fällen, in denen z.B. ein Ehegatte alleiniger Gesellschafter einer Betriebs-Gesellschaft war und eine wesentliche Betriebsgrundlage von dem anderen Ehegatten nutzte, die Wirkungen einer Betriebsaufspaltung angenommen. Da tatsächlich bei dieser Gestaltung das Besitzunternehmen und die Betriebs-Gesellschaft nicht von einem einheitlichen Betätigungswillen gesteuert werden – jeder Ehegatte fördert in erster Linie die Interessen seines eigenen Unternehmens – treten die Wirkungen der Betriebsaufspaltung im steuerlichen Sinne beim Wiesbadener Modell nicht ein, d.h. in praxi: Es handelt sich bei dieser Gestaltung um eine **Betriebsverpachtung mit gewerbesteuerfreien Pachteinnahmen**, auch dann, wenn der Verpächter als Geschäftsführer bei der Betriebs-Gesellschaft seines Ehegatten tätig wird. 32

Der BFH hat in seinen „Wiesbadener-Modell-Urteilen" BStBl. 1986 II 359 und 1987 II 29 eine Betriebsaufspaltung verneint, wenn Besitzunternehmen und Betriebs-Gesellschaft keine gemeinsamen Gesellschafter haben und betont, dass dies auch für Ehegatten gelte, bei denen besondere Beweisanzeichen gleichgerichteter wirtschaftlicher Interessen bestehen. Verpachtet ein Steuerpflichtiger die wesentlichen Grundlagen seines Einzelunternehmens an eine GmbH, deren Anteile ausschließlich von der Ehefrau des Steuerpflichtigen gehalten werden, so rechtfertigt dies auch dann noch keine Annahme einer faktischen Betriebsaufspaltung, wenn der Steuerpflichtige als Geschäftsführer der GmbH angestellt wird und ihr aufgrund seiner beruflichen Ausbildung und Erfahrung das Gepräge gibt, vgl. BFH GmbHR 1989, 176. 33

Eine Betriebsaufspaltung aufgrund faktischer Beherrschung ist nur gegeben, wenn der gesellschaftsrechtlich Beteiligte nach den Umständen des Einzelfalles darauf angewiesen ist, sich dem Willen eines Anderen so **unterzuordnen**, dass er keinen eigenen geschäftlichen Willen entfalten kann, vgl. BFH DB 1989, 305.

2. Übertragungsverpflichtung im Scheidungsfall

34 Für den Fall der Scheidung wünschen die Beteiligten bei einem „Wiesbadener Modell“ zwischen Ehegatten häufig den Übergang des GmbH-Anteils auf den Besitzunternehmer-Ehegatten. Ist im Gesellschaftsvertrag einer Kommanditgesellschaft vorgesehen, dass eine Kommanditistin bei Scheidung aus der Gesellschaft ausgeschlossen werden kann mit der Rechtsfolge, dass der KG-Anteil auf deren Ehegatten übergeht, rechnet der BFH DB 1990, 2354 diesen KG-Anteil von vorneherein dem Ehegatten zu; einschränkend BFH BStBl. 1998 II 542.

35 Eine **Regelung im Pachtvertrag** (dann Beurkundungspflicht!), wonach bei Scheidung der Pachtvertrag endet und der GmbH-Anteil auf den Besitzunternehmer-Ehegatten zu übertragen ist, könnte zu einer Zusammenrechnung der Ehegattenanteile an dem Besitzunternehmen und der Betriebs-GmbH führen.

36 Hingegen stellt ein umfassender **Ehe- und Erbvertrag**, wonach u. a. der GmbH-Geschäftsanteil dem Besitzunternehmer-Ehegatten im Fall der Scheidung oder des Versterbens des anderen Ehegatten zufällt, kein zusätzliches Beweisanzeichen für gleichgerichtete wirtschaftliche Interessen der Ehegatten dar. Bei Ehe- und Erbverträgen hat der Notar auch keine Anzeigepflicht gegenüber der Finanzverwaltung.

Steuerschädlich ist eine zeitlich unbegrenzte, unwiderrufliche Option auf Übernahme der GmbH-Anteile, vgl. FG Rheinland Pfalz EFG 1996, 330.

II. Einstimmigkeitsvereinbarung

37 Nach Auffassung des BFH GmbHR 2000, 575 kann eine Betriebsaufspaltung bei Ehegattengesellschaften nicht vermieden werden, wenn an einem Unternehmen die Ehefrau, bei dem anderen Unternehmen der Ehemann die Stimmenmehrheit hat. Die Betriebsaufspaltung kann jedoch mittels einer **Einstimmigkeitsvereinbarung** bei der Besitzpersonengesellschaft durch Beteiligung eines Nur-Besitzunternehmers vermieden werden, wenn sich die Einstimmigkeitsvereinbarung auf alle Geschäfte des täglichen Lebens bezieht, vgl. BFH MittBayNot 1999, 503; DStRE 2000, 412.

Beispiel: An der M-KG ist M als Komplementär und F als Kommanditistin beteiligt. Der Gesellschaftsvertrag enthält eine Einstimmigkeitsvereinbarung. Die KG verpachtet ihr Grundstück an eine Betriebs GmbH, an der F zu 100% beteiligt ist.

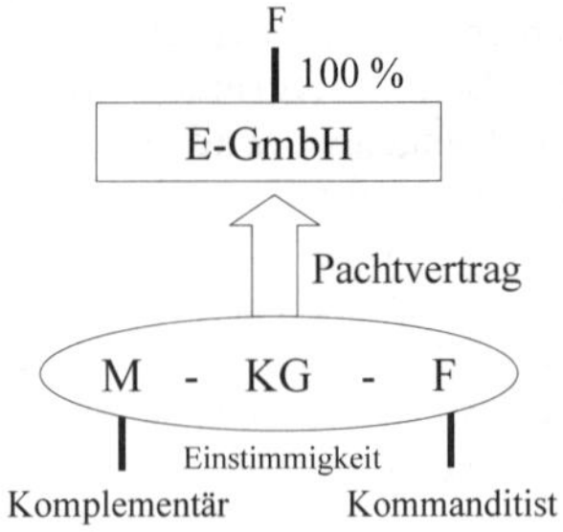

Aufgrund der Einstimmigkeitsvereinbarung kann F die KG nicht beherrschen, so dass keine Betriebsaufspaltung, sondern nur eine als private Vermögensverwaltung zu beurteilende Verpachtung vorliegt. Das Grundstück stellt steuerliches Privatvermögen dar.

einstweilen frei 38–40

D. Beendigung einer Betriebsaufspaltung

Literatur: *Bauschatz,* Realteilung mitunternehmerischer Besitzgesellschaften, FR 2004, 571; *Mitsch,* Steuerlich optimierte Wege aus der klassischen Betriebsaufspaltung in ein Einheitsunternehmen, INF 2004, 23; *Stamm/Ulrich,* Steuerneutrale Beendigung der Betriebsaufspaltung, StuB 2007, 205; *Tiedtke/Szczesny,* Gesetzlicher Vertrauensschutz bei Beendigung einer Betriebsaufspaltung, DStR 2003, 758.

I. Beendigung der Betriebsaufspaltung durch Einbringung des Besitzunternehmens in die Betriebskapitalgesellschaft

Beispiel: A und B sind Gesellschafter eines Besitzunternehmens, die ihren Betrieb an eine beteiligungsidentische Betriebs-GmbH verpachtet haben. Da der hohe Pachtzins vom Betriebsprüfer als verdeckte Gewinnausschüttung beanstandet wurde, wird das Besitzunternehmen mit wertvollem Grundbesitz in die Betriebs-GmbH eingebracht. 41

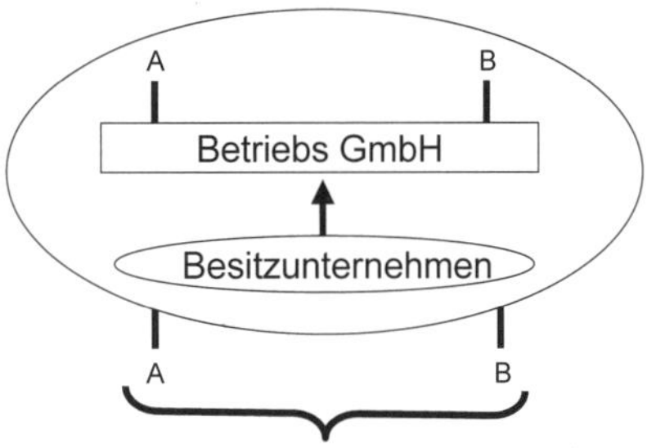

Von dem Grundsatz, dass gem. § 20 UmwStG alle wesentlichen Betriebsgrundlagen in die Kapitalgesellschaft eingebracht werden müssen (bei Buchwertfortführung ist die funktionale Betrachtungsweise maßgebend, bei dem Teilwertansatz die quantitative, vgl. BMF-Schreiben BStBl. 2000 I 1253), lässt die Finanzverwaltung in Tz. 20.11 UmwSt-Erlass bei Beendigung einer Betriebsaufspaltung eine Ausnahme zu, da die zum Betriebsvermögen des Besitzunternehmens gehörenden Anteile an der Betriebs-GmbH im Falle der Einbringung zu eigenen Anteilen der aufnehmenden Kapitalgesellschaft werden würden und der Erwerb eigener Anteile durch eine Kapitalgesellschaft handelsrechtlichen Beschränkungen unterliegt. Die zurückbehaltenen Anteile gelten in diesem Fall nicht als entnommen und sind künftig als steuerverhaftete Anteile i. S. d. § 22 UmwStG zu behandeln.

II. Formwechsel der Betriebs-GmbH in eine GmbH & Co. KG

Beispiel: Sachverhalt wie oben zu 1. Zur Vermeidung gewerbesteuerlicher Mehrbelastungen wird die Rechtsform der GmbH & Co. KG für das Betriebsunternehmen gewählt. 42

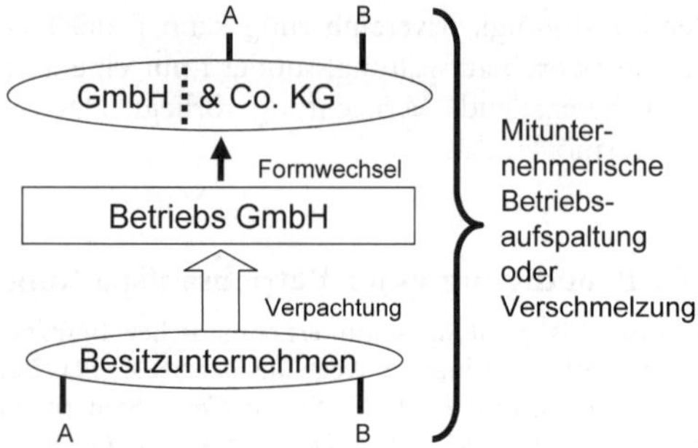

Durch einen Formwechsel einer GmbH in eine GmbH & Co. KG wie in § 15 Rn. 66ff. dargestellt, kann die Betriebs-GmbH umgeformt werden, wodurch zwei Schwester-Personengesellschaften in Gestalt der neuen Betriebs GmbH & Co. KG und des Besitzunternehmens entstehen. Diese können miteinander verschmolzen werden.

Sofern das Besitzunternehmen ein Einzelunternehmen darstellt, sind die im **Einzelunternehmen** vorhandenen Wirtschaftsgüter Sonderbetriebsvermögen der entstandenen GmbH & Co. KG.

Kinder durch Erben
nicht verderben.
Warren Buffett

Siebter Teil. Die Stiftung

§ 17 Unternehmensnachfolge mittels Familienstiftung

Übersicht

Literatur: *Burgard,* Gestaltungsfreiheit im Stiftungsrecht (2006); Feick, Die Stiftung als Instrument der Unternehmensnachfolge, BB 2006, Beil. z. Heft 34, 13; *Freundl,* Die Stiftung – das Gestaltungsinstrument der Unternehmensnachfolge, DStR 2004, 1509; *Götz,* Steuerliche Besonderheiten bei unternehmensverbundenen Stiftungen, NWB Fach 2, 7533 (Stand Januar 2001); *ders.,* Die Familienstiftung als Instrument der Unternehmensnachfolge, NWB 2005, Fach 2, 8797 (Stand August 2005); *Haas,* Die Stiftung – ein interessantes Modell zur Unternehmensnachfolge, Berater-Brief Vermögen 12/2005, 29; *Kirnberger,* Betriebsvermögen in gemeinnützigen Körperschaften, ErbStB 2005, 154; *Mainzcyk,* Die Stiftung als Gestaltungsmöglichkeit im Rahmen der Unternehmensnachfolge, Stbg 2002, 76; *Muscheler,* § 84 BGB und die lebzeitige Stiftungsgründung, DNotZ 2003, 661; *ders.,* Nachträgliche Änderung der Stiftungssatzung, ZErb 2005, 4; *Richter/Sturm, Die Unternehmensstiftung nach der Stiftungsrechtsreform, ZErb 2006, 75; Schiffer/Fries,* Ersatzerbschaftsteuer und sale and lease back – eine Skizze zu aktuellen Fragen der Familienstiftung, ZErb 2006, 115; *Schiffer/Kotz,* Die

Stiftung in der Erb- und Nachfolgeregelung, ZErb 2004, 115; *Spiegelberger,* Die Familienstiftung – ein neuer Star, ErbStB 2005, 43; *Werner,* Stiftungen als Instrument der Unternehmens- und Vermögensnachfolge, ZEV 2006, 539.

A. Gesetzliche Regelung

I. Errichtung einer Familienstiftung

1. Stiftungsgründung

1 Die für die rechtsfähige Stiftung des Privatrechts geltenden Vorschriften der §§ 80–88 BGB sind die Rechtsgrundlage für das gesamte Stiftungsrecht und für alle Stiftungsvarianten. Durch das Gesetz zur Modernisierung des Stiftungsrechts vom 15. 7. 2002 BGBl. I 2634 wurde eine **bundeseinheitliche Regelung** für die Errichtung einer rechtsfähigen Stiftung des Privatrechts geschaffen, so dass landesrechtliche Bestimmungen, die dem Bundesrecht widersprechen, außer Kraft getreten sind.

2 Zur Entstehung einer rechtsfähigen Stiftung des Privatrechts ist unverändert ein Stiftungsgeschäft und ein – als **Anerkennung** bezeichneter – staatlicher Verwaltungsakt der jeweiligen Landesbehörde erforderlich. In der amtlichen Gesetzesbegründung (BR-Drucks. 108/02 vom 8. 2. 2002, 13) wird hierzu folgendes ausgeführt:

> „Wenn die gesetzlichen Satzungsanforderungen erfüllt sind, kann die Anerkennung der Stiftung als rechtsfähig nicht verweigert werden, selbst wenn die zuständige Behörde für die entstehende Stiftung weitere Regelungen für zweckmäßig halten würde. Diese können dem Stifter empfohlen werden, jedoch kann davon nicht die Anerkennung der Rechtsfähigkeit abhängig gemacht werden.“

a) Satzungsinhalt

3 Der früheren Genehmigungspraxis, wonach die Stiftungsaufsicht die Satzungsanforderungen bis ins Detail vorschrieb, so dass ohne Verwendung der jeweiligen Mustersatzung eine Genehmigung kaum erreichbar war, ist der Gesetzgeber entgegentreten. Der Gesetzgeber verlangt lediglich einen Mindestinhalt der Stiftungssatzung, nämlich Regelungen über

- den Namen der Stiftung,
- den Sitz der Stiftung,
- den Zweck der Stiftung,
- das Vermögen der Stiftung und
- die Bildung des Vorstands der Stiftung.

b) Zulässige Stiftungszwecke

4 Der Gesetzgeber hat es beim Modell der **gemeinwohlkonformen Allzweckstiftung** belassen. Nur dann, wenn eine Gemeinwohlgefährdung vorliegt, ist die Anerkennung ausgeschlossen, also Verfolgung von Stiftungszwecken zur Beeinträchtigung von Verfassungsrechtsgütern, vgl. BVerwGE 106, 177. Die auf rechtsextremem Gedankengut basierende Schönhuber-Stiftung wurde mit dieser Begründung abgelehnt. Umgekehrt bedeutet die vom Gesetzgeber vorgenommene Abgrenzung, dass z. B. gegen

- Familienstiftungen oder
- unternehmensverbundene Stiftungen

keinerlei Einwendungen mehr bestehen. Landesrechtliche Bestimmungen (z.B. der Bundesländer Brandenburg und Nordrhein-Westfalen), die die Genehmigung dieser Stiftungen verboten, sind obsolet geworden. Das Gesetz sieht nunmehr ein subjektiv-öffentliches Recht des Stifters auf „Stiftung" bzw. einen Rechtsanspruch auf „Anerkennung der Stiftung" als rechtsfähig vor.

Der Gesetzesvorschlag von Bündnis 90/Die Grünen „zur Vermeidung feudalistischer Eigentumsverhältnisse" Familienstiftungen nach Ablauf von dreißig Jahren ab Eintragung in das Stiftungsregister als erloschen zu bewerten, sofern nicht vorher ihr Zweck geändert wird oder die Destinatäre und Anfallsberechtigten ihrer Fortsetzung für einen weiteren Zeitraum von längstens dreißig Jahren zustimmen(vgl. BT-Drs. 13/9320), wurde abgelehnt.

Ob „Stiftungen auf Zeit" oder „Verbrauchsstiftungen" zulässig sind, ist bestritten, vgl. *Lex,* ZEV 2002, 407.

2. Die „private" Familienstiftung

Die private Familienstiftung, die nur steuerliches Privatvermögen verwaltet, 5
hat bisher einen Dornröschenschlaf gehalten. Der Hauptgrund liegt wohl darin, dass die Genehmigungspraxis der Stiftungsbehörden bei Familienstiftungen früher außerordentlich restriktiv war. Bei einem Unternehmen mit Tausenden von Arbeitsplätzen besteht ein öffentliches Interesse an der Aufrechterhaltung des Unternehmens, so dass den Inhabern dieser Unternehmen die Rechtsform der Familienstiftung schon aus politischen Gründen nicht versagt werden konnte. Für die Perpetuierung von schlichtem Privatvermögen ohne betriebliche Strukturen bestand kein öffentliches Interesse. Zudem war die Zulässigkeit der Familienstiftung bis zur zivilrechtlichen Stiftungsreform im Jahr 2002 strittig.

Schließlich hat auch die von der Regierung Willy Brandt bei der 6
ersten Erbschaftsteuerreform 1974 eingeführte **Erbersatzsteuer** mit einem 30-jährigen Besteuerungs-Zyklus gem. § 1 Abs. 1 Nr. 4 ErbStG zu einer Zurückhaltung bei mittleren und kleineren Vermögen geführt, die bei einer Ausschöpfung von Schenkungsteuerfreibeträgen im Zehn-Jahres-Zyklus gem. § 14 ErbStG regelmäßig in der Rechtsform der Personengesellschaft besser platziert sind.

3. Stiftungsreform

Die Reform des Stiftungszivilrechts zum 1. 9. 2002 hat der Familienstif- 7
tung auch im Bereich des steuerlichen Privatvermögens zum Durchbruch verholfen. Die Mindermeinungen, die gegen die Familienstiftung Position bezogen hatten, sind endgültig widerlegt. Weder die Analogie zu § 22 BGB (vgl. *Reuter,* in: MünchKomm Rn. 34ff. vor § 80 BGB) noch die Theorie der zeitlichen Schranken zulässiger Nachlassbindung (*Staudinger/Rawert,* BGB Rn. 21 vor § 80) vermochten zu überzeugen. Auch das Fideikommiss-Verbot ist kein Argument gegen die Familienstiftung, zumal § 18 FidKomAuflG die Überleitung von Fideikommissen in Familienstiftungen anordnete. Während der Fideikommiss ein dem Rechtsverkehr entzogenes Vermögen zum Gegenstand hatte, kann der Stiftungsvorstand über das Stiftungsvermögen verfügen, die Stiftungsgläubiger können das Stiftungsvermögen in Anspruch nehmen.

Der Gesetzgeber der Stiftungsreform hat die Diskussion um die Zulässigkeit der Familienstiftung beendet, vgl. statt aller *Muscheler,* in: Mecking/Schulte, Grenzen der Instrumentalisierung von Stiftungen (2002), 139, 165.

8 Der nunmehr normierte Grundsatz der **gemeinwohlkonformen Allzweckstiftung** bestätigt die Zulässigkeit der Familienstiftung und widerlegt alle Kritiker. Da gem. § 80 BGB Abs. 2 nunmehr ein **Rechtsanspruch auf Anerkennung** einer Stiftung besteht (vgl. *Muscheler,* ZEV 2003, 49), sind die früheren Zulassungsschranken und Ermessensvorbehalte beseitigt.

4. Rechtsfolgen der Familienstiftung

a) Lebenslange Geschäftsführung und Versorgung des Stifters

9 Während bei der gewöhnlichen Vermögensnachfolge der Übergeber das Vermögen in die Hände der nächsten Generation legt und sich höchstens durch einen Vorbehaltsnießbrauch die Verwaltung des übertragenen Vermögens vorbehalten kann, besteht bei einer Familienstiftung für den Stifter die lebenslange Geschäftsführungsbefugnis mit allen Vertretungsrechten bis hin zur Umschichtung und Veräußerung des Grundstockvermögens. Auch die Versorgung des Stifters ist hierdurch optimal gesichert.

b) Mittelbare Insolvenzsicherung

10 Durch die Beteiligung der nachfolgenden Generation an dem Familienvermögen entsteht die Problematik, dass Begehrlichkeiten und Ausgabewünsche entstehen können, die das übertragene Vermögen gefährden. Solange der Übergeber am Leben ist, kann durch die Vereinbarung von Rückübertragungsansprüchen im Fall der Insolvenz des Erwerbers, ja sogar bei der wesentlichen Verschlechterung seiner Vermögenslage (vgl. OLG München MittBayNot 2008, 51), eine Rückauflassungsvormerkung bei Grundstücksübertragungen im Grundbuch eingetragen werden. Diese Sicherheiten erlöschen aber mit dem Ableben des Übergebers.

11 Die traditionelle Vorsorge, durch Anordnung von Vor- und Nacherbfolge gem. § 2100 ff. BGB den Nachlass zu sichern, ist ebenfalls zeitlich begrenzt, da grundsätzlich die Einsetzung eines Nacherben mit dem Ablauf von dreißig Jahren nach dem Erbfall unwirksam wird, wenn nicht vorher der Fall der Nacherbfolge eingetreten ist, vgl. § 2109 Abs. 1 Satz 1 BGB.

12 Bei einer Familienstiftung wird der Zugriff der Gläubiger der Abkömmlinge des Stifters von vorne herein ausgeschlossen. Lediglich dem insolventen Abkömmling ausgeschüttete Erträge des Stiftungsvermögens sind pfändbar. Somit entsteht durch eine Familienstiftung mittelbar eine Insolvenzsicherung.

c) Pflichtteilskürzung

Literatur: *Röthel,* Pflichtteil und Stiftungen: Generationengerechtigkeit versus Gemeinwohl?, ZEV 2006, 8; *Werner,* Stiftungen als Instrument der Pflichtteilsvermeidung, ZEV 2007, 560.

13 Das Pflichtteilsrecht kann eine Gefahr für die Erhaltung von Familienvermögen darstellen. Die generationsübergreifende Perpetuierung des von den Großeltern und Eltern geschaffenen Vermögens, um auch den nachfolgenden Generationen Ausbildung und Lebensunterhalt zu garantieren, wird durch das

Pflichtteilsrecht in Frage gestellt. Die Rechtsprechung des BGH hat das Pflichtteilsrecht in den vergangenen Jahrzehnten noch ausgeweitet. Selbst die Einbringung von Vermögen in eine gemeinnützige Stiftung, im konkreten Entscheidungsfall zum Aufbau der Dresdner Frauenkirche (BGH ZEV 2004, 115), ist nicht pflichtteilsfest.

Der BGH DNotZ 1994, 784 hat mit seiner Entscheidung, wonach Vermögensübertragungen unter Nießbrauchsvorbehalt zu keiner wirtschaftlichen Ausgliederung führen und die Zehn-Jahres-Frist des § 2325 Abs. 3 BGB nicht zu laufen beginnt, die Pflichtteilsergänzungsgefahr erheblich vergrößert. Es darf mit Recht angezweifelt werden, ob der Erblasser es hinnehmen muss, dass das von ihm mit größter Sparsamkeit gebildete Vermögen nicht langfristig gesichert werden kann, sondern dem Pflichtteilsberechtigten beliebig zum Konsum zur Verfügung steht. Die geplante Reform des Pflichtteilsrechtes wird den vorgetragenen Bedenken in der Weise Rechnung tragen, dass Pflichtteilsergänzungsansprüche jährlich um 10% gekürzt werden.

Das **Familiengut**, das nach den Entscheidungen des Bundesverfassungsgerichts BStBl. 1995 II 655, 663 zum Einheitswert verfassungsrechtlichen Rang hat, kann durch eine Familienstiftung optimal geschützt werden. Danach stehen nur die Erträge, nicht aber die Vermögenssubstanz, die der Stifter rechtzeitig, jedenfalls zehn Jahre vor seinem Ableben in die Stiftung eingebracht hat, den nachfolgenden Generationen zum Verbrauch zur Verfügung. 14

d) Begrenzung von Zugewinnausgleichsansprüchen

Ein weiterer Vorzug der Familienstiftung ist der Schutz vor Vermögensabflüssen durch Zugewinnausgleichsansprüche. Vorsorglich wird ein Unternehmer bereits bei Eheschließung entweder Gütertrennung oder modifizierte Zugewinngemeinschaft mit dem Ausschluss des Unternehmens aus dem Zugewinnausgleich und dem Ehegattenpflichtteilsrecht vereinbaren, um die Liquidität des Unternehmens zu sichern. Der Kautelarjurist empfiehlt, dass darüber hinaus bei der vorweggenommenen Erbfolge die Abkömmlinge mit der Auflage belastet werden, durch Ehevertrag und (begrenzten) Pflichtteilsverzicht die vorweg empfangenen Vermögensteile vor Ansprüchen der Schwiegerkinder zu sichern. Für das rechtzeitig (§ 1375 Abs. 3 BGB) in eine Familienstiftung eingebrachte Vermögen bedarf es nicht dieser Sicherungsmechanismen. 15

e) Umgehung des latenten Erbrechts geschiedener Ehegatten

Eine besondere und von den Betroffenen außerordentlich gefürchtete Gefahrenquelle ist das latente Erbrecht geschiedener Ehegatten. Sind nämlich gemeinsame Kinder vorhanden, kann selbst der geschiedene Ehegatte wieder erbberechtigt werden, wenn der Vermögensinhaber verstirbt und die gemeinsamen Kinder Erben werden. Bei deren Ableben ohne Hinterlassung von Abkömmlingen ist der überlebende geschiedene Ehegatte wieder gesetzlich erbberechtigt, ein Umstand, der geradezu panikartige Angstvorstellungen bei Geschiedenen auslöst. Das geltende Erbrecht erlaubt zwar durch eine mehrfach gestaffelte Vor- und Nacherbfolge das latente Erbrecht des geschiedenen Ehegatten auszuhebeln, führt aber durch die mit der Vor- und Nach- 16 erbfolge verbundenen Verfügungsbeschränkungen und Auskunftsansprüche zu unerwünschten Ergebnissen. Bei einer Familienstiftung ist der Rückgriff geschiedener Ehegatten auf das Familienvermögen von vorne herein ausgeschlossen.

f) Ausbildungs- und Unterhaltssicherung

17 Insbesondere älteren Erblassern liegt es am Herzen, nicht nur Vorsorge für das Wohl der eigenen Kinder, sondern darüber hinaus auch für das Fortkommen der Enkel und Urenkel und weiterer Generationen zu sorgen. Will man Vermögen so langfristig perpetuieren, steht hierfür nur die Rechtsform der Familienstiftung zur Verfügung. Die vermögensverwaltende Familienpersonengesellschaft (zur Familien-GmbH & Co. KG vgl. *Spiegelberger,* ZEV 2003, 386), deren Zweck ebenfalls die längerfristige Erhaltung des Familienvermögens ist, kann längstens für einen Zeitraum von dreißig Jahren konzipiert werden, da ein längerfristiger Kündigungsausschluss allgemein als unzulässig angesehen wird, vgl. *Ulmer,* in: MünchKomm § 723 BGB Rn. 47.

18 Auch die gemeinnützige Stiftung, die gem. § 58 Nr. 5 AO die Versorgung des Stifters und seiner Familie in der Weise erlaubt, dass die Stiftungserträge bis zu einem Drittel hierfür verwendet werden, erlaubt keine langfristige Perspektive, weil einerseits nur die *nächsten* Angehörigen des Stifters versorgt werden dürfen, so dass Urenkel bereits aus dem Begünstigtenkreis ausscheiden, zum anderen, weil nur die *angemessene* Versorgung gewährleistet ist, so dass Stiftungsleistungen ausscheiden, wenn der Unterhalt des Familienangehörigen durch anderweitige Mittel gedeckt ist. Der Stifter, der auch Urenkel oder Neffen und Nichten sowie deren Abkömmlinge versorgen will, wird zur Familienstiftung greifen.

g) Ewige Vermögensperpetuierung?

19 Obwohl Stiftungen existieren, die wie die Fugger-Stiftung in Augsburg und die Julius-Spital-Stiftung in Würzburg, die Jahrhunderte überlebt haben oder wie die Stiftung in Wemding bei Nördlingen, die auf einen Bestand von mehr als tausend Jahre zurückblicken kann, darf die Vorgabe des § 80 Abs. 2 BGB, wonach die **dauernde** und **nachhaltige** Erfüllung des Stiftungszweckes gesichert erscheinen muss, nicht überzogen werden.

Muscheler, Grenzen der Instrumentalisierung von Stiftungen, 166 hat zurecht vorgeschlagen, auf dieses Kriterium überhaupt zu verzichten, zumal die Genehmigungspraxis zeigt, dass den Genehmigungsbehörden durch dieses Tatbestandsmerkmal wieder ein vom Gesetz nicht gewollter Ermessensspielraum zukommt. Besteht bei einem florierenden Unternehmen eine Garantie für einen dauerhaften Bestand? Ist eine Vermögensanlage in Aktien krisensicher? Werden die als Vorstand, Stiftungsrat, Beirat oder Kuratorium eingesetzten Vermögensverwalter das vorhandene Vermögen erfolgreich verwalten? Nach menschlicher Erfahrung kann der Begriff „dauernd" nur im Sinn von langfristig verstanden werden, so dass der präsumtive Bestand über einen Zeitraum von einigen Jahrzehnten für die Anerkennung gem. des § 80 Abs. 2 BGB m. E. ausreicht.

20 *einstweilen frei*

II. Familienstiftung zur Unternehmensnachfolge

Für den erfolgreichen Unternehmer war die Familienstiftung von jeher eine interessante Gestaltungsmöglichkeit. Bei einer unternehmensverbundenen Stiftung handelt es sich um eine Stiftung, die entweder selbst im Handelsregister als Einzelkaufmann eingetragen ist (Unternehmensstiftung) oder die als Gesellschafter einer Personen- oder Kapitalgesellschaft (Beteiligungsträgerstiftung) mittels ihres Stimmrechts oder – als geborenes Mitglied – Vorstands- oder Geschäftsführungstätigkeiten ausüben und als Kontrollorgan tätig werden kann, vgl. *Flämig,* DB 1978 Beil. Nr. 22, 6. Als weitere Funktion einer unternehmensverbundenen Stiftung kommen regelmäßige freiwillige Zuwendungen an eine gemeinnützige Stiftung in Betracht. Familienstiftungen im weiteren Sinn sind damit auch Unternehmen, die in rechtlich geregelter Weise aus ihren Mitteln laufend eine Stiftung speisen, vgl. *Berndt,* Stiftung und Unternehmen Rn. 1. 21

Mittels einer unternehmensverbundenen Familienstiftung gelingt es, Pflichtteils- und Zugewinnausgleichsansprüche abzuwehren sowie wirtschaftliche Störfaktoren zu minimieren, insbesondere die Mitbestimmung und die Gefahr der feindlichen Unternehmensübernahme. Darüber hinaus kann aber auch Fremdmanagement für die Erhaltung des Familienbetriebes gewonnen werden. *Fischer,* in: Brandmüller, Gewerbliche Stiftungen, 7 betont zu Recht, dass eine Familienstiftung nicht nur Nachfolgeprobleme lösen und Haftungsrisiken minimieren könne, sondern darüber hinaus auch im Familienbereich allein oder zusammen mit anderen Rechtsformen maßgeschneiderte gesellschafts- und steuerrechtliche Organisationsformen anbiete. 22

1. Der Bestand an unternehmensverbundenen Stiftungen

Die im Jahr 2000 zur Reform des Stiftungsrechts eingesetzte Bund-Länder-Arbeitsgruppe hat einen Bestand von 535 Familienstiftungen ermittelt, somit einen prozentualen Anteil von knapp 6% an der Gesamtzahl selbständiger Stiftungen bürgerlichen Rechts, vgl. Abschlussbericht vom 19. 10. 2004, 45. Insgesamt wird von *Saenger,* Das modernisierte Stiftungsrecht und seine Auswirkungen auf unternehmensverbundene Stiftungen und Familienstiftungen, FS Kollhosser II 2004, 595, die Zahl der Beteiligungsträgerstiftungen auf über 300 geschätzt. Etwa 100 unternehmensverbundene Stiftungen sollen als Stiftung & Co. KG organisiert sein, vgl. *Hennerkes/Binz/Sorg,* Die Stiftung als Rechtsform für Familienunternehmen, DB 1986, 2269. 23

Gerade in jüngster Zeit favorisieren erfolgreiche Discounter und Supermarktbetreiber die Rechtsform der Familienstiftung. Die beiden Albrecht-Unternehmen (Aldi-Nord/Aldi-Süd) werden von Familienstiftungen gesteuert, nämlich im Norden durch die Markus-Stiftung und im Süden durch die Siepmann-Stiftung. Um in Zeiten wachsender Konzentration in der Branche unabhängig zu bleiben, bedient sich auch Dieter Schwarz der Familienstiftung, wobei die Lidl-Stiftung & Co. KG die operativen Discountgeschäfte betreibt, während die SB-Märkte Kaufland, Kaufmarkt und Handelshof von der Kaufland-Stiftung & Co. KG geführt werden. Reinhold Würth, der größte Schraubenhändler der Welt, ist mit vier Familienstiftungen (Ehefrau 24

Carmen und Kinder Bettina, Marion und Markus) und einer weiteren Familienstiftung, die Auslandsbesitz verwaltet, hervorgetreten.

2. Unternehmensstiftungen

25 Das bekannteste Beispiel für eine Unternehmensstiftung war die Carl-Zeiss-Stiftung, die ihren Sitz von Jena nach Heidenheim verlegt hat. Die von der Stiftung **einzelkaufmännisch** betriebenen Firmen Carl Zeiss und Schott Glaswerke wurden zwischenzeitlich in Aktiengesellschaften umgewandelt, deren Anteile bei der Stiftung liegen, um den Haftungsverbund der beiden Unternehmen aufzulösen und bei der Krise eines Unternehmens nicht auch das andere automatisch zu gefährden. Aus einer Unternehmensstiftung ist somit eine Beteiligungsträgerstiftung entstanden. Das Beispiel zeigt, dass der häufig gegen die Unternehmensstiftung erhobene Vorwurf der Unbeweglichkeit unzutreffend ist.

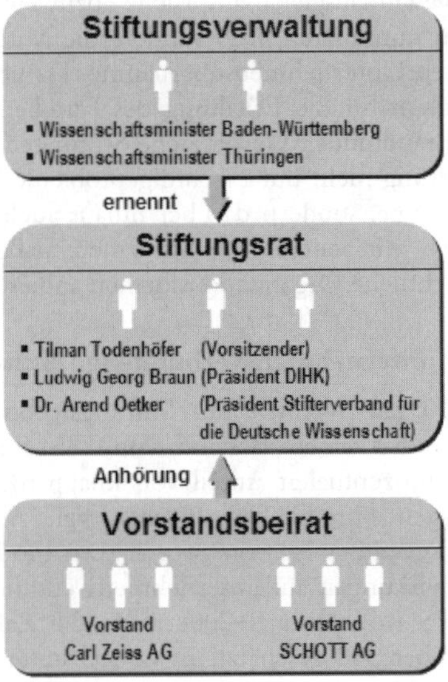

3. Beteiligungsträgerstiftungen

26 Zahlreicher sind die Beispiele für Beteiligungsträgerstiftungen, bei denen die Stiftung entweder als persönlich haftender Gesellschafter mit Familienmitgliedern als Kommanditisten oder selbst als Kommanditist in Erscheinung tritt. Die Beteiligungsträgerstiftung wird vor allem bei Konzeptionen für eine Unternehmensnachfolge in Betracht gezogen. Firmengründer erwarten von der Einschaltung einer Stiftung eine besondere Unternehmenskontinuität. Beispiele sind die Schickedanz Holding Stiftung & Co. KG, Fürth, die Vorwerk Elektrowerke Stiftung & Co. KG, Wuppertal, sowie die Moeller Stiftung Holding & Co. KG.

27–30 *einstweilen frei*

B. Besteuerung der Familienstiftung

I. Ertragsteuern

1. Stiftungserrichtung

- Buchwertfortführung bei Einbringung von (Teil-)Betrieben oder Mitunternehmeranteilen aus dem Betriebsvermögen gem. § 6 Abs. 3 EStG. 31
- Keine Ertragsteuer bei Einbringung von Einzelwirtschaftsgütern aus dem Privatvermögen mangels Gegenleistung.
- Ertragsteuerfreiheit bei Einbringung von Anteilen an Kapitalgesellschaften im Privatvermögen, auch bei wesentlichen Beteiligungen i. S. d. § 17 EStG und bei Zuwendungen innerhalb der Zehn-Jahres-Frist gem. § 23 Abs. 1 Satz 1 Nr. 1 EStG.

2. Laufende Besteuerung

Die Familienstiftung ist gem. § 1 Abs. 1 Nr. 4 KStG unbeschränkt körperschaftsteuerpflichtig: 32

- Körperschaftsteuersatz von 15% ab 1. 1. 2009.
- Nichtabziehbarkeit von Aufwendungen für die Erfüllung von Zwecken, die durch Stiftungsgeschäft oder Satzung vorgeschrieben sind, § 10 Nr. 1 KStG.
- Körperschaftsteuerfreiheit bei Ausschüttungen von Tochterkapitalgesellschaften gem. § 8b Abs. 1 KStG; die hierauf anfallende Kapitalertragsteuer ist anrechenbar bzw. wird erstattet.
- Körperschaftsteuerfreiheit der Veräußerung von Anteilen an Kapitalgesellschaften gem. § 8b Abs. 2 KStG.

Die Familienstiftung gilt nicht als Gewerbebetrieb kraft Rechtsform. Sie ist nur gewerbesteuerpflichtig, soweit ein Gewerbebetrieb oder ein wirtschaftlicher Geschäftsbetrieb unterhalten wird oder Buchführungspflicht besteht (§ 8 Abs. 2 KStG). 33

II. Erbschaftsteuer

Literatur: *Wachter,* Erbersatzsteuer für Familienstiftungen in Richter/Wachter, Handbuch des internationalen Stiftungsrechts, § 22.

Überblick über die Erbschaftbestimmung der Familienstiftung: 34

- Steuerpflicht gem. § 3 Abs. 2 Nr. 1 und § 7 Abs. 1 Nr. 8 ErbStG.
- Steuerklasse gem. § 15 Abs. 2 Satz 1 ErbStG.
- Der Freibetrag gem. § 16 ErbStG richtet sich nach dem Verwandtschaftsverhältnis der nach der Stiftungsurkunde entferntest Berechtigten zum Erblasser oder Schenker.
- Sind nach der Stiftungssatzung nur Kinder sowie Kinder verstorbener Kinder bezugsberechtigt, ist der Vermögensübergang gem. § 16 Abs. 1 Nr. 2 ErbStG zu versteuern, hingegen gem. Nr. 3 ErbStG, wenn die Enkel des Stifters bereits zu Lebzeiten ihrer Eltern oder entfernterer Abkömmlinge des Stifters bezugsberechtigt sein sollen.
- Freibeträge für zwei fingierte Abkömmlinge gem. § 15 Abs. 2 Satz 3 ErbStG.

- Zustiftungen werden in der Steuerklasse III erfasst; keine Privilegierung nach § 15 Abs. 2 Satz 1 ErbStG.
- Erbersatzsteuer nach Ablauf von dreißig Jahren gem. § 1 Abs. 1 Nr. 4 ErbStG.
- Verrentung der Erbschaftsteuerschuld auf 30 Jahre gem. § 24 ErbStG möglich.
- In den Verrentungsraten gem. § 24 ErbStG enthaltene Zinsanteile bei der Körperschaftsteuer abziehbar.

35 *einstweilen frei*

C. Privatnützige Stiftungen

Gewissermaßen ein Bindeglied zwischen der Familienstiftung und der gemeinnützigen Stiftung ist die privatnützige Stiftung.

I. Betriebliche Sozialstiftungen

36 Die mit der Anerkennung der Gemeinnützigkeit gem. § 51 ff. AO verbundenen Steuervorteile setzen voraus, dass eine Stiftung nach ihrer Satzung und tatsächlichen Geschäftsführung ausschließlich und unmittelbar gemeinnützige, mildtätige oder kirchliche Zwecke verfolgt. Gemeinnützige Zwecke verfolgt sie, wenn ihre Tätigkeit darauf gerichtet ist, die **Allgemeinheit** auf materiellem, geistigem oder sittlichem Gebiet selbstlos zu fördern. Eine Förderung der Allgemeinheit ist nicht mehr zu bejahen, wenn der Kreis der Personen, denen die Förderung durch die Stiftung zu Gute kommt, geschlossen ist, wenn also z. B. die Belegschaft eines Unternehmens oder Familienmitglieder begünstigt werden sollen.

Beispiel: Der pensionierte BMW-Vorstand M will eine Förderstiftung zur Hilfeleistung Not leidender BMW-Mitarbeiter errichten.

37 Die Beschränkung der Förderung auf einen begrenzten Personenkreis, z. B. Betriebsangehörige, ist steuerlich nicht begünstigt und hat in der Vergangenheit zu hohen Steuerbelastungen von mehr als 85% (Körperschafts-, Gewerbe- und Erbschaftsteuer) geführt, vgl. *Ebeling,* ZEV 1998, 93. Begünstigt wäre hingegen im Beispielfall eine Stiftung für Not leidende Belegschaftsmitglieder von Automobilherstellern im Bereich München, da eine Beschränkung auf einen bestimmten Hersteller ausgeschlossen ist.

II. Wohnungsbaugenossenschaften

38 Gesellschaften von nicht geschlossener Mitgliederzahl, welche die Förderung des Erwerbes oder der Wirtschaft ihrer Mitglieder mittels gemeinschaftlichen Geschäftsbetriebes bezwecken, namentlich Vereine zur Herstellung von Wohnungen, erwerben gem. § 1 Abs. 1 Nr. 7 GenG die Rechte einer „eingetragenen Genossenschaft". Das durch das Steuerreformgesetz 1990 ersatzlos aufgehobene WohnGemG enthielt Regelungen über die Anerkennung als gemeinnützig, vgl. *Klein/Orlopp,* Abgabenordnung 5. Aufl. 1995 § 51 Anm. 2. Um den weiteren Bestand derartiger Wohnanlagen zu sichern, kommt die Gründung einer privatnützigen Stiftung in Betracht, wonach im

Fall der Auflösung der Genossenschaft vorsorglich als Berechtigte für den Vermögensanfall eine privatnützige Stiftung vorgesehen wird.

einstweilen frei 39, 40

D. Doppelstiftung

Literatur: *Binz/Sorg,* Die Doppelstiftung im Steuerrecht, ZEV 2005, 520; *Kirchhain,* Ist die ertragsfinanzierte Versorgung der Stifterfamilie durch eine gemeinnützige Stiftung über die Ein-Drittel-Grenze des § 58 Nr. 5 AO hinaus unschädlich?, ZEV 2006, 534; *Kirnberger/Werz,* Die Doppelstiftung als Instrument der Unternehmensnachfolge, ErbStB 2004, 145; *Schnitger,* Die Gestaltungsform der Doppelstiftung und ihre Probleme, ZEV 2001, 104.

I. Gestaltung

Die Verbindung einer Familienstiftung mit einer gemeinnützigen Stiftung ist in der Form der Doppelstiftung möglich. Bei dieser Gestaltung wird eine gemeinnützige Stiftung mit einem hohen Kapitalanteil und einem geringen Stimmrecht an einer Kapitalgesellschaft (Holding) beteiligt. Die Familienstiftung übernimmt an dieser Kapitalgesellschaft nur einen geringen Kapitalanteil, behält sich aber ein umfangreiches Stimmrecht vor. 41

Doppelstiftung

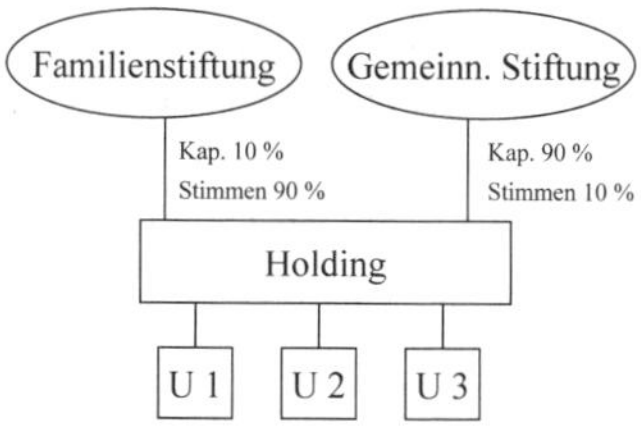

Bei einer Doppelstiftung, vgl. *Friedrich/Steidle/Gunzelmann,* BB 2006, Beil. zu Heft 34, 8 ist darauf zu achten, dass die Vorstände der gemeinnützigen Stiftung nicht zugleich die Familienstiftung leiten, da bei einer Personalunion die gemeinnützige Stiftung zu einem wirtschaftlichen Geschäftsbetrieb mutiert und somit zum Wegfall der Gemeinnützigkeit führt.

Gestaltungsprobleme einer Doppelstiftung

- Dauernde und nachhaltige Erfüllung des Stiftungszwecks
- Versorgung der Unternehmerfamilie
- Kontrollinstanzen
- Ausreichende wirtschaftliche Flexibilität
- Managementvergütung:
  geringe Gehälter bei einer Tätigkeit für gemeinnützige Stiftungen wegen der Kontrolle durch die Stiftungsaufsicht

II. Steuerliche Beurteilung

42 Die Doppelstiftung ermöglicht in idealer Weise die steuerlichen Vorteile der Gemeinnützigkeit zu verbinden mit der Möglichkeit, das Unternehmen weiterhin durch professionelles Management, zu Lebzeiten des Stifters durch ihn selbst, zu führen und damit generationsübergreifend zu erhalten. Ein eindrucksvolles Beispiel für die Kombination von Gemeinnützigkeit und unternehmerischem Erfolg ist die im vorletzten Jahrhundert von Robert Bosch gegründete Firma, die gegenwärtig mit 272000 Mitarbeitern ca. 46 Milliarden Euro Umsatz erzielt und den größten Autozulieferer der Welt darstellt. 8% des Gesellschaftskapitals befindet sich in Händen der Familie Bosch, 92% bei der gemeinnützigen Bosch GmbH. 93% der Stimmrechte sind in den Händen der Industrie Treuhand KG, die überwiegend von ehemaligen Vorständen und Geschäftsführern der Unternehmensgruppe geführt wird, vgl. Frankfurter Allgemeine Zeitung vom 23. 5. 2008, 14.

43 Die von dem operativen Unternehmen erzielten Gewinne bleiben, soweit sie an die gemeinnützige Stiftung ausgeschüttet werden, gem. § 5 Abs. 1 Nr. 9 KStG körperschaftsteuerfrei. Die Gründung der gemeinnützigen Stiftung sowie spätere Zustiftungen sind gem. § 13 Abs. 1 Nr. 16b ErbStG von der Erbschaftsteuer befreit. Im Endergebnis ergibt sich damit im Laufe der Jahrzehnte eine hohe Eigenfinanzierungsquote. Die Familie des Stifters kann gem. § 58 Nr. 5 AO bis zu $^1/_3$ des Einkommens der Stiftung zur angemessenen Versorgung des Stifters und dessen nächster Angehöriger verwenden. Darüber hinaus ist es möglich, das Stiftungsvermögen mit einem Quotennießbrauch zu belegen, wonach langfristig, also generationsübergreifend, über die $^1/_3$-Grenze des § 58 Nr. 5 AO hinaus die Stifterfamilie versorgt werden kann, vgl. BFH BStBl. 1998 II 758; *Kirchhain,* ZEV 2006, 534 mit zahlreichen Nachweisen.

44 Die Gesamtkonzeption, wonach die Erbschaftsteuerbelastung durch die Beteiligung der gemeinnützigen Stiftung ganz erheblich reduziert wird, unterliegt keinen Bedenken gem. § 42 AO. Bedenklich sind nur Konstruktionen mit Vermögensrückfall an die Stifterfamilie, vgl. *Schnitger,* ZEV 2001, 106.

III. Vertragsmuster

45 **Beispiel:** A hat mit seinem hervorragenden Führungspersonal eine überregional tätige Firmengruppe aufgebaut. Er möchte die Arbeitsplätze generationsübergreifend erhalten und das Unternehmen vor feindlichen Übernahmen schützen. Auf Anraten seines Wirtschaftsprüfers errichtet er eine Doppelstiftung. Die Familienangehörigen werden durch das verbleibende Vermögen versorgt und erklären einen beschränkten Pflichtteilsverzicht.

a) Errichtung einer Familienstiftung

46 Beurkundet am …

I. Stiftungserrichtung

Hiermit errichte ich, A, im Interesse meiner Familie eine Familienstiftung des privaten Rechts. Die Stiftung soll den Namen

AB-Familienstiftung

tragen, ihren Sitz in A haben und die Rechtsfähigkeit erlangen.

II. Zweck der Stiftung

1. Zweck der Familienstiftung ist die Erhaltung des Lebenswerkes des Stifters, des bisherigen alleinigen Gesellschafters der AZ GmbH, deren Gesellschaftsanteile teils in die AB-Familienstiftung und anderenteils in die gemeinnützige BY-Stiftung eingebracht werden. Die gemeinnützige BY-Stiftung und die AB-Familienstiftung sind als Gesellschafter der AZ GmbH zur permanenten vertrauensvollen Zusammenarbeit verpflichtet und haben die gesellschaftsrechtliche Treuepflicht gewissenhaft zu erfüllen. Um den Stiftungszweck nachhaltig zu fördern und den Erhalt des Stiftungsvermögens auch in der Weise zu sichern, dass die einzelnen Beteiligungsunternehmen wirtschaftlich erfolgreich sind, wird der AB-Familienstiftung ein Stimmrecht mit 90% eingeräumt, so dass diese in der Lage ist, die laufenden Geschäfte des täglichen Lebens maßgeblich zu beeinflussen.
2. Zweck der Stiftung ist weiter die laufende Unterstützung des Stifters, seiner Ehefrau und ihrer gemeinsamen leiblichen Kinder und Enkelkinder (Destinatäre) insbesondere die Sicherung eines angemessenen Lebensunterhaltes sowie die Förderung der persönlichen Entwicklung und Neigungen, von Berufsausbildung und Berufsweiterbildung dieses Personenkreises. Kinder von Kindern sind nur in der Folge des Generationenwechsels bezugs- und anfallsberechtigt, d. h. erst nach dem Ableben des mit den Stiftern in gerader Linie verwandten Elternteils. Zweck der Stiftung ist auch die Förderung der universitären und sonstigen beruflichen Ausbildung aller Abkömmlinge des Stifters generationsübergreifend. Zusätzlich sollen mildtätige, kirchliche, religiöse, wissenschaftliche oder gemeinnützige Körperschaften, Anstalten oder Stiftungen unterstützt werden.
3. Die Art und Höhe der Unterstützung beschließt das Stiftungskuratorium nach pflichtgemäßem Ermessen. Über die vorgenannten Fälle hinaus kann das Stiftungskuratorium nach pflichtgemäßem Ermessen weitere Zuwendungen an Destinatäre beschließen, sofern die Vermögens- und Ertragslage der Stiftung derartige Zuwendungen zulässt.

III. Einbringung

1. Das Stiftungsvermögen besteht im Zeitpunkt der Errichtung aus einer Beteiligung in Höhe von 10% an der AZ GmbH mit dem Sitz in K. Die einzelnen Beteiligungsfirmen sind in der Anlage II mit der Beteiligungsquote aufgeführt.
2. Der Stifter ist verpflichtet, mit Anerkennung der Stiftungssatzung durch die Regierung von ..., die vorbezeichneten Geschäftsanteile an der AZ GmbH auf die AB-Familienstiftung mit dinglicher Wirkung zu übertragen mit dem Gewinnbezugsrecht ab 1. 1. 01.

IV. Organe der Stiftung

Die Stiftung soll von einem Stiftungsvorstand gesetzlich vertreten und von einem Stiftungskuratorium beraten, unterstützt und überwacht werden.
Als erster Vorsitzender des Stiftungsvorstandes wird der Stifter auf Lebenszeit bestellt. Stellvertretende Vorsitzende des Stiftungsvorstandes ist Frau Steuerberaterin S.
Nach dem Ausscheiden des Stifters aus dem Stiftungsvorstand ist Frau S Nachfolgerin als Vorsitzende des Stiftungsvorstandes, deren Amtszeit auf das 70. Lebensjahr begrenzt wird. Die nochmalige Berufung, jeweils für einen Zeitraum von 5 Jahren, ist zulässig.
Die Jahresvergütung des Stifters beträgt ...; die stellvertretende Vorsitzende des Stiftungsvorstandes erhält jährlich die Hälfte. Zudem werden angemessene Aufwendungen ersetzt.
Zu Mitgliedern des Kuratoriums werden berufen:

a) ...
b) ...
c) ein weiteres Mitglied des Kuratoriums wird derzeit nicht berufen, kann aber jederzeit durch den Stifter berufen werden.

Die Vergütung der Kuratoriumsmitglieder wird durch den Stiftungsvorstand jeweils festgelegt.

V. Satzung

Für die Stiftung gilt die als Anlage I beigefügte Satzung, die wesentlicher Bestandteil dieses Stiftungsgeschäftes ist.

VI. Kosten

Die Kosten der Stiftungserrichtung und der Erfüllung der Einbringungsverpflichtung trägt der Stifter.

Von dieser Urkunde erhalten:
AUSFERTIGUNGEN:
die Regierung von Unterfranken (3 x)
BEGLAUBIGTE ABSCHRIFTEN:
die Beteiligten
die Gesellschaft eine
EINFACHE ABSCHRIFTEN:
das Finanzamt – Körperschaftsteuerstelle -
das Finanzamt – Grunderwerbsteuerstellen -

Samt Anlagen I und II vorgelesen vom Notar …

47 **Anlage: Satzung der AB-Familienstiftung in A**

§ 1 Name, Rechtsstellung, Sitz

Die Stiftung führt den Namen: AB-Familienstiftung.
Die Stiftung ist eine rechtsfähige Stiftung des bürgerlichen Rechts.
Sitz der Stiftung ist A.

§ 2 Stiftungszweck

1. Zweck der Familienstiftung ist die Erhaltung des Lebenswerkes des Stifters, des bisherigen alleinigen Gesellschafters der AZ GmbH, deren Gesellschaftsanteile teils in die AB-Familienstiftung und anderenteils in die gemeinnützige BY-Stiftung eingebracht werden. Die gemeinnützige BY-Stiftung und die AB-Familienstiftung sind als Gesellschafter der AZ GmbH zur permanenten vertrauensvollen Zusammenarbeit verpflichtet und haben die gesellschaftsrechtliche Treuepflicht gewissenhaft zu erfüllen. Um den Stiftungszweck nachhaltig zu fördern und den Erhalt des Stiftungsvermögens auch in der Weise zu fördern, dass die einzelnen Beteiligungsunternehmen wirtschaftlich erfolgreich sind, wird der AB-Familienstiftung ein Stimmrecht mit 90% eingeräumt, so dass diese in der Lage ist, die laufenden Geschäfte des täglichen Lebens maßgeblich zu beeinflussen.
2. Zweck der Stiftung ist weiter die laufende Unterstützung des Stifters, seiner Ehefrau und ihrer gemeinsamen leiblichen Kinder und Enkelkinder (Destinatäre) insbesondere die Sicherung eines angemessenen Lebensunterhaltes sowie die Förderung der persönlichen Entwicklung und Neigungen, von Berufsausbildung und Berufsweiterbildung dieses Personenkreises. Kinder von Kindern sind nur in der Folge des Generationenwechsels bezugs- und anfallsberechtigt, d.h. erst nach dem Ableben des mit den Stiftern in gerader Linie verwandten Elternteils. Zweck der Stiftung ist auch die Förderung der universitären und sonstigen beruflichen Ausbildung aller Abkömmlinge des Stifters generationsübergreifend. Zusätzlich sollen mildtätige, kirchliche, religiöse, wissenschaftliche oder gemeinnützige Körperschaften, Anstalten oder Stiftungen unterstützt werden.

3. Die Art und Höhe der Unterstützung beschließt das Stiftungskuratorium nach pflichtgemäßem Ermessen. Über die vorgenannten Fälle hinaus kann das Stiftungskuratorium nach pflichtgemäßem Ermessen weitere Zuwendungen an Destinatäre beschließen, sofern die Vermögens- und Ertragslage der Stiftung derartige Zuwendungen zulässt.

§ 3 Stiftungsvermögen

1. Das Stiftungsvermögen besteht aus Anteilen an Gesellschaften der AZ GmbH mit dem Sitz in K.
2. Das Stiftungsvermögen ist in seinem Bestand dauernd und ungeschmälert zu erhalten. Umschichtungen, insbesondere auch die Veräußerung von Beteiligungen sind zulässig, wenn der Erlös wiederum dem Stiftungsvermögen zugeführt wird. Richtschnur für die Verwaltung des Stiftungsvermögens ist das Lebenswerk des Stifters zu erhalten, wobei betriebswirtschaftliche Grundsätze zu beachten sind.
3. Zustiftungen (Zuwendungen zum Stiftungsvermögen) sind zulässig. Zuwendungen ohne Zweckbestimmung aufgrund einer Verfügung von Todes wegen können dem Stiftungsvermögen zugeführt werden.

§ 4 Stiftungsmittel

1. Die Stiftung erfüllt ihre Aufgaben
   a) aus den Erträgen des Stiftungsvermögens,
   b) aus Zuwendungen, soweit sie vom Zuwendenden nicht zur Aufstockung des Stiftungsvermögens bestimmt sind.
2. Sämtliche Mittel dürfen nur für die satzungsgemäßen Zwecke verwendet werden.
3. Es dürfen die steuerrechtlich zulässigen Rücklagen gebildet werden.

§ 5 Stiftungsorgane

Organe der Stiftung sind
a) der Stiftungsvorstand und
b) das Stiftungskuratorium.

§ 6 Stiftungsvorstand

1. Der Stiftungsvorstand besteht aus dem Vorsitzenden und einem Stellvertreter.
2. Sofern das Stiftungskuratorium nicht innerhalb von drei Monaten nach dem Ausscheiden eines Mitgliedes des Stiftungsvorstands einen Nachfolger bestellt, benennt diesen der jeweilige Oberbürgermeister der Stadt A.
3. Der Stifter wird auf Lebenszeit als Vorsitzender des Stiftungsvorstandes bestellt, bei der stellvertretenden Vorsitzenden Frau S wird die Amtszeit auf das 70. Lebensjahr begrenzt. Jedes weitere Vorstandsmitglied wird auf die Dauer von 5 Jahren bestellt.

Jedes Vorstandsmitglied bleibt so lange im Amt, bis ein Nachfolger gewählt bzw. bestellt wurde. Wiederbestellung ist zulässig.

4. Mitglieder des Vorstands oder des Kuratoriums dürfen nicht zugleich Mitglieder des Vorstandes der gemeinnützigen BY-Stiftung sein. Mitglieder des Vorstands oder des Stiftungskuratoriums der gemeinnützigen BY-Stiftung dürfen auch nicht nachträglich zum Mitglied des Vorstands/Kuratoriums der AB-Familienstiftung bestellt werden; anderenfalls scheiden sie aus ihrem Amt bei der AB-Familienstiftung aus.
5. Nach dem Ausscheiden des Stifters aus dem Stiftungsvorstand ist die Stellvertreterin, Frau S, dessen Nachfolger als Vorsitzende des Stiftungsvorstandes.

§ 7 Vertretung der Stiftung, Aufgaben des Stiftungsvorstands

1. Der Stiftungsvorstand vertritt die Stiftung gerichtlich und außergerichtlich. Er hat die Stellung eines gesetzlichen Vertreters. Seine Mitglieder sind einzelvertretungsberechtigt. Im Innenverhältnis vertritt nur der Vorsitzende des Stiftungsvorstands, es sei denn, dass der Vorsitzende verhindert ist.

2. Der Stiftungsvorstand ist befugt, anstelle des Stiftungskuratoriums dringliche Anordnungen zu treffen und unaufschiebbare Geschäfte zu besorgen. Hiervon hat er dem Stiftungskuratoriums spätestens in der nächsten Sitzung Kenntnis zu geben.
3. Der Stiftungsvorstand führt entsprechend den Richtlinien und Beschlüssen des Stiftungsrats die Geschäfte der laufenden Verwaltung. Er ist zur gewissenhaften und sparsamen Verwaltung des Stiftungsvermögens und der sonstigen Mittel verpflichtet.
4. Aufgaben des Stiftungsvorstands sind insbesondere
   a) die Aufstellung des Haushaltsvoranschlages,
   b) die Vorlage von Vorschlägen zur Verwendung der Erträge des Stiftungsvermögens und etwaiger zum Verbrauch bestimmter Zuwendungen,
   c) die Fertigung des Berichts über die Erfüllung des Stiftungszweckes sowie der Aufstellung über Einnahmen und Ausgaben der Stiftung und über ihr Vermögen.

Für den Geschäftsgang des Stiftungsvorstands gelten die Bestimmungen des § 11 entsprechend.

§ 8 Geschäftsführung und Geschäftsjahr

1. Der Stiftungsvorstand hat die Einnahmen und Ausgaben der Stiftung aufzuzeichnen und die Belege zu sammeln. Zum Ende eines jeden Geschäftsjahres sind ein Bericht über die Erfüllung des Stiftungszwecks sowie Aufstellungen über die Einnahmen und Ausgaben der Stiftung und über ihr Vermögen zu fertigen.
2. Geschäftsjahr ist das Kalenderjahr.

§ 9 Stiftungskuratorium

1. Das Stiftungskuratorium besteht aus maximal drei Mitgliedern, die nach ihrer Ausbildung und ihrer gesellschaftlichen Stellung über die für ein derartiges Amt erforderliche fachliche und persönliche Qualifikation verfügen müssen. Sie werden auf die Dauer von 5 Jahren bestellt. Wiederbestellung ist zulässig.
2. Mitglieder des Stiftungskuratoriums dürfen nicht zugleich dem Stiftungsvorstand angehören.
3. Die Mitglieder des Stiftungskuratoriums wählen ihre Nachfolger im Wege der Kooptation einstimmig selbst; die Wahl hat ggf. durch die vorsorgliche Wahl von Ersatzmitgliedern – jeweils so rechtzeitig zu erfolgen, dass das ausscheidende Mitglied an der Wahl seines Nachfolgers mitwirken kann.
4. Das Stiftungskuratorium wählt aus seiner Mitte eine Vorsitzende/Vorsitzenden und eine Stellvertreterin/Stellvertreter.

§ 10 Aufgaben des Stiftungskuratoriums

1. Das Stiftungskuratorium berät, unterstützt und überwacht den Stiftungsvorstand bei seiner Tätigkeit und entscheidet nach dem Ausscheiden des Stifters aus dem Stiftungsvorstand in allen grundsätzlichen Angelegenheiten,

insbesondere über
   a) den Haushaltsvoranschlag, vgl. § 7 Abs. 4 a),
   b) die Verwendung der Erträge des Stiftungsvermögens und etwaiger zum Verbrauch bestimmter Zuwendungen, vgl. § 7 Abs. 4 b),
   c) die Jahres- und Vermögensrechnung, vgl. § 7 Abs. 4 c) und
   d) die Bestellung eines Wirtschaftsprüfers oder einer Wirtschaftsprüfungsgesellschaft.
2. Der Vorsitzende des Stiftungskuratoriums vertritt die Stiftung bei Rechtsgeschäften mit dem Stiftungsvorstand oder einzelnen Mitgliedern des Stiftungsvorstands.

§ 11 Geschäftsgang des Stiftungskuratoriums

1. Das Stiftungskuratorium wird vom Vorsitzenden nach Bedarf, mindestens jedoch einmal jährlich, unter Angabe der Tagesordnung und Einhaltung einer Frist von vierzehn Tagen zu einer Sitzung einberufen. Sitzungen sind ferner einzuberufen,

wenn ein Mitglied des Stiftungskuratoriums oder der Stiftungsvorstand dies verlangt. Der Stiftungsvorstand kann an der Sitzung des Stiftungskuratoriums teilnehmen; auf Verlangen des Stiftungskuratoriums ist er dazu verpflichtet.

2. Das Stiftungskuratorium ist beschlussfähig, wenn ordnungsgemäß geladen wurde und mindestens zwei Mitglieder, unter ihnen der Vorsitzende, anwesend sind. Ladungsfehler gelten als geheilt, wenn alle betroffenen Mitglieder anwesend sind und von ihnen kein Widerspruch erfolgt.
3. Das Stiftungskuratorium trifft seine Entscheidungen, soweit kein Fall des § 12 vorliegt, mit einfacher Mehrheit der abgegebenen Stimmen. Ein abwesendes Mitglied kann sich aufgrund einer schriftlichen Erklärung, die zur Niederschrift zu nehmen ist, durch ein anwesendes Mitglied bei der Abstimmung vertreten lassen; Absatz 2 Satz 1 bleibt unberührt. Bei Stimmengleichheit gibt die Stimme des Vorsitzenden oder seines Stellvertreters den Ausschlag.
4. Wenn kein Mitglied widerspricht, können Beschlüsse im schriftlichen Umlaufverfahren gefasst werden; die Schriftform gilt auch durch Fernschreiben, Telefax, E-Mail oder durch sonstige dokumentierbare Übermittlung der Stimmabgabe in elektronischer Forma als gewahrt. Dies gilt nicht für Entscheidungen nach § 13 dieser Satzung.
5. Über die Ergebnisse der Sitzungen und der sonstigen Beschlussfassungen sind Niederschriften zu fertigen und von dem Vorsitzenden und dem Schriftführer zu unterzeichnen. Sie sind allen Mitgliedern der Stiftungsorgane zur Kenntnis zu bringen.

§ 12 Satzungsänderungen, Umwandlung und Aufhebung der Stiftung

1. Änderungen des Stiftungszwecks sind nur zulässig, wenn seine Erfüllung unmöglich wird oder wegen wesentlicher Änderung der Verhältnisse eine Änderung des Stiftungszwecks angezeigt erscheint. Umwandlung und Aufhebung der Stiftung richten sich nach den gesetzlichen Vorschriften.
2. Beschlüsse nach Absatz 1) bedürfen der Zustimmung aller Mitglieder des Stiftungskuratoriums und des Stiftungsvorstands. Die Beschlüsse werden erst nach Genehmigung durch die Stiftungsaufsicht (§ 14) wirksam.

§ 13 Vermögensanfall

Bei Aufhebung oder Auflösung der Stiftung fällt das Restvermögen den Abkömmlingen des Stifters nach Stammanteilen zu.

§ 14 Stiftungsaufsicht

1. Die Stiftung untersteht der Aufsicht der Regierung von ….
2. Der Stiftungsaufsichtsbehörde sind Änderungen der Anschrift, der Vertretungsberechtigung und der Zusammensetzung der Organe unverzüglich mitzuteilen.

§ 15 In-Kraft-Treten

Die Satzung tritt mit Anerkennung der Stiftung durch die Regierung von … in Kraft.

b) Errichtung einer gemeinnützigen Stiftung

Beurkundet am … **48**

I. Stiftungserrichtung

Hiermit errichte ich, A, eine Stiftung gem. §§ 80 ff. BGB, die gemeinnützigen Zwecken i. S. des §§ 51 ff. AO dienen soll.
Die Stiftung soll den Namen **BY-Stiftung** tragen, ihren Sitz in A haben und die Rechtsfähigkeit erlangen.
Die Geschäftsräume der Stiftung befinden sich in A.

II. Zweck der Stiftung

1. Zweck der Stiftung ist die Förderung
   a) des Umwelt- und Landschaftsschutzes,
   b) der Wissenschaft und Forschung sowie
   c) mildtätiger, religiöser und gemeinnütziger Zwecke i. S. d. §§ 52 und 53 AO.
2. Die Einzelheiten über die Verwirklichung des Stiftungszwecks werden in der Stiftungssatzung geregelt.

III. Einbringung

Herr A ist alleiniger Gesellschafter der AZ GmbH mit dem Sitz in K, die im Wege der Umwandlung aus der AZ GmbH + Co. KG mit dem Sitz in K, eingetragen im Handelsregister des Amtsgerichtes K unter HR A ..., hervorgegangen ist. Das Vermögen der AZ GmbH + Co. KG betrug in der Schlussbilanz zum 31. 12. 00 insgesamt ... €.
Die zur AZ zählenden Beteiligungen sind in der Anlage II aufgeführt. Der Kapitalanteil der AZ GmbH betrug zum 31. 12. 00 ... €.
Der Stifter verpflichtet sich, 90% seiner Beteiligung an der AZ GmbH nach Erlangung der Rechtsfähigkeit der Stiftung in die Stiftung einzubringen mit dem Gewinnbezugsrecht für diese Anteile ab dem 1. 1. 01.

IV. Vertretung

Die Stiftung soll von einem Stiftungsvorstand gesetzlich vertreten und zusammen mit einem Stiftungsrat verwaltet werden. Die Einzelheiten werden durch die Stiftungssatzung geregelt.
Als erster Vorsitzender des Stiftungsvorstandes wird Frau A und als stellvertretender Vorsitzender des Stiftungsvorstands Herr S bestellt.
Nach dem Ausscheiden von Frau A aus dem Stiftungsvorstand ist der Stellvertreter deren Nachfolger als Vorsitzender des Stiftungsvorstandes. Die Amtszeiten aller Mitglieder des Vorstandes werden auf das 70. Lebensjahr begrenzt. Die nochmalige Berufung, jeweils für einen Zeitraum von 5 Jahren, ist zulässig.
Die Jahresvergütung des Vorsitzenden des Stiftungsvorstandes beträgt ...; der stellvertretende Vorsitzende des Stiftungsvorstandes erhält jährlich die Hälfte. Zudem werden angemessene Aufwendungen ersetzt. Die Vergütung der Stiftungsräte wird vom Stiftungsvorstand festgesetzt.

V. Versorgung Familienangehöriger

1. Ein Drittel des Einkommens der Stiftung soll gem. § 58 Nr. 5 AO dazu verwendet werden, um in angemessener Weise den Stifter und seine nächsten Angehörigen zu unterhalten, ihre Gräber zu pflegen und ihr Andenken zu ehren.
2. Nach dem Auslauf der Versorgungsansprüche gemäß § 58 Nr. 5 AO sind die Urenkel des Stifters und alle weiteren Enkelgenerationen mit einem Quotennießbrauch am Stiftungsvermögen in der Weise zu versorgen, dass auf die beiden Geschwisterstämme je $^1/_{12}$ des Einkommens der Stiftung entfällt. Sofern ein Geschwisterstamm ohne Hinterlassung von Abkömmlingen ausstirbt, wächst der Quotennießbrauch in Höhe von $^1/_{12}$ dem anderen Geschwisterstamm an. Für die Verteilung innerhalb eines Geschwisterstammes gelten die Erbfolgebestimmungen der §§ 1924 ff. BGB entsprechend. Die Verteilung unter den Abkömmlingen obliegt dem Stiftungsvorstand.

VI. Grabpflege

Die Stiftung wird mit der Auflage beschwert, das Grab des Stifters nach dessen Ableben würdig zu pflegen.

VII. Satzung

1. Für die Stiftung gilt die anliegende Satzung, die wesentlicher Bestandteil dieses Stiftungsgeschäfts ist.
2. Die Sicherung des Stiftungsvermögens wird in der Weise optimiert, dass der Stifter eine Beteilung von 10% an der AZ GmbH in eine Familienstiftung einbringt, die von ihm selbst als Vorstandsvorsitzender geführt wird. Die gemeinnützige BY-Stiftung und die AB-Familienstiftung sind als Gesellschafter der AZ GmbH zur permanenten vertrauensvollen Zusammenarbeit verpflichtet und haben die gesellschaftsrechtliche Treuepflicht gewissenhaft zu erfüllen. Um den Stiftungszweck nachhaltig zu fördern und den Erhalt des Stiftungsvermögens auch in der Weise zu sichern, dass die einzelnen Beteiligungsunternehmen wirtschaftlich erfolgreich sind, ist die gemeinnützige BY-Stiftung auf Verlangen der AB-Familienstiftung verpflichtet, erforderliche oder zweckmäßige Darlehen in angemessener Weise zu gewähren und erforderlichenfalls Bürgschaften zu erteilen, soweit dies die Verwirklichung der Gemeinnützigkeit zulässt.

VIII. Schlussbestimmungen

Die Kosten der Stiftungserrichtung und der Erfüllung der Einbringungsverpflichtung trägt der Stifter.

Von dieser Urkunde erhalten:
AUSFERTIGUNGEN:
die Regierung von …
BEGLAUBIGTE ABSCHRIFTEN:
die Beteiligten
die Gesellschaft eine
EINFACHE ABSCHRIFTEN:
das Finanzamt – Körperschaftsteuerstelle –
das Finanzamt – Grunderwerbsteuerstellen –
das Finanzamt – Gemeinnützigkeitsstelle –

Samt Anlagen I und II vorgelesen vom Notar …

Anlage I: Satzung der BY-Stiftung 49

§ 1 Name, Rechtsstellung, Sitz

Die Stiftung führt den Namen **BY-Stiftung.**
Sie ist eine rechtsfähige öffentliche Stiftung des bürgerlichen Rechts mit Sitz in A.

§ 2 Stiftungszweck

1. Zweck der Stiftung ist die Förderung
   a) des Umwelt- und Landschaftsschutzes,
   b) der Wissenschaft und Forschung sowie
   c) mildtätiger, religiöser und gemeinnütziger Zwecke i. S. d. §§ 52 und 53 AO.
2. Der Satzungszweck wird verwirklicht insbesondere durch folgende Maßnahmen:
   a) Gewährung von periodischen oder einmaligen Geld- oder Sachleistungen an Einrichtungen, welche die in Abs. 1 genannten Stiftungszwecke verfolgen und umsetzen;
   b) Vergabe von Sach- und Geldpreisen bis zu einem einmaligen Betrag bzw. Wert in Höhe von höchstens … € an Personen im Tätigkeitsbereich des in Absatz 1 genannten Stiftungszwecks, soweit die Tätigkeit bereits seit mehreren Jahren ausgeübt wird und nur gegen geringe Entlohnung erfolgt;

c) Auslobung eines AB-Umweltschutzpreises mit einem jeweiligen Höchstbetrag von … an Personen, die den Stiftungszweck in besonderer Weise gefördert haben.
3. Die Stiftung verfolgt damit ausschließlich und unmittelbar gemeinnützige Zwecke im Sinn des Abschnitts „Steuerbegünstigte Zwecke" der Abgabenordnung.
4. Die Stiftung kann auch anderen, ebenfalls steuerbegünstigten Körperschaften, Anstalten und Stiftungen oder einer geeigneten öffentlichen Behörde finanzielle oder sachliche Mittel zur Verfügung stellen, wenn diese Stellen mit den Mitteln Maßnahmen nach Absatz 2 a und b fördern.

§ 3 Einschränkungen

1. Die Stiftung ist selbstlos tätig. Sie verfolgt nicht in erster Linie eigenwirtschaftliche Zwecke. Sie darf keine juristische oder natürliche Person durch Ausgaben, die dem Zweck der Stiftung fremd sind, oder durch unverhältnismäßig hohe Unterstützungen, Zuwendungen oder Vergütungen begünstigen.
2. Ein Rechtsanspruch auf Leistungen der Stiftung steht den durch die Stiftung Begünstigten aufgrund dieser Satzung nicht zu.

§ 4 Stiftungsvermögen

1. Das Stiftungsvermögen besteht aus Anteilen an Gesellschaften der AZ GmbH mit dem Sitz in K.
2. Das Stiftungsvermögen ist in seinem Bestand dauernd und ungeschmälert zu erhalten. Umschichtungen, insbesondere auch die Veräußerung von Beteiligungen sind zulässig, wenn der Erlös wiederum dem Stiftungsvermögen zugeführt wird. Richtschnur für die Verwaltung des Stiftungsvermögens ist das Lebenswerk des Stifters zu erhalten, wobei betriebswirtschaftliche Grundsätze zu beachten sind.
3. Zustiftungen (Zuwendungen zum Stiftungsvermögen) sind zulässig. Zuwendungen ohne Zweckbestimmung aufgrund einer Verfügung von Todes wegen können dem Stiftungsvermögen zugeführt werden.

§ 5 Stiftungsmittel

1. Die Stiftung erfüllt ihre Aufgaben
   a) aus den Erträgen des Stiftungsvermögens,
   b) aus Zuwendungen, soweit sie vom Zuwendenden nicht zur Aufstockung des Stiftungsvermögens bestimmt sind; § 4 Abs. 3 Satz 2 bleibt unberührt.
2. Sämtliche Mittel dürfen nur für die satzungsgemäßen Zwecke verwendet werden.
3. Es dürfen die steuerrechtlich zulässigen Rücklagen gebildet werden.

§ 6 Stiftungsorgane

1. Organe der Stiftung sind
   a) der Stiftungsvorstand,
   b) der Stiftungsrat.
2. Die Tätigkeit in den Stiftungsorganen ist ehrenamtlich. Anfallende Auslagen werden ersetzt. Für den Sach- und Zeitaufwand der Mitglieder des Stiftungsvorstands kann der Stiftungsrat eine in ihrer Höhe angemessene Pauschale beschließen.

§ 7 Stiftungsvorstand

1. Der Stiftungsvorstand besteht aus dem Vorsitzenden und einem Stellvertreter.
2. Sofern der Stiftungsrat nicht innerhalb von drei Monaten nach dem Ausscheiden eines Mitgliedes des Stiftungsvorstands einen Nachfolger bestellt, benennt diesen der jeweilige Oberbürgermeister der Stadt A.
3. Mit Ausnahme der Vorsitzenden des Stiftungsvorstandes wird jedes Vorstandsmitglied auf die Dauer von fünf Jahren gewählt bzw. bestellt; bei vorzeitigem Ausscheiden eines Vorstandsmitglieds wird das neue Mitglied nur für den Rest der Amtszeit

bestellt. Jedes Vorstandsmitglied bleibt so lange im Amt, bis ein Nachfolger gewählt bzw. bestellt wurde. Wiederbestellung ist zulässig.

4. Mitglieder des Vorstands oder des Stiftungsrates dürfen nicht zugleich Mitglieder des Vorstandes der AB-Familienstiftung sein.
   Mitgleider des Vorstands oder des Stiftungsrates der BY-Stiftung dürfen auch nicht nachträglich zum Mitglied des Vorstands/Stiftungsrates der AB-Familienstiftung bestellt werden, anderenfalls scheiden sie aus ihrem Amt bei der BY-Stiftung aus.
5. Nach dem Ausscheiden von Frau A aus dem Stiftungsvorstand ist der Stellvertreter deren Nachfolger als Vorsitzender des Stiftungsvorstandes.

§ 8 Vertretung der Stiftung, Aufgaben des Stiftungsvorstands

1. Der Stiftungsvorstand vertritt die Stiftung gerichtlich und außergerichtlich. Er hat die Stellung eines gesetzlichen Vertreters. Seine Mitglieder sind einzelvertretungsberechtigt. Im Innenverhältnis vertritt nur der Vorsitzende des Stiftungsvorstands, es sei denn, dass dieser verhindert ist.
2. Der Stiftungsvorstand ist befugt, anstelle des Stiftungsrats dringliche Anordnungen zu treffen und unaufschiebbare Geschäfte zu besorgen. Hiervon hat er dem Stiftungsrat spätestens in der nächsten Sitzung Kenntnis zu geben.
3. Der Stiftungsvorstand führt entsprechend den Richtlinien und Beschlüssen des Stiftungsrats die Geschäfte der laufenden Verwaltung. Er ist zur gewissenhaften und sparsamen Verwaltung des Stiftungsvermögens und der sonstigen Mittel verpflichtet.
4. Aufgaben des Stiftungsvorstands sind insbesondere
   a) die Aufstellung des Haushaltsvoranschlages,
   b) die Vorlage von Vorschlägen zur Verwendung der Erträge des Stiftungsvermögens und etwaiger zum Verbrauch bestimmter Zuwendungen,
   c) die Fertigung des Berichts über die Erfüllung des Stiftungszweckes sowie der Aufstellung über Einnahmen und Ausgaben der Stiftung und über ihr Vermögen.

Für den Geschäftsgang des Stiftungsvorstands gelten die Bestimmungen des § 12 entsprechend mit Ausnahme von § 12 Abs. 3 Satz 4.

§ 9 Geschäftsführung und Geschäftsjahr

1. Der Stiftungsvorstand hat die Einnahmen und Ausgaben der Stiftung aufzuzeichnen und die Belege zu sammeln. Zum Ende eines jeden Geschäftsjahres sind ein Bericht über die Erfüllung des Stiftungszwecks sowie Aufstellungen über die Einnahmen und Ausgaben der Stiftung und über ihr Vermögen zu fertigen.
2. Geschäftsjahr ist das Kalenderjahr.

§ 10 Stiftungsrat

1. Der Stiftungsrat besteht aus drei Mitgliedern, darunter der Bürgermeister der Stadt A sowie zwei Abkömmlinge des Stifters.
   Die Mitglieder werden auf die Dauer von fünf Jahren bestellt; bei vorzeitigem Ausscheiden eines Stiftungsratsmitglieds wird das neue Mitglied nur für den Rest der Amtszeit bestellt. Wiederbestellung ist zulässig. Ein ausscheidendes Mitglied bleibt bis zur Bestellung des jeweiligen nachfolgenden Mitglieds – auf Ersuchen des Stiftungsrats – im Amt.
2. Zu ersten Mitgliedern des Stiftungsrates werden bestellt:
   a) Herr Bürgermeister der Stadt A als Vorsitzender,

sowie die Töchter des Stifters,
   b) Frau W
   c) Frau B

3. Mitglieder des Stiftungsrats dürfen weder dem Stiftungsvorstand angehören noch Funktionen bei der AB-Familienstiftung bekleiden.
4. Der Nachfolger eines ausscheidenden Mitglieds des Stiftungsrates wird vom Stiftungsrat unter Beachtung der Regelung in Abschnitt 1) bestellt.

Die Mitglieder des Stiftungsrates werden jeweils vom ersten Vorsitzenden des Stiftungsvorstandes bestellt, solange dem Stiftungsvorstand ein Mitglied der Stifterfamilie angehört.

5. Sofern dem Stiftungsvorstand keine Mitglieder der Stifterfamilie mehr angehören, erfolgt die Bestellung der Mitglieder des Stiftungsrates durch den jeweiligen Oberbürgermeister der Stadt A. Der so bestellte Stiftungsrat bestimmt auch die Mitglieder des Stiftungsvorstandes.

§ 11 Aufgaben des Stiftungsrats

1. Der Stiftungsrat berät, unterstützt und überwacht den Stiftungsvorstand bei seiner Tätigkeit und entscheidet nach dem Ausscheiden des derzeitigen Vorsitzenden des Stiftungsvorstands in allen grundsätzlichen Angelegenheiten, insbesondere über
   a) den Haushaltsvoranschlag, vgl. § 8 Abs. 4 a),
   b) die Verwendung der Erträge des Stiftungsvermögens und etwaiger zum Verbrauch bestimmter Zuwendungen, vgl. § 8 Abs. 4 b),
   c) die Jahres- und Vermögensrechnung, vgl. § 8 Abs. 4 c)
   d) die Bestellung eines Wirtschaftsprüfers oder einer Wirtschaftsprüfungsgesellschaft.
2. Der Vorsitzende des Stiftungsrats vertritt die Stiftung bei Rechtsgeschäften mit dem Stiftungsvorstand oder einzelnen Mitgliedern des Stiftungsvorstands.

§ 12 Geschäftsgang des Stiftungsrats

1. Der Stiftungsrat wird vom Vorsitzenden nach Bedarf, mindestens jedoch einmal jährlich, unter Angabe der Tagesordnung und Einhaltung einer Frist von vierzehn Tagen zu einer Sitzung einberufen. Sitzungen sind ferner einzuberufen, wenn ein Mitglied des Stiftungsrats oder der Stiftungsvorstand dies verlangt. Der Stiftungsvorstand kann an der Sitzung des Stiftungsrats teilnehmen; auf Verlangen des Stiftungsrats ist er dazu verpflichtet.
2. Der Stiftungsrat ist beschlussfähig, wenn ordnungsgemäß geladen wurde und mindestens zwei Mitglieder, unter ihnen der Vorsitzende, anwesend sind.
   Ladungsfehler gelten als geheilt, wenn alle betroffenen Mitglieder anwesend sind und von ihnen kein Widerspruch erfolgt.
3. Der Stiftungsrat trifft seine Entscheidungen, soweit kein Fall des § 13 vorliegt, mit einfacher Mehrheit der abgegebenen Stimmen. Ein abwesendes Mitglied kann sich aufgrund einer schriftlichen Erklärung, die zur Niederschrift zu nehmen ist, durch ein anwesendes Mitglied bei der Abstimmung vertreten lassen; Absatz 2 Satz 1 bleibt unberührt. Bei Stimmengleichheit gibt die Stimme des Vorsitzenden oder seines Stellvertreters den Ausschlag.
   Solange ein Mitglied der Stifterfamilie Mitglied des Stiftungsrats ist, können Beschlüsse nicht gegen seine Stimme gefasst werden.
4. Wenn kein Mitglied widerspricht, können Beschlüsse im schriftlichen Umlaufverfahren gefasst werden; die Schriftform gilt auch durch Fernschreiben, Telefax, E-Mail oder durch sonstige dokumentierbare Übermittlung der Stimmabgabe in elektronischer Forma als gewahrt. Dies gilt nicht für Entscheidungen nach § 13 dieser Satzung.
5. Über die Ergebnisse der Sitzungen und der sonstigen Beschlussfassungen sind Niederschriften zu fertigen und von dem Vorsitzenden und dem Schriftführer zu unterzeichnen. Sie sind allen Mitgliedern der Stiftungsorgane zur Kenntnis zu bringen und der Stiftungsaufsicht in Abschrift zu übersenden.

§ 13 Satzungsänderungen, Umwandlung und Aufhebung der Stiftung

1. Satzungsänderungen der Stiftung sind zulässig, soweit sie zur Anpassung an veränderte Verhältnisse geboten erscheinen. Sie dürfen die Steuerbegünstigung der Stiftung nicht beeinträchtigen oder aufheben. Soweit sie sich auf die Steuerbegünsti-

gung der Stiftung auswirken können, sind sie der zuständigen Finanzbehörde zur Stellungnahme vorzulegen.
2. Änderungen des Stiftungszwecks sind nur zulässig, wenn seine Erfüllung unmöglich wird oder wegen wesentlicher Änderung der Verhältnisse eine Änderung des Stiftungszwecks angezeigt erscheint. Umwandlung und Aufhebung der Stiftung richten sich nach den gesetzlichen Vorschriften.
3. Beschlüsse nach Absatz 1) bedürfen der Zustimmung aller Mitglieder des Stiftungsrats, Beschlüsse nach Absatz 2) der Zustimmung aller Mitglieder des Stiftungsrats und des Stiftungsvorstands. Die Beschlüsse werden erst nach Genehmigung durch die Stiftungsaufsicht (§ 15) wirksam.

§ 14 Vermögensanfall

Bei Aufhebung oder Auflösung der Stiftung oder bei Wegfall ihrer steuerbegünstigten Zwecke fällt das Restvermögen an den Bundesverband Deutscher Stiftungen e. V. Dieser hat es unter Beachtung des Stiftungszwecks unmittelbar und ausschließlich für (entsprechend § 2 Abs. 3) gemeinnützige Zwecke zu verwenden.

§ 15 Stiftungsaufsicht

1. Die Stiftung untersteht der Aufsicht der Regierung von Unterfranken.
2. Der Stiftungsaufsichtsbehörde sind Änderungen der Anschrift, der Vertretungsberechtigung und der Zusammensetzung der Organe unverzüglich mitzuteilen.

§ 16 In-Kraft-Treten

Die Satzung tritt mit Anerkennung der Stiftung durch die Regierung von … in Kraft.

c) Beschränkter Pflichtteilsverzicht

Beurkundet am … 50

Auf Ansuchen der Erschienenen beurkunde ich den abgegebenen Erklärungen gemäß folgende beschränkte Pflichtteilsverzichte.

I. Sachstand

Herr A ist Gesellschafter der Unternehmensgruppe AZ. Die dazu zählenden Beteiligungen sind in der Anlage aufgeführt. Die Beteiligten erklären, dass Ihnen die Vermögensstruktur der Unternehmensgruppe AZ bekannt ist.
Herr A hat die AB Familien-Stiftung mit dem Sitz in A errichtet, die von der Stiftungsaufsicht mit Urkunde vom … anerkannt wurde und somit eine rechtsfähige Stiftung des bürgerlichen Rechts darstellt.
Herr A will sein Lebenswerk in der Weise erhalten, dass er zur Gründung einer Doppelstiftung eine weitere Stiftung errichtet, nämlich die gemeinnützige BY-Stiftung mit dem Sitz in A.
Bei der gemeinnützigen BY-Stiftung wird Frau A als Vorsitzende des Stiftungsvorstandes fungieren, während die beiden Töchter W und B dem Stiftungsrat angehören werden. Für deren Tätigkeit ist eine Jahresvergütung in Höhe von … vorgesehen.
Ferner enthält das Stiftungsgeschäft für die gemeinnützige BY-Stiftung die Anordnung, dass die Familie des Stifters und seine Angehörigen angemessen in der Weise gesichert ist, dass ein Drittel des Einkommens der Stiftung für den Unterhalt der Stifterfamilie und für die Pflege der Gräber verwendet werden soll.
Die Beteiligten erklären, dass ihnen die vorstehenden Regelungen bekannt sind.
Um die Funktionsfähigkeit der vorbezeichneten Stiftungen zu sichern, treffen die Beteiligten die nachfolgenden Vereinbarungen, die sich auf das Vermögen der Unternehmensgruppe AZ beschränken und nicht das restliche Vermögen des Erblassers betreffen.

II. Pflichtteilsverzichte

Frau A und deren Töchter, Frau W und B verzichten hiermit für sich und ihre Abkömmlinge auf ihre gesetzlichen Pflichtteilsrechte am künftigen Nachlass von Herrn A, umfassend Pflichtteilsergänzungsansprüche, soweit Herr A Beteiligungen an der Unternehmensgruppe AZ auf die vorbezeichneten Stiftungen übertragen hat oder künftig überträgt.
Herr A nimmt diese Verzichte hiermit an. Jeder Verzicht ist rechtlich selbständig.

III. Verbleibende Pflichtteilsrechte

Hinsichtlich der Vermögensteile, die nicht zur Unternehmensgruppe AZ zählen und steuerliches Privatvermögen des Stifters A darstellen, bleiben alle gesetzlichen Pflichtteilsansprüche unverändert bestehen.

IV. Hinweise

Die Beteiligten wurden auf die Bindungswirkung des Pflichtteilsverzichtes hingewiesen, insbesondere darauf, dass die von dem Stifter A in die Stiftungen eingebrachten Beteiligungen aus der Bemessungsgrundlage für künftige gesetzliche Pflichtteilsansprüche ersatzlos ausscheiden.

V. Schlussbestimmungen

Die Kosten dieser Urkunde trägt Herr A.

Samt Anlage vorgelesen vom Notar …

Anlage:

Verzeichnis der Beteiligungen der Unternehmensgruppe AZ

Stichwortverzeichnis

Die fettgedruckten Zahlen bezeichnen die Paragraphen, die mageren Zahlen beziehen sich auf die Randziffern

Stichwortverzeichnis

Stichwortverzeichnis